JN422183

현대행정학

김재기·김 렬·김병규·송건섭
이상철·정우열·정재명 공저

法 文 社

머리말

저비용·고효율 정부를 표방한 이명박정부를 이어서 약속과 신뢰, 국민통합, 국민행복시대를 표방하는 박근혜정부가 출범함으로써 정부조직개편 등 우리나라 행정에도 적지 않은 변화가 일고 있으며 학계의 관심사도 다양하게 확대되어 가고 있다.

우리나라에 행정학이 본격적으로 교육·연구된 지 60여년의 세월이 흐르는 동안에 수많은 행정학 교과서가 출간되어 전공학도·수험생 및 실무계에 큰 도움을 주어 왔다. 그러나 기존의 많은 연구업적을 체계적으로 잘 정리하여 초보자도 이해하기 쉽도록 요령있게 설명해 주는 입문서이면서 동시에 공무원 지망생들의 효과적인 수험준비를 도와주는 수험용 기본서인 교과서는 많지 않은 실정이다.

이러한 문제를 해결하기 위하여 각자 전공분야에서 발군의 실력을 인정받는 행정학자들이 뜻을 모아 본서를 집필하게 되었다. "방대하고 난해한 행정학 과목을 초보자도 이해하기 쉽도록 평이하고 요령있게 설명해주는 기본서"를 출간하기 위하여 토론한 결과 행정과정의 큰 흐름에 따라 편제하되 각 논제별 논점을 중심으로 고찰하는 체계와 방식을 유지하면서 새로운 내용을 최대한 포괄하도록 하였다.

본서의 특징을 살펴보면 다음과 같다.

첫째, 우선 초보자를 위한 입문서로서의 역할에 충실하기 위하여 행정과정의 체계적 흐름에 따라 편제하고 각 논제마다 논점을 중심으로 체계화하였으며 최대한 알기 쉬운 표현으로 설명하였다.

둘째, 각종 공무원시험 수험생들이 쉽게 이해하고 효과적으로 학습할 수 있는 수험용 기본서로서의 역할을 다하기 위하여 교과서에 주관식 문제집 방식을 도입하여 각 논제마다 하나의 독립된 문제로 취급하여 논점을 중심으로 체계를 잡고서 논리전개의 순서에 따라 설명하는 방식을 채택하였다.

셋째, 각종 고시 기출문제를 면밀히 분석하여 논제를 선정하고 철저히 다룸으로써 수험준비에 만전을 기하도록 하였으며 각종 고시의 기출문제를 최근까지 연도별로 정리하여 부록으로 수록함으로써 출제경향 파악에 도움이 되도록 하였다.

넷째, 기존의 교과서를 총망라하고 최신이론을 포함하여 광범위하게 논제를 선정하여 깊이 있게 다루었으므로 대학원생에게도 많은 도움이 되리라 믿는다.

다섯째, 특히 새로운 연구경향을 반영하여 거버넌스이론, 신제도론, 포스트모더니즘, 무의사결정론, 리더십이론, Z이론모형, 책임운영기관, 전자정부론, 인사개혁적 제이론, 신공공관리론과 균형성과표(BSC), 신공공서비스론 등을 다루었다.

여섯째, 정부업무평가기본법, 책임운영기관, 팀제, 중앙인사기관, 고위공무원단제, 상시학습체제, 다면평가제, 경력개발제, 민관보수격차, 공무원노동조합, 국가재정법, 행정개혁, 국민권익위원회, 내부고발제 등 신설, 변경된 조직과 제도 및 변동된 법령 등을 빠짐없이 설명하였다.

일곱째, 본서는 각 논제마다 가능한 한 한국적 운영상황 · 문제점 · 개선방향을 다루고 있으므로 행정실무자에게도 적지 않은 도움이 되리라고 본다.

지면과 시간상 제약으로 매우 부족한 점이 많아 보이지만 미비한 점에 대하여는 앞으로 계속 수정 · 보완해 나갈 것을 약속드린다.

본서를 집필함에 있어서 여러 선배 · 동료들의 연구업적으로부터 많은 도움을 받았다. 직접 · 간접으로 도움을 받은 많은 분들께 진심으로 감사드린다. 끝으로 본서의 출판을 위하여 애써주신 법문사 관계자 여러분께 감사드린다.

아무쪼록 본서를 통하여 저자들과 인연을 맺게 될 독자 여러분의 성공을 빌어마지 않는다.

2013년 2월

저자들을 대표하여

김 재 기 씀

차 례

제 1 편 행정학의 기초

제 2 편 정책결정 및 기획

제 4 편 인사행정

제 5 편　재무행정

제 1 편
행정학의 기초

제1편은 행정학의 기초편으로서 행정학연구의 기본이 되는 기초이론을 학습하는 기초작업과정에 해당한다.

제1장에서는 행정학의 연구대상인 행정이란 무엇인가를 규명하는 작업을 한다. 행정과 법, 경영, 정치, 기타 환경과의 관계를 살펴본다.

제2장에서는 행정학이란 어떠한 학문인가를 규명하는 작업을 한다. 행정학의 학문적 성격 및 행정학 발달과정 그리고 행정학의 여러 접근방법을 살펴본다.

제3장에서는 행정현상 연구와 불가분의 관계에 있는 가치문제를 다룬다. 이념적 가치인 행정이념과 공익을, 문화적 가치인 행정문화를 살펴본다.

제4장에서는 행정을 국가발전적 측면에서 연구하는 비교행정과 발전행정을 다룬다.

제5장에서는 행정이 이루어져 가는 과정, 즉 행정과정을 살펴본다. 아울러 행정과정에 따르는 본서의 구성을 밝힌다.

제 1 장 현대국가와 행정

제 1 절 행정의 의의

Ⅰ. 서 론

행정(public administration)이란 무엇인가를 정의하는 것, 즉 행정의 개념정의는 행정이라는 행정학의 연구대상을 규명하는 것이므로 행정학 연구의 출발임과 동시에 필수적인 기초작업이다.[1]

그런데 개념정의는 대상이 되는 현상에 대하여 인간의 주관적인 인지(認知: perception)를 통하여 형성되기 때문에 보편적인 개념을 정의하기가 어렵다고 하겠다. 더구나 행정개념은 다의적 개념으로서 사회현상 중 특히 개념정의가 더욱 어려운바 그 이유로는, 첫째 행정의 한계가 입법·사법과 관련하여 불분명하며, 둘째 근래에 행정의 내용이 계속 확대되고 있기 때문이다.[2]

1) 김광웅, 『사회과학연구방법론』, 박영사, 1987, p. 75. 이러한 의미에서 본서의 모든 논제는 개념정의로부터 시작되고 있다.

2) Felix A. Nigro and Lloyd G. Nigro, *Modern Public Administration* (New York: Harper and Row, 1980), p. 3.

Ⅱ. 행정의 개념정의

1. 권력분립과 행정개념

행정에 관한 법적·제도적 개념은 근대 법치국가가 등장한 이래 Locke나 Montesquieu의 권력분립이론을 배경으로 하여 형성되었으며 그 이전에는 국가작용으로서 입법·행정·사법의 뚜렷한 분화가 없었다. 행정에 관한 학문적 인식은 권력분립이론이 전개된 시기부터 촉진되었으나 행정 자체의 기능·역할은 소극적인 것으로 인식되었다.

요컨대 행정이라는 개념은 권력분립주의의 산물로서 근대법치국가의 등장과 더불어 성립된 것이었으며, 국가작용의 일부분으로서 입법 및 사법의 개념과 더불어 생성된 것이라고 하겠다.[3)]

행정의 개념정의를 시도함에 있어서 이와 같이 권력분립적 입장에 서 있는 행정법학적 행정개념을 먼저 살펴본 다음 행정학적 행정개념을 살펴보기로 한다.[4)]

---

3) 박윤흔, 『최신행정법강의(상)』, 박영사, 1996, p. 3.

4) 행정을 대상으로 하는 학문으로 행정법학과 행정학을 들 수 있는데 행정학은 행정현실 즉 존재(Sein)를 연구대상으로 하는 현실과학인 점에서 행정규범 즉 당위(Sollen)를 연구대상으로 하는 규범과학인 행정법학과 다르다. 따라서 행정법학에서는 행정개념을 형식적·규범적·정태적으로 이해하는 데 대하여 행정학에서는 실질적·현실적·동태적으로 파악하게 된다. 행정법학은 18~19세기 근대입법국가의 산물인 반면 행정학은 20세기 현대행정국가의 산물이다. 행정법학에서는 소극적으로 행정의 한계설정을 통하여 국민의 권익보호에 치중하는 반면, 행정학은 적극적으로 행정목적 달성을 위한 능률 즉 막대한 자원이 투입되는 행정의 합리화에 치중하고 있다고 하겠다. 양자의 관계는 동전의 표리관계처럼 상호 밀접한 의존관계에 있으며 다같이 행정의 민주화에 공헌하는 것이므로 상호 협력하여야 할 것이다. 신상준, 『행정학원론』, 대구대출판부, 1988, pp. 26~27; 박동서, 『한국행정론』, 법문사, 1997, p. 66; 서원우, "행정학과 행정법의 대화," 『고시연구』, 1997년 4월호, pp. 31~46 참조.

이러한 관점에서 행정학의 연구에는 행정법학의 연구도 병행할 필요가 있다고 하겠으며 더구나 실제 행정의 대부분이 합법성을 강조하여 운영되고 있는 우리 현실을 감안하여 볼 때 양 학문은 상호협력의 필요성이 더욱 크다고 하겠으니 양 학회는 연구결과의 상호교환 및 동일과제에 대한 공동연구 등 상호협력을 위하여 적극 노력하여야 할 것이다. 한편 전국의 행정학과 교과과정 개편에 있어서 최근 행정법이 필수에서 선택으로 밀려나거나 아예 선택과목에서 삭제되는 학교가 늘어나고 있음은 매우 우려되는 일이 아닐 수 없다.

2. 행정법학적 행정개념

1) 학설의 종류[5)]

(1) 삼권분립적 공제설(소극설) 현대국가에서 삼권분립적 권력구조를 전제로 하여 '입법도 사법도 아닌 나머지의 모든 국가작용을 행정'이라고 본다.

(2) 국가목적실현설(적극설) 행정은 국가목적(공익)을 직접적·구체적으로 실현하는 작용이라고 보는 견해이다. 즉 '행정이란 법의 테두리 안에서 법의 규제를 받으면서 국가목적을 현실적으로 또 적극적으로 실행하는 계속적인 국가활동이다' 라고 본다.

(3) 법함수설(기관양태설) 행정을 일반적인 법규범을 개별화하는 법적 작용으로 파악하며, 순수법학파의 규범주의적 방법론과 법단계설을 토대로 해서 이루어지는 입장이다. 여기에서 행정과 사법의 구별은 개별화작용을 담당하는 기관의 양태 즉 독립성 또는 종속관계에 따라 결정된다.

2) 행정법학적 행정개념에 대한 비판

행정법학적 행정개념은 대체로 권력분립을 전제로 하고 있으며 행정을 법령의 구체화를 위한 수단으로서 인식하고 있다. 행정을 법의 집행으로서 파악하는 이러한 행정법학적 행정개념만으로써는 종래의 삼권분립적 권력구조에 중대한 변혁을 초래한 현대국가에 있어서의 행정의 기능적 변화를 충분히 파악하기는 어렵다고 보아야 할 것이다. 근래에 이르러 조장행정 내지 지도행정의 영역에서는 법률의 수권이나 구속으로부터 자유로이 경제·사회·문화의 각 방면에 걸쳐 적극적인 형성적 행정활동을 필요로 하고 있다. 이와 같이 행정의 정치적·사회적 기능이 중요시되고 행정의 기능적 특질 그 자체에 대한 분석이 요구되는 경우 이러한 개념은 현실적 타당성을 갖기 어렵다고 보겠으며 행정의 동태적 측면에 착안하여 행정개념을 법규범적인 면보다도 사실에 입각하여 실증적으로 규명할 필요가 있다고 하겠다.[6)]

---

5) 김남진, 『행정법』(Ⅰ), 법문사, 1995, pp. 4~5.

6) 김규정, 『행정학원론』, 법문사, 1998, p. 9. 하지만 오늘날 현대국가의 대다수가 여전히 권력분립을 하나의 이념적 기초로 하고 있으므로 행정법학적인 행정개념의 존재가치를 인정하여야 할 것이다. 足立忠夫, 『行政學』(東京: 日本評論社, 1992), pp. 186~187 참조.

3. 행정학적 행정개념

행정학적 행정개념에 관한 학설은 일반적으로 i) 행정관리설, ii) 통치기능설, iii) 행정행태설, iv) 발전기능설 등으로 대별할 수 있다.[7] 이들 학설의 기본적 특징은 행정이 정치적 성격을 내포하고 있는가 혹은 그 기능의 성격범위를 어떻게 파악할 것인가에서 찾을 수 있다.

(1) 행정관리설　이 학설은 행정을 이미 수립된 법이나 정책을 구체적으로 집행하고 관리하는 기술적 과정으로 보는 견해이다. 여기에서는 행정의 가치판단적 기능을 배제하고 가치중립적인 기술적 과정을 강조한다.

이는 20세기 전후의 초창기에 W. Wilson, L.D. White 등에 의하여 정치행정이원론의 입장에서 규정된 것이며, 행정을 공공사무의 「관리」 즉 이미 수립된 정책이나 법령의 구체화를 뜻하는 것으로 보고 있어 행정과 경영간의 본질적인 차이를 인정하지 않는다.[8] 이 학설을 주장하는 학자들을 소위 기술적 행정학파라고 부른다.

(2) 통치(정치)기능설　이 학설은 행정의 본질을 행정과 정치의 밀접한 상관관계에서 구하고 있으며 정치행정일원론의 입장에서 행정이 정책의 구체화뿐만 아니라 적극적으로 정책결정기능이나 입법기능까지 담당하는 것이라고 본다. 1930년대 후반부터 Dimock, Appleby 등이 주창하기 시작한 이론으로서 행정과 경영의 차이를 인정하려고 한다.[9] 이 학설을 주장하는 학자들을 소위 기능적 행정학파라고 부른다.

(3) 행정행태설　이 학설은 행정행태를 중요시하는 사회심리학적 행정개념으로서 행정을 협동적 집단행동으로 본다. 행정행태설은 행정의 과정면에 중점을 두므로 행정과 경영간의 본질적 차이를 인정하지 않는다. 행정의 과학적 연구를 위하여 가치판단의 개입을 배제하고 행정의 연구에 있어서 인간의 행동자

---

7) 박동서, 전게서, pp. 66～67; 김규정, 전게서, pp. 10～11; 신두범, 『행정학원론』, 박영사, 1997, pp. 7～10. 그 밖에 정책화기능설을 별도로 드는 견해가 있으나 통치기능설의 범주에 포함시킬 수 있을 것이다.

8) Leonard D. White, *Introduction to the Study of Public Administration* (New York: Crowell Collier & Macmillan, 1955), p. 5.

9) Paul H. Appleby, *Policy and Administration* (University of Alabama Press, 1949), p. 170. Dimock은 '통치는 정치와 행정 즉 정책의 형성과 집행으로 이루어지며 이 양자는 서로 협조적인 관계에 있다' 고 하였다.

체를 경험적·실증적으로 연구하려고 한다. 이 설은 행정관리설과 상당히 유사하나 인간의 협동적 집단행동과 행정연구의 과학화를 중요시하였다는 점에서 그 차이점을 인정할 수 있다. 대표적인 학자는 Simon이며 1940년대에 제창되었다.[10]

(4) 발전기능설 이것은 1960년대에 이르러 M.J. Esman, E.W. Weidner 등 발전행정론자에 의해 제창된 학설로서 행정을 다만 정책형성 및 집행이라는 기능으로서 파악하는 데 그치지 않고 나아가 국가의 발전목표설정에 적극 참여하여 이에 일치되는 발전정책 및 발전계획의 형성을 주도해 나가는 것으로 보고 있다.[11] 발전기능설은 행정이 급변하는 정치·경제·사회·문화 등의 모든 측면에서의 새로운 여건에 적응하기 위하여 능동적·적극적으로 발전정책 및 발전계획을 형성하고 집행하려는 것이라는 점과 행정의 변동대응능력을 강조하는 점에서 통치기능설과의 차이를 인정할 수 있다.

(5) 거버넌스(governance)설 행정을 governance로 보는 견해가 행정학자들 사이에 확산되어 가고 있다. 이러한 행정 개념의 변화는 행정을 governance이 차원에서 보려는 여러 학자들의 논의에서 뚜렷이 나타나고 있다(Salamon, 1989; Osborne & Gaebler, 1992; Peters & Savoie, 1992; March & Olsen, 1995).

거버넌스(governance)에 대한 개념 정의는 학자에 따라 다양하게 내려지고 있으나 일반적으로 새로운 국가통치방식 또는 정부, 기업, 시민단체(NGO), 전문가, 언론등 다원적 주체들간의 협력적 통치방식을 의미하는 협치(協治)라 할 수 있으며 혹은 국정관리라고도 한다.

종래의 government가 공식적 권위에 의하여 다스리는 것 즉 정부중심의 국정운영을 의미하는 반면 governance는 사회문제를 해결하거나 정책을 결정할 때 정부가 일방적으로 결정하고 문제를 해결하는 것이 아니라 정부와 시민사회가 함께 참여하여 정책을 결정하고 문제를 해결하는 것이다. 예컨대 지역자율방범대를 통하여 경찰서비스(치안)의 공동생산이 이루어지는 경우이다.

이 학설의 중요한 이념은, 전통적인 행정이 지식기술, 전문화, 실적공무원, 기관형성, 행정과학, 공익의 전제 등을 강조하는데 비해, 정부의 조타(steering)역할, 계약에 의한 정부권한의 사기업에의 양도, 경쟁촉진, 사기업과의 협동작업과 참

10) H.A. Simon, *et al., Public Administration* (New York: Knopf, 1956), pp. 3~4.

11) Milton J. Esman, *The Politics of Development Administration*(CAG, ASPA, 1964), pp. 10~20.

여, 사업중심 운영, 고객중심, 시장논리와 민간화(privatization), 외부자원이용을 위한 계약, 거래비용의 논리, 문제의 쟁점망(issue network)을 강조하고 있다.[12)]

거버넌스의 가장 중요한 특징은 중앙정부, 지방정부, 정치적 · 사회적 단체, NGO, 민간 조직 등의 다양한 구성원들로 이루어진 네트워크를 강조한다는 사실이다. 다양한 참여자로 구성된 네트워크 상황은 참여자들이 상호독립적이라는 것을 의미한다. 그러나 모든 구성요소들이 상호독립적이라는 것이 모든 참여자가 동등하다는 것을 의미하는 것은 아니다. 특히 정부는 전통적 정부처럼 우월한 것도 아니고, 항상 동등한 입장도 아니다. 즉 정부는 기본적으로 동등한 입장에서 전체 네트워크를 관리하는 조정자의 입장에 있다고 하여야 할 것이다.

이러한 네트워크 구조의 영향으로 정부와 사회의 역할분담의 균형점이 이동하고 있다. 즉 전통적인 하향적이고 집권적인 조향에서 사회의 자기조향 능력(self-steering capacity)이 강조되고, 공동규제(co-regulation), 공동조향(co-steering), 공동생산, 공동지도(co-guidance)가 강조되는 방향으로 이동되고 있다.

거버넌스는 신공공관리론(new public management)의 대두와 더불어 등장한 전통적 행정개념에 반대되는 새로운 학설이나 신공공관리론과 동일한 것은 아니다.

government는 국가 · 정부의 통치기구 등의 조직체를 가리키는 경우가 일반적인데 반하여 governance는 지역사회로부터 국제사회에 걸치는 여러 공공조직에 의한 행정서비스 공급체계의 복합적 기능에 중심을 두는 포괄적 개념으로 파악할 수 있으며 통치 · 지배보다는 경영의 뉘앙스가 강하다.[13)]

---

12) 윤우곤, "행정과 경영의 비교 연구," 「한국행정학보」, 제32권 제4호, 1998, pp. 10 ~ 11.

13) 거버넌스이론은 사회과학 분야의 다양한 이론적 토대를 기반으로 새롭게 형성되고 있는 이론이다. 이 때문에 개념 자체가 다접근성과 다차원성으로 인한 복합성을 지닌다. 그러나 거버넌스를 새로운 패러다임으로 보아 국가중심, 시장중심 및 시민사회 중심 등 서로 다른 이론들을 통합하는 하나의 패러다임으로 본다면 거버넌스이론의 이론적인 다양성을 인정할 수 있을 것이다. 거버넌스이론의 한계를 극복하기 위해서는 첫째, 거버넌스의 주체인 행위자 또는 참여자를 정부, 민간, NGO 등 비정부조직, 국제체제 등으로 보거나 국가, 시장, 시민사회 세계체제 등으로 보면서도, 그 분석 대상과 수준을 개인, 집단, 조직, 기구, 체제 등으로 다양화하여 행위자의 다양한 측면을 수용할 수 있도록 해야 한다. 둘째, 관계는 주체간의 공유된 가치나 목적 위에 지속적이고 안정된 상호작용을 이룰 수 있는 연계활동이나 제도로 나타난다. 비록 행위자들이 서로 다른 논리나 가치를 지니고 있더라도 공동의 목적이나 가치를 이룰 수 있는 부분이 존재하여야 한다. 주체간에 갈등을 해소하고, 협력증진, 공동생산 등을 이룰 수 있는 연결고리가 있어야 한다. 이는 거버넌스를 유지시키는 체제와 제도라는 정태성과 이를 신축적으로 변형시킬 수 있는 동태적인 성격을 동시에 지닌다. 셋째, 거버넌스의 대상을 무엇으로 어디까지 할 것이냐의 문제이다. 이는 국가와 정부의 역할, 기업 및 시민사회의 역할, 그리고 국제체제의 역할을 어떻게 하고 새로 만들어진 거버넌스체제가 무엇을, 왜, 어떻게 할 것이냐의 문제에 대한 합의를 필요로 한다(김석준 외 3인, 『뉴거버넌스연구』, 대영문화사, 2000, pp. 58 ~ 60).

Ⅲ. 행정개념의 내용(특징)

이상에서 살펴본 바와 같이 행정의 개념은 시간적·공간적 차원이나 정치문화의 특징에 따라 유동적이며 논자의 시각에 따라 광범위한 행정현상 중 한 부문인 관리·정책·행태·발전기능 중 어느 것을 중시하느냐에 따라 개념규정이 달라져 왔음을 알 수 있다. 더구나 현대국가에 있어서는 행정의 대상범위가 비약적으로 확대되고 다수의 변수를 내포하고 있는데다 다양성·복잡성과 문화적·환경적 제약성을 안고 있으므로 시공을 초월한 보편적인 행정개념은 성립이 어렵다고 하겠다.

따라서 현재 가장 타당하다고 생각되는 개념정의를 해본다면 행정이란 정치권력을 배경으로 공공정책의 형성 및 구체화를 이룩하는 공공성을 띤 인간의 협동적인 집단행동이라 할 수 있겠다.[14)]

이러한 개념정의에는 다음과 같은 특징이 내포되어 있다고 하겠다.[15)]

1. 권력성

행정은 정치권력을 배경(수단)으로 한다. 행정은 정도의 차이는 있으나 정치권력에 의한 강제력과 정치적 상징조작에 의한 정당성(legitimacy)이 뒷받침되어야 한다.

2. 공공성과 공익

행정은 공공적 성격에 의하여 특징지어진다. 공공성의 개념은 사회통합의 상징으로 이해된다. 행정은 공공성을 가진 이익, 즉 공익을 실현시키기 위한 작용이다. 공익은 모든 국민이 공유하는 가치와 기준이며 특수한 사익에 우선한다. 행정인은 중요한 결정을 내리는 경우 객관적으로 공익을 결정하게 되며 공익을 추구하여야 한다.

14) 박동서, 전게서, p. 68; 김규정, 전게서, p. 12.
15) 박동서, 선게서, pp. 68~69; 김규정, 전게서, p. 13.

3. 정책결정과 집행

행정은 공공정책을 결정하고 그것을 집행한다. 행정은 본질적으로 정치성을 내포하고 있으며 행정과정과 정치과정은 현실적으로 중첩되고 있다고 보아야 한다. 정책결정에는 소극적인 갈등의 조정과 적극적인 발전정책의 결정을 내포한다. 행정은 공공의 목적과 이익을 실현하기 위한 행동방안을 선택하고 결정하며, 그것을 구체적인 상황에 맞추어 집행하고 실현한다.

4. 협동적 집단행동

행정은 협동적인 집단행동이다. 즉 행정은 특정한 목표를 달성하기 위하여 두 사람 이상이 집단을 이루어 협동적 활동을 하는 것이다. 협동적 행동이 되기 위해서는 가령 혼자서는 굴릴 수 없는 큰 바위를 두 사람이 서로 뜻과 힘을 모아서 굴리는 경우처럼 공통적인 목표를 지향하여 노력하려는 목표에의 합의가 먼저 이루어져야 한다.

5. 합리성

행정은 합리성(rationality)을 추구한다. 합리성이란 목표에 대한 수단의 적합성을 말한다. 행정은 달성해야 할 가치 혹은 목표를 정해 놓고 그것을 달성하기 위한 수단을 마련해야 한다. 그런데 수단은 목표실현에 적합한 것, 즉 합리성을 띠는 것이어야 한다. 행정은 공공사무의 관리·집행에 있어서 전체적으로 기술성을 띠고 있으며 최소의 비용과 노력으로 최대의 성과를 달성하려는 합리성을 중요시한다.

Ⅳ. 행정과 경영(공행정과 사행정)

(본장 제2절 참조)

V. 결 어

행정개념을 광의로 파악하여 공사(公私)행정을 막론하고 인간의 집단적 협동행동이라고 할 경우 위와 같은 의미의 행정현상은 지구상에서 인류가 문화생활을 시작한 이래 수천년 동안 존재해 왔다. 현대행정의 원형은 과거 수천년간에 걸친 인류의 문명과 역사의 발자취에서 찾을 수 있다. 고대의 이집트와 로마에는 매우 규모가 크고 체계적인 행정조직과 제도가 존재하였으며, 중국의 역대왕조는 세계에서 가장 발달된 관료제와 행정제도를 면면히 형성하고 유지해 왔다. 중국의 만리장성 축조도 이집트의 피라미드 건설도 행정 없이는 이루어질 수 없었다고 보아야 할 것이다. 행정은 인류가 쌓아 올린 위대한 문명의 초석이었다.

전통적으로 행정은 어떤 나라를 막론하고 사회질서를 유지하는 사회안정기능이나 특정국가사회의 체제를 유지하는 기능에 중점을 두어 왔다. 그러나 20세기 행정국가에 있어서 행정은 국가사회의 체제유지뿐만 아니라 국민의 사회 경제생활에 적극적으로 널리 관여하게 되고 정책결정기능을 수행하게 되었으며 사회적·경제적 변동을 관리하는 역할까지 담당하게 되었다.

특히 우리 나라는 정부수립 이후 근대화를 이룩하는 데 행정이 중추적 역할을 담당하여 왔으며 위로부터의 근대화를 추진해 왔던 집권적 행정체제는 국민생활에 지대한 영향을 끼쳐 왔다.

그러나 근래에 행정의 지나친 비대화, 행정체제의 과부하, 정부의 실패와 작은 정부지향, 행정기능의 축소요구, 대폭적인 민간화지향, 분권지향적인 지방자치의 획기적인 발전, 사회변동에 따르는 국민의식·가치관의 전환과 다양화 등으로 행정의 기능도 새로운 변화의 계기를 맞이하고 있다. 이리하여 전통적 행정에 대한 재검토를 촉진하게 되었다는 점에 비추어 행정개념도 폭넓게 종합적 관점에서 정립되어야 할 것이다.[16)]

---

16) 김규정, 전게서, p. 12.

제 2 절 행정과 경영(공행정과 사행정)

Ⅰ. 서 론

행정이란 국가 또는 공공기관이 공공목표를 달성하기 위하여 행하는 활동을 말하며 경영이란 사기업이나 민간단체가 조직목표를 달성하기 위하여 행하는 활동을 말한다. 일반적으로 전자를 공행정, 후자를 사행정이라고 한다.

앞의 행정개념에서 살펴본 바와 같이 행정, 즉 공행정은 공공적·정치적 측면과 관리적·기술적 측면을 동시에 공유하고 있다고 하겠으며 어느 쪽 측면을 보다 강조하는가 하는 입장에 따라서 양자의 유사점과 차이점은 달라질 것이다.[17)]

즉 행정을 단순한 정책집행의 기술적 과정이나 '경영'(business)의 분야로서만 보려고 했던 정치행정이원론자나 기술적 행정학자들은 행정과 경영의 유사성을 주장한 나머지 그 본질적 차이를 인정치 않으려 했으나, 1930년대 이후 정책형성에 미치는 행정기능의 중요성을 인식한 정치행정일원론자나 기능적 행정학자들은 행정의 독자성과 본질적 특성을 구명하기 위하여 양자의 차이를 명백히 하려고 노력하여 왔다.[18)]

17) 박동서, 전게서, p. 81.

18) 행정과 경영에 대하여 대립되는 양대입장의 주장내용을 소개하면 다음과 같다. W. Wilson, L. Gulick, L.F. Urwick, H. Fayol 등 미국의 고전적 행정학자들은 행정을 정치로부터 격리하는데 초점을 두었으므로 정치를 제거한 나머지 행정이란 경영과 거의 동일한 것으로 간주하고 정치행정이원론의 입장에서, 경영에서 연구된 과학적 관리법이 거의 그대로 행정에도 적용될 수 있다고 하였다. 1930년대 말에 이르러 행정의 정치성이 강조됨에 따라 유사성 강조론이 비판을 받게 되었다. 왜냐하면 행정이란 무엇이냐에 관해 여러 가지 방법으로 정의되고 표현될 수 있지만 하나의 간단한 방법으로는 정치와 경영의 혼혈아라고 할 수 있기 때문이다. 여태까지는 행정에서 정치적인 것을 인위적으로 배제하려고 논의했으므로 경영면이 강조되어 유사론이 우세할 수밖에 없었으나, 이제는 행정기능의 변질, 즉 정치기능·정책결정기능의 내포로 정치면이 강조되었기 때문이

Ⅱ. 행정과 경영의 유사점

행정과 경영은 대규모조직체를 통하여 많은 사람이 협동하면서 목표달성수단으로 기능한다는 점에서 유사성을 띠고 있다.[19)]

1. 협동행위

행정이란 공·사를 막론하고 부여된 목표의 달성을 위한 협동적인 인간의 집단행동이라고 볼 수 있다. 따라서 인간조직에 있어서의 협동(cooperation)의 중요성은 행정에 있어서 가장 핵심적인 요소이다.

2. 목표달성을 위한 수단

행정이나 경영이나 실현하고자 하는 목표의 성격은 다르지만 이러한 목표를 달성하기 위한 수단이란 점에서는 유사하다. 따라서 양자는 언제나 그들이 추구하는 목표 위주로 구조 운영방침을 결정하게 된다.

3. 관리기술

행정과 경영은 그 관리기술면에서 유사하다. 조직에 있어서 어떻게 하면 인적·물적 자원을 효율적으로 사용·관리하는가 하는 것이 주된 관심사항이다. 그러므로 양자는 조직관리, 인사관리, 재무관리, 통제, 기획 등에 있어서 매우 유사하다.

4. 관료제적 성격

공·사행정은 주어진 목적을 효과적으로 달성하기 위하여 계층제적인 관료제 조직 형태를 가지고 있다. 즉 행정이나 경영은 전문화·계층제·분업과 비정의성 등을 특징으로 하는 관료제적 성격을 띠고 있다는 점에서 유사성을 가진다. 따

다. 이러한 정치행정일원론의 입장에 선 학자로서는 P. Appleby, H. Finer, W.S. Sayre 등을 들 수 있다. 박동서, 전게서, pp. 81～82 참조.

19) 박동서, 전게서, pp. 83～84; 신상준, 전게서, pp. 32～33; 김규정, 전게서, pp. 15～16; 신두범, 전게서, pp. 11～14; 유종해, 『현대행정학』, 박영사, 1997, pp. 18～19.

라서 양자는 관료제에 내포되는 합리적 측면과 병리적·역기능적인 비합리적 측면을 아울러 가지고 있다.

Ⅲ. 행정과 경영의 차이점

행정이나 경영이 다같이 공동목표 달성을 위한 인간의 협동적인 집단행동인 점에서 본질적으로 동일한 것임에도 불구하고 일반적으로 여러 가지 점에 있어서 그 차이가 있다고 지적된다. 다만 여기서의 차이점은 상대적인 차이점이다.

이러한 차이가 있게 되는 근본적인 원인은 행정이 지니고 있는 공공성과 정치권력성에 있다고 하겠다.[20]

1. 목 적

행정은 공익을, 경영은 사익(이윤)을 추구한다. 행정은 공익을 가치의 최고판단척도로 삼고 질서유지·공공복리 등 광범하고 포괄적인 다원적 목적을 추구하지만 경영은 이윤추구라는 일원적 목적을 주로 지향하고 있다.

2. 권력수단의 유무

행정과 경영은 권력수단의 유무에 차이가 있다. 행정은 강제력과 권력수단을 가지고 있으나 경영은 그렇지 않다. 따라서 행정의사는 강제집행수단을 통해서 혹은 제재를 가함으로써 그 실현이 보장된다.

3. 법적 규제

행정과 경영은 그 활동에 대한 법적 규제면에 있어서 차이가 있다. 즉 행정은 경영보다 더욱 엄격한 법적 규제를 받는 데 비하여 경영은 정관이나 규정에 따라서 사무를 처리한다 하더라도 행정기관의 경우에 있어서처럼 엄격하지 못하다. 예컨대 행정기구의 신설, 공무원 정원의 증원 등에도 법을 개정해야 가능한 것이다. 그런데 경영에는 그와 같이 엄격한 규제는 없다.

---

20) P.H. Appleby, *Big Democracy* (University of Alabama Press, 1949), p. 12.

4. 정치적 성격

행정과 경영은 정치적 성격에 있어서 차이가 있다. 경영은 정치로부터 분리될 수 있으나 행정은 본질적으로 정치성을 내포하고 있으며, 국민, 정당, 이익단체 등의 통제·감독·비판을 받게 된다. 뿐만 아니라 행정관은 의회 및 집권당의 정책수행을 위해서 임명된 정무관들의 지휘를 받아야 하며 그들과 협력해야 한다. 유능한 행정가가 되려면 공공정책에 영향을 미치는 정치적 요인을 예의주시해야 하며, 그들의 정치적 지도자들과 원활한 관계를 유지해야 한다.

5. 평등성

행정과 경영은 대상에 대한 평등원칙의 적용범위에 있어서 차이가 있다. 행정은 모든 대상에 대하여 법 앞에 평등이라는 규범이 강하게 적용되지만 경영에서는 원칙적으로 모든 고객에게 평등원칙을 적용할 필요는 없다.

6. 활동범위와 영향력

행정은 그 기능이 광범위하고 관할구역이 포괄적이어서 그 영향력도 영토내의 모든 조직과 개인에게 미치는 데 대하여, 경영은 그 기능이 일정 물품이나 용역의 생산 또는 판매 등에 한정되어 있으므로 영향력도 주로 경제활동면에 그친다.

7. 독점성

행정은 일반적으로 독점적 형태를 취하여 경쟁대상이 존재하지 않는 데 반하여 경영은 자유시장경제의 원칙이 지배하여 독점성을 갖기가 어렵다.

Ⅳ. 결 론

공·사행정간의 여러 차이점에도 불구하고 현대국가에 있어서 공적 영역과 사적 영역의 상대적 구분이 다소 불명확해지는 경향이 있다. 특히 근래에 감축관리·구조조정·경쟁력강화·민간화 등의 요구가 경영으로부터 행정에 강하게 제기되고(신공공관리론) 경영학도들이 조직관리의 이론발전을 통하여 양자간의 유사성을 강조하는 경향이 있으며 공사(公私)경제의 혼합성이 높아지면서 소위 제3영역[21](the third sector)의 등장으로 양자간의 상호긴밀한 협조관계가 요구되고 있다. 앞으로 양자의 차이점은 더욱 감소될 것으로 전망된다.[22]

제 3 절 정치와 행정

Ⅰ. 서 론

행정은 본질적으로 두 가지의 이질적인 성격을 공유하고 있다. 하나는 정치적 성격이며 또 하나는 기술적·관리적 성격이다. 이 두 가지는 현실의 행정으로부터 어느 것도 제외할 수 없는 본질적 요소이기도 하다. 행정학 성립초기의 전통적 행정이론은 행정의 기술적 성격만을 인정하고 정치는 가치목적 설정작용이고 행정은 가치목적 달성을 위한 수단작용으로 구분하여 행정을 정치로부터 엄격히 구별하는 정치행정이원론(정치행정분단론)의 입장을 취하였으나, 오늘날의 행정이론은 행정의 정치적 성격을 인정하고 행정이 정치와 밀접한 관계를 가지고 기능적으로 연결되는 일원적 과정으로 파악하는 정치행정일원론의 입장을 취하고 있다.

정치와 행정의 상호관계에 관한 미국행정학의 이론적 추세를 보면 정치가 우

21) 제3섹터란 공기업의 한 유형으로서 공·사혼합기업 또는 민·관 공동출자기업이라고도 한다. 일반적으로 공익을 추구하는 공공부문(the public sector)인 제1섹터와 이윤 또는 이익을 추구하는 민간부문(the private sector)인 제2섹터와 결합된 형태라고 말할 수 있다. 우리 나라에서는 대체로 제3섹터를 "지방자치단체(50%미만 출자)와 민간이 공동으로 출자하여 공동으로 운영하는 사업"으로 많이 사용하고 있다.

22) 박동서, 전게서, p. 87; Jerome B. Mekinney and Lawrence C. Howard, *Public Administration* (Oak Park Moor, 1979), p. 50.

위를 차지하였던 엽관주의시대가 후퇴한 1880년대에 정치행정이원론(기술적 행정학)이 성립된 이후 1940년대 전후를 고비로 이원론이 비판받으면서 정치행정일원론(기능적 행정학)이 주류를 형성하고 있다.

다만 1940년대 중반에 가치와 사실을 엄격히 구별하는 논리적 실증주의에 입각한 행태론적 이원론(새 이원론)이 대두된 바 있고, 1960년대에 들어서서 신생국 발전을 위한 행정의 적극적 역할과 관련하여 일부 행정학자들에 의하여 행정우위론(새 일원론)이 전개되었다.

Ⅱ. 정치행정이원론(기술적 행정학)

1. 정치행정이원론의 성립배경과 내용

W. Wilson이 「행정의 연구」(The Study of Administration, 1887)라는 논문을 발표한 때로부터 1940년에 이르기까지를 정치행정이원론, 즉 기술적 행정학이 지배하던 시기로 볼 수 있다.

이 시기에 있어서의 미국 행정학은 엽관주의(spoils system)[23]의 극복이라는 시대적 요청에 호응하여 정치행정이원론의 입장에서 능률 중시의 기술체계로서 행정을 파악하였다. 그 이유는 당시 엽관주의로 인하여 행정에 대한 정치의 간섭이 행정으로 하여금 독자적 기능을 발휘할 수 없게 하였으며, 이에 따른 행정의 낭비와 비능률로부터 행정의 전문성과 기술성을 보장하기 위해서는 행정을 정치로부터 분리시킬 필요가 있었던 것이다.[24]

이와 같이 정치(정책형성)와 행정(정책집행)을 구별하여 정치는 행정의 고유영역에 간섭하지 말아야 하며 행정을 정치가 형성한 의사에 따라 그것을 충실히 집행하는 기술적 과정으로 파악하고 행정수단의 기술적 합리성을 연구의 대상으로 하여 이른바 기계적 능률을 주장하였는바 이들을 기술적 행정학파라고 부른다.[25]

---

23) 엽관주의에 대해서는 제4편 제1장 제2절 참조.

24) 신두범, 전게서, pp. 14~18; 김규정, 전게서, p. 28; 신상준, 전게서, pp. 30~31; 박동서, 전게서, pp. 137~139.

25) W. Wilson의 위 논문에서 "행정의 분야는 경영의 분야(business field)이며 행정은 정치의 고

요컨대 정치행정이원론(기술적행정학)은 정치와 행정을 엄격히 구별하고 행정의 수단성과 기술성을 강조하여 행정을 국가의사를 집행하는 기술적 과정으로 파악하고 그 기술적 합리화와 능률화의 원리를 실현한다는 기본이념 위에 성립된 것이라 하겠다.

2. 정치행정이원론의 영향과 그 비판

정치행정이원론의 성립이 미친 영향으로 다음과 같은 점을 지적할 수 있다.[26)]

첫째, 정치행정이원론은 행정을 정치로부터 단절시킴으로써 새로운 독립된 학문으로서의 행정학을 발전시키는 데 이론적 기반을 조성하였다.

둘째, 목적가치의 판단과 관련되는 정치를 배제하고 행정을 전적으로 수단적·기술적 기능으로 고찰함으로써 행정의 관리와 기업경영의 동질성을 인정하는 공사행정일원론이 제기되었다. 이리하여 과학적 관리법을 행정분야에 적용함으로써 행정능률을 향상시키려는 운동이 전개되었다.

셋째, 정치적 영향력이 작용하는 엽관주의(정실주의)를 지양하고 실적주의의 확립을 가져왔으며 공무원의 정치적 중립성 및 신분보장에 공헌하였다.

그러나 정치행정이원론은 다음과 같은 비판을 받고 있다.

첫째, 행정을 관리면에서 파악하여 다만 수단으로 삼고 있는데, 사실상 목적없는 수단 또는 가치를 도외시한 기술은 무의미하다. 그것은 정치(목표)가 주어진 것임을 전제로 하지만, 만일 정치(목표)가 나쁜 것이라면 행정은 그와 같은 나쁜 정치(목표)를 능률화하는 데에도 기여하게 될 것이다.

유영역 밖에 존재하는 것이며, 행정의 문제는 정치의 문제가 아니다"라고 주장한 것은 정치행정이원론을 적절히 표현한 구절이라 하겠다. W. Wilson은 「정치와 행정의 구별」외에, 「헌법문제와 행정문제의 구별」을 동시에 강조하였다. 그에 의하면, 「공행정은 공법의 상세한 그리고 조직적인 집행」이라고 한다. Woodrow Wilson, "The Study of Administration," in *Korean Association for Public Administration* (Seoul: Da San Publishing Co., 1980), pp. 19~25 참조. 또한 W.F. Willoughby는 그의 저서 『행정의 제원리』(*Principles of Public Administration*, 1927)에서 오늘날 통치문제의 초점이 민중의 의사가 형성·표현되는 선거 및 입법부문의 조직 작용으로부터 이미 결정된 의사가 현실적으로 집행되는 행정부문의 조직·작용에로 옮아가고 있다고 하면서 "우리가 당면한 과제는 현실의 행정(administration of governmental affairs)에 있어서 절약과 능률(economy and efficiency)을 확보하는 것"이라고 강조하였다. W.F. Willoughby, *Principles of Public Administration* (Washington, D.C.: Brookings Institution, 1927), p. viii.

26) 박동서, 전게서, pp. 138~139; 신상준, 전게서, pp. 30~32; 신두범, 전게서, pp. 14~18; 김규정, 전게서, p. 28.

둘째, 현대국가의 행정과정에서 자유재량이나 정책결정을 행하는 범위가 확대되고 있는 경우에는 목적의 선택뿐만 아니라 수단의 선택에서도 가치판단이 당연히 개입된다. 따라서 정치(정책형성)와 행정(정책집행)을 분리시켜 생각하는 것은 무의미하다.

셋째, 행정의 진정한 효과성을 보장하는 것은 수단의 기술적 합리성(기계적 능률)만으로는 충분하지 않으며 사회적 욕구를 충족하는 사회적 능률이어야 한다.

Ⅲ. 정치행정일원론(기능적 행정학)

1. 정치행정일원론의 성립배경

1929년의 세계대공황과 1941년의 제2차 세계대전을 겪으면서 행정기능에 있어서 일대 질적 변화가 일어남에 따라 정치행정이원론은 비현실적인 것으로 지적되고, 정치와 행정은 상호 연속과정으로서 이해되었다.

미국에 있어서는 1929년부터 시작된 경제공황으로 말미암아 대량의 실업자가 쏟아져 나왔으며 이는 미국경제에 대한 정부의 역할을 증대시켰고, 또한 1941년에 일어난 제2차 세계대전으로 인하여 경제적·사회적 변동과 더불어 산업사회의 대정부의존도가 더욱 높아졌고 그에 따라 행정의 정치적 기능은 더욱 증대되었다.[27] 이리하여 행정과 정치와의 상관관계를 중시하게 되었고, 행정을 정치적 기능면에서 파악하려는 이른바 기능적 행정학파가 대두하게 된 것이다.[28]

2. 정치행정일원론의 내용

정치행정일원론은 정치와 행정의 관계를 연속적·일원적으로 파악하여 정치와 행정의 긴밀한 관계 및 상호중첩을 강조한다. 특히 행정의 정책적·정치적 기능을 중시한다. 오늘날의 행정학이론은 거의 대부분 정치행정일원론의 입장에

27) 행정권에 의한 위임입법의 급증, 행정재량 범위의 확대, 입법과정에 있어서의 입법부의 행정부에 대한 의존관계의 강화, 광범한 정책결정권을 가진 각종 행정위원회의 설치 등으로 행정의 정치적 기능은 무시할 수 없는 중대한 사회적 의의를 띠게 되었다. 우리 나라의 경우 국회통과 법률안 중 행정부안이 압도적으로 많은 것을 볼 때 행정부는 집행기관일 뿐만 아니라 정책결정에도 크게 참여하고 있음을 알 수 있나. 백완기, 『행징학』, 박영사, 1998, p. 10 참조.

28) 신두범, 전게서, pp. 14～18; 신상준, 전게서, pp. 30～32; 박동서, 전게서, pp. 139～140.

서 있다.

M.E. Dimock은 정치행정이원론의 결함을 지적하면서 「정치와 행정의 지나친 분리로 말미암아 행정을 비현실적인 것으로 만들어서는 안된다. … 통치는 정치와 행정, 즉 정책형성과 정책집행으로 이루어지며, 이 두 개의 과정은 배타적이라기보다 협조적이어야 한다」[29]고 정치행정일원론을 강조하였다.

행정의 정치적 성격을 가장 강조한 학자인 Appleby는 『정책과 행정』(*Policy and Administration*, 1949)이라는 저서에서 정치와 행정의 밀접한 관계를 잘 파악하였다. 그는 정치와 행정의 현실을 양자의 혼합으로 보면서 행정과정에서 불가피한 입법적·사법적 결정이나 입법을 위한 법률안의 작성 등과 같이 정책결정은 행정과정에서도 이루어진다고 지적하였다.[30]

요컨대 기능적 행정학파에 의하면 오늘날 행정부 제안법률안의 증가 및 행정과정에 있어서 자유재량과 위임입법의 증가에 의해서 행정은 여러 단계에서 정책의 결정에 참여하게 되고 이 경우 목적의 선택에 있어서 뿐만 아니라 수단의 선택에 있어서도 당연히 가치판단이 필요하다는 것이다.[31]

Ⅳ. 새 이원론과 새 일원론

1. 새 이원론(행태론)

이것은 1940년대에 H.A. Simon을 중심으로 한 행태론자들에 의해 제기된 새로운 이원론으로서 그들은 논리적 실증주의에 입각하여 「가치와 사실」을 준별하면서, 행정의 연구에 있어서는 정책결정 등과 같이 가치판단을 요하는 것은 배제하고 다만 논리나 과학으로 입증 가능한 사실문제에만 행정의 대상을 국한하여야 한다고 한다. 그러나 이것은 과거의 정치행정이원론처럼 행정의 정책결정

29) M. E. Dimock, *Modern Politics and Administration* (New York: American Book Company, 1937), p. 243.

30) Paul H. Appleby, *Policy and Administration* (Alabama: University of Alabama Press, 1949), p. 25.

31) 정치행정일원론에 있어서는 대다수의 학자가 상대관계론의 입장을 취하지만 행정의 정치에 대한 절대적 우위를 인정하여 행정이 종래의 정치기능을 대체할 가능성이 있다는 절대관계론을 주창하는 학자도 있다. 정치에 대한 행정의 절대관계를 주장하는 입장으로서는 Max Lerner의 정부책임론이나 James Burnham의 관리혁명론을 들 수 있다. 신상준, 전게서, p. 31 참조.

기능과 같은 가치판단적인 것을 부인하는 것이 아니라, 단지 행정의 과학화를 위하여 모든 문제를 가치판단적인 것과 사실적인 것으로 논리상 구분하여 행정 연구의 대상을 후자에만 한정하여야 한다는 것을 뜻한다.[32)]

2. 새 일원론(발전론)

이것은 1960년대에 접어들어 E.W. Weidner, M.J. Esman 등 발전행정론자들에 의해 주장된 행정우위론으로서 종래의 일원론의 입장보다 보다 적극적으로 국가발전목표의 설정에 참여하고 그에 따른 발전정책 및 발전계획의 형성과 집행을 행정이 주도할 뿐만 아니라 신속한 발전을 이룩하기 위해서는 정치·경제·사회 등 각 부문의 발전을 선도하는 행정이 선도적 역할을 담당해야 한다는 것이다.[33)] 그러나 이와 같은 행정우위론은 행정이 앞장서서 정치를 이끌어 나가거나 또는 대행하는 데까지 발전하고 있으므로, 다시 말해서 행정이 정치적 기능도 담당한다는 과거의 정치행정일원론에서 한 걸음 더 나아가 이제는 행정이 정치를 직접 유도하고 이끌어 나가므로 여기서는 반드시 행정관료의 능력·정당성·책임성 등의 보장이 선행되어야 한다는 것이다. 이와 같이 행정이 발전목표를 달성하기 위하여 정치·경제·사회를 유도해 나갈 수 있다는 행정우위론은 특정국가의 관료제가 어느 정도 민주성·책임성·합리성 등을 내포하고 있는가의 여부에 따라 그 성패가 달렸다고 보아야 할 것이다.[34)]

---

32) 신두범, 전게서, pp. 14~18; 박동서, 전게서, p. 141; 유종해, 전게서, p. 14; 김규정, 전게서, p. 28. 행태론에 관해서는 본편 제2장 제4절 참조.

33) M.J. Esman, "The Ecological Style in Comparative Administration," *Public Administration Review*, Vol. 27, No. 3 (September 1967), p. 275. 발전행정론에 대해서는 본편 제4장 제3절 참조.

34) 따라서 정치발전이 부진한 국가에서는 관료주의화하여 기대되는 성과를 올리지 못할 뿐만 아니라, 또 하나의 귀중한 가치인 시민적 자유를 상실하기 쉽다는 비판을 받고 있다. 우리 나라는 1960년대 후 행정 주도로 경제발전은 이룩했지만 민주성·책임성의 정도가 높지 못한 행정부의 비대화와 이에 의한 권력의 남용, 인권의 침해, 자유의 억압 등 쓰라린 역사를 가지고 있기 때문에 이러한 비판은 우리의 경우 너무나 전형적인 대상국이 된다 하겠다. 박동서, "한국의 관료제와 정치발전," 『한국정치학회보』, 제11집, 1977, p. 71 참조.

V. 결 론

1. 정치·행정의 바람직한 관계

이상에서 정치와 행정의 관계에 관한 이론적인 변천을 시대에 따라 고찰하였는데 이러한 이론의 변화 뒤에는 다분히 정치적인 요인이 작용했다 하더라도 행정 자체의 입장에서 보면 큰 변화를 발견할 수 있다.[35] 즉, 행정의 영역을 정치의 침입으로부터 보호하기 위하여 정치로부터 도피(독립)를 주장하던 입장으로부터 벗어나 오히려 거꾸로 행정이 정치적 기능까지도 같이 담당하겠다고 나서게 된 것이다.

심지어 한 걸음 더 나아가 비록 신생국을 대상으로 하는 것이라 하더라도 오히려 정치를 리드하거나, 직접 대행(대체)하겠다는 데까지 이르고 있다.

하여간 오늘날 모든 행정은 정치적 환경 속에서 수행되며 행정은 본질적으로 정치성을 내포하고 있다. 행정은 정치체제를 유지하고 정치권력의 뒷받침을 받으며 행정인은 정치적 역할을 수행하고 가치를 선택하며 정책결정에 큰 영향력을 미치고 있다. 현실적으로 정책을 집행하는 행정인이 바로 정책의 창출, 입안, 결정을 담당하고 있는 것이다. 정치와 행정은 양분될 수 있다기보다 연속관계를 형성하고 있고 행정과정은 정치과정과 중첩되고 있으며 넓은 의미의 정치과정 속에 내포되어 있다고 볼 수 있다.[36]

아무리 행정의 전문성·관리성·기술성을 강조한다 할지라도 행정은 정치의 울타리와 영향력에서 벗어날 수 없을 것이다. 그러므로 정치의 민주화가 일어나지 않는 곳에서 행정의 민주화를 기대하기 어렵다. 즉 민주정치가 없는 곳에서 민주행정을 바랄 수는 없는 것이다.

나아가 정권의 교체(여야간 수평적 정권교체)가 일어나지 않는 곳에 행정의 국민에 대한 봉사성이나 공무원의 정치적 중립성을 기대하기 어렵다. 왜냐하면 권력이 교체되지 않는 곳에서 행정은 반드시 권력의 수단으로 전락하고 말기 때문이다. 여기서 정권의 교체성은 공무원의 정치적 중립과 직결되어 있다고 할

35) 박동서, 전게서, pp. 142~143.
36) 김규정, 전게서, pp. 27~29; 백완기, 전게서, pp. 68~70.

수 있다.

결론적으로 정치와 행정이 연속과정이면서도 그 역할이 구별되고 행정의 고유영역과 민주성 및 자율성을 확보하기 위해서는 정치권력의 구축과정이 정당성을 띠고 정권의 교체가능성이 보장되어야 한다. 정권이 교체되지 않는 일당지배체제하에서 행정의 민주성·자율성·봉사성·책임성을 기대하기는 어렵다 할 것이다.

2. 우리 나라에 있어서의 정치와 행정

한편 우리 나라에 있어서 정치와 행정에 대한 법적·공식적 제도는 정치행정이원론의 틀에 가까웠으나 실제로는 행정우위일원론적 성격의 심한 형식주의가 노정되어 왔다고 할 수 있다.[37)]

정치발전수준이 낮아 강력한 행정능력에 대한 국민의 통제력이 취약하였으며 행정의 책임성이 확보되지 못하였다.

민주적 통제를 거의 받지 않는 강력한 중앙집권적 권력구조하에 행정이 고도의 정치적 기능을 수행하여 왔다. 사실상 행정과 정치의 기능이 미분화된 채 정치체제에 대한 행정체제의 압도적 우월화의 상황이 지속되어 왔다.

이제 우리 나라는 국가발전을 위하여 민주주의와 정치발전이 희생당했던 쓰라린 과거를 청산하고 민주주의와 시장경제가 병행발전한 가운데 보다 정치참여가 확대·심화되어야 할 것이며 특히 지방자치의 발전으로 민주주의의 꽃을 피울 수 있어야 할 것이다. 강력한 행정관료제에 대한 민주적 통제가 효율화·내실화되고 국민에 대한 책임성이 확립되어야 한다. 행정은 정치의 폭넓은 지도·통제를 받으면서 그 자체의 독자성·자율성을 유지해 나가야 할 것이다. 행정만능주의를 배격하고 지나친 행정의 정치화를 지양하여 행정의 자율성을 확대·강화해 나가야 할 것이다.[38)]

---

37) 오석홍, 『행정학』, 나남 출판사, 1998, pp. 157~158.

38) 김규정, 전게서, p. 29.

제 4 절 행정과 환경

Ⅰ. 서 론

행정환경은 행정을 둘러싸고 있는 주위의 일체를 말하며 사회적 환경의 하위체제로서 정치·경제·문화체제와 상호작용을 한다.[39)]

행정은 환경과 끊임없이 상호작용하면서 환경으로부터 영향을 받아 이에 적응하고 또한 환경에 영향을 미치고 있다. 즉 행정은 환경과의 상호작용을 도외시한 폐쇄체제가 아닌 개방체제로서 환경과의 계속적인 상호작용을 통하여 사람·자원·정보를 투입으로서 환경으로부터 받아들이고 이를 전환과정을 거쳐 산출로서 환경으로 내보내며 다시 환류작용으로 연결된다.[40)]

행정을 정확하게 이해하려면 그를 둘러싸고 있는 환경적 요소들을 이해하지 않고는 불가능하다. 즉 행정자체만을 분석해 가지고는 행정의 실상과 진면목을 파악할 수 없다는 것이다. 여기서 행정에 대한 환경적 요인의 영향을 강조하는 생태이론이나 비교행정이론이 제기되면서 행정에 대한 환경의 영향을 중시하게 되었다.[41)]

1960년대부터 발전론이 대두되면서 행정을 환경의 종속변수로 보는 생태론적 결정론이 비판을 받게 되고 행정의 능동적인 환경변동 및 유도·관리능력이 중시되기에 이르렀다.

---

39) 박응격, 『행정학강의』, 박영사, 1984, p. 47.

40) 김규정, 『행정학원론』, 법문사, 1989, pp. 108~111.

41) John M. Gaus, *Reflections on Public Administration* (University of Alabama Press, 1947), p. 6.

Ⅱ. 행정환경의 유형

행정의 환경은 행정을 중심으로 하는 동심원으로서 파악하여 가장 큰 동심원으로서 사회적 환경, 다음은 경제적 환경, 그리고 행정과 가장 밀접하게 관련되는 정치적 환경으로 대별할 수 있다.[42]

1. 행정과 사회

행정은 사회적 환경 속에서 수행되고 사회적 환경에 의하여 제약되며 사회의 지배적 이데올로기의 영향 아래 있으므로 사회의존성이 강하다고 할 수 있다. 그러나 행정은 사회적·문화적 환경의 제약을 받으면서도 사회변동을 촉진시키고 관리하는 기능을 가지고 있으므로 사회에 큰 영향을 미칠 수 있다.

행정에 작용하는 사회적 요인으로서는 i) 사회분화의 정도, ii) 인구구조, iii) 가치관 대인관계, iv) 집단의 발달정도 등을 들 수 있으나 여기서는 사회분화의 정도와 인구구조에 대해서만 살펴보기로 한다.

(1) 사회분화의 정도　사회구조가 선진화될수록 사회는 계층적·직업적·지역적으로 다양하게 분화된다. 즉, 선진화의 척도 중의 하나가 바로 사회분화의 정도인 것이다. 그런데 사회가 분화된다는 것은 그만큼 행정체제에 대한 요구가 다양해진다는 것을 의미한다. 따라서 행정체제내에서의 정책결정담당자들은 이 다양한 사회집단으로부터의 요구를 반영해야 함은 물론 사회적 안정을 제고할 수 있는 정책을 추구해야만 한다. 그러나 이러한 정책은 각 국가가 처해 있는 상황에 따라 상이한바, 예컨대 미국의 경우 성(性)과 인종에 비례해서 공무원을 임용하는 정책을 쓰고 있다.

(2) 인구구조　인구증가는 전세계적인 현상이며 이에 따라 도시로 인구가 집중하고 새로운 도시들이 형성되고 있는데, 어떤 사회가 도시화되는 비율이 높을수록 상·하수도, 위생, 주택, 교통 등의 여러 도시문제들이 발생한다. 더욱이 인구밀도와 규모가 증가하고 사회적 질서의 상호의존성이 커짐에 따라 전통적인 사회통제는 점점 어려워질 뿐만 아니라 새로운 사회문제에 대처할 사회적 제도

42) 김규정, 전게서(1988), pp. 25~29. 정치·경제·과학기술과 문화를 행정의 환경유형으로 나누어 설명하는 견해가 있다. 백완기, 전게서, pp. 73~77.

가 필요하기 때문에 정부기능과 권력은 다양하게 확대되고 기존의 정부구조를 더욱 합리적으로 재구성할 필요가 생긴다.

2. 행정과 경제

(1) 시장실패와 행정개입 행정은 경제적 환경과 불가분의 관계를 가진다. 오늘날 모든 국가는 국가경제에 대한 책임을 지고 있다. 특히 발전도상국가에 있어서는 행정이 경제발전을 추진하는 데 있어서 결정적인 역할을 담당하고 있다.

영·미는 구라파대륙의 제국과 달리 행정국가화 하기 전에 입법국가시대를 가졌었다. 따라서 이때의 바람직한 행정은 최소의 행정이었으며 행정의 경제활동에의 개입은 극도로 삼가하였으므로 자유시장경제가 빠른 속도로 발전하였고 1929년 세계 경제공황을 맞이하게 되어 소위 시장의 실패를 구제하기 위하여 비로소 행정의 개입이 요청되었던 것이다.[43] 기본적으로 공황이 생산능력의 과잉, 수요의 부족에 있다는 판단과 건국 이래 신조로 지켜 온 자유, 공정한 경쟁의 원칙을 지키기 위하여 뉴딜정책에서 보는 바와 같은 대형 사회간접공사를 하면서 수요의 창출, 소비자의 구매력 증강을 기하는 방법을 주로 택하였던 것이다.

이러한 노력은 심한 공황으로부터 벗어나는 데 어느 정도 공헌하였다. 그 후 6·25전쟁, 월남전 등을 거치면서 행정기능은 엄청난 속도로 확대되었다. 이리하여 행정은 시장실패에 뒤이어 국민경제 전반에 큰 영향을 미치고 광범하게 개입하여 왔다.

(2) 정부실패와 감축관리 월남전 실패에 이어 유가의 폭등은 전세계의 경제를 어렵게 하였던 것이다. 이러한 상황에서 경제의 활성화를 기하는 길은 행정관리를 통한 예산의 삭감, 감세, 이를 통한 사경제의 활성화를 기하는 것이라고 하는 주장이 대두하고 지지를 받기에 이르렀다. 각국에서는 재정위기가 도래하고 정부실패가 부각되면서 경제에 대한 대폭적인 규제완화와 감축관리가 추진되고 있다.

이리하여 다시 한번 시장경제의 원리를 행정에 적용해 보고자 하는 노력이 본격적으로 이루어지기 시작하고 있으며 이러한 예로 감축관리, 감세, 민간화, 민간위탁, 규제완화 등을 들 수 있다.

---

43) 박동서, 전게서, pp. 146~147.

3. 행정과 정치

(1) 정치·행정관계이론의 추세　　정치와 행정의 관계는 행정학이론이 성립될 때부터 기본문제로서 인식되었는데 그 주요한 이론적 추세를 다음과 같이 고찰할 수 있다(본장 제3절 참조).

(2) 정치·행정의 바람직한 관계

(본장 제3절 V. 결론 참조)

Ⅲ. 우리 나라의 행정환경

우리 나라 행정환경의 특징과 전망을 살펴보면 다음과 같다.[44)]

1. 사회적 환경

우리 나라는 아직도 사회의 구조·기능이 충분히 분화되지 않고 있으며 사회체제가 귀속적(ascriptive)·다분파주의적 제1차 집단적 성격을 탈피하지 못하고 유교적·가부장적·권위주의적 전통과 가치관이 지양되지 못하고 있다. 반면 도시화가 빠르게 진행되고 인구의 질적 변동이 이루어지고 있으며 여성의 사회진출이 점점 활발해지고 있다.

교통·통신의 발달, 매스컴의 비약적 발전, 새로운 과학기술의 도입, 컴퓨터의 대량보급 등은 사회구조와 생활패턴에 급격한 변동을 초래하고 있다. 한편 집단이기주의·지역연고주의·지역감정의 심화 확산으로 인한 부작용·반작용 등이 엄청난 영향을 끼치고 있으며 노태우정부 이후 노동조합 세력이 급속도로 강화되면서 노사간의 대립갈등이 심각한 상황에 있다.

우리 나라는 21세기에는 유엔분류에 따라 65세 이상의 인구비율이 7퍼센트 이상을 차지하는 고령화사회에 진입하게 되며 경제활동인구와 출생률은 감소되고 조직구조의 분권화, 평면화, 업무자동화, 정보자료의 집중적 관리에 의한 프라이버시 침해 가능성, 노동의 비인간화 소외, 정보보유계층과 소외계층의 대립 등의 문제에 봉착하게 될 것이고 대량실업을 초래한 IMF 경제난국 이후 노사갈

---

44) 김규정, 전게서(1998), pp. 25~29; 박동서, 전게서, pp. 144~149; 박응격, 전게서, pp. 49~55.

등은 더욱더 격화될 전망이다.

2. 경제적 환경

우리 나라의 경제발전은 1960년대와 1970년대에 정부주도하에 추진되고 1980년대 이후에는 민간주도로 전환되어 추진되면서 국민소득 향상, 수출증가, 경제성장 등에서 괄목할 만한 성과를 거두었다. 그 동안 행정권력과 경제의 밀착 및 정경유착, 사기업의 정부에의 예속화, 행정의 경제에 대한 간섭·통제 등으로 공직의 부패가 심화되어 왔다. 또한 정부주도하의 경제발전에 따라 자기자본의 축적이 거의 없었던 사기업은 정부에 의존하게 되고 합리적인 시장경제의 원칙이 확립되기 어려웠다.

앞으로 한국경제는 i) 경제규모의 팽창, ii) 산업구조의 현저한 변화, iii) 정보산업의 발달, iv) 민간부문의 확대, v) 경제의 개방화·세계화 등으로 나아가면서 행정에 대하여 직접·간접으로 영향을 미치게 될 것이다. 행정은 경제성장에 수반되는 환경오염, 소득격차, 노사분규, 대량실업, 정보기술격차 등을 비롯하여 예상하지 못한 새로운 문제의 해결을 요구받게 될 것이다.

정경유착의 고리를 단절하기 위한 각종 규제개혁 및 공정거래위원회의 기능강화가 요구되고 진정한 자유시장경제의 원칙이 확립되는 가운데 행정과 경제의 상호대등적인 협력관계로의 전환이 이루어져야 할 것이다.

3. 정치적 환경

(본장 제3절 Ⅴ. 결론 참조)

제 5 절 현대국가와 행정의 특징

Ⅰ. 서 론

현대국가에 있어서 행정은 행정국가(administrative state)에서 수행되는 행정이라고 할 수 있다. 현대국가는 선진국이든 발전도상국가이든 행정국가로서 파악된다. 행정국가란 행정권이 상대적으로 우월한 지위에 있는 국가를 말한다.[45)]

행정국가에 있어서 행정은 국가사회의 질서유지뿐만 아니라 널리 국민의 사회 경제생활에 적극적으로 관여하고 있다. 특히 발전도상국가에서는 행정이 사회적·경제적 변동과 발전을 위한 중추적 역할을 담당하고 있다.

Ⅱ. 행정국가의 대두·형성

서구제국에서는 산업혁명과 이에 따르는 자본주의의 급진적인 발전, 과학기술의 발달, 그리고 인구의 급증과 도시화의 진행 등으로 근대사회의 양상이 급변됨으로써 종래의 소극적인 입법국가로서는 이에 대처할 수 없게 되어 행정국가가 대두·형성되는 계기가 마련되었다.[46)]

45) 여기서 행정국가란 입법권이 상대적으로 우월한 지위에 있는 입법국가(legislative state)에 대응하는 개념으로서 권력분립제를 전제로 하여 입법·행정·사법 중에서 행정기능의 확대와 행정권의 강화로 인하여 상대적으로 행정권이 우월한 지위에 있는 국가를 의미하는 것이다. 따라서 본래 정책집행기능만을 수행하였던 행정부가 정책결정기능까지도 담당하게 된 국가를 말한다. 행정국가는 정부가 국민생활의 여러 측면에 개입하는 적극국가를 의미하기도 하며 정부활동의 주요목적을 국민의 복지향상에 두는 복지국가를 의미하기도 한다. 김규정, 전게서, pp. 30~31 참조.

46) L.D. White는 그의 저서 『행정학입문』에서 「행정은 국민들이 정부로부터 얻고자 하는 국민들의 기대와 더불어 변화한다」고 전제하고 「2세기 전에 국민이 정부에 대하여 기대하였던 것은

행정국가의 형성배경 중 권력분립의 소산인 입법국가의 변질과 의회주의 즉 대의제의 위기를 살펴보기로 한다.[47)]

1. 입법국가의 변질

본래 19세기 자유주의적 법치국가에서는 야경국가사상[48)]이나 자유방임주의에 입각하여 국가는 필요악으로서 소극적 기능만을 담당해야 한다고 인식되었다. 즉「최소의 행정이 최선의 행정」(Government is best when governing least)이라는 약체정부관 혹은 安價政府觀이 지배적이었다.[49)]

그러나 19세기 말엽부터 국가는 여러 가지 심각한 사회·경제적 문제와 대결하게 됨에 따라 구빈대책, 실업정책, 사회보장정책이나 노동쟁의의 조정 등 각종 해결책을 적극적으로 강구하지 않을 수 없게 되었으며, 입법권이 우월한 지위에 있는 입법국가는 국가기능의 적극화의 필요성에 의하여 변질되지 않을 수 없었으며 행정기능은 더욱 확대 강화되었다.

2. 대의제의 위기

현대국가에 있어서 무엇보다도 신속하고 능률적인 적극적 대응이 요청되는데, 다수인이 집결하여 토론하고 결정하는 의회는 도저히 그 영향을 감당할 수가 없기 때문이다. 또한 현대국가에 있어서 복잡한 여러 사회적 난문제를 처리함에는 고도의 전문성과 기술성이 필요한 것인데, 비전문가인 정객들로서 구성된 종래의 의회는 그 기능을 충분히 발휘하지 못했던 것이다.

압제 이외의 아무 것도 아니었다. 1세기 전에는 그들 국민은 주로 자유방임해 두기를 원하였다. 그러나 현금에 이르러 국민들이 기대하는 것은 봉사와 보호이다」라고 하였는데, 이것은 행정기능의 변천과정과 행정국가의 등장을 적절히 표현해 주는 구절이라 하겠다. L.D. White, *Introduction to the Study of Public Administration* (New York: Macmillan, 1954), pp. 3~4 참조.

47) 김규정, 전게서, pp. 30~33; 신두범, 전게서, pp. 20~31; 신상준, 전게서, pp. 58~59; 유종해, 전게서, pp. 32~34.

48) 국가관은 19세기 이전 절대주의시대의 경찰국가 절대주의국가 관헌국가로부터 19세기의 야경국가, 입법국가, 소극국가, 자유국가 등으로 특징지어지는 근대국가의 단계를 거쳐 행정국가, 급부국가, 적극국가, 조정국가(umpire state), 직능국가, 복지국가 등으로 일컬어지는 현대국가로 그 성격이 전환되어 왔다.

49) 원래 자유주의적 법치국가에서는 국가의 임무가 외적을 방어하는 국방작용과 치안질서를 유지하는 보안작용에 한정되어 있었고, 적극적으로 국민생활에 간여하는 것은 예외적으로만 인정되었다.

더욱이 오늘날 행정의 실제적 운영면에서 볼 때, 행정은 정책결정, 입법기능 및 위임입법까지도 담당하게 되어 입법상의 중요한 역할은 의회가 아니라 행정부가 맡게 된 것이다.

Ⅲ. 현대국가에서의 행정의 기능

행정국가화 되기 전의 행정은 협의의 집행·관리기능을 주로 하였고, 행정국가화됨에 따라 입법부의 독점기능인 정책결정기능까지도 담당하기 시작하였다. 단순한 관리기능을 주로 하는 행정에는 현상유지, 질서유지, 통제 등의 안정유지자의 기능만을 했다고 볼 수 있으나, 후자의 정책결정기능까지 담당하게 되면서 안정유지자로서의 기능만이 아니라 변화, 발전을 스스로 영도하는 변화담당자로서의 기능까지 맡게 되었다.[50]

1. 현대행정기능의 유형

현대행정기능은 고도의 다양성과 복잡성을 띠고 있으나 그 유형을 Caiden의 견해에 따라서 다음과 같이 분류할 수 있다.[51]

(1) 전통적 기능　　전통적 기능으로서 i) 법질서의 유지, ii) 외교활동, iii) 국방, iv) 공공사업, v) 과세 등이다. 이러한 기능은 행정의 사회안전기능을 의미하며 실질적으로 정부의 독점적인 활동분야에 속한다.

(2) 국민형성(nation-building)기능　　국민형성기능은 국기 · 국가 등 국민적 상징을 통하여 국민적 일체감을 높이며, 교육·종교·문화·시민단체 등에 대한 적극적 지원을 통하여 국민적 사회화(national socialization)를 이룩하며, 지역적·정파적 이익보다 국가정책이나 국민적 가치를 우선시킴으로써 국민적 통합을 촉진시킨다.

50) 박동서, 전게서, pp. 57～58; 김규정, 전게서, pp. 33～34.

51) Gerald E. Caiden, *Public Administration* (Pacific Palisades, Calif.: Palsades Publishers, 1982), pp. 102～126. Dimock은 현대행정기능의 유형으로서 i) 서비스, ii) 지원(보조금), iii) 판매(공기업), iv) 규제 등의 기능을 들고 있다. 1994년에 발표된 총무처의 정부기능 분류에 의하면 정부기능을 국가관리부문·산업경제부문·사회문화부문으로 구분하고, 국가관리부문은 외교, 국방, 국내질서유지, 정책조정 및 정부운영, 산업경제부문은 경제기획·조정, 1차 산업, 2차 산업 및 통상, 재정금융지원, 사회간접자본, 과학기술 및 지식·정보, 사회문화부문은 교육·문화, 복지후생으로 세분하고 있다.

(3) 경제관리적 기능 모든 국가는 정도의 차이는 있으나 경제의 안정과 발전을 위하여 국가경제에 대한 관리의 책임을 지고 있으며 특히 발전도상국가에서는 정부가 주도적 역할을 담당하면서 경제발전을 추진하고 있다. 경제계획, 경제규제, 화폐금융, 조세제도, 공기업 등에 관한 기능이 있다.

(4) 사회복지기능 현대국가는 사회복지를 개인의 문제가 아니라 국가의 책임으로 인식하며 사회복지기능은 현대행정에서 매우 중요시되고 있다.[52] 의료, 보건 서비스, 공공복지 서비스, 사회보장, 교육, 주택사업, 빈곤퇴치, 재난구조 등에 관한 기능이 있다.

(5) 환경규제기능 급속한 공업화와 과학기술의 비약적 발전에 따라 환경파괴와 환경오염이 심각한 문제로 대두하였다. 이에 쾌적한 생활환경을 조성하기 위한 환경규제·보전에 관한 환경행정기능은 인간의 삶의 질(質) 향상 차원에서 그 중요성은 더욱 커지고 있다.

(6) 인권관련기능 현대국가는 기본적 인권의 존중, 사생활보호, 고용기회평등, 국민고충처리, 소비자보호, 인구증가억제 등에 관한 기능을 중요시한다.

Ⅳ. 현대행정의 특징

현대행정, 즉 현대국가행정의 특징은 전술한 행정권 및 행정기능의 확대·강화로 상징되는 행정국가의 특징을 의미한다고 할 수 있으며 나라에 따라 약간의 차이가 있다고 하겠으나 대체로 공통적인 특징을 양적 및 질적인 면으로 구분하여 살펴보면 다음과 같다.[53]

1. 양적 측면

(1) 행정기구의 확대와 민영화 추세 행정기능 확대와 업무량 증가에 따라 각국 공통적으로 행정기구가 확대되어 왔으며 특히 경제·사회분야에서 두드러졌

52) 사회복지의 개념도 i) 사회적 일시장애자(즉 일시적 생활무능력자)에 대한 원호로부터 전사회성원의 생활애에 대한 생활보장으로, ii) 최저한의 생활보장에서 문화생활의 보장으로, iii) 장애의 사후치료적 원호에서부터 그의 사전예방적 대책으로 발전되고 있다. 신상준, 전게서, pp. 59~60 참조.

53) 김규정, 전게서, p. 37; 박동서, 전게서, pp. 60~63; 신두범, 전게서, pp. 32~36; 신상준, 전게서, pp. 58~65.

다. 이러한 현상은 중앙뿐만 아니라 지방에서도 나타났으며 일선기관도 대폭 확대되었다. 그러나 1970년대의 세계적인 경기불황의 충격 이후 작은 정부를 지향하는 추세가 뚜렷해지고 있으며 구조조정 및 기구축소, 민영화, 감축관리 등이 행해지고 있다.

(2) 공무원수의 증가 기구의 확대와 더불어 각국마다 공무원의 수가 급증하였다. 이러한 증가현상과 관련되는 요인으로서는 i) 인구밀도, ii) 경제체제, iii) 정치적 전통, iv) 문화적 특성 등을 들 수 있다.[54)]

(3) 재정규모의 팽창 행정기능의 확대·강화에 따라 재정규모도 팽창되었다. 재정지출이 국내총생산(GDP)에서 차지하는 비율은 발전도상국이 선진국보다 낮지만 증가율은 발전도상국이 높은 현상을 보이고 있다.

2. 질적 측면

(1) 행정의 전문화·기술화 현대사회는 사회구조의 기능적 분화와 더불어 행정분야에서도 전문화·기술화의 현상이 광범하게 나타나고 있다. 전문적 지식을 갖추고 고도의 훈련을 받은 직업공무원단이 확대일로의 행정기능을 담당하는 중추세력이 되었다.

(2) 예방행정체제로의 전환 사후에 대책을 강구하는 것이 아니라 사전에 예측을 하고 이를 예방하는 행정으로 전환해 가고 있으며 아울러 행정이 주도적으로 사회변동을 유도해 나가고 있다.

(3) 기획의 중시 기획기능의 충실화는 행정합리화의 전제가 되며 국가기관에 의한 행정기획은 현대행정의 대명사라 할 수 있다. 도시화·산업화의 진행과 특히 1930년대의 대공황 발생, 국제정세의 긴장화와 세계대전의 발발 등으로 행정기획의 중요성이 인식되고 각종 경제·사회계획이 추진되었다.

(4) 행정의 정보화 컴퓨터에 의한 행정관리의 전산화, 체제분석, PERT, OR 등 관리과학과 각종 관리기법, 행정정보체계가 활용되어 행정에 있어서의 문제해결, 의사결정, 정책분석 등의 효율화에 기여하고 있다.

---

54) 공무원의 수가 점차 증가하여 왔다는 사실은 행정사무량의 증가와 대응하고 있다고 생각되기 쉬우나 파킨슨 법칙(Parkinson's Law)에 의하면 실제 직원의 수와 사무량간에는 서로 아무런 관계가 없다고 한다. Northcote Parkinson, *Parkinson's Law* (New York: Harper & Row, 1957), p. 33.

(5) 행정조직의 동태화 조직의 경직화를 막기 위하여 계층제에 구애받지 않고 새로운 사업을 수행하는 프로젝트 팀(project team), 태스크포스(task force) 등 동태적 조직을 활용하는 경향이 현저해지고 있다.

(6) 신중앙집권화의 경향 및 행정의 광역화 과학기술과 교통·통신의 발달, 경제생활권의 확대 등으로 중앙정부에 의한 지방단체사무의 흡수와 지방단체에 대한 중앙통제의 강화라는 신중앙집권화 경향이 초래되었으며 행정의 광역화 현상이 대두되었다.

V. 결 론

1. 정부실패와 행정국가의 재평가

오늘날 행정국가는 시장실패에 대한 정부대응이 실패에 돌아가면서 작은 정부론과 시장원리에의 회귀, 민영화, 규제완화 등이 주장되는 등 중대한 위기와 전환기에 봉착하고 있다.

이러한 행정국가의 문제점을 다음과 같이 지적할 수 있다.[55)]

(1) 행정의존의식의 확산 이익설정의 근원이 항상 국가에 있다는 의식은 국민의 자발성을 감퇴시키기 쉽다. 더구나 행정은 도저히 감당할 수 없는 다양한 요구를 받으며 체제과중부담(system overload)에 시달리고 있다.

(2) 행정권의 집중화와 시민적 자유의 제약 행정기능이 확대·강화되고 행정권의 집중이 심해질수록 국가관료제는 실질적 지배자로 군림하게 되어 민의의 반영이 어려워지며 시민적 자유를 제약할 위험이 많아진다.

(3) 이익집단과의 밀착 종래와 같이 정당이나 의회를 거치지 않고 이익집단이 직접 행정과 밀착되는 현상이 두드러지게 되어 비공개리에 부정부패를 유발할 가능성이 있다.

2. 우리 나라의 방향

우리 나라는 종래와 같은 행정권의 계속적인 일방적 강화 확대는 지양해야

55) 김규정, 전게서, pp. 60~61.

할 것이다. 진정한 민간주도형 발전체제로 전환되도록 행정기능의 재조정이 이루어져야 할 것이다. 구체적인 방향을 보면 다음과 같다.[56)]

첫째, 정부와 민간의 역할분담이 잘 이루어져야 한다. 민간이 담당가능한 분야는 민간에 맡기고 민간의 참여를 방해하지 않도록 해야 한다.

둘째, 민간도 정부에 의존하는 체질을 탈피하여 자기책임하에 자율적으로 행동해야 한다. 민간도 시장원리에 따라 자기개혁, 자기규율을 추구해야 한다.

셋째, 정부-공공부문의 무원칙적인 확대를 지양하고 경쟁원리를 과감하게 도입해야 한다. 정부조직의 감축, 효율화를 기하여 작지만 강한 정부를 지향해야 한다. 경쟁체제는 행정기관 상호간에도 정부와 민간간에도 확립되어야 한다.

넷째, 규제행정의 비중이 지나치게 높았던 점에 비추어 행정지도를 포함하는 규제과잉을 극복해야 한다.

---

56) 김규정, 전게서, pp. 62-1～62-2.

제 2 장 행정학의 발달과 접근방법

제 1 절 행정학의 의의와 성격

Ⅰ. 행정학의 의의

행정학이란 행정현상을 연구대상으로 하는 학문이다. 행정학은 행정현상을 연구대상으로 하되 이를 사실적 측면에서 연구하는 사회과학의 일분과 학문이다.[1]

행정학은 행정현상을 분석·설명하고 행정의 본질을 명확히 하기 위한 지식체계이며 여러 가지 다양한 행정이론이 이러한 지식체계를 형성하고 있다.[2]

행정이론은 행정현상이 일어나는 상황과 그 인과관계를 체계적으로 밝히는 이론이며 행정발전에 기여할 수 있는 불가결한 수단이다. 검증될 수 있는 행정이론을 통하여 우리는 행정현상을 체계적으로 파악하고 설명할 수 있고 나아가서는 예측할 수 있으며 행정문제를 해결하는 데 새로운 방안을 모색할 수 있다.[3]

행정의 역사는 인류사와 함께 가장 오래된 것이나 행정현상을 과학적 이론적으로 연구하고 체계적인 학문분야로서 확립된 것은 20세기 현대행정국가의 등장

---

1) 종합사회현상을 대상으로 하는 종합사회과학이 사회의 일반성에 입각한 학문이라면 행정학은 사회기능의 일부분기능인 행정현상의 연구라고 하는 개별성에 입각한 학문이다.

2) 행정학의 연구목적은 i) 정부조직과 그 사회적 환경과의 관계 및 행정행태를 보다 체계적으로 인식하고, ii) 사회목적에 보다 잘 대응할 수 있는 정책의 형성·집행을 촉진시키고, iii) 정부조직의 효율성을 높일 수 있도록 기여하는 데 있다. 김규정, 전게서, p. 63 참조.

3) 행정이론은 목적에 따라 기술·설명이론, 규범이론, 가정이론, 수단이론으로 분류되고 연구대상이 되는 현상수준에 따라 거시이론, 중범위이론, 미시이론으로 분류된다. 상세한 내용은 김규정, 전게서, pp. 64~65 참조.

과 더불어서이다.

Ⅱ. 행정학의 성격

하나의 학문으로서의 행정학은 다음과 같은 성격을 지닌다.[4)]

1. 과학성과 기술성

(1) 행정학의 양면적 성격 행정학은 응용과학으로서 과학(science)인 동시에 기술(skill, art)이다.[5)] 오늘날 행정학은 과학성과 기술성, 이론과 실제의 양면성을 가지고 있는 것으로 일반적으로 인식되고 있다.

행정학의 과학성에 관하여는 가치문제와 관련해서 논란이 있다. 예컨대 Waldo는 행정의 전문 기술성을 강조하고 Simon은 과학성을 강조하고 있다. 그러나 상대적 성격을 강조하고 있을 뿐이지 어느 쪽에서나 행정학의 양면성을 부정한 것은 아니다. 과학성과 기술성으로 구분하여 살펴본다.

(2) 행정학의 과학성 과학이란 관찰 가능한 현상을 기술(description)하고 설명(explanation)하며 예측(prediction)하는 데 사용되는 객관적·논리적이며 체계적인 분석방법이라고 할 수 있다. 행정학이 과학이라고 하는 것은 행정현상을 객관적·논리적·체계적으로 기술하고 설명하며 예측할 수 있음에 근거한다.

과학이란 검증가능성(verifiability)과 체계적 일반성을 필요로 한다.[6)] 즉 과학은 검증되고 체계적이며 일반성을 띤 지식으로 이루어진다. 그런데 과학은 엄격한 의미에서는 관찰할 수 있는 지식에만 관계되며 무엇을 하여야 하는가의 지식, 즉 규범적 지식과는 관련되지 않는다.

행정학의 과학성을 강조한 대표적 학자인 Simon은 논리적 실증주의(logical positivism)에 입각하여 행정학의 과학화를 주장하였다.

논리적 실증주의는 명제를 경험적 검증가능성(empirical verifiability)에 따라

---

4) 김규정, 전게서, pp. 65～67; 박동서, 전게서, pp. 149～156; 신상준, 전게서, pp. 36～38.

5) Robert Presthus, *Public Administration* (New York: The Ronald Press Company, 1976), p. 3.

6) Vernon Van Dyke, *Political Science: A Philosophical Analysis* (Stanford, Calif.: Stanford University Press, 1960), pp. 191～195. 과학성에 관하여는 강신택, 『사회과학연구의 논리』, 박영사, 1981, 제1장 서론 및 김광웅, 『사회과학연구방법론』, 박영사, 1976, pp. 3～18 참조.

서 검증이 가능한 사실(존재)명제와 불가능한 가치(당위)명제로 엄격히 구별하여 행정과학은 다른 과학과 동일하게 순수한 사실적 서술에만 관계하며 가치적·윤리적 주장에는 관계하여서는 안된다는 입장을 취한다.

즉 논리적 실증주의는 존재와 당위, 사실과 가치를 엄격히 구별하는 이원론에 입각하고 있으며 행정연구의 대상도 의사결정에 있어서 가치판단적인 것(정책결정)과 사실판단적인 것(집행결정)을 구별하여 사실판단적인 것에 한정시켜야 한다는 입장을 취한다.

Simon은 논리적 실증주의의 과학적 방법론에 입각하여 행정학의 과학화를 주장하면서 이른바 행정의 「원리」라는 것은 경험적으로 검증된 법칙이라기보다 「격언」(proverb)에 지나지 않는다고 신랄한 비판을 가한 바 있다.[7)]

Simon의 이러한 주장도 비판[8)]을 받기도 하였으나 Simon의 논리적 실증주의는 확실히 가치판단을 배제함으로써 행정학의 과학화에 공헌하였음은 부인할 수 없을 것이다.

(3) 행정학의 기술성　　행정학은 행정현상을 진단하고 앞으로의 진로를 예측하여 문제해결을 위하여 처방하는 기술이다. 이와 같은 행정학의 전문 기술성은 복잡한 인체를 대상으로 여러 학문의 지식을 활용하여 진단하고 처방을 내리는 의학과 비교할 수 있다.

한편 기술은 지식을 적용하는 데 있어서의 수완이나 숙련을 의미하며 선천적·개인적 성격을 가지지만 후천적인 노력에 의해서도 발전시킬 수 있다. 행정학이 과학성을 가지는가 혹은 기술성을 가지는가에 대하여는 실제행정에 있어서의 창의성·지도성에 관심을 갖는 입장은 행정학이 과학이 될 수 없고 기술이라고 주장하여 왔다.

여기서 행정학의 연구에는 불가피하게 많은 가치문제와 인간의 감정 및 선호가 개입된다. 즉 행정의 현실적 문제를 해결하고 바람직한 이상을 실현하기 위

7) Herbert A. Simon, *Administrative Behavior: A Study of Decision-Making Processes in Administrative Organizations* (New York: Macmillan, 1981), p. 253.

8) 논리적 실증주의에 대하여 i) 논리상의 구별을 현실생활의 구별과 혼동시키고 있으며, ii) 가치맹목적·가치중립적 입장을 취하므로 도리어 정치적으로 이용되어 어용학설로의 역할을 담당하여 보수주의화할 위험성이 있으며, iii) 복잡한 세계를 안이한 이원론으로 처리하고 형이상학적·윤리적·미적 세계의 폭넓은 경험을 미숙한 방법으로 포기하고 있다는 비판이 제기되었다. Dwight Waldo, *The Study of Public Administration* (New York: Random House, 1955), pp. 43~45, pp. 62~65.

한 행위양식을 규명하고 처방하려는 지향성을 갖는다. 이러한 성향이야말로 행정학이 하나의 기술적 성격을 지님을 나타내는 것이다. 그리고 행정현상의 규범성 또는 공공성을 부정할 수 없으므로 행정학이 지니는 가치성향을 전면적으로 배제할 수는 없는 것이다.

그러므로 행정학은 과학과 기술 중 어느 것도 경시할 수 없는 것이다. 과학과 기술 또는 순수이론과 응용을 지나치게 엄별한다면 이론의 실용성과 기술의 논리성을 무시하는 결과를 가져 올 염려가 있으므로 행정학을 과학으로 보면서 또 기술적 입장을 살리는 방향, 즉 과학성과 기술성의 공존·조화가 바람직하다고 하겠다.

2. 행정학의 학제(學際)적 성격

행정학은 인접학문을 유기적으로 통합한 학제적(협동학문적, interdisciplinary) 성격을 띠고 있다. 행정학은 사회과학의 한 분과학문이지만, 홀로 존재하는 학문이 아니라 다양한 인접학문과 교류하며 그들로부터 많은 이론과 지식을 받아들여 행정현상의 연구에 이용한다.

예를 들면 공공행정의 규범에 관해서는 철학과 윤리학, 권력문제는 정치학, 관리의 문제는 경영학, 조직내의 문제는 사회학과 심리학, 그리고 제도적인 문제는 법학으로부터 유용한 지식을 빌려 이용한다. 이들 인접학문들은 행정현상의 연구와 행정문제의 해결에 서로 관계를 이루어 작용한다.

학제적 성격의 원인은 행정현상 자체가 지니는 복합적 성격과 다양성에 있으며 현대국가의 특성이 매우 복잡하며 그 기능이 극히 광범하고 확대일로를 거듭해 왔다는 데서 찾을 수 있다.[9)]

3. 통합적 응용과학으로서의 성격

행정학은 순수한 기초과학이 아니라 기초적인 분과학문이 발전시켜 놓은 이론과 지식을 응용하여 현실행정의 문제해결에 활용하는 실용적·임상적 학문이라 할 수 있다. 따라서 행정학은 사회과학에 속하는 학문뿐만 아니라 자연과학·공학·의학이나 생물학·정보과학·지구물리학 등의 도움도 필요로 하게 된다.

---

9) 西尾 勝,『行政學』(東京: 有斐閣, 1993), pp. 48~49.

4. 전문직업적 성격

학문은 지식 자체의 추구에 중점을 두는 경향이 있는 학문과 관련학문과 지식을 응용하는 전문직업적 성격을 띤 학문으로 나눌 수 있다. 행정학은 정부관료제를 중심으로 전문직업관료의 양성에 큰 비중을 두고 있다. 그러한 점에서 행정학은 의학·법학·경영학·사회사업학 및 신학 등과 마찬가지로 전문직업성을 지니는 학문이다. 특히 Waldo는 행정학의 독자성 위기를 극복하기 위하여 행정학을 의학에 비유하면서 행정학의 전문직업적(professional) 성격을 지적하였다.[10]

Ⅲ. 행정학의 독자성 위기와 신행정학

1. 행정학의 독자성 위기

행정학의 학제적 성격 즉 여러 인접학문의 모자이크형 혼성물적 성격으로 인하여 행정학의 고유영역 즉 독자성(정체성, 주체성: identity)이 무엇인가 하는 독자성위기의 문제가 제기된 바 있다. 즉 행정학의 독자성위기란 행정학에 있어서 학문적인 연구영역, 여타 학문과의 경계, 연구의 목적과 방법 등이 명확하지 않다는 것이며 날로 증가하는 행정의 역할과 격변하는 사회에 대한 대응성 등으로 해서 행정학의 연구는 그 갈피를 잡을 수 없게 된 것을 의미하며, 이로 인해 독자성위기론이 대두하였다.[11] 이 문제는 급기야 1968년 미국의 소장학자들과 행정실무자들이 Waldo교수의 주관하에 Minnowbrook에 모여 토의를 하는 데까지 이르게 했으며 이 회의에서 변화하는 사회에 대응할 수 있는 행정학을 정립해야 한다고 하면서 제시한 행정학의 새로운 방향을 신행정학(new public administration)이라 부른다. 신행정학의 대표적 학자는 H.G. Frederickson이다.[12]

---

10) Dwight Waldo, 'Scope of the Theory of Public Administration," James C. Charlesworth (ed.), *Theory and Practice of Public Administration: Scope, Objectives and Methods* (Philadelphia: The American Academy of Political and Social Science, 1968), pp. 1 ~ 26.

11) D. Waldo, "Scope of the Theory of Public Administration," in J.G. Charlesworth, ed., *op. cit.*, p. 5.

12) 신두범, 전게서, pp. 81 ~ 86.

2. 신행정학의 대두

신행정학은 행정의 독자성위기에 관해 문제를 제기하면서 앞으로의 행정은 사회의 변화에 대응할 수 있도록 그 방향이 다시 설정되어야 한다고 주장한다. 신행정학은 1960년대 말과 1970년대 초의 격변하는 시대에 알맞는 행정이론의 정립과 이론의 현실적 적응을 그 주된 내용으로 하는 행정의 사상적·철학적 운동이라 할 수 있다.

신행정학은 그 윤곽·내용이 명확한 것은 아니지만 앞으로 행정학이 나아가야 할 방향을 제시하고 있는 것으로서 변동에 대처하기 위한 이론이라 할 수 있다.[13] 비록 신행정학이 이 독자성위기에 대한 근본적인 대답은 주지 못했다 하더라도 미래의 행정학의 방향을 제시했다는 점에서 그 공적을 인정해야 할 것이다.

제 2 절 행정학의 성립과 발달과정

Ⅰ. 서 론

행정의 역사가 인류역사와 함께 시작되었다고 하는 데에는 대부분 공감하고 있지만 기원을 어디에서 찾을 것인가에 대해서는 의견이 구구하다.

토인비(A. Toynbee)는『역사의 연구』(*A Study of History*)에서 행정에 대한 연구가 고대문명하에서도 고도로 발달하였음을 발견하였고, 레포스키(A.

13) 신행정학은 사회적 형평(social equity), 인본주의적 경향, 반합리주의 등으로 특징지울 수 있는데 계층제 중심의 관료제조직을 지양하여 구성원의 능력과 개성을 발전시킬 수 있도록 하고, 분권화 참여의 폭을 넓히며, 적극적으로 공공문제 해결에 노력하여 삶의 질을 높임으로써 궁극적으로 사회적 형평, 사회정의의 구현을 목적으로 하고 있다. 신행정학에 관한 상세한 설명은 본장 제3절 참조.

Lepowsky)는 『행정학』(*Public Administration*)에서 행정학의 기원을 고대 이집트나 고대국가에까지 소급하여 논의하고 있다. 그러나 근대적인 국가 이념과 목적을 가지고 형성된 것은 관방학이라고 한다. 이를 시발로 하여 행정에 대한 학문적 연구는 16세기 중엽~18세기 말까지의 관방학, 18세기 말부터 발달된 행정법학, 18세기 말~19세기 초에 존재했던 슈타인(Stein)행정학, 그리고 19세기 말부터 20세기 초의 미국의 행정학으로 발전되어 갔으며 미국 행정학이 사실상 현대행정학의 본류를 형성하게 되었다고 할 수 있다.

Ⅱ. 관방학과 슈타인 행정학

1. 관방학(Kameralwissenschaft, Cameralism)

(1) 관방학의 발생　관방학은 16세기 중엽부터 18세기 말에 이르는 동안 독일과 오스트리아에서 발달한 정책학이며 절대군주의 통치기술학이다.[14] 정치적으로는 경찰국가체제하의 절대주의적 지배과정 속에서 이루어진 것이며, 사회적으로는 영국의 중상주의나 프랑스의 중농주의에 대응하는 독일적 변형이었다.

관방학을 발생케 한 계기가 된 것은 당시 점차 증대하고 있는 국가의 경찰사무와 군대유지 그리고 이들에 필요한 비용의 조달에 관한 재원관리, 징세사무 등에 대하여 지도원리인 동시에 관방관사에게 필요하고 유익한 일체의 집무상의 제규칙의 총론으로서의 역할을 수행한 점이다. 관방학의 근본사상은 모든 복지와 행복은 국가로부터 도출된다는 이른바 행복촉진주의적 복지국가관에서 나온 것이었다.

(2) 관방학의 발달　관방학은 보통 프리드리히 빌헬름 1세(Friedrich Wilhelm Ⅰ)에 의하여 1727년 할레(Halle)대학과 프랑크푸르트(Frankfurt an der Oder)대학에 관방학의 강좌가 개설된 해를 기준으로 전기와 후기로 나누어진다. 전기관방학은 공공복지의 사상적 기초를 신학에서 찾았고 왕실재정과 국가재정을 구별하지 않았으며 사가계적·사경제적 이론을 포함한 재정학·경제정책과 혼재되고

14) 足立忠夫, 전게서, pp. 5~9. 관방(官房)이라는 용어는 아직도 일본의 각 관서에서 통용되고 있으며 그의 기능은 우리의 총무(서무) 기능과 유사한 것이다.

있었다. 전기관방학은 어떻게 하면 최량의 행정관리에 의해서 왕실의 경제적 수입을 유지하고 증식하느냐에 있었다. 따라서 관방학의 특징은 행정·재정·예산학·경찰 및 공예에 관한 지식을 내용으로 하였고, 국가적 요청에 따르는 행정·재정에 중점적 고려를 하였다.

유스티(Justi)가 대표하는 후기 관방학의 특색은 공공복지의 사상적 기초가 된 계몽사상의 영향을 받았다는 것과 경제정책이나 재정학과 구별된 독자적인 경찰학의 체계를 수립하고자 하였던 것이다. 유스티는 『경찰학원리』라는 저서에서 경찰학은 모든 국가자재(國家資財)의 유지 및 증식을 연구하는 것이라고 하였다.[15)]

행정학이 성립하기 위한 기본적인 전제는 국가목적 내지 국가이념의 확립이라고 할 수 있는바, 경찰학이 행정의 존재적 성격을 명확하게 포착한 점은 의의가 있다고 하겠다.

(3) 관방학의 비판

(가) 경찰국가에의 봉사적 성격 관방학은 절대군주를 위한 통치술의 연구라는 범위를 넘지 못한 것이었으며 군대와 관료제에 의하여 강제된 기계적인 권력장치로서의 경찰국가에 봉사하는 것에 지나지 않았다. 따라서 절대군주제의 몰락과 함께 소멸되었다.

(나) 정치와 행정의 미분화 관방학은 정치와 구별된 의미에 있어서의 행정의 본질에 관한 독립적인 학문으로서 전개되지 못하였으며 절대군주제하의 행정은 어디까지나 정치의 시녀로 간주되었을 뿐이었다.[16)]

2. 슈타인(Stein) 행정학

(1) 슈타인 행정학의 의의 및 특색 슈타인(Lorenz von Stein)은 전통적인 관

15) 足立忠夫, 전게서, p. 17. 여기에서 말하는 자재란 단순히 물질적 재화뿐만 아니라 국민의 능력이나 기술도 포함된다. Justi에 있어서 국가목적은 두 가지 내용으로 나누어지는데, 그 첫째는 국가자재의 창설과 유지이며, 둘째는 그것의 적절한 사용이다. 그리하여 첫째의 목적에 도움이 되는 것으로서 통치학과 경찰학을 들었고, 둘째의 목적에 도움이 되는 것으로서 고유의 관방학, 즉 재정학을 들었다. 그에 의하면 자재의 창설과 유지를 위한 기초는 국내외에 있어서의 안녕의 유지에 있다고 하며, 이것을 관장하는 것이 통치학의 임무라고 한다. 이에 대하여 경찰학은 주로 국가자재의 확보를 그 임무로 한다. 즉 경찰학은 행정제도에 의하여 국가 전체의 자재를 유지·증식하는 것을 목적으로 하였다. Justi는 이와 같이하여 경찰학을 통치학으로부터 구별하였고, 또 경찰학을 재정학으로부터 독립시켰다. 김운태, 『행정학원론』, 박영사, 1981, pp. 44~45 참조.

16) 김규정, 전게서, p. 85.

방학과 공법학을 비판하면서 독자적 행정학체계를 세웠을 뿐만 아니라 나아가서는 후년의 행정법학이 발전할 토대를 마련하였다.[17] 즉 관방학의 근본개념이었던 경찰을 다시 헌정(Verfassung)과 행정(Verwaltung)의 두 개념으로 분리시키고 헌정과 행정과의 대립관계를 공법학에서와 같이 전자를 후자에 대한 절대적인 우월관계로서 파악하지 않고, 상호간에 서로가 우위를 점하는 이중의 관계를 설정한 것이었다.[18]

Stein행정학의 특색은 전술한 절대적 경찰개념을 헌정과 행정으로 구분하고, 전자는 국가라는 유기체를 구성하는 개인이 국가의사의 결정에 참여하는 국가적 권리 또는 정책결정의 단계이고, 후자는 개인의 향상을 촉진하는 국가의 활동수단이며 국가의 행위인 정책의 집행이라고 하면서 관방학을 비판한 데서 찾아볼 수 있다.[19]

(2) 슈타인 행정학의 평가 행정이 지니고 있는 실질적 기능을 포착하여 여기에서 행정학의 독립체계를 이룩하려던 슈타인의 노력은 그의 죽음과 더불어 일대에서 끝나고 법치국가적 자유주의 이념의 요구에 합치되는 공법학의 번영의 그림자 속에 자취를 감추고 말았다.[20] 그러나 슈타인의 체계적 사색과 기초적 관념은 새로운 시대의 각광을 받고 등장한 행정법학의 발전에 이바지하였다. 슈타인의 이론은 관방학과 동일시할 수 없으며 오히려 현대행정학의 참다운 선구적 지위를 차지하고 있다고 하겠다.

---

17) 슈타인 행정학이 성립한 시대적 배경을 보면 19세기 초엽인 1806년 Napoleon전쟁에서 강력한 프러시아 군대는 패배당함으로써 개인은 국가권력의 단순한 지배의 객체로서의 의의만 가졌던 프러시아의 절대국가가 종막을 내렸던 시대이었다.

18) 김운태, 전게서, pp. 46~48.

19) 슈타인은 이러한 국가생활을 외무행정, 군무행정, 재무행정, 법무행정, 내무행정이란 다섯 가지의 영역으로 구분하는 행정체계를 세웠다. 신상준, 전게서, p. 40 참조.

20) 슈타인 행정학의 몰락원인으로서는, 첫째 슈타인이 행정의 문제를 이른바 보수주의적 사회개량주의의 입장에서 고찰한데 대하여 성립기의 행정법학은 시민적 법치국가사상에 입각하여 행정의 법적 적합성의 검증에 주력하였으므로 슈타인의 행정학은 당시의 법치국가적 자유주의시대의 요구에 부합되지 않았다. 둘째, 북독일연방의 성립(1866)과 독일제국건설(1871)에 따라 헌법을 비롯하여 각종 행정법규가 제정되고 행정판례가 출현함으로써 당시 학자들은 실정법과 판례의 연구에 전념하지 않을 수 없게 되었고 따라서 공법학의 연구가 급속도로 전개되었다. 뿐만 아니라 독일은 그의 전통적 문화풍토가 연역적인 규범성향이 농후하고 전체지향적 성향이 높은데다가 산업화과정이 지연되어 공법적 행정이론이 우세하지 않을 수 없었다. 따라서 귀납적인 사실성향이 농후하고 부분지향적 성향이 높은데다가 산업화과정을 일찍 밟은 영·미 사회에서 특히 미국에서 행정학이 발달할 수 있었던 것이다. 또한 미국에는 행정법학이 부식되지 않아 행정학이 쉽게 성립될 수 있었다. 신상준, 전게서, pp. 40~41.

Ⅲ. 미국 행정학

1. 미국 행정학의 발전요인

(1) 행정기능의 확대·강화 미국에 있어서의 행정학의 탄생과 발달을 촉진시킨 요인으로서는 먼저 행정기능의 확대·강화현상을 들 수 있다.

남북전쟁(1861～65)과 뒤이어 계속된 산업혁명을 계기로 하여 미국자본주의는 경이적인 발전을 거듭하여 독점자본주의를 성립시켰으며 빈부격차, 노동운동의 발전, 도시화의 현상, 사회악의 가속도적 증가는 행정기능의 확대·강화를 초래하였다.

행정국가하에서는 국가기능의 확대를 강조하는 Hamilton주의(연방주의자)적인 방편을 가지고 Jefferson 및 Jackson주의(주권논자)적인 민주주의목적을 추구하려는 것이었으며, 그것은 또한 정부를 강화하고 능률화할 뿐더러 책임 있고 민주적인 정부로 육성함으로써 국민의 자유와 평등을 실현하자는 시대적 요청이 강하였다.[21)]

(2) 과학적관리법의 발전 Taylor에 의하여 추진되었던 과학적 관리법은 사기업에서 큰 성과를 거두었다. 이러한 과학적 관리법은 행정을 정치적으로 중립적인 비권력적 현상으로 이해하고 행정관리의 궁극적인 가치는 능률에 있다고 파악하는 능률주의적·기술적 행정학을 발전시키는 데 결정적인 영향을 미쳤으며 행정능률의 향상을 촉진시키기 위한 행정개혁운동과 행정조사운동을 촉발하였다.

(3) 행정개혁운동 19세기 후반기에 이르러 정부의 부패와 비능률은 극도에 달하였는데, 그것은 잭슨 민주주의에 의하여 초래된 엽관제의 성행에 기인된 것이었다. 그리하여 각종의 개혁운동이 1870년대 말엽부터 1890년대에 걸쳐 진행되

---

21) 미국 연방정부의 초대 재무장관이었던 Hamilton의 능동적 행정사상은 후년의 능률적 행정이라는 관념의 원형이 되고 있다. 그는 대외적 안전, 국내적 평화 및 개인적 자유를 위하여 강력한 중앙정부와 행정을 주장하였다. Jefferson은 정부의 권력과 집행 및 지도성을 강조하는 Hamilton 일파의 연방파(Federalists)에 대항하여 공화파(Republicans)를 이끌고 시민의 자유와 의회의 우위를 옹호하였다. Jefferson은 온건한 권력과 현명하고 검소한 정부의 행정사상을 가지고 최소의 행정이 최선의 행정이라고 보았으며 행정의 분권화 필요성을 주장하여 미국행정을 민주주의이념에 기초를 두게 하는 데 공헌하였다. 서부개척민의 지지를 받아 대통령이 된 현실주의적 정치가 Jackson은 이상주의자였던 Jefferson보다 더욱 철저하게 민주주의이념을 추구하였으며 엽관주의를 주장하였다. 김규정, 전게서, p. 89; 김운태, 전게서, p. 53 참조.

었다.[22] 이러한 운동은 행정학의 성립과 발전을 촉진시키는 역할을 하였다.

2. 미국 행정학의 발달과정 (행정학 패러다임의 변화)

Wilson[23]과 Goodnow[24]에 의하여 탄생된 미국 행정학은 행정조사운동과 Willoughby, White, Gulick 등의 능률지상주의·원리접근법을 통한 행정학의 과학화 시도와 더불어 발전되었으며 세계대공황 이후에 일어난 미국사회의 구조적 변화를 반영하여 능률과 민주주의의 조화, 정치·행정의 종합적 파악의 방향으로 나아가면서 성숙기에 들어서게 되었다.

현대행정학에서 지배적 위치에 있는 미국행정학의 발달과정은 보는 시각에 따라 그 실체와 내용을 다양하게 파악할 수 있다.[25] 행정학의 발달단계를 Henry

---

22) L.D. White는 각종 개혁운동을 공무원제도개혁(civil service reform), 선거제도개혁(ballot reform) 및 시정개혁(municipal reform) 등의 세 가지로 요약하고 있다.

첫째, 공무원제도개혁운동은 엽관제를 없애고 실적주의를 확립하기 위한 것이었는데, 이에 따라 1881년에 전국공무원제도개혁연맹이 결성되었으며, 1883년에는 이른바 Pendleton법이라고 불리는 공무원법이 제정되었다.

둘째, 선거제도개혁운동은 비민주적 지명을 배제하는 직접예선(direct primary)과 투표의 비밀을 보장하는 Australia식 투표법(short ballot)의 제창으로서 추진되었다.

셋째, 시정개혁운동과 행정조사운동은 시민의식이 투철한 인사들의 지방조직에 의해 추진되었는데, 1894년에는 전국도시연맹(National Municipal League)이 조직되었다. 한편 1906년에는 「뉴욕시정조사연구소」(New York Bureau of Municipal Research)가 설립되어 시정개혁운동에 많은 공헌을 하였다. Taft 대통령은 1910년 「절약과 능률에 관한 대통령위원회」(President's Commission on Economy and Efficiency)를 설치하였는데 이 위원회는 연방예산제도에 관한 건의를 하였다.

23) Wilson은 미국행정학의 시조로 불리우며 미국에서 처음으로 행정의 시대적 중요성을 체계적으로 인식하고 행정학의 건설을 위한 이론적 시도를 행함으로써 이후의 미국행정학의 방향을 결정짓는데 결정적인 영향을 끼친 유명한 「행정의 연구」(The Study of Administration, 1887)라는 논문에서 「행정의 분야는 사무(business)의 분야이며 행정은 정치의 고유영역 밖에 존재하고 행정문제는 정치문제가 아니다」라는 정치행정이분론을 전개하였다. 그는 처음으로 행정연구의 중요성을 인식하고서 사회의 급격한 발전에 따라 정부의 기능이 비약적으로 증대되고 복잡하게 된 금세기에 있어서는 새로운 행정과학이 출현하지 않으면 안된다고 주장하였다. 김규정, 전게서, pp. 90~91 참조.

24) Goodnow는 유럽 특히 프랑스 행정법학의 영향을 많이 받았으며 미국의 정치학연구인 정부론을 행정학에까지 연장시킨 것은 그의 공헌이었다. 그의 많은 제자들이 행정학자로 활약하였다. C.A. Beard는 "Goodnow는 현대사회에 있어 행정의 중대성을 인식하고 그 윤곽을 묘사한 미국에 있어서 최초의 학자이었다"고 절찬한 바 있다. 그의 연구방법은 후년의 미국 행정학발달에 필요하였던 행정실태조사와 밀접한 관계를 가진 사회학적 성질을 가지고 있는 것이다. 그의 문하생으로 C.A. Beard, W.F. Willoughby, L.D. White, M.E. Dimock 등의 쟁쟁한 행정학자가 배출되고 있다. Goodnow의 저서로서는 다음과 같은 것이 유명하다. *Politics and Administration* (1900), *Comparative Administrative Law* (1893), *American Commonwealth* (1888) 등이 있다. 김운태, 전게서, p. 56 참조.

의 패러다임(paradigm)[26] 분류에 따라 연구영역의 제도적 장소를 의미하는 소재(所在: locus)와 연구영역의 특정대상을 의미하는 초점(focus)을 기준으로 하여 중복되고 있는 다섯 패러다임으로 나누어서 고찰하기로 한다.[27] 대체로 볼 때 행정학의 소재와 초점은 변증법적인 과정을 거쳐왔다. 즉 한쪽이 강조될 때 다른 쪽은 비교적 경시되었으며, 반대로 다른 쪽이 강조될 때 한쪽이 등한시되어온 것이다.

1) 패러다임1: 정치행정이원론(1900~1926)

정치행정이원론은 행정연구의 소재(所在)로서 정부관료제에 중점을 두고 정치와 행정을 구분하는 정치행정이원론(politics-administration dichotomy)을 이론적 기반으로 하였으며 Wilson, Goodnow, White 등이 대표적 학자였다. 행정을 권력현상보다는 오히려 관리현상으로서 파악하는 정치행정이원론 또는 기술적 행정학은 정치와 행정의 개념을 준별하여 행정을 정치가 형성한 의사의 기술적 수행과정으로서 파악하면서 목적이나 가치의 판단과 관련되는 정치를 배제하고 행정을 전적으로 수단적·기술적 기능으로 보았다. Wilson이 정치·행정의 분리를 주장한 이래 Goodnow, White 등이 계속 그의 주장을 지지하였다.[28] 그러나 정치행정이원론은 기능적 맥락에서 정치와 행정 각각의 행동양식을 설명하기 위한 논리적인 분별인 것이며, 실제에 있어서 행동의 주체, 즉 통치기구로서의 행정부문과 정치부문을 확연히 나누는 실체론은 아니었다. 행정의 실제활동은 그

25) 미국행정학의 발달과정에 대해서는 1940년을 전후하여 전기(정치행정이원론)와 후기(정치행정일원론)로 그 대분하는 견해(Nigro), 제1기(행정학의 성립기), 제2기(행정학의 성장기), 제3기(행정학의 전환기)로 3대분하는 견해(유훈 교수), 제1국면(정치·행정의 분석상 구별기), 제2국면(정치·행정의 구체적 구별기), 제3국면(관리과학의 시기), 제4국면(공공정책적 접근방법의 시기)으로 4대분하는 견해(신두범 교수)가 있다.

26) Thomas S. Kuhn이 『과학혁명의 구조』(*The Structure of Scientific Revolutions*, 1962)라는 저서에서 패러다임을 쓰기 시작하였다. 패러다임은 연구자가 공유하는 신념·가치 방법론을 구성하는 과학연구의 원형(原型)을 말하며 연구자의 세계를 바라보는 기본시각(perspective) 준거기준(frame of reference)을 가리킨다. 상세한 설명은 강신택, 『사회과학연구의 논리』, 박영사, 1981, pp. 13~16 참조.

27) Nicholas Henry, *Public Administration and Public Affairs* (Englewood Cliffs, N.J.: Prentice-Hall, 1995), pp. 22~46; 김규정, 전게서, pp. 91~94.

28) Goodnow는 『정치와 행정』(1900)에서 정부에는 정책 또는 국가 의사의 표현을 다루는 정치와 정책의 집행을 다루는 행정의 두 기능이 있다고 지적하였으며 White는 『행정학입문』(*Introduction to the Study of Public Administration*, 1926)에서 정치는 행정에 간섭해서는 안되며 행정은 관리의 영역이라고 주장하였다.

것이 어떤 의미를 내포한다 해도 완전히 비정치적일 수는 없기 때문이다.[29]

2) 패러다임2: 행정원리론과 비판론(1927～1950)

(1) 행정원리론(the principle of administration)과 POSDCORB이론 1927년 W.F. Willoughby[30]의 『행정원리론』(*Principles of Public Administration*)이 출간된 후 1937년 Gulick[31]과 Urwick의 논문집이 나올 때까지의 10년간은 소재보다는 초점에 중점을 둔 행정학이론들이 연이어 쏟아졌다. 이 기간이야말로 행정학이 최고의 명성을 얻은 시기였다.

원리론자들에 의하면 행정은 어떤 장소나 환경, 문화나 제도에 관계없이 어떤 원리가 있으며 그것이 적용된다고 믿었다. 일종의 보편적 원리의 정립과 적용을 신봉하였던 것이다.

(2) 행정원리론의 비판 행정원리론은 행정에 있어서 환경적 요인의 영향을 과소평가하였으며 원리접근법을 보편성이 있는 것처럼 적용하였다는 비판을 받았다. 특히 행태주의자 Simon은 엄밀한 경험적 검증을 거치지 않은 원리는 격언(proverbs)에 지나지 않으며 전문화의 원리, 명령통일의 원리, 부처조직의 원리 등 이른바 행정의 원리는 비과학적이며 부정확하고 행정상황의 기술진단을 위한 기준에 불과하다고 비판하였다.

(3) 정치행정이원론의 비판 정치행정이원론이 비판되고 정치행정일원론에의

---

29) 정치행정이원론의 영향으로는, 첫째 행정연구의 과학화를 촉진시켰으며, 둘째 공사행정일원론을 제기시켰으며, 셋째 정치적 영향력이 작용하는 엽관주의를 배제하고 실적주의의 확립을 촉진시켰다.

30) Willoughby는 『행정원리론』에서 유명한 5권론을 제창하면서 행정을 비정치적 성격을 띤 순수한 기술과정으로 이해하고 중요한 과제는 현실행정에 있어서 절약과 능률(economy and efficiency)을 확보하고 행정의 과학적 원리를 탐색하는 것이라고 주장하였다. 행정의 보편적 원리를 탐색하는 원리접근법은 통치기능을 정치와 행정으로 격리시켜 행정의 영역에 과학적 연구방법을 적용함으로써 조직과 관리의 원리를 발견하려고 하였으며 이러한 원리는 통치기능이 가장 경제적·능률적으로 운영될 수 있는 방법을 결정한다고 보았다. 또한 능률을 행정에 있어서 최고의 지도이념(제일의 공리)으로 인식하였다.

31) Gulick은 능률을 최고의 지도이념으로 하는 원리접근법을 시도하고 또한 행정학을 과학으로서 확립시키기 위한 조건을 고찰하였다. 그는 분업과 조정의 2대원리에 의하여 행정조직론을 구축하려고 하였으며 조직화의 원리로서 통솔범위의 원리, 명령통일의 원리, 동질성의 원리, 전문가 경계(caveamus expertum)의 원리를 들었으며 최고관리층의 기본적 기능을 POSDCORB로 요약하면서 최고관리층의 참모기관을 정비·강화할 것을 주장하였다. POSDCORB는 planning(기획), organizing(조직), staffing(인사), directing(지휘), coordinating(조정), reporting(보고), budgeting(예산) 등의 머리글자를 따서 만든 인조어이다.

전환이 주장되었다. 행정능률을 확보하는 조건의 실현은 행정목적을 형성하는 정치와 밀접한 관계를 가지고 있으며 행정과정에 있어서 자유재량이나 정책결정을 행하는 범위가 확대되고 있는 경우에는 목적의 선택뿐만 아니라 수단의 선택에서도 가치판단이 당연히 들어오게 된다고 보았다. 이리하여 정치와 행정의 관계는 연속과정 또는 순환과정 상관과정으로 파악하게 되었다. 정치행정이원론을 비판하고 정치행정일원론을 주장한 대표적 학자로서는 Dimock, Herring, Appleby 등이었다.[32)]

위와 같이 패러다임2에서는 주로 행정학의 초점을 놓고 변증법적으로 이론을 전개해 왔다.

3) 패러다임3: 정치학으로서의 행정학(1950～1970)

행정원리론·정치행정이원론이 비판되면서 정치행정일원론이 주창되고 행정학은 정치학의 관심분야로서 인식되었다. 그리하여 행정학은 또다시 그 소재의 문제를 둘러싸고 논의가 전개된 것이다. 드디어 '행정학의 독자성 위기' 문제가 대두되었다. 정치학 혹은 정치과학의 분야로서 행정학을 보면서도 많은 정치학자들은 Waldo가 지적한 바와 같이 행정학에 일체감을 갖지 않았고, 무관심하거나 적대적이기까지 하였다. 그들은 행정학을 연구하는 학자들은 별 볼일 없는 2류급의 사람들로 보기까지 하였다. 이 기간 동안 사례연구와 행정학의 하위분야로서 비교행정론·발전행정론이 대두되고 연구되었다.

4) 패러다임4: 관리학으로서의 행정학(1956～1970)

패러다임4에서는 정치학으로서의 행정학에 대한 대안으로 관리학으로서의 행정학이 성립되었다. 소재보다 초점을 중시한 행정학 패러다임으로서의 관리학은 행정과학(administrative science)으로서 불리어지기도 하였으며 여기에서는

32) Marshall E. Dimock, *Modern Politics and Administration* (New York: American Book Company, 1937), p. 243; E.P. Herring, *Public Administration and the Interest* (New York: McGraw-Hill, 1936), p. 9; Paul H. Appleby, *Policy and Administration* (University of Alabama Press, 1949), pp. 25～30. Appleby는 행정과 정치의 긴밀한 상호관계를 논하고 행정의 세계를 통치구조에 있어서 정책형성과정의 일환으로 보고 있다. 정치와 행정을 종합적으로 파악하는 이러한 정치행정일원론이 대두하게 된 배경으로서는 세계대공황 이후의 경세직·사회적 변화와 행정국가화 추세를 들 수 있다.

전문지식과 전문화를 요구하는 기법을 제시하며, 어떠한 제도적 장소나 환경에 그것을 적용해야 하는가에 대해서는 중요시하지 않으며 조직이론과 관리과학을 포괄하여 공행정이나 사행정을 가리지 않고 보편적인 행정과학의 성립을 추구하였다. 그러나 관리학으로서의 행정학도 본질적으로는 행정학의 독자성 확립과는 거리가 멀었다. 공·사행정의 제도적 장소의 구분, 다시 말해서 공행정은 무엇이며 사행정은 무엇인가, 그 경계는 어디에 있는가를 밝히지 않는다면 공행정을 다루는 행정학이 공행정의 특성을 밝히지 못할 것이다. 그것은 행정학이 정치과학에 속했을 때에 그 독자성의 위기를 맞이한 것처럼 행정과학에 속함으로써 그 독자성이 또한 애매하게 되는 것을 면치 못한다. 이 기간 동안에 정책학의 연구가 본격화되고 신행정학이 제기되었다.

5) 패러다임5: 행정학으로서의 행정학(1970～)

패러다임5는 이미 성립된 것이 아니라 현재의 시점에서 방향을 살펴보는 것이다. 요컨대 행정학은 '행정학으로서의 행정학'(public administration as public administration) 패러다임을 가져야 한다는 것이다.

소재와 초점을 명확히 하면서 행정학의 독자성을 추구하는 패러다임을 확립시키자는 데 그 의의가 있다. 조직이론과 정보과학의 발전과 행정학방법론 내지 응용기법의 고도화는 이러한 노력의 일환이다.

Ⅳ. 한국 행정학

우리 나라 행정학의 발전단계는 1970년대를 전후로 하여 형성기와 전환기로 대별할 수 있다.[33)]

1. 형성기

우리 나라에서 행정학과가 창설되고 한두 개의 대학에서 강의가 6·25 전에

33) 김규정, 전게서, pp. 112～113; 신상준, 전게서, pp. 43～44. 우리 나라 행정학의 연원을 조선시대까지 거슬러 올라가 현실을 토대로 진리를 탐구한다는 실사구시(實事求是)를 특징으로 하는 조선시대의 실학에서 찾는 견해가 있다. 상세한 내용은 박동서, 전게서, pp. 114～115 및 김규정, 전게서, pp. 85～87 참조.

이루어지고 있었으나 행정학에 대한 본격적인 연구의 시작은 1955년 정인홍 교수의 행정학 출간과 1956년의 한국행정학연구회의 창립을 들고 있다.[34] 행정학의 태동·형성은 내생적 요인보다 주로 외생적 요인, 특히 미국행정학의 압도적 영향 아래 이루어졌다. 형성기에 작용한 주요요인은 다음과 같다.

(1) 정인홍 교수의 활동 정인홍 교수는 해방 전에 일본의 경도대학에서 행정학을 습득하였으며 국내 최초의 행정학 교과서인 『행정학원론』(제일문화사, 1955)을 출간한 선구적인 행정학자로서 행정학 발전에 큰 발자취를 남겼다.

(2) 행정학과의 설치 행정학과는 서울대학교 법과대학(1946)을 비롯하여 부산대학(1948), 고려대학(1955), 중앙대학(1955)에 각각 설치되면서 이후 전국의 대학으로 확산되어 갔다. 당시의 행정학과는 주로 공법학 중심으로 강의가 진행되었다.

(3) 한국행정학회의 창립과 서울대학교 행정대학원의 설치 1956년에 한국행정학연구회가 창립되었으며 1961년에는 한국행정학회로 개편되었다. 또한 1957년에 미네소타 유학계획(Minnesota Program)에 의거 서울대의 많은 학자들이 미네소타 대학에서 연구를 마치고 귀국하였으며 이 학자들을 중심으로 1959년에 서울대학교 행정대학원이 설립됨으로써 행정학이 본격적으로 보급되기 시작하였다.[35]

(4) 연구경향 주로 미국행정학 중심의 이론이 무비판적으로 도입 소개되고 제도적·법률적·역사적 연구방법을 따랐다. 해방 후의 혼란과 6·25전쟁을 거치면서 학문연구의 기반이 마련되지 못한 가운데 현실의 행정과는 유리된 모방적·피동적 연구추세가 지속되었다. 이념면에서도 미국의 것을 거의 기계적으로 도입하여 그 강조점도 능률성, 민주성, 효과성 등의 순에 따랐다.

2. 전환기

한국행정학계는 국내외 대학에서 신진기예의 젊은 학자들이 배출되면서 행정학의 연구가 본격화되고 새로운 전환기 변혁기를 맞이하게 되었다. 외국이론

34) 박동서, 전게서, p. 111; 신상준, 전게서, p. 44.

35) 한국행정학회, 『한국행정학회 연혁(1956~1996)』, p. 9. 한국행정학회는 현재 국내최대의 학회로서 전국적으로 각 지역학회가 구성되어 있으며 학회 회원수는 1996년 현재 1,359명으로 급증하였다.

일변도의 입장이 지양되고 한국행정현실의 분석과 외국이론의 접목, 토착화를 위한 노력[36]이 있게 되었으며 정책이론이 연구되고 연구분야 내지 접근방법이 매우 다양화되었다.

한국행정의 연구에 있어서는 한국행정에 맞는 주체성 있는 이론의 개발에 대한 노력이 부족하였으며 미국행정이론을 우리의 필요에 비추어 재음미하는 작업이 경시되어 왔다. 행정학의 연구가 활발한 미국에서도 제기된 문제였지만 우리나라에서도 행정이론과 행정현실간의 괴리가 지적되고 학계가 현실행정에 대한 지침을 제공해오지 못하여 이론의 유용성이 낮다는 비판을 받아왔다. 행정기관이 현실적으로 당면한 문제에 대한 구체적이며 현실성이 있는 해결책이나 처방을 제시할 수 있는 역량을 학계는 갖추어야 할 것이며 수요에 공급이 따라갈 수 있도록 관학협조체제가 확립되어야 할 것이다. 또한 행정실태를 분석·조사한 행정관련자료가 집대성되면서 실증적·경험적 연구가 촉진되고 총론, 거시이론과 아울러 각론, 미시이론, 각 전문기능별 이론이 연구되어야 할 것이다.[37]

제 3 절 신행정학

Ⅰ. 서 론

행정학의 독자성 위기와 관련하여 1968년 미국의 소장학자들과 행정실무자들

36) 한국행정학의 토착화에 관해서는 이종범, "행정학의 토착성에 관한 연구," 『한국행정학보』 11집, 1977, p. 219; 안병영, "한국의 행정현상과 행정학연구의 주체성," 『한국정치학회보』 12집, 1979, p. 56; 박동서, "한국행정학의 현황과 역할," 『한국정치학회보』 2집, 1967, pp. 129~130 참조. 일본도 우리와 거의 같아 전후 미국행정학에 휩쓸리다가 1960년대 후반부터 자각했다고 함.

37) 아울러 우리 나라 현실에 있어서 권력지상의 문화가 아직 지배하고 있는데다 관권의 횡포가 이루어지고 있으므로 행정을 연구하는 데 있어서는 권력적 측면을 우선적으로 고찰하는 것이 보

이 Waldo 교수의 주관하에 Minnowbrook에서 모여 토의를 하는 데까지 이르게 되었는데 이 회의에서 변화하는 사회에 대응할 수 있는 행정학을 정립해야 한다고 하면서 제시한 행정학의 새로운 방향을 신행정학(new public administration)이라 부른다. 행정학의 독자성문제와 관련되는 신행정학의 대표적 학자는 H.G. Frederickson이다.[38)]

신행정학(론)은 「종래의 행정학이 정치 내지 정책결정에 관해 만족할 만한 이론적 의미를 제공하지 못했다」는 D. Waldo의 주장에 기반을 두고서, W. Wilson 이래의 정치행정이원론의 정당성 결여를 비판한다. 따라서 신행정학은 행정의 독자성위기에 관해 문제를 제기하면서 앞으로의 행정은 사회의 변화에 대응할 수 있도록 그 방향이 다시 설정되어야 한다고 주장한다. 다시 말하면 신행정이론은 1960년대 말과 1970년대 초의 격변하는 시대에 알맞는 행정이론의 정립과 이론의 현실적 적응을 그 주된 내용으로 하는 행정의 사상적·철학적 운동이라 할 수 있다.[39)]

다 적실성 있는 연구가 될 수 있을 것이다. 행정권의 통제, 민주화를 위하여 행정학과 행정법학은 상호 협력할 필요가 큰 것이다. 왜냐하면 양자가 동일한 행정을 대상으로 하고 있을 뿐만 아니라 추구하는 이념, 목표도 다 같이 민주화에 있으며 동시에 이를 달성하는 데 양자는 보완성을 지니고 있기 때문이다. 즉 확실하게 민주화, 행정권의 통제를 이룩하려면 실증적인 연구와 더불어 확실한 구현을 위한 규범적인 법 제정이 요청된다. 이와 같이 양 학문은 상호협력의 필요성이 크므로 앞으로 우리의 행정발전을 위하여 양 학자들간의 공동연구 등 적극적인 시도가 있어야 할 것이다. 박동서, 전게서, pp. 115~116.

38) 신두범, 전게서, pp. 81~86.

39) 그런데 이 신행정학의 의의를 이해하기 위해서는 발전행정과의 관계를 살펴볼 필요가 있는데 발전행정은 이론의 후진국 적용인 반면, 신행정학은 이미 고도로 산업화된 선진국에 적용하는 것이 타당하기 때문이다. 이 신행정학이 후진국에는 전혀 적용될 수 없다는 것이 아니라, 신행정학이 문제로 삼는 것은 이미 산업화된 선진국의 사회현상에 더 뚜렷이 나타나기 때문이다.

발전행정론에 있어서는 국가발전을 이룩함에 있어서 행정의 선도적 역할을 강조하고 계획된 변화를 시도하여 정치·경제·사회의 모든 면에서 선진국의 수준이나 위치에 도달하기 위한 행정의 의도적 측면에 관심을 두는 반면, 신행정학은 국가의 발전목표로서 인간의 삶의 질을 중시하며, 소득의 공정한 배분에 관심을 기울이고 있기 때문에 모든 시민에게 훌륭한 질의 재화와 서비스를 제공함으로써 궁극적으로는 사회적 형평을 실현하는 데 주안점이 있다.

그러나 발전행정론과 신행정론은 행정에 있어서의 논리실증주의 및 행정의 가치배제적 접근법에 대한 일종의 반동으로 나타났으며, 이 양자가 미래지향적이고 가치지향적이라는 점에서는 동일한 궤도를 달린다고 할 수 있다. 다만 신행정론은 본질적으로 발전행정론보다 더 규범적·윤리적 차원에서 행정문제를 다루려 하고 있다.

Ⅱ. 신행정학의 특징(내용)

신행정학이란 행정에 대한 하나의 사고방식 혹은 행정의 방향에 대한 일련의 주의·주장으로서 이해할 경우, 그 주요 내용은 여러 가지 측면에서 지적할 수 있다.[40)]

여기에서는 다음과 같은 몇 가지 사항을 살펴보기로 한다.

1. 사회적 형평성(social equity)

신행정론자들은 전통적 행정학자들이 행정의 기본이념으로서 주장하는 능률성 대신 사회적 형평성을 주장하였다. 사회적 형평은 공평과 정의의 개념을 함축하는 것으로 모든 사람을 평등하게 하는 것이 아니라 특히 사회 및 정치적 가치의 배분에 있어서 현재까지 불이익을 받은 사람들(예: 소수민족)에게 더 많은 혜택을 주어야 한다는 것이다.[41)] 종래에 있어서 정부기관으로부터 받게 되는 행정서비스의 차이는 특정행정기관에 대한 특정집단의 접근능력에 의하여 좌우되어 왔으며 보다 강력한 집단이 보다 큰 혜택을 입었기 때문에 가치중립성은 불평등을 더욱 촉진시켜 왔다고 보는 것이다. 따라서 행정인은 사회적 불평등을 제거해야 할 의무가 있으므로 부유층이나 강력한 집단 대신 사회적·정치적·경제적으로 불리한 입장에 있는 계층을 위하여 보다 나은 행정서비스를 보다 많이 제공함으로써 사회적 형평성을 실현해야 한다는 것이다.[42)]

---

40) 예컨대 F.A. Nigro와 L.G. Nigro는 i) 사회적 형평성, ii) 고객중심의 행정(client-focused administration), iii) 탈관료제화(debureaucratization), iv) 민주적 의사결정(democratic decision making), v) 분권화(decentralization) 등을 들고 있으며, H.G. Frederickson은 신행정론의 내용을 이루는 가치적 항목으로서 i) 반응성(responsiveness), ii) 의사결정에 있어서 직원과 시민의 참여, iii) 사회적 형평성, iv) 시민선택(citizen choice), v) 사업의 효용성에 대한 행정적 책임을 열거하고 있다.

41) 사회적 형평이란 극히 가치지향적인 개념이나 신행정학이 반실증주의적·반과학적인 것은 아니며, 오히려 과학적 방법을 통하여 여러 대체적 정책과 행정현상의 분석·파악 및 평가에 도움을 주도록 노력하는바, H.G. Frederickson은 이를 제2세대 행태주의(second-generation behaviorism)라 부른다

42) 이러한 사회적 형평의 실질적 의미 또는 새로운 윤리체계는 John Rawls의 유명한 저서『정의론』(*A Theory of Justice*, 1971)에서 구하고 있다.

Frederickson은 소수자들이 박탈당하는 것을 시정하지 못하는 행정은 결국 그들을 억압하는 것이라고 말하며, 사회적 형평을 실현하는 관리적 수단으로서, 첫째 형평성의 원칙에 대한 직업윤리강령(professional codes of ethics)을 정할 것, 둘째 소수자에게도 평등하게 부여해야 할 공공서비

2. 적실성(relevance) 혹은 대응성

현대사회는 급격히 변동하는 사회이므로 행정도 이에 대응할 수 있도록 구성되어서 사회적 적실성, 즉 현실적합성을 가져야 하며 따라서 행정조직은 그 형태의 완벽함보다는 융통성, 제도의 안정성보다는 적응성이 중요한 요소로 등장한다. 따라서 조직발전(OD), 감수성훈련 및 책임성확장 등 계속적이며 신축적인 변화를 위한 역량의 발전이 필요하다.

3. 반계층제적 입장(계층제의 수정)과 새로운 조직론의 모색

계층제·권위와 Weber의 관료제론을 중심으로 하는 전통적인 비민주적·계층제적 조직이론에 반발하면서 분권화와 참여의 확대를 지향하는 조직개편이 주장되고 있다. 반계층제적·비관료제적 조직모형으로서 수평적 협동작업을 중심으로 하여 다원적 권위, project team, 상황적 적응성, 조직간의 이동성, 수익자 참여 등을 특징으로 하는 연합모형(consociated model)이 제창되었다.

4. 고객중심의 행정과 참여의 확대

행정은 본질적으로 시민 혹은 고객을 위한 것이어야 하며 따라서 시민으로 하여금 다양한 선택의 대안을 부여받게 하기 위해서 조직형태의 다양화, 고객중심의 조직을 가져야 하며 또한 행정을 공개하고 고객(시민)의 행정 참여기회를 확대하고 고객과의 상호교류를 증진해야 한다.

5. 인간주의적 적응(human adaptation)과 조직과 개인의 통합

신행정학은 근본적으로 가치지향적이며 인간관계적이다. 가치와 사실의 분리를 배격하는 것은 후기행태주의의 주장과도 상통한다. 그리고 인간을 행정의 목적으로 봄으로써 훌륭한 관리보다는 인간적 성숙을 꾀하는 행정이라 하겠다. 따라서 조직에서도 고전적 관리기술을 대체할 수 있는 새로운 유형의 리더십이 필요하다.

신행정학자들은 인간자아의 자유의지·가치·존엄성·능동성을 믿어야 한다고

스를 다수자의 규칙이 방해하지 않아야 한다고 주장한다.

주장한다. 인간은 타인과의 상호작용 속에서 상대방의 가치와 의미를 서로 나누어 갖는 상호주관성(intersubjectivity)을 이루게 된다고 본다. 여기에서 조직과 개인은 감성적 차원 이상의 보다 깊은 의식수준에서 의미 있는 통합을 이룰 수 있다고 믿는다.

Ⅲ. 신행정학의 문제점

신행정학이 사회현상을 수용하고 새로운 행정이론의 정립을 위해 노력한 것에는 큰 의의가 인정되지만 여기에도 문제점들은 많이 산재해 있다. 이런 문제점들을 살펴보면 다음과 같다.[43]

1. 신행정학은 행정의 적극적 역할을 통한 사회적 형평의 실현을 주장하고 있지만 사회형평의 규범적 인식을 위한 객관적 기준이나 명확성을 제시하지 않고 있다. 더욱이 인간행태란 그 측정이나 이해가 어려우므로 현실적으로 논리적 사회형평의 완전한 실현은 달성되기 어렵다.

2. 신행정학은 행정의 가치중립성을 배제하고 오히려 가치지향성을 주장한다. 더구나 가치지향적인 정책과학이 행정의 영역으로 들어옴에 따라 행정학이 하나의 학문분야로서 성립하기 위해 필요한 과학화는 지극히 곤란하다고 보지 않을 수 없다.

3. 신행정학이 행정기능의 적극화·활성화를 기하면서 시민참여나 행정의 분권화를 주장하고 있지만, 행정의 사회변동기능의 강화와 정책지향성의 추구는 오히려 행정에 더 큰 권한을 갖게 할 것이므로 행정의 분권화는 달성되기 어렵다. 또한 사회변동에 대처하기 위한 새로운 조직형태인 동태적 조직(adhocracy)은 관료로 하여금 소속감을 잃게 하고 팽창된 행정권력의 독선화 현상은 시민의 참여를 저지시킬 가능성이 크다.

4. 행정의 세계에 있어서 비계층제적 조직의 모색이 현실적으로 충분히 가능한가의 문제가 제기될 수가 있다. 계층제, 전문화, 통제, 직접감독이 무의미하게 되는 관료제종언론은 지나치게 낙관적·비현실적이다.

5. 신행정학은 발전도상국에 적용하기 곤란하다. 발전도상국의 국가발전은 신

43) 신두범, 전게서, pp. 81~86; 김규정, 전게서, pp. 109~110.

행정학이 주장하는 사회적 형평과 삶의 질적 향상보다는 국민경제의 발전에 더 역점을 두고 있으므로 사회적 형평은 경제발전의 다음 차원에서나 제기되기 때문이다.

Ⅳ. 결 어

신행정학은 그 윤곽·내용이 명확한 것은 아니지만 종래의 행정학방법론에 대한 하나의 반발로 이해할 수 있으며 앞으로 행정학이 나아가야 할 방향 혹은 행정학이 추구하는 목적을 제시한 것으로 그 공적을 인정해야 할 것이다. 신행정학은 사회적 형평, 인본주의적 경향, 반합리주의 등으로 특징지울 수 있는데 계층제중심의 관료제조직을 지양하여 구성원의 능력과 개성을 발전시킬 수 있도록 하고, 분권화 참여의 폭을 넓히며, 적극적으로 공공문제 해결에 노력하여 삶의 질을 높임으로써 궁극적으로 사회적 형평, 사회정의의 구현을 목표로 하고 있으며 종래의 행정학이 경시했던 부분의 보완적 의의를 갖는다 하겠다.

이상의 논의에서 보는 바와 같이 신행정학은 격동기의 사회에 내재해 있는 부조리를 제거하고 시민의 인간다운 삶을 보장하기 위해 적극적 행정가(proactive administrator)의 역할을 중시하고 행정의 정책결정기능을 강조하기 때문에 정치와 행정은 융합되는 경향이 있다.[44] 그러나 이러한 상황은 정치에 대한 행정의 우월을 의미하는 것은 아니며, 행정의 정치에의 자의적 관여를 뜻하는 것도 아니라는 점에 유의하여야 할 것이다.

---

44) Nicholas Henry, *Public Administration and Public Affairs* (Englewood Cliffs: Prentice-Hall, 1975), pp. 17~24.

제 4 절 행정학의 접근방법

Ⅰ. 서 론

1. 접근방법(approach)의 의의

접근방법이란 행정학에서 제기할 문제와 검토할 자료를 선택하는 기준을 의미하는 것으로서 연구방향을 정하여 주는 「문제와 자료의 선정기준」을 가리키는 것이다.[45] 행정학연구에 있어서 어떠한 접근방법을 따를 것인가는 연구자가 주관적으로 어떤 태도나 입장을 가지는가에 따라서 달라지게 된다. 행정학에서 학자들이 따르고 있는 접근방법은 다른 사회과학의 그것과 큰 차이가 없으나, 행정학이 인접사회과학과의 교류가 긴밀한 만큼 그 접근방법도 극히 다채롭다고 할 수 있다. 그런데 이러한 접근방법은 상호 배타적인 것은 아니며, 전적으로 한 가지 방법만을 따르는 경우는 없고 일정한 방법을 따르면서도 다른 방법이 병용되고 있다. 따라서 복잡한 행정현실을 포괄적으로 인식하는데는 다원적 접근방법이 요구된다.[46] 어느 하나의 접근방법만으로는 대상을 전체로서 파악할 수 없으며 부분만을 보게 되는 오류를 범하게 된다. 연구대상을 놓고 「어떤 시각에서 분석할 것인가」라고 하는 접근방법은 학문연구에 있어서 매우 중요한 기초가 된다.

45) 강신택, 『사회과학연구의 논리』, 박영사, p. 12. 접근방법을 방법론(methodology)과 동일한 것으로 보는 견해(박동서, 전게서, p. 117), 접근방법에는 방법론이 포함되는 것으로 보는 견해(신상준, 전게서, p. 45) 등이 있다.

46) 김규정, 전게서, p. 68; 박동서, 전게서, p. 148; 신상준, 전게서, p. 45.

2. 접근방법의 유형

접근방법의 유형[47]은 다양하게 제시되고 있으나 연구자의 입장에 따라 그 중 가장 크게 도움을 준다고 생각되는 것을 선택하게 된다. 여기서는 행정학을 연구함에 있어서 많은 연구자들이 유용성을 인정하여온 주요한 몇 가지를 살펴보기로 한다.[48]

Ⅱ. 행태론적 접근방법(behavioral approach)

1. 행태론적 접근방법의 의의

행태론적 접근방법은 행정에 내재하는 인간적 요인에 초점을 두고 인간의 행동에 관한 실증적인 연구를 통해 행정현상을 분석하려는 것이다. 인식론적 근거로써 논리적 실증주의[49]에 입각하여 가치판단적인 것(정책형성)과 사실판단적인 것(정책집행)을 구분하여 가치판단적인 것을 연구의 범위에서 배제하고 사실판단적인 것에 국한하려는 것이며, 행정학분야에서는 1940년대 후반에 Herbert A. Simon에 의하여 크게 진전을 보인 것이다.[50]

이 밖에 행태론적 입장을 취하는 대표적 학자로서는 Dubin, McGregor, Likert, Bennis, Argyris 등을 들 수 있다.

---

47) 접근방법의 유형으로 전통적 방법과 현대적 방법으로 구분하고 전자는 기술적 접근방법과 기능적 접근방법으로, 후자는 행태론적 접근방법과 생태론적 접근방법으로 구분하는 견해(신두범, 전게서, pp. 39~52), 관찰대상의 내용적 측면에 따라 행태론·체제론·생태론적 접근방법으로 구분하는 견해(신상준, 전게서, pp. 45~50), 정태적 접근(행태론 체제론)과 동태적 접근(사회변화이론)으로 구분하는 견해(박동서, 전게서, pp. 121~128) 등이 있다.

48) 김규정, 전게서, pp. 68~84; 박동서, 전게서, pp. 118~129; 신상준, 전게서, pp. 45~55; 신두범, 전게서, pp. 87~112.

49) Simon이 말하는 논리적 실증주의는 엄격한 논리적 분석에 기초를 두어 당면한 명제를 경험적 검증가능성 여하에 따라 그 검증이 가능한 사실명제와 그것이 불가능한 가치명제로 엄격히 구분하고, 행정은 가치를 떠나서 다만 사실적 서술에만 관심을 집중시켜야 한다는 것이다. Herbert A. Simon, *Administrative Behavior: A Study of Decision-Making Processes in Administrative Organization* (New York: The Macmillan Publishing Co., Inc., 1976), p. xxxix.

50) Simon은 『행정행태론』(*Administrative Behavior*)에서 철저하게 경험적 입장을 취하면서 행정연구의 초점을 의사결정에 두고 이를 분석·규명하려고 하였으며, 행정이론의 과학화에 주력하였다.

2. 행태론의 내용(특색)

이와 같이 행정에 있어서 행태론적 접근방법의 특색을 요약하면 다음과 같다.

(1) 일반화　인간의 행태에는 일관성 있는 질서와 규칙성이 있다고 믿고 이것을 찾아내어 일반화를 시도한다.

(2) 계량화　자료의 분석과 발견된 사실의 진술은 가능한 한 계량화한다.

(3) 의사결정 과정　행정을 본질적으로 의사결정 과정으로 보고 행정조직도 의사결정 단위로 본다.

(4) 가치와 사실의 분리　과학적 연구에서는 가치와 사실이 분리되어야 하며 가치판단이 배제되어야 한다.

(5) 행정문화의 중시　행정인의 의식구조, 사고방식, 신념체계, 가치관과 사회적 배경·동기 등의 행정문화를 중시한다.

(6) 협동 과학　행정행태를 연구하기 위하여 인접과학인 심리학, 사회심리학, 사회학, 문화인류학 등과의 협동연구를 중요시한다.

3. 행태론의 비판

(1) 가치판단배제의 비현실성과 보수주의 경향　행정의 과학화[51)]를 위해서 가치와 사실을 엄격히 구별하는 논리실증주의에 입각하여 정치의 영역에서 결정된 가치에 대해서 이를 해석·집행하거나 또는 사실을 조사하는 것에 국한시켜야 한다고 주장하면서 행정연구에 있어서 가치판단을 배제하였다. 그러나 이렇게 현실을 엄격히 두 부분으로 구별하는 것은 연구실에서는 가능할지 모르나 그것이 현실의 생활과정에서 경험될 때에는 명확한 구별을 할 수 없을 만큼 복잡하게 얽히고 있다. 더구나 정치행정학자는 필연적으로 연구에 있어서 어떤 선호, 윤리적·지적 입장을 갖지 않을 수 없다. 결국 학문연구의 궁극적인 목적이 인간사회의 개선이라고 한다면 사회현실을 인도할 가치판단은 없고 다만 목적 없는 기술과 통계만 다룰 수 있겠는가 하는 문제점이 제기된다. 또한 가치중립적 입장은 결과적으로 보수주의를 초래하게 된다.

(2) 연구범위·대상의 지나친 제약　연구방법의 신뢰성 검증에 치중하다 보면

51) 여기서 행정의 과학화란 행정현상에 대한 검증을 통하여 정확한 인식과 현상과 현상간의 정확한 상호관계 및 상호작용을 규명함으로써 행정현상 속에서 일정한 법칙성을 찾아냄을 말한다.

연구대상이나 범위를 지나치게 제약하게 된다. 물론, 학문연구에 있어 가급적 방법의 신뢰도가 높은 것이 바람직하나 그렇지 않은 것을 모조리 배제하는 것은 주객이 전도될 수도 있다. 즉 전체보다 단편적인 것에 중점을 두는 미시적 분석에 치중하게 되어 문제의 사회적 중요성을 파악할 수 있게 하는 거시적 분석을 간과할 수도 있기 때문이다.[52)]

4. 행태론의 평가

행태론은 연구대상의 경험적·실증적 연구를 통한 사실의 객관적 분석, 서술 및 이해에는 강하지만 사회가 안고 있는 문제점을 개선하기 위한 규범적 처방 혹은 정책지향이 약한 것이라는 지적을 받고 있으나 다음과 같은 평가를 할 수 있을 것이다.

1) 행태론적 접근방법은 행정학의 과학화에 지대한 공헌을 하였다. 행정의 연구에 있어서 구조적 측면보다 행정인의 행태유형이나 가치관의 연구에 중점을 둠으로써 행정의 내부동태를 인식하는 데 큰 도움을 주었다.

2) 행태론의 한계는 불가피한 것이지만 다른 접근방법에도 제약이 따르는 것이므로 다른 접근방법과 보완적으로 활용되어야 한다.

3) 미국에 있어서도 1960년대 후반에 여러 가지 큰 개혁의 필요성이 제기됨에 따라 보수적 행태론이 지닌 결함을 극복하고 현실적합성(relevance)을 높이고자 하는 연구경향 즉 가치문제를 분석의 대상에서 배제시키지 않고 주관성과 인간주의를 존중하는 새로운 경향이 나타나게 되었다. 아울러 1970년대에 이른바 신행정학이 주장되어 사회적 형평성, 사회정의, 규범주의, 적극적인 시민참여 등이 강조되었다. 이러한 학문적 경향은 제2세대행태론, 후기행태론(post-behavioralism)이라 불리어지기도 하였다.[53)]

---

52) David Easton, "The New Revolution in Political Science," *American Political Science Review*, Vol. 63, No. 4 (Dec. 1969), p. 1052.

53) H. George Frederickson, "Toward a New Public Administration," in Frank Marini (ed.), *op. cit.*, pp. 315～316. 1969년 Easton은 미국정치학회에서 '정치학의 새로운 혁명' (New Revolution in Political Science)이라는 주제의 기조연설 가운데서 정치학연구의 새로운 혁명이 진행되고 있다고 선언하고, 그 혁명의 구호는 '적실성' (relevance)과 '실행' (action)이라고 하였다. 적실성이란 사회과학자가 연구하는 문제가 사회개혁과 관련되는 것이어야 하고, 실행이란 연구성과가 정책을 통하여 구현되어야 한다는 것이다. 후기행태주의의 상세한 설명은 김광웅, 『사회과학방법론』, 박영사, 1976, pp. 23～24 참조.

Ⅲ. 체제론적 접근방법(systems approach)

1. 의의 및 특징

체제론적 접근방법은 '체제'(혹은 체계: system)라는 개념을 기반으로 해서 연구대상이나 해결해야 할 문제에 접근하는 경우를 말한다.

즉 연구의 기본적 관점을 체제로서 파악하는 것이며 오늘날 사회과학에서 중요시되는 접근방법이다.[54] 체제란 일반적으로 복수의 구성요소 또는 변수가 어떤 관계를 가지고 상호의존성, 상호관련성, 상호작용성, 질서, 통일성 등이 존재하면서 환경과 끊임없이 영향을 서로 주고받는 실체(entity) 내지 전체를 의미한다. 하나의 체제는 보다 큰 체제의 한 부분 즉 하위체제(sub-system)[55]이기도 하다.

체제의 특징을 살펴보면, 첫째 체제의 각 구성요소는 서로 기능적으로 연결되어 있으며 전체체제(total system) 속의 하위체제로서 인식된다.

둘째, 각 하위체제는 다른 하위체제와 구별되는 경계를 가지며 전체체제는

[그림 1-1] 체제론적 접근방법 모형

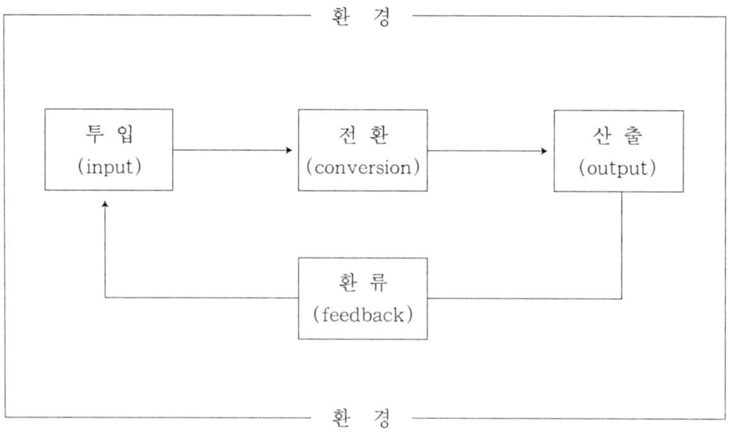

54) 강신택, 전게서, pp.358~412. 체제적 접근방법은 거시적으로 행정과정의 모든 전체적 흐름을 파악할 수 있다는 점에서 의의가 크다.

55) 가장 넓은 의미로 불리는 사회전체체제는 정치제체, 경제체제, 사회체제, 문화체제 및 행정체제 등의 하위체제로써 구성되어 있으며, 또 이들 하위체제는 상호작용을 하고 있다.

그 상위체제인 환경과 구별되는 경계를 가진다.

셋째, 체제는 균형을 유지한다. 체제는 현상유지만을 위한 정태적 균형(static equilibrium)을 유지할 수도 있고, 일정한 방향으로 변화하면서 균형을 유지하는 동태적 균형(dynamic equilibrium)을 유지할 수도 있다.

넷째, 체제는 환경과의 상호작용이 없는 폐쇄체제(closed system)로서 인식할 수 있고 또한 환경과 상호영향을 주고 받는 개방체제(open system)로서 파악할 수 있다.[56)]

다섯째, 체제는 투입-전환-산출-환류(feedback)의 구조를 가진다.

여섯째, 체제는 목표달성에 기여하는 바람직한 효과를 가져오는 기능, 즉 순기능(eufunction)과 상반되는 역기능(dysfunction)을 가진다.[57)]

일곱째, 체제는 각각의 목표를 달성하기 위한 자원, 정보 및 에너지를 갖는다. 그러나 그 각각은 전체체제의 공통된 목표달성을 위하여 기능적으로 연결되어 작용해야 한다.

2. 행정체제의 구성요소

개방체제로서의 행정체제는 서로 관련되고 상호작용하는 환경 투입·전환과정·산출과 환류 등으로 이루어지고 있다. 환경으로부터의 투입은 전환과정을 거쳐 산출로서 환경으로 보내지며 산출은 다시 환류 메커니즘(feedback mechanism)을 통하여 다시 투입으로 연결된다.

여기서 행정체제의 구성요소를 살펴보면 다음과 같다.

(1) 환 경(environment) 행정체제를 둘러싸고 있는 환경이란 정책결정자들에게 문제를 제기하거나 또는 이런 문제들의 해결을 위해 정책결정자들의 노력

56) 폐쇄체제란 하나의 체제를 그것을 둘러싸고 있는 환경과 관련이 없는 일종의 자급자족적인 실체로서 파악하는 것이다. 전통적 조직론에서의 조직관이다. 개방체제란 하나의 체제를 그것을 둘러싸고 있는 환경과 상호작용하는 실체로서 파악하는 것이다. 개방체제는 다음과 같은 특색을 갖는다. 첫째, 개방체제는 환경과의 교호작용 속에서 투입→전환→산출→환류의 역동적 작용을 수행한다. 둘째, 개방체제는 항상성(homeostasis)과 균형상태를 유지한다. 즉 체제는 그것을 둘러싼 내외의 환경과 교호작용 속에서도 그 실체의 항상성과 균형을 유지한다. 셋째, 개방체제는 그 체제가 무질서해지고 쇠약해지는 현상을 막는 일종의 역엔트로피(neg entropy)기능을 수행한다. 넷째, 개방체제는 규모가 커지고 기능이 증가하면 분화현상이 일어나며, 분화가 심해지면 통합의 필요성이 발생한다. 오늘날 행정조직은 개방체제로 이해되고 있다.

57) Parsons에 의하면 체제는 목표를 달성하기 위하여 적응기능, 목표달성기능, 통합기능, 체제(형상)유지기능과 같은 기본적 기능을 수행한다고 한다.

을 도와주는 정치적·경제적 및 사회적 현상들을 포함한다.

(2) 투 입(inputs) 정책은 환경으로부터 행정체제의 전환과정에 투입된다. 여기서 말하는 투입이란 정책에 대한 요구(demands), 지지(support), 반대(opposition) 및 자원(resources) 등을 포함한다.[58)]

(3) 전환과정(conversion) 전환과정이란 투입을 받아 산출을 위해 필요로 되는 정책형성과정을 말하는바, 이것은 바로 수많은 시민의 요구를 취사선택하는 과정이라고 하겠다. 그런데 이 전환과정 즉 정책형성 과정에서는 조직내의 규칙과 행정관의 개인적 가치관간의 갈등, 수많은 투입을 단순화하려는 정책결정자의 관례적 절차의 사용, 정부기관의 산출비용을 증가시키려는 행정관 상호간의 충돌, 그리고 혁신적 요구를 받아들이지 않으려는 완고성 등의 제현상이 발생하기 쉽다.

(4) 산 출(outputs) 산출이란 행정체제의 전환과정을 통하여 환경에 내보내지는 것을 뜻하는바, 여기에서는 규제(예, 치안에 관한 보호적 규제, 경쟁의 규제 등), 각종 서비스(예, 공익사업의 예로서 도로·철도·전력 등, 사회적 서비스의 예로서 의료·교육·복지 등, 군사적 또는 치안적 서비스의 예로서 국방, 경찰, 교도소 등)가 포함된다.

(5) 환 류(feedback) 환류란 행정체제가 받아들인 투입(요구, 자원 등)에 대한 산출의 영향물이라 할 수 있다. 즉, 환류란 산출이 환경에 미치는 영향(예를 들면 행정개혁, 행정책임 등)을 말하는 것으로서 이것은 행정과정에서 어떤 잘못이 발견되었을 경우, 이와 같은 잘못을 다시는 되풀이하지 않도록 시정조치를 취하는 것을 뜻한다. 그리고 이러한 환류과정을 거쳐 후속투입(subsequent inputs)이 이루어지는 것이다.

3. 체제론적 접근방법의 특징

1) 다양한 여러 사회체제나 행정체제의 비교분석을 용이하게 해준다.

2) 문제의 원인규명을 통하여 문제해결과 의사결정의 합리화에 기여할 수 있고 객관적·체계적으로 인과관계를 설명케 함으로써 행정이론의 과학화에 기여

58) 행정체제에 대한 투입은 민간부문에만 국한되지 않으며 정부부문으로부터도 투입이 있게 된다. 즉 정부부문에서도 법규, 지시 또는 행정수반·입법부·사법부의 요청이나 판단의 형태로 행정인에게 요구가 제기되며 예산과 재량권의 형태로 자원을 주거나 지지 또는 반대가 행하여진다.

할 수 있다.

3) 복잡하게 얽히고 설킨 현대의 사회현상을 환경과의 관계에서 혹은 내부구조의 분해를 통하여 체계적으로 상호관계를 분석하는 데 도움을 준다.

4) 연구대상을 상징적으로 다루므로 추상적이며, 부분적 구조보다는 전체를 중요시한다. 변동을 다룬다는 점에서 동태적이며, 업무기능의 수행에 관심을 가진다는 점에서 실제적이다.

4. 체제론적 접근방법의 비판

이상과 같이 체제론적 접근방법은 행정과정(체계)면에서 파악할 때 행정학을 종합적·체계적으로 연구하는 데 있어서 유용한 방법론이라고 하겠다. 그러나 다음과 같은 비판이 있다.

1) 변화와 발전의 문제를 다루는 데 한계가 있다. 체제는 본래 균형·항상성 및 안정을 유지하는 특성이 있다.[59)]

2) 특수한 인물의 성격·리더십 등이 큰 비중(중요성)을 가지는 경우 이를 과소평가하기 쉽다. 따라서 발전도상국의 정부주도적 발전을 설명하기 어렵다. 이는 체제론이 안정된 선진사회를 중심으로 구성된 때문이라 하겠다.

3) 거시적 모델에 지나치게 의존하므로 구체적 행정현실이나 여러 국면을 정확하게 반영하기 힘들다.

요컨대 체제론은 변화와 혼란을 거듭하고 있는 신생국보다도 안정된 상태를 지속하고 있는 선진국을 설명하는 데 보다 적합한 것이라 하겠다.[60)]

Ⅳ. 생태론적 접근방법(ecological approach)

1. 의 의

(1) 개 념　생태론적 접근방법이란 행정을 하나의 유기체(organism)로서 파악하고 행정과 그것을 둘러싸고 있는 환경간의 상호작용에 초점을 두고 연구

59) 체제는 잠정적으로 혼란이 일어나더라도 다시 당초의 균형상태에 돌아가려는 특성을 가지는데 이것을 homeostasis라고 한다.

60) Richard W. Gable, *Development Administration* (SICA, ASPA, 1976), p. 46.

하는 접근방법이다. 환경이란 주체를 둘러싸고 있는 주위의 일체를 의미하며 행정은 그 물리적·사회적 환경과 끊임없는 상호작용을 가진다. 생태란 '살아있는 유기체와 그 물리적·사회적 환경간의 상호작용관계'를 의미한다. 생태라는 개념에 의하여 행정과 그 환경간의 계속적인 교류, 상호작용을 파악할 수 있다.

(2) 이론의 변천: 폐쇄체제로부터 개방체제로 행정은 환경과 끊임없이 상호작용하면서 환경으로부터 영향을 받아 이에 적응하고 또한 환경에 영향을 미치고 있다. 즉 행정은 개방체제로서 동태적인 환경과의 계속적인 상호작용을 통하여 사람·자원·정보를 투입으로서 환경으로부터 받아들이고 이를 전환과정을 거쳐 산출로서 환경으로 내보내며 다시 환류작용으로 연결된다.

그러나 전통적 행정이론은 행정조직을 폐쇄체제로서 인식하여 조직에 대한 환경의 영향을 도외시하고 조직의 내부구조 과정만을 다루었으나, 오늘날의 이론은 조직을 개방체제로서 파악하고 있다.

행정에 대한 환경적 요인의 영향을 강조하는 생태이론이나 비교행정이론이 제기되면서 행정에 대한 환경의 영향을 중요시하게 되었다.[61]

2. 행정생태론의 내용

행정현상 연구에 있어서 생태론에 대한 관심과 도입은 본격적으로 1947년 Gaus와 1950년 이후에 Riggs에 의해서 이루어지게 되었다. 두 학자의 견해를 간략히 소개한다.

(1) J.M. Gaus의 생태론 J.M. Gaus는 행정에 영향을 미치는 환경적 요인을 일곱 가지로 요약하였는데 그것은 i) 주민(people), ii) 장소(place), iii) 물리적 기술(physical technology), iv) 사회적 기술(social technology), v) 욕구와 사상(wishes and ideas), vi) 재난(catastrophe), vii) 인물(personality) 등이다.

(2) F.W. Riggs의 생태론 한편 F.W. Riggs는 발전도상국을 대상으로 하는 비교행정연구에 생태적 접근방법을 원용하여 농업사회(agraria)·전이사회(prismatic

---

61) J.M. Gaus는 그의 저서 『행정에 관한 성찰』(*Reflections on Public Administration*, 1947)에서 정부의 기능을 환경에 관련시키는 노력이 필요하다고 하고 정부의 제기능에 대한 설명은 그의 환경적 변화에서 얻을 수 있다고 하여 행정의 연구에는 생태론을 포함시켜야 한다고 주장하였으며, 그 후 F.W. Riggs는 이 생태적 접근방법을 활용하여 비교행정 연구에 많은 업적을 남기기도 하였다.

society)·산업사회(industria)의 모형을 제시하고 이들 사회의 환경적 변수로서 경제적 기반, 사회구조, 이념체제, 의사소통망, 정치제도 등을 들었다. 그리고 이들 사회에 있어서의 기능과 구조의 분화의 정도에 따라 융합형 프리즘형 및 분화형이라는 세 가지의 모형을 만들었는바,[62] 이 가운데서 주로 발전도상국이 후진사회로부터 선진 사회로의 이전 단계인 프리즘적 사회의 유형에 속한다고 보고서 프리즘적 사회의 행정적 특성의 연구에 주력하였다.

3. 비 판

1950년대의 압도적인 조류를 이루었던 생태론적 방법은 행정연구에 있어서의 공헌[63]에도 불구하고 그 문제점에 대한 비판이 제기되었다.

생태론은 두 가지 관점에서 비판이 가해질 수 있다. 첫째, 생태론적 접근방법은 행정을 본질적으로 환경적인 면에서 파악함으로써 현대 행정학에 기여한 바 크지만 이 접근법은 다만 행정을 외부적 측면으로부터 파악하려는 것으로서 행정의 내부적인 문제를 소홀히 할 위험성을 지니고 있다는 것이다. 둘째, 행정이 환경의 종속변수로서 수동적으로 환경에 의하여 제약되고 특징지어진다고 이해하는 소위 '결정론적 견해' (deterministic view)를 취하고 있다는 점이다.

생태이론이 처음 주장되었을 때에는 환경이 행정에 미치는 요인이 중요시되고 행정의 피동적 성격이 지적되었다. 그러나 이러한 입장, 즉 행정은 주체성을 가지고 자발적·능동적·적극적으로 새로운 국가발전을 이끌어갈 수 있는 실체라기보다는 운명론적으로 환경과의 순환적 인과관계에 따라 그 기능과 행태가 결정된다고 보는 입장을 취하는 경우 발전도상국가가 직면한 낙후된 경제상·사회상에 비추어 발전에 대하여 비관론, 패배주의, 악순환론, 숙명론에 빠질 우려가 있었다. 따라서 초기의 생태이론에 내포된 전적으로 결정론적인 입장은 수정이 불가피하게 되었다.

1960년대부터 발전론이 활발하게 논의되면서 행정을 환경의 종속변수로 생각

---

62) Fred W. Riggs, *The Ecology of Public Administration* (London: Asia Publishing House, 1961), p. 4 및 p. 93. Riggs의 이론모형에 관해서는 제10편 제2장 제3절 참조.

63) 생태론의 공헌은 다음과 같이 지적할 수 있다. 즉 생태론은 어떤 특정사회의 행정을 둘러싸고 조건짓는 문화적·환경적 맥락속에서 고찰함으로써 행정행태의 특징을 보다 더 생생하게 파악할 수 있게 하는 것이다. 또한 생태론은 행정을 연구함에 있어서 인류학·사회학·정치학·심리학 등과의 상호교류와 수용을 촉진함으로써 종합과학적 연구활동을 본격적으로 자극하게 된 것이다.

하는 생태론의 결정론적 견해가 비판을 받게 되고 각성이 일기 시작하여 행정이 능동적으로 환경의 변동을 유도·촉진시키는 기능을 중요시하게 되었다. 종래 결정론적 견해를 취하였던 Riggs조차도 『발전의 생태론』(*The Ecology of Development*, 1964)에서 종전의 이론적 입장인 결정론을 역전시킴으로써 동태적·발전적 요인을 강조하였고, 비결정론적 견해를 주장하게 된 것이다. 미국에서도 1970년대에 신행정론이 제창되면서 행정기능에 의한 적극적인 사회적 형평성의 실현이 강조되었다.

행정유기체는 진공 속에 고립될 수 없고 자급자족적인 폐쇄체제일 수도 없다. 개방적으로 그를 둘러싸고 있는 문화적 환경과 부단히 상호작용을 전개하면서 동적 균형을 유지하는 체제로서 파악해야 할 것이다.

Ⅴ. 기타의 접근방법

전술한 접근방법 이외에 중요한 몇 가지를 간단히 살펴보기로 한다.[64)]

1. 공공선택론적 접근방법(public choice theory)

(1) 의 의 공공선택론은 일반적으로 비시장적 의사결정[65)](non-market decision making), 즉 정치적·행정적 결정에 관한 경제학적 연구이론으로서 정부의 의사결정 방법을 연구하는 경제이론이며 정치학에 경제학을 응용하는 정치경제학적 접근방법이다. 대표적 이론으로서는 Buchanan과 Tullock의 헌법적 민주주의이론, Downs의 민주주의의 경제이론 등을 들 수 있다. 공공선택론의 탄생을 촉진시킨 요인으로서는 경제학 중에서도 후생경제학에 있어서의 사회적 후생함수(social welfare function)에 관한 논의의 전개와 시장실패에 대한 정부개입에

---

64) 기타 접근방법으로 역사적 접근방법(historical approach)과 법적·제도적 접근방법(legal-institutional approach)이 있는데 역사적 접근방법은 과거의 역사에서 발생한 사건의 의미를 찾아내고 이를 통하여 과거와 현재를 연결하고 미래에 대한 합리적 예측과 지침을 제공하려는 접근방법으로서 대표적인 저서는 White의 『미국행정사』, 김운태 교수의 『조선왕조행정사』, 박동서 교수의 『한국관료제도의 역사적 전개』 등이 있다. 법적·제도적 접근방법은 행정과정에 영향을 미치는 법이나 제도를 중심으로 행정현상을 서술적으로 정태적으로 연구하는 전통적인 접근방법으로서 서구제국 특히 독일과 프랑스에서 가장 보편적인 방법이다. 상세한 설명은 신상준, 전게서, pp. 50~51; 김운태, 전게서, p. 77; 박응격, 전게서, pp. 37~39 참조.

65) 비시장적 의사결정이란 쌀값·방위비 등과 같이 시장의 수요공급의 원리에 따라서만 결정되지 않는 결정을 말한다. 그것은 정부 및 공공조직체를 통해서 결정된다.

관한 논의의 전개 등을 지적할 수 있다.[66)]

특히 행정학 분야에서는 Ostrom이 행정학의 지적 위기(intellectual crisis)를 내세우면서 민주행정을 위한 공공선택 패러다임을 주창하였다. 그는 정부를 공공재의 생산자로, 국민을 공공재의 소비자로 규정하고 국민의 편익을 극대화할 수 있는 공공재의 공급과 생산은 공공부문의 시장경제화를 통해서 가능하다고 보았다. 그런데 공공재와 공공서비스를 독점적으로 공급하는 전통적 관료제로서는 시민 고객의 요구에 민감하게 대응할 수 없다고 보았다. 동시에 조직화된 압력단체들의 영향하에 공공서비스를 독점적으로 공급하고 소비자인 시민의 선택을 억압한다는 것이다. 그러므로 공공서비스를 공급할 때 국민개개인의 선호와 선택을 존중하고 경쟁을 통하여 서비스를 생산·공급하게 하면 각 시민에게 시장에서와 같이 보다 선택의 여지를 확대해 주게 되고 그들이 갖고 있는 이기성·합리성에 따라 보다 적합한 서비스를 값싸게 받을 수 있게 함으로써 행정의 대응성을 높여야 한다는 것이다.

Ostrom의 이론이 민주행정의 패러다임이라고 할 수 있는 것은 무엇보다도 공공서비스와 공공재의 결정 및 공급이 단일의 권력중심체제가 아니라 분권화된 다양한 결정중심체에 의해서 행해져야 한다는 주장에서 찾을 수 있다.[67)]

2) 주요특징

(1) 방법론적 개인주의(methodological individualism)　공공선택론은 방법론상으로 개인의 행동을 중시하여 개인의 행동(선택)을 기본적 분석단위로 한다.

(2) 합리적 · 이기적인 경제인 가정　이러한 개인은 i) 개인마다 다른 선호와 이기심을 가진 인간으로서 가정되며, ii) 대안의 우선순위를 정할 수 있는 능력을 가진 합리적 경제인[68)]으로서 가정되며, iii) 자기의 선호에 비추어 최고의 순이익을 가져올 대안을 선택하는 극대화전략(maximizing strategy)을 채택할 것으로

66) 시장의 실패란 시장기구에 의해서는 최적의 자원분배나 균등한 소득배분이 이루어지지 않음을 말한다. 시장이 실패한 상황에서 경제학자들은 비시장적 결정방법, 즉 정치의 연구에 관심을 기울이게 되었다.

67) Vincent Ostrom, *The Intellectual Crisis in American Public Administration* (Tuscaloosa, Ala.: The University of Alabama Press, 1974), p. 74.

68) 경제인의 가정에는 두 가지 요소가 있다. 첫째는 합리성이며, 둘째는 이기심이다. 합리성이란 주어진 선택에 응하여 스스로의 이익 및 효용을 최대화하도록 선택하는 개인의 성향을 말한다. 이기심이란 위와 같은 선택의 상황 속에서 다른 사람의 후생 혹은 이익을 배제함을 말한다. 요컨대 개인이란 합리적 이기적 존재이며, 자기의 효용의 극대화를 목표로 행동한다는 것이다. 그것은 경제의 장에 있어서나 정치의 장에 있어서나 마찬가지로 가정한다.

가정된다.

(3) 정책의 파급효과 중시　정치경제학적 성격이 강한 공공선택이론은 공공정책을 공공재와 공공서비스를 사회에서 합리적으로 배분할 수 있는 수단으로 파악하고서 어느 한 부문의 공공정책은 사회의 모든 부문에 직접·간접으로 영향을 미치는 정책의 파급효과(확산효과: spillover effects)를 중시하였다.[69]

(4) 다양한 조직 및 제도적 장치의 활용　민주행정을 위한 공공선택론은 다양한 공공재와 공공서비스를 제공하는데는 이에 맞는 다양한 조직이나 제도적 장치가 활용되어야 한다고 한다. 공공재의 생산·공급은 시민들의 다양한 선호에 적절히 대응하는 다양한 규모의 분권적인 제도적 장치가 마련되어야 한다고 본다.

(3) 평 가　공공선택론은 이론적으로는 정치경제학의 맥락에서 행정이론 및 패러다임을 형성하는 데 공헌하였으며 행정의 분권화와 국민에 대한 행정의 대응성을 촉진시킴으로써 자원배분의 효율성을 기할 수 있고 시민이 능동적으로 공공서비스를 선택할 수 있으므로 행정의 민주화에 기여하였다고 할 수 있다. 그러나 다음과 같은 문제점을 지적할 수 있다.

첫째, 방법론적 개인주의의 이론적 전제가 경험적 검증을 거칠 수 있는지 매우 의심스럽다.

둘째, 현실세계가 전적으로 효용의 극대화를 추구하는 합리적 경제인으로만 구성되어 있지 않다는 사실을 도외시하고 있다.

셋째, 자유시장의 논리를 공공부문에 도입하려는 시도도 시장실패라는 그 나름의 고유한 한계를 안고 있다.

넷째, 공공선택과 민주적 결정을 강조하나 사실은 균형이론에 집착하는 기득권 옹호의 보수적 이론이라는 것이다.

다섯째, 집권화된 조정보다 분권화된 소규모의 공공서비스 공급시스템이 보다 효율적인 기능을 수행한다는 견해는 너무 단순하다.

2. 현상학적 접근방법(phenomenological approach)

(1) 의 의　현상학적 접근방법은 행태주의와 같은 종래의 실증주의적·계

---

69) 정책의 파급효과는 긍정적·의도적인 경우와 부정적·비의도적인 경우로 나누어 볼 수 있다. 예컨대 법인세의 감세에 의한 긍정적·의도적 파급효과는 고용수준의 향상이 될 수 있고 그 부정적·비의도적 파급효과는 정부가 사회복지사업에 쓸 수 있는 재원의 감소가 될 수 있다.

량주의적 접근방법처럼 인간행태의 외면만을 보는 것이 아니라 현상의 본래적 의도와 그 의미까지도 이해하고 파악하려는 접근방법이다.[70)]

즉 현상학적 접근방법에서는 사회현상 또는 사회현실이 자연현상처럼 인간과 관련이 없는 객체로서가 아니라 사회적 행위자인 인간의 의식, 생각, 언어 관념 등을 통하여 인식된다. 사회적 행위의 해석에 있어서 의식(consciousness)의 의도성을 중요시하는 현상학은 인간의 의식작용에 의하여 어떤 의미가 부여된 모든 것을 현상으로 파악하고 일상생활, 생활세계(life-world)를 개인이 해석하는 데 초점을 둔다. 인간은 의도적 행위를 하고 그 행위에 의미를 부여하는 의식적 존재로서 파악되는 것이다.

현상학은 이처럼 인간의 의도된 행위(action)와 표출된 행위(behavior)를 구별하고 의도된 행위에 더욱 관심을 기울임으로써 행위의 의미를 좀더 근본적으로 이해할 수 있다고 하는 주관주의적 접근방법[71)]에 속한다. 현상학과 행정학의 접목을 시도한 연구는 하몬(Michael M. Harmon)의 행위이론(action theory)이다.

(2) 현상학적 접근방법의 내용

(가) 상호주관성　현상을 완전히 이해하려면 내적 심리동기까지 이해하여야 하는데 그것은 그 대상과 상호 작용하는 가운데서 이해된다. 즉 그 속에 들어가서 그의 경험을 내가 공유하는 상호 주관적인 이해를 추구한다. 나와 상대방(연

---

70) 현상학(phenomenology)이란 현상에 대한 개개인의 지각(perception)으로부터 그의 행태(behavior)가 나온다고 주장하는 철학적·심리학적 접근방법으로서 사회적 행위의 해석에 있어서 의미를 중요시하는 학문이다. 현상학에 대한 상세한 설명은 한전숙, 『현상학의 이해』, 민음사, 1984 참조.

71) 사회과학연구에는 두 가지의 상반되는 객관주의적 접근과 주관주의적 접근이 있다. 그 동안 행정에 관한 접근방법의 주류는 객관주의적 접근에 치중되어 왔으나 현상학적 접근방법, 비판론적 접근방법은 주관주의적 접근방법이다. 양자의 차이를 보면 다음과 같다. Gibson Burrel and Gareth Morgan, *Sociological Paradigms and Organizational Analysis* (London: Heinemann, 1979), p. 3; 윤재풍 역, 『사회과학과 조직이론』, 박영사, 1990, p. 5 참조.

① 연구대상의 본질과 관련되는 존재론적 입장에서 객관주의는 실재론(realism)을 따르지만 주관주의는 유명론(nomianlism)을 취하여 인간의 의식행위를 중요시하고 사회체계는 인간의 의식의 소산으로 본다.

② 지식을 얻는 문제와 관련되는 인식론적 입장에서 객관주의는 실증주의(positivism)를 강조하나 주관주의는 반실증주의(anti-positivism)의 입장을 취한다.

③ 인간 본성의 입장에서 객관주의는 인간의 행동이 환경 등 인과적 요인에 의하여 설명될 수 있다는 결정론(determinism)을 취하나 주관주의는 인간의 자율적·능동적 측면을 중요시하는 주의주의(voluntarism)를 취한다.

④ 방법론적 입장에서 객관주의는 일반법칙적 방법(nomothetic method)을 강조하나 주관주의는 개개의 사례나 문제중심적 방법을 강조하는 개별예적 방법(ideographic method)을 추구한다.

구대상)은 하나의 공동체를 이루는 공동주관 또는 사회적 주관으로서 서로의 행동을 이해하게 된다. 개인의 일상생활의 세계는 사적 세계가 아니라 상호 주관적 세계로서 이해된다. 즉 사회현상 또는 사회적 현실이란 자연현상처럼 인간과 관련이 없는 객체로 존재하는 것이 아니라 그 속에 참여하는 사람들의 의식·생각·언어·개념 등으로 구성되며 그들의 상호 주관적인 경험으로 이룩된다고 본다.

(나) 행위이론 행위이론은 인간의 행위가 합목적적·의도적이며 인간은 자신의 활동과 관련하여 자아를 성찰할 수 있는 책임있는 행위자임을 전제로 하고 있다. 또한 주체와 객체간의 상호작용 과정을 통해서 조직은 창조되고 유지될 수 있으며 행위지향적 행정은 다른 개인들의 현실을 이해하고 공감할 수 있는 행위지향적인 개인들에 의해서만 가능하다고 가정한다. 현상학적 접근방법은 근본적으로 행정학연구를 행정인의 일상적인 실제적 측면을 강조하는 미시적 관점으로의 방향전환을 시도하는 것이며 많은 거시적 문제들은 인간의 상호작용과 이해를 통해 해결될 수 있다고 가정한다.[72)]

(3) 현상학적 접근방법의 평가 현상학적 접근은 그 동안 과학적 접근방법을 통해서 규명하지 못했던 인간의 주관적 관념, 의식 및 동기 등의 의미를 더 잘 이해할 수 있게 하였다. 또한 사회현상으로서 조직문제를 파악하는 데 폭넓은 철학적 사고방식과 준거의 틀을 제공해 주고, 나아가 가치비판적이고 가치평가적인 연구를 할 수 있게 함으로써 정책연구에 기여했다.[73)] 그러나 다음과 같은 문제점도 제기되고 있다.[74)]

(1) 이 접근방법에서 주장하는 것은 지나치게 사변적이고 철학적이기 때문에 주관적인 철학의 범주를 벗어나기 어렵다.

(2) 행위의 목적과 의도를 찾아내는 데에 주안점을 두고 있지만 이것을 어떻게 찾는가에 대한 기술과 방법에 대한 언급이 없다.

(3) 인간의 모든 행위는 의식과 의도의 산물이라고 가정하고 있어, 인간행위의 많은 부분이 무의식이나 집단규범, 또는 외적 환경의 산물이라는 것을 간과하고 있다.

(4) 개별적인 인간행위와 개인간의 상호작용의 해석에 역점을 두기 때문에 그

72) M. Harmon, *Action Theory for Public Administration* (New York: Longman, 1981), p. 45.
73) 신두범, 전게서, pp. 87~112.
74) 백완기, 전게서, p. 54.

접근방법이 지나치게 미시적이어서 행정조직의 전체성을 파악하기 힘들다.

그러나 이러한 한계에도 불구하고 현상학적 접근방법은 인간을 중시한다는 점과 질적인 연구를 발전시켰다는 점에서 철학적 의미를 지니고 있으며, 그러한 점에서 실증주의적 접근방법을 보완해 줄 수 있을 것이다.

3. 비판론적 접근방법(critical approach)

(1) 의 의　　비판론적 접근방법은 현대사회에 있어서의 사회관계의 지나친 합리화를 비판함으로써 이러한 합리화로 초래된 사회지배기구로부터의 인간해방에 중점을 두는 접근방법으로서 인간의 비판적 이성(critical reason)을 중요시하고 가치비판적(value-critical) 입장을 취한다.

비판론적 접근방법은 1960년 말 이후 행정학 연구의 경향에 중요한 변화를 시도하는 학문활동으로서 나타나기 시작하였는바 그것은 바로 도구적·기술적 이성에 바탕을 둔 실증주의적 연구방법과 같은 객관주의적 접근방법에 대한 문제의 제기와 그것을 극복하려는 학문활동들 즉 주관주의적 접근방법인 것이다. 그 중 하나가 실제적·해석적 이성에 근거한 현상학적·해석학적 연구방법의 대두이며, 또 하나는 비판이성(혹은 해방이성)을 표방하고 비판이론[75]을 도입·적용하려는 연구경향이다.[76]

(2) 행정이론과 비판론적 접근방법　　이러한 비판론이 행정학 연구에 도입되기 시작한 것은 1970년대 후반 W.N. Dunn과 B. Fozouni에 의해서이고 본격적으로

75) 비판이론(critical theory)은 나치즘, 파시즘, 스탈린주의 등의 전체주의가 유럽을 강타한 1923년 프랑크푸르트대학 사회조사연구소의 설립으로 출현하였다. 이 이론은 Kant의 비판철학과 Marx의 이데올로기 비판에 근거를 두고 있으며, 1920년대 이후 독일의 Horkheimer Adorno Marcuse 및 Habermas 등의 저서를 통해서 새롭게 체계화되고 전파되었으며, 오늘날의 철학과 사회과학에 많은 영향을 끼쳐왔다. 이것은 우리가 살고 있는 사회의 모습을 총체적으로 분석·비판하고, 그것을 변화시킬 수 있는 것이 무엇인가를 밝히려고 하는 입장으로서, 특히 무엇이 인간의 자율성을 억압하고 예속시키는가를 규명하는 데 학문적 관심을 집중시킨다.

비판이론의 특징을 보면, 첫째 비판·도구적 이성의 합목적적·합리적(purposive-rational) 성격을 비판하고 의식적 선택과 효과적 행위에 의하여 인간제도가 재건될 수 있으며 상징적·의사소통적 상호작용의 행위구조가 회복되어야 한다고 주장한다. 둘째, 정치·행정 등 공공부문에서 시민의 민주적 참여가 제약을 받아 시민이 사회를 이끌어가는 주체가 되기보다 도리어 객체로 전락되고 비정치화되었다고 본다. 따라서 공공부문이 특정 계층의 이익만 반영해 주는 제한된 역할에서 벗어나 사회의 규범적 구조와 바람직한 생활을 지향해 나가야 한다고 주장한다. 셋째, 의사소통의 왜곡·불균형을 중요시하여 개인이든 사회이든 왜곡 없는 의사소통을 강조한다. 의사소통의 패턴이 균형을 잃고 당사자간에 한쪽이 다른 쪽을 지배하게 된다면 개인정신이든 사회생활이든 의사소통의 왜곡이 불가피하다고 본다.

76) 정인흥 외 3인, 『문제중심 행정학』, 박영사, 1997, p.66; 김영성 외 7인, 『행정학원론』, 대영문

연구되기 시작한 것은 Robert B. Denhardt에 의해서이다. 비판행정이론은 비판이성 및 해방이성의 맥락에서 행정을 이해하고 설명하며 특히 공공조직과 관료제에 대한 고찰에서 이 이론은 전개하고 있다. 이들에 의하면 기존의 행정학이 능률성 추구를 위한 기법의 개발에만 관심을 두어왔으며, 행정을 공공성이라는 사회의 입장에서 볼 때 기존의 행정은 공공적 기대에 미치지 못했을 뿐만 아니라 현존의 사회적 지배의 유지(사회에 대한 규제와 통제)에 기여해 왔다고 비판하였다. Denhardt는 현재의 공공서비스에 나타나는 정당성의 위기를 진단하고자 Habermas의 의사소통(communication) 개념을 이용하였다.

오늘날 시민들의 관료들에 대한 불신과 적대감이 매우 큰데, 그 원인은 관료의 관심과 시민의 관심이 불일치하는 데서 야기되는 것이 아니라 사실은 다양한 당사자간의 의사소통이 체계적으로 왜곡되어 있는 사실에 근거한다. 따라서 이러한 구체적 한계의 분석은 비판이론에서 말하는 의사소통의 실제를 분석·파악할 필요가 있다.

(3) 비판행정이론의 평가 Denhardt에 의하면 행정에서 강조하는 기술적 합리성은 행정조직의 구성원과 고객을 명백히 객관화하고 효율성에 기여하나 행정과정을 비인간화하고 경색시키는 것이며, 또한 사람을 조작되어야 할 대상으로 대하거나 직원들을 상부의 명령에 복종하는 존재로 다루어야 통제력을 획득할 수 있다고 한다. 그 결과 사람들은 서로 격리되고 서로간에 사무적인 대상으로 취급되며, 관리자들은 자기성찰을 경시하게 된다. 관료제 안에 존재하는 소외, 관료제로부터 야기되는 (시민의) 소외는 이러한 객관성의 증대와 성찰의 결여가 결합된 것이라고 본다.[77)]

요컨대 이러한 접근방법은 관료제 및 조직과 관련된 의미와 실상을 냉엄하게 비판함으로써 관료제와 조직의 병리를 밝히고 의문을 제기하였으나 관료제에 대한 이상적인 대안을 체계적으로 제시하지는 못했다는 비판을 받고 있다.

4. 포스트모더니즘

포스트모더니즘(Postmodernism)은 모더니즘(Modernism)에 대조되는 개념으로서 후기모더니즘 혹은 탈(脫)모더니즘을 의미하는바 산업화 이후 사회(근대화

화사, 1998, pp. 124~125; 신두범, 전게서, pp. 87~112; 김규정, 전게서, pp. 80~83.

77) Robert B. Denhardt, *Theories of Public Organization* (Calif Co., 1984), p. 151.

이후 사회)의 특성 즉 포스트모더니티(Postmodernity, 탈근대성)를 설명하는 하나의 관점 또는 이론이라고 할 수 있다.[78)]

포스트모더니즘은 객관주의를 배격하고 사회적 현실은 우리들의 마음속에서 구성된다고 보는 구성주의(構成主義 : constructivism)를 지지하며 상대주의적이며 다원주의적이다. 또한 포스트모더니즘은 상상, 해체(deconstruction), 탈영역 등의 해방주의적 성향을 지닌다. 개인들은 조직과 사회적 구조의 지시와 제약(조직스트레스, 사회적 역할강요)으로부터 해방되어야 한다고 주장한다. 사람들 사이의 상이성(相異性)을 존중하고 타자성(他者性, alterity)이 내재된 관료제 즉 탈관료제화, 반집권화 등을 중시한다.

Ⅳ. 결 어

— 상황적 접근과 토착화 —

이상의 접근방법은 모두 장·단점을 보유하고 있어 한두 가지만으로는 행정현실을 포괄적으로 설명할 수 없다. 즉 하나의 접근방법으로 진리의 전부를 설명할 수 없으며 연구자 자신의 이해를 진리 자체로 볼 수 없기 때문에 이러한 접근방법은 병용되고 혼용될 수 있는 상호보완적 관계에 있음을 유의할 필요가 있다.

따라서 우리가 할 수 있는 최선의 방도는 그때그때 처한 특정한 구체적인 상황에 적합한 접근방법 소위 상황적 접근(contingency or situational approach)을 모색, 선택하여야 할 것이다.[79)]

그러므로 우리 나라 행정을 연구하는 데 있어서 선진국에서 창안 유행하는 것은 무조건 따르는 방식을 지양하고 어디까지나 우리의 행정현상을 설명할 수 있느냐 또는 우리가 당면하고 있는 문제를 해결하는 데 도움을 줄 수 있느냐 하는 관점에서 평가·이용하여야 할 것이다.[80)]

---

78) 서구에서 근대 혹은 모던(modern) 시대라고 하면 18세기 계몽주의로부터 시작된 이성중심주의(합리주의) 시대를 일컫는다. 종교나 외적인 힘보다 인간의 이성에 대한 믿음을 강조했던 계몽사상은 합리적 사고를 중시했으나 지나친 객관성의 주장으로 20세기에 들어서면서 도전받기 시작하였다. 포스트모더니즘운동은 1960년대 말부터 미국과 프랑스를 중심으로 학생운동 · 여성운동 · 흑인인권운동 · 3세계운동 등의 사회운동과 전위예술, 그리고 해체(Deconstruction) 혹은 후기구조주의, 다원주의 등 문화운동이면서 철학 · 문학 · 미술 · 건축 · 정치 · 경제 · 사회의 모든 영역과 관련되는 사상으로 조직이론, 행정학에도 영향을 미치고 있다.

79) 한국사회과학연구소 편, 『현대사회과학방법론』, 민음사, 1977, pp. 242~245.

80) 박동서, 전게서, pp. 132~134.

제 3 장 행정가치와 행정문화

제 1 절 행정이념

Ⅰ. 서 론

1. 행정이념의 개념

행정이념이란 행정이 지향하고자 하는 기본적 가치 혹은 지도정신(근본정신) 내지 행정이 나아가야 할 바람직한 지표·지침이라 할 수 있다.[1] 바람직한 행정은 어떠한 것이다라고 말하는 경우의 지침이 되는 것 또는 이상(理想)으로 제시되는 것이다. 행정의 지도이념이라고도 한다. 이러한 기본적 가치는 행정기관에 의하여 결정·집행되고 평가되는 정책이 추구할 가치와 밀접한 관계를 가진다.

모든 이념이 그렇듯이 국가사회의 지배적 가치관이나 헌정이념을 반영하는 행정이념도 시대와 국가를 초월하는 보편적 성격을 갖는 것은 아니며 특정국가의 역사적·문화적·상황적 제약을 벗어날 수 없다. 예를 들면 오늘날까지 행정의 지도적 이념으로서 열거되는 것을 보면 공공성·민주성·능률성·효과성·생산성·합법성·합목적성·공평성·정의·질서·복지 및 인간존중 등이 있지만, 이러한 이념들이 어느 국가 어느 시대나 똑같이 강조되는 것은 아니다. 기본적 행정가치

1) 김규정, 전게서, pp. 115~140; 박동서, 전게서, pp. 156~171; 신두범, 전게서, pp. 19~28; 신상준, 전게서, pp. 55~58; 유종해, 전게서, pp. 64~74; 김영종 외 3인, 전게서, pp. 48~58. 행정이념의 가치추구적인 목적성보다 수단성에 치중하는 견해는 백완기, 전게서, p. 50.

나 행정이념에 유사한 개념으로서는 행정철학·행정규범·행정윤리[2] 등을 들 수 있으나 이를 명확하게 구별하기란 어렵다.[3]

2. 행정이념의 기능

국가발전의 목표를 신속히 달성하기 위해서는 행정이 추구할 최고가치와 행정관료들이 맡은 바 임무와 당면한 문제를 올바른 방향으로 완수할 수 있는 지도원칙이 제시되어야 하며 시대에 따라 변화하는 행정이념을 정확히 파악함으로써 행정의 사회변동에 대한 대응능력을 함양시킬 수 있으며, 또한 행정이념은 행정활동의 결과를 평가하고 발전을 모색할 수 있는 기준을 제시해 준다.

3. 행정이념의 변천

행정 이념은 역사적으로 볼 때 시대적 요청에 따라 그 의미 내용에서 혹은 이념 상호간에 중점이 변동되어 왔다. 서구제국에서는 근대국가 성립 이후 법의 지배(영국·미국)와 법치국가(독일·프랑스)의 사상에 영향을 받아 합법성이 행정국가가 대두되기 이전까지 중요한 행정이념이었다.

능률성을 중시하는 과학적관리법이 공공부문에 도입됨으로써 행정학의 발전계기가 되었던 정치행정이원론은 가장 중요한 행정가치를 기술적·기계적 능률로서 인식하였다. 그러나 과학적 관리론이 한계를 드러내고 기계적 능률관이 비판되고 사회적·규범적 능률이 주장됨으로써 행정이념으로서의 민주성의 중요성을 인식하게 되었다.

1960년대에 신생국의 발전에 주로 관심을 두는 발전행정이론이 연구되면서 목표달성도를 의미하는 효과성이 주요한 행정이념으로 인식되었다. 또한 민간부문의 생산성 강조에 영향을 받아 공공부문에서도 생산성이 주요한 이념으로 인식되었다. 특히 신행정론에서 중요한 행정이념으로 사회적 형평성이 주장되면서 행정이념의 중점은 형평성·공익·배분적 정의 등 규범적 가치로 옮겨지게 되었

---

2) 행정윤리(administrative ethics)는 행정이념이라는 용어에 비하여 행동규범으로서의 성격이 강하다고 볼 수 있으며 본서에서는 공직윤리(공무원의 윤리)로서 따로 다루고 있다.

3) 행정철학·행정가치에 관한 문헌으로서는 Marshall E. Dimock, *A Philosophy of Administration*(New York: Harper & Row, 1958); Christopher Hodgkinson, *Towards a Philosophy of Administration* (New York: St. Martin's Press, 1978); 김항규, 『행정철학』, 대영문화사, 1994; 관악행정학회편, 『행정과 가치』, 법문사, 1988.

으며[4] 종전에는 정부로부터 기대되지 않았거나 다른 사회기관에 의하여 제공되었던 이들 가치를 보장하도록 정부는 요구받고 있다.

Ⅱ. 행정이념의 내용(유형)

행정이념은 그 의미 내용에 있어서 중점이 변동되어 왔으나 일반적으로 기본적인 행정가치로서는 본질적·궁극적 의미를 갖는 목적가치에 해당하는 i) 민주성, ii) 형평성, iii) 공익성, iv) 사회정의, v) 인간의 존엄성 등과 그리고 수단적 관료제적 가치에 해당하는 i) 능률성, ii) 효과성, iii) 생산성, iv) 합법성 등으로 대별할 수 있다.[5] 물론 목적가치와 수단가치의 구별은 상대적인 것이라 하겠다.

그런데 이러한 행정이념은 그 우선 순위를 엄격히 구별할 수 있는 것이 아니라 상호보완적이면서 상대적 성격을 띠고 있으며 역사적·정치적·상황적 요인에 따라 그 평가기준은 달라진다고 보아야 한다.

여기서는 시대변천과정에 따라 행정이념을 유형별로 고찰하기로 한다.[6]

1. 합법성(legality)

(1) 합법성의 의의　행정이념으로서의 합법성이란 행정의 법률적합성, 법에 의한 행정, 법에 근거한 행정, 즉 법치행정을 말한다.[7] 행정을 법에 의하여 규제하고 행정의 자유로운 혹은 자의적인 활동을 방지한다는 것은 근대법치국가의 출발점이라 할 수 있다. 모든 행정은 객관적인 법률에 의해서만 하도록 함으로써 군주의 자의적인 권력으로부터 국민의 자유와 권리를 보장하도록 하였다. 자

4) 공익은 민주적 가치를 지향하는 행정이념으로서 중요시되고 있으나 그 개념·내용의 애매성과 다양성에 비추어 따로 자세히 고찰하기로 한다.

5) Redford는 미국행정의 이념으로서 i) 능률성, ii) 법의 지배, iii) 능력과 책임, iv) 민주성, v) 공익 등을 지적: 과거의 유럽대륙이나 전전의 일본에서는 합법성이 강조되었고 전후의 신생국과 공산권에서는 능률성과 효과성이 특히 강조되어 왔다.

6) 김규정, 전게서, pp. 145~140; 박동서, 전게서, pp. 156~171; 신두범, 전게서, pp. 19~28; 신상준, 전게서, pp. 55~58; 유종해, 전게서, pp. 64~74; 김영종 외 3인, 전게서, pp. 48~57.

7) 법치행정의 원리는 i) 입법부의 의사인 법률이 행정부의 의사보다 우월하다는 법률우위, ii) 국민의 자유와 권리를 제한하는 일체의 행정권의 발동은 법률의 근거를 요한다는 법률의 유보, iii) 국민의 자유와 권리에 관한 일반적 규정은 법률에 의해서만 정할 수 있다는 법률의 법규창조력 등의 세 가지를 그 내용으로 한다. 현대행정국가의 위임입법의 증가와 행정의 적극화에 따른 급부행정의 증대에 의해서 행정에 대한 법률의 기속은 약화되는 경향이 있다.

본주의를 경제적 기반으로 하여 등장한 입법국가·자유민주주의국가에서는 시민계급의 기본적 자유권 내지 재산권의 보호를 위하여 안정성과 예측가능성을 보장해 주는 합법성의 이념이 중요시되었다. 현대행정은 법의 테두리 속에서 운영되고 법에 대한 존중을 전제로 하며 행정의 합법성이 요구되고 있다.[8)]

(2) 합법성의 장·단점 행정의 합법성은, 첫째 행정의 자의성과 행정에 의한 국민의 권리침해를 방지한다. 둘째, 법에 의한 행정은 사회의 질서유지와 안정을 확보하는 토대를 마련한다. 셋째, 법에 의한 행정은 행정의 통일성·일관성·객관성·예측가능성 및 공평성을 확보하는 기초가 된다.

그러나 합법성을 강조하는 행정은 자칫 잘못하면 행정의 경직성, 행정의 변화에 대한 저항, 수단가치인 법의 준수를 너무 강조하는 경우에 나타나는 목표의 전환(displacement of goal) 및 형식주의 등의 역기능을 나타낼 수 있다.

(3) 합법성의 변모 오늘날 행정에 대한 엄격한 법적 규제는 행정대상의 복잡화, 행정의 전문화·기술화, 국가발전을 위한 행정의 적극적 기능, 위임입법의 증대 등으로 말미암아 그 한계에 직면하고 있으며 행정활동에 대한 법적 규제는 완화되고 행정재량의 범위가 확대되고 있으며 다양한 합목적적 행정활동을 허용하는 경향이 강화되고 있다. 그러나 이러한 합법성 약화경향이 지나치게 강조되는 경우 자의적인 행정권력으로부터 국민의 자유와 권리의 보장을 위태롭게 할 우려가 있다는 점을 경계하여야 할 것이다.

2. 능률성(efficiency)

(1) 능률성의 의의 능률이란 투입(일정한 산출을 위하여 투하된 노력, 시간, 비용 등)에 대한 산출(일정한 투입에 의하여 얻어진 성과, 소득, 편익 등)의 비율을 말한다. 행정의 능률성은 최소한의 투입으로 산출을 극대화시키는 것이며 한정된 자원으로 목표를 최대로 달성할 수 있는 대안을 선택하는 것을 의미한다.[9)]

---

8) 우리 나라 행정절차법(1996)의 제정은 행정의 합법성을 확립하는 데 획기적인 계기가 되었다. 이 법은 공개행정·투명행정을 통하여 행정의 불공정과 정실화의 폐단을 방지하고 행정기관과 시민간의 분쟁을 원천적으로 제거하자는 데 그 취지가 있다. 행정절차란 넓은 의미로는 행정의사의 결정과 집행에 관련된 일체의 과정을 말하고 좁은 의미로는 행정의사결정에 관한 사전절차, 행정입법·행정계획·행정처분(행정행위)·행정계약(공법계약) 및 행정지도에 관한 사전절차를 말한다. 행정의 합법성은 법의 정당한 절차(due process of law)에 의한 행정 또는 행정의 사법화(judicialization)를 통하여 구현될 수 있다(김남진, 전게서, p. 398 참조).

이와 같은 능률성의 이념이 미국에서는 19세기 말부터 1930년대에 기술적 행정학파에 의하여 강조되었다. 과학적 관리법을 행정에 실현하는 최대의 목적은 '절약과 능률' (economy and efficiency)에 있었다. 따라서 당시의 행정에 있어서 능률은 '최고의 선이며 제일의 공리' 로서 간주되었다(능률지상주의). 전후의 신생국들에서도 행정의 이념으로서 능률성이 강조되었는데 그것은 행정의 역할을 통하여 신속한 국가발전을 이룩하기 위해서였다.

(2) 기계적 능률의 비판 그러나 위와 같은 의미의 능률성은 여러 가지 면에서 비판의 대상이 되었는데 즉 투입-산출의 비율을 따지는 그 능률의 목적이 무엇인가, 즉 누구를 위한 능률인가 하는 점이다. 그것은 단순히 기계적 수단적 합리성과 기계적 대차대조표식의 능률[10]일 뿐 진정한 행정의 목적인 사회와 인간의 가치의 실현을 위한 능률이 아니고 행정의 목적과 가치를 경시하기 쉬운 능률관인 것이다. 이러한 능률성은 행정에 있어서 이를테면 인간의 자유, 개인의 발전, 창의력과 같은 것을 간과함으로써 인간존중과 민주성을 후퇴시키는 결과를 초래한다는 비판이 제기되었다.

그리하여 1930년대에 Dimock은 위와 같은 기계적 능률성을 대체하는 개념으로서 '사회적 능률성' (social efficiency)개념을 제안하였다.[11] 사회적 능률성이란 행정이 그 목적가치인 인간과 사회를 위해서 산출을 극대화하고 그 산출이 진정으로 인간과 사회의 만족을 위해 기여해야 한다는 것이다. 그렇게 함으로써 행정의 실질적 합리성(substantial rationality)을 구현하고자 하는 것이다.[12]

---

9) Herbert A. Simon, Donald W. Smithburg and Victor A. Thompson, *Public Administration* (New York: Alfred A. Knopf, 1950), p. 54. 능률을 목적 달성을 위한 보다 나은 수단의 선택에 관한 문제로서 본다면 능률은 목적가치가 아니라 수단의 선택에 관한 것이다. 따라서 능률을 위한 능률은 생각할 수 없으며 능률적인가 비능률적인가는 주어진 목적에 의하여 판단된다. 하나의 목적을 위한 능률은 다른 목적을 위하여서는 비능률이 될 수도 있다.

10) Herbert A. Simon, *Administration Behavior: A Study of Decision-Making Processes in Administrative Organization* (New York: Macmillan, 1957), p. 173.

11) Marshall E. Dimock, "The Criteria and Objectives of Public Administration," in J.M. Gaus, L.D. White and M.E. Dimock(eds.), *The Frontiers of Public Administration* (University of Chicago Press, 1936), pp. 116～133.

12) 사회적 능률성의 내용을 살펴보면 다음과 같다.

i) 합목적적 능률: 이것은 정치 행정일원론적인 견지에서 목적을 떠난 능률이란 존재할 수 없으며 능률의 결정은 목적에 의존하는 것이라고 한다. 또한 행정목적의 형성은 가치판단적인 것이므로 목적에 의존하는 능률은 당연히 가치적인 성격을 내포한다.

ii) 인간적 능률: 사회적 능률은 기계적 능률과는 달리 행정조직내에 있어서 인간적 가치를 실현하는 것이다.

(3) 사회적 능률의 평가 사회적 능률관은 부당하게 높게 평가되었던 기계적 능률관에 대하여 반성을 촉구한 점은 높이 평가할 수 있다. 그러나 행정이 지향하는 모든 가치이념은 능률에만 국한시킬 수 없는 것이며 또한 행정의 세계에 있어서 능률개념의 적용은 어디까지나 수량적 측정이 가능한 범위에만 한정시켜야 할 것이다. 양적 측정이 곤란한 이러한 능률개념의 유용성·실용성과 그 이론적 정확성이 문제되지 않을 수 없다. 능률성과 관련하여 가외성(중복성, 여벌성: redundancy)을 행정이념으로 고찰하는 견해가 있다.[13)]

3. 민주성(democracy)

(1) 민주성의 의의 행정의 민주성이란 민주적인 행정 즉 국민의 국민에 의한 국민을 위한 행정을 말한다. 민주국가는 민주성을 이념으로 하는 민주행정을 추구한다. 민주행정은 참여행정, 책임행정, 봉사행정을 의미한다. 이러한 행정의 민주성은 대외적으로 국민과의 관계에 있어서 뿐만 아니라 대내적으로 행정조직 내에서도 확립되어야 한다.

1930년대의 전·후반기를 분수령으로 하여 정치행정이원론(또는 기계적 능률)의 지양과 정치행정일원론(또는 사회적 능률)으로의 전환과 때를 같이해서 행정에 있어서는 민주성의 이념이 대두되었다. 과거 정치행정이원론이 지배하고 있던 시기에는 행정이 주로 관리·집행 기능만 담당하였으므로 기술적인 면이 강조되어 능률을 중요시하였으나, 1930년대에 들어서서 정치행정일원론이 대두되면서 행정은 정치적 성격을 띤 정책기능까지도 담당하게 되었다. 이에 따라 기계적 능률에서 탈피한 민주성이 새로운 행정이념으로서 등장하게 되었던 것이다.

그러므로 정책결정을 하는 데 있어서는 능률보다 민주성이 우선해야 한다는

---

iii) 사회적 능률: 이것은 행정의 사회적 유효성을 기준으로 하여 능률의 정도를 평가하여야 한다는 것이다. 위에서 본 사회적 능률관은 종래의 비인간적인 기계적 능률관을 비판하고 능률에 있어서의 합목적성·인간성 등을 강조하였다는 점에서 새로운 의의를 발견할 수 있다.

13) 가외성이란 어떤 일이나 물건의 초과분(excess) 혹은 잉여분(surplus)을 말한다. 따라서 행정상의 가외성이란 행정체제나 행정과정의 구성에 있어서 기본적인 구성요소 외에 초과 혹은 잉여요소를 갖는 것을 말한다. 그것은 구체적으로 어떤 행정체제나 행정과정에 초과 내지 잉여의 조직, 절차, 기능, 법규 및 정보의 흐름을 갖는 현상을 말한다. 이러한 현상은 마치 자동차가 스페어타이어를 지니고 2중의 브레이크가 장치되어 있는 경우와 같다. Landau는 능률성과 대조되는 가외성이 행정체제 운영에 매우 중요하다는 점을 강조하고 오히려 이러한 가외성이 정책의 오류를 방지하고 행정체제의 신뢰성과 적응성을 높여준다고 보았다. 가외성에 관한 상세한 설명은 김규정, 전게서, pp. 131~134 참조.

것이다.

(2) 절차적 민주성과 실질적 민주성 민주성은 절차적 민주성(procedural democracy)과 실질적 민주성(substantive democracy)으로 나누어서 고찰할 수 있으며 전자로부터 후자로 중점이 옮겨지고 있다.[14] 절차적 민주성은 정부가 주권자인 국민으로부터 부여받은 권한에 의하여 그 기능을 수행한다는 것이므로 입헌주의, 기본권 보장, 법치주의와 행정참여, 책임성·대응성(responsiveness) 등에 중점을 둔다.

한편 실질적 민주성은 국민을 위한 정부활동 즉 국민의 복지와 사회정의를 위한 행정, 국민을 위한 정책, 국민을 위한 능동적·적극적인 행정관료제에 중점을 둔다. 민주성의 이러한 절차적·실질적 의미를 인식하는 경우 행정이념으로서 민주성은 넓은 의미에서 공익과 사회적 형평성[15] 등의 이념을 내포하고 있다고 할 수 있다.

(3) 민주성 확보방안 민주성의 궁극적 목적은 국민을 위한 행정의 실현에 있으며, 그것을 실현하는 과정에 국민이 참여하고 그들의 의사가 잘 투입될 수 있는 절차와 제도를 확립하는 데 있다.

행정의 민주성을 확보하기 위한 절차 및 제도로서는 시민의 행정참여, 분권화의 촉진, 공개행정(정보공개), 사회적 형평성, 행정책임과 통제, 관료제의 대표

---

14) William L. Morrow, *Public Administration: Politics, Policy, and The Political System* (New York: Random House, 1980), pp. 24~27.

15) 사회적 형평성을 민주성과 별도의 행정이념으로 고찰하는 견해가 있다. 사회적 형평성(social equity)은 가치배분의 공정성이나 인간 상호관계에 있어서의 공정성·정당성을 의미한다. 사회정의(social justice)와 같은 뜻으로 인식되고 있는 사회적 형평성은 일반적으로 사회적 불평등이나 가치배분의 불공평을 전제하면서 모든 사람이 균등하게 잘 살고 인간다운 행복과 복지를 누리도록 하려는 도덕적·윤리적 성격을 띠고 있다.

이러한 사회적 형평성은 국민에게 가치, 자원이나 공공서비스 또는 의무, 예컨대 소득 의료혜택 병역의무 등을 어떻게 배분하느냐의 문제와 관련되며 결국 배분적 정의의 문제에 귀착된다. 남을 나 자신과 동등하게 그리고 정당하게 대우하면서 각자에게 자기 몫을 돌려준다는 데 핵심을 두는 사회적 형평성은 동등한 것은 동등하게, 동등하지 않는 것은 동등하지 않게 다루어야 하며, 다루는 데 있어서는 차등격차를 공정하게 해야 한다는 원칙을 추구한다.

민주행정의 주요한 과제는 가능한 한 사회적·경제적 혜택의 배분을 균등화시키고 국민이 받는 행정서비스의 형평성을 확보하는 것이라 할 수 있다. 사회적·경제적 약자와 소외계층의 소외감이나 상대적 박탈감을 중화시키는 데 주력해야 하며 성별·직업·계층·지역간을 막론하고 실질적인 형평성을 확보해야 한다. 오늘날 팽창일로에 있는 행정수요를 촉진시킬 수 있는 가용자원의 제약으로 말미암아 자원배분의 형평성 확보가 중요시되고 있다. 특히 사회적 형평성이 행정학에서 관심을 끌게 된 이유는 신행정학의 대두와 밀접한 관계가 있으며, 그 이론적 근거를 Rawls의 『정의론』(*A Theory of Justice*, 1971)에서 찾을 수 있다. 사회적 형평성에 관한 상세한 설명은 김규정, 전게서, pp. 124~129 참조.

성 확보, 공공선택, 고객중심(국민편의)의 행정 등이다.

(4) 민주성과 능률성의 상호관계 이러한 행정의 민주성이념은 전술한 능률성의 이념과 모순 상충되는 점이 많다. 그것은 능률성이 행정의 절차와 수단의 측면에서 보는 이념인 데 반하여, 민주성은 행정의 궁극적 목적가치에 관심을 두는 이념이기 때문이다. 사실상 오늘날 행정국가에서 행정의 주도적 역할과 기능이 강화됨에 따라 많은 나라에서 행정의 수단에 집착하는 능률의 극대화실현에 기울어짐으로써 목적가치인 민주성의 실현이 상대적으로 위축된 경향을 많이 목격할 수 있다. 그러나 양자는 다음과 같은 관계로 정립되어야 할 것이다.

첫째, 민주성은 목적가치이며 능률성은 수단가치이다. 현대민주국가에 있어서 행정의 민주성은 목적가치로서, 능률성은 수단가치로서 이해된다. 이렇게 볼 때 행정의 민주성은 능률성에 우선하거나 상반되는 관계에 있는 것으로 볼 수 있다.

둘째, 민주성과 능률성은 상호보완적 관계에 있다. 행정의 민주성과 능률성은 서로 모순되는 것은 아니다. 민주적 행정은 국민의 복지를 위한 행정이므로 국민복지를 보장 향상시키는 수단·기술로서 행정상의 방법·절차·기준은 능률화되어야 한다.

셋째, 민주적 능률을 추구해야 한다. 특히 능률을 기계적·기술적 능률로서만 파악하지 않고 사회적·인간적 능률로 이해하는 경우 행정의 민주성과 능률성은 상호 조화될 수 있으며 참다운 민주적 능률을 확보할 수 있다.

4. 효과성(effectiveness)

(1) 효과성의 개념 행정의 효과성은 행정목표의 달성도를 의미한다.[16] 효과성은 목표에 치중하여 그 달성도를 나타내는 데 반하여 능률성은 수단적·과정적 측면에 중점을 두는 개념이다. 1960년대에 접어들면서 발전행정이 행정학 분야에 도입됨에 따라 종래의 합법성·능률성·민주성의 문제 이외에, 행정목표가 어느 정도 달성되었는가 하는 목표의 달성도를 중요시하여 효과성의 문제가 대두되었다.

16) James L. Price, *Organizational Effectiveness* (Homewood: Irwin, 1968), pp. 2~3; Amitai Etzioni, *Modern Organizations* (Englewood Cliffs: Prentice-Hall, 1964), p. 8; Katg & Kahn, *The Social Psychology of Organizations* (New York: John Wiley & Sons, 1966), p. 161.

이 당시는 행정에 있어서의 발전과 변화에 많은 관심이 집중되었으므로 다른 것들은 조금 소홀히 하고 희생시키는 한이 있더라도 우선 발전목표를 최대한 달성하는 방향으로 행정을 이끌어 가고자 했다. 따라서 이 때에는 효과성이 최대의 행정이념으로 대두될 수밖에 없었으며, 이러한 현상은 우리 나라에서도 수차에 걸친 경제개발 5개년계획에서 엿볼 수 있다.

이와 같은 효과성의 이념은 우리 나라는 물론 특히 새로운 발전목표를 의도적·계획적으로 달성하고자 하는 발전도상국가에 있어서 중요한 행정이념으로 등장하였던 것이다.

그런데 행정의 효과성을 측정하기 위해서는 이에 앞서 행정목표가 뚜렷하게 설정되어 있어야 한다는 사실이다. 만일 행정목표가 명확하게 설정되어 있지 않을 경우에는 도저히 행정의 효과성을 측정할 수 없기 때문이다.

(2) 효과성과 능률성의 비교 효과성은 목표에 치중하여 그 달성도를 나타내는 개념인 반면 능률성은 보다 수단적·기술적 측면에 중점을 두어 제한된 자원으로 산출의 극대화와 경제성을 추구하는 개념이다. 효과성과 능률성을 합쳐서 효율성이라 부를 수 있다.[17] 능률성과 효과성은 결코 상반되는 개념은 아니며 병행하는 경향이 있으나 항상 일치되는 것은 아니다. 효과성을 의미하는 정책목표의 달성도를 높이는데는 가능한 한 많은 행정자원을 투입하는 것이 바람직할 수 있으나 투입과 산출의 비율을 의미하는 능률성을 저해할 수 있으며 역으로 지나치게 능률성에 치중하면 정책목표의 달성도가 낮아질 수 있다.

행정을 통한 국가발전을 추진하는 발전행정론의 입장에서는 국가 발전목표를 우선 100% 달성해 놓는 것이 시급한 일이며, 따라서 효과성이 능률성에 우선할 수도 있는 것이다.

17) 근래 생산성(productivity)이라는 용어는 효율성과 거의 같은 뜻으로 파악되고 있다(박동서, 전게서, p. 162). 생산성에 관한 상세한 설명은 김규정, 전게서, pp.134~137 및 박동서, "정책결정과 생산성," 『발전정책연구』(서울대학교 행정대학원, 창간호, 1974), pp. 2~12 참조.

Ⅲ. 행정이념간의 관계

1. 이념간의 우선 순위

지금까지 행정이념으로서 합법성·민주성·능률성·효과성을 살펴보았으나 모든 이념들이 동시에 동일한 비중을 가지고 추구되기란 어렵다. 여기서 이념간의 우선순위 문제가 대두되게 된다. 그때 그때의 시대적 요청과 정신에 따라 또는 국가적 상황에 따라 보다 우선적으로 강조되는 이념이 있을 수 있다는 것이다. 따라서 나라마다 시대마다 그 우선 순위가 다르기 때문에 이론적인 근거에서 그 우선순위를 결정할 길은 없다.[18)]

개인의 소극적인 자유(국가권력으로부터 자유)가 가장 중요시된 사회에서는 행정의 합법성이 가장 우선시될 것이다. 그러나 아이러니컬하게도 개인의 자유와 권리를 억압하는 정치체제일수록 질서유지와 권력의 안정을 위해서 합법성을 내세운다.

오늘의 선진국은 20세기 중반부터 어느 이념보다 민주성을 강조하여 오는 경향이 짙다. 아울러 조직내에서도 계층적인 상하관계보다는 분권화, 권한의 위임, 집단토론 및 자아실현이 강조되므로 행정 내외로 민주성이 최우선시되고 있다고 볼 수 있다.

그러나 제2차 세계대전 이후에 나타난 신생국들의 경우 근대화의 추진이 급선무이므로 효과성을 최우선적으로 강조하고 그 다음이 능률성이었다. 효과성과 능률성이 우선시되다보니 민주성과 합법성은 뒤로 처지게 되었다.

2. 이념간의 갈등문제

행정이념간에는 동일차원에서(unidimensional) 동일방향으로 가는 것도 있고 갈등의 가능성을 지니면서 반대방향으로 나아가려고 하는 것도 있다.

(1) 같은 방향으로 나가는 경우 　합법성과 민주성은 다같이 국민의 자유와

18) 백완기, 선게서, pp. 52~56. 박동시 교수는 그 우선순위를 발전정책의 결정이라는 행정기능에 입각하여 민주성, 효과성, 능률성, 합법성의 순으로 등급화시키고 있다.

권익을 보호하고 신장한다는 의미에서 동일방향에서 조화되고 있다. 능률성과 효과성은 목표의 신속하고 경제적인 성취를 강조한다는 점에서 동일차원에서 조화되고 있다.

(2) 갈등되는 경우

1) 가장 먼저 대두되는 것이 능률성과 민주성간의 관계이다. 민주성이 강조될 때에 능률성이 희생되기 쉽고, 능률성이 강조될 때에 민주성이 희생되기 쉽다는 것이다.

2) 민주성과 효과성도 대립적인 갈등관계에 있다. 민주성은 정당한 절차와 과정(due process)을 거의 생명으로 여길 때에 효과성은 목적성취에 치중하는 나머지 때로는 정당한 절차를 거추장스럽게 여긴다.

3) 합법성과 효과성도 대립적인 이념이라고 할 수 있다. 합법성이 절차를 강조할 때에 효과성은 목적을 강조한다. 합법성이 보수적이고 방어적일 때에 효과성은 진취적이고 공격적이다.

(3) 행정이념간의 조화가능성 이념간에 갈등이 있다고 해서 하나의 이념이 추구될 때에 그와 대립되는 다른 하나의 이념은 포기되어도 좋다는 이론은 성립하지 않는다. 예컨대 민주성이 추구된다고 해서 능률성이나 효과성이 방치되어서는 안된다는 것이다. 물론 나라와 시대에 따라서 보다 강조되는 이념이 있겠지만 이것은 어디까지나 비중과 정도의 문제이지 대체나 희생을 전제로 한 문제는 아니다. 여기서 이념간의 갈등가능성은 보다 높고 종합적인 차원에서 조화될 것이 요구된다. 그때 그때의 시대정신에 비추어 강조되는 이념을 중심으로 구심적으로 조화될 것이 요구된다.

Ⅳ. 우리 나라 행정이념의 방향

우리 나라 행정은 주요이념을 구체화하고 실현하도록 요청받고 있다. 그런데 이러한 행정이념간의 상호관계가 문제로서 제기될 수 있다. 우리의 경우는 선진국과 달리 민주성, 합법성도 이룩하지 못하였으며 능률성은 거의 논의조차 되지 않은 상태에서 효과성이 먼저 중시되기 시작하였다고 하겠다. 이러한 이념의 변천과 현황을 검토해 보건대 우리의 당면과제는 행정의 민주화가 급선무이며 다음으로 합법성의 향상이라고 하겠다.[19] 즉 민주화가 정치면부터 시작하여 행정·경제·사회면에 확대되면 전술한 합법성도 잘 지켜지고, 능률성, 효과성이나 형평성도 향상될 수 있다고 볼 수 있기 때문이다.

자유민주주의를 신봉하는 국가에서 행정이 우선적으로 추구해야 할 이념은 민주성이어야 하며 민주성이라는 목적가치의 실현을 위하여 수단가치로서 능률성과 합법성 등이 확보되어야 할 것이며 민주성의 이념이 최우선적으로 행정활동의 기본이념이 되도록 하여야 할 것이다.

제 2 절 공 익(公益)

Ⅰ. 공익개념
Ⅱ. 공익의 특징과 기능(중요성)
Ⅲ. 공익의 결정
Ⅳ. 공익결정의 방향

Ⅰ. 공익개념

1. 공익(public interest)의 일반적 개념

행정활동 기준은 많고 다양하다. 대표적인 것으로 질서·정의·평등·공평·공익·인간화·복지 및 민주화 등을 들 수 있다. 그 중에서도 공익은 행정의 최고의 가치이며 규범적 기준 중의 하나이다. 특히 헌법이나 공무원의 행동 규범 속에 나타나는「공무원은 공공의 이익을 위하여 봉사해야 한다」는 표현 속에서 우리는 쉽사리 공익의 가치를 알 수 있는 것이다.

그러나 정작 공익개념을 어떻게 정의해야 하느냐 하는 것이 문제가 된다. 가령 공익을 '공공의 이익', '개인의 이익을 초월하는 사회의 공동이익'이라고 단순하게 정의하게 되면 그것은 다만 동어의 반복(tautology)에 지나지 않으며, 따

19) 박동서, 전게서, pp. 165~170.

라서 공익의 본질을 이해하기는 어려울 것이다.[20]

공익개념을 정의하기 어려운 이유는 무엇보다도 공익 자체가 존재하는가 에서부터 문제가 되며, 존재하는 경우, 그것이 일원적인 개념인가 다원적인 개념인가, 선험적인 것인가 경험적인 것인가, 실체적인 것인가 과정적인 개념인가에 관한 논쟁의 단서를 안고 있기 때문이다. 그러한 상황 속에서 근래에 공익개념을 정의한 많은 학자들은 대부분 그것을 명백히 정의하기보다는 자신의 판단에 따라 정한 기준을 적용하여 기존의 공익개념을 분류하고, 거기에 약간의 논평을 가하거나 문제를 제기하는 정도에 그치고 있다.

이상과 같이 공익개념에 대하여는 여러 가지 견해가 제시되고 있으나 일반적으로 「공익은 불특정 다수인의 이익, 개인이나 집단의 대립적 특수이익이나 사익을 초월한 사회전체의 공유가치로서 사회일반의 공동이익」이라고 정의할 수 있다.[21]

2. 공익개념에 관한 학설

공익개념에 관한 주요 학설은 다음과 같이 파악할 수 있다.

(1) 실체설　실체설은 공익을 사익과 구별하여 공익은 사익을 초월하는 행정활동에 대한 구체적인 지침이 되는 것이라고 본다. 따라서 사익과의 갈등이란 있을 수 없다는 견해이며 그 내용은 각자에 따라 자연법·정의·선·평등·자기완성·공통가치 등이며 이들간의 공통적 특징은 공익이 사익의 단순한 총화가 아닌 실체적 개념이라는 것과 공익의 존재성을 선험적으로 인정하고 있다는 것이다. 이 이론은 사회가 다원화되지 못하고 점증주의적 정책결정이 이루어지지 못하며 개개인의 이익보다는 국가나 집단의 이익을 우선시하는 발전도상국의 입장과 관련되며 관료가 공익결정에 적극적 역할을 하기 때문에 적극설이라고도 부른다. 실체설의 입장을 취하는 학자로는 Platon, Rousseau, Bentham, Kant, Rawls, Held 등을 들 수 있다.

---

20) 공익은 Platon 이래 오늘에 이르기까지 수많은 사람들에 의해서 연구되어 왔으나, 아직도 이렇다할 개념이 정립된 바 없고, 그 내용도 구구하기만 하다. 이에 대한 상세한 내용은 박동서, "정책결정과 공익," 『행정논총』, 제13권 제1호 (서울대학교 행정대학원, 1976), pp. 50～53 및 백완기 "공익에 관한 제학설의 검토," 『법률행정논집』, 제16호 (고려대학교, 1978), pp. 243～267; 최장호, "공익의 본질," 『한국행정학보』, 제7호(1973), pp. 218～228 참조.

21) 김규정, 전게서, p. 141.

(2) 과정설 과정설의 기본입장은 공익은 선험적인 개념이 아니라 집단과정의 결과적 산물이라는 것이다. 이 입장은 정치현상을 집단의 입장으로 파악하고 집단간의 경쟁과 대립 속에서 정책이 이루어지고 그 산물로 공익이 나타난다는 것이다. 즉 공익이란 사회집단의 특수이익이나 사익과 본질적으로 구별되는 것은 아니며 수많은 사익간의 갈등의 조정·타협의 소산이 될 수밖에 없다는 견해이다. 이러한 공익은 단일성이 아니라 다원성을 지니게 되며 공익과 사익은 상대적·양적 차이로 본다. 이러한 과정설을 주장하는 대표적 학자는 Schubert, Sorauf, Lindblom, Bentley 등을 들 수 있다.

(3) 절충설 이 입장은 실체설과 과정설의 중간정도라고 볼 수 있다. 절충설은 사익의 집합이 아닌 공익의 존재를 인정하면서도 사익과 관련시켜 생각하는 입장으로 학자간에 약간의 차이는 있으나 공익이란 사익의 집합체도 아니며 또한 사익간의 타협의 소산도 아니지만 또한 전혀 사익과 별개의 것은 아니라는 것이다. 절충설을 취하는 대표적인 학자는 Appleby, Buchanan, Tullock 등을 들 수 있다. 이들의 견해를 정리하면, 공익은 특수한 개별집단의 이익보다 광범위하다는 것이며 바로 다수의 이익이 공익이라는 것이다. 다수의 이익을 내세우기 때문에 소수의 이익은 아무리 강도가 높다 할지라도 희생될 수밖에 없다는 것이 이 입장이다. 공익의 광범위성을 내세우다 보니 어떤 사람은 '다수자 또는 소비자 이익'을 공익이라고 하는 사람이 있다.[22)]

Ⅱ. 공익의 특징과 기능(중요성)

1. 공익의 특징

공익의 특징을 요약하면 다음과 같다.[23)]

(1) 사회의 기본적 가치로서의 성격 공익은 평등·공정성·정의·복지 등과 같은 사회의 일반적·기본적 가치를 의미한다. 그러나 이러한 가치는 결코 선험적

22) Howard R. Smith, *Democracy and the Public Interest* (University of Georgia Press, 1960), pp. 57~59.

23) 김규정, 전게서, p. 147.

으로 존재하는 것이 아니라 어디까지나 경험적·역사적으로 확립된 사회의 기본적 가치로서 존재하는 것이다.

(2) 역사적·동태적 성격　　공익개념은 고정된 개념이 아니라 역사적·시대적 상황의 변화에 따라 그 의미·내용이 다르다. 예컨대 평등의 이념도 법 앞의 평등이라는 절대적·형식적 평등으로부터 사회적·경제적인 실질적 평등으로 변화되어 가고 있다.

(3) 규범적 성격　　오늘날 공익은 행정인이 준수하여야 할 가장 상위차원의 행동규범이다. 공무원은 국민전체의 봉사자로서 이러한 규범적 기준에 따라 행동할 의무가 있는 것이다.

(4) 불확정성과 유용성　　공익은 절대적·정태적 개념이 아니라 불확정적 개념으로서의 특징을 갖고 있다. 그러나 공익이 유동적이고 모호하다고 해서 그 개념의 유용성을 부인하는 것은 아니다. 공익의 신축성·상대성·불확정성이 오히려 사회가 변동하고 문명이 급속도로 발달되는 상황하에서는 오히려 공익에 관한 국민의 광범위한 동의를 지속적으로 확보하는 데 도움을 줄 수 있기 때문이다.

2. 공익의 기능(중요성)

공익의 중요성에 대한 인식은 시대와 장소에 따라 다르다고 할 수 있다. 개인의 자유로운 활동영역이 확장될수록 사회전체의 이익이 확대된다고 생각하는 사회에서는 공익의 중요성에 대한 인식이 절실하지 않을 것이다. 그러나 개인의 이익 추구만으로는 사회전체 이익이 보장되지 않는다고 생각하는 사회에서는 공익이 중요성을 갖게 될 것이다. 공익의 중요성 혹은 기능으로 다음과 같은 것을 제시할 수 있다.[24)]

(1) 평가기준의 역할　　공익은 정책이나 프로그램을 평가해주는 역할을 한다. 예컨대 국가생존권으로서의 공익이나 사회적 약자의 이익으로서 공익이나 또는 재화의 외부경제성으로서의 공익은 정책결정에 있어서 길잡이 역할을 한다. 이때에 공익은 정책결정자로 하여금 도덕심을 갖게 하고 어떤 기준으로부터 이탈하지 못하도록 하며 이성을 갖게 한다는 것이다.

(2) 주관적 가치의 객관적 가치로의 전환　　공익은 정책결정자들로 하여금 개

24) 백완기, 전게서, pp. 483~485.

인이나 집단의 특수이익 밖의 영역이 있다는 것을 알려주는 역할을 함으로써 주관적이고 편협한 이익을 객관적이고 포괄적인 이익으로 대체시켜 나간다는 것이다.

(3) 비조직화된 이익의 고려 공익의 역할은 집단이익의 조절과정 속에서 조직화되지 않는 이익이나 잠재적 이익까지도 고려하게 된다는 것이다. 따라서 공익은 정책결정과정에서 망각되기 쉽거나 간과되기 쉬운 이익들을 확인시켜 주는 역할을 한다.

(4) 공존체제의 구축 현대사회는 서로 경쟁·대립하는 다원적 세력들로 구성되어 있는데 이들이 조정될 수 있고, 상호 공존할 수 있는 공통기반을 마련해 주는 것이 공익이라는 것이다.

(5) 국가행위의 정당화 국가는 자기의 생존권이나 다른 권익을 위해서 개인에게 특정의 행위를 요구할 수 있고 나아가서는 희생까지 요구할 수 있는데 이러한 요구를 정당화시켜 주는 근거는 공익밖에 없다. 공익이라는 관점에서 국가는 필요한 경우 개인의 자유와 권리를 제한할 수 있는 것이다. 또한 국가가 권력을 발동할 때에 그것을 정당화시켜 주는 근거가 되기도 한다.

Ⅲ. 공익의 결정

앞에서 살펴본 바와 같이 공익이 구체화되려면 단순히 선험적·실체적 윤리로서 머물지 않고 경험적 과정을 거쳐서 결정되어야 한다. 그런 점에서 공익의 결정은 정책결정과 상호 관련되는 것이다. 왜냐하면 정책결정이란 정부가 공공의 문제해결을 위한 대안을 선택하는 과정이기 때문이다.

여기에서 문제가 되는 것은, 첫째 누가 공익을 결정하는가, 즉 소수인인가 다수인인가, 둘째 공익결정에 작용하는 변수는 무엇인가 하는 점이다.

1. 공익의 결정자

(1) 행정인의 적극적 역할(소수인) 이것은 공익이 소수의 천재적·도덕적·지적 능력을 토대로 결정되는 것으로 보는 견해이다. 바꾸어 말하면 일반대중은 대체로 무지하기 때문에 그 결정을 할 수 없다는 것이다. 이 입장은 철인(哲人)

군주정치, 귀족정치, 엘리트주의를 옹호하는 것이다. 소수가 결정함으로써 결정의 신속성과 책임성을 확보할 수 있지만 비민주적이며 불공정한 결정을 내릴 가능성을 배제하지 못한다.

(2) 행정인의 소극적 역할(다수인) 이것은 공익의 결정 혹은 정책결정 과정에 국민다수가 참여하는 것을 말하며 가장 보편적인 형태는 국민의 직접참여 방식이다. 그러나 직접참여란 현실적으로 어렵기 때문에 대부분 간접적인 형태를 띄고 있는 것이다. 국민의 대표기관 혹은 대표집단들이 국민을 대신하여 결정과정에 참여하는 것이다. 그러나 간접적 참여방식도 어떤 정책적인 문제를 결정하는 데 있어서는 비효율적이고 행정기관을 적절히 통제하지 못하기 때문에 근래에는 시민의 직접참여를 위한 제도가 많이 시행되고 있다. 다수참여 제도는 사익의 타협·조정을 통한 공익의 결정을 중요시하는 점에서 민주적 결정과정을 확립한다. 그러나 너무 현실적인 협상과 조정에 몰두하는 나머지 최선의 이상적인 결정에 도달하지 못하는 단점이 있다.

(3) 행정인의 자문적 역할(국회의원·정당인) 국회의원·정당인 또는 선거에 의하여 선출되는 행정부 지도자가 여러 사회집단의 이익이나 주장을 반영하면서 이를 조정·타협시켜 공익을 결정하되 행정인은 전문적 지식을 가진 참모로서 이들을 도와주는 자문역할을 담당하게 되는데 이는 절충설의 입장으로 공익과 사익의 조화를 중시한다.

2. 공익결정의 변수

정책결정과정에서 공익을 결정하는 데 작용하는 변수는 여러 가지가 있으나 가치관, 정치이념, 정치발전 수준, 정책유형 등으로 나누어 볼 수 있다.

(1) 가치관 개인 또는 집단의 가치관은 공익관에 영향을 미친다. 공익관은 개인의 동기·퍼스낼리티나 특정집단의 지배적 가치관에 의하여 형성된다고 볼 수 있다.

(2) 정치이념 정치이념으로서 일원적·집단주의적 이념과 다원적·개인주의적 이념이 공익관에 작용해 왔다. 현대적으로 볼 때 절대군주국가·근대민주국가를 거쳐 오늘날의 복지국가로 변천해 오는 동안 공익관은 사실 실체설로부터 과정설로 중점이 옮겨져 왔다고 할 수 있다.[25]

(3) 정치발전의 수준 정치발전·민주화의 수준이 높아질수록 공익의 발견자·판단자로서 독재자나 군주의 역할이 약화되고 전문직업적인 관료나 일반시민·이익집단 등의 공공이익 결정과정에 대한 다원적 참여가 확대되어 가고 있다.

(4) 정책의 유형 대외적 국가이익과 관련되는 국방·외교정책과 교육·복지정책 등 정책유형에 따라 공익관이 영향을 받는다고 생각할 수 있다. 대외적인 외교정책일수록 행정인의 역할이, 대내적인 사회복지정책일수록 다원적 이익집단의 역할이 중시되어야 한다.

Ⅳ. 공익결정의 방향

민주주의 체제하에서는 공익이 특정 개인에 의하여 결정되는 것이 아니라 다수인에 의하여 형성되어 가는 것이라고 이해하여야 한다. 따라서 공익의 결정절차·과정이나 길정기구는 다원적·참여적 성격을 띠고 있어야 하며 독자적 판단을 배제함으로써 잠재적 가치나 원하는 정책을 밝힐 수 있는 민주적 과정이 보장되어야 한다. 또한 행정인의 의사결정과정에서 공익 담당기준도 시민의 입장에서 고려되어야 하며 아울러 행정인은 행정과정을 통하여 전달되는 특수이익의 계속적인 균형·조정을 추구하면서도 국가이익이나 전체사회의 이익을 적극적으로 모색·확보해야 하는 것이다.

이러한 공익결정의 성격을 바탕으로 공익결정의 방향을 모색해 보면 자유민주주의의 세례를 거친 서구제국과는 달리 권위주의적·집단주의적 행정유산을 물려받아 온 우리 나라에서는 공익의 과정적·절차적·동태적·배분적 측면에 특히 유의하여 공익결정과정에 사익이나 특수이익을 널리 반영시킬 수 있도록 하여야 할 것이며, 국민의 요망에 부합되도록 각종 정책을 조정·통합하고 참여의 확대를 적극화시켜야 할 것이다. 이와 같이 행정인은 공익의 창출자·수익자·구현자로서 직관·통찰력·양식을 통하여 조직화된 강력한 특수이익이 공익을 희생시키지 않도록 함으로써 국민 대다수의 이익을 추구해 나가야 할 것이다.

---

25) 과거에는 다분히 어느 나라의 경우나 집단주의적 이념이 지배하였으며 따라서 공익관에 있어서도 실체설의 입장을 많이 택했으나 점차 개인주의적 이념의 보급에 따라 과정설의 입장이 지배적인 것으로 되고 있지 않는가 생각된다. 이병철, "감사원 감사기준에 관한 연구," 성균관대학교 석사학위논문, 1986, pp. 15~16 참조.

제 3 절 행정문화

Ⅰ. 행정문화의 의의

1. 행정문화(administrative culture)의 개념

행정문화란 좁은 뜻으로 행정인의 지배적인 가치관, 태도, 의식구조와 사고방식 또는 국민관 등을 의미한다. 넓은 뜻으로 행정문화는 행정에 대한 일반 국민의 가치의식 또는 평가적 태도 등을 포함한다.[26] 따라서 행정문화는 관과 민의 대응관계로서 이해할 수 있다.[27] 요컨대 행정문화란 행정활동 내지 행정행태에 영향을 미치고 이를 규제하며 그 지침으로서의 역할을 하는 관념이나 가치의 총체를 의미한다.[28]

행정문화를 연구하는 것은 중요하다. 행정문화는 특정국가의 행정의 진실을 파악하는 데 크게 도움을 주며 그 나라의 '행정인들이 어떤 행태'를 독특하게 공유하며, 왜 그러한 행태를 지니는가를 이해하는 데 도움을 준다. 또한 어떤 나라나 조직에 속하는 행정인들이 다른 나라나 다른 조직에 속하는 행정인들과 어떤 행동양식이 유사하며 차이가 있는가를 비교함으로써 그 특수성을 보다 더 잘 이해할 수 있다.[29]

---

26) 행정문화의 개념을 좁게 보는 입장으로서는 김광웅, 『행정과학서설』, 박영사, 1981, p. 257; 조석준, 『한국행정학』, 박영사, 1992, p. 137. 넓게 보는 입장으로서는 백완기, 『한국의 행정문화』, 고려대학교 출판부, 1982, p. 208; 신두범, 전게서, p. 84.

27) 행정이라는 개념 자체를 관과 민의 대응관계로 이해할 경우, 행정문화의 개념도 관과 민의 관련성하에서 파악되어야 한다는 견해가 있는바, 이것은 매우 타당성을 지니고 있다고 생각된다. 井出嘉憲, 『日本官僚制と行政文化』(東京: 東京大學出版會, 1982), p. 264 참조.

28) 김규정, 전게서, pp. 152～164.

2. 행정문화와 일반사회문화의 관계

행정문화란 거시적인 하나의 일반 사회문화를 이루는 하나의 하위문화(subculture)이다. 행정문화란 한 사회의 행정에 종사하는 사람들이 집단적으로 공유하는 지배적인 가치관·행동양식·신념 및 습속 등을 포함하는 복합적 현상이라고 할 수 있다.

일반사회문화는 행정관료제 내지 행정조직에 작용하면서 행정인의 행동이나 의식구조 또는 행정조직의 운영방식이나 행정결정방식에 영향을 미치게 된다. 문화는 변동될 수 있으며 문화와 정치·행정의 끊임없는 상호작용은 정부의 역할에 변동을 가져오게 된다.

Ⅱ. 행정문화의 내용

행정문화는 당연히 시대와 장소에 따라 같지 아니하다. 따라서 일반적인 행정문화의 속성을 논의할 수 도 없으며 특정의 행정문화의 성격을 얘기할 수밖에 없다. 여기서는 선진국과 발전도상국이 지니고 있는 일반적 행정문화의 특성을 알아본 후 양자간의 행정문화를 비교해 보기로 한다.[30)]

1. 선진국 행정문화의 속성

(1) 합리주의　모든 객관적인 지식을 동원해서 최적규모의 정책결정을 추구하려는 태도를 말한다. 이러한 합리주의에 입각한 정책결정에서는 만인이 공유할 수 있는 정책이 추구될 수 있고 게임의 규칙(rule of game)이 철저히 유지될 수 있다.

(2) 성취주의　인간의 능력을 평가함에 있어서 실적이나 자격 등 객관적인 요소로 평가하는 것을 성취주의라 한다. 이러한 성취주의에 입각한 행정문화에서는 인사행정의 공평성을 유지할 수 있다.

---

29) 특히 행태론적인 접근방법이 행정의 연구에 원용되면서 구체적인 행정행위를 이해하고 장래의 행동방향을 예측하는 데 있어서 '행정문화'라는 개념을 중심으로 집중적인 관심의 대상이 되고 있는 것이다.

30) 백완기, 전게서, pp. 21~109; 김광웅, 전게서, pp. 248~261.

(3) 상대주의 어떤 가치나 관계도 영구불변한 것은 없고 상대적이며 유동적이다. 그래서 이러한 상대주의에 입각한 사회에서는 특정가치에 대한 집착이 약하며 변화에 대한 적응력이 강하고 정책결정도 점증적이다.

(4) 모험주의 행정은 문제해결과정이라는 인식하에 시행착오를 무서워하지 않는 것을 모험주의라 한다. 이러한 모험주의는 보다 나은 발전적 사회를 만드는 데 원동력이 된다.

(5) 사실지향주의 현실을 정확하게 관찰하는 것을 좋아하고 있는 그대로 파악하려 하는 사실지향주의는 감정이나 편견에 의한 과오를 방지할 수 있다.

(6) 중립주의 행정은 가치 중립적인 활동이지 가치창조적인 활동은 아니기 때문에 정치영역에 개입·간섭해서도 안되고 정치에 의해 간섭당해서도 안된다.

그 밖에 선진국의 행정문화의 특성으로는 과학주의·보편주의·전문주의 등을 들 수 있다.

2. 발전도상국 행정문화의 속성[31)]

(1) 권위주의 권위주의는 인간관계를 평등의 관계보다는 중립적인 관계에서 지배·복종을 강조하는 문화이다. 이는 자기 말살적이고 가부장적 가족중심의 윤리관에서 비롯되어 군사부일체이면서 다른 한편에서는 절대복종을 강요하게 된다. 관(官)지배주의나 관(官)우월주의 또는 관존민비사상은 권위주의의 한 형태라고 할 수 있다. 권위주의가 보편화되어 있는 사회에서는 권한이 상층부에 집중되어 있고 관의 민에 대한 책임의식이 약하며, 정책결정과정이 흑백의 논리에 지배되기 쉽다.

(2) 가족주의 행정이라는 공적 사회를 가족의 한 형태로 생각하려는 의식구조로서 행정단위를 하나의 가족단위로 생각하려는 경향을 말한다. 이것은 마치 장관은 아버지요 차관은 어머니요 국장은 형과 같이 생각한다는 의식이다. 이러한 사회에서는 조직구성원간에 화합과 계서적 질서가 강조되지만 공·사의 구별이 분명하지 않다.

(3) 연고우선주의 혈연, 지연, 학연 등 배타적이면서도 특수한 관계를 강조

31) 한국의 행정문화를 설명하는 데 조석준 교수는 사인주의, 계서주의, 일반주의, 관인지배주의 등을 들고 있으며 김번웅 교수는 과거지향주의, 집합주의, 인간정향주의, 권위주의, 엘리트주의, 불균형주의를 들고 있다.

하는 행태이다. 이러한 사회에서는 비공식화된 인연이나 안면을 중시하여 집단 내의 갈등이 심하고 채용, 승진, 전보 등의 인사문제가 공정하게 이루어질 가능성이 적다.

(4) 형식주의(의식주의) 내용이나 실리보다는 법적 책임이 강조되고 형식, 명분, 절차, 선례에 지나치게 집착하는 선례답습주의가 성행한다. 의식과 선례를 강조하다 보니 창의성이 결여되고 변화에 저항하려는 경향이 있다.

(5) 온정주의(정적인간주의) 인간관계를 이해타산이나 직무관계로 보지 않고 정의연대관계로 보려는 성향으로 계약상의 권익보다는 인간과의 신의를 강조한다. 상하간의 관계가 직무관계가 아닌 인격의 관계로 엮어져 정책결정에 있어서 객관적인 사실보다는 주관적인 감정이나 편견이 더욱 많이 작용한다.

(6) 운명주의(관운주의) 성공의 여부가 인간 이외의 초자연적인 힘이나 신비적인 힘에 의존하고 있다고 생각하는 것이다. 즉, 운명주의자들은 노력을 하기는 하지만 운이 따라 주어야 성공을 할 수 있다고 믿기 때문에 변명이 많고 책임전가가 많다. 이러한 사람들은 합리적인 사고를 가진 지도자보다 카리스마적인 지도자를 더욱 환영한다.

(7) 일반주의 혼자 모든 것을 다 할 수 있다고 생각하는 의식구조로서 자신을 전지전능의 인간이라고 과대망상(誇大妄想)하는 것이다. 세상 사물은 일반적이고 상식적인 수준에서 다 이해되고 해결될 수 있다고 본다. 전문가(specialist)보다는 일반행정가(generalist)를 중시하는 의식이다. 이러한 사회에서는 직업적 전문주의(professionalism)나 권한의 위임이 일어나지 않는다.

(8) 관직이권주의 관직을 직업으로 생각하지 않고 출세와 이권의 수단으로 생각하는 의식이다. 즉 관직을 다른 일자리와 다르게 전문적인 직업이 아니라 이권을 확장하고 일신(一身)을 영달하는 수단으로 생각한다. 이러한 사회에서는 관료들간에 보다 큰 이권이 개입되는 자리를 찾기 위해 경쟁이 벌어지고, 민간기업이나 다른 직업을 먹이의 대상으로 생각하려는 경향이 강하며 국민에 대한 봉사의식은 좀처럼 일어나지 않는다.

지금까지 살펴본 선·후진국간의 행정문화의 차이는 그 나라의 경제·사회구조, 이념, 환경, 생태적인 여러 요인에 의하여 나타난다. 이러한 특성들에서 발견할 수 있는 것은 선진국의 행정문화는 후진국보다도 좀더 가치가 분화되어 있고, 개인주의적이고 합리성을 추구하고 목표지향적인 반면, 후진국의 행정문화는 가치가 미분화되어 있고 전통적인 인습에 얽매인 비합리적인 요소가 많이 나타나고 있다는 점이다.

Ⅲ. 우리 나라의 행정문화

우리 나라의 전통적 행정문화, 즉 한국의 행정체제를 구성하는 행정인들이 전통적으로 공유해온 지배적인 가치관과 행동양식이 무엇인가를 한마디로 말하기는 어렵다. 다만 국내의 학자들이 열거하는 사항들을 보면 권위주의, 가족주의, 무사안일주의, 형식주의, 기분주의, 운명주의, 정적인간주의, 의식주의, 비물질주의, 사인주의, 공·사무분별, 눈가림 행정, 일반주의 등이다. 그 중에서도 가장 보편적인 우리 나라의 행정문화를 제시하면 다음과 같다.[32)]

첫째, 가족주의이다. 가족주의란 행정조직이나 사회를 가족단위로서 생각하는 의식을 말한다. 한국의 전통적 행정문화 속에 가족주의가 발전한 원인은 가부장적인 통치구조와 가산관료제(家產官僚制)의 영향이라고 할 것이다. 우리 나라 공무원들은 가족주의 때문에 공(公)과 사(私)를 혼동하는 경우가 많다고 한다. 이를테면 행정조직상의 부하직원을 자기 집의 일꾼과 같이 생각하고 공금을 개인적 경비로 착각하는 경우 등이 그러한 예에 속한다. 비단 행정조직뿐만 아니라 경영조직 속에서도 흔히 발견되는 이와 같은 가족주의적 경향은 근대화 과정에서 서구의 개인주의가 침투함으로써 상당히 소멸되었지만 공·사조직의 인사관리에서 아직 그 잔재를 적지 않게 발견할 수 있다. 그러나 가족주의는 행정의 비인간화, 조직내의 인간소외를 방지하고 화합과 질서를 유지하는 역할을 수행한다. 또한 가족주의를 조직관리에 적절히 활용함으로써 조직의 효율성을 확보하는 데 도움이 될 수 있다. 그러나 가족주의는 행정에 있어서 족벌주의·정실주의 및 공사무구별의 태도를 조장할 수 있다.[33)]

---

32) 우리 나라 행정문화의 속성에 관한 부정일변도의 이러한 역기능적 시각에 대해서는, 첫째 서구 행정문화의 우위성을 내세우는 근대화론에 입각하여 행정문화를 평면적·단선적으로 파악하고 있으며, 둘째 실증적·객관적 근거가 없고 문화심리적 분석에 치중하고 있다는 비판이 제기되고 있다. 정성호, "한국행정연구에 있어서의 문화심리적 접근의 평가,"『한국행정학보』, 제25권, 제3호, 1991, p.717.

33) 가족주의를 비롯하여 사인주의·파벌주의·할거주의 등과 관련되는 행정행태상의 문제점은

둘째, 권위주의이다. 전통적으로 한국은 관료라는 신분에 의해서 국민을 강제로 지배하려 하고, 상관이라는 지위에 의해서 부하를 복종시키며, 어른이라는 명분으로 연소자를 지배하는 행동양식이 존재해 왔다. 이러한 권위주의적 행정문화의 원인은 유교적 장유유서(長幼有序)관, 관존민비 사상, 가부장적인 지배의 전통에 있다. 권위주의하에서는 결정권이 국민이 아니라 관료에게 집중되며, 조직의 성원에게 공유되는 것이 아니라 중앙집권화되며, 고위층이나 연장자의 판단에 의존하게 되는 것이다. 여기에서는 관료와 국민, 상관과 부하의 관계가 어른과 아이의 관계로 되며, 맹목적인 권위에의 순종이 미덕이 되는 것이다. 결론적으로 권위주의는 복종의 기초가 되며 당연히 복종해야 한다는 신념에서 우러나오는 것이며 의사결정권이 주로 조직의 상층부에 집중되는 권위주의도 행정질서를 유지하는 데는 유리하지만 행정의 쇄신과 독창성을 저해하는 중대한 장애요인이 되었던 것이다.

셋째, 형식주의이다. 예의는 유교적 덕목 중에서 가장 중요한 것의 하나이며 한국의 행정사, 특히 조선시대의 행정사에서 그 비중을 매우 잘 찾아 볼 수 있다. 예의 지나친 강조는 내용보다 형식을 존중하게 되고 따라서 제도와 실제의 괴리를 사회현장에 남겨 놓았다. 형식주의가 경우에 따라서는 행정질서를 유지

다음과 같다(백완기, 『한국의 행정문화』, pp. 44~52 참조).

첫째, 혈연·지연·동창의식·파벌의식이나 개인간의 특별한 신임관계·친밀관계 등이 행정을 지배하게 되고 공사의 혼동현상이 나타나게 된다. 따라서 국가나 조직 또는 행정목표가 직무에 대한 충성보다 특정인에 대한 충성을 우선시하는 경우가 많다.

둘째, 행정조직 내부의 관계에 있어서 파벌·학벌·지연·동기관계 등에 의한 결합관계가 동태적으로 이루어짐으로써 정책결정이나 행정활동의 합리성·공정성·객관성의 확보가 어려워진다.

셋째, 인사행정의 운영에 있어서 출신지, 출신지역, 동문관계 등 연고관계가 지나친 비중을 갖게 되며 계속적인 승진이나 자리의 보전을 위하여 상급자에 대한 과잉충성을 초래하게 된다. 이러한 연고관계는 대외적으로 국민과의 관계에 있어서도 작용하게 되며 관직사유관에 따른 부정부패를 촉발하게 된다. 관직사유관은 관직을 사적 목적을 위하여 이용하거나 직무활동으로 얻게 되는 이익을 사용화할 수 있다는 사고방식을 가리킨다.

넷째, 특히 파벌주의의 확대판이라 할 수 있는 할거주의의 경우 조직 집단의 내부 혹은 상호간에 편파적·배타적 관계가 조성됨으로써 할거대립이 격화되어 각 기관이 자기의 권한만을 고집하여 협조하지 않게 되고 행정조직이 매우 어렵게 된다. 할거주의는 부처이기주의·집단이기주의를 유발하게 되거니와 그 폐해로서 i) 중앙·지방간의 기능 재배분곤란(예컨대 내무부와 중앙부처에 있어서의 지방자치단체·특별지방행정기관과의 관계), ii) 각 부처 조직규모의 경쟁적 확대, iii) 행정업무의 중복 상충, iv) 행정기관 상호간, 행정기관과 국민간의 협조 대응관계의 비효율화 등을 들 수 있다.

다섯째, 혈연·지연·학연 등 연고관계 중심의 집단의식 발동은 총체적인 국민의식이나 공동체의식의 발산을 억제시켜 사회통합에 역행하여 사회분열을 초래하게 되며 탁월한 능력과 창의력을 갖춘 개인을 조직집단 속으로 매몰시키게 된다.

하는 데 도움이 될 수도 있겠지만 대개는 선례답습과 무사안일의 온상이 되어 행정의 낭비와 비능률을 자초하는 경우가 더 많았다. 또한 형식주의는 서구의 행정제도를 도입하는 과정에서 몸에 맞지 않은 장식을 무비판적으로 수용함으로써 많은 시행착오를 범하게 하는 요인이 되기도 하였다.

넷째, 계급주의이다. 우리 나라 관료들이 얼마나 계층의식이 철저하냐 하는 것은 관료들을 대상으로 하는 회의에 가보면 잘 알 수 있다. 회의장에 들어가면 위계(位階)에 따라 자기 자리가 어딘지를 찾는 데 신경을 쓰고 있다. 또한 행정 참여 성격을 지닌 담당관제도가 많은 부하직원을 거느린 집행조직으로 변질되어 버린 것도 이와 상당한 관련이 있다. 이러한 계층주의 문화는 관료조직의 본질상 앞으로도 상당히 오래 존속될 것이 예상된다. 다만 민주, 평등의 관념이 강한 젊은 공무원들의 경우 종전에 비하면 계층의식은 다소 약화되어 있다.

Ⅳ. 결 어

— 한국 행정문화의 방향 —

한국사회는 최근에 엄청난 변화를 겪고 있다. 급속한 국제화·산업화 및 민주화를 겪고 있는 것이다. 또한 경제난국으로 인한 파장은 그간의 피땀어린 우리의 발전과 노력들을 물거품으로 만들고 있는 위기의 시기인 것이다. 이러한 변화 속에서 수동적으로나마 행정인들의 가치관과 행동양식이 과거와는 다른 모습으로 변해가고 있다. 국제화·산업화 및 민주화 사회로의 성숙한 발전을 이룩하는 것이 국가발전의 목표이며 행정의 과제이기도 하다. 이러한 상황 속에서 행정인들에게는 과거와는 다른 가치관과 행동양식의 공유가 기대된다. 보편주의, 법치주의, 합리주의, 공평한 봉사주의, 공익우선주의, 과학주의 및 전문직업주의를 행동규범으로 받아들이고 실천함으로써 새로운 행정문화가 명실상부하게 정착될 것이다.

한편 행정문화의 역기능적·부정적 특성을 극복하고 바람직한 새로운 행정문화를 확산·정착시키는 일은 매우 중요하지만 우리 행정문화의 순기능적 특성을 우리의 장점[34]으로 승화시켜 고유한 우리의 전통과 문화를 계승·발전시켜 나가

---

34) 한국 행정인의 행태상 장점에 관해서는 박동서, 전게서, pp. 45~49 참조.

는 노력도 게을리해서는 안될 것이다.[35)]

35) 일본은 전통적 요인과 근대적 요인을 잘 융합시켜 국가발전에 성공하였으며 조직에 있어서의 상하간의 인간관계가 중요시되어 왔다. 어떻든 아시아의 발전에 유교문화적 전통이 순기능적 역할을 하였다는 점을 인정해야 할 것이며 학문숭상, 근검절약, 인격수양, 인간관계의 조화, 겸손·정직·의리 등 긍정적 요인들을 재평가해야 할 것이다. 전종섭·武藤博己, "일본행정문화에 관한 연구," 『행정문제논집』, 12집, 1993 (한양대학교 행정문제연구소), p. 217.

제 4 장 국가발전과 행정

제 1 절 비교행정

Ⅰ. 비교행정의 의의

1. 비교행정(comparative public administration)의 개념

미국행정학회의 비교행정연구회(CAG: Comparative Administration Group)에 의하면 비교행정이란 다양한 여러 문화와 국가에 적용될 수 있는 행정이론과 검증될 수 있고 확장해 나갈 수 있는 사실적 자료의 집합체라고 정의하고 있다.[1)]

이와 같은 정의에 대하여 두 가지 관점에서 반론이 제기되고 있다. 첫째는 일반관리학(general administration)의 입장으로서 Thompson은 다른 학자들과 함께 발표한 비교행정의 개론적인 논문에서 일반적으로 비교행정이라고 하면 여러 나라의 행정을 비교하는 것을 의미하며, 비교경영이라 하면 미국의 사기업경영과 타국의 사기업경영을 비교하는 것을 말하는데, 이러한 정의는 비교행정을 너무 협소하게 해석하는 데서 나오는 것이라고 주장한다.[2)] 다시 말하면 비교행정은 여러 나라의 공공행정의 비교는 물론 공공행정과 사경영, 병원행정, 교육행정 등의 상호비교도 포함된다는 것이다(각 기관이나 제도에서 이루어지는 행정의

1) 유종해 편역, 『비교행정론』, 연세대학교 출판부, 1972, p. 14.

2) James D. Thompson (ed.), *Comparative Studies in Administration* (Pittsburgh: University of Pittsburgh Press, 1959), p. 9.

비교).

이와 반대로 Riggs는 비교행정연구의 범위를 좁혀서 엄격한 의미의 비교행정이란 실증적(empirical)·일반법칙적(nomotheic)인 연구에만 국한되어야 한다고 주장한다. 다시 말하면 규범적(normatic)·개별예적(idiographic)인 연구는 엄격한 의미에서 비교연구라 할 수 없으며 인접국가의 문화횡단적(cross cultural)인 연구에만 비교라는 용어를 사용할 수 있다고 한다(행정체제들에 대한 문화횡단적 비교).

그러나 우리는 일반관리학의 입장처럼 비교행정을 넓게 해석하지 않고 또한 Riggs와 같이 비교행정의 범위를 제한하지도 않는 편이 좋다고 보며 CAG의 정의가 가장 적합하리라 본다.

2. 비교행정론의 대두와 발전요인

공공행정의 비교분석을 시도하려는 꾸준한 노력은 제2차 세계대전 이후에야 시작되었지만, 이 방면의 열성과 노력은 행정학의 발전에 지대한 공헌을 하였다. R.A. Dahl은 일찍이「행정학연구가 비교론적인 것이 되지 못한다면 공공행정에 관한 과학이라고 하기는 어렵다」고 하면서 비교행정의 중요성을 강조한 바 있다.

비교행정에 대한 체계적인 연구와 교수법이 처음으로 구성된 것은 '행정연구회' (Public Administration Cleaning House)의 주최하에 1952년 프린스턴 대학에서 W. Sharp를 중심으로 한 위원회가 활동을 시작하면서부터이다. 비교행정론은 행정학의 새로운 조류로서 특히 1950년대와 1960년대에 걸쳐 크게 발전하였다.

이제 비교행정론의 대두와 발전요인으로서 i) 행정학의 과학화를 위한 노력과 전통적 방법론의 비판, ii) 비교정치론의 영향, iii) 신생국 원조계획과 학자들의 현실참여, iv) 유럽학자들의 학문적 영향, v) 비교행정연구회(CAG)의 활동 등을 들 수 있다.[3)]

Ⅱ. 비교행정의 접근방법

비교행정론의 접근방법은 여러 가지로 분류할 수 있으나, 여기서는 Riggs와

---

3) 상세한 설명은 유종해, 전게서, pp. 113~114 참조.

Heady의 분류만을 살펴보기로 한다.[4)]

1. Riggs의 분류

Riggs는 비교행정에 관한 연구방법의 경향이, 첫째 규범적 방법(normative approach)에서 경험적 방법(empirical approach)으로, 둘째 개별예적 접근방법(idiographic approach)에서 일반 법칙적 접근방법(nomothetic approach)으로, 셋째 비생태론적 접근방법(non-ecological approach)에서 생태론적 접근방법(ecological approach)으로 전환되고 있다고 지적하고 있다.[5)]

(1) 규범적 방법과 경험적 방법　규범적 접근방법은 행정이념이나 가치 또는 보다 나은 유형을 밝히려는 것이며, 경험적 접근방법은 기술적·분석적 지식에 대하여 관심을 가지고 있는 그대로의 사실을 연구하려는 것이다.

(2) 개별예적 접근방법과 일반법칙적 접근방법　개별예적 접근방법은 특수한 국가 또는 특수한 사례를 연구하는 방법이며, 일반법칙적 접근방법은 여러 나라의 행정을 비교 연구하는 것을 말한다. 일반법칙적 접근방법은 다시 구조의 차이점과 유사점에 중점을 두는 상동성 접근방법과 기능과 관련변수를 다루는 상사성 접근방법으로 구분된다.

(3) 비생태적 접근방법과 생태론적 접근방법　생태론적 접근방법은 행정과 환경적 요인 사이의 상관관계를 강조하는 연구방법이며, 특히 인접학문과의 협동연구방법(interdisciplinary approach)이 요청되고 있다. Riggs는 그의 명저 『신생국행정론』(*Administration in Developing Countries*)에서 생태론적 접근방법을 광범하게 사용하였는데 이 연구는 일반체제이론을 적용한 대표적인 업적으로 평가된다.

2. Heady의 분류

Heady는 1962년에 발표한 논문에서 비교행정의 연구방법을 전통수정형, 균형이론 또는 투입-산출형, 관료제지향형, 생태론지향형 등으로 분류하였으나, 1966년에는 이를 다시 수정하여 다음과 같이 분류하고 있다.[6)]

---

4) 김규정, 전게서, pp. 95～96; 유종해, 전게서, pp. 114～116.

5) Fred W. Riggs, "Trends in the Comparative Study of Public Administration," *American Society for Public Administration* (April 1961), pp. 1～16.

(1) 수정된 전통적 접근방법(modified traditional approach) 종래의 지역지향적(parochially oriented) 행정문헌과 가장 가까운 접근방법이지만, 연구의 중점이 여러 행정체계 상호간의 비교분석으로 옮겨지고 있다. 이 범주에 속하는 문헌들은 다시 두 가지로 세분할 수 있는데, 첫째는 행정조직, 인사행정, 재무행정 등과 같은 행정학의 일반적인 주제들을 비교론적 관점에서 다룬 것이며, 둘째는 주로 서구행정을 조직과 제도에 중점을 두어 서술적인 방법으로 제도적 비교를 시도한 것이다.

(2) 발전지향적 접근방법(development oriented approach) 주로 Edward Weidner와 Milton Esman 등의 발전행정론자들은 비교행정의 연구모형이 사회적 변화를 충분히 고려하지 않고 있으며, 지나치게 포괄적·추상적·종합적이라고 비판하고 발전행정을 별개의 연구대상으로 할 것을 주장하고 있다.

(3) 일반체제접근방법(general system approach) 수정된 전통적 접근방법보다 비교분석의 목적을 위한 유형이나 모형의 형성에 더 많은 관심을 가지며, 문화횡단적·포괄적인 이론구성을 시도하는 접근방법이다. 즉 특정한 사회체계에 있어서의 행정체계에 직접 영향을 주고받는 중요한 환경적 요소를 비롯하여 인사·재무·지방행정 등 행정의 전반적 국면을 하나의 체계로서 분석·고찰하는 입장이다. Heady는 대표적인 학자이며 Riggs와 John T. Dorsey, Talcott Parsons 등이 여기에 속한다.

(4) 중범위이론(middle-range theory) 일반체제이론이 지나치게 포괄적이며 추상적인 까닭에 실증적 자료에 의한 뒷받침이 어려우므로 연구대상의 범위를 좁혀 집중적으로 연구하는 것이 효과적이라는 관점에서 제기되는 방법론이다. Heady는 비교연구를 위한 가장 좋은 중범위모형은 관료제모형이라고 지적하고 있다.[7]

Ⅲ. 비교행정의 이론모형

비교행정을 위하여 1950년대와 1960년대에 발전된 대표적인 이론모형은

6) Ferrel Heady, *Public Administration: A Comparative Perspective* (New York: Marcel-Dekker, 1984), pp. 9~11.

7) *Ibid.*, p.12.

Riggs와 Heady의 문헌에서 살펴볼 수 있다.

1. Riggs의 일반체제모형

Riggs는 다음과 같은 일반체제모형을 제시함으로써 비교행정의 이론정립에 큰 공헌을 하였다. Riggs는 생태론적 접근방법을 활용하여 행정의 비교연구를 위한 모형으로 농업사회(Agraria)와 산업사회(Industria)의 모형을 개발하고서 그 중간의 과도사회로서 전이사회(transitia)를 설정하였다.[8]

이 모형은 어디까지나 이념적(ideal) 혹은 가정적(hypothetical)인 것에 지나지 않지만, 행정의 경험적 분석을 위한 이론적 틀을 제공해 주었다.

Riggs는 농업사회·산업사회 모형을 발전시켜 구조기능적 분석에 입각한 연역적 모형의 체계적 이용을 제의하면서, 사회를 그 분화의 과정에 따라 '융합사회' (fused society)와 '분화사회' (refracted or diffracted society)로 나누고, 그 중간의 과도사회(전이사회: transitia)를 설명하기 위하여 '프리즘적 사회' (prismatic society)라는 이론모형을 만들었다.

융합사회란 단일의 구조가 모든 사회적 기능을 수행하는 기능미분화사회를 말하며(예: 전통적 농업사회), 분화사회란 각각의 구조에 따라 기능이 분화되고 전문화된 사회를 말한다(예: 고도의 산업사회). 그리고 프리즘적 사회란 융합사회와 분화사회의 중간사회로서 외견상 구조의 분화가 이루어진 것 같지만 기능이 미분화된 사회를 말한다(예: 발전도상국의 과도사회).

특히 프리즘적 모형은 농업사회로부터 산업사회로 전환되는 과도사회(전이사회)인 신생국의 행정을 분석하는 데 많은 시사점을 주었다.

Riggs는 프리즘적 사회의 관료제를 사랑방(sala) 모형으로 파악하였다. sala란 스페인어로서 사랑방을 가리키는 말인데 Riggs는 농업사회의 관청은 chamber(빈청), 산업사회의 관청은 office(사무소)로 전이사회의 관청은 sala(사랑방)로 표현하였다.[9]

---

8) Fred W. Riggs, "Agraria and Industria," in W.J. Siffin (ed.), *Toward Comparative Study of Public Administration* (Bloomington: Indiana University Press, 1957), pp. 23~116.

9) Fred W. Riggs, *Administration in Developing Countries: The Theory of Prismatic Society* (Boston: Houghton Mifflin Company, 1964), pp. 267~285.

2. Heady의 선·후진국 행정체제모형

Heady는 선진국과 후진국의 행정체제모형을 그 나라의 정치체제의 기본특징과 관련시켜 다음과 같이 제시하고 있다.

(1) 선진국행정체제　선진국의 행정체제는 i) 고전적 행정체제(classical administrative system)(독일·프랑스), ii) 민주적 행정체제(administrative system in the civic culture)(영국·미국), iii) 현대화의 행정체제(modernizing administrative system)(일본), iv) 공산주의행정체제(administrative system under communism)(소련)로 분류된다.

(2) 후진국행정체제　후진국행정체제는 여섯 가지로 분류된다. 즉 i) 전통적 전제체제(traditional-autocratic system), ii) 관료 엘리트 체제: 군·민연합(bureaucratic elite system: civil and military), iii) 다두적 경쟁체제(polyarchial competitive system), iv) 지배정당적 준경쟁체제(dominant-party semi competitive system), v) 지배정당적 동원체제(dominant-party mobilization system), vi) 공산주의, 전체주의적 체제(communist totalitarian system) 등이다.

Ⅳ. 발전도상국 행정의 특징

Riggs와 Heady의 견해를 중심으로 발전도상국 행정체제의 특징을 살펴보면 다음과 같다.

1. Riggs의 견해(프리즘적 사회모형)

Riggs는 그의 저서『발전도상국가행정론』에서 신생국 행정체제의 특징을 다음과 같이 지적하고 있다.[10)]

(1) 이질혼합형(heterogeneity)　이질 혼합성이란 전통적이고 융합적인 특성과 현대적이고 분화적인 특성의 혼합을 말한다. 바꾸어 말하면 이질혼합성은 전통적인 것도 아니고 현대적인 것도 아닌 새로운 기형적인 행정현상을 의미하는데 이와 같은 새로운 행정행태를 sala model(사랑방 모형)이라고 하였다.

---

10) *Ibid.* 참조.

(2) 형식주의(formalism) 형식주의란 공식적으로 명명된 것과 실제로 행하여진 것 사이, 즉 규범과 현상 사이의 불일치 또는 모순을 뜻한다.

(3) 중첩성(overlapping) 중첩성이란 분화된 사회의 공식적으로 전문화된 구조들이 융합적 사회의 기능 미분화의 전통적인 행정구조와 함께 공존하는 것을 말한다.

(4) 연고우선주의(nepotism) 연고우선주의란 공무의 수행이 가족관계를 토대로 한 전통적인 행태로부터 이탈하지 못하고 있는 것을 말한다.

(5) 다분파주의(poly-communalism) 대체로 분화된 사회의 정부관청(government office)은 법적용이 시민들 사이에서 공평한데 반하여 sala체제하의 관리는 그가 속한 지역사회의 구성원에게는 유리하게 하고, 그의 적대적인 다른 사회구성원들에게는 불리하게 적용하여 차별을 한다.

(6) 다규범성과 합의의 결여(poly-normativism and lack of consensus) 프리즘적 사회에서는 각 개인은 본질적으로 합의를 결여하고 있다. 즉 어떤 사람은 전통적인 규범을 고수하고, 어떤 사람은 근대적인 규범을 받아들이고 있다. 그러나 중도적이거나 변화의 과정에 있는 상당수의 사람들은 모순되게도 이 양자에 끌리고 있어서 때로는 이 체계에, 또 때로는 다른 체계에 집착하여 가끔 이 양자의 융합을 시도하기도 하며 또 이 양자 모두를 거부하기도 한다.

(7) 부정가성: 가격의 불확정 공식적으로는 상품교환수단으로 객관적인 시장가격 메커니즘이 채택되지만, 실질적으로는 거래자의 신분과 연고관계에 따라 상품가격이 결정된다. 이러한 현상은 행정형태면에도 반영된다. 즉 공식적으로는 정부예산·보수·구매 등은 시장가격제도와 평등주의원칙을 전제로 하지만 사실상 관료들은 소속집단과 파벌에 따라 차별대우를 한다.

2. Heady의 견해

다음으로는 Heady가 그의 저서 『비교행정론』(*Public Administration: A Comparative Perspective*)에서 발전도상국 행정체제의 일반적 특징에 관하여 고찰한 것을 보기로 한다.

(1) 행정체제의 모방성 발전도상국의 행정모형은 토착적인 것이 아니라 매우 모방적이다. 그것은 서구의 식민통치로부터 벗어난 국가들이 의식적으로 근

대적인 서구의 관료제행정의 여러 면을 도입하였다는 것이다.

(2) 발전지향적 인력의 부족 발전도상국 관료제에 있어서는 발전계획에 필요한 숙련된 인력이 부족하다. 문제는 고용할 수 있는 노동력이 부족하다는 것이 아니라, 오히려 부족한 것은 관리능력, 발전적 기술 및 기술적 능력을 갖춘 훈련된 행정가이다.

(3) 사적 편의성과 부패 발전도상국 관료제는 비생산적인 사고방식을 지니는 경우가 많다. 이것은 관료들이 공공이익의 원리에 배치되는 사적 편의성을 따르는 경향이 있으며, 부패성을 내포하고 있다는 것이다.

(4) 형식과 실제간의 괴리 발전도상국의 행정은 실제로 행해지는 행태와 공식적으로 규정된 행태 간에는 현격한 차이가 있는바, Riggs는 이러한 현상을 형식주의라고 부르고 있으며, 이것이 신생국의 행정발전을 저해하고 있다.

(5) 관료제의 기술적 전문성의 독점 발전도상국 관료제는 기술적 전문성을 독점하는 경향이 있다. 즉 관료집단이 가장 우수한 사회조직이며 관료들은 사회의 엘리트들이기 때문에 전문성은 다른 사회조직보다 높다. 정치적 영향력을 확보하기 위해 경쟁할 수 있는 집단이나 관료제를 효과적으로 통제할 수 있는 세력이 거의 없거나 약하므로 흔히 관료제는 부분적인 정치적 공백상태 속에서 자율성을 유지한다.

(6) 변동에 대한 저항 전통주의 보수주의적 성향을 강하게 나타내는 발전도상국에서는 관료제가 국가의 발전을 주도해야 함에도 불구하고 변동에 대한 두려움, 모험을 회피하려는 보수주의적 성향으로 인하여 발전사업에 대하여 저항하게 된다.

Ⅴ. 결　　어

1950~1960년대에 전개된 비교행정론은 특정 행정체제의 특징을 사회문화적·생태적 맥락에서 연구하고 설명함으로써 행정이론의 발전에 큰 공헌을 하였으나 다음과 같은 문제점이 드러났다.[11)]

첫째, 기존의 행정이론과의 긴장을 초래한다. 기존의 이론은 문화제한적·실

11) 정인흥 외 3인, 전게서, pp. 628~629.

무지향적이지만, 비교행정론은 문화횡단적·이론지향적이기 때문이다.

둘째, Riggs 등이 확립한 비교행정론은 구조-기능적 분석에 입각한 균형이론이며, 현상유지적 성격을 지니므로 행정의 사회변동기능을 충분히 다루지 못한다.

셋째, 행정행태의 특징을 행정현상요인의 순환적 인과관계에 따라 숙명적으로 결정되는 것으로 파악한 나머지 후진국의 발전에 대하여 비관적이라는 것이다.

넷째, 발전의 독립변수로서 인적 요인(즉 행정 엘리트의 능력과 가치관 등)의 중요성을 도외시하고 있는 것이다.

비교행정론이 지니는 위와 같은 한계를 극복하고 행정의 사회변동기능과 국가발전에 있어서 역동적이며 전략적인 역할을 강조하는 이론구성으로서 대두한 것이 1960년대의 발전행정론이다. 비교행정론은 한편 발전행정론의 대두를 위한 길을 열어놓은 반면, 행정에 관한 보편적인 지식과 특수적인 지식의 발전을 촉진하기 위하여 새로운 방법론과 연구범위를 조정하고 탐색하는 과정에 들어서게 되었다고 할 수 있다.

제 2 절 발전행정

Ⅰ. 발전행정의 의의

1. 발전의 개념

(1) 발전의 개념과 특질 발전이란 보다 바람직한 상태로 변화하는 것을 의미하며 목표지향적·가치지향적 개념이라고 할 수 있다. 발전은 절대적 개념이

아니라 상대적·비교적·가변적 개념이다.[12] 이와 같은 발전개념의 특질을 살펴보면 다음과 같다.

첫째, 발전은 사회체제의 구조적 분화(structural differentiation) 내지 체제 자체의 변동을 의미한다. Riggs는 발전을 양적 성장과 질적 변동으로서 파악하고 양적 성장을 좌우하는 질적 변동의 변수로서 사회체제의 구조분화와 통합을 들고 있다.[13] Riggs는 전통사회를 가장 분화가 덜된 사회로 보고 이것이 전이사회(과도사회)를 거쳐 고도로 분화된 근대사회로 발전되어 간다고 보았다.

둘째, 발전이란 사회체제의 변동대응능력을 향상시켜 나가는 과정이다. Diament는 발전이란 체제가 성공적 계속적으로 새로운 형태의 목적과 수요에 대응하고 새로운 형태의 조직을 창조해 나갈 능력을 증진해 나가는 과정이라고 하였다.[14] Eisenstadt도 체제의 지속적인 변동흡수 및 변동대응능력 증진을 발전이라고 보았다.[15]

셋째, 발전은 적극적 개념으로서 계획된 변동(planned change)을 의미한다. Esman, Weidner 등 발전행정론자들의 견해로서 발전의 의도적 측면을 강조하고 있다. Weidner는 발전이란 특정한 종류의 지시된 사회변동(ordered social change of a certain kind)이라고 한다.

(2) 발전과 근대화의 관계 발전을 근대화(modernization)와 동일한 개념으로 사용하는 경우가 많으나[16] 근대화와 발전의 개념은 구별되어야 한다. 발전이란 특정시대에 한정되지 않는 반면 근대화란 앞선 나라들의 정치·경제·사회적 특성을 나타내는 역사적 개념이다. Huntington은 근대화는 이동성과 참여에 초점

---

12) George F. Gant, *Development Administration: Concepts, Goals, Methods* (The University of Wisconsin Press, 1979), p. 17. 발전이라는 문제가 사회과학자들의 관심의 대상이 된 것은 1950년대 이래의 일이며 종래에는 발전의 내용이 경제발전을 의미하는 것이었으나, 근래에는 국가발전 또는 사회전체의 발전이라는 포괄적인 개념으로서 파악되고 있다. 이한빈, 『국가발전의 이론과 전략』, 박영사, 1969, pp. 9~10 참조.

13) Fred W. Riggs, *op. cit.*, pp. 231~232; Joseph LaPalombara, "An Overview of Bureaucracy and Political Development," in Joseph LaPalombara(ed.), *Bureaucracy and Political Development* (Princeton, N.J.: Princeton University Press, 1963), p. 231.

14) Alfred Diament, "The Nature of Political Development," reprinted in Jason L. Finkel and Richard W. Gable (eds.), *Political Development and Vocal Change* (New York: John Wiley, 1966), p. 92.

15) S.N. Eisenstadt, *Modernization: Growth and Diversity* (Bloomington, Indiana: Department of Government, Indiana University, 1963), p. 5.

16) 최항순, 『발전행정의 이론과 실제』, 신원문화사, 1994, pp. 12~13.

을 두고, 발전은 제도화에 초점을 두고 쓰는 것이 좋다는 견해를 제시하였다.[17] 요컨대 근대화는 20세기를 전후한 시대적 제약이 따르고 발전보다 폭이 좁은 개념이라 하겠다.

(3) 국가발전의 목표 국가발전이란 한 국가가 정치·경제·사회·행정 등 여러 분야에 걸쳐 바람직한 변동을 하는 것이며 한 국가의 문제해결능력의 향상을 의미한다. 이러한 발전은 정치권력에 의하여 일정한 목표가 설정됨으로써 보다 현실적·구체적 성격을 띠게 된다. 오늘날 발전도상국가가 추구하는 가장 기본적인 두 가지 목표는 국민형성과 경제발전이라 할 수 있다.

국가발전목표는 이념적 입장에서는 이를 각 분야에 따라서 i) 정치발전: 국민형성, 분화와 자율성, 책임정치, 참여, ii) 경제발전: 경제성장, 산업구조의 고도화, 생산성, 기업가정신, iii) 사회발전: 자율성, 사회적 형평성, 업적주의, iv) 행정발전: 민주성, 능률성, 효과성, 형평성 등을 들 수 있다.

2. 발전행정의 개념

발전행정(development administration)은 간단히 정의하자면「발전을 위한 행정」이라는 적극적이며 목표지향적인 개념이다.[18]

사회를 가장 넓은 의미로 파악하여 사회의 모든 체제(상위체제나 하위체제 여하를 막론하고)를 포괄하는 체제를 사회전체체제(societal system)라고 부른다면 이 사회전체체제 속에는 여러 개의 하위체제, 즉 정치체제, 경제체제, 사회체제, 문화체제 및 행정체제가 존립하며 이들 하위체제들은 상호의존적 관계에 있다.

여기서 행정체제의 기능은 다른 여러 하위체제, 즉 정치체제, 경제체제, 사회체제 그리고 문화체제가 잘 발전할 수 있도록 치밀하게 계획을 수립하고 집행하는 것이다. 바꾸어 말하면 이것은 행정체제에 있어서 그 자체의 발전(행정발전)도 중요하지만 사회전체의 발전을 위해서는 정치, 경제, 사회 및 문화체제가 잘

17) Samuel Huntington, "Political Development and Political Decay," *World Politics*, Vol. 17, No. 3 (April 1965), p. 393.

18) 행정발전(administrative development)이「행정 자체의 발전」을 의미하는 데 대하여 행정체제가 여타 하위체제와의 관련에서 외부적으로 관계하는 것이 발전행정이며 행정체제 내부의 발전이 바로 행정발전인 것이다. G.F. Gant는 발전행정을 위한 인사를 발전행정가, 관리자, 기업가로 3분하면서 발전행정가는 그 주된 임무가 외부행정(대국민, 대하위체제)이며 관리자는 내부행정(기관이나 조직의 통제, 관리)이 그 주된 임무라고 하였다. George F. Gant, *Development Administration: Concept, Goals, Methods* (Madison, Wisconsin: University of Wisconsin Press, 1979), p. 21.

발전할 수 있도록 뒷받침 또는 현실화하여 주는 발전행정의 역할이 매우 크다는 것을 시사하여 주는 것이다.

요컨대 발전행정은 G.F. Gant가 정의한 바와 같이 「모든 행정능력이 정치·경제·사회·문화의 발전을 위하여 치밀하게 수립된 계획을 촉진시키고 또 용이하게 달성할 수 있도록 공공기관을 조직 또는 관리하는 것」이라 하겠다.[19)]

3. 발전행정의 특징

발전행정은, 첫째 계획적·의도적으로 사회변동을 유도하여 문화적·인간적·물적 환경을 재형성하려는 정부의 활동이며, 둘째 국민형성 경제사회발전 등 국가발전목표를 달성하려는 목표지향적 행정이며, 셋째 계속적인 사회변동에 대응하기 위한 행정체제의 대응능력을 증진시키려는 활동이며, 넷째 국가발전 목표를 달성하기 위하여 인적·물적 자원을 효율적으로 관리하는 과정이며, 다섯째 발전행정에 있어서는 행정인의 창의적·쇄신적 활동이 중요하다.

4. 발전행정의 대두

발전행정은 1960년대 초에 나타난 하나의 행정이론이며 실제의 행정현상으로서 대두하였다.[20)] 발전행정론이 대두한 이유는 크게 두 가지이다. 첫째, 이론적인 면에서 1950년대에 발전한 비교행정론의 한계를 극복하는 데 있었다. 비교행정론은 생태적 접근방법을 적용하여 문화횡단적으로 행정체제를 비교하고 설명하는 이론을 발전시키는 데 크게 기여하였으나, 행정을 통하여 국가발전을 추진하는 역동적인 이론을 제공하지 못하였다. 그리하여 역동적이고 정책지향적이며

---

19) George F. Gant, *A Note on Application of Development Administration, Public Policy* (Cambridge, Mass.: Harvard University Press, 1966), p. 200. 발전행정의 개념을 정의하는 견해는 크게 소극설과 적극설로 나누어진다. 적극설이란 발전행정이란 행정체제가 국민형성과 사회경제적 향상이라는 국가발전목표를 달성하기 위한 행동계획을 수립·집행하고 계속적인 사회변동에 대한 적응능력을 증진시키려는 것이라고 보는 견해로서 행정이 변동을 주도하는 적극적인 것으로 파악하는 입장으로, 구체적인 발전목표의 정립이나 이를 수행하는 행정체제의 능력을 강조한다. 대표적인 학자로는 S.N. Eisenstadt, E. Esman, E.W. Weidner 등을 들 수 있으며, 오늘날의 발전행정은 이와 같은 적극적 입장을 취하고 있다. 한편 소극설은 F. Riggs 등이 주장한 것으로, 발전행정을 사회발전의 추진, 즉 산업, 교육, 의료 등을 발전시키고자 할 때 수반되는 행정문제 또는 사회발전의 한 산물로 보고 행정에 영향을 미치는 환경의 결정력을 중시하는 입장이다. 소극설은 발전행정을 행정자체의 발전으로 개념범위를 좁히고 있다.

20) Edward Weidner에 의하면 발전행정이라는 용어가 국제적으로 사용되기 시작한 것은 1956년부터라고 하지만, 그 근원은 제2차 세계대전까지 소급한다.

국가발전의 전략을 모색하는 행정이론으로서 발전행정론을 탐구하게 된 것이다. 둘째, 전후의 수많은 신생국들이 신속히 국가발전을 이룩하기 위해서는 국가행정에 의한 선도적 역할이 크게 요청되었다.

Ⅱ. 발전행정의 접근방법(국가발전의 전략)

앞서 살펴본 바와 같이 행정체제를 사회전체체제를 구성하는 하나의 하위체제로 보는 경우, 행정체제와 다른 하위체제(정치, 경제, 사회, 문화) 상호간에 어떠한 관계가 이루어지고 있는가에 따라 균형적 접근방법과 불균형적 접근방법으로 나누어진다. 다시 말하면 국가발전에 있어서 행정이 주도적(능동적)이어야 하는가, 아니면 종속적(피동적)이어야 하는가에 따른 발전행정의 접근방법이다.[21)]

1. 균형적 접근방법

Riggs, Eisenstadt 등은 행정을 독립변수가 아니라 종속변수로 다루고 있다. 이들은 분석방법에 있어서 행정에 대한 환경의 영향, 즉 생태적 요인과 투입기능을 중시한다.

대부분의 발전도상국들은 행정체제는 통치자의 지배수단으로 일찍부터 성장해 왔으나, 다른 부문들은 성장하지 못했으며 특히 정치체제와의 불균형이 심하다. 더구나 사회적 분화가 덜 된 발전도상국의 프리즘적 사회에서는 군부나 행정관료제가 체계적으로 조직된 유일한 세력이며 이들이 국가에서 가장 지배적인 위치를 점하는 것이 보통이다. 이러한 상황에서 행정체제만을 더욱 강화시키면 다른 부문의 발전은 좌절되고 말 것이다.[22)] 따라서 이들은 사회전체체제를 구성하고 있는 여러 하위체제 즉 정치·경제·사회체제 등의 발전이 행정체제의 발전에 선행하거나 혹은 적어도 동시적으로 이루어져야 한다고 주장한다.

---

21) W.F. Ilchman은 발전행정의 접근방법을 행정체제적 접근방법과 사회체제적 접근방법으로 구분하고 전자는 균형적 행정발전과 불균형적 행정발전형으로, 후자는 균형적 사회발전형과 불균형적 사회발전형으로 구분한다.

22) Fred W. Riggs, "Bureaucrats and Political Development: A Paradoxical View," in Joseph Lapalombara, ed., *An Overview of Bureaucracy and Political Development* (Princeton: Princeton University Press, 1963), pp. 336~343.

2. 불균형적 접근방법[23)]

Esman, Weidner 등은 국가발전에 있어서 행정의 독립변수적 역할을 강조한다. 즉 이들은 행정체제와 사회의 각 하위체제 사이의 상호의존관계를 인정하면서도 행정의 주도적 역할을 강조하고 행정체제의 발전이 타분야의 여러 체제의 발전을 유도하는 것으로 보고 있다.[24)]

이 접근방법은 행정과 환경과의 관계에서 환경이 행정에 큰 영향을 준다는 투입적 요인보다는 행정이 의도적 정책적으로 환경에 영향을 준다는 산출적 요인을 더욱 중요시한다.

그런데 위의 균형적 접근방법은 현재 발전도상국들이 당면하고 있는 낙후된 경제상, 사회상에 비추어 보아 실제로 어떤 구체적인 해결책을 마련해 주지 못하고 있다는 문제점이 지적된다.

다음 후자의 불균형적 접근방법에서는 만일 인간을 합리적인 존재로만 볼 수 없다면 목표지향적 행동을 의도적으로 추구한다는 것은 지나친 이상론에 빠질 가능성이 있는 문제점이 지적된다.[25)]

Ⅲ. 발전행정이론과 타 이론과의 비교

1. 종래의 행정이론과의 차이

발전행정이론이 종래의 행정이론에 비하여 중점을 두고 있는 것은 다음과 같다.

(1) 목표설정 정책결정기능　POSDCORB식 정치행정이원론 대신 정치행정일원론의 입장을 취하고 행정을 국가발전목표의 달성을 위한 정책과 계획의 수

23) 이 접근방법을 취하는 학자들로는 M.J. Esman, L. Sigelman, E.W. Weidner, F.M. Marx, L. Binder, B.E. Brown, F. Heady 등을 들 수 있다.

24) Edward W. Weidner, "Development Administration: A New Focus for Research," in Ferrel Heady and S.L. Stokes, eds., *Paper in Comparative Public Administration* (Ann Arbor: University of Michigan, 1962), p. 98.

25) 무릇 행정현상에 있어서 발전의 정도는 국가 또는 사회가 지니고 있는 사회체제의 내적 및 외적 여건 여하에 따라 달라진다고 할 수 있으므로, 위의 양 접근방법 중에서 어떤 방법이 보다 타당성을 지닌 것인가를 결정하기는 어려운 일이라 하겠다.

립·집행과정으로서 파악하며 행정인의 정책결정능력 향상을 중요시한다. 아울러 정책결정의 전제가 되는 목표설정의 문제까지 고려한다.

(2) 효과성의 중시 발전사업의 목표달성에 치중하므로 행정이념으로서 능률성과 함께 목표달성도를 의미하는 효과성을 중시한다.

(3) 행정인의 적극적 역할 행정의 변수 중 행정인을 중시한다. 발전지향성, 창업가정신, 성취욕구를 가진 행정인의 독립변수적 역할을 인정하고 행정인의 문제해결능력, 자원동원능력, 위기관리능력 등의 향상에 관심을 가진다. 왜냐하면 새로운 변화와 발전이란 언제나 구조 및 환경에서 자동적으로 야기되는 것이 아니고 행정인의 창의적이고 미래지향적인 가치관과 태도에 입각한 결정에 달려 있기 때문이다.

2. 비교행정론과의 차이

1) 시기적으로 볼 때 비교행정론이 1950년대부터 1960년대 초에 전개된 이론인 데 비해, 발전행정론은 1960년대부터 1970년대에 걸쳐 발전하였다.

2) 비교행정론이 구조-기능주의에 입각한 정태적 성격을 지니는 반면, 발전행정론은 행정을 통한 적극적인 사회변동을 강조한다.

비교행정론에서는 행정을 환경에 의해서 그 특징이 결정되는 결정론적 입장에서 보지만, 발전행정론에서는 행정의 적극성과 독립변수적 성격을 강조한다. 따라서 비교행정론은 행정체제의 균형이론에 빠지지만, 발전행정론은 그 변동과 변동의 관리에 더 중점을 둔다.

3) 비교행정론이 먼저 발달하여 중간역할을 하면서 발전행정론이 대두되었으나, 양자는 상호관련되고 있고 보완적 관계에 있다고 보아야 할 것이다.[26)]

3. 신행정론과의 비교

발전행정론은 신생국의 조속한 발전을 위한 이론적 수단을 제공하려는 의도가 있었고, 신행정론은 미국사회가 당면한 문제를 극복해 보려는 이론적 동기를 가지고 있었다. 양자는 시대적 전환과 불확실성 혹은 격동기와 관련하여 자기평

26) 처음에는 이러한 연구를 다분히 신생국의 발전을 돕는 데 쓰려는, 즉 수출용으로 생각했던 것이나 1970년대에 이르러 미국 자체내에서 발전·쇄신의 문제가 큰 관심을 모으게 되자 이제 내수용으로도 이의 가치를 인정받게 되어 보다 보편화되고 있다. 박동서, 전게서, pp. 674~675 참조.

가를 하였다는 기본적 입장에서 유사성을 띠고 있다. 발전행정론과 신행정론의 공통적 특징을 다음과 같이 지적할 수 있다.[27)]

(1) 사회변동에의 대응 양자는 급격한 사회변동 속에 있어서의 행정의 역할을 중요시하였다. 발전행정론은 변동이 곤란한 상황에서 변동을 이룩하는 데 중점을 두고 쇄신의 관리에 주력하였다. 신행정론은 사회환경의 변동을 무책임하게 외면하는 현상유지적 입장을 비판하고 탈산업사회로 급변하는 미국사회의 적응능력 강화를 강조하였다.

(2) 기성이념의 타당성 검토 발전행정론은 선진국이론의 문화적 제약성을 밝히고 행정이론이 환경변수를 고려하도록 주장하였으며, 신행정론은 전통이론적 타당성을 전면적으로 검토하도록 요구하였다.

(3) 참여행정의 강조 발전행정론은 지나친 집권화를 지양함으로써 참여를 통한 발전목표의 달성이 가능하다고 주장하였다. 신행정론은 관료제모형의 효율성을 비판하고 수익자 이해관계당사자와 일반공무원에 의한 광범한 참여를 강조하였다.

(4) 학제적 성격 발전행정론은 발전이 복잡하고 다차원적이므로 학문간 편협성을 탈피하도록 강조하였다. 신행정론은 심리학·사회학의 지식을 광범하게 활용하였으며 종래의 패러다임에 대한 도전을 제기하였다.

(5) 규범적·가치지향적 입장 발전행정론은 국민들의 생활수준 내지 삶의 질을 향상시키는 데 중점을 두었으며, 신행정론은 가치맹목적인 논리적 실증주의를 배격하고 가치의식 내지 사회적 형평성을 강조하였다.

Ⅳ. 발전행정의 공헌과 문제점

1. 공 헌

발전행정론은 발전도상국가의 국가발전을 위한 현실적인 전략·정책을 개발

27) 김규정, 전게서, pp. 105~106. 이러한 과정을 밟아 미국 자체 내에서 새로운 이름으로 변형되어 제기된 것이 「신행정론」이며 이것도 발전의 목표와 이를 이룩하는 행정의 발전을 논의하고 있으나 발전의 목표를 경제에 치중하는 것이 아니라 생활의 질을 중심으로 한 종합적인 성격을 갖고 있으며, 따라서 증산보다도 소득의 배분·형평에 더 관심이 있으며 이를 달성하는 방법으로서 정치·행정의 참여를 강조하고 있다.

하는 데 크게 기여하였다.

1960년대 이후 발전행정론이 전개되면서 그것은 우리 나라를 비롯한 여러 발전도상국의 사회경제적 발전과 국민형성을 위한 동태적인 이론을 발전시키고 실천적인 국가발전전략과 정책을 개발하는 데 공헌해 왔다. 실제로 여러 나라에서는 발전행정의 논리에 따라 국가발전에 있어서 행정의 선도적 역할이 정당화되었고, 정부관료제의 규모·기능이 확대되었으며 권한이 강화되었다. 이렇게 변모된 관료제의 구조와 관료들의 능력을 바탕으로 경제성장을 비롯한 국가적 발전사업이 상당히 효율적으로 이루어졌다.

2. 문제점

그러나 발전행정은 다음과 같은 이론적 및 실제적 문제점을 남겼다.[28)]

첫째, 처방적·주관적·규범적 성격을 띠어 과학성이 결여되고 경험적 검증을 거치지 않았다. 둘째, 발전도상국가의 발전모형을 정립하는 데 서구중심의 편견이 작용한 영향을 많이 받았다. 셋째, 지나치게 발전목표달성과 체제의 산출에만 치중하여 정책결정에의 참여와 관련되는 투입기능이 소홀히 다루어졌다. 넷째, 개인에 대한 국가통제 내지 관료통제를 강화시키고 독재정치에 도움을 주었으며, 그 강화를 의미하므로 자유민주주의 이념에 배치된다. 다섯째, 발전도상국가에 있어서 고도의 정치적 기능을 담당하면서 권력을 행사하고 있는 관료제에 의하여 발전행정이 수행됨으로써 정치발전을 저해할 가능성이 많으며, 국민에 대한 책임보다 상관에 대한 책임의식이 강한 관료가 주도적 역할을 수행하는 발전행정이 행정의 거대화 독주를 가져올 가능성이 많다. 여섯째, 행정기구 예산과 공무원수의 지나친 팽창을 초래할 우려가 있으며, 목표달성이 지나치게 강조됨으로써 외형적인 목표수치의 달성에만 주력하게 되어 행정의 형식화를 가져오게 된다.

V. 결 어

역사적으로 국가우위와 관치행정의 전통이 강하였던 우리 나라에서는 1960년

28) 김규정, 전게서, pp. 106~107.

대에 들어 군·관 합작의 발전행정체제가 전개되면서 신속한 경제발전이 추진되었으나, 지금까지의 관료중심적 발전전략이 자원의 동원과 활용에 있어서 효율적이었고 이것이 발전을 가속화시키는 원동력의 하나였음을 부인할 수 없다. 그러나 국회, 정당과 일반시민은 정보와 통제수단이 결여되어 행정권의 독주를 제대로 견제할 수 없었다. 그 결과 공무원은 발전계획의 추진과정에서 발전의욕에 비하여 공복의식이 상대적으로 낮고, 직권남용과 부정부패 등의 사례를 적지 않게 유발시켰다. 뿐만 아니라 각계 각층의 정책결정에 대한 시민참여가 거의 이루어지지 아니하여 계층별·부문별 발전속도에 현저한 차이를 가져와 사회구조적 불균형과 그로 인한 여러 가지의 사회경제적 갈등을 유발시키는 결과를 낳게 되었다.[29)]

앞으로 발전행정은 정치발전을 저해하지 않고 균형적인 국가사회의 발전에 기여할 수 있어야 할 것이다.[30)]

29) 김영종 외 3인, 전게서, p. 211.

30) 우리의 경우도 1960년대와 크게 달라졌으므로 이제는 발전행정의 필요성을 과소평가하는 논자가 있으나 그것은 잘못이며 내용면에서 다음의 두 가지 면에서 변화가 이루어지고 있다고 하겠다. 우선 발전행정의 주요 발전사업으로서 경제만이 아니라 사회복지와 형평이 추가되어야 하며 행정의 기능면에서 행정의 주도적 결정 대신 조정, 유도 및 한정된 범위내에서의 결정이라고 하겠다(교육개혁, 노사개혁 및 의료개혁 등). 박동서, 전게서, p. 675 참조.

제 5 장 행정과정

Ⅰ. 행정과정(administrative process)의 의의

행정과정이란 행정이 구체적으로 이루어지는 과정을 말하며 행정의 주요기능의 수행과 관련된다. 따라서 행정부가 어떠한 역할과 기능을 담당하고 수행해야 하며 또한 실제로 어떻게 하고 있느냐에 따라 행정과정은 달라진다. 즉 정치행정이원론(기술적 행정학파)에 입각하여 행정을 집행으로 좁게 보면 행정의 폭은 좁아진다. 정치행정일원론(기능적 행정학파)에 입각하여 정책결정까지 포함시키는 것으로 보면 행정과정의 폭은 넓어지고 동태적 성격이 증가한다.

행정과정은 학자에 따라 여러 가지로 단계화되고 있는바 행정과정의 모든 단계는 상호밀접 불가분하게 관련되어 있으며 각 단계는 다른 모든 단계에 영향을 미친다. 현실에 있어서 각 과정은 언제나 순차적으로 이루어지는 것은 아니며 상호간에 교차작용을 하면서 중첩적으로 이루어진다. 행정과정에 관한 주요견해를 소개하고 각 단계의 내용을 간략히 살펴본다.[1]

Ⅱ. 행정과정에 관한 여러 견해

행정과정에 대하여는 학자에 따라서 여러 가지로 단계화하고 있다.

1) Harold Koontz, Cyril O'Donnell, and Heinz Weihrich, *Management*, 7th ed. (New York: McGraw-Hill, 1980), p. 70.

1. Gulick

가장 전통적인 입장으로 POSDCORB로 표현된다. 즉 기획(planning), 조직(organizing), 인사(staffing), 지휘(directing), 조정(coordination), 보고(reporting), 예산(budgeting)의 7단계이다.

2. Hersey and Blanchard

행정과정을 기획(planning), 조직(organizing), 동기부여(motivating) 및 통제(controlling)의 4단계로 나누고 있다.

3. Koontz and O' Donnel

행정과정을 기획(planning), 조직(organizing), 인사(staffing), 지휘(directing), 통제(controlling)의 5단계로 나누고 있다.

4. 박동서 교수

박동서 교수는 planning을 목표설정, 정책결정, 기획으로 통제를 평가·시정조치로 각각 세분하며 행정과정은 목표설정, 정책결정, 기획, 조직화, 동작화, 평가, 시정조치의 7단계로 나누고 있다.[2]

5. 김운태 교수

김운태 교수는 행정과정을 정책결정 및 기획, 조직관리, 인사행정, 재무행정, 행정통제의 5단계로 나누고 있다.[3]

---

2) 박동서, 전게서, pp. 74~75. 이와 같이 7단계로 구분하는 경우의 특색은
① 행정이 이루어지는 과정을 기준으로 하였다.
② 따라서 동태성을 지니고 있다.
③ 구조가 아니라 기능위주이다.
④ 각 과정이 연관되어 체제적 성격을 띤다.
⑤ 투입→전환→산출과정이 환경과의 교호작용을 갖는다.

3) 김운태 교수는 행태학파들이 조직개념에 조직구성원의 행태를 포함시킴으로써 인사행정, 재무행정까지도 조직화(조직론) 속에서 포괄적으로 취급하고 있으나 종래의 조직관리·인사행정·재무행정 등의 일반적 분류방식과 근본적으로 차이가 있는 것이 아니라고 하고서 행정학원론 교재의 순서로 i) 정책결정과 기획, ii) 조직관리, iii) 인사행정, iv) 재무행정, v) 행정통제와 행정개혁으로 구분하여 다루고 있다(김운태, 전게서, p. 102 참조).

Ⅲ. 행정과정 5단계(본서의 구성)

지금까지 살펴본 행정과정에 관한 여러 학자의 견해는 모두 일장일단이 있다고 보여지나 행정의 본질을 파악해서 행정현상을 체계적으로 보다 쉽게 이해하는 데 도움이 되며 행정학의 고유한 영역을 확인한다는 의미에서 김운태 교수의 행정과정 5단계설이 비교적 적합한 것으로 보인다. 따라서 본서도 5단계설에 입각하여 정책결정 및 기획, 행정조직, 인사행정, 재무행정, 행정통제와 행정개혁으로 편제하였다. 행정과정 5단계의 각 단계를 개관하면 다음과 같다.

1. 정책결정 및 기획

정책결정 및 기획은 행정목적의 설정과 이 목적달성을 위한 기본지침과 수단선택의 일련의 과정이다. 이는 정치행정일원론의 영향도 있지만 행정을 하나의 합리적인 협동행위로 볼 때 정책결정과 기획은 행정에 있어서의 제1 순위과정에 해당되는 것이라 할 수 있다.

대부분의 정책결정과정에 행정기관이 깊이 관여하고 나아가 실질적 주도권을 장악하고 있으며, 결정과 집행의 유기적 관련성이 더욱 높아지고 있어 이를 행정과정에 포함시키는 것은 당연하다.

이 단계에서는 누가 결정과정에 참여하며, 무엇을 기준으로, 그리고 어떤 방법에 의하여 결정이 이루어지는가가 중요한 문제가 된다.

기획은 여러 대안 중에서 목표, 예산, 절차 및 사업계획을 선택하는 과정이다. 목표의 선택까지 포함하는 기획은 동태적인 것이 되며, 경우에 따라서는 정책결정과정에 포함되기도 한다. 행정과정을 자세히 관찰해 보면 기획과정에 정책이 결정되고 또 정책이 결정되는 과정에 기획이 이루어지고 있음을 보게 된다. 따라서 양자는 상대적으로 구분되는 개념에 지나지 않는데, 정책결정은 가치판단이 강조되고 기획은 수단적 합리성이 강조되는 것으로 구분해 볼 수 있다.

2. 행정조직

두번째 과정인 행정조직은 행정목적을 달성하기 위한 행정인의 조직화와 이의 관리과정이다. 행정기구를 비롯해서 분업, 기타 협동체제가 마련이 되고 조직의 합리적이고 효율적인 관리가 수반되어야 한다.

3. 인사행정

조직과정과 병행 또는 뒤이어서 인력의 동원·배치를 비롯한 인적자원의 효율적 활용으로서의 인사행정이 수반된다.

4. 재무행정

또한 재원의 동원·배분을 비롯한 재원의 효율적 활용으로서의 재무행정이 수반된다.

5. 행정통제와 행정개혁

마지막으로 지나간 행정과정의 평가와 이의 시정조치로서 행정통제와 환류(행정개혁)가 뒤따르게 된다.

행정목표가 의도된 바와 같이 시행되고 있는지 점검하고 조정하는 과정이 통제과정이다. 조직 내외에서 이루어지는 행정통제는 사업의 시행과정에서나 사업종료 후 모두 있을 수 있다. 그리고 그러한 통제결과는 즉시 시정조치되거나 차기의 바람직한 행정을 위하여 환류된다. 요컨대 통제와 환류는 행정의 과오를 바르게 시정하고 보다 나은 행정을 구현하기 위한 시금석이다. 그리고 이와 같은 환류가 존재하기 때문에 행정과정은 단선적이 아니라 순환적 과정이 되는 것이다.

제 2 편

정책결정 및 기획

제2편은 정책결정 및 기획편으로서 행정과정 중 첫 단계에 해당하는 것이다. 정책결정 및 기획은 행정목적의 설정과 이 목적달성을 위한 기본방침과 수단선택의 일련의 과정이다.

제1장과 제2장에서는 정책과정 전반을 개관하고 정책결정의 본질·과정 및 정책결정이론모형과 기타 여러 논점을 살펴본다.

제3장에서는 정책결정의 전단계인 정책의제설정(형성)을 다룬다.

제4장부터 제7장에서는 정책결정과 보통 동시에 이루어지는 정책분석 및 정책결정의 다음 단계인 정책과정들을 순차적으로 고찰한다.

제8장에서는 결정된 정책을 집행하기 위한 방안을 결정하는 과정인 기획(planning)의 여러 논점을 살펴본다.

제 1 장 정책결정

Ⅰ. 서 론

1. 정책의 의의 및 중요성

1) 정책(policy)의 개념 및 성격

(1) 정책의 개념 　일반적으로 정책이란 주요행동지침 또는 기본방침을 의미한다. 따라서 공공정책은 권위 있는 정부기관이 공공문제의 해결을 위하여 공식적으로 결정한 활동지침이다. 정책은 연구자의 관점 목적이나 분석방법에 따라 다양하게 정의될 수 있는 다의적 개념이지만 이러한 개념이 상호모순되기 보다 상호보완적인 것으로서 인식해야 할 것이다.[1)]

(2) 정책의 구성요소 　정책의 이러한 개념에는 다음과 같은 3대 구성요소가 포함되어 있다.[2)]

(가) 정책목표 　정책목표란 정책을 통하여 미래에 이룩하고자 하는 바람직한 상태(desirable state)를 의미하며 정책의 미래상 내지 비전이라 할 수 있다. 예컨대 교통정책의 목표는 교통의 원활이며, 보건정책의 목표는 국민보건의 향상이라 할 수 있다.

1) 정정길, 『정책학원론』, 대명출판사, 1989, p. 37; 강신택 외, 『정책학원론』, 법문사, 1981, p. 33.
2) 정정길, 전게서, pp. 37~50.

정책목표는 무엇이 바람직한 상태인가를 판단하는 가치판단에 의존하기 때문에 주관적이며 또한 타당성이나 규범성을 지니고 있다.

(나) 정책수단 정책수단이란 정책목표를 달성하기 위한 각종 수단을 의미한다. 예컨대 교통의 원활이라는 정책 목표를 달성하기 위하여 대중교통수단을 확대하고 도로를 신설·확장하는 것 등이 정책수단이 된다. 정책수단은 정책목표의 달성에 사용되는 실질적 정책수단과 실질적 정책수단을 현실적으로 수행하는데 필요한 보조적(실행적) 정책수단으로 나눌 수 있다.

(다) 정책대상집단(policy target group) 정책대상집단이란 정책의 적용을 받는 집단을 의미하며 정책에 의하여 혜택을 받거나 희생을 당하는 집단이다.

(3) 정책의 성격 정책이 일반적으로 지니는 성격 중 특히 중요한 것만을 소개하기로 한다.[3]

(가) 목표지향성·미래지향성 정책은 바람직한 미래상을 나타내는 것이며 일정한 목표·가치를 실현하려는 것이다. 정책은 정책주체의 목적의지를 반영하고 그러한 목적의지를 실현시키려는 성격 즉 목표지향성을 갖는다. 또한 정책이 의도하는 변화가 이루어지는 시점은 항상 미래가 되므로 정책은 미래를 설계하고 구축하는 성질 즉 미래지향성을 지닌다.

(나) 행동지향성 정책은 당위적 가치를 행동으로 전환시키는 것이며 현실적으로 선호된 행동방안을 의미한다. 그러므로 정책은 실천적 행동을 유발시키는 명백한 성향 즉 행동지향성을 지닌다.

(다) 변화지향성 정책은 바람직하지 않은 사회환경이나 물적 환경을 미래에 보다 바람직한 상태로 변화시키려는 것이다. 그러므로 정책은 변화를 유발하는 강력한 성향 즉 변화지향성을 지닌다.

(라) 공식적·권위적 성격 정책은 공식적·권위적 성격뿐만 아니라 강제성도 띠고 있다. Easton은 정책을 전체사회를 위한 가치의 권위적 배분이라고 보았으며,[4] Lowi는 정책을 의도적 강제로서 이해하였다.[5] 특히 정책의 가치 강제 배분성은 모든 사람에게 이익과 손해를 균등하게 배분하기보다는 항상 차별적으로

---

3) 강신택 외, 전게서, pp. 67~70.

4) David Easton, *The Political System* (New York: Alfred A. Knopf, 1953), p. 129.

5) Theodore Lowi, "Decision Making versus Policy Making: Toward an Antidote for Technocracy," *Public Administration Review*, Vol. 30, No. 3 (May/June 1970), p. 315.

불균등하게 배분하는 성질 즉 부분 이익 선택성(policy selectivity)을 지니기 때문에 정치적으로 민감한 갈등을 일으킨다.

2) 정책의 중요성

(1) 정책문제의 중요성 오늘날 사회전반에 걸쳐 정부개입이 확대되면서 정책의 영역도 넓어져, 결과적으로 모든 문제들을 정책문제로 볼 수 있게 되었다.

정부는 국가의 전반, 즉 기존의 정치, 군사, 행정부문은 물론이고 경제, 복지, 노동, 의료, 자연보호 등의 모든 부문에 걸쳐 관여하게 되었으며, 이러한 정부의 관여는 정책으로 나타나게 된다. 금융정책·재정정책 혹은 물가정책·실업정책 등의 경제정책, 노인정책·청소년정책·교육정책·사회보장정책 등의 복지정책 등이 그것들이다.[6)]

이러한 정부정책은 특히 현대에 있어서 국민생활 전반에 매우 중대한 영향을 미치게 되었다. 예컨대 우리 나라만 해도 1960년대부터 실시된 성장위주의 경제정책이 국가경제발전에 미친 긍정적 영향 혹은 빈부격차라는 부정적 영향이라든가, 우리 나라가 대공산권에 대한 태도를 바꿔 적극적 북방정책을 추구한 이후에 발생한 여러 가지 변화들 및 중학교 입학시험 폐지와 같은 교육정책의 변경으로 인한 교육과정의 변화, 학력저하 등의 현상들이 그것이다. 또한 최근의 IMF체제와 그 극복을 위한 각종 대책들도 그러한 맥락에서 이해될 수 있다.

외국의 경우에도 정부의 정책변화가 국가 전반에 영향을 끼친 예는 많다. 1929년부터 시작된 세계대공황 당시 미국에서 실시되었던 New Deal 정책은 사경제 위주의 기존 경제체제에 대한 공공부문의 개입을 인정함에 의해 공황을 극복할 수 있었고, 이후 수정자본주의 시대를 열어가게 하는 결정적 계기 중의 하나가 되었다.

독일의 팽창주의정책은 제2차 세계대전이라는 인류역사상 최대 희생을 치른 전쟁을 불러일으키기도 했고, 냉전시대 이후 구 소련의 팽창주의 정책은 크고 작은 국지전의 근본적인 원인이 되었다. 그러나 1980년대 중반 이후 러시아(구소련)가 개혁·개방정책을 추구함에 따라 세계는 탈냉전시대에 돌입하고 있다. 이처럼 강대국의 정책변화가 세계사에 미친 영향을 보더라도 정책의 중요성은

6) 유영옥, 『상징정책학』, 학문사, 1997, p. 24.

실로 막중함을 알 수 있다.

(2) 정책학(policy sciences)의 발전 정책학이라는 명칭만 없었을 뿐, 아주 오래 전부터 사회의 여러 가지 문제점을 인지하고 개선을 도모하려는 지적활동 즉 정책과학적 사고방식은 존재해 왔다고 할 수 있다. 그러나 현대적 의미의 정책과학이라는 용어의 등장은 1951년에 H. Lasswell에서 비롯하였다.

정책학을 1951년 처음으로 제창한 바 있는 Lasswell은 Lerner와 공동으로 펴낸 『정책과학』(*The Policy Sciences*)이라는 저서에서 정책과학이란 「정책결정과 정책집행을 설명하고 정책문제와 관련이 있는 자료를 탐색·수집하여 이에 대한 해석을 제공하는 학문」이라고 규정하였으며,[7] 또한 1971년에 발간한 저서 『정책과학서설』에서는 정책과학이란 「정책부문과 민간부문의 결정과정에 관한 지식 및 결정과정에 있어서의 지식을 다루는 학문」이라고 정의하였다.[8] 한편 정책학을 체계화시킨 Y. Dror는 정책과학이란 「보다 나은 정책결정을 위하여 그 방법·지식·체계를 다루는 학문이며 보다 효과적·능률적인 정책을 통하여 설정된 목표를 달성하는 데 주안점이 있다」고 말하였다.[9]

1950년대까지 미국 사회를 휩쓸던 행태주의는 과거의 제도나 구조중심의 정치 · 행정학의 연구대상을 인간의 행태로 돌리고 과학적 방법에 의해 학문을 연구하고자 하였으며, 이에 따른 당연한 귀결로서 경험성과 객관성을 중시하다보니 계량적 방법에 의존하게 되고 가치문제를 경시하게 되는 결과를 초래하게 되었다.

그런데 이와 같은 행태주의 방식에 의해서는 1960년대에 들어서면서 미국사회가 당면하게 된 흑백인종 분규에 의한 흑인들의 폭동이나 월남전에 대한 반대운동 등과 같은 현실적인 사회문제를 해결할 수가 없게 된 것이다. 이러한 행태주의의 현실적합성(relevance) 결여는 자연히 현실문제 해결에 도움을 줄 수 있는 정책지향적 학문을 요구하게 되었고 정책학은 이제 중요한 학문분야로 등장하게 되었다. 특히, 1971년 미국정책학회가 조직되면서 정책학은 본격적인 학문분야로 성립하게 되었다.

---

7) Harold D. Lasswell, "The Policy Orientation," in Daniel Lerner and Harold D. Lasswell (eds.), *The Policy Sciences* (Stanford: Stanford University Press, 1951), p. 14.

8) Harold D. Lasswell, *A Preview of Policy Sciences* (New York: Elsevier, 1971), pp. 1~2.

9) Yehezkel Dror, *Ventures in Policy Sciences* (New York: Elsevier, 1971), pp. 14~15.

정책과학은 정책문제의 중요성이 고조되어 가면서 현대사회에서 인간이 당면하고 있는 많은 문제를 해결하는 데 기존과학이 적절한 시야와 접근방법을 제시하지 못하였다는 반성에서 출발하였다고 할 수 있다. 정책연구(policy studies), 정책분석(policy analysis)이라고도 일컬어지는 정책과학은 학제적·문제지향적·규범적 성격을 띠고 있다. 종래의 정책연구는 정부의 정책수준과 정책과정을 결정짓는 사회경제적 변수에 중점이 두어지고 있었으나 근래에는 정책집행과정이나 정책평가 내지 정책효과분석 등에 관심이 집중되고 실질적 정책문제에 대한 연구가 본격화되고 있다.

2. 정책결정의 의의

1) 정책결정(policy making)의 개념과 특징

정책결정이란 정부기관이 공공목표를 달성하기 위하여 두 개 이상의 대안 중에서 하나의 대안을 의도적으로 선택하는 행위라고 할 수 있다.[10] 정책결정의 개념에 대해서는 여러 가지로 정의되고 있는데, Dror에 의하면 '정책결정이란 행정기관이 공익을 실현하기 위하여 장래의 주요 행동지침(대안)을 결정하는 극히 복잡하고 동태적인 과정' 이라고 정의하였다.[11]

이와 같은 개념정의를 바탕으로 정책결정의 특징을 다음과 같이 지적할 수 있다.

(가) 정치적 성격 및 공공성 정책결정은 공익을 위하여 의도적으로 정부가 내리는 결정을 의미한다. 따라서 정책결정은 다분히 가치지향적이며 정치적 성격을 띠고 있으며, 또한 정책결정은 불특정다수인의 이익 또는 국민 전체의 이익을 고려한 결정이라는 점에서 공공성을 띠게 된다.

(나) 최적의 대안선택 정책결정은 선택가능한 여러 가지 대안 중에서 복잡한 과정을 거쳐 가장 적합한 대안을 선택하는 과정이다.

(다) 동태적 과정 정책결정은 여러 이해관련 집단들 간의 대립, 갈등, 타협, 협조 등과 같은 복잡하고 다양한 동태적 과정을 통해 이루어진다.

(라) 미래지향성 정책결정은 정부기관의 장래에 있어서의 활동지침을 결정

10) 강신택 외, 전게서, p. 71.

11) Yehezkel Dror, *Public Policymaking Reexamined* (Scranton, Penn.: Chandler Publishing Company, 1986), p. 12.

하는 것이다. 따라서 다분히 미래지향적 성격을 띠고 있다.

(마) 정책결정은 정치행정일원론하에서 그 중요성이 인정되고 있는 행정과정인 것이다. 과거의 정치행정이원론의 입장에서는 본질적으로 정책결정은 행정과정이나 행정의 영역이 아니었다.

2) 정책결정과 의사결정(decision making)과의 관계

의사결정은 여러 가지로 정의할 수 있으나 일반적인 견해에 의하면, "의사결정이란 문제해결과 관련된 둘 이상의 여러 대안 중에서 최선의 대안을 결정·선택하는 과정"이라고 할 수 있다.

정책결정은 공공정책에 대한 의사결정이라고 볼 수 있으므로 정책결정은 의사결정의 일분야라고 할 수 있겠다.[12]

Ⅱ. 정책결정의 유형

1. 정형적(programmed) 결정과 비정형적 (non-programmed) 결정

H.A. Simon은 컴퓨터 용어를 원용하여 정책결정 유형을 분류하고 있는바 선례와 프로그램에 따라 기계적·반복적으로 행하는 결정을 정형적 결정 혹은 프로그램적인 결정이라고 하며, 지금까지 선례나 프로그램이 없었던 결정을 비정형적 혹은 비프로그램적 결정이라 한다.[13] 조직의 고위층의 결정, 장기적인 전망과 관련된 결정, 선례가 없는 것, 불확실성이 존재하는 상황 속에서 이루어지는 결정은 대체로 비정형적인 것이며, 조직의 하위층에서 하는 결정, 단기적인 것, 선례에 따르는 것, 예측이 확실한 상황하의 결정은 정형적이다. 물론 보다 더 힘들

12) 정책결정이든 의사결정이든 문제해결이나 목표달성을 위하여 여러 대안 중에서 하나의 대안을 선택한다는 점에서는 차이가 없다. 따라서 정책결정에도 의사결정에 관한 일반이론이 적용될 수 있다. 그러나 정책결정은 공적 문제해결이라는 목적, 공식적으로 표명하고 있는 공익의 추구 등의 특성을 가지고 있으므로 대안의 선택이라는 의사결정과는 구별된다고 하는 견해(박동서, 전게서, p.198)가 있다.

13) H.A. Simon, *The New Science of Management Decision* (New York: Harper and Row, 1960), pp.5~7.

고 어려운 결정은 비정형적 결정임은 말할 필요도 없다. 그것은 고도의 판단력·통찰력·창의력이 요구되기 때문이다.

특히 선례가 적은 발전행정이 요구하는 비정형적인 것들은 결정자의 고도의 판단력 창의력을 요청하므로 그렇지 않아도 무사안일주의에 흐르기 쉬운 공무원은 이러한 비정형적 결정을 기피하여 선례가 있고, 실수나 책임문제가 야기될 가능성이 적은 것을 우선적으로 결정하려는 경향[14)]이 있으나 비정형적 결정의 중요성을 인식해야 할 것이다.[15)]

2. 전략적(strategic) 결정과 전술적(tactical) 결정

전략적 결정은 조직의 목표달성이나 존속·발전 등 중요한 문제에 관한 결정이며 무엇을 하는가에 관한 결정이다. 이의 주된 내용으로서는 조직의 목표·관리전략·성장방식 등을 들 수 있다. 전술적 결정이란 일상적·관례적인 성격을 가진 결정으로서 전략적 결정을 실천에 옮기기 위한 수단적·기술적 결정이며, 어떻게 하는가에 관한 결정이다. 관리적 결정이라고도 한다. 이의 주된 내용으로는 권한과 책임의 관계, 정보의 흐름에 관한 결정, 인적·물적 자원의 조달 및 보수 등에 관한 결정 등을 들 수 있다.

3. 조직적 결정과 개인적 결정

C. I. Banard는 정책결정을 조직이나 집단에 의해 대안의 선택이 이루어지느냐, 개인에 의해 대안의 선택이 이루어지느냐에 따라 조직적 결정과 개인적 결정으로 분류하고 있다. 조직적 결정은 결정의 내용과 관련된 사람과 전문가들을 참여시켜 결정하는 것을 말하며, 개인적 결정이란 개인 단독으로 행동방안과 대안을 선택·결정하는 것을 말한다. 일반적으로 개인적 결정은 신속한 결정을 요하는 경우, 결정대상의 문제가 별다른 논쟁이 없는 것, 결정자가 다른 관련자를

14) 박동서, 전게서, p. 199.

15) 비정형적 결정과 관련해서 기획의 그레샴법칙("Gresham's Law" of Planning)이 주장되고 있는데, 기획의 그레샴법칙이란 일상적인 업무가 쇄신을 위한 기획활동을 구축한다는 현상을 하나의 법칙으로서 정식화한 것이다. 즉 이 법칙은 결정자가 정형적 결정과 비정형적 결정을 동시에 할 수 있는 경우 시간상의 강한 제약이 없는 때에도 정형적 결정이 비정형적 결정 대신 우선적으로 행하여지는 사태를 포착한 것이다. 현실의 조직에서는 비정형적인 쇄신적 기획활동이 정형화된 관례적 업무에 의하여 구축되기 쉬운 경향이 있다 것이다. James G. March and Herbert A. Simon, *Organizations* (New York: John Wiley & Sons, 1958), pp. 185~186.

불신하는 경우에 행해지며 조직적 결정은 구성원에게 참여감을 부여하고 그 들의 결정능력을 향상시키고자 하는 경우, 또는 결정대상의 문제가 고도의 기술성과 전문성이 요구되는 경우에 조직의 구성원이나 전문가를 참여시켜 조직토의를 거쳐 결정하게 되는 것이다.

Ⅲ. 정책결정의 이론모형

(제2장 참조)

Ⅳ. 정책결정의 과정

1. 정책과정(policy process)의 단계

정책과정에 대해서는 견해가 통일되어 있지 않으나 일반적으로 정책과정이란 정책이 단계적 과정을 거치면서 형성·결정되며 집행·평가되고 종결되는 동태적 과정이라 할 수 있다.[16)]

정책과정은 각 단계가 서로 연결되는 순환적 과정이며 갈등과 타협이 존재하는 정치적 과정이라 할 수 있다.

정책과정은 일반적으로 ①정책의제 설정(정책형성)단계 → ②정책결정 단계 → ③정책집행 단계 → ④정책평가 단계 → ⑤정책종결 단계의 5단계로 구성되어 있다.[17)]

---

16) 학자에 따라서 정책과정의 단계구분도 다음과 같이 달리 하고 있다.

ⅰ) Lasswell: ①정보수집, ②건의, ③처방, ④발동, ⑤적용, ⑥평가, ⑦종결

ⅱ) Jones: ①문제정의, ②형성·합법화, ③집행, ④평가, ⑤종결

ⅲ) Anderson: ①정책의제 설정, ②정책형성, ③정책채택, ④정책집행, ⑤정책평가

ⅳ) Rilpley and Frankin: ①형성·합법화, ②집행, ③평가, ④변동

17) 그러나 모든 정책이 5단계의 과정을 거치는 것은 아니며, 경우에 따라서는 정책형성의 단계가 생략되고 최고결정권자의 순간적 판단에 의해서 정책이 결정되는 경우도 있고 정책이 집행되고 난 후에 정책평가가 생략되는 경우도 있다. 또한 정책의 형성과 결정이 거의 동시에 이루어질 수도 있으며, 도중에 정책이 변동되거나 취소됨으로써 정책의 집행이 이루어지지 않는 경우도 있다. 정책과정은 이와 같이 각 단계가 논리적으로는 구별되고 시간적 선후가 분명하지만, 실제 운용과정에 있어서는 각 단계가 서로 복합적이고 동태적으로 얽혀 있다. 따라서 본장과는 별도로 다음 장 이후에서 정책과정의 각 단계별로 상세한 설명이 이루어지지만 그것은 어디까지나 이론적이고 합리적인 차원에서 볼 때 그렇다는 것임을 유의할 필요가 있다. 안해균, 『정책학원론』, 다산출판사, 1990, p.105 참조.

정책의제 설정단계에서는 정책당국이 사회문제의 심각성을 인정하여 정책문제로서 채택한다.

정책결정단계에서는 채택된 정책문제에 대해서 이의 해결을 위한 각종 정책대안의 분석·검토를 거치게 되며 최종 대안이 결정·선택된다.

정책집행단계에서는 결정된 정책이 세부적인 시행절차를 거쳐 구체화된다.

정책평가단계에서는 집행된 정책의 효과·영향을 분석·평가한다.

정책종결단계에서는 정책이 정치적 지지를 잃게 되거나 의도한 목표달성 가능성이 없거나 또는 비용이 과다하게 소요되는 경우에 정책이 종결될 수 있다.

2. 정책결정과정

정책결정과정에 대해서 일치된 견해가 있는 것은 아니다. 예컨대 Herbet A. Simon은 정책결정과정을 정보활동(intelligence activity)단계, 설계활동(design activity)단계, 선택활동(choice activity)단계로 구분하고 있으며, William H. Newman 등은 진단단계, 대안의 발견단계, 대안의 분석과 비교단계, 대안의 선택단계로 구분하고 있다.

위와 같이 정책결정과정은 학자들에 따라 여러 단계로 구분되어지고 있으나, 이를 종합하여 정책결정과정을 구분해 보면 다음과 같다.

(1) 문제의 인지와 목표의 설정　정책결정의 첫 단계에서 가장 먼저 해야 할 일은 당면하고 있는 문제점이 무엇인가를 인지하는 것이다. 해결해야 할 문제점이 무엇인가를 명확하게 파악하기란 쉬운 일이 아니지만, 문제의 정확한 파악은 문제해결의 관건이 된다고 볼 수도 있다. 그러나 어떠한 문제가 발생하였을 때 그것이 정책결정자에 의해 즉각적으로 인지되는 것은 아니며, 사건의 중요도와 명확성 이외에도 의사결정의 퍼스낼리티(personality), 사회적 배경과 경험 및 가치관 등에 따라 문제에 대한 인지의 정도와 척도가 달라지게 되는 것이다. 이와 같이 문제점이 명확하게 파악되면, 그에 따른 목표가 설정되어야 한다. 목표의 명확한 설정은 최적의 대안을 선택할 수 있는 기준을 부여할 뿐만 아니라 문제해결에 추진력을 부여하며, 목표달성의 효율화를 기할 수 있도록 하는 것이다.

(2) 정보와 자료의 수집 및 분석　문제점에 대한 인식과 그에 따른 목표설정이 이루어진 후에는 문제해결에 도움을 줄 수 있는 정확한 정보와 자료를 수집

하고 분석해야 한다.

정확하고 올바른 정보와 자료의 뒷받침이 없이는 합리적인 의사결정을 내리기 힘들다. 따라서 근래에는 이와 같은 정보 및 자료의 분석을 위해 EDPS, MIS, GIS를 비롯한 여러 가지 분석기법이 사용되어지고 있다.

(3) 대안의 작성 및 평가　문제해결에 필요한 정보와 자료의 분석이 끝나면, 그러한 정보 및 자료에 의거하여 문제점의 해결을 위한 대안 즉 대체적 행동노선(alternative course of action)이 모색되어져야 한다. 보다 적절하고 합리적인 대안을 선택하기 위해서는 가능한 모든 대안들이 고려되어져야 하며, 그러한 대안의 실시결과가 철저하게 분석·평가되어야 할 것이다. 그러나 인간의 능력에는 한계가 있기 마련이며, 그로 인해 대안 선택은 여러 가지 제약을 받게 되고, 최근에는 올바른 대안을 선택하기 위하여 비용-편익분석(cost-benefit analysis), OR(operations research), 게임이론(game theory) 등 여러 가지 기법이 사용되어지고 있지만, 불확실하고 복잡 다양한 사회현상을 명확하게 이해하고 예측한다는 것이 그렇게 쉬운 일은 아니다.

(4) 대안의 선택　문제해결에 도움을 줄 수 있는 여러 가지 대안에 관한 분석·평가가 이루어진 후에는 그 중에서 가장 적절하고 합리적인 대안을 선택한다는 것은 그렇게 쉬운 일이 아니다.[18)]

또한 최적의 대안을 선택하는 과정에서 선택기준의 모호성 및 실천가능성, 여론 등을 포함한 제반 여건이 고려되어져야 할 것이며, 이러한 여건이 고려되어 선택된 경우라 하더라도 선택된 이후에 예상되는 반대, 위험성 및 저항 등을 감안하여 선택된 대안의 부분적인 실시를 통하여 그 효율성을 참작하여 봄으로써, 전면적인 실시에 따른 부작용을 최소화하는 노력이 요청된다.

Ⅴ. 합리적 정책결정의 제약요인

정책결정은 실제로는 합리성을 제약하는 여러 요인들의 상호작용 속에서 현실적인 결정이 이루어진다. 정책결정에 있어서의 제약요인은 정책결정과 관련된

---

18) 그러므로 실제적인 면에서 볼 때 규범적·이상적인 선택행위보다는 점증적 혹은 어느 정도의 만족 수준에서 선택이 가능한 것으로 보아야 할 것이다. 박동서, 전게서, pp. 242~243 참조.

요인들이 모두 제약요인이 될 수 있다. 크게는 정책결정체제, 정책결정자, 정책결정의 환경 및 이와 관련된 많은 요인들이 있을 것이다. 여기에서는 주로 합리적 정책결정의 제약요인을 중심으로 검토해 보기로 한다.

1. 정책결정체제 및 정책문제 자체의 요인

(1) 구조적 요인　정책결정이 이루어지는 구조자체의 특성으로 인하여 합리적인 정책결정이 제약을 받을 수 있는데 이러한 요인으로는 다음을 지적할 수 있다.

첫째, 조직내의 표준운영절차(SOP)인데 이러한 표준운영절차는 정책의 쇄신을 저해하고 선례를 따르게 한다. 결재제도, 청문회, 국회답변의 요구 등은 쇄신적인 정책을 어렵게 하며 행정기관내의 어떤 절차는 그 자체가 구속력을 갖고 있다. 이러한 절차는 융통성, 적응성을 가져야 하지만 일관성과 안정성도 가져야 한다.

둘째, 정책결정 구조가 집권화되어 있는 경우에는 폭넓은 참여가 어렵게 되어 대안의 탐색과 분석이 충분히 이루어지지 못하게 되며 그 결과 정책의 질도 저하되며 정책 전담기구의 결여도 문제가 된다.

셋째, 의사전달 체제의 불비를 들 수 있는데, 정책결정과정에는 많은 정보가 필요하며, 이러한 정보는 종적·횡적 의사전달체제를 통하여 전해지게 된다. 특히 상향적·횡적 의사전달체제가 중요하다.

넷째, 지나친 분화와 전문화가 이루어질 경우 국지적 합리성은 이루어지더라도 전체적 합리성이 저해될 수 도 있다. 또한 어느 한가지 분야에만 집착하여 다른 분야와의 협력을 소홀히 하고 자신의 세력확장에 급급하여 갈등과 충돌이 야기될 수 있다.

(2) 정책문제 및 목표의 복잡다양성　정책문제는 대체적으로 매우 복잡하고 다양하기 때문에 이것을 인식하고 규정하는 것이 쉽지 않으며 정책문제의 인지단계에서 정책결정자에 따라 각기 다르게 정의되거나 갈등이 발생할 수도 있고, 그와 관련된 사회집단들이 영향을 받을 수도 있다. 정책문제가 규정되었다 하더라도 문제해결을 위한 목표설정에서 개인적 편견, 이해관계자의 요구, 목표간의 우선순위결정 등에서 갈등이 야기될 수 있다.

2. 인간적 요인

(1) 정책결정자 개인의 속성 정책결정자도 인간이므로 시간, 능력에 있어서 여러 가지 제약을 갖고 있으며 그의 사고과정은 개인적인 경험, 역할, 가치관 등에 의하여 영향을 받으므로 정책결정이 참여자들의 구성에 따라 결정되는 정책의 성격이 달라질 수 있다. 정책결정자 개인의 속성과 관련된 제약요인을 살펴보면 다음과 같다.

첫째, 모든 정책결정자들은 자신의 가치관과 신념을 갖고 있으며 그것을 기초로 하여 정책문제를 인식하고 결정하게 된다. 따라서 정책결정자는 자신에게 유리한 결정이 내려지도록 하는 편견을 갖는다.

둘째, 인간의 능력에는 한계가 있다. 따라서 정책결정자가 문제를 인식하고 그 해결을 위한 대안을 탐색하며 결과를 분석, 평가함에 있어서 많은 제약이 따른다.

셋째, 정책결정자는 권위의식에 사로잡히기 쉽다. 권력, 연령, 계층적 지위를 기준으로 하여 권위가 부여되어 있는 정치행정문화권내에서는 사람들이 평등한 입장에서 정책결정에 접근하기 어렵다.

(2) 정보 및 지식의 부족 문제의 인지 및 정의, 대안의 탐색과 분석 등을 정확히 진단하려면 관련된 많은 지식과 정보가 필요하다. 그러나 완전한 지식과 정보를 획득하기란 현실적으로 어려운데 그 이유는 다음과 같다.

첫째, 정보획득에는 많은 비용과 물적 자원, 인적 자원 및 시간이 필요하다.

둘째, 정책결정자들은 결정에 필요한 총시간, 고려할 수 있는 문제의 수, 어느 한 문제에 고려될 수 있는 자료와 분석능력 등이 제한되어 있다. 따라서 정보의 효율적 수집이 어렵고, 수집된 정보의 신빙성을 시험하기 어렵다는 것은 정책결정의 큰 제약요인이 된다.

3. 환경적 요인

(1) 정치적 환경으로부터의 제약 정책대안을 모색·분석하는 과정에서 중요한 판단기준은 아무리 능률성이 보장되는 정책이라도 정치적 실현가능성을 무시할 수는 없다. 이러한 정치적 제약요인으로는 다음을 들 수 있다.

첫째, 정치문화를 들 수 있는데 그 사회의 정치분위기가 민주적이냐의 여부는 정책결정에 영향을 미친다. 환경으로부터의 요구 및 지지, 투입을 적절히 반영하여 결정을 내리는 것은 그 나라의 정치문화에 따라 기능이 달라질 수 있다.

둘째, 민주국가의 정책결정은 흥정과 타협의 정치활동 속에서 이루어지는 경향이 있다. 정책대안이 아무리 훌륭하더라도 다른 정치권력자들의 지지를 받지 못하면 소용이 없으므로 음양으로 흥정과 타협이 이루어지게 되고 따라서 최선의 대안이 선택된다는 보장은 없다.

(2) 사회규범이나 관습의 영향 정책결정자는 사회라는 큰 환경으로부터 온 사람이며 문화를 소유한 존재이므로 사회규범과 관습을 포함한 환경적 요인은 정책결정자가 정책문제를 인지하고 대안을 선택하는 행위에도 영향을 미치며 이러한 요인을 무시한 쇄신적 결정을 행하기는 극히 어렵다.

(3) 물적 자원의 부족 정책결정의 과정을 진행시키는 데는 물적 자원이 필요하며 이것이 언제나 충분한 것이 아니다. 부족한 자원은 대안의 탐색과 선택에 영향을 미친다. 뿐만 아니라 물적 자원이 부족한 상황 아래서 또 하나 생각할 수 있는 것은 설사 기존정책이 비합리적이라 하더라도 폐지하지 못하고 답습하게 되는 것은 매몰비용(sunk cost)을 무시할 수 없기 때문이기도 하다.

합리적인 정책결정을 제약하는 요인에는 위에서 설명한 것 이외에도 수많은 요인이 있을 수 있으며 서로 밀접한 관련을 맺고 있다. 그러나 정책결정과정이 정치과정이라고 하더라도 합리적인 결정을 위해서는 분석적인 방법이 요구되며 정책결정의 합리화를 위하여 분석기법들이 계속 발전되고 있다. 이러한 분석기법에도 한계가 있음은 물론이다.

Ⅵ. 정책결정의 참여자

정책결정의 참여자는 행정관, 전문가, 이익단체, 정당·국회, 여론, 정무관 등이 있으며 이들은 상황에 따라 직·간접적으로 정책결정에 참여하게 된다.[19]

(1) 행정관(고급공무원) 직책이 요구하는 전문지식과 경험을 갖춘 직업공무

19) 정책결정의 참여자를 법적 권한의 유무에 따라 공식적 참여자와 비공식적 참여자로 나누고 공식적 참여자로는 행정수반, 행정관료, 의회를 비공식 참여자로는 이익집단, 정당, 전문가, 일반시민, 언론기관 등을 드는 견해도 있다(김규정, 전게서, pp. 178~183 참조).

원으로서 정책결정에 광범위하게 참여한다.

(2) 전문가 공무원이 아닌 사람으로서 특정분야에 대하여 전문성을 지닌 자를 말하며, 오늘날 행정의 전문화에 따라 그 참여범위가 넓어지고 있다.

(3) 이익집단 정책결정이란 국민들에게 이해득실의 영향을 주므로 그 결정대상의 문제와 관련 있는 이익집단을 참여시켜 그 의사를 반영시킨다. 이익집단이 공동이익을 추구하기 위하여 압력활동을 한다는 점에서 압력집단(단체)이라고도 한다.

(4) 정당·국회 정당 및 국회가 민의를 조정·통합하여 행정부의 정책결정에 반영하는 것은 뜻 있는 일이다. 이러한 기능이 얼마나 효과적으로 수행되느냐에 따라 그 나라의 정치발전의 정도를 측정할 수 있다.

(5) 여 론 정책결정에는 국민의 여론이 반영됨으로써 보다 더 그 정책의 실행가능성이 높은 것이다.

(6) 정무관 정무관은 장·차관 등 정책결정의 주요 책임자로서 정책대상문제를 인식하고, 그 연구와 방향을 지시하며, 건의된 대안을 선택하는 역할을 담당한다.[20]

Ⅶ. 우리 나라의 정책결정

1. 정책결정 기구

우리 나라 행정부의 정책결정은 행정계층제를 중심으로 하는 수직적 성격을 띠고 있으며 행정기관 내부의 의사결정은 전통적으로 확립되어 온 품의제(내부결재제도)에 기반을 두고 있다. 이러한 품의제(稟議制)는 정부부처내에서 공식적 의사결정의 형식·절차로서 보편화되어 있다.[21] 한편 최고정책결정은 대통령·국

20) 전술한 행정관과 정무관의 바람직한 관계는 전문성을 지닌 행정관과 정치성을 지닌 정무관간의 분업과 통합이 잘 이루어지는 것이라고 하겠다. 이를 위하여 정무관은 행정관이 전문인으로서의 건의를 주저없이 할 수 있는 분위기를 조성하여야 함과 동시에 경청할 줄 알아야 하며, 행정관은 정무관의 의도만 살피지 말고 전문인으로서의 성실한 건의를 할 수 있는 용기를 가져야 할 것이다. 정무관의 경우 정책결정자로서의 능력, 자질이 요청되며 이의 내용은 행정관의 경우도 거의 동일한 것이 요청되겠으나 차이가 있다면 행정관의 경우는 보다 전문적인 지식, 기술이 필요로 되는 데 반하여 정무관의 경우는 보다 정치적인 감각, 판단력, 직관력이 요청된다고 하겠다 (박동서, 전게서, pp. 221~224 참조).

무총리·각부장관과 국무회의가 핵심체가 되어 이루어지고 있다.[22)]

국무회의는 집단적 의사결정기관으로서 공식적으로는 중요한 정책의 심의와 각 부처간의 조정을 위한 최고 정책심의기관이며 차관회의는 국무회의에 대한 선심기관으로서 안건의 실무기술적 검토를 한다.

대통령은 정책결정에 관한 최고·최종의 권한을 행사하는 행정수반의 위치에 있다. 대통령의 정책결정은 대통령비서실·특별보좌관 등의 보좌를 받는다.

국무총리는 국무회의의 부의장이며 행정각부의 통할·감독권을 가지고 있고 행정의 지휘·조정·감독을 맡은 국무조정실의 보좌를 받고 있다.

행정 각 부처장관 소관 업무에 대해서는 자신이 최종결정을 내리는 경우가 많으나 안건이 중요한 경우에는 대통령의 의사결정을 받아야 하는 것이 원칙이다. 대통령에게로 권력이 집중된 우리 나라에서는 안건이 중요하지 않아도 공식적·비공식적으로 대통령의 결정을 얻어야 하는 경우가 대부분이다. 공식적으로 대통령의 결정을 받게 될 때는 그 이전에 국무회의의 의결을 얻어야 하며 경제안건의 경우는 이전단계로서 경제장관회의 등의 의결을 얻어야 한다.

---

21) 품의제란 행정조직에서 의사결정을 할 경우 해당 업무의 담당자가 문서를 기안하여 결정권을 가진 상사의 승인(결재)을 얻는 절차에 관한 제도를 의미하며 최종결정권자의 결재로 행정기관의 의사가 확정된다. 품의란 상사의 결재를 받기 위해 의논을 드린다는 뜻이며 기안의 근거가 되는 결재와 합의를 내포하는 개념이다. 기안이란 행정기관에서 처음으로 공식적 의견을 제안하는 행위를 의미하며 기안의사를 문서로서 구체적으로 표시하는 문안을 작성하는 것을 가리킨다. 품의제에 대해 간단히 살펴본다 (조석준, 『한국행정학』, 박영사, 1992, p. 255~282; 정정길, 전게서, pp. 156~162 참조). 행정조직 내부에서 품의적 의사결정이 시작되는 형식은 i) 외부발의의 경우(민원인의 민원서류 제출 또는 다른 행정기관으로부터 공문서 접수), ii) 내부발의의 경우(상관의 지시, 법령·규정의 근거, 자기발안 등)로 나눌 수 있다.

이러한 품의적 의사결정 제도는 국·과의 분장업무를 밝히는 직제, 어느 보직자의 결재를 받아야 하는가를 정하는 위임전결규정과 공문서수발제도의 테두리 안에서 순차적으로 차상위 계층에 있는 보직자의 승인을 거쳐 최종승인을 얻는 절차라 할 수 있다. 즉 기안담당자·계장·과장·국장·기획관리실장·차관·장관의 단계로 되어 있다. 기안자는 의사결정내용에 대하여 미리 상급자의 지시를 받아 기안하며 상급자는 일반적으로 기본처리방침을 지시한다. 공식적인 기안에 앞서 결재권자가 행하는 사전결정이 중요한 의미를 갖는다. 일반적으로 합리적인 의사결정은 i) 목표의 설정, ii) 대안의 탐색, iii) 대안의 결과의 예측, iv) 대안의 평가, v) 대안의 선택 등의 단계로 이루어진다. 그런데 품의제하에서는 목표의 설정에서부터 대안의 탐색과 그 결과의 예측에 이르는 단계가 의사결정자에게 이미 소요의 것으로 전제되어 있다. 대안의 평가와 선택의 단계에서도 기정목표를 달성하기 위한 유일한 방안이 제시되어 있는 것이며 여러 대안의 비교·평가가 아니라 품의에 나타난 하나의 안에 대한 가부를 승인할 수 있을 뿐이다.

최고 관리층이 하급자에게 새로운 정책안의 분석·검토를 지시하는 경우에도 상사의 안을 뒷받침할 근거를 마련하는 데 불과할 뿐 새로운 대안이 제시될 가능성은 거의 없다. 품의제의 장단점에 대해서는 전게 문헌 참조.

22) 김규정, 전게서, pp. 217~225; 김영종 외 3인, 『행정학』, 법문사, 1996, pp. 354~377.

행정부처의 업무가 타 부처와 관련이 있을 때는 사전에 협조를 얻어야 한다. 물론 협조를 얻지 않고 추진할 가능성도 있지만 그러한 경우는 국무회의에서 심의되고 여기서 합의를 보아야 한다. 물론 경제안건의 경우는 경제장관회의에서 먼저 합의가 되어야 만 국무회의에 상정할 수 있다. 그러므로 국무회의나 경제장관회의는 부처간의 관련업무에 대한 조정기능도 담당하고 있다.

2. 정책결정체제의 특징

우리 나라 정책결정체제의 특징은 다음과 같이 요약할 수 있다.

첫째, 주체면에서 보면 정책과정 및 정책결정과정에서의 비공식적 참여자의 역할이 아주 미미하다.

둘째, 정부기관 내부에서는 의회의 힘이 약하고 행정부의 힘이 아주 강하다. 행정부 내부에서는 대통령의 힘이 강력하고 행정부처 내부에서는 결정권이 상층부에 집중되어 있어 정부전체로 보아도 대통령을 정점으로 한 행정부의 상층부에 결정권이 집중되어 있다.

셋째, 정책결정전반에 걸쳐 이루어지는 의사결정이나 정책결정과정이 비공개적이고 결정사항은 비밀로 처리하는 경향이 강하다.

넷째, 상대적으로 중대성이 결여되는 문제까지도 이를 상부나 고위층까지 갖고 올라가게 되므로 상층부의 업무량이 과중해지고 합리적 판단을 저해한다.

다섯째, 위의 네 가지 요인이 겹쳐서 특히 비공개적 정책결정 때문에 비공식적으로 정책이 결정되는 경우가 많다. 국무회의 등도 중요한 안건의 경우에는 사전에 미리 비공식적으로 서로 합의·결정한 내용을 형식적으로 의결하는 것이 일반적이며 대통령의 결재도 마찬가지이다.

3. 정책결정체제의 문제점

우리 나라 행정부내 정책결정과정의 실상은 전술한 합리적 정책결정과정과는 거리가 먼 경우가 많다. 물론 모든 정책결정이 그러하지는 않겠지만 많은 경우 비공개적·비체계적이며, 충분한 검토를 하지 않거나 최고권력자의 개인적 가치가 상당량 개입되고 있다. 이러한 현상은 주로 고위층이 합리적·분석적 정책결정방식에 대한 지식이 부족하고, 그 중요성에 대한 인식이 부족한 것에서도 기인하겠지만, 행정부처내의 분위기가 경직되어 있음으로써 중간간부들의 진지한 토론이 활발하지 못한 데서도 기인된다고 하겠다.

이러한 문제점들을 요약하면 다음과 같다.

(1) 행정목표의 설정이나 정책결정에도 정책결정권자의 개인가치나 이권문제가 작용함으로써 합리적 정책결정을 저해하여 왔다. 특히 정부주도의 정책현실 속에서 소수의 정책결정자들이 가진 권위적·독선적 행태나 이권의 향배에 의한 정책결정이 적지 않았다.

(2) 가부장적이고 하향적인 권위가 정책결정과정을 지배하여 권력, 연령, 경력에 차이가 있는 사람들간에는 민주적이고 평등한 토의가 이루어지지 못하고 상관이나 윗사람의 명령·결정 등에 대한 복종만이 강요되었다.[23)]

(3) 대부분의 공무원들이 국가나 지역사회의 발전을 염두에 두고 장기적 안목과 체계적 검토를 통한 정책결정에는 별로 관심이 없고 현실의 책임 때문에 보신(保身)의 수단으로 결정을 행하는 경향이 농후하다.

(4) 최고관리층의 즉흥적 결정과 실적과시나 전시효과를 노리는 결정이 많다.

(5) 정책이 이해관계자들의 참여 없이 산출되어 비현실적인 것들이 많았다.

(6) 전통적 품의제로 인해 협상과 타협, 상호 적응과 점증주의 등으로 특징지워지는 민주적 정책결정과는 거리가 멀었고, 중요 정책결정은 소수의 엘리트나 비공식집단을 중심으로 이루어졌다.

(7) 정책결정의 중요한 몫을 담당해야 할 참모기능이 취약하여 합리적 정책결정이 어려웠다.

(8) 보수적이고 경직화된 조직풍토로 기관내는 물론이고 기관 상호간의 의사소통이나 정보교류가 원활하지 못해 합리적 정책결정을 저해하여 왔다.

(9) 정치발전 부진으로 정치민주화 정도가 낮았으며 그 결과 정당활동의 비정상화는 물론 사회·경제적 자율의 통제가 심하여 각종의 이익집단과 자주적 주민조직이 성장하지 못했다. 따라서 대부분의 이익집단이 정치세력과 밀착되어 집권당과 의타적 관계를 유지해 왔다.

---

23) 가급적 여러 사람의 참여를 통한 집단과정을 거치는 것이 필요한데, 이를 구현할 수 있는 방법은 정무관인 상관이 스스로 선도하거나 그렇지 않으면 행정관들이 집단적인 영향력을 미치는 것인데, 우리의 경우 공무원 단체가 구성되어 있지 않으므로 기탄없는 하의상달이 이루어질 수 있는 제도적 장치가 마련되어야 할 것이다. 박동서, 전게서, p. 224 참조.

(10) 재직기간이 짧고 불안정하므로 고위직 공무원들이 장기적 안목에서 소신있게 정책결정을 할 수 없었다.

4. 정책결정과정의 개선방향

전술한 바와 같이 우리 나라의 정책결정과정은 아직도 독선적·권위주의적·비밀주의적인 색채가 있음을 알 수 있다. 그러나 과거와는 달리 민주화와 시장경제를 지향하는 오늘날 정책결정자들의 의식개혁, 행태변화는 물론 정책결정체제의 개편과 그 과정 및 절차의 공개와 민주화가 절대적으로 요구된다. 이러한 관점에서 우리 나라 정책결정과정의 합리화를 위한 개선방안으로 다음과 같은 몇 가지 점을 들 수 있을 것이다.

(1) 정책결정과정이 합리적 결정방식에 따라 이루어지고, 그것이 참여자들의 행태에 내재화되어 정책결정과정 그 자체가 체계적이고 충분한 대안탐색, 과학적인 대안의 분석, 민주적 결정관행 등이 체질화·관례화될 수 있도록 근본적인 행정풍토의 쇄신이 있어야 할 것이다.

(2) 최고정책결정권자의 임의적이고 독선적인 정책결정을 방지하기 위하여 최고 정책결정기관의 운영방식을 개선하여 참여자들이 여러 가지 정책대안을 놓고 자유로운 토론을 거친 후에 정책을 결정할 수 있도록 해야 할 것이다.

(3) 분야별·영역별 정책연구기관을 설치하고 이러한 연구기관에 정책담당공무원들을 파견하여 지식과 기술 및 정보 등을 습득케 함으로써 관련공무원들의 능력과 자질을 향상시켜야 하며 아울러 정무관·고급공무원 등의 정책결정능력을 향상시키기 위한 교육, 훈련 등의 다양한 방안이 강구되어야 할 것이다.

(4) 환경으로부터 요구투입이 자유롭고 활발해지도록 하고, 정책결정과정에 이해관계자들을 참여시켜 구성원들과 이해관계자들의 중지를 모으고 합의를 도출해내는 민주적 방식이 되도록 하여야 할 것이다. 또한 정책정보의 공개와 외부인사의 참여확대를 통하여 정책에 대한 일반국민의 신뢰도를 제고시켜야 할 것이다.

(5) 품의제도의 형식성과 문제점을 개선함으로써 국간(局間)·과간(課間) 등 부서간의 횡적 협조는 물론 외부적 협조도 확보해 나갈 수 있는 방안을 마련해야 할 것이다.

제 2 장 정책결정의 이론모형

Ⅰ. 서 론

정책결정은 공공목표를 달성하기 위하여 정책대안이나 수단을 선택하는 동태적 과정으로서 그에 관한 이론모형[1]은 매우 다양하고 특성 또한 다르다. 여기서는 정책결정의 산출·결과의 분석에 중점을 두는, 즉 처방적 성격이 강하며 보다 나은 정책내용 내지 정책결정 방법에 초점을 두는 산출지향적 결정모형과, 정책결정의 내용이나 처방보다는 정책결정과정의 분석에 중점을 두는 것으로서 결정과정에 관한 기술적 성격을 지니는 과정중심적 결정모형으로 나누어 살펴보고 마지막으로 정부기관의 의사결정에 관한 모형으로 Allison의 결정모형을 고찰하고자 한다.[2]

정책결정은 전술한 바와 같이 정책에 관한 의사결정이므로 정책결정과 의사결정에 관한 이론모형을 동일하게 다루기로 한다.

---

1) 모형(model)이란 어떤 현상을 가능한 한 그대로 모방하여 단순화시킨 유질동형(類質同型)의 형성물이다. 이론과 달리 어떤 현상에 대한 설명의 도구보다는 인식의 도구로서 기능하며 간접적으로는 이론형성에 기여한다. 이관우, 『신조사방법론』, 형설출판사, 1974, pp. 434~447.

2) 정정길, 전게서, pp. 383~460; 오석홍, 『조직이론』, 박영사, 1998, pp. 625~644; 안해균, 전게서, pp. 320~352; 유종해, 전게서, pp. 195~202; 김규정, 전게서, pp. 201~217; 신두범, 전게서, pp. 541~556. 그 밖에 정책결정이론모형은 정책결정에 작용하는 경제적 합리성을 강조하는 규범적·이상적 접근방법(normative or idealistic approach)과 정치적 합리성을 강조하는 현실적·실증적 접근방법(realistic or empirical approach)으로 구분할 수 있다. 전자는 합리모형, 공공선택모형, 관리과학, 체제분석, 선형계획, OR, PERT, CPM, 대기행렬이론 등이 이에 속하며 후자에는 점증모형(만족모형 포함)이 대표적인 것이다.

Ⅱ. 산출지향적 모형

1. 합리모형(rational model)

(1) 의 의　합리모형은 인간을 누구나 이성과 합리성에 따라 의사결정을 가장 합리적으로 행하는 존재로 보는 것이다. 인간의 전지전능을 가정하고 있다.

정책결정자는 최적화기준에 따라 문제·목표를 샅샅이 파악하고 모든 대안을 체계적·포괄적으로 탐색·비교·평가하여 가장 합리적인 최적대안을 선택할 수 있다고 보는 규범적·이상적 접근이론이다. 그러므로 이 모형을 일종의 총체적(synoptic) 모형이라고도 한다. 관리과학·체제분석도 합리모형에 속하며 근래 주목받고 있는 Ostrom의 공공선택이론(public choice theory)도 합리모형의 변형이라 할 수 있다.

(2) 한계 및 비판　그러나 현실적으로 볼 때 인간은 전지전능한 존재는 아니어서 항상 부분적인 지식을 가지고 있을 뿐이며, 정보의 수집·분석이 불완전하고 불확실하다. 또한 인간이 고려할 수 있는 대안의 범위는 인간 자신이 지니고 있는 능력의 한계 및 시간상·비용상의 한계로 말미암아 제약을 받고 있다.

이러한 한계를 보완하기 위하여 OR(operations research), 비용편익분석, PERT(performance evaluation and review technique), CPM(critical path method) 등의 분석기법의 개발에 주력하고 있다. 그러나 계량화할 수 있는 것에 치중함으로써 인간활동의 여러 국면 중에서 한정된 부분에만 적용이 가능하다는 비판을 받는다.

요컨대 합리모형은 비현실적인 이상적 규범론이라는 것이다.[3)]

(3) 평 가　합리모형은 다양한 가치와 이해관계를 조정하고 정치적 타협이

3) G.E. Lindblom도 종래의 정책결정이론이 정책결정에 있어서 필요한 정보의 수집과 인간의 지적 능력의 가능성에 대한 낙관론을 전제로 하여 정책목표의 설정 및 대안의 선택에 관한 합리적 모형을 상정하고 있는 데 대하여, 문제해결을 위한 인간의 지적 능력의 한계성, 정보의 부정확성 및 정책결정의 제수단의 기술적 제약에서 오는 합리적 모형의 한계성을 지적하고 있다. David Braybrooke and Charles E. Lindblom, *A Strategy of Decision* (New York: The Free Press, 1963), pp. 48~57.

불가피한 행정실제에 이를 적용하기에는 문제점이 많으나 다음과 같은 효용이 인정되어야 할 것이다.

첫째, 합리모형은 최적대안의 선택 가능성 여부에 상관없이 최적대안의 선택이 이루어지도록 노력하는 데 중점을 두고 있으며 따라서 보다 나은 정책결정에 기여할 수 있다.

둘째, 합리성을 저해하는 제요인을 밝히는 데 도움을 주므로 정책분석목적에 매우 유용할 뿐만 아니라 대안의 선택결과에 대한 보다 현실적·객관적 평가가 가능하다.

셋째, 발전도상국가에서는 정부와 특정정책의 지지자·반대자간의 상호작용(대립·갈등 등)이 거의 없고 소수의 엘리트가 국가발전사업을 주도해야 하므로 정치적 영향이 배제되어 합리모형을 과소평가할 수 없다.

합리모형은 대립적인 이해관계를 해결할 수 없고 우리가 원하는 궁극적 가치를 제시하여 주지 않으며 또한 복잡한 사회에 있어서의 다양한 가치와 이해관계를 조화하는 정치과정의 핵심을 대신할 수 없다는 것도 확실하다.

그러나 이러한 이론모형이 우리의 선택결과에 대하여 보다 현실적인 평가를 내릴 수 있게 한다면 정치·행정과정을 운영하는 데 도움을 줄 수 있다는 점도 아울러 인식해야 한다.

2. 만족모형(satisficing model)

(1) 의 의 　만족모형은 Simon과 March가 제시한 것으로서 인간의 제한된 합리성(bounded rationality)을 전제로 하고서 현실의 정책결정자는 능력의 제약 때문에 최적의 대안을 선택한다는 것은 지극히 어려운 일이며, 인간은 현실적으로 만족할 수 있는 수준에서 대안을 선택하게 된다는 것이다. 즉 의사결정과정을 지배하는 것은 최적화의 기준이 아니라 만족화의 기준이라고 인식한다.[4)]

만족모형은 정책결정에 있어서의 사회심리학적인 측면을 강조하는 현실적·실증적 접근이론이다.

만족모형은 인간의 지적능력의 한계를 인정하고서 의사결정과정을 만족스러

4) James G. March and Herbert A. Simon, *Organizations* (New York: Wiley and Sons, 1958), pp. 138 ~ 139.

운 대안의 탐색과정으로 가정하며 인간은 절대적 합리성이 아니라 제한된 합리성만을 추구할 수 있을 뿐이며 대안의 선택도 최적대안이 아니라 주관적으로 만족스러운 대안을 선택하는 것으로 인식한다.

(2) 비 판 그러나 이 모형의 적용에 있어서는 만족화의 척도를 결정하는데 어려움이 있다. 즉 주관적 지배를 받게 되는 만족도의 기준을 일치시킨다는 것은 매우 어려운 일이다.[5] 또한 결정자가 만족모형을 적용할 경우 창조적·쇄신적 대안을 찾아내려고 하지 않고 현실만족의 보수주의에 빠지기 쉽다.

3. 점증모형(incremental, muddling through[6] model)

(1) 의 의 이 모형은 합리모형이 현실의 정책결정에 적용되기 어렵다는 점을 지적하고 현실적인 정책결정은 종래의 정책이나 결정의 점진적·부분적·순차적 수정 내지 약간의 향상으로 이루어지고 있으며 더 나아가 정책을 그렇게 점증적으로 결정하는 것이 바람직하다고 한다.

이 모형은 만족모형과 더불어 현실적·실증적 접근방법에 속하며 주로 C.E. Lindblom과 A. Wildavsky에 의하여 주장되었으며, '가지에서부터 시작하는 방법' (branch method) 또는 순차적·제한적 비교방법(method of successive limited comparisons)이라고도 부른다.[7]

점증모형은 민주정치의 원리로서 평가되는 정치적 다원주의의 입장을 취하여 경제적 합리성보다 정치적 합리성(political rationality)을 중요시한다. Wildavsky는 점증모형을 예산과정의 분석에 적용하면서 규범주의적 합리모형이 비합리적 자의적 요인으로서 배격한 정치적 요인을 적극적으로 평가하였다.[8] 우

5) Yehezkel Dror, *Public Policymaking Reexamined* (Scranton, Penn.: Chandler, 1968), p. 148.

6) "muddling through"의 뜻은 혼잡 속에서 운 좋게 이럭저럭 현실적으로 잘 해결해 나간다는 의미로서 점증적(incremental)이라는 표현과 일맥상통하는 용어이다.

7) C.E. Lindblom의 점증주의 이론모형의 특징을 보면 다음과 같다.

첫째, 정책결정자들은 몇 개의 한정된 정책대안만을 고려의 대상으로 삼으며, 그들은 기존정책에 비하여 약간 다른, 점증적이며 좀더 향상된 정책에만 관심을 가진다. 둘째, 완전히 합리적인 정책결정이란 존재할 수 없으므로 당면 문제는 끊임없이 점증적으로 조정된다. 그리고 점증주의(incrementalism)는 규범주의가 가지고 있는 제가치의 비현실적인 집착을 버림으로써 서로 다른 이해나 가치의식을 지닌 당사자 사이의 상호조정을 용이하게 만들어 준다. 셋째, 정책결정자는 미래지향적인 사회목표를 적극적으로 추구한다기보다는 현존사회가 내포하고 있는 여러 가지 결함을 점차적으로 제거해 나가는 데에 목표를 두고 있다는 것 등이다. Charles E. Lindblom and David Braybrooke, *A Strategy of Decision* (New York: The Free Press, 1963), pp. 71~77.

리 나라 예산편성과정의 의사결정방식도 전형적인 점증주의 방식이라 하겠으며 신년도 예산은 전년도에 준하여 편성되므로 전년도 예산에 비하여 큰 차이가 없는 것이 보통이다.

(2) 점증모형과 만족모형의 비교 점증모형은 전술한 만족모형과 매우 유사하지만 정부의 정책결정을 주로 분석하는 모형이다. 만족모형은 점증모형에 비하여 인간이 의도적으로 합리적 행동을 하려는 정도가 더 높다고 보고 있으며 목표를 정책대안의 결과에 대한 평가기준으로 삼고 있다.

(3) 평 가 이와 같은 점증모형은 만족할 만한 기본정책이 수립된 경우, 정책의 안정성이 확립된 경우나 새로이 제기된 문제가 과거의 문제와 어느 정도 유사성이 있을 때 혹은 미국과 같이 권력이 집중되어 있지 않고 행정부·입법부·정당 및 각종의 이익단체 등에 다양하게 배분되어 상호조정이 이루어질 수 있도록 되어 있는 다원적 사회(pluralistic societies)에서는 적용이 가능하다[9]하겠으나, 결정사의 판단이 크게 작용하는 나라(예: 한국)에서는 적용가능성이 약하며 보수주의에 빠지기 쉬운 점증모형의 근본적인 한계로 인하여 쇄신·혁신을 요구하는 발전도상국에서는 적용하기가 부적합하다는 비판을 받고 있다.

그러나 점증모형은 비현실적인 합리모형과 달리 정부의 정책결정과정을 보다 현실성 있게 설명해 준다는 점에서 그 의의가 크며 실제 적용가능성도 높다는 점에서 과소평가해서는 안될 것이다.

4. 혼합탐사(관조·주사)모형(mixed-scanning model)
— 합리모형과 점증모형의 혼합 —

(1) 의 의 이 모형은 전술한 이상적·규범적 접근방법인 합리모형과 현실적·실증적 접근방법인 점증모형의 양자를 혼합하되 합리모형과 점증모형의 장점만을 취한 절충모형이다.

A. Etzioni는 정책결정을 근본적 결정(fundamental decision)과 점증적 결정(세부적 결정: incremental decision)으로 구분하고, 기본적인 방향의 설정을 목적으로 하는 근본적 결정을 내리는 데는 고도의 합리성을 추구하는 합리모형을 적

---

8) Aaron Wildavsky, *The Politics of the Budgetary Process* (Little, Brown & Co., 1964), p. 130.
9) Amitai Etzioni, *The Active Society* (New York: The Free Press, 1969), p. 271.

용하되, 기본방향이 설정된 후에 특정문제에 대한 세부적이고 현실적인 결정을 함에 있어서는 점증적 결정이 필요하므로 점증모형이 적용되어야 한다고 한다. 그리하여 근본적 결정과 점증적 결정은 상호보완적 관계가 되어 합리적이면서도 현실적인 결정을 내릴 수 있게 된다는 것이다.[10]

요컨대 이 모형은 근본적 결정에 대한 합리모형의 적용을 통하여 점증모형이 내포하고 있는 보수성을 극복해 주며 세부적 결정에 대한 점증모형의 적용을 통하여 합리모형이 내포하고 있는 비현실적인 합리성을 감소시켜 주는 장점을 가지고 있다.

(2) 비 판 (가) 이 모형은 새로운 것이 아니라 절충혼합모형의 성격을 띠고 있으며 독립된 모형으로 보기 어렵다.

(나) 따라서 합리모형과 점증모형의 결함을 극복하지 못하고 있다.

(다) 현실적으로 정책결정은 혼합탐사모형에서 제시하는 순서와 접근방법에 따라서 이루어지는 것이 아니라는 비판이 있다.

5. 최적모형(optimal model)
— 합리성과 초합리성의 고려 —

(1) 의 의 최적모형은 Dror가 제창한 모형으로서 정책결정에 있어서 경제적 합리성과 아울러 직관(intuition)·판단력·창의성과 같은 초합리적(extrarational) 요인을 중시하는 이론모형이다.

Dror는 만족모형이나 점증모형이 지니는 보수성에 불만을 품고, 특히 과거에 선례가 없는 새로운 결정을 해야 하는 비정형적 정책결정을 하는 경우에는 합리성 및 경제성의 고려 외에 불가피하게 이러한 초합리적 요인이 개입하게 됨을 중요시한다. 제한된 인적·물적 자원, 불확실한 상황, 지식 및 정보의 결여 등이 항시 결정과정의 합리성을 제약하므로 이러한 초합리적 요인을 중요시해야 한다는 것이다.[11]

특히 시간에 쫓기는 정책결정자에게는 이러한 초합리적 요인에 의한 순간적 판단만으로 정책결정을 할 때가 많고 이때 이들 초합리적 요인이 중요한 역할을

10) Amitai Etzioni, *The Active Society* (New York: The Free Press, 1968), Ch. 12.

11) Yehezkel Dror, *Public Policy-Making Reexamind* (San Francisco: Chandler Publishing Co.), pp. 11~13, pp. 154~162.

하는 것이다.

요컨대, Y. Dror가 말하는 최적모형이란 경제성을 감안한 합리모형과 초합리모형을 합한 것이라고 볼 수 있다.[12)]

최적모형은 포괄적 합리성을 추구하는 합리모형과 정치적 요인이 고려되는 점증모형이 혼합되고 있다는 점에서 혼합탐사모형과 유사하다고 볼 수 있다. 그러나 최적모형은 합리성과 함께 초합리성을 고려하고 있으며 합리적 선택이라는 의사결정 국면에 초점을 두는 다른 모형과 달리 보다 나은 정책을 산출하기 위하여 체제론적 입장에서 전체적인 정책결정체제의 합리적 운영에 의한 최적치를 추구하는 규범적 최적모형이라는 점에서 차이가 있다.[13)]

(2) 비 판 최적모형은 정책결정과정의 쇄신과 초합리적 요인의 중요성 그리고 상위 정책결정과 환류를 강조한 것 등은 높이 평가할 수 있으나 다음과 같은 문제점이 지적될 수 있다.

실제적으로 볼 때 인간능력이 한계로 인하여 결정능력을 최저수준까지 끌어올릴 수 있느냐가 의문시되며, 또 새로운 정책결정을 할 때마다 정책방향을 새롭게 검토한다는 것은 어려운 일이라고 하겠다.

소위 '초합리성'의 개념의 성격도 명확치 않은 유토피아적 이상모형에 가까운 것이라는 비판을 받는다. 기본적으로 최적모형은 정책결정 이론모형이라기보다는 거시적으로 정책결정체제 전반을 다루고 있다고 할 수 있다.

Ⅲ. 과정지향적 모형

1. 제도모형(institutionalist model)

이 이론은 가장 오래된 모형으로서 정책결정을 수행하는 유일한 합법적 제도

12) Dror는 정책과정을 초정책결정(metapolicy-making), 정책결정(policy making), 후정책결정(post policy-making)의 3단계로 크게 나누고 있다. 여기서 초정책 결정이란 정책결정을 어떻게 할 것인가를 결정하는 것 즉 정책결정의 구조를 설계하고 전략을 결정하는 것을 말하며, 정책결정이란 정책자체의 결정을, 그리고 후정책결정이란 집행된 정책을 평가하고 그 결과를 정책변동으로 반영시키는 것을 말한다.

13) Yehezkel Dror, *Public Policymaking Reexamined* (Scranto, Penn.: Chandler, 1968), pp. 154 ~196.

는 정부제도이며, 정부제도는 입법·사법·행정기관과 정당 및 선거기구 등 주요 정책결정기구들을 포함하고 있으므로 결국 정책결정이란 이러한 정부제도의 활동이라고 본다. 따라서 제도모형이 중시하는 정책결정에 관한 연구는 정부 각 기관의 조직, 권한, 절차, 구조와 기능 등 주로 공식적·법적 측면에 관심을 집중시킨다.

또한 이 모형은 공적 직책을 다루지만 정태적인 제도자체에만 중점을 두기 때문에 정부 부서간의 동태적 상호작용이 정책결정에 미치는 영향을 밝히지 못한다. 그러나 최근 제도모형은 정책의 내용·유형이 정부기구와 어떤 상관관계를 가지고 있는가에 관한 연구가 활발함에 따라 새로운 관심을 끌고 있다.

Thomas R. Dye 등은 도시문제와 관련하여 미국연방정부, 주정부, 지방정부 및 압력단체 등의 정책결정상의 영향력을 연구한 것이 이 모형의 한 예라 하겠다.[14)]

2. 체제모형(systems model)

체제모형은 정책결정 기구를 체제론에서 말하는 하나의 체제로 보고 정책을 체제의 산출로서 인식하는 모형이다.

체제모형은 공공정책을 환경으로부터 발생되어지는 수요(요구 및 지지)에 대한 정치체제의 반응으로 보고 있다. 즉 투입에 대한 체제의 산출이 정책이라고 본다.

Robert Lineberry와 Ira Sharkansky는 이러한 체제이론을 도시문제의 정책결정에 적용하여 도시문제의 정책입안자들이 해야 할 일은 환경으로부터의 투입을 받아들이고 다시 환경에 미칠 영향을 고려하여 이를 정책으로 도입하는 것이며, 이러한 정책의 효과는 환류과정을 통하여 장래의 새로운 투입에 영향을 미치게 되고 도시문제, 정책결정체계에 대한 새로운 수요를 창출하게 된다고 한다.[15)]

---

14) Thomas R. Dye and L. Harmon Zeigler, *The Irony of Democracy: An Uncommon Introduction to American Politics* (New York: Duxbury Press, 1975), pp. 33~34.

15) Robert L. Lineberry and Ira Sharkansky, *Urban Politics and Public Policy* (Harper & Row Publishers, 1971), pp. 1~15.

3. 엘리트모형(elite model)

공공정책은 통치엘리트의 가치관 이해관계에 따라 결정된다고 보는 모형이다. 여기서 엘리트란 지신들의 이익을 위하여 권력구조를 조작하는 유력한 개인들의 소집단을 가리킨다. 이 모형에서는 i) 정책은 엘리트로부터 대중으로 하향적으로 내려가며, ii) 사회는 권력을 가진 자와 가지지 못한 자로 구별되고, iii) 엘리트는 대중과 다른 가치관을 가지며, iv) 현재의 정책은 현상유지에 중점을 두는 엘리트의 입장을 반영시키고 있는 것으로 보게 된다. 정책결정을 주도하는 엘리트는 피동적인 대중을 지배하게 된다.[16] 실제 현실에 있어서 특히 전근대적 정치문화의 잔재가 남아있는 풍토하에서는 엘리트에 의해서 정책결정이 주도되고 있다는 엘리트 모형의 실제 적용가능성이 더욱 높아진다고 하겠다.

그러나 이러한 엘리트모형은 자유민주주의적 선거제도나 정당활동 등의 설명에는 맞지 않는 점이 많다. 따라서 Robert Dahl 등은 근본적으로 엘리트모형을 수용하면서 이상적인 민수주의가 허용하는 범위 안에서 이를 적용하려는 수정론을 주장하고 있다.

4. 집단모형(group model)

정책결정이 집단간의 상호작용 내지 균형관계에 따라서 이루어진다는 이론이다. 여기서 집단이란 공동의 목적을 달성하기 위하여 결합된 이해관계를 공유하는 개인들의 집합체라 할 수 있다.

이러한 균형은 이익집단(interest group)들의 상대적인 영향력에 의해 결정된다. 그리고 이익집단들의 상대적인 영향력의 변화는 공공정책의 변화를 초래한다고 예상할 수 있다. 그러므로 정책은 영향력을 얻는 집단이 요구하는 방향으로 움직이게 되며, 반면에 영향력을 잃은 집단이 원하는 방향과는 멀어지게 된다. 따라서 정책결정과정은 '각자의 이익극대화를 위하여 대립·투쟁하는 집단들간의 계속적인 협상 및 절충과정' 인 것이다.

요컨대 집단은 직접·간접으로 정책결정에 영향을 미치며 정책결정자는 끊임없이 집단의 압력에 직면하게 되고 이러한 압력에 대항해야 한다. 그러나 집단

16) Thomas R. Dye and Harmon Zeigler, *The Irony of Democracy* (Monterey, Calif.: Brooks/Cole, 1981), p. 6.

모형은 다원화된 사회에서의 각 집단의 세력이 비교적 균등화되어 있음을 전제로 하고 있으므로 그러한 전제가 없는 경우에는 실제 적용가능성이 약하다고 하겠다.

5. 연합모형(coalition model)

(1) 의 의 연합모형은 회사모형(firm model)이라고도 불리우며 Cyert와 March가 제시한 모형으로서 의사결정의 개인적 차원을 강조한 전술한 만족모형을 한층 더 발전시켜 조직에 있어서의 의사결정에 적용시킨 모형이다.[17)]

연합모형은 회사라는 조직의 형태를 경제학적인 시장중심적 측면에서 벗어나 조직의 구조와 목표의 변화, 기대의 형성 및 선택의 관점에서 분석하려는 것이다. 구조적 측면에서 볼 때 연합모형은 최고관리층에 의하여 조정·통제된다고 보는 합리적 모형과는 달리 조직을 서로 다른 목표를 가진 하위조직간의 연합체(coalition)로 파악하고 각 하위조직간에는 연계관계가 느슨하여 어느 정도 독자적인 각 활동이 인정된다. 따라서 하위조직간에는 목표가 서로 대립하여 갈등이 빈번히 일어나게 되고(예컨대 생산량 결정에 관한 판매부와 생산부의 갈등), 각 조직들은 협상과 타협을 통하여 갈등을 해결하는데 이러한 과정을 의사결정으로 본다. 이와 같이 갈등은 언제나 불완전한 해결상태로 남게 되며 이것을 갈등의 준해결 혹은 위장해결이라고도 한다.[18)]

또한 조직의 의사결정은 조직이 존속해 오는 동안 경험적으로 터득한 학습된 행동규칙인 표준운영절차(SOP: standard operating procedure)를 대개 따르고 있다.

(2) 비 판 연합모형은 민간부문의 회사조직을 대상으로 하고 있으므로 공공부문의 의사결정에 적용하는 데는 한계가 있으며, 표준운영절차에 따르는 결정방식은 안정적 상황을 전제로 하므로 급격한 사회변동이 이루어지고 있는 발전도상국에서는 적합하지 않다는 비판이 있으며 또한 권한이 광범하게 위임되어 있는 자율성이 강한 민주적 조직을 전제로 하고 있으므로 권위주의적 혹은 집권

---

17) Richard M. Cyert and James G. March, *A Behavioral Theory of the Firm* (Englewood Cliffs, N.J.: Prentice-Hall, 1963), pp. 116~125.

18) 안해균, 『현대행정학—행정의 기본개념과 원리』, 다산출판사, 1987, pp. 189~190; 조석준, 『조직론』, 법문사, 1993, pp. 425~428.

적 조직의 의사결정에는 그 적용에 한계가 있다는 비판도 있다.

6. 쓰레기통(집합)모형(garbage can model)

(1) 의 의 Cohen, March, Olsen 등이 개발한 쓰레기통모형이란 극히 복잡하고 혼란된 불확실한 상황, 소위 조직화된 혼란상태(organized anarchies)에서 조직의 의사결정 행태를 설명하기 위한 모형이다. 이러한 혼란상태에서는 조직의 의사결정이 마치 쓰레기통에 던져 넣은 쓰레기들이 뒤죽박죽 엉켜 있는 것처럼 두서없이 극히 불합리하게 이루어진다고 본다. 앞서 설명한 모형들은 대체로 조직은 확실한 목표와 기술을 가지고서 분명하게 파악된 문제들을 해결하며, 자체 내의 갈등은 협상이나 투표를 통하여 결정하는 것으로 보고 있어서 특히 복잡하고 급격한 변화가 일어나는 사회에서 현실문제들을 잘 설명하기가 어렵다고 할 수 있다. 쓰레기통모형은 이런 문제들을 설명하는 데 적합한 모형이다. 이 모형은 상하관계가 분명하지 않은 대학소식과 같은 곳에서 흔히 볼 수 있는 의사결정 과정을 주된 대상으로 모형을 수립하였으나 상하 계층제적 관계에 있지 않는 참여자들에 의하여 의사결정이 이루어지는 경우에도(예컨대 다당제인 의회에서의 결정, 행정 각 부처가 관련되는 정책결정 등) 쉽게 적용된다.

이 모형은 합리성을 극도로 제약하는 세 가지 전제조건을 들고서 이러한 전제조건하에서 의사결정의 네 가지 요소가 우연히 결합되어 의사결정이 이루어지는 경우가 빈번하며 이 때의 의사결정에는 과거의 의사결정모형에서 볼 수 없었던 방식이 많이 있음을 지적하고 있다.

여기서 세 가지 전제조건으로 문제성 선호(problematic preference), 불명확한 기술(unclear technology), 일시적 참여자(part-time participants)를 들고 있다.

첫째, 문제성 선호란 결정에 참여하는 여러 사람들은 서로 다른 선호를 가지고 있으며, 어떤 경우엔 자기의 선호가 무엇인지조차 모르고 있다가 결정과정이 어느 정도 진행되면서 차츰 자기의 선호가 구체적으로 어떤 것인가를 깨닫게 되는 「선행동 후선호」의 양상을 나타낸다는 것이다.

둘째, 불명확한 기술이란 의사결정에서 달성하려는 목표와 이를 달성하기 위한 수단 사이에 존재하는 인과관계(여기서는 기술이라고 부름)를 분명하게 알고 있다기보다는 시행착오를 통해서 운영되는 것이 현실이며 그러한 시행착오를 통해 조직에 관련된 문제를 해결하는 방법을 학습하게 된다는 것이다.

셋째, 일시적 참여자란 결정과정에 참여하는 사람들은 그 자신의 시간적 제약 때문에 결정과정의 전체적 시간에서 보면 극히 일시적으로 참여하게 되는 것이며 개개인으로 볼 때 그는 결정 전체에 대해 극히 부분적으로만 관여하게 되는 셈이라는 것이다.

다음 의사결정의 네 가지 요소로는 결정해야 할 문제, 문제의 해결책, 의사결정의 참여자, 의사결정의 기회(선택의 기회)를 들고 있다.

이러한 전제 아래 쓰레기통모형은 마치 갖가지의 쓰레기가 우연히 한 쓰레기통 속에 모여지듯이, 개별적인 네 가지 요소가 독자적으로 흘러 다니다가 서로 다른 시간에 통(can) 안으로 들어와서 어떤 계기로 우연히 동시에 한 곳에서 모두 모여지게 될 때 비로소 결정이 이루어지는 것으로 본다. 이때 참여자들은 순환보직이나 임기 만료에 의하여 일시적으로만 결정에 참여하게 되는 경우가 많아 지속적으로 결정에 관여하지는 못한다는 한계를 지니고 있다.

결국 이 모형에 의하면 정책결정과정은 이상의 네 가지 요소들의 독자적인 흐름과 같으며 그러한 네 가지 흐름이 모두 교차하는 곳에서 정책이 탄생하는 것이라고 하겠다.[19)]

(2) 평 가 이 모형에서 가정하고 있는 조직화된 혼란상태는 오늘날 공공조직, 교육기관, 불법조직에서 쉽게 발견할 수 있는 것인 만큼 그 실용성이 인정된다고 하겠다. 다만 그러한 상태가 조직의 모든 결정행태에서 언제나 발견되는 것이 아니라는 점에서, 일부분의 조직에서 또는 일시적으로 나타나는 결정행태를 설명하는 데 적합할 뿐이라는 비판이 있다. 또한 결정의 전제가 되는 목표나 평가기준이 명확하지 않은 경우가 많고 참여자들도 명쾌하고 항상성을 지닌 선호를 갖지 못하여 해결책이란 것도 확실한 인과관계를 토대로 한 것이 아니라는 비판이 있다.

19) 쓰레기통모형의 사례로 1987년 새만금간척사업과 1997년 의료보험통합정책을 들 수 있겠다.

Ⅳ. Allison모형

1. 의 의

이 모형은 하버드 대학의 G. T. Allison교수가 제시한 이론모형으로서 그는 이 모형을 이용하여 Cuba가 1962년에 구 소련의 미사일(미국을 공격할 수 있는)을 도입하려고 했을 때 미국이 왜 해상봉쇄(미사일이 운반되지 못하도록)라는 대안을 채택했는지를 밝히려고 하였다.

Allison은 정부기관의 의사결정 과정을 설명하기 위하여 세 가지 상호 배타적인 모형으로서 합리적 행위자모형(rational actor model), 조직과정모형(organizational process model), 관료정치모형(bureaucratic politics model) 등 세 가지 모형을 제시하였다.[20] 즉 그는 종래 논의되어온 의사결정이론모형을 크게 합리모형과 조직모형으로 양분하고 지금까지 비교적 소홀하게 취급되었던 정치적 결정을 부각시켜 세번째 모형(관료정치모형)을 덧붙였던 것이다.

이들의 구별기준으로는 정책결정에 관여하는 자들의 응집성을 중시하였으며 합리모형에서는 정부를 잘 조정된 유기체로, 조직모형에서는 반독립적인 하위조직들이 느슨하게 연결된 집합체로, 관료정치모형에서는 서로 독립적인 정치적 참여자들의 집합체로 각각 간주한다.

합리적 행위자 모형은 목표달성을 위해 정부가 의도적으로 합리적 수단에 입각하여 행하는 정책의 선택활동이라고 본다. 즉 정부는 통합된 목표를 가지며 이 목표의 달성을 위하여 모든 수단을 강구하고 이들 수단 중에서 가장 적절한 것을 선택한다고 본다.

조직과정모형은 정부의 행동을 의도적인 선택의 문제라기보다는 정부지도자에 의해서 조정된 몇 가지 거대한 조직의 독립적인 산출로 보는 모형이다. 즉, 정부지도자들은 실제로 이러한 조직의 행동을 방해할 수도 있으며, 그러한 조직행동은 주로 극단적일 경우를 제외하고는 일상적 행위나 표준운영절차(SOP)에

20) Graham T. Allison, *Essence of Decision* (Boston: Little Brown and Company, 1971); 정정길, 전게서, pp. 454~460.

의해서 결정된다는 것이다.

Allison이 제시한 조직과정모형은 완전한 합리성보다는 제한된 합리성(bounded rationality)에 입각한 H. A. Simon의 모형에 가까운 것이다.

관료정치모형은 정부의 행동을 최고위층지도자들에 의한 통제로 가정하지 않고 의사결정단위간의 의도적인 경쟁으로 가정하며, 정책을 관료제의 구성요소간의 협상의 결과로 보는 모형이다. 정책결정자들은 일관성이 없는 전략계획과 국가적·관료제적·개인적 목적의 갈등의 영향을 받으며, 결과는 정책에 관한 합리적인 판단이나 일상적인 조직절차보다는 협상자들의 상대적인 권력이나 기술에 의해 결정된다는 것이다.

2. 평 가

Allison이 제시한 세 가지 모형은 기존의 정책결정에 관한 이론모형들을 종합 · 정리한 것이기는 하지만 그동안 정책결정 모형에서 비교적 소홀히 취급했던 관료정치모형을 새로이 구성했다는 점은 높이 평가된다고 하겠다. 한편 Allison의 세 가지 모형간의 관계를 보면 실제로 이들 각각의 패러다임은 각 모형의 부분적 강점을 부각시키고 있지만 세 가지 모형이 서로 완전히 배타적인 것은 아니라는 점에 유의하여야 한다.

V. 결 어

— 정책결정모형의 평가와 올바른 인식 —

1. 정책결정에 관한 각 이론모형은 정책결정과정의 특정 측면에 초점을 두고 각각 상이한 특성을 밝히고 있으나 상호배타적 혹은 경쟁적인 관계가 아니라 상호보완적 관계에 있다.

2. 정책결정모형은 그 모형이 적용될 특정국가의 정치적 상황에 부합될 수 있어야 한다.

3. 행정인은 현실적으로 합리모형과 점증모형을 양극으로 하는 정책결정의 연속선상에서 경제적 기준과 분석적 방법이 정치적 기준과 통합될 수 있는 중간영역에 걸쳐 결정을 내리고 있다고 볼 수 있다.

4. 정책은 합리적 계획, 점증주의, 이익집단의 활동, 엘리트의 가치관, 각종 조직적 세력의 경쟁, 정치·행정제도 등의 영향이 결합된 소산이다.

5. 산출지향적 정책중심의 이론모형은 정책결정방법의 향상에 의하여 정책내용의 개선방법을 처방하려는 데 주목적을 두고 공식적인 정책결정권자의 입장을 중시하며 정책분석기법이 핵심이 되고 있다.

6. 과정지향적 참여자중심의 이론모형은 모든 참여자를 동일차원의 정책형성자라는 입장에서 보고 결정참여자간의 상호작용을 고찰하는 모형으로서 분권화된 다원적 사회에 적용될 가능성이 더 높다.

제 3 장 정책의제설정(형성)

Ⅰ. 정책의제설정의 의의

1. 정책의제설정(policy agenda-setting)의 개념 및 중요성

정책의제(policy agenda)란 수많은 사회문제 중에서 정부가 정책적 해결을 의도하여 공식적으로 채택한 문제라 할 수 있으므로 정책의제설정 또는 정책의제형성(policy agenda-building)이란 수많은 사회문제 중 특정문제가 정책의제로서 채택되는 과정 혹은 장차 정부의 정책으로 결정될 정책결정대상항목으로 채택되는 과정을 의미하며 사회문제가 정책문제(policy problem)로 전환되는 과정이다.[1] 말하자면 국회에서 토의될 안건(agenda)으로 결정되는 것과 같다고 할 수 있다.

정책의제설정은 정책과정의 첫 출발점이다. 즉 정책의제설정과정은 정책과정을 태동시키는 과정이며 기능적으로는 정책결정체제에 대해 환경으로부터 이루어지는 요구 및 지지의 투입과정이 된다. 또한 정책결정체제의 입장에서 보면 그러한 환경으로부터 요구와 지지를 수용하는 과정이기 때문에 결국은 환경과 정책결정체제가 상호작용하는 정책과정이 되는 것이다.

사실, 이질적인 많은 요소들이 복잡하게 얽혀져 움직이는 사회 속에는 어렵

1) 정정길, 전게서, p. 215; 안해균, 전게서, p. 131; 김규정, 전게서, p. 184; Roger W. Cobb and C. D. Elder, *Participation in America Politics* (The Johns Hopkins University Press, 1983), p. 14.

고 미묘한 갖가지 사건들과 문제들이 끊임없이 야기되고 있다. 이들 중에는 단순한 사적 문제로 취급되거나 심각성을 평가받지 못해 방치되는 경우가 있는가 하면, 그 영향력의 심각성이 인정되는 공공문제로 취급되어, 정부에서 그 해결을 위하여 공식적으로 채택하는 경우도 있는데, 정부가 나서서 그 문제의 해결을 시도하는 문제는 사실 얼마 되지 않는다. 그 이유는, 첫째 문제 그 자체의 성격이 사사로운 것이거나 국부적인 것이어서 전체사회에 미치는 영향이 미미한 까닭에 정부의 정책결정체제가 관심을 갖지 않기 때문일 수 있고, 둘째 정부의 정책결정체제를 지배하고 있는 소수의 엘리트들이 그들의 정치·경제적 이해관계와 관련되어 의도적으로 문제를 방치할 수도 있으며, 셋째 정부의 자원 등 예산부족과 해결능력의 한계 때문일 수도 있다.[2]

정책의제형성 분야가 학자들의 관심을 끌게 된 것은 1960년대 초반 미국에서 일어난 흑인폭동이 가져온 충격 때문이었다. 미국의 정치학자들은 그때까지만 하더라도 국민은 누구나 자기들의 요구를 다양한 경로를 통하여 정당하게 정부에 전달할 수 있고 정치지도자나 정책담당자들은 그들의 요구에 적절히 대응하게 된다고 믿었다.

그러나 흑인들이 평화적이고 합리적인 방식이 아닌 폭동이라는 가장 극렬한 방식으로 자신들의 요구를 표출시키게 되자 흑인들이 정상적인 경로를 통하여 요구·투입을 하지 못하고 그러한 비민주적인 방식으로 문제해결을 요구했는가에 대한 연구가 본격적으로 시작되었다. 흑인들이 폭동을 일으키게 된 배경을 분석하게 된 학자들은 그 이유가 흑인들이 오랫동안 고통을 받아온 인종차별 문제를 정부가 정책의제로 다루지 않았기 때문임을 알게 되었다. 이러한 결론은 특정 사회문제로 고통을 받고 있는 집단이 있다면 당연히 정부가 이 문제를 해결하기 위하여 노력할 것이라는 이제까지의 소박한 기대를 무너뜨리는 것이었다. 왜 수많은 사회문제들 중에서 일부의 문제들만이 선별적으로 정책의제화되는가? 즉 왜 어떤 문제는 정부에 의해서 취급되는 반면 어떤 문제는 정부의 관심대상에서 제외되어 방치되는가? 왜 어떤 과정을 거쳐서 사회문제가 정책의제의 지위를 획득하는가? 이러한 의문에 대한 해답을 얻고자 정책의제형성에 관한 연구가 본격적으로 시작되었다. 그런데 종래의 정책연구가 정책의제를 정치체제에 의해 주어진

2) 최봉기, "정책의제 채택에 관한 변수분석," 『한국행정학보』, 제19권 제1호 (1985. 6), p. 223.

것으로 간주함으로써 정책형성영역에 관해서는 그 연구를 등한시해 온 느낌이 없지 않다. 그러나 실제사회의 현상들을 직시할 때 이 영역이야말로 정치영역과 행정영역을 연결해 주는 가장 핵심적인 부분임을 알 수 있다. 즉 정책과정의 최초단계로서 정책의제형성과정의 중요성은 다른 어느 단계에 못지 않게 중요한 것으로 인식되어야 할 것이며, 정책형성, 정책집행 및 정책평가단계에서도 계속적으로 영향력을 미친다는 점에서도 더욱더 그 중요성을 찾을 수 있다.

2. 정책의제설정의 성격

(1) 민주정치의 핵심단계　　민주정치란 국민의 뜻과 의사가 반영되어 국민을 위한 정책을 산출하는 정치를 말한다. 이러한 민주정치의 이념에 비추어 볼 때 정책의제형성과정은 국민들의 문제해결 요구를 정책결정체제에 투입하는 과정으로서 민주정치의 핵심을 이룬다.

원래 정책의제의 형성과정은 문제의식의 형성에서부터 시작된다. 그런데 문제의식은 사람에 따라 상이하게 나타나기 때문에 어떤 사람의 문제의식이 정책의제에 반영되는가 하는 것은 매우 중요한 일이라 할 수 있다. 원칙적인 면에서 보면 당해 문제에 의해 영향을 받는 사람들의 문제의식은 정책의제 형성과정에서 균등한 비중으로 취급되는 것이 바람직하다. 그러나 현실적으로 정책결정체제에 대한 영향력과 접근력(access)이 불균등하게 배분되어 있는 상황하에서 균등한 비중으로의 취급은 실제로 거의 불가능하다고 볼 수 있다.

더구나 정책 담당자들이 '국민을 위한' 정책을 만든다는 당연한 의도를 전제로 국민의 참여를 배제한 상태에서 정책의제를 형성하려 할 때 정책활동의 민주성 확보는 그 시발부터 불가능하게 되는 것이다. 바로 이러한 측면에서 정책의제 형성과정은 민주주의 정치의 핵심에 위치하고 있다.

따라서 민주주의 체제가 존속하고 혁명적인 사태를 거치지 않으면서 필요한 변화들이 일어나려면 변화를 원하는 집단들이 정당한 절차에 따라 정책의제 형성과정에 참여할 수 있는 제도적 장치가 마련되어 있어야 한다. 이렇게 정책의제형성과정의 중요성에 비추어 볼 때, 정책의제형성과정이 민주주의 이념에 합치되도록 여건을 조성하고 관리해야 할 필요성이 더욱 절실하다고 볼 수 있다.

(2) 정치적 과정의 출발점　　정책의제형성과정은 사회 속의 무수한 집단들이

자기들의 이익을 보장받기 위하여 정치체제로 하여금 문제를 해결하거나 이 문제를 방치하게 하기 위하여 정치적인 다양한 자원(동조업자의 수, 경제력, 정책결정자와의 관계 등)을 동원하여 서로 경쟁하게 되는 정치과정으로서의 성격을 갖는다.

정책의제 형성은 정책과정의 첫 단계로서 정책과정의 모든 단계에서 자신들의 주장을 관철시키려는 활동을 벌이게 될 여러 정치적 세력들이 처음으로 등장하는 국면이다. 이 국면에서 관련된 집단들은 자신들의 주장을 반영하고 자신들의 이익을 보장받기 위하여 정부로 하여금 특정문제를 받아들여 해결하게 하거나 이 문제를 취급하지 못하게 하려고 대단히 복잡한 정치적 조직화와 대표행위, 연합행위, 그리고 정치적 투쟁을 벌이게 된다. 이렇게 정책의제형성과정은 본질적으로 정치적 과정인 것이다.

문제의식의 형성으로부터 정책의제의 형성에 이르는 정책의제의 형성과정은 본질적으로 매우 역동적인 정치적 과정이다. 문제의식은 상이한 관점과 이해관계를 가진 다양한 개인과 집단에 의하여 상이한 내용으로 형성되며, 각각 다른 문제의식을 가진 사람들이 각각 다른 전략과 방법을 통하여 문제를 제기하고 이의 해결을 요구하는 행위는 매우 역동적인 정치적 행위로 나타남에 틀림없다. 더구나 특정문제가 정책의제로 형성됨으로 인해 기득권을 침해당하거나 반사적 손해를 입게 되는 사람 또는 집단의 의제형성을 억제하기 위한 제 활동은 정책의제형성과정을 더욱 복잡하고 역동적이게 한다.

이처럼 특정문제에 관련된 집단들이 자기들의 이익을 보장받기 위해서 정부로 하여금 문제를 채택하여 해결하게 하거나 또는 문제를 방치하도록 하는 투쟁과 협상의 과정은 바로 갈등해결의 정치적 과정이라고 할 수 있다.

(3) 정책대안의 제안과 범위 한정　정책의제형성단계에서는 정책결정 단계에서 고려해야 할 정책대안들이 제시되는 경우가 많다. 원래 특정문제를 정책의제로 성립시키려는 집단들은 대개 그 문제의 해결방안을 함께 생각하는 것이 보통이기 때문이다. 상이한 문제의식은 상이한 문제해결방안을 강구하게 하므로 정책의제형성을 둘러싼 투쟁은 본질적으로 그 문제의 해결방안을 언제나 염두에 두고 벌어진다고 할 수 있다. 다만 이 해결방안에 대한 공식적인 검토는 정책결정 단계에 가서야 이루어지게 된다.

따라서 정책결정 단계에 가서야 이루어질 것으로 생각하기 쉬운 정책대안의 제시나 타협적인 정책대안의 마련 등이 실질적으로는 정책의제형성단계에서 이루어지는 경우가 많다. 이렇게 정책대안의 정치적 실현가능성이라는 측면에서 보면 정책의제 형성단계는 정책결정 단계에서 검토하게 될 정책대안의 범위를 실질적으로 제한하는 것이다.

(4) 정책과정의 방향, 내용 및 성격의 규정 정책의제 형성과정의 유형에 따라 그 이후의 정책과정이 많은 영향을 받는다. 특정문제가 정책의제로 형성되는 것은 당해 문제의 정책의제화를 찬성하는 집단(현상변화 추구세력)과 반대하는 집단(현상유지지 향세력)이 있을 때 이들 사이의 싸움에서 찬성집단이 승리할 경우에만 가능하게 된다.

정부 밖의 사람이나 집단에 의해 문제가 제기되어 사회과정을 거쳐 정책의제가 형성되는 사회과정형의 경우에는 이해관계를 달리하는 관련집단들 사이의 갈등, 투쟁, 타협과 같은 정치적 활동이 정책의 형성, 집행, 평가과정의 전 정책과정에 걸쳐 계속되어 일관성 있는 정책의 형성과 집행이 어렵게 된다.

이에 비해서 정부 스스로 문제를 인식하고 정책의제를 형성하는 정부주도형의 경우에는 정책결정이 보다 분석적으로 이루어질 가능성이 더 크다. 왜냐하면 이 경우에는 정책의 형성이나 집행이 외부집단의 영향력에 의해 크게 좌우되기보다는 정책담당자들의 분석적·전문적 활동에 의해 주도되기 때문이다.

Ⅱ. 정책의제의 유형

정책의제는 일단 의제로 채택되었다고 하더라도 불변의 확고부동한 것은 아니며, 우선순위가 정해져 있는 것도 아니다. 시간의 경과에 따라 문제자체의 성격이 변화함으로써 정책의제로서 지위를 잃는 것이 있는가 하면, 새로운 의제의 채택으로 인해 그 중요성이 떨어져 순위가 뒤로 밀려나는 것도 있다. 이러한 정책의제의 유형은 학자에 따라 각각 다른 기준이나 관점에 입각하여 분류하고 있으며 그 명칭 또한 매우 다양하다. 이들을 일정한 기준으로 묶어 정리해 보기로 한다.[3)]

3) 최봉기, 전게서, pp. 74~76.

1. 정책의제화 과정의 주체를 기준으로 한 분류

의제형성과정의 주체를 기준으로 하여 공중의제(public agenda)와 공식의제(official agenda)로 분류할 수 있다. 여기서 공중의제란 정책의제가 사회 속의 개인이나 집단에 의해 공익의 관심을 끌어 그 해결책을 정부에 요구하거나 투입하면서 형성된 의제이며, 공식의제란 정부의 정책결정체제에 의해 제기된 의제이다. 학자들은 다양한 명칭을 사용하고 있는데, R. Cobb와 C. Elder의 체제의제와 기관의제(정부의제), R. Eyestone의 공중의제와 공식의제, J. Anderson의 토의의제와 행동의제, 안해균 교수의 환경의제와 정부의제 등을 들 수 있다.

2. 정책결정자의 재량권의 정도를 기준으로 한 분류

정책결정자의 의제채택 재량권의 정도를 기준으로 하여 선택의제와 강요의제로 분류할 수 있다. 여기서 강요의제란 정기선거 혹은 의회의 정기 예산심의 등과 같이 각종 제도나 절차에 의하여 정책결정자가 재량의 여지 없이 의무적으로 고려하도록 규정된 정책의제를 말하며, 필수의제라고도 한다. 선택의제란 각종 사회정책이나 조세분야 등에서 볼 수 있는 것과 같이 의제선택에 정책결정자의 재량권을 행사할 수 있는 의제를 말한다.

3. 정책결정의 기능적 활동을 기준으로 한 분류

정책결정의 기능적 활동을 기준으로 하여 C. O. Jones는 문제정의의제, 제안의제, 협상의제, 지속의제로 분류했다. 문제정의의제는 적극적이고 신중한 연구와 정의 대상이 되는 의제를 뜻하고, 제안의제란 문제정의의 단계를 지나 그 해결책과 관련이 되는 의제를 의미하며, 협상의제란 그것에 대한 지지가 적극적이고도 강력하게 전개되고 있는 정책적 제안들을 지칭한다. 그리고 지속의제란 정규적인 검토의 대상이 되는 관례적 사항들(habitual items)을 뜻한다.

그러나 이러한 정책의제의 유형들은 이러한 방식으로 분류하는 것은 정책의제의 이해나 연구에 큰 보탬이 되지 못하며 분류의 실익도 적다고 하겠다.[4)]

4) 기타의 분류로서 가의제(pseudo agenda)와 운영의제(operational agenda)가 있다. 여기서 가의제란 정책결정자가 어떤 요구나 주장의 가치를 구체적으로 검토하지 않고 형식적으로 기록하거나 인정한 거짓의제를 뜻한다. 운영의제란 특정한 의제를 처리해 나가는 방법이나 절차에 관한 의제를 말하며, 따라서 이것은 의제에 관한 의제라고 할 수 있다.

Ⅲ. 정책의제설정과 유발메커니즘

1. 사건과 문제규정

J.E. Anderson은 문제란 "사람들로부터 구제나 해결욕구를 불러일으키는 불만스런 상황 내지 조건"[5]이라고 정의하며, C.O. Jones는 "해결책이 요구되는 인간의 욕구"라고 규정하고 있다. 이와 같은 여러 학자들의 개념정의를 종합해 볼 때 확실히 문제란 "그것에 대한 해결욕구를 유발시키는 불만스런 상태나 조건" 임에 틀림없다. 그리고 이 때의 불만스런 상태나 조건이란 현실의 욕구충족 정도가 기대한 욕구충족 정도에 미치지 못함을 뜻한다고 하겠다. 어떤 사건에 대해 개인이 인식한 문제를 개인문제라고 한다면, 그 사건에 직접간접으로 연관되어 있는 불특정 다수인 들이 공동으로 인식한 문제를 사회문제 혹은 공공문제라고 하겠다. 즉 처음에는 단순히 개인에게만 불만을 야기시켰던 개인적인 문제라 할지라도 그것이 점차 불특정한 다수의 사람들에게도 장시간에 걸쳐 반복적으로 불만을 야기시키게 될 때 그러한 개인문제는 결국 사회문제로 변하게 된다는 것이다. 그리하여 Gerston과 같은 학자는 공공문제를 "유사한 곤란으로부터 고통을 받는다고 느끼는 많은 사람들의 정책이슈"[6]라고 정의하고 있다. 사회문제는 문제인식주체와 그것에 대한 직·간접적인 영향의 대상이 어느 특정개인이 아닌 불특정 다수인으로서의 사회구성원이라는 점과 그 문제를 방치할 경우 결국 혁명과 같은 사회자체의 붕괴까지도 초래할 수 있다는 점에서 개인문제와는 구별된다고 하겠다.

2. 유발메커니즘(trigger mechanism)의 특성과 유형

유발메카니즘은 촉발기제라고도 하는데 문제를 극적으로 부각시키고 문제에

5) James E. Anderson, *Public Policy Making*, 3rd ed. (Holt, Rinehart and Winston, 1984), pp. 44~55.

6) Larry N. Gerston, *Making Public Policy* (Glenview, Illinois: Scott, Foresman and Company, 1983), pp. 23~25.

대한 일반 국민들의 진지한 관심을 불러일으키는 사건(event), 위기, 또는 재난과 같은 것들은 특정문제를 정책의제화시키는 촉매 또는 점화장치와 같은 역할을 한다. 촉발기제란 평범한 일상적인 문제를 많은 사람이 공감하고 불만족을 느끼며 공중의 광범위한 관심을 불러일으키는 문제로 전환시키는 계기를 이루는 것을 말하는데 이는 새로운 정책형성 또는 정책변화로 인도하는 계기를 마련해 준다. 예를 들면 어떤 지역에서의 탄광사고의 발생 그 자체가 저절로 사회문제로 등장하는 것은 아니다. 어떤 주도자가 특정한 시기에 발생한 탄광사고를 계기로 삼아 탄광의 안전에 관련된 문제를 제기함으로써 비로소 사회문제로 등장하게 되는 것이다. 그러므로 문제의식과 행동의식을 함께 가진 주도자가 없을 때에는 특정 문제상황에 대한 문제제기는 좀처럼 이루어지기가 어렵다.

이러한 촉발기제가 정책의제형성에 미치는 영향력은 크게 나누어 특정사건에 의해 영향을 받는 사람이나 집단의 수(범위)와 일반국민들에 의해서 인식되는 사건의 심각성(강도)에 의해서 좌우된다.

Ⅳ. 정책의제설정과정(이론모형)

앞에서 지적했듯이 모든 사회문제가 위에서 본 것과 같은 모든 경로를 거쳐서 정책의제로 형성되는 것은 아니다. 실제의 정책의제 형성과정은 여러 가지 형태의 변형과정, 또는 혼합과정의 형태로 나타나는 게 보통이다. 즉 여러 단계 중에서 일부가 생략되거나 중첩되기도 하고, 아니면 단계가 뒤바뀌기도 하는 등 정책의제형성과정은 다양하게 나타난다(표 1-1 참조). 또한 정책의제형성과정은 이러한 활동의 주체가 정치체제의 내부 또는 외부에 있느냐에 따라서 여러 유형을 생각해 볼 수 있다.

1. Cobb와 Ross의 이론모형

Cobb와 Ross는 정책의제형성과정의 유형을 사회과정형(외부주도형: outside initiative model), 정부주도형(내부접근형: inside access model), 동원형(mobilization model)의 세 유형으로 구분하여 제시하고 있다.[7] 이러한 유형분류는 문제의

7) R. Cobb, J.K. Ross and M.H. Ross, "Agenda-Building as a Comparative Political Process,"

제기와 의제형성을 추구하는 주도자가 정책결정체제 내부에 있느냐 아니면 외부에 있느냐를 기준으로 한 것인데 정부주도형과 동원형은 그 주도자가 내부에 있으면서도 서로 다른 특성을 갖고 있어서 달리 구분한다.

사회과정 모형은 정부 외부에서 문제가 제기되어 많은 사람들에게 확산되고 공공의제의 단계를 거쳐 정책의제로 형성되는 과정을 설명하는 모형이다. 이와 반대로 동원모형은 정부 내부에서 문제가 제기되어 자동적으로 정부의 정책의제로 성립되고 정책수행의 성공을 위해서 공공의제로 확산시키는 과정을 설명하는 모형이며, 또한 정부주도모형은 정부 내부에서 문제가 제기되어 자동적으로 정책의제로 성립되기는 하나 정부 외부로 (공중에게로) 확산되지 않아서 공공의제의 단계를 거치지 않는 경우를 설명하는 모형이다. 이들을 좀더 구체적으로 살펴보면 다음과 같다.

이러한 모형은 부나 사회적 지위가 고도로 집중된 사회에서 흔히 나타난다고 지적하고 있다. 지금부터는 의제형성과정의 네 가지 단계별로 이를 세 가지 모형이 갖는 특징을 검토해 보기로 한다.

(1) 기초단계 이 단계는 외부주도형의 입장에서 볼 때는 공식적 정책구조 외부에 있는 개인이나 집단들에 의하여 어떤 불만이나 고통이 매우 포괄적이고 일반적인 용어로 표출되는 단계를 말하며, 동원모형에서는 정치주도자에 의해 새로운 정책이나 프로그램이 발표되는 단계를 뜻한다.

(2) 구체화단계 구체화단계란 외부주도모형에서는 앞 단계에서 표출된 불만이나 고통이 다양한 방법을 통해 구체적인 요구로 전환되는 단계를 말한다.

(3) 확산단계 확산단계란 외부주도모형에서는 논제를 제기한 집단들이 그 논제를 정부의 공식의제로 성립시키기 위하여 정책결정자 들의 관심을 끌고, 그들에 대해 압력을 창출하기 위하여 사회내의 다른 새로운 집단들에게 그 논제를 확산시켜 나가는 단계를 뜻한다.

(4) 진입단계 외부주도모형에서 진입단계는, 확산단계에 성공을 한 논제가 공중의제(즉, 체제의제)가 되고, 많은 사람들의 관심을 끌게 되면 정부의 정책결정자들이 공식적으로 그것에 대해 진지한 관심을 보이고 고려하게 됨으로써 공식의제(기관의제 혹은 정부의제)로 전환되는 단계를 뜻한다.

American Political Science Review, Vol. 70 (March, 1976), pp. 126~138.

2. C.O. Jones의 과정모형

Jones는 정책의제형성과정을 문제의 정부귀속과정으로 보고 있으며, 이 과정을 기능별로 분류하여 사건인지 및 문제정의단계, 결집 및 조직화단계라는 4가지 단계로 나누어 설명하고 있다.[8)]

(1) 사건인지 및 문제정의의 단계　Jones는 정책의제형성과정의 가장 최초의 단계를 사건에 대한 인지로 본다. 이때 인지란 "일어난 어떤 일에 대한 이해 또는 인식"을 뜻한다. 따라서 어떤 사건을 인지한다는 것은 그것에 대한 발견, 정보수집 및 파악, 그리고 그것을 해석한다는 것을 말한다.

이처럼 인지의 결과 "해결을 필요로 하는 인간적 욕구"를 야기시키는 상태를 문제인식상태라고 한다. 문제인지가 이루어지고 나면 그 문제를 정의해야 하는데, 이 때 문제정의란 그 문제를 야기시키는 사건의 효과를 분석 · 진단하여 문제의 내용을 명확히 밝히는 것을 말한다.

(2) 결집과 조직화의 단계　이 단계는 앞에서 정의된 문제들이 그 문제와 관련되는 다수 사람들의 이해관계가 얽힌 문제로 전환되고, 그리하여 그러한 문제의 관련 당사자들이 공통적으로 인식하는 문제로 부각됨으로써, 그 문제가 보다 효과적으로 정책의제화되도록 조직적 활동을 행하는 단계이다.

(3) 대표의 단계　이 단계는 관련공중이나 집단들이 자신들의 문제를 정부에 귀속시키기 위하여 행하는 모든 활동과 노력이 이루어지는 단계이다. 대표하는 용어가 갖는 뜻에는 수많은 측면이 있으나 여기서는 대표란 문제를 갖고 있는 사람들의 대정부 접근의 대표를 뜻하며 국민(관련공중)과 그 문제와 정부를 연결하는 연계활동을 의미하는 것이다.

(4) 의제채택의 단계　의제채택의 단계란 문제가 정부에 채택되어 의제의 지위를 얻고 의제목록에 오르는 것을 말하며, 전술한 3가지 단계는 모두 이 의제채택이라는 마지막 단계를 위해 이루어진다. 그러나 의제는 채택된다고 해서 모두 정책으로 수립되어 해결되는 것은 아니다. 언제든지 새로운 문제가 발생할 수 있으며 의제목록상의 우선 순위 또한 유동적인 것이다. 따라서 일단 의제의 지위를 얻은 문제라고 하더라도 그 문제가 사회를 괴롭히는 문제성이 계속되어

---

8) Charles O. Jones, *An Introduction to the Study of Public Policy* (Monterey, Calif.: Brooks Cole Publishing Company, 1984), pp. 51 ~ 59.

야 한다.

3. F. Kendrick의 정책모형

Kendrick은 정책의제형성과정을 정치참여과정의 한 면으로 파악하고 있다. 즉, 특정한 사회문제가 정부에 의해 해결되기를 바라는 사람들이 그들의 의도를 실현하기 위하여 정책과정에 참여하는 것을 정책의제형성과정으로 보고, 이를 문제진술, 의사전달, 조직화라는 세 가지 과정으로 분류하고 있다.[9]

(1) 문제진술과정　이 과정은 특정한 사회문제가 정부에 의해 해결되기를 바라는 개인이나 집단이 그 문제를 명확하게 규정하고 진술하는 과정을 말한다.

(2) 의사전달과정　이 과정은 문제의 중요성과 심각성, 정치적 해결의 필요성 등을 관련 공중이나 집단에게 전파·확산함으로써 정책결정자들에게 영향력을 행사하는 과정을 말한다.

(3) 조직화의 과정　이 과정은 앞의 과정에 의해 쟁점화된 문제를 보다 효과적으로 정부의 정책결정자들에게 전달함으로써, 그들의 관심의 대상이 되고, 아울러 정책의제로 채택되도록 그 문제를 잘 대표해 줄 수 있는 조직을 확보하는 과정을 말한다.

4. R. Eyestone의 과정모형

Eyestone의 정책의제형성과정은 특정한 논제(issue)가 사회 속에서 공중의제(public agenda)로 전환되는 과정과 정부내에서 공식의제로 전환되는 두 개의 과정으로 나누어 설명하고 있다.

그는 정책의제형성과정을 사회문제의 인지, 문제의 사회논제화, 논제의 공중의제화, 논제의 정부공식 의제화라는 네 가지 단계로 나누어 설명하고 있다.[10]

(1) 사회문제의 인지단계　이 단계는 어떠한 문제가 관련된 개인이나 집단에 의해 사회문제로 인식되는 것을 뜻하며, 이 때 사회문제란 상당수의 집단이나 사람들로부터 사회적 표준에 어긋나거나 사회조직의 중요한 어떤 측면에 고장을 일으킨다고 인지된 상태를 말한다.

9) F. Kendrick, *et al.*, *Strateges for Political Participation*, 2nd ed. (M.A.: Winthrop Publishers, 1974), pp. 116~145.

10) 김형렬, 『정책학』, 법문사, 1990, pp. 176~184.

(2) 사회논제화 단계 이 단계는 그 사회문제에 대해 반대의사를 갖거나 해결방법에 다른 견해를 갖는 다수의 개인이나 집단이 나타나, 그 문제의 해결에 합의점을 찾지 못하고 논쟁이 야기되는 단계를 뜻한다. 그리하여 Eyestone은 "해결책에 합의를 찾지 못하고 논쟁을 야기하고 있는 사회문제"를 사회논제라고 규정하고, 이와 같이 그 해결방법에 대해 각자 다른 견해를 가진 여러 집단들이 참여하는 과정을 사회논제화 과정으로 보고 있다.

(3) 공중의제화 단계 이 단계는 많은 사회문제들 중에서 정부의 정책적 해결노력이 필요하다고, 많은 대중이 믿고 있는 사회논제들의 집합체가 형성되어 가는 단계를 뜻한다.

Eyestone은 공중의제를 "그것에 대한 해결조치가 취해져야만 한다고 대중이 믿고 있는 논제들의 집합체(set of issues)"로 규정함으로써 공중의제 또한 정부에 의해 해결조치가 취해져야 한다고 대중이 믿는 사회논제들의 집합체라고 보고 있는 것이다.

(4) 공식의제화 단계 이 단계는 여러 가지 공중의제들 중에서 정부가 그 해결을 위해 관심과 행동을 집중하는 정부의제가 선별되는 단계를 말한다.

5. 정책의제형성과정의 여러 유형

〈표 2-1〉은 문제시되는 상황에 대하여 어느 누군가에 의해서 문제의식이 형성된 후에 정책의제로 형성되는 다양한 과정을 여섯 가지 유형으로 구분하여 설명한 것이다. 여기에서는 문제시되는 모든 상황들이 반드시 동일한 단계를 거치지 않고도 정책의제로 형성될 수 있다는 것을 보여주고 있다.

제1유형은 문제시되는 상황이 정책의제형성과정의 모든 단계를 거쳐서 정책의제로 형성되는 과정을 설명한 것이다. 문제시되는 상황에 대하여 피해를 입고

〈표 2-1〉 정책의제형성과정의 여러 유형

유형	과정	
제1유형	문제의식의형성-문제의제기-사회적쟁점 ································	공공의제-정책의제
제2유형	문제의식의형성-문제의제기-사회적쟁점 ································	정책의제
제3유형	문제의식의형성-문제의제기 ································	공공의제-정책의제
제4유형	문제의식의형성-문제의제기 ································	정책의제
제5유형	문제의식의형성-문제의제기 ································	정책의제-공공의제
제6유형	문제의식의형성-문제의제기 ································	정책의제

있는 집단뿐만 아니라 그 외의 어느 누군가에 의해서 문제의식이 형성되어 해결 요구와 함께 밖으로 제기되어 사회적 쟁점으로의 전환이 이루어진다. 이 단계가 이루어진 후에 일반대중의 관심이 모아져서 정부가 문제해결을 하는 것이 정당하다고 인정되는 공공의제화의 과정을 밟은 후 정책의제로 형성되는 유형이다. 이 유형은 문제의 표출이 보다 자유롭고 정치과정에 대한 참여가 용이하게 이루어지는 다원적이고 민주적인 정치체제에서 많이 나타난다.

제2유형은 문제의식이 형성되어 사회문제로 제기된 후에 문제관련 집단간의 논쟁이 벌어지는 사회적 쟁점으로 발전하지만 공공의제의 단계를 거치지 않은 상태에서 정부의 정책담당자들에 의해 직접 정책의제로 형성되는 유형이다. 사회적 쟁점이 공공의제의 지위를 거치지 않고 바로 정책의제로 형성되는 경우는 문제제기 집단의 힘이 강력하여 정부에 대한 접근력을 확보하고 있을 때와 보다 극한적인 방법을 동원하여 정부로 하여금 정책의제로 형성하지 않을 수 없도록 하는 경우를 생각해 볼 수 있다.

제3유형은 문제가 제기된 후 많은 사람들에게 문제의 심각성이 비교적 빨리 알려져서 정부에 의한 문제해결의 필요성에 대한 인식이 광범위하게 확산되어 사회적 쟁점의 단계 없이 공공의제화된 후 정책의제로 형성되는 유형이다.

제4유형은 정부내의 정책담당자들이 정책의제 형성에 있어서 주도적인 역할을 담당하는 유형으로 사회적 쟁점뿐만 아니라 공공의제화의 단계 없이 바로 정책담당자들에 의해 직접 인지되어 정책의제로 형성된다. 문제제기집단의 힘이 매우 강력하여 문제 표출과 함께 바로 정부에 의해 정책의제로 형성하게끔 영향력을 행사하는 경우에도 나타난다.

제5유형은 제4유형과 마찬가지로 문제제기가 이루어진 후 정부내의 정책담당자들에 의해 정책의제로 형성되는 것은 동일하지만 정책의제로 형성된 후에 정부의 의도적인 노력에 의하여 공공의제화의 과정을 밟도록 한다는 점에서 차이가 있다. 이 유형에서는 특정문제를 정책의제로 형성한 것에 대하여 일반대중의 동의를 확보하고 성공적인 정책집행을 이루기 위한 전략으로써 정부의 PR활동 등이 이루어진다. 이러한 유형의 경우, 정책의제로 형성된 문제를 공공의제로 확산시키는 과정에서 정부의 정책담당자들은 정책의 기본방침 및 구체적인 내용에 대한 여론을 수렴할 수 있으므로 정책결정을 공공의제화와 동시에 진행하는 것이 바람직하다.

제6유형은 문제의식의 형성과 동시에 정책의제로 형성되는 유형으로써 대통령이나 최고정책결정자들에게 문제의식이 형성된 경우에 많이 나타난다. 국가발전의 장기적 안목의 측면에서 정부의 지도자가 주도적인 역할을 담당하는 후진국뿐만 아니라 권위적인 정책결정이 이루어지는 정치체제의 경우에 있어서 최고정책결정자에 의해 인지된 문제해결의 일방적 지시와 같이 극단적인 정부주도의 한 형태이다.

앞서 살펴본 바와 같이 특정의 문제시되는 상황이 정책의제로 채택되는 정책의제 형성과정은 정책의 유형, 정치체제의 특성 등에 따라 상이하게 전개된다.

V. 정책의제설정에 영향을 미치는 요인

정부가 특정 문제에 대해 적극적 대응을 할 것이냐, 즉 정책의제로 형성할 것이냐 또는 이를 방치 또는 억제할 것이냐의 여부는 여러 가지 상황적 요소들 그리고 특정 문제를 정부로 하여금 해결하기를 원하는 집단과 이를 반대하는 집단들의 역동적 활동에 따라 좌우된다. 정책의제형성에 영향을 미치는 요인들 중에서 중요한 것을 살펴보면 다음과 같다.

(1) 일반적 정치분위기와 이데올로기　　무엇보다도 일반적 정치분위기 또는 이데올로기가 정책의제형성의 중요한 결정요소임에 틀림없다. 예를 들면 정치적 분위기가 재분배정책에 유리하게 되어 있는 체제에서는 문제가 재분배적 성격을 가진 것으로 인식될수록 정책의제화가 쉬워진다. 국가에 따라 다르겠지만 실업, 개인적인 가난, 소득분배의 불균형 등 사회적 측면의 문제들에 대하여 정부가 별다른 관심을 가지지 않았던 때가 있었다. 그런데 수정자본주의, 복지국가 등의 이념이 일반적으로 받아들여지기 시작하면서 이러한 문제에 대해 정부가 적극적인 관심을 가지게 되고 이러한 문제를 정책의제로 형성하게 되었다.

(2) 정부지도자의 관심과 정책기조　　정부내의 정책결정자는 체제이론에서 말하는 선별자에 속하기 때문에 이들이 관심을 갖고 있는 문제가 정책의제로 형성될 가능성이 크다는 것은 쉽게 짐작할 수 있다. 따라서 특정문제의 정책의제화를 주도하는 사람 또는 집단이 정부내의 정책결정자인 경우에 그 문제는 매우

쉽게 정책의제로 형성된다.

그런데 다원주의 사회인 선진국에서는 사회과정형 정책의제형성이 활발한 반면 권력과 경제력이 일부계층에 집중되어 있고 민주주의가 발달하지 못한 개발도상국가의 경우에는 정부주도형 또는 정부동원형 정책의제형성이 상대적으로 활발히 이루어지는 것으로 받아들여지고 있다. 그러나 선진국의 경우에도 정부지도자들이 큰 영향력을 행사하기는 마찬가지이다. 다만 정부지도자들 이외의 사람이나 집단의 영향력이 발전도상국가에 비해 더 클 뿐이다.

정책결정권자가 갖고 있는 정책기조 역시 정책의제형성에 큰 영향을 미친다. 정책기조란 정책형성에서 가장 궁극적인 판단의 근거 또는 기본논리로서 작용하는 것을 말한다. 그러므로 정책기조에 어긋나는 문제들은 정부의 관심대상에서 제외될 가능성이 크다. 1970년대 우리 나라는 경제성장과 안보중심의 정책기조에 어긋난다고 여겨지는 문제에 대해서는 정부가 의제억제결정을 해왔다.

(3) 정권의 성격과 정치체제 내부의 권력구조　정권의 성격과 정치체제 내부의 권력구조는 정책의제의 형성을 좌우하는 중요한 요인이 된다. 행정부, 입법부, 사법부 상호간의 관계, 입법부와 행정부 내부의 권력구조, 중앙정부와 지방정부의 관계 등 정치체제 내부의 공식적 기관들간의 권력구조가 정책의제형성에 미치는 영향은 매우 크다. 또한 정권의 성격이 민주적이냐 아니면 권위주의적이냐에 따라 정부대응의 양태가 달라진다. 예를 들면 관료적 권위주의하의 관료들은 사회문제의 기술적 해결에만 관심을 두는 경향이 있다. 그러므로 그들은 많은 사람들이 중요하다고 여기는 문제에 대해서도 별로 중요성을 인정하지 않는 경우가 많다. 또한 문제의 정의나 문제해결방안을 둘러싼 정치적 타협이나 흥정 등은 모두 합리적인 문제해결을 방해하는 것으로 이해하고 또 갈등을 역기능적인 것으로 인식한다. 만일 정책담당자의 의식이 이러하다면 정부 밖에서 특정문제를 둘러싸고 벌어지는 논쟁에 대해 비민주적이고 억압적으로 대응할 가능성이 클 것으로 예상할 수 있다.

(4) 갈등에 대한 정책담당자의 태도　사회적 갈등에 대한 정책담당자의 기본적 태도도 문제에 대한 정부의 대응태도에 영향을 미친다. 갈등의 불가피성을 인정하고 이를 조정·해결하는 것을 정부의 당연한 역할이라고 받아들이는 경우와는 달리 갈등을 개념규정상 역기능적인 것으로 인식하여 갈등이 없는 상태가

바람직하다고 여기는 경우에는 정부의 대응에 차이가 있게 마련이다.

(5) 문제제기 집단과 관련집단의 힘 정책의제형성과정에는 공식적인 참여자 이외에도 정당, 이익집단, 전문가, 학자 등 여러 비공식적 참여자가 관여하게 된다. 어떠한 문제이든 일반국민들과는 달리 그 문제에 대해 직접적인 이해관계를 갖고 있거나 특별한 관심을 기울이는 집단이 있게 마련이다. 그들은 문제해결을 주장하는 집단이거나 이에 반대하는 집단들이다. 특정 문제의 해결을 위해 정부가 적극적으로 개입할 것을 요구하는 집단들은 정부내의 정책결정자들에게 영향력을 행사하여 그 문제를 정책의제로 채택하여 해결하도록 노력한다. 물론 이에 반대하는 집단은 의제형성을 억제하기 위하여 정치적 활동을 전개한다. 이런 경우에 그 문제가 정책의제로 채택되어 공식적으로 거론될 수 있는가의 여부는 정책의제형성을 주장하는 주도집단이 반대집단을 누르고 정부의 정책결정자에게 결정적으로 영향력을 행사할 수 있는 정치적 힘을 갖고 있느냐에 달려 있는 것이다. 정부외부집단에 의해 주도되는 사회과정형 정책의제형성의 경우에 가장 중요한 것은 정치적 동의형성을 확보하고 확대시키기 위하여 특정 문제에 관심을 갖고 이의 해결을 지지하는 동조자를 많이 확보하는 것이다. 민주주의 이념에 비추어 볼 때 보다 많은 사람이 관심을 갖고 해결을 요구하는 문제일수록 정책의제로 형성될 가능성이 크다고 볼 수 있다.

(6) 문제의 특성 문제의 성격 자체가 어떠한가에 따라서 정책의제로 형성될 가능성과 그 형성과정이 달라질 수 있다. 이는 정책문제의 내용상의 특성이 이를 해결하기 위해 만들어지는 정책의 내용을 결정하게 되고 또 정책의 종류가 달라짐에 따라 정책결정과정의 유형이 달라지기 때문이다.

일반적으로 중요하고 심각한 문제일수록 정책의제로 형성될 가능성이 커지고, 일시적으로 존재하는 것보다는 오랜 시간에 걸쳐 지속적으로 괴로움을 주게 될 문제일수록, 과거에 제기되고 많이 논의된 문제일수록, 단순하고 기술적으로 이해하기 쉬운 문제일수록 정책의제로 형성될 가능성이 크다. 문제의 복잡성 여부는 문제자체의 성격에도 기인하지만 문제인식과 정의의 주관적 성격 때문에 문제를 정의하는 형식에 따라 크게 달라지는데, 문제의 내용이나 성격이 누구나 이해할 수 있도록 쉽게 정의되어야 정책의제화를 위한 지지를 얻기 쉽다. 그리고 인간의 감정적인 측면에 호소할 수 있는 문제일수록 정책의제화가 쉬워진다고 볼 수 있다.

한편, 문제가 추상적이기 보다는 구체적인 것일수록 내용이 분명하여 보다 쉽게 정부 의제화될 수 있다는 주장도 있다. 그러나 문제를 해결하기 위하여 설정된 정책목표의 내용이 구체적이게 되면 설정된 목표에 대한 찬성집단과 반대집단이 분명하게 드러나게 되어 오히려 정책의제형성을 어렵게 할 수도 있다. 또한 요구내용의 범위가 제한적일수록 정부가 그 요구를 적은 비용으로 충족시킬 수가 있으므로 정책의제로 형성될 가능성이 크다. 특히 권위주의적 정부하에서는 요구의 내용이 제한적일 때 광범위한 내용의 것을 요구하는 경우보다 정책의제로 형성될 가능성이 더 커진다. 반면에 쟁점의 생성과 확산과정에서 구체화된 요구내용이 기존 정권의 존속에 심각한 위협이 되는 것으로 규정될 경우에 그 쟁점이 정책의제로 형성되지 않을 것은 거의 확실하다.

(7) 체제의 능력　체제이론에 의하면 정치체제는 두 가지 면에서 자신에 대한 요구로 인해 어려움에 직면하게 된다. 그 하나는 과도한 요구투입으로 인한 부담(demand-input overload)이고, 또 다른 하나는 체제내 정책결정자들이 어떤 요구들을 충족시켜 줄 수 없거나 또는 충족시키고자 의도하지 않는 경우에 일어난다(산출실패). 후자의 경우처럼 정치체제가 특정문제를 해결할 능력이 없거나 있다하더라도 이를 받아들이기를 거부하는 경우에 정책의제는 형성되지 않는다.[11] 그런데 정부가 국민의 요구에 효율적으로 대응하지 못할 때에 관련집단은 비정상적이고 폭력적인 방법을 동원하여 자신들의 요구를 정부내에 투입하고자 할 가능성이 커진다.

(8) 대중매체　신문이나 라디오, 텔레비전과 같은 대중매체는 문제에 대한 공개적인 논의와 정책의제의 형성에 매우 중요한 역할을 수행한다. 그러나 후진국의 경우에는 대중매체에 대한 정부의 검열과 통제, 정부의 홍보수단화 등으로 인해 충실한 역할수행을 기대하기가 어렵다. 많은 사람들이 알아야 할 필요가 있고 정부의 어떤 조치를 요구할 만한 문제라 하더라도 정부가 원하지 않는 것이면 대중매체는 이를 전혀 취급하지 않거나 소홀히 취급하는 경우가 많은 것이다. 또한 후진국의 정치지도자들은 대중매체가 서구 민주주의 국가에서처럼 사

11) 특정문제를 정책의제로서 다루지 않기로 하는 결정을 무의사결정(nondecision making)이라고 하며 Bachrach와 Baratz는 주요정책이 지배계급이나 강력한 이익집단에 의하여 공공연히 혹은 은밀하게 통제되거나 저지된다는 점을 지적하고 있다.

회내 각 부문의 요구를 그대로 표출시켜서는 안되고 전체국민의 의사를 반영하고 국가이익을 중시해야 된다는 것을 강조하는 경향이 있다.

이 때의 전체' 국민의 의사라는 것이나 '국가이익' 이라는 것은 정치지도자에 의해 자의적으로 규정되기 때문에 자연히 정치지도자가 싫어하거나 공식적으로 다루고 싶지 않은 요구나 문제들은 대중매체가 취급할 가능성이 그만큼 적어진다. 물론 서구민주주의 국가의 대중매체들이라고 해서 모든 문제를 항상 공정하고 명백하게 취급하는 것은 아니다. 특히 민영언론기관의 경우에는 그 자체의 기업적 성격 때문에 그럴 가능성이 크다. 그들은 가급적 많은 독자, 시청자를 확보해야 되기 때문에 논쟁적이고 미묘한 문제 등은 취급을 회피하거나 누구의 견해에 대해서도 공격하지 않음으로써 다수 대중의 지지를 얻으려 한다. 논쟁적인 문제에 대해 명백한 입장을 취하게 되면 반대의 입장에 선 집단으로부터 공격을 받고 지지를 잃을 우려가 있기 때문이다. 그런데 대중매체는 어떤 문제를 다루다가 곧 다른 새로운 문제로 관심을 돌리는 경향이 있다. 이렇게 되는 가상 중요한 이유는 기자들이 특정문제를 다루는 데 있어서 전문가가 아니라는 점과 항상 새로운 것을 찾는 독자나 시청자들의 욕구를 충족시키기 위해서 어느 한 문제만을 다루기가 어렵다는 데에 있다. 어떻든 대중매체가 계속적이고 집중적인 관심을 보이는 문제일수록 관련집단에게 성공적으로 확산되어 정책의제로 형성될 가능성이 크다.

Ⅵ. 결 어

정책의제설정은 정책과정의 제1단계로서 정책의제로 채택되지 않으면 정책으로 형성되어 집행되어질 수가 없으므로 정책과정 중 아주 중요한 과정인 것이다. 더구나 합리적이고 타당한 정책의제의 형성 및 관리는 정부 및 정치과정에 대한 접근력이 모든 사람들에게 균등하게 배분되어 있지 못한 현실의 측면에서 매우 중요한 과제임에 틀림없다. 현실의 세계에서 사회적 약자의 주장이 표출될 기회를 갖지 못하고 설령 표출될 수 있다고 해도 부당하게 취급된다고 할 때 사회정의나 사회의 안정적 발전이라는 측면에서 타당한 정책의제의 형성 및 관리의 중요성은 더욱 강조되어야 한다.

그러나 과거에 이것이 중요하게 다루어지지 않았던 이유로 정책의제설정이란 유동적인 과정으로서 활동적·정통적 집단이면 이것에 발언권을 효과적으로 행사할 수 있을 것으로 보았기 때문이다. 그러나 무의사결정론[12)]이 특정한 사회의 편견이나 가치관은 특정한 이슈가 공식의제로 채택되는 것을 저지한다는 주장을 하고 나서자 정책결정과정에서의 자원배분법도 중요하나 정책의제설정과정 자체도 중요함을 깨닫게 된 것이다. 뿐만 아니라 정책의제설정과정에 관계되었던 집단은 정책결정 집행·평가의 모든 단계에서 큰 영향을 미치게 되므로 이의 중요성이 강조되어야 할 것이다.

12) 무의사결정론(non-decision making)은 신엘리트이론이라고도 하는데 그 대표적인 학자로는 바흐라크(Bachrach)와 바라츠(Baratz)를 들 수 있다. 여기서 무의사결정이란 의도적인 무결정(방치)이라고 할 수 있는데 지배엘리트(집단)의 가치나 이익에 대한 잠재적인 혹은 현재적인 도전을 억압 · 좌절시키는 혹은 고의적으로 방치하는 의사결정이라고 할 수 있다(노화준, 정책학원론, 박영사,2004, p.5,pp.175-176) 무의사결정의 발생원인으로는 기득권 보호, 행정관료의 과잉충성, 지배적 가치에 대한 집착, 특정문제들에 대한 정치적 편견 등이 있다.우리나라가 1960~70년대 경제성장과 안보이데올로기에 치중하여 인권, 노동, 환경, 복지 등에 관한 문제를 짓눌러온 현상 등이 무의사결정의 예로 볼 수 있을 것이다.

제 4 장 정책분석

Ⅰ. 정책분석의 의의

1. 정책분석(policy analysis)의 개념

정책분석이란 광의로는 정책과정의 모든 단계에 있어서 정책에 대한 분석 즉 사전적·집행중인·사후적 정책분석을 포함하는 것으로 볼 수 있지만 협의로는 정책결정을 위한 사전분석 즉 정책대안의 선택을 위한 대안의 체계적인 탐색·평가와 분석이라고 할 수 있다.[1] 정책분석은 정부의 장래행동지침인 정책을 결정하는 과정에서 당면한 문제에 관하여 수집된 정보, 자료, 지식과 과거의 경험을 토대로 하여 정책대안을 체계적으로 탐색하고 그 장단점을 분석하여 결과를 예측함으로써 문제해결을 위한 가장 바람직한 대안이 선택될 수 있게 해주는 창의적·쇄신적 활동을 말한다.

정책분석은 정책결정과정의 가장 핵심적인 단계라 할 수 있으며 정책판단의 근거를 질적으로 향상시키는 데 필요하고도 적합한 정보를 창출·조직·제공하기 위하여 합리적이고도 체계적인 방법을 동원하는 접근방법이라고 할 수 있다.[2]

1) 광의의 정책분석은 정책의 형성, 집행, 평가 및 종결 등 정책의 모든 과정에 대한 분석 활동을 포함한다. 따라서 넓은 의미의 정책분석은 사실상 공공정책론(public policy)이나 정책과학(policy science)에 해당되는 것이다. Jan Gordon, Janet Lewis and Ken Young, "Perspectives on Policy Analysis," *Public Administration Bulletin*, Vol. 25 (1997), p. 27; 노화준, 『정책분석론』, 박영사, 1989, p. 16 참조.

2) 허범, "공공행정의 새로운 지도이념과 지도력," 한국행정학회, 「민주사회의 성숙을 위한 공공행정」, 고시원, 1988, p. 91.

2. 정책분석의 역할

정책분석의 기본적 역할은 정책결정자가 대안선택에 관한 판단을 하는 데 도움을 주는 것이다. 정책분석은 정책결정을 위한 사전적 분석으로서 목표와 정책대안(수단)의 논리적 관계를 밝히는 데 가장 중점을 둔다. 이는 목표달성이나 문제해결에 기여하는 가장 바람직한 대안을 선택하는 데는 목표·수단의 연쇄관계가 명확히 밝혀져야 하기 때문이다.

3. 정책분석의 처방적 성격

본래 정책분석은 정책현상의 구성요인을 규명하려는 경험적 연구 내지 기술(記述)적 접근방법에 기초를 둔 것이라고 볼 수 있다. 이러한 정책분석에서는 경제적 합리성을 추구하는 비용편익분석 중심의 체제분석이 활용되었다. 그러나 공공정책의 결정은 공공성·정치성에 따른 가치의 측면이 아울러 고려될 수밖에 없으므로 일반적인 의사결정과는 차이가 있기 마련이다. 즉 계량적 분석뿐만 아니라 질적 측면도 중시하고 정책분석의 규범적·처방적 성격이 강조된다.[3] 따라서 계량분석에 입각하여 경제적 합리성을 검토하는 체제분석의 특성을 유지하면서 정치적 합리성을 고려하는 정책분석에 관심이 쏠리게 된 것이다.[4]

Dror는 정책과학의 입장에서 정책분석의 처방적 성격을 다음과 같이 지적하고 있다.[5]

1) 정책이 지향하는 기본가치를 탐구하고 장기목표를 연구한다.

2) 정치적 변수를 고려한다.

3) 새로운 계량화 척도, 다차원적 목표의 충족, 불확실성 등과 연계되는 복잡

---

3) 그러므로 정책분석은 현실의 정책문제의 해결을 위한 규범적이고 실천적인 처방을 내리는 활동이다. 따라서 여러 가지 정책대안을 개발하고 이들 중 특정 안을 권고하기도 한다. 일반사회과학이 객관적인 현상이나 인과관계의 규명에 주력하는 반면 정책분석은 앞으로 정책주체가 따라야 할 방법이나 수단을 제시해 주는 것이다. 따라서 정책에 관한 연구 중에서도 정책사례연구와 같은 실증적 연구나 과거의 정책에 대한 단순한 평가 그리고 객관적이고 보편적인 정책지식의 창출과는 구분된다. W. N. Dunn, *Public Policy Analysis: An Introduction* (Englewood Cliffs, N.J.: Prentice-Hall, Inc., 1981), pp. 7～30.

4) Robert B. Denhardt, *Public Administration: An Action Orientation*, 2nd ed. (Belmont, Calif.: Wadsworth, 1995), p. 245; Yehezkel Dror, *Design for Policy Sciences* (New York: Elsevier, 1971), pp. 55～56.

5) Yehezkel Dror, *Design for Policy Science* (New York: American Elsevier Pub. Co., 1971), pp. 55～56.

하고 광범한 문제를 검토한다.

4) 정책대안의 쇄신에 중점을 둔다.

5) 사회현상의 보다 복잡한 측면도 검토한다.

6) 현실분석의 한계와 분석이나 분석단위의 다양성 내지 중복의 필요성을 인식한다.

7) 정책분석의 목표로서 정책의 최적화 대신 정책의 선호화(preferization)를 받아들인다. 선호화란 최적화의 기준을 충족시키지는 않으나 다른 모든 기존의 대안보다 나은 대안을 밝히는 것이다.

Ⅱ. 정책분석의 절차

정책분석의 절차는 합리적 분석모형을 따르는 체제분석의 절차에 유사하지만 경제적 합리성과 아울러 정치적 합리성, 공익성, 초합리성(직관·판단·창의성) 등이 고려되어야 한다. 정책분석의 절차에 대해서는 학자들간에 다소 의견이 다르기는 하지만 대체로 큰 흐름에는 차이가 없으므로 여기서는 다음과 같이 정책분석의 일반적 절차를 4단계로 구분하여 살펴보기로 한다.[6]

(1) 문제의 인지와 목표의 설정　정책분석이 다루어야 할 문제가 무엇인지 인지하고 이러한 문제점을 해결하기 위해 추구해야 할 목표를 설정한다.

(2) 정책 대안의 탐색·개발과 결과의 예측　목표달성과 관련성이 있는 대안을 점증적 대안이나 쇄신적 대안을 포함하여 광범하게 탐색·개발하고 결과를 예측한다.

(3) 정책 대안의 비교·평가　여러 가지 대안의 상대적 가치를 비교·평가한다. 각 대안의 우선 순위를 비교·평가하기 위한 기준으로 일반적으로 소망성(desirability) 기준과 실현가능성(feasibility) 기준이 있다. 소망성 기준에는 효과성·능률성·공평성 등이 있고 실현가능성 기준에는 기술적·재정적·행정적·법적·윤리적·정치적 실현가능성 등이 있다.

(4) 분석결과의 제시　정책분석가가 분석한 대안은 정책결정권자에게 제시

---

6) E.S. Quade, *Analysis for Public Decisions* (New York: North-Holland, 1982), pp. 47~62; 노화준, 전게서, pp. 24~26.

되고 종합적으로 비교·검토되어 최종선택이 이루어진다.

Ⅲ. 정책분석의 기법

정책분석기법으로 널리 활용되고 있는 비용편익분석을 중심으로 고찰하고 기타 분석기법을 간단히 살펴보기로 한다.

1. 비용-편익분석(cost-benefit analysis)

(1) 비용-편익분석의 의의 비용편익분석 또는 편익비용분석이란 정책분석 또는 체제분석의 고유한 기법으로서 일정한 자원으로 최대의 편익을 얻거나 일정한 편익을 얻기 위해 최소의 자원을 들이기 위한 대안을 찾아내는 분석기법이다. 즉 B/C분석은 공공투자 사업에 관한 정책결정에 있어서 투자사업으로 편익이 비용보다 많은지의 여부를 체계적으로 분석하여 공공사업의 경제적 타당성을 검토하는 핵심적인 역할을 한다. B/C분석은 과거에는 수자원 분석에만 쓰였으나 오늘날에는 정부규제, 인력개발, 교통, 도시개발 등 다양한 정책 및 사업분야에서 활용되고 있다.

비용편익분석에 있어서는 특히 비용과 편익을 식별·측정하고 비용·편익을 현재가치로 환산하여 대안을 어떤 기준에 의하여 비교 평가하느냐가 중요하다. 이러한 분석에서 사용되는 비용이란 정책의 추진으로 희생되는 사회가치로서 기회비용(opportunity cost)을 의미하며 편익도 정책의 실시에 의하여 새로 생기는 재화나 서비스의 가치로서 금전으로 표시된다.

(2) 비용-편익분석의 절차 일반적으로 비용-편익분석의 절차는 다음과 같은 단계로 나누어진다.[7]

① 정책대안의 식별과 분류: 공공사업 평가의 첫번째 단계로서 설정된 목표를 달성하기 위해 이용가능한 모든 대안들을 식별하고 분류하여야 한다.

② 각 대안들의 편익과 비용의 추정: 비용-편익분석의 가장 핵심적인 과정으로써 각 대안들과 관련된 편익과 비용을 가능한 금전적 가치로 계량화하는 것이 바람직하다. 여기서 편익이란 정부투자의 적극적인 효과로 일반공중에게 나

7) 노화준, 전게서, pp. 273～277.

타나는 바람직한 결과를 의미하며 비용이란 바람직하지 못한 결과를 말한다. 현실적으로 편익과 비용을 측정하는 것은 대단히 어려운 작업이나 이것이 얼마나 타당성 있고 신뢰성 있는 방법에 의하여 이루어 졌느냐에 따라 비용-편익분석의 질이 달라진다.

③ 사용될 할인율의 구체화: 비록 편익과 추정이 정확하게 이루어졌다고 할인율을 얼마로 적용하느냐에 따라 정책대안에 대한 평가결과가 달라질 수 있기 때문에 할인율의 선택은 대안의 평가에 있어서 매우 중요한 과정이다. 공공투자사업에 적용되는 할인율을 사회적 할인율(social rate of discount)이라고 부른다.

④ 비교기준에 의한 대안의 비교 평가: 편익과 비용이 추정되고 할인율이 결정되고 난 다음에는 각 대안들을 비교평가하여야 하는데 비교평가의 기준으로는 편익-비용비율(B/C ratio), 순현재가치(NPV), 내부수익률(IRR) 등이 있다.[8)]

⑤ 최적대안의 선택: 주어진 기준을 적용하여 각 대안들을 비교 평가했을 때 그 값이 가장 큰 대안을 선택한다.

(3) 비용편익분석의 한계

① 공공사업은 비시장가격성, 비이윤성을 갖는 경우가 많기 때문에 편익의 계량화가 곤란한 경우가 많고, 비공통성 사업의 경우에는 사업간의 편익 비교가 곤란하다.

② 미래의 상황은 불확실하고, 미래가치를 현재가치로 환산할 수 있는 적정한 사회적 할인율을 도출하기가 어렵기 때문에 미래의 비용·편익을 현재가로 환산하는 데는 한계가 있다.

③ 비용-편익분석으로 능률성·경제성 분석은 가능하나, 화폐가치로 환산할 수 없는 공평성의 기준에 적용하는 데는 한계가 있다. 그러나 근래에 와서는 소득계층별로 편익이나 비용에 서로 다른 분배 가중치를 부여하여 사회복지사업의

8) 순현재가치(net present value, NPV)란 편익과 비용을 할인율에 따라 현재가치로 환산하고 그 결과인 편익의 현재가치에서 비용의 현재가치를 감한 것이다. 순현재가치가 0보다 크면 그 사업은 타당성이 있는 사업이라 하여 채택할 수 있으며 복수의 사업인 경우 순현재가치가 가장 큰 사업을 선택한다. 편익비용비율이란 순현재가치가 편익으로부터 비용을 감한 것인 반면 현재가치를 비용의 현재가치로 나눈 것이다. 이 비율이 1보다 크면 가장 높은 값을 갖는 대안을 선택한다. 비용에 대하여 편익의 비율이 큰 쪽으로부터 정책을 선택하는 이 기준은 예산제약이 있는 경우 보조적인 선택기준이 된다. 내부수익률(internal rate of return, IRR)이란 할인율을 알지 못하는 경우 사용되고 순현재가치를 0으로 만드는 할인율이며 서로 배타적인 대안의 선택에는 적절하지 않다. 내부수익률은 순현재가치를 영으로 만드는 할인율인 동시에 B/C비율을 1로 만드는 할인율이다.

대안평가에서 분배효과를 감안한 평가를 하려는 경향이 높아지고 있다.

2. 기타의 분석기법

정책분석에 관한 기법은 현재 계속 개발중에 있지만 그 대표적인 것을 소개하면 다음과 같다.

첫째, 체제분석(SA: systems analysis)이다. 이것은 대안을 선택하는 데 도움을 주기 위한 대안의 체계적·과학적 분석방법으로서 체제 전체적인 관점에서 정책결정자가 당면하고 있는 문제를 파악하며, 문제해결을 위한 여러 대안을 탐색하고, 대안의 결과를 비교하여 정책결정자의 전문적 판단과 직관을 도와주는 방법이다. 체제분석에서는 가능한 한 계량적·미시적 분석방법들이 활용되며, OR, PERT, Simulation, Game theory 등의 기법들이 이용된다. 체제분석은 의사결정이론의 규범적·이상적 접근방법에 속하며 정책분석이나 PPBS를 운영하는 데 중요한 수단이 되고 있다. 체제분석의 핵심적인 수단은 비용-편익분석과 비용효과분석이다. 특히 비용-편익분석은 정책분석기법으로서 널리 활용되고 있다.[9]

둘째, 운영연구(OR: operations research)인데, 이것은 조직전체와 관련해서 문제해결의 최선방법을 규명하려는 기술을 말하며, 의사결정을 택일하는데 방법을 추구함에 있어서 기초과학적 지식뿐만 아니라 계량적 또는 수리적 모형을 사용한다.[10]

셋째, 선형계획(LP: linear programming)은 한정된 자원을 여러 가지 활동이나 목적에 최적으로 배분하는 데 도움을 주는 기법의 하나이다. 여기서 선형이란 말은 이 모형에 사용되는 모든 수리적 함수가 일차함수임을 의미하며, 계획이란

---

9) 정책분석과 체제분석의 공통점으로는 i) 문제와 대안을 체제의 관점에서 고찰하고, ii) 여러 대안 중에서 최적대안이나 명백히 보다 나은 대안을 탐색하며, iii) 구체적인 목표에 비추어서 기대효과를 비교하고 합리적 대안을 선택한다는 점이고 차이점으로는 i) 체제분석은 자원배분의 효율성을 중시하지만 정책분석은 비용효과의 사회적 배분을 고려한다. ii) 체제분석은 대안의 평가기준을 경제적 합리성에 두지만 정책분석은 정치적 합리성 내지 공익성에 두고 있다. iii) 체제분석은 계량분석 비용편익분석을 주로 하지만 정책분석은 이 밖에 질적 분석도 중요시한다. iv) 체제분석은 가치문제를 다루기 곤란하나 정책분석은 기본적인 문제 가치를 고찰한다. v) 체제분석은 정치적 요인이나 비합리적 요인을 다루기 어려우나 정책분석은 이를 적극적으로 고려한다. vi) 체제분석에 활용되는 기본과학은 경제학, 응용조사방법, 계량적 결정이론이지만 정책분석에서는 정치학·행정학·심리학·정책학 등이다(김규정, 전게서, pp. 228~229 참조).

10) 체제분석은 제2차대전 때 사용되기 시작한 OR이 확대된 것이라 할 수 있다. OR은 조직 전체와 관련하여 계량적·수리적 모형으로 문제해결의 최적화 기법이다.

기획과 같은 뜻을 내포한다. 따라서 선형계획이란 가능한 모든 일차함수의 대안들 가운데서 최적의 결과를 얻기 위한 활동계획이라고 말할 수 있다.

넷째, 의사결정분석(decision analysis)은 정책대안의 탐색에서부터 대안들이 가져올 결과에 이르기까지 일련의 분석과정을 의사결정나무(decision tree)를 통해 일목요연하게 정리하고 분석하는 기법을 말한다. 이 모형은 대안들의 기대치를 계산하여 이것이 가장 높은 대안을 선택하며, 결과예측을 확률적 분포와 명백히 관련시키는 확률적 모형에 해당된다.

다섯째, 게임이론(game theory)이다. 여기서 게임이란 둘 이상의 경합 사이에 벌어지는 경쟁적 혹은 상충적 상황을 말하는데, 이러한 경쟁적 상황에서 경쟁당사자가 상대방에 대해서 어떻게 행동할 것인가를 논하는 것을 게임이론이라 한다. 즉 게임이론은 각 경쟁자들이 선택할 수 있는 전략들과 그 결과는 알고 있으나, 상대방이 어떠한 전략을 사용할지를 모르는 상황에서 바람직한 행동대안의 선택지침을 제공하는 기법이다.

여섯째, 시뮬레이션(simulation)으로 이것은 복잡한 사회문제를 풀기 위해서 그 사회현상과 유사한 모형을 만들고 그 모형을 조작함으로써 적절한 해답을 얻고자 하는 방법이다.

일곱째, 대기행렬이론(queuing theory)은 고객이 도래하는 수가 시간마다 일정하지 않을 때 가장 적절한 서비스시설을 결정하기 위해 대기행렬을 관리하고자 하는 이론을 말한다.

Ⅳ. 정책분석의 한계와 문제점

정책분석의 한계와 문제점은 다음과 같다.[11)]

(1) 목표설정의 곤란 목표가 명확하게 설정되고 결정당사자간에 이에 대한 합의가 이루어지지 않는 한 분석이 어렵다.

(2) 문제의 복잡성과 정보의 부족 정책문제의 복잡성과 정보의 부족 또는 정보처리능력의 부족 등으로 정책대안의 결과 영향을 정확하게 예측할 수 없다.

(3) 계량화의 곤란 많은 문제의 경우 중요한 측면이 계량화되기 어렵거나

11) 김규정, 전게서, pp. 227~228.

혹은 분석자가 너무 계량화에 의존할 위험도 있다.

(4) 객관적 분석 곤란　　정책분석에 필요되는 사회적 지식의 구성이 정책결정자의 입장과 필요에 따라 크게 영향을 받으므로 이러한 지식의 객관적 분석이 곤란하다.

(5) 인간지식의 미개발　　정책을 통하여 목표를 달성하려면 목표-수단의 연쇄관계를 명확히 규명하는 지식이 필요하지만 그러한 지식은 아직 개발되지 않고 있는 실정이다.

요컨대 정책분석을 불완전하게 만드는 원인을 제거하고, 정책분석의 질을 향상시키기 위해서는 여러 가지 노력이 요구된다.

첫째, 다루어야 할 정책문제의 내용과 성격에 따라서 가장 적합한 분석방법을 개발하고 활용하는 것이 절대적으로 필요하다.

둘째, 여러 가지 분석기법을 사용하기 전에 반드시 그것의 적용 가능성과 한계성을 철저히 검토하고 적절한 적용범위와 한계를 설정하는 것이 중요하다.

셋째, 실제의 정책결정과정은 항상 분석적 과정과 정치적 과정의 혼합과정이므로 이를 이해하고 분석활동에서 정치성을 고려해야 한다는 점이다.

제 5 장 정책집행

Ⅰ. 정책집행의 본질

1. 정책집행(policy implementation)의 개념

정책집행이란 정책의 내용을 구체적으로 실현시키는 과정을 말한다. 정책의 내용은 정책목표와 정책수단으로 이루어지므로 정책의 내용을 실현시킨다는 것은 정책목표달성을 위하여 정책수단을 실현시키는 것을 의미한다.[1] 예컨대 불량청소년의 선도를 정책목표로, 상담을 정책수단으로 하는 청소년 선도정책의 경우, 불량청소년을 조사·파악하고 부모의 협조를 얻어 이들에 대한 상담활동을 하는 것이 정책수단인 상담을 실현시키는 것이며, 이러한 활동들로 정책내용의 실현이 이루어지는 것이다. 그러므로 이러한 활동들이 없으면 정책수단인 상담이 이루어지지 못하게 되어 부집행(non-implementation)이 된다.[2]

정책수단이 실현되면 정책목표가 달성되는 경우도 있으나 그렇지 않은 경우도 있다. 하지만 어느 경우이거나 정책집행은 이루어진 것으로 본다. 예컨대 상담이 이루어진 후에 상담받은 불량청소년이 선량해지는 경우도 있지만 옛날 상태로 그대로 있는 경우도 있는 것이다. 그러나 두 경우 모두 상담이라는 정책수단이 실현되었기 때문에 정책집행은 이루어진 것으로 본다. 다만 후자의 경우는

1) Walter Williams, *The Implementation Perspective* (Berkeley: University of California Press, 1980), p. 3.

2) 정정길, 전게서, pp. 463~517.

정책수단이 실현되었는데도(즉 정책집행이 이루어졌는데도) 정책목표가 달성되지 않은 경우로서, 이 경우는 정책목표와 수단 사이에 처음부터 인과관계가 존재하지 않았거나, 정책집행과정상의 잘못으로 정책효과가 나타나지 않은 경우에 해당한다.[3)]

2. 정책집행과정의 특징

정책집행과정은 i) 많은 사람과 조직이 관련되고 정책결정과정 정책평가과정과 상호작용하는 복합적 성격, ii) 집행자가 새로운 정책에 적응해야 할 뿐만 아니라 정책 자체가 현지실정에 알맞도록 수정되어야 한다는 상호적응성, iii) 법률의 제정에서 비롯하여 지침개발, 자원배분, 평가를 거치는 순환적 특성 등을 가지고 있다.[4)]

3. 정책집행과 정책결정의 관계

정치행정이원론 내지 기술적 행정학으로 대표되는 전통적 행정이론은 정치(정책결정)와 행정(정책집행)을 엄격히 구분하여 행정은 결정된 정책을 합리적으로 차질 없이 실천에 옮기는 집행과정으로 인식하였다.

그러나 오늘날 정치·행정의 상호 밀접한 관계를 주장하는 정치행정일원론 내지 기능적 행정학에 입각하여 행정부에서 정책집행뿐만 아니라 정책결정까지 담당하는 것으로 파악하고 있으므로 정책결정과 집행의 구분이 모호해지고 있으며, 심지어 Lindblom은 "정책집행은 항상 정책을 결정하거나 정책을 수정한다"고 주장하며 정책집행과 정책결정을 동일시하고 있다.[5)] 정책집행과 정책결정은 몇 가지 차원에서 공통점과 차이점을 구분할 수 있으나 정책집행은 정책과정의 하나의 단계로서 정도의 차이는 있으나 실질적으로 정책을 결정하거나 수정한다고 볼 수 있다. 따라서 정책결정과 정책집행은 엄격히 구분될 수 없고 불가분의 관계에 있다고 하겠다.

---

3) 이때 정책목표와 정책수단 사이에 존재하는 인과관계는 흔히 이론(theory)으로 불리우는 것이며, 잘못된 이론에 따라 정책수단을 잘못 선택하면 정책수단과 목표 사이에 인과관계가 존재하지 않아 정책효과가 나타나지 않게 된다. 이 부분은 정책평가론의 검토대상으로서 제6장 정책평가론 참조.

4) 유훈, 『정책학원론』, 법문사, 1990, pp. 280～281.

5) Lindblom, *The Policy-making Process* (Englewood Cliffs, N.J.: Prentice-Hall, 1980), p. 65.

4. 정책집행의 중요성

정책목표를 달성하는 성공적인 정책집행은 극히 중요하며 정책집행론은 성공적인 정책집행을 추진하기 위한 지식이나 논리를 연구하는 것이라 하겠다. 성공적인 정책집행이 중요한 이유를 들어보면 다음과 같다.[6]

(1) 정책의도의 실현　정책의제설정에서부터 정책결정에 이르는 과정까지 무수한 참여자가 많은 투자를 하여 합리적·분석적인 검토와 갈등·협상을 통해 이루어진 정책도 성공적인 집행이 있어야만 비로소 그 결실을 얻게 되는 것이다.

정책결정에서 달성하기로 한 정책목표는 당해 정책의 존재이유가 되며, 이 목표의 달성은 정책수단의 실현, 즉 정책집행이 있어야만 가능한 것이다.

(2) 실질적인 정책내용의 구체적 결정　정책결정과정에서 여러 가지 이유 때문에 일반적·추상적으로 결정된 정책내용이 정책집행과정에서 보다 실질적이고 구체적으로 결정되는 경우가 많다.[7]

(3) 국민생활과 직결되는 정부의 활동　정책집행과정이야말로 정부의 활동이 일반국민에게 직접 영향을 미치는 단계이다. 국민들에게 서비스나 재화를 제공하는 정책(배분정책)의 경우에는 수혜집단에게 직접 서비스제공을 하는 단계가 되고, 규제정책의 경우에는 피규제자의 행동이나 권리행사를 직접 제한하는 단계가 되는 것이다. 따라서 일반국민들이 정부의 존재와 그 활동의 결과를 피부로 직접 느끼는 단계가 바로 정책집행단계인 것이다.

---

6) 정정길, 전게서, pp. 464~467.

7) 예컨대 원활한 교통소통을 위해서 지하철건설, 도로확장 등을 수단으로 하고, 그리고 도로확장을 위해서 일정한 지역을 선정하는 구체적인 노선까지 결정하더라도 집행단계에서 직접 작업을 하기 위해서는 구체적인 노선을 어떻게 그을 것인가를 결정해야 하는 것이다. 이 때 교통량 소통을 위해서 적용될 기준(가능한대로 도로가 직선이 되도록 하거나, 완만한 곡선이 되도록 하는 것)과 보상비를 극소화하는 기준(값비싼 건물파괴를 극소화하는 것), 공평성을 살리는 기준(건물 주인들의 사회계층적 분포를 보아 강자를 보호해야 하는 것), 정치적 실현가능성(강력한 집단의 반대를 회피할 필요성) 등이 모두 고려되어야 하기 때문에 이렇게 극히 복잡한(complex) 상황을 정책결정에 모두 감안하기가 어렵다. 따라서 정책결정시에는 대략적인 노선만 결정하고 직접 작업을 위한 세부적인 노선의 결정 및 보상액수의 결정 등의 세부적인 사항은 집행단계에 가서 각각의 집행현장에서 결정하는 수밖에 없다. 뿐만 아니라 정책결정시에는 정보의 부족과 불확실성 때문에 구체적이고 자세한 내용까지 결정을 할 수가 없다(정정길, 전게서, pp. 465~466 참조).

Ⅱ. 정책집행연구의 접근방법

정책집행연구[8]에 대한 이론적 접근방법은 하향식 접근방법과 상향식 접근방법으로 대별된다.[9]

1. 하향식 접근방법(top-down approach)

하향식 접근방법은 정책결정에서 산출된 정책을 출발점으로 하여 이것이 정책집행기관에 지시 전달되어 정책집행기관이 집행을 준비하고 집행활동을 하는 과정을 정책결정(담당자는 조직이나 정부기관의 상층부)에서부터 정책집행(담당자는 조직이나 정부기관의 하층부)까지 그리고 정책집행의 설계(담당자는 집행조직의 상층부)에서부터 집행현장(담당자는 일선집행요원)까지 살펴보면서 연구를 진행하는 방법이다. 위에서부터 밑으로 연구와 관찰의 대상을 이동시키기 때문에 하향식 접근방법이라고 한다.

여기서는 정책결정자가 집행과정에 대하여 절대적 영향력을 가지며 집행참여자의 구성이나 행동을 통제할 수 있다고 본다.

2. 상향식 접근방법(bottom-up approach)

상향식 접근방법은 집행현장에서 움직이고 있는 일선집행요원들의 활동과 여기에 영향을 미치는 집행요원의 사고방식, 집행대상집단이나 이해집단, 지방정부기관 등의 상호관계를 연구의 출발점으로 하여 상부집행조직, 정책의 내용 등을 연구하는 방식으로서 하향식 접근과는 반대로 집행의 밑바닥에서부터 출발하여 상부집행조직, 정책결정상황 등으로 연구의 대상을 옮겨가면서 연구한다. 여기서는 특정한 정책의 경우에 집행현장에서 전개되고 있는 현상들을 이해·설명하는 데 중점을 둔다.

---

8) 1970년대에 와서 미국에서 정책집행에 관한 연구가 폭발적으로 증가하게 된 것은 Pressman과 Wildavsky가 1973년에 출간한 『집행론』(Implementation)이었다. 이 책은 1965년 미국 연방정부 상무부내에 설치된 경제발전단(EDA)이 공공사업을 통한 흑인 실업자 구제를 위한 사업계획이 Oakland시에서 시행되었을 때 무참하게도 실패에 돌아갔던 사례를 조사한 것이었으며 정책집행연구에 큰 영향을 미쳤다.

9) 정정길, 전게서, pp. 489~496.

또한 정책의 실질적 내용이 집행과정을 거치면서 형성·결정되어 가며 이를 결정하는 것은 중앙의 정책결정자가 아니라 일선 집행요원이라고 보고 정책결정자의 의도보다 일선기관이나 일선 집행요원의 행태에 중점을 둔다.

3. 평 가

하향식 접근방법은 정책결정자의 입장에서 집행과정을 관찰하므로 반대자의 입장이나 전략을 쉽게 파악할 수 없고 일선 집행요원의 입장이나 대상집단의 태도·전략을 경시 내지 과소평가하기 쉬우며 실제로 여러 가지 정책이 동시에 집행되는 집행현장에서 하나의 정책에 초점을 맞추어 그 과정을 연구하게 되므로 많은 문제점이 있다.

한편 상향식 접근방법은 집행현장을 지나치게 중시하여 주변의 참여자를 과대평가하고 중앙의 직접·간접영향을 과소평가하며, 참여자의 선호행태의 상당부분이 정책이나 법령에 의하여 좌우된다는 점을 경시하며, 일선 집행요원과 대상집단의 인식 행태에 초점을 맞추고 이에 영향을 미치는 요인(사회·경제·법적 요인)은 소홀히 한다는 문제점이 있다. 어떻든 두 접근방법은 서로 다른 장·단점이 있으므로 상호보완적 시각에서 종합하여 사용하여야 할 것이다.

Ⅲ. 정책집행의 단계

결정된 정책을 집행하기 위해서는 i) 정책지침작성, ii) 자원확보, iii) 실현활동, 그리고 iv) 감독통제의 4단계를 거치게 된다.[10)]

1. 정책지침작성단계

결정된 정책은 추상적이므로 현실적으로 집행이 가능하도록 정책내용을 구체화시켜 무엇을 어떻게 집행할 것인가에 관하여 규정해주는 정책지침이 필요하다. 즉 정책지침(policy guidelines 또는 directives)이란 집행자가 따라야 할 것, 정책의 집행에서 필요한 사항 등에 대하여 규정한 것을 말한다. 정책이 법률의

10) 정정길, 전게서, pp. 509~517. 정책집행의 단계를 Rein은 i) 지침개발, ii) 자원배분, iii) 감독과정으로, Jones는 i) 정책해석, ii) 조직구성, iii) 적용으로, Franklin은 i) 자원확보, ii) 해석 및 기획, iii) 조직화, iv) 수혜와 제한의 적용 등으로 나누고 있다.

형태를 띠고 있는 경우에는 이것을 구체화한 대통령령, 부령 또는 기타 집행책임자의 지시 등을 모두 포함하는데 외형적으로 보면 법규, 규정, 명령, 지시뿐만 아니라 안내서나 지침서(manual 또는 handbook) 등의 명문화된 것도 있고 구두로 지시하거나 연락하는 것도 있다.

정책지침은 정책의 내용을 현실에서 실현가능한(workable) 내용으로 구체화시켜 집행담당자들이 구체적인 활동을 할 때 따라야 할 내용을 세밀하게 지시하는 것이므로 정책지침의 작성 개발(guideline development)은 정책결정활동과 본질적으로 동일하다고 하겠다.

2. 자원확보단계

정책을 실현하기 위해서는 필요한 자원이 확보되어야 한다. 자원에는 물적인 것만이 아니라, 전문집행요원 등의 인적 자원은 물론 집행조직이나 기구까지도 포함시킬 수 있다.

3. 실현활동단계

실현활동은 정책의 실현(구체적으로 정책수단의 실현)을 위하여 행하는 물리적 활동을 의미한다. 지하철 건설공사 현장에서 이루어지는 건설활동, 상담원이 청소년을 상대로 행하는 상담활동, 의사가 의료보호정책을 위해서 가난한 노인을 직접 치료하는 활동 등이다.

이 실현활동단계야말로 정책내용이 물리적으로 실현되는 단계이고 모든 정책집행계획이 끝마무리가 이루어지는 단계이다. 그러므로 정책집행이 성공하기 위해서는 이 마무리 단계가 성공적으로 이루어져야 한다.

4. 감독·통제단계

실현활동이 지침에 따라 충실하게 수행되었는가 여부를 점검·평가하고 잘못이 있으면 시정한다. 이 단계는 크게 집행점검(monitor)과 평가(evaluation)의 두 가지가 포함되는데 후술하는 정책평가론에서 구체적으로 검토하게 될 것이다.

Ⅳ. 정책집행의 유형

정책집행의 유형은 여러 기준에 따라 분류할 수 있는데 학자들이 채택한 기준으로는 정책집행자체의 기능적 특성, 정책결정자와 정책집행자 간의 관계, 정책의 유형 등이 있다. 여기서는 Nakamura와 Smallwood의 견해에 따라서 정책결정자와 정책집행자의 관계를 기준으로 고전적 기술 관료형, 지시적 위임자형, 협상자형, 재량적 실험가용, 관료제적 기업가형 등 다섯 가지의 정책집행 유형을 살펴본다.[11)] 고전적 기술관료형에서 관료제적 기업가형으로 나아갈수록 정책집행자가 정책결정자보다 큰 역할을 담당하게 된다.

(1) 고전적 기술관료형(classical technocrats) 정책결정자는 명확한 목표를 제시하고 계층제적 지휘체계를 확립하고 있으며 정책집행자에게 목표달성을 위한 기술적 권위(technical authority)를 위임한다. 정책집행자는 정책결정자의 목표를 받아들이고, 그 목표를 달성하기 위한 기술적 수단을 강구하며 그러한 목표를 달성할 수 있는 기술적 역량을 지니고 있다. 정책결정자는 집행과정을 통제하고 집행자는 부여받은 기술적 재량권을 성실히 수행한다.

(2) 지시적 위임자형(instructed delegates) 정책결정자는 명확한 목표를 제시하고 대체적인 방침만 정한 다음, 집행자들에게 재량적 행정권한을 위임한다. 정책집행자는 주어진 목표를 받아들이고 이를 달성하기 위한 행정적 수단을 결정하는 데 많은 재량권을 가진다.

집행자들은 목표를 달성하는 데 필요한 기술적·협상적 능력을 갖추고 있다.

(3) 협상자형(bargainers) 정책결정자가 목표를 수립하고 대체적인 정책을 결정하지만 목표와 집행수단에 관하여 정책집행자와 협상을 벌인다. 협상의 결과는 양자간의 상대적 권력관계, 즉 상대적 권력원(relative power resources)의 분포상태에 의하여 결정된다.

(4) 재량적 실험가형(discretionary experimenters) 정책결정자가 전문성의 결여 및 정책목표의 복잡성·불확실성으로 구체적인 목표를 제시할 수 없어서 추상적

11) Nakamura and Smallwood, *The Politics of Policy Implementation* (New York: St. Martin's Press, 1980), pp. 111~142.

인 수준에 머물게 되고 구체적인 목표와 목표달성을 위한 방안을 강구하도록 집행자에게 광범위한 재량권을 위임한다.

집행자는 그러한 직무를 수행할 의사와 능력을 지니고 있으며 집행자들을 정책목표의 구체화, 수단선택, 정책집행을 자기 책임하에 수행한다.

(5) 관료제적 기업가형(bureaucratic entrepreneurs) 고전적 기술자형과 가장 대조적인 유형으로서 정책집행자가 정책결정자의 권력을 빼앗아 정책과정을 지배하는 경우이다. 집행자는 목표를 수립하고 방안을 강구한 다음 온갖 권력을 동원해서 정책결정자로 하여금 그러한 목표와 방안을 채택하도록 설득한다.

정책집행자는 자신의 목표를 수행할 의지와 능력을 가지고 있으며 공식적인 정책결정자들은 집행자들에 의하여 만들어진 정책목표와 수단을 받아들일 수밖에 없으며 결국 모든 실권을 집행자들이 가지고 있다 하겠다.

Ⅴ. 정책집행의 성공을 좌우하는 요인[12)]

정책집행에 영향을 미치는 주요한 요인을 정책집행체제의 내부요인과 외부요인으로 대별하여 고찰해 보기로 한다.[13)]

1. 내부 요인

정책집행은 행정기관이 그의 내외부조직 구조 속에서 각종 절차에 입각해서 각종의 필요한 자원을 동원해서 정책목표를 달성해 나가는 활동이라고 할 수 있다.

(1) 정책목표의 명확성 정책목표가 명확하면 할수록 정책집행이 용이해진다고 볼 수 있으므로 집행할 것인가 또 어떻게 집행할 것인가에 대하여 명확하게 정의된 정책목표일수록 집행의 성공확률이 높아질 것이다.

정책목표의 명확성을 높이기 위해서는 정책결정자가 관련문제에 대한 명확

12) 정책집행의 성공을 좌우하는 요인들은 실제에 있어서는 이들 중 몇 가지 요소가 있다고 해서 정책집행이 성공하는 것이 아니고 오히려 중요한 요인 한두 가지가 빠지면 정책집행이 실패할 가능성이 커지는 것들이기 때문에 '정책집행의 실패요인'이라고 부르기도 한다. 그런데 정책집행의 성공이나 실패를 좌우하는 요인은 결국 정책집행에 영향을 미치는 요인들이기 때문에 흔히 '정책집행을 좌우하는 요인'이라고 부른다.

13) 안해균, 전게서, pp. 365~377.

한 문제의식과 전문지식을 갖추고 있어야 한다. 또한 정책목표 설정과정에서 발생하는 의견불일치에 대하여 집행자·이익집단 등 관계인의 여러 의견을 적극적으로 수렴하는 노력이 필요하다 하겠다.

(2) 자 원 정책목표가 명확성을 띠는 경우에도 정책집행을 뒷받침할 자원이 수반되지 않으면 집행은 성공적일 수 없다. 정책집행의 자원으로서는 i) 물적 자원(예산), ii) 인적 자원, iii) 정보, iv) 권한 등을 들 수 있다.

(3) 내·외부 조직 구조 집행조직 내부에서의 상하관계와 같은 내부구조와 결정자와 집행자 혹은 집행자와 정책 대상집단간의 관계와 같은 외부구조가 모두 민주적 구조로 이루어진다면 일반적으로 정상적인 상황하에서는 권위주의적·자유방임적 구조에 비하여 효과성이 높다고 볼 수 있다.

(4) 집행책임자 정책집행기관의 책임자가 어떠한 태도를 가지고 집행에 임하고 있느냐는 정책집행에 큰 영향을 미친다.[14] 집행책임자의 태도가 소극적이냐 적극적이냐 또는 법규중심적이냐 관리 지향적 내지 문제해결중심적이냐 등에 따라서도 정책집행의 성공 여부가 좌우된다고 할 수 있다.

(5) 집행절차 정책이 임기응변적으로 집행되느냐, 제도화된 절차에 따라 합리적으로 집행되느냐 아니면 상황변화에 대한 고려 없이 획일적으로 집행되느냐 등의 집행절차는 정책집행의 성공여부를 좌우할 수 있다. 일반적인 상황에 대처하기 위한 일상적 처리방법인 표준운영절차(SOP) 소위「○○업무규정」이 많이 활용되는데 각 상황에 적절한 최선의 정책집행방법을 분석·적용하지 않는 경우가 많다. SOP는 새로운 정책의 집행을 저해할 가능성이 많으며 정책집행에 필요한 조직변동도 어렵게 만들 수 있고, 위기상황에도 대처하기 곤란한 문제점이 있다.

2. 외부 요인

(1) 사회경제 여건의 변화 사회경제적 여건의 변화는 정책집행에 큰 영향을 미친다. 문민정부의 출범, 지방자치의 실시, 인구의 수도권집중, 지역간의 사회경제적 격차 등은 정책형성뿐만 아니라 정책집행의 효율성이나 우선순위를 좌우하

---

14) 미국의 경우 FBI의 Hoover, 핵잠수함계획의 Rickover, 우주계획의 Webb, 평화봉사단의 Shriver 등이 정책집행에 성공적인 인물로서 지적되고 있다.

는 요인으로서 작용한다. 또한 지역간의 사회경제적 여건의 차이도 정책집행에 영향을 미친다.

(2) 정책대상집단의 태도와 정치력 정책대상집단은 얻게 될 이익이 최대가 되도록 집행과정에 개입하려고 노력한다. 정책대상집단은 정책으로 직접 혜택을 보는 수혜집단과 정책으로 초래되는 희생을 감수해야 하는 희생집단으로 나누어지는데 성공적인 정책집행을 위해서는 수혜집단의 강력한 지지와 아울러 희생집단의 저항이 약화되어야 한다.[15]

(3) 대중매체의 관심과 여론의 지지 성공적인 정책집행을 위해서는 일반 국민의 지속적인 지지나 여론의 반응이 좋아야 하며 신문·TV 등 대중매체가 정책의 중요성을 부각시키고 유리한 여론을 조성하는 데 중요한 역할을 한다. 요컨대 대중매체와 일반대중의 관심과 지지가 지속적으로 표명될수록 정책집행의 성공가능성은 높아진다고 하겠다.

(4) 정책결정기관의 지원 대통령이나 국회 등 정책결정기관은 집행에 필요한 각종 자원을 지원하고 집행담당자를 감독·통제할 수 있으므로 정책집행에 큰 영향을 미친다. 특히 대통령중심제인 우리 나라의 경우 대통령의 관심이나 지원은 정책집행의 성공 여부와 직결되어 결정적인 영향을 미친다.

3. 정책집행상의 순응(compliance)

(1) 의 의 정책집행에 있어서 순응이란 정책이나 법규에서 요구하는 행동에 따르는 행위를 의미한다. 반대로 여기에 따르지 않는 행위를 불응(noncompliance)이라고 부른다. 예를 들면 환경보호정책에서 수질오염을 방지하기 위하여 기업체로 하여금 공장폐수를 방류하지 않도록 규정하고 있을 때, 기업체들이 공장폐수를 방류하지 않으면 순응이 일어난 것이고 반대로 폐수를 방류하면 불응이 일어난 것이다. 정책집행에 있어서 현실적으로 정책에 대한 완전한 순응이나 완전한 불응은 없고 부분적으로는 순응하면서 부분적으로 불응한다고 보아야 할 것이며 정도의 상대적 차이로 파악해야 할 것이다.[16] 어떻든 정책집행자, 특히 일

15) 정정길, 전게서, p. 545.

16) Duncan은 순응을 수용과 구별하여 설명하고 있는데, 순응은 외면적 행동이 일정한 행동규정(behavioral prescriptions)에 일치하는 것인데 비해서 수용(acceptance)은 외면적 행동의 변화만이 아니라 내면적 가치체계와 태도의 구체적 변화를 의미하는 것으로 보고 있다. 일반적으로 순응

선 집행관료나 정책대상집단의 순응이 잘 이루어지지 않으면 정책집행은 실패될 수밖에 없다. 불응의 구체적 형태로서는 i) 의사전달에 대한 고의적 조작, ii) 지연, iii) 정책의 임의변경, iv) 불집행, v) 형식적 순응, vi) 정책 자체의 취소 등을 들 수 있다.[17)]

2) 순응의 원인[18)]

(1) 권위에 대한 믿음　일반적으로 권위는 정당성이 부여된 권력이라고 할 수 있는데 어떤 정책에 대하여 정당한 것으로 생각하고 복종하는 것이 당연하다고 믿게 됨으로써 순응하게 된다. 사람은 사회화과정(socialization)을 거치면서 정부기관이나 법의 권위를 존중하게 되며 정부정책의 권위를 받아들이고 정책에 대한 순응을 당연시한다.

(2) 합리적 의식적 설득　다른 사람들의 설득을 통하여 정책이 정당하고 필요하며 합리적이라는 점을 이해함으로써 의식적으로 사리에 맞게 수용하고 정책에 순응하게 된다.

(3) 개인적 이익　개인이나 집단이 각종 경제정책의 경우에서 볼 수 있는 바와 같이 어떤 정책집행이 자신의 개인적 이익에 도움을 줄 것으로 생각하면 정책에 잘 순응하게 된다.

(4) 강 제　복종하지 않을 경우 벌금, 구속이나 기타 제재 등으로 처벌받을 가능성이 있는 경우 정책에 대한 순응을 확보할 수 있다. 그러나 처벌의 위협 그 자체가 반드시 장기적인 순응을 보장하지는 못하므로 처벌보다 대상집단의 자발적인 협조가 더 효과적이다.

(5) 정책집행의 기간　어떤 정책이 장기간 지속적으로 집행되면 초기에 잘 순응하지 않았던 사람도 정책에 익숙해져 순응하게 되는 경우도 있다.

3) 불응의 원인

불응은 전술한 순응의 발생원인이 부정적으로 작용할 때에도 발생하는 것으로 볼 수 있는데 그 외에 추가적 원인을 보면 다음과 같다.

은 Duncan의 주장과 같이 내면적 가치관의 변화까지를 포함하지는 않는다. 즉 마음속으로 어떻게 생각하든 겉으로 나타난 행동이 정책이나 법규에서 요구하는 것이면 순응으로 보는 것이다.

17) 불응의 구체적 형태에 관해서는 안해균, 전게서, pp. 382～383 참조.

18) 상게서, pp. 379～381.

(1) 기존가치체계와의 대립 어떤 정책이나 법률이 기존가치체계, 사회적 관습 내지 정책집행자 또는 일반국민이나 특정집단의 신념과 심한 갈등을 일으키는 경우 불응이 발생할 수 있다.

(2) 금전적 욕심 어떤 정책에 대한 불응으로 금전상의 이득을 볼 수 있을 것이라는 욕심 때문에 정책에 순응하지 않게 되는 경우가 있다.

(3) 정책의 모호성 정책의 목표나 내용이 모호하거나, 상반되는 정책집행기준이 제의될 경우 정책에 대한 불응이 일어나기도 한다.

4) 순응의 확보방안

순응을 확보하려면 불응의 원인에 따라서 대책을 세워야 한다. 3대 순응확보수단으로는 도덕적 설득, 유인(보상), 처벌이 있다.[19)]

(1) 도덕적 설득(normative persuasion) 특정 정책에 순응하는 것이 국가·사회적으로 보거나 윤리·도덕적 차원에서 올바르며 또한 좋은 것임을 인식시키기 위한 설득활동을 함으로써 자발적인 순응을 유도한다.

(2) 유인(incentives) 또는 보상(rewards) 순응을 하는 경우에 혜택을 제공하여 자발적으로 순응하도록 한다. 유인의 장점은 순응하면 얻을 수 있는 보상이나 혜택을 제공하고 순응 여부는 순응주체의 자발적인 선택에 맡기는 것이므로 가장 효과적이고 능률적인 방법이라 할 수 있다.

(3) 처벌(punishment) 또는 강압(coercion) 순응하지 않는 경우 처벌하겠다고 위협하여 순응을 확보하는 방법이다. 정책담당자의 비용이 들지 않기 때문에 후진국에서 처벌을 남용하는 경향이 있다.

Ⅵ. 우리 나라 정책집행의 문제점

우리 나라 정책집행상의 문제점을 정리해보면 다음과 같다.[20)]

첫째, 정책집행기관의 물적 자원과 관련하여 공금유용 등 공무원 부정부패가 근절되고 있지 않는데, 이러한 부정부패는 성공적인 정책집행을 저해하는 주요

19) 3대 순응확보 수단에 관해서는 정정길, 전게서, pp. 574~582 참조.
20) 안해균, 전게서, pp. 366~376; 김규정, 전게서, p. 242.

한 요인 중 하나가 되어 왔다.

둘째, 정부가 어느 정도 적극적으로 정책을 집행하기로 다짐하는 경우에도 정책집행의 결과는 정책목표에 비추어 보면 너무 괴리가 심하였으며 관료제가 정책집행에 있어서 효율적 목표지향적 역할을 수행하지 못하였다.

셋째, 아직도 다분히 권위주의적인 정책집행 구조를 유지하고 있으나 정책목표 및 문제의 성격 등을 고려하여 그에 적합한 조직구조를 지닌 정책집행 조직이 되도록 하여야 할 것이다.

넷째, 합법적 권한에 의하지 않는 소위 학연·지연·혈연 등에 입각한 전통적 권한에 의하여 아직도 정책집행이 좌우되고 있는 것은 성공적인 정책집행을 저해하고 있다.

다섯째, 공정성이 결여된 비합리적인 정책집행 절차가 적지 않았다. 예컨대 일반대중에게는 표준운영절차를 적용하여 규제를 가하면서도 특별한 소수에게는 외부의 영향력 때문에 적용을 면제·유보해 주었던 것이다.

여섯째, 정책집행에 관한 재량권이 최고관리층에 집중됨으로써 외부의 요구나 정책집행상의 애로가 적시에 환류되지 못하고 정책집행을 법규 절차의 형식적 준수로서 인식하여 무사안일주의에 빠졌으며, 합목적적·창의적·생산적인 문제해결 중심적인 정책집행이 어려웠다.

제 6 장 정책평가

Ⅰ. 정책평가의 본질

1. 정책평가(policy evaluation)의 개념

본래 평가란 어느 조직이 어떠한 계획을 수립하고, 이를 실시한 후에 그 결과를 평가하고, 평가결과에 따라서 어떤 조치를 취하는 일련의 과정이다. 따라서 정책평가란 정책이 집행된 후 문제가 되었던 공공의 현안을 얼마나 해결했는지를 살펴보는 활동이라고 할 수 있다.

그런데 정책평가의 개념과 관련하여 학자들 사이에 매우 다양한 견해들이 제시되고 있다. 이러한 제학자들의 견해를 종합해 보면 대체로 정책평가를 좁게 해석하는 견해와 넓게 해석하는 견해의 두 가지로 구별될 수 있다.[1] 정책평가 개념을 광의로 해석할 때는 정책대안에 대한 사전비교·평가를 포함하게 되며, 협의로는 정책이 결정되어 집행된 결과 또는 집행되고 있는 결과에 대한 사후평가·분석을 의미한다. 정책과정이 순환적 성격을 띠고 있다는 점에서 정책평가란 정책과정·행정과정의 중요한 단계로서 정책결정의 환류장치라고 할 수 있다.[2]

1) 정책평가를 좁게 해석하는 경우로는 Hatry, Wholey, Epstein 등의 견해가 대표적이고, 넓게 해석하는 것으로는 Rossi 등의 견해가 대표적이다.

2) 김규정, 전게서, p. 243.

2. 정책평가의 필요성과 중요성

1) 정책평가의 필요성이 제고되는 이유

(1) 정책실패사례의 등장 정책수립 당시 처음 의도했던 대로 정책이 집행되지 않게 되고, 정책집행연구에서 보여주는 것처럼 정책은 일단 수립되면 자동적으로 집행될 것이라는 생각을 무너뜨리는 정책실패 사례가 등장하게 되었다. 그러므로 정책실패의 이유를 발견하고 처방하기 위한 평가 노력의 필요성과 중요성이 부각되어졌다.[3]

(2) 정책과정의 복잡화 정책대상이 전문화되고 복잡화되는 경향에 따라 체계적인 정책평가의 필요성이 대두된다.

(3) 경제성과 효율성의 강조 정책평가는 정책집행과정상의 불필요한 요소, 집행과정에서의 누락된 요소 등을 지적하게 됨으로써 차후 정책수립과 집행에 경제성과 효율성을 확보할 수 있다.

(4) 관리적 책임성 확보 정책평가는 집행관리자에게 보다 효율적인 관리를 하게끔 자극·유도·강제하게 함으로써 정책에 대한 책임을 확보하게 되고, 이는 곧 성공적인 정책집행으로 이어지게 된다

2) 정책평가의 중요성

일반적으로 다음과 같은 경우에 정책평가의 중요성이 특히 부각된다고 할 수 있다.[4]

첫째, 평가대상인 정책이나 사업계획의 효과가 복잡하거나 관찰하기 어렵거나 여러 가지 복합적인 요인에 의해 영향을 받는 것일 때이다.

둘째, 차후의 결정이 중요하거나 비용이 많이 드는 경우이다.

셋째, 어떤 정책이나 사업계획의 타당성에 관하여 다른 사람들을 설득하고 그에 대한 지지를 얻기 위한 객관적 자료가 필요할 때이다.

3. 정책평가의 목적

정책평가의 목적은 그 필요성 및 중요성에 비추어 파악될 수 있겠으나, 그

3) Anderson, *op. cit.*, pp. 136 ~ 139.
4) C. Weiss, *Evaluation Research* (Englewood Cliffs, N.J.: Prentice-Hall, 1972), p. 2.

중에서 특히 다음과 같은 목적에 기여한다. 즉, 정책평가는 i) 여러 가지 정보이용자의 각 정책과정에 합리적인 정책결정을 하기 위한 지식과 정보의 제공, ii) 정보분석을 통한 사업계획의 수정 · 변동과 자원의 재분배, iii) 행정인의 관리상의 능률향상과 행정활동의 방법의 개선, iv) 정책에 대한 법적·국민적 책임확보, v) 정책수단과 결과에 대한 학문적 인과성 조명에 그 목적을 두고 있다.

4. 정책평가의 성격(정치적 성격)

정책 내지 사업계획은 역할이나 이해관계가 다른 관계자들에 의하여 평가되므로 평가기능은 정치적 성격을 띠게 된다.[5] 사업계획의 집행자와 평가담당자, 수익자집단이나 전문가집단, 국회의원이나 지역사회의 지도자 등의 상호 관계 또는 활동방식은 평가활동에 영향을 미치거나 제약을 가하게 된다.[6]

Ⅱ. 정책평가의 유형과 방법

1. 정책평가의 유형[7]

정책평가의 유형화를 통해 정책평가 상황에서 판단의 준거를 확보할 수 있으며, 정책평가의 본질에 대한 깊은 이해를 도모할 수 있다.

---

5) Carol H. Weiss, "The Politicization of Evaluation Research," *Journal of Social Issues*, Vol. 26, No. 4 (Autumn, 1970), p. 58.

6) Suchman에 의하면, 정책평가에 미치는 이러한 정치적 요인의 영향은 본래의 평가목적을 벗어난 기만(eye-wash), 호도(white-wash), 매장(submarine), 가장(posture), 지연(postponement) 등과 같은 의사평가를 초래하게 된다는 것이다. 정책평가의 정치적 성격은 특히 주요 참여자를 중심으로 보면 다음의 세 가지 측면에서 파악할 수 있다. 첫째, 이해관계자의 측면에서: 결정을 지연시키거나 이미 내려진 결정을 정당화시키고 책임전가나 특정사업계획의 변호를 위하여 평가활동을 이용할 수 있으며 특정집단의 정치적 지지를 얻어내기 위한 수단으로서 이용될 수도 있다. 둘째, 정책의 집행자의 측면에서: 정책·사업계획의 집행자는 좋은 평가를 원하므로 평가담당자에게 좋은 자료만 제공하기 쉽고 나쁜 평가가 예측되는 경우에는 평가담당자에게 좋은 자료만 제공하기 쉽고 나쁜 평가가 예측되는 경우에는 자료의 거절이나 의식적인 무관심을 나타내기 쉬우며 평가자에게 위협감을 느끼고 있다. 셋째, 평가자의 측면에서: 평가자는 정책이 추구할 가치를 고려하고 과학적 방법이나 객관성을 원하므로 계선기관과 충돌하기 쉽고 이러한 대립·분쟁을 피하기 위하여 스스로 평가의 의의·효과를 평가할 수도 있다(김규정, 전게서, pp. 247~248 참조).

7) 정정길, 전게서, pp. 617~626; 안해균, 전게서, pp. 441~447; 노화준, 『정책학원론』, 박영사, 1995, pp. 468~469.

1) 과정평가와 영향평가

(1) 과정평가(process evaluation) 과정평가란 공공정책이나 계획이 얼마나 그 제시된 절차적 지침에 따라서 성실히 구체화되었는가에 관한 평가를 말하며 형성평가라고도 한다.

(2) 영향평가(impact evaluation) 영향평가란 정책이 의도하는 방향에 맞게 어느 정도의 변화를 야기시켰는가를 검토하는 것을 말하며 결과평가·총괄평가라고도 한다. 이것은 i) 전략적으로 한정된 정책목표, ii) 성공에 대한 기준의 표시, iii) 목표를 향한 진도의 측정 등을 요구하고 있다.

2) 사전평가·집행과정평가·사후평가

(1) 사전평가 일반적으로 정책분석으로 불리워지고 있는 것으로서 합리적인 정책결정과 자원의 배분 및 집행의 효율성확보를 위한 객관적인 정보를 얻기 위한 평가이다.

(2) 집행과정평가 정책집행과 직접 관계에 있는 집행과정평가는 정책집행전략의 효과성과 관리의 능률성 향상을 목적으로 이에 관련된 자료들을 산출하여 정책의 집행자와 사업의 관리자에게 제공한다.

(3) 사후평가 차기의 정책결정을 위한 환류를 목적으로 하는 평가로서 정책이 사회에 미친 정책영향을 정책이 집행된 후에 측정하는 것으로 이를 총괄평가라고도 하며 일반적으로 정책평가라고 하면 이를 의미한다.

2. 정책평가의 방법

1) 인과적 추론과 평가의 타당성

(1) 인과적 추론 정책평가의 환경이 복잡해짐에 따라 확정적 인과관계보다는 현실은 대부분 다양한 원인이 있기 때문에 확률적 인과관계를 중요시하게 된다. 이러한 확률적 인과관계의 추론을 위해서 i) 체계적인 일정에 의한 측정(the systematic scheduling of measurement), ii) 처리받지 않는 개체나 대안적 처리(alternative treatment)를 받는 개체 또는 두 개체 모두에 대한 체계적인 관찰, iii) 그들 개체들이 처리에 어떻게 배정되었는가에 대한 지식, iv) 이전의 연구나 이론 또는 실제로부터 습득한 배경지식에 대한 비평(critical appraisal) 등을 고

려하여야 한다.

(2) 평가의 타당성　정책평가의 타당성은 정책평가가 정책의 효과를 얼마나 진실에 가깝게 추정(approximation)해내고 있느냐 하는 정도를 나타낸다.[8]

(3) 평가의 신뢰도　신뢰도는 측정도구가 어떤 현상을 되풀이해서 측정했을 때, 얼마나 일관성 있게 측정할 수 있느냐 하는 정도를 말한다.

2) 모니터링(monitoring)

모니터링이란 특정 정책이나 프로그램이 집행되는 과정에서 전개되어지는 사건들에 관한 구체적인 정보의 모집과 그 프로그램이나 정책의 개선에 수집된 정보를 활용하는 것이라 정의할 수 있다.[9]

즉 모니터링은 정책이나 프로그램의 운영(operation)과 그 결과간의 관계를 묘사하고 설명해 주는 분석방법으로 정책에 대한 사실적 전제(factual premises)를 수립하는 것을 주된 관심사로 하고 있다. 또한 정책이나 프로그램이 실시되는 과정이나 실시된 후에 그 정책이나 프로그램에 대한 특정한 요청을 들어준다는 데 모니터링의 특성이 있다.

3) 진실험적 방법(true experimental method)

(1) 의 의　실험집단과 통제집단의 동질성을 확보하여 행하는 실험으로 무작위 배정을 통해 동질성을 확보하는 방법이다.

(2) 총산출과 순산출　총산출은 프로그램이 집행된 후에 관찰된 변화, 즉 산출물의 측정수단에 의하여 측정된 전체의 변화를 말한다. 이에 비해서 순산출은

---

8) 이러한 타당성의 여부는 보다 구체적으로 다음 네 가지로 구별된다.

i) 내적 타당성(Internal validity): 실시된 처리와 측정된 결과간의 관찰된 연합(observd association)이 그들 양자간의 인과관계 인지의 여부나 아니면 통계적 연합의 결여가 인과적 관계의 부재를 암시해 주는지에 대한 결론의 타당성을 의미한다. ii) 외적 타당성(External validity): 평가연구의 결과에 대한 일반화의 정도를 말하는데, 추정된 두 변수간의 인과관계 또는 정책이나 프로그램 효과에 대한 인과적 추론이 대안적 인과측정수단과 다른 형태의 사람, 상황, 시기에도 일반화될 수 있는 정도를 의미한다. iii) 구성적 타당성(construct validity): 처리, 결과, 모집단 및 상황들에 대한 이론적 구성요소들이 성공적으로 조작화된 정도를 나타낸다. iv) 통계적 결론의 타당성(statistical conclusion validity): 특정한 정책이나 프로그램의 처리가 측정된 결과에 영향을 미쳤는지 아니면, 전혀 영향을 미치지 않았는지에 대한 통계적인 결론의 타당성을 의미한다.

9) Jack L. Franklin and Jean H. Thrasher, *An Introduction Program Evaluation* (New York: John Wiley & Sons, 1976), p. 41 and pp. 77～79.

프로그램 이외의 다른 모든 요인들에 의하여 입게 된 효과들을 제거한 후 순수하게 프로그램이 원인이 되어 오게 된 것으로 생각되는 효과를 말한다.

· 총산출 = {프로그램의 효과(순산출)} ± 허위 및 혼란 요소들에 의한 효과

순산출이란 하나의 프로그램의 순수효과는 대상집단에 일어난 총산출로부터 허위요소들과 혼란요소들의 작용에 의하여 오게 된 효과들을 제거함으로써 얻게 된다.

· 순산출 = 총산출 - 허위 및 혼란요소들에 의한 효과 ± 무작위 효과

(3) 진실험 설계　진실험의 전제는 무작위 배정에 의한 동질적인 실험집단과 통제집단을 구성하는 허위변수와 혼란변수의 영향의 통제에 있다. 실험집단과 통제집단의 동질성의 확보를 위해서 동일한 구성, 동일한 경험, 동일한 성향 등의 요소들이 확보되어야 한다.

(4) 진실험의 한계

(가) 누출 및 모방효과　누출효과란 실험내용이 실험집단만 아니라 통제집단에게까지도 누출되는 경우를 말하며, 정책이나 사업의 효과로 인하여 실험집단의 구성원들이 태도변화를 일으키는 경우, 통제집단의 구성원들도 실험집단의 구성원들을 모방하게 됨에 따라 나타나는 효과를 모방효과라 한다.

(나) 호오손 효과　실험대상자들이 실험의 대상으로서 그들이 관찰되고 있다는 사실을 알게 되어 평소와는 다른 행동을 함에 따라 발생하는 효과를 호오손 효과라 하는데, 이는 특수한 상황에서 평가된 정책효과가 일상적 상황하에서는 타당하지 못할 가능성이 높다는 데 그 문제점이 있다.

4) 준실험적 방법(quasi-experimental method)

(1) 의　의　무작위 배정에 의한 방법을 사용하지 않고 두 집단이 비동질적(non-equivalent)일지라도 모든 잠재적인 혼란변수나 허위변수의 측면에서 가능한 한 유사한 실험집단과 통제집단을 구성하려고 노력한다. 진실험에 의한 방법이 이상적이기는 하나 그것이 지니고 있는 여러 가지 문제점 때문에 현실적으로 준실험이 많이 이용되고 있다.

(2) 준실험 설계의 한계

(가) 선정과 성숙의 상호작용 최초 실험집단과 통제집단의 선정에 있어서 집단간의 동질성을 유지하지 못하여 성숙효과에 있어서 그 차이가 변수에 의한 차이가 아닌 선정의 잘못에 의한 차이가 날 때 선정과 성숙의 상호작용이라 한다.

(나) 집단 특유의 사건발생 집단 특유의 사건발생이란 통제집단과 실험집단 사이에 있어서 어느 한쪽만이 영향력을 가진 변수에 직면할 때, 집단의 결과변수에 영향을 미치게 된다. 이로 인하여 실험설계단계에서 예상하지 못했던 영향이 처리효과의 가정치 속에 포함됨으로써 나타나는 오류를 말한다.

Ⅲ. 정책평가의 기준

일반적으로 정책평가기준은 정책목표와 관련되나 그 구체적인 기준에 관해서는 여러 가지 견해가 제시되고 있다.[10]

여기서는 정책평가의 기준이 행정 이념과 상통한다는 점에서 능률성, 효과성, 대응성, 형평성을 중심으로 살펴보기로 한다.[11]

1. 능률성

정책의 능률성은 정책비용과 관련시켜 성과의 질과 양을 파악하려는 것으로 정책의 총편익을 총비용으로 나누어 산출한다. 따라서 최소의 비용으로 최대의 효과를 달성하는 정책이 능률적인 것이 된다.

2. 효과성

효과성이란 정책이 가치 있는 성과나 효과를 가져오는가에 관한 것으로, 정책의 효과성은 정책목표의 달성도를 평가기준으로 하여 정책이 의도한 본래의 목표를 달성하였는가를 파악하는 것이다. 정책결과에 초점을 두며 목표의 명확

10) Suchman은 노력, 성과량, 성취한 일의 적정성, 능률성, 과정을 들고 있으며, Frohock은 형평성, 능률성, 파레토 최적, 공익의 네 가지를 들고 있고 Dunn은 효과성, 능률성, 충분성, 형평성, 대응성, 적절성 등 여섯 가지로 제시하고 있으며 Nakamura & Smallwood는 정책평가 기준으로 정책목표의 달성, 능률성, 유권자의 만족 등을 제시하고 있다.

11) 안해균, 전게서, pp. 431~435; 나기산 외, 전게서, pp. 338~347.

성이 요구되는 기준이다.

3. 대응성

정책이 특정 집단의 욕구, 선호, 가치를 충족시키는 정도를 말하는 것으로, 흔히 주민의 만족도를 조사함으로써 대응성의 달성여부를 판단한다. 따라서 대응성은 조직외부집단인 주구민의 이해관계를 잘 받아들이고 타협시키면서 지지기반을 널리 확보하는 데 정책이 어느 정도 성공을 거두었는가를 파악하려는 기준이며 지지자의 정책에 대한 만족도를 중요시한다.

4. 형평성

형평성은 정책이 사회내 상이한 집단에게 효과와 노력을 분배하는 것으로, 흔히 계층간의 격차를 해소하는 데 얼마나 기여하였는가를 살펴보는 개념이다. 형평성 있는 정책이란 정책의 편익이나 비용이 공평하고 공정하게 배분되는 것을 의미한다.

Ⅳ. 정책평가의 과정

정책평가과정의 일반적 과정은 다음의 단계로 이루어진다.[12]

1. 목표의 규명

공공정책이 직면하고 있는 수많은 문제들을 해결하기 위하여 정책목표가 어떤 유형의 목표에 속하는가, 목표는 어떠한 타협이나 합의과정으로 이루어지는가, 그 목표를 실현하려는 수단들과는 어떤 관계를 가지는가 등을 명확히 하여야 한다.

2. 기준의 설정

정책으로부터 나온 산출이나 결과 또는 영향을 어떤 기준에 의하여 평가할 것인가를 결정한다. 평가기준으로서는 효과성, 능률성, 정확성, 적절성, 형평성

12) 이종수 외, 『새행정학』, 대영문화사, 1997, pp. 290~291.

및 대응성 등이 있다.

3. 인과모형의 작성

모형은 정책평가에 있어서 하나의 인과관계를 설정하기 위하여 변수들 간의 관계로 구성된 것으로 평가의 기본적인 수단이 된다. 복잡한 현실설계를 몇 개의 변수들로 단순화시킴으로써 정책이나 사업계획이 의도한 목표를 어느 정도 실현시키고 있는가를 비교적 간단하게 또는 수리적으로 알아볼 수 있도록 해준다.

4. 연구설계

인과모형의 설정으로 수립된 제가설들에 대한 타당성이 있는 것인가를 검증하기 위하여 연구설계가 필요하게 된다. 실험의 방법으로서는 진실험적 방법이 가장 이상적인 것이나 사회적 상황의 특수성으로 준실험적 방법 또는 비실험적 방법 등이 활용된다.

5. 자료수집 및 분석

정책자료는 정책변수들의 성격이나 연구설계 등에 따라 알맞은 분석기법을 택해야 한다. 정책에 대한 보다 정확하고도 신뢰성 있는 평가를 하기 위해서는 통계적으로 정확한 자료의 처리와 분석 및 해석이 뒷받침되어야 할 것이다.

Ⅴ. 정책평가의 한계

1. 목표의 유동성과 갈등

사업계획의 평가는 목표를 확인하고 그 달성도를 측정하는 것인데 목표자체를 둘러싼 다음과 같은 문제가 제기된다.

(1) 목표의 불명확성 목표는 유동적이고 불확실하고 사업계획의 목표기준이 정치적으로 타협이나 흥정의 결과로서 설정됨으로써 목표가 불명확하게 되는 경우가 있다. 행정기관도 사업계획의 목표를 명확하게 하기보다 의도적으로 애매하고 추상적으로 제시하려는 경향이 있다.

(2) 목표간의 갈등 복수목표를 가진 사업계획이 많고 목표를 명확하게 판단하기 곤란하며 경우에 따라서는 모순되는 여러 가지 목표가 하나의 사업계획에 내포되기도 한다. 특히 다원적 목표의 경우 행정인·수익자·납세자 혹은 국회의원 등 입장에 따라 그 우선순위가 달라져 목표의 서열화가 어렵다.

(3) 목표의 변동 사업계획이 중·장기화하는 경우 여건의 변화에 따라 목표의 변동이 있을 수 있다.

2. 행정관리의 비합리성

사업계획에 대한 평가활동은 그 자체가 행정관리기능이며 평가기능의 합리성 여부는 평가결과의 가치나 효과성을 좌우하게 된다. 그러나 대부분의 관리자는 평가를 관리도구로서 효과적으로 활용하지 않고 있으며 목표·수단관계의 명확한 설정보다 자기 편의에 따라 정책을 평가하는 데 문제가 있다.

3. 통제집단 설정의 곤란

사업계획에 의하여 특정 서비스를 제공받는 실험집단과 제공받지 않는 통제집단을 설정하여 서비스의 제공 이전과 이후의 양 집단 변화를 비교함으로써 사업계획의 성과를 측정하는 방법이 많이 사용되지만 사업계획의 대상영역이 넓은 공공부문에서는 통제집단의 설정이 어렵다.

4. 규범적 평가의 비합리성

공공사업계획의 평가는 비용효과분석의 계량적 차원을 넘어서 사업계획의 타당도·소망도의 평가가 요구되지만 이러한 평가는 불가피하게 정책평가의 정치성 때문에 객관성이 없는 규범적인 평가가 되기 쉽다.

Ⅵ. 우리 나라의 정책평가

1. 평가기관

정책평가를 행하는 기관으로서 행정조직 자체에서 이루어지는 경우가 일반적이나 때에 따라 입법부 혹은 평가전문기관을 포함한 민간기관에서 판단, 평가하게 되는 경우도 있다. 우리나라 정책의 중앙평가기관으로서는 국무총리 국무조정실(정부업무평가위원회)·감사원 등이 있고, 각 부처 및 지방자치단체의 평가기관으로는 각 부처(지자체)자체평가위원회를 들 수 있다.

(1) 국무총리실 2006년 종전의 「정부업무등의평가에관한기본법」 대신에 「정부업무평가기본법」을 새로 제정하여 개별적·중복적으로 실시되던 각종 평가를 통합하고 자체평가 중심의 평가, 평가결과의 활용 강화 등 정부업무평가체계를 대폭 개편하고 성과관리제도도 도입하였다.

정부업무평가기본법에 의거 국무총리 소속하에 설치된 정부업무평가위원회는 정부업무평가기본계획 및 시행계획 수립 기타 평가의 기획·조정 총괄 업무 이외에 자체평가결과의 확인·점검 및 재평가 역할을 수행한다.

(2) 감사원 감사원은 정책 결과 판단에 중점을 두기 보다, 회계검사나 직무감찰에 중점을 두고 있다. 그러다 보니 주로 합법성이나 절차적 합리성 평가에 치중하게 됨으로써 이러한 감사원의 합법성 위주의 결과판단은 정책 본래의 문제를 다루는데 한계가 있는 것으로 지적되고 있다. 그러나, 최근 들어 정책에 대한 감사까지도 수행하려는 노력을 보이고 있는데 그렇게 하려면 평가능력 제고가 수반되어야 할 것이다.

(3) 중앙각부처의 기획관리실과 자체감사기구 정책담당 실무자들의 상부기관은 원칙적으로 소속의 하부기관을 통괄하는 기능을 가지고 있는데, 그 일환으로 정책 결과를 판단해 볼 수 있다. 중앙각부처의 각 기구는 각 산하기관으로부터 분기별로 자체 심사분석 결과를 보고받을 수 있고, 필요한 경우에는 해당기관에 시정을 요구할 수 있다.

(4) 국회의 정책평가 국회는 국민의 대표기관이라는 입장에서 국정조사, 국정감사, 국무총리·국무위원 해임 의결, 예·결산 심의 및 의결 등의 권한을 가지고 정책결과 판단의 역할을 수행한다. 그러나, 국회의원은 전문성 결여, 정책평가의 시간적 여유 부족, 국회의원의 소속정당에의 예속경향 등의 문제 점으로 인하여 정책평가의 기능이 저해받고 있다.

2. 정책평가의 문제점

정책평가에 대한 전반적인 관심이 아직 미비한 실정이며, 특히 다음과 같은 문제점을 지적할 수 있다.

(1) 평가의 형식성 국민에 대한 행정서비스 목표의 달성도나 만족도보다 위법성 여부에만 관심을 가지는 획일적·형식적 평가가 이루어지고 있으며 전시효과 위주의 평가를 선호한다.

(2) 평가기준의 애매 각 부처간·국과(局課)간의 할거주의적 또는 폐쇄적 경향으로 정책목표가 분산되어 평가기준이 애매하다. 또한 행정활동의 기준이 되는 사회지표의 합리적인 설정이 이루어지고 있지 않다.

(3) 평가에 대한 관심의 결여 집행되고 난 정책에 대해서는 전혀 관심이 없고 따라서 비용효과분석 등의 기법을 활용하여 정책효과를 측정하려는 노력도 거의 없다. 또한 정책평가자, 정책분석자 및 정책결정자간의 정책에의 관심과 협력을 강화하는 분위기가 조성되어 있지 않다.

(4) 평가결과의 환류기능 미흡 행정사업의 평가결과를 차기 정책결정과정에 환류시키는 제도가 확립되지 않고 있어 평가기능이 한마디로 유명무실해 지고 있다.

3. 정책평가의 방향

정책평가자에 의한 과학적인 방법을 통해 정책평가가 이루어져야 할 것이며, 이를 통해 산출된 정책정보가 정책형성과 집행에 제대로 활용되도록 하기 위해서는 다음과 같은 방향으로 나아가야 할 것이다.[13)]

(1) 평가기능의 중시 기관장은 평가를 계속적인 관리기능으로 인식하고 예

13) 김규정, 전게서, pp. 251～252.

산과 인원을 확보하여 지원하는 분위기를 조성해야 한다.

(2) 평가가능성의 사전 검토 평가가 가능한 사업계획만 평가되어야 하며 i) 사업계획의 명확화, ii) 성과의 측정 가능성, iii) 평가에 대한 제약요인, iv) 행정활동과 목표간의 인과관계 등이 검토되어야 한다.

(3) 정책결정과정과 예산결정에의 환류 정책결정과정과 예산결정에 평가기능이 직접 연결되고 평가의 결과가 다음 결정에 활용될 수 있어야 한다.

(4) 조직 내부인사의 적극적 역할 사업계획의 목표의 평가기준은 외부인사보다 관리자가 결정하고 사업계획의 담당자가 평가·개선작업에 참여할 수 있어야 한다.

(5) 평가작업계획의 계속적인 개발 정책의 다양성과 유동성에 대처하기 위하여 평가작업계획은 계속적으로 개발되어야 한다.

제 7 장 정책변동

Ⅰ. 정책변동의 의의

1. 정책변동(policy change)의 개념

정책변동이란 광의로 파악하여 정책과정의 진행 도중에 얻게 되는 새로운 정보·지식 등을 서로 다른 단계로 환류시켜 정책내용이나 정책집행 방법상의 변화를 가져오는 것을 말한다.[1] 정책의 변동은 그 정책내용(정책목표와 정책수단 및 대상집단 등)의 변동만이 아니라 정책집행방법(서비스 제공, 체계상의 변화를 비롯한 SOP상의 변화 등)의 변동까지도 포함한다. 그러므로 정책의 변동은 정책결정에서 일어나는 정책의 종결만이 아니라 집행단계에서 일어나는 것도 포함된다.

정책과정은 논리적으로는 정책의제설정(정책형성), 정책결정, 정책집행, 정책평가의 순서대로 연결되지만 각 단계가 시차를 두고서 단일방향으로 순서에 따라 진행되는 것이 아니라 각 단계에서 얻어진 정보가 직전 또는 그 앞의 단계로 끊임없이 환류가 이루어지는 상호작용적·순환적 과정인 것이다. 또한 정책과정의 각 단계내에서도 환류가 이루어져서 그에 따라 수정이 이루어진다.

그러므로 정책변동의 개념은 광의로 파악하는 것이 타당하다고 하겠다.

2. 정책변동의 정책과정상 지위

정책변동은 정책과정상의 어느 한 단계를 의미하는 것이 아니라, 각 단계내

1) 안해균, 전게서, pp. 383~393; 정정길, 전게서, pp. 685~702.

또는 전체 정책과정에 걸쳐서 발생하는 여러 가지 변화의 양태를 말하는 것이다.

정책변동은 정책내용(정책목표와 정책수단, 정책대상집단 등을 포함)뿐만 아니라 정책집행방법(정책집행담당조직, 집행절차, 편익과 규제제공의 전달방식 등을 포함)의 변화를 포괄하기 때문에 그에 대한 연구는 정책과정이라는 순환체계 내에서의 정책의 존재양식에 대한 검토를 통해서 이루어져야 할 것이다.

Ⅱ. 정책변동의 유형

정책변동의 전형적인 유형을 i) 정책혁신, ii) 정책승계, iii) 정책유지, iv) 정책종결 등으로 나눌 수 있다.[2]

1. 정책혁신(policy innovation)

정책혁신이란 정책결정의 주체(정부)가 과거에 관여하지 않고 있던 분야에 개입하기 위하여 새로운 정책을 결정하는 것이다. 좁은 의미의 정책변동인 정책승계와 비교하여 볼 때 완전히 무(無)에서 유(有)를 창조하는 것과 같다.

2. 정책승계(policy succession)

정책승계란 기존정책의 목표는 변경시키지 않고 내용의 일부 또는 전부를 수정하는 것이며 좁은 의미의 전형적인 정책변동이라 하겠다. 정책승계는 기존정책을 전제로 한다는 점에서 정책혁신과 다르며 정책수단의 큰 변화를 수반한다는 점에서 정책유지(상황적응적 변동)와 다르고 현존 정책을 완전히 폐지하는 정책종결과도 구별된다. 정책승계는 낡은 정책이 폐지되거나 근본정신으로 수정된 새로운 정책이 등장했다는 점에서 어느 정도 혁신적이지만 전혀 새로운 분야에 개입하는 것이 아니고, 비교적 유사한 분야를 유지하고 기본 정책목표는 변하지 않기 때문에 승계라고 부른다. 정책승계의 유형을 보면 다음과 같다.

(1) 선형적 정책승계(linear succession: 정책대체) 기존정책이 전적으로 폐지되고 거의 유사하거나 동일한 목표를 가진 새로운 내용의 정책이 수립되거나 혹은 과거정책으로의 환원(정책환원: policy reversal) 내지 과거정책의 재도입(정책

2) 안해균, 전게서, pp. 385~388; 정정길, 전게서, pp. 687~684.

재도입: policy hiatus)을 의미한다. 예컨대 쌀값 안정을 위한 중간상인의 매점매석 금지정책이 정부미 방출정책으로 대체되는 경우이다.

(2) 정책의 통합(policy consolidation) 두 개 이상의 기존정책이 완전히 또는 부분적으로 결합되어 하나의 정책으로 통합되는 것을 말한다. 예컨대 해운정책과 항만정책이 행운항만정책으로 통합되는 경우이다. 정책의 통합은 흔히 담당기관의 통합을 초래하게 된다.

(3) 정책의 분할(policy splitting) 하나의 기존정책이 두 개 이상의 복수의 정책으로 분리되는 것을 말한다. 예컨대 문화공보부의 문화부와 공보처로의 분리처럼 정책담당기관이 하나에서 두 개 이상으로 분리되면서 정책의 분할이 일어난다.

(4) 부분적 정책종결(partial termination) 정책의 일부가 종결되고 축소된 새로운 형태의 정책이 나타나는 것이며 완전한 종결이 불가능한 경우와 관련된다. 일부의 정책 내용을 유지하면서 일부는 완전히 폐지하는 것으로서 정책유지와 정책종결이 배합된 경우이다. 예컨대 석유소비억제를 위하여 석유소비세 부과는 종전대로 유지하되 배급제는 폐지하는 경우이다.

(5) 비선형적 정책승계(non-linear succession) 정책의 유지·대체·종결·추가 등이 3개 이상 복합적으로 나타나는 것이다. 이로 인해 나타나는 새로운 정책은 기존의 정책과는 달리 목표·특징·조직형태면에서 크게 다르다.

(6) 우발적 정책승계(incidental policy succession) 예기치 않았던 원인 또는 사건에 의하여 발생하는 정책승계로서 경우에 따라서는 중요한 정책효과를 거두기도 한다.

3. 정책유지(policy maintenance)

정책유지란 기존정책을 새로운 정책으로 대체하지 않고 본래의 정책목표를 달성하기 위하여 정책의 기본적 골격을 그대로 유지하면서 상황의 변화에 따라 능동적으로 적응하는 것을 말한다. 구체적으로 대상집단의 규모를 축소·확대한다든가 예산액의 증감결정 혹은 지엽적인 집행절차의 수정을 통하여 상황에 능동적으로 대처해 나가는 것이다.

4. 정책종결(policy termination)

정책종결이란 정책(또는 법률·지시·계획 등) 및 정책관련 조직과 예산을 폐지하고 다른 정책으로 대체하지 않는 것을 의미하며 정책당국의 개입은 완전히 중단되고 민간부문에 모든 것을 맡기는 경우이다.[3] 순수한 정책혁신의 경우처럼 정책종결의 예도 많지 않다. 정책종결의 유형은 다음과 같다.

(1) 폭발형 종결　일시적이고 충격적인 결정에 의해 정책이 폐지되는 것을 말하며 관련집단의 저항을 방지하기 위하여 또는 시간상 급박한 경우 사용되는 방법이다. 그러나 이러한 결정의 배경에는 오랜 기간 관련집단의 정치적 압력과 투쟁이 선행되는 것이 보통이다.

(2) 점감형 종결　점차적으로 정책이 축소되어 결국 폐지되는 것으로서 소요자원의 감축 때문에 발생하는 경우가 많다.

(3) 혼합형 종결　사회에 미치는 충격이 강한 폭발형이나 관련집단의 저항이 심한 점감형의 단점을 보완하기 위하여 양자를 절충한 것으로서 비교적 단기간에 걸쳐서 단계적인 절차를 밟아 의도적으로 정책을 폐지하는 것이다.

Ⅲ. 정책변동의 원인

정책변동의 원인은 근본적으로 정책환경의 변화라고 할 수 있다. 정책환경이 변화하면 정책체제에 대한 투입(요구 및 지지)이 변화하며 이것이 과거의 투입에 의하여 결정된 정책을 변화시키게 된다.

정책변동의 원인을 크게 몇 가지로 분류하면 다음과 같다.[4]

1. 정책문제의 변화

정책문제의 변화는 정책변동을 초래한다. 환경의 변화에 따라서 정책문제의

---

3) Brewer는 정책이 어느 경우에 종결되는가에 관하여, 그것이 역기능적이거나 중복되고, 시대적 흐름에 알맞지 않는다거나, 불필요한 경우라고 지적하고 있다. 정책이나 사업계획의 종결은 그 자체만을 끝맺음하는 것이 아니라 집행을 위한 그 조직과 기능까지도 포함된다는 점에서, 일련의 프로그램 활동의 종결로서의 기능적 종결(functional termination)과 이러한 활동을 수행하는 직제의 폐지로서의 구조적 종결(structural termination)도 포함되는 것이다.

4) 김병진, 전게서, pp. 492~500.

우선순위가 바뀌거나 새로운 정책문제가 대두하여 정책의제화하는 경우 정책 내용의 변동을 요구받게 된다. 또한 이미 집행된 정책의 효과로 인하여 기존의 정책문제가 해결되었거나 기타 다른 이유로 정책문제가 소멸될 경우에도 정책변동이 발생한다. 문제소멸은 이른바 정책의 정당성상실(loss of legitimacy)의 원인이 된다.

2. 필요한 재원의 증감

모든 정책의 집행에는 소요재원이 확보되어야 하므로 경제 여건의 변화와 재정 수입의 증감에 따라서 정책의 축소 폐지·확대가 불가피하게 된다.

3. 정책내용의 오류

정책의 내용에 잘못이 있는 경우 보통 그 자체만으로 정책변동을 일으키지 않지만 정책환경의 변화와 결합되면 집행과정에서의 수정·보완으로 그치지 않고 커다란 정책변동이 일어난다.

4. 정책담당 조직의 정치적 취약성

정책담당조직의 취약성은 정책의 변동을 초래한다. 정책담당조직의 대외적 이미지의 악화나 내부적인 알력, 갈등, 조직지도층의 리더십 약화 그리고 그로 인한 정치적 취약성이 정책의 변동(특히 정책의 종결)을 초래한다. 또한 조직이 외부의 환경으로부터 받아들인 정보를 신속·정확하게 분석하여 효과적으로 문제를 해결하는 등의 능력을 갖추지 못하는 기술적 취약성도 조직의 위축을 가져오게 되며 정책의 변동을 초래한다.

Ⅳ. 정책변동에 대한 저항과 그 해소방안

정책변동에 대한 저항은 그 유형(정책유지·정책승계·정책종결)에 따라 다른데, 특히 정책종결에 대한 저항이 가장 강력하다. 그 이유는 다른 유형의 정책변동과는 달리 정책종결의 경우, 그 정책담당조직의 전부 또는 일부를 폐지하게 되고 그 정책으로 인한 혜택도 없어지게 되므로 이해관련 집단의 저항에다가 기존 정책담당조직 구성원의 저항도 가세하기 때문이다. 그러므로 정책종결에 대한 저항을 극복할 수 있으면 다른 정책변동에 대한 저항도 쉽게 극복된다. 그래서 정책변동에 대한 저항을 정책종결을 중심으로 하여 그에 대한 저항의 원인과 그 해소방안에 대해 살펴보기로 한다. 정책결정에 대한 저항은 크게 두 집단(정책담당조직과 정책수혜집단)으로부터 나오는 경우가 대부분이다.

1. 정책종결에 대한 저항원인

정책종결에 대한 정책담당조직과 정책수혜집단이 저항을 하게 되는 원인은 다음과 같다.

(1) 정책 및 조직의 연속성　　대부분의 정책 및 조직은 한번 창출되면 쉽게 종식되기 어려운 연속성을 지니게 된다. 조직은 그 특성상 생존이라는 필수과제를 우선하기 때문에 조직의 존속·생존을 위하여 자신들의 존립근거였던 당초의 정책목표를 왜곡하거나 수정해서 유사한 목표를 가진 정책의 개발, 다른 정책으로 대체시키는 노력을 계속하여 여전히 살아남으려는 경향이 있다.

(2) 유·무형의 비용　　정책종결은 정책담당조직이나 정책수혜집단에게 유·무형의 희생을 강요한다. 정책을 입안한 사람이나 그 정책을 집행한 사람, 그로 인해 혜택을 받은 사람들은 그 정책의 잘못을 인정하지 않으려 한다. 즉 정책결정자 입장에서는 정책의 오류를 자신들 판단잘못으로 비춰지는 것을 꺼리고, 정책집행자 입장에서는 집행상의 잘못으로 간주될까봐 정책의 종결을 회피한다. 이와 같이 정책의 종결은 정책담당자의 정치적 희생을 요구하기 때문에 정책종결에 저항하게 된다. 한편, 정책수혜집단은 기존의 정책이 가져다준 유·무형의 편익을 누리다가 정책이 종결되면 기득권을 박탈당하게 되므로 저항하지 않을 수 없는 것이다.

(3) 법적 제약　　정책, 사업, 조직의 종결을 위한 관련법령의 미비로 인해 종결이 이루어지지 않는 경우가 많다. 정기국회가 폐회중이거나 어떤 사안에 대해 재판에 계류중인 경우 그 관련정책의 종결은 어렵게 된다. 따라서 정책수혜집단 및 정책담당조직은 이러한 법적인 제약을 활용하여 정책종결에 저항하는 수가 많다.

2. 저항의 해소방안(정책종결의 전략)

정책종결의 저항을 해소하기 위해서는 두 가지 측면에서의 전략이 필요하다. 첫째는 저항의 원인들을 제거하는 것이고, 둘째는 저항세력에 대항할 정책종결에 대한 지지(동조)세력을 확보하는 방법이다. 이러한 두 측면을 중심으로 몇 가지 방안을 살펴보기로 한다.[5)]

(1) 관련정보의 누설방지　정책종결에 대한 사전 예고는 불필요한 저항을 유발하게 되므로 사전준비를 철저히 하면서 정책종결 관련정보의 누설을 방지하고 비밀주의를 따르는 것이 효과적이다.

(2) 동조세력의 확대　일반국민은 정책종결에 무관심하므로 정책종결을 반대하는 세력에 대항하기 위하여 적극적 관심을 보일 수 있는 정책종결에 대한 동조세력을 확보할 필요가 있다.

(3) 종결대상정책의 오류·폐해와 새로운 정책도입의 홍보　종결이 필요한 정책의 오류 및 폐해를 주지시키고 새로운 정책도입의 필요성을 홍보해야 한다. 그러나 이러한 방안은 정책당국이 자신들의 무능을 스스로 인정하는 것이 되므로 정책당국에 대한 불신을 초래할 우려가 있다.

(4) 외부인사의 참여 확대　이러한 여러 방안의 구체적 입안 및 실천에 외부인사를 광범하게 참여시킴으로써 정책종결의 정당성을 제고시킨다.

(5) 대가의 지불　정책종결에 수반되는 여러 가지 희생을 감수해야 하는 정책수혜집단과 정책담당조직에 대하여 희생을 보상해 주는 조치를 강구할 필요가 있다.

(6) 새로운 채택의 제의　이러한 여러 가지 저항의 해소방안은 상황에 따라 융통성 있게 적용되어야 하며, 대개의 경우 복합적으로 활용되는 경우가 많다. 또한 종결은 「죽음」을 연상케 하여 정치지도자나 국민의 입장에서 심리적 저항을 갖게 되므로 하나의 정책에 대한 종결이 더 나은 정책의 개발이나 채택을 위한 것으로 설득을 펴는 것은 정치적 지원을 얻어낼 수 있는 데 도움이 될 것이다.[6)]

---

5) 유훈, 전게서, pp. 453～459; 안해균, 전게서, pp. 392～393; 정정길, 전게서, p. 702.

6) 정책변동을 위한 제도적 장치로서 영기준예산(ZBB)이나 일몰법(sunset law) 등이 중요하며 제도적 장치에 관한 상세한 설명은 정정길, 전게서, p. 702 및 본서 제5편 제3장 제3절 참조.

제 8 장 기　　획

Ⅰ. 서　　론

1. 기획(planning)의 개념

기획이란 학자에 따라 다양하게 정의되고 있으나 특정목표를 달성하기 위하여 최선의 방안(the best alternative)을 모색하는 과정이라고 할 수 있다.[1]기획은 가장 효과적 능률적으로 거기에 도달하기 위한 수단을 모색하는 과정인 것이다. 기획은 특정목표를 달성하기 위하여 누가, 언제, 어떠한 방법으로, 어느 정도의 예산으로, 어떤 활동을 하는가를 결정하는 것이라고 할 수 있다.[2] 이와 같은 기획에 의하지 않고서는 능률적 행정을 수행하기가 어렵다고 하겠다.

일상용어로서의 계획(plan)과 기획은 흔히 구분하지 않고 혼용되고 있으나

---

1) 김신복, 『발전기획론』, 박영사, 1990, pp. 3~13. Dror는 기획을 "최적의 방법으로 목표를 달성하기 위하여 장래의 행위에 관한 일련의 결정(a set of decision)을 내리는 과정"이라고 정의한다. 정책결정을 기획보다 결정계층상의 상위개념에 속하는 것으로 본다면 기획은 결정된 정책을 집행하기 위한 방안을 결정하는 과정을 의미하는 것이라고 하겠다. 따라서 정책은 계획을 세우기 위한 일반지침을 제시하여 주며 기획에 선행하는 것으로서 이해할 수 있는 데 반하여 기획은 정책의 구체화를 위한 수단으로 생각할 수 있다. 그러므로 정책과 기획의 관계는 목표수단의 관계에 있다고 할 수 있다.

2) 같은 계획이면서 수준이 다른 개념으로서 프로그램(program)과 프로젝트(project)가 있다. 프로그램은 흔히 사업계획으로 번역되며 농어민 소득증대사업, 낙동강유역개발사업 등 비교적 대단위의 복합적인 계획을 가리키는 것으로 사용된다. 한편, 프로젝트는 세부사업계획 혹은 단위사업계획으로서, 예를 들면 댐(dam)이나 공장을 건설하는 사업의 수준에서 수립되는 계획이라 볼 수 있다. 따라서 이들은 계획의 하위개념이라 볼 수 있는데 이렇게 구분하지 않고 모두 계획이라고 부르는 경우도 가끔 있다. 김신복, 전게서, p. 4 참조.

통설은 계획하는 과정을 기획이라고 보는 입장이다. 따라서 기획은 계획을 수립하는 과정이며 계획은 기획을 통해 산출(output)되는 결과(end-result)인 것이다. 그러므로 양자를 구별하여 사용하여야 할 것이다.

한편 기획과 예산의 관계는 유기적인 관계에 있다고 할 수 있는바 예산이란 1회계연도의 정부 세입·세출의 예정표로서 정부의 계획을 금액으로 표시하는 것이다. 즉 예산이란 집행에 필요한 자금이 견적된 업무계획안이며 예산을 책정하는 것은 명백히 기획활동이다. 기획은 예산에 선행하지만 기획과 예산은 상호간에 자료와 정보가 환류되는 상호 교류적 과정을 이루어야 하며 대부분의 기획과 예산편성은 기획·예산 담당자간의 긴밀한 협조하에 동시에 진행되어야 한다.[3] 이러한 관련을 위해서 우리 정부는 기획예산처를 신설한 것이다. 기획과 예산의 관계가 명확하게 나타나는 것은 성과주의예산을 비롯하여 계획예산(PPBS)과 영기준예산(ZBB) 등이다.

오늘날 기획관(觀)은 과학적 분석적 방법을 통하여 주어진 목표를 달성하기 위한 객관적 합리적 수단을 강구하는 데 중점을 두는 종래의 수단적 기획관[4] (instrumental view of planning)으로부터 가치판단과 윤리적·정치적 측면을 고려하고 사회갈등의 조정에 중점을 두어야 한다는 규범적 기획관(normative planning)으로의 전환이 주장되고 있다.[5]

2. 기획의 성격

첫째, 미래지향적(future oriented)이다. 비록 과거의 경험과 축적된 정보를 바탕으로 현시점에서 결정을 내리기는 하지만 기획은 어디까지나 미래를 투시하고 설계하는 데 중점을 둔다. 따라서 장래를 예측하여 그 대비책을 강구해 둠으로써 임기응변에 의한 시행착오를 방지하게 된다.

둘째, 기획은 합리성(rationality)을 추구한다. 목적을 달성하는 데 가능한 한 최적의 수단과 방안을 모색하여 주어진 자원을 가장 효율적으로 활용하려는 과

---

3) 그러나 실제에 있어서 기획과 예산은 여러 가지 원인으로 괴리되어 있는 경우가 많다. 괴리원인에 대한 상세한 설명은 유훈, 『재무행정론』, 법문사, 1998, pp. 413~415 참조.

4) 목표가 주어진 채 수단의 합리성만을 추구하는 기획형태를 Friedman은 기능적 기획(functional planning)이라고 불렀다. John Friedman, "Planning as a Vocation," *Plan Canada*, Vol. 6 (1966), pp. 99~124.

5) 김신복, 전게서, pp. 20~24.

학적인 활동이다.

셋째, 기획은 일단의 복합적인 결정을 대상으로 한다. 이 점이 바로 기획과 의사결정(정책결정)과의 차이점이다. 즉 기획이 의사결정(정책결정)의 일종이기는 하지만, 기획은 단일의 결정을 대상으로 하는 것이 아니라 한 묶음(a set)의 결정을 다루며 이러한 결정들은 체계적으로 연결되어 있고 투자나 추진일정면에서 우선순위가 요청되는 것들이 대부분이다.

넷째, 기획은 통제성(control)을 특징으로 한다. 기획은 바람직한 미래, 즉 우리가 실현되기를 바라는 소망스러운 미래(preferable future)를 실현하려는 데 목적이 있으므로 기존의 추세에 어떤 형태로든 수정과 통제를 가하여 미래의 모습을 인위적으로 바꾸어 보려는 것이다.

3. 기획의 발전요인

기획의 발전 요인으로서는, 첫째 인구의 도시집중경향에 따라 도시계획의 필요성이 대두된 점, 둘째 1929년 세계대공황으로 자본주의 자체의 보전을 위하여 정부의 관여를 불가피하게 만들었다는 점, 셋째 양차대전 중 인적·물적 자원을 동원하기 위하여 기획 및 통제가 필요로 하게 되었다는 점, 넷째 전후 거의 모든 신생국가에서는 급속한 경제성장을 위해 경제기획이 시급히 요청되었다는 점 등을 들 수 있다.

Ⅱ. 기획의 기능(효용성)

행정환경이란 언제나 불확실성과 변화로 가득차 있으므로 정부나 기업을 막론하고 목표를 능률적이고 합리적으로 달성하려면 기획이 반드시 필요하다.

자유방임주의가 지배한 19세기는 무계획의 시대라는 말로써 표현되었으나 오늘날은 계획의 시대로 표현되고 있으며 기획이 경제·사회적 발전을 위해 매우 중요한 기능을 담당하고 있다. 기획의 주요 기능(효율성)을 살펴보면 다음과 같다.

1. 지휘의 수단

기획은 목표달성에 필요한 전략적 방법을 제시함으로써 조직의 모든 자원과 노력이 목표달성에 이바지할 수 있도록 지휘한다. 즉 기획은 변화와 불확실성으로 가득찬 환경에 대처하여 즉흥적이고 우발적인 업무집행을 억제하고 조직내의 제반활동을 조정하고 지휘하게 함으로써 목표에 주의를 집중하도록 해주는 지휘의 수단으로서 기능한다.

2. 장래에의 대비

기획은 장래에 발생할 가능성이 높은 사태(변화)에 능동적으로 대처하는 전략을 준비하는 기능을 한다. 즉 불확실한 장래에 대비하기 위한 각종 방안을 신중히 검토하여 불의의 사태에 대응할 수 있게 해주며 필요한 경우에는 적합한 시기가 올 때까지 의사결정을 유보케 함으로써 모험을 최대한 피할 수 있게 해준다.

3. 정책의 안정화

기획은 정책의 안정화기능을 한다. 행정에 있어서 시행착오를 배제하고 일관성 있는 정책을 지속적으로 수행해 나가려면 장기적인 전망하에 수립된 계획이 요청된다. 기획을 통하여 뚜렷한 발전목표와 방향을 견지한다면 조령모개식의 정책변경이나 방침변경은 일어나지 않을 것이다.

4. 자원의 효율적 사용 및 낭비의 최소화

기획은 한정된 자원을 합리적으로 배분해주고 배분된 자원을 효율적으로 활용할 수 있도록 함으로써 비용을 절약하고 비생산적인 업무활동을 억제시켜 준다.

5. 효과적인 성과측정

기획은 수행하여야 할 업무의 범위를 뚜렷하게 확정시켜 주고 업무의 구체적 기준을 제시해 주므로 업무가 집행된 후 업무의 달성도나 성과를 측정하는 객관적 기준이 된다.

6. 효과적인 통제수단

기획은 목표를 명확하게 구체화하고 조직활동의 기준을 제시해주므로 조직구성원 전체에 대하여 효과적인 통제를 가할 수 있도록 해준다. 그러므로 계획과 일치되지 않는 조직활동에 대해서는 인위적인 수정과 통제가 가능하다.

7. 변화와 개혁의 촉진

발전기획은 변화와 개혁을 촉진하는 계기가 된다. 환경의 변화에 따라 수동적으로 대응책을 강구하는 것이 아니라 변화를 미리 예견하여 능동적으로 대처할 수 있도록 변화를 기획함으로써 발전을 촉진하는 데 기여한다.

Ⅲ. 국가기획의 의의 및 중앙기획기구

1. 국가기획의 의의

(1) 국가기획의 개념 국가기획이란 국가의 장기적인 경제적·사회적 발전을 위한 계획을 수립하는 과정이다.[6] 국가기획은 국가의 인적·물적 모든 자원을 전체적으로 조화있게 사용함으로써 국민생활 수준과 사회적 능력 및 국민복지를 향상시키기 위한 수단으로 광범하게 사용된다. 국가기획은 오늘날 위와 같이 국가발전을 유도하기 위한 기획체제, 즉 발전기획(development planning)으로서 파악되며 종래의 국가기획에 발전행정적 안목이 추가된 것이라 할 수 있다.

(2) 국가기획과 민주주의(기획논쟁) 전후 국가기획과 자유(민주주의)는 양립할 수 있는가를 놓고 치열한 논쟁이 벌어졌다.[7] 즉 국가기획에 대해서는 일반적으로 그 필요성이 인정되었으나 국가기획이 인간의 자유를 구속하고 민주주의의 이념에 배치되며 자유경쟁을 전제로 하는 자본주의체제하에서는 모순된다는 비판이 가해졌다.

---

6) 권영찬, 『기획론』, 법문사, 1988, p. 213. Albert Waterston은 국가기획이란 경제·사회발전을 가속화시키고 이러한 목표달성을 저해하는 것으로 생각되는 제도의 변혁을 위하여 정부가 계획적·계속적 시도를 하는 것이라고 정의한다.

7) 김신복, 전게서, pp. 90~95.

반기획론의 대표자인 오스트리아 출신 경제학자 Hayek는 『노예에의 길』(*The Road to Serfdom*, 1944)에서 국가기획이란 대중을 교묘하게 조종하여 획일주의를 강요하는 수단이며 개인의 자유를 억압하고 "노예에로 인도하는 길"이므로 국가기획과 자유는 양립할 수 없다고 주장하였다.[8)]

이에 대하여 찬기획론의 대표자인 시카고 대학의 Finer교수는 『반동에의 길』(*Road to Reaction*, 1945)에서 민주주의와 기획이 양립할 수 있다고 Hayek의 견해를 반박하면서 오히려 기획은 개인의 자유를 침해하기보다는 보장하는 기능을 한다고 주장하였다.[9)] Mannheim 역시 국가기획의 필요성을 역설하였으며 보다 적극적으로 "자유를 위한 기획(planning for freedom)"의 논리를 전개했다.[10)]

요컨대 세계대공황에서 보아온 바와 같이 국가기획은 큰 역할을 하였으며, 이제는 "To plan or not to plan"이 문제가 아니라 "How to plan"이 문제라 하겠다.

2. 중앙기획기구의 조직형태 및 유형

중앙기획기구란 국가발전계획을 수립하고 통제하는 주관기구를 말하며 각국의 상황에 따라 그 조직형태와 유형에 차이가 있다.

1) 중앙기획기구의 조직형태

중앙기획기구의 조직형태는 주로 합의제(위원회제)로 하는 경우와 단독제로 하는 경우가 있다.

(1) 합의제(위원회제) 일반적으로 국가기획에는 다양한 분야와 수많은 이해관계가 관련되고 광범한 참여가 요청되며 많은 자원을 필요로 하고 각 부처간 조정역할도 담당하여야 하므로 합의제(위원회제)가 요청된다고 할 수 있다. 보통 각료회의(국무회의)와는 별도의 위원회를 구성하는 것이 일반적 경향이다.

(2) 단독제 단독제로 하는 경우 중앙기획기구는 행정수반이나 내각이 승인한 정책목표에 기초를 두고 기획을 작성하게 된다.

---

8) Friedrich A. Hayek, *The Road to Serfdom* (University of Chicago Press, 1944), pp. 48~50.

9) Herman Finer, *Road to Reaction* (Boston: Little, Brown and Company, 1945), pp. 22~24.

10) Karl Mannheim, *Freedom, Power and Democratic Planning* (London: Routledge & Kegan Paul, 1951), pp. 29~37.

2) 중앙기획기구의 유형

중앙기획기구를 정부조직상 어느 위치에 설치하는 것이 바람직한가에 대해서 여러 가지 견해가 제시되고 있으며 각국의 실제 유형을 종합해보면 다음의 네 가지로 나누어 볼 수 있다.

(1) 행정수반 직속　국가발전계획을 적극적이고 강력히 추진하여야 할 경우 그리고 계획에 대한 강력한 정치적 지원과 행정·재정적 우선권을 확보하여야 할 경우에는, 중앙기획기구를 행정수반이나 내각의 직속기관으로서 설치하여야 한다. 실제로 발전기획에 높은 우선순위를 부여하고 있는 국가들은 대부분 중앙기획기구를 행정수반과 가장 가까운 위치에 설치하고 있으며 행정수반이 중앙기획기구의 장을 겸하거나 기획위원회의 장이 되기도 한다. 이 유형은 최고정책결정자가 중요한 결정을 신속히 적시에 내릴 수 있는 이점이 있으나 기획과정에 정치적 영향이나 행정수반의 개인적 편견이 작용하여 기획의 합리성을 저해할 우려가 있다.

(2) 독립기관　기획기능의 자율성과 정치적 중립성을 확보하고 기획에 대한 정치적 개입을 배제함으로써 기획의 합리성을 높이기 위하여 중앙기획기구를 행정부 밖의 독립기관으로 설치하는 유형이다.

(3) 기획전담부처　중앙기획기구로서 행정부내에 국가기획을 전담하는 부처를 따로 두는 유형이다. 이 유형의 장점은 기획의 전문성·능률성을 높일 수 있고 기획에 필요한 정보관리가 용이하며 중앙기획기구의 장이 내각이나 국회에 참여하여 기획기구를 대변할 수 있다는 점이다. 우리 나라의 경제기획원(1962년~1994년)은 이 유형에 속하는 가장 대표적인 예라 할 수 있다.

(4) 기존부처의 일부　중앙기획기구를 경제 또는 재정업무를 관장하는 기존부처의 일부로서 설치하는 유형이다. 가장 일반적인 유형은 재정부에 기획부서를 설치하는 것이다. 재정부에 설치하는 가장 큰 이유는 기획은 재정적 뒷받침이 필수적 요건이므로 예산편성·조세·재정금융 등을 관장하는 재정부에 소속하는 것이 유리하다는 것이다.

3) 우리 나라의 중앙기획기구

우리 나라에서는 5.16혁명 직후인 1961년 7월에 경제기획원이 설치되어 국민경제의 종합적 개발계획의 수립, 예산의 편성 및 집행, 국내외 가용자원의 동원, 투자 및 기술발전을 위한 계획 등을 관장하도록 하였다. 한편 1961년 8월 내각수반 직속하에 기획통제관실, 각부에는 기획조정관실이 각각 설치되었으나 그 후 기획통제관실은 기획조정실로, 각부 기획조정관실은 현재 기획관리실(각처 청에는 기회관리관)로 바뀌었다. 이리하여 우리 나라의 중앙기획기구는 기획조정실과 경제기획원의 이원적 구조를 지니고 있어 기능상의 중복을 나타내고 있으므로 불가피하게 일원화가 요청되었는바 1981년의 기구개편으로 기획조정실이 폐지되고 그 업무를 경제기획원에서 전담하게 되었다.

1994년 문민정부의 기구개편에 따라 경제기획원은 재무부와 함께 재정경제원으로 통합되었다. 1998년 국민의 정부 출범과 함께 재정경제원은 재정경제부로 격하 개편되고 대통령 직속으로 기획예산위원회가 별도로 신설되었다. 1999년 기획예산위원회와 예산청이 통합되어 기획예산처가 신설되었다.

Ⅳ. 기획의 과정(절차)

기획의 과정을 광의로 보면 계획을 수립하여 그것을 시행하고 그 결과를 평가하여 차기계획에 반영하는 하나의 순환과정을 형성한다. 이런 의미에서 기획을 동태적·계속적 과정이라 한다. 이와 같이 넓은 의미의 기획은 계획의 수립·집행은 물론 통제와 환류까지를 포함하는 과정으로 보고 있으나 좁은 의미의 기획과정은 계획을 수립하는 단계만을 지칭한다. 협의의 기획과정에 관한 단계구분 역시 다양한 견해가 제시되고 있으나[11] 여기서는 기획과정의 주요 단계를 i) 목표설정, ii) 상황분석(정보의 수집 분석), iii) 기획전제의 설정, iv) 대안의 탐색 평가, v) 최종안의 선택 등으로 나누어서 고찰하기로 한다.[12]

1. 목표설정

기획의 첫 단계에서는 가장 먼저 기획의 목표를 구체적으로 설정하는 작업이 필요하다. 목표가 명확히 설정되고 조직구성원에게 명확히 인식되어야 기획에

11) 대표적인 학자들의 기획과정 구분에 관한 상세한 설명은 권영찬, 전게서, pp. 89~101 참조.

12) 김신복, 전게서, pp. 105~121; 권영찬·이성복, 『기획론』, 법문사, 1989, pp. 260~272; 김봉식, 『기획론』, 박영사, 1976, pp. 107~206.

대한 정당성도 인정받을 수 있다. 또한 기획이 시행된 후 평가과정에서도 그 성과를 측정할 수 있는 기준이 될 수도 있다.[13)]

2. 상황분석(정보의 수집 분석)

목표가 설정되면 현재 및 장래의 상황을 파악하여 목표달성에 예상되는 장애요인과 문제점을 규명해야 하며 우선 현황에 관한 정확한 진단이 필요하다. 상황분석에서는 현재뿐 아니라 미래에 예상되는 상태에 관한 예측도 병행된다. 상황분석을 통해서 기존의 문제점, 예상되는 문제점 및 목표달성의 장애요인 등이 반드시 규명되어야 한다.

정확한 상황분석을 위해서는 관련 정보 및 자료의 수집이 주요하며 자료는 주로 2차적 자료로서 통계나 기존 연구결과 등이 많이 이용되나 필요에 따라 현장조사를 통하여 1차적 자료를 직접 수집할 수도 있다.

3. 기획전제의 설정(미래예측)

(1) 개 념　　기획전제(planning premises)란 계획수립의 과정에서 토대로 삼아야 할 주요가정이나 미래예측을 말한다. 예컨대 경제개발계획의 경우에 유가 등 주요 원자재 확보 전망 및 가격에 대한 가정 등 국제경제의 움직임에 관해서 일정한 전제를 필요로 한다. 전술한 상황분석이 주로 현실적인 여건을 대상으로 삼는 데 반해서 기획전제는 미래에 대한 예측인 것이다.[14)]

(2) 종 류　　기획전제는 계량화가 가능한 유형적인 것과 계량화가 어려운 무형적인 것, 예컨대 경제기획에서 소비행태나 가치관의 변화 등이 있다. 또한 미래의 상황변동에 관한 가정인 기획전제는 기획주체가 미래의 상황변동에 영향을 미칠 수 있는가 없는가에 따라 통제 불가능한 변수에 관한 기획전제, 예컨대 경제기획의 경우 국제경제의 움직임 등과 통제가능한 변수에 관한 기획전제, 예컨대 경제기획의 경우 인구증가·국내경기 등으로 각각 구분할 수 있다.

---

13) 이러한 목표가 갖추어야 할 요건을 보면 다음과 같다. 첫째, 목표는 명확하고 구체적이어야 한다. 둘째, 목표는 타당성이 있어야 한다. 셋째, 상위목표·하위목표 등 계획목표간에는 내적 일관성이 있어야 한다. 넷째, 제한된 인적·물적 자원에 비추어 실현가능한(feasible) 것이어야 한다. 다섯째, 목표는 상황의 변화에 따라 수정될 수 있는 융통성이 있어야하며 실행 후 측정가능해야 한다.

14) 미래 예측방법으로는 Delphi기법, 시계열분석, 회귀분석 등이 있으며 상세한 설명은 김신복, 전게서, pp. 377~404 참조.

(3) 요 건 기획전제를 효과적으로 설정하기 위해서는 i) 기획에 중대한 영향을 미치는 변수들에 대해서 빠짐없이 전제가 설정되어야 하고, ii) 모든 전제는 발생가능성이 가장 높은 상태를 가정하여야 하고, iii) 모든 전제는 불의의 상황까지도 고려하고 있어야 하고, iv) 이용가능한 정보가 충분히 수집되어야 한다.

4. 대안의 탐색·평가

목표달성을 위한 복수의 대안을 상호 비교·평가하여 최적안을 모색한다. 대안의 탐색에 있어서 실현가능성을 고려하되 최선의 방안을 도출하도록 노력해야 하고 과거의 경험이나 선례를 모방하는 선택적 모방(selective imitation)을 따르기 보다 창의적이고 개척적인 탐색을 통하여 독창적인 대안을 추출하도록 한다.

대안의 비교 분석에 있어서는 목표와 가장 직결되는 결정적 요소(crucial factor)들을 집중적으로 비교·분석하거나 대안들간의 차이점을 중심으로 비교·분석한다. 이러한 대안분석을 객관적이고 합리적으로 하기 위한 기법으로 비용효과분석 또는 비용편익분석이 개발·활용되고 있다.

5. 최종안의 선택

기획과정의 마지막 단계로서 비교분석의 결과에 따라서 최종안을 선택하게 된다. 최종안의 선택에 있어서는 i) 선택의 주체가 인간인 이상 주관적 선호, 즉 가치판단이 개입되지 않을 수 없겠으나 가능한 한 직관이나 주관적 가치판단은 통제되어야 하며, ii) 대안선택의 기준을 공익이나 객관적 기준에 충실하도록 하며, iii) 비현실적인 최적대안보다 만족화기준에 부합될 수 있는 보다 실현가능성 있는 대안을 선택해야 할 것이다. Newman과 Summer는 최종안의 선택 절차로 가치판단, 불확실성에 대한 조절, 선택의 검증을 제시하고 있다.[15]

Ⅴ. 기획의 제약요인(한계)

기획은 여러 가지 측면에서 국가나 사회의 발전을 촉진하는 데 지대한 공헌을 한다. 그러나 실제로 계획을 수립 추진하는 데는 몇 가지 현실적인 애로와 한

15) 상세한 설명은 김신복, 전게서, pp. 118～121 참조.

계에 직면한다. 그 대표적인 제약요인들을 살펴보면 다음과 같다.[16)]

1. 미래 예측의 한계

미래는 본질적으로 불확실하고 가변적이므로 미래를 정확히 예측한다는 것은 극히 곤란한 과제이다. 최근에 계량적인 예측기법들이 일반화되고 컴퓨터를 이용하여 종래보다 훨씬 많은 변수들을 고려할 수 있게 되었지만 예측치는 빗나가는 경우가 많다. 특히 사회변동이나 경제전망에 관한 예측의 경우에는 관련되는 변수들이 너무 많고 통제할 수 없는 것이 대부분이다. 예컨대 국내경기의 예측에 있어 유가인상이나 국제경제의 움직임, 농사작황 등을 들 수 있다. 여기에 정치적 안정 여부, 국제정치의 변화 등도 지대한 영향을 미치게 되므로 예측은 더욱 어려워진다.

2. 자료·정보의 부족과 정확성의 결여

기획은 장래의 활동에 관한 것이며 과거와 현재의 자료·정보를 토대로 하여 미래를 전망하는 것이다. 장래에 관한 예측과 합리적인 정책결정을 위해서는 축적된 통계자료와 연구결과 그리고 관련요인들에 관한 정보가 뒷받침되지 않으면 안된다. 그러나 실제에 있어서는 체계적으로 수집·정리된 자료와 정보가 부족할 뿐 아니라 정확한 자료를 확보하기도 어렵고 구비된 자료도 신뢰성이 낮은 경우가 많다. 따라서 예측이나 결정이 주먹구구식 판단이나 직관에 의존하게 된다.

3. 정치적·행정적 지원의 미약

기획의 성공적 추진을 위하여 정치 지도자 및 고위관료들이 기획의 중요성을 인식하고 적극적으로 행정적·재정적 지원을 하여야 함에도 불구하고 형식에 그치는 경우가 많다. 따라서 정책결정자들이 기획과정에 별로 참여하지 않게 되고 공표된 계획까지도 집행과정에서 도외시되는 경우가 많다.

4. 비용과 시간상의 제약

정밀한 자료분석과 다양한 대안의 검토를 거쳐 계획이 수립되기 위하여는 막

16) 김신복, 전게서, pp. 35~37.

대한 비용이 소요되며 또한 충분한 시간상 여유가 확보되어야 하므로 시간상의 제약이 따르고 있다. 기획에는 많은 비용이 지출되며 기획으로 얻게 되는 이익이 경비지출을 정당화시킬 만큼 충분한 것이 아닌 경우조차 있다. 우리 나라 5개년계획 수립시 2년여의 기간과 막대한 비용이 투입된 사례가 있다. 또한 급격한 상황변동과 최고관리자의 잦은 교체에 따라 계획이 졸속에 그치는 경우가 많다. 심지어 어떤 상황하에서는 신속한 행동을 취하는 것이 사전계획의 수립보다 더 중요시된다.

5. 기획요원의 능력 부족

발전계획의 수립을 위해서는 고도의 전문적·기술적 능력을 갖춘 유능한 기획요원을 필요로 하나 발전도상국에서는 기획요원을 육성하고 우대하는 인사행정제도가 결여되어 있으며 기획의 중요성에 대한 인식이 낮아 우수 인재들이 기획업무 담당을 기피하는 경향이 있어 유능한 기획요원 확보가 어렵다.

6. 예산 및 관리제도의 비효율성

발전계획이 효율적으로 수립·집행되려면 예산지원과 관리능력이 뒷받침되어야 하나 발전도상국가에 있어서는 예산의 경직성, 과도한 통제, 예산기관과 기획부서와의 불화 등으로 기획을 효율적으로 지원하지 못하고 있으며, 계획의 집행, 평가, 통제를 담당하는 행정관리면에서도 관리기술 및 인력부족, 절차복잡, 부서간 갈등 등으로 원활한 기능을 수행하지 못하는 경우가 많다.

Ⅵ. 우리 나라 기획과정의 문제점

우리 나라 기획과정의 문제점은 전술한 제약요인이 대부분 해당된다고 볼 수 있으며 기타 문제점을 들어보면 다음과 같이 정리할 수 있다.[17]

1. 기획이 예산을 주도해야 함에도 불구하고 오히려 기획이 예산을 뒤따랐으며 통계, 지수, 자료 등이 목적에 따라 조작되는 경향이 있었다.

2. 무형적 목표보다 유형적 목표에 중점을 두어 기획목표의 수치화에 치중함

17) 김규정, 전게서, pp. 474~480.

으로써 질적 요인이나 무형적 목표, 상위목표는 경시되어 왔으며 정책대안의 탐색이 적극적으로 이루어지지 못하고 전임자의 계획이 번복되는 경우가 빈번하였다.

3. 기획담당자는 목표과다책정, 집행담당자는 목표과소책정을 각각 원하게 되어 갈등·대립을 초래함으로써 행정의 형식화를 빚었다.

4. 중요한 국가기획의 수립과정에 국회·정당·이익단체의 의견이나 국민의 여론이 충분히 반영되지 못하였다. 따라서 국가기획에 대한 국민의 적극적 협조를 구하기가 어려웠다.

제 3 편

행정조직

제3편은 행정조직편으로서 행정목적을 달성하기 위한 기관적 기초인 행정조직을 다룬다.

제1장에서는 행정조직의 기초작업으로서 조직의 본질·유형, 조직이론의 발전, 조직의 목표, 조직과 개인, 조직과 환경 등을 살펴본다.

제2장에서는 행정조직을 구조적 측면에서 정태적으로 고찰한다. 조직의 원리, 관료제, 비공식조직, 계선기관과 참모기관, 집권과 분권, 공기업, 책임운영기관 등을 살펴본다.

제3장에서는 행정조직을 관리적 측면에서 동태적으로 고찰한다. 의사결정, 권위, 리더십, 의사소통, 조정, 목표관리, 전자 정부와 행정정보화 등을 살펴본다.

제4장에서는 행정조직의 변동으로서 행정조직의 동태화, 조직혁신, 조직발전을 살펴본다.

제5장에서는 중앙행정조직에 비하여 특수한 성격을 갖고 있는 지방행정조직을 살펴본다.

제 1 장 행정조직의 기초

제 1 절 조직의 본질 및 유형

Ⅰ. 서 론

역사적으로 볼 때 인산은 조직을 떠나서 존재할 수 없으며 인간의 역사는 조직의 역사라고 해도 과언이 아닐 것이다. 사실 인간은 요람에서 무덤에 이르기까지 조직생활에서 벗어날 수 없다. 또한 조직은 인간의지실현의 주 도구로서, 인간생활 전반에 걸쳐 중대하고도 광범한 영향을 미친다. 더구나 현대와 같이 사회변동과 사회발전의 속도가 빠르면 빠를수록 인간생활에서 조직이 차지하는 비중은 날로 높아가지 않을 수 없는 것이다. 따라서 현대사회를 조직사회(organizational society), 현대인을 조직인(organizational man)이라고 부른다.

조직의 수와 규모가 계속적으로 확대되어 가고 있는 오늘날 조직에 관한 연구는 다각적으로 이루어지고 있으며 또한 중요하게 인식되고 있다. 조직의 연구가 중요시되는 것은 무엇보다도 조직이 사회적 목표를 보다 효과적으로 달성할 수 있기 때문일 것이다.

행정은 조직이라는 수단을 통해서 수행된다. 그러므로 조직이론은 행정이론의 중심이 되며 사실상 행정학의 중심분야가 된다고 할 수 있다.

이하 조직의 개념을 정의하고 조직의 특성을 살펴본 후 조직개념을 보다 명확히 하기 위하여 조직의 유형을 고찰하기로 한다.[1)]

Ⅱ. 조직의 본질

1. 조직의 개념 정의

조직을 정의하는 일은 쉬운 일이 아니다. 연구자의 조직관에 따라 조직의 정의가 다소간에 달라질 수 있으며 하나의 틀에 포용하기 어려운 아주 극단적인 입장의 차이도 있다.[2] 조직의 정의는 조직연구인들의 조직관을 반영하는 것이다. 따라서 연구인들마다 조직을 다르게 정의할 수 있으며 실제로 다양한 정의를 하고 있다.

(1) Weber의 정의—공식적 구조의 강조 고전이론의 조직에 관한 정의를 논의할 때 Max Weber에 의한 정의를 흔히 인용하는바 그것은 Weber가 관료제뿐만 아니라 조직의 일반적 정의에도 또한 관심을 보인 바 있기 때문이다.

Weber는 "조직이란 계속적이고 의도적인 특정한 종류의 활동체제"라고 정의하면서[3] 조직의 속성으로서, 조직에는 목적과 경계가 있고 공식적 구조와 과정이 있다는 것을 지적하였다. 이러한 Weber의 정의는 고전적 경향을 반영한 것으로 구조 또는 체제에 역점을 두고 있다는 데 그 특색이 있다.

(2) G.R. Terry의 정의 Terry는 "조직이란 목적달성을 위해서 필요한 여러 활동을 결정하고 집합하며 배열하는 기능을 수행하며, 이와 같은 활동에 사람들을 배정하는 일이고, 적절한 물질적 요소를 준비하며, 또한 각기 책임을 맡는 각 개인에게 권한을 위임하는 체계"라고 정의하고 있다.[4]

---

1) 오석홍, 『조직이론』, 박영사, 1998, pp. 73~120; 박연호·오세덕, 『현대조직관리론』, 법문사, 1997, pp. 29~38, pp. 224~231; 윤재풍 외 2인, 『조직관리론』, 법문사, 1984, pp. 11~15, pp. 73~84; 조석준, 『조직학 개론』, 박영사, 1986, pp. 15~23.

2) 예컨대 조직의 정의를 불필요한 것으로 생각하거나 조직의 실체를 인정하지 않는 입장이 있다. 즉 조직을 정의하는 데 바치는 노력에 비하여 그 효용은 크지 않다는 생각으로 개념정의 작업을 회피하는 사람들도 있고 조직의 본체를 개인들의 교호작용임에 불과한 것이라고 규정하면서 조직을 하나의 실체로 또는 독자적인 행동주체로 보지 않으려는 사람들도 있다. 그러나 조직의 실체를 부인하는 견해나 조직의 정의가 불필요하다고 보는 견해에는 찬성하지 않는다. 조직은 그 자체가 하나의 사회적 실체라고 보는 것 그리고 조직을 정의하여야만 그에 관한 질서 있는 연구가 가능하다고 보아야 할 것이다(오석홍, 전게서, pp. 74~75 참조).

3) Max Weber, *The Theory of Social Economic Organization*, Translated by Keith M. Henderson and Tallcott Parsons(New York: The Free Press, 1947), p. 151.

(3) C.I. Barnard의 정의—인적 요소의 중시 Barnard는 "조직이란 의식적으로 조정된 2인 이상의 활동 또는 협동체제"라고 정의함으로써,[5] 조직을 하나의 조정체제로 보고 있다.

(4) Tallcott Parsons의 정의 Parsons는 "조직은 어느 한정된 목표의 달성에 제일차적으로 지향하고 있는 사회체제"라고 정의하고 있다.[6] 그러므로 조직을 특정목표 달성을 위한 지위와 역할의 체제로 보는 것이 특색이다.

(5) Amitai Etzioni의 정의—구조주의의 관점 Etzioni는 "조직이란 일정한 환경하에서 특정한 목표를 추구하며, 이를 위한 일정한 구조를 지닌 사회적 단위"라고 규정함으로써 조직과 사회(환경)의 상호작용하는 면을 강조한 것이 특색이다.

(6) Selznick의 정의—환경의 중시 Philip Selznick은 조직과 환경의 관계를 강조하는 조직관을 바탕으로 하여 조직이란 하나의 적응적인 사회적 구조라고 정의하였다.[7]

조직은 일정한 필요를 충족시켜야만 계속하여 그 존재를 유지할 수 있는바 i) 사회적 환경 속에서의 안전성 확보, ii) 의사전달통로와 권한체계의 안정성 유지, iii) 조직의 존립의의와 역할에 관한 조직구성원들의 동질적 이해 확보, iv) 조직구성원들의 지속적인 참여와 지지 확보, v) 조직내 비공식관계의 안정성 유지 등에 관한 필요를 충족시켜야 한다. 이러한 필요를 충족시키기 위해서 조직은 그것이 처해 있는 환경에 적응(타협)해야 한다고 한다.

(7) Pfiffner와 Sherwood의 정의 — 대규모의 복잡한 조직 Pfiffner와 Sherwood는 조직이란 복잡한 업무에 종사하는 많은 사람들이 서로 합의한 목표를 수행하며 의식적이고 체계적인 편제 속에서 서로를 관련짓는 '유형화된 방법'(pattern of ways)이라고 정의함으로써 조직의 대규모성과 복잡성을 분명히 지적하고 있다.[8]

---

4) George R. Terry, *Principles of Management* (Homewood, Ill.: Richard D. Irwin, 1960), p. 246.

5) Chester I. Barnard, *The Functions of the Executive* (Cambridge: Harvard University Press, 1938), p. 73.

6) Tallcott Parsons, *Structure and Process in Modern Societies* (Glencoe, Ill.: The Free Press, 1960), p. 17.

7) Philip Selznick, *TVA and the Grass Roots* (University of California Press, 1953).

8) John M. Pfiffner and Frank P. Sherwood, *Administrative Organization* (Prentice-Hall, 1960), pp. 28~30. 여기서 많은 사람이란 그들 모두가 친밀한 대면적 접촉을 유지할 수 없을 정도로 많은 사람을 말한다.

(8) Katz와 Kahn의 정의 — 체제론적 관점의 부각 Daniel Katz와 Robert L. Kahn은 체제모형의 틀 속에서 사회학의 거시적 안목과 심리학의 미시적 안목을 함께 동원하여 조직을 개방체제인 사회적 체제의 한 종류로 정의함으로써 체제모형을 본격적으로 도입하고 있다.[9)]

(9) 오석홍 교수의 정의—통합적 견해의 형성 "조직이란 인간의 집합체로서 일정한 목표의 추구를 위하여 의식적으로 구성한 사회적 체제이다. 이러한 조직은 대규모의 복잡한 조직이며 어느 정도 공식화된 분화와 통합의 구조 및 과정 그리고 규범을 내포하는 것이고 상당히 지속적인 성격을 가지는 것이다. 조직은 경계를 가지고 있으며 경계 밖의 환경과 교호작용한다."[10)]

사람들은 어떤 목표 또는 과업의 달성을 위해 집합적이고 공동적인 노력이 필요할 때에 여러 사람의 활동을 조화시키고 조정하며 공동의 목표에 기여하도록 유인을 마련하는 조직을 구성하게 된다. 사람들이 재화·용역을 생산하고 팔아서 이윤을 얻기 위해 구성하는 사기업체와 공공의 편익을 도모하기 위해 구성하는 행정기관은 조직의 가장 뚜렷한 예이다. 이 밖에도 군대조직, 학교, 종합병원 등 조직의 예로 들 수 있는 것은 대단히 많다.

2. 조직의 주요특성

이와 같은 통합적 견해의 형성이라는 측면에서 정의된 조직의 주요특성을 살펴보면 다음과 같다.[11)]

(1) 대규모의 복잡한 조직 조직은 규모가 크고 구성이 복잡하며 어느 정도 합리성의 지배를 받고 다소간에 공식화되어 있는 것이다.

조직의 규모(size)는 대체로 조직구성원의 수에 관련하여 규정되어 왔는데 어느 정도의 인원을 가진 조직이 대규모이냐 하는 것은 문제가 될 수 있다. 조직구성원들 전원이 일상적인 활동에 있어서 서로 친숙한 접촉을 할 수 없는 정도의 규모를 대규모라고 일단 규정할 수 있다. 조직이 복잡하다는 것은 조직의 규모

---

9) Daniel Katz and Robert L. Kahn, *The Social Psychology of Organizations* (John Wiley and Sons, Inc., 1966), p. 47. 이들은 조직을 종종 '사회적 조직'이라고 부르고 있다.

10) 오석홍, 전게서, p. 84.

11) 상게서, pp. 85~88. 공공조직과 민간조직의 비교에 대해서는 김규정, 전게서, pp. 357~358 참조.

가 크다는 것과 밀접한 관계를 갖는다.

이러한 조직은 어느 정도의 공식화(formalization)를 수반하며 조직활동은 어느 정도 합리성의 지배를 받는다.

(2) 조직의 목표 조직은 그 자체의 목표를 가지고 있다. 대규모의 조직이 추구하는 목표는 흔히 복수이며 그 종류도 여러 가지이다. 일반적으로 조직의 목표란 조직이 달성하려고 하는 일(미래의 상태)을 말한다. 조직의 목표에 따라 조직내의 질서가 유지되며 조직참여자들의 행동이 규제된다.

(3) 인간으로 구성되는 조직 조직은 사람으로 구성되며 동시에 개별적인 구성원의 존재와는 별도의 실체를 형성한다. 조직은 사람이 모여 교호작용을 함으로써 이루어지는 사회적 단위이다. 서로 의사소통을 할 수 있고 공동의 목표를 위하여 노력을 바칠 용의가 있는 사람들이 모여 조직을 구성한다. 조직의 형성이 일단 공식화되고 정착되면 조직은 개개 구성원의 존재와는 별도의 실체를 갖게 된다.

(4) 조직의 공식적 구조와 과정 조직에는 분화와 통합에 관한 공식적 구조와 과정이 있다. 조직에서는 일이 분담되어야 한다. 조직단위, 노동, 권한과 책임 등이 조직의 목표달성에 잘 기여할 수 있도록 분화되어야 한다. 조직에는 그러한 분화의 공식적 유형이 마련되어 있어야 한다.

(5) 조직내의 비공식적 관계 조직 안에는 비공식적 또는 자생적 관계가 형성된다. 조직내에서는 비공식적 집단이 생겨나고 공식적 계획에서 예정하지 않았던 제관계가 형성되며 공식적 권한중추와는 위치가 다른 사실상의 세력들이 형성된다. 조직내의 비공식적 관계는 공식적 배열을 제약하거나 보완하는 구실을 한다.

(6) 조직의 경계 조직에는 경계가 있어 조직과 그 환경을 구별하게 해준다. 조직은 개방체제로서 환경과 교호작용하는 것이지만 그것은 조직에 경계가 있음을 전제로 한 교호작용, 즉 경계를 넘나드는 교호작용인 것이다. 경계가 전혀 없는 것은 조직이 아니다. 왜냐하면 경계가 없으면 조직의 동일성을 확인할 길이 없기 때문이다.

(7) 환경과의 교호작용 조직은 사회적 체제로서 그 환경과 교호작용한다. 조직은 공백 속에 존재하거나 폐쇄되어 있는 것이 아니고 환경 속에 존재하며

조직과 환경은 서로 영향을 주고받는다. 환경은 조직의 생성·존속 및 발전에 지대한 영향을 미친다. 조직도 환경에 영향을 미친다. 조직은 환경으로부터 재화·용역 등 투입을 받아 처리하여 환경에 산출을 내보내는 등 환경에 여러 가지 영향을 미칠 수 있는 존재이다.

(8) 동태적인 현상 조직은 시간선상에서 움직여 가는 동태적인 현상이다. 순간적으로 나타났다가 없어지는 사람의 모임은 조직이 아니다. 우리가 조직이라 할 때는 상당한 지속성을 지닌 인간의 집합체를 지칭하는 것이다.

조직이 한 번 성립하였다고 해서 항구 불변한다거나 정지되어 있는 것은 아니다. 조직은 생성·발전하고 또 쇠퇴·사멸할 수 있는 속성을 지닌 것이다. 조직이 살아남고 또 발전하려면 조직 내외의 변동하는 조건에 끊임없이 적응해야 한다.

3. 조직과 유사한 개념들

(1) 관료제(bureaucracy) 관료제라는 개념은 조직과 동의어로 사용되는 경우가 흔히 있으나 관료제라는 용어는 조직과 달리 간혹 부정적(관료제의 역기능)인 의미를 지니며 모든 조직이 Weber의 기술적인 의미에 있어서의 관료제 조직은 아닌 점에서 구별된다.

(2) 집 단(group) 집단은 조직에 비하여 그 구성원 배열의 체계화·구조화가 덜 되어 있고 그 동태성이 더 강하다는 차이점이 있다. 행정학에서 연구되는 집단은 주로 조직 내부에서 자연적으로 발생하는 소집단(small group)을 의미하는데, 그것은 조직과는 그 특성을 달리한다.

(3) 기 관(institution) 행정조직이란 공공행정에 관계되는 여러 기관의 집합이다. 즉 행정조직은 다수의 행정에 관계되는 기관으로 이루어지며 따라서 행정에 관계되는 각 기관은 행정조직의 각 구성단위가 된다. 이러한 의미에서는 행정조직과 행정기관은 구별된다. 그러나 경우에 따라서는 각 개개의 기관 그 자체를 행정조직으로 볼 때도 있다. Esman은 기관이라는 용어를 공식적 조직과 동의어로 사용하기도 한다.[12]

---

12) Milton J. Esman, *The Institution Building Concepts: An Interim Appraisal, Inter-University Research Program* (University of Pittsburgh, 1967) 참조.

Ⅲ. 조직의 유형

1. 조직유형론의 의의

조직의 유형화란 여러 사회조직을 어떤 기준(기능, 규모, 역사 및 목표 등)에 따라 분류하는 것을 말한다. 조직의 유형화는 어떤 조직이 다른 조직과 공통점이 무엇이며, 특수성이 어떤 것인가를 쉽게 파악할 수 있게 해주며 조직개념의 보다 분명한 이해를 위해서도 필요하다.

조직연구의 실제에서 조직유형론이 반드시 필요하고 또 그것이 가장 요긴하게 쓰이는 경우는 조직들을 비교연구할 때이다.[13)]

2. 조직의 유형 분류

조직의 비교연구에 있어서 가장 문제되는 것은 조직의 어떠한 요소를 분류기준으로 삼아 유형화할 것인가 하는 것이다. 조직을 분류하고 유형화하는 기준과 변수는 수없이 많이 있다. 예컨대 Hass, Hall, Johnson 등은 i) 조직의 목표와 목적, ii) 주요활동, iii) 기본성격, iv) 조직부서, v) 권위의 집중 등의 조직분류기준을 제시하고 있다.[14)]

1) Talcott Parsons의 사회적 기능에 의한 분류

Parsons는 조직의 분류기준을 그 조직이 사회적 필요성을 충족시키기 위해서 수행하는 기능에 따라 분류하였는바 그러한 기능을 적응기능(adaptation), 목표달성기능(goal attainment), 통합기능(integration), 형상(체제)유지기능(latency) 등 네 가지 기능으로 분류하고 이러한 기능들은 다음과 같이 하나의 사회체제를 구성하는 각 조직들이 수행한다고 본다.[15)]

13) 조직을 분류하거나 유형화하여 연구하는 것을 비교조직론(comparative organization)이라 한다. 이는 조직들을 몇 개의 유형으로 분류하고, 각 유형별로 어떠한 유사성과 상이성을 지니는가를 발견하기 위하여 체계적으로 연구하고자 하는 것이다.

14) J.E. Hass, R.H. Hall and N. Johnson, "Size of Supportive Component in Organizations: A Multi-Organization Analysis," *Social Forces*, Vol. 42, No. 1 (1966), pp. 162～163.

(1) 경제적 생산조직(economic production organization) 경제적 생산과 분배에 종사하는 조직으로서 영리를 목적으로 하는 회사 또는 공기업이 여기에 해당한다.

(2) 정치조직(political organization) 사회의 목표가치를 창출하고 권력을 형성하며 배분하는 조직으로서 행정기관 및 정당이 그 대표적이다.

(3) 통합조직(integrative organization) 사회의 갈등을 조정하고 사회의 일탈을 방지하며 안정을 유지하는 사법기관·경찰서·정신병원 등이 그 대표적이다.

(4) 형상유지조직(pattern maintenance organization) 사회체제의 형상(유형)을 유지하고 사회의 문화적·교육적 기능에 종사하는 조직으로서 교회·학교 등이 여기에 속한다.

2) P.M. Blau와 W.R. Scott의 주요 수익자에 의한 분류

Blau와 Scott는 조직참여자의 카테고리를 i) 조직구성원일반, ii) 조직의 소유자나 관리자, iii) 고객, iv) 일반대중으로 구분하고, 누가 조직의 주된 수익자(*cui-bone*-who benefits)이냐에 따라 조직을 네 가지 유형으로 분류하였다.[16]

(1) 호혜적 조직(mutual benefit association) 조직의 일반적 구성원이 주요 수익자가 되는 조직이다. 예컨대 정당·노동조합·클럽 등이 이에 속한다. 이러한 유형의 조직들이 당면한 가장 큰 문제점은 조직구성원들의 무관심과 과두제적 경향의 통제 즉 조직내적 민주주의(internal democracy)의 실현인 것이다.

(2) 사업조직(business concerns) 조직의 소유자나 관리자가 주수익자가 되는 조직이다. 예컨대 제조회사·도매 및 소매상·은행·보험회사 등의 이윤추구를 위하여 운영되는 사기업체가 여기에 속한다. 공기업은 기업의 형태라는 점에서 사기업과 같으나, 주수익자가 궁극적으로 국민이라는 점에서 사기업과 다르다. 이러한 유형의 가장 지배적 관심은 다른 조직과의 경쟁 속에서 성장을 위하여 어떻게 능률성을 확보하느냐 하는 문제이다.

(3) 서비스조직(service organization) 조직과 직접 접촉하는 고객이 조직의 주수익자가 되는 조직이다. 예를 들어 사회사업기관·병원·학교·법률상담소 등이

---

15) Talcott Parsons, *Structure and Process in Modern Societies* (Glencoe, Ill.: The Free Press, 1960), pp. 48～58. Parsons가 제시한 기능유형을 각각의 머리글자를 따서 AGIL기능이라고 부른다.

16) Peter M. Balu and W. Richard Scott, *Formal Organizations* (San Francisco: Chandler Publishing Co., 1962), pp. 40～57.

여기에 속한다. 이 유형의 조직들의 중요한 문제는 고객에 대하여 전문적인 서비스를 제공하는 문제와 관련된다. 즉 고객의 복지가 이러한 조직들의 주요한 관심사이다.

(4) 공공복리조직(common wealth organizations) 일반대중이 주수익자가 되는 조직이다. 예컨대 경찰서·소방서 등이 여기에 속한다. 이러한 조직들은 모두 지역사회의 보호적 서비스를 수행한다. 이러한 유형의 조직에 있어서는 외적인 민주적 통제(external democratic control)를 어떻게 확보하느냐가 중요한 문제가 된다.

3) Amitai Etzioni의 복종관계를 기준으로 하는 분류

Etzioni는 복종을 기준으로 하여 조직을 분류하였다. 복종이란 상급자가 하급자를 통제하기 위하여 채택하는 권력에 대하여 하급자가 어느 정도로 심리적인 구속감을 갖고 추종하는가 하는 권력에 대한 종속자(하급자)의 지향(orientation)을 말한다. Etzioni의 유형은 조직을 상급자가 어떤 방법(권력)으로 하급자를 통제하며, 또 하급자가 그 통제에 대하여 어떤 태도(관여)를 가지느냐에 따라 분류한 것이다.[17]

(1) 권력의 종류 권력이란 행위자가 자기의 규범을 실현하기 위해 타행위자를 유도하거나 그에게 영향을 미치는 능력을 말하는데, Etzioni에 의하면 권력은 그 수단, 즉 물리적, 물질적, 상징적 수단에 따라 세 가지로 나누어진다.

① 강제적 권력(coercive power): 물리적·육체적 수단을 통하여 통제하고 영향력을 행사하는 것을 말한다.

② 보수적 권력(remunerative power): 물질적 자원과 보수를 통하여 통제하고 영향력을 행사하는 것을 말한다.

③ 규범적 권력(normative power): 위신·존엄과 같은 규범적 상징이나 애정·관용과 같은 사회적 상징을 베풀거나 조작함으로써 통제하고 영향력을 행사하는 것을 말한다.

(2) 관여의 종류 관여(involvement)란 어떤 대상에 대한 행위자의 정서적·

---

17) Amitai Etzioni, *A Comparative Analysis of Complex Organizations* (New York: The Free Press, 1961), pp. 27 ~ 44.

평가적 지향을 말하는데 Etzioni는 조직구성원의 관여의 강도를 가장 강한 것, 적당한 것, 가장 약한 것으로 나누고, 도덕적 관여가 가장 강하고, 타산적 관여는 적당한 것이며, 소외적 관여는 가장 약하며 부정적이라고 한다.

① 소외적 관여(alienative involvement): 조직권력에 대한 가장 소극적인 반응 내지 부정적 지향을 보이는 것을 말한다. 예컨대 교도소의 수감자, 포로수용소의 수용자의 태도가 이에 해당한다.

② 타산적 관여(calculative involvement): 조직의 권력에 적극적 찬성도 반대도 하지 않고 단순히 조직에 참여함으로써 얻는 이득에만 관심이 있는 것이며, 예컨대 사업을 하는 기업인인들 간의 관계, 또는 물질적인 이해타산에 입각하여 어떤 대상에 대한 반응을 보이는 태도가 이에 해당한다.

③ 도덕적 관여(moral involvement): 조직권력에 대하여 가장 적극적인 반응 내지 지향성을 지니는 것을 말한다. 예컨대 교인의 교회에 대한 태도, 정당원의 정당에 대한 태도가 이에 해당한다.

(3) 권력과 관여의 상호관계 Etzioni는 위와 같은 세 가지 유형의 권력과 세 가지 유형의 관여를 상호관련시켜 〈표 3-1〉과 같은 9가지의 종속관계유형을 정립하였다.

다음의 종속관계의 유형에서 권력과 관여가 서로 접합하는 것과 접합하지 않는 것이 있는데, 접합하는 유형으로는 강제적 권력과 소외적 관여의 접합에 의한 강제적 조직(1), 보수적 권력과 타산적 관여의 접합에 의한 공리적 조직(5), 규범적 권력과 도덕적 관여에 의한 규범적 조직(9)의 세 유형이다. 이것을 '접합적 유형'(congruent types)이라 하고, 나머지 여섯 가지 유형을 '비접합적 유형'

〈표 3-1〉 종속관계의 유형

관여의 종류 / 권력의 종류	소외적 관여 (alienative involvement)	타산적 관여 (calculative involvement)	도덕적 관여 (moral involvement)
강제적 권력 (coercive power)	1 강제적 조직	2	3
보수적 권력 (remunerative power)	4	5 공리적 조직	6
규범적 권력 (normative power)	7	8	9 규범적 조직

(incongruent types)이라 한다.

접합적 유형의 세 가지 조직유형을 설명하면 〈표 3-1〉과 같다.

① 강제적 조직(coercive organizations): 강제를 주된 권력수단으로 하며, 조직구성원이 고도의 소외감을 느끼는 조직으로서 강제수용소·교도소·정신병원 등이 이에 속한다.

② 공리적 조직(utilitarian organizations): 물리적 보수를 주요한 권력수단으로 하며, 조직구성원들이 타산적 이해관계에 따라 관여하는 조직으로서 사기업·경제단체·농민단체 등이 이에 속한다.

③ 규범적 조직(normative organizations): 규범을 주요 권력수단으로 간주하며, 조직구성원들이 조직에 대하여 높은 일체감을 갖는 조직으로서 일반종합병원, 이데올로기적 정치조직, 대학, 종교조직, 전문적 조직 등이 이에 속한다.

(4) 이원적 복종관계조직　이상의 유형들은 한 가지만의 복종관계조직이다. 그러나 어떤 조직들은 위의 복종관계의 유형이 중복된 이원적 복종관계의 유형이 있다. 예를 들어 i) 규범적 복종과 강제적 복종관계를 가진 전투부대, ii) 규범적 복종과 보수적 복종관계를 가진 노동조합, iii) 보수적 복종과 강제적 복종관계를 가진 전근대적 공장, 농장 등의 조직이 여기에 속한다. 조직이 이원적 구조를 가지게 되는 주요한 원인은 조직이 복합목표를 갖기 때문이다.

4) Katz와 Kahn의 분류

Katz와 Kahn은 조직을 사회체제의 하위체제로 보고 조직의 기능을 생산, 형상유지, 적응, 관리로 보고, 조직전체의 기본적 기능(genotypic function)을 기준으로 조직을 다음과 같이 네 가지로 분류하였다.[18)]

(1) 생산적 또는 경제적 조직　부의 창조, 재화와 용역의 생산 등을 주목적으로 하는 조직으로서 사회 전체에 통합의 수단(instrumental integration)을 제공하는 조직이다. 이는 다시 i) 1차산업에 종사하는 조직, ii) 2차산업에 종사하는 조직, iii) 3차산업에 종사하는 조직 등으로 나누어진다.

(2) 형상유지조직(maintenance organization)　이는 형상유지를 주목적으로 하는 조직으로서 사회가 와해되지 않도록 규범적 통합을 보존하려는 조직들이다.

18) Katz and Kahn, *op. cit.*, pp. 112~115.

학교·종교단체 등이 여기에 속한다. 이 조직유형은 i) 교육·교화·훈련 등을 통하여 형상유지의 직접적 기능을 수행하는 조직과, ii) 복지활동·치료활동·교정활동 등을 통하여 사회복귀의 기능을 수행하는 조직으로 세분된다.

(3) 적응조직　지식을 창조하고 이론을 발달시키고 정보를 수집하여 제문제의 해결에 응용하려는 기능을 수행하는 조직이다. 대학·연구기관 등이 여기에 속하며, 문화·예술활동도 간접적인 적응기능이라 할 수 있다.

(4) 관리 또는 정치적 조직　관리 또는 통합을 주목적으로 하는 조직으로서 권력의 행사나 이해관계의 분쟁과 관련이 있다. 예컨대 행정조직·정당·압력단체·노동조합 등이 여기에 속한다.

Ⅳ. 결　어

현대사회를 '조직사회' 라고 부르며 현대인들은 조직 속에서 또는 조직에 둘러싸인 가운데서 살아가고 있다. 사회가 발전하고 변동의 속도가 빨라질수록 조직이 인간생활에서 점하는 비중은 더욱 커지고, 따라서 조직에 결부된 문제점도 그만큼 심각해지고 있다.

조직은 인간의사 실현의 주요 도구이며 인간생활 전반에 걸쳐 광범하고도 중대한 영향을 미치는 것이기 때문에 조직현상의 올바른 이해는 모든 사람에게 필요한 것이다.

오늘날 조직의 수·규모·중요성이 증대됨에 따라 조직문제가 각 방면에서 관심의 초점이 되고 있다. 조직연구자는 이성적인 입장에서 과학적으로 조직현상을 연구하고 개선·처방을 탐색하는 임무를 수행해야 한다.

제 2 절 조직이론의 발전(계보)

Ⅰ. 서 론

조직이론은 조직을 연구대상으로 하는 이론으로서 조직현상과 그에 연관된 요인의 상호관계에 관하여 기술, 설명, 처방하는 이론이다. 조직이론에는 기술적·설명적 이론, 규범적 이론, 전제적 이론, 그리고 수단적 이론이 포함된다.[19)]조직이론의 시대구분 또는 연구경향 변천과정의 단계구분은 학자에 따라 여러 가지로 분류하고 있으므로 이론의 계보를 밝히는 것은 매우 어려운 일이다.

Simon과 March는 전통적 이론, 인간관계론, 의사결정론으로 구분하였고,[20)] Waldo는 고전적 이론, 신고전적 이론, 현대적 이론으로 구분하였으며,[21)] Etzioni는 전통적 조직이론, 인간관계론, 구조론으로 구분하고 있다.[22)]

이와 같이 조직이론의 변천에 관하여는 학자의 관점에 따라 여러 가지로 분류하고 있으나 고전적 이론, 신고전적 이론, 현대이론으로 분류하는 것이 대다수

19) 기술적 설명적 이론(descriptive-explanatory theory)은 현상을 정확하게 파악하여 기록하고 설명하는 이론이다. 규범적 이론(normative theory)은 장래의 상태를 처방적으로 설정하려는 이론으로서 처방적 이론(prescriptive theory)이라고도 한다. 전제적 이론(assumptive theory)은 어떤 이론의 전제가 되는 기본적 가정(root assumptions)을 밝히는 이론이다. 수단적 이론(instrumental theory)은 개선·처방·실현의 수단에 관한 이론이다. 기술적·설명적 이론은 '무엇'(what)과 '왜'(why)에 관한 것이고, 규범적 이론은 '해야 하는 것'(should)과 '좋은 것'(good)에 관한 것이며, 전제적 이론은 '전제조건'(preconditions)과 '가능성'(possibilities)에 관한 것이라고 한다면 수단적 이론은 '어떻게'(how)와 '언제'(when)에 관한 것이라 할 수 있다. 오석홍, 전게서, p. 4 참조.

20) James G. March and Herbert A. Simon, *Organizations* (New York: Wiley, 1958), p. 6.

21) Dwight Waldo, "Theory of Organization: Status and Problems," in Amitai Etzioni, *Readings on Modern Organizations* (Englewood Cliffs, N.J.: Prentice-Hall, Inc., 1969), p. 10.

22) Amitai Etzioni, *Modern Organizations* (Englewood Cliffs, N.J.: Prentice-Hall, 1964), pp. 20～21.

조직론자들의 일반적 견해이다.

본서도 통설에 따라서 조직이론의 경향변천과정을 3단계로 구분하기로 한다. 그러나 학문의 발전과정은 연속적이기 때문에 이러한 분류에서 그 이론적 단절이 명확한 것은 아니다.

Ⅱ. 고전적 조직이론과 과학적 관리론

1. 고전적 조직이론의 의의 및 특성

기계모형(machine model)으로서 알려져 있는 고전이론은 1900년경부터 싹트기 시작하여 과학적 관리법의 이론과 운동의 영향 아래 성립·발전되어 1930년대에 이론유형으로서 완성되었으며[23] 조직을 폐쇄체제로 보고 공식적·합리적 조직에 중점을 둔다.[24]

이러한 고전적 조직이론의 일반적 특성을 요약해 보면 다음과 같다.[25]

(1) 단일가치기준으로서의 능률주의관 고전이론은 능률이라는 단일가치기준에 기초를 두는 것이었다. 어떤 의미에서 고전이론은 능률제고를 위한 노력의 부산물이라고까지도 말할 수 있다.

(2) 공식적 구조의 중시 능률제고를 유일한 가치기준으로 삼은 결과 고전이론에서는 조직의 공식적인 구조와 기능을 관심의 초점으로 삼았으며 조직활동의 합리적 계획을 강조하였다. 고전이론에서는 조직을 연구하는 데 있어서 공식적 배열을 수정하고 제약하는 미리 계획되지 않은 비공식적 또는 역기능적 변수를 간과하는 경향을 보였다. 따라서 조직은 공식적 업무배분을 나타내는 조직도표(organization chart)로서 상징될 수 있다고 생각하였다.

(3) 폐쇄체제적 관점 고전이론에서는 연구대상인 조직을 폐쇄적 체제로 보았다. 조직현상을 연구할 때 계획적으로 예정해 놓지 않은 조직 내외의 불확실

23) 고전적 조직이론의 시대적 배경에 관한 상세한 설명은 오석홍, 전게서, pp. 13~15 참조.

24) 1930년대의 대표적인 문헌으로서는 Gulick의 『조직이론소고』(*Notes on the Theory of Organization*, 1937)와 Mooney, Reiley의 공저인 『조직의 원리』(*The Principles of Organization*, 1939)를 들 수 있다.

25) 오석홍, 전게서 pp. 15~19; 박연호·오세덕, 전게서, pp. 46~48.

성 또는 비합리적 요인은 고려대상에서 제외하는 경향이 있었으며, 특히 환경적 영향의 존재를 간과하였다.

(4) 합리적·경제적 인간모형에 입각한 연구　고전이론에서는 조직에 참여하는 인간은 합리적이고 경제적인 존재(rational economic man)로서 자기에게 이익이 가장 큰 행동방안을 타산적으로 선택할 수 있다고 보고 동기부여의 유인은 원칙적으로 경제적인 것이라고 가정하는 견해가 지배적이었다.

조직에 참여하는 사람들은 자기이익을 추구하려는 이기적 존재이므로 그들의 봉사와 희생을 요구하는 조직의 목적과 조직참여자의 개인적 목적은 본래적으로 대립되는 것이지만 조직의 합리적 유인요소 부여계획에 의하여 양자간의 갈등을 해소시킬 수 있다고 낙관하였다. 조직에 참여하는 사람들을 주어진 임무를 수행하는 피동적 도구(passive instrument)로서 이용가능하다고 믿었으며, 조직과 개인 사이에 조성될 수 있는 비합리적 갈등요인에는 원칙적으로 관심을 보이지 않았다.

(5) 과학성추구의 형식성　고전이론에서는 조직현상에 내재하는 보편적 법칙성을 발견하는 데 주력하였다. 그리하여 관리과정이나 조직구조형성에 관한 소위 원리(principles)를 산출해 내는 일이 크게 유행하였고 과학적 관리운동은 작업의 능률제고를 위한 과학적 기법을 많이 고안해 내었다. 그러나 고전이론의 법칙성 발견을 위한 노력은 대체로 미숙한 것이었으며 과학활동은 형식화되는 경향을 보였다. 조직의 원리라는 것들은 대부분 비조직적인 과거의 경험과 직감에 의하여 발전시킨 것으로서 비경험적이었으며 과학적인 법칙이라고 할 수 없는 것들이었다.

고전이론에 속하는 유파는 대체로 세 가지로 구분해 볼 수 있다. 첫째는 Taylor가 개척한 과학적 관리학파(Scientific Management School)이고, 둘째는 Gulick, Urwick 등이 영도한 행정관리학파(Administrative Management School)이며, 셋째는 Weber의 관료제이론(Theory of Bureaucracy)이다.

2. 과학적 관리론

(1) 과학적 관리론(scientific management)의 의의　과학적 관리론은 간단히 말해서 과학과 과학적 방법의 이용을 그 특징으로 하는 관리이론을 말하며 테일러

주의(Taylorism)라고도 한다. 즉 관리에 있어서 전통적 방법, 관습적 방법, 사람의 감정이나 직관에 의한 방법을 배제하고 진정한 과학적 원리를 적용해야 한다는 것이다.[26] 과학적 관리론은 원래 미국의 자본주의가 고도화됨에 따라 직면하였던 난관을 극복하고 경영의 합리화를 이룩하고자 제창되었다.

18세기 이후 급격한 산업혁명의 진행과 더불어 보다 많은 기계의 활용, 생산활동의 집중화, 생산자와 소비자의 구분, 소유와 경영의 분리가 요구되었으며 격화된 경쟁으로 독점기업이 형성되고 공황에 의한 공장폐쇄, 조업단축, 임금률인하 등의 사태가 속출되었으며 도처에서 파업과 노동운동이 전개되었다. 이러한 사회적 배경 아래 종래의 생산과 관리방식에 대한 비판이 제기되고 그 개선의 필요성이 고조되었다.

(2) 과학적 관리론의 내용　Taylor는 종래의 비능률적인 생산과 관리방식을 비판하면서 개개의 작업을 가장 간단한 요소동작으로 분해하여 각 요소동작을 형태, 순서, 소요시간을 시간연구와 동작연구에 의하여 표준화함으로써 하루의 공정한 작업량, 즉 과업을 부과하고 과업을 기준으로 하는 관리의 과학화를 이룩하도록 제창하였다.[27]

그리고 과업의 달성도에 따른 성과임금을 지불할 것을 제안한다. 그렇게 함으로써 조직의 생산성과 능률성을 확보하고, 조직의 구성원에게는 정당한 보상이 주어진다고 보는 것이다. 이 이론에서 가정하는 조직 속의 인간은 일종의 '합리적 경제인'으로서 간주되며, 객관적인 물질적 보상 등에 의해서 일에 대한 동기가 부여될 수 있다고 가정한다.

(3) 과학적 관리론의 영향　이러한 과학적 관리론의 발전은 비단 기업관리의

---

26) Frederick Taylor, *The Principles of Scientific Management* (New York: Norton, 1967), pp. 25~26.

27) 테일러는 4개의 작업을 가장 간단한 요소동작에 이르기까지 분해하고 각 요소, 동작의 형태, 순서 및 소요시간을 '동작연구'(motion study)와 '시간연구'(time study)에 의하여 표준화하고 나아가서 불가피한 유예시간도 정밀하게 연구함으로써 일류 작업자에게 충분한 일일작업량, 즉 한 사람의 작업자가 적정하게 작업하고도 건전하게 생활할 수 있는 최선의 일일과업(task)을 책정하였으며 이러한 과업을 기준으로 하는 관리의 과학화를 제창한 것이다. 즉 동작연구는 동작의 낭비를 배제함으로써 인체를 가장 적절하고 능률적으로 사용할 수 있도록 하려는 연구이며 인체를 분석의 핵심으로 삼는다. 시간연구는 작업현장에서 실제로 작업을 하는 데 소요되는 시간의 양을 측정하려는 연구이다. 동작연구에서 가장 능률적인 동작의 배합이 결정되면 시간연구에 의하여 그러한 동작에 소요되는 시간을 산정하고 그에 따라 직무별 시간기준과 하루하루의 작업할당량을 결정한다.

합리화에 이바지함으로써 생산성을 높이는 데 중요한 역할을 하였을 뿐만 아니라 정치와 행정을 구별하고 행정을 전적으로 기술의 체계로서 파악한 이른바 정치행정이원론 내지 능률주의적·기술적 행정학의 발달에 중요한 계기가 되었다

과학적 관리론은 미국의 각급 정부의 행정에도 도입되어 절약과 능률의 향상에 크게 이바지하였으며, 이와 관련하여 행정개혁운동과 과학적 관리론의 결합이라 할 수 있는 행정조사운동이 1906년 뉴욕시정조사연구소(New York Bureau of Municipal Research)의 창설과 더불어 활발히 전개되었다. 이 연구소에 의해서 발달된 행정조사는 그후 관리의 과학적 연구·발전에 크게 공헌하였다. 1910년에는「절약과 능률에 관한 대통령위원회」(President's Commission on Economy and Efficiency, Taft위원회)가 설치되었는데 이 위원회의 권고는 그후의 행정개혁운동에 큰 영향을 미쳤다.

(4) 과학적 관리론의 비판과 평가 　과학적 관리론은 동작 및 시간연구를 통해서 인간의 생산활동을 정확히 측정하고 분석하여 그에 입각한 과학적 관리가 가능하다는 사실을 보여주었으며, 미국의 산업경영에 보급되어 생산능률을 크게 향상시켜 주었으나, 그것은 근본적으로 기계적 원리에 따라 조직구성원을 관리한다는 한계로부터 다음과 같은 비판을 받고 있다.

첫째, 인간을 마치 기계처럼 인식하는 인간기계론의 입장에 서서 인간의 개성이나 잠재력을 고려하지 않고 단지 기계적·합리적·비인간적인 도구로 취급하고 관리함으로써 오히려 자발적인 생산성을 저하시켰다는 비판을 받고 있다. 둘째, 과학적 관리론은 합리적·경제적 인간모형을 전제로 하므로 조직구성원의 주체성이나 인간성에 관한 충분한 통찰이 부족하였다는 비판을 받고 있다.

이와 같은 비판은 노동자의 개성이나 사회관계도 생산과정에 있어서 중요한 영향을 미친다는 인간관계론의 성립을 촉진시켰다.

그러나 관리에 있어서 과학적 관리론을 전적으로 부정할 수는 없으며 중요한 것은 과학적 관리론과 인간관계론을 조화시키는 데 있다고 하겠다.

3. 행정관리론(administrative management theory)

과학적 관리론이 생산 및 운영적 수준에서 최적관리를 위해 공학적·기법적·분석적 방법을 채택하였고, 관료제론은 조직 전체의 구조적 특성에 대하여 포괄

적인 관심을 가진 반면, 행정관리론은 조직의 상층부에 초점을 맞추고 하향적 방식에 의한 조직의 합리화를 추구하였다.

이러한 범주에 속하는 학자들로 경영학 분야에서는 Henry Fayol, James D. Mooney, W.N. Newman 등이 있고, 행정학 분야에서는 Luther Gulick,[28] Lyndall Urwick, M.E. Dimock, J.M. Pfiffner 등이 있다.

행정관리학파는 능률을 기본적인 가치로 채택하고 조직단위들의 구조적인 관계, 관리기능의 유형, 관리의 과정, 분업과 조정에 관련된 원리 등 조직 및 관리작용의 원리들을 연구하였다. 이 학파가 발전시킨 이른바 원리들은 대개 조직활동의 분화(분업)와 통합(조정)에 관한 것이다. 분업과 조정을 조직관리의 핵심적인 요소라고 보아 그에 연관된 분업의 원리, 명령통일의 원리, 통솔범위의 원리, 조정의 원리, 계층화의 원리, 부성화의 원리, 참모조직의 원리 등을 발전시키는 데 주력하였다.[29] 이러한 원리들은 조직관리의 공식화에 관한 요구를 함축하고 있다.

행정관리학파는 그들이 개척한 원리 때문에 호된 비판을 받고 있다. 이들이 제시한 조직의 원칙들이라고 하는 것은 경험적으로 검증되지 않은 명제들로서 보편성이 없는 것이 대부분이며 격언에 불과하다는 것이고 이들 원칙들은 때때로 상호 모순된다는 것이다.[30]

그러나 행정관리학파는 조직학의 출범 초기에 그 초석을 놓는 데 크게 기여하였다. 그들의 원리가 비록 보편적인 것이 아니지만 오늘날에도 조직설계와 운영의 실제에서 중요한 기준을 제시해 주고 있다. 아울러 과학적 관리의 전통이 없는 우리 나라에서는 행정근대화를 위하여 반드시 거쳐야 할 단계의 하나로 보아야 할 것이다.[31]

---

28) Gulick은 전술한 바와 같이 최고관리층의 기능을 POSDCORB라는 인조어로 제시하였는바 이것은 관리자의 기능을 표시하는 것일 뿐만 아니라 조직관리 및 행정학의 연구범위와 대상을 지칭하는 것으로 간주되고 있다.

29) 행정관리학파에서 발전시킨 원리들의 상세한 설명은 제2장 제2절 참조.

30) 예컨대 상하계층의 수를 줄여야 의사전달이 잘 된다는 원칙과 통솔범위가 너무 넓지 않아야 부하를 효과적으로 감독할 수 있다는 원칙을 동시에 적용하는 경우를 생각할 수 있다.

31) 윤재풍 외 2인, 전게서, pp. 45~46.

4. Weber의 관료제론

관료제(bureaucracy)란 여러 가지 의미로 쓸 수 있지만, Weber[32]는 그것을 조직의 한 형태로서 규정하였다. 즉 계층제, 법과 규칙, 문서에 의한 행정, 비정의적인 업무의 처리, 전문가에 의한 행정이 이루어지는 조직의 행태를 관료제라고 규정했다. 위와 같은 조직에서는 전통적인 관습이나 인간의 카리스마에 의한 지배가 배제되며 어디까지나 법, 규칙, 그리고 합리적이며 공식적으로 규정된 규칙과 절차에 따라 행정이 이루어지도록 되어 있다. 그렇게 함으로써 행정의 능률성, 객관성, 예측성, 질서와 안정을 확보할 수 있는 것이다. 이러한 관료제이론은 오늘날의 행정조직구조의 편성과 관리에 크게 영향을 미쳤고, 위와 같은 장점 및 순기능이 발휘되었다. 그 반면 관료제 자체가 지니는 구조적인 문제점 및 역기능이 발생한다는 비판이 제기되고 있다. 관료제이론은 제2장 제3절에서 상세히 설명할 것이다.

5. 고전적 조직이론에 대한 평가

고전이론은 그 시대의 합리적 조직개발에 대한 요청에 부응하는 사명을 수행하였으며 조직의 공식적인 구조를 합리화함으로써 기본적인 질서를 정비하는 데 많은 기여를 하였다.

고전이론은 또한 학문사적으로 매우 중요한 공적을 남겼는데 그것은 다름 아닌 독자적 연구영역의 확인인 것이다. 조직운영의 실제에 관한 한 고전이론이 끼친 영향은 그 뒤에 나온 어떤 학파의 영향보다 뿌리깊은 바 있다.

그러나 조직사회의 여건이 달라지고 연구인들의 안목이 넓어짐에 따라 고전이론은 다음과 같은 비판을 받게 되었다.

첫째, 능률에만 집착하였으며 조직이 추구하거나 추구해야 할 다른 많은 가치 특히 '인간적 가치'를 간과하였다.

둘째, 공식적 요인의 연구에 편중함으로써 비공식적 요인의 고찰에 실패하였다.

---

32) Max Weber는 Taylor, Fayol 등 고전이론가들과 동시대인이었다. 관료제에 관한 그의 저서가 독일에서 처음 간행된 것은 1921년의 일이다. 그러나 이것이 미국에서 번역 출간된 것은 1940년대의 일이다.

셋째, 폐쇄체계적인 관점 때문에 환경적 요인을 간과하였다.

넷째, 보편적이지 못한 '원리'들을 과학적인 법칙처럼 제시하였다.

다섯째, 쾌락주의적·경제적 논리로 규정한 인간모형은 너무 편협한 것이었으며 고전이론의 인간문제 경시풍조를 뒷받침하였다.

이러한 비판적 견해는 후술하는 신고전이론의 '반발'에 반영되어 있다.

Ⅲ. 신고전적 조직이론과 인간관계론

1. 신고전적 조직이론의 의의 및 특성

신고전이론은 1920년대 Elton Mayo의 호오손실험(Hawthorne Experiment)을 계기로 하여 성립된 인간관계론이 그 핵심이 되고 있다. 신고전이론은 대규모조직에 소집단 또는 대면적 집단(face-to-face group)이 있다는 것을 발견하였으며 모든 조직에는 비공식적 인간관계가 존재하여 공식적 권한의 명령체계보다 직무의 습관이나 태도에 더 큰 영향을 미친다는 것을 인식하였다. 신고전이론의 일반적 특성을 보면 다음과 같다.[33]

(1) 조직내의 사회적 능률 강조　신고전이론에서는 사회적 능률을 새로운 가치기준으로 제시하였다. 사회적 능률이란 조직참여자의 만족도, 특히 사회적 욕구충족도를 말해 주는 개념이다.

조직내의 비공식적 관계와 조직참여자의 사회적·심리적 측면을 중요시한 신고전이론이 사회적 능률을 하나의 가치기준으로 삼았다는 것은 당연한 논리라 하겠다.

(2) 비공식적 요인의 중시　고전이론의 공식적·구조중심적 연구경향에 대한 대안으로 신고전이론은 비공식적 요인중심의 접근방법을 제시하였다. 신고전이론에서는 조직참여자인 인간의 기계적 측면이 아니라 사회적·정서적 또는 심리적 측면을 중요시하였으며, 대인관계(interpersonal dynamics)와 인간집단의 비공식적 관계를 중점적으로 연구하였다. 따라서 신고전이론은 조직의 공식적 구조를 간과하고 그 안에서 움직이는 비공식적 관계만을 전면에 부각시키는 극단적

33) 오석홍, 전게서, pp. 22~25.

경향을 나타내었다.

(3) 환경유관론적 입장　신고전이론은 고전이론의 폐쇄체제적 접근태도를 비판하였으며 개방체제적 접근방법의 발전에 필요한 터전을 닦았다. 조직을 개방체제로 본다는 것은 조직의 합리적 배열뿐 아니라 그에 추가하여 두 가지 방면의 영향을 포용한다는 것을 뜻한다. 그 영향 가운데서 하나는 공식조직의 테두리 안에서 발원하는 불확실한 요인인 비공식적 요인이고, 다른 하나는 환경으로부터 작용해 들어오는 불확실한 요인이다. 이러한 요인을 확인한 접근방법은 조직과 환경의 상호작용관계를 중요시한다.

(4) 사회적 인간모형에 입각한 연구　신고전이론은 고전이론의 기초를 이루었던 합리적 경제적 인간관에 회의를 느끼고, 합리적이 아닌 그리고 경제적이 아닌 인간성의 측면을 더욱 중요시하였다. 합리적·경제적 인간관과 달리 조직참여자를 사회적 존재(social man)로 파악하여 인간의 사회적·비합리적 측면을 존중하고 동기부여의 유인으로서 사회적인 것을 중요시한다. 그러나 인간을 피동적인 존재라고 획일적으로 규정하는 점에서 두 인간관은 공통점을 가진다. 즉 사회적 인간관에 기초를 둔 신고전이론은 조직참여자를 조종함으로써 조직내 갈등을 해소시킬 수 있다고 보았는데, 이것은 고전이론의 입장과 다를 것이 없다. 다만 양자가 인간을 조종하는 데 동원해야 한다고 처방한 수단이 다를 뿐이다.

(5) 경험주의의 제창　신고전이론은 과학주의의 형식성을 공박하고 경험주의(empiricism)를 제창하였다. 즉 지각할 수 있는 사실에 입각한 검증을 통하여 과학을 발전시켜야 한다는 주장을 하게 되었다.

2. 인간관계론(Human Relations Approach)

(1) 인간관계론의 의의　인간관계론은 조직의 목적달성을 위하여 인간의 정서와 감정적 요인에 역점을 두는 관리기술 내지 방법에 관한 이론이라 할 수 있다. 즉 조직의 구성원을 감정의 논리나 대인관계에 따라서 움직이는 인간으로서 파악하고 욕구, 동기, 태도를 중심으로 개인간, 집단간, 개인집단과 조직간에 형성되는 조직체내의 여러 가지 사회적·심리적 관계를 분석하려는 이론이다. 이러한 인간관계로는 기계적·비정의적 조직관과 합리적 경제인의 인간관을 전제로 하는 과학적 관리법의 반동으로서 출발하였다.[34]

(2) 인간관계론의 내용 인간관계론에 대한 연구는 하버드대학교 경영대학원 교수였던 Elton Mayo의 주도하에 실시된 호오손실험에서부터이다.

호오손실험은 시카고의 서부전기회사(Western Electronic Company)의 호오손공장에서 1927년부터 1932년까지 5개년에 걸쳐 호오손공장의 종업원을 대상으로 행해진 일련의 인간관계에 관한 조사연구를 말한다. 이러한 호오손공장의 실험을 통하여 발견한 제사실들을 기초로 하여 인간관계론이 성립되었는데, 호오손실험의 결론을 간추려 보면 다음과 같다.[35]

첫째, 생산능률은 물리적 환경조건에 의해서만 좌우되는 것이 아니라 종업원 동료간, 종업원 대 감독자간의 인간관계에 의해서 크게 좌우된다.

둘째, 조직 내부에는 자생조직인 비공식적 집단이 공식적 집단과는 별도로 존재하며 비공식적 집단은 개인의 작업습관이나 태도에 영향을 미친다.

셋째, 종업원은 개인으로서가 아니라 집단의 일원으로서 행동하며 집단내의 인간관계는 일련의 감정적 요소에 따라 작용한다.

넷째, 종업원은 경제적 욕구나 동기에 입각한 합리적 행동보다도 비경제적 욕구나 동기에 입각하여 사회적 요인에 규제되는 비합리적 행동을 중시한다.

(3) 인간관계론의 공헌 인간관계론의 핵심적 공헌은 조직연구에서 인간적·사회적 요인을 부각시킨 것이라고 할 수 있으며 종래에는 조직을 단순히 공식적 구조로만 파악하고 개인을 다만 합리적 경제인으로만 생각하였다. 그러나 인간관계론의 대두를 계기로 개인 비공식집단 및 집단 상호간의 관계로서의 사회체제로 조직을 인식하게 되었으며 따라서 조직내의 인간적 요인이 조직의 주요한 관심사로 등장한 것이다. 인간관계론자들에 의하여 조직 속의 인간의 가치에 대한 새로운 평가가 이루어지게 된 것이다.

인간관계론에 입각한 조직이론에서는 인간을 단순한 노동력의 제공자로서만 파악하는 것이 아니라, 심리적·사회적인 욕구를 가진 전인격적인 존재로서 파악할 것을 강조하고 있다. 또한 인간관계론은 산업계에 있어서 인사관리의 혁신과 민주화에 많은 공헌을 하였다. 즉 종래의 인사관리와 같이 채용과 배치, 작업조건, 임금지급 등의 제도적 측면을 중시하는 것보다는 조직내에 있어서의 직무집

---

34) 인간관계론의 성립배경에 관해서는 오석홍, 전게서, pp. 27~29 및 pp. 37~38 참조.

35) 박연호·오세덕, 전게서, pp. 50~51.

단이라는 사회적 구조를 중시하고 조직의 공동목표달성을 위하여 사람들을 협력시키기 위하여는 어떻게 하는 것이 좋은가 하는 관점으로부터 조직 내부의 의사전달의 문제나 민주적 리더십을 중시하는 새로운 인사관리 기능이 강조되고 있다.

(4) 인간관계론과 행정관리 인간관계론이 기업경영에서만 그치지 않고 행정에 도입됨으로써 최근의 조직관리에 있어서 새로운 면을 형성하고 있다. 공식적 행정조직의 결함을 보충하는 방법으로서 인간관계론적 관리법을 적용하여 행정능률을 향상케 하는 데 크게 이바지하게 된 것이다. 즉 인사행정에 있어서 인사상담제도·고충처리제도 및 제안제도의 적용이라든가, 조직관리에 있어서 비공식조직과 소집단의 중시 및 의사전달 리더십 등의 중요성을 강조하는 것은 모두 인간관계를 개선하는 데 목적을 둔 일종의 인간주의적 관리방식을 강조하는 것이다.

(5) 인간관계론의 한계 및 비판 인간관계론은 위와 같은 공헌에도 불구하고 다음과 같은 문제점 내지 한계가 제기됨으로써 비판을 받았다.

첫째, 전통적인 관리론자들은 기술적 내지 구조적 측면을 지나치게 강조한 반면 인간관계론자들은 사회·심리적 측면에 지나치게 집착했다.

이들은 인간관계를 폐쇄적 체제로 파악하고 경제적·정치적 내지 환경적 제요인의 중요성을 경시하였다. 또한 산업사회에 있어서 노조의 역할을 외면하였다.

둘째, 인간관계론의 기본적 가정은 인간관리에 있어서 노동자에게 직무만족감을 제공하는 것을 그 목표로 삼는다. 노동자의 직무 만족감을 높이고 그들의 사기를 높이기 위하여는 노동자의 참여를 확대하여야 한다고 한다. 그러나 최근 실제 직무 만족감은 다차원적 변수이며, 이를 지나치게 단순화시켜 표현할 수 없는 것이라는 주장이 유력하다. 생산물은 인간의 사기뿐 아니라 그의 개인적 목표나 동기와 직접 연관되는 면이 있기 때문이다.

셋째, 인간관계론의 효시인 호오손연구는 충분히 과학적인 연구가 되지 못하였다는 비판이 있다.

넷째, 인간관계론의 기본적 성향은 권위주의적 입장에서 별로 벗어나지 못했다는 비판이 있다. 그것은 인간관계론이 관리자에게 인간적 요인의 중요성을 환기시켜 주었지만 근본적으로 조직의 계층적 구조 자체는 적극적으로 유지코자 하였다는 것이다.

(6) 인간관계론과 과학적관리론의 이동(異同) 및 관계 과학적 관리론을 비판하면서 인간관계론이 제창되었으나 양자는 전적으로 상반되는 이론은 아니며 유사점도 있다는 사실에 유의하여야 한다.[36)]

1) 유사점

(1) 조직목표와 개인목표의 양립성 인정 조직목표인 생산성·능률성의 향상이나 합리성의 추구와 조직구성원의 목표인 인간의 행복추구 사이에는 근본적인 모순이 없으며 양자는 양립될 수 있다고 보았다. 즉 구성원의 만족추구와 관련되는 보수의 인상이든 사기의 앙양방안이든 마찬가지로 능률향상을 촉진시켜 조직목표의 달성에 기여한다고 생각하였다.

(2) 조직을 폐쇄체제로서 인식 조직을 환경과 상호작용하는 개방체제로서 보지 않고 내부지향적·미시적 입장을 취하여 폐쇄체제로서 파악하였으며 환경변수를 등한시하였다.

(3) 인간을 목표달성을 위한 수단·조종대상으로 파악 관리층의 지위·역할의 우월성을 인정하여 관리층이 하위직 일선직원을 조직목표의 달성을 위한 조종대상이나 수단으로 보는 입장을 취하였다.

2) 차이점

(1) 인간관 과학적 관리론은 인간을 합리적 존재로서 인식하고 조직 구성원의 동기는 주로 경제적 욕구의 충족에 있다고 보는 합리적 경제인관에 입각하고 있는 데 반하여, 인간관계론은 사회적 욕구에 의하여 인간의 동기가 부여되며 조직생활에 있어서의 사회적 동기를 중요시하는 사회인관에 기초를 두었다.

(2) 조직관 과학적관리론은 조직을 합리모형, 기계모형으로서 보았으며 조직을 법률, 규칙이나 직제에 의하여 형성된 인위적 조직으로 인식하여 공식적 구조·기능·역할을 중요시하였다. 한편 인간관계론은 비합리성, 자율성, 비공식적 관계에 중점을 두면서 사실상 인간집단에 존재하는 현실적인 인간상호관계와 사회적·정서적 측면이나 비공식적 구조·기능·역할을 파악하려고 하였다.

---

36) 김규정, 전게서, pp. 267~268.

(3) 조직목표와 인간의 욕구간의 균형문제 과학적 관리론이나 인간관계론이나 조직목표의 추구와 인간의 욕구추구 사이에는 균형이 이루어질 수 있다고 생각하였으나, 전자는 저해요인만 제거되면 당연히 이러한 균형이 이루어진다고 보았지만 후자는 이상적 균형상태가 의식적으로 성립되어야 한다고 인식하였다.

3) 인간관계론과 과학적 관리론의 관계

인간관계론은 종래의 과학적 관리론을 전적으로 부정하는 것은 아니며, 오히려 그 근본적 인식을 같이하는 것이다. 다만 과학적 관리법이 인간의 비합리적·감정적 측면을 무시하고 기계적 합리화를 추구하는 나머지 인간의 도구화현상을 초래한 데 대하여, 인간관계론은 그와 같은 인간적 요소의 중요성을 강조함으로써 합리적 조직에서 배제된 인간성을 부분적으로나마 회복하여 조직적 협력을 촉진하려는 것이라고 할 것이다. 이와 같이 인간관계론은 전통적 관리론의 결함을 보완하여 인간의 정서적·감정적 측면을 중요시함으로써 보다 행정능률을 향상시키려는 새로운 관리론임에도 불구하고 인간관계론하면 무조건 대인관계의 원만한 형성과 유지로만 잘못 인식되어 왔다.

3. 신고전이론에 대한 평가

신고전이론이 고전이론을 비판하고 여러 면에서 그에 대립되는 연구경향을 대두시킨 것은 조직이론의 균형 있는 발전을 촉진하는 데 커다란 전기가 되었다.

비공식적 요인의 개척, 인간의 사회화 내지 집단적 속성의 강조, 환경과 조직의 교호작용 확인, 경험주의의 강조 등을 특성 또는 공적으로 삼은 신고전이론은 차츰 세련도를 높여가면서 현대조직학에 심대한 영향을 미쳤다.[37] 특히 인간적 요소를 중요시했던 연구태도는 조직내의 인간주의를 구현하였고 나아가 행태과학의 발전을 선도하였다.

그러나 다음과 같은 점에서 신고전이론도 고전이론 못지않게 일면적이었다는 비판이 있다.

---

37) 그리고 신고전기의 관점과 고전이론의 관점을 융화시키려는 노력은 조직관의 균형화에 결정적인 구실을 하였다. 고전이론을 반박하는 새로운 주장들이 쏟아져 나오기 시작한 신고전기에 조직학계의 일각에서는 이미 그러한 새로운 주장들을 고전이론의 테두리 속에 포함시키는(고전이론을 보완하는) 작업을 서두르고 있었다.

첫째, 연구대상인 조직이 한정되어 있었다. 고전이론의 경우에서와 마찬가지로 산업조직들이 연구대상의 주종을 이루었다.

둘째, 신고전이론의 안목도 편협하고 제한적이었다. 신고전이론은 고전이론에서와는 다른 각도에서 조직현상을 바라보았지만 그 관점의 한정성에는 큰 차이가 없었다. 예컨대 고전이론에서는 합리적 공식적인 것만 보았다면 신고전이론에서는 감성적 비공식적인 것만 보았다고 비유함으로써 안목의 여전한 협소성을 설명할 수 있다. 고전이론이 조직만 있고 사람은 없는 것처럼 생각하는 조직관을 가졌다면 신고전이론은 사람만 있고 조직은 없는 것처럼 생각하는 조직관을 가졌다고 평하는 사람들이 있다.

셋째, 인간의 욕구체계를 지나치게 단순화하고 획일화하는 우를 범하였다. 고전이론은 경제적 욕구에만 매달린 반면 신고전이론은 사회적 욕구에만 매달리는 경향을 보였다.

Ⅳ. 현대적 조직이론

1. 현대적 조직이론의 의의 및 특성

현대적 조직이론은 대체로 1950년대 전반기를 시발점으로 하여 전개된 조직이론들을 말한다.[38]

현대적 조직이론은 고전적 이론, 신고전적 이론을 통합하고자 하는 것이며 이론의 공통점은 조직을 전체로서 혹은 체제로서 파악하려고 한다. Etzioni는 이러한 경향의 접근법을 구조론적 접근법(structuralist approach)이라 하고, 구조론적 접근법은 합리성·공식성에 중점을 두는 전통적 조직이론과, 비공리성·비공식성에 중점을 두는 인간관계론적 조직이론을 종합하여 조직에 대한 하나의 포괄적인 준거기준을 제시하는 것이라고 주장한다.[39]

현대적 조직이론의 계보에 속하는 이론의 일반적 공통적 특징은 다음과 같다.[40]

38) 현대적 조직이론의 시대적 배경에 관한 상세한 설명은 오석홍, 전게서, pp. 57~60 참조.
39) Etzioni, *op. cit.*, p. 41.
40) 오석홍, 전게서, pp. 38~49.

(1) 분화와 통합　현대적 조직이론에서는 인간이 거의 무한한 잠재력과 가능성을 지닌 복잡한 존재(complex man)임을 인식하고 조직을 복잡한 체제(complex system)로 보기 때문에 무모한 획일화나 법칙화는 피하려 한다. 조직현상의 다양성, 상황적 고유성, 그리고 변칙가변성(variability)을 인정하면서도 변화 속의 일관성(patterned variations)을 찾아 보편적인 요인을 포착하려고 한다. 균형잡힌 관점(balanced view)에 입각한 포괄적 접근방법(comprehensive approach)이 현대적 조직이론의 기본태도라 할 수 있다.

대부분의 조직연구인들이 적어도 그러한 명제를 합당한 것으로 받아들이고 있으며, 또 상당수의 연구인들은 실용적 가치가 있는 통합적 모형의 정립에 나서고 있다.

(2) 가치기준의 다원화와 문제선정의 다양화　현대적 조직이론의 가치기준은 다원화되어 있으며 연구대상으로 선정되는 문제들은 크게 다양화되어 있다. 고전이론의 지배적인 가치기준은 능률이었으며 인간관계론의 등장은 사회적 능률을 새로운 가치기준으로 첨가하였고, 환경유기론적 입장에서는 대외적인 적응성을 가치기준으로서 중요시하였다. 현대적 조직이론은 이와 같은 가치기준을 다원적으로 수용하는 것이라 할 수 있다.

(3) 협동과학성　현대적 조직이론은 협동과학이다. 즉 학문교호적 활동(interdisciplinary activities)에 의하여 형성되었고 또 발전되어 가고 있는 학문영역이다. 다른 학문분야의 연구결과와 연구방법, 그리고 개념들을 조직이론에서 빌려 활용·발전시켜 오고 있는 것이다.

조직이론이 채용하고 있는 학문영역으로 중요한 것은 사회학·심리학·사회심리학·경제학·정치학·인류학 등을 들 수 있다. 이 밖에 역사학, 공학, 생물학, 수학 등을 들 수 있다.

(4) 경험과학성의 제고　학문교호적 활동의 확대와 국제적인 연구정보교류의 증가, 그리고 조직의 비교연구를 포함한 조사활동의 증가는 조직이론의 과학화수준을 크게 향상시켜 놓았다.

사회과학일반에서 활용되고 있는 조사방법의 발달과 관리과학, 체제분석 등의 계량분석기술의 응용, 그리고 컴퓨터의 사용에 의한 자료처리기술의 혁명적 발전은 오늘날 모든 사회과학에 강력한 도구를 제공하고 있으며 조직이론도 그러한 혜택을 받고 있다. 특히 자료를 처리하고 저장하는 기술이 발달하여 대량적인 정보가 저장될 수 있고 또 쉽게 인출될 수 있게 된 것은 조직연구인들의 경험적 연구를 간편하게 해 주고 있다.

1950년대 이후 조직이론의 지적 통합노력이 활발해지면서 다기화된 접근방법들을 학파로 묶어 단순화시켜 보려는 작업을 시도한 사람들이 많다.

Dwight Waldo는 1966년에 역사적인 발전단계를 의식하면서 먼저 고전이론, 신고전이론(Neoclassical Approach: Human Relations) 및 현대이론을 구별하고 현대이론의 제모형(Comtemporary Models)으로서 의사결정모형(Decision Making Model), 체제모형(System Model), 관료제모형(Bureaucracy Model), 사회체제모형(Social System Model) 및 기타의 제모형(Other Models)을 열거하였다.

1978년에 와서 Waldo는 현대조직이론의 연구경향에 대한 자신의 생각을 다시 정리하면서 체제이론(Systems Theory)과 상황적응적 이론(Contingency Theory)이 다기화된 접근방법으로 통합화에 기여할 수 있는(기대되는 성과는 의심스럽지만) 후보로 등장했음을 지적하고 조직연구에 영향을 미친 제사회과학과 관련시켜 조직이론의 유파분류를 시도하였다.

최근의 조직이론으로서는 i) 조직경제학, ii) 조직군생태이론, iii) 자원의존이론, iv) 제도화이론, v) 혼동이론 등을 들 수 있다.[41]

이러한 특성을 지닌 현대조직이론을 조직이론의 접근방법을 기준으로 하여 행태론적 조직이론, 관리과학적 조직이론 및 체제론적 조직이론으로 구분하여 고찰하기로 한다.

2. 행태론적 조직이론

(1) 행태론의 개념　　행태론적 조직이론은 조직의 연구에 있어서 인간행태(human behavior)를 다루는 과학적 접근법(scientific approach)의 원용을 강조하고 있다.[42]

즉 인간이 현실적으로 여러 환경 속에서, 그리고 여러 가지 영향 아래서 대내

41) 최근이론에 관한 상세한 설명은 김규정, 전게서, pp. 272~275 참조.

42) William G. Scott, "Organization Theory: An Overview and an Appraisal," in Robert T. Golembiewski and Frank Gibson (eds.), *Public Administration: Readings in Institution, Behavior* (Chicago: Rand McNally, 1976) 참조.

적·대외적으로 어떻게 행동하는가를 분석한다.[43] 따라서 행태론적 조직이론의 연구에 있어서는 인간적 요인을 크게 강조한다. 전통적 조직론자들이 주로 구조와 직무에 역점을 두는 데 반하여, 행태론자들은 현실조직내에서 움직이는 인간에 관심을 가진다. 이러한 점에서 행태론적 조직이론은 과학적 관리론의 기계론적 인간관에 대항하여 나타난 인간관계론을 이어받아 더욱 발전시킨 조직이론이다.

행태론적 연구방법에 대한 본격적인 연구는 Simon의 『행정행태론』(*Administrative Behavior*, 1947)에서 비롯된다.

사이몬은 의사결정과정을 핵심으로 하는 인간의 행태를 사회심리학적으로 연구하였으며 논리적 실증주의에 입각하여 가치와 사실을 구별하고 행정의 과학화를 위해서는 사실에 국한하여 연구해야 한다고 주장하였다.

행태론적 조직이론은 자연과학의 영역을 채용하여 실험하고 관찰하여 법칙을 정립하는 과학적 접근방법을 강조한다.

2) 행태론의 공헌과 한계

(1) 행태론의 공헌 행태론이 조직연구에 기여한 바를 다음과 같이 요약할 수 있다.[44]

① 개념적 측면: 추상적 개념의 구성과 조직내의 인간행태에 대한 해명

② 방법론적 측면: 이들 개념에 대한 경험적 검증

③ 활동적 측면: 이들 개념과 인간행태에 관한 연구에 기초한 관리정책 및 결정의 작성

이들 중에서 가장 두드러진 점은 방법론적인 측면에서 찾아볼 수 있다. 즉 행태론자들은 조사연구에 있어서 고도의 경험적 입장을 강조하고, 통제상황 속에서 실험과 관찰을 통한 자료에 힘을 기울였다. 또한 행태론은 타학문의 개념, 이론, 접근방법을 수용함에 있어 개방적이며 인접학문과 협동연구에 기여하였다.

(2) 행태론의 한계 행태론은, 첫째 종래 Fayol 등의 관리론자가 제시하는 것과 같은 조직관리 전반에 관한 완전한 구도(complete picture)를 갖고 있지 못하다는 것이다. 즉 유능한 관리자에게 있어서 인간행태에 관한 지식을 갖추는

43) Bernald Berelson (ed.), *The Behavioral Sciences Today* (New York: Basic Books, 1963), p. 3.
44) 윤재풍 외 2인, 전게서, p. 60.

것은 필요조건이지 충분조건은 아니라는 것이다. 인간행태에 관한 지식 외에도 다른 하위체제의 구조, 관리기법 및 기타 조직관리에 관한 폭넓은 지식이 요청된다.

둘째, 행정은 정책결정이며 정책결정에는 대립적인 가치체계간의 선택이 요구되므로 정책결정자는 가설적인 과학의 세계보다 여러 상황하에서 여러 대안이 가져올 가능성 있는 결과에 대한 판단을 내리지 않으면 안되므로 행태론은 한계를 가지게 된다.[45]

3. 관리과학적 조직이론

(1) 관리과학의 개념 제2차 세계대전의 산물이라고 할 수 있는 관리과학(management science)이란 문제해결이나 의사결정에서 최적대안을 탐색하는 데 활용되는 과학적·계량적 분석기법을 말한다.

테일러의 과학적 관리가 생산과업 및 인간과 기계의 능률에 주로 관심을 갖는다고 한다면 관리과학은 조직을 일차적으로 경제기술적 체제로 간주하고 그의 분석을 위하여 경제학, 공학, 수학 및 통계학 등의 도움을 받는다. 이러한 면에서 과학적 관리와 관리과학은 구별된다.

(2) 관리과학의 기법 관리과학은 OR, PERT, EDPS(electronic data processing system) 등을 포함한다.

관리과학과 OR(운영연구)은 흔히 혼용되며, 그 개념상의 차이점은 분명치 않다.[46] OR에는 확률론(probability theory), 게임이론(game theory), 대기행렬이론(queuing theory), 선형계획(linear programming), 모의실험(simulation) 등의 기법이 사용된다.

(3) 관리과학의 문제점 관리과학이 지니는 문제점과 비판을 다음과 같이 요약할 수 있다.[47]

---

45) 1970년대에 들어서면서 보수적 행태론에 대한 비판과 함께 대두된 후기행태주의(post-behavioralism)는 조직연구에 있어서 새로운 시각을 제공하였다. Easton에 의하면 후기행태주의는 전통적인 방법으로의 복귀를 뜻하는 것이 아님은 물론, 행태론자들이 주장하는 과학적 연구방법을 부정하거나 배척하는 것도 아니다. 오히려 후기행태주의는 조직론의 대상범위와 목적과 관련된 문제의 관심에 있어서 변화를 의미하는 운동인 것이다. 후기행태주의는 이른바 적실성과 행위를 향한 미래지향적인 운동이며 상세한 설명은 윤재풍 외, 전게서, pp. 60~62 참조.

46) 관리과학과 OR의 관계에 대한 상세한 설명은 김규정, 전게서, p. 232 참조.

(1) 관리과학의 연구자는 인간적 요인을 수학적으로 모형화하기 어려운 나머지 인간적 요인을 충분히 강조하지 않는다.

(2) 고객을 설득하고, 확신을 갖게 하려는 일은 암암리에 문제를 형성하고 해결해야 한다.

(3) 관리과학은 하나의 전체적 과정으로서 관리에 관련되어야 한다.

(4) 실제로 현실의 관리자는 OR의 연구결과를 이용하려는 확신이 적다.

(5) 관리과학자는 실제의 관리가 실제 시간(real time)과 위기상황 속에서 행하여진다는 것을 인식해야 한다.

4. 체제론적 조직이론

(1) 체제론(system theory)의 개념 체제론은 공식적이며 체계적으로 구성된 인간의 복합체인 조직을 하나의 물리적·생물학적 체제와 유사한 특성을 갖는 체제(system)로서 인식하는 접근법이다.[48)]

(2) 폐쇄체제(closed system)와 개방체제(open system) 전통적인 조직이론에 있어서는 환경에 대한 조직의 의존성을 무시하고 다만 조직의 내적 기능에 관한 구조, 과업 및 공식적 관계의 측면에만 관심을 집중시켰기 때문에 조직을 환경으로부터 고립된 폐쇄적인 체제로 보았다.

그러나 조직이 존속하고 발전하기 위해서는 조직 외부의 환경으로부터 인력, 물자, 정보 등의 자원을 충분히 조달하고 또한 조직이 생산한 산출재가 조직 외부에서 충분히 이용되지 않으면 안된다.

오늘날 사회과학이론 및 조직이론에서는 조직을 환경과 상호작용하는 개방체제로 파악한다. 그것은 생물학자인 L. Von Bertalanfly가 생체(living organism)를 개방체제로 파악한 것을 계기로 하여 자연과학에서 발달한 체제개념을 사회과학에 도입한 것이다.[49)]

생물체가 i) 투입(input) 작용으로서 환경으로부터 에네르기를 흡수하여, ii) 전환(throughput) 작용으로서 이 에네르기를 체내에서 출력으로 전환시키고, iii) 산출(output) 작용으로서 이 출력을 환경에 내보내면, iv) 환류(feedback) 작용으

47) 윤재풍 외 2인, 전게서, pp. 64~65.

48) 체제론의 상세한 설명은 제1편 제1장 제3절 참조.

49) Katz and Kahn, *op. cit.*, p. 8.

로서 그 출력이 자기생존 내지 성장목적에 합치되도록 그 목적에서 이탈되는 것을 방지하는 일련의 과정을 조직활동과정에 적용하려는 것이다.

이와 같은 것은 생물체와 같이 조직이 급격한 변화를 피하면서, 즉 부정적 엔트로피[50](negative entropy)를 지니면서 동태적인 균형을 유지하려는 개방체제에 해당한다.

Ira Sharkansky는 행정체제를 서로 관련된 환경, 투입, 전환과정, 산출 및 환류 등의 상호작용을 반복하는 개방체제로서 파악하고 있다.[51]

5. 상황적응이론(contingency theory)

(1) 의 의 상황적응이론은 전통적인 관료제이론 및 행정원리론에서 추구하는 보편성의 원리를 비판하고 행정조직구조와 관리는 어디까지나 그것을 둘러싸고 있는 상황조건, 즉 조직환경에 적합한 경우에 효과적이라고 주장하는 이론이다. 즉 모든 상황에 적합한 유일 최선의 조직화방법은 존재하지 않고 최선의 조직설계 관리방법은 환경에 달려 있으며 조직의 내부·외부환경의 요구에 가장 잘 맞는 조직이 가장 잘 적응할 수 있다는 이론이다. 따라서 이 이론은 상대적 및 조건적 이론을 구성한다. 예를 들면 전통적 관료제이론에 의하면 세상에 어떤 조직이든지 법과 규칙, 계층제, 문서에 의한 행정 및 전문가에 의한 업무수행이 이루어져야 능률적인 행정이 확보된다고 한다. 그러나 상황적응이론에 의하면 전통적인 관료제조직은 조직의 상황이 안정되고 업무가 일상적인 경우에는 능률적으로 작용하지만, 상황이 불안정하고 업무가 이질적인 경우에는 비효율적이다. 상황적응이론은 Paul R. Lawrence와 Jay W. Lorsh 및 Tom Burns와 G.M. Stalker 등의 경험적 연구에 의하여 상당히 그 타당성이 인정되고 있으며,

---

50) 엔트로피(entropy)란 원래 열역학의 제2법칙으로서 "열이란 홀로 고온의 물체에서 저온의 물체로 유입하며, 또는 고온의 물체는 저온의 물체가 되지만 그 역은 스스로 이루어지지 아니한다"는 것이다. 여기서 말하는 엔트로피란 모든 형태의 조직이 해체 또는 소멸로 향해서 움직여 가는 과정을 의미한다. 따라서 부정적 엔트로피란 개방체제는 엔트로피의 발생을 부정하며 열역학의 제1법칙이 적용되지 않는다는 것을 뜻한다. 즉 유기체가 일정한 시간 성장하여 퇴화하며 소멸하는 것과는 달리 사회조직은 외부로부터 새로운 자원을 계속 투입받아 엔트로피로 되는 과정을 무한정하게 저지할 수 있는 능력을 가지고 있다는 것이다.

51) Ira Sharkansky, *Public Administration: Policy Making in Government Agencies* (Rand McNally College Publishing Company, 1973), p. 18. 개방체제에 관한 상세한 설명은 제1편 제1장 제3절 참조.

조직구조와 관리방법의 구상에 매우 신축성 있는 이론적 기초를 제시하고 있다.

(2) 특 징　　상황적응이론의 주요한 특징은 다음과 같다.

첫째, 상황적응이론은 i) 조직을 구성하고 관리하는 데 유일 최선의 조직화방법은 없으며, ii) 어떠한 조직화방법도 모든 상황하에서 동일하게 효과적일 수 없으며, iii) 최선의 조직화방법은 조직이 관련되는 환경의 성격에 달려있다는 세 가지 기본전제에 입각하고 있다.

둘째, 조직의 환경에의 적응을 중시하며 조직 그 자체의 효과성에 초점을 두고서 조직의 내부특성을 환경 또는 기술에 적합하게 함으로써 조직의 효과성을 높일 수 있다고 한다. 즉 상황조건이 다르면 거기에 맞추어 조직의 구조와 관리체계, 과정이 설계되어야 비로소 효과적이라는 것이다.

(3) 평 가　　상황적응이론은 i) 최선의 조직화방법과 그 이유에 관한 이론적 설명이 없고, ii) 같은 말을 되풀이하는(tautological) 측면이 강하며, iii) 조직은 상황적 요인과 그렇게 긴밀하게 관련되지 않으며, iv) 정치적 요인을 고려하지 않고 있다는 비판을 받고 있다.

6. 현상학적 조직이론

조직이나 집단현상을 포함한 사회현상에 대한 접근방법으로서 근래에 관심의 대상이 되고 있는 것 중의 하나로서 현상학적 접근방법을 들 수 있다. 이것은 지금까지 사회과학연구의 주류를 이루어 온 행태주의, 객관주의 및 논리실증주의와는 다른 측면에서 문제를 접근하고, 종래의 연구방법론의 한계를 보완하는 새로운 면을 제시하고 있다(현상학적 조직이론에 관해서는 전술한 제1편 제2장 제4절 참조).

7. 자원의존이론(資源依存理論)

자원의존이론이란 어떤 조직도 필요로 하는 다양한 모든 자원을 획득할 수 없다는 것을 전제하면서 조직이 환경적 요인을 피동적으로 받아들이지 않고 스스로의 이익을 위하여 적극적으로 환경에 대처하며 조직내의 대내적·정치적 맥락에서 조직의 환경적응을 위한 전략적 결정을 내린다는 이론으로서 대표자는 Pfeffer와 Salancik 등이다. 이 이론은 조직의 정치·경제모형이나 의존 교환접근방법과 관련성이 많다. 이 이론은 환경의 불확실성 극복을 위한 전략적 선택의

중요성과 환경적응결정에 있어서의 관리자의 역할을 강조한다.[52)]

8. 조직군생태이론(組織群生態理論)

조직군생태이론은 조직변동이 외부환경의 선택에 의해 좌우된다고 보며, 조직환경의 절대성을 강조하는 극단적인 환경이론이다. 이 이론은 생물학의 자연도태 내지 적자생존이론을 원용함으로써 개별 조직단위로부터 유사한 조직구조를 가진 조직군(群)으로 전환시키고, 왜 어떤 유형의 조직들은 존속·발전하고 소멸하는가를 밝히고자 한다.

9. 신제도주의(New Institutionalism)

신제도론은 행태주의의 한계에 대한 비판과 반성으로서 그러면서도 현상학과는 구별되는 새로운 조직이론으로 등장했다. 구제도론에서는 헌법을 비롯한 법적 구조, 통치체제, 행정기구의 차이를 정태적으로 기술함으로써 국가간 차이를 설명하려 하였다. 그러나 신제도론에서는 행태주의에 대한 비판과 반성으로 등장하였지만 연구방법으로서 행태주의자들이 추구하였던 엄격한 과학적 방법론을 적용하여 가설검증과 인과관계 분석을 추구한다.[53)]

Ⅴ. 결　　어

이상에서 살펴 본 조직이론들은 구분의 한계가 명확한 것은 아니다. 그것들은 시대적으로 혹은 방법론적으로 서로 중첩되는 면을 보이며 때로는 한 가지 이론이 다른 이론의 전제가 되기도 한다. 대부분의 학자들도 한 가지 조직이론에 포함되기보다는 여러 가지 조직이론에 복합된 주장을 하는 것을 볼 수 있다. 따라서 올바른 조직이론의 이해를 위해서는 이러한 이론들에 대한 다각적인 비교·검토와 각각의 장·단점을 비교하는 것이 필요하다 하겠다.

---

52) J. Pfeffer and G.R. Salancik, *The External Control of Organizations: A Resource Dependence Perspective* (New York: Harper & Row, 1978), p. 39.

53) 신제도론에서 제도는 인간이 만든 종속변수인 동시에 인간의 행동을 제약하는 독립변수로 본다. 제도와 인간행동 간의 동태적 관계를 설명하려 한다. 신제도주의의 분파로는 역사적제도주의,사회학적제도주의,합리적선택론이 있다. 정용덕, 신제도주의연구(1999) 참조.

제 3 절 조직의 목표

Ⅰ. 목표의 본질

1. 목표의 의의

조직목표 즉 조직에 있어서 목표란 간단히 말해서 조직이 달성하고자 하는 '바람직한 미래의 상태' (desired future state)를 의미한다.[54] 따라서 목표는 조직의 미래상(future image)이다. 조직은 이러한 미래상인 목표를 달성할 수도 있고, 그렇지 못할 수도 있다. 그러므로 목표는 미래의 궁극적인 상태일 뿐이고 현실로서 그 상태가 존재하는 것은 아니므로 추상적 용어라 할 수 있다. 그렇지만 미래의 상태를 달성하기 위하여 현재의 행동과 반응에 영향을 미치게 되는, 매우 현실적인 사회적 힘(sociological force)을 가지고 있다.

조직의 목표는 일단 정립되고 나면 그 영향이 크므로 목표를 설정하는 과정에서 조직내의 요구, 조직의 과거업적, 환경으로부터 나타나는 저항 등 제요인을 미리 참작해야 한다. 목표는 조직의 공식적인 존재이유이며 조직의 활동은 모두 이 목표에 따라서 행하여진다.

2. 행정조직목표의 성격

행정조직은 국가발전목표의 실현수단이며 그 기술적 장치이다. 행정조직이

54) Bertran M. Gross, *Organization and Their Managing* (New York: The Free Press, 1968), p. 265.

추구하는 국가목표는 궁극적으로는 국민 전체의 복지이며 인간다운 생활을 보장하는 것이다. 그러나 보다 현실적 구체적으로 행정조직이 실현시킬 목표는 시간적·공간적·사회적 제약이 따르게 된다.

3. 조직목표의 기능

조직목표는 여러 가지 기능을 수행한다.[55)]

(1) 조직의 방향제시 조직목표는 조직이 달성하고자 하는 미래의 상태를 밝힘으로써 조직의 운영과 활동을 위한 방향 및 지침을 제시하여 준다.

(2) 정당성(legitimacy)의 근원 정당성 또는 정통성이란 하나의 조직체제가 그 사회에 적합하다고 하는 신념을 낳게 하여 그 신념을 줄곧 지속케 하는 그 체제의 능력을 말한다. 조직목표는 사회에 있어서의 조직의 존재와 활동 및 임무를 정당화시켜 주는 기능을 수행한다.

(3) 효과성과 능률성 평가의 기준 조직목표는 조직의 성원은 물론 조직 외부인으로 하여금 조직의 성공도, 즉 효과성과 능률성을 평가하는 기준을 제공해준다.

(4) 일체감 및 동기부여의 기초 제공 조직목표는 조직구성원들이 조직에 일체감을 느끼고 조직활동의 동기를 유발하게 하는 데 필요한 기초를 제공한다. 조직의 목표가 있고 그것을 알아야 그에 대한 일체감도 생길 수 있고 그에 기여하려는 동기도 유발될 수 있기 때문이다.

4. 조직목표와 개인 목표의 조화

조직은 개인의 행동으로는 이룰 수 없는 목적을 성취하기 위하여 탄생된 것이나 조직이 추구하는 목표와 개인이 추구하는 목표는 인간의 본성에 비추어 본질적으로 대립되고 갈등을 일으킨다.

조직목표와 개인목표를 조화·통합시키려는 이론모형 내지 접근방법을 다음과 같이 살펴볼 수 있다.[56)]

(1) 교환모형(exchange model) 조직은 개인목표의 달성에 도움이 되는 물질

55) Etzioni, *op. cit.*, p. 5.

56) 오석홍, 전게서, pp. 160~170; 김규정, 전게서, pp. 331~332.

적 보상이나 유인을 개인에게 제공하고 개인은 이에 대한 대가로 조직의 목표달성에 기여한다는 것이며 고전조직이론이나 인간관계론에 근거를 두고 있다.

(2) 사회화모형(교화모형: socialization model) 조직목표에 기여하는 행동을 개인이 가치 있게 생각하도록 설득하고 감화시켜 목표통합을 이룩하려는 모형이다.

(3) 수용모형(accommodation model) 조직목표를 설정하고 목표추구의 방법 절차를 논의하는 과정에서 개인목표를 고려하여 수용하는 데 중점을 두며 자아실현적 인간관을 반영시킨다.

Ⅱ. 목표의 유형

조직의 목표는 여러 가지 기준에 따라서 분류할 수 있다.

1. 공식적 목표와 실질적 목표

공식적 목표(formal goal, official goal)란 조직이 공식적으로 표방하고 선언한 목표이며 법령(예컨대 정부조직법)·직제·정관 및 책임자의 공표의 형식으로 나타난다.[57)]

실질적 목표(real goal)란 공식적 목표와 상관없이 조직이 행동을 통하여 실제로 추구하는 목표로서 운영적 목표(operative goal) 또는 비공식적 목표라고 말하기도 한다. 공식적 목표와 실질적 목표는 서로 일치하는 경우도 있으나 그렇지 않은 경우도 많다. 때로는 실질적 목표를 달성하기 위한 수단으로 공식적 목표가 명목상으로 표방되는 수도 많다. 일반적으로 양자의 목표가 일치할수록 조직 존립의 정당성 확보가 용이하다.

2. 상위목표와 하위목표

상위목표(super goal)란 조직 전체의 목표이며 하위목표에 비해 보다 추상적 일반적 성격을 띠고 있다.

하위목표(sub goal)란 상위목표를 달성하기 위한 수단적 관계에 있는 목표이

---

57) Etzioni, *op. cit.*, p. 7; Charles Perrow, "The Analysis of Goals in Complex Organizations," in Amitai Etzioni (ed.), *Readings on Modern Organizations* (Englewood Cliffs, N.J.: Prentice-Hall, 1969), p. 65.

며 구체적 성격을 띠고 계량화가 가능하다. Simon에 의하면 하나의 목표를 실현하기 위하여 여러 가지 수단이 도출되고 다시 이 수단들을 목표로 하여 제2의 수단들이 도출된다고 한다. 즉 목표·수단의 계층제(hierarchy)의 수립과정을 통하여 의사결정이 이루어진다고 한다.[58)]

3. 질서목표, 경제적 목표, 문화적 목표

A. Etzioni는 목표를 질서목표(order goal), 경제적 목표(economic goal), 문화적 목표(cultural goal)로 분류한다.

질서목표는 조직의 구성원이 조직으로부터 일탈하는 것을 방지하거나 통제하려는 목표이며 질서목표를 추구하는 조직으로 교도소, 경찰서, 포로수용소가 있다. 경제적 목표는 사회를 위하여 재화 및 서비스를 산출하려고 하는 목표이며 경제적 목표를 추구하는 조직으로 공기업, 사기업, 경제관련 부처가 있으며, 문화적 목표는 상징적 대상의 창조·유지 및 활용에 필요한 조건을 제도화하려는 목표이며 여기에는 사회와 조직의 신념체계, 가치관 등이 포함된다. 문화적 목표를 추구하는 조직으로 종교단체, 학교, 문화공보관련부처 등이 있다.

4. 무형목표와 유형목표

무형목표(intangible goal)는 그 내용이 추상적이어서 구체성이 없는 목표이며 상위목표와 유사하다. 무형목표는 i) 행동의 융통성을 확보할 수 있고, ii) 다양한 이해관계나 의견대립을 극복할 수 있고, iii) 구성원의 자발적 참여를 확보하기 쉬운 이점이 있다.

유형목표(tangible goal)는 그 내용이 구체적이며 계량화가 가능한 목표이며 하위목표일수록 유형적 목표일 가능성이 많다. 유형목표는 사실의 문제, 기술의 문제, 수단의 문제, 단기적 문제이므로 그 판단이 용이하고 목표달성도의 측정이

58) H. A. Simon, *Administrative Behavior* (New York: Free Press, 1957), pp. 62~66. 조직내의 어떤 하나의 목표는 보다 상위의 목표에 대해서는 수단이 되며 이를 달성하기 위한 하위의 목표에 대해서는 상위목표가 된다. 그리하여 조직의 목표는 수많은 목표-수단의 계층이 존재하게 되는데 이것을 목표수단의 연쇄체계(means-ends chains)라고 부른다. 예컨대 보통 사기업 조직은 판매·생산 및 재무 등의 부서로 구성되는데 각 부서는 기능에 관련된 특정한 하위목표를 가지며 그것을 달성하기 위한 하위조직(과·계)으로 연결된다. 조직의 실제 운영에 있어서 관리자들은 하위목표에 집착하는 경향이 있으며 그 결과 후술하는 바와 같은 목표의 대치현상이 일어나게 된다.

용이하다.

Ⅲ. 목표와 조직효과성 평가기준

조직의 목표는 조직의 효과성 즉 조직의 성공도 혹은 목표 달성도를 평가하는 기준이 될 수 있다. 그러므로 관리자들은 특정조직의 업적을 평가하기 위한 기준으로 하위목표를 사용하는 경향이 있다. 이러한 조직평가의 접근방법으로는 목표모형(goal model) 접근방법과 체제모형(system model) 접근방법을 들 수 있다.[59]

1. 목표모형(goal model) 접근방법

목표모형 접근방법이란 조직은 주어진 목표를 달성하기 위한 합리적인 도구라고 보는 관점에 입각한 다분히 전통적인 접근방법이다. 이 접근방법은 조직은 궁극적인 목표를 가지고 있으며 그러한 목표는 경험적으로 확인할 수 있고 그 성취도는 측정이 가능하다는 것을 전제로 하고 있다. 즉 목표모형이란 조직의 목표를 조직의 연구와 그 성공여부를 평가하는 주요 도구로 사용함을 말한다. 전형적인 목표모형에서 조직평가의 기준으로 채택하는 목표는 공식적으로 표방된 생산목표이다.

이러한 목표모형에 의하면 조직은 목표달성에 포함되지 않은 조직체제상의 문제해결을 등한시하기 쉽다. 또한 증대하는 목표지향적 활동과 강조되지 않은 비목표지향적 활동간의 조정이 결여되어 있음을 망각하는 사태를 초래하게 된다.[60] 예컨대 이윤추구를 목표로 정하고 있는 은행이 돈을 버는 데에만 전력을 경주함으로써 구성원의 불만감이 팽배하여 사기를 저하시키고 결국 조직 전체의 효과성을 감소시킬 수도 있다.

---

59) 박연호·오세덕, 전게서, pp. 94～100; 윤재풍 외 2인, 전게서, pp. 87～90. 조직평가의 접근방법에 관한 최근 이론으로 전략적 이해관계 접근방법(strategic-constituency approach)과 경쟁적 가치 접근방법(competing-value approach) 등이 있다. 전자는 조직 효과성 평가의 기준을 조직의 지속적인 존속을 위해 필요한 지지를 확보하기 위하여 주위의 이해관계자들의 요구를 충족시키려는 능력에 두는 것이며, 후자는 조직 효과성을 평가자의 이익과 가치에 크게 의존한다고 보고 평가자가 누구이며 어떤 이해관계를 대변하느냐와 관련되는 가치판단 문제로 본다. 상세한 설명은 박연호 · 오세덕, 전게서, pp. 94～100; 김규정, 전게서, pp. 343～346 참조.

60) Etzioni, *op. cit.*, p. 17.

2. 체제모형(system model) 접근방법

체제모형 접근방법은 조직을 구성하는 요인 또는 기능을 전반적으로 포괄하려는 모형이다. 체제모형에서는 조직의 목표보다는 조직을 구성하는 전체적인 요인 또는 기능적 요건을 기준으로 하여 조직을 평가하려고 한다. 예컨대 생산성의 향상 등과 같은 추구목표 외에 구성원의 사기앙양이라든가 갈등의 완화 등이 중요한 기능으로 인식된다. 따라서 조직체제의 어떤 행태를 분석하는 사람은 조직의 전체적인 단일의 목표에만 관심을 집중할 수 없는 것이다.[61]

체제모형은 목표모형보다 발전된 모형으로서 조직현상의 포괄적이고 실상에 가까운 이해를 촉진하는 것이지만, 포괄의 범위가 넓기 때문에 이 모형을 적용할 때에는 여러 가지 방법론상의 난제에 봉착하게 된다.

Amitai Etzioni는 체제모형의 하위체제모형을 생존모형(survival model)과 효과성모형(effectiveness model)으로 분류한다.[62] 생존모형은 체제의 존속을 위하여 충족되어야 할 체제의 기능에 필요한 일련의 조건을 중시하는 것이다. 여기서 조건이란 체제의 기능에 필요한 조건을 말하며 조건의 어느 하나를 제거하면 마치 점화플러그를 제거한 기계처럼 그 조직은 활동을 중지하는 것이다. 다음으로 효과성모형이란 주어진 목표달성에 있어서 다른 유사하거나 동일한 요인에 비추어 체제를 가장 효과적인 것으로 되게 하는 체제요인간의 상호관계의 유형을 중시하는 것이다. 여기서 문제가 되는 것은 예컨대 어떤 형태의 점화플러그가 기계를 가장 잘 가동케 하는가 하는 것에 대하여 위의 두 모형간에는 상당한 차이가 있다. 생존모형의 관점에서 본다면 똑같이 만족스러운 대안도 효과성모형의 관점에 본다면 상이한 가치를 지니는 것이 된다. 어떤 관계가 기능적인가를 묻는 데 대해서 생존모형은 단순히 「Yes」 혹은 「No」만을 답하지만 효과성모형에서는 보다 기능적인 것과 덜 기능적인 것을 분간하여 몇 가지 대안의 상대적 효

---

61) J.A. Litterer는 조직이 생존하려면 i) 목표달성기능, ii) 통합기능, iii) 적응기능, iv) 자원의 획득과 유지기능 등을 수행해야 하는데, 이들 기능 중에서 목표달성에 대하여만 관심을 갖는 것이 목표모형이고 네 가지 기능에 모두 관심을 갖는 것이 체제모형이라고 한다. Joseph A. Litterer, *The Analysis of Organizations* (New York: John Wiley & Sons, 1967), pp. 148~149. 그런데 Litterer가 지적한 것은 T. Parsons의 사회체제기능, 즉 i) 목표달성기능, ii) 적응기능 iii) 유형(형상)유지기능, iv) 통합기능과 유사한 것이다.

62) Amitai Etzioni, "Two Approaches to Organizational Analysis: A Critique and a Suggestion," *Administrative Science Quarterly*, Vol. 5 (1960), p. 19.

과성을 대답한다.

이러한 체제모형을 이용함으로써 목표모형으로서는 알 수 없는 조직현상을 분석할 수 있게 해 주지만, 체제모형에 입각한 연구는 목표모형에 입각한 연구보다 더 많은 비용과 노력을 요한다.

Ⅳ. 목표의 변동

조직의 목표는 조직의 내적·외적인 여러 가지 영향에 따라 변동된다. 조직내외의 사정변경은 목표의 변동을 초래하며, 목표의 변동은 또한 조직의 다른 요소들에 변동을 가져오게 된다.

이러한 목표의 변동에는 목표의 대치(전환), 목표의 승계, 다원화 및 확대가 있다.[63]

1. 목표의 대치전환(displacement of goals)

목표의 대치는 조직목표를 왜곡(distortion)하는 현상으로서 조직에 있어서 본래의 목표는 상실되고 오히려 본래의 목표를 달성하기 위한 수단이 목표로 대치되어 격상되는 현상을 말한다. 즉 조직이 궁극적으로 달성해야 할 목표를 망각하거나 왜곡하여 그것을 수단으로 격하시키거나 수단을 목표의 위치에 격상시키는 것을 말한다.

그러므로 이는 목표의 달성이 불가능함으로써 새로운 목표를 채택하는 목표의 승계와 구별되며, 목표를 보존함으로써 새로운 목표를 그에 추가하는 목표의 확대와도 구별된다.

Robert Michels는 그의 저서 『정당론』에서 제1차 세계대전 이전의 유럽의 사회주의정당들과 노동조합에 있어서 목표의 대치현상을 지적하고 있다.[64]

---

63) Amitai Etzioni, *Modern Organizations* (Englewood Cliffs, New Jersey: Prentice-Hall, Inc., 1964), pp. 10~14. 그 외에 목표간의 비중변동을 들 수 있는데 목표간의 비중변동(distortion)은 동일유형의 목표간에 비중이 변동되는 것을 말한다. 목표간의 비중변동은 비교적 가벼운 목표변동으로 이해되는데 그 전형적인 예는 생산작용목표의 변동에서 찾아볼 수 있다. 생산목표 가운데서 일반적 생산목표에는 변동이 없고 생산작용목표들 사이의 우선순위(priorities) 또는 비중(production-mix)이 달라지는 형태의 목표변동은 비교적 쉽게 간파할 수 있다. 오석홍, 전게서, pp. 189~190 참조.

Otto von Bismark 치하의 독일과 같은 독재국가에서 민주적 제도를 설정하고 사회주의혁명을 위해 결성된 사회주의정당과 노동조합에서도 그 지도자들이 본래의 목표나 사명을 망각하고 자신들의 지위를 유지하는 데 더 관심을 갖게 되었다. Michels는 이를 과두제의 철칙(An iron law of oligarchy)으로서 설명하고 이러한 조직이 형성되면 예외 없이 소수가 지배하게 된다고 보았는데 소수가 지배하므로 과두제이며 예외가 없다고 보므로 철칙이라는 것이다.

Robert Merton도 관료제의 병리현상을 설명하면서 조직목표의 달성수단이 동조과잉(overconformity)에 의해 목표로 전환되는 현상이 나타난다고 주장한 바 있다.

2. 목표의 승계·다원화 및 확대

(1) 목표의 승계(goal succession)　　목표의 승계란 본래의 조직목표가 실현되었거나, 실현될 가능성이 없을 경우 새로운 목표를 발견하여 선택하는 것을 말한다.

목표가 없어진 조직의 활동은 그 구성원에게 무의미한 것이며 사회로부터 정당성을 확보하지 못하게 되어 그 활동을 중지해야 할 것이지만 목표승계의 과정을 거침으로써 조직활동을 계속할 수 있게 된다.

미국의 재향군인회(The American Legion)는 창설당시에는 제1차 세계대전 중의 원정군의 정신을 기념하고 보존한다는 목표를 내세웠지만 그 후 점차 예비역군인의 권리를 보호하고 지역사회의 봉사사업을 추진하는 것으로 변모한 것은 좋은 예가 된다.

조직은 일단 성립되면 고정화되거나 팽창하는 경향이 있으며 그 목표가 달성되는 경우에도 쉽게 해체되지 않으며 목표의 변동현상을 나타내기 쉽다.

(2) 목표의 다원화 및 확대(goal multiplication, expansion)　　원래의 조직목표의 달성이 어려울 때는 조직의 존속을 위하여 본래의 목표에 새로운 목표를 추가하거나, 목표의 범위를 확대하게 된다. 이와 같이 본래의 목표에 새로운 목표를 추가하는 것을 목표의 다원화라 하고, 목표의 범위를 확대하는 것을 목표의 확대라 한다.

---

64) Robert Michels, *Political Parties*, Translated by Eden Paul and Cedar Paul (Glencoe, Ill.: The Free Press, 1949) 참조.

Ⅴ. 목표에 의한 관리(MBO)

(제3장 제7절 참조)

Ⅵ. 결 어

행정조직은 국가발전목표의 달성을 위한 수단이다. 행정조직이 추구할 국가목표는 궁극적으로는 자유민주주의 이념을 구현하고 국민 전체의 복지를 실현하는 데 있다.

1) 민주적 목표설정방식이 준수되는 방향으로 나아가야 한다.

2) 행정의 질이나 국민생활의 질의 향상과 관련되는 상위목표, 질적 목표가 하위목표, 양적 목표에 대한 명확한 지침이 되어야 한다.

3) 행정인의 목표와 조직목표간의 갈등·대립을 해소시키기 위하여 행정인의 적극적 목표설정 과정에의 참여를 확대하여야 하며 아울러 조직목표에 대한 헌신적 태도·집념과 뚜렷한 목표의식을 가질 수 있도록 해야 한다.

4) 목표설정이 상사와 부하간의 협의에 의하여 이루어지는 목표관리(MBO)가 적극적으로 추진되어야 한다.

제 4 절 조직과 개인(인간)

Ⅰ. 서 론
Ⅱ. 고전적 인간관
Ⅲ. 인간관계론적 인간관
Ⅳ. 성장이론
Ⅴ. 기대이론

Ⅰ. 서 론

1. 조직과 개인과의 관계

조직은 특정 목표를 달성하기 위하여 구성된 인간의 집합체이다. 인간은 출생과 함께 집단의 구성원이 되며 집단으로부터 벗어나서는 존재할 수 없다. 그리하여 인간은 조직을 생활의 장으로 받아들이지 않을 수 없게 되었으며, 국가와 사회의 발전은 조직의 능률적이고 효과적인 운영에 좌우되게 되었다.

조직은 구성원의 협동행위를 통하여 조직목표를 실현시키고자 하며 개인은 조직을 통하여 개인의 욕구를 충족하고자 한다. 그러므로 조직과 개인은 상호작용하는 관계에 있다.[65]

즉 조직과 개인은 상호간에 영향적 요인을 부여한다. 우선 조직은 개인에게 조직에의 귀속을 위한 여러 요인을 제공하는바 지위, 역할, 보수 등을 부여한다. 한편 개인은 조직에 대해서 자신의 지식, 기술, 태도, 가치관 등의 개인적 특성을 부여하여 조직의 성격과 업적, 사회적 평가에 영향을 미친다.

그런데 조직의 목표와 개인의 목표나 욕구가 일치되고 조직의 합리성과 개인의 행복이 조화를 이루게 되는 것이 바람직하지만, 현실적으로는 조직에서의 개인의 변이성과 욕구의 다양성, 조직과 개인목표의 상충 등으로 인해 개인과 조직의 갈등은 불가피하다. 조직의 목표와 요구가 개인을 희생하기도 하고 반대로 개인의 욕구 때문에 공식적인 조직목표의 실현이 저해되기도 한다. 따라서 조직과 개인간의 갈등을 해소하기 위하여 양자의 통합 내지 조화가 중요한 문제로 제기되고 있다.

2. 조직에 있어서의 인간관리 전략

조직을 구성하는 인간들을 어떻게 다룰 것인가에 대한 견해는 조직을 구성하는 인간의 본질을 무엇으로 볼 것인가 하는 인간관과 직결된다. 다시 말하면 조

65) 조직과 개인의 관계는 다음의 세 가지 과정으로 나누어서 파악할 수 있다(Pfiffner and Sherwood, *op. cit.*, p. 371 참조). i) 사회화과정(socializing process)으로서 구성원이 조직목표에 기여하는 활동과정으로 조직은 구성원에게 조직목표에의 기여를 요구하고 합리화를 추구한다. ii) 인간화과정(personalizing process)으로서 개인의 자아실현에 기여하는 활동과정으로 개인은 자아실현 위주로 활동하고 만족을 추구한다. iii) 융합과정(fusion process)으로서 성공적인 조직은 인간화와 사회화의 동시적 운영을 기초로 한다. 사회화과정과 인간화과정이 모순됨이 없이 조화를 이룬 가운데 조직이 운영됨으로써 조직의 요구와 개인의 역할이 융합되어 공식적·비공식적으로 개인은 조직의 목표를 달성케 하는 행위자가 되고, 또한 자신의 욕구를 충족시키게 되는 것이다. 구성원이 직무에서 만족을 얻으면서 조직에 대하여 기여하지 않는다면 사회화의 조건은 충족되지 못하며, 또한 조직의 요구는 충족되면서 구성원이 만족을 얻지 못한다면 인간화의 차원은 희생되는 것이다. 인간화의 요구와 사회화의 요구가 동시에 실현되는 경우에만 융합은 이루어지고 성공적인 조직이 되는 것이다.

직이론에 있어서 인간본질에 대한 관심은 주로 인간의 행동을 조직의 요청에 부응시키려는 관리전략과 관련된 것이다. 따라서 조직구성원들은 무엇을 원하고 또 기대하며, 그들에게 어떠한 유인을 부여하면 조직이 바라는 행동을 얻게 되는가 하는 문제가 중요시되어 왔다.[66]

역사적으로 이러한 인간관 또는 인간에 대한 가정은 인간본질에 대한 견해가 달라짐에 따라 다르게 인식되어 왔으며 인간관리의 전략도 각각 달리 제시되어 왔다.

Ⅱ. 고전적 인간관(classical model of man)

조직에 참여하는 인간은 합리적이고 경제적인 존재(rational-economic man)로서 자기에게 이익이 가장 큰 행동방안을 타산적으로 선택할 수 있는 존재이며 동기유발의 원인을 원칙적으로 경제적인 것으로 보는 인간관이다. 이 견해는 고전적 조직이론의 인간에 대한 지배적인 가정이었다.

조직에 참여하는 사람들은 자기 이익을 추구하려는 이기적 존재이므로 그들의 봉사와 희생을 요구하는 조직의 목표와 조직참여자의 개인적 목표는 근본적으로 대립되는 것이지만 조직의 합리적 유인부여 계획에 의하여 양자간의 갈등을 방지할 수 있다고 생각하였다.

예정조화(豫定調和)의 배열에 의하여 조직에 참여하는 사람들이 주어진 임무를 수행하는 피동적 도구로서 기능하게 할 수 있다고 믿었으며 조직과 개인 사이에 조성될 수 있는 비합리적 갈등요인에는 원칙적으로 관심을 보이지 않는 인간관이다.

테일러(Frederick W. Taylor)의 과학적 관리론, 베버(Max Weber)의 조직연구, 맥그리거(Douglas M. McGregor)의 X이론 등은 바로 이러한 고전적 인간관에

---

66) 그러므로 조직내의 인간에 대한 연구의 관심은 주로 인간의 직무동기를 유발하는 문제에 집중되고 있다. 즉 조직에 참여하는 사람들의 직무동기를 어떻게 유발할 것인가 하는 문제가 관심의 초점이 되어 왔다. 그러므로 조직학의 인간관이론은 거의가 동기부여이론이라고도 할 수 있다. 동기부여(motivation)란 조직구성원이 개인욕구의 충족능력을 가지면서 조직목표의 달성을 위하여 높은 수준의 자발적 노력을 기울이도록 유도하는 것을 의미한다. 동기부여 이론은 내용이론과 과정이론으로 구분할 수 있는데 내용이론에는 Maslow의 욕구이론(성장이론), McGregor의 X·Y이론, Argyris의 미성숙·성숙이론, Herzberg의 2요인이론, Schein의 인간관 등이 있으며, 과정이론에는 Vroom의 기대이론, Porter와 Lawler의 업적 · 만족이론, Adams의 공정성이론 등이 있다.

입각한 것이라고 할 수 있다.

Ⅲ. 인간관계론적 인간관(human relations model of man)

인간관계론적 인간관은 신고전적 조직이론에 있어서의 인간에 대한 가정을 기초로 한다. 인간관계론적 인간관에서는 인간의 경제성보다 오히려 인간의 사회성 내지 집단성을 강조한다. 즉 인간은 애정, 우정, 집단에의 귀속, 다른 사람들로부터의 인정과 존경 등을 원하는 이른바 사회적 욕구(social needs)를 지닌 존재로서 이러한 욕구를 충족시켜 주는 유인이 제공될 때 비로소 동기가 유발된다고 한다. 사회적 능률을 중시하고 조직내의 비공식적·인간적 과정을 연구하는 인간관계론적 인간관은 합리적이 아닌 그리고 경제적이 아닌 인간성의 측면을 전면에 부각시키는 이론이다.

인간관계론적 인간관은 조직 참여자를 사회적 존재(social man)로 파악하고 동기부여의 유인으로 "사회적"인 것을 중요시한다는 점에서 합리적·경제적 인간관의 입장과 대조된다. 그러나 인간을 피동적인 존재라고 획일적으로 규정하는 점에서 두 인간관은 유사하다. 그리고 조직참여자를 관리층에서 조종해야 하는 존재로 파악해야 한다는 점에서도 같다고 할 수 있다.

Ⅳ. 성장이론(growth models)

성장이론은 고전적 인간관이나 인간관계론적 인간관보다 훨씬 다양한 욕구의 체계를 확인하고 보다 세련된 인간본질의 규명을 시도하는 이론이다. 이러한 이론들은 인간의 여러 욕구를 확인하고 인간의 성장적 측면을 강조하기 때문에 성장이론이라고 하며 성장이론이라고 일컫는 일련의 인간관을 욕구-만족모형(need-satisfaction model) 또는 자기실현적 인간모형이라고 부르기도 한다.

성장이론은 자기실현욕구를 포함한 고급욕구를 중시하고, 동기부여의 외재성이 아니라 내재성을 중요시하고, 인간본질의 심리학적 욕구를 다원화·본격화했다는 점에서 동기부여의 외재성과 욕구체계의 획일성을 강조한 고전적 및 인간관계론적 인간관과 구별된다.

성장이론가들은 실제로 사람을 동기화시키는 성장요인에 초점을 맞춘다. 이러한 성장이론이 단지 특정 시점에서 관심을 가지기 때문에 정태적이며 또한 과거 및 현재지향적이다. 따라서 이들 모형은 개인의 미래행위를 예측하는 데는 별 유용성이 없으나 무엇이 개인을 동기화 시키는가를 이해하는 데 대단히 중요한 구실을 한다. 성장이론에는 McGregor의 X·Y이론, Maslow의 욕구 5단계설, Argyris의 미성숙-성숙이론, Alderfer의 ERG이론, Herzberg의 2요인 이론, Likert의 관리체제이론 등을 대표적으로 들 수 있다.[67]

1. McGregor의 X · Y이론

McGregor는 조직에 있어서 인간관을 X이론과 Y이론의 두 가지로 대별하고 상이한 인간관에서 유래하는 인간관리전략을 제시하였다. 모든 관리전략의 이면에는 인간의 본질과 인간행태에 대한 가정이 있음을 전제로 하여 인간관을 두 가지 범주로 구분한 것이다. 전통적 관리전략을 정당화시켜 주는 인간관을 X이론이라 하고, 인간의 성장적 측면에 착안한 새로운 관리전략을 뒷받침해 주는 인간관을 Y이론이라 부른다.

1) X이론(통제중심의 전통적 이론)

X이론의 기본적인 가정은, 첫째 인간은 원래 일하기를 싫어하며 가능하면 일을 하지 않으려 한다. 둘째, 인간은 원래 야망이 없고 책임을 지기 싫어하며 명령에 따라가는 것을 원한다. 셋째, 인간은 원래 안전을 원하고 변화에는 저항적이다. 넷째, 인간은 원래 자기 중심적이고 조직의 욕구에 무관심적이다. 다섯째, 인간은 원래 속기 쉽고 영리하지 못하며 사기극에 잘 넘어간다.

위의 기본적인 가정을 바탕으로 관리전략을 살펴보면, 첫째 상급관리자는 하급구성원에게 동기를 부여하고 직원의 행동을 감독·통제·시정하는 책임을 지게 된다. 둘째, 상급자의 적극적인 통제가 없으면 조직구성원의 행동은 피동화되고 저항·책임회피로 나가게 되므로 강력한 통제 등의 강압적 조치를 취해야 한다는 것이다.

---

67) 오석홍, 전게서, pp. 260~271; 박연호·오세덕, 전게서, pp. 171~203; 윤재풍 외 2인, 전게서, pp. 249~273.

이러한 통제중심의 X이론에 대한 내용을 비판하는 목소리도 또한 높다. 즉, 첫째 인간의 미성숙이 계속된다고 인식할 뿐 인간이 계속 성장·발전하고 있다는 것을 과소평가하고 있다는 점. 둘째, 인간의 하위욕구의 충족에만 중점을 두고 상위욕구는 경시하는 관리전략을 제시하고 있다는 점. 셋째, 조직구성원의 자발적 근무의욕을 고취하는 데 적절하지 않다는 점 등이다.

2) Y이론(조직목표와 개인목표의 조화)

Y이론의 기본가정은, 첫째 인간의 본성은 일을 싫어하지 않으며, 정신적·육체적 노력을 일에 바치는 것은 놀이나 휴식처럼 자연스럽다는 것. 둘째, 외부통제나 처벌의 위협만이 상책이 아니며 사람은 조직의 목표달성을 위하여 자기규제를 자율적으로 할 수 있다는 점. 셋째, 조직목표에 헌신적으로 기여하려는 동기는 업적과 결부된 보상이며 자기실현욕구나 존경욕구의 충족이 가장 중요한 보상이라는 점. 넷째, 보통사람은 여건만 적절하면 책임을 받아들일 뿐만 아니라 책임을 맡기를 바란다는 점. 다섯째, 인간은 대체로 조직문제를 해결하는 데 있어 비교적 높은 수준의 상상력과 창의력을 발휘할 수 있다는 점. 여섯째, 보통사람의 지적 잠재력은 일부만 활용되고 있을 뿐이라는 점 등이다.

이러한 Y이론의 기본가정에 대한 관리전략은, 첫째 관리자는 인간에 대한 전통적인 가정·사고방식을 바꾸고 조직목표와 개인목표가 조화될 수 있도록 해야 한다는 것이다. 둘째, 관리자는 직무를 통하여 욕구가 충족되고 개인이 발전할 수 있는 조직운영 방침을 채택해야 한다는 것 등이다.

Y이론에 대한 비판내용은, 첫째 인간의 욕구충족은 상대적·복합적인 데도 인간욕구의 체계를 너무 양극화·단순화시키고 있다는 것이다. 둘째, 너무 이상적이고 비현실적인 이론이며 상황에 따라서는 관리자의 명령 · 지시가 훨씬 더 효과적일 수 있다는 것이다. 셋째, 직무수행을 통한 자기실현욕구의 충족을 강조하고 있으나 직장 밖에서 자기실현 욕구를 충족하는 사람이 많다는 점 등이다.[68]

---

68) X이론이나 Y이론에 부합되지 않는 또다른 인간모형 소위 Z이론모형으로 Lundstedt의 Z이론(자유방임형 조직), Lawless의 Z이론(복잡한 인간 상황적응적 관리), Ouchi의 Z이론(미국판 일본식 조직관리)등이 있다. 오석홍, 조직이론, 박영사, 2005, pp.223-226.

2. Maslow의 욕구 5단계설

만일 모든 인간이 욕구를 가지고 있다면 모든 인간에게 공통되는 욕구는 구체적으로 어떤 것이 있을까? 여기에 대한 해답을 제공하기 위하여 많은 연구가 행해져 왔는데 그 중에서도 가장 대표적인 것 중의 하나가 Maslow의 욕구계층이론(Need Hierarchy Theory)이다. 그에 의하면 인간은 다양한 욕구를 가지고 있으며 이들 욕구들은 욕구발로의 우선순위에 따라 계층을 이루고 있다고 주장한다. 그런데 이들 욕구 중의 일부는 다른 것에 비해 훨씬 더 근본적인 것이다.[69)] Maslow는 인간의 욕구를 다섯 가지의 주요 범주로 나누고 있는데 이들은 가장 낮은 생리적 욕구에서부터 시작하여 가장 높은 자아실현욕구까지 계층을 이루며 배열되어 있다. 이것을 구체적으로 살펴보면 다음과 같다.[70)]

(1) 생리적 욕구(physiological needs): 인간의 가장 기본적인 욕구로서 목마름, 배고픔, 수면 등이 이에 해당한다.

(2) 안전욕구(safe needs): 생명에 대한 위기, 즉 사고, 전쟁, 질병, 경제적 불안 등으로부터의 해방욕구가 이에 해당된다.

(3) 사회적 욕구(social needs): 애정의 욕구 또는 친화의 욕구라고도 한다. 여러 사회집단이나 또는 동료들과 어울려 우의와 애정의 관계를 유지하고자 하는 것이 여기에 해당한다.

(4) 긍지와 존경에 대한 욕구(esteem needs): 다른 사람으로부터 존경을 받고 싶어하고 자기 스스로 자신이 중요하다고 느껴야 할 뿐만 아니라 다른 사람으로부터도 그렇게 인정받고 싶은 욕구로서 권력욕, 성취욕, 지위욕이 이에 해당한다.

(5) 자아실현욕구(self-actualization needs): 자기가 가진 잠재적 인식세계를 자기의 뜻대로 실현하고 싶은 욕구로서, 예를 들면 음악가가 음악의 세계에서, 시인이 시의 세계에서, 교수가 학문의 세계에서 그 잠재능력을 극대화하려고 하는 것 등이 이에 속한다

Maslow의 이론에 의하면 인간은 보다 상위욕구를 충족시키기 위한 행동을

---

69) 예를 들면 사람이 굉장히 배가 고플 때 음식에 대한 욕망이 그의 삶을 지배한다. 그러나 충분한 음식을 섭취했을 때 먹는 것은 별로 인간에게 만족을 주지 못하며 따라서 다른 행태의 만족욕구를 추구하게 된다.

70) Abraham H. Maslow, *A Theory of Human Motivation* (Cincinnati: South Western Publishing Co., 1960), pp. 122~144.

하기 전에 보다 더 근본적인 욕구(예: 생리적 욕구)를 만족시키려고 노력한다. 그런데 일단 충족된 욕구는 더 이상 사람을 동기화시키지 못한다.

그러나 비판가들은 Maslow의 이론이 실제상황에서 일어나는 현상을 설명하는 데 있어 보여주는 몇가지 약점을 지적하고 있다.

첫째, 욕구계층의 고정성에 대한 예외를 들고 있다. 개개인이 가지고 있는 내면적 혹은 외재적 요인(예: 성별, 성장배경, 연령, 학력, 문화적 특성 등)에 의하여 욕구의 계층적 배열순서는 달라질 수 있다. 예를 들면 애정적 욕구를 더 중시하는 사람에게는 이 욕구가 긍지나 존경의 욕구보다 상위의 욕구가 될 수 있다는 것이다.

둘째, 욕구충족의 상대성을 들고 있다. Maslow는 어떤 욕구가 완전히 충족되면 더 이상 동기화의 요인으로 작용할 수 없다고 주장하지만 현실세계의 어떤 개인에게 있어 욕구의 완전충족이란 기대하기 어렵다. 따라서 정상인인 경우 다섯 가지 욕구가 모두 부분적으로 충족되어 있으며 상위욕구의 계층으로 이행할수록 충족의 정도는 낮다. 또한 다음 계층의 욕구충족도 갑작스러운 것이 아니라 점진적인 것으로 보아야 한다.

셋째, 동기유발요인의 복잡성을 들고 있다. 하나의 행동을 유발하는 데 작용하는 요인은 단일한 것이 아니라 복합적이라는 것이다. 예를 들면 열심히 일하는 것을 통해 사람은 자아실현 욕구뿐만 아니라 동시에 이보다 낮은 하급욕구인 경제적 보상욕구도 충족시킬 수 있다.[71)]

3. Argyris의 미성숙·성숙이론

C. Argyris는 미성숙·성숙이론(immaturity-maturity theory)을 제시하면서 인간이 미성숙 상태로부터 성숙상태로 발전하는 데 수반되는 성격의 변화를 언급하고 조직의 구성원을 성숙인으로서 관리하여야 한다고 주장하였다.[72)]

우선 Argyris는 인간이 성장하면서 성숙인으로 발전하려면 다음과 같은 성격변화를 거쳐야 한다고 하였다.

첫째, 수동적인 상태에서 적극적인 상태로 접근해 가야 한다.

71) 김병섭·박광국·이종렬 공저, 『현대조직의 이해』, 영남대학교 출판부, 1994, p. 234.

72) Chris Argyris, *Personality & Organization*, N.Y.: Harper and Row, 1957, p. 99; 박응격, 『행정학 강의』, 박영사, 1993, p. 279.

둘째, 타인에 대한 의존에서 점차 독자성을 갖는다.

셋째, 소수의 행동대안만을 선택할 수 있는 능력으로부터 다양한 행동대안을 선택할 수 있는 능력을 갖추게 된다.

넷째, 사물에 대한 피상적인 관심으로부터 점차 깊은 관심으로 전환된다.

다섯째, 단기적인 안목에서 장기적인 안목으로 나아간다.

여섯째, 종속적인 지위로부터 타인과 대등하거나 혹은 우월한 지위로 발전해 간다.

일곱째, 자아의식의 결여로부터 자아에 대한 의식뿐만 아니라 통제도 가능하게 된다.

이상의 변화는 연속선을 따라 성숙의 방향으로 나아가게 된다. 그런데 Argyris에 의하면 고전적 공식조직은 그 본질상 인간의 미성숙 상태를 고정시키거나 혹은 심지어 조장하게 된다고 한다. 즉 연속선을 차단하는 것이다. 그리하여 고전적 관리전략을 대치할 방안을 제시하였는 바 관리자는 모든 조직성원이 조직의 목표달성을 위해 일하도록 함에 있어서 그들이 한 개인으로서 그리고 집단의 성원으로서 스스로의 욕구충족으로는 성장·성숙의 기회를 얻을 수 있는 분위기를 조직의 목표와 인간의 욕구을 통합시키려는 시도를 모색하려는 뜻이 함축되어 있다.

4. Alderfer의 ERG이론

ERG이론은 C.P. Alderfer에 의해서 주장되었는데 이는 욕구단계이론으로서, Maslow의 욕구단계설의 문제점을 극복하기 위하여 제시하였다.

Alderfer도 Maslow와 마찬가지로 욕구를 몇가지 범주로 구분하고 저차적 욕구와 고차적 욕구로 분류하였다. Maslow의 욕구 5단계설과 같이 Alderfer는 3단계로 이를 구분하였다.[73)]

즉 인간의 욕구단계를 존재의 욕구(E: existence needs), 관계의 욕구(R: relatedness needs), 성장의 욕구(G: growth needs) 등 3가지 범주로 구분하고 그 내용을 다음과 같이 설명하였다.

(1) 존재의 욕구(existence needs) 존재의 욕구는 기아, 갈증, 안식처 등과 같

73) 박기동, 『조직행동론』, 박영사, 1994, pp. 182~184.

〈표 3-2〉 Maslow와 Alderfer 이론의 관계

욕구 / 이론	저차욕구 ⟵	⟶	고차욕구
Maslow	생리적 욕구, 물리적 측면의 안전욕구	대인관계측면의 안전욕구, 사회적 욕구, 존경의 욕구	자아실현욕구
Alderfer	존재의 욕구	관계의 욕구	성장의 욕구

은 욕구로 주로 Maslow의 생리적 욕구와 안전의 욕구에 해당되며 임금과 안전한 작업조건 등이 이에 속한다.

(2) 관계의 욕구(relatedness needs) 관계의 욕구는 조직에서 타인과의 대인관계와 관련되는 것으로 Maslow의 사회적 욕구와 존경의 욕구가 이에 포함된다.

(3) 성장의 욕구(growth needs) 성장의 욕구는 개인의 성장을 위해 노력하고자 하는 욕구와 관련된 것으로 Maslow의 자기실현의 욕구에 해당된다. 이는 개인의 능력개발과 창의력 발휘 등이 포함된다.

Maslow의 이론과 Alderfer의 이론을 비교하면 〈표 3-2〉와 같다.

존재의 욕구는 주로 매슬로우의 생리적 욕구와 안전욕구를 포함함으로써 기본봉급과 안전한 작업환경 등이 존재욕구의 대상이다. 관계의 욕구는 Maslow의 애정욕구와 존경욕구에 해당하는 것으로서 개인간의 사교와 소속감 및 자존심을 포함하며, 성장의 욕구는 Maslow의 자아실현욕구를 의미함으로써 개인의 능력개발과 창의적 성취감 등을 포함하고 있다. 그리고 이들 욕구는 Maslow의 단계이론과 같이 계층을 이루고 있다.

사람들은 욕구의 결핍에 의하여 동기가 발생하고 행동이 형성되는데 각 수준의 욕구가 충족되지 않을수록 동기의 발생효력이 더 강하다. 그리고 상위욕구가 충족되지 않을 경우 하위욕구의 강도가 커진다. 즉 자기 능력에 맞는 보람있는 일을 하지 못하게 되는 경우 개인은 동료와의 관계를 더욱 깊게 함으로써 충족되지 못한 성장의 욕구에 대신해 관계의 욕구를 한층 더 만족시킨다는 것이다.[74]

---

74) ERG이론은 욕구의 계층이론과 공통된 점이 많다. 그러나 ERG이론은 3가지 면에서 Maslow의 이론과 다르다. 첫째, Maslow의 욕구단계설은 저차적인 욕구가 만족될수록 보다 고차적인 욕구로 진행해 간다는 이론에만 근거를 두고 있는 데 반해, ERG이론은 이러한 접근법에 더하여 좌절-퇴행의 요소가 가미되어 있다. 좌절-퇴행이란 고차적 욕구가 만족되지 않을 때 혹은 좌절될 때 그보다 낮은 저차적 욕구의 중요성이 커지는 상황을 말한다. 예를 들면 관계적 욕구가 충족되지 않을수록 존재욕구에 대한 충족을 강하게 느낀다. 둘째, Maslow의 이론과는 달리 한 가지 이상의 욕구가 동시에 작용할 수 있다. 셋째, ERG이론은 보다 고차적 욕구가 행동에 영향력을 행사하기 전에 반드시 저차적 욕구가 충족되어야 한다는 가정을 배제한다. 어떤 사람들은 성장배경이나 경

5. Herzberg의 2요인 이론(동기-위생이론)

Herzberg는 인간은 이원적 욕구구조를 가지고 있으며 욕구는 불만과 만족의 감정에 대하여 별개의 차원에서 작용한다고 주장하였다. 그는 조직구성원에게 불만을 일으키는 요인(불만요인 또는 위생요인)과 만족을 주는 요인(만족요인 또는 동기부여요인)은 서로 다르다는 욕구충족요인 이원론(Two Factor Theory)을 제시하고 있다.

(1) 불만요인(dissatisfiers) 또는 위생요인(Hygiene Factor)　Herzberg는 조직성원의 불만을 야기시키는 데 작용하는 요인으로서 ① 조직의 정책, ② 임금, ③ 근무조건, ④ 감독자와의 관계, ⑤ 동료와의 관계 등이 좋지 않을 때라고 한다. 이러한 요인의 일부 혹은 전부가 좋지 않을 때 조직성원은 분명히 불만을 갖게 된다는 것이다.[75] 이와 같은 요인은 McGregor의 X이론과 관련된다.

그러나 이상과 같은 요인이나 조건이 좋은 경우라 할지라도 그것은 다만 불만을 제거하는 필요조건이 될 뿐이지 만족을 위한 충분조건이 되지 않는다는 것이다. 그는 이러한 요인 및 조건을 위생요인이라는 개념으로 표현하고 있다. 그것은 마치 깨끗한 음료수의 공급이나 오물을 잘 처리하는 것이 질병의 예방을 위해서 필요한 조건이기는 하나 그것만으로 질병을 치료한다거나 퇴치하지는 못하는 것과 마찬가지라는 것이다. 따라서 그가 사용하는 위생요인이라는 개념은 질병의 예방을 위한 위생개념에서 유추한 것이며 불만요인이라는 개념과 동의어적인 것이다.

(2) 만족요인(Satisfiers) 또는 동기부여요인(Motivation Factor)　조직구성원을 만족시키거나 동기를 부여하는 요인은 조직내에서 조직성원이 경험하는 ① 직무상의 성취, ② 직무성취에 대한 인정, ③ 업무자체, ④ 책임, ⑤ 성장·발전 등이며 대체로 McGregor의 Y이론과 관련된다.

전술한 불만요인 혹은 위생요인들이 주로 물리적·외부적 조건과 관련되는

험 때문에 존재욕구가 충족되지 않음에도 불구하고 관계욕구나 성장욕구를 충족하는 쪽으로 행동한다. 즉 Maslow는 만족-진행에 있어서 저차적 욕구에서 고차적 욕구로 올라가는 진행을 설명하지만 ERG이론은 고차적 욕구에서 저차적인 욕구로 내려가는 좌절-퇴행도 설명하고 있다. 성장의 욕구를 추구하다가 이것이 좌절되면 관계욕구의 중요성이 더해 짐으로써 저차적 욕구가 중요한 동기로 작용한다는 것이다. 따라서 ERG이론은 Maslow의 이론을 더욱 보완해 주고 있다.

75) 유종해, 『현대조직관리』, 박영사, 1990, pp. 97~98.

요인임에 반하여, 만족요인 내지 동기요인은 인간의 내적인 보상과 책임실현욕구를 중심으로 발생하는 것이다. Herzberg에 의하면 조직성원의 동기를 부여하기 위하여 그들의 자기실현욕구를 충족시킬 위와 같은 동기요인들을 충족시키도록 적극적으로 배려해야 한다는 것이다.

6. Likert의 관리체제이론

Likert는 조직개혁을 위한 행태적 조사연구에서 관리체제를 체제 1로부터 체제 4까지 분류하였다. Likert의 이론에서는 X이론보다 Y이론, 미성숙이론보다 성숙이론, 위생요인보다 동기부여요인을 중시하는 것이 바람직하다는 의도를 엿볼 수 있다. 특히 체제 4는 Y이론의 기본적인 가정과 접근방법을 반영시키고 있는 바람직한 관리체제로 인식되고 있다. 각 관리체제의 특징·내용은 다음과 같다.

(1) 체제 1(수탈적 권위형) 관리자는 부하를 신뢰하지 않으며 의사결정과정에 대한 부하의 참여는 배제된다. 조직의 목표설정은 위에서 하고 조직내의 의사전달은 하향적이다. 통제의 과정은 고도로 집권화되어 있다.

(2) 체제 2(온정적 권위형) 관리자는 주인의 하인에 대한 관계와 같이 다소 온정적인 신뢰를 부하들에게 배푼다. 중요한 의사결정은 위에서 이루어지고 하위층에서는 위에서 정해준 범위내에서 의사결정을 할 수 있다. 조직내의 의사전달은 대체로 하향적이며 통제의 과정은 집권화되어 있지만 약간의 위임이 이루어진다.

(3) 체제 3(협의형) 관리자는 부하를 상당히 신뢰하지만 완전히 신뢰가 이루어진 것은 아니며, 중요한 정책은 최고관리층에서 결정하고 구체적인 세부결정은 하위계층에서 이루어진다. 조직성원간의 접촉은 비교적 원활하며 의사전달의 방향은 양방향이다.

(4) 체제 4(참여집단형) 관리자와 부하간에는 심리적 거리감이 없으며 그들의 빈번한 접촉은 우호적이고 완전한 신뢰를 바탕으로 한다. 의사결정에의 참여는 전체적으로 통합성이 유지되면서 광범위하게 이루어지며, 의사전달은 상향적 · 하향적 및 횡적으로 매우 원활하다. 통제과정에 대한 책임은 널리 분산되어 있으며, 조직성원들은 모두 조직목표의 달성에 책임감을 갖는다. 조직목표와 개인목표의 통합이 이루어지는 일면을 볼 수 있으며, 조직성원들은 조직목표에 기

여하는 그들의 직무성취에서 만족을 얻게 된다.

Likert는 체제 4에 접근할수록 생산성이 높고 체제 1에 가까울수록 생산성이 낮은 것을 발견하였다. 비록 이러한 사실을 보편화 할 수는 없더라도 그의 체제 4는 Y이론의 기본적인 가정과 접근방법을 반영하고 있는 바람직한 관리체제로 인식되고 있다.

7. Schein의 복잡한 인간모형

E.H. Schein은 조직에 있어서의 인간본질에 대한 가정을 다음 네 가지 관점으로 파악하고 있다. 그 중에서 가장 현실적인 인간관이라 볼 수 있는 것은 복잡한 인간관이라고 지적하고 있다.[76)]

(1) 합리적·경제적 인간관(rational-economic man)　합리적 인간관(예: F.W. Taylor, M. Weber)은 과학적 관리론이 지배하던 고전적 조직이론의 인간관이다. 그 내용으로서는 i) 인간은 합리적 기계적으로 움직이며, ii) 인간은 경제적 유인에 의해 좌우된다는 것 등을 들 수 있다. 따라서 이와 같은 인간관에 의하면, 인간은 법제만 잘 짜고 적정보수만 제공하면 근로의욕이 높아져 능률적인 업무수행이 가능하다고 본다.

(2) 사회적 인간관(social man)　사회적 인간관(E.D. Mayo, G.I. Barnard)은 인간관계론에서처럼 인간이 지니고 있는 사회성에 착안하여 조직에 있어서의 사회적 동기를 중시하며, 인간은 근본적으로 사회적 욕구(social needs)에 의하여 움직인다고 본다. 따라서 관리자는 조직구성원의 욕구가 무엇이냐에 관심을 가져야 하고, 인정감·일체감·소속감 등의 감정을 중시해야 한다.

(3) 자기실현적 인간관(self-actualizing man)　자기실현적 인간관(A.H. Maslow, D. McGregor)은 인간의 심리적 측면에 착안하여 자기실현 내지 자기완성욕구를 강조하는 것으로서, 인간의 욕구계층에 따라 생리적 욕구로부터 출발하여 단계적으로 자기실현의 욕구를 충족시킴으로써 자기완성을 성취하게 된다는 것이다. 자기실현적 인간관에 있어서의 관리전략은 업무에 대한 자부심과 보람을 느낄 수 있도록 관리하여야 한다.

---

76) Edgar H. Schein, *Organizational Psychology* (Englewood Cliffs, N.J.: Prentice-Hall, 1965), pp. 48~63.

(4) 복잡한 인간관(complex man) 위에서 설명한 합리적·경제적 인간관, 사회적 인간관, 자기실현적 인간관은 어떤 면에서 보면 과도하게 단순화하거나 일반화하여 특정한 상황에 맞지 않는 경우가 많다. 인간이란 현실적으로 단순하게 일반화하거나 유형화 할 수 없는 복잡한 존재라고 보는 인간관이 바로 여기서 말하는 복잡한 인간관이다. 인간은 그가 처해 있는 상황조건(나이, 직업, 지위, 보수, 근무환경)에 따라 그의 심리적인 상태나 동기가 변화될 수 있는 복잡한 존재라고 할 수 있다.

이러한 인간관에 대한 관리전략을 살펴보면 다음과 같다.

첫째, 상황조건 적합적(contingent) 관리: 관리자는 조직 내외의 여러 상황조건을 판단하여 구성원을 조직화하고 관리해야 한다.

둘째, 진단가의 역할: 인간의 능력과 동기가 여러 가지 상황조건에 따라 결정됨을 고려하여 그러한 상황을 잘 진단할 수 있는 능력을 가져야 한다.

셋째, 신축성 있는 인간관계 기술: 관리자들은 상황조건에 적합한 신축성 있는 대 인간관계 기술과 능력을 가져야 한다.

V. 기대이론(expectancy theory)

기대이론은 동기부여를 개인이 행동과 노력의 방향을 선택한다는 관점에서 보았다. 이러한 선택은 개인이 각 행동(또는 노력)에 대하여 갖는 성취가능성(기대감)과 선택된 대안에 따른 행위(노력)의 결과로 얻어지는 결과물(outcome)의 주관적 가치에 의해서 결정된다고 보았다.

기대이론은 욕구충족(satisfaction)과 직무수행(performance) 사이의 직접적이고 적극적인 상관관계에 회의를 표시하고 욕구와 만족 그리고 동기유발 사이에 기대(expectation)라는 요인을 명확하게 개입시킨다는 점에서 전형적인 욕구이론과는 다르다.

기대이론의 대표적인 것으로 Vroom의 기대이론, Porter & Lawler의 업적·만족이론, Adams의 공정성이론 등이 있다.

1. Vroom의 기대이론

기대이론을 최초로 체계화하여 제시한 사람이 Victor H. Vroom이었다. 기대이론은 기대감, 유인가 그리고 수단성의 3가지 핵심개념[77]으로 이루어지며 이들이 체계적으로 융합하여 발휘하게 되는 동기유발 효과를 Vroom은 다음과 같은 공식으로 표현한다.

$$\text{동기부여(motivation)} = \boldsymbol{\Sigma}\ \text{유인가(valance)} \times \text{기대(expectancy)}$$

즉 동기부여란 어떤 사람의 유인가(V)와 기대(E)를 곱한 총계인 것이다. 여기서 말하는 유인가란 조직성원이 조직에서 자신이 하는 일에 대해서 특별히 매력을 느끼고 선호하며 부여하는 가치를 말하며, 기대란 어떤 사람이 어떤 행위를 할 경우 어떤 결과를 초래할 것이라는 주관적인 믿음 혹은 확률을 의미한다.

이러한 공식과 개념을 실제조직 속의 개인을 가상하여 그는 다음과 같이 설명하고 있다. 즉, 조직성원은 조직 속에서 자신이 행한 행위나 노력의 결과(제 1차적 결과)로서 높은 생산성, 보통의 생산성, 낮은 생산성을 초래할 것이라고 주관적으로 믿을 것이다(기대). 그와 같은 생산성 하나 하나에는 그 개인이 선호하는 가치 즉 유인가가 함축되어 있다. 그가 높은 생산성에 가치를 두고 그것을 선택했다면 그것이 유인가이다. 이제 그는 또 조직에서 자신이 높은 생산성을 내기 위해 어떤 행위나 노력을 할 경우 어떤 결과(제 2차적 결과)를 초래할 것인가를 생각하게 된다. 그 결과로서 두 가지를 생각할 수 있다. 하나는 승진이며 또

77) i) 기대감(expectancy)〔0≤E≤1〕: 노력을 했을 때 특정한 목표행위를 성취할 수 있는가에 대한 주관적인 확률. 예) 타이핑을 하는 데 있어서 초보자인 내가 노력을 했을 때 1분에 50자를 치는 데 대한 나의 기대감(주관적 성공확률)은 매우 낮은 0.2정도인 반면, 1분에 20자 정도를 치는 데 대해서는 0.8정도의 기대감을 가질 수 있다. 이 경우 나는 50자/분과 20자/분이라는 두 개의 행위들 중 기대감이 높은 20자/분이라는 행위를 선택, 추구하게 된다(즉 그방향으로 동기가 유발된다는 뜻)는 것이다. ii) 유인가(valance)〔-n≤V≤+n〕: 개인이 특정한 행위(이것을 1차적 결과라고도 함)를 달성함으로써(즉, 기대감의 예에서 50자/분, 20자/분) 그에 따라 얻어지는 2차적 결과물들 각각에 대하여 갖는 욕구강도(즉, 50자/분)를 달성했을 때 승진, 급여인상, 성취감, 동료들로부터 인정 등의 결과가 얻어진다면 내가 이들 4가지 결과 각각을 얼마나 필요로 하는가를 척도로 표시한 것, 20자/분을 달성했을 때 다른 결과물이 얻어질 것이며 그 들 결과물 각각에 대해서도 욕구의 정도에 따라 표시할 수 있을 것임. 스트레스나 해고의 경우에서와 같이 (-)값도 가질 수 있음. iii) 수단성(instrumentality)〔-1≤I≤+1〕: 특정한 행위(1차적 결과)를 달성했을 때 2차적 결과가 얻어질 수 있으리라는 데 대한 주관적 믿음(또는 1차적 결과와 2차적 결과간의 상관관계). 수단성은 -1에서 +1까지의 수치를 가질 수 있다. 예를 들어 50자/분을 타이핑했을 때 급여인상이 있으리라는 기대에 대하여 조금도 의심않고 믿는다면 +1의 수치를 가질 것이나 반면 50자/분을 달성했을 때 암묵적인 경쟁관계에 있는 동료들과 우의에 절대적인 손상을 미칠 것이라고 믿어지면 -1이 될 것이다.

하나는 승진 불가이다. 그 두 가지 결과에 대해서 각각 어떤 유인가를 가지고 있으며 또한 특정한 기대감도 포함되어 있다. 그런데 그 사람이 높은 생산성(제 1차적 결과)을 내면 반드시 승진(제 2차적 결과)이 될 것이라는 믿음 속에서 소정의 행위와 노력을 하여 승진한다면 제 1단계 결과는 제 2단계 결과(승진)의 수단이 되는 것이다.

2. Porter & Lawler의 업적·만족이론

Porter와 Lawler는 Vroom의 동기모형을 수정·발전시켜 직무성과 및 직무만족을 포함하는 조직행동 전반에 관한 모형을 제시한 것으로 평가되고 있다. 그들이 주장하는 내용은 다음과 같다.[78)]

즉 직무성과(업적)와 거기에 결부된 보상에 부여하는 가치, 그리고 어떤 노력이 보상을 가져다 줄 것이라는 기대가 직무수행노력을 좌우한다. 노력에 의한 직무성과는 개인에게 만족을 가져다 줄 수 있는데, 직무성과가 만족을 주는 힘은 거기에 결부되는 내재적 및 외재적 보상에 의하여 보강된다. 이 때에 보상은 공평한 것이라고 지각되는 것이라야 한다. 즉 내재적 및 외재적 보상이 있더라도 그것이 불공평하다고 지각되면 개인에게 만족을 줄 수 없다는 것이다.

결론적으로 업적으로부터 기대되는 결과와 이에 대한 만족감이 동기부여에 작용하는 역할을 중시함으로써 개인들의 동기에 대한 현실적인 이해를 한층 증진시켜 주었다는 데 그 의의가 있다고 하겠다.

3. Adams의 공정성이론

조직구성원들은 자신들이 조직을 위해 노력을 제공한 대가로 받는 보수와 다른 사람들이 받는 것을 비교하고 그 보수의 공정성 여하에 따라 그들의 동기가 달라진다고 설명하는 것이 공정성이론이다. 조직성원들은 자신의 직무에 투입한 노력과 그 결과를 지각한다. 나아가서 자신의 그러한 투입과 결과를 비교대상이 될 수 있는 타인 혹은 타조직과 비교한다. 그리하여 그것이 동등하면 공정하다고 생각하며 동등하지 못하면 불공정하다고 생각하게 된다. 그것이 공정하다고 인지될 경우 그의 직무수행의 동기는 긍정적이고 적극적으로 강화되지만 불공정

78) 오석홍, 전게서, pp. 278~280.

하다고 인지될 경우는 부정적 동기가 조성된다. 그리하여 사기가 저하되고 긴장감이 유발되어 자신의 직무에 대한 투입과 그 결과 중 어느 것인가를 왜곡하게 되며, 그 조직(직무)을 사직하게 되는 현상이 일어날 수 있다. 공정성이론에 의하면 사람들의 동기는 조직에서의 절대적 보상은 물론 비교적 보상에 특히 영향을 받게 됨을 강조한다.[79] 그러나 비교의 대상으로 누구를 선택하며 투입결과를 어떻게 정의해야 하는지 분명치 않다.

제 5 절 조직과 환경

Ⅰ. 조직환경의 의의

조직의 환경(environment)이란 조직을 둘러싸고 있으면서 조직에 영향을 미치는 일체의 외부적 상황을 말한다.

종래의 조직이론은 조직에 대한 환경의 영향을 배제하고 조직의 내부구조와 과정만을 다루었다는 점에서 폐쇄체제적 관점에서의 조직이론이라고 할 수 있다. 그러나 현대의 조직이론은 조직과 환경간의 영향 관계를 중시한다는 점에서 개방체제적 관점에서의 조직이론이라고 할 수 있다. 즉 조직은 자체의 성장과 발전, 안정과 존속을 위하여 계속적으로 변화하는 환경에 적응하기 위하여 환경과 상호작용한다고 본다. 조직은 환경으로부터 조직의 생존과 발전에 관련되는 인적·물적 자원, 에너지, 정보를 투입받아 전환과정을 통하여 이용하고, 이 과정에서 여러 가지 서비스를 환경으로 산출하며, 조직은 이러한 산출활동 때문에 사회로부터 그 존립의 이유와 정당성을 부여받게 되는 것이다.

79) 공정성이론의 핵심은 자기가 투자한 투입과 받은 산출의 비율을 자기가 선택한 비교대상(준거인물)의 투입과 산출의 비율에 대비하여 공정성을 판단하고 행동의 방향을 결정한다는 것이다.

따라서 조직과 환경은 불가분의 관계에 있으며, 이러한 조직과 환경의 유관론은 옛부터 있어 왔지만 고전적 이론인 과학적 관리론이나 행정관리론에서는 이에 대한 관심을 갖지 못하였다. 조직과 환경의 관계에 대한 연구는 1950년대부터 활발하게 되었으며 조직의 개방체제이론은 현대조직이론의 중심이 되고 있다.

Ⅱ. 조직환경의 유형

조직을 단순히 기계적 폐쇄체제의 입장이 아니라 거시적이고 유기체적인 개방체제로 보아 조직과 환경과의 관계를 분석한 조직환경의 유형을 보면 다음과 같다.

1. R.H. Hall의 조직환경의 분류

Richard H. Hall은 조직의 일반적 환경을 다음과 같이 일곱 가지로 분류하고 있다.[80)]

(1) 기술적 조건(technological conditions)　조직구조와 운영은 기술적 조건의 변화에 영향을 받는다. 조직은 기술의 변동에 대응할 뿐만 아니라 기술을 흡수하고 그 발전을 촉진한다.

(2) 법적 조건(legal conditions)　조직은 새로운 법이 제정되거나 법의 해석이 달라지면 거기에 따라 조직은 변화되며 법의 변화에 대응해야 한다.

(3) 정치적 조건(political conditions)　정치적 조건은 조직에 영향을 미치는 법을 제정하며 조직의 자원동원능력, 조직활동을 예측가능하게 하는 조건을 제시해 준다.

(4) 경제적 조건(economic conditions)　경제적 조건은 조직활동의 중요한 조건이 된다. 특히 경제시장에서 타조직과 경쟁을 벌이며, 이윤추구가 목적인 조직에 있어서는 경제적 환경은 매우 중요한 것이다.

(5) 인구학적 조건(demographic conditions)　사회의 인구학적 조건 및 구조는 잠재적인 조직성원의 수라든지 조직의 고객구성과 관련된 중요한 환경적 요소

80) Richard H. Hall, *Organizations: Structure and Process* (Englewood Cliffs, N.J.: Prentice-Hall, 1972), pp. 298~305; 윤재풍 외 2인, 전게서, pp. 20~21.

이다.

(6) 생태학적 조건(ecological conditions) 조직이 처해 있는 생태학적 조건(조직의 지리적·기후적 조건 등)은 조직이 필요로 하는 자원획득, 고객과의 접촉, 산출물의 수송과 관련된 중요한 환경적 요소이다.

(7) 문화적 조건(cultural conditions) 조직이 존재하는 한 사회의 가치와 규범을 포함하고 있는 문화적 조건은 조직활동에 중요한 기준을 제공하는 환경적 요소이다.

2. Katz와 Kahn의 조직환경의 분류

Katz와 Kahn은 조직의 일반적 환경을 다음과 같이 다섯 가지로 분류하고 있다.[81]

(1) 문화적 환경(cultural environment) 문화체제가 다름에 따라 사람들이 현실을 지각하는 방법, 인과관계에 대한 신념, 정당성의 규정, 개인간의 욕구수준 등은 달라질 수 있다. 이와 같은 문화적 조건은 조직참여자들의 가치기준과 행태를 변화시켜 결국은 조직의 구조와 과정에 영향을 미친다.[82]

(2) 정치적 환경(political environment) 정치적 환경은 조직의 공식적 정당성을 규정하고 활동의 한계를 설정한다. 법적 규범을 산출하는 정치적 과정은 조직의 지위와 자원동원능력에 직접 간접의 영향을 미친다.

(3) 경제적 환경(economy environment) 조직이 소속되어 있는 그 사회의 경제적 조건은 조직의 목적과 규모, 사업 등에 중대한 영향을 미친다. 경제적 조건이 경우에 따라서는 조직의 생성 또는 존속자체를 좌우하는 결정적 요소로 작용할 수도 있다. 경제시장에서 자원을 획득하고 또 산출을 판매해야 하는 사기업체의 경우 경제체제로부터 가장 크게 영향을 받는다.

(4) 기술적 환경(technological environment) 기술수준과 그에 관한 정보체제는 조직의 구조와 과정에 결정적인 영향을 미친다. 여기서 기술이란 자연과학적인 기술뿐 아니라 관리상의 기술 내지 행정상의 기술도 포함하는 것이다. 조직이 처해 있는 환경에서 새로운 기술을 흡수하게 된다. 또한 조직이 사용하는 기술

81) Daniel Katz and Robert L. Kahn, *The Social Psychology of Organizations*, 2nd ed. (New York: John Wiley & Sons, Inc., 1978), p. 124.

82) James D. Thompson, *Organizations in Action* (New York: McGraw-Hill, 1967), p. 102.

이 다르면 그에 관련된 기술적 환경도 다르게 된다.

(5) 물리적 환경(physical environment) 물리적 환경에는 무생물적인 자원, 기후, 지형 등 물리적 조건과 식량과 기타 동식물 등의 생물적 조건이 포함된다. 이러한 조건들은 조직에 중대한 영향을 미친다.

3. George Homans의 조직환경의 분류

Homans는 조직의 환경을 문화적 환경(cultural environment), 기술적 환경(technological environment), 물리적 환경(physical environment)으로 분류하고 있다.[83)]

문화적 환경은 규범, 가치관, 목표 등과 관련된 환경이며, 기술적 환경은 조직의 과업을 수행하는 데 유용한 지식이나 수단 등과 관련된 환경이며, 물리적 환경은 기후, 지역, 설계 등과 관련된 환경이다. 이와 같은 환경은 조직구성원의 활동, 상호작용, 감정의 결합을 좌우하는데 이를 외부체제라 한다. 그리고 조직구성원의 상호작용이 증가되면 환경에 의하여 좌우되지 않는 새로운 감정이나 행동이 있게 되는데 이를 내부체제라고 한다. 이들 내부체제와 외부체제는 환경과 상호의존 관계에 있다.[84)]

83) Edgar H. Schein, *Organizational Psychology* (Englewood Cliffs, N.J.: Prentice-Hall, 1965), pp. 91~92.

84) F. E. Emery와 E. L. Trist는 상호간에 자원이나 정보에 의존하면서 환경을 구성하는 제조직의 상호의존성의 상태에 따라 일반적인 환경의 성격을 네 가지로 분류하고 있다. 첫째, 정태적 · 우연적(placid-randomized) 환경은 제조직간에 거의 상호의존성이 없는 환경으로서 여기서는 조직의 생존이 우연성에 좌우된다. 둘째, 정태적·응집적(placid-clustered) 환경은 환경을 구성하는 제조직간에 일정한 연결성을 지니는 환경으로서, 여기서는 탁월한 능력을 발휘하여 자원을 집중적으로 이용함으로써 조직의 규모가 성장한다. 셋째, 교란 · 반응적(disturbed-reactive) 환경은 환경내에 동종의 조직이 다수 존재하여 이들 사이에 직접적인 상호작용이 이루어지는 환경으로서 여기서는 조직이 생존하기 위하여 동종의 타조직의 행동을 반격한다. 넷째, 격동(turbulence)의 환경은 환경 그 자체가 변동하는 경우를 말하는바, 여기서는 동종의 조직만이 아니라 이종의 조직과의 상호작용이 발생하여 예측할 수 없고 통제가 불가능한 변화가 일어난다는 것이다.

Ⅲ. 조직과 환경의 관계

1. 조직의 환경에의 적응

1) 조직의 환경적응의 필요성

조직환경에의 적응(adaptation)이란 조직이 당면한 문제를 해결하고 환경의 변화에 신축성을 가지고 대응하는 것을 말한다. 변화하는 환경 속에 존재하는 조직은 환경으로부터 받은 영향 압력에 적응하면서 이에 대응해 나가야 한다. 조직은 그 자체를 유지 존속시키고 효과성을 높이기 위하여 이러한 적응·대응활동(adaptive-coping activities)을 전개할 수 있는 능력을 가져야 한다.

조직은 자체의 존속을 유지하고 안정성과 유동성을 확보함으로써 발전을 이루어 나가기 위하여는 조직이 놓여 있는 환경에 적응하는 능력을 필요로 한다. Selznick은 변화하는 환경에 조직을 적응시킴으로써 그 안정과 발전을 유지하여 나가는 창조적 활동인 적응적 변화(adaptive change)의 중요성을 강조하였다.[85]

2) 조직의 환경에의 적응전략

조직은 환경적 요인에 적응하면서 대응해 나가야 한다. 조직에 영향을 미치는 환경요인의 특징이나 환경영향의 강도는 강하며 또한 조직의 환경에 대한 의존도도 매우 다양하므로 적응·대응전략은 상황에 따라 신축성 있게 세워져야 한다. 조직의 환경에의 적응에 관해서는 여러 가지 방법과 전략이 있을 수 있다. 여기서는 환경적응과 적응적 흡수에 대해서만 살펴보기로 한다.

(1) 환경적응(adaptation)　조직이 안정성을 확보하고 발전해 나가기 위해서는 환경에의 적응능력을 계속적으로 향상시켜 나갈 것이 요구된다. 조직이 환경변화에 적응해 가면서 문제해결능력을 향상시켜 가는 적응·대응의 순환 과정을 Schein은 적응·대응활동(adaptation-coping activities)으로 파악하면서 다음과 같은 단계로 이루어진다고 보았다.[86] 첫째, 인지단계로서 환경변화를 정확하고 신

85) Philip Selznick, *Leadership in Administration: A Sociological Interpretation* (Evanston, Ill.: Row, Peterson and Company, 1957), pp. 13~15.

86) Edgar H. Schein, *Organizational Psychology* (Englewood Cliffs, N.J.: Prentice-Hall, 1970), pp. 120~126.

속하게 인지한다. 둘째, 정보의 수집·처리단계로서 정보를 수집·처리하여 적응방안을 마련한다. 셋째, 변화의 실현단계로서 조직의 적응방안에 따라 조직의 구조·과정을 변동시킨다. 넷째, 변화의 정착단계로서 바람직하지 못한 부작용을 제거하여 내부변화를 정착시킨다. 다섯째, 변화결과의 전달단계로서 환경변화에 맞는 내부변화의 결과로서 새로운 산출을 내보낸다. 여섯째, 환류단계로서 내부변화의 성과에 대한 환류를 받아 평가한다.

(2) 적응적 흡수(cooptation) Selznick에 의하면 조직이 안정과 존속을 유지하고 발전을 도모하기 위하여 조직의 리더십과 의사결정기구에 환경의 새로운 요소를 흡수하여 적응하는 것을 적응적 흡수라 한다. 이러한 적응적 흡수는 조직의 목표를 달성하기 위한 하나의 전략이다.[87)]

적응적 흡수는 조직의 지도층에 지역사회의 유력한 인사를 참여시켜 조직의 권위를 정당화시키는 공식적·적응적 흡수와 의사결정에의 의사반영이나 타협을 의미하는 비공식적·적응적 흡수로 나누어진다.

2. 조직이 환경에 미치는 영향

1) 조직과 사회변동

조직은 개방체제로서 환경과 상호작용하면서 환경에 영향을 미치며 조직도 환경의 한 구성요소가 된다. 조직이 환경에 미치는 영향은 복잡하지만 사회변동을 유도할 수 있을 뿐만 아니라 환경에 직접 개입하여 사회변동을 촉진시킬 수도 있다. 조직구성원들의 사회적 배경, 교육수준, 성별 등이 달라지면 환경변화를 가져오며 조직의 관리방식이나 업무처리방식의 변동도 환경에 영향을 미친다.

조직이 의식적으로 사회변동을 유발하기 위하여 내적 변화를 야기시킬 수도 있지만 대부분 사회변동의 유발은 간접적·부수적이다. 즉 조직활동을 하다가 결과적으로 사회변동을 유발하게 되는 것이 보통이다.

조직은 변동담당자로서 의식적·직접적으로 환경에 개입하여 사회환경을 개조·혁신하여 사회변동을 유도할 수 있다. 사회적 변동의 유도 또는 관리를 위해 설립되는 조직들은 공공부문에서 많이 찾아볼 수 있는데, 예컨대 발전도상국의

---

87) James D. Thompson and William J. McEwen, "Organizational Goals Environment: Goal-Setting as an Interaction Process," *American Sociological Review* (February 1958), p. 27.

행정조직은 국가발전을 위한 환경의 계획적 변동을 유도하는 적극적 수단이 되고 있다.

조직은 변동의 주역으로서만 활동하는 것이 아니라 사회변동에 직접·간접으로 저항하는 세력으로서도 기능한다. 조직은 일단 구성되어 시간이 경과함에 따라 보수적 경향이 일어나며 그의 생존과 이익에 배치되는 환경의 변화에 적극적으로 저항하는 것이 보통이다.

2) 기관형성(institution building)

기관형성이란 국가발전목표를 달성하기 위하여 새로운 조직을 창설하거나 기존조직을 개편함으로써 새로운 가치관, 규범, 역할, 기술을 정립하거나 확산시켜 사회환경에 영향을 미치고 사회변동을 유도하는 것을 말한다. 이러한 이론은 주로 발전행정론자인 Esman 등이 주창하였다.[88)]

기관형성 접근방법은 발전의 모체가 될 수 있는 새로운 조직을 만들고 강화하는 것이 국가발전을 촉진하는 수단으로서 가장 효과적일 것이라는 전제하에 새로운 기관을 창설하거나 개선을 도모하기 위해 조사·연구하고 실천방안을 제시하려는 입장이다.

(1) 기관형성 변수 기관형성 변수란 기관형성 작업과정에서 고려하여야 할 중요한 변수 또는 조사·연구의 대상이 될 요소가 규정되어 있어야 하는데 하나의 기관을 연구할 때 반드시 검토하여야 하는 대상이 되는 조직의 중요 국면을 말한다. 기관형성 변수에는 기관자체의 내부 속성에 관한 변수인 기관변수(내적 변수)와 기관과 환경의 연계에 관한 변수인 연계변수(외적 연관변수)가 있다. 기관변수로서는 i) 지도력, ii) 지도이념 내지 목적, iii) 사업, iv) 자원, v) 내부구조 등을 들 수 있고, 연계변수로는 i) 수권적 변수, ii) 기능적 변수, iii) 규범적 변수, iv) 확산적 변수 등을 들 수 있다.

(2) 기관형성의 평가기준—기관성(institutionality) 기관이 기관형성이라는 노력

88) Milton J. Esman, "CAG and the Study of Public Administration," in Fred W. Riggs (ed.), *Frontiers of Development Administration* (Durham, N.C.: Duke University Press, 1970), p. 64. Esman에 의하면 기관형성이란 i) 가치관·역할과 물리적·사회적 기술의 변동을 구체화하고, ii) 새로운 규범적 관계와 행동패턴을 확립·촉진·수호하며, iii) 환경의 지지를 획득하는 새로운 또는 재구성된 조직을 기획·구성·지도하는 것을 말하며 적극적으로 조직이 환경에 영향을 미치고 변동을 의도적으로 유도하는 것이다.

을 어느 정도 성공적으로 이룩했는가를 평가하는 기준을 기관성이라고 한다. 기관형성론의 기본입장은 대부분의 변동과 발전이 의식적으로 계획되고 유도된 변동이라는 것이며 환경과의 관계를 중요시한다. 따라서 하나의 기관이 성공적으로 그 기능을 발휘하면서 존속해 나간다는 의미에 있어서, 즉 기관형성작업의 성공 여부를 판단하는 기준이라 할 기관성 내지 제도성(institutionality)이 기관형성론의 중요한 개념이 된다. 이 기관성을 판단하는 평가기준으로서는 i) 생존능력, ii) 자율성, iii) 영향력, iv) 파급효과 등을 들 수 있다.

3. 조직과 조직간의 관계

조직에 대한 문화, 정치, 정보, 물적 환경이 일반적 환경이라면, 조직에 대한 다른 조직, 즉 대상조직은 특정적 환경이 된다. 따라서 조직들도 환경을 구성하는 요소이며 환경을 구성하는 조직들은 일반적 환경요인에 비해 현저히 중요한 영향을 대상조직에 미치게 된다.

1) 조직간 관계와 조직집합

조직간 관계(interorganizational relationships)의 가장 기본적인 형태는 i) 가장 단순한 형태인 2자조직관계(dyad or pairwise interorganizational relationships), ii) 대상조직과 다른 조직들과의 2자관계에 중점을 두는 조직집합(organization-set), iii) 구체적으로 연계되는 모든 조직간 관계의 유형으로 구성되는 조직간 네트워크(interorganizational network) 등을 들 수 있다.[89)]

조직집합(organization-set)이란 어떤 조직과 상호작용하는 조직들의 모임 또는 관련조직들의 망을 말하며 이때 그 조직을 대상조직(focal organization)이라 한다.[90)] 대상조직과 조직집합간의 관계는 i) 대외적인 업무수행을 주요한 임무로 하는 경계업무 담당직원(boundary personnel)의 역할집합, ii) 정보의 흐름, iii) 재화 또는 서비스의 흐름, iv) 조직구성원의 교류 등을 통하여 이루어진다.

---

89) Hall, *op. cit.*, pp. 226~232.

90) William M. Evan, "The Organization-Set: Toward a Theory of Interorganizational Relations," in James D. Thompson(ed.), *Organizational Design and Research* (Pittsburgh, Penn.: University of Pittsburgh Press, 1966), pp. 175~191. 조직집합의 상세한 설명은 오석홍, 전게서, pp. 152~155; 박연호·오세덕, 전게서, pp. 114~118 참조.

2) 조직간 상호작용의 전략

조직은 그 특정환경이 되는 조직집합과 상호작용하는 데 있어서 Thompson과 McEwen에 의하면 경쟁관계와 협력관계로 나눌 수 있으며 협력관계는 다시 협상, 적응적 흡수, 연합으로 세분된다. 이를 설명하면 다음과 같다.[91)]

(1) 경 쟁(competition)　경쟁은 조직이 자원, 고객 및 장래의 구성원을 획득하기 위하여 외부조직과 경합된 상황에서 야기된다. 예컨대 정부와 기업은 물질적 자원, 유능한 인재의 획득, 고객유치를 위해 경쟁을 벌인다. 이와 같이 한 조직이 그 목표를 달성하기 위하여 다른 조직과 경쟁관계에 서게 되는 경우는 허다하다.

(2) 협 상(bargaining)　협상은 두 개 이상의 조직이 재화나 서비스의 제공을 위한 합의를 위하여 직접적인 교섭을 벌이고 타협하는 것을 말한다. 노동조합과 관리층간의 단체교섭이 협상의 대표적인 형태이다. 협상에 임하는 각 당사자는 상대방의 요구에 대응하여 자신의 조직목표를 수정하여 협력하지 않으면 안된다. 이리하여 상호간 양보, 획득관계가 성립하게 된다.

(3) 적응적 흡수(cooptation)　조직이 안정과 존속을 유지하고 발전을 도모하기 위하여 다른 조직에 속한 인물을 조직의 지도층이나 정책결정기구에 참여시키는 것을 의미한다.

(4) 연 합(coalition)　둘 이상의 조직이 공동목표를 추구하기 위하여 제휴·결합하는 것이다. 예컨대 두 개 이상의 정당이 연립내각을 구성하는 경우 혹은 여러 대학이 비용과 인력이 많이 드는 연구사업을 추진하는 경우가 이에 속한다.

---

91) James D. Thompson and William J. McEwen, "Organizational Goals and Environment: Goal-Setting as an Interaction Process," *American Sociological Review* (February, 1958), p. 27.

제 2 장 조직의 구조

제 1 절 조직의 구조와 그 결정요인

Ⅰ. 조직구조의 의의
Ⅱ. 조직구조의 기본변수(기본적 요소)
Ⅲ. 조직구조의 상황변수
(조직구조의 결정에 영향을 미치는 요인들)

Ⅰ. 조직구조의 의의

1. 조직구조(organizational structure)의 개념

조직의 구조란 조직참여자들의 '유형화된 상호작용'(patterned interactions)을 의미한다.[1] 사람들의 행동 또는 사람들이 꾸미는 일의 지속적인 양태 또는 유형이 구조를 형성한다. 따라서 구조의 핵심(원료)은 인간의 행동이라고 할 수 있으며 구조형성의 기초요인은 그러한 인간행동을 지속적으로 조건짓는 요인들이라 할 수 있다.

구조라 하면 기계나 건물 등의 구조를 연상하고 인간 이외의 특성 또는 무생물적 특성을 지닌 것으로 생각되기 쉽다. 그러나 무생물적 요인들은 어디까지나 부수적인 요인들이며 그것이 구조분석의 중심적인 대상이 될 수는 없다. 왜냐하면 우리는 조직을 사람들이 모여 교호작용함으로써 형성되는 사회적 현상으로 정의하고 있기 때문이다.

조직의 구조는 조직 속의 집단과 개인들 사이에 권력이 어떻게 배분되고, 조직내의 개개인의 행동에 대하여 누가 통제권을 행사하는가를 결정하며, 조직내에

1) 오석홍, 전게서, pp. 393~427.

서의 의사결정이 이루어지는 흐름과 방식을 결정한다. 또한 그것은 조직내의 과업의 달성과 작업의 배열방식을 정하며, 조직이 속하는 구성원들이 자신의 일에 대하여 어느 정도 자율성과 재량권을 행사할 수 있는가도 결정한다.

2. 조직구조의 기본변수와 상황변수

조직구조의 변수는 조직구조를 구성하는 기본적 요소, 즉 기본변수와 조직이 서로 다른 특정한 유형의 구조를 갖게 하는 요인, 즉 상황변수로 대별할 수 있다. 일반적으로 기본변수로는 i) 복잡성, ii) 공식화, iii) 집권화(혹은 분권화) 등을 들 수 있다.[2] 상황변수는 매우 다양하지만 i) 조직문화, ii) 기술, iii) 권력, iv) 환경, v) 조직규모[3] 등을 들 수 있다.[4]

Ⅱ. 조직구조의 기본변수(기본적 요소)

1. 복잡성(complexity)

조직의 복잡성이란 조직의 분화정도(degree of differentiation)를 말한다. 분화의 정도가 높으면 조직은 복잡성이 높은 것이며, 분화의 정도가 높지 않으면 복잡성이 낮은 것이다. 분화란 하나의 체제로서의 조직이 여러 하위체제나 부분체제로 나누어지는 현상을 말한다. 분화를 통해서 조직은 권한과 과업을 할당하고 배분하게 된다.

조직의 분화현상은 세 가지 측면에서 살펴볼 수 있다. 첫째는 수평적 분화, 둘째는 수직적 분화 혹은 계층적 분화, 셋째는 공간적 분산이다.

(1) 수평적 분화(horizontal differentiation) 수평적 분화란 조직단위간의 횡적 분화의 정도를 나타내며 조직을 구성하는 단위 안에서 주로 직무의 성질에 따라

2) Jerald Hage, "An Axiomatic Theory of Organizations," *Administrative Science Quarterly*, Vol.10, No.3 (December 1965), pp. 289~320; Stephen P. Robbins, *Organization Theory: Structure, Design, and Applications* (Englewood Cliffs, N.J.: Prentice-Hall, 1990), pp. 83~86; Hall, *op. cit.*, pp. 51~84.

3) 조직규모는 주로 조직구성원의 수를 의미한다. 조직규모는 i) 복잡성에 비하여 점증하다가 어느 수준부터는 체감하며, ii) 커질수록 조직행동을 더욱 공식화되며, iii) 집권화와는 역비례한다. 조직규모에 대비하는 유지관리구조를 행정농도(administrative intensity)라 한다.

4) 양창삼, 『조직이론』, 박영사, 1992, p. 309.

서 횡적으로 분화하는 현상을 말한다. 전문화(분업)와 관련된다.

(2) 수직적 분화(계층적 분화: vertical or hierarchical differentiation) 수직적 혹은 계층적 분화란 조직의 계층화 정도를 나타내며 조직 속에 몇 개의 수직적 계층을 만들고 계층에 따라 다른 권한과 책임을 부여하는 현상을 말한다. 이것은 조직 속의 계층제(hierarchy)에서 뚜렷하게 볼 수 있다. 계층제 통솔범위 명령통일과 관련된다.

(3) 공간적 분산(spatial dispersion) 공간적 혹은 장소적 분산이란 시설·인원의 지역적 분산정도를 나타내며 조직을 구성하는 인원이나 시설 등이 지역적으로 분산되는 것을 말한다. 이 경우는 특히 중앙행정기관과 그 기관의 일선기관 간의 관계에서 엿볼 수 있다.

2. 공식화(formalization)

공식화란 조직에 있어서 어떤 일을 누가 어떻게 수행해야 한다는 것을 공식적으로 규정해 놓은 정도를 말한다. 즉 조직을 구성하는 여러 단위나 개인의 지위·역할 및 권한이 명시적으로 성문화되고 업무수행에 관한 규칙과 절차가 공식적으로 정해지며 표준화 내지 정형화되는 현상을 말한다.[5] 직무의 공식화 정도가 높으면 일종의 기계적 조직구조를 갖게 되며 조직구성원의 직무수행은 재량권이 극도로 제한되고, 공식화 정도가 낮으면 느슨하고 때로는 산만한 조직구조를 갖게 되며 구성원의 행태는 비정형적(non-programmed)이며 재량권을 폭 넓게 행사할 수 있게 된다.

3. 집권화와 분권화

(제6절 참조)

Ⅲ. 조직구조의 상황변수

— 조직구조의 결정에 영향을 미치는 요인들 —

5) 공식화의 개념정의에 관하여 학자들의 견해를 살펴보면 Pugh는 공식화를 '규칙·절차·지시 및 의사전달이 문서화되는 정도'로 Nage와 Aiken은 '조직내의 직무에 대한 규칙설정(codification)의 정도'라고 정의한다.

위와 같이 조직의 구조는 복잡성(분화), 공식화, 집권화(혹은 분권화)의 요소로서 구성된다. 그러면 그와 같은 요소들은 어떤 요인이나 힘의 영향을 받아 전체 조직구조의 특정한 유형을 형성하는가? 그러한 요인으로서는 조직의 전략(strategy), 조직의 규모(size), 조직에서 이용하는 기술(technology), 조직의 환경(environment), 그리고 권력과 정치(power and politics)를 생각할 수 있다. 여기에서는 규모, 기술, 환경, 권력과 정치를 중심으로 살펴보기로 한다.

1. 조직규모

조직의 규모는 일반적으로 조직을 구성하는 사람의 수로써 표현한다. 그러나 조직의 규모는 그 외의 다른 변수와도 관련 있는 것으로 파악한다. 예컨대 Aldrich는 조직이 수행하는 '과업의 크기'(scale)를, Blau는 '조직책임의 범위'를, Kimberly는 조직의 물리적 수용능력, 조직의 성원수, 조직의 투입의 산출과 양, 그리고 조직이 이용할 수 있는 자원의 양을 조직의 규모로 파악한다.[6]

조직의 규모라는 개념을 어떻게 파악하든 간에 조직의 규모가 큰 경우와 작은 경우는 조직구조에 각기 다른 작용을 한다. 먼저 조직의 규모가 크면 조직의 복잡성은 증가할 것이다. 또한 구성원의 사기와 생산성은 낮아지고 결근율, 이직률, 사고율 등은 높아질 것이다. 그에 따라 조직은 수평적 분화, 수직적 분화 및 공간적 분산이 증대하고 공식화의 수준이 높아져야 하며, 분권화에 의한 의사결정이 이루어져야 할 것이다. 그러나 조직의 규모가 작은 경우는 그 반대의 현상을 생각할 수 있다. 즉 구성원의 사기와 생산성은 높아지고 결근율, 이직률, 사고율 등은 낮아질 것이다.

2. 기 술(technology)

조직에 있어서 기술이란 간단히 말해서 일하는 방법이라고 할 수 있다. 즉 조직의 투입을 산출로 변형시키는 방법(투입을 산출로 바꾸는 데 필요한 정보·시설·기법·과정 등)을 말한다. 따라서 그것은 조직의 활동수단에 해당한다. 조직이 어떠한 기술을 사용하느냐에 따라 조직의 구조는 달라진다.

---

6) 오석홍 교수는 조직규모의 통합적 개념정의에 포함되어야 할 주요 구성요소로 물적 수용능력, 인력, 투입 또는 산출, 자원을 들고 있다. 오석홍, 전게서, p. 432 참조.

Woodward는 조직이 사용하는 기술을 그 성격에 따라, 첫째 단위 소량 생산기술(예컨대 주문식 양복제조), 둘째 대량 생산기술(예컨대 대량 생산체제의 자동차 회사), 셋째 과정생산기술(예컨대 정유공장)로 나누고, 그 기술에 따라 조직구조가 어떤 모습을 띠는가를 밝히고 있다. 이 기술유형은 소량 생산기술에서 과정 생산기술로 갈수록 복잡해진다. 즉 단위 소량 생산기술과 과정생산기술을 적용하는 조직은 그 구조가 느슨한 비관료제적 성격을 지니며, 대량 생산기술을 적용하는 조직은 분화와 공식화가 높은 관료제적 조직구조의 특색을 나타내고 있다고 설명한다.[7)]

조직이 일상적 기술(혹은 자동적 표준화가 높은 기술)을 적용하는가(예컨대 자동차, 강철산업 등), 비일상적 기술(혹은 비반복적이며 표준화가 낮은 기술)을 사용하느냐(예컨대 항공산업, 우주탐사산업 등)에 따라 그 구조가 달라질 수 있다고 생각한다. 즉 일상적 기술을 적용하는 조직은 고도로 구조화된 기계적 조직으로서 공식화와 집권화가 높을 것이며, 비일상적 기술을 적용하는 조직은 구조적 유연성을 갖는 유기적 조직으로서 공식화가 낮고 집권화보다는 분권화가 높은 조직구조를 갖게 될 것이다.

3. 환 경(environment)

조직은 하나의 체제이며 그것은 환경으로 둘러싸여 있으며 환경과 상호작용하는 하나의 개방체제이다. 환경은 조직 내외에 존재하며 조직의 활동 및 조직구조의 형성과 변화에 영향을 미치는 상황적 요인들이다. 조직환경은 조직의 목표설정 및 목표달성과 직접적 관련을 맺고 있는 과업환경과 조직에 비정기적 그리고 간접적으로 영향을 미치는 일반 환경으로 구분된다.

환경과 조직구조의 관계는 환경의 성격과 조직구조를 관련시켜 파악해 볼 수 있다. 환경이 안정되고 확실성이 높으며 단순하고 동질적인 요소와 성분이 존재하는 경우, 조직구조는 높은 분화·공식화 및 집권화구조를 갖는 것이 효율적이다. Max Weber의 고전적 관료제조직은 바로 그와 같은 구조적 특성을 갖는다. 그러나 환경이 불확실성이 높고 불안정하며, 복잡하고 이질적인 요소와 성분이

7) Woodward는 영국 남부 South-East Essex의 100개 제조업체를 대상으로 조사하였다.
Joan Woodward, *Management and Technology* (London: Her Majesty's Stationery Office, 1958), and *Industrial Organization: Theory and Practice* (Oxford University Press, 1965).

존재하는 경우는 조직의 복잡성을 증대하게 되므로 공식화 수준을 낮추고 집권화보다는 분권화구조를 갖는 것이 효율적일 것이다.

환경의 변화가 정태적이고 일상적일 경우는 기계적 관료제조직구조가 효율적일 것이다. 그러나 그 변화가 동태적이고 격변하는 환경에서는 유기적 조직구조(예: 애드호크라시적 조직구조)가 바람직할 것이다. 기계적 조직구조는 복잡성(분화)과 공식화가 높고 집권화된 조직의 형태이며, 유기적 조직구조는 복잡성(분화)과 공식화가 낮은 반면, 분권화된 형태를 지니며 또한 융통성과 적응성이 높은 조직의 형태이다.

4. 권력과 정치

권력이란 일반적으로 한 개인(혹은 집단)이 다른 개인(혹은 집단)에게 어떤 행동을 하도록 할 수 있는 대인관계(혹은 집단관계)라 할 수 있다.

조직구조가 왜 A형태가 아니고 B형태로 이루어지는가를 설명하는데, 권력과 정치적 요인은 어느 정도 현실적인 설명력을 갖는다. 오늘날 조직에서 정치적 권력투쟁은 필연적이라고 보는 권력적 혹은 정치적 입장에서 조직구조를 설명하는 논자들의 기본적 가정에 의하면 조직구조란 어떤 특정한 시점에서 서로 자신들의 이익을 촉진하기 위해 투쟁하는 조직 내부의 구성요소들에 의한 권력투쟁의 결과이며, 조직구조는 어떤 특정한 행위자들 혹은 이해집단들의 의식적인 정치적 의사결정의 결과로 본다.

대체로 조직의 권력이 고위층의 소수인에 집중될 경우 그들이 선택하는 조직구조는 높은 수직적 분화와 공식화 및 집권화가 높은 조직구조가 되는 반면, 조직구성원의 조직내에서의 권력의 평등화와 의사결정이 분산되어 있는 경우는 수평적 분화, 느슨한 공식화 및 집권화가 낮은 분권적 조직구조를 선택하게 될 것이다.

제 2 절 조직의 원리

Ⅰ. 조직의 원리의 의의

조직의 원리란 하나의 조직을 가장 합리적으로 구성하고 그것을 능률적으로 운영하는 데 필요한 원리(원칙)라고 할 수 있다.

여기서 '원리'(principle)라는 말은 보편적인 '법칙'(law)과는 다른 것이다. 원리는 조직의 구조형성에 관한 개별적 접근방법에 결부된 것이며, 반드시 보편적인 적용가능성을 내포하는 것이 아니고 조직의 구조가 어떻게 형성되는 것이 바람직할 것인가를 처방하는 관점·기준·가정 등을 말해주는 것이다.[8)]

적어도 하나의 조직이 존재하고 그것이 제 기능을 발휘하기 위하여는 권한과 책임의 계층이 분화되고 과업이 각 조직성원에게 할당되며, 명령-복종의 체계가 확립될 뿐만 아니라 조직 전체가 하나의 유기체로서 공통의 목표를 향하여 통합된 체제를 이루어야 한다.

조직이 그와 같이 적절히 분화 · 통합된 하나의 체제가 되도록 구성하기 위하여는 어떤 보편적인 일반적 원리와 준거기준이 있어야 한다. 전통적인 조직이론가들, 특히 19세기 말 이후의 과학적 관리론의 영향을 받은 연구자들 예컨대 Gulick, Urwick, Mooney, Gracunas, Fayol 등의 학자들은 조직의 편성과 관리에 있어서 보편적으로 적용될 원리를 탐색하는 데 몰두하여 왔다.

그러나 보편적인 일반원리의 정립이란 연구대상이 되는 현상에 대한 수많은

8) 오석홍, 전게서, p. 491.

경험적 관찰과 실험을 통하여 가능한 것인데, 주로 인간의 행태가 연구대상이 되는 사회과학에 있어서 완전한 경험적 연구란 많은 제약을 받게 마련이다. 그러므로 사회과학에 있어서 어떤 원리란 절대적이 아니라 상대적이며, 연구자의 일정한 직관이나 단순한 사색을 통한 개념화의 산물일 경우가 많다. 그러므로 여기에서 고찰하려는 조직의 원리라는 것도 위와 같은 태생적 한계를 지니고 있다고 하겠다. 그러나 행정학 및 경영학의 발전에 공헌하려는 일단의 학자들이 수십년간에 걸쳐서 진지하게 밝히려고 했던 조직의 기본적 제개념과 학구적·실천적 노력의 한 조류를 우리는 소위 '조직의 원리'에서 살펴볼 수 있는바 이하 조직의 원리라고 주장되어온 것을 하나씩 살펴보기로 한다.

Ⅱ. 계층제의 원리(principle of hierarchy)

1. 계층제(hierarchy)의 의의

계층제(계서제)란 권한과 책임의 정도에 따라 공식조직을 구성하는 성원들간에 상하의 등급 및 계층을 설정하여 각 계층간에 권한과 책임을 배분하고 명령계통과 지휘·복종관계의 체계를 확립하는 것을 말한다.[9]

따라서 상급기관과 하급기관 사이에는 순차적인 계층적 관계가 존재하며, 전체로서 볼 때 피라미드형 체계를 이룬다. 계층제란 조직단위간의 수직적인 지휘복종관계의 체계이며, 따라서 상급자와 하급자간의 제지위와 역할의 체계라 할 수 있다. 계층제는 오늘날 군대·행정조직·기업조직 등 대규모 조직의 특징이 되고 있으며 행정기관의 장관, 국장, 과장, 계장제의 구조는 하나의 정교한 계층제 원리를 적용한 조직체계이다.

일반적으로 계층의 수준이 높을수록 대외관계·정책결정·장기계획 등의 업무를 수행하고 계층의 수준이 낮을수록 구체적인 집행·실시단계의 업무를 수행한다.

9) 박연호·오세덕, 전게서, pp. 248~250. Mooney는 계층제를 권한과 책임의 정도에 따라 직무를 등급화한 것이라 보고, 계층제의 원리라는 용어 대신에 계제(階梯)의 원리(principle of scalar)라는 용어를 사용하고 있다. James D. Mooney, *The Principle of Organization* (New York: Harper & Row Publishers, 1947), pp. 14~15.

2. 계층제의 기능

계층제에는 순기능적인 면과 역기능적인 면이 있는바 먼저 순기능을 보면, i) 지휘·명령의 통로가 된다. ii) 상하를 연결하는 의사전달의 통로가 된다. iii) 권한과 책임의 통로가 된다. iv) 행정목표의 설정과 업무배분의 통로가 된다. v) 조직내부에 있어서 내부통제의 통로가 되며 분쟁의 조정과 해결의 수단이 된다. vi) 승진의 경로가 되어 사기를 앙양시킨다.

역기능을 보면 i) 계층제는 상·하의 수직적 원리가 강화되어 조직의 경직성을 초래하여 인간관계의 형성을 저해하기 쉽고 하위계층의 창의력을 저해한다. ii) 계층제의 계층수가 많아짐에 따라 의사전달을 왜곡하고, 변동하는 환경에 조직이 신축성 있게 적응하지 못하고 보수성을 띠기 쉽다. iii) 계층제를 직무수행을 위한 합리적 조직체계로서가 아니라 인간을 비합리적으로 지배하는 관계로 만들기 쉽다.

3. 계층제 원리의 적용방법

Mooney에 의하면 계층제의 원리는 i) 조직의 전체활동을 통괄하는 리더십이 존재하고, ii) 조직목표의 효율적 달성을 위하여 권한이 하위계층에 위임되고, iii) 조직의 각 계층에 따라 기능이 배정됨으로써 직무가 결정되는 과정을 거치면서 적용된다고 한다.

4. 비 판

계층제는 직무와 관련되는 것이며 사회적 신분과는 관계가 없다. 즉 계층제는 직무상의 권한과 책임의 단계적 차이를 나타내는 무색적·기술적 성격을 가진 것으로 이해되어야 한다. 그러나 발전도상국가나 공산주의국가에서는 직무상의 계층이 곧 신분적 사회적 계층제와 결합되기 쉽다.

우리 나라에서도 가산관료제의 영향과 권위주의적 행정문화의 작용으로 직무상의 계층이 신분적 지위로 인식되어 조직내의 상하관계가 조직 밖에서도 그대로 연장되는 경향이 있다. 이러한 상황에서는 조직의 민주적 운영이 곤란하고 창의적·쇄신적 활동을 기대하기 어렵게 된다.

5. 계층제의 완화

행정조직도 최고관리층을 보좌하는 참모직이 늘어나고 정보관리기술이 발달되어 가면서 하위직·일선기관이 급증함에 따라 완경사형의 조직형태로 즉 고층구조(tall structure)로부터 저층구조(flat structure)로 나아가고 있다. 그리하여 조직의 환경에 대한 적응성과 신축성을 높일 수 있게 된다. 그러나 계층제의 완화에도 한계가 있는 것이며 계층의 수가 많은 급경사형의 조직에서 구성원이 심리적 안정감을 누릴 수 있고, 의사결정의 신중성을 높일 수 있다는 견해도 제시되고 있다.

Ⅲ. 통솔범위의 원리(principle of span of control)

1. 통솔범위(span of control)의 의의

통솔범위란 일인의 상관 또는 감독자가 직접 효과적으로 직접 통솔할 수 있는 부하의 수를 말한다. 조직에 있어서는 상관(감독자)이 부하를 효과적으로 통솔할 수 있도록 부하의 수를 일정 한도를 제한해 줄 필요가 있다. 이것은 자연인으로서의 인간은 능력과 시간이 한정되어 있기 때문이다. 통솔범위는 계층의 수가 많아질수록 좁아지고 적어질수록 넓어지는 상반되는 관계에 있다.

2. 통솔범위의 결정방법

전통적 조직이론에서는 일인의 통솔범위에는 한계가 있다고 보고서 그 수의 한계가 얼마인가에 대하여 많은 연구가 행하여 졌는데 Urwick은 모든 상위책임자에 있어서 이상적인 부하의 수는 4명이며 하위층은 8～12명이 좋다고 하였고[10] Graicunas는 부하의 수(n)가 증가함에 따라 조직관리의 복잡성(부하·상급자간의 관계)(N)이 기하급수적으로 증가한다는 것을 $N = n(2^n/2 + n - 1)$로 표시하고서 상층부의 경우에는 5～6명, 하위층에는 20명을 한도로 한다고 하였다.

통솔범위는 감독자의 능력, 피감독자의 질, 업무의 성질, 지리적 분산의 정도,

10) Lyndall Urwick, "Axioms of Organizations," *Public Administration Magazine* (London, October 1955), pp. 348～349.

시간적 요인, 관리기술의 수준과 상태 등의 사정에 따라 신축성 있게 고려되어야 할 것이다.

3. 통솔범위의 한계이론에 대한 비판

통솔범위에 관한 수많은 연구결과에도 불구하고 그것은 일정수로 확정하여 말하기 어렵다는 비판이 제기되어 왔다. Simon은 통솔범위에 관한 마술적 숫자(magic number)는 아무도 모른다고 비판하였는데 그것은 조직의 제반상황에 따라 통솔범위가 정해져야 함을 암시하는 것이다. 통솔범위의 원리에 대한 비판을 요약하면 다음과 같다.

i) 기계적 조직론에 입각한 것이며, ii) 현실세계와 유리되어 있고, iii) 인간의 적응적·창조적 능력에 따라서 달라질 수 있다는 것을 간과하고 있다.

Ⅳ. 명령통일의 원리(principle of the unity of command)

1. 명령통일(unity of command)의 의의

명령통일의 원리란 조직의 구성원은 오직 한 사람의 상관으로부터 명령을 받아야 하며 두 사람 이상의 상관을 섬겨서는 안된다는 원칙이다. 즉 하나의 조직에는 오직 한 명의 장(부에는 장관, 국에는 국장, 과에는 과장)이 있어야 함을 의미하며, 이 한 명의 장에게 그 조직을 운영할 최종권위가 부여되어야 한다는 것이다. 그러므로 이 원리는 조직 전체에 적용할 수 있을 뿐만 아니라 계층제의 각 단계에도 똑같이 적용될 수 있다. Gulick에 의하면 이와 같은 명령통일의 원칙이 적용됨으로써 조직구성원은 혼란과 비능률과 무책임을 극복하고 조직적·능률적으로 책임있게 일을 수행할 수 있다고 한다.[11)]

2. 비 판

명령통일의 원리는 실제에 있어서 비판의 대상이 되고 있는데 Simon은 "명

11) Luther H. Gulick, "Notes on the Theory of Organization," in Luther H. Gulick and Lyndall Urwick (eds.), *Papers on the Science of Administration* (New York: Institute of Public Administration, 1937), p. 9.

령의 통일은 실제로 어떤 조직내에서도 존재하지 않으며 또 실제 조직내에서도 확립 될 수 없는 것이다. 명령통일은 하나의 환상(illusion)으로 간주되어야 한다" 고 비판하고 있다. 비판론자들이 제기한 문제점을 요약하면 다음과 같다.

첫째, 명령통일의 원리를 강요한다면 조직구성원들은 그들이 신뢰하고 있는 전문가(참모)들의 권고나 제안도 거부해야 할 것이나 현실적으로 계선조직의 직원은 한편으로 자기의 직속상관과 접촉하면서 인사·회계·예산·계획 등에 대하여는 참모기관인 다른 상관과 기능적으로 관련을 가져야 하며 때로는 현실적으로 그의 감독을 받아야 한다.

둘째, 만일에 모든 지시 또는 제안이 반드시 공식적으로 정하여진 명령계통을 통해서만 수행된다면 공식적 의사전달의 통로는 지나치게 과중한 부담을 지게 되며 오히려 막대한 시간을 소비하게 될 것이다.

V. 분업의 원리(principle of division of work)

1. 분업(division of work)의 의의

분업이란 업무를 그 종류와 성질별로 나누어 조직구성원에게 가능한 한가지의 주된 업무를 분담시킴으로써 조직관리상의 능률을 향상시키려는 것이다. 분업의 원리란 조직구조를 편성하는 사람이 그와 같은 기준에 의하여 행하여야 함을 의미한다. Mooney는 이것을「기능의 원리」(functional principle)라고 한다.

분업의 원리를 '전문화의 원리' 라고도 하는데, 분업과 동시에 전문화가 이룩되므로 양자는 동의어로 사용될 수 있다. 이러한 분업의 원리는 조직의 하층에서 이루어지는 기계적인 업무뿐만 아니라, 조직의 상층에서 이루어지는 의사결정의 업무에도 적용된다.

2. 분업의 방법

분업·전문화의 방법에 있어서 조직의 최고관리층의 경우는 그들이 수행하는 기능에 따라 분류할 수 있다. 예컨대 Gulick이 제창한「POSDCORB」(기획, 조직, 인사, 지휘, 조정, 보고, 예산)를 적용하여 분업 내지 전문화를 실현할 수도 있다. 하부조직에는 Gilbreth 등의 과학적 관리론자들이 발견한 소위 「기본동작」에 따라 분업화할 수도 있다. 뿐만 아니라 분업·전문화는 종적·횡적으로도 이루어질 수 있다. 수평적 전문화(횡적 분업, horizontal specialization)과 수직적 전문화(종적 분업, vertical specialization)가 그것이다. 행정사무의 각부처별, 각국별, 각과별 업무분담은 전자에 해당하고 상급기관과 하급기관간·상급계층과 하급계층간 혹은 중앙·각도·시군 및 서울특별시의 경우 시본청·구청·동사무소의 업무분담은 후자에 해당한다.

3. 분업(전문화)의 장·단점

분업(전문화)의 장점으로는 ① 작업능률 향상, ② 업무처리를 위한 도구 및 기계의 발달, ③ 전문가 양성 촉진, ④ 업무를 세분할수록 업무습득 소요시간 단축을, 단점으로는 ① 정형화된 업무를 반복시켜 일에 대한 흥미를 잃게 하며, 직원의 능력발전 저해, ② 분업(전문화)의 정도가 높아질수록 조정과 통합이 어려워지며, ③ 전문화에 의하여 자기분야는 잘 알지만 시야가 좁아지고, ④ 업무의 지나친 세분화는 통합적으로 조직을 관리하는 것보다 많은 비용이 소요된다는 점 등을 들 수 있다.

Ⅵ. 조정의 원리(principle of coordination)

1. 조정(coordination)의 의의

조정이란 조직의 공동목적을 달성하기 위하여 행동의 통일을 이룩하도록 집단적 노력을 질서정연하게 결합하고 배열하는 것을 말한다.

조직이 대규모화하고 복잡하면 할수록 그 목적의 효율성을 달성하기 위해서 조직의 각 단위의 기능은 분업의 원리에 따라 분화하게 된다. 이와 같이 조직에 기계적 원리를 도입하여 업무를 분업화 전문화하면 할수록 각 단위가 자체적인 목적을 상실하고 부분품화되는 폐단을 초래하게 된다. 그러므로 분업·전문화된 각 구성원의 개별적 노력을 통합화(integration)하는 기능이 필요하게 되는 것이다. 이 통합화를 조정이라고 하는데 J.D. Mooney는 조정을 조직의 제1원리라고

주장한다.[12)]

2. 조정의 방법과 저해요인

(제3장 제7절 참조)

Ⅶ. 결 어

고전적인 조직의 원리는 특히 Simon을 중심으로 하는 행태론자들에 의하여 매우 준엄한 비판의 대상이 되었다.

요컨대 고전적 조직원리의 가장 큰 결점은 원리를 검증에 입각하여 수립하지 않았다는 점이다. 그러므로 Simon은 그러한 원리란 "엄밀한 검증을 거치지 아니한 '격언'(proverbs)에 불과하다"고 논박하였다. 이와 같은 비판은 객관성, 경험성, 재현가능성이라는 과학적 연구의 입장에서 볼 때 당연한 것이라 할 수 있다.[13)]

그러나 고전적 조직원리론이 오늘의 과학적 연구의 안목에서 볼 때 위와 같은 수준의 과학적 연구에까지는 이르지 못했다 할지라도, 조직현상에 대한 개념화 내지 그 운영상의 보편적 원칙을 발견코자 하는 학문적 노력은 분명히 과학적 관리론의 맥락 속에서 '행정관리론'을 결실시키는 데 참으로 커다란 공헌을 하였다고 할 것이다.

---

12) Mooney, *op. cit.*, pp. 5~6.

13) 고전이론의 발전에 크게 기여한 바 있는 Urwick은 고전적 원리에 대한 Simon의 비판이 착각에서 나온 것이라고 역비판하였다. Urwick에 의하면 법칙(laws), 원리(principles) 및 방법(methods)은 서로 다른 것이며, 이 점에 관해서는 그 자신이 1928년에 이미 분명하게 주의를 환기시킨 바 있는데 Simon은 법칙과 원리를 혼동하여 고전적 원리에 대한 비판을 시작한 것이라고 한다. Lyndall F. Urwick, "Are the Classics Really Out of Date?" S.A.M. *Advanced Management Journal* (July 1969), pp. 4~12 참조.

제3절 관 료 제

Ⅰ. 관료제(bureaucracy)의 개념

관료제는 극히 다의적인 개념이며 불확정적인 개념이나 일반적으로 관료제란 계층제적 구조를 가진 대규모의 복잡한 합리적·능률적 관리조직을 의미한다.[14] 관료제는 대규모조직의 가치중립적인 속성·특징을 의미하기도 하고 정부기능과 관련되어 국가관료제 공공관료제 행정관료제 등과 동일한 뜻으로서 국가행정의 집행기관을 의미하기도 한다. 또한 관료제는 넓은 뜻으로 현대의 대규모조직에서 공통적으로 나타나는 합리적 관리기구를 의미하는 경우도 있으며 흔히 통속적으로 사용되어 거대정부 혹은 복지국가에 대한 반대자에 의하여 정치적 악담으로 비판적 용어로서 사용되기도 한다. 관료제의 개념을 Riggs의 견해에 따라서 구조적 측면과 기능적 측면으로 나누어 고찰하기로 한다.[15]

1. 관료제의 구조적 측면

구조적 측면에서 볼 때 관료제는 계층제적 형태를 띠면서 합법적 내지 합리적 지배가 제도화되어 있는 대규모 조직을 의미하며 다음과 같은 특성을 가진다.

(1) 관료제의 보편적 성격 관료제는 대규모의 합리적 조직을 의미하므로 국

14) Bureaucracy라는 말은 불란서의 중농주의자 Vincent Gournay가 1745년에 처음 사용했다고 한다. 그는 관료들이 권력을 쥐고 있던 Prussia 정부를 bureaucracy라 불렀다. Ralph C. Chandler and Jack C. Plano, *Public Administration Dictionary* (Wiley & Sons, 1982), pp. 154~155.

15) Fred W. Riggs, "Bureaucratic Politics in Comparative Perspective," *Journal of Comparative Administration* (May 1969), pp. 6~8.

가 행정조직뿐만 아니라 대규모의 모든 사회조직, 예컨대 사기업·노동조합·군대·대학·종교단체 등에서도 찾아 볼 수 있다.

(2) 의사결정센터(center of decision-making) 관료제는 계층제의 형태를 띤 대규모 조직으로서 단일의 의사결정의 최고정점(one center of decision-making)을 지닌 대규모 조직이다. 따라서 종합병원처럼 대규모 조직이긴 하나 단일의 의사결정센터가 없는 조직은 엄격한 의미의 관료제라 하기 곤란하다.[16]

2. 관료제의 기능적 측면

기능적 측면에서 볼 때 관료제는 합리적이기도 하고 병리적이기도 하며 권력적이기도 하다. 합리적·병리적·권력적 측면으로 나누어서 그 행태적 특징을 고찰해 본다.

(1) 관료제의 합리성(bureau-rationality) 관료제를 조직의 목표달성을 극대화하는 능률적·합리적 기능을 가진 조직으로서 파악하는 것이며 이른바 Weber의 이념형(ideal type) 관료제는 이 합리적 측면을 강조한 것으로 기능적 전문화(functional specialization), 몰인격성(impersonality), 표준적인 규칙(standard sets of rules), 권위의 계층제(a hierarchy of authority), 분업화 등이 이에 해당한다.

(2) 관료제의 역기능·병리(bureau-pathology) 관료제를 비능률적 조직으로서 인식하며 관료제 하면 흔히 비능률, 무사안일주의, 형식주의, 비밀주의, 무책임성, 번문욕례(繁文縟禮, red tape) 등을 연상하게 되는데 이것은 관료제의 역기능적·병리적 측면이다. Thompson 등의 이론은 이 병리적 측면을 강조한 것이다.

(3) 관료제의 권력성 관료제에는 권력성이 따르며 관료집단이 정치권력의 주요한 장악자로서의 지위에 있으며 광범한 권력을 행사하는 관료에 의한 지배를 의미한다고 본다.[17] Harold J. Laski와 Herman Finer 등이 이러한 입장을 취하는 대표적인 학자이다. 관료는 시민적 자유 내지 민주적 지도와는 대립되는 관료지배성의 병폐, 이른바 관료주의(bureaucratism)를 나타낸다는 점을 강조한다. G. S. Claire도 이러한 관점에서 관료제는 의회를 거치지 않고 법률의 효력을 가진 규칙이나 법규에 의하여 통치하며 시민의 자유를 위협하는 관료독선주

16) Amitai Etzioni, *Modern Organizations* (Englewood Cliffs, N.J.: Prentice-Hall, 1964), p. 3.
17) Martain Albrow, *Bureaucracy* (London: Macmillan, 1970), pp. 91～94.

의(administocracy)라고 지적하였다.[18)]

Ⅱ. 관료제이론의 특징

1. Max Weber의 이념형

독일의 사회학자 Max Weber(1864~1920)는 관료제를 이론적으로 체계화한 대표적인 학자이다. Weber 관료제이론의 특색은 이념형(ideal type)이라는 점이다.[19)]

Weber의 관료제이론을 이념형이라고 하는 것은 Weber이론이 현존하는 관료제의 속성을 경험에서 귀납적으로 추출한 것이 아니고 사유작용에 의해서 연역적으로 관료제의 가장 특징적인 면만을 관료제이론으로 정립하였기 때문이다.

Weber는 이념형의 입장에서 권위의 정당성을 기준으로 하여 지배유형을 i) 전통적 지배(traditionale Herrschaft), ii) 카리스마적 지배(charismatische Herrshaft), iii) 합법적 지배(legale Herrshaft)로 분류하였다.

첫째, 전통적 지배는 지배의 정당성의 근거가 전통에 있다고 보는 것이며, 이러한 전통적 지배가 전형적으로 이루어지고 있는 것이 바로 가산관료제라 할 수 있으며 이러한 관료제는 조선조의 관료제도와 매우 유사하다.

둘째, 카리스마적 지배는 지배의 정당성의 근거가 개인의 비범한 능력의 소유나 천품에 있는 것으로 보는 것이며, 많은 추종자를 끄는 종교·정치·군사지도자와 같은 사람이 여기에 속한다.

셋째, 합법적 지배는 지배의 정당성의 근거가 성문화된 법령에 있다고 보는 것으로서 근대사회를 특징짓는 관료제적 지배를 의미한다. 합리적 지배라고도 한다. Weber가 계층제적 대규모조직을 관료제라고 한 것도 여기서 도출된 결론

---

18) Guy S. Claire, *Administrocracy* (New York: Macmillan, 1934), p. v.

19) John M. Pfiffner and Frank P. Sherwood, *Administrative Organization* (Englewood Cliffs, N.J.: Prentice-Hall, 1960), pp. 55~56. Max Weber가 "관료제에 관한 논문"을 발표한 것은 1911년이라고 한다. 우리는 Weber의 논문들을 영역한 책들에서 그 내용을 알아보고 있다. cf. H.H. Gerth and C. Wright Mills, eds. and trans., *From Max Weber: Essays in Sociology* (Oxford University Press, 1946); A.M. Henderson and T. Parsons, eds. and trans., *The Theory of Social and Economic Organization by Max Weber* (Macmillan Company, 1947).

이라고 할 수 있다.

2. 관료제의 특징 및 순기능

1) 특 징

이념형으로서의 합법적 또는 합리적 관료제의 구조적 특징은 다음과 같다.[20]

(1) 법규의 지배 및 권한의 명확화 관료제의 성립은 합법적으로 제정된 법규에 근거를 두고 있으며 법규의 지배가 확립되고 있다. 관료제 안에서 이루어지는 모든 절차와 행위의 관계는 법규에 따라 통제된다. 관료의 직무 및 권한의 배분, 관료의 자격요건 등이 명백히 법규에 규정되어 있다.

(2) 계층제 조직 내부 또는 조직간의 상하관계가 계층제의 원리에 의하여 체계가 확립되어 있다. 권한의 계층이 뚜렷하게 구획되는 계층제 속에 모든 직위들이 배치되고 상위직은 하위직을 감독한다. 어떤 관료가 다른 관료를 지위 감독하는 권한을 갖는 것은 계층제상의 지위에 근거를 둔 것이다.

(3) 문서주의 관료제에 있어서의 직무수행은 구두가 아니라 객관적인 문서에 의하여 행하여진다. 그리고 문서철은 사무실(bureau)의 한 구성요소가 된다.

(4) 공사(公私)의 준별과 비인간화(몰인격성: impersonality) 직무수행은 몰주관적·비인격적 성격을 띠며 정의성 비합리성이 지배하는 가족관계, 사적 관계는 배제된다.

공공사무는 사적 사무와 분리된다. 관청과 사택은 근본적으로 분리되고 직무상의 금전 설비와 관료의 사유물은 엄격히 구분된다.

(5) 전문지식 기술 직무수행은 전문화되고 따라서 전문가(기술인)로서 교육훈련을 받은 자만이 직무를 담당한다. 따라서 채용의 기준은 전문적 능력이다.

(6) 직업의 전념화 관료의 직무시간은 명확히 제한되어 있다 하더라도 직무상의 활동은 관료의 전노동력을 요구하게 된다. 따라서 관료로서의 직업은 전임직업이다. 관료들에게는 상위직으로 승진할 수 있는 기회가 제공되는 것이 보통이며 승진의 기준은 주로 선임순위(연공서열)이다.

---

20) H.M. Gerth and C.W. Mills, *From Max Weber: Essays in Sociology* (New York: Oxford University Press, 1958), pp. 196~198.

2) 순기능

관료제의 순기능이란 하나의 체제로서의 관료제가 본래 의도하고 인지하는 기능, 다시 말하면 그 체제의 적응과 조정을 촉진하고 도와주는 기능을 말한다. Weber와 그 지지자들은 관료제는 위에 언급한 바와 같은 구조적 특징을 갖는 조직이며, 그러한 구조적 특징을 갖는 조직은 반드시 다음과 같은 순기능을 갖는 것으로 생각한다.

첫째, 법과 규칙을 강조함으로써 조직구조의 공식성을 제고하고, 조직활동과 절차의 정확성을 촉진하며, 공평·공정·통일적으로 임무를 수행하고 조직활동의 객관성·안정성·예측가능성·일관성 및 계속성을 확보한다.

둘째, 계층제적 조직이론을 강조함으로써 조직내의 명령·복종의 체계가 확립되고 질서의 유지와 조정이 촉진되며, 조직내의 수직적 분업체계를 수립한다.

셋째, 문서주의를 강조함으로써 직무수행의 공식성과 객관성을 확립하고 직무수행의 결과를 보존한다.

넷째, 비인간화를 주장함으로써 인간의 감정을 배제하고 객관적인 사실과 법규에 근거한 행정발전을 촉진하고 공평무사한 행정을 가능하게 한다.

다섯째, 전문화를 강조함으로써 자격과 능력을 가진 전문행정가를 충원하고 행정능률을 높인다.

여섯째, 연공서열을 중요시함으로써 직업공무원제를 발전시키고 행정의 안정과 재직자의 사기를 앙양한다. 한편 업적을 강조함으로써 행정의 쇄신과 능력있는 재직자를 우대한다.

Ⅲ. 관료제 이론의 비판 및 수정

오늘날 관료제에 관한 모든 이론적 고찰은 Weber의 이론을 출발점으로 하고 있다. 그러나 그의 이론도 시대적 제약성을 벗어날 수 없었으며 많은 비판을 받게 되었다. Weber는 행정행태의 합리적 측면만을 다루고 관료제의 내부구조에 대한 경험적 연구는 하지 않았다. 1930년대 이후 미국의 사회학자들은 Weber의 이념형을 가리켜 그것은 전형적인 것도 아닐 뿐만 아니라 개념적인 것도 아니라고 비판하면서 Weber가 간과한 관료제의 비합리적·비공식적인 측면, 역기능적

측면, 환경과의 교섭의 측면을 강조하면서 Weber이론을 수정·보완하였다.[21)]

1. 비공식적 측면

Weber의 관료제이론은 공식적인 면에서만 관심을 가지고 비공식적인 면은 도외시하였다. 이러한 비공식적 측면을 보완한 것은 Blau의 연구인바 그는 자생적인 비공식 집단의 순기능적인 면을 지적하였다.[22)]

2. 비합리적 측면

Weber 이론은 지나치게 합리적인 면만 강조하고 비합리적인 면은 등한시하였다. Blau는 전술한 자생집단의 경우와 같이 인간을 지나치게 합리적·이성적인 것으로만 보는 것은 잘못이며 불합리하지만 목표달성에 반드시 역기능적인 것만은 아니고 목표지향성, 즉 순기능성을 가질 수 있다는 사실을 지적하였다.

3. 역기능적 측면

R.K. Merton은 역기능이론에 의하여 관료제의 역기능적인 면을 지적 수정하였다. 즉 종래의 이론은 관료제의 순기능적인 면만 강조되고 역기능적인 면이 경시되었다는 것이다 사실 관료는 언제나 목표달성에 이바지하는 방향으로만 움직이는 것은 아니며, 때로는 목표달성에 반하는 역기능적인 행동도 할 수 있다.[23)]

---

21) Carl J. Friedrich, "Some Observations on Weber's Analysis of Bureaucracy," in Robert K. Merton, *et al.* (eds.), *Readers in Bureaucracy* (Glencoe: The Free Press, 1952), pp. 27~33. 1930년대의 사회학자들에 의한 수정은 부분적인 수정 내지 보완에 불과하였으나, 1960년대 이후의 Eaman, Weidner 등 발전론자는 Weber의 이론을 전면적으로 비판·수정하게 되었다. 그 근본적인 이유는 Weber의 이론이 관료제의 기능을 법질서의 유지와 부여된 임무의 기계적인 집행에 중점을 두고 있는 데 반하여, 발전론자들은 이들을 2차적인 것으로 생각하고 보다 중요한 것은 관료제 자체가 사회의 발전·쇄신에 있어서 주도적인 기능을 수행하고 있다고 본다는 점이다. 그리하여 관료제에 있어서는 물론 합법성이 요구되지만 나아가 국가 발전목표에 일치되는 합목적성도 요구된다고 본다. 상세한 설명은 박연호·오세덕, 전게서, pp. 211~212 참조.

22) Peter M. Blau, *The Dynamics of Bureaucracy*, revised edition (Chicago, Ill.: University of Chicago Press, 1963), pp. 6~9; Peter M. Blau, *Bureaucracy in Modern Society* (Chicago, Ill.: University of Chicago Press, 1956), pp. 53~85.

23) Robert K. Merton, *Social Theory and Social Structure* (Glencoe, Ill.: The Free Press, 1957), p. 51.

4. 관료제의 환경과의 교섭적 측면 경시

관료제의 대내적 측면에 중점을 두었으며 환경과 관련시켜 고찰하지 않았다. Selznick은 관료제적 거대조직이 그 안정성과 유동성을 확보하기 위하여 환경에의 적응이 불가피하다는 점을 강조하고서 적응적 흡수(cooptation) 이론을 주장하였다.[24)]

5. 관료제의 경직성과 사회변동에의 적응불가능

Weber에 의하면 관료제는 일단 확립되면 파괴하기가 극히 곤란한 사회구조가 되며 관료제기구는 영속성을 띤 것이라고 한다. 그러나 오늘날 사회는 급변하고 있으며 이러한 변화에 능동적으로 적응하기 위하여 조직구조는 끊임없는 변동이 요구되고 있다.

6. 전문직업의 중요성

오늘날 급격한 사회변동에 따라 이에 대응할 수 있는 능력을 가진 전문직업인(professional)의 역할이 중요시되고 있으므로 전문직업인이 활동하는 데 적절한 전문직업인으로서의 자율성을 부여하는 사회조직의 기반은 관료제적 조직보다 다원적인 전문직업조직이 훨씬 용이하게 제공할 수 있다.[25)]

7. 계층제의 완화·수정

정태적·고정적 조직인 관료제는 조직내에 계층이 많은 고층조직(tall organization)이며 이러한 조직은 조직내의 의사소통 및 참여를 곤란하게 한다. 앞으로의 조직은 지배복종관계보다도 분업의 입장에서 고려하고 조직의 기능에 활력을 불어넣기 위하여 계층을 평준화 내지 완화시키는 평면조직(flat organization)으로 나아가야 할 것이다.

---

24) Phillip Selznick, *TVA and the Grass Roots: A Study in the Sociology of Formal Organization* (Berkeley: University of California Press, 1949), p. 133, p. 250.

25) Victor A. Thompson, *Bureaucracy and Innovation* (Alabama: University of Alabama Press, 1969), pp. 89～102.

Ⅳ. 관료제의 역기능(병리)

1. 관료제 역기능의 연구모형

관료제의 역기능이란 관료제의 구조·기능에 본래 의도한 바와는 다른 변화가 일어남으로써 조직의 목표달성이 저해되는 것을 의미한다. 관료제 병리현상은 주로 Merton, Thomson, Blau 등의 학자들에 의하여 연구되었다.

(1) Merton의 연구　Merton은 관료제의 병리문제에 관해서 최초로 체계적 연구를 시도하였다. 그의 중심과제는 규칙의 준수가 동조과잉(overconformity)에 의한 목표의 전환(displacement of goals)을 초래하고 형식주의를 가져오므로 조직목표달성을 저해한다고 한다.[26)]

(2) Thompson의 연구　Thompson은 『현대조직론』이라는 저서를 펴내고 안정성의 결여 또는 불안의식이라는 개념으로 관료제의 역기능과 병리에 관한 설명을 시도하였다.[27)]

(3) Blau의 연구　Blau는 Merton의 역기능 개념을 계승하여 동조과잉이나 변동에의 저항과 같은 관료제의 역기능이 조직내의 사회관계가 안정성을 가지고 있지 못하다는 점에 원인이 있다고 보았다.[28)]

(4) Selznick의 연구　Selznick은 관료제에 있어서 권한위임과 전문화를 강조하였는바 권한위임의 결과 조직내 하위단위간의 이해관계가 대립되고 전체목표보다 하위목표만을 주장하는 역기능이 초래된다고 하였다.

(5) Gouldner의 연구　Gouldner에 의하면 최고관리층의 통제욕구로 인하여 업무절차를 규제하는 일반적이고 비인간적인 규칙이 생기게 되며 이러한 규칙사용의 결과 집단내의 권력관계의 가시성(可視性)이 증대하게 되고 직장집단에서의 긴장도를 높임으로써 당초에 규칙의 제도화에 의하여 유지되었던 균형을 깨

---

26) Robert K. Merton, *et al.*(ed.), *Reader in Bureaucracy* (New York: The Free Press, 1952), pp. 361～371.

27) Victor A. Thompson, *Modern Organization* (New York: Alfred & Knopf, 1961), p. 177.

28) Peter M. Blau, *The Dynamics of Bureaucracy*, revised edition (Chicago: Chicago University Press, 1963), pp. 232～237.

뜨린다는 것이다.

2. 관료제의 병리·역기능

관료제의 일반적인 병리현상은 다음과 같다.[29)]

(1) 동조과잉과 수단의 목표화·변동에의 저항　동조과잉이란 본래 수단으로 간주되었던 규칙의 준수가 형식주의를 초래하게 되어 그 자체가 목표로 되는 현상을 말한다. 관료제는 객관적인 규칙의 준수를 통하여 정실이나 자의에 의거한 개별주의를 배제하고 보편주의를 확립함으로써 조직 전체의 통일성을 확보하고, 조직목표를 능률적·합리적으로 달성하게 된다. 그러나 규칙준수를 지나치게 강조한 나머지 결과적으로 규칙을 절대적인 것으로 만드는 동조과잉의 현상을 낳는다. 이러한 동조과잉의 원인을 Merton은 관료제의 구조 속에서 구하는 데 대하여, Blau와 Thompson은 조직내의 사회관계의 안전성의 결여나 불안의식 등에서 구한다. 관료들이 기계적으로 일정한 법규의 준수에만 전념할 경우에는 조직을 둘러싸고 일어나는 새로운 변화에 신축성 있게 대응 및 적응하기보다는 그러한 변화에 저항하는 행태를 보인다.

(2) 의사소통의 왜곡과 지연　계층제를 통해서 상의하달적 의사소통과 하의상달적 의사소통이 이루어진다. 그러나 의사소통의 과정이 여러 계층을 거치는 경우는 의식적 혹은 무의식적 왜곡과 지연이 개재되며, 특히 하위계층에 속하는 직원이 상위계층에 있는 관리자에게 의사소통을 하는 경우에는 그 지위상의 격차에서 비롯하는 심리적 억제와 위축 때문에 원활한 의사소통이 불가피하다.

(3) 상급자의 권위에 의존 및 무사안일주의　계층제에서는 상급계층에 속하는 직원이 하급계층의 직원보다 권력(혹은 영향력)을 훨씬 더 많이 가지고 있다. 그러므로 조직내에서 발생하는 문제해결을 위한 의사결정을 행해야 할 경우 하급자는 적극적으로 새로운 결정을 하려 하지 않고 의례히 상급자의 권위에 의존하게 되거나 선례에 따르는 무사안일주의적 행태를 보인다.

(4) 형식적 서면주의 및 번문욕례(red tape)　관료제에 있어서는 모든 사무의 처리를 규칙에 의거하여 일정한 양식과 절차에 따라 서면으로 행하며, 모든 처

---

29) 오석홍, 전게서, pp. 537~540; 박연호·오세덕, 전게서, pp. 214~216; 윤재풍 외 2인, 전게서, pp. 48~50; 김규정, 전게서, pp. 316~317.

리와 권리, 의무, 책임의 존재 및 한계는 이 서면을 증거로 하여 확인된다. 따라서 관료제에 있어서의 사무의 처리는 문서라는 형식에만 의존하게 되는 것이다. 이와 같은 서면주의에는 문서다작, 복잡한 날인절차, 번문욕례(red tape) 등의 현상이 따른다.

형식적 서면주의의 가장 두드러진 현상은 번문욕례이다. 번문욕례의 본래의 의도는 행정을 신중하게 하는 데 목적이 있다. 그러나 그러한 목적을 망각하고 문자 그대로 문서를 매우 번거롭고 융통성 없이 처리함으로써 결과적으로 서면주의는 관료제의 역기능이 되고 있다.

(5) 비인간화를 강조함으로써 인격적 관계의 상실 관료제의 구성원은 대규모 조직의 부속품처럼 기계화·비정의화·무감정화되어 인격적 관계를 상실하게 된다. 인간적 감정이 메마르고 냉담해질 것이다.

(6) 전문화로 인한 무능 전문화를 강조함으로써 '훈련된 무능' (trained incapacity; 전문화로 인한 무능현상), 전문직업적 정신이상현상(occupational psychosis), 좁은 시야로 인한 협조와 조정의 곤란, 할거주의(sectionalism), 조직성원의 기계화·소외 및 부적응현상이 발생한다.

(7) 무능력자의 승진 연공서열이 중시됨으로써 계층제적 관료조직의 구성원이 각자의 능력을 넘는 수준까지 승진한다는 「피터의 원리」(Peter principle)가 작용하여 모든 직위가 무능자로 채워지는 경향이 나타난다.[30)]

V. 관료제이론의 방향

1. 관료제의 양면적 성격

관료제는 야누스(Janus)의 상처럼 두 개의 얼굴을 가지고 있다. 관료제적 조직은 한편으로는 자기방위적·보수적·정태적·이기적 측면을 가지고 있으나 다른 한편으로는 격심한 변동에 대응할 책임을 지는 제도적 장치로서 변동을 직접적으로 유도할 수도 있고 쇄신적 측면도 갖추고 있다고 보아야 할 것이다.

30) Lawrence J. Peter and Raymond Hall, *The Peter Principle* (New York: Bantam Books, 1969), p. 8.

2. 관료제 문제 극복의 대안이론

전통적 관료제 이론이 19세기 말 이후 그 때의 상황에 맞는 합목적적·합리적 조직의 탐구에서 비롯되었듯이 시대가 변함에 따라 전통적 관료제 극복의 대안이론이 계속해서 전개되어 왔다.[31] 일부 학자들 중에는 관료제 무용론이나 관료제 사멸론을 제기하기도 하지만 안정적 환경 속에서 일상적·정형적인 문제를 능률적으로 다루어야 하는 상황이 계속적으로 존재하는 한 전통적 관료제에 대한 필요성은 여전하다고 보아야 한다. 그러므로 무용론이나 사멸론보다는 수정론이 보다 현실적이다.[32]

31) 그러한 수정론, 즉 대안으로서 Bennis는 다음과 같은 다섯 가지 범주를 제시하고 있다. i) 교환이론(exchange theory): ① Barnard-Simon의 유인-기여교환(inducement-contribution), ② H. Levinson의 심리적 계약(psychological contract) ii) 집단이론(group theories): ③ Mayo의 관리엘리트, ④ Likert의 제1차집단과 집단간의 "연결핀"(linking pins)의 역할 iii) 가치이론(value theories): ⑤ Argyris의 대인간능력, ⑥ Blake와 Mouton의 관리그리드 iv) 구조이론(structural theory): ⑦ Shepard의 유기적 체제 v) 상황적 이론(situational theories): ⑧ McGregor의 MBO, ⑨ Leavitt의 과업에 의한 관리(management by task), ⑩ Thompson과 Tuden의 결정에 의한 관리(management by decision) 등이다. Warren G. Bennis, "Organizational Development and the Fate of Bureaucracy" in F. A. Kramer (ed.), *Perspectives on Public Bureaucracy* (Cambridge, Mass.: Winthrop, 1973), pp. 161~184. 상세한 설명은 박연호·오세덕, pp. 217~219; 오석홍, 전게서, pp. 552~554 참조.

32) 최근 주장된 몇 가지 수정론을 간략히 살펴보면 다음과 같다(윤재풍, 『조직학원론』, 박영사, 1985, pp. 35~37 참조). i) 유기적·상황조건적합적 조직: 관료제를 기계적 모형에 편중한 보편적 이론의 맥락에서 파악하지 않고 유기적(organic)·상황조건적(contingent) 입장에서 파악하려는 경향이 뚜렷이 나타나고 있다. 기계적 관료제는 안정된 환경 속에서 일상적·정형적인 문제를 다루는 데는 능률적이다. 그러나 오늘날 관료제조직을 둘러싼 환경은 급격히 변화하고 있으므로 관료제조직은 과거보다 훨씬 더 유기적이고 역동적인 구조를 가져야 할 필요성이 제기된다. 이를 위하여 「Adhocracy」적 조직이 출현하고 있다. 또한 조직구조나 관리체제가 상황조건에 적합(fit or congruent)하게 이루어짐으로써 효과적이라는 연구가 소위 「상황조건적합 이론가들」(contingency theoriest)들에 의해서 주장되고 있다. ii) 조직과 인간의 통합: 고전적 관료제론은 조직의 목표와 가치의 달성을 강조할 뿐 조직을 구성하는 인간의 가치나 목표는 경시하였다. 그러나 오늘날 관료제조직 속의 인간의 욕구수준은 단순한 생존이나 안전욕구로부터 자기실현욕구 수준으로 향상되기에 이르렀다. 따라서 오늘날의 관료제조직에서는 조직과 인간을 어떻게 통합시키느냐 하는 것이 큰 과제가 되고 있다. 이러한 과제를 풀기 위한 이론으로 제시된 가장 대표적인 것이 McGregor의 Y이론이다. 그는 고전적 관료제조직 속의 인간을 X이론으로 설명하고, 그에 대조되는 인간을 Y이론으로 표시한 것이다. iii) 조직의 민주화: 관료제조직의 민주화는 다음과 같은 점에서 그 모습이 뚜렷이 나타난다. 첫째, 조직의 의사결정에 있어서 조직성원의 참여를 확대하는 조직이 늘고 있다(예컨대 독일의 산업조직에서 채택하는 공동의사결정제도). 둘째, 권위적인 계층제구조를 수정하여, 원형조직이나 다이아몬드형 조직을 편성하여 권력이 특정 소수에 집중되지 않도록 하는 방법을 강구한다. 셋째, 분권화를 촉진하여 조직체의 의사결정권을 상대적으로 조직의 하위층에 위임하는 것이다. 넷째, 관료제조직의 결정과정에 시민 혹은 고객의 참여를 제도화하는 것이다. iv) 행태과학의 지식을 적용한 관료제조직의 계획적 변화: 조직 속의 인간의 행태를 과학적으로 연구할 뿐만 아니라 조직의 효과성과 건강을 증진시키는 방법을 탐구하는 행태과학적 지식을 적용하여 조직을 계획적으로 변화시키려는 시도가 있다 그 대표적인 것이 조직발전(OD)인데 조직발전은 고전적 관료제와는 달리 인간주의적 관점에서 조직의 변화를 다룬다.

Ⅵ. 관료제와 민주주의

1. 관료제와 민주주의의 관계

민주주의는 다수에 의한 지배인 반면 관료제는 소수에 의한 지배임을 그 특징으로 한다. 본래 관료제는 권력의 집중과 권력의 효율적 행사에 적절한 장치이므로 이로 말미암아 초래되는 역기능·병폐가 지적되고 그 비민주적·반민주적 성격이 비판되어 왔다. Weber는 관료제를 민주주의와 반드시 대립적인 것으로 보지는 않았으며 근대대중민주제에 불가피하게 수반되는 현상이라고 이해하면서 관료제가 갖는 민주주의에의 폐해를 극복하고 개인의 자유를 보호하기 위하여 의회주의화와 민주주의화를 요구하였다.

한편 관료제와 민주주의의 관계에 대해서 P.M. Blau는 다음과 같이 설명하고 있다.[33] 조직을 구성하는 두 가지 이유가 있는데, 첫째는 공동의 목표나 행위과정에 관해서 합의에 도달하기 위해서이며, 둘째는 합의에 도달한 결정을 수행하기 위해서이다. 따라서 조직의 공동목표를 설정하기 위해서는 민주적 조직, 다수결의 원리, 소수의견의 존중, 반대의 자유가 보장되어야 하며, 한편 설정된 조직목표를 효율적으로 수행하기 위해서는 능률을 기본원리로 하는 관료제조직이 필요하다는 것이다.

그러나 이것은 분석상의 구별에 불과하며 많은 조직이 목표설정과 목표수행의 두 가지 기능을 함께 지니고 있어 실제에는 이 원리간에 존재하는 갈등이 문제인 것이다.

2. 관료제의 민주주의에 대한 저해요인

관료제가 민주주의를 위협한다는 주장은 주로 H. Laski와 같이 관료제를 정치권력의 집단으로 보는 학자들에 의하여 주장되고 있는바 민주주의에 대한 저해적 측면을 살펴보면 다음과 같다.

---

33) Peter M. Blau, "Critical Remarks on Weber's Theory of Authority," *American Political Science Review* (June 1963), pp. 305~316.

(1) 권력의 불균형　관료제는 이를 장악하고 있는 소수인이나 혹은 국민에 의한 선거를 통하지 않은 임명관료에게 지나치게 많은 권력을 집중시킴으로써 (이른바 관료의 기술독점, 권력독점) 권력의 불균형을 초래하여 민주주의를 저해할 위험이 있다.

(2) 민중요구에 대한 부적응　Herman Finer는 관료제를 가리켜 특수계층을 형성하고 있는 방대한 관료군이 자기가 형성한 원리에 따라서만 행동하며, 관료와 국가의 동일성을 요구하고, 민중을 지도하는 것만 알고, 민중으로부터의 지도는 인정하지 않는 체제라고 주장하면서 관료제의 비민주적 독선을 비판한다.[34]

(3) 행정의 정책결정권의 과대화　관료제는 원래 입법부 및 행정수반의 결정을 집행하기 위해서 존재하는 것이었으나 오늘날에는 행정권의 확대·강화로 인하여 종래에 입법부 및 행정수반이 해야 할 입법 및 정책결정의 권한까지도 행사하고 있다.

그럼에도 불구하고 국민에 대하여는 하등의 직접적인 책임도 지지 않고, 다만 행정수반에 대해서만 책임을 짐으로써 국민에 의한 행정이 간접적으로 밖에 확보되지 못하고 있는 것이다.

(4) 권한의 독점과 과두제의 철칙(寡頭制의 鐵則)　관료제는 엄격한 계층제를 그 기본요건으로 하는바 여기에 상·하의 수직적 지배·복종관계가 발생하고, 피라미드적 계층제의 정상에 있는 소수인에게 권한이 집중되어 권한의 독점(monopoly of authority) 현상이 나타나며, 소위 R. Michels의 '과두제의 철칙'(an iron law of oligarchy)이 적용되게 된다. 그리하여 어떤 조직이 관료제적 강도를 심화하면 할수록 그 조직은 일반구성원의 의사와는 동떨어진 일부 소수인에 의한 지배의 현상이 심화되는 것이다.

(5) 비민주적 보수단체화　현대의 대중사회에서는 구성원의 민주적 참여를 통하여 자발적 임의단체(voluntary association)가 구성되고 그 주장 의견을 반영시키게 되지만 이러한 단체도 처음의 진보적 주장을 하던 민주적 조직과 달리 시간이 흐를수록 그리하여 과두제의 철칙이 지배하게 되고 대중의 의사반영은 약화된다. 점차적으로 비민주적 보수화 내지 관료제화의 경향으로 나아가게 된다.

---

34) Herman Finer, *The British Civil Service*, revised ed. (London: Fabian Society, 1957), p. 9.

3. 관료제의 민주주의에 대한 공헌

상술한 바와 같이 관료제가 민주주의를 저해하는 측면도 많지만, 반면에 민주주의에 공헌하는 측면도 있음을 주시해야 한다.

(1) 민주적 목표의 수행 의회에 의하여 결정된 정책이건 노동조합 사기업의 운영방침이건 간에 민주적으로 결정된 조직의 민주적 제목표(democratic objectives)는 오늘날 고도의 기술적 합리성과 기능성을 자랑하는 관료제적 도움 없이는 실현되기가 힘들다. 특히 오늘날 많은 발전도상국가에 있어서는 국가관료제가 비약적인 경제발전을 위해서 주동적인 역할을 하고 있음을 주목해야 할 것이다.

(2) 공직에 대한 기회균등의 제공 Weber가 지적한 바와 같이 관료제는 전문적 지식과 능력에 의거한 관료의 임용을 원칙으로 하기 때문에 고용의 기회균등을 촉진한다. 그러나 교육의 기회균등이 마련되지 않은 여건하에서는 엄밀한 의미의 공직의 기회균등을 위시할 고용의 기회균등을 보장하기는 어려우나 이를 촉진하는 것만은 사실이다.

(3) 법 앞의 평등의 실현 관료제는 전통적 비합리적인 정실주의나 자의에 의한 개별주의를 배제하고 일반적 법규에 의한 보편주의를 지향하기 때문에 민주주의의 가장 기본적인 원리의 하나인 평등을 이룩하는 데 공헌한다.

4. 관료제와 민주주의의 조화

첫째, 관료제와 민주주의의 관계는 결코 양자택일의 관계라 할 수 없다. 민주주의를 버리고 관료제를 택한다면 목표를 버리고 수단을 택하는 셈이 되며 관료제를 버리고 민주주의를 택한다면 침체를 의미하기 때문이다.[35)]

둘째, 관료제는 민주주의와의 관계에 있어서 양면적 성격을 띠고 있다. 즉 관료제는 소수자에게 권력을 집중시킴으로써 민주주의에 불가결한 시민의 자유와 행정책임의 보장을 위태롭게 할 가능성이 명확하지만 이와 동시에 무시할 수 없는 중요한 역할을 민주주의 사회에서 수행하고 있다. 관료제는 민주주의 국가에서 국가안보, 개인의 안전과 생산성, 능률성 등의 가치를 추구하는 데 적절한 수

---

35) 임성한, 『관료제와 민주주의』, 법문사, 1978, p. 385.

단이 되고 있다.

셋째, 서구선진국의 비약적인 발전이나 고도의 생활수준 유지는 관료제적 조직의 덕택이었으며 발전도상국가의 비약적인 경제적·사회적 발전도 관료제의 주동적 역할에 의존하지 않을 수 없다.

넷째, 합리적·능률적 관료제를 충분히 활용하기 위하여는 시민의 예속화를 방지하고 관료제를 통제할 수 있는 민주적 방안이 강구되어야 할 것이며 관료제와 민주주의가 조화될 수 있는 최적방안이 모색되어야 할 것이다.[36)]

5. 관료제의 민주적 통제

오늘날 관료제는 강력한 권력을 행사하고 있다. 따라서 민주주의를 확보·유지하기 위해서는 관료제에 대한 효과적인 통제제도의 확립이 절실히 요청되고 있는바, 대외적으로 관료제는 입법부·사법부·이익집단·언론이나 혹은 국민의사를 반영시키는 기타 제도의 통제에 따르도록 하여야 한다. 대내적으로는 관료제의 구성원이 능력을 발전시킬 수 있고 인간의 존엄성이 인정될 수 있어야 한다. 특히 우리 나라의 권위적 행정문화는 관료조직의 대내적 민주화를 어렵게 하고 있다.

우리 나라 관료제[37)]는 수차례에 걸친 정치적 격동기를 거쳐오면서 그 자체가 지닌 여러 가지 역기능이나 병폐에도 불구하고 발전의 원동력이 되어 왔다고 볼 수 있다. 특히 1960년대와 1970년대에 걸쳐 경제발전을 크게 이룩하였으며 부분적으로 안보와 법질서의 유지에 공헌하였으나 정치발전 즉 정치참여, 국민형성, 자율성, 분권화, 평등과 같은 가치의 확대 및 경제가치의 공정한 배분에 있어서는 미흡한 점이 많은 것으로 지적된다. 그러나 문민정부, 국민의 정부, 참여정부를 거치면서 정치의 민주화와 권력의 분권화(지방자치) 및 국민의 참여신장이 크게 이루어져 가고 있다.

아울러 정치의 민주화에 따라 관료제도 이의 영향을 받아 민주화가 추진되면 무엇보다도 시급한 것은 관료제 내부의 민주화라고 하겠다. 따라서 구성원들의 참여, 하의상달, 계층간의 권력의 분권 등이 이루어지고 모든 구성원의 지혜나

---

36) 김규정, 전게서, pp. 319~320.

37) 우리 나라 관료제의 특징에 관한 상세한 설명은 김규정, 전게서, pp. 321~328 참조.

정보가 공익을 위해서 활용될 수 있는 체제가 되어야 할 것이다.

제 4 절 공식조직과 비공식조직

Ⅰ. 공식조직과 비공식조직의 의의

1. 공식조직(formal organization)의 개념

공식조직이란 분업과 권한 책임의 계층제를 통하여 일정한 목표를 달성하기 위하여 인위적으로 만들어지는 조직으로서 법률·규정에 의하여 명문화된 제도상의 조직이다.[38] 공식조직은 조직의 공식적 요청에 의하여 법률이나 규정에 의거하여 형성되고 존속한다. 정부조직법에 의해서 행정기관을 만들고, 회사법 정관에 의해서 기업을 만드는 것이 바로 그러한 행위이다. 요컨대 공식조직이란 공식적인 목표를 달성하기 위하여 기능적 합리성의 원칙에 따라 인위적인 형식적 절차와 제도에 의하여 만들어지는 구조가 명확한 조직을 말한다.

2. 비공식조직(informal organization)의 개념

비공식조직이란 구성원 상호간의 현실적인 인간관계를 토대로 자연발생적으로 형성되는 조직으로서 사실상 존재하는 현실적 인간상호관계나 인간의 욕구를

38) Simon은 공식조직이란 「조직의 구성원을 위하여 신중하고 합법적으로 계획된 행동형 및 구성원간의 관계」라고 하며 Barnard는 「2인 이상의 업무활동이 특정 목적을 향하여 의식적으로 조정되는 체계」라고 정의한다.

기반으로 하며 구조가 명확하지 않으나 공식조직에 비하여 신축성을 가진 조직이다.[39] 자생집단이라고도 하며 공식적인 조직계획과 상관없이 조직참여자들의 개인적 욕구의 발로로서 자발적으로 생성된다. 따라서 비공식조직은 혈연·동창관계·지연·취미 등의 인간관계에서 이루어지는 집단으로서 어느 조직체에나 존재하고 있다.

인간이란 사회심리적 존재로서 남과 더불어 관계를 맺고 집단을 만들어 그 속에 소속하고자 하며, 이러한 비공식적 집단 속에서 심리적 안정과 만족을 얻으려 한다.

과학적 관리론과 Weber의 관료제론은 조직의 공식성을 중요시한 반면, 인간관계론은 비공식조직을 중시하였다.

3. 집단과 조직의 관계

집단이란 계속적인 일정한 사회관계의 복합체가 일정한 범위내에서 특히 긴밀하게 관련되고 구성원이나 국외자에 의하여 하나의 통일체로서 인식되는 것을 말한다.[40] 조직내에는 공식집단과 비공식집단 등 여러 소집단이 형성되고 조직구조의 현실적 기능에 영향을 미치고 있다. 조직을 집단수준에서 생각하면 조직을 다원적 집단의 체제로서 파악하게 된다.

Ⅱ. 비공식조직의 유형(종류)

1. 공식조직을 기준

(1) 수평적 단위내의 집단(horizontal intra-unit groups) 이것은 동일한 공식조직내에서 계급과 지위가 유사한 사람들로 구성되는 비공식조직을 말한다.

---

39) Barnard는 비공식조직이란 「인간의 접촉과 상호작용의 종합」이라고 정의하며 Simon은 「공식적 계획과 부합되지 않는 실제적 행동의 제유형」, 즉 조직성원의 실제 행동양식이라고 정의하고 Roethlisburger는 「조직의 구성원간에 존재하는 실제의 개인적인 관계이며 제도상의 조직에도 전혀 표현되지 않거나 불충분하게 표현된 상호관계」라고 정의한다.

40) 특히 소집단은 조직내의 비공식 집단과 동일시되기도 하나 소집단에는 이사회·참모집단·위원회 등과 같은 소규모의 공식집단도 포함되므로 소집단과 비공식집단이 동일한 것은 아니라 하겠다.

(2) 수평적 단위간의 집단(horizontal inter-unit groups) 이것은 서로 다른 수평적 조직에 속하면서 계급이나 지위가 같은 사람들로 비공식집단을 구성하는 것을 말한다.

(3) 수직적 단위내의 집단(vertical intra-unit groups) 동일한 공식조직내에 속하지만 계급이나 지위가 다른 사람들로 구성되는 비공식조직을 말한다.

(4) 수직적 단위간의 집단(vertical inter-unit groups) 상이한 공식조직의 상이한 계급 및 상이한 지위의 사람들로 비공식조직이 이루어지는 것을 말한다.

2. 욕구충족기능을 기준

1) 개인적 취미(바둑, 술, 등산 등)가 동일한 경우에 형성되는 비공식집단

2) 정실관계 등에 의하여 상호간 이득을 보려는 타산적·공리적 욕구충족을 기대함으로써 형성되는 비공식집단

3) 사상, 주의, 이념, 생각이 동일하거나 일치되는 경우에 형성되는 비공식집단

3. 귀속성·실적성을 기준

1) 출신학교, 출신도, 동향출신, 과거직장 등과 관련되는 지연관계, 동창관계, 혈연관계, 인맥 등에 의한 비공식집단의 형성

2) 경쟁시험의 동기합격자로 구성되는 경우와 같은 실적기준에 의한 비공식집단의 형성: 고시동기회, 입사동기회

Ⅲ. 공식조직·비공식조직의 특징과 상호관계

1. 공식조직과 비공식조직의 특징

비공식조직의 주요한 특징을 공식조직과 비교하면 다음과 같다.

(1) 자발적 성격 공식조직은 특정목적을 위하여 인위적으로 구성된 조직이지만 비공식집단은 구성원 상호간의 욕구를 충족시키기 위한 것이며 자연발생적 성격이 강한 자발적 집단이다.

(2) 동태적 인간관계 공식조직은 기구도표와 직제에 근거를 둔 명문화된

조직이나 비공식조직은 동태적 인간관계에 기초를 두어 외면상 파악하기 곤란한 조직이다.

(3) 부분적 질서 공식조직이 전체적 질서인 반면, 비공식조직은 부분적 질서이다(전체적 조직 속의 각 계층, 각 단위에서 자연발생적인 소집단으로 성립).

(4) 내면성·불가시성(不可視性) 공식조직은 외면적·외재적·가시적(可視的)·명문화된 조직이며 전체적인 질서인데 반하여 비공식 집단은 내면적·내재적 불가시적·명문화되지 않은 조직이다.

(5) 감정의 논리(logic of sentiment) 공식조직은 일반적으로 능률의 논리에 따라서 구성되어 있는 반면 비공식조직은 감정의 논리에 따라서 형성된다. 공식조직은 목표지향성 합리성이 강하여 공식조직의 구성원은 주어진 목표를 향하여 규칙에 따라 합리적으로 또한 모든 사적 감정을 배제하면서 행동하도록 요구되며 인간으로서라기보다 조직 속에서 직무 대 직무의 관계로 한 개의 톱니바퀴가 되어 움직이도록 요구된다. 그러나 비공식조직은 정의적·전인격적 지향성이 강하여 비공식집단은 그 형성과정에서 보아 일반적으로 대면적인 제1차집단적 성격이 강하다.

2. 공식조직과 비공식조직의 상호관계

공식조직과 비공식조직 간에는 이상과 같은 차이점이 있으나, 조직은 공식적 측면과 비공식적 측면을 아울러 가지고 있으므로 발생적인 면이나 기능적인 면에서 상호보완적인 관계를 지니고 있다. 비공식조직은 조직의 참가자로 하여금 자발적인 단결심과 협동정신을 갖게 하여 조직 목표달성을 촉진하는 역할을 하며 또한 조직내에서의 공식적 의사소통을 보완하는 기능을 수행한다. Simon은 양자의 구별은 동일한 상황을 별개의 관점에서 본 것에 불과하므로 상호배타적인 것이 아니라 상호보완적인 관계로 파악해야 할 것이라고 한다.

Ⅳ. 비공식조직의 기능

전통적 조직이론에서는 공식조직의 형식적 합리성만을 보고 비공식조직을 무시하였기 때문에 비공식조직을 공식조직의 목표달성에 유해한 것으로 판단하여 역기능만을 강조하여 왔으나, 인간관계론의 등장 이후 비공식조직도 활용여하에 따라 행정능률을 크게 향상시킬 수도 있다는 사실이 인정되고 그의 순기능에 주목하게 되었다. 비공식조직의 순기능과 역기능을 보면 다음과 같다.

1. 순기능

(1) 심리적 안정감의 형성 비공식조직은 구성원으로 하여금 욕구불만의 배출구를 형성케 하며, 그들에게 심리적 안정감과 조직에의 귀속감을 부여한다.

(2) 공식조직의 경직성을 완화 법규와 제도에 의해서 운영되는 공식조직에 신축성을 부여하고, 나아가서 조직 전체의 보존기능을 수행한다.

(3) 공식조직의 책임자를 돕는다 공식조직책임자의 사적 내지 비공식적 조직에 속하는 자들은 공식조직의 책임자에게 적극 협조하게 되고, 그것을 통하여 그의 업무의 부담을 경감시키며, 때로는 그의 명령이나 지시에 결함이 있을 경우 그것을 보완하여 준다.

(4) 업무의 능률적 수행 구성원간의 협조를 원활히 하게 함으로써 또한 지식 및 경험의 공유를 통하여 업무의 능률적 수행을 돕는다.

(5) 구성원간의 행동규범의 확립 비공식조직 구성원들은 그들 나름의 행동규범 혹은 기준이 있으며, 그에 따라 집단행동이 이루어진다.

(6) 비공식적 의사소통의 통로 비공식조직은 구성원간에 정보를 교환할 수 있는 유효한 의사소통의 통로가 된다.

2. 역기능

(1) 적대감정 비공식조직간에 때로는 파벌을 조성하는 등 적대감정이 야기되기 쉬우며, 그로 인하여 공식조직의 기능이 마비되는 경우도 있다.

(2) 비공식적 의사소통의 역기능 비공식적 의사소통은 때로는 왜곡되거나 근거 없는 정보(소문)를 퍼뜨려 공식조직을 불안케 하는 경우도 있다.

(3) 정실행위의 조장 대면적 접촉(face to face)을 통한 정실행위가 조장될 가능성도 있다.

V. 비공식조직의 통제

비공식조직은 공식조직의 기능을 보완하는 이로운 기능을 수행하는 반면, 역기능을 발휘하기도 한다. 그러나 그러한 역기능 때문에 비공식조직을 없앤다는 것은 현실적으로 불가능하기 때문에 공식조직의 지도자는 이의 존재를 인정하며 목표달성에 가능한 한 순기능적으로 작용하도록 효과적인 통제방안을 모색해야 할 것이다. 이러한 통제방법으로 다음과 같은 것을 생각할 수 있다.

1) 공식조직의 지도자는 조직내의 비공식조직의 유형, 목표 및 기능 등의 실태를 파악해야 한다.

2) 비공식조직내의 갈등 대립과 지나친 경쟁을 방지하고 상호간의 의사소통을 촉진시킨다.

3) 공식조직의 목표와 비공식조직의 목표를 일치시키도록 조직내의 의사 소통을 촉진(그들을 설득, 권유, 유도)하고 비공식조직의 대표자를 조직내의 의사결정에 참여시키도록 한다.

4) 비공식조직의 지도자나 실질적 영향력을 가진 자가 누구인지를 파악하여 그들을 특별배려하고 의사결정에 참여시킨다.

5) 조직체의 존재와 기능을 해치는 비공식조직의 경우에는 일차적으로 참여, 의사소통 등 비강제적 방법으로 이를 변동시키도록 노력해야 하며 집단성원의 인사이동·비공식지도자의 격하·전출·격리 등 강제적 방안을 고려할 수도 있을 것이다.

그러나 이러한 비공식조직의 통제에는 한계가 있다. 첫째, 그것은 조직의 전체적인 관점에서 보면 어디까지나 부차적이라는 점이다. 왜냐하면 비공식집단은 부분질서에 해당하기 때문이다. 둘째, 비공식적 조직에 대한 통제는 불완전성을 갖는다는 점이다. 왜냐하면 비공식적 조직은 내재적 불가시적 조직이기 때문에 그 발견과 통제에 제약성이 따르기 때문이다.

Ⅵ. 결 어

우리 나라 행정조직에서의 비공식 조직은 순기능적 측면과 역기능적 측면이 공존하고 있다고 하겠다. 소위 연줄(personal-tie), 예컨대 동창관계·지연· 혈연·연고관계·개인적 신임 등 다양한 계기를 통해 이루어지는 비공식집단이 실질적으로 공식조직을 좌우하고 압도하는 경우가 빈번하였으며 출신지나 출신학교가 동일한 사람끼리 이루어지는 비공식집단이 가장 보편화되어 있다.[41] 또한 연줄로 형성되는 비공식집단 내지 유력한 파벌에 속하지 않는 경우 고위직에의 승진이나 요직담당이 용이하지 않았다는 비판이 있다.

이러한 면에서 볼 때 우리 나라 행정조직에서의 비공식조직은 순기능보다 역기능의 비중이 상대적으로 너무 컸다고 할 수 있겠다. 따라서 행정조직의 관리자는 비공식조직의 존재와 기능을 인정하면서도 그 역기능 내지 폐해를 최소화할 수 있도록 세심한 인간관계적 노력이 요청된다고 하겠다.

제 5 절 계선기관과 참모기관

Ⅰ. 계선기관과 참모기관의 의의

대부분의 조직에는 두 가지 형태가 있다. 하나는 계선(line)기관이며, 다른 하나는 참모(막료: staff)기관이다.

41) 이종범, 『국민과 정부관료제』, 고려대학교 출판부, 1986, pp. 152～163.

1. 계선기관의 개념

계선기관은 명령복종관계를 가진 수직적·계층적 구조를 형성하면서 직접 결정 집행하는 기관을 말한다. 계선기관은 조직에 있어서 그 조직의 본래적 기능을 직접 수행함으로써 조직의 목표달성에 직접적으로 공헌한다. 즉 계선기관은 법령을 집행하고 정책을 결정하며 국민에게 직접 봉사하는 기관으로서 각 행정기관의 목표를 달성하는 데 직접적으로 기여한다.

행정조직에 있어서는 각 행정기관장을 정점으로 하는 피라미드 구조에서 장관, 차관, 국장, 과장, 계장, 계원의 제계층이 이에 해당한다. 그러므로 계선의 명령과 지휘계통은 수직적이며, 하위계층 또는 동등한 계층의 타인으로부터 명령과 지휘를 받지 않는다.

2. 참모기관(막료기관)의 개념

참모기관은 계선기관이 그 기능을 원활하게 수행할 수 있도록 이를 지원 조성·촉진함으로써 조직목표의 달성에 간접적으로 공헌하는 조직으로서 계선기관 밖에 존재하는 기관을 말한다.[42)]

참모기관은 주로 자문·조정·협의·연구·기획·통제·인사·회계·법무·공보·조달 등의 기능을 수행한다. 우리 나라 행정조직에 있어서는 대통령특별고문·국가안전보장회의·경제과학심의회의·대통령비서실 등이 참모기관이고, 중앙행정기관 내부에서는 기획관리실장·담당관·비서관·총무과 등이 참모기관이다. 참모는 명령권한이나 운영책임을 갖지 않으며 다만 집행최고책임자를 위하여 전문적 분야에서 부수적 업무를 수행할 뿐 직접 명령이나 지휘를 하지 않는다.

3. 참모기능의 중요성

현대국가는 행정국가·직능국가로서 행정의 질적 변화가 일어나고 있으며 특히 의사결정에 있어서 정보와 지식의 중요성이 고조됨으로써 전통적으로 조직의

42) 참모제도는 17세기 스웨덴에서 군대편성을 참모(막료)본부와 실전부대로 분리하여 편성한 데서 비롯되었으며, 그 이후 18세기 내지 19세기에 걸쳐 프러시아 군대에서 완성된 것이라고 한다. 이 제도는 1903년에 Elihu Root 공군장관에 의하여 미공군에 도입되었고, 이어 각 기업체와 행정조직에서도 이를 채택하기에 이르렀다고 한다.

근간을 이루는 계선기관이 참모기관의 기능에 의존하지 않을 수 없게 되었다. 특히 행정의 정책결정 기능의 비중이 증대하면서 행정조직의 고위관리자를 위한 참모기관의 행정참모기능은 매우 중요한 역할을 하게 되었다.

Ⅱ. 참모기관의 유형

참모기관은 그 기능의 특성에 따라 자문형참모(정책참모)기관과 보조형참모(보조기관)로 대별할 수 있다.[43)]

1. 자문형참모(정책참모: 일반참모)

정책자문·기획·조사 등을 그 기능으로 하는 참모이다. White는 이것을 참모기관이라고 하며, Gaus는 이를 일반참모라고 한다. 후술하는 보조적 기관은 각 부처를 보조하는 기관으로서 설치되는 것이나, 이 참모기관은 최고집권자에게 직속하여 그에게 조언·권고하는 전문가, 자문위원, 개인적 조언자 등으로 구성된다. 이와 같은 참모기관은 각 부처와는 독립적이며 계선기관과 보조적 기관의 양자에 대해서 조언과 권고를 하는 것으로서 그 개념이 다르다. 그리하여 보조적 기관이 작업을 하는 기관이라면, 일반참모기관은 연구하고 기획하며 권고하는 기관이라고 할 수 있다.

2. 보조형참모(보조기관)

예컨대 인사, 회계, 예산, 조달, 문서관리와 같은 기능을 담당함으로써 계선기관의 목적수행을 돕는 기관을 말한다. 그런데 이러한 기능을 수행하는 기관에 대하여도 아직 일반화된 명칭이 통용되지는 않고 있다. White는 이것을 '보조기관' (auxiliary agency)이라고 하는가 하면, Willoughby는 '가사적' (house-keeping) 기관이라고 하고, Gaus는 '보조기술적 참모기관' 이라고 부르고 있다. 이러한 막료는 군대에서 분류하는 일반막료와 특수막료 중 특수막료에 해당하는 것

43) 참모기관의 유형에 대하여는 위와 같은 두 가지로 구별하는 외에도 많은 구별유형이 있다. 예컨대 Holden과 Fish 및 Smith 등은 자문형·서비스형·조정형·통제형으로 분류하기도 한다. 또한 White는 서비스형의 참모기관과 자문형의 참모기관으로 분류한다.

이다. 이 보조적 참모는 계선기관에 봉사하는 것으로서 계선기관과 같은 단계에 설치된다.

Ⅲ. 계선기관과 참모기관의 특징·장단점

1. 계선기관과 참모기관의 특징

(1) 계선기관의 특징　계선기관의 일반적 특징을 보면 다음과 같다.

(가) 조직목표의 달성에 직접적으로 공헌하고 결정권을 가진다.

(나) 구체적인 집행기능, 즉 명령권을 행사한다.

(다) 최고책임자를 정점으로 하는 수직적인 권한의 계열로 이루어진다.

(라) 계층제, 명령통일, 통솔범위 등 분업체계원칙에 따라 편성된다.

(마) 조직목표의 달성에 직접 관계하므로 고객과 직접 접촉하고 봉사한다.

(2) 참모기관의 특징　참모기관의 주요한 특징을 보면 다음과 같다.

(가) 조직책임자의 인격을 연장·보완하는 역할을 하며 지휘감독의 범위를 넓혀준다.

(나) 구체적인 집행권이 없으므로 명령·결정의 권한을 가지고 있지 않다.

(다) 전문적인 지식 경험으로 조직의 목표달성에 간접적으로 공헌한다.

(라) 전문적인 지식으로 권고, 조사, 자문 등의 업무를 수행하므로 참모기관을 지적 기능의 제도화라고 부른다.

(마) 조직내적 활동이기 때문에 고객과 접촉하거나 봉사하지는 않는다.

2. 계선기관과 참모기관의 장·단점

1) 계선기관의 장점과 단점

(1) 계선기관의 장점

(가) 권한과 책임의 한계가 명확하여 업무수행능력이 능률적이다.

(나) 독임제 또는 단일기관(unitary organization)으로 구성되어 있으므로 결정의 신속성을 기할 수 있다.

(다) 업무가 단순하고 운영비용이 적게 드는 소규모의 조직에는 계선조직이

적합하다.

(라) 명령복종관계에 의하여 강력한 통솔력을 행사할 수 있다.

(2) 계선기관의 단점

(가) 기관책임자가 주관적·독단적인 결정과 조치를 취할 가능성이 있다.

(나) 대규모의 복잡한 조직에 있어서는 계선기관의 총괄적인 지휘·감독으로 말미암아 업무량이 과중하게 된다.

(다) 각 부문간의 효과적인 조정이 곤란하여 조직운영의 능률 및 효과가 약화되고 혼란을 초래하게 된다.

(라) 특수 분야에 관한 전문가의 지식과 경험을 이용할 수 없다.

(마) 조직이 융통성보다 경직성을 띠게 된다.

(바) 통솔의 범위가 한정된다.

2) 참모기관의 장점과 단점

(1) 참모기관의 장점

(가) 전문적 지식과 경험을 활용할 수 있으므로 보다 객관적이고 합리적인 의사결정을 가능케 한다.

(나) 수평적인 업무의 조정과 협조를 가능케 한다.

(다) 조직에 있어서 융통성과 신축성을 확보할 수 있다.

(라) 계선기관의 업무과중을 덜어준다.

(마) 기관의 장의 통솔범위를 확대시킨다.

(2) 참모기관의 단점

(가) 참모기관의 설치로 말미암아 조직내의 인간관계가 복잡해지며, 계선기관과 참모기관 사이에 권한과 책임한계를 둘러싸고 대립과 갈등이 조성될 우려가 있다.

(나) 의사소통의 경로를 혼란에 빠뜨릴 우려가 있다.

(다) 참모기관에 소요되는 경비로 예산·지출이 증가한다.

(라) 행정의 지체를 가져오기 쉽다.

(마) 참모기관의 권한이 점차 확대됨에 따라 중앙집권화의 폐단이 나타난다.

Ⅳ. 계선기관과 참모기관의 관계

1. 상호보완적 관계

전통적인 견해에 의하면 계선기관은 결정, 집행, 명령 등 조직의 실질적인 기능을 수행하고 참모기관은 조언, 권고, 서비스 등 조직의 부수적인 기능만을 수행한다고 한다. 그러나 계선과 참모의 구별은 이론상으로는 가능할 수도 있겠지만 실제에 있어서는 불가능하며 사실상 현대조직에 있어서 계선기관과 참모기능은 경우에 따라서는 같은 기관이 수행하거나 또는 같은 사람이 담당할 수도 있는 것이다.

따라서 계선과 참모는 기능상 엄격히 분리되는 개념이 아니라 상호보완적·의존적인 관계를 가지고 있는 밀접한 개념으로 파악되어야 한다.[44)]

2. 계선기관과 참모기관의 갈등의 원인

계선기관과 참모기관간에는 여러 가지 이유 때문에 불화와 갈등관계가 조성되기 쉬운데, 먼저 그 주요 원인을 살펴보고 그것을 해소시킬 수 있는 방안을 살펴보기로 한다.

(1) 조직상의 갈등 계선과 참모간의 명확한 권한과 책임한계를 규정하지 않음으로써 참모는 계선의 권한을 침범하기 쉽기 때문에 불화가 야기된다. A. Etzioni는 이것을 조직상의 갈등(organizational conflicts)이라고 한다.[45)]

(2) 사회적 배경과 행태상의 차이 참모는 일반적으로 계선직원보다 교육수준이 높으며 사교적이고 의욕적이며 개인주의적이고 연령이 낮은 데 반하여 계선은 실증적이며 현실적인 행동파이기 때문에 상호간에 갈등의 요소가 잠재해 있다.

(3) 이상과 현상유지의 차이 참모는 계선에 비하여 이론적이며 문제해결에

44) 명령통일의 원리와 관련하여 계선과 참모의 관계에 대한 문제는 어떻게 하면 양기관의 협력을 최대한으로 확보할 수 있고, 양기관의 기능을 합리적으로 분화·통합할 수 있느냐 하는 문제이다. 계선과 참모는 공식적인 구조상의 위치보다 원만한 협조를 통하여 어떻게 최선의 결과를 확보하느냐에 따라서 양자의 관계를 인식해야 하며 계선·참모활동의 통합이 이루어지는 방향으로 조직이 운영되어야 할 것이다.

45) Etzioni, *op. cit.*, p. 81.

있어서 이상적·개혁지향적이며 비판적이지만 계선은 현실적·현상유지적 보수적이다.

(4) 지나친 권한행사와 방어　참모는 자기의 소신을 관철하기 위하여 필요 이상의 권한행사를 하는 경우가 많으며, 때로는 계선기관의 장에게 그들의 제안을 수락하게끔 설득한다. 그러므로 계선은 기관의 장에게 미치는 참모의 영향력을 질시하고 참모가 자기의 지위를 위태롭게 하지 않나 의구심을 갖게 되고 방어자세를 취하게 된다.

(5) 업무성질에 대한 이해의 부족　참모의 업무는 권고하고 제안하며 현상에 대한 개선이 주된 것인데, 계선은 그것을 채택하기 위한 의사결정을 하고 실행에 옮기는 것이 주된 업무이다. 그러므로 계선은 참모의 일에 대하여 시야가 좁은 전문가적 견해에 집착하고 있다고 비난하는 데 반하여 참모는 그들의 훌륭한 권고나 제안이 계선의 무지와 이해의 부족으로 방해를 받는다고 생각하며 계선이 근시안적·비협조적·권위적이라고 불만을 가지고 있다.

3. 갈등의 해결방안

(1) 권한과 책임한계의 명확성　계선과 참모의 권한, 책임의 한계를 명확하게 함으로써 상호간의 직무에 대한 명확한 이해를 통해 갈등을 감소시킬 수 있다.

(2) 인사교류(직무교대)　계선과 참모간의 이해를 촉진하고 능력을 발전시키기 위하여는 상호간의 순환보직, 인사교류가 필요하다. 그렇게 함으로써 상대방의 고충을 이해할 수 있는 것이다. 제1차 Hoover 위원회에서는 이 방법을 강력히 건의한 바 있다.

(3) 기관장 자신의 올바른 인식과 노력　기관장 자신이 참모의 중요성을 인식하여야 하며, 창도적 지도자(advocate-leader)로서 리더십을 발휘하여 계선과 참모의 관계를 조직전체의 목표달성에 이바지하도록 조정하여야 한다.

(4) 전문가적 사고방식의 지양과 교육훈련의 실시　교육훈련을 통하여 참모는 좁은 전문가적 시야를 벗어나 유용한 권고와 조언을 할 수 있는 기술을 습득케 하고, 계선에 대해서는 참모기관을 활용할 수 있는 능력을 기르도록 하여야 한다.

(5) 상호간 접촉의 촉진　계선과 참모를 회합, 회의, 비공식집회, 상호직무, 수행참관 등을 통하여 서로 빈번하게 접촉하게 하여 친밀한 관계의 유지와 상호

이해태도를 갖도록 하여야 한다.

V. 결 어

우리 나라 참모기관의 운영실태를 보면 본래의 설치목적을 충분히 살리고 있지 못하며 부처에 따라서는 참모기관이 계선기관화하거나 유명무실한 존재가 되어 왔다.[46)]

중앙부처의 기획관리실, 차관보, 담당관 등이 형식상 참모기관으로서 활용되고 있으나 사실상 계선기관화 하는 경향이 있다. 예컨대 담당관제의 운영에 있어서는 계선기관에 유사한 업무처리방식이 답습되고 계선기관화의 경향이 뚜렷하였다. 담당관은 국장·과장처럼 결재만 하고 일은 하급자에게 맡기는 주사행정의 폐단이 초래되었으며, 담당관직은 정식국장 과장으로 보직되기 전에 거치는 자리로 인식되어 승진에 대한 인사압력을 완화시키는 장치로서 이용되었고 전문적 지식의 소유자가 임용되는 자리가 아니었다. 이는 전통적인 계선위주의 관료문화와 참모기관에 대한 인식 부족에서 비롯된 것이라 하겠다.

제6절 행정상 집권화와 분권화

Ⅰ. 집권화와 분권화의 의의

1. 집권(centralization)과 분권(decentralization)의 개념

집권이란 의사결정권과 지휘명령권 등의 권한이 행정조직의 상위계층에 집

46) 김규정, 전게서, pp. 376~377.

중 유보되어 있는 것을 의미하고 분권이란 권한이 하위계층에 분산·위임되어 있는 것을 의미한다.[47]

행정조직의 계층구조에 있어서 의사결정권이 어디에 얼마나 집중 또는 분산되어 있느냐에 따라서 소위 집권과 분권이라는 대칭 개념이 설정된다. 그러므로 집권과 분권이란 상대적 개념이며 완전한 집권도 완전한 분권도 있을 수 없고 양자 사이의 균형된 상태가 가장 이상적이다.

2. 집권화와 분권화의 관계

조직이 비교적 소규모일 때는 의사결정을 행할 수 있는 권한이 계층제의 정점에 집중되는 경향이 있으나 조직의 규모가 확대됨에 따라 집단적 의사결정과 분권화 권한의 위임이 필요하게 된다. 이러한 분권화는 근본적으로 국가기능의 양적 확대와 질적 변화라는 현상으로 말미암아 행정기능의 기동성이 요구되는데 기인하고 있다.

그러나 집권화와 분권화는 상호 보완적 관계를 갖는 경우도 많다. 예컨대 조직의 정책이나 전략적 계획을 수립하는 일은 조직의 고위층에서 결정하고 집행이나 전술적·운영적 계획은 조직의 하위층에서 결정하여 구체적인 상황에 맞추어 시행하고, 시행의 결과를 조직의 고위층에서 평가하여 새로운 정책과 계획의 결정에 반영한다면 집권화와 분권화가 체계적으로 연계되고 상호 보완하는 관계를 이루게 되는 것이다.

3. 집권화와 분권화의 형태

집권과 분권의 개념은 모든 조직에 적용되는 기본개념이라 하겠으며 i) 한 조직내에 있어서 상위계층과 하위계층간의 권한의 집중 또는 권한의 위임에 따른 집권과 분권, 그리고 상급기관과 하급기관 또는 중앙기관과 일선기관 사이의 사무배분에 따른 행정상의 집권과 분권, ii) 정치적 차원의 중앙정부와 지방정부간에 있어서의 중앙집권과 지방분권의 내용을 모두 포함하는 의미로 파악된다.

(1) 행정상의 집권화와 분권화　조직에 있어서 상위계층의 권한이 유보되어 있는 경우 집권화라 하고, 하위계층에 상당히 위임되어 있으면 분권화라 한다.

---

47) Fred Luthans, *Organizational Behavior* (New York: McGraw-Hill, 1973), p. 137.

또한 중앙행정기관과 하급기관 또는 일선기관의 관계에서 행정적 권한이 중앙행정기관에 집중되어 있으면 집권화라 하고, 하급기관이나 일선기관에 분산되어 있으면 분권화라 한다. 이와 같은 집권화와 분권화를 특히 행정상의 집권화와 분권화라 한다.

(2) 중앙집권과 지방분권　중앙집권이란 통치상 또는 행정상의 권한이 중앙정부에 집중·유보되어 있는 것을 말하며, 지방분권이란 그러한 권한이 지방정부에 분산되어 있는 것을 말한다. 즉 중앙정부가 지니고 있는 통제권과 지방자치단체가 중앙정부로부터 위임받은 자치권을 기준으로 하여 중앙정부가 보다 광범위한 통제권을 가지고 있으면 중앙집권이라 하고, 지방자치단체가 보다 큰 자치권을 가지고 있으면 지방분권이라 한다. 이 경우의 지방분권을 특히 자치적 분권이라 한다. 여기서 지방분권이란 중앙정부가 공권력에 입각하여 법인격을 인정한 지방자치단체에 자치권을 부여하는 일종의 분권사상의 실현을 의미한다. 그런데 이와 같이 지방자치단체가 영미형의 특수지방행정기관으로서의 역할을 수행하면 자치적 분권이지만, 지방자치단체가 대륙형의 보통지방행정기관으로서의 역할을 수행하고 중앙의 위임사무를 처리하는 경우에는 행정상의 분권으로 보아야 한다. 따라서 지방분권은 자치행정이 수행되는 자치적 분권과 지방자치단체가 중앙정부의 감독·통제를 받아 위임행정을 수행하는 경우의 행정적 분권을 포함시킨 넓은 개념으로 파악하여야 할 것이다(상세한 내용은 제5장 제2절 참조).

Ⅱ. 집권화와 분권화의 촉진요인

1. 집권화의 촉진요인

집권화를 촉진시키거나 이에 작용하는 요인은 다음과 같다.

(1) 소규모 조직 및 신설 조직　조직의 규모가 작은 경우에는 조직구성원의 수가 적을 뿐만 아니라 의사소통이 활발하게 이루어질 수 있고, 책임자가 조직의 제문제를 상세하게 파악하고 있으며, 업무가 질적 양적으로 한정되어 있기 때문에 자연히 집권화가 이루어지기 마련이며 집권화가 보다 더 능률적이다. 또한 역사가 짧은 신설조직은 일이 궤도에 오르지 못하고 업무처리상의 관례가 확

립되어 있지 않으며 조직이 불안정하므로 집권화 경향을 보인다.

(2) 비용요인 고비용의 경우 집권화를 촉진하게 된다. 비용이 많이 드는 문제(예컨대 공무원 보수 결정)일수록 고위층에서 결정되는 반면 사무실 집기구입과 같은 문제는 하위층에 위임되는 식이다.

(3) 강력한 지도력 유능하고 적극적 성격을 가진 지도자가 권위적 카리스마적 리더십을 행사하는 경우 집권화를 초래하게 된다.

(4) 위기의 존재 조직이 생존의 위기에 직면하게 되면 신속하고 강력한 리더십하에 위기극복을 위한 대책을 강구하여 실천에 옮겨야 하므로 집권화가 이루어지기 쉽다.

(5) 직접적 통제와 통일성의 확보 최고관리층이 조직활동에 대하여 보다 직접적인 통제와 정책 및 운영상의 통일성, 일관성의 확보를 요구하는 경우 집권화되기 쉽다.

(6) 특정활동의 강조 조직내의 특정활동에 대하여 일반의 관심이 집중되고 최고관리층에서 그 활동을 강조하는 경우 관계기관의 지위가 높아지고 집권화가 촉진된다.

(7) 하위층의 능력부족 및 그들에 대한 불신 하위층의 업무처리능력이 부족하거나 상위계층에서 하위층의 능력을 불신하거나 과소평가하는 경우 권한 위임을 원치 않게 되어 집권화되기 쉽다.

(8) 교통·통신의 발달 교통수단이나 통신기술이 발달될수록 효과적인 의사소통이 가능하여 정보수집과 지휘감독이 용이하므로 집권화가 촉진된다.

(9) 예산지출의 증가 특정부문에 대한 정부지출의 대폭적인 증가는 집권화를 유발한다.

2. 분권화의 촉진요인

분권화는 권한의 위임을 통하여 이루어진다. 분권화를 촉진시키는 요인은 다음과 같다.

(1) 최고관리층의 업무부담 경감 분권화는 최고관리층의 과도한 업무부담을 덜어주어 최고관리층이 중요한 정책결정 기획이나 조정·통제에 주력할 수 있게 한다.

(2) 조직의 대규모화·복잡화　조직이 대규모화하고 복잡해지면 고위층에 권한을 집중시키기보다는 하위조직에 위임하여 처리케 하는 것이 효율적이다. 이러한 경우에도 고위층이 조직이 통합기능을 강조하게 되면 분권화는 제한을 받게 된다.

(3) 하위조직이나 특정지역의 실정에의 적응　교통·통신의 기술이 발달되어 의사소통이 원활하게 진행된다 할지라도 하위조직이나 지역사회의 모든 실정을 중앙에서 정확하게 파악하기란 대단히 곤란하므로 권한의 위임이 필요하다.

(4) 관리자양성의 필요성　유능한 관리자를 양성하기 위해서는 하위계층에 있는 자들에게 의사결정을 실제 경험할 수 있고 잠재된 능력을 발휘할 수 있도록 권한을 위임하여 주는 경우 분권화는 촉진된다. 이렇게 되면 소위「유능한 부하」가 없다는 이유로 집권화를 촉진하는 경향도 감소될 것이다.

(5) 구성원의 사기앙양　권한의 위임을 받은 구성원은 사기가 높아지게 되고 창의성을 발휘할 수 있게 된다. 따라서 조직 구성원의 사기앙양과 창의성 증대를 중시하는 경우 분권화가 촉진된다.

(6) 사무처리의 신속화　분권화는 여러 가지 복잡한 행정절차를 간소화시킴으로써 신속한 행정활동을 가능하게 하므로 사무처리의 신속을 필요로 하는 경우 권한을 위임 분산하게 된다.

(7) 민주적 통제의 강화　정치·행정 발전을 위하여 민주적 통제를 강화하려는 경우 분권화는 필연적인 것이며 이로써 참여확대와 민중통제의 강화가 실현된다.

Ⅲ. 집권화와 분권화의 장·단점

위에서 살펴본 집권화와 분권화의 촉진요인으로부터 각각의 장단점을 정리해 보면 다음과 같다.

1. 집권화의 장·단점

(1) 집권화의 장점

(가) 통일된 정책을 수행할 수 있다.

(나) 강력한 행정을 할 수 있다.

(다) 전문화를 촉진시킬 수 있다.

(라) 신속한 업무의 대량처리로 경비를 절약할 수 있고 위기에 신속히 대처할 수 있다.

(마) 지역적 격차의 시정 및 통합적 조정을 효과적으로 수행할 수 있다.

(바) 행정기능의 중복과 혼란을 회피할 수 있고, 분열을 억제할 수 있다.

(2) 집권화의 단점

(가) 관료주의화 경향을 낳고 권위주의적 성격을 갖게 된다.

(나) 형식주의화하여 행정의 실효성에서 일탈하기 쉽고 적극성을 저해한다.

(다) 획일주의에 빠져 특수성이나 지방의 실정에 부적합하며, 적시에 효과적인 행정업무수행이 곤란하고 정치적 측면에서 볼 때 지방에 있어서의 풀뿌리 민주주의(grassroots democracy)를 약화시킬 수 있다.

2. 분권화의 장·단점

(1) 분권화의 장점

(가) 대규모의 조직에 효율이 크며, 최고관리층의 업무를 감소시킨다.

(나) 의사결정의 시간을 단축시킴으로써 신속한 업무처리를 할 수 있다.

(다) 참여의식의 앙양과 자발적 협조를 유도할 수 있다.

(라) 실정에 알맞는 행정이 가능하다.

(2) 분권화의 단점

(가) 중앙의 지휘·감독이 약화되고 행정업무의 중복을 초래한다.

(나) 행정업무의 처리가 산만해지고 행정력이 분산된다.

(다) 전문적 기술의 활용이 곤란해진다.

Ⅳ. 결 어

— 우리 나라 행정조직의 분권화 방향 —

우리 나라의 행정조직구조는 오랫동안 집권적 구조를 유지해 왔으며 분권적인 조직구조를 가져보지 못하였다. 권위주의적·가부장적인 행정문화의 영향으로 권한의 위임이 제대로 이루어지지 못하고 대부분의 의사결정이 행정계층의 고위직에서, 때로는 최고위층에서 독단적으로 행해졌다. 이것은 권위주의적 행정문화의 구조적인 단면이다. 행정의 지나친 집권화는 행정의 경직화를 초래하고 일선기관이나 지방관서의 창의적·쇄신적인 업무처리를 어렵게 만들어 왔다. 특히 정부주도형의 경제발전이 집권화를 촉진시켰다.

이제 우리 나라의 행정조직은 특히 두 가지 이유로 인해서 분권적인 구조로의 점진적인 발전이 이루어져야 하겠다. 첫째는 조직내의 민주화와 인간화를 실현하기 위해서이다. 조직내의 결정에 그 구성원들, 특히 구성원의 다수를 이루는 하위구성원들이 참여함으로써 조직의 민주화와 인간화를 촉진하게 될 것이다. 둘째는 오늘날 조직을 둘러싸고 있는 환경은 대단히 복잡하고, 그 변화가 심하게 일어나고 있다. 이러한 급변하는 상황에 적절하게 대응하는 조직을 만들기 위해서는 과감하게 분권화가 촉진되어야 한다.[48)]

제 7 절 공기업

Ⅰ. 서 론

1. 집권화의 촉진요인

공기업이란 국가 또는 지방자치단체가 소유하는 기업경영적 사업을 말한다. 따라서 공기업은 국가 또는 지방자치단체가 소유하는 사업이라는 점에서 공공적 소유(public ownership) 및 공공적 지배(public control)의 성격을 갖는다. 한편

48) 정인흥 외 3인, 전게서, p. 225.

공기업은 국가 또는 지방자치단체가 담당 · 수행하는 일반행정과는 달리 기업경영적 성격을 지니는 것이 특색이다.

현대국가는 19세기의 야경국가로부터 20세기의 복지국가로 변모되면서 정부기능이 확대됨에 따라 사경제의 영역에까지 활동범위를 뻗치게 되었으며 이른바 공기업이라는 형태의 사업을 운영하게 되었다. 이러한 공기업은 정부의 일반행정과는 다른 성격이 인정되고 특별한 조직방식을 채택하고 있다.

2. 공기업의 발달원인(설립동기)

우리 나라에서 공기업이 설립된 동기로서는 i) 경제발전의 촉진, ii) 독점적 사업, iii) 공공수요의 충족, iv) 재정수요의 충족, v) 역사적 유산 등을 들 수 있다.[49)]

일반적으로 공기업이 발달하게 된 원인은 나라와 시대에 따라 또는 정치적 · 경제적 · 사회적 기반에 따라 차이가 있으나 다음과 같은 점을 지적할 수 있다.

(1) 민간자본의 부족　　현대국가에서는 개인자본으로 대기업을 경영한다는 것은 매우 곤란하고 특히 발전도상국의 경우 민간기업가들은 자본과 경험의 부족, 위험에 대한 불안감 등으로 영리성이 적은 기업에는 참여하지 않으려는 것이 일반적인 경향이므로 정부가 개척자적 역할을 담당하게 되었다.

(2) 국방상 · 전략상의 고려　　국토방위를 위한 또는 전쟁을 승리로 이끌기 위한 방법으로서 공기업에 대한 요구와 설치를 자극하게 되어 공기업의 발전을 촉진시키게 되었다.

(3) 경제정책적 · 사회정책적 요구　　자본주의 경제의 발전 결과 필연적으로 독점기업의 성립을 보게 되었으며 이러한 사적 독점기업에 따르는 폐단을 제거하기 위하여 공기업이 발전되었다. 또한 완전고용의 유지, 노동조건의 개선 또는 높은 수준의 투자 유지 등을 위하여 공기업이 발전하게 된 제1차적 원인은 경제정책적 · 사회정책적 요구에 있었다.

(4) 정치적 · 실제적 동기　　공기업이 하나의 정치현상인 이상 그 발전이 정치적 동기에 있다는 것은 명백하다. 영국의 국유화산업이나 전기 · 석탄 · 가스 등에 대한 프랑스의 국유화조치도 이들 산업을 개인보다 국가가 통제할 것을 요

49) 유 훈, 『공기업론』, 법문사, 2000, pp. 15～16.

구하는 정치적 압력에 의한 것이었다. 실제적 이유에 의하여서도 공기업이 발전되어 왔다.

Ⅱ. 공기업의 특질(공공성과 기업성)

공기업은 기업성(능률)과 공공성(민주주의)이라는 양 지배원리에 의해 특징지워진다.[50]

1. 공공성

공기업은 이윤의 극대화가 제1차적 목적이 아니며 공익을 증진시키는데 목적이 있으므로 민주통제가 필요하다. 이러한 통제는 입법통제와 행정통제의 방식으로 행하여진다. 그러나 이와 같은 통제는 공기업의 정책과 정부의 일반정책을 일치시킬 수 있는 정도에 그치고 공기업의 대내적 관리운영에 대하여서는 충분한 자주성과 융통성이 보장되어야 한다. 공기업의 공공성은 제공되는 서비스·재화의 성질에 따라 결정된다고 할 수 있다.

2. 기업성

공기업이란 국가 또는 공공단체가 소유하는 행정사업 또는 관·공영사업을 기업적으로 경영하는 사업이다. 기업성이란 제3자에게 판매해야 할 상품을 자기채산에 의하여 계속적으로 생산하는 것이다. 기업적으로 경영한다는 것은 기업경영의 지도이념에 따라 경영하는 것을 의미한다. 따라서 공기업은 어느 정도의 수지면을 고려하여 원가보상 내지 실질적인 수익주의형태를 갖추게 된다. 그러나 공기업은 기업적인 성질을 가지는 기관이지만 사기업과는 다른 특징을 가지고 있다. 공기업은 사기업과 비교하여 ⅰ) 이윤동기, ⅱ) 소유·경영자의 차이, ⅲ) 가계와의 분리여부, ⅳ) 자본위험의 부담 등에서 차이가 있다.

3. 공공성과 기업성의 관계

공기업의 공공성은 넓은 의미에서 소유(공적 소유), 주체(공적 주체 또는 국민

50) 안용식, 『현대공기업론』, 박영사, 1984, pp. 66~71.

주체), 목적(공공목적), 서비스(공공 서비스), 규제(공공규제)로 이해할 수 있다. 이에 대해 기업성은 독립채산성과 생산성으로 파악될 수 있다. 공공성과 기업성은 변증법적으로 상호작용하면서 공기업 속에서 통일되어 있는 기본개념이다. 따라서 공공성과 기업성은 일반적으로 생각되고 있는 것처럼 어느 한쪽만이 존재할 수밖에 없는 이율배반의 것이 아니라 공기업 속에 통일되어 서로 양립하는 것이다.

공공성과 기업성은 '목적으로서의 공공성'과 '수단으로서의 기업성'으로 인식되어야 하며, 상호목적과 수단으로 양립하지 않으면 안 된다. 목적으로서의 공공성은 수단으로서의 기업성을 침해해서는 안되며 수단으로서의 기업성도 목적으로서의 공공성을 침해해서는 안 된다.

Ⅲ. 공기업의 유형

공기업의 유형은 여러 가지 분류기준에 따라 나눌 수 있으나 일반적으로 조직형태에 따라서 ⅰ) 정부부처의 형태를 지닌 공기업, ⅱ) 주식회사의 형태를 지닌 공기업, ⅲ) 공사로 분류한다.[51] 이 밖에 정부투자기관・정부출자기관과 간접투자기관으로 구분할 수도 있다.[52] 여기서는 조직형태에 따른 유형을 중심으로 살펴보기로 한다.

1. 의 의

정부부처의 형태를 지닌 공기업은 일반행정기관과 같이 정부조직법의 적용을 받는 공기업이다. 우리 나라의 종전의 철도청과 전매청은 대표적인 예가 된다.

주식회사의 형태를 지닌 공기업은 상법에 의하여 설립되는 형태를 취하며 혼합기업이라고도 하며 정부가 지배는 하나 소유하지 않는 공기업으로서 공사형

51) 유훈, 전게서, pp. 18~25.

52) 공기업의 범주에는 정부투자기관 뿐만 아니라 간접투자기관도 포함된다. 정부투자기관은 정부가 직접 투자한 공사 또는 주식회사의 형태를 가진 공기업 중 정부지분율이 5할 이상되는 기업을 말한다. 정부출자기관은 정부투자기관 이외에 납입자본금의 정부지분율이 5할에 미달하는 공기업을 말한다. 간접투자기관(정부투자기관의 출자회사)은 정부투자기관이 다시 출자한 기관이다. 예컨대 한국산업은행이 출자한 성업공사, 한국산업리스 등이다.

공기업과 더불어 정부투자기관이라 한다. 예컨대, 한국전력공사 · 한국종합화학공업주식회사 등이다.

공사는 가장 발달된 형태의 공기업으로서 국가 또는 지방자치단체와는 독립된 법인격을 가지며 원칙적으로 특별법에 의하여 설립되고, 공공성과 능률성을 동시에 최대한 보장할 수 있는 가장 합리적인 공기업 형태로 인식되고 있다.

2. 특 징

각 유형별 공기업의 주요한 특징을 살펴보면 다음과 같다.

(1) 설치근거 　정부부처의 형태를 지닌 공기업은 정부조직법에 의하여, 주식회사 형태를 지닌 공기업은 상법(회사편)에 의하여, 공사는 특별법에 의하여 설치된다.

(2) 출자 　정부부처의 형태를 지닌 공기업은 정부예산에 의하여, 주식회사 형태를 지닌 공기업은 국가 또는 지방자치단체와 또는 사인과의 공동출자에 의하여, 공사는 정부의 전액투자로 운영된다.

(3) 당사자능력 　정부부처의 형태를 지닌 공기업은 당사자 능력을 지니지 않으나, 주식회사의 형태를 지닌 공기업과 공사는 법인으로서 당사자능력을 지닌다.

(4) 직원의 신분 　정부부처의 형태를 지닌 공기업의 직원은 공무원으로서 임용방법이나 근무조건 등이 일반공무원과 동일하나, 주식회사의 형태를 지닌 공기업과 공사의 직원은 공무원이 아니며 직원의 인사규정은 자체적으로 제정할 수 있다.

우리나라 공사의 임직원도 공무원이 아니나 공사의 임원과 과장대리급 이상의 직원은 형법의 적용에 있어서 공무원으로 보아 벌칙의 적용을 받는다.[53)]

(5) 적용법률 　정부부처의 형태를 지닌 공기업은 일반행정기관에 적용되는 예산 회계 및 감사관계법령의 적용을 받으나, 주식회사의 형태를 지닌 공기업과 공사는 원칙적으로 일반행정기관에 적용되는 예산 회계 및 감사관계법령의 적용을 받지 않으나 예외적으로 감사관계의 법률인 감사원법의 적용을 받는다.

53) 정부투자기관관리기본법 제18조 및 동법 시행령 제14조.

Ⅳ. 공기업의 통제와 경영실적 평가

1. 공기업에 대한 통제

공기업에 대한 통제는 공기업이 설치 목적대로 운영되고 있는가를 공기업에 대한 최종적 책임이나 정치적 책임을 지는 정부가 통제하는 것으로서 공공성(민주성)과 기업성(능률성)을 조화시키는데 그 목적이 있다.[54]

통제방식은 통제주체에 따라 법인체 기업을 중심으로 다음과 같이 살펴볼 수 있다.

(1) 주무부처 장관에 의한 통제 주무부처 장관은 산하 공기업에 대한 임명권과 정관에 대한 승인권을 가지며 조직 및 재무관리 등 일반정책사항에 관한 감독과 지시를 내릴 수 있다.

(2) 예산 회계관계 장관에 의한 통제 공기업의 예산 회계에 관하여 관계장관은 통제할 수 있다. 기획예산처장관은 예산편성지침 시달과 정부투자기관운영위원회를 통하여 경영실적평가를 할 수 있고 기획예산처장관은 결산승인권을 가지고 있다.

(3) 회계검사기관에 의한 통제 정부투자기관은 감사원의 필수검사대상기관이며 다만 공기업감사에 대한 전문성이 부족하고 너무 적법성 판단에만 치중하는 데 문제점이 있다.

(4) 의회에 의한 통제 국민의 대표기관인 의회에 의한 공기업의 감독 통제는 각국에 따라 차이는 있으나 널리 행하여지고 있다. 우리나라의 경우 국정감사 및 국회 본회의에서 질의를 통해 통제할 수 있다.

(5) 경영실적의 평가를 통한 통제 경영실적의 평가는 공기업의 자율적 책임경영을 강화하기 위하여 채택한 것으로 사후통제로서의 기능을 한다.

2. 경영실적평가

1) 경영실적평가의 의의

공기업의 경영실적평가란 공기업의 구성원이 주어진 환경 속에서 어느 정도

54) 이는 정부부처 형태의 공기업에 대해서는 기업성을 확보하도록 하고 주식회사 형태의 공기업과 공사에 대해서는 공공성을 확보하도록 하는 데 있다.

의 성과를 달성했는가를 사전에 설정된 평가지표에 따라 측정하는 것을 말한다.[55] 이것은 경영개선을 유도하는 환류기능과 공기업 구성원들에 대한 동기부여라는 두가지 목적을 갖고 있다. 우리나라는 1983년 12월에 정부투자기관관리기본법이 제정되면서 정부투자기관관리방침이 사전통제 위주에서 사후평가 체제로 전환되었으며, 현재 "공공기관의 운영에 관한 법률"에 의거 기획재정부에 설치된 공공기관운영위원회에서 매년 경영실적평가를 담당하고 있다.

2) 경영실적평가의 유형

경영실적평가의 유형은 평가자가 누구냐에 따라서 내부평가와 외부평가로, 평가를 수행하는 횟수에 따라서 일회의 종합적 평가와 수시평가 및 주기적 평가로,[56] 대상기간을 어느 정도로 하느냐에 따라서 단기적 평가와 장기적 평가로, 기업의 경영성과를 평가하기 위하여 기업자체평가와 경영진 평가로 구분할 수 있다.[57]

3) 경영실적평가지표

공기업의 경영실적평가의 성공여부는 적절한 지표의 개발과 실적평가결과의 반영에 달려 있다고 할 수 있으므로 적절한 실적평가지표의 개발이 필요하다. 경영실적평가지표의 유형으로는 단기적 경영실적평가지표와 장기적 경영실적평가지표, 계량지표와 비계량지표, 이익율지표, 재무비율지표, 서비스지표 등이 있다.[58]

Ⅴ. 공기업의 문제점과 개선방안

우리나라의 공기업은 해방 후부터 점차적으로 발전되어 왔지만 정치적 압력과 경영관리기술의 부족으로 부패의 온상이 되어왔으며 누적적인 적자경영을 계속해 왔다. 또한 대부분의 공기업이 창의성과 진취성이 없는 관료주의적인 안이

55) 유훈, 전게서, p. 433.
56) 노화준, 『정책평가론』, 법문사, 1997, p. 55.
57) 유훈, 전게서, pp. 434～435.
58) 우리나라는 1993년도부터 종합경영지표, 주요사업지표, 관리효율지표, 경영관리지표로 나누고 있다.

한 운영을 반복함으로써 공공성과 능률성 및 자주성을 제대로 확보하지 못하였다.

1980년대에 들어와서 정부투자기관관리기본법의 제정과 더불어 공기업의 경영실적을 평가하고 자율성을 부여하려는 노력이 기울여지고 있으며 공기업의 민영화도 추진되고 있다.[59)]

1. 조직관리

대체로 위계질서가 경직화되고 목적보다 절차를 중요시하는 관료주의적 폐단이 초래되었으며 업무·기능이 중복되고 인력의 합리적 관리가 이루어지지 못하였다. 국가의 과도한 통제와 규제로 공기업의 자율성이 침해되어 효율적인 운영이 이루어지지 않고 책임경영제도가 정착화되지 못하였다. 즉 감독기관으로부터 형식상으로는 자율성과 독립성이 보장되어 있으나 실제는 행정기관으로부터 많은 감독과 통제를 받고 있으며 행정기관에 예속되어 있다. 따라서 보다 합리적인 기준에 의하여 운영상의 자율성·능률성이 광범하게 인정되어야 한다.

2. 인사관리

정실인사가 만연하여 능력중심의 인사관리가 이루어지지 않고 있는바 임원·직원인사가 감독관청의 인사침체를 해결하는 수단으로 이용되고 외부인사를 많이 기용하여 중간관리층의 상위직 진출이 저해되어 왔다. 따라서 전문가가 부족하여 경영의 합리화가 이루어지지 않고 있다. 신설된 이사장제도도 비전문인의 등용으로 공기업경영의 효율화에 역행하고 있다. 실적주의 중심으로 인사관리를 합리화시키고 최고관리자의 책임경영제를 실질적으로 확립시켜야 하며 정치적 간섭이나 인사압력이 배제되어야 한다.

3. 재무관리

자본조달의 복잡성, 자본구조의 불건전성, 지급이자의 과중부담, 요금결정의 비합리성, 감가상각과 자산재평가의 불합리성 등의 문제가 제기되어 왔으며 비전문가·무능력자의 임용으로 예산이 비합리적으로 집행되고 만성적인 경영부

59) 김규정, 전게서, pp. 389～390.

실화가 지속되었다. 공기업의 자주성과 능률성이 광범하게 인정되어야 하며 책임경영제의 내실화를 위하여 현행 경영실적평가제도의 정착화와 효율화에 주력해야 한다.

4. 공기업의 민영화

공기업의 민영화(privatization)란 정부 또는 공공부문의 자산이나 기능을 민간부문에 이전하여 상대적으로 한 나라의 경제활동에 대한 정부와 공공부문의 관여를 줄이고 민간부문의 영역을 확대하는 것을 말한다. 좁게는 공기업의 민간매각(완전 민영화)을 의미하고 넓게는 공사를 주식회사로 전환하여 그 주식의 상당부문을 민간에 매각(부분적 민영화)하는 것을 의미한다. 우리나라는 1980년대에 들어와서 정부투자기관관리기본법의 제정과 더불어 공기업의 경영실적을 평가하고 자율성을 부여하려는 노력이 기울여지고 있으며 공기업의 민영화도 추진되고 있다.[60]

60) 1968년 이후 공기업 민영화는 수 차례 시행되었다. 1987년에는 국민주방식으로, 1993년에는 58개 공기업 민영화와 10개 통폐합을 추진했으나 이해당사자의 반발로 인해 완전한 결실을 이루지 못했다. 1998년부터 진행된 공기업 민영화와 경영혁신은 외환위기와 경제위기의 극복을 위해서도 시행되었으며 포스코 (1998), KT&G (1999), KT (1999), 두산중공업 (2000)등의 기업들이 민영화가 완료되었다. 이후 정부는 공공기관의 경쟁력 강화를 위해 2008년에 '공공기관 선진화' 방안을 마련하였으며 이 방안에 따라 24개 기관 민영화를 추진하였다. 2009년부터 착수한 기관은 (주)한국토지신탁, (주)농지개량, 한국문화진흥(주) 등 9개 기관이며 2010년이후 착수한 기관은 대한주택보증(주), 한국건설관리공사, 경북관광개발공사 등이다. 금융부문에서는 산업은행과 기업은행 및 5개 자회사를 포함하여 총 7개 기관이 추진중이다. 공기업 민영화가 어려움을 겪는 이유는 금융위기로 인한 M&A 시장 침체, 기득권층의 반발과 경제력 집중문제, 민영화이후의 혼란, 경영권 프리미엄, 노동조합의 개입 등을 들 수 있다.

제 8 절 책임운영기관

Ⅰ. 서 론

1. 책임운영기관의 의의

책임운영기관제도란 행정기관의 지위를 그대로 유지하면서도 기관장[61]을 공개채용하고 기관장에게 인사·조직·예산운영상 재량성을 부여하여 조직운영의 자율성을 보장하는 한편 그 결과에 대해서는 보상과 책임을 지도록 하는 제도이다. 즉 정부가 기관장에게 최대한의 재량권을 주되 경영의 책임을 묻는 공공기관 운영방식이다. 따라서 책임운영기관은 정부가 수행하는 사무 중 공공성을 유지하면서도 경쟁원리에 따라 운영하는 것이 바람직한 사무를 담당하며 독립성과 자율성을 보유하면서 그 운영성과에 대하여 책임을 지도록 하는 행정기관이다.[62] 한마디로 말해서 신공공관리론에서 주장하는 바와 같이 민간기업의 관리방식을 도입하고 관리자에게 보다 많은 신축성을 부여한 다음 그 성과에 따라 책임을 묻도록 하는 기관이라 할 수 있다.[63]

책임운영기관제도는 '개방형 임용제', '목표관리제' 등과 함께 관료조직에 경쟁마인드를 불러일으키고자 도입된 제도들로서 국민의 정부에 들어서 책임운영기관제도의 도입 등 여러 가지 행정개혁을 시도하게 되었다.

1997년도에 학계 등에서 논의가 시작되어(예: 김병섭 외, 1997 ; 총무처 직무분석 기획단, 1997), 1998년 2월 정부개편심의위원회에서 '책임경영행정기관'이란

61) 책임운영기관의 장을 '사장'으로 번역하기도 한 사례 (총무처 직무분석기획단, 『신정부혁신론』, 동명사, 1997, p. 296).

62) 책임운영기관의설치·운영에관한법률 제2조.

63) 유훈, "책임운영기관에 관한 연구," 『행정논총』, 제38권 제1호, 2000, p. 65.

이름으로 도입이 공식적으로 추진되었다. 그 뒤 1999년 1월 29일 '책임운영기관의 설치 · 운영에 관한 법률'이 제정되었고, 이에 근거하여 2000년 1월 1일부터 국립중앙극장, 국방홍보원, 국립중앙과학관 등 10개의 책임운영기관이 시범 운영되어 왔다. 2011년 5월 현재 38개 기관이 지정되어 확대 · 운영 중이다.[64)]

2. 책임운영기관의 발생배경

책임운영기관 제도는 영국에서 1988년 최초로 도입 운영된 이후 다른 웨스트민스트 국가들과 미국, 뉴질랜드 등의 국가로 확산 · 적용되고 있다.[65)]

영국은 1988년 최초로 책임운영기관이 설립된 이래 1996년말에는 131개 기관이 책임운영기관으로 전환되었고 추가로 28개 기관이 책임운영기관으로 전환될 예정이라고 한다. 정책의 집행이나 서비스의 전달(delivery)을 주로 담당하는 기관들은 정책결정을 담당하는 기관들과 구별되고 이들을 책임운영기관으로 지정하여 민간기업의 관리방식을 도입하고 경쟁원리를 적용하여 능률의 제고에 이바지하자는데 그 취지가 있다고 하겠다.

Ⅱ. 책임운영기관의 도입 필요성

1. 성과중심의 정부개혁

공기업을 포함하여 정부조직에 소속된 대다수의 조직들은 정부의 암묵적 지급보증으로 인한 파산위험으로부터 해방되어 있으며 주인의식의 부재로 인하여 이익창출과 효율성 향상의 유인이 적어 성과산출에는 경쟁력이 없는 것이 현실이다. 그러므로 책임운영기관제의 도입은 모든 성과에 관한 실적을 기관장에게 물어 성과중심의 정부개혁을 위한 제도의 도입이라고 하겠다.

---

64) 2006년부터 자체수입 비율에 따라 행정형과 기업형으로 구분 운영되었던 책임운영기관이 2011년 5월 이후 실제 사무 내용에 따라 6개의 유형으로 재분류 되어 기관별 특성에 맞게 관리하도록 하였다. 현재 38개 책임운영기관이 운영되고 있으며 구체적인 내용은 다음과 같다. 조사연구형 기관(16개): 국토지리정보원, 국립수산과학원 등. 교육훈련형 기관(2개): 국립국제교육원, 한국농수산대학. 문화형 기관(6개): 국립중앙과학관, 국립중앙극장 등. 의료형 기관(9개): 국립서울병원, 경찰병원 등. 시설관리형 기관(4개): 울산지방해양항만청, 대산지방해양항만청 등. 기타 책임운영기관(1개): 특허청.

65) 책임운영기관(agency)의 아이디어는 1988년 영국의 Robin Ibbs가 고안한 것이라고 한다.

2. 조직운영의 개선

성과산출을 위해서 책임운영기관장의 역할에 부가하여 조직운영의 신축성을 위해 인사와 예산운용에 관한 실질적 권한이 기관장에게 주어진다면 책임운영기관은 현실적합성 있는 운용이 가능하게 될 것이다.

3. 고객지향적 행정의 구현

고객지향적 행정의 구현은 현대정부 개혁의 기본방향이라 할 수 있다. 사실, 정부의 고객은 그 개념정의부터 용이하지 않은 편이나, 성과산출을 위해 책임운영기관제의 적용기관들의 경우 그 해당 고객의 구분이 상대적으로 가능하다고 하겠다. 따라서 이러한 분야에서의 성과중심의 제도 개선은 고객지향적인 행정을 실현하는 것과 방향이 일치한다 하겠다.

4. 정부팽창의 방지

현대 정부는 그 업무분야의 무한 확대로 인해 꾸준히 팽창을 해 왔으며, 정부조직은 파킨슨의 법칙에서 설명하듯이 지속적으로 확대되는 경향이 있다. 따라서 책임운영기관의 도입은 이러한 정부조직의 비대화를 방지하고, 생산성 향상과 성과산출을 위한 건강한 조직으로 재편되는데 도움을 줄 수 있다고 볼 수 있다.

5. 정책결정과 정책집행의 분리

정책결정을 담당하는 기관과 정책의 집행 또는 서비스의 전달(delivery)을 담당하는 기관을 분리하여,[66] 정책결정은 전통적인 정부기관에 맡기고 정책의 집행이나 서비스의 전달은 규제위주의 전통적인 정부기관에 맡길 필요가 없으며 신축성과 자유재량이 풍부한 새로운 형태의 정부기관(책임운영기관)에 맡겨 능률의 제고를 이룩할 필요가 있다.

---

66) Mascarenhas는 『정책과 행정』의 분리라는 표현을 사용하고 있다.

6. 경쟁원리의 도입

경쟁원리의 도입은 기업문화의 도입과 밀접한 관련이 있다. 영국에서는 전통적으로 정부부문과 민간기업의 경쟁을 바람직한 것으로 보지 않았다. 그리하여 제2차 대전 직후의 국유화 과정에 있어서도 one sector one enterprise의 원칙을 고수하여 한 공기업이 특정부문을 독점하고 민간기업과의 경쟁을 허용하지 않았던 것이다.

그러나 1979년 Thatcher 정부가 들어선 후에는 공기업의 민영화를 단행하였을 뿐만 아니라 능률의 제고를 위하여 공기업과 민간기업의 경쟁을 촉진하고 장려하였던 것이다.[67)]

책임운영기관이 담당하는 정책의 집행이나 서비스의 전달은 정책결정과 달라서 민간부문과의 경쟁뿐만 아니라 같은 정부부문간의 경쟁이 가능한 분야이다.

Ⅲ. 책임운영기관의 설치요건 및 기관장의 채용

1. 설치요건

우리나라 책임운영기관은 중앙행정기관의 산하기관으로서 다음의 두 가지 요건 중 어느 하나에 해당되는 경우에 설치가 가능하다.(동법 제4조)

① 기관의 주된 사무가 사업적·집행적 성질의 행정 서비스를 제공하고 성과측정기준의 개발과 성과의 측정이 가능한 사무인 경우이거나, ② 기관운영에 필요한 재정수입의 전부 또는 일부를 자체 확보할 수 있는 경우이다.

즉 서비스의 전달(delivery)이나 정책집행을 담당하는 기관으로서 산출(outputs)의 계량화가 가능한 경우이거나 자체수입이 있는 기관으로서 독립채산이 가능하면 더욱 바람직하다는 것이다.

2. 책임운영기관장의 채용

(1) 기관장의 신분 책임운영기관의 장(기관장)은 경력직공무원의 신분을

67) 유훈, 전게논문, p. 63.

지니는 것이 아니라 계약직공무원으로서 5년의 범위 내에서 임명권자인 중앙행정기관의 장이 임기를 정하도록 되어 있다(동법 제7조).

(2) 기관장의 자격요건　기관장은 행정과 경영에 관한 지식 · 능력 또는 관련분야의 경험이 풍부한 자여야 하는데 기관장의 채용요건은 중앙행정기관의 장이 행정자치부장관과 협의하여 결정하도록 되어 있다.

(3) 기관장의 채용방법　기관장은 공개모집절차에 따라 채용하되 공개모집, 채용절차, 채용계약의 내용 등은 대통령령에 위임되어 있다.

(4) 경력직공무원에 대한 배려　경력직공무원이 기관장으로 채용되기 위하여 퇴직한 경우에 채용기간이 만료되거나 채용계약이 해지된 때에는 퇴직시에 재직한 직급의 경력직공무원으로 우선하여 특별채용할 수 있다.

Ⅳ. 책임운영기관의 문제점과 개선방향

1. 책임운영기관의 거대화 우려

영국에서는 책임운영기관이 수적으로 크게 늘어났을 뿐만 아니라 책임운영기관 종사자도 공무원 총수의 4분의 3에 달하고 있는 실정이다.[68)]

2. 중앙행정기관의 장과 책임운영기관장의 책임 한계

정책결정과 운영(operation)의 한계가 애매모호한 점이 있으므로 정책결정을 담당하는 중앙행정기관의 장과 운영을 담당하는 책임운영기관장 사이에 책임 한계의 문제가 발생한다. 다시 말해서 책임운영기관장의 채용계약에 책임운영기관장의 업무에 관해서 상세하게 규정될 것이나[69)] 아무리 구체적으로 규정한다 하더라도 정책과 운영의 한계의 문제가 대두하기 마련이다. 특히 중앙행정기관의 장이나 그 참모들이 책임운영기관의 일상적 업무에 대한 간섭이 심할 경우에 책임의 한계가 더욱 어려운 문제로 대두하게 될 것이다.

68) 유훈, 전게논문, pp. 70～71.
69) 동법 제7조 제4항.

3. 책임운영기관장의 신분보장

책임 한계와 밀접한 관련이 있는 문제가 기관장의 신분보장의 문제이다. 전술한 바와 같이 책임운영기관장은 직업공무원이 아니며 임기를 지닌 계약직 공무원이며 성과에 따라 책임지게 되어 있기 때문에 임기만료전이라 할지라도 계약의 해지사유가 발생하면 해임될 수 있는바 책임운영기관장은 직업공무원과 같은 신분보장을 누리지 못하여 소신있는 운영이 어려울 수도 있게 된다.

따라서 책임운영기관장은 성과에 따라 책임을 지되 채용계약상의 계약해지사유를 구체화하여 놓고 책임운영기관장의 계약해지 시에는 중앙행정기관의 장에게 일임할 것이 아니라 책임운영기관 평가위원회[70] 또는 책임운영기관운영심의회[71]의 의결사항으로 하여야 할 것이다.

4. 민간기업과의 밀착

영국에서는 책임운영기관의 장을 공개채용한 결과 민간기업의 관리자들이 많이 채용되어 이들이 기관장의 직무를 마친 다음 다시 민간기업으로 되돌아가는 일이 종종 발생하여 부패를 조장하고 있다는 비판이 제기되고 있다.[72]

그러나 우리나라의 경우 책임운영기관의 장을 공개모집하는 경우 영국의 경우와는 달리 민간기업 관리자들은 거의 응모하지 않고 직업공무원들만이 계약직으로 바꾸어 기관장을 차지할 가능성도 없지 않다.

5. 자율성의 제한

책임운영기관은 주무부처장관과 해당 책임운영기관장과의 협의 및 합의를 기본적인 원칙으로 하는데, 책임운영기관장은 조직, 인사, 예산의 관리 운영과

---

70) 운영심의위원회의 평가결과, 책임운영기관의 존속여부 및 책임운영기관 관련제도의 개선 등에 관한 중요사항을 심의·평가하기 위하여 행정자치부장관 소속하에 책임운영기관평가위원회를 둔다. 책임운영기관 운영심의회는 그 산하에 책임운영기관을 두고 있는 중앙행정기관마다 설치하도록 되어있는데 대하여 책임운영기관평가위원회는 범정부적 기관이므로 하나만 있다.

71) 책임운영기관의 사업성과의 평가 기타 책임운영기관의 운영에 관한 중요사항을 심의하기 위하여 중앙행정기관의 장 소속하에 책임운영기관운영심의회를 둔다. 중앙행정기관의 장 소속하에 심의회를 둠으로 책임운영기관을 그 산하에 두고 있는 중앙행정기관은 모두 그 산하에 심의회를 둔다고 해석된다.

72) 유훈, 전게논문, pp. 71~72.

관련하여 주요 사항은 행정자치부 및 기획예산처와 사전 협의해야 하고, 주무부처장관의 사전 승인을 받도록 되어 있어 자율성이 제한되어 있다.[73]

---

73) 2000년부터 1년간 10개의 책임운영기관들의 운영실태를 분석한 연구결과에 의하면 '기관장 채용', '조직관리', '인사관리', '재무관리' 부문에 관해 법령상으로는 '자율성' 보장이 일부 제도화되어 있었으나 현실에서 이를 구체화 할 수 있는 운영지침들이 미비된 경우가 많아 '자율성' 보장을 위한 제도들이 도입 취지를 살리지 못하고 있는 경우가 많았다. 정부는 책임운영기관장의 자율성이 대폭 확대되는 방향으로 법적 · 제도적 뒷받침을 마련하여야 할 것이다(김병섭 · 정진우 · 임보영, "책임운영기관제도운영의 평가," 『행정논총』, 제39권 제1호, 2001. 6, pp. 71~79).

제 3 장 행정조직의 관리

제 1 절 의사결정

Ⅰ. 의사결정(decision-making)의 의의

의사결정이란 조직목표를 달성하기 위하여(혹은 조직내의 문제를 해결하기 위하여) 두 개 이상의 대안(alternatives, 행동방안) 가운데서 의식적으로 하나의 대안을 선택하는 과정이다. 이러한 정의 속에는 다음과 같은 내용이 내포되어 있다. 첫째, 의사결정은 선택행위를 포함한다는 점이다. 만약 가능한 행동방안이 오직 하나밖에 없다고 한다면 거기에는 의사결정이란 것이 존재할 수 없다. 둘째, 의사결정은 의식적인 수준에서 행하여지는 정신적 과정(mental processes)을 내포하고 있다는 점이다. 셋째, 의사결정은 목표지향적이라는 점이다. 즉 그것은 어떤 목표의 달성을 촉진시키기 위해서 이루어지는 과정이다.

의사결정은 계층제의 상위층으로부터 하위층으로 내려감에 따라 그 성질이 달라진다. 즉 최고관리층에서 환경과의 관계를 고려하면서 행정조직 전체의 행동방향 내지 정책목표에 관한 결정(정책결정)을 내리면 중간관리자층은 목표를 보다 구체화시켜 지시사항을 효과적으로 수행하기 위한 결정을 한다.[1)]

행정에 있어서 조직관리자들의 의사결정은 그것이 국민생활에 직접적 또는 간접적으로 영향을 미치게 된다는 점에서 의사결정은 매우 중요한 것이라 하겠다.

1) 의사결정과 정책결정의 관계에 관해서는 제2편 제1장 참조.

Ⅱ. 의사결정의 유형[2)]

1. 정형적 결정과 비정형적 결정(programmed and non-programmed decision)

Simon에 의하면 정형적 결정이란 동일한 의사결정이 반복하여 이루어지거나 또는 문제해결을 위한 명확한 방법이 미리 정해져 있어서 그 의사결정이 정형화되어 있는 경우를 말하고, 비정형적 결정은 당면한 문제가 새로운 것이거나 문제의 핵심이 명확하지 않거나 또는 문제가 매우 중요하여 미리 마련된 해결방안을 이용할 수 없을 때 내리는 결정이라고 한다. 정형적 결정은 확립된 선례·계획·절차에 따라 결정을 하는 것이며 비정형적 결정은 그러한 것이 없는 전혀 새로운 결정을 하는 것이다. 비정형적 결정은 비반복적 결정이라고도 하는데 대안의 모색이 필요한 것은 이러한 비정형적 결정에 있어서이다.

2. 가치결정과 사실결정

모든 의사결정은 가치전제와 사실전제에 입각하고 있다. 전자는 논리적인 것으로 당위와 선에 관한 것인데 반하여, 후자는 경험적으로 관찰할 수 있고 대상에 관한 검증을 할 수 있는 것이다. 가치결정은 목적을 선택하는 것이고 사실결정은 목적을 달성하기 위한 수단을 선택하는 것이라고 하겠다. 그러나 목적과 수단은 연쇄적 관계에 있기 때문에 어떤 의사결정이 가치결정이냐 또는 사실결정이냐의 문제는 상대적인 것이다.

3. 개인적 결정과 집단적 결정(조직적 결정)

개인적 결정은 관리자 개인의 판단에 의하여 선택행위를 행하는 것이다. 개인적 결정이 이루어지는 경우는 조직규모가 적은 경우, 관리자가 타인을 불신하고 자신이 유능하다고 생각하는 경우, 의사결정에 소용되는 시간과 비용을 절약

2) 의사결정의 유형에 대해서는 제2편 제1장 참조.

하기 위한 경우, 관리자 자신의 위신과 권력욕을 추구하는 경우 등을 들 수 있다. 집단적 결정은 결정의 내용과 관련된 사람이나 전문가를 참여시켜 대안의 선택행위를 행하는 것을 말한다. 집단적 결정은 조직 구성원을 참여시켜 협동하여 결정한다는 데 의의가 있다.

4. 전략적(strategic) 결정과 전술적(tactical) 결정

전략적 결정은 조직의 목표달성이나 발전과 같은 문제에 관한 결정을 말하며 전술적 결정은 일상적·관례적인 성격을 가진 결정으로서 전략적 결정을 실천에 옮기기 위한 수단적·기술적 성격을 가지고 있다.

Ⅲ. 의사결정의 과정

의사결정 과정에 대하여는 학자들에 따라 다양하게 그 과정을 구분하고 있다.[3] 여기서는 문제의 인지, 정보 및 자료의 수집과 분석, 대안의 작성과 평가, 대안의 선택 등 4단계로 구분하여 보기로 한다.[4]

1. 문제의 인지 및 목표의 설정

의사결정이 이루어지려면 과연 문제가 무엇인가를 발견하고 인지하여야만 한다. 문제점이 파악되면 그에 따른 목표가 설정되어야 한다.

2. 정보 및 자료의 수집과 분석

인식된 문제에 관련되는 정보 및 자료를 각 방면으로부터 수집하고 취사선택한 다음 이러한 정보 및 자료가 문제해결에 도움이 되는지의 여부를 분석하고 조사한다.

---

3) Simon은 의사결정과정을 i) 정보활동(intelligence activity), ii) 설계활동(design activity), iii) 선택활동(choice activity)의 3단계로 구분한다.

4) 윤재풍 외 2인, 전게서, pp. 128~130; 정정길, 전게서, pp. 331~351. 의사결정과정에 관한 보다 상세한 설명은 제2편 제1장 참조.

3. 대안의 작성과 평가

수집된 정보 및 자료를 분석한 후에는 문제의 해결을 위한 가능한 여러 대안을 작성하고 평가한다. 각 대안들의 장·단점과 비용·효과 및 각 대안이 선택되었을 경우에 발생할 결과들에 대한 비교분석과 평가가 철저히 이루어져야 한다.

4. 대안의 선택

여러 대안 중에서 합리적이며 최선의 것이라고 생각되는 방안을 채택하여 결정한다. 그러나 실제적으로는 합리적·규범적 선택행위는 여러 가지로 제약을 받게 되므로 점증적이거나 현실적인 만족수준에서 이루어지는 경우가 많다.

Ⅳ. 의사결정의 이론모형

(제2편 제2장 참조)

Ⅴ. 우리 나라 행정조직의 의사결정

(제2편 제1장 참조)

제 2 절 권 위

Ⅰ. 권위의 의의

1. 권위(authority)의 개념

권위의 개념을 일반적으로 정의해 보면 조직의 규범에 의하여 정당성이 부여된 권력으로서 조직의 구성원에게 일반적으로 수용되는 권력이라고 할 수 있다. 권위의 개념은 여러 학자들에 의하여 다양하게 정의되고 있다. 예를 들면, D. Katz와 R.L. Kahn은 권위를 '정당한 권력'(legitimate power)이라 보았고, M. Weber는 '명령에 일정한 사람들을 복종케 할 가능성'이라고 보았다. 특히 Weber는 명령에의 복종이 자유의사에 기인하는 자발적인 것으로서 그것은 정당성에 대한 합리적 신념에 근거를 두고 있다고 보았다.

C.I. Barnard는 Weber와는 달리 권위수용설(acceptance theory of authority)을 주장하고 있다. 즉, 권위란 개인의 수용, 바꾸어 말하면 동의에 의존하는 것이라는 견해를 밝히고, 조직에 있어서의 권위란 상사의 명령이 부하에 의하여 수용될 때 비로소 실효성이 있으며, 그렇지 않은 경우 권위란 인정될 수 없다는 것이다. H. A. Simon은 Barnard의 권위수용설을 계승하여 권위란 타인의 행동을 인도할 의사결정을 할 수 있는 힘[5]이라고 정의한다. 요컨대, 권위란 명령복종에 대한 자발성과 정당성에 대한 합리적 신념을 기초로 공동목표달성을 지향하여 행사되는 조직에 있어서 제도화된 권력이라고 할 수 있다.

2. 권위·권력(power)·영향력(influence)의 구별

권력이란 상대방의 의사에 관계없이 어떤 행동이나 결정을 하도록 하는 잠재적 내지 실제적 능력 또는 명령을 받아들이도록 하는 능력을 의미한다.[6] 권력은 권력보유자에 대한 비보유자의 의존관계(dependance relationship)에 근거한다.[7] 권력관계는 의존관계를 의미한다. 즉 권력행사자는 상대방이 가치 있는 것으로 평가하는 것을 지배하므로 상대방은 권력보유자에게 의존하게 된다. 따라서 A행위자에 대한 B행위자의 의존성이 크면 클수록 A의 권력은 커진다.

권위·권력과 영향력은 공통적인 속성을 갖는 유사개념으로서 서로 연관성을 가지고 혼용되기도 하며 동의어처럼 다루어지기도 한다. 그러나 권력은 권위보다 타인의 복종을 강요할 수 있는 힘의 범위가 더 넓고 보다 포괄적이며 공식적

5) H. A. Simon, *Administrative Behavior: A Study of Decision-Making Processes in Administrative Organization* (New York: Macmillan, 1945), p. 125.

6) Julius Gould and William L. Kolb (eds.), *A Dictionary of the Social Sciences* (New York: The Free Press, 1964) p. 524.

7) 조석준, 전게서, pp. 270~271; 양창삼, 전게서, pp. 549~563.

지위뿐만 아니라 비공식적 지위 또는 인간관계의 일시적 유동적 측면과도 관련된다.[8)]

권위의 근거는 공식적 직위에 있지만 권력은 공식적 직위에 한정되지 않고 타인의 행태에 변화를 일으킨다. 권위는 정당성을 가진 권력이며 명령에 의한 복종은 자발적이라는 점에서 권력과 구별되지만 권력의 원천이기도 하다.

영향력은 심리적 행태적 변화라는 결과를 수반하는 힘으로써 힘이 미치는 결과에 중점을 두며 권위·권력보다 범위가 넓은 일반적 개념이며 리더십과 밀접하게 관련된다.

Ⅱ. 권위의 기능

공식적 조직에 있어서 권위의 기능을 Simon의 견해에 따라 살펴보면 다음과 같다.[9)]

1. 책임의 강제

권위는 조직구성원으로 하여금 집단 또는 권위행사자가 정해 놓은 규범을 따르도록 강제하는 기능을 가지고 있다. 개인의 책임을 강제하기 위하여 권위가 행사될 때에는 제재(sanctions)가 수반된다.

2. 의사결정의 전문화

권위는 합리성·효율성이 높은 의사결정을 가능하게 하므로 의사결정에 있어서 전문성을 높이고 확보하는 기능을 한다. 의사결정은 전문성이 높을수록 권위성도 높아지고 잘 수용되므로 권위는 전문화를 촉진·향상시키게 된다.

3. 조직활동의 조정

권위는 조직구성원들이 조직의 목표를 효율적으로 달성하기 위한 활동과정에서 상호 모순되지 않는 일관된 의사결정을 행하도록 조정할 뿐만 아니라, 상위자

---

8) 김규정, 전게서, pp. 300~301.
9) Simon, *op. cit.*, pp. 135~140.

로 하여금 하위자간의 분업의 협조·조화를 확보하는 통합작용을 촉진한다. Simon은 권위의 조정기능을 절차적 조정과 실체적 조정으로 나누고 있다.

Ⅲ. 권위의 유형

1. 권위의 정당성 기준

Weber는 권위의 정당성의 계기에 따라 권위를 전통적 권위, 카리스마적 권위, 합법적 권위로 나누고 있다.

(1) 전통적 권위(traditional authority)　권위의 정당성이 옛날부터 답습해 오는 사회의 전통이나 관습에 의해서 인정되는 권위를 말한다.

(2) 카리스마적 권위(charismatic authority)　어떤 인물의 초인적 힘이나 자질, 어떤 계시나 영웅적 및 마술적 능력에 대한 절대적 신뢰를 바탕으로 형성되는 권위를 말한다. 이 카리스마적 힘에 의해 발휘되는 권위는 장기적으로 계속 존재하게 되는 경우 전통적 권위로 발전된다고 한다. 특히 조직이 위기상황에 처했을 때 이러한 지배자가 탄생할 가능성이 많다.

(3) 합법적 권위(legal authority)　법규화된 질서의 합법성과 그 질서에 따라 부여된 지배력을 행사하는 사람의 권한이 합법적이라는 신념에 근거를 둔다. 이를 전형적으로 표현한 것이 관료제이다. 이 경우 복종자는 지배자 개인에게 복종하는 것이 아니라 객관적인 법에 복종한다는 것이다. 행정조직에 있어서의 권위란 바로 이 합법적 권위와 관련되어 있다.

2. 권위수용의 기준

Simon, Smithburg, Thompson 등은 상관의 권위를 부하가 수용하는 심리적 동기를 고려하여 권위의 유형을 다음과 같이 나누고 있다.[10)]

(1) 신뢰의 권위(authority of confidence)　신뢰의 권위란 어떤 사람이 다른 사람으로부터 신망을 얻는 특수한 능력이라고 할 수 있다. 신뢰의 권위는 자기가

---

10) Herbert A. Simon, Donald W. Smithburg and Victor A. Thompson, *Public Administration* (New York: Alfred A. Knopf, 1950), pp. 186～201.

깊이 신뢰하는 자의 의사결정을 아무런 비판 없이 받아들이는 경우에 생기는 것이며, 예컨대 의사는 그들의 기능적 지위를 보유하고 있는 까닭에 모든 사람들로 하여금 신뢰의 권위를 갖도록 한다.

Simon은 신뢰의 근거의 차이에 따라 이러한 권위를 지니고 있는 사람의 지위를 기능적 지위(functional status)와 계층적 지위(hierarchical status)로 분류하고 있다.

(2) 동일화의 권위(authority of identification)　개인이 조직에 대하여 귀속감이나 일체감을 느낄수록 조직의 목표에 부합되는 상급자나 기타 다른 사람들의 의사결정을 광범위하게 수용하게 된다.

(3) 제재의 권위(authority of sanctions)　이것은 권위의 수용을 강제하기 위하여 부하에 대하여 영향력을 미칠 수 있는 상급관리자의 능력을 말한다. 즉, 여기서의 제재란 보상(적극적 제재)과 처벌(소극적 제재)의 양자를 포함하는 넓은 의미의 것이다. 관리자가 부하를 징계·해임하여 부하에게 불리한 결과를 초래케 하는 경우가 소극적 제재(negative sanctions)에 해당되고, 부하를 승진 승급시켜 유리한 결과를 초래하는 경우가 적극적 제재(positive sanctions)에 해당한다.

(4) 정당성의 권위(authority of legitimacy)　이것은 복종의 근거를 정당성에 두는 권위를 말한다. 인간은 사회화과정을 거치면서 '게임의 규칙'에 따라야 한다고 생각하기 때문에 정당한 권위를 수용하는 것이다. 인간은 어떠한 조직이나 집단에 참여할 때에는 조직의 규칙이나 절차의 정당성을 인정하고 거기에 복종하려 한다.

3. 행정적·전문적 기준

A. Etzioni는 권위를 일반적·관리적 성격과 전문적 성격에 따라 행정적 권위와 전문적 권위로 구분한다.[11)]

(1) 행정적 권위(administrative authority)　행정적 권위란 일반행정가가 지니고 있는 일반적·관리적 성격의 권위를 말한다. 행정적 권위에 의하여 상급자는 부하의 활동이나 전문가의 활동을 조정·통제할 수 있다.

(2) 전문적 권위(professional authority)　전문적 권위는 개인적 특성을 가진 지

11) Etzioni, *op. cit.*, pp. 75~93.

식이나 전문적 능력에 근거를 둔다. 전문가(예컨대 의사·교수 등)들이 지니고 있는 권위를 말한다. 고도로 개성화된 전문적 권위는 상급자에 의한 조정과 통제의 근거가 되는 행정적 권위와 대립되고 있다. Etzioni는 관리상의 의사결정과 전문적인 기술상의 의사결정간의 대립을 인정한다.

Ⅳ. 권위의 수용

권위란 상대행위자에 의하여 수용되어야만 완전하게 성립한다. 여기서는 권위의 수용에 대한 독특한 개념인 '무차별권' (zone of indifference)과 '수용권' (zone of acceptance)에 대하여 살펴보기로 한다.[12)]

1. 무차별권(zone of indifference)이론

(1) 무차별권(무관심권)의 개념 C.I. Barnard가 제시하고 있는 무차별권이란 상위자의 명령 혹은 의사전달이 아무런 이의 없이 하위자에게 수용될 수 있는 범위를 말한다. 일반적으로 명령은 분명히 수용될 수 없는 경우, 중립적인 경우, 이의 없이 수용될 수 있는 경우로 분류할 수 있는데, 이 중에서 세번째의 경우를 무차별권이라고 한다.[13)]

(2) 권위수용의 전제조건 Barnard는 부하가 상급자의 권위를 수용할 수 있게 하기 위해서는 의사전달이나 명령을 이해하고, 의사전달이나 명령이 조직목표에 부합된다고 믿으며, 상급자의 의사전달이나 명령이 개인적 이익과 부합되며, 정신적으로나 육체적으로 의사전달이나 명령에 순응할 수 있는 상태이어야 한다고 전제하고, 또한 명령 의사전달은 개인이 의심할 바 없는 수용권에 들어감으로써 준수될 수 있다고 주장하였다. 즉 그는 권위수용설을 주장하면서 무차별권이론을 제시하였던 것이다.

(3) 무차별권(무관심권)의 범위 무차별권은 조직목표가 명확하고 정당성이 있다고 생각되는 경우에는 넓어지며 조직의 목표가 상충되어 있거나 조직계층의 수가 많은 경우에는 좁아진다고 한다. 무차별권이론은 권위를 거의 자동적으로

12) 박연호·오세덕, 전게서, pp. 431~433; 윤재풍 외 2인, 전게서, pp. 156~157.

13) Chester I. Barnard, *The Functions of the Executive* (Cambridge, Mass.: Harvard University Press, 1958), pp. 168~169.

수용케 하는 심리적·사회적 요인을 충분히 규명하지 않고 있다.

2. Simon의 이론과 수용권(zone of acceptance)

Simon은 Barnard의 권위수용설을 계승하면서 이를 다소 수정하여 무관심권을 수용권이라는 개념으로 발전시켰다. 개인의 심리적 동기를 중요시하였던 Barnard와 달리 심리적 동기가 결정에 영향을 미치는 여러 요인의 일부에 지나지 않고 결정을 전체적으로 고찰함으로써 권위의 수용범위를 예측할 수 있다고 주장하였다. Simon에 의하면 권위의 행사는 2인 이상이 있을 때 한 사람의 제의나 의사결정이 다른 사람에 의하여 받아들여지는 경우 가능한 것인데 그것은 타인의 제의나 의사결정의 장·단점을 검토하고 장점에 대한 확신을 가진 후 따르는 경우, 그 장·단점에 대하여 충분히 검토하지 않고 따르는 경우, 제의나 의사결정이 잘못되었다고 확신하면서도 따르는 경우로 나누어 볼 수 있는데 그는 두 번째와 세번째의 경우를 '권위의 수용권'으로 보았다.

제 3 절 리더십(지도성)

Ⅰ. 리더십의 본질

1. 리더십(leadership)의 개념 및 특징

리더십이란 조직의 바람직한 목표를 달성하기 위하여 조직내의 개인 및 집단이 자발적으로 적극적 행동을 하도록 유도하고 조정하며 동작케 하는 기술 및

영향력이라고 할 수 있다.[14)]

대부분의 경우 한 조직의 성패 여부는 효과적인 리더십의 발휘 여하에 달려 있다고 해도 과언이 아닐 것이다. 그것은 조직목표달성은 조직성원의 활동을 통해 성취되는바 리더십은 조직성원들의 노력을 통합하고 조정하는 기능을 수행하는 것이기 때문이다. 이와 같이 리더십은 조직행위에 있어서 중요한 위치를 차지하고 있다고 할 수 있다.[15)]

리더십은 대체로 다음과 같은 특징을 갖는다.[16)]

첫째, 리더십은 목표와 관련된다. 즉 조직이 달성하고자 하는 미래상과 관계가 있으며 리더십은 그러한 목표를 전제로 행동이 전개되는 과정이기 때문에 조직관리에 있어서 불가결의 요소가 된다.

둘째, 리더십은 지도자가 추종자에게 일방통행식으로 행동을 강요하는 것이 아니라, 그것은 지도자와 추종자 및 환경적 변수간에 상호작용의 과정을 통해서 발휘된다.

셋째, 리더십은 공식적 계층제의 책임자만이 갖는 기능은 아니다. 리더십을 조직목표 달성을 위하여 조직구성원의 행동을 자극하고 영향을 미치는 과정이라고 볼 때 그것은 반드시 공식적 조직책임자로부터만 발휘되는 것은 아니다. 즉 리더십은 조직책임의 직권력(headship)과 구별되어야 한다.[17)]

리더십은 동료간에서도 발휘되며, 경우에 따라서는 조직의 말단에 속하는 구성원도 리더십을 발휘하는 경우가 있다.

넷째, 리더십은 지도자의 권위를 통하여 발휘되는 기능이다. 이러한 권위는 공식적·법적으로 주어진 지위뿐만 아니라 전문적인 능력·기술과 기타 여러 가지 지도자의 자질과 특성에 내재하는 것이다.

---

14) Gary Yuki, *Leadership in Organizations* (Englewood Cliffs, N.J.: Prentice-Hall, 1994), p. 5.

15) 오석홍, 전게서, pp. 645~675; 박연호·오세덕, 전게서, pp. 434~459; 윤재풍 외 2인, 전게서, pp. 273~290; 김규정, 전게서, pp. 437~449; 신두범, 전게서, pp. 341~355.

16) Bennis는 리더십의 중요성에 대하여 "조직에 자본이 부족하면 빌릴 수 있고, 위치가 나쁘면 옮길 수 있으나, 리더십이 부족하면 생존의 가능성은 희박하다"고 말하고 있다. W. G. Bennis and B. Nanus, *Leaders: The Strategies for Taking Charge* (New York: Harper & Row, 1985), p. 20 참조.

17) 리더십과 직권력은 구별할 필요가 있다. 공식적으로 상위직위에 있으면서 직권이나 명령권을 행사하는 직권자가 반드시 리더십을 행사하는 지도자라 할 수 없다. 직권력은 공식조직이나 공식적 권위 내지 강제성과 관련되지만 리더십은 지도자와 피지도자간의 심리적 유대와 공감 또는 일체감, 자발적 성격 등과 관련되고 있다.

2. 리더십의 기능

리더십의 기능에 대해서는 여러 가지 측면에서 검토해 볼 수 있으나 모든 조직이나 집단내에서의 일반적 기능을 보면 다음과 같다.

첫째, 조직이나 집단의 목표를 설정한다는 것이다. 리더십은 목표달성이라는 전제하에 발휘되는 것이므로 목표 설정기능은 무엇보다도 중요한 것이다.

둘째, 목표를 실현하는 수단이나 자원의 동원·조작(manipulation)을 하는 것이다.

셋째, 조직 및 집단의 구성원들이 목표의 달성을 위하여 자발적이고 헌신적인 자세로 능력을 발휘할 수 있도록 그들을 자극하고, 영향력을 미치는 것이다.

Ⅱ. 리더십이론의 발전

리더십을 결정하는 요인은 무엇인가. 누가 지도자이고 누가 지도자가 될 수 있는가에 관한 이론, 즉 리더십 이론에 관한 연구는 오래전부터 활발히 전개되어 왔으나 현재까지 전개된 대표적인 이론의 하나는 자질론(특성이론)이고 또 하나는 상황론이다.

1940년대와 1950년대의 리더십 연구는 자질론에 입각한 것이 대부분이다. 초창기의 자질론은 개인적 특성의 차이에 입각해서 볼 때 가장 효과적인 지도자는 누구인가 하는 것과 성공적인 지도자와 비성공적인 지도자를 구별할 수 있는 한정된 개인적 특성이나 자질이 존재하는가에 대하여 관심을 나타내었다. 그 후 1950년대에 들어서서 학자들은 관심을 지도자의 개인적 특성에서 지도자가 행하는 리더십 스타일로 돌렸다. 보다 효과적인 리더십 행태는 무엇인가라는 문제, 즉 지도자가 누구냐를 확인하려는 관심에서 지도자가 무엇을 행하는가에 관한 관심으로 옮겨졌던 것이다.

그러나 1960년대에 들어오면서 자질론이 리더십을 이해하는 데 만족스러운 해답을 제공해 주지 못하게 되자 리더십에 관한 상황론이 대두되었다.[18] 따라서 리더십을 지도자의 개성, 리더십 행태, 부하들의 개성, 리더십 환경을 둘러싼 상

18) Gortner, *op. cit.*, p. 168.

황 등의 복합적인 기능으로 파악하게 된 것이다.[19)]

이하 항을 바꾸어 자질론과 상황론을 중심으로 살펴보기로 한다.

Ⅲ. 자질론(특성이론)

1. 자질론(traits theory)의 의의

이 이론은 리더십에 관한 가장 전통적인 이론으로서 특정인이 특정자질을 갖고 있기 때문에 지도자가 될 수 있다고 생각하는 사고방식, 즉 피지도자로부터 존경과 신뢰를 받을 수 있는 특별한 자질·특성과 우수성이 리더십의 결정요인이라고 보는 이론이다.[20)] 그러므로 이 이론에 따르면 지도자로서 어떤 자질과 특성을 가진 자는 어떠한 시·공간(時空間) 속에서도 지도자가 될 수 있다는 것이다.

역사적 영웅론이나 카리스마적 지도자론은 이러한 이론의 가정에 기초를 둔 것이라고 불 수 있으며 결국 자질론은 위인의 신화(Great Man myth)를 받아들이고 있다고 볼 수 있다.[21)]

2. 성좌적 특성이론(constellation theory of traits)

성좌적 특성이론이란 리더십의 단일적 특성(unitary trait)이란 존재하지 않으며 각 지도자에게는 그에게 고유한 리더십의 능력을 구성하는 특성(자질)의 형이 인정된다고 본다. 성좌적 특성이론은 특성론의 입장을 취하면서도 개개의 자질을 분석대상으로 하는 것이 아니라 몇 개의 자질의 결합에 의하여 지도자의 퍼스낼리티를 특징지우려는 이론이다.

---

19) 근래에 이르러 리더십이론도 개인이나 소집단보다 조직과 환경의 관계에 초점을 두는 조직중심이론이 전개되었다. Schermerhorn, Hunt, Osborn 등은 제2세대 상황적용이론으로서 리더십의 다원적 영향모형(multiple influence model of leadership)을 제시하고 일반적인 상황적용모형에서 논의되는 부하·업무·집단변수 등 이외에 i) 환경적 복잡성(조직 직무단위 밖의 상황), ii) 맥락적(contextual) 복잡성(규모·기술), iii) 구조적 복잡성(조직구조와 통제·조정의 조건) 등을 고찰하고 있다.

20) 예를 들면 Chester I. Barnard는 지도자의 자질로서, i) 박력(vitality)과 인내력(endurance), ii) 설득력(persuasiveness), iii) 책임감(responsibility), iv) 지적 능력(intellectual capacity) 등을 들고 있다.

21) 위광적(威光的) 리더십(charismatic leadership)이란 리더의 특출한 성격과 능력에 의하여 추종자들의 특별히 강한 헌신과 리더와의 일체화를 이끌어내는 리더십이라고 할 수 있다.

3. 자질론의 문제점

자질론은 지도자의 현저한 특성을 확인하는 데 많은 도움을 주지만, 다음과 같은 문제점이 제기되고 있다. 즉 i) 과연 그와 같은 우수한 자질을 구비한 사람이 현실적으로 존재할 수 있는가, ii) 또한 그 자질 중 우선순위를 결정할 수 있는가, iii) 자질이 풍부하더라도 상황에 따라 충분히 리더십을 발휘할 수 있겠는가 등이 그것이다. 요컨대 현재까지의 수많은 연구에도 불구하고 어떠한 특성만 갖추면 반드시 지도자가 된다는 일반법칙적 명제는 확립되지 않고 있다는 것이다.

Ⅳ. 상황이론

1. 상황이론(situational theory)의 의의

이 이론은 특정인이 처한 여건(상황)이 갖고 있는 요소가 리더십을 결정지워준다는 이론으로서 리더십이 발휘되는 시간과 장소, 역사적 맥락, 조직과 집단의 성격 등이 결정적 변수가 된다는 것이다. 이 이론에 따르면 특정상황하의 지도자가 다른 상황하에서도 반드시 지도자로서 적격한 것은 되지 못한다고 할 수 있다.

1940년대 말 이래 행해진 리더십에 관한 많은 연구는 상황적 측면을 검토하고 입증하는 데 집중되었는바 이러한 접근방법은 특성이론이 갖는 지도자로서의 엘리트 개념을 현실적으로 거부하는 경향을 띠기도 하였다. 그러나 이 이론의 주장처럼 상황만이 리더십의 결정요인이라면 동일한 상황하에서 다른 사람을 물리치고 어떤 특정인이 지도자로 부상되는 이유를 명백히 밝혀 주지 못하는 한계점이 내재되어 있다고 하겠다.

주요한 상황이론으로 Fiedler의 상황이론과 House의 목표-경로이론을 살펴보기로 한다.

2. Fiedler의 상황이론

Fiedler는 리더십에 관한 가장 포괄적인 상황모형을 처음으로 제기하였는바 조직의 효과성은 과업동기 또는 관계동기라는 지도자의 성격적 특성(personality trait)과 리더십 상황의 「호의성」(favorableness)간의 적합화(proper match) 정도에 달렸다고 주장하면서 리더십의 효과성에 영향을 미치는 세 가지 상황변수(지도자·구성원관계, 과업의 구조, 지도자의 지위권능)를 들고 있다.[22] 조직 집단의 성과를 극대화시키는 데 적절한 리더십유형, 즉 리더십의 효과성은 상황변수에 따라 결정된다고 한다. 요컨대 조직의 상황과 리더십이 서로 적합한(호의적인) 상태를 확보함으로써 효과적인 리더십이 발휘된다는 것이다. 그러나 Fiedler의 리더십이론은 상황이론이 일반적으로 갖고 있는 수동적인 상황의존성에 빠질 수 있다는 한계점이 지적되고 있다.

3. House의 목표-경로이론(path-goal theory)

House가 제창하여 큰 관심을 끌고 있는 목표-경로이론은 동기부여의 기대이론을 기초로 한 리더십이론으로서 부하가 자기목표를 달성하는 데 도움을 주고 경로에 대한 장애를 제거함으로써 목표에 이르는 경로를 명확히 하여 부하의 목표가 집단 또는 조직의 전체목표와 양립할 수 있도록 지시·지원하는 것이 리더십의 역할이라 본다.[23] 추종자의 행동은 목표지향적 행동이라고 가정하고 있으며 그들은 무엇인가 결과를 얻는 것을 목표로 하여 행동한다는 것이며 한편 지도자는 추종자의 목표인지에 영향을 줌으로써 추종자의 동기부여강도를 변화시킬 수 있다는 것이다. 요컨대 목표-경로이론은 추종자의 동기부여구조를 기대이론에 입각하여 정의하고 있으며 지도자가 추종자로 하여금 목표를 인지하도록 하고 그 목표에 도달하는 경로를 확실하게 인지하게 해 주는 이점이 있다고 하겠다.

---

22) Fiedler가 제시한 세 가지 상황변수 중 지도자 · 구성원의 관계란 지도자의 구성원에 대한 개인적인 관계가 보다 온정적이고 친밀하게 되면 그만큼 호의적 상황이 전개된다는 것이고 과업의 구조란 집단에 부과된 과업이 명확하게 규정되는 정도가 크면 클수록 호의적 상황이 나타난다는 것이며, 지도자의 지위·권능이란 지도자의 지위에 따르는 권능이 크면 클수록 그만큼 호의적 상황이 된다는 것이다. Fred E. Fiedler, *A Theory of Leadership Effectiveness* (New York: McGraw-Hall, 1978), p. 41 참조.

23) Robert J. House, "A Path-Goal Theory of Leader Effectiveness," *Administrative Science Quarterly* (September 1971), pp. 321～338.

V. 리더십의 유형연구
— 리도의 행태에 착안한 접근방법 —

조직의 리더십유형은 많은 학자들에 의하여 다양하게 제시되어 왔다.

1. White와 Lippitt의 리더십 유형론

Iowa 대학의 Lewin 지도하에 White와 Lippitt는 1939년부터 1940년 사이에 10세의 소년들을 대상으로 리더십에 관한 실증적 연구를 통하여 리더십의 유형을 권위형·민주형·자유방임형의 세 가지로 나누고 각기의 특징을 다음과 같이 요약하고 있다.[24)]

(1) 권위형(authoritarian type) 지도자 자신의 판단이 최상이라고 생각하기 때문에 피지도자의 의견(충고)은 받아들이지 않고 항상 독단적으로 피지도자의 복종만을 강요하는 형이다. 지도자가 주요한 결정을 내리고 부하에게 명령·지시하는 형이므로 지도자는 부하에게 권한의 위임을 거의 하지 않게 된다.

(2) 자유방임형(laissez-faire type) 리더 자신은 의사결정 등에 전적으로 관여하지 않고 수동적이며 국외자로 행동하고, 피지도자들에게 모든 일을 내맡겨 버리는 형이다.

(3) 민주형(democratic type) 의사결정 내지 업무활동에 있어서 집단참여 및 집단 중심적이며, 리더는 이에 적극적인 토의나 적절한 조언의 역할을 하는 형이다. 따라서 부하를 적극적으로 참여시켜 주요한 정책이나 문제를 함께 검토하고 해결안을 모색하며 인간관계에 중점을 두게 된다.

연구결과에 의하면 위와 같은 세 가지 리더십 중 민주적 리더십하에서 가장 효과적이었다.

2. Likert의 리더십유형론

Likert는 리더십의 유형을 i) 체제 1(착취적 권위형), ii) 체제 2(온정적 권위

24) Kurt Lewin, Ronald Lippitt, and Ralph K. White, "Patterns of Aggressive Behavior in Experimentally Created Social Climates," *Journal of Social Psychology*, Vol. 10 (March 1939), pp. 271~299; 윤재풍, 전게서, pp. 280~282: 박연호·오세덕, 전게서, pp. 439~442.

[그림 3-1] 오하이오주립대학의 리더십 4구분도

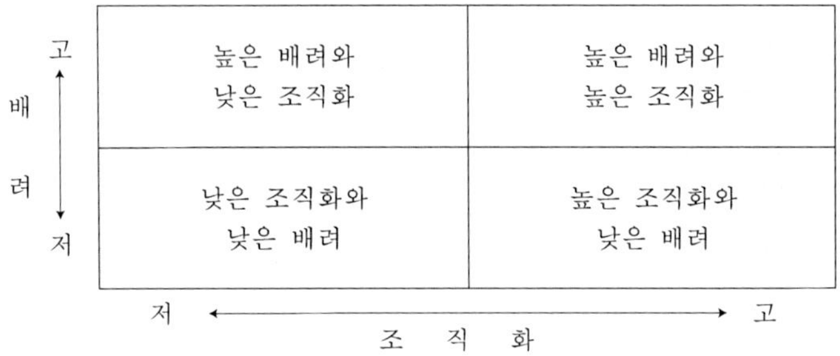

형), iii) 체제 3(협의적 민주형), iv) 체제 4(참여적 민주형)로 나누고 있다. 네 가지 유형 중 i) ii)는 권위형, iii) iv)는 민주형으로 분류될 수 있다는 점에서 전술한 White Lippitt의 분류와 비슷한 것이다. 또한 Likert는 여러 가지 경험적 조사를 통하여 리더십의 유형을 평가하고 있다. 그의 연구에 의하면 체제 4에 가까울수록 조직성원의 사기와 생산성이 높으며, 체제 1에 가까울수록 그 반대의 경향이 나타난다고 한다. 요컨대 인간중심적·민주적 지도자가 가장 이상형으로 부각된다. 그러나 리더십을 상황적 요인의 함수관계로 파악하는 입장에서 보면 오직 하나의 이상형만을 설정하는 것은 비현실적이라는 비판이 있다.

3. 오하이오 주립대학의 리더십 유형의 연구

1945년 Ohio주립대학의 「경영연구소」 주관하에 지도자의 여러 행동 가운데서 조직화(initiating structure)와 배려(consideration)에 중점을 두는 2차원적 접근방법(two-dimensional approach)에 의하여 일련의 리더십연구가 진행되었으며 그 결과 조직화와 배려라는 두 차원을 상호관련시켜 [그림 3-1]과 같은 리더십 4구분도를 작성하였다. [그림 3-1]에 의하면 가장 효과적인 지도자는 높은 조직화형태와 높은 배려행태를 동시에 보이는 지도자인 것으로 밝혀졌다.

여기서 조직화란 지도자 자신과 집단 구성원과의 관계를 형성하고 명백한 조직의 패턴, 의사소통의 통로, 업무를 수행하는 절차상 방법을 확립하려고 노력하는 지도자의 행동을 말하며 배려란 지도자와 집단구성원간의 우정·상호신뢰·존경 및 따뜻한 인정을 나타내는 행동을 말한다. 조직화는 일종의 과업지향적이며 조직의 요구를 강조한 반면에 배려는 인간관계 지향적이며 구성원들의 욕구와 감정을 강조하는 차원이라 하겠다.

이러한 오하이오 주립대학의 연구업적은 Reddin의 리더십 연구, Blake와 Mouton의 '관리망'(managerial grid)의 연구와 개발에 영향을 미쳤다.[25)]

Ⅵ. 결 어

— 우리 나라 행정 리더십의 방향 —

오늘날 우리 나라 행정이 당면한 목표는 정치사회의 모든 분야에서 민주화를 이룩하고 국민의 삶의 질을 향상시키며, 지식정보화·세계화시대에 대응하면서 역동적인 국가발전을 위한 행정을 수행하는 것이다.

이러한 과업을 안고 있는 우리 나라 행정에 있어서 리더십의 방향을 살펴보면 다음과 같다.

첫째, 종래 우리 나라의 행정관리자들은 행정조직에 있어서 기계적인 능률화의 제고만을 최선의 것으로 생각하면서 권위주의적적·하향적·지도자중심적 리더십의 범주에 머물러 있었다. 그러나 앞으로는 행정관리에 있어서의 능률화와 인간화 내지 민주화를 적절히 조화시키고 통합시킬 수 있는 리더십이 요청된다.

둘째, 우리 나라의 행정이 당면한 과제를 해결하기 위해서는 보다 혁신적이고 창조적인 그리고 목표지향적 리더십이 요청된다.

셋째, 세계화·정보화·지방화 시대를 맞이하여 국가발전을 이룩하기 위해서는 사회변동과 환경의 요구에 적절히 대응하여 목표와 정책을 수립하고 그것을 구체화시킬 수 있어야 한다. 리더십은 이러한 과정에 있어서 구심점이 될 뿐만 아니라 그 활동력의 근원이 된다는 점에서 리더십 자체의 변동대응적인 역할이 요청된다.

넷째, 행정관리자는 발전목표를 창도하고 또한 그것을 지속적으로 추진할 수 있어야 하며 미래를 투시하고 통찰할 수 있는 리더십이 요청된다.

다섯째, 행정관리자는 발전목표를 달성하는 데 필요한 인적·물적 자원을 동원하고 상징적 조작을 할 수 있는 리더십이 요청된다.

---

25) Blake와 Mouton은 관리망을 개발하여 무기력형, 컨트리클럽형, 과업형, 중도형, 팀형 등 다섯 가지의 리더십 유형을 제시하였고 Reddin은 과업지향, 인간관계지향 · 효과성이라는 세 가지 차원을 적용하여 수동형, 인화형, 독재형, 타협형, 관료형, 개발형, 선의독재형, 유인형 등 여덟 가지 리더십 유형을 제시하였다. 관리망에 대해서는 제4편 제3장 참조.

제 4 절 조직내의 갈등관리

Ⅰ. 갈등의 의의

1. 갈등(conflict)의 개념 및 특징

조직에 있어서의 갈등은 조직내의 개인이나 집단 등 행동주체간에 현재적(exposed)·잠재적으로 나타나는 대립과 마찰의 사회·심리적 상태 또는 심리 및 행동의 양면에 일어나는 대립적 상호작용을 의미한다.[26)]

다양하고 복잡한 욕구와 가치관, 이해관계와 동기를 가진 인간들의 집합체인 조직은 그 동태적인 현실에 비추어 단순히 선험적으로 주어진 조화와 안정만을 유지하기는 힘들다. 실제 경험적으로 살펴보면, 조직을 구성하는 개인의 차원에서 그리고 개인간, 집단간 및 조직과 조직간에는 잠재적이든 현재적이든 끊임없이 대립과 마찰의 사회적·심리적 상태가 존재하는 것이다. 이와 같이 조직에 존재하는 대립과 마찰의 사회심리적 상태를 갈등현상이라고 한다.

이상과 같은 개념정의에서 볼 때 갈등은 다음과 같은 특징을 지닌다.

26) 갈등은 관점에 따라서 여러 가지로 정의된다. Simon은 의사결정의 측면에서 "갈등이란 의사결정의 표준메커니즘(standard mechanism)에 고장(breakdown)이 생겨 행동대안의 선택에 있어서 개인이나 집단이 행동대안을 선택하는데 곤란을 겪는 상황"이라고 정의한다. March and Simon, *op. cit.*, p. 112. 조직관리적 측면에서는 갈등을 희소자원이나 작업활동을 배분하게 될 때나 서로 다른 처지, 목표, 가치, 인지 등이 존재할 때 조직내의 둘 또는 그 이상의 개인간이나 집단내에 일어나는 대립적 작용(disagreement)으로 정의하고 있다. James A.F. Stoner, *Management* (Englewood Cliffs, N.J.: Prentice-Hall, Inc., 1978), p. 345.

첫째, 갈등이란 둘 이상의 갈등주체 사이에서 일어난다.[27] 그것은 행위자간의 의도적인 대립 방해 및 저항상태이다. 갈등주체는 조직내의 개인, 집단 및 이들을 포함하는 조직이다.

둘째, 갈등이란 둘 이상의 행위자 사이의 역할관계의 대립·마찰 속에서 겪는 상호 투쟁의 사회심리적 관계이다.

셋째, 갈등이란 어떤 행위자에게 상반된 욕구 및 동기가 동시에 주어졌을 때 겪는 심리적 사회적 상태이다.

넷째, 위와 같은 대립 마찰 및 좌절을 행위자가 심리적으로 지각(perception) 함으로써 갈등현상이 나타난다.

다섯째, 갈등은 주체의 심리나 행동 또는 그 양면에 나타난다. 행동에는 적극적 행위(작위)뿐 아니라 응당 해야 할 말이나 행동을 하지 않는 등 소극적 행위(부작위)도 포함된다.

2. 갈등과 경쟁(competition), 협동(cooperation)

갈등은 경쟁이나 협동과 구별되어야 한다. 경쟁은 양쪽 목표가 다르고 서로 간섭하지 않는 상태이지만, 갈등은 목표가 같거나 다르거나 상관없이 서로 간섭할 때 일어난다. 협동은 양측의 목표가 같고 서로 협력하는 상태인데, 성취방법이 불일치할 때 갈등이 나타난다. 협동과 갈등은 동시에 일어날 수 있다.

Ⅱ. 갈등관의 변천

갈등을 바라보는 시각 즉 갈등관은 시대적으로 변천되어 왔다.[28]

1. 전통적 갈등관(traditional view)

갈등이란 불필요한 것이며 해로운 것으로 보는 즉 부정적·역기능적·병리적 현상으로 보는 입장이다. 일찍이 관리자나 학자들은 조직내에 갈등이 나타나면

27) Kenneth E. Boulding, "A Pure Theory of Conflict Applied to Organization," in Robert L. Kahn and Kenneth E. Boulding(eds.), *Power and Conflict in Organizations* (New York: Basic Books, 1964), p. 138.

28) 박연호·오세덕, 전게서, pp. 591～606.

조직이 뭔가 잘못 되어 가는 것 혹은 원만한 인간관계의 결핍증상으로 생각하였다. 그러므로 관리자들은 그 갈등을 제거하려고 노력하였다. 전통적 갈등은 19세기 조직관리론을 지배하여 왔고 1940년대 중반까지도 지속되었다.

2. 행태적 갈등관(behavioral view)

갈등이란 조직활동 중에 빈번히 발생하는 당연한 현상으로 본다. 조직구성원은 인간으로서 그들대로의 욕망이나 이해관계 때문에 충돌할 가능성을 충분히 갖고 있는 것이다. 행태적 관점은 갈등이 가끔 문제해결에 유용한 순기능을 발휘한다고 생각하므로 때에 따라서는 이를 수용하는 입장이다. 그러나 행태론적 갈등관은 갈등은 역시 해로운 것이므로 발생하면 제거해야 한다고 보는 점에서는 전통적 갈등관과 같은 입장을 견지하고 있다.

3. 상호작용적 갈등관(interactionist view)

갈등에 대한 현대적 관점은 조직내에서 갈등은 피할 수 없는 것이며 때로는 갈등의 순기능적 측면에 착안하여 조직관리에 필요하기까지 한 것이므로 갈등을 고무(encourge conflict)할 필요가 있다고 보는 입장이다. 이는 갈등의 두 가지 기능을 인정하며, 한편으로는 조직의 변화와 개혁을 자극하는 수단이 되어 조직의 효과성을 향상시키는 것으로 보고 다른 한편으로는 구성원 개인이나 조직의 목표달성에 방해가 된다고 본다. 그러므로 조직의 관리자는 모든 갈등을 억제하거나 제거하여서는 안되며, 그 해로운 점을 최소한으로 줄이고 이로운 점을 최대한으로 신장시켜 주어야 한다고 보는 것이다. 요컨대 갈등은 조직의 목표달성을 방해하기도 하지만 촉진하기도 하므로 조직관리자는 갈등의 수준을 관리하고 조직의 목표달성에 갈등을 적절히 이용해야 한다는 것이다.

Ⅲ. 갈등의 기능

조직이나 집단의 갈등은 순기능을 수행하기도 하고 역기능을 수행하기도 한다. 갈등이 조직과 집단의 생존, 적응 및 목표의 달성을 도와주는 것이라면, 그러한 갈등은 순기능을 수행하는 것이다. 그러나 갈등이 조직과 집단의 생존, 적응 및 목표의 달성을 방해한다면, 그것은 역기능을 수행하는 경우이다. 갈등이 조직 및 집단에 미치는 순기능과 역기능을 살펴보면 다음과 같다.[29)]

1. 갈등의 순기능

(1) 조직의 발전과 혁신의 창도　　건설적인 갈등이 존재함으로써 조직이나 집단의 침체와 보수화를 막고 보다 창의적이고 혁신적인 문제해결능력을 향상시킬 수 있다. 그리고 건설적인 조직변동이 가능하다.

(2) 조직의 응집성 강화　　조직 내부의 갈등이 있은 연후에 조직의 내적 응집성(cohesiveness)과 조직성원의 충성심의 향상을 가져올 수 있으며, 새로운 조화와 통합의 향상을 볼 수 있다. 갈등을 겪은 후에 생기는 학습효과[30)]라 할 수 있다.

(3) 의사결정의 질의 개선　　관련된 행위단위나 행위자간에 서로 비판, 대립 혹은 저항하는 가운데 결정을 위한 대안이 경쟁적으로 잘 제시되고, 그 장 단점이 평가되며 결정이 도달된다면 소수의 사람들이 반대나 마찰 없이 대안을 제시하고 결정해 버리는 것보다 훨씬 더 의사결정의 질을 높일 수 있을 것이다.

(4) 상호적응 및 자기평가의 촉진　　조직단위간 혹은 행위자간에 서로 자신의 입장을 개방하고 뚜렷하게 자기 주장을 함으로써 오히려 상호간의 관계를 조정하고 상호적응력을 강화할 수 있으며 조직단위와 행위자는 자기에 대해서 비판적인 평가기회를 가질 수 있다.

2. 갈등의 역기능

(1) 조직질서의 문란　　행정조직의 위계질서를 문란시키고 행정의 안정성을 파괴하며, 관리통제를 어렵게 한다.

(2) 부분목표와 이익의 추구　　조직내부의 집단간 혹은 사회체제 안에 있는 조직간에 갈등이 발생할 경우, 각 집단 및 조직은 전체목표나 이익보다는 부분목표나 이익의 추구에 몰두하기 쉬워 조직 효과성을 저해한다.

(3) 조직 및 집단기능의 마비　　조직내의 집단간, 집단내의 개개 행위자 사이

29) 박연호·오세덕, 전게서, pp. 293~294; 윤재풍, 전게서, pp. 138~140; 오석홍, 전게서, pp. 676~681.

30) 학습효과란 어떤 행위자가 겪는 경험의 결과로서 일어나는 비교적 영속적인 행동의 변화를 말한다.

에 갈등이 만연되면 조직이나 집단이 수행해야 할 기능이 마비되는 사태를 초래할 수 있으며 타조직·집단에 대한 배타적 적대감으로 발전하기 쉬워 구성원의 사기가 저하된다.

(4) 원만한 의사소통의 방해 행위단위 및 행위자간에 갈등이 심해지면 그들간에 원만한 의사소통이 어렵게 되고, 의사소통이 곤란하거나 방해를 받게 되면 갈등은 더욱 심화된다.

Ⅳ. 갈등의 유형

갈등의 유형은 그 분류기준에 따라서 여러 가지 유형으로 분류할 수 있는데 여기서는 그 중에서 몇 가지만 고찰하기로 한다.

1. 갈등의 주체에 의한 분류—개인, 조직내, 조직간 갈등

Simon과 March는 갈등의 주체 또는 단위를 기준으로 갈등유형을 i) 개인적 갈등, ii) 조직내의 집단간 갈등, iii) 조직간의 갈등으로 구분하고 있으며 특히 조직상의 갈등인 조직내의 집단간 갈등에 중점을 두고 있다.[31)]

1) 개인적 갈등

결정자로서 개인이 대안선택에 곤란을 겪는 경우로서 갈등의 조건은 다음과 같다.

(1) 수락불가능성(unacceptability) 이것은 결정자가 각 대안이 초래할 결과(즉 개연성)를 짐작할 뿐만 아니라, 대안의 성격을 확인할 수 있지만 제기된 대안들이 어느 것도 그의 만족기준을 충족시키지 못하기 때문에 선택에 곤란을 겪는 상황을 말한다. 새로운 대안을 탐색해야 한다.

(2) 비교불가능성(incomparability) 이것은 결정자가 각 대안이 초래할 결과를 짐작은 하지만, 어느 것이 최선의 대안인지 비교할 수 없는 경우에 곤란을 겪는 상황을 말한다. 대안이 수락 가능한 것이면 선택해야 한다.

31) March and Simon, *op. cit.*, p. 112.

(3) 불확실성(uncertainty) 이것은 결정자가 대안의 선택과 그것이 초래할 결과를 알지 못하여 곤란을 겪는 상황을 말한다. 결과를 알기 위한 탐색활동을 확대해야 한다.

2) 조직내의 집단간 갈등

집단간 갈등을 발생시키는 조건으로서는 다음의 세 가지가 있다.

(1) 공동의사결정의 필요성 공동으로 결정을 내려야 할 필요가 있을 경우 갈등이 일어나며 주요한 요인은 한정된 자원의 공동사용이나 스케쥴 작성 등이다.

(2) 목표의 차이 조직단위간의 목표에 차이가 있으면 갈등이 발생한다.

(3) 사실에 대한 인지의 차이 사실에 대한 인지에 차이가 있으면 갈등이 일어난다.

3) 조직간 갈등

조직간 갈등은 둘 이상의 조직간에 일어나는 갈등을 의미한다. 이러한 갈등은 조직내의 집단간 갈등의 경우와 동일하다고 할 수 있으며 갈등의 해결방안으로서 협상이 중요시되고 있다.

2. 조직체제에 의한 분류
—협상적·관료제적·체제적 갈등

Pondy의 분류로서 협상적 갈등(bargaining conflict)은 부족한 자원을 둘러싼 이해당사자간의 갈등(노사관계나 예산획득과정상 갈등)을 말하고, 관료제적 갈등(bureaucratic conflict)은 계층제의 상하간에서 발생하는 갈등을 말하며, 체제적 갈등(systems conflict)은 수평적(횡적) 갈등으로서 계층제의 동일수준에 있는 기관 또는 개인간의 갈등을 말한다.[32)]

3. 조직구조변화의 유무에 의한 분류—마찰적·전략적 갈등

갈등의 결과 조직구조상의 변화를 수반하지 않는 것이 마찰적 갈등(frictional

---

32) Louis R. Pondy, "Varieties of Organizational Conflicts," *Administrative Science Quarterly*, Vol. 14, No. 4 (Dec. 1969), p. 499.

conflict)이며, 조직의 변화를 초래하기 위하여 고의로 조성한 갈등이 전략적 갈등(strategic conflict)이다.

4. 유인가의 성격(개인의 심리적 갈등)에 따른 분류—접근-접근·회피-회피·접근-회피의 갈등

Miller와 Dollard는 개인의 심리적 갈등에 중점을 두고 갈등을 다음과 같이 분류하고 있다.[33]

(1) 접근-접근갈등(approach-approach conflict) 두 개의 긍정적 유인가(valence)가 동시에 나타났을 때 어느 것을 선택할지 망설이는 상태의 갈등(있는 돈으로 새 차와 새 전축 중 어느 쪽을 구입하거나 두 개의 매력 있는 직장 중 하나만 가질 수 있는 경우).

(2) 회피-회피갈등(avoidance-avoidance conflict) 두 개의 부정적 유인가가 동시에 나타나는 경우의 갈등(부채지고 새 사업을 시작하거나 기존 회사에 들어가 타인으로부터 명령받아야 하는 경우).

(3) 접근-회피갈등(approach-avoidance conflict) 긍정적인 유인가와 부정적인 유인가가 동시에 나타날 때 겪는 갈등(환경은 좋지 않으나 보수는 많이 주는 자리이거나 좋은 요인과 나쁜 요인이 혼합된 경우).

V. 조직갈등의 발생요인

1. 목표 및 이해관계의 상반

개인 또는 조직단위는 각자가 추구하는 목표나 이해관계가 상이할 때 갈등을 야기시킨다. 행정의 경우 특정사업의 우선순위의 결정보다 많은 권력 예산 인원을 확보하려는 경쟁의 야기 및 부처간 또는 국과간의 이해관계가 상반할 때 갈등이 발생한다.

---

33) N.E. Miller, "Comments on Theoretical Models, Illustrated by the Development of Conflict Behaviors," *Journals of Personality*, 1951, pp. 52, 82 ~ 100.

2. 구조적 분화(structural differentiation)와 전문화

사회가 복잡화·이질화함에 따라 행정의 구조적 분화와 전문화 현상이 일어나게 되고 행정조직내에 긴장과 갈등이 심해진다.

3. 역할기대의 차이

행정조직내의 개인 또는 조직단위간에는 상호 어떠한 역할을 기대한다. 이 역할기대(role expectation)가 충족되지 못하는 경우 갈등이 야기된다.

4. 인지(perception) 및 태도의 차이

의사결정과정에서 결정자들 사이에 사실에 대한 인지 및 태도의 차이가 있으면 갈등이 발생하기 쉽다. 차이가 일어나는 근본적인 원인은 결정자의 가치관·신념체계·동기·사물을 보는 관점 및 세대차 등 각각 다른 데서 비롯된 것이라 볼 수 있다.

5. 의사전달의 장애

의사전달에 있어 전달자는 항상 전달하려는 내용에 일치되는 언어를 사용하는 것은 아니며, 또한 일치된 언어를 사용하였다 하더라도 수용자의 가치판단의 차이로 인하여 그 해석·수용이 언제나 본래의 전달내용에 일치되는 것은 아니므로 상호간에 오해를 유발하기 마련이며 결국 갈등으로 이끌리게 된다.

6. 대안선택의 곤란

의사결정자는 최선의 대안을 선택해야 하는데 여기에 차질이 생기고 곤란을 겪게 되면 자연 갈등이 발생하게 된다. 이러한 대안의 선택상에서 야기되는 갈등의 요인으로 수락불가능성, 비교불가능성, 불확실성 등이 있다.

7. 상호적 업무의존과 일방적 업무의존

상호적 업무의존(mutual task dependence)이란 조직내의 두 부서가 각자의 업무를 효과적으로 수행하기 위하여 서로 정보, 도움, 순응, 조정활동 등에 의존하는 관계를 의미하며 이러한 상호작용이 갈등을 초래할 수 있다. 또한 한 부서가 다른 부서에 대하여 일방적 업무의존(one-way task dependence)관계를 갖게 되면 권력균형에 변동이 생겨 갈등이 일어날 가능성이 매우 높다.

8. 자원의 한정성

목표달성에 필요한 한정된 인적·물적 자원을 보다 많이 획득하여 배분하려는 경쟁이 벌어지는 경우 갈등이 촉발된다. 조직의 각 부서간에 벌어지는 자원확보의 경쟁에서 이기느냐의 여부는 지위, 위신, 영향력을 좌우하게 되므로 갈등을 심화시킨다.

Ⅵ. 갈등의 관리방법(전략)

1. 역기능적 갈등의 발생방지

이는 아직 발생하지는 않았지만 앞으로 발생할 가능성이 충분히 있는 역기능적 갈등을 미연에 방지하려는 것으로서 그 구체적인 방법으로는 다음과 같은 것이 있다.

1) 현실적이고 특정한 목표를 조직과 조직내의 집단에 부여한다.

2) 조직구성원 각자가 해야 할 현실적이고 특정한 작업목표와 그 방법이 규정된 포괄적이고 종합적인 업무명세표를 작성 활용한다.

3) 조직의 모든 수준에서 의사결정이 이루어지고 이해되도록 지표(guidance)를 명시한다.

4) 정책·절차·규칙 등을 정형화하고, 정책과 집행과정이 충분한 정보와 동의하에 이루어지도록 함으로써 역기능적 갈등의 발생가능성을 최소화한다.

2. 갈등의 해소방법

갈등해소는 이미 발생한 역기능적 갈등상황(conflict situation)을 완화 내지 제거하는 방법이다. 전통적으로 갈등관리의 방법은 갈등해소방법을 의미하였고

학자들은 갈등해소방법을 여러 가지로 열거하고 있다.[34)]

(1) 상위목표(superordinate goals)의 제시 갈등의 당사자들이 동의할 수 있는 목표를 발견하고 상호간 의사소통을 재정립 한 다음 갈등 당사자가 공동으로 추구해야 할 상위목표를 제시함으로써 갈등을 완화할 수 있다.

(2) 자원의 증대(expansion of resources) 희소자원의 획득을 위한 경쟁에서 초래되는 갈등을 해소하는 가장 효과적 방법은 자원을 증대시키는 것이다.

(3) 대면에 의한 문제해결(problem solving) 대면에 의한 문제해결은 집단간 갈등을 해결하는 가장 건전한 방법으로 사용된다. 갈등의 당사자가 직접 접촉하여 공동으로 문제에 대한 해결책을 강구하려는 것이며 당사자들이 협동적인 문제해결능력을 가지고 있을 때 보다 효과적인 방법이 된다.

(4) 회피(avoidance) 및 완화(smoothing) 회피는 단기적 해결방법으로서 갈등을 초래할 수 있는 결정을 보류·회피하거나 갈등당사자의 접촉을 피하게 하거나 또는 갈등행동을 억압(suppression)하는 방법이다.

완화는 갈등당사자간의 대립적인 의견이나 이해관계의 차이점을 모호하게 하고 공통적인 요인을 강조함으로써 갈등을 해소시키려는 잠정적 해결책이다.

(5) 타 협(compromise) 타협은 대립되는 주장을 부분적으로 양보하여 공동의 결정에 도달하도록 하는 방법이다. 타협은 당사자간의 협상과 제3자에 의한 중재로 나눌 수 있다.[35)] 타협에 의한 갈등해소는 서로 조금씩은 양보하기 때문에 완전한 승자도 완전한 패자도 없다.

(7) 상사의 명령(authoritative command) 이는 공식적 권한을 가진 상사가 명령으로써 부하들의 갈등을 해소하는 방법으로서 갈등 당사자간의 합의를 전제로

---

34) Simon은 갈등의 일반적 해결방법으로서 문제해결·설득·협상·정략(politics)의 네 가지를 제시하고 있다. March and Simon, *op. cit.*, pp. 129~130; 윤재풍 외 2인, 전게서, pp. 146~148; 박연호·오세덕, 전게서, pp. 601~604; 양창삼, 전게서, pp. 740~744 참조.

35) 갈등관리의 주요한 방법인 타협에는 갈등당사자간의 직접적인 협상과 정부를 포함한 제3자에 의한 중재가 있다. 협상(bargaining)이란 공동문제를 안고 있는 둘 이상의 의사결정주체가 임의로 복합적인 이해관계 사안을 주고받는 교환을 통하여 다른 형태의 행동결과보다 나은 결과를 가져오기 위한 상호전략적 대결과정이다. 이러한 협상은 동일한 선호를 공유하지 않는 상호의존적 당사자간의 의사결정과정이며 당사자는 협상을 통하여 상호관계에 있어서 무엇을 주고받는가를 결정하게 된다. 상세한 설명은 이달곤, 『협상론』(법문사, 1995), pp. 16~21 참조. 한편 중재(arbitration)란 갈등당사자간의 협상과정에 제3자(정부 포함)가 개입하여 갈등당사자간의 협상과정을 돕거나 협상과정에서의 문제점을 감소 또는 제거시킴으로써 갈등해소를 용이하게 해주기 위한 과정을 의미하며 당사자간의 직접적인 협상을 위한 촉매적·보충적 수단으로서의 역할을 한다. 상세한 설명은 안광일, 『정부갈등관리론』(대명출판사, 1994), pp. 224~231 참조.

하지 않는다. 당사자는 상사의 결정에 찬성하지 않더라도 정당한 명령에 복종하지 않을 수 없는 것이다. 그러나 이 방법은 갈등 원인은 제거되지 않고 갈등행동만 해소시킨다.

(8) 강 압(forcing) 강력한 압력을 가함으로써 갈등을 해소하는 방법이다. 여기에는 강력한 힘을 가진 경쟁자를 이용하거나, 보스(boss)와 같은 권위를 가진 사람, 또는 중재인이나 조정자를 이용한다.

(9) 대 결(confrontation) 갈등해소방법 중 가장 완전한 해결방법이라 할 수 있다. 이 방법은 갈등당사자가 상호 대면하여 그들이 해결가능한 수단을 이용하여 문제를 해결하고자 하는 방법이다. 이 방법은 개인간의 오해를 푸는데 가장 효과적이라 하겠다.

3. 순기능적 갈등의 조장전략

조직에 이익과 활력이 될 수 있는 순기능적 갈등의 조장방법을 들면 다음과 같다.

(1) 의사소통 통로의 변경 표준화된 공식적 및 비공식적 의사소통 통로를 의식적으로 변경시켜 갈등을 조성할 수 있다. 특정한 의사전달 통로에 통상적으로 포함되던 사람을 일부러 제외하거나 또는 본래 포함되지 않았던 사람을 새로 포함시키는 방법이다. 의사소통 통로의 변경은 정보의 재분배와 그에 입각한 권력의 재분배를 초래하기 때문에 갈등을 야기시킬 수 있다.

(2) 정보량의 조절 정보전달을 억제하거나 과다한 정보를 전달함으로써 갈등을 조성할 수 있다. 조직구성원이 얻으려는 정보를 감추면 그의 권력은 감소된다. 따라서 권력의 재분배가 일어나고 그로 인한 갈등이 조성될 수 있다. 정보전달을 억제하는 경우와는 반대로 지나치게 많은 의사전달을 함으로써 정보 과다현상이 나타나게 하여 갈등을 조성할 수도 있다.

(3) 조직구조의 변경 조직내의 계층수, 그리고 기능적 조직단위의 수를 늘려 서로 견제하게 함으로써 갈등을 조성할 수 있다.

(4) 인사정책적 방법 조직 구성원을 유동시키거나 직위간의 관계를 재설정함으로써 갈등을 조성할 수 있다. 사람의 유동과 직위간관계의 재설정은 관련된 조직단위의 동질성을 와해시키고 의사결정권을 재분배하며 상호감시기능을 확

대시켜 갈등을 야기할 수 있다.

Ⅶ. 결 어

관리자는 적절한 갈등관리를 함으로써 조직의 목표달성을 저해하는 갈등을 중화 내지 완화시키고 조직을 갈등에 적응시키면서 조직에 유리한 갈등을 능동적으로 조장하여 나아가야 한다. 조직의 활성화를 위해서 조직내에 갈등을 자유롭게 표출할 수 있는 분위기가 조성되도록 하고 조직간의 자발적인 경쟁을 유도할 수 있어야 한다.

그런데 우리 나라 행정조직에 있어서는 전통적으로 권력에 의하여 권위적·강압적으로 갈등을 해결하려는 경향이 강하였으며 선진국보다 상대적으로 갈등이 훨씬 더 빈번하고 격화되어 왔으면서도 관리자의 갈등관리능력은 향상되지 못하였다.[36] 앞으로 조직관리자는 갈등을 회피하거나 억압하지 않고 적극적으로 대처하여 갈등을 적절히 관리할 수 있는 갈등관리 능력을 함양하여야 할 것이다.

제 5 절 의사소통(의사전달)

Ⅰ. 의사소통의 의의
Ⅱ. 의사소통의 과정
Ⅲ. 의사소통의 유형
Ⅳ. 의사소통의 장애요인
Ⅴ. 의사소통의 원칙과 개선방향

Ⅰ. 의사소통(의사전달: communication)의 의의

의사소통이란 전달자가 기호를 사용하여 피전달자에게 사실·생각·감정을 전달하여 공통적 이해를 이룩하고 피전달자의 의식이나 태도·행동에 변화를 일으

36) 김규정, 전게서, p. 459.

키는 일련의 과정이라고 정의할 수 있다.[37)]

행정조직은 여러 개인 및 집단으로 구성되어 있다. 조직전체의 공통의 목적을 달성하기 위해서는 이들 개인과 집단이 일상 행하고 있는 각종의 활동을 전체조직의 공통된 목적을 향하여 조정되도록 의사의 전달과 교류가 원활히 이루어져야 하는 것이다.

C.I. Barnard는 조직의 3대요소로서 '공통의 목적', '협동에의 의사', '의사전달'을 들고 있다. 그에 의하면 조직의 양극에 공통의 목적을 달성할 가능성과 조직에의 협동적 의사를 지니는 개인이 있는데, 바로 이들을 연결하여 동태적인 것으로 만드는 과정이 의사전달이라고 한다. 따라서 어떤 집단을 막론하고 그 구성원 상호간에 의사전달망이 설치되어 있지 아니하면 공동목표의 적극적 실현을 향하여 행동할 수 없는 것이다.

요컨대 조직과 의사소통은 분리할 수 없는 표리일체의 관계에 있다고 하겠다.

Ⅱ. 의사소통의 과정

의사소통의 일반적 과정을 보면 '전달자'(sender)가 '피전달자(수신자: receiver)에게 특정한 통로를 통해서 '메시지를 전달'하는 것이라고 할 수 있다. 그 과정을 다음과 같은 단계별로 구분하여 보기로 한다.[38)]

1. 전달자

의사소통은 어떤 생각이나 감정 또는 아이디어를 가지고 있는 전달자에 의해서 비롯되며 그가 발하는 메시지는 피전달자가 이해할 수 있도록 해독되어지게 된다. 메시지를 기호화하는 방법에는 언어(문자) 이외에 여러 가지가 있다. 예컨

37) 의사소통의 개념정의에 관해서는 학자에 따라 다양한 견해가 제시되어 왔는데 크게 세 가지 관점으로 나누어 볼 수 있다. 첫째, 구조적 관점(structural view): 의사소통을 전달하고자 하는 정보와 메시지의 단순한 송·수신 과정 혹은 전달구조(전달자-메시지-피전달자)자체라고 파악한다. 둘째, 기능적 관점(functional view): 의사소통을 사람들의 기호사용자체로 파악하고 사람들이 기호를 사용하여 상호간에 의미를 창조하고 공통된 의미를 공유하는 기능적 측면에 중점을 둔다. 셋째, 의도적 관점(intentional view): 의사소통이란 전달자가 피전달자에게 영향을 미치기 위하여 의도적으로 계획된 행동이라고 본다.

38) 윤재풍 외 2인, 전게서, pp. 291~311; 박연호·오세덕, 전게서, pp. 482~506; 신두범, 전게서, pp. 355~359; 김규정·전게서, pp. 486~496.

대 생각을 컴퓨터언어로 또는 그림으로 표현한다거나, 혹은 몸짓·표정을 사용하는 방법 등이 있다.

2. 메시지의 전달

메시지는 전달자와 수신자간에 대면적 대화·전화·서신 또는 메모·컴퓨터·텔레그래프 또는 텔레비전을 통하여 전달될 수도 있다. 전달자와 수신자를 연결하는 연결선인 매체수단은 두 가지 이상일 수도 있다. 예를 들면 일단은 전화로 연락을 하여 놓고 근본적인 동의는 후에 서류를 통해서 하는 의사소통이 그것이다. 어떤 특정한 경우에 보다 유효한 매체가 있기 마련이므로 매체수단을 적절히 선택한다는 것은 의사소통에 있어서 매우 중요하다.

3. 피전달자(수신자)

수신자는 메시지를 수용할 수 있도록 사전의 준비자세를 갖추고 있어야 한다. 다른 데에 생각이 가 있는 사람은 지금 전달되고 있는 메시지에 충분한 주의를 기울이지 못할 것이며, 따라서 이 경우의 의사소통은 실패할 가능성이 크다.

메시지의 수용준비를 갖춘 다음의 단계는 메시지를 자기사상으로 전환시키는 해독의 단계이다. 정확한 의사소통이 이루어질 수 있는 것은 전달자와 수신자가 다 같이 기호에 대해서 동일한 또는 적어도 유사한 의미를 부여할 경우에만 가능하다.

4. 의사소통의 결과로서의 변화

변화란 변수는 사실상 기본적인 의사소통의 과정 속에 포함되어 있는 것은 아니지만 넓은 의미에서 조직에 있어서 의사소통의 목적은 변화를 가져오는 데 있다. 예컨대 최고관리층으로부터의 지시는 여러 단계를 거쳐 행태적 변화를 가져올 것으로 기대된다.

5. 의사소통과 환류(feedback)

환류는 의사소통의 효과성을 평가하는 데 필수적인 요소가 된다. 환류가 있음으로써 원래의 메시지가 정확히 접수되고 효과적으로 기호화·전달·해독·이해되었는가의 여부를 알 수 있게 된다. 아울러 환류는 의사소통의 결과 어떤 변화를 가져왔는가의 여부를 가르쳐주기도 한다.

Ⅲ. 의사소통의 유형

의사소통은 여러 기준에 따라 여러 가지 유형으로 분류될 수 있으나 여기서는 공식적 의사소통과 비공식적 의사소통으로 분류하여 살펴보기로 한다.

1. 공식적 의사소통(formal communication)

(1) 의 의 공식적 의사소통이란 공식조직내에서 공식적 통로와 수단에 의하여 공식적으로 의사가 전달되는 것을 말한다. 즉 조직에 있어서 공식적 권한의 연쇄를 따라 정보가 유통되는 절차와 경로의 합리적 계획적 체제를 의미한다. 그러므로 이것은 '누가', '누구에게', '무엇을', '어떻게' 전달할 것인가를 공식적으로 정하여 의사를 전달하는 것이다. 모든 대규모조직은 정보와 지시를 전달할 어떤 공식적인 체제를 마련하지 않으면 안된다. 공식적 의사소통은 일반적으로 계층제의 명령계통을 통하여 전달되는 공문서를 수단으로 하여 이루어진다.

공식적 의사소통은 상의하달적 의사소통, 하의상달적 의사소통, 횡적 의사소통으로 나눌 수 있다.

(2) 상의하달적 의사소통(downward communication) 상의하달적 의사소통이란 상급자(상층부)에서 부하(하위층)로 내려가는 의사소통을 말하며 명령과 일반적 정보가 있다. 명령에는 지시·훈령·각서·지령·발령·규칙·규정·고시 등이 포함되며, 구두명령과 문서명령으로 나누어진다. 일반적 정보에는 조직 또는 조직의 업무에 관한 지식을 직원들에게 알려 주기 위한 편람(manual)과 핸드북, 게시판, 구내방송, 기관지 등이 있다.

전통적 행정이론은 이러한 의사소통방법에 중점을 두었으며 최고관리층은 조직의 최선의 이익을 위한 결정을 내릴 수 있는 입장에 놓여 있다고 생각되었다.

(3) 하의상달적 의사소통(upward communication) 하급자(하위층)가 상급자(상층부)에게 행하는 의사소통으로서 보고·내부결재제도·면접·의견조사 및 제안제도의 운영이 이에 해당한다.

의사소통은 하향적 일방적인 것만으로는 충분한 효과를 거둘 수 없으며 조직 구성원의 정보 또는 의견이 같은 계층제를 거꾸로 전달되는 상향적 의사소통과 서로 관련됨으로써만 조직의 다음 활동을 조절하고 능률을 높일 수 있다. 특히 명령에 의하여 실시된 결과를 관리층이 알기 위하여서는 보고가 필요하게 된다.

(4) 횡적(수평적) 의사소통(lateral communication) 계층제에 있어서 동일한 수준에 있는 개인 또는 집단(조직단위)간에 행하여지는 의사소통으로서 사전협조제도, 회람, 통보, 회의 등의 방법이 있다. 횡적 의사소통은 조직내의 동일계층에 있는 제단위간의 활동을 조정하고 협조를 촉진하는 데 도움을 준다.

2. 비공식적 의사소통(informal communication)

비공식적 의사소통은 주로 비공식조직내에서 비공식통로를 통해서 비공식적으로 행해지는 의사소통이다. 그 예로서 소문(풍문)을 들 수 있다.

조직내에서 일어나는 모든 사태를 모두 예견할 수 없으므로 모든 사태에 대처할 공식적 의사소통 수단을 강구할 수 없으며 또한 공식적 의사소통은 인간의 다양한 모든 욕구를 충분히 표현할 수 없어 구성원의 참된 요구를 반영시키지 못하므로 비공식적 의사소통이 필요하게 되며 공식적 의사전달의 단점을 보완하는 역할을 한다. 그러나 때로는 공식적인 권위관계를 파괴하고 조정을 한층 곤란케 하거나 의사결정의 비합리화를 초래하는 역작용을 하는 경우도 있다.

Ⅳ. 의사소통의 장애요인

의사소통을 저해하는 장애요인은 여러 측면에서 지적될 수 있으나 여기서는 중요한 몇 가지 요인을 살펴보기로 한다.

1. 전달자와 피전달자의 이질성

정보원은 많은 잠재적 수신자들 중 가장 비슷한 속성을 가진 수신자를 선택하는 경향을 가지고 있기 때문에 의사전달자와 피전달자는 상호간에 동질적인 가치관, 사고기준(frame of reference), 교육수준(학력), 사회적 계층 내지 사회적 지위를 공유하는 경우에 효과적으로 의사소통을 할 수 있는 것이다. 반대로 의사전달자와 피전달자간의 이질적 특성이 강한 경우는 의사전달의 제약을 받는다.

2. 전달자의 의식적 제한과 자기방어

의사전달자가 전달내용에 대하여 의식적으로 비밀을 유지하거나 제한적인 전달만을 하는 경우, 혹은 전달자가 자기에게 불리한 사실을 감춘 채 유리하고 상대방이 듣기 좋은 것만 선택하여 전달하는 경우에도 의사소통은 제약을 받게 되는 것은 말할 것도 없다.

3. 전달자에 대한 불신

피전달자가 전달자를 불신하는 경우는 비록 전달하는 메시지의 내용이 진실한 것이라 하더라도 믿지 않는 경우를 흔히 볼 수 있다. 이러한 경우 피전달자는 메시지의 내용을 임의로 판단하거나 수정하는 오류를 범하기 쉽다.

4. 의사전달과정 및 수단에 기인되는 요인

(1) 언 어　　언어의 부정확한 사용 및 지나친 전문용어 및 경어 등은 의사전달에 장애가 되는데 애매모호한 어구는 의사소통을 방해하는 요인이 된다. 이것은 고의적일 수도 있고 자연적일 수도 있다.

(2) 잘못 표현된 메시지　　의사소통의 전달자가 가지고 있는 마음속의 생각이 아무리 명료하다고 하더라도 그 표현이 반드시 명료하다고 볼 수는 없다. 즉 그 표현은 부적당한 용어의 사용, 생략, 통일성의 부족, 생각의 부적합한 구성, 어색한 문장구조, 진부성, 불필요한 전문용어 등에 의해서 오해를 불러일으키는 경우가 있다. 명료성과 정확성을 지닌 사상의 표현은 메시지의 기호화에 대해서 보다 신중을 기할 때 가능한 것이다.

(3) 지리적 거리　　전달자와 피전달자가 한 지역(장소)에 있지 않고 거리적 간격을 가지고 있는 경우는 원만한 의사전달이 되지 않는다.

(4) 타업무의 압박　　일반적으로 행정인은 의사전달 이외의 직무를 본래의 책임으로 맡고 있다. 그러한 책임에 주력하다 보면 수단으로서의 의사전달은 등한시되기 쉽다.

(5) 전달과정상의 손실과 기억력의 한계 및 불충분한 보존　　메시지는 한 사람으로부터 다음 사람에게로 계속 전달하는 과정에서 점차적으로 그 정확성이 감소되는 경우가 있다.

정보에 대한 사람의 기억력의 한계도 중대한 문제이다. 그러므로 메시지에 대한 반복과 보다 명백한 복수의 매체사용이 필요하다.

전달과정에서 의사전달 내용을 유실(loss)하거나 보존을 잘못하는 경우는 의사전달의 적절성과 정확성에 문제점이 생긴다.

(6) 잘못된 해석과 성급한 평가　　피전달자가 해석을 잘못하거나 너무 성급하게 평가를 해버리는 것도 중대한 오류나 편견에 빠지기 쉽다.

Ⅴ. 의사소통의 원칙과 개선방향

1. 의사소통의 일반원칙

Charles E. Redfield는 의사소통의 일반원칙으로서 다음과 같은 일곱 가지를 들고 있는데[39] 의사소통의 개선을 위해서는 이러한 원칙이 가능한 한 실현될 수 있도록 노력하여야 한다.

(1) 명확성(clarity)　　의사전달은 명확한 용어와 간결한 문장으로 표현되어야 한다.

(2) 일관성(consistency)　　의사소통은 전달내용이 서로 모순되어서는 안되며 일관성이 있어야 한다.

(3) 적당성(adequacy)　　적절한 정보량이 제공되어야 한다.

(4) 적시성(timeliness)　　의사소통은 적시에 행하여야 한다. 정보의 도달점인 피전달자가 정보를 받아들이는 준비성이 어느 정도인가에 따라서 정보를 제공하지 않으면 효과가 없다.

(5) 분포성(distribution)　　전달은 전달자로부터 피전달자에게 고르게 전달되어야 한다.

---

39) Charles E. Redfield, *Communication in Management* (Chicago University Press, 1953), pp. 29～45.

(6) 적응성(adaptability)과 통일성(uniformity) 의사소통은 적응성과 통일성을 가져야 한다. 적응성이란 융통성 현실합치성을 의미하며 통일성이란 의사소통이 각각 전체로서 통일된 내용을 표현케 하는 것을 의미한다.

(7) 관심(interest)과 수용(acceptance) 의사소통은 피전달자가 어느 정도의 관심과 수용할 태도를 가지는가에 따라 능률성 여부가 결정된다. 어떠한 의사소통이든 피전달자의 적극적 반응이 있어야만 효과적으로 행하여질 수 있다.

2. 의사소통의 개선방향

의사소통이나 정보관리는 어떤 추상적 원칙을 확립한다고 하여 만족스럽게 개선될 수 있는 것이 아니며 전달자와 피전달자간에 상호의사가 소통되어 진정한 이해가 이루어지고 그러한 이해를 토대로 상호 의미있는 행위가 이루어지도록 해야 한다. 그 주요방법은 다음과 같다.

(1) 의사소통의 중요성에 대한 인식 전달자는 우선 의사전달의 중요성을 인식하고, 의사전달의 내용과 방법을 개선하는 데 노력해야 한다.

(2) 상향적 의사소통의 활성화 우리 나라의 행정계층제는 유교문화의 영향과 더불어 권위주의적 사고방식에 입각한 하향적 권위의 우월성으로 말미암아 하급자는 상급자에 대한 명령 복종만 강요되어 왔다. 그러나 참다운 행정의 민주화 능률화를 위하여서는 조직내 민주주의의 인식이 급선무이며 아래 사람의 의사가 상급자에게 영향을 미치고 정책결정에 반영될 수 있어야 한다.

의사전달은 권력과 지위에 의한 장애를 극복하고 전달자와 피전달자간에 대면적이며 의식과 의식의 만남이 이루어질 수 있는 의사소통, 즉 Habermas가 말하는 '이상적 대화'(ideal speech)의 형식으로 이루어져야 한다.

(3) 상호접촉의 장려 조직구성원간에 회의 및 토의를 통하여 상호 접촉할 기회를 수시로 마련함으로써 그들간의 사고기준과 이해관계에 따른 의견의 불일치를 해소하도록 해야 한다.

(4) 효율적인 정보관리체제의 확립과 시설의 개선 효율적인 정보관리체제를 확립하고 정보분석능력을 강화시켜야 한다.

(5) 언어의 명료성·일관성 의사소통의 수단인 언어는 될 수 있는 대로 피전달자가 알 수 있는 내용을 선택해야 하며 일관성을 가져야 한다.

제 6 절 조 정

Ⅰ. 조정(coordination)의 의의

조정이란 조직체의 각 부분이 공통된 목표를 달성하기 위하여 행동의 통일을 이룩하도록 집단적 노력을 질서정연하게 결합하고 배열하여 조화를 이루도록 하는 것을 말한다. 즉 조정이란 일정한 목적을 향하여 조직구성원의 활동기능이 조화를 이루도록 결합시키는 것이다.[40)]

조직이 대규모화하고 복잡하면 할수록 그 목표의 효율적인 달성을 위해서 조직의 각 단위의 기능은 분업의 원리에 입각하여 분화되고 전문화된다. 그러나 업무를 세분화하고 전문화하면 할수록 각 단위가 전체적인 안목을 상실하고 부분품화되는 폐단을 초래하기 쉬우므로 전체를 하나의 유기체로서 움직이게끔 하기 위해서는 세분화되고 전문화된 각 기능을 전체의 목표에 따르도록 조정하고 통합하는 기능이 필수불가결한 것이다.

조직관리자는 마치 오케스트라의 지휘자와 같은 능력을 발휘하여 조직내의 상호의존된 부분적 단위를 전체목표에 기여하도록 협력가능성을 개발하며, 조직의 통합성을 유지하고 향상시키는 조정노력을 부단히 수행해야 한다. 예컨대 우리 나라 중앙행정조직의 경우 이러한 조정기능을 전담하는 기구로 안보관계 장

40) 윤재풍 외 2인, 전게서, pp. 194~198; 박연호·오세덕, 전게서, pp. 576~588; 김규정, 전게서, pp. 450~454. White는 조정이란 '제부분의 상호관계 및 활동을 조정하여 각 부분이 전체의 생산에 최대의 공헌을 할 수 있도록 하는 것이라고 정의하였고 Mooney는 '공통목표의 수행에 있어서 행동의 통일을 기하도록 집단적 노력을 질서있게 배열하는 것' 이라고 정의하고서 조직에는 내부목표와 외부목표의 양 목표가 있는데, 그 중에서 외부목표는 조직마다 다르지만(예: 기업-이윤추구, 정부-국민에 대한 봉사), 내부목표는 어느 조직에 있어서나 같으니 그것을 조정이라고 하였다. 그리고 조정을 조직의 각종 원리 중에서 가장 중요한 '제1의 원리' 라고 하였다.

관회의, 경제대책조정회의, 국무조정실 등을 들 수 있다.

이와 같이 조정은 어느 독립된 활동 또는 작용이 아니라 모든 관리작용 속에 내포되고 있는 중요한 요소로서 이것 없이는 효율적 목적달성이 불가능한 것이다.

사실상 조정은 최고관리층, 중간관리층, 하급관리층 등의 수직적 단계에서뿐만 아니라 수평적인 조직단위 및 직위간에도 그들이 상호 부문활동을 구성하고 있는 한 필수적으로 수행해야 할 기능이다.

한편 조정은 전문화 분업화와 상반되는 관계에 있다. 전문화가 과도하면 조정이 어려워지고 조정을 어렵지 않게 하려면 전문화에 제약이 따른다. 조정이든 전문화이든 그 목적은 조직목표의 달성에 있으므로 양자의 균형 있는 관계가 바람직하다.

또한 조정은 너무 엄격하고 광범하게 하면 인간의 자유와 창의성을 제한하게 되므로 위압감이나 좌절감을 느끼지 않고 쇄신적 활동을 할 수 있는 범위내에서 효율적으로 이루어져야 한다. 따라서 조정은 Follett의 상황의 법칙에 따라서 상황의 여건을 고려하여 신축성·다양성을 기하면서 행하여져야 한다.

Ⅱ. 조정의 유형

1. 자율적 조정과 감독적 조정

조정은 행동주체의 입장에 따라 자율적 조정과 감독적 조정으로 나누어진다. 자율적 조정은 조정의 자율적 측면이다. 조직구성원은 자기의 직무를 다른 직무의 조건에 맞추어서 수행하여야 할 책임이 있다. 따라서 자기의 직무상 책임을 수행한다는 것은 다른 사람의 책임으로부터 영향을 받고 또한 다른 사람의 책임에 영향을 미친다는 것을 의미한다.

한편 감독적 조정이란 조정의 타율적 측면으로서 상급자가 하급자에 대하여 감독작용으로서 행하는 조정이며 감시와 통제를 전제로 하는 것이 아니라 통제적 수단에 호소하지 않기 위하여 조정을 행하는 것이다.

2. 실체적 조정과 절차적 조정

실체적 조정은 각 조직단위의 목표를 설정하고 그 목표를 달성하기 위하여 각 구성원에게 직무를 배분하고 상호관계를 명확히 하는 것이며 절차적 조정은 조직단위의 활동내용을 조정하는 것을 의미한다.

Ⅲ. 조정의 방법과 저해요인

1. 조정의 방법

조정의 방법으로서 가장 일반적인 것으로 활용되고 있는 것은 다음과 같다.[41]

(1) 목표의 명확화　조직의 구성원이 추구할 목표를 명확하게 설정하고 각자의 권한 책임의 한계를 분명히 함으로써 조정을 용이하게 한다.

(2) 계층제에 의한 방법　전통적 조직이론이 중요시하는 방법으로서 대부분의 조정이 여기에 포함된다고 할 수 있다. 조정의 종국적인 책임은 최고관리층에 속하며 계층제는 전체 조직의 공식적 조정을 가능케 한다. 즉 계층제내의 명령계통의 확립, 통솔범위의 제한 내지 적정화, 책임한계의 확립 등을 통하여 조정이 효율적으로 이루어질 수 있게 된다.

(3) 조직의 정책·절차·규칙의 정형화　조직의 정책이나 일상적 성질의 업무를 절차·규칙의 형식으로 정형화함으로써 조정을 용이하게 할 수 있다.

(4) 조정기구의 설치　조정을 전담하는 기구(예: 기획조정실 등)를 두거나 참모기관이나 보조기관을 활용하여 조정을 원활히 할 수 있다.

(5) 회의·위원회에 의한 방법　이견(異見)이나 이해관계의 조정을 위하여 의사결정에 관계자들을 광범하게 참여시키는 방법으로서 각종 회의와 협의, 위원회의 구성, 활동 등을 들 수 있다. 이러한 회의를 통하여 의사소통이 원활하게 이루어짐으로써 상반되는 이해관계 혹은 이견이나 여러 대안의 조정이 가능하게 된다.

(6) 아이디어에 의한 조정　Gulick이 강조한 방법으로서 국가나 사회가 추구

---

41) Gulick은 조정의 방법을 크게 나누어 조직에 의한 조정과 이념에 의한 조정으로 나누고 조직에 의한 조정은 조정기구설치에 의한 조정과 계층제 및 책임한계에 의한 조정으로 나누고 있다.

할 이념에 의하여 정책과 계획을 조정하는 것이며 추구할 목표, 가치에 대한 공통된 인식·이해가 있어야 한다.

(7) 계획에 의한 조정과 환류에 의한 조정 계획에 의한 조정이란 사전에 수립된 계획과 스케쥴에 의한 조정이며 환류에 의한 조정이란 새로운 정보의 전달에 의한 조정이다. 상황이 안정되고 예측 가능한 경우에는 계획에 의한 조정이 효과적이나, 반면에 상황이 가변적이고 예측 불가능한 경우에는 환류에 의한 조정에 의존하는 것이 낫다. 다만 의사전달이 원활하게 이루어지는 경우를 전제로 한다.

2. 조정의 저해요인

효율적인 조정을 저해하는 요인이 무엇인가를 살펴보기로 한다.

(1) 행정조직의 거대화 행정기능의 확대 변화에 대응하여 행정조직이 확산·비대화되고 다원적인 분화와 계층의 증대를 초래하게 되었으며, 이에 따라 조정은 더욱 어렵게 된다.

(2) 행정기능의 전문화 현대행정의 고도의 전문화·기술화 경향에 따라 전문적이고 기술적인 모든 행정단위를 조정하기는 더욱 어려워지고 있다.

(3) 사회적 이해대립과 행정에 대한 압력격화 사회의 다원적 가치를 반영하는 이해관계가 대립하는 각종 정치집단이나 사회집단의 행정 각 부문에 대한 압력이 가중됨에 따라 조정기관의 최고관리층은 이러한 압력을 조정·조화시키면서 행정의 통합을 이루어 나가지 않으면 안되는 어려움을 겪고 있다.

(4) 할거주의(sectionalism) 대규모 조직 속에 존재하는 인간과 하위조직들은 자신이 속하는 조직 외의 다른 조직에 대하여는 배타적 비협조적 감정을 갖기 쉬우며, 자기 소속기관 중심으로만 문제를 생각하기 쉽다.

(5) 목표와 이해관계의 대립 조직목표가 구성원의 개인목표나 이해관계와 지나치게 대립되거나 혹은 조정의 결과도 개인의 욕구·기대를 충족시킬 수 없는 경우 조정이 곤란하게 된다.

(6) 조정능력의 부족 관리자가 조정을 원활히 할 수 있는 퍼스낼리티, 리더십, 의사전달 및 정보처리능력의 부족, 부하들의 비협조와 무능의 경우에도 조정의 제약을 초래한다.

Ⅳ. 결　　어

조정의 문제는 조직의 효과적인 목적달성에 초점을 두고 있으며, 다원화해가는 현대사회 속에서 조정의 본질을 잘 파악해서 목적하는 바를 달성하는 데 최선을 다하여야 하는 것이다.

그런데 우리 나라의 행정조직은 대통령을 정점으로 하는 피라미드체계를 이루고 있으므로 종국적으로 대통령의 지휘·감독에 의하여 모든 문제가 조정 해결된다고 볼 수 있다. 그러나 각 부처간의 할거적 대립의 격화와 공관(共官)사무, 경합사무의 증가는 조정의 중요성을 절실히 느끼게 하고 있다.

한 사업계획의 여러 측면에 대한 책임이 여러 기관에 분산됨으로써 사업계획의 수행이 조정되지 못하고 이러한 기능이 지나치게 세분화 또는 중복되면 일관성 있는 국가정책의 추진이 어려워진다. 뿐만 아니라 여러 행정기관의 사업계획이 상호 조정되지 않음으로써 예산의 낭비가 격심하고 합리적인 사업계획의 집행이 저해되어 왔다. 오늘날 행정의 전문화·복잡화에 따라 행정의 통일성을 확보하기 위하여 조정의 효율화가 시급하다고 하겠으며 조정기구의 적극적 활용과 강력한 리더십이 요구된다고 하겠다.

제 7 절　목표에 의한 관리(MBO)

Ⅰ. 목표관리의 의의
Ⅱ. 목표관리의 절차
Ⅲ. 목표관리의 장점과 문제점
Ⅳ. 목표관리의 성공적 조건

Ⅰ. 목표관리의 의의

1. 목표관리(management by objectives, MBO)의 개념

목표에 의한 관리 또는 목표관리란 장래의 일정기간에 걸쳐 조직의 각 부서와 직원이 목표를 설정하고 이에 따라 직무를 수행하게 하는 것을 말한다. 즉 목표관리란, 첫째 관리자와 조직구성원들이 함께 참여하여 조직의 공동목표를 명확히 하고, 둘째 구체적인 개인별 목표를 상호협의하여 설정하며, 셋째 이를 각 부서의 운영지침으로서 활용하여 직무를 수행하게 하고, 넷째 구성원 각자의 기여도를 측정·평가하고 이를 환류시켜 궁극적으로는 조직의 효율성을 증진시키고자 하는 참여관리방식을 의미한다.[42)]

2. 목표관리의 발달

목표관리는 원래 경영학에서 연구되기 시작하였으며 체계적인 논의를 전개한 사람은 Peter Drucker와 Douglas McGregor이었고 Odiorne 등에 의하여 이론적인 발전이 있었으며 1960년대 말 이후 사기업에 널리 채택되었다. 공공부문에서는 PPBS 대신으로 Nixon 대통령이 행정관리수단으로서 1973년 목표관리를 도입한 바 있으나 적극적으로 활용되지는 못하였지만 기본윤곽은 지속되고 있다.

오늘날 MBO는 조직전체의 총체적인 관리도구(total management tool) 혹은 관리체제로서 그 의의를 지니고 있는 것이다. 예컨대 장기계획의 수립, 통제체제의 확립, 예산·인력배치, 훈련·보수관리, 근무평정 등의 기능에는 MBO적인 관리이념이 점차로 중요시되고 있다. 그 이유는 물론 뒤에 언급할 MBO의 가치와 장점 때문이다.

3. MBO와 PPBS의 비교

계획예산제도(PPBS)의 문제점 한계가 제기됨에 따라 70년대에 목표관리제도가 미국연방정부에 도입된 바 있는데 PPBS와 MBO를 비교해 보면 다음과 같다.

1) PPBS는 종합적인 장기계획에, MBO는 단기적 부분적 계획에 치중한다.

2) PPBS는 집권적이며 참모기관에, MBO는 분권적이며 계선기관에 치중한다.

3) PPBS는 분석적 전문기술에, MBO는 조직성원의 참여관리에 치중한다.

4) PPBS는 종합적 자원배분에, MBO는 부분적·개별적 예산배정에 중점을 둔다.

---

42) George Odiorne, *Management by Objectives* (New York: Pitman Publishing Co., 1965), pp. 55~56.

5) PPBS는 대안의 탐색과 객관적인 비용편익분석에, MBO는 최종산출의 경험적 평가에 중점을 둔다.

6) PPBS는 목표설정 정책결정과 소요비용의 예측 등에, MBO는 목표달성의 평가·환류 등에 치중한다.

7) PPBS는 예산책정에 있어서 종합적인 자원배분에 중점을 두는데, MBO는 예산범위가 부분적 개별적이다.

Ⅱ. 목표관리의 절차

공식화된 목표관리절차는 없으나 대체로 다음과 같은 단계로 이루어지고 있다.

1. 목표설정단계

MBO의 절차는 조직의 생존·성장·개선을 위하여 조직이 달성하고자 하는 구체적인 목표를 설정하는 데서부터 시작된다. 목표는 최고관리자가 일방적으로 결정하는 것이 아니라 조직구성원의 참여하에 설정되며 개인별 조직단위별로 일정 기간내에 달성해야 할 업무를 정하게 된다.

목표관리에서는 최고관리자가 일방적으로 결정한 목표를 부하에게 강요하지 않고 부하의 참여를 통한 목표설정이 강조되며 이로써 구성원의 자발적인 직무수행동기를 유발할 수 있다. MBO에서는 참여의 과정을 통한 목표설정을 매우 강조하기 때문에 참여관리라고도 한다.

2. 목표실행 및 중간평가 단계

목표가 설정되면 설정된 목표를 달성하기 위한 업무계획·활동계획 등의 지표를 작성하고 이를 실천에 옮긴다. 이 단계에서는 최종목표에 이르는 중간목표가 마련되며 중간목표에 비추어 중간결과를 평가하며 원래 합의된 목표에 환류시킨다. 관리자들은 만족, 부차적인 문제점, 주요문제점 등 세 가지 기준척도에 따라 중간평가를 하고 순조롭지 않은 경우에는 자원을 추가로 공급하거나 목표 수정을 한다. 중간평가는 상급자와 부하가 정기적으로 만나 부하의 업무수행을 파악하고 보완조치를 취하는 데 목적이 있다.

3. 최종평가단계

목표달성의 예정기간이 끝나면 부하의 목표달성도와 업적을 최종평가한다. 최종평가의 결과는 목표성취여부에 대한 판단으로 나타내며, 이것이 다음에 진행되는 MBO의 과정에 환류되는 동시에 동기유발, MBO에 대한 태도, 상관과 부하의 상호관계 및 태도에 영향을 미치게 된다.

4. 환류단계

최종평가의 결과를 환류시켜 조직의 다음 목표설정에 대한 지표가 재정립되고 각 하위단위의 목표에 대한 새로운 방향이 제시된다. 목표관리에 있어서 환류는 매우 중요한 의미를 가지며 조직의 문제해결능력이나 개인의 업무수행능력의 향상 및 MBO의 개선에 기여한다.

Ⅲ. MBO의 장점과 문제점

1. MBO의 장점

MBO는 조직의 의사전달, 구성원의 인간관계 및 계획활동을 개선하고 보다 적극적인 평가제도와 관리활동을 통하여 조직의 쇄신을 촉진하는 데 그 효용이 있으며 다음과 같은 구체적인 장점이 있다.

첫째, 조직목표를 명확히 하여 조직활동을 목표달성에 집중시킴으로써 조직의 효율성을 높인다.

둘째, 참여관리를 통하여 참여의식이 고양되어 조직구성원의 사기와 직무만족을 제고시킨다.

셋째, 인적자원의 효율적 활용과 능력발전에 기여하며 업적평가의 객관적 기준을 제공한다.

넷째, 조직내의 의사소통(상하간의 쌍방적 의사소통)을 활성화시키고 조직구성원의 상호이해를 증진시켜 직무에 대한 적극적 태도를 조성한다.

다섯째, 업무계획의 수립에 의하여 자원·시간의 효과적인 활용과 업무배분의 합리화를 기할 수 있다.

여섯째, 조직구성원의 역할갈등이나 역할의 모호성을 감소시키고 조직의 문제점을 신속히 파악하는 데 기여한다.

일곱째, 관료제의 역기능, 병리를 극복하는 데 도움을 준다.

2. MBO의 문제점

MBO의 이와 같은 여러 가지 장점에도 불구하고 다음과 같은 문제점이 지적된다.

첫째, 목표설정이 어렵다는 것이다. 급격한 변화나 복잡한 환경적 소용돌이 속에서는 명백한 목표설정이 어려운 것이다.

둘째, MBO를 운영하는 데에는 많은 시간이 소비되고 관리자들은 지나치게 세밀한 서류작성의 부담이 크다.

셋째, 목표달성에 집착하므로 장기적·질적 목표보다 단기적·양적·유형적 목표에 치중한다.

넷째, 우리 나라와 같이 권위주의적 집권적 조직에서는 목표관리에 요구되는 업무분담이나 참여관리가 어렵다.

다섯째, 공공행정조직의 특수성으로 인하여 실적 성과의 측정이 용이하지 않다. 이윤추구가 목표인 기업체에서 발전한 MBO를 원칙적으로 공공봉사를 목표로 하는 공공행정조직에 적용하는 데에는 이념적인 갈등이 수반될 수 있다.

Ⅳ. 목표관리의 성공적 조건

우리 나라 행정은 권위주의적 행정문화와 관리자형태로 말미암아 현실적으로 하급자에 대한 상급자의 일방적인 지시·통제에 편중되어 왔다. 현실적으로 하급자의 적극적인 참여기회가 제약되어 왔으며 목표관리를 효율적으로 추진할 수 있는 기반이 충분히 확립되지 못하였다. 이러한 MBO를 우리 나라 행정조직에 적용하여 그 효과를 거두기 위해서는 무엇보다 조직이 참여적이고 개방적이어야 할 것이다.

MBO를 성공적으로 운영하는 데 요구되는 조건을 보면 다음과 같다.[43]

i) 민주적인 행정풍토가 조성되고 최고관리층의 적극적 지원이 있어야 하며, ii) 조직내의 의사소통과 환류과정이 활성화되어야 하며, iii) 명확하고 구체적 현실적이며 측정이 가능하고 우선순위가 정해지는 목표설정에 주력해야 하며, iv) 기획, 예산, 인사, 심사분석과 근무성적평정 등 행정관리기능과 목표관리의 밀접한 연관성이 확립되어야 하며, v) 조직발전(OD)도 적극적으로 추진되어야 한다.

제8절 전자정부와 행정정보화

Ⅰ. 전자정부론

1. 전자정부의 의의

전자정부란 정보기술(Information Technology)을 이용하여 행정업무를 효율적으로 재설계하고 번거로운 문서나 절차 등을 감축하여, '문서 없는 정부(paperless government)'를 실현함으로써 열린정부가 구현되고 온종일 행정서비스가 가능한 고객지향적이고 혁신적인 차세대 정부 모형이라 할 수 있다.[44]

전자정부라는 용어가 처음 사용된 것은 미국 연방성과평가위원회(National Performance Review: NPR)의 보고서에서 유래한다. 여기서 정부혁신은 정보기술을 활용함으로써 이루어진다는 점을 지적하면서, 전자정부를 '효율적이고 고객위주의 과정에 의해 일반 국민들이 공공정보 및 공공서비스에 보다 더 폭넓게,

43) 오석홍, 전게서, pp. 243~244.

44) 전자정부를 보다 협의로 해석하면, '전자적 방식에 의해 행정업무 및 대민서비스를 처리하는 정부'로 간주할 수 있다. 이때 전자정부는 각 부처에서 공통적으로 수행하는 행정업무를 정보기술에 입각해서 처리하는 전자행정(IT-based administration)의 의미에 가깝다. 김진균외 5인, 『인터넷 시대의 행정학 입문』, 박영사, 2001, pp.254~255.

보다 적시에 접근하도록 해주는 정부'라고 정의한 바 있다.[45)]

우리 정부에서 최초로 전자정부에 대한 논의가 시작된 것은 1994년 말 초고속 정보통신기반의 구축 논의 때부터이다. 이 때 전자정부는 주로 행정서비스에 초점을 맞추어 '공통의 정보통신기반 위에 하나로 연결된 각종 행정서비스를 언제, 어디서나, 어떻게 해서든 제공할 수 있는 정부'라고 정의된 바 있다. 그후, 정부는 1996년 6월 '정보화촉진 기본계획'을 확정하고 고도 정보사회의 실현을 앞당기기 위한 종합적인 발전계획을 마련하였는데 여기에서 제시된 10대 중점 과제 중의 하나가 바로 '작지만 효율적인 전자정부 구현'이었다.[46)]

전자정부의 목적은 행정업무를 수행함에 있어 고객지향적인 정부구현을 위하여 정보 통신기술을 적극적으로 활용하고 행정업무 처리방식을 재설계하여 정부자체의 효율성 제고는 물론 국가 전체의 예산차원에서도 새로운 배분방식을 통해 중앙 및 지방정부가 전략적으로 경쟁력있는 정부를 구현하고자 하는 것이다. 전자정부의 필요성은 정책과정의 합리화, 행정업무 능률성의 증대, 행정서비스의 질 향상, 정부개혁의 달성 등을 들 수 있다.

2. 전자정부의 전개

정부는 현재 정보화촉진사업과 행정개혁을 통해 "작지만 효율적인 전자정부 구현"을 지속적으로 추진하여 왔으나 행정의 생산성, 대국민 서비스의 질, 행정의 투명성 등에 있어서 실질적인 성과를 거두지 못하고 있는 것으로 평가받고 있다. 이처럼 성과가 미흡한 원인은 산업사회형 업무처리 방식을 정보사회형 방식으로 전환하려는 혁신적인 사고와 전략이 결여되었기 때문이다. 현재 미국과 영국 등 선진국들은 정보기술을 국가경쟁력 향상의 핵심수단으로 활용하여 정부의

---

45) 미국 Progressive Policy Institute의 Atkinson과 Ulevich(2000)는 『전자정부 - 연방정부개혁으로의 다음 단계』라는 보고서에서 전자정부 실현을 위한 근본원리를 제시하고 이를 바탕으로 정부가 전자정부를 지속적으로 추진하기 위한 방안을 제안한 바 있다. 즉 연방정부에 CIO(고위정보관리자)를 설치하고 5억 달러의 연방 전자정부기금을 두어 '기관간 전자정부사업'에 투자하도록 한다는 것이다. 아울러 정부기관에게 기금사용에 대한 유연성을 부여하여, 이 기금으로부터 발생하는 이익을 보유하고 전자정부 응용프로그램 개발을 위해 기금을 확대할 것을 제안하고 있다 (http://www.dicppi.org/texts/tech/digitalgoverment.htm, 2001. 8. 5).

46) 우리 정부에서도 전자정부화의 필요성을 심각하게 인식하고 적극 추진하고 있다. 「전자정부구현을위한행정업무등의전자화촉진에관한법률」 약칭 '전자정부법'이 제정되어 2001년 7월부터 본격시행 되고 있으며, 대통령직속의 전자정부특별위원회 설치, 전자정부추진 기본계획이 수립되고 있다.

기능과 역할을 혁신적으로 재설계하고 국민에 대한 서비스의 고도화를 실현하고 있다.

정부는 현재 전자정부의 추진단계(1998-2002년까지의 5개년 계획)를 3단계로 구분하여 추진하고 있다. 우선 1998년과 1999년을 제1단계(여건조성 단계)로 설정하였다. 이후 2000년과 2001년을 제2단계(확산단계)로 마지막 2002년을 제3단계(전자정부 정착 단계)로 설정하였다. 이러한 전자정부를 구현하기 위해서 행정서비스, 행정업무, 행정정보, 정보기술기반, 공무원, 법 제도 등 6가지 요소들 별로 추진방향을 정하고 18대 과제를 추진하고 있다.[47)]

이러한 전자정부를 구현하기 위해서는 이제 비대면(非對面)의 행정처리, 즉 원스톱 내지는 진정한 논스톱 서비스가 제공되어야 한다. 이를 위해서는 현재 널리 활용되고 있는 인터넷 기반기술을 민원행정 처리에 도입하여 웹기반의 민원행정시스템을 구축하는 것이 필요하다. 이러한 웹기반의 민원행정시스템은 시간과 공간의 제약을 넘어서 민원인들에게 언제, 어디에서나 정부의 서비스에 접근하여 행정업무처리를 수행할 수 있게 하는 혁신적인 방안으로 인식되고 있다.

3. 전자정부의 구현

국가간의 치열한 경쟁과 정보기술의 비약적 발전이라는 외생적 환경변화로 인하여 각국은 정보기술을 이용한 행정개혁을 통하여 전자정부를 구현하는 노력을 가속화하고 있다. 미국과 일본 기타 선진 국가들은 정보기술을 이용하여 전자정부를 구현함으로써 고객지향성과 행정 능률성을 달성하고 있다.[48)]

1990년대 들어 정보의 산출 및 활용 능력이 국가간 경쟁에서 핵심 자원으로

---

47) 전자정부의 구현을 위한 18대 과제로는 첫째, 국민지향적 행정서비스 실현(①One-stop, Non-stop 서비스 실시, ②행정서비스 전달수단의 다양화, ③인터넷을 통한 행정정보 공개 확대), 둘째, 행정업무의 효율적 재설계(④행정업무의 재설계 추진, ⑤보고 · 결재과정의 전자화, ⑥정책의 사결정 흐름의 자동화), 셋째, 행정정보 공동이용의 활성화(⑦행정정보의 축적 및 공동이용 촉진, ⑧행정정보공동이용센터 구축, ⑨정보 보호관리 강화), 넷째, 행정정보기반 정비(⑩정부 인트라넷의 구축, ⑪정보시스템 표준 정립, ⑫시스템의 안정성 · 신뢰성 확보대책 강화), 다섯째, 공무원 개인 사무의 생산성 제고(⑬개인 사무 자동화 촉진, ⑭원격근무제 도입, ⑮정보화 자격증 우대 및 교육강화), 여섯째, 법 · 제도 개선(⑯전자정부 구현을 위한 법 · 제도의 정비, ⑰고위정보관리자(CIO) 제도의 도입, ⑱범정부적 정보자원관리체제 확립) 등이다.

48) 우리 정부도 전자정부를 구축하기 위한 의욕적인 노력으로 1995년도에 『정보화촉진기본법』을 제정하고, 『정보화촉진기본계획』을 수립하여 일회방문서비스나 정보접근권의 확대 등 열린 정부를 구현하는 노력을 기울이고 있다.

인식됨에 따라 정보기술을 국가 발전의 주요 수단으로 활용하려는 노력이 경주되고 있다. 정부조직에서는 정보통신기술을 행정과 정책에 적용함으로써 정부 실패를 치유하고 행정 효율성과 대민 서비스의 극대화를 도모하고 있다. 공공재화와 행정서비스의 전자적 전달과 배포를 의미하는 전자정부는 기존의 정부서비스 제공의 시간적, 공간적 제약을 극복하는 새로운 패러다임으로 간주되고 있다. 그러한 전자정부로의 개편 노력은 행정개혁과 정보기술을 접목시킴으로써 가능한 것으로 인식됨에 따라 미국, 일본, 싱가포르, 캐나다, 그리고 우리나라 등에서는 전자정부를 초고속통신망사업과 연계시켜 활발하게 추진하고 있다.

전자정부의 가장 큰 특징은 산업사회의 정부 관료제가 그 목적을 달성하는데 가장 실패한 것으로 평가되는 고객서비스의 질을 획기적으로 제고시키는 고객지향성에 있다. 전자정부는 산업사회에서 거대 관료제의 고질적인 각종 병리와 역기능을 극소화시키고, 민주주의 정부의 본질적 목표를 달성할 수 있는 대안으로 여겨지고 있다.

4. 전자정부의 문제점

정보사회로의 이행에 따라 민주주의의 발전을 위해 정보통신기술의 잠재력을 활용하려는 시도들이 전자민주주의를 실현시킬 수 있는가의 문제를 생각할 수 있다. 민주적인 정보사회를 전망하기 위해서는 먼저 '정보민주주의'가 전제되지 않으면 안 된다.

전자정부의 문제점으로 첫째, 정보의 격차를 들 수 있다. 산업사회에서 경제적 빈부 격차가 정치적 갈등의 원인이었다면, 정보사회에서는 정보의 획득과 사용에서의 불균형이 큰 문제로 부각된다.[49] 이를 해소하기 위해서는, 산업사회의 부의 균등한 분배를 위해 다양한 복지정책을 시도했던 것처럼 정보복지정책이 필요하다. 둘째, 정보흐름에 대한 민주적 통제가 어렵다는 것이다. 시민의 정보접근을 가로막고 있는 것은 단지 기술적인 제약만이 아니다. 그보다는 정부나 각종 권력기구의 비밀주의 관행과 제도, 정보 통제 등이 민주적인 정보흐름에 있어 주

49) 전자정부 구현을 위한 정부의 노력과 아울러 그 서비스를 이용하는 국민의 정보활용 능력, 소위 정보리터러시(information literacy)가 중요하다. 정보리터러시(information literacy)란 정보화 시대에 있어서 정보통신기술을 활용하여 필요한 정보에 접근할 수 있는 능력과 필요한 정보를 수집, 평가하여 최종적으로 자신의 목적을 위해 활용할 수 있는 능력을 의미한다.

된 걸림돌이었다고 할 수 있다. 정보사회에서는 정보가 생산되고 유통되는 과정에 대한 시민들의 참여와 통제가 확대되어야 한다. 이는 무엇보다도 국가와 시장의 정보독점을 견제하고 정보 흐름을 민주화하려는 시민사회의 강력한 의지에 의해서만 이루어질 수 있다.

Ⅱ. 정보사회와 행정정보

1. 정보사회의 특징

정보사회란, 사회의 모든 영역에서 정보가 지배적이며, 정보의 처리수단 처리능력이 광범하게 확산되어 체제변화를 일으키고 사회구성원의 욕구를 충족시키는 데 정보가 핵심적 역할을 하며, 정보의 상대적 가치가 다른 어떤 재화나 서비스보다 높게 평가되는 사회를 말한다.[50] 정보혁명이 휩쓸고 있는 정보사회에서는 급격한 정보기술의 발전이 인간생활의 모든 측면에 심대한 영향을 미치고 있다. Alvin Toffler는 그의 저서 [제3의 물결]에서 농업사회와 산업사회의 변혁을 제1·제2의 물결로, 정보사회로의 변혁을 제3의 물결로 비유한 바 있거니와, 정보사회는 산업사회를 대체하는 것이 아니라 보완해 주는 사회라 할 수 있다.

이러한 정보사회의 주요한 특징으로는 ①컴퓨터와 원격통신기술의 중요성과 광범한 이용, ②정보산업의 선도산업으로서의 역할, ③횡적 네트워크 형태 중심의 사회구조, ④종이 대신 전자매체에 의한 정보전달, ⑤상품 정보의 세계화와 정치권력의 지방화, ⑥노동이 아닌 지식에 의한 가치증대, ⑦자동화·전자화·소형화·디지털화·소프트웨어화 등에 의한 기술혁신, ⑧값싼 정보전달수단의 보급과 정보의 대량유통, ⑨공간의식의 심리적 축소, ⑩지식에 의한 문제해결과 고도의 지적 창의성 추구, ⑪지식 서비스 중심경제 등을 지적할 수 있다.

2. 행정정보화의 개념과 필요성

행정정보화란, 정보사회에 맞는 새로운 정부의 역할을 담당하기 위해 정부가 정보 지식의 수집·관리능력을 향상시키는 것을 말한다. 나아가 정보사회에 맞는

50) 김규정, 전게서, pp. 504~514 ; 박연호·오세덕, 전게서, pp. 617~630.

서비스의 질을 높이고 조정자·촉진자로서 역할을 수행하는 것이다. 이러한 정보기술의 활용은 단순한 기술 개발의 차원을 넘어서 개인과 가정은 물론 국가사회 전반에 걸쳐 혁명적인 변화를 가져올 것이다.[51)]

행정의 정보화는 폭발적인 행정수요에 대응하고, 정책결정과정의 합리화를 통하여 복잡한 정책문제해결을 위한 최적대안을 탐색·선택하고, 행정의 분권화·지방화와 민주화·인간화에 대비하고, 행정관리의 능률화 개선과 행정서비스의 질적 향상 등을 위하여 그 필요성이 절실하다. 행정정보화의 요청에 부응하기 위해서 행정 데이터베이스가 구축되고, 행정정보 네트워크가 형성되며, 행정전산화 사무자동화사업이 광범하게 추진되고, 지역정보가 확대되며, 정보관련 행정조직 인력이 강화되고, 예산이 증가되며, 공무원의 정보해득력과 컴퓨터 취급능력 등이 필요하다.

3. 행정정보화와 국가행정

오늘날 국가행정은 변화를 요구하고 있으며, 사회 구성원의 삶의 질을 개선하고 개별국가들과의 경쟁에 있어서 우위를 유도하는 역할이 요구되고 있다. 이를 해결하기 위해서 어떤 형태로든지 국가가 정보사회의 촉발자 혹은 유도자로의 역할을 해야하며 이는 상당부분 정보화라는 정책수단이 효율성을 가져다 줄 것이라는 믿음에 근거하고 있다. 늘어나는 행정수요에 대처하기 위하여 행정내부에 불어닥치고 있는 행정정보화에 대한 기대는 다음과 같다.[52)]

첫째, 현대행정의 수요와 기능은 도시, 교통, 보건, 복지, 환경문제 등의 심각화로 증대 다양화되었으나, 국민의 정부간소화에 대한 요구와 국가비용절감이라는 측면에서 정부규모의 확대를 억제할 수밖에 없는 현실이다. 인력의 전문화, 고급화와 더불어 행정과정의 정보화를 통해 행정수행기능의 제고 및 적극적 대응으로 행정수요의 적체를 해결할 수 있다. 둘째, 현대국가에 있어서 정책문제의 복잡화는 정책입안 및 결정이 보다 분석적, 과학적, 실험적인 과정을 통해 이루어질 것을 요구하고 있다. 또한 정책결정과정의 능력을 제고함으로서 과학성과 예측가능성을 보다 향상시킬 수 있다. 셋째, 행정정보화는 정보의 교환 분산을

51) 정충식, 『멀티미디어 시대의 행정』, 나남출판, 1999, p. 23.
52) 권기헌, 『전자정부와 행정개혁』, 커뮤니케이션북스, 1999, pp. 46~48.

요구하며, 이는 행정의 실질적인 분산화 지방화를 가속화시키게 된다. 넷째, 행정의 민주화·인간화를 추구하는 현대행정은 정보의 공개, 대민 행정서비스의 향상, 행정조직 내부의 민주화와 공무원들의 생활의 질 향상 등을 요구하고 있다.

4. 정보화와 조직구조

정보사회에 있어서 정부관료제가 그 적응력을 강화하기 위해서는 계층제의 경직성을 완화해야 한다는 입장이 강력하게 주장되고 있다. 물론 이러한 탈계층제의 문제에 있어서도 계층제구조의 유용성을 인정하고 다만 완화를 주장하는 상황적합이론(contingency theory)을 추종하는 입장과 계층제 구조의 종언을 주장하면서 정보사회에서는 계층제 없는 구조모형이 지배적일 것이라는 입장이 있다. 많은 주장들이 있지만, 대체로 학자들은 정보화가 되면 탈관료화·탈계층화된 적응적 구조가 효율적이라고 주장하는 것이 지배적이다.[53)]

5. 행정정보체계와 민간정보체계

행정정보체계(public management information system: PMIS)는 공공부문 내에 있는 조직의 MIS로서 행정조직의 운영, 행정관리, 정책의 형성·집행·평가, 행정서비스의 제공 등을 지원하기 위하여 각종 정보를 수집 검색하고 목적에 맞게 처리하여 제공해 주는 시스템이며, 국가정보관리를 위한 행정체제를 의미한다. 관리(경영)정보체계(MIS)에 대해 Davis와 Olson는 '조직의 운영 관리 분석 및 의사결정기능을 지원하기 위한 정보를 제공하는 통합적 사용자 기계시스템이며, 컴퓨터 하드웨어와 소프트웨어, 수작업절차·분석·계획·통제 및 의사결정을 위한 모형 데이타베이스를 활용하는 시스템'이라고 정의하였다.[54)]

---

53) 권기헌, 전게서, pp. 51~53. 정보사회에 대처할 구조의 개혁에 관하여 격동하는 환경에 대처하여 행정체제의 적응성과 감응성을 높여야 한다. 전통관료제의 경직성을 줄이고 조직의 유연성과 변동대응의 적시성을 높이도록 행정구조를 개선해야 한다. 전산화·자동화의 발전 규모는 작고 서비스는 많이 할 수 있는 구조발전의 기회를 넓힐 것이다. 그리고 행정수요의 분화에 따라 행정구조의 분화와 전문화도 촉진하고 전문성이 높은 사업수행을 위해서는 프로젝트팀을 설치·운영하고 복합구조적 배역도 활용하는 등 구조의 융통성을 높여야 한다. 전통적인 계서적 조직뿐 아니라 망형조직 등 새로운 조직형태들이 요청될 것이므로 다원조직체(multi-organizational arrangement)의 길을 넓혀가야 할 것이고 구조상의 분권화를 지속적으로 추진하여 관리단위를 하향조정해 나가야 할 것이다. 그리고 분권화와 경비절감을 위하여 저층구조화를 추진해 나가야 할 것이다. 이는 정보사회에서 조직구조의 탈계층화에 대한 지향을 말해준다.

54) Gordon B. Davis and Margrethe H. Olson, *Management Information Systems: Conceptual*

〈표 3-3〉 MIS와 PMIS 비교

구분	경영정보체계(MIS)	행정정보체계(PMIS)
목표설정의 차이	· 목표가 구체적이며 명확(이윤추구) · 계획이 단기적, 계량화 용이	· 목표가 추상적이며 다양(공익 등) · 계획이 장기적이고 계량화 곤란, 목표의 무기억성이 존재
자료수집	· 시간 · 비용 등을 적극적으로 투입한 능동적인 자료수집	· 법령에 근거를 두는 수동적 · 강제적 · 의무적인 자료수집
정보해석 대안탐색	· 최적안을 추구하는 합리모형 적용이 용이	· 현실적인 이해관계 때문에 점증 만족모형 선호
평가기준	· 평가기준이 명확 · 경제성 · 능률성	· 평가기준이 불명확 · 민주성 · 형평성 · 대응성
경쟁성과 대기비용	· 경쟁성 강함 · 대기비용의 내면화(internalization)	· 경쟁성 약하고, 독점성 강함 · 대기비용(waiting cost)의 상승

행정정보체계의 일반적인 특징은 첫째, PMIS는 일차적으로 국가기관이나 공공기관에 종사하는 행정관료들의 제반활동을 돕기 위한 지원체계이다. 둘째, 행정정보체계가 행정관료들의 행정활동을 지원한다는 것은 행정관료들의 일상적인 행정업무의 수행뿐만 아니라 그들의 제반 정책결정을 지원한다는 것이다. 셋째, 일반 민간관리체제와 같이 자연발생적인 관리체계라기 보다는 특정목적을 위하여 인공적으로 설계 제작한 관리체계이다. 넷째, 행정정보체계는 인공적인 요소와 기계적인 요소의 상호 기능적인 관계를 바탕으로 형성된 체계이다.[55)]

행정정보체계의 특성은 <표 3-3>에서 보는 바와 같이 민간부문의 경영정보체계와 비교하여 그 차이점을 파악함으로써 보다 명확하게 이해할 수 있다.

Foundations, Structure, and Development(New York: McGraw-Hill, 1985), pp.200~201. MIS(management information system)는 첫째, 경영에서 계획 실시 및 통제의 기능을 지원하기 위하여 필요한 정보를 적시에 제공함을 목적으로 하여 특별히 설계된 보고체계이며, 둘째, 조직체의 운영을 위한 의사결정상 가장 적절하다고 객관적으로 판단된 정보를 조직적으로 수집하고 또 이를 가공 축적하여 필요에 따라 적시에 제공하는 인간과 기계의 공식적 조직이다. 셋째, 경영의 최고위층이 의사결정에 필요한 정보를 요구시 즉시 제공할 수 있도록 조직된 종합관리정보체계이다(안문석, 『정보체계론』, 법문사, 1990, pp. 210~218).

55) 행정정보체계는 조직의 계층에 따라 필요한 정보를 제공하기 위하여 피라미드 구조를 이룬다. 하위층은 전산자료처리시스템(electronic data processing system: EDPS)으로 업무처리과정, 기록보관, 업무보고 등을 신속하게 하거나 자동화할 수 있도록 설계된 시스템이다. 중간층은 관리정보시스템(MIS)으로 중 · 상위관리자의 의사결정을 돕기 위해 데이터를 요약하고 분석한다. 최고층은 의사결정지원시스템(decisionmaking support system: DSS)으로 비구조적, 비반복적인 문제를 해결하려는 의사결정자에게 자료와 모형의 활용을 직접적으로 이용하게 함으로써 의사결정을 돕는 시스템이다(방석현, 『행정정보체계론』, 법문사, 1992, pp. 236~238).

Ⅲ. 행정정보화의 순기능과 역기능

1. 행정정보화의 순기능

행정정보화는 행정조직뿐만 아니라 국민 생활에도 직접·간접적으로 많은 영향을 끼치며 그러한 영향은 순기능과 역기능을 동시에 가진다. 우선 행정정보화의 순기능적인 측면을 살펴보면 다음과 같다.[56)]

첫째, 정보기술, 정보관리기법의 활용증대와 행정의 효율화와 행정서비스가 증대된다. 이와 관련하여 세부적인 순기능은 정형화된 행정업무(주민등록증 발급, 세금계산·결정 등)의 내용을 전산화함으로써 능률성·생산성을 제고한다. 또 고급 응용정보시스템이 개발·활용되며, 정책결정 및 행정과정에 필요한 다양하고 풍부한 자료의 축적·검색·활용이 컴퓨터 시스템에 의한 DB(Data Base) 활용을 통해서 이루어지게 된다. 그리고 행정정보 네트워크가 행정기관간, 정부-국민간, 정부-기업간으로 연결되어 상호간의 질의와 의사소통이 원활하다.

둘째, 정보관련정책의 진전과 정보민주주의 실현을 들 수 있다. 세부적으로 국민에 대한 정보공개가 점차 확대됨으로써 정부-국민간 정보격차가 해소되며, 개인정보에 대한 보호제도의 정착으로 국민의 프라이버시가 보장, 지역정보화의 진전으로 자치단체 및 지역주민의 정보자율성이 증대, 소프트웨어에 대한 보호제도의 확립, 정보산업의 육성·지원, 정보화에 따른 실업, 컴퓨터 범죄 등 부작용이 방지되며, 국제 정보화의 흐름에 대한 대응이 가능하다.

셋째, 행정서비스의 개선을 들 수 있다. 사무능률을 제고시킬 수 있으며 행정비용을 줄이면서도 보다 나은 양질의 행정서비스를 국민들에게 제공할 수 있다.

2. 행정정보화의 역기능

행정정보화는 긍정적 영향뿐만 아니라 부정적 영향도 도외시 할 수 없다.[57)] 첫째, 구성원의 신상에 관한 자세한 정보가 수집·관리됨으로써 가능케 되는 엄

56) 하미승, 『행정정보체계론』, 법문사, 1996, pp. 56~58.
57) 김규정, 『행정학원론』, 법문사, 2001, pp. 504~514.

격한 통제가 역작용을 빚을 수 있으며 컴퓨터 마인드를 갖추지 않은 나이 많은 고위계층의 소외감과 하위계층과의 심리적 갈등을 유발할 수 있다. 둘째, 컴퓨터 활용에 의한 정보처리능력에 차이가 있는 조직단위간, 중앙·지방간, 컴퓨터 사용자와 비사용자간에 정보불균형과 갈등이 심화될 수 있으며 나아가서는 사무자동화와 단순·반복업무의 전산화에 의하여 실업에 대한 두려움이 확산 될 수 있다. 셋째, 국민 개개인에 대한 인적·물적 정보가 확보됨으로써 개인의 프라이버시를 침해할 우려가 높아진다. 넷째, 컴퓨터 시스템의 온라인(on-line)화와 네트워크화로 중요한 데이터베이스에의 접근이 쉬워져 데이터의 조작에 의한 컴퓨터 범죄가 늘어날 가능성이 많아지며, 왜곡된 정보의 신속한 전파에 의한 악영향이 우려된다. 특히 국가기밀이 유출될 경우 심각한 국가적 위기를 초래할 수도 있다. 다섯째, 사회관계가 정형화·자동화되고 사회의 관료제화가 촉진됨으로써 객관성·정확성·일관성을 특징으로 하는 관료제조직의 운영에 대하여 컴퓨터 중심의 정보기술은 그 효율성을 높여주게 된다. 이리하여 정보자원과 처리수단이 관료제의 통제하에 놓이게 되고 그 권력이 강화되면서 정보를 독점할 우려가 있게 된다.

Ⅳ. 정보공개

1. 정보공개의 의의

정보공개는 "행정기관이 보유하고 있는 정보를 외부인에게 제공하는 일체의 행위"라는 개념을 갖는다. 이러한 정보공개 개념은 국민 개개인의 청구에 의한 의무적인 정보공개와 각종 법령에 의한 정부의 일방적 공표행위, 그리고 행정기관 스스로의 결정에 의한 자발적 정보공개 등을 모두 포괄하는 개념이다. 이미 많은 선진국들은 고객지향적인 정부로의 변화를 통한 행정개혁을 추진하는 과정에서 행정정보공개제도를 제도화하고 있다. 우리 나라에서 정보공개제도가 이루어지게 된 배경에는 1990년대 문민정부가 들어서면서 사회의 민주화와 정보화로의 이행으로, 국민의 국정에 대한 관심과 참여 욕구가 증대됨에 따라 행정정보에 대한 수요가 점증하게 되었고, 정부도 이에 부응하고자 정보공개제도를 입법화하

게 된 것이다.[58)]

2. 정보공개의 필요성

정보공개제도는 정부정보에의 자유로운 접속을 보장하고 이를 이용하여 국민의 권리 및 이익을 보호하고 더 나아가 국정에의 감시, 비판 및 참여를 촉진시켜 민주주의의 존립을 위해 필수적인 제도이다. 또한 정치·행정의 비밀주의를 지양하고 부정부패를 방지하여 행정의 책임성을 제고시킬 수 있는 행정개혁의 수단이기도 하다. 정보공개제도는 국민의 알 권리 보장, 국민의 국정참여유도, 부정부패방지, 국민생활의 질적 향상, 투명한 정부구현, 행정PR 및 신뢰성 확보 면에서 필요하다. 그리고 정보공개는 그 자체 독립된 제도로서 뿐만 아니라 다른 법제도, 예컨대 행정절차의 경우 공청회·청문회 등에서의 행정자료 제시 또는 열람의 의무는 이러한 정보공개에 해당한다. 이는 특정 이해관계 당사자에 대한 특정정보의 제한적인 공개라고 할 수 있다.

3. 정보공개제도의 일반적 내용

1) 정보공개의 청구주체

정보공개제도에 있어서 정보공개의 일반적인 주체는 바로 그 나라의 국민이라고 할 수 있다. 모든 국민에게는 균등한 정보접근의 권리가 주어져야 한다. 그리고 청구권자를 국민으로 한정할 경우 외국인에게는 상호주의 원칙에 따라 청구자격 부여여부를 결정해야 할 것이다.

2) 정보공개기관의 범위

정보공개의 의무를 지는 기관의 범위를 어떻게 설정할 것인가 하는 것 즉, 청구의 대상기관을 어떤 범위까지 확대할 것인가 하는 것이다. 정보공개의 의무는 모든 국가기관이 부담해야 마땅하다. 따라서 근거법령이나 공개방식 등에 차이

---

58) 우리 나라에서도 1996년 11월 30일 제181회 정기국회에서 『공공기관의 정보공개에 관한 법률』(이하 '정보공개법')이 의결되고 법률 제5442호로 공포(1996. 12. 31)됨에 따라 1998년 1월 1일부터 이를 시행하게 되었다. 이 법은 법률안의 제안이유에 명기되어 있는 바와 같이, 공공기관이 보유·관리하는 정보의 공개 의무 및 국민의 정보공개청구에 관하여 필요한 사항을 정함으로써 국민의 알 권리를 보장하고 국정에 대한 국민의 참여와 국정운영의 투명성을 확보함을 그 목적으로 하고 있다.

는 있을지라도 입법・사법・행정 3부 모두 공개의무를 지는 것이 타당하다.

3) 정보공개의 대상과 예외

원칙적으로 모든 행정정보는 공개되어야 한다. 그러나 행정기관이 보유하고 있는 정보는 매우 다양하며, 그 중에는 공개함으로써 국가의 존립과 국민전체의 이익을 손상시키거나 개인의 권익을 침해할 위험이 있는 정보에 대해서는 공개의 예외로 하는 것이 인정된다.[59)]

4) 정보공개의 방법

(1) 공개대상물에 따른 공개방법 　정보공개의 방법은 공개대상물에 따라 다르다. 최근에는 뉴미디어의 발달로 정보기록 매체가 다양화함에 따라 공개의 방법도 여러 형태를 가질 수 있게 되었다.[60)]

(2) 부분공개와 한시공개 　부분공개는 기술적으로 전부를 동시에 공개할 수 없는 사정이 있을 때에는 부분적으로 또는 여러 차례 분리하여 공개할 수 있다. 한시공개는 공개 청구된 정보 중에는 청구시점에서는 공개할 수 없지만 일정시점 이후에는 공개가 가능한 정보가 있을 수 있다. 시험・평가정보 등 각종 집행정보는 이러한 한시적 공개의 대상이 되는 경우가 많다.

(3) 공람제도 　공람제도는 특정정보를 시민에게 공개하는 제도이다. 이는 일반정보 공개청구제도가 도입되기 이전에 주로 채택되는 정보공개방법으로서 개별법령에 의해 공개・열람해 주는 제도이다. 관보 등에 의한 순환 배포의 방법으로 공개하기도 한다.

---

59) 우리 나라 정보공개법상 제외대상정보로서 ①다른 법률 등에서 비공개로 정한 정보, ②국가의 안전이나 국방・외교관계 등 국가의 중대한 이익을 해할 우려가 있다고 인정되는 정보, ③공개될 경우 국민의 생명, 신체 및 재산의 보호, 기타 공공의 안전과 이익에 현저한 지장을 초래할 만한 상당한 이유가 있는 정보, ④공공기관의 내부 인사에 관한 정보, ⑤감사・감독・검사・규제・입찰계약・첨단기술개발 등에 관한 사항으로서, 공개할 경우 행정의 공정한 집행이나 연구개발에 현저한 지장을 초래할 우려가 있는 정보, ⑥의사결정 또는 정책결정 과정에 있는 사항 중에서, 공개할 경우 공공기관의 결정에 현저한 지장을 초래할 수 있는 정보, ⑦개인정보 보호법상에 규정된 개인정보, ⑧법인에 관한 정보로서 공개할 경우 법인의 정당한 이익을 해할 우려가 있는 정보 등을 규정하고 있다. 이는 앞에서 살펴본 일반적인 정보공개예외사항과 대동소이하나, 행정집행정보 등에 관해서는 구체적으로 규정하지 않은 것이 특징이다.

60) 이에는 문서, 영화필름・비디오테이프・녹음테이프, 컴퓨터용 자기테이프, 자기디스크, 광디스크, 마이크로 필름 등이 있다.

(4) 정보목록 공시　정보공개의 청구가 원할하게 이루어지도록 하기 위해서는 공개가능한 정보의 목록 또는 공문서 파일의 목록을 작성하여 일반에게 열람 또는 공시하여야 한다.

4. 정보공개의 역기능과 대책

정보의 공개에는 부작용이 따르게 된다. 그 부작용으로는 ①국가기밀의 침해위험과 보호 조치에 따른 부담증가, ②개인정보의 침해 우려, ③산업스파이 목적으로 악용될 우려, ④범죄자 또는 그 집단에 의해 악용될 우려, ⑤정보공개로 신원노출을 꺼려하는 자가 공공기관에 대한 정보제보를 기피할 우려, ⑥정보공개 준비 및 운영에 따른 행정비용 증가, ⑦공개청구쇄도로 인한 정상적인 행정업무의 적체 우려, ⑧행정적 책임의 회피를 위해 향후 논란의 소지가 있는 사안의 문서화 기피 우려, ⑨부실한 정보유통 및 조작된 정보의 공개 우려 등을 들 수 있다.[61)]

대비책으로는 첫째, 국가기밀, 개인정보, 산업스파이, 범죄에의 악용 등에 대한 대책으로 위험이 예견되는 정보를 공개의 제외대상으로 설정하는 방법을 들 수 있다. 둘째, 정보공개에 따른 업무량 및 비용증가는 행정민주화를 위해 부담해야 할 불가피한 비용으로 인식해야 하며, 가급적 비용의 증가가 크지 않도록 공개시스템을 효율적으로 설계·운영해야 한다. 셋째, 공개업무로 인한 정상적 행정업무의 적체 문제를 해소하기 위해서는 정보공개 전담창구의 설치 운영 및 전담인력의 배치 등 조치를 취해야 한다. 넷째, 문서화 기피현상은 모든 중요한 행정활동을 문서화하도록 의무화하는 규정을 둠으로써 어느 정도 방지할 수 있다.

61) 하미승, 전게서, 1996, pp. 652~653.

제 4 장 행정조직의 변동

제 1 절 행정조직의 동태화 (애드호크러시적 조직구조)

Ⅰ. 조직동태화의 의의

조직의 동태화(動態化)란 고정되고 경직화된 조직을 환경의 변화에 신축성 있게 적응하여 문제를 해결하고 쇄신과 창의성을 도입·활용해 나가는 과정을 의미한다. 조직은 환경과 끊임없이 상호작용하는 개방체제이므로 변동하는 상황에 적응하기 위하여 변동이 불가피하다.

전통적 조직이론은 안정되고 분업화되고 계층화된 조직을 이상으로 하였으나 현대사회는 급격한 변동을 겪고 있으므로 전통적 조직원리에 따른 조직으로서는 새로운 사업이나 신속한 사회변화에 적응하기가 어렵게 되었다. 더욱이 행정조직은 법적 규제가 강하고 계층제가 엄격하여 의사전달이 경직화 되기 때문에 다른 어떠한 조직보다도 탄력성이 적고 경직적이다. 따라서 이러한 조직의 경직성을 막고 환경변동에 신축성있게 적응하고 끊임없이 제기되는 새로운 행정수요를 충족시킬 수 있도록 조직의 탄력성을 유지하고 조직의 효과성을 높이고자 하는 조직의 동태화가 필요한 것이다.

사실 조직의 안정성과 통일성을 강조하는 기계적이고 정태적인 조직에 있어서는 창의적이고 쇄신적인 요구를 도입하기가 곤란하고, 조직내에 할거주의(sectionalism)를 조장하는 경향이 있다. 그러나 현대행정조직은 급격한 사회변동에 신축성 있게 적응하면서 발전과제를 능동적으로 해결해 나갈 것이 요구된다. 아무리 현재의 조직이 합리적으로 구성되어 있다고 하더라도 그것이 동태적인 조직이 되지 못한다면 시대가 요청하는 목적을 성공적으로 달성하리라고 기대하기는 어렵다.

Ⅱ. 조직동태화의 방법

1. 동태적 조직의 구조: 애드호크러시

(1) 개념 및 특성 애드호크러시(adhocracy)란 탈관료제화 현상에서 나온 조직운영상의 신축성 및 자율성을 확보하기 위하여 창설된 일종의 평면조직형태로서 조직의 신축성·자율성·적응성을 확보하기 위한 동태적 조직이다. 애드호크러시라는 말은 Alvin Toffler의 『미래의 충격』(*Future Shock*)에 나오는 말로서 임시적·역동적·유기적 조직을 말한다. Bennis에 의하면 애드호크러시란 "다양한 전문적 기술을 가진 비교적 낯선 사람들로 구성된 집단이며 해결해야 할 문제를 중심으로 조직된 변화가 심하고 적응력이 강하며, 임시적인 하나의 체제"라고 규정한다. 이러한 조직의 유형으로서는 매트릭스조직, 프로젝트조직, 태스크포스, 위원회구조, 네트워크구조(network structure), 공동관리구조(collegial structure) 등을 들 수 있다.[1)]

애드호크러시는 전통적 조직구조에 비하여 수평적 분화가 높으며 상대적으로 복잡성과 공식화가 낮으며, 분권적 의사결정(decentralized decision making) 구조를 가지며 신축성 및 유기성이 높다.[2)] 또한 여기에서의 영향력의 근거는 지위나 권한보다는 전문지식에 있는 것이 특색이다.

(2) 필요성 오늘날 공공분야나 민간분야의 조직을 막론하고 애드호크러시적 조직구조의 편성이 필요한데 그 이유는 다음과 같다.

첫째, 오늘날의 조직환경은 너무나 급격히 변화하고 있는데, 고전적 조직구조

---

1) 윤우곤, 『조직론』, 법문사, 1978, pp. 468~476; 윤재풍, 전게서, pp. 189~194; 박연호 · 오세덕, 전게서, pp. 360~365.

2) Stephen P. Robbins, *Organization Theory: Structure, Designs, and Applications*, 3rd ed. (Englewood Cliffs, N.J.: Prentice-Hall, 1990), pp. 290~300.

는 이러한 변화를 잘 다루지 못한다. 이러한 변화 속에서는 일상적·정형적·기계적으로 다룰 수 있는 일은 줄며, 비일상적·비정형적·유기적으로 다루어야 할 일이 증대하게 됨으로써 조직구조의 신축성과 역동성을 요구하게 된다.

둘째, 오늘날 조직이 다루어야 할 과제는 고도의 전문성과 복합성을 요한다. 따라서 그러한 현상은 전문가의 능력을 활용하는 조직구조의 설계를 탐구하도록 한다.

(3) 장 점 조직의 신축성 있는 적응과 창조가 요구되거나 다양한 전문지식을 가진 사람들의 협력을 통한 문제해결이 필요한 경우, 혹은 조직의 업무 자체가 기술적이고 비정형적인 경우에는 애드호크러시가 매우 유용한 조직이다.

(4) 단 점 애드호크러시는 전통적 조직과 달리 상급자와 부하간의 관계가 명확하지 않고 권한과 책임의 한계가 애매하며, 과업의 표준화나 공식화 정도가 매우 낮기 때문에 구성원간에 갈등과 마찰이 일어날 우려가 있다.

2. 동태적 조직의 유형

애드호크러시를 활용하고 있는 조직구조로서 비교적 널리 이용되고 있는 프로젝트조직·매트릭스조직 및 태스크포스에 대하여 살펴보기로 한다.

1) 프로젝트조직(project team)

(1) 개 념 프로젝트조직은 특정 목적을 달성하기 위하여 일시적으로 조직내의 인적·물적 자원을 결합하는 것이다. 즉 프로젝트 팀(특별작업반)은 특정한 사업을 추진하거나 과제를 해결하기 위하여 조직내에서 일정한 인원을 차출하여 구성되는 일시적인 평면적 조직을 말하며 단시일내에 과업을 강력히 추진할 수 있고 문제해결에 적합한 조직이다. 요컨대 프로젝트조직이란 특수한 사업(project)이나 목표를 달성하기 위하여 일정한 기간 업무를 수평적 대각적으로 배열하고 막대한 양의 인적·물적 자원을 탄력적으로 이용하는 동태적 조직이다. 이러한 조직은 미국의 국제기업에서 외국기업과 큰 계약을 체결할 때에 그에 필요한 작업을 신속히 처리하기 위하여 만든 감시적 조직에서 출발하였다.

정부에서 공해문제해결을 위해서 구성하는 프로젝트팀이나 민간기업체의 신제품개발을 위해서 설치된 팀 조직 같은 것이 대표적인 예이다.[3]

프로젝트팀을 설치하는 중요한 목적은 기존의 계선조직이 지니는 경직성을 완화하고 신축성과 전문성을 보완하는 데 있다. 특히 새로운 연구개발과 쇄신적인 문제해결이 요구되는 분야의 일은 기존의 계선조직보다는 새로운 조직형태를 설치함으로써 보다 효율적으로 수행될 것으로 생각되기 때문이다.

(2) 특 징 프로젝트팀의 구성원은 주로 기존의 각 관련 계선기관으로부터 파견되는 전문가들로 이루어지고 그 임무가 끝나면 원래의 소속으로 돌아가기 때문에 종적관계보다는 횡적 관계가 실질적으로 중요하고, 전문가로서의 자율성과 자발성에 따라 근무동기가 부여됨을 중요시한다.

의사전달의 채널(channel)은 개방적이고, 예산에 신축성이 많으며, 형식적인 관리업무로부터 해방되어야 한다는 원칙을 강조한다.

(3) 문제점 그러나 프로젝트 조직이 다루는 문제의 상황은 불확실한 경우가 많으며, 그것을 다루는 과정에서 구성원 상호간의 긴장·갈등·대립도 발생하기 쉬운 것이다.

2) 매트릭스(matrix)조직(복합조직, 행렬조직)

(1) 개 념 이것은 기능적 조직과 프로젝트팀의 장점을 결합시키는 데 목적이 있다. 즉 환경의 변화에 역동적 신축성이 없으나 안정된 조직기능을 유지하는 기능조직과 역동적 신축성 및 자율성 속에서 전문성과 쇄신성을 도입할 수 있는 프로젝트팀의 장점을 모두 살려보려는 데 있는 것이다.

매트릭스조직은 1960년대 초 미항공우주국(NASA)에서 시작되었지만, 현재는 수많은 은행·병원·대학 및 정부기관 등에 적용하고 있다.

(2) 특 징 매트릭스조직은 기능적 조직의 역할과 프로젝트팀의 구조적 역할을 동시에 수행하는 이중구조적 성격을 갖는다. 따라서 조직의 구성원은 종적으로는 기능조직의 성원의 임무를 맡으며, 횡적으로는 프로젝트팀의 성원으로서 임무를 맡는다. 조직성원은 이중의 상사를 가지며 이중의 명령체계 속에 존재한다. 즉 일상적인 행정기능적 사항은 종적인 기능조직관리자의 명령에 따라야 하며, 프로젝트에 관해서는 프로젝트관리자의 명령을 따라야 한다.

---

3) 2005년 3월 행정자치부가 최초로 팀제를 도입한 후, 팀제를 도입하거나 준비 중인 부처가 늘어나고 있다. 2013년1월 현재 조달청, 특허청, 기획재정부, 통일부, 국방부, 농림부, 보건복지부, 여성부, 국세청, 소방방재청, 산림청, 중소기업청 등에 팀제가 도입되고 있다. (일부부처는 부분적으로)

매트릭스조직의 성패는 프로젝트팀과 기능조직을 연결시키는 교점의 역할을 잘 할 수 있는 사람이 많아야 한다. 그것은 행정적 기능과 프로젝트간의 애매한 것을 잘 처리할 수 있는 사람, 상이한 집단들의 선호를 분명히 하여 초점을 맞추는 사람을 말한다. 그렇게 함으로써 기능조직의 종적 의사전달과 프로젝트팀의 횡적 의사전달을 소통시키며 의사결정과 그 시행을 원활히 할 수 있게 된다.

매트릭스조직이 잘 운영되기 위해서는 상설기능조직과 최고관리자의 일관된 지지가 있어야 한다. 프로젝트 관리에 알맞는 사람이 배치되도록 인사행정을 해야 하며, 예산은 신축성을 가져야 한다.

(3) 장점·단점 매트릭스조직은 i) 인적자원을 활용할 수 있고, ii) 특수사업의 추진이 용이하고, iii) 자아실현욕구를 충족시키고 새로운 아이디어를 개발할 수 있는 장점이 있으나 i) 양 구조간에 갈등이 유발될 수 있고, ii) 조직관리상의 객관성 예측가능성을 확보하기 어렵고, iii) 전문가의 입장을 지나치게 고집하고, iv) 조정이 어렵고 결정이 지연되는 단점 등을 들 수 있다.

3) 전문기동반(task force)

전문기동반은 특정한 임무를 수행하기 위하여 조직 내외에서 그 분야의 전문가를 차출하여 입체적으로 편성되는 임시적인 조직을 말한다. 전문기동반은 본래 군대용어로서 기동부대를 의미하였으며, 제2차 세계대전 후 미국에 있어 대규모의 행정개혁사업을 추진하였던 Hoover위원회가 24개 전문기동반을 통하여 조정연구를 행한 것은 유명하다.

Ⅲ. 행정조직 동태화의 방향

급격한 사회변동을 겪어 온 우리 나라에서는 동태적·혁신적인 행정조직이 요구되고 있으나 전통적으로 내려 온 권위주의적, 계층제 중심의 행정문화는 저해요인으로 작용하고 있어서 행정조직의 동태화 문제는 더욱 절실한 과제이다. 급격한 사회변동과 이에 따른 행정수요의 변동에 효과적으로 대응해 나가기 위해서는 고전적이고 경직적인 조직을 동태적으로 전환시키지 않으면 안되기 때문이다.

제 2 절 조직혁신

Ⅰ. 조직혁신의 의의

1. 조직혁신(organizational innovation)의 개념

조직혁신(조직쇄신)이란 조직을 어떤 상태에서 보다 나은 바람직한 상태로 변동시키는 것을 말한다. 즉 조직혁신이란 조직 내외로부터 새로운 아이디어를 도입하고 이 도입된 아이디어를 구체적으로 적용하여 조직내의 구조·기술 및 인간행태의 변화를 계획적으로 시도하는 것이다.[4] 이와 같이 혁신을 정의하는 경우 개혁(reform)과 유사한 개념임을 알 수 있다.

조직은 부단히 변화하는 환경 속에서 존재하는 개방적·동태적 체제로서의 여건의 도전을 극복하지 못하거나 또는 거기에 적응하는 노력을 경주하지 않으면 정체되거나 사멸하게 된다. 따라서 조직은 바람직한 방향으로의 변동이 불가피하다.

2. 조직혁신의 특성

조직혁신의 개념 속에 포함되어 있는 중요한 특성을 보면 다음과 같다.

1) 조직혁신은 계획적(planned)·의도적(intended)이며 목표지향적(goal-oriented) 성격을 띠고 있다.

4) Victor A. Thompson, "Bureaucracy and Innovation," *Administrative Science Quarterly*, Vol. 5 (June 1965), p. 2.

2) 조직혁신은 조직의 내적 요인과 환경적 요인이 복잡하게 작용하는 동태적·행동지향적 과정이다.

3) 조직혁신은 인위적으로 현상을 타파하고 변동을 유도하므로 저항이 따르게 마련이다.

4) 조직혁신의 주요한 대상변수는 i) 업무(task), ii) 인간(people), iii) 구조(structure), iv) 기술(technology)이다.[5]

5) 조직혁신은 조직의 구조적(structural)·기술적(technological)·행태적(behavioral) 측면의 혁신에 중점을 둔다. 조직구성원의 행태, 가치관의 변화를 모색하는 데에는 조직발전(OD)이 주요한 전략이 된다.

Ⅱ. 조직혁신의 접근방법

조직혁신의 접근방법에는 여러 가지 형태가 있을 수 있으나 여기서는 H. Leavitt의 조직변화이론에 따라 구조적 접근방법, 기술적 접근방법, 행태적 접근방법으로 나누어 살펴보기로 한다.

1. 구조적 접근방법(structural approach)

구조적 접근방법은 조직의 구조적 요인을 주요 대상으로 하는 접근방법으로서 책임의 명확화, 통솔범위의 재조정, 분권화의 확대, 의사결정권의 재검토, 의사전달계통의 수정 등을 통해서 조직을 혁신하려는 것이다.

구조적 접근방법의 문제점을 지적하면 다음과 같다.

첫째, 행정조직의 구조·기술·절차의 변동에만 치중하고 인간적 요인을 과소평가하고 있다.

둘째, 조직의 동태적 성격과 환경적 요인을 충분히 고려하지 않는다.

셋째, 구조와 기능, 제도와 실제간에 심한 괴리현상을 나타내고 있는 신생국에는 충분한 실효성이 없다.

---

5) Harold J. Leavitt, "Applied Organization Change in Industry: Structural, Technical and Human Approaches," in W.W. Cooper, *et al.*(eds)., *New Perspectives in Organizational Research* (New York: John Wiley and Sons, 1964), pp. 55~71.

2. 관리·기술적 접근방법(managerial and technological approach)

관리·기술적 접근방법은 과학적 관리법과 관리과학의 기법을 활용하여 업무처리, 의사결정 등의 합리화를 추구하는 방법이며, 행정사무관리개선에 주목표를 두는 방법이다.

과학적 관리법은 1900년대부터 시작하여 업무측정(work measurement)기법의 개발과 함께 촉진되었다고 볼 수 있다. 관리과학은 계량적 모형을 사용하는 OR(operations research), 전산화된 정보관리체제(MIS: management information system)를 활용하여 조직내의 과정 또는 일의 흐름을 개선하려는 방법이다. 정보관리체제는 컴퓨터를 사용하여 자료처리를 신속화하고 조직전체에서 필요로 하는 정보를 통합적으로 관리하여 일의 흐름에 따라 정보통제를 효율화하려는 체제이다.

관리·기술적 접근방법의 문제점은, 첫째 양적 모형을 사용함으로써 현실세계를 지나치게 단순화하고 너무나 많은 연관조건들을 미리 아는 것으로 가정하거나 주어진 상수로 가정한다는 점이다.

둘째, 전산화된 정보관리체제의 도입은 전통적 정보체제에 근본적인 변화를 초래할 뿐만 아니라 인적·구조적 요소에도 상응하는 변화를 요구한다. 조직참여자들의 업무내용, 그들의 기술과 태도, 구조형성의 원리 등이 새로운 정보관리체제에 적합하게 변화되지 않으면 그 목적하는 바를 제대로 달성하기 어렵다.

3. 인간행태적 접근방법(behavioral approach)

인간행태적 접근방법은 인간의 행동 가치관을 변혁시킴으로써 조직 자체의 혁신을 추구하는 방법이다. 이 접근방법은 집단동태론(group dynamics), 소집단론(small groups), 인간관계론(human relations)을 배경으로 성립된 것이다. 인간행태적 접근방법에는 최근에 관심을 끌고 있는 조직발전(OD)이론이 적용되고 있다.

인간행태적 접근방법의 문제점으로는 다음과 같은 것을 들 수 있다.

첫째, 행정조직은 사기업과 달리 공식적·계층제적 성격이 강하고 법적 규제를 받으므로 비공식적·감정적 측면에 치중하는 이 방법의 전면적인 적용은 어렵다.

둘째, 행태의 변동은 짧은 기간에 이루어질 수 없다.

셋째, 자유로운 의사소통이나 참여의식이 불충분하고 권위주의적인 행정문화가 지배적인 신생국에 있어서는 애로가 많다.

이상에서 세 가지 접근방법에 대하여 검토하였으나 각 접근방법은 혁신대상으로서의 중점이나 혁신담당자의 가치관에 따라 차이가 있고 그 한계도 불분명하므로 종합적으로 고려하는 종합적 접근방법의 태도를 취해야 할 것이다.

Ⅲ. 조직혁신의 담당자(주역)

조직혁신의 담당자, 즉 혁신자(innovators)는 조직혁신을 주도하는 사람들을 말하며 착상자, 창도자, 채택자를 포함하는 의미로 사용된다.

1. 착상자(initiator)

혁신의 첫 단계에서 새로운 아이디어, 새로운 개념, 새로운 방법, 새로운 행동양식 등을 발상해 내는 창조적인 소수인(creative minority)을 말한다. 이들은 혁신의 원천이 되는 사람들(original innovators)로서 사회의 보통사람이나 보통의 조직구성원과는 다른 통찰력·창의력·집념을 갖고 있다. 기존의 조직규범이나 방법에 얽매이지 않고 새로운 것을 추구하는 정신적 비범성(unconventionality of mind)을 소유한 사람들이다. 흔히 이러한 착상자로서의 역할은 참모기관이 수행한다고 볼 수 있다.

2. 창도자(advocator)

착상된 새로운 아이디어나 고안을 조직에 도입할 것을 제창하고 나서는 사람을 말한다. 아무리 훌륭한 아이디어를 고안하고 착상하였다 하더라도 이를 포착하여 조직에 도입할 것을 제창하는 사람이 없다면 그것은 아무런 효용성이 없을 것이다. 선견지명적이고 진취적인 창도자로서의 역할은 주로 중간관리층이 담당해야 할 것인바 조직내에서 착상되는 아이디어와 창조를 신속히 포착하고 판단하여 최고관리층에 이를 채택할 것을 건의하고 유도하여야 한다.

3. 채택자(adaptor)

착상되고 창도된 새로운 아이디어를 남보다 먼저 조직에 채택하는 실천적인 사람을 말한다. 새로운 아이디어를 채택·적용함에 있어서는 흔히 많은 저항과 갈등을 수반하는 것이 보통이므로 채택자는 권위 있는 의사결정의 힘과 설득력 및 집행력이 있어야 한다. 조직에 있어서 혁신의 채택자는 일반적으로 최고관리층이 된다.

Ⅳ. 조직혁신의 과정

조직혁신은 관념적으로 구분되는 일련의 단계들을 내포하는 순환적 과정을 통해서 이루어진다. 조직혁신의 과정은 조직혁신이 이루어지는 상황과 접근방법에 따라 그 과정에 내포되는 구체적인 단계와 행동수단이 여러 가지로 달라질 수 있으며 일반조직이나 사회조직을 연구하는 학자의 입장에 따라 여러 가지로 분류되고 있다.[6)]

이와 같이 여러 가지로 전개되고 있는 조직혁신의 과정을 분석해 보면 어느 정도 공통적인 단계가 있다. 그러한 공통적 단계는 i) 인지단계(현실수준이 기대수준에 미달하는 차질을 발견하고 혁신의 필요를 확인하는 단계), ii) 입안단계(혁신의 필요가 확인된 다음에 기준과 실적 사이의 차질을 해소시킬 수 있는 대안을 탐색하여 채택하는 단계), iii) 시행단계(입안된 혁신사업을 실천에 옮기고 혁신을 정착시키는 단계), iv) 평가단계(조직혁신의 성과와 혁신의 과정적 요인들을 분석·평가하여 그 결과를 혁신과정의 적절한 단계에 환류시키는 단계)이다. 평가단계에서 이루어지는 환류(feedback)는 인지단계로부터 다시 혁신의 과정을 진행시킬 수 있기 때문에 혁신의 과정은 순환적인 것이다.[7)]

---

6) Rogers는 i) 인지, ii) 관심, iii) 평가, iv) 시행, v) 채택의 단계로, 레윈과 바니스는 변화의 단계를 3단계로 구분하여, i) 낡은 것에 대한 해빙, ii) 새로운 것으로의 변화, iii) 새로운 것의 재결빙으로 구성된다고 한다. 윌슨은 조직의 혁신과정을 i) 변화의 착상, ii) 변화의 계획, iii) 변화의 적응과 실시로 나누며, 벡커(Becker)와 휘슬러(Whisler)는 i) 자극, ii) 착상, iii) 제안, iv) 적용의 순서로 요약한다. 오석홍, 전게서, pp. 660~668 참조.

7) Gerald E. Caiden, *Administrative Reform* (Aldine Publishing Co., 1969), pp.127~164; 오석홍, 전게서, pp. 707~739; 박연호·오세덕, 전게서, pp. 346~365; 윤재풍, 전게서, pp. 432~449.

V. 조직혁신의 저항과 극복

1. 저항의 원인

조직혁신은 현상의 변동 타파이므로 현상을 옹호·유지하려는 입장에서 저항·반발이 일어나게 된다. 저항의 일반적인 원인을 보면 다음과 같다.

첫째, 현재 기득권을 가지고 있는 자는 새로운 변동에 저항하게 된다. 조직의 구성원은 지위·보수·위신이 떨어지거나 권한이 축소되지 않을까 우려하며, 외부의 각종 수익자집단은 혁신이 초래할 불이익을 우려하여 저항하게 된다.

둘째, 혁신안 내용을 잘 알 수 없어 저항이 일어난다. 의사전달의 장애로 혁신의 필요와 목적을 이해하여야 할 사람들에게 그 내용이 전달되지 않거나 그 내용을 잘못 이해할 때 저항 또는 무관심의 태도를 보이게 된다.

셋째, 조직구성원들이 혁신안이 마련한 새로운 업무처리방법에 관하여 전문적 지식이나 특수기술을 가지고 있지 못하여 자기의 능력으로서는 감당할 수 없을 것이라고 우려하는 경우 저항이 일어난다.[8)]

넷째, 혁신의 주체가 일방적으로 혁신을 추진하면서 과거의 실적을 비난하거나 특정한 개인을 지목하여 개혁의 대상으로 삼을 때, 그리고 혁신안을 공격적인 방법으로 제시할 때는 인정감과 자존심의 손상으로 저항이 일어나게 된다.

다섯째, 조직혁신의 필요와 성과에 대하여 의문을 품고 있는 자들은 저항하게 된다.

2. 저항극복의 전략

조직혁신에 대한 저항을 극복하는 전략과 수단은 다양하지만 일반적인 것을 보면 다음과 같다.

(1) 강제적 전략 혁신주체가 일방적으로 권력적 제재수단을 사용함으로써 저항을 극복하려는 전략이다. 강제적 전략은 저항을 근본적으로 극복하지 못하

8) David A. Tansik, "An Organization Theory Perspective on the Development of New Organizational Functions," *Public Administration Review*, Vol. XXXI, No. 6 (1971), pp. 646~647.

고 단지 단기적 피상적으로 저항을 억압하는 데 그칠 뿐이므로 장래에 더 큰 저항을 초래할 위험이 있으므로 바람직한 전략이 되지 못한다고 하겠다.

(2) 규범적·사회적 전략　참여기회의 확대, 사명감의 고취와 심리적 불안의 해소, 개혁분위기의 적극적인 조성 등에 의한 방법을 사용함으로써 자발적인 협동과 혁신의 수용을 유도하려는 전략이다.

(3) 공리적·기술적 전략　혁신으로 인한 손실을 보상하거나 또는 혁신의 시기를 고려하면서 추진하거나 실정에 부합되는 인사배치를 함으로써 저항을 극복하려는 전략이다.

제 3 절　조직발전

Ⅰ. 조직발전의 본질

1. 조직발전(OD: organization development)의 개념

조직발전이란 조직혁신의 행태적 접근방법으로서 조직의 효율성을 향상시키기 위하여 시도되는 다양한 절차를 말한다. 즉 조직발전은 조직의 계획된 변화의 한 방법으로서 변화대상인 조직 속의 인간의 가치관·신념 및 태도의 변화를 통해서 궁극적으로 조직의 전체적 변화(혁신)를 추구하는 것이다.[9)]

---

9) 조직발전에 대하여는 학자에 따라 다양한 개념정의가 시도되고 있는바 Wendell French에 의하면 "조직발전이란 조직이 조직 내외의 행태과학적 조언자 내지 변화상담자(change agent)의 도움을 받아 외부환경에서 일어나는 변화들에 대응하는 능력과 문제해결능력을 향상시키려는 광범위한 노력을 말한다"고 정의하고 있으며 Warren G. Bennis는 "조직발전이란 일종의 변화에 대응하는, 즉 조직의 새로운 기술이나 시장 및 도전에 보다 더 잘 적응할 수 있도록 조직성원의 신념, 태도, 가치관 및 조직구조를 변경시키고자 의도하는 일종의 복합적인 교육전략"(a complex educational strategy)이라고 정의하고 있다. 그리고 Richard Beckhard에 의하면 "조직발전이란 행태

2. 조직발전의 특징

조직발전의 주요 특징을 보면 다음과 같다.

첫째, 조직발전은 계획된 변동노력(planned change effort)이다.

둘째, 조직발전은 조직을 하나의 체제로 보고 전체조직(total system)에 걸친 개혁노력을 시도한다. 즉 조직문화 및 행태의 변화 혹은 전체적인 관리전략 등과 같이 조직전반에 걸친 변경과 관련된다.

셋째, 조직발전은 장기적이고 지속적인 노력을 통해서 추진되어야 하기 때문에 최고관리층의 이해와 지원을 필요로 한다.

넷째, 조직발전은 조직구성원의 행태변화에 중점을 두고 있기 때문에 행태과학의 지식과 기술을 응용한다.

다섯째, 조직발전은 인간의 성장과 자아실현적 측면을 중시하고 구성원들의 협동적·건설적 노력에 높은 가치를 부여하는 성장이론적 인간모형에 기초를 두고 있다.

3. 조직발전의 목적

조직발전의 일반적 목적은 i) 조직의 적응성·효율성을 높이고, ii) 조직의 유지·통합·문제해결 등을 위한 능력을 향상시키고, iii) 조직의 협동노력을 극대화함으로써 갈등을 해결하는 등 조직의 효율성 제고에 있다. 조직발전의 구체적 목적은 조직이 안고 있는 문제점과 상황에 따라 다를 수 있는바 학자들은 여러 가지 구체적인 목적을 제시하고 있다.[10)]

1) 의사전달이 횡적 종적으로 원활하게 이루어질 수 있도록 개방적인 분위기를 조성한다.

과학의 지식을 이용하여 조직과정에 계획적으로 개입하는 방법을 통하여 조직의 효과성과 건강(health)을 증진시키기 위한 계획적 조직, 전체적 노력이며 최고관리층의 지지하에 관리되는 노력이라고 정의한다.

10) 예컨대 W. French는 7가지의 조직발전 목적을 제시하고 있다. i) 조직구성원의 신뢰와 지지도를 높이는 것. ii) 조직내에 안고 있는 문제점을 은폐해 두지 말고 집단내에 있어서나 집단간에 있어서 그에 접하는 기회를 증가시키는 것. iii) 조직내에서 부여된 역할이 지식과 기술에 입각하여 수행될 수 있도록 하는 환경을 조성하는 것. iv) 의사전달이 횡적·종적 및 대각적으로 원활히 수행되도록 더욱 더 개방하는 것. v) 조직내의 개인의 정열과 만족감을 증가시키는 것. vi) 조직의 문제에 대하여 보다 빈번히 공공의 해결책을 발견하는 것. vii) 계획과 실천에 있어서 개인 및 집단의 책임감을 더욱 증가시키는 것.

2) 정보자료의 근원에 입각한 정책결정과 문제해결이 이루어지게 한다.

3) 조직내의 개인이나 집단 사이의 신뢰감과 지지도를 높인다.

4) 갈등을 해결하고 협동적 노력을 극대화한다.

5) 보상제도를 개발하여 개인의 열성과 만족감을 증대시킨다.

6) 지식과 기술에 입각하여 업무를 수행하도록 하고 책임감을 높인다.

7) 계속적 개선 메커니즘(continuous improvement mechanism)을 통하여 체제의 안정성과 효율성을 최적화한다.

8) 조직의 자체경신과 자체성장을 촉진한다.

4. 조직발전과 유사개념

조직발전과 유사한 조직관리방안으로는 관리개발(management development), 교육훈련(training), OR(operations research) 등이 있다.[11)]

Ⅱ. 조직발전의 과정과 기법(전략)

1. 조직발전의 과정(절차)

조직발전의 과정은 조직의 특성이나 상황이 다르므로 일정한 공식적 과정을 제시하기는 어려우나 일반적으로 학자들이 이념적 모형으로서 밝히고 있는 OD

11) 조직발전과 이들 유사개념과의 관계를 보면 다음과 같다(박연호·오세덕, 전게서, pp. 367~369 참조). i) 조직발전과 관리개발: 조직발전은 전체조직의 개선, 즉 집단 및 집단간의 문제, 집단활동, 의사전달체제, 조직구조, 목표설정 등의 개선이 그 주요 대상이나 관리개발은 관리자개발(manager development)이라고 볼 수 있는 것으로서 그 주요대상은 효율적인 업무수행을 위하여 관리자의 기능과 관리능력을 향상시키고 조직의 요구를 효과적으로 실현할 수 있는 능력을 증진시키는 것이다. 요컨대 조직발전은 관리개발을 포함하는 광범위한 조직변화활동인 것이다. ii) 조직발전과 교육훈련: 교육훈련의 방법이 조직발전에서 활용하고 있는 주요 수단의 일부이기는 하지만 훈련 그 자체가 조직발전을 의미하는 것은 아니다. 교육훈련은 조직을 기능적·기술적으로 분리된 단위의 단순한 집합체로 보고 개인 또는 작업단위의 기술과 능력을 향상시키는 것만을 그 주요 내용으로 하고 있다는 점에서 조직발전과 차이가 있다. iii) 조직발전과 OR: 조직발전과 OR은 여러 가지 유사점이 있으나 그들이 취급하는 변수에 있어서 현저한 차이가 있다. OR이 다루는 문제의 변수로서는 배치·배열·연결·집합·대체·경합 등이 있으며, 이들 변수는 주로 경제적·기술적이고, 측정가능하며, 이익이나 능률성과 직접 관련된 것들이다. 이에 대하여 조직발전이 다루는 문제의 변수에는 사명감·가치관의 확립, 협동과 갈등, 통제와 리더십, 적응과 저항, 의사전달, 성장유형, 관리개발 등이 있는바, 이들 변수는 인간적이고 질적인 성격을 지니고 있으며 가치관의 변화와 일정한 관계를 가지고 있다.

의 과정을 다음의 3단계로 나누어서 고찰할 수 있다. 그런데 각 단계는 상호 긴밀하게 연결되어 있고 독립된 것은 아니며 일련의 활동은 연속적 순환적으로 진행된다.

(1) 자료수집　조직의 실태를 파악하여 OD를 위한 자료를 수집하는 단계이다. 이 단계에서는 조직의 제구성요소(구조, 문화, 가치관, 태도, 집단관계 등) 및 하위체제 간의 관계와 그 속에 내포된 실제적·잠재적 문제점들을 수집하고 확인한다.

(2) 조직진단(organization diagnosis)　수집된 자료를 확인하고 분석하여 문제해결을 위한 대안과 실시계획을 수립하는 단계이다. 조직진단은 내부인사가 하는 경우 조직 내부의 실정에 정통하지만 문제를 별개로 다루어 상호관련성을 낮게 평가할 우려가 있고 외부인사는 객관적 입장을 취할 수 있으나 주관이 강조될 우려가 있다.

(3) 실행개입(action intervention)　조직발전의 목적달성을 위한 실제적 행동단계로서 실행개입은 조직의 상황을 고려하고 특정문제를 직접 겨냥한 것이기 때문에 조직발전의 과정상 핵심이 된다. 실행개입에는 i) 시설의 재배치와 작업도표, 조직구조의 변동 등의 기술적 개입, ii) 조직의 정책·절차와 관련되는 행정적 개입, iii) 인간관계문제에 대한 개입인 사회적 개입 등이 있다.

이와 같은 실행개입은 조직발전의 최종단계가 아니라 조직의 개선을 계속적으로 촉진시키기 위한 계획적인 행동단계이며, 조직발전은 최종적으로 심사·분석 및 평가를 받게 된다.

2. 조직발전의 기법(전략)

조직발전의 전략은 행태과학적 기법을 활용한다. 계획적인 행태과학적 개입기법의 일반적 특징은 행동지향적이며, 사람들이 경험을 통해 스스로 터득하게 하며, 계획적 개입은 대개 집단적 과정을 통해 이루어진다는 점이다. 행태과학적 기법에는 여러 가지가 있으나 여기서는 가장 널리 활용되는 감수성훈련(실험실훈련)과 관리망훈련(그리드훈련)에 관하여 살펴보기로 한다.[12)]

---

12) 박연호·오세덕, 전게서, pp. 366～382; 윤재풍, 전게서, pp. 450～472; 오석홍, 전게서, pp. 740～773.

1) 감수성훈련(sensitivity training)

(1) 의 의 감수성훈련은 실험실훈련(laboratory training), T집단(T-groups) 훈련이라고도 하는 것으로서, 행태과학적 지식을 이용하여 조직성원을 훈련하며 나아가서 조직발전을 도모하려는 일종의 조직발전의 교육적 전략(수단)이다.

먼저 조직내 각 계층에서 모인 피훈련자들은 10~16명 단위(1~2명은 훈련자임)로 하여 하나의 훈련집단(T-group)을 만든 다음 그들을 외부와 격리된 실험실(인위적으로 계획된 장소)에 수용한다. 여기서 특히 '실험실'이란 훈련을 위하여 특별히 설계된 환경으로서 그 내부에서 어떠한 일들이 진행되거나 잘 관찰될 수 있는 곳이다.[13] 그 다음은 제각기 자신이 느끼는 감정을 호소하게 한다. 이 실험은 1~2주일 동안 계속된다.[14]

실험실 훈련 혹은 감수성훈련은 원래 1946년부터 여러 가지 형태로 발전하였으며, 그 이론과 경험이 오늘의 조직발전(OD)의 발전에 기초가 되었고, OD의 가장 초점이 되는 기법의 하나가 되었다.

실험실훈련은 실험실이라는 인위적으로 계획된 장소에서 피훈련자가 훈련에 참여한 타인들과 비정형적인 상호교류작용을 통하여 자기 자신을 인식하고, 타인의 입장이나 태도를 이해하며(대인관계), 집단행동 및 과정에 대한 자각과 감수성을 향상시키고자 한다. 그러므로 감수성훈련은 조직의 갈등과 인간상호관계에 관련된 개인의 능력을 개선하고자 하는 목적으로 사용된다. 그러나 피훈련자가 위와 같은 인식과 자각 및 감수성을 갖는 것만으로는 조직발전의 충분조건이 되지 못한다. 조직발전은 어디까지나 조직 전체 혹은 전체체제의 효과성과 발전 및 성장이 목적이므로 피훈련자는 그러한 과정 속에서 자기(부분)와 전체의 역학관계가 체험적으로 통찰되고, 그것이 체질화될 수 있도록 학습되어 그것이 타인과 상호의존·상호작용 관계에 있는 자신의 근무조직체내에서의 자기의 역할에 결부되도록 해야 한다. 그렇게 됨으로써 조직 전체의 체제적 변화·발전과 적응력을 향상시킬 수 있는 것이다.

---

13) 실험실은 자연적인 상태와는 달리 외부의 영향이나 방해를 받지 않고 새로운 변수를 조작하거나 새로운 자극을 시도해보고, 또 시도해본 것이 잘못되었다 하더라도 많은 손해를 입지 않아도 되는 유리한 조건에서 관찰될 수 있어야 한다.

14) Andre Delbecq, "Sensitivity Training," *Training and Development Journal* (January 1970), p. 33.

(2) 특 징 실험실훈련의 특징은, 첫째 '여기에서 현재'(here and now)라는 것과, 둘째 과정지향적(process oriented)이라는 점이다. 실험실훈련에서는 '여기에서 현재'의 체험이 T집단에 공유되고 스스로 통찰·자각하는 학습을 하게 되는 것이다. 따라서 그것은 과정지향적이며 개념에 의한 학습이 아니고, 감정적·정서적 학습이라고 할 수 있다.

실험실훈련의 효과는 경험적으로 널리 인정되고 있지만, 훈련으로 인하여 개인들의 태도와 가치관에 변화가 생겼다 하더라도 그것이 곧바로 조직개선에 연결될 보장이 없다는 문제점이 지적된다.

2) 관리망훈련(managerial grid training)

(1) 의 의 관리망훈련은 감수성훈련을 한층 더 확대 발전시킨 종합적인 접근방법으로서 사우드웨스트 인간관계 실험실의 R. R. Blake와 J. S. Mouton이 개발하였다.

관리망훈련은 생산에 대한 관심과 인간에 대한 관심을 기준으로 작성된 관리망(managerial grid)을 기초로 하여 개인→집단→부문→전체조직의 개선이 연쇄적으로 진행될 수 있도록 고안된 계획적 체계적 접근방법이다.

이 관리망에서는 [그림 3-2]에서 보는 것과 같이 다섯 가지(1·1, 1·9, 5·5, 9·1, 9·9)의 관리행동유형을 설정한다. 즉 횡축은 생산에 대한 관심을 표시하고, 종축은 인간에 대한 관심을 표시하는데 이것을 각각 1에서 9까지 표시하여 생산과 인간의 최대관련성을 표시하는 9·9의 관리유형으로 유도하는 것이 이 훈련의 주요 목표이다. 즉 이 다섯 가지 관리행동 유형을 척도로 하여 관리행태나 조직을 평가·서열화하여 문제해결을 위한 자료와 교육프로그램을 제공하려는 것이다.[15]

(2) 특 징 이 방법의 특징은 조직발전의 프로그램을 하나로 포괄(package)한 것으로서 그 초점은 개인으로부터 팀으로, 팀에서 각 부문간의 관계로, 각 부

15) Robert R. Blake, Jane S. Mouton, Louis B. Barnas, and E. Greiner, "Break through in Organization Development," *Harvard Business Review* (November 1964), p. 134. 관리망훈련은i) 실험실세미나훈련(laboratory seminar training) 단계, ii) 팀개발(team development) 단계, iii) 집단간의 관계개선 및 발전(inter-group development) 단계, iv) 조직목표의 설정(organizational goal setting) 단계, v) 목표달성(goal attainment) 단계, vi) 안정화(stabilization) 단계 등의 6단계로 진행된다. 이상과 같은 6단계의 관리망훈련은 대체로 3~5년의 기간이 소요된다. 그러나 경우에 따라 그 기간은 단축될 수도 있다.

[그림 3-2] 관리망(managerial gird)

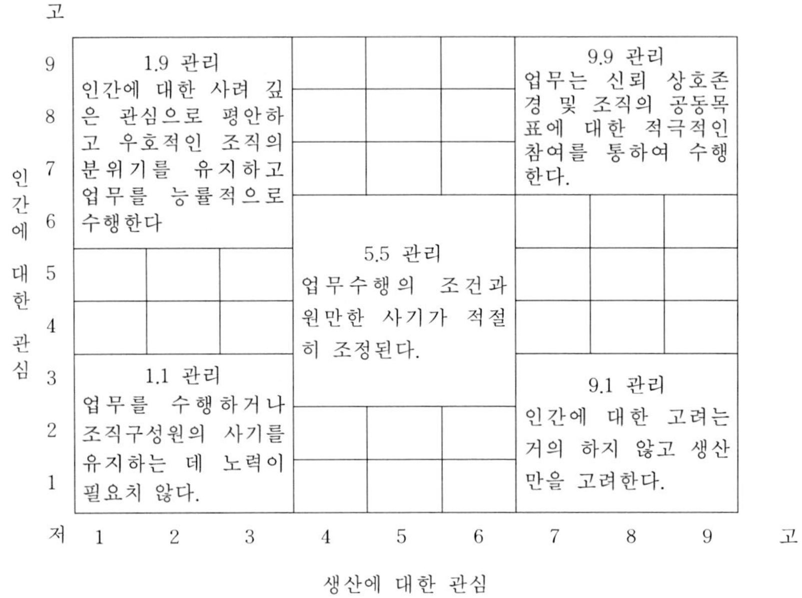

자료: Robert R. Blake and Jane S. Mouton, *The Managerial Grid* (Houghton Gulf Publishing Co., 1964), p.10.

문간의 관계에서 조직전반의 쇄신으로 이끌어 나가도록 계획적·체계적으로 고안된 것이다. 요컨대 이 방법은 조직발전을 위한 종합적 접근방법이다. 실험실훈련이 조직발전을 위한 다만 한 가지 도구인 데 비하여, 그리드훈련은 조직발전을 위한 거의 완전한 계획을 제공한다. Blake와 Mouton은 조직혁신의 기본개념이 될 뿐만 아니라, 관리자의 행태변화의 기본개념이 되는 것으로 소위 '관리망' (managerial grid)이라는 도구를 개발한 것이다.

Ⅲ. 조직발전의 문제점과 방향

우리 나라 행정조직에 있어서 행정개선이나 행정역량의 향상을 위한 접근방법은 종래에 있어서 구조 기술의 합리화 혹은 법제도의 개편에 치중하고 행정인의 가치관이나 행태의 중요성을 등한시함으로써 성과를 거두지 못하였다. 그러므로 행정인의 신념·태도의 변화를 통하여 조직전체의 개혁을 추구하는 조직발전이론은 앞으로 우리 나라 행정조직과 행정인의 능력증진에 기여할 수 있는 적절한 이론적 수단이 될 수 있을 것이나 우리 나라 행정조직에 조직발전제도를 적용시킴에 있어서는 다음과 같은 문제점이 지적되고 있다.[16)]

첫째, 우리 나라 행정은 아직도 참여가 제대로 이루어지고 있지 않고 관료제는 폐쇄성을 극복하지 못하고 있다. 계층중심의 사고방식이나 기득권의식이 청산되지 않는 한 조직의 문제해결을 위한 행정인의 적극적 참여는 기대할 수 없다.

둘째, 최고관리층부터 피훈련자가 되어야 하는 조직발전은 권위주의적인 기관장하에서는 잘 이루어질 수 없다.

셋째, 조직 안에 개방적 분위기가 조성되어 사회적 배경, 연령, 파벌, 상하 계층간의 차이를 고려하지 않고 대화가 이루어져야 하는데 체면을 중시하고 불신이 뿌리 깊은 사회에서는 난점이 많다.

넷째, 우리 나라 행정풍토에서는 McGregor의 X이론, Presthus의 상승형[17)]의 인간형이 지배하므로 경쟁보다 협조, 공식적 권위보다 전문적 지식·능력을 중요시하는 조직발전의 적용은 쉽지 않다.

우리 나라 행정조직에서 조직발전제도가 성공을 거두려면 무엇보다 조직의 최고관리층 또는 기관장의 이해와 협조가 가장 중요하다. 기관장이나 관리층들이 서로 협조하지 않고서는 전혀 조직발전의 목적을 달성할 수 없을 것이다.

16) 유종해, 전게서, pp. 407~408; 박연호·오세덕, 전게서, pp. 381~382.

17) Presthus는 조직속의 인간의 성격유형을 상승형, 무관심형, 애매형으로 구분한다. 상세한 설명은 김규정, 전게서, p. 538 참조.

제 5 장 지방행정조직

제 1 절 지방자치와 지방행정

Ⅰ. 지방자치의 의의

1. 지방자치의 개념

지방자치란 일정한 지역의 주민이 지방자치단체를 구성하여 자기 지역사무를 주민의 부담으로 스스로 또는 대표자를 통하여 처리하는 것을 의미한다.

지방자치는 국가와 지방자치단체와의 관계라는 측면에서 단체자치의 요소를, 지방자치단체와 주민과의 관계라는 측면에서 주민자치의 요소를 아울러 가지고 있다. 따라서 지방자치의 개념에는 기본적으로 주민자치와 단체자치의 두 가지 개념요소가 함께 포함되어 있다고 하겠다.[1]

2. 지방자치의 양대 유형

지방자치는 영국에서 발전된 영미형 지방자치(주민자치)와 프랑스, 독일을 중심으로 유럽 대륙에서 발전된 대륙형 지방자치(단체자치)의 양대유형으로 나눌 수 있다. 그러나 오늘날 모든 국가는 정도의 차이는 있으나 영미형과 대륙형의 특징이 혼합된 지방자치제도를 채택하고 있다.

---

1) 정세욱, 『지방행정학』, 법문사, 1998, pp. 77～82.

(1) 단체자치　　단체자치란 법인격을 가진 지방자치단체가 국가로부터 독립된 지위와 권한을 부여받아 일정한 범위내에서 중앙정부의 통제를 받지 않고 독자적으로 지방의 사무를 처리하는 제도를 말한다. 즉 단체자치는 법률적 의미의 자치행정이며 국가로부터 독립된 법인격을 가진 자치단체의 행정이다. 단체자치는 관치적 중앙집권적 색채가 강하고 국가체제의 하부구조로서 획일적·계층적인 지방행정단위를 설정하여 이에 한정된 지방자치를 인정하고 있다.

단체자치는 지방자치단체의 자치권의 본질을 파악하는 시각도 주민자치에서와 같이 자치권을 주민이 향유하는 당연한 권리가 아니라 법으로 국가에 의해 부여된 전래적 권리로 인식한다. 이 제도하에서는 국가의 사무와 지방의 사무를 엄격히 구별한다.

(2) 주민자치　　주민자치는 정치적 의미의 자치행정이며 주민의 자치능력을 중요시하는 민주적·지방분권적인 지방제도로서 국가의 통치구조가 지방자치에 기초를 두고있다. 영국은 역사적으로 볼 때 중앙정부가 확고한 체제를 갖추지 못했던 오래 전부터 이미 지방정부가 구성되어 지방주민의 의사와 책임하에 주민 스스로가 또는 주민이 선출한 대표자를 통하여 그 지역의 공공사무를 처리하여 왔다. 영·미를 중심으로 이와 같이 발달하여 온 주민자치는 '풀뿌리 민주주의' (grassroots democracy) 원리를 구현하고자 하는 사상이며, 정치적 의미의 자치라고도 한다.

이러한 주민자치에는 지방에서의 행정기관도 특별지방행정기관과 지방자치단체의 행정기관이 동시에 공존하는 일이 있을 수 없으며, 중앙정부의 사무를 지방자치단체가 처리하는 경우도 지방자치단체가 국가의 하급행정기관으로서 이중적 지위를 가지는 일은 없다. 따라서 지방사무에 관해서도 자치단체의 고유사무와 중앙정부의 위임사무를 구별하지 않는다.

단체자치와 주민자치를 비교하여 보면 〈표 3-3〉과 같다.

3. 지방자치와 지방행정과의 관계

지방행정에는 중앙정부가 일선기관(특별지방행정기관)을 설치하여 지방행정을 직접 수행하거나 지방자치단체를 통하여 지방행정을 수행하도록 하는 두 가지 방식이 있다. 전자는 관치행정방식이며 후자에는 i) 지방자체단체가 고유의

〈표 3-3〉 주민자치와 단체자치의 비교

변 수	주 민 자 치	단 체 자 치
① 자치의 의미	정치적 의미	법률적 의미
② 자치권을 인정하는 주체	주 민	중앙정부(국가)
③ 자치권의 범위	광 범	협 소
④ 중시하는 권리	주민의 권리(주민참여)	자치단체의 권능(자치권)
⑤ 이념	민주주의	지방분권
⑥ 권한부여방식	개별적 수권형	포괄적 수권형
⑦ 중앙통제 감독의 방식 (통제의 중점)	입법통제, 사법통제	행정통제
⑧ 중앙정부와 지방정부의 관계	기능적 협동관계	권력적 감독관계
⑨ 지방정부형태	기관통합형(의회제 위원회 제)	기관대립형(의결기관-집행 기관)
⑩ 우월적 지위	의결기관	집행기관
⑪ 자치단체의 성격	단일적 성격(자치단체)	이중적 성격(자치단체 국가의 하급행정기관)
⑫ 사무의 구분여부	구분하지 않음	엄격히 구분함
⑬ 지방세제	독립세주의	부가세주의
⑭ 발달한 국가	영국·미국	프랑스·서독(프러시아)

자료: 정세욱, 전게서, p. 106.

사무로서 처리하는 방식(자치행정사무), ii) 중앙정부로부터 사무를 위임받아 수행하는 방식(위임행정방식)이 있다. 따라서 지방행정은 자치행정(지방자치)보다 넓은 개념이라 할 수 있다.

Ⅱ. 지방자치의 필요성(가치)과 폐해

1. 지방자치의 필요성(가치)

지방자치의 필요성은 지역적 민주화를 통하여 한 나라의 민주화를 이룩할 수 있다는 정치적 필요성, 민주주의의 조건으로서 지방자치를 전제하지는 않으나 행정의 능률화를 위하여 지방자치가 요구된다는 행정적·기술적 필요성과 사회적·경제적 필요성 등으로 나누어 볼 수 있다.[2)]

(1) 정치적 필요성 지방자치를 통해 민주주의의 원리와 실체를 체득할 수

2) 정세욱, 전세서, pp. 82~91; 손재식, 『현대지방행정론』, 박영사, 1981, pp. 37~44.

있다.[3] 지방자치는 민주주의 사회의 보편적 가치로서의 대의제도 분권화, 자유, 평등, 정의 등을 구현하고자 하는 정치이념적 표현이라 할 수 있다.

따라서 지방자치는 민주주의의 훈련장, 민주주의의 가장 좋은 학교로서 역할을 하게 되고,[4] 풀뿌리 민주주의를 발전시킴으로써 중앙정부의 독재에 대한 방어기능을 수행하며, 평화적 사회개혁을 가능케 한다. 또한 지방행정과정에 주민의 직·간접 참여기회의 확대로 정치적 욕구불만을 해소할 수 있다.

(2) 행정적·기술적 필요성

(가) 지방자치는 그 지방의 특성을 살려 지역적 특수성에 알맞는 행정을 가능하게 한다.

(나) 지역사정을 잘 아는 주민과 지방사정에 능통한 지방공무원들의 임용으로 신뢰를 바탕으로 한 종합행정의 실효성을 거둘 수 있다.

(다) 지방자치는 지방의 행정을 주민의 신변에서 끊임없는 감시 아래 수행하는 것이므로 행정의 경제적·능률적 처리를 촉진시킨다.

(라) 지방자치는 행정기능을 중앙정부와 지방자치단체간에 적절히 분담하는 것을 전제로 하므로 중앙정부의 과중한 부담으로 인한 행정능률의 저하를 막아주는 역할을 한다.

(3) 사회적·경제적 필요성 지방자치는 사회·경제개발의 촉진자로서의 역할을 할 수 있다. 즉 주민참여기회가 확대되고, 주민들의 애향심이 고취되며, 정부시책을 실시함에 있어서 참여·동원이 가능하다. 사회·경제개발의 계획수립과정에서 지방실정에 관한 정보나 자료를 제공한다. 계획진행과정에서 개발분위기를 조성한다. 인적·물적 자원의 집중화를 방지한다.

---

3) 지방자치와 민주주의의 관계에 관하여는 양자간에 상관관계가 없다는 이론과 상관관계가 있다는 이론이 대립되고 있다. Langrod와 Panter-Brick은 민주주의와 지방자치의 관계에 대하여 대립적 입장을 취한 유명한 논쟁을 벌였다. Langrod는 민주주의가 지방자치와 불가결한 관계에 있지 않다고 주장한 반면 Panter-Brick은 지방자치를 민주주의의 기본적 조건으로서 파악하여 상관성론을 주장하였다. 상관성부정설은 자연적 고유권으로서의 지방자치권을 부정하는 대륙형 자치에 근거를 두고 있다. 상관성인정설은 지방자치에 대한 자연적 고유권을 인정하는 영미형 자치에 근거를 둔다.

4) Bryce는 "the best school of democracy and the best guarantee for its success is the practice of local self-government"라고 강조하였다. James Bryce, *Modern Democracies*, Vol.I (New York: Macmillan, 1924), p. 133.

2. 지방자치의 폐해(역기능)

지방자치는 그 효용에도 불구하고 정치적·경제적·사회적 폐해를 초래할 수 있다. 이러한 폐해로서는 i) 국가적 차원의 이해관계를 고려하기 어렵고, ii) 낭비와 비능률을 가져올 가능성이 있으며, iii) 지역이기주의로 인한 행정마비를 초래하고 지역주의에 의한 배타성을 심화시킬 우려가 있으며, iv) 경제정책을 파탄시킬 수 있다. v) 지역사업의 무리한 추진에 따른 예산의 낭비로 건전한 재정운영의 곤란, vi) 지역이기주의에 따른 사회혼란 야기와 국가발전의 저해, vii) 무분별한 공약의 남발로 인한 주민자치의식의 하락 등을 문제점으로 들 수 있다.

Ⅲ. 지방자치의 추세

새로운 중앙집권화의 경향과 더불어 지역사회의 구조적 변화가 진행되는 가운데 종래의 지방자치는 중요한 변화에 직면하고 있다. 종래의 지방자치는 주민의 공동체의식에 기반을 둔 것이었다. 그러나 사회·경제의 발전, 과학기술과 교통·통신의 발달, 도시화현상과 급격한 인구이동 등으로 지역사회의 구조적 변화가 진행됨에 따라 이러한 공동체의식이 약화되고 공동이익보다 특수이익 계층적 이익을 추구하게 되었다. 오늘날의 지방자치는 형식적 자치를 추구하기보다 기능적·합리적 자치를 확립시키는 방향으로 변질되어 가고 있다. 지방자치는 i) 소극적인 지방정치에서 적극적인 주민복지행정으로, ii) 생활행정에서 지도행정으로, iii) 안정위주의 행정에서 개발위주의 행정으로, iv) 물질위주의 행정에서 정신위주의 행정으로 그 방향이 변화되고 있다.[5]

Ⅳ. 지방행정의 개념 및 특성

1. 지방행정의 개념

지방행정이란 다의적인 개념이다. 그 이유는 지방행정을 실시하는 국가의 역

---

5) 정세욱, 전게서, p.102.

사적 배경과 특수성에 따라 그 의미가 각각 달라지기 때문이다.

그러나 지방행정의 개념을 정리해 보면 대체로 다음과 같은 세 가지로 요약할 수 있다.[6)]

첫째, 지방행정을 광의로 파악하여 그 행정의 주체가 누구이냐를 불문하고 「일정한 지역내에서 수행하는 일체의 행정」을 의미하는 것으로 보는 견해이다. 이와 같이 지방행정을 광의로 이해할 때에는 지방자치단체가 처리하는 「자치행정」과 「위임행정」뿐만 아니라 중앙정부가 지방에 설치한 하급행정기관(특별지방행정기관)이 담당하는 행정(관치행정)까지도 지방행정의 범주에 포함된다. 그 예로는 아프리카, 중남미대륙과 중동의 일부 국가를 들 수 있다. 이들 국가에서 지방행정을 광의로 파악하는 이유는 이들 국가에서는 지방자치단체가 없거나,[7)] 있더라도 별로 그 기능을 수행하지 못하기 때문이다. 즉 지방행정을 지방자치단체에 의한 행정으로 국한시킬 경우에는 이들 국가에는 지방행정은 없다거나, 또는 극히 한정된 범위로밖에 파악할 수 없게 된다.

둘째, 지방행정을 협의로 이해하여 일정한 지역내에서 수행하는 행정 중에서 「지방자치단체가 처리하는 행정」만을 지방행정으로 정의하는 견해이다. 이와 같이 지방행정을 협의로 규정하면 지방자치단체가 처리하는 이른바 「자치행정」과 「위임행정」만이 지방행정에 포함되며 중앙정부의 하급기관에 의한 관치행정은 제외된다. 지방자치가 실시되고 있는 국가에 있어서도 지방자치단체의 행정 중에서 자치사무의 양이 매우 적은 반면 위임사무의 양이 비교적 많은 예가 있다. 이러한 경우에 지방행정의 개념을 굳이 자치행정에만 국한시키는 것은 불합리하며 오히려 위임행정까지 포함시키는 것이 바람직하다. 프랑스, 이탈리아, 우리나라 등에서는 지방행정의 개념을 협의로 사용하고 있다.

셋째, 지방행정을 최협의로 파악하여 「지방주민들이 그들의 일상생활에 관련된 사무를 국가(중앙정부)에 의하지 않고 자기들의 의사와 책임 하에 스스로(또는 대표자를 통하여) 처리하는 행정」으로 보는 견해이다. 이와 같이 최협의로 이

6) 정세욱, 전게서, pp. 21～21; 손재식, 전게서, pp. 1～6.

7) 예컨대 사우디아라비아의 지방행정제도를 보면 왕족 중에서 임명된 토후(emir)들이 각각 일정한 지역을 맡아 통치하고 있다. 또한 도시 중에는 행정기구조차 갖추지 못한 것이 많다. 그러므로 지방자치단체는 없으며 중앙의 각 부처가 지방에 설치한 특별지방행정기관이 지방행정을 담당하고 있다.

해할 때에는 지방행정은 지방자치단체가 처리하는 행정 중에서 자치행정만을 의미하게 되며, 결국 지방행정은 지방자치단체와 동의이어로 사용되게 된다. 영국, 미국, 스위스, 호주와 같이 지방자치가 일찍이 발달한 국가에서는 위임사무가 거의 없고 지방행정이 대부분 자치적으로 처리되고 있으며, 나아가서는 자치사무와 위임사무를 구별하려고 조차 하지 않기 때문에 지방행정은 원칙적으로 자치행정만을 의미하게 된다.

이와 같이 지방행정이라는 개념을 규정하는 문제는 각 국가의 지방자치의 발전과 지방행정제도의 발전양상에 따라 다양한 범주로 규정될 수 있다.

2. 지방행정의 특성

지방행정은 다음과 같은 특성을 갖는다.

(1) 종합행정 중앙정부가 지방에 있는 자기의 소관사무를 처리하게 하기 위하여 지방에 설치한 일선기관(특별지방행정기관)의 행정은 부분적이고 한정적인 성격을 갖는다. 그러나 지방자치단체의 행정은 포괄적이며 종합적인 성격을 갖는다. 그것은 일반주민의 공통적이며 일반적인 이익과 밀접히 관련되기 때문이다. 그러므로 흔히 지방자치단체를 종합행정의 주체라고 말한다.

지방자치단체는 당해 지역내에 있어서의 전체주민의 일반적·공통적 이익을 전체적 종합적으로 증진하는 것을 그 임무로 한다. 즉 구역내의 주민이 인간으로서 생존하고 활용하는 데 따르는 공통적·보편적인 요구나 수요를 충족시켜 주는 것이 바로 지방자치단체의 사명인 것이다. 이와 같은 의미에서 기능적 개별행정이 아닌 지역적 종합행정이야말로 지방행정의 본질적 특성이라 할 수 있다.

(2) 자치행정 민주정치가 발달하기 이전의 지방행정이란 철저한 관치행정, 즉 국가에서 지방에 파견한 관료에 의한 관치행정이 그 특색이었다. 그러나 민주정치가 발달되면서 지방에 있어서도 민주정치의 원리와 제도가 보급되거나 풀뿌리처럼 솟아나고 있는 것이 오늘날의 추세이다. 그리하여 현대 민주국가에서는 대다수가 지방행정을 자치행정으로 하고 있는 것이다.

(3) 지역행정 국가행정은 전국을 단위로 하는 획일적이고 통일적이며 일원적인 행정이다. 그러나 지방행정은 국가내의 일정한 지역을 단위로 그 지역의 행정수요에 적응하는 개별적이며 다원적으로 시행되는 행정이다. 그러한 점에서

지방행정은 지역행정의 성격을 기본적으로 함축하는 것이다.

3. 지방행정의 형태

전술한 바와 같이 지방행정은 관치적 지방행정(중앙집권적 지방행정)과 자치적 지방행정(지방분권적 지방행정)의 두 유형으로 나누어 볼 수 있다.

(1) 관치적 지방행정　관치적 지방행정은 중앙정부에서 임명하고 구성한 관료 및 관료제에 의한 행정을 말한다. 그 특징으로는 첫째, 중앙정부가 지방행정의 주체가 된다. 둘째, 지방행정의 권력의 근원이 중앙정부에 있다. 셋째, 결정권이 중앙정부에 집중된다. 다시 말하면 중앙집권적 구조를 갖는다. 넷째, 중앙에서 임명한 관료가 중앙을 대표해서 지방을 통치한다. 다섯째, 소수의 고위관료들에 의한 지배체제이다. 여섯째, 중앙정부에 의한 지방의 통치이다. 일곱째, 관료들은 중앙정부에 책임을 지고, 그에 대하여 봉사한다. 여덟째, 관료의 임무는 주로 중앙정부의 정책이나 지시에 따라 집행하는 일이다. 아홉째, 행정의 획일성 등이 있다.

(2) 자치적 지방행정　자치적 지방행정은 지방자치단체에 의한 지방행정을 말하며, 그 특징은 첫째, 지방자치단체가 지방행정의 주체가 된다. 둘째, 지방행정의 권력의 근원이 지방주민에게 있다. 셋째, 결정권이 지방분권화 된다. 넷째, 주민이 선출한 지방자치단체장과 그가 통솔하는 공무원이 행정을 담당한다. 다섯째, 주민이 선출한 자치단체장과 주민의 광범한 행정참여와 주민의 대표인 지방의회에 의한 행정통제 등의 다양한 정치·행정의 행위자들을 통해서 행정이 이루어진다. 여섯째, 주민의 지지와 여론에 입각한 자치행정이 강조된다. 일곱째, 관료들이 주민에 대하여 책임을 지고 그들에 대한 봉사를 중요한 행동규범으로 삼는다. 여덟째, 관료들이 주민의 행정수요를 보다 민감하게 파악하여 결정하고 집행한다. 아홉째, 지방의 실정에 적응하는 다양한 행정을 촉진한다는 것이다.

자치적 지방행정은 자치권의 광협에 따라서 반자치적 지방행정(자치관치이원형)과 완전자치적 지방행정으로 구분된다. 반자치적 지방행정에 속하는 국가로는 프랑스, 이태리, 네델란드, 벨기에, 스페인, 2차대전 전의 독일, 일본 등이 있으며 완전자치적 지방행정에 속한 국가로는 영국, 미국, 캐나다, 스위스, 호주 등이 있다.

우리 나라는 역사적으로 관치적 지방행정이 매우 발달된 나라이다. 그러나 최근에 지방자치의 실시와 더불어 관치적 지방행정으로부터 자치적 지방행정으로 지방행정이 변모해가고 있다.

제 2 절 중앙집권과 지방분권

Ⅰ. 중앙집권과 지방분권의 의의

1. 중앙집권과 지방분권의 개념

중앙집권이란 정책결정권이 중앙정부에 집중되는 것을 의미하며, 지방분권이란 정책결정권이 가능한 한 지방정부에 분산되어 있는 경우를 말한다.[8] 혹은 중앙집권이란 통치상 또는 행정상의 권한이 중앙정부에 집중 유보되어 지방자치단체의 자치권이 제한되어 있는 것을 말하며, 지방분권이란 통치상 또는 행정상의 권한이 지방정부인 지방자치단체에 위임 분산되어 지방자치단체의 자주성이 높은 것이라고도 할 수 있다. 법적 관점에서 보면, 중앙집권이란 중앙·지방의 행정조직체제에 있어서 중앙행정관청이 지방공공단체에 대하여 상대적으로 광범한 지휘감독권을 가지는 것을 의미하며, 그와 반대의 경우를 지방분권이라 한다.[9] 중앙집권과 지방분권은 상대적 개념으로서 중앙정부의 지방자치단체에 대한 통제력의 범위 정도와 이에 대응하는 지방자치단체의 자주성의 범위 정도를 기준으로 구별할 수 있다.[10] 광대한 지역의 영토와 방대한 수의 인구를 보유하고 있

8) 정세욱, 전게서, pp. 65~76.

9) 吉富重夫, 『現代行政學』(東京: 勁草書房, 1967), p. 58.

는 현대국가에 있어서는 중앙정부가 한 국가영토내의 모든 곳을 일일이 직접 통할하기에는 스스로 그 한계에 봉착하게 되었으며, 비약적인 문화발달과 기계문명의 도래로 인해 복잡 다기한 양상을 보이고 있는 제반 행정사무를 처리하는 데도 많은 제약을 받게 되었고, 특히 지역적 특성에 따라 지방의 고유사무를 중앙정부에서 일방적으로 처리하기에는 무리가 따르게 되었다.

이와 같이 국가기능이 방대하고 복잡하여 질수록 이를 효율적으로 수행하기 위하여 이를 기능적으로 분화하고 지역적으로 분담할 필요성이 커지는 반면에 다른 한편에서는 이러한 복잡다기한 기능을 국민사회의 전체적·종합적 목적을 위하여 종합하고 조절할 필요성이 증대되고 있다.[11] 이리하여 오늘날 대부분의 국가에서는 중앙집권과 지방분권의 적절한 균형화 문제가 새로운 차원에서 인식되고 있다.

Ⅱ. 지방분권의 방법

지방분권의 방법은 일반적으로 자치적 분권과 관치적 분권으로 크게 나눌 수 있다.

1. 관치적 분권

중앙정부에서 그 직속기관을 지방에 설치하고 중앙기관이 직접 이 기관을 통하여 지방행정업무를 수행하게 되는 것을 말한다.

2. 자치적 분권

자치적 분권이라 함은 지방적으로 집행을 요하는 행정기능과 통치권력의 일정한 범위내에서 자치적 권한을 인정받고 있는 지방자치단체에게 위양하여 지방주민 또는 그 대표자의 의사와 책임과 권한하에 처리하게 하는 분권형태를 의미

10) 지방분권은 분산과는 다른 개념임을 유의해야 한다. 즉 분산은 중앙집권의 범주에 속하는 개념으로 중앙의 행정기능의 폭주를 경감시키기 위하여 중앙정부의 지방대표의 권능을 신장시키는 것을 의미한다. 따라서 분산은 중앙집권화된 행정기관 자체에 관련된 것이며 지방분권과는 이질적인 개념이다. 예컨대 종전에 장관들에게 속해 있던 권한을 도지사에게 위양하여 도지사의 권한을 강화하는 것은 분명히 분산화를 시키려는 것이지 지방분권화를 도모하려는 것은 아니다.

11) 김종표, 『현대지방행정론』, 일신사, 1989, pp. 97~98.

한다. 이는 다음의 두 가지 방법으로 구분된다.

(1) 행정적 분권하의 위임행정　이는 중앙정부가 행정업무를 지방정부에 위임하고 지방정부로 하여금 행정활동을 수행하도록 하는 것을 말한다. 이와 같은 위임행정에 있어서는 중앙정부의 행정적 권한이 광범하기 때문에 지방정부는 중앙정부의 지휘와 통제 아래 엄격한 구속을 받는다. 이와 같이 행정적 분권은 그 성격상 중앙집권적 색채가 농후한 지방분권의 한 형태로 볼 수 있다.

(2) 자치적 분권화의 자치행정　원칙적으로 지방단체의 자치권이 보장되고 법률의 범위내에서 자체업무를 자주적으로 수행할 수 있는 것을 말한다. 자치적 분권은 고유한 지방분권으로서 행정적 분권과는 차원이 다른 정치적 이념을 반영하는 것이다.

Ⅲ. 중앙집권과 지방분권의 비교

중앙집권과 지방분권은 다같이 장·단점을 가지고 있다. 이론상 중앙집권의 장점은 역으로 지방분권의 단점이 되고 지방분권의 장점은 역으로 중앙집권의 단점이 된다. 그러나 실제로는 그 장·단점이 모든 도시나 농촌사회 또는 모든 국가에 공통적인 것이 아니라 특정한 국가의 역사적 요인, 정치적 이념, 경제·사회적 여건 등의 차이에 따라 달리 나타나기도 한다. 여기서는 중앙집권과 지방분권의 일반적인 장점만 논하려고 한다.

1. 중앙집권의 장점

첫째, 행정의 통일성·능률성을 확보할 수 있다.

둘째, 경제적·사회적 발전을 위한 계획을 강력히 추진할 수 있다.

셋째, 중앙정부 또는 최고관리층의 중요한 정책을 효과적으로 수행할 수 있다.

넷째, 행정관리의 전문화를 촉진한다.

다섯째, 자원의 최적배분과 소요경비의 절약을 기할 수 있다.

여섯째, 광역적인 국가적 사업을 효과적으로 추진할 수 있다(계획행정 통제행정 권력행정).

일곱째, 국가적 위기에 신속히 대응할 수 있다.

2. 지방분권의 장점

첫째, 행정에 대한 민주적 통제를 철저히 할 수 있다.

둘째, 광범한 참여기회가 주어지기 때문에 민주적 정치의식수준을 높일 수 있다.

셋째, 지역적 실정에 적합한 행정이 가능하다.

넷째, 의사결정 업무처리를 신속하게 할 수 있다.

다섯째, 지방단위의 공동체의식과 애향심을 높인다.

여섯째, 지방주민의 창의력과 자발성을 향상시킨다.

3. 중앙집권과 지방분권의 조화

요컨대 중앙집권은 행정의 통일성, 강력성 및 능률성을 보장한다는 점에서, 지방분권은 민주정치의 철저화 및 행정의 실질적 효과를 고양시키기 위해서 반드시 필요한 제도라고 할 수 있겠다. 앞서 설명한 바와 같이 이러한 양제도는 어디까지나 상대적인 것일 뿐 결코 절대적인 것은 아니다. 즉, 중앙집권과 지방분권은 고정적·정태적인 것이 아니라 일면에 있어서는 특정국가와 사회에 관류하고 있는 정치적 이념과 경제·사회적 여건에 따라 각양각색인 동시에, 다른 일면에 있어서는 특정 시점에 내재하는 사회의 구심력(centripetal force)과 원심력(centrifugal force)간의 상호작용(interaction)에 의해 결정되는 것이라 할 수 있겠다.

이리하여 현실적으로 거의 완전한 지방분권제도나 중앙집권제도를 채택하고 있는 국가는 존재하지도 않으며 또한 존재할 수도 없을 것인바, 이러한 사실의 저변에는 양제도의 상대적 특성이 내재하고 있기 때문이다.

Ⅳ. 신중앙집권화 경향

1. 신중앙집권화(new centralization)의 개념 및 성격

신중앙집권화란 지방자치제도를 발전시켜 온 근대민주국가에 있어서 사회발전과 행정기능의 확대·강화에 따라 중앙정부의 권한이 현저하게 강화되는 새로운 경향을 의미한다. 과학과 기술이 고도로 발달한 오늘날에 이르러서는 변화된 사회·경제적 상태에 부응하기 위하여 종래의 지방분권적인 행정제도의 기조를 다시금 보다 고도의 지식과 기술, 그리고 보다 풍부한 재정상태를 갖고 있는 상급지방정부, 나아가서는 중앙정부에 두게 되었다.

그리하여「권력의 재조정」(readjustment of power)이라는 현상을 초래하게 되었는바, 이는 권력의 초점(focus)이 지방정부에서 중앙정부로 다시금 전환되었음을 의미하는 것이다. 이와 같은 현대의 중앙집권현상을 과거 절대군주시대의 그것과 구별하기 위하여 신중앙집권이라고 부른다.

이러한 신중앙집권화 경향은 구체적으로 상급단체에 의한 하급지방단체 사무의 흡수와 지방단체에 대한 중앙통제의 강화라는 사실로 나타나는데, 이는 중앙정부와 지방자치단체 간의 협력체제가 이루어지는 가운데 행정을 수행해야 한다는 전제에 의한 것이며 그 동기는 행정능률의 증대와 민주적 조화에 있다고 하겠다.

따라서 이와 같은 중앙집권화는 지방분권에 대립하는 별개의 정치원리로 보기보다는 종래의 경향을 수정하는 것이라고 보아야 할 것이다. 그것은 민주국가의 정치원리로서 지방분권원리를 채택하면서 행정상의 능률을 위하여 중앙과 지방의 새로운 기능적 협력관계를 형성하는 것으로 보아야 한다.

2. 신중앙집권화의 촉진 요인

신중앙집권화의 경향은 지방자치단체에 대한 중앙정부의 행정적인 통제를 강화함으로써 나타난 현상이다. 따라서 신중앙집권화를 촉진시킨 요인은 행정통제가 강화된 원인과 동일한 것으로 이해할 수 있는데 그 주요한 요인을 보면 다음과 같다.

(1) 과학기술과 교통·통신의 발달　　과학기술과 교통·통신의 발달은 중앙정부로 하여금 행정활동에 있어서 시간적·공간적인 장애를 극복하고, 신속하고 적극적인 지시·통제를 가능하게 하였다.

(2) 행정업무의 양적 증대와 질적 변화　　산업사회의 발전은 행정업무의 양적인 증대는 물론 질적인 변화를 초래하였는데 지방자치단체는 이러한 상황에서

적응할 수 있는 행정적·재정적·기술적 능력을 갖추고 있지 못하기 때문에 중앙정부는 원조 및 지도를 통하여 지방자치단체를 주도하게 되었다.

(3) 국민생활권의 확대와 경제적 규제 경제가 촌락경제, 지방경제, 분권경제로부터 국민경제, 국제경제, 집단경제로 발전되고 경제체제가 대량생산체제로 바뀜에 따라 국민의 생활권이 확대되고 사회·경제문제가 거시적인 성격을 띠게 되었으므로 중앙정부의 강력한 통제와 규제 및 지도가 필요하게 되었다.

(4) 국민생활권의 경제규제의 필요성 지방경제, 촌락경제, 분권경제가 국민경제, 국제경제, 집권경제로 발전되고 국민의 생활권이 확대됨에 따라 정부의 강력한 통제·지도·규제가 요구되었다.

(5) 지방업무와 국가정책과의 관련성 현대국가에 있어서는 지방업무가 특정지역에만 한정되는 것이 아니라 전국적인 국가정책과 밀접한 관련성을 지니고 있기 때문에 많은 지방업무가 국가적인 공통업무로 변질됨에 따라 지방자치단체의 고유업무의 범위가 축소되었다.

(6) 국제정세의 급격한 변화 오늘날 국제정세의 급격한 변화에 능동적으로 대처하기 위해서는 정부의 신축적이고 강력한 집권적 체제를 필요로 하게 되었다.

3. 신중앙집권화의 형태

신중앙집권화는 다음과 같은 세 가지 형태로 나타나고 있다.

(1) 지방기능의 중앙이관 행정국가화에 따라 종래에 지방자치단체가 담당하던 기능이 중앙 또는 광역자치단체로 이관되고 있다.

(2) 중앙통제의 강화 중앙정부의 지방자치단체에 대한 통제가 강화되고 있다. 중앙정부의 지방자치단체에 대한 통제는 나라에 따라 다르나 대체로 중앙정부의 한 부처가 직접 지방자치단체의 행정을 전적으로 조정하는 권한을 가지고 있는데 프랑스와 그 영향을 받은 나라들은 내무부가 이런 권한을 가지고 있다. 이에 반하여 영국계의 제국에서는 지방행정의 조정을 담당하는 중앙부처는 과히 중요한 역할을 담당하지 않는다.

(3) 중앙재정에의 의존 지방자치단체의 재정의 빈약과 지방자치단체간의 재정불균형으로 중앙재정에의 의존현상이 두드러지게 나타나고 있다. 미국의 경우를 보더라도 주나 지방자치단체의 세입증대의 노력에도 불구하고 주나 지방자

치단체가 연방정부의 재정적 지원 없이는 급증하는 재정수요를 충족시킬 수 없는 실정이다.[12)]

4. 신중앙집권화의 한계

중앙집권은 행정의 능률에 기여할 수 있으나 지나친 중앙집권화는 지방행정의 자주성과 민주성이 말살될 우려가 있다. 그러므로 중앙집권화는 다음과 같은 면에서 그 한계를 지켜야 할 것이다.

(1) 통제성과 자주성의 균형　중앙정부의 지방정부에 대한 통제는 지방의 이익과 자주성을 해치지 않는 범위내에서 이루어져야 하며, 양자의 적절한 균형과 조화를 이루어야 한다.

(2) 국가공무원과 지방공무원의 차별의 배제　중앙집권화가 초래되는 경우 흔히 국가공무원이 우대되며, 지방공무원은 우대를 받지 못하는 경우가 많다. 특히 많은 이권이 국가공무원에게 부여되며, 지방공무원은 그렇지 못하게 된다. 그러나 이것은 실제 인사행정의 실현과 제도면에서 개선되어야 한다.

(3) 능률화와 민주화의 조화　중앙집권화는 흔히 행정의 능률화에 있다고 말한다. 그러나 민주정치가 구현되고 있는 국가에서는 획일적 · 기계적인 능률화만이 아니라 행정에 대한 주민의 참여와 민주통제를 기반으로 하는 민주화를 조화시켜야 한다.

(4) 지방과 국가의 발전을 위한 협력관계　중앙집권화와 중앙에 의한 지방행정의 통제는 어디까지나 지방에 대한 중앙의 권력적 지배가 아니라 지방과 국가의 발전을 위한 능률적이고 민주적인 협력관계로 되어야 한다.

(5) 행정구역 광역화에 관한 문제　중앙집권화 경향은 행정통제의 필요성 때문에 소구역의 대구역화를 초래하게 되어 지방주민의 자치의식을 희박하게 만든다. 따라서 행정구역을 설정할 때에는 전국적·종합적 계획과 지방주민의 이익 및 자치의식을 고려하여 신중히 결정하여야 한다.

---

12) Joseph A. Pechman, *Federal Tax Policy* (Washington, D.C.: Brookings Institution, 1966), pp. 231～232.

V. 신지방분권화 경향

1. 신지방분권화(new decentralization)의 성격

각국에서 신중앙집권화의 추세가 나타나면서도 다른 한편에서는 중앙집권의 폐해 혹은 부정적 측면을 미리 예방하거나 제거하고 역사적인 시행착오를 방지하기 위한 노력으로서 신지방분권화를 지향하는 개혁이 프랑스, 독일, 일본 등에서 추진되어 왔다.[13]

이러한 신지방분권화는 i) 절대적 분권이 아니라 상대적 분권이며, ii) 행정적 분권이 아니라 참여적 분권이며, iii) 국가 권력을 견제하는 배타적 분권이 아니라 협조적 분권이며, iv) 소극적 분권이 아니라 적극적 분권이며, v) 신중앙집권과 대립관계에 있는 것이 아니라 국가와 지방의 발전을 위하여 상호보완관계에 있다.

2. 신지방분권화의 촉진요인

신지방분권화를 촉진시킨 요인으로서는 i) 중앙집권의 폐해로 말미암아 지방정부는 자주성·창의성을 잃게 되고 지역간 불균형이 격화되었으며, ii) 도시화의 진전이 지역분산을 격화시켰으며, iii) 정보화의 확산이 가속화되면서 지방분권화가 촉진되었으며, iv) 국제화·세계화의 추세로 지역사회의 활동영역과 자주성이 넓어지지 않을 수 없게 된 것을 지적할 수 있다.[14]

---

13) 최창호, 전게서, pp. 80~87; 정세욱, 전게서, pp. 100~101.
14) 한원택, 『지방행정론: 이론·제도·실제』, 법문사, 1995, p. 46.

제 3 절 광역행정

Ⅰ. 광역행정의 의의

1. 광역행정(regional administration)의 개념

광역행정이란 지방자치단체의 기존 행정구역을 넘어 광역을 단위로 하여 공동적·통일적으로 수행되는 행정을 말한다.[15] 예를 들면 중심도시와 주변 군·읍·면과의 유기적인 기능분담과 협력관계에 착안한 행정을 말한다. 오늘날 지방행정에 있어서 광역행정이 차지하는 비중은 점점 높아지고 있다. 즉 교통·통신기술의 발달로 인한 도시화의 현상으로 대도시지역 및 농촌지역의 구분없이 광역행정방식의 채택이 확산되고 있다.

현대사회에 있어서 사회·경제적 변화에 따라 지역주민의 생활영역 또는 이해관계의 영역은 현저히 확대되고 있으며 행정사무도 그 질적·양적인 측면에서 기존의 지방자치단체의 구역내에서 효율적으로 처리될 수 없을 정도로 광역화되었으니, 각 자치단체가 상호연결하는 광역행정권을 단위로 하여 통일적으로 처리하여야만 합리적인 해결이 가능하게 되었기 때문이다. 이러한 광역행정은 기존의 행정구역 또는 지방자치단체의 구역을 초월해서 발생하는 여러 가지 행정수요를 통일적이고 종합적인 입장에서 처리함으로써 행정의 능률성과 민주성을 확보하기 위해서 나타난 행정이다.

15) 정세욱, 전게서, pp. 765~822.

2. 광역행정과 광역주의(regionalism)

광역행정의 기본원리는 광역주의에 있다고 할 수 있다. 광역주의란 특정한 행정기능을 수행하는데 있어 행정대상의 구역을 확대시킴으로써 행정의 효과성을 높이거나, 또는 지방자치단체의 자치구역을 주민의 실질적인 생활권 내지 이해관계의 영역에 대응하여 확대시킴으로써 자치의 효율성을 높이려는 입장이나 사상인 것이다. 따라서 광역주의는 효과성·능률성·합목적성·경제성을 높인다는 입장과, 주민의 자치권을 옹호한다는 사상을 동시에 포함하고 있는 것이다. 이러한 광역주의가 초기에는 프랑스나 영국에서 급격한 사회변화 및 경제구조의 변화에 부응하기 위하여 지방자치단체의 행정구역을 광역적으로 재편성함으로써 중앙집권화의 경향에 대응하기 위한 수단으로 발전하였다. 미국에서는 연방제도가 가지는 행정의 제약성에 따른 비합리성을 극복하기 위한 방안으로 채택되어 TVA와 같은 미국의 각 주정부를 초월한 개발사업의 집행으로 구체화되었다는 것이다.

3. 광역행정의 목적(필요성)

광역행정은 다음과 같은 목적(필요성)을 추구하는 데 그 가치가 있다.

첫째, 광역권주민의 행정관할권을 실질적인 생활권·교통권·경제권과 일치시킬 수 있다.

둘째, 지방행정구역과 조직을 광역적인 차원에서 재편성함으로써 행정활동의 효과성·능률성·합목적성·경제성을 더욱 높일 수 있다.

셋째, 국가행정과 지방행정을 밀접하고 신축성 있게 연결시키며, 국가와 지방자치단체간에 행정사무를 합리적으로 재배분함으로써 국가와 지방자치단체간의 협력관계를 원활히 할 수 있다.

넷째, 대도시 주변의 경제적·물리적인 저개발상태를 능동적으로 개선함으로써 인구 및 산업의 균형배치와 조정에 의한 대도시 흡인요인의 완화, 중심도시와 배후지역 및 도시와 농촌간의 격차를 완화하고 전국적인 균형개발을 도모할 수 있다.

다섯째, 행정기능의 특수성에 따라 제한된 행정단위만으로는 해결할 수 없는 업무에 대해서는 인접행정단위와의 협조에 의한 공동처리를 모색할 수 있다.

여섯째, 교육문화시설·생활환경시설·지역기반시설 등 공공시설을 개선·정비함으로써 주민의 생활편의향상·문화수준의 향상·복지향상 및 지역전체의 경제적·사회적·물리적 발전과 균형을 촉진시킨다.

이러한 목적에 비추어 볼 때 광역행정이 필요로하는 기능은 계획기능(도시계획·지역계획·경제계획), 치안기능(경찰·소방), 교통시설(간선도로·철도), 개발기능(토지이용·공업단지·자원개발), 서비스기능(교육·보건·복지·위생) 등으로 인정되고 있다.

Ⅱ. 광역행정의 촉진요인

광역행정의 촉진요인은 신중앙집권화의 그것과 대체로 유사하지만, 광역행정의 촉진 요인은 광역주의에 입각하면서도 중앙집권화에까지는 이르지 않고 지역적 수준에서 행정을 처리하게 하려는 데 그 특징이 있다. 광역행정의 주요 촉진요인은 다음과 같다.

1. 생활권의 확대

산업혁명으로 인하여 급속한 교통·통신의 발달에 따라 사회·경제영역이 확대되고 매스컴의 보급과 교육수준의 향상으로 지역사회의 구조가 변화 되었다. 즉 교육수준의 향상으로 전통적인 지방색이 쇠퇴되고 개방사회의 성향이 촉진되었으며, 교통수단의 발달로 인해 인간의 이동성이 증대되었고, 경제활동의 변화에 따른 지역주민의 생활권·교통권이 크게 확대됨으로써 상호간에 괴리된 생활권·교통권에 맞게 행정권을 조정·부합시킴으로써 행정의 효율성과 주민의 편의를 극대화 할 필요성이 요청되었다.

2. 광역적 행정서비스의 요구

급격한 교통·통신과 경제의 발달에 따라 지역주민의 경제·생활권 및 교통권이 확대됨에 따라 지역상호간의 유동성이 증대되어 경제·생활권, 행정권, 교통권 등이 일치됨으로써 행정의 효율성과 지역주민의 편의를 높여야 할 필요성이 증대되고 있다. 따라서 행정구역 또한 광역화현상이 나타나게 되는데, 이는 행정수요의 광역화와 심층화를 초래함으로써 광역행정을 촉진시키는 요인이 되고 있다.

3. 복지국가의 실현

광역행정은 지방자치단체간의 행·재정적 격차를 완화하고 행정적 서비스를 균질화 함으로써 지역간의 격차를 해소하고 또한 주민복리를 평준화시킨다. 즉 지방자치단체간의 행·재정적 격차를 완화하고 복지국가를 건설함으로써 그 지역주민의 복지향상과 행정서비스의 균질화를 도모할 수 있을 뿐만 아니라 이중행정·감독·과세의 폐단을 해소함으로써 행정의 경제성과 효율성을 높이기 위해서도 대도시와 인접한 지역을 포함하는 광역행정의 필요성이 요청되고 있는 것이다.

4. 급격한 도시화의 촉진

광역행정의 중요한 요인으로 작용하는 것은 급격한 도시화의 진전을 들 수 있다. 이러한 현상이 도시권역을 확대시키게 된다. 즉 인접지역이 도시권역으로 흡수되면서 도시주민의 통학·통근 등 주간인구이동의 확산과 근교지역의 택지개발에 따른 주거지의 확산, 위성도시의 발전에 대한 영향력의 확대로 경제·교통권이 일치되는 광역행정권이 형성된다. 따라서 대도시는 위성도시 및 근교지역을 흡수하여 일종의 집합도시화 하게 되는 광역적 행정처리방식이 요구되고 있다.

5. 지역개발행정과 계획행정의 필요성

산업사회의 발전에 따라 도시개발 및 재개발, 산업개발 및 산업구조의 조성과 자원개발, 도·농간의 격차완화, 사회의 제문제에 대한 대책 등에 관한 필요성이 제기됨에 따라 개발행정이나 계획행정의 불가피성이 인정되고 있다. 이러한 지역개발을 위해서는 기존의 행정구역을 초월한 광역적 처리 또는 전국적 계획과 조정이라는 견해에서 행정문제를 종래의 지방자치능력으로서는 해결할 수 없기 때문에 광역행정처리방식이 요청되고 있다.

6. 행정의 경제성 확보

최소의 비용으로 최대의 효과를 거두는 것이 경제성의 원칙이다. 이것은 동일한 업무는 동일한 행정기관에 의하여 광역적으로 처리하는 경우 인력·비용면에서 경제성(효율성)을 더 높일 수 있다. 즉 지방자치단체가 스스로 허약한 시설물을 만들어 비효율적인 운영을 하기보다는 광역적으로 여러 지방자치단체들이 통합하여 시설을 건설·운영하는 것이 중복투자, 경합경영 및 소규모투자 등의 비경제를 해소할 수 있으며, 각종의 경비를 절감할 수 있고 능률적인 행정을 확보할 수 있다는 것이다.

Ⅲ. 광역행정의 방식

광역행정방식은 국가에 따라 여러 가지로 분류되어진다. 광역적으로 처리를 요하는 사무의 종류나 질·양에 따라 다르며, 또한 광역행정을 위한 관계법령에 따라 달라진다. 여기서는 광역행정방식을 처리주체와 처리방식으로 구분하여 설명하기로 한다.

1. 처리주체에 따른 분류

(1) 기초자치단체 수준의 광역적 처리　　우리 나라의 시·군조합이나 일본의 市·町·村 合併[16] 또는 조합 및 미국의 특별구, 프랑스의 시·읍·면조합 등 기초자치단체 수준에서의 광역행정방식이다.

(2) 광역자치단체 수준의 광역적 처리　　우리 나라의 특별시·광역시·도와 같은 광역자치단체의 수준에서 이루어지는 자치단체조합을 말한다. 광역행정의 본질적 의의는 이 수준방식에 있다고 할 수 있다.[17]

(3) 지방일선기관에 의한 광역적 처리　　우리 나라의 지방국토관리청·지방해운항만청 등과 같은 국가의 지방행정기관에 의한 광역행정방식이다. 일본은 지방에 설치되어 있는 국가행정기관의 종류와 수가 너무 많은 것을 종합화·일체화

16) 坂田期雄,『地方制度の構造と實態』(東京: ぎょうせい, 1979), pp. 395～466.

17) 佐藤竺, "廣域制と府縣制," 和田英夫(編),『現代地方自治論』(東京: 評論社, 1965), pp. 111～130.

하여 국가의 광역행정기관으로서 설치할 것을 구상한 바 있다.

2. 처리방식에 따른 분류

(1) 공동처리 방식　둘 이상의 행정단위(자치단체나 지방행정기관)가 상호협의 아래 광역적 행정사무를 공동으로 처리하는 방식이다. 이러한 공동처리방식에는 여러 가지가 있으나 일부사무조합과 협의회가 그 대표적인 예이다.

① 일부사무조합　일부사무조합은 둘 이상의 지방자치단체 또는 행정기관이 일부의 사무를 공동으로 처리하기 위해서 만든 새로운 법인 또는 특별단체를 말한다.

② 협의회　협의회는 둘 이상의 행정단위가 상호연락,업무의 조정 또는 공동처리를 위하여 설치한 협의회를 말하는데 이것은 법인격을 갖지 않는다는 점에서 일부사무조합과 다르다.

(2) 연합의 방식　자치단체의 연합이란 둘 이상의 자치단체가 각각 독립적인 법인격을 그대로 유지하면서 그 전역에 걸친 연합 방식의 새로운 단체를 설치하여 광역행정사무를 처리토록 하는 방식이다.

이러한 연합 방식은 캐나다의 토론토 도시연합, 동경, 마이애미, 오사카 등이 그 대표적인 예이다.

(3) 합병의 방식　자치단체의 합병이란 몇 개의 기존자치단체를 통폐합하여 하나의 법인격을 가진 자치단체를 신설하는 방식이다. 이러한 합병의 경우에는 기존의 자치단체는 폐지된다.

(4) 특별구역 설정에 의한 방식　특별구역 설정이란 특수한 광역행정사무를 처리하기 위하여 기존의 일반행정구역 또는 자치구역과는 별도의 구역을 설정하는 방식이다.

(5) 특별행정기관에 의한 방식　특정한 광역행정사무를 처리하기 위하여 인접 자치단체간의 합의에 의하여 특정기능만을 수행하는 국가행정기관을 일반행정기관과 별도로 설치하는 방식을 의미한다.

(6) 광역의회의 방식　주민이 선출한 지방의원 등이 대표로 참여하여 광역의회를 구성하고 여기에서 광역적 사무를 협의하여 처리하는 광역행정방식을 의미한다.

(7) 권한 또는 지위의 흡수방식　상급자치단체나 국가가 하급 지방자치단체의 권한이나 기능을 흡수하여 처리하는 경우를 말한다. 이때 하급단체의 권한의 일부가 흡수될 수도 있고 전부가 흡수될 수도 있다.

Ⅳ. 우리 나라의 광역행정제도와 문제점

1. 우리 나라의 광역행정제도

우리 나라의 대표적인 광역행정방식으로는 지방자치법에 규정된 지방자치단체조합(지방자치법 제149조～제154조)과 행정협의회 방식(지방자치법 제142조～제148조)이 있다.

이 외에도 우리 나라에서 채택하고 있는 광역행정방식 중 특별기관방식은 국립공원관리사무소나 영림서와 같은 경우를 들 수 있고, 특별구역방식은 교육구제도가 있다. 그러나 우리 나라에서 가장 일반적으로 활용되고 있는 광역행정방식은 행정협의회방식이다.

현재 전국의 중심도시권에는 각각 도시권행정협의회가 구성되어 있다. 협의회의 기능은 i) 광역행정권에 관한 조사·연구, ii) 광역권의 정비·개발을 위한 자치단체 상호간의 연락·조정, iii) 사무조합의 운영, iv) 광역권개발계획의 수립, v) 개발사업의 공동관리 및 처리, vi) 산업생산물 및 생활필수품의 수급·조절, vii) 기타 자치단체 상호간의 자료·정보·기술의 교환 등으로 되어 있다.

2. 문제점

우리 나라에서 현재 채택하고 있는 광역행정방식은 협의회방식·사무조합방식·특별기관방식·특별구역방식 등 여러 가지가 있으나, 이 중 어느 것도 원만한 실효를 거두지 못하고 있다. 그 이유는 다음과 같다.

1) 전통적으로 중앙집권체제가 발달되어 온 관계로 국토면적이 좁은 상황에서 광역행정상의 문제는 중앙집권화로 손쉽게 해결하려고 한다는 것이다.

2) 우리 나라의 광역자치단체인 도나 기초자치단체인 군이 그 면적과 인구가 다른 나라에 비해 큰 규모이므로 그 자체가 광역행정 단위로 볼 수 있다는 것이다.

3) 도시권행정협의회의 다양한 기능에도 불구하고 도시권의 광역행정사무는 분뇨처리·화장장·묘지 등 극히 제한된 분야에 국한되고 있다는 것이다.

4) 광역행정협의회와 같은 협의회는 독립된 법인격을 갖지 못하기 때문에 사무처리의 실질적인 결정권·명령권·집행권이 없다는 것이다.

5) 도시권행정협의회의 운영이 사실상 인구규모나 재정·기술·정보면에서 발언권이 강한 큰 자치단체의 주도하에 이끌릴 수밖에 없기 때문이다.

따라서 우리 나라는 현재 여러 형태의 광역행정방식을 채택하고 있지만 실제로는 제도로 실시되지 않고 있다. 특히 지방자치제도가 제대로 정착되지 못하고 있기 때문에 지방정부가 자치단체로서 기능하기보다는 국가의 하급행정기관으로서 중앙정부의 지시를 받아 행정기능을 수행하는 지위에 놓여 있다.

광역행정의 일반적인 추세는 신중앙집권화 경향으로 인하여 중앙정부의 지나친 비대화와 강화를 야기하여 지방행정의 비민주화 또는 관료주의적 지배현상을 초래할 위험이 있다는 데 우리 나라 광역행정의 문제점이 지적되고 있다.[18)]

V. 결 어

현대국가에서는 철저한 중앙집권이나 완전한 지방분권은 불가능하므로 양자의 조화에 의하여 행정의 민주성과 능률성을 달성하여야 한다.

광역행정방식은 중앙과 지방을 협조적 수평관계로 보고 중앙집권과 지방분권의 조화와 균형에 의하여 행정의 능률성도 높이면서 행정의 민주화 내지 지방자치를 보장하고 민주적 통제를 모색하려는 방법이라고 하겠다. 따라서 광역행정은 중앙집권과 지방분권의 균형·조화에 의하여 행정의 능률성·민주성이 확보될 수 있어야 하며 정치적 측면과 행정적 측면을 종합적으로 고려하여 광역행정을 수행하여야 할 것이다. 이를 위해서는 구체적으로 다음과 같은 방향을 제시할 수 있다.

첫째, 우리 나라는 행정권이 중앙집권화되어 있으므로 지방분권화를 우선 실시한 후에 광역행정을 통한 행·재정적 효율화를 도모해야만 할 것이다.

둘째, 중앙정부·광역자치단체·기초자치단체간의 기능·권한·책임의 분담을

18) 조창현, 『지방자치론』, 박영사, 1993, p.260.

분명히 하고, 국가의 통제는 되도록 최소한도에 그치도록 하여야 한다.

셋째, 광역행정은 지방자치단체의 자치권을 가능한 침해하지 않고, 지방행정의 능률성, 민주성, 지역적 특수성을 향상시킬 수 있도록 적극 추진되어야 한다.

제 4 편
인사행정

제4편은 행정과정 5단계 중 제3단계에 해당하며 행정조직을 구성하는 인적자원, 즉 행정인을 효율적으로 관리하는 인사행정을 다룬다. 인사행정은 유능한 인적자원을 동원·배치하고 능력을 개발하여 최대한 능력을 발휘토록 인적자원을 효율적으로 활용하는 것을 목적으로 한다.

제1장에서는 인사행정의 기초작업으로 기초가 되는 공무원제도, 인사기관, 공직분류 등을 살펴본다.

제2장에서는 유능한 인적자원의 동원·배치를 위한 신규채용과정 중 모집과 내부임용에 해당하는 승진을 살펴본다.

제3장에서는 인적자원의 능력개발을 위한 근무성적평정과 교육훈련을 살펴본다.

제4장에서는 인적자원의 효율적 활용을 위한 인사행정수단으로 보수, 사기와 인간관계관리, 공무원단체 등을 살펴본다.

제5장에서는 인적자원의 통제로 공직윤리, 공무원의 부패와 대책, 공무원의 정치적 중립 등을 살펴본다.

제 1 장 인사행정의 기초

인사행정(Public Personnel Administration)이란 정부조직을 구성하는 인적자원, 즉 공무원을 관리하는 기능이다.[1] 인사행정이란 정부조직목적, 즉 국가목적의 달성에 필요한 인적자원을 동원·배치하고 능력을 개발하여 공무원 개인의 능력을 최대한 발휘토록 하는 관리기능이라고 할 수 있다.[2]

제 1 절 엽관주의와 정실주의

Ⅰ. 의 의

엽관주의(Spoils System)란 미국에서 발달된 제도로서 공직에의 임명을 개인의 능력·자질·업적에 따라 하지 않고 당파성 즉 특정정당에 대한 충성도 및 공헌도를 기준으로 하는 인사제도이다.

정실주의(Patronage System)란 영국에서 발달된 제도로서 공직에의 임명을 개인적 충성심, 학연·지연·혈연 등 정실에 따라서 하는 인사제도이다.

양자는 개인의 객관적인 능력·실적 이외의 요소(즉 광의의 정실)를 기준으로

---

1) 김재기, 『인사행정론』, 형설출판사, 2003, pp. 37~41.

2) 인적자원의 효율적 활용이라는 인사행정의 목적을 실현하기 위한 수단 혹은 하위목적으로는, 첫째 유능한 인재 동원 및 적재적소 배치, 둘째 지속적인 능력개발, 셋째 근무의욕(사기) 제고를 들 수 있다. 박동서, 『인사행정론』, 법문사, 1994, p. 25 참조.

삼는다는 점에서 동일한 것.

다만 엽관주의하에서는 정권교체되면 공직이 대대적으로 교체된 반면 정실주의하에서는 대대적 교체가 없으며 일단 임용되면 종신적이었다는 점에서는 구별.

엽관주의 정실주의는 실적주의가 확립되기까지 인사제도의 기본적 이념, 즉 이념적 기초가 되었다고 볼 수 있다.

Ⅱ. 엽관주의와 정실주의의 발달과정 및 발달요인

1. 엽관주의의 발달

본래 정실주의 엽관주의라고 하는 말은 이어동의(異語同義)로 사용되는 것으로서 양자 모두 사람을 임용함에 있어서 개인의 자격, 능력에 두는 것이 아니고 인사권자의 혈연, 지연, 학연, 정당관계 등 귀속적인(ascriptive) 기준에 두고 하는 것을 의미한다.

그 중에서도 엽관주의라고 하는 말은 시초에 미국에서 나온 것으로서 그 본래의 뜻을 보면 다음과 같다. 여기의 'spoils' 라고 하는 말은 우리말로 '전리품'을 의미하는 것이다. '전리품' 이란 전시국제법에 의하면 그것을 획득한 측이 자유로이 처분할 수 있는 권한이 부여되어 있다. 여기의 이러한 전리품이 인사행정상에서 정부의 공직을 의미하며 전쟁은 선거전을 의미하는 것이다.

그러므로 선거전에 승리한 정당은 모든 공직을 마음대로 일방적으로 처분할 수 있는 전리품으로 간주하여 처리할 수 있다고 하는 생각이 나오게 되는 것이다. 따라서 승리한 정당은 선거전에서 패배한 정당의 소속원을 행정부에서 몰아내고 자기 정당의 소속원 또는 선거전에 공로가 많은 자를 대신 임명할 수 있다고 하는 것을 의미한다.

이러한 관직의 경질정책(rotation of office) 또는 교체임용주의(doctrine of rotation)는 잭슨 대통령에 의하여 처음으로 나타난 것은 아니었으나 흔히 잭슨 대통령이 엽관주의의 시조로 알려져 있는 것은 그에 이르러 일층 엽관주의가 확대되었으며 또한 국가의 정식 인사정책으로서 채택할 것을 1829년의 대통령교서에서 명시했기 때문이다.[3)]

이상과 같이 19세기 초의 자유민주주의하에서 엽관주의가 발달하게 된 원인을 규명하면 다음과 같다.[4)]

(1) 민주정치의 발전을 들 수 있다. 건국 이래로 연방정부의 공직은 대체로 미국의 소위 귀족계급에 의하여 임명되었던 것이며, 제퍼슨 대통령이 어느 정도 민주화에 노력했으나 잭슨 대통령 취임전의 약 40년간은 연방정부의 공무원은 대체로 상류계급의 이익을 대변하는 도구로 되었던 것이다. 이러한 사정하에 서부개척인의 지지를 받아 대통령에 당선된 잭슨 대통령은 공직을 이 새로운 대중에게 개방하는 것이 행정을 민주화함과 동시에 지지에 대한 보상이 된다고 생각하였던 것이다.

(2) 정당정치와의 관계를 들 수 있다. 민주정치란 정당정치와 불가분의 관계에 있음은 공지의 사실이나 정당정치와 엽관주의와의 관계에 대하여는 국가에 따라 견해가 다르며 미국의 경우도 관련성의 정도에 관해서 의견의 차를 볼 수 있다. 그러나 일반적으로 정당의 유지·선거전·정당원의 통솔·통제 등에 엽관주의의 존재가 요청되지만 미국에서 특히 타국에 비하여 엽관주의가 심하였던 이유는 미국 정당의 분권성, 동질적인 양대정당의 존재, 미국의 선거제, 삼권분립제, 하류계급출신인 직업적 정치인 등과 같은 것에서 발견된다고 하겠다.

(3) 자유민주주의하의 정부행정의 단순성을 들 수 있다. 이 당시는 자본주의가 한계를 모르고 순조로이 발전하며 사회경제적 활동은 그야말로 보이지 않는 손에 의하여 정부의 도움 없이 자율적으로 조정되는 시대였다. 따라서 정부의 기능은 법질서의 유지에 국한되고 있었으며 현대국가에 있어서와 같이 복잡성을 띠고 있지 않았던 것이다.

그러므로 이러한 기능을 담당하는 공무원의 자격으로서 별다른 기술인을 요하지 않고 '아마추어'로서 족하였던 것이다.[5)]

---

3) 미국에서 엽관주의가 철저하게 지배하였던 시기는 1845년 포크 대통령이 취임한 때부터 남북전쟁이 끝난 1865년의 링컨 대통령에 이르기까지의 20년간으로서 이 시기는 "전리품은 승자에게 속한다(To the victor belongs the spoils)"라는 슬로건이 정계를 지배하고 있었으며 대통령 선거는 공직이란 전리품을 쟁탈하기 위한 투쟁이었다. 그리하여 정권교체시마다 대대적인 교체가 행하여졌으니 1861년에 취임한 링컨 대통령은 대통령 임명직 1,639개 중 1,457개를 교체한 바 있다.

4) 박동서, 전게서, pp. 73~74.

5) 잭슨 대통령은 "공무원의 직무는 이해력 있는 사람이면 누구나 용이하게 수행할 수 있도록 간단명료한 것이다"라고 말했다.

이상으로서 엽관주의의 발전원인을 검토하였으나 이와 사정을 달리하는 영국의 경우는 미국과 같이 대폭적인 인원의 교체는 없었으며 구주대륙에서는 정당정치·민주정치의 발전이 뒤떨어져 엽관주의는 별로 전개되지 못하였다.

2. 정실주의의 발달

19세기 중엽에 이르기까지 영국의 공무원제도는 미국의 엽관주의와 성격상 비슷한 정실주의(patronage)가 존재하여 왔었다. 영국의 정실주의는 국왕이 그의 특권으로 자기에게 충성하거나 가까운 신하에게 관직이나 고액의 연금 등을 주거나, 혹은 의회의 강력한 영향력을 가진 정치가들이 선거운동의 공로자들에게 관직이나 연금을 부여함으로써 특정 관리에게 혜택을 베푸는 제도이다. 영국에서 정실주의는 두 가지 형태로 공존하고 있었다. 하나는 국왕에 의한 은혜적 정실주의이고, 다른 하나는 정치가들에 의한 정치적 정실주의이다. 정부기관이 제도화의 단계로 들어서기 시작한 튜더(Tudors, 1485～1603) 왕조부터 스튜어트(Stuarts, 1603～1714) 왕조까지 영국의 관계에는 은혜적 정실주의가 지배적이었으나 1714년 하노버(Hanover) 왕조 이후부터는 정치적 정실주의가 등장하기 시작하였다.[6)]

그러나 그것이 은혜적 정실주의의 경향을 완전히 배제할 만큼 발달하지는 못하였다. 그리하여 노드코트 트레벨리안(Northcote-Trevelyan) 보고서[7)]가 발표되기까지 이 두 경향의 정실주의가 복잡하게 얽혀진 상태하에서 관료의 임용, 봉급, 승진, 연금 등이 결정되고 있었다. 그러나 영국의 정실주의는 미국에서의 엽관주의처럼 공직의 대대적 교체원칙이 적용되었던 것은 아니었다.

6) 영국의 정실주의의 두 가지 경향인 은혜적 정실주의와 정치적 정실주의에 대한 상세한 설명은 박연호, 『인사행정신론』, 법문사, 1983, pp. 142～146 참조.

7) 1853년 노드코트 트레벨리안 위원회가 공무원 제도개혁을 위하여 발표한 보고서로서 그 요지는 다음과 같다. 정실주의를 폐지하고 일정한 연령에 달한 사람을 공개경쟁시험에 의해 채용할 것, 관청의 사무를 지적 사무와 일상적 사무의 두 종류로 구분하고 그에 상응하는 두 종류의 채용시험을 실시할 것, 채용시험, 특히 지적 사무를 담당할 상급 공무원의 채용시험은 작문 등 일반 교양과목에 중점을 두고 전문적·기술적 과목에 대한 시험은 시행하지 말 것 등이다.

Ⅲ. 엽관주의의 폐해

엽관주의가 일시적으로는 국민의 지지를 받았던 것이다. 그러나 점차로 초기의 고귀한 정치이념은 사라지고 특히 미국의 정치가 구주제국과 달리 하류계급 출신인 직업적 정치인들에 의하여 행해졌으므로 다음과 같은 여러 가지 폐해가 나타나기 시작했던 것이다.[8)]

(1) 행정능률의 저하를 초래하였다. 정권이 바뀔 때마다 공무원의 대대적인 교체가 단행되었으므로 행정경험이 있는 사람은 물러나고 대신 경험·기술이 없는 사람이 등용되었다. 따라서 행정능률이 저하되고 행정의 계속성도 손상을 입게 되었다.

(2) 불필요한 공직이 남설되어 정부재정의 낭비를 초래하였다. 정권을 잡은 사람은 자기 정당의 추종자들을 임용하기 위하여 불필요한 공직을 많이 증설하였으므로 따라서 정부예산의 낭비를 초래하였다.

(3) 기강문란을 초래하였다. 정치적 배경을 안고 공직에 임용된 많은 공무원들은 업무수행에 충실치 않고 이것을 믿고 임무수행을 태만히 하거나 위계질서를 무시하고 매관매직, 뇌물수수 등 공직기강을 문란케 하는 일이 많아졌다.

(4) 행정의 무책임성을 조장하였다. 공직의 임용은 물론이거니와 그 후의 지위유지나 발전이 정당의 특수 이익이나 목적과 집권자에 대한 개인적 충성심에 달려 있었으므로 공무원들은 국민전체의 공익을 실행하는 데는 노력하지 않음으로써 행정의 무책임성을 조장하였다.

위와 같은 폐해는 행정이 복잡해지고 전문화되어 감에 따라 더욱 심각한 것으로 되어갔다.

Ⅳ. 실적주의의 수립운동(영·미)

따라서 이에 대한 개혁운동이 점차적으로 일어나기 시작하였던 것이다. 이러한 개혁운동은 우선 같은 문제에 당면하고 있던 영국에서 일어나 1853년의 트레

8) 박연호, 『인사행정신론』, 법문사, 1996, p. 89.

벨리안(Sir Charles E. Travelyan)과 노스코트(Sir Stafford Northcote)의 공무원 제도 재편성에 관한 보고서가 국회에 제출되어 이에 대하여 당시의 영국인은 사회계급에 따라 찬·반의 많은 논의가 나왔으나 대체로 새로운 신흥계급인 중산계급은 이에 대한 찬의를 표명하고 있었다.

이의 제1차 결실은 미온적인 개혁이기는 하지만 1855년의 추밀원령(樞密院令)[9]에 의하여 독립적인 인사위원회의 창설과 시험제도의 수립을 보게 되었다.[10]

그러나 이러한 미온적인 것으로는 공무원 질의 향상과 유능한 공무원의 확보는 곤란했으며 그 후 드디어 1868년에 새로운 선거법에 의한 선거에서 당선되어 내각을 조직하게 된 William Ewart Gladstone은 일부 각료들의 반대를 무릅쓰고 공무원제도의 개혁에 단안을 내려 근대적인 실적주의의 기초를 닦았으며 여기에서 나온 1870년의 추밀원령(樞密院令)[11]에 의하여 공개경쟁시험의 원칙을 확대 적용했다.[12] 영국은 이상과 같은 경로를 밟아 비난이 많았던 정실주의에 대하여 제한을 가하기 시작하고 새로운 실적주의를 수립하기 시작하였다.[13]

미국은 영국보다 좀 늦게 시작하였지만 대체로 같은 방향으로 엽관주의를 극복해 가고 있었으며 그의 경과를 보면 다음과 같다.[14]

제1보는 1853년과 1855년간의 자격시험(pass examination)에 의한 연방정부 공무원의 채용과 직위의 분류에 관한 것이었다.[15]

다음 중요한 것은 그랜트(Grant) 대통령의 노력으로 1871년에 연방정부 공무

9) 1855년의 추밀원령은 1853년의 노드코트 트레벨리안(Northcote Trevelyan)보고서가 제안한 개혁안을 기초로 제정, 발표된 것으로 그 요지는 다음과 같다. i) 각 부처에서 독립한 중앙시험기관으로서 인사위원회를 설치한다. ii) 인사위원회는 각 부처의 지원자가 당해 부처가 규정하는 연령의 한계내에서 육체적 결함이 없고 훌륭한 품성과 직무수행에 필요한 지식과 재능을 갖고 있음을 증명한다. iii) 인사위원회의 증명서는 임명의 전제조건이 된다(다만 이에 대한 강제력은 규정되어 있지 않았다).

10) H.M. Stout, *Public Service in Great Britain* (Chapel Hill: The University of North Carolina Press, 1938), pp.39～40. 또한 영국의 이러한 생각은 더 소급하여 중국의 과거제에 자극받아 동인도회사에 수입되었으며 여기서 성공을 거두자 영국 본사에 적용하였다. 박동서, 전게서, p.75.

11) 영국에 있어서 실적주의 확립의 출발점으로 평가되는 1870년의 추밀원령의 요지는 다음과 같다. i) 공무원의 임명은 원칙적으로 공개경쟁시험에 의한다. ii) 서기직을 상급과 하급의 두 계급으로 구분하고 상급 공무원은 대학졸업자로서 임명하고 최고지위까지 승진을 허용한다. iii) 재무성의 인사행정에 대한 통제권과 책임을 더욱 공고히 하는 동시에 확대한다.

12) Stout, *op. cit.*, pp.42～43.

13) 영국 실적주의 수립과정에 관한 상세한 설명은 박연호, 전게서(1983), pp.148～179 참조.

14) 미국 실적주의 수립과정에 관한 상세한 설명은 박연호, 상게서, pp.119～142 참조.

15) James Charlesworth, *Governmental Administration* (New York: Harpers, 1951), p.448.

원의 모집과 채용을 통제하는 법률을 제정하였으며 이에 따라 인사자문위원회도 구성되고 공개경쟁시험도 1872년에 실시되었다. 그러나 국회의 반대로 예산을 얻지 못해 법률은 그 효력을 사실상 발휘하지 못했다.[16)]

1881년에 전국공무원제도 개혁연맹이 조직되어 마침내 이러한 운동이 거국적인 규모로 확대되었다.

이러한 운동 또는 국민의 여론에도 불구하고 완강히 엽관주의 배제에 반대해 오던 국회의원들도 실망한 엽관주의의 운동자에 의한 1881년의 가필드(James A. Garfield) 대통령의 암살에 자극되어 1883년 획기적인 실적주의적 공무원법인 펜들턴법(Pendleton Act)을 통과시켰다. 이에 따라 독립적인 인사위원회와 공개경쟁시험의 적용을 보게 되었다.[17)]

이와 같이 영국이나 미국의 정실주의, 엽관주의를 극복하고 실적주의를 수립하는 데 있어 시간적인 차는 약간 있었으나, 거의 때를 같이하고 있는 것은 우연의 일치로서는 매우 흥미 있는 일이다.

Ⅴ. 엽관주의의 재인식

1. 엽관주의의 이점

현대행정국가는 실적주의의 확립에 노력해 왔으나 엽관주의 또는 정실주의가 완전히 배격되고 있는 것은 아니다. 엽관주의는 i) 정당정치의 발전에 기여하고, ii) 정부관료제의 민주화를 촉진시키며, iii) 공무원의 적극적인 충성심을 확보할 수 있는 이점이 있는 것이다.

2. 엽관주의의 필요성

오늘날에도 엽관주의는 다음과 같은 존재이유를 가지고 있다.

16) L.D. White, *The Jacksonians* (New York: The Macmillan, 1956), p. 318.

17) 이 법률의 주요 내용을 보면 다음과 같다. 인사행정은 상원의 인준을 얻어 대통령에 의하여 임명되는 인사위원으로 구성되는 양당적·독립적 인사위원회에 의하여 행하여지며, 임용은 해당직위에 적합한 능력의 유무를 테스트하는 실용적인 공개경쟁시험에 의한다. 임용이 확정되기 전에 시보기간(period of probation)을 둔다. 제대군인에 대한 특혜의 인정, 정당 자금의 공납, 정치운동의 금지. 인사위원회는 개선을 위한 건의안을 대통령을 통하여 국회에 제출한다.

첫째, 고위직의 인사에는 조직의 책임자와 정치적 신념이 일치되고 감정적 융합이 이루어져야 하므로 실적과 함께 엽관주의적 고려가 요청된다. 특히 우리 나라는 지방자치의 본격적인 실시와 지방자치단체장의 직선으로 정실주의적 요청이 확대되고 있다.

둘째, 선진국이나 후진국을 막론하고 정권교체에 따른 큰 정책변동이 있을 경우 새로운 정책의 추진을 위하여 고위직의 엽관주의적 임명이 많이 요구된다. 발전도상국가에서는 정당정치가 발전되어 있지 않고 정국이 불안정하므로 엽관주의는 정당정치의 육성·발전에 불가결하다.

셋째, 실적주의의 발달로 신분이 강력히 보장되는 새로운 관료제가 대두되어 이에 대한 민주통제의 필요성이 커졌다.

넷째, 실적주의하에서 충원된 사람이 정실주의의 영향 아래 임용된 사람보다 반드시 더 유능하다는 전제가 전적으로 타당하다고 볼 수 없으며 급속한 사회변동에 대처하기 위한 탄력적이며 융통성 있는 인력관리가 요구되고 있다. 그런데 공무원의 관료주의화를 방지하기 위하여 엽관주의, 정실주의를 활용하는 데에는 엽관인사를 좌우하는 정치인에 대한 효과적인 민주통제가 전제되어야 할 것이다.

Ⅵ. 우리 나라의 엽관주의·정실주의

이러한 두 관점에서 정부수립 이후의 인사행정의 발달사를 살펴보면 대체로 3대분할 수 있다.[18]

즉 1) 1948년부터 1952년까지, 이 시대는 정당정치에 의한 엽관주의가 두드러지게 나타나기 전을 의미한다.

2) 1952년부터 1961년까지, 이 시대는 인사행정의 수난기로서 정당정치에 의한 엽관주의가 가장 심하게 대두한 때이다.

3) 1961년 이후, 인사행정상의 여러 제도가 많이 개혁되고 법제상 정비된 시대라고 볼 수 있다.

건국 초기의 인사행정이 최소한도 법제상 어느 정도 실적주의적 요소를 내포하고 있었지만 그 정도의 것도 국민일반은 물론 정치인·행정가로부터 충분한 지

18) 박동서, 전게서, pp. 62~70.

지와 이해를 얻지 못하여 군정시부터 지배적이었던 정실주의는 그대로 우리 정부가 수립되고 인사제도가 확립된 후에도 제도나 법조문이 무색할 정도로 심하였다.

한국의 인사행정사상 정당을 중심으로 한 엽관주의는 이 당시부터 그의 기원을 찾을 수 있을 것으로 생각된다. 따라서 이때부터 우리는 경찰의 사병화니 또는 공무원의 여당에 대한 지나친 충성화, 야당에 대한 차별이라고 하는 비난을 받게 된 것이다.

우리 나라의 이러한 엽관주의에 대하여 그 특색을 찾아보면 다음과 같다.[19)]

(가) 엽관주의를 지배적인 인사원칙으로 한 이유는 이미 국민의 지지를 잃은 자유당의 영구집권을 기도하자는 데 있었으니 19세기 초 선진국의 엽관주의가 민주정치의 구현에 공헌한 점과는 너무나 대조적이다.

(나) 엽관주의가 인사행정상에 나타난 형태가 19세기 초의 선진국과 다르다고 하는 것이다. 즉 인원의 대폭적인 교체를 일시에 기하는 것이 아니라 새로이 생긴 공석을 채운다든지 또는 전보·승진과 같은 재량성 있는 인사조치를 하는 식으로 엽관주의가 개입하였던 것이다.

제 2 절 실적주의

Ⅰ. 실적주의(Merit System)의 의의

실적주의란 공직에의 임명을 당파성이나 혈연, 지연, 기타 정실을 고려치 않

19) 박동서, 전게서, pp. 64~65.

고 개인의 능력·자격·실적에 따라서 행하는 인사제도이다.[20)]

이러한 의미의 제도는 제한적이기는 하지만 중국의 전통적 왕조와 그 영향을 받은 우리 나라에서 이미 오래 전에 과거제도의 형식으로 발전한 바 있다. 그러나 현대적 의미의 실적주의는 1870년 영국의 제2차 추밀원령과 1883년 미국의 펜들턴법(Pendleton Act)의 제정과 더불어 전개되었다. 우리 나라의 경우도 1949년 국가공무원법에서 인사행정의 기본원칙이 실적주의에 있음을 천명한 바 있다.

실적주의는 연고(nepotism), 금력, 정치적 성분에 입각한 정실주의나 엽관주의를 배제하고 누구든지 일정한 자격(qualification)과 능력을 갖춘 사람에게 공직취임의 기회를 부여한다는 점에서 민주적이며 능력본위의 인사행정원리라고 할 수 있으며 19세기 말 이래 정실주의, 엽관주의를 극복한 영·미를 비롯한 근대국가 인사행정의 기본이념이 되었다.[21)]

한편 실적주의는 생애직으로서의 직업공무원제와 동일하지는 않으나 직업공무원제의 확립을 위한 기반이 된다 할 수 있다.[22)]

Ⅱ. 실적주의의 성립요인

1. 엽관주의의 폐해

정당정치의 변질·타락현상이 나타나면서 공직의 경질정책(교체임용주의)이 본래의 참다운 민주적 성격을 상실하게 되고, i) 행정능률의 저하, ii) 예산의 낭비, iii) 행정질서의 문란, iv) 행정의 무책임성 조장 등 엽관주의의 병폐가 뚜렷해짐으로써 이를 극복하기 위한 실적주의의 채택이 불가피하였다(상세한 내용은 전술한 제2장 참조).

---

20) Stahl, *op. cit.*, pp. 41～42.

21) 앞서 살펴본 미국의 엽관주의에서 말하는 당파성도 광의의 정실에 해당하므로 정실주의가 엽관주의보다 넓은 개념으로 인식되지만 개인의 객관적인 능력·실적 이외의 요소(즉 광의의 정실)를 기준으로 삼는다는 점에서 양자는 동일한 것이라 하겠다. 다만 엽관주의하에서는 정권이 교체되면 공직이 대대적으로 교체된 반면 정실주의하에서는 대대적인 교체가 없으며 일단 임용되면 종신적이었다는 점에서 구별된다.

22) 박연호, 전게서, pp. 387～389. 직업공무원제와의 관계에 대한 상세한 설명은 본장 제3절 참조.

2. 행정국가의 대두

자본주의의 비약적인 발전과 사회적·경제적 여건의 변동에 따라 국가는 중립적 조정자·통제자의 역할을 담당하게 되었으며 행정기능이 양적으로 증대되고 질적으로 변동하게 됨으로써 전문적 능력을 갖춘 유능한 관료가 요구되었다. 특히 발전도상국에서는 국가안보, 국민통합의 확보와 조속한 경제·사회발전을 위한 정부의 주동적 역할이 요청되어 행정국가화의 추세가 촉진되었다.

3. 행정능률화의 요청과 공무원제도 개혁운동

유권자의 정치의식수준 향상으로 정부에 대하여 능률적인 행정을 강력히 요청하게 되었다. 이러한 배경하에 정부개혁운동, 행정조사운동이 벌어지고 실적주의 수립을 위한 공무원제도 개혁운동이 전개되었다.

Ⅲ. 실적주의의 본질적 내용

1. 능력·자격·성적주의와 공개경쟁시험

모든 인사행정은 개인의 능력, 자격, 성적 등 실적을 기준으로 행하여지며 정실이나 당파성은 배제된다. 이러한 실적의 평가는 공개경쟁시험에 의한 실증에 의한다.

2. 공직에의 기회균등

공직은 모든 국민에게 개방되며 성별, 종교, 사회적 신분, 출신지역, 학벌 등에 의한 차별을 받지 않는다. 이는 정치적 평등과 함께 사회적·실질적 평등의 중요한 실현수단이다.

그런데 이러한 공직에의 기회균등원칙은 교육을 받을 수 있는 기회가 실질적으로 균등하게 보장되지 않는 한 무의미하며, 또한 능력·자격상의 차이(예컨대 학력, 연령)에 의한 차별은 이에 저촉되는 것은 아니다.

다시 말해서 이것은 모든 국민에게 동일한 기회를 준다는 것을 의미하는 것이 아니고 동일한 능력 및 자격을 가진 사람들에게는 동일한 기회를 주어야 한다는 것을 의미하는 것이다.

3. 정치적 중립

공무원의 정치적 중립이란 어떤 정당이 집권하든 공무원은 당파성을 떠나 전문적 지식·경험에 의하여 공평하게 봉사하고 특수이익이 아닌 일반이익(공익)을 추구하는 것을 의미한다. 그러므로 공무원은 특정 정당을 위한 정치활동이나 특정 정당에 대한 적극적인 충성의 표시를 통한 당파적 행동은 금지된다. 그러나 관료가 정책수립과 정책결정에 깊이 관여하고 있는 현대국가에 있어서 행정의 정치로부터의 단절을 뜻하는 것은 아니다.

4. 신분보장

공무원의 신분보장이란 공무원은 법령이 규정하는 바에 따라 근무하는 한, 그의 공무원으로서의 신분을 위협받을 일이 없이 보장된다고 하는 것이며, 이러한 신분보장을 통하여 공무원의 직업적 안정성 및 행정의 계속성을 유지하는 데 기여할 수 있으며 또한 장기근무로 쌓은 경험·기술을 가진 공무원이 확보될 수 있다.

그러나 언제나 강한 신분보장이 바람직한 것은 아니며, 이는 전문직업화의 정도와 비례관계에 있음을 알아야 한다. 왜냐하면 전문직업화가 되어 있지 않은데 신분보장만 굳게 하면 이들에 대한 통제가 어려워지며 따라서 보다 중요한 목표인 행정능률의 향상이 어려워지기 때문이다.[23]

Ⅳ. 실적주의의 평가 및 전망

현대국가의 인사행정의 기본이념으로 정착되어 온 실적주의에 대한 평가와 장래 방향에 대한 전망을 살펴보면 다음과 같다.[24]

23) 박동서, 전게서, p. 74.
24) 오석홍, 『인사행정론』, 박영사, 1993, pp. 26~31; 박동서, 전게서, pp. 74~77.

1. 장점(공헌)

첫째, 공직에의 기회균등이 보장된다.

개인의 성별, 종교, 출신지역, 학벌 등을 이유로 공직에의 취임기회가 제한·차별받지 않는다. 이는 민주주의적 평등이념의 실현을 의미하는바, 여기서의 평등은 사회의 구성원은 자신의 능력·노력 및 업적에 비례해서 자신의 몫을 받아야 하며 그것이 평등한 것이라는 소위 배분적 정의에 따른 평등이다.[25)]

19세기 말에 대두한 실적주의·인사행정의 본질은 배분적 정의에 입각하여 사회구성원에게 공직취임의 기회를 주려는 제도이다. 혈연, 지연, 금력 혹은 정치적 성분을 기준으로 사회구성원에게 공직을 부여하는 것이 아니라 자격·능력 및 업적에 따라 그것을 부여하는 것을 제도적으로 보장했을 뿐만 아니라 사실상 어느 정도 그것을 추구하였다. 따라서 이것은 인사행정의 민주화와 공정성을 향상시키는 데 공헌하였다고 할 수 있다.

둘째, 공직에의 임용기준을 능력과 자격 및 실적에 둠으로써 정치적 정실인사를 배제하게 된다. 이는 실적주의 인사행정의 기준이 당파성이나 정실에 있지 않고 개인의 능력과 자격 및 실적에 있음을 말한다.

이와 같이 정치적 정실인사를 배제함으로써 정치로부터 인사행정이 오염되는 것을 방지하고 행정능률 향상과 공무원의 자질 향상에 공헌한다.

셋째, 공무원의 정치적 중립성 확보가 가능하여 공무원이 공익의 대변자로서의 역할을 수행하게 된다. 현대행정국가의 특징상 공무원들에게 정치로부터의 단절을 기대할 수는 없지만 당파성을 떠나 모든 국민에게 공평하고 성실하게 봉사하는 정치적 중립성의 확보가 용이하다.

이리하여 행정에 대한 정치적 간섭을 배제함으로써 행정 자체의 고유한 영역과 독자성 내지 기술적·기능적 합리성(functional rationality)을 발전시키는 데 이바지하게 된 것이다.

넷째, 공무원의 신분보장을 통하여 행정의 계속성과 공무원의 직업적 안정성을 확보할 수 있고 나아가서는 행정의 전문화를 촉진시키게 되며 직업공무원제가 발전될 수 있다.

25) 김홍기, 전게서, p. 61.

2. 단점(문제점)

본래 엽관주의·정실주의에 대한 반발 항의로서 주장되었던 실적주의는 이러한 장점(공헌)에도 불구하고 다음과 같은 비판을 받기에 이르렀다.

첫째, 현대행정에 있어서 공무원은 발전정책이나 공공사업을 적극적으로 추진할 것이 요구되는바, 공무원의 정치적 중립을 정책에 대한 중립성으로 잘못 인식함으로써 정책의 효과적인 수립이나 집행이 어렵게 된다.

둘째, 공무원에 대한 지나친 신분보장으로 말미암아 관료의 특권화와 보수화를 초래하게 되고 업무수행에 있어서도 비능률적·소극적이 되기 쉽다. 공무원이 국민의 공복으로서 업무수행을 적극적·능동적으로 하지 않는데도 신분을 계속 보장한다는 것은 부당한 것이다.

셋째, 지나친 정치적 중립이나 객관적 기준만을 주장함으로써 행정의 근원적 특성인 정치적 성격과 가치지향성을 무시하는 경향이 있다.

인사행정은 기술이나 절차의 획일적·기계적 적용만으로 가능한 것은 아니고, 행정조직의 내부와 외부환경간, 각 집단간 및 공무원 상호간의 동태적 관계가 상호 작용하는 가운데서 행해진다는 점을 인식할 필요가 있다.

넷째, 인사행정에 있어서 정실 혹은 인사상 자의성을 배제하기 위하여 법규, 절차, 기준에 대한 위반 여부만을 따지게 됨으로써 목적보다 수단에 치중하는 지나친 형식화 경직화를 초래하였으며 인사행정에 대한 정치적 개입 내지 엽관주의를 배제하는 데 급급하여 부적격자를 제거하는 일에만 주력한 나머지 소극화되었고 또한 중앙인사기관에 지나치게 인사행정기능이 집권화되어 각 부처 실정에 적합한 인사가 곤란하였다.

다섯째, 종래의 실적주의 인사행정은 전문성, 기술성 및 과학적 관리를 강조하여 직위분류제와 같은 기능적 합리화에 바탕을 둔 공무원의 분류가 이루어지고, 그에 따라 인사관리가 이루어지게 되었다. 이러한 인사행정에 의하여 행정의 과학화와 능률화를 촉진한 면도 있으나 반면에 그것이 인간의 비인간화 및 소외현상 등을 일으키는 하나의 요인이 되었다.

여섯째, 어떠한 조직체를 운영하든 간에 모든 직원을 소위 실적에 따라서만 임명한다는 것은 불합리한 결과가 초래된다. 고위정책결정담당자는 역시 그 조직체의 책임자와 이념이 일치하고 서로 믿고 호흡이 일치하는 친밀성이 있어야 한다. 이러한 점에서 언제나 고위직의 일정직위는 실적에다 엽관주의적 요소가 가미될 것이 요구된다.

3. 실적주의의 전망

엽관주의 및 정실주의의 폐해를 극복하기 위하여 대두되었던 미국이나 영국의 실적주의가 그 초기에는 정부의 인사관리에 있어서 정치적 간섭을 배제하고 행정의 중립성을 확보하는 데 중점을 둔 반엽관주의였으며, 따라서 엽관주의·정실주의의 폐해만 방지하겠다는 통제위주의 경찰적·소극적 성격을 띠고 있었다.

종래의 이러한 반엽관주의적·소극적 실적주의는 인사행정을 지나치게 소극화, 형식화, 집권화, 비인간화시켜 오히려 인사행정의 궁극적 목적달성을 저해하는 결과를 초래하였다.[26] 이리하여 보다 적극적이고 동태적인 새로운 인사행정원칙인 적극적 인사행정이 주장되기에 이르렀다.

적극적 인사행정은 초기의 실적주의 내용을 인사행정의 기본이념으로서 중요시하면서도 그것이 갖는 소극성, 비신축성, 집권성 및 지나친 과학적·기계적인 인사행정을 적극적·신축적 분권적인 성격으로 확대 발전시켜 나가기 위하여 실적주의 및 과학적 인사관리만을 고집하지 않고 경우에 따라서는 엽관주의와 인간관계론적 인사관리를 신축성 있게 받아들이는 인사행정의 원칙이다.

한편 지나친 과학적 인사관리가 초래하는 공무원의 비인간적 관리를 배제하고 사회심리적 욕구를 충족시켜 주는 인간관계론적 인사관리를 중시한다.

그 주요 내용을 보면 다음과 같다.[27]

첫째, 유능한 인재를 적극적으로 모집하는 인사행정을 강구하게 되었다.

둘째, 고위정책수립직위에 행정수반과 이념을 같이하는 자를 신축성 있게 정치적으로 임명할 수 있도록 한다.

셋째, 공무원의 능력발전에 관심을 가지고 교육훈련, 승진, 전직, 근무성적평정제도를 활용한다.

넷째, 중앙인사기관에 집중시켰던 인사권 및 인사기능을 각 부처에 분권화

26) J.M. Pfiffner and R.V. Presthus, *Public Administration* (New York: Ronald Press, 1960), p. 269.

27) 오석홍, 전게서, pp. 30～32.

한다.

다섯째, 과학적 인사관리의 실현을 위해서 발전시킨 직위분류제 등의 지나친 합리성을 완화시킨다.

여섯째, 인간관계를 중요시한다. 즉 공무원의 사기 및 동기부여, 인사상담제도, 공무원단체의 인정, 제안제도의 장려, 하의상달적 의사전달의 촉진, 민주적 리더십을 통한 인간관계 개선 등이 중요시된다.

Ⅴ. 우리 나라의 실적주의

우리 나라 인사행정은 공식적·제도적으로는 정부수립 이래 실적주의를 표방해 왔으나 실제의 제도운영은 심한 형식주의를 빚어 현격한 괴리, 불일치 현상을 보여주었다.[28] 이러한 형식주의는 우선 정실인사의 팽배에서 볼 수 있었다. 공식적인 인사원리는 실적주의를 지향하는 것이었으나 실제로는 각종 연고주의에 의한 임용 등 정실임용이 널리 행해졌다.

정실인사의 고려요인도 정당적 특수이익에 한정된 것이 아니었으므로 엽관주의적이라기보다는 정실주의적 색채가 강했다.

특히 근래 지방자치가 실시되면서 행정체제의 '정치화'가 촉진되고 있다. 이것은 다른 여러 변화와 함께 엽관주의적 요청을 확대시키고 있다. 결국 우리 정부는 한편으로 실적주의의 기반을 확고히 다져 형식주의의 오명을 벗어나야 하고 또 한편으로는 반엽관주의로 인한 인사행정의 소극성과 경직성을 탈피하기 위하여 적극적·발전지향적 인사행정체제인 적극적 인사행정의 방향으로 나아가야 하는 이중적 과제를 안고 있는 것이다.

---

28) 오석홍, 전게서, pp. 32~34.

제 3 절 대표관료제

Ⅰ. 대표관료제(representative bureaucracy)의 의의

대표관료제란 인종, 종교, 성별, 직업, 신분, 계층, 지역 등 여러 기준에 의하여 분류되는 모든 사회집단들이 한 나라의 인구전체 안에서 차지하는 수적 비율에 맞게 관료조직의 직위들을 차지해야 한다는 원리가 적용되는 관료제이다.[29)]

이 개념은 원래 서구식 민주주의 정치철학과 정치이론에 바탕을 둔 것으로 1944년 J. Donald Kingsley 저서의 명칭에서 비롯되었다. 대표관료제는 인적 구성면이나 정부지향면에서 사회전체의 축도(cross-section)를 포용하는 것이다. 즉 사회세력 전체의 축소판과 같은 정부관료제가 대표관료제이다.[30)]

대표관료제는 인종, 성, 직업, 신분, 계층, 지역 등 여러 기준에 의하여 분류되는 국가전체의 부문별 인력을 고루 흡수하는 인적 대표성을 지닌다. 대표성은 '비례적인 것' (proportional representation)이어야 한다. 즉 관료제내에서 특정한 집단이 차지하는 인력규모는 그 출신집단이 전체인구에서 점하는 규모에 비례해야 한다. 각 집단은 관료제내의 모든 계층과 직업군에 비례적으로 대표되어야 한다.[31)]

정부관료제의 대표성을 높이는 문제는 엽관제의 문제와 실적체제의 문제에

29) 오석홍, 전게서, p. 35; 김재기, 전게서, pp. 50~59.

30) 이 방면의 연구인들은 대개 Kingsley의 저서에서 대표관료제이론의 출발점을 찾는다. J. Donald Kingsley, *Representative Bureaucracy* (Antioch Press, 1944). Kingsley는 대표관료제를 "사회내의 중요한 세력들을 반영하는 관료제"라고 정의하였다. 오석홍, 전게서, p. 35.

31) 대표관료제는 한 나라의 사회경제적 인구구성의 특징을 그대로 관료제의 구성에 반영한다는 의미의 소극적 대표관료제(passive representation)와 사회경제적 인구구성을 반영할 뿐 아니라 관료들이 자신들의 출신집단이나 계층을 대변하고 정책을 결정하며 책임을 지는 행위까지 한다는 의미의 적극적 대표관료제(active representation)로 나눌 수 있다. 이상과 같은 두 가지 의미의 대

이어서 현대인사행정학의 큰 쟁점으로 부각되어 있다.

대표관료제는 민주적 가치를 정부관료제에 접목시키고 국민의 정치적 대표성을 확보하고, 비혜택집단의 고용기회확대를 위해서 개발된 것으로서, 주로 다인종으로 구성되어 있는 미국에서 가장 활발하게 논의되고 있다.[32)]

우리 나라는 다인종국가들의 경우에 비해 비혜택집단, 불우집단 또는 소수집단에 대한 정책차별 임용차별문제의 심각성이 덜하다는 평가를 할 수도 있을 것이다. 그러나 전통적인 인습으로 인한 임용차별이 음으로 양으로 잔존해 있다. 그리고 지난 수십년간 악화된 이른바 지역연고주의와 성차별에 의한 임용차별이 심각한 문제로 널리 인식되고 있다. 이런 문제를 어떤 방법으로든지 해결하지 않으면 국민통합을 해치고 정치행정체제의 정당성을 위협하는 위기가 조성될 수도 있다. 이와 같은 '우리들의 문제'를 해결하는 지혜를 얻기 위해 대표관료제 논의에 귀를 기울일 필요가 있다.[33)]

Ⅱ. 대표관료제의 기능(근거)

1. 정부관료제의 대표성 강화

대표관료제의 발전은 정부관료제를 정치적 대표과정에 끌어들여 그 대표성을 높이기 위해 필요하다. 대표관료제는 민주적 가치인 대표성을 고양시키기 위한 수단이다.

표관료제는 서로 대립적이기보다는 다른 측면의 표시일 뿐이다. 소극적 의미의 대표관료제는 일종의 형식적인 것으로 보이지만 그 나름의 가치가 있는 것이며, 적극적 의미의 대표관료제는 실질적인 기능을 수행하는 것으로 볼 수 있지만 현실로부터 동떨어진 이상적인 상태의 대표제이기도 하다. 따라서 대표관료제는 현실적으로 소극적 의미의 대표관료제 위에 적극적 의미의 대표관료제의 가능성을 추구하는 것이 바람직할 것이다. Nigro and Nigro, *op. cit.*, pp. 179~184.

32) 미연방공무원의 가장 하위등급인 GS1에서는 백인이 54.4%, 흑인이 36.6%를 차지하므로 흑인은 총인구수보다 약 3배의 비율을 더 차지한다. 그러나 최상위등급인 GS18에서는 백인 95.2%, 흑인 3.6%(기타 1.2%)로서 백인은 매우 높은 반면 흑인은 극히 낮은 것이다. 하위직에는 흑인이 많이 진출하고 있으나 상위직은 백인이 압도적으로 점유하고 있는 실정이다. 성별로 보면 하위등급인 GS1의 경우는 남성 21.9%, 여성 78.1%로 여성이 매우 높은 편이나 최상위등급인 GS18의 경우는 남성이 93.8%, 여성이 6.2%를 차지하고 있는 것이다. Nigro and Nigro, *op. cit.*, p. 236.

33) 오석홍, 전게서, p. 36. 대표관료제에 관한 상세한 설명은 다음 문헌 참조. Gilbert B. Siegel and Robert C. Myrtle, *Public Personnel Administration: Concepts and Practices* (Houghton Mifflin, 1985), pp. 37~47; Stahl, *op. cit.*, pp. 71~87; Nigro and Nigro, *op. cit.*, p. 179.

대표관료제를 도입함으로써 사회의 모든 집단의 정책에 대한 요구와 희망이 대표관료들을 통해서 표현되고 지지되며 반영될 수 있다.

대표관료제의 인적 구성이 사회 각계각층을 비례적으로 대표한다는 것 자체가 민주적인 가치에 부합되는 충분한 의미를 지닌 것이다. 나아가서 그러한 인적 구성요소가 능동적인 대표작용을 한다면 광범한 토대 위의 균형잡힌 견해가 정부관료제 안에서 형성될 수 있다. 그리하여 정책형성과 집행의 과정에서 상이하거나 또는 상충되는 이익이 균형 있게 고려될 수 있다.[34]

2. 내부통제의 강화

오늘날 외부통제만으로는 증대하는 관료제를 효과적으로 통제하지 못하며, 행정의 책임성과 대응성이 충분히 확보되지 못하는 실정이다. 그러므로 외부통제방법 외에 강력한 내부통제방법을 도입하는 것이 요구되는데 그 효과적인 방법이 대표관료제의 도입이다.

즉 공무원들은 자기 출신집단의 가치와 이익에 대한 심리적 책임을 지려 하기 때문에, 서로 견제하여 내적 통제를 강화하고 책임성을 확보하게 된다.[35]

3. 기회균등의 적극적 보장

대표관료제는 모든 사회집단의 실질적인 기회균등을 적극적으로 보장하는데 기여한다. 특히 혜택받지 못한 불우한 소수집단들에게 기회균등을 적극적으로 보장하고 그들의 임용 및 승진을 돕는다. 이것은 고용평등가치와 사회정의 구현에 이바지하게 된다.

비혜택집단(disadvantaged group)에 대한 공공부문에서의 고용기회확대는 그러한 집단의 경제적 불만을 해소하는 중요한 통로가 된다. 대표관료제는 비혜택집단들의 정치적인 힘과 참여능력을 향상시키고 그들의 소외감을 줄이게 된다. 대표관료제는 비혜택집단을 포함한 모든 사회집단들의 구성원을 포용함으로써 그들 집단의 정부에 대한 충성을 강화할 수 있다. 이러한 일련의 효과는 정부의 정당성을 높이는 데 기여하고 사회적 통합에 기여한다.[36]

---

34) 오석홍, 전게서, p. 37.

35) Nigro and Nigro, *op. cit.*, p. 182.

4. 실적주의의 폐단 시정

합리주의와 능률주의를 지향하는 전통적인 실적주의는 개인의 자격에 초점을 맞추어 가장 우수한 적격자를 정치적 및 사회적 고려 없이 중립적으로 선발하려 한다. 따라서 실적주의는 형식적인 공직취임의 기회균등을 추구함으로써, 실질적으로는 비혜택집단에 대해 여러 가지 차별을 낳게 되었다.

실적주의에 입각한 '중립적' 관료제는 민주주의적 요청으로부터 유리되고 대응성이 낮다는 비판을 받고 있다.

실적주의적 인사행정이 차별을 조장한 까닭은 여러 곳에서 찾아 볼 수 있다. 우선 실적주의적 원리에 입각한 임용시험들이 차별의 결과를 빚었다. 왜냐하면 그러한 시험들이 평가대상으로 삼는 지식, 기술 등을 배울 수 있는 기회가 사회집단간에 불평등하게 배분되어 있기 때문이다. 이에 반해 대표관료제는 사회집단들의 필요성에 역점을 두고 이들을 통합할 수 있게 된다. 실적주의적 장치의 모든 차별효과를 제거하기 위해 대표관료제가 필요하다.

Ⅲ. 대표관료제 구현을 위한 인사정책

정부관료제의 대표성을 확보하기 위한 방안으로 여러 가지를 들 수 있으나, 여기에서는 주로 임용과 발전의 기회균등을 보장하려는 인사행정상의 정책과 관련하여 고용평등조치, 차별철폐조치와 임용할당제에 관하여 살펴보기로 한다.[37]

1. 고용평등조치(Equal Employment Opportunity)

고용평등조치는 인종, 피부색, 성별, 종교, 연령, 과거의 국적 또는 합법적인 임용기준으로 될 수 없는 요인을 기초로 어떤 개인을 불리하게 취급하거나 임용기회를 박탈하는 것을 방지하기 위한 일련의 인사정책 절차·운영방법을 지칭한다.

이 조치의 목적은 의도적 또는 비의도적 차별이 전혀 없는 임용체제를 구축하는 것이다. 고용평등조치의 대상과 방법은 광범하다. 정부부문뿐만 아니라 민

---

36) 오석홍, 전게서, p. 38.

37) 오석홍, 전게서, pp. 40~42.

간부문의 임용구조에도 여러 가지 통제기준을 제시하고 있다.[38)]

2. 차별철폐조치(시정조치: Affirmative Action)

차별철폐조치는 인종, 성별 등에 의한 차별을 제거하려는 목적하에 비혜택집단의 구성원들을 적극적으로 채용·승진시키도록 하는 구체적 노력이라 할 수 있다.[39)]

차별철폐조치는 그 원리에 있어서 전통적인 기회균등개념으로부터 이탈된 것이라고 볼 수 있다. 왜냐하면, 차별철폐조치는 공직취임을 위한 경쟁사회의 평등을 확보하려고 하기보다는 공직취임을 위한 경쟁의 결과에 있어서의 평등을 확보하는 것이기 때문이다.

3. 임용할당제(Employment Quota System)

임용할당제는 정부관료제내의 모든 계층과 직업분야에 대한 임용의 비례적 대표성을 강제하는 방식이다. 이 방안은 매우 강경하고 극단적인 성격을 가지고 있으므로, 실적주의와의 마찰가능성이 매우 높다.

Ⅳ. 대표관료제이론에 대한 비판(문제점)

대표관료제에 대한 반대론자들은 여러 각도에서 다양한 문제점을 제기하고 있다.[40)]

1. 실적주의 원리의 손상

대표관료제는 한 나라의 인구구성의 특징을 관료제 구성에 그대로 반영하려고 하기 때문에 실적주의원리를 손상시킬 수 있다.

인사행정의 실제에서 대표관료제의 원리에 따라 우대받는 사람 때문에 보다

38) 공공부문에서의 고용평등을 촉진하기 위한 미국 연방정부의 노력에 관한 연구인들 가운데는 1883년의 Pendleton Act에까지 거슬러 올라가 그 뿌리를 찾는 사람도 있다. 그러나 규율대상이 아주 넓은 차별금지조치가 본격적으로 가동된 것은 1964년의 Civil Rights Act와 1972년의 Equal Employment Opportunity Act가 제정된 때로부터이다. 오석홍, 전게서, p. 41.

39) 미국연방정부 Executive Order 11246 및 11375.

40) 오석홍, 전게서, pp. 42~44.

우수한 실적평가를 받은 임용후보자가 탈락되는 경우, 실적주의와 대표관료제원리가 상충되는 양상이 빚어진다.

2. 가치관 및 태도의 변화

대표관료제는 정책결정시 공무원의 태도가 공직에 들어오기 전에 형성되어 재직중 변하지 않는다는 것을 전제로 하고 있으나, 공직에 들어온 후에 태도 그 자체가 변할 수 있으며 새로운 직장의 준거틀에 적응할 수도 있다.

조직내의 사회화 과정, 그리고 조직내 준거집단의 영향 때문에 공무원의 당초 행태는 변화되기 마련이다.

3. 행정의 전문화와 능률화의 저해

대표관료제는 행정의 전문화와 능률화를 저해할 우려가 있다. 대표관료제를 구성함으로써 행정의 전문적인 능력과 자격이 없거나 미흡한 인사들이 공무원이 되고 그에 따라 행정의 전문화와 능률화를 저해할 가능성이 있다.

4. 역차별의 문제

할당제는 역차별(reverse discrimination)의 문제를 야기시킨다. 할당제가 실시되면 좀더 우수한 능력을 지닌 개인이 단지 그가 종래에 혜택을 받아오던 집단의 출신이라는 이유만으로(다시 말하면 그의 출신집단이 전체인구에서 차지하는 구성비보다 정부관료제내에 과다하게 임용되어 있다는 이유만으로) 신규채용이나 승진에서 불이익을 받는 경우가 자주 발생하게 된다. 이러한 현상은 명백히 기회균등의 원칙에 어긋나는 것으로 역차별이라는 비판을 받는다. 이에 대하여 대표관료제론자들은 역차별은 오랜 세월에 걸쳐 사회적으로 구조화된 차별을 시정하기 위하여 어쩔 수 없이 감수해야 하는 불가피한 현상이며, 소외집단의 구성원들이 지배집단의 구성원들과 대등하게 경쟁할 수 있는 능력과 영향력을 갖출 때까지만 허용되면 그 후에는 저절로 해소될 수 있는 한시적인 현상이라고 반박하고 있다.

5. 책임성 확보의 불확실

대표관료제의 채택에 따라 행정의 책임성이 확보된다는 보장이 경험적으로 입증되지 않았다. 오히려 폐쇄적인 귀속집단의 이익을 위해서 관료들이 활동하는 경우는 행정의 전체적 책임을 확보하기 어렵게 만들며, 관료제의 통제를 위해서 대표관료들의 권한을 강화시키는 모순을 나타낼 수도 있다.

6. 인구비례 산정곤란

공무원수의 구성에 있어서 인구비례의 정태적 균형을 유지하는 것은 기술적으로 매우 어렵다. 관료조직은 동태적인 것이어서 직원이 끊임없이 들어오고 나가며 내부이동을 하기 때문이다.

사회집단별 공무원할당수를 통계학적으로 산정하는 데 오류가 개입될 가능성이 크다. 사회집단별 인구구조는 일정치 않기 때문이다. 어떤 사람이 어떤 사회집단의 소속원인가를 결정하는 것도 쉬운 일이 아니다.

Ⅴ. 결　　론

대표관료제에 대한 찬반논쟁이 계속되고 있으나 대표관료제에 관한 이념은 정부관료제의 공익추구와 임용기회의 형평성을 보장하려는 실적주의의 본래적인 이상과 상충되는 것이 아니다. 다만 실천적으로 전통적인 실적주의적기법과 대표관료제의 차별철폐기법이 충돌될 수 있다. 실적주의의 편견을 시정하고 보다 적극적인 접근방법을 채택한다면, 그리고 사회 전체가 사회적 형평성 제고를 위한 노력에 박차를 가한다면 대표관료제에 대한 요청은 약화될 것이고 대표관료제와 실적주의의 대립적인 논쟁도 가라앉을 것이다.[41]

대표관료제가 비록 적극적인 대표기능까지는 수행하지 않는다고 하더라도, 특정 집단에 의하여 지배되는 정부관료제보다는 민주적인 정치이념에 더욱 더 충실할 것이라는 것은 많은 연구에 의하여 입증되거나 시사되고 있다. 이 외에도 대표관료제는 여러 가지의 실질적 상징적인 효용성을 지니고 있다. 특히 대

41) 오석홍, 전게서, pp. 43~44.

표관료제는 심각한 인종적·민족적·문화적·지역적 갈등을 겪고 있는 국가에서 유용한 것으로 인식되고 있다. 그러나 대표관료제는 위와 같은 갈등이 존재하지 않는 경우에도 적용될 수 있으며, 특히 많은 개발도상국과 같이 민주화와 정통성의 위기를 겪고 있는 경우에는 유용하게 적용될 수 있다. 우리 나라에도 대표관료제가 유용하게 적용될 여지가 충분히 있다고 본다. 참여정부는 균형인사를 실현하기 위하여 성 차별, 지역연고주의에 의한 차별, 학벌에 의한 차별, 장애인에 대한 차별, 기술계인력에 대한 차별 등을 심각한 문제로 인식하고 대응책을 모색해 왔다.

정부관료제의 국민대표성을 향상시키기 위한 노력은 계속되어야 한다.

제 4 절 직업공무원제

Ⅰ. 직업공무원제의 의의
Ⅱ. 실적주의와의 관계
Ⅲ. 직업공무원제의 수립조건
Ⅳ. 직업공무원제의 장·단점
Ⅴ. 우리 나라 직업공무원제의 문제점
Ⅵ. 결 론

Ⅰ. 직업공무원제(career civil service system)의 의의

직업공무원제란 젊고 유능한 젊은이들이 공직을 명예롭고 생애의 보람있는 일(a worthwhile life work)로 생각하면서 공직에 평생토록 봉사할 수 있도록 인사체제를 조직·운영하는 공무원제도를 말한다.[42)]

직업공무원제의 요체는 젊은 사람들이 그들의 첫 직업으로 공직을 선택하여 그것을 명예로운 직업으로 알고 거기에 일생을 바치게 하는 데 있다. 이러한 직업공무원제를 지탱하려면 정부는 고용주로서의 장악력 또는 매력(holding power of employer)을 잃지 말아야 한다.[43)]

---

42) Commission of Inquiry on Service Personnel, Social Science Research Council, *Better Government Personnel* (New York: McGraw-Hill, 1935), p. 3; Stahl, *op. cit.*, p. 181.

사실 행정업무가 양적으로 적고, 질적으로 단순하였던 시대에는 미국의 잭슨 대통령이 1829년 12월 의회에 보내는 연두교서에서 말했던 것처럼 모든 관직의 내용이 이해력 있는 사람이라면 누구나 용이하게 그의 임무를 수행할 수 있을 정도로 간단명료하여 직업공무원이 필요 없었을지도 모른다.

그러나 오늘날 행정기능이 양적으로 팽창하고 질적으로 복잡해져서 전문화·기술화됨에 따라 이러한 업무를 수행할 전문공무원이 필요하고, 이것을 뒷받침하기 위하여 직업공무원제가 등장하게 된 것이다.

또한 직업공무원제의 필요성은 행정의 안정성 및 계속성을 확보하기 위한 데서도 찾아볼 수 있다.[44] 일반적으로 대통령중심제보다는 내각책임제를 채택하고 있는 나라에 있어서 그 필요성이 더욱 요청된다고 볼 수 있다. 사실상 직업공무원제의 확립은 양당제도의 수립과 함께 내각책임제의 성공적 운영을 위한 전제조건으로 간주되고 있다.

제3공화국과 제4공화국하의 프랑스가 내각의 빈번한 교체에도 불구하고 유럽의 강대국으로서 존재할 수 있었던 것은 오랜 역사를 통하여 직업공무원제가 확립되어 있었기 때문이라고 해도 과언이 아니다. 그리하여 프랑스 공무원들은 어떤 정치적 폭풍우 속에서도 끄덕하지 않는 마치 반석과 같은 존재라고 표현되기도 한다.[45]

현대행정국가에서는 실적주의와 더불어 직업공무원제도가 중요한 제도로서 채택되고 있다. 특히 폐쇄형[46]인 계급제의 전통을 가진 영국, 프랑스, 독일 등 유

43) 오석홍, 전게서, p. 45.

44) 박연호, 전게서, pp.106~107.

45) Herbert Leuthey, *France Against Herself* (New York: Meridian Books, Inc., 1955), pp. 14~17.

46) 폐쇄형, 즉 폐쇄적 공무원제(closed career system)란 계층구조의 중간에 외부로부터의 신규채용을 허용하지 않는 공무원제도로서 따라서 내부승진만 가능하며 개방형, 즉 개방적 공무원제(open career system)란 각 계층의 어느 계급에서나 외부로부터 신규채용을 허용하는 제도이다. 전통적으로 유럽제국에서는 폐쇄형을 채택해 왔고 미국에서는 개방형을 채택하여 왔으나 오늘날은 양 제도가 각각 상반되는 장단점을 가지고 있는 점에 착안하여 대체로 절충하는 추세에 있다. 1999년5월 우리 정부는 공직임용구조의 개방화를 촉진하기 위하여 개방형 인사제도를 도입·시행하게 되었다. 개방형직위는 고도의 전문성이 요구되거나 효율적인 정책수립을 위하여 공직내부 또는 외부에서 적격자를 임용할 필요가 있는 1급-3급의 실·국장급 직위 중 일부(20%)를 개방혁직위로 지정하고 계약제(3년)로 임용한다.

2006년 개방과 경쟁을 목표로 하는 고위공무원단제가 출범하면서 이 제도에 흡수되어 운영되고 있다. 이러한 개방형 직위제도의 급진적인 도입은 많은 문제를 야기할 수 있는바 개방화조치로 인하여 재직자들의 사기 저하의 위험이 있고 하급직위의 모집에도 악영향을 미칠 수 있다. 또한 공직의 안정성·계속성·전문성을 저해할 수 있고 승진적체문제를 더욱 악화시킬 수 있다. 공무원들의 소신있는 임무수행에 차질을 가져올 수도 있다.(오석홍, 2001, p.48)

럽 여러 나라에서는 일찍부터 확립된 바 있다. 그러나 개방형인 직위분류제를 채택하고 있는 미국, 캐나다[47]의 경우는 실적주의는 수립되어 있으나 군인과 외교관을 제외하고는 일반 공무원들에게는 크게 발전되어 있지 않은 실정이다.[48]

Ⅱ. 실적주의와의 관계

직업공무원제와 실적주의를 동일한 것으로 생각하기 쉬우나, 양자는 전혀 별개의 제도들이다. 실적주의가 직업공무원제의 확립요건으로서 공헌한 것은 사실이나, 실적주의의 채택이 곧 직업공무원제의 채택을 의미하는 것은 결코 아니다.

직업공무원제가 실제주의와 반드시 동일한 것이 아님을 보여주는 실례를 다음과 같이 들 수 있다.[49]

i) 미국에서 실적주의가 수립된 것은 19세기 말이었지만 직업공무원제의 필요성을 논의하기 시작한 것은 1930년대부터이며, ii) 미국의 실적주의는 수립되어 있지만 전공무원의 15% 이상이 매년 이직하고 있다는 것, iii) 유럽에서 일찍이 직업관료제가 수립되었지만 실적주의가 아니었다. iv) 직업공무원제는 폐쇄형을 취하고 있지만, 실적제는 반드시 폐쇄형을 취할 이유가 없다. v) 직업공무원제는 장기근무를 원칙으로 하고 있으나 실적제는 공무원의 장기근무를 반드시 요구하지 않는다.

실적주의가 직업공무원제를 뒷받침하면서 발전되어 가고 있지만, 반드시 모든 직업공무원제가 곧 실적제를 의미하는 것은 아니라 하겠다.[50]

위와 같은 차이에도 불구하고 양자는 서로 조화를 이루어가고 있는 것이 오늘날의 실정이다. 즉 직업공무원제의 성격이 강한 인사제도를 수립한 유럽 여러 나라는 그것을 약화시키고 실적주의적 방향으로 나아가고 있으며, 일찍이 실적주의를 수립한 미국에서는 점차로 채용·승진·전직·훈련면에서 직업공무원제의 성격을 가미해가고 있다.[51]

47) John Porter, "Higher Public Servants and the Bureaucratic Elite in Canada," *Canadian Journal of Economics and Political Science*, Vol. 24, No. 4 (Nov. 1958), pp. 486～487. 고급공무원의 23.8%만이 전생애를 공무원으로 봉사하고 있다.

48) 박동서, 전게서, p. 85.

49) 박동서, 전게서, p. 86.

50) G.A. Shulkind, "Personnel Interchange between Merit System," *Public Personnel Review*, Vol. 18, 1957, p. 140.

Ⅲ. 직업공무원제의 수립조건(확립요건)

정부에서 근무하는 직원들이 자기의 직업을 명예로운 것으로 생각하고 평생 성공을 기대하면서 공무원으로 머물러 근무케 하려면 우선 실적주의의 원칙이 확립되어야 하며 실적주의의 확립 다음으로 직업공무원제를 수립하는 데 고려할 점들을 들어보면 다음과 같다.[52)]

1. 공무원에 대한 높은 사회적 평가

공직에 대한 사회적 평가가 높아야 한다. 공무원의 사회적 위신(social prestige)이 높아야만 우수한 젊은 인재들을 정부기관에 유입시킬 수 있을 뿐만 아니라 공직에 장기간 머물게 할 수 있다.

관직을 특권의 향유나 치부수단으로 보는 전근대적·반민주적인 관존민비적 사고방식이 아니라 민주적 공직관에 입각한 공공봉사자로서 높은 사회적 평가를 받아야 한다.

2. 젊은 인재의 채용

가능한 한 학교를 갓 나온 젊은 인재를 채용하여 평생에 걸쳐 최고직까지 승진할 수 있게 하여야만 직업공무원으로서 오래 근무할 가능성이 많아진다.

여기서 또 하나 고려해야 될 것은 젊은 사람을 채용하되 장래 발전할 수 있는 자질을 갖춘 유능하고 성실한 사람을 선발하여야 한다는 점이다. 이를 위해서는 특정한 직위가 요청하는 실제적 능력이 아니라 발전의 잠재력과 고급공무원으로서의 임무를 수행해 나갈 수 있는 자질을 갖춘 젊은 사람을 채용할 수 있는 시험의 실시가 필요하다.

3. 재직자 훈련을 통한 능력발전

재직자의 발전을 위한 교육훈련을 강화하여야 한다. 재직자가 갖고 있는 잠재

51) 오석홍, 전게서, p. 46.

52) 박동서, 전게서, pp. 87~89; Norman J. Powell, *Personnel Administration in Government* (Prentice-Hall, 1956), pp. 378~379; Nigro and Nigro, *op. cit.*, p. 111.

적 능력을 개발하여 그들의 발전을 뒷받침할 수 있도록 하는 적극적인 교육훈련은 공직을 매력적인 직업으로 만들 수 있는 중요한 수단의 하나가 된다.

4. 보수의 적정화

보수가 적정해야 한다. 특히 보수의 대외적인 균형이 적절히 이루어져야 한다. 적정한 보수란 공무원이 건전한 생활 내지는 그의 지위에 상응하는 생활을 하는 데 소요되는 경비를 충당할 수 있는 보수를 말한다. 특히 정부에서 우수한 사람을 공무원으로 채용하여 일생을 통하여 그의 능력을 최대한도로 활용하기 위해서는 사기업체의 보수와 적절한 균형을 유지한 보수를 지급해야 할 것이다.

5. 적정한 퇴직연금제도

적정한 퇴직연금제도가 확립되어 있어야 한다. 이는 공무원이 노년에 퇴직한 후에는 연금에서 나오는 수입으로 생계가 이루어질 수 있도록 보장되어야 한다는 것을 말한다. 이같은 퇴직 후의 생계보장이 되어 있을 때, 공무원은 일생을 통하여 보람을 가지고 공공봉사에 전념할 수 있을 것이다.

6. 승진제도의 합리적 운영

승진·전직·전보(배치전환) 등 내부로부터의 임용은 공정하게 실시되어야 하며, 중간계층에서의 신규채용은 재직자들의 상위직 진출기회를 지나치게 제약하지 않도록 하여야 한다.

7. 인력수급계획의 수립

정부는 인사의 불공평·침체를 방지하기 위하여 직급별 수급계획을 세워야 한다. 이러한 계획을 세우려면 이상적인 이직률, 공무원의 연령구조, 직급별 평균체재년수, 정부의 업무계획 등을 파악해야 할 것이다.

Ⅳ. 직업공무원제의 장·단점

1. 장점(특징)

위와 같은 직업공무원제의 제도적 요건이 갖추어지게 되면 다음과 같은 특징이 나타나게 된다. 이같은 특징들은 물론 직위분류제·개방형 및 전문가주의에 입각한 제도에 비교하였을 때의 상대적인 특징인 것이다.[53)]

① 공무원집단의 일체감과 공직에 대한 봉사정신이 강화된다.

② 공무원들은 개인적인 불이익을 무릅쓰고라도 공직의 요청에 부응하는 행동을 할 것이 기대되며, 따라서 엄격한 근무규율이 쉽게 용인된다.

③ 공무원들의 신분 또는 지위가 중요시된다.

④ 공무원집단은 전통을 존중하며 변동에 저항하게 된다.

⑤ 공직 전체는 하나의 전문직업분야로 인식된다. 그러한 인식에 입각한 직업의식은 공무원들의 단결심과 충성심을 강화하고 사기를 높이는 요소가 된다.

⑥ 공무원은 정부에서만 필요한 인력으로 육성되기 때문에 정부와 공무원 사이에 의존적인 관계 또는 온정적인 관계가 강화된다. 공무원들은 정부에서만 필요한 직업인으로 굳어져서 쉽사리 공직을 떠날 수 없다. 그런가 하면 정부는 공무원들을 채용하고 훈련시키는 데 많은 비용을 들였기 때문에 그들을 쉽사리 버릴 수 없다.

2. 단점(문제점)

직업공무원제는 민주주의질서를 기본으로 하는 산업사회의 관점에서 볼 때, 다음과 같은 비판을 받게 된다.[54)]

① 공무원집단이 특권화 내지는 관료주의화 할 우려가 있다. 이는 관료에 대한 민주적 통제를 곤란하게 하는, 민주주의적 이념에 반하는 현상이다.

---

53) 오석홍, 전게서, p. 47.

54) Frederick C. Mosher, *Democracy and the Public Service* (London: Oxford University Press, 1968), pp. 150~155.

② 사회변동·발전 및 환경에의 적응능력이 약화되기 쉽다. 전통을 존중하는 나머지 변동 및 발전에 무관심하거나 또는 저항하게 된다.

③ 일반행정인의 양성과 승진에만 치중하고 과학자, 전문가 및 기술자에 관하여는 소홀히 다루므로 정부활동의 분야별 전문화와 행정기술의 발전에 지장을 준다.

④ 직업공무원제하에서 요구되는 학력·연령의 엄격한 제한은 모집대상의 범위를 제한하여 공직임용의 기회균등을 제약하게 되므로, 이것은 민주주의평등원칙에 위배되는 것이다.

⑤ 외부인사의 임용을 원칙적으로 금지하는 폐쇄형을 채택하므로 특정 분야의 전문가를 외부로부터 채용하기가 어려우며 따라서 외부의 새로운 요소가 흡수되기 어려우므로 공직이 침체될 가능성이 높다.

V. 우리 나라 직업공무원제의 문제점과 개선방향

우리 나라의 경우 일찍이 실적주의 인사원칙을 선언하였고 법적·제도적으로는 직업공무원제를 채택한 것처럼 보인다. 그러나 우리 나라의 직업공무원제는 이러한 법적·제도적 장치에도 불구하고 여러 가지 문제점과 취약성을 지니고 있다.

우리 나라 직업공무원제의 문제점을 앞에서 제시한 직업공무원제의 수립요건과 관련시켜 논하면 다음과 같다.

1) 헌법과 국가공무원법(지방공무원법)에서 공무원의 신분을 보장하고 있으나, 징계나 부당한 인사조치 등을 통하여 공무원의 신분보장이 철저하게 확보되지 못하고 있다. 국가공무원법 제74조(지방공무원법 제62조)는 공무원의 면직사유를 엄격하게 규정하고 있다. 그러나 임용권자나 기관장은 각종 인사 조치를 통하여 공무원의 신분보장을 저해하고 있다. 1996년 말 현재 국가공무원과 지방공무원의 징계 건수는 3,600여건에 달하며 징계내용도 재량의 여지가 많이 작용할 수 있는 직무유기 및 태만, 복무규정 위반과 품위손상이 많다. 물론 직업공무원제의 온정적 풍토로 징계의 종류를 선택할 때 가볍게 양정하는 경향도 있다.

또한 징계 이외에도 전보를 통하여 공무원의 신분을 불안하게 하는 경우도 적지 않다. 이와 같이 징계나 기타 각종의 인사조치를 통하여 공무원의 신분을

위협하게 되면 공직이 보람있는 생애직이라는 직업공무원제의 근본 취지를 살릴 수 없게 된다.[55)]

2) 우리 나라에서는 관직사유관, 관존민비사상으로 공직에 대한 사회적 평가가 높았다. 근래에 이르러 국민생활의 전반적인 향상, 공직자사회의 과감한 숙정, 직업관의 변동 등에 영향을 받아 공직의 평가가 낮아지는 경향이 있으나 공공봉사자정신에 입각한 진정한 민주적 공직관이 정립되어야 한다.

3) 보수의 비현실성은 행정능률의 저하와 공직부패를 초래하였고 퇴직연금제도도 화폐가치의 하락에 따르지 못하여 실질적인 기대를 걸지 못하게 하였으며 이의 합리화는 직업공무원제의 확립의 관건이라 할 수 있다.

4) 공무원 모집에 있어서의 학력제한의 철폐와 초임시의 높은 연령수준, 소수인의 급진적인 고위직에의 승진이 허용되는 비합리적인 승진제도 운영으로 직업공무원제의 확립이 저해되었다. 각 부처에 따라 승진에 소요되는 근무년한이 심한 불균형을 보여 왔으므로 중앙승진심사제의 도입, 중앙인사기관에 의한 각 부처간 인사교류계획의 적극적 추진이 요구된다.

5) 외부인사를 고위직이나 요직에 신규임용하는 비율이 높아 하위직의 승진기회를 제약하게 되어 사기에 영향을 미쳐 왔다. 폐쇄제를 완화하는 경우에도 합리적인 원칙에 따라야 할 것이며 승진제도의 합리화에 의하여 고위직에서의 장기근무로 초래되는 인사정체도 막아야 할 것이다.

6) 공무원의 교육훈련이 대폭적으로 강화되고 있으나 내실 있게 추진되지 못하고 형식주의·획일주의에 빠지는 경향이 있으며 공무원의 적극적인 능력발전이나 행정의 전문화에 기여하지 못하고 있다.

Ⅵ. 결론: 직업공무원제의 전망

오늘날 계급제, 폐쇄형 일반행정가 중심의 직업공무원제가 발달되어 온 서구제국은 직업공무원의 결함을 극복하기 위하여 직위분류제, 개방형 전문행정가 중심의 미국식 인사제도를 채택하는 방향으로 나아가고 있다.

미국도 채용, 승진, 전직, 훈련 등에서 직업공무원제적 요소를 흡수해 가려는

55) 우리 나라 공무원의 신분보장상 문제점에 관해서는 제4장 제4절 참조.

실정에 있으며 1978년에는 고급공무원단제(Senior Executive Service)가 카터 행정부에 의하여 채택되었다.

그러므로 양자는 점차 상호 접근해 가고 있다고 보겠다.[56)]

우리 나라의 경우 명실상부한 직업공무원제를 정착·유지하는 것은 대단히 어려운 과제이다. 현대 정부의 다양하고 복잡한 행정기능을 효율적으로 수행하고 격변하는 정치·사회적 환경이 만들어 내는 각종 행정수요에 능동적으로 대처하기 위해 우리의 직업공무원제는 매우 취약하다. 근래에 들어서 직업공무원제의 단점을 극복하려는 인사개혁조치가 추진되고 있다. 즉 개방형임용제 확대, 인사교류 촉진, 팀제 도입, 고위공무원단제도[57)] 도입, 성과급제 강화 등 일련의 개혁조치들이 추진중이다.

제 5 절 중앙인사기관

Ⅰ. 중앙인사기관(Cental Personnel Agency)의 의의

중앙인사기관이란 정부의 인사행정을 전문적·집중적으로 관장하는 행정기관

56) Frederick C. Mosher, "Careers and Career Service in the Public Service," *Public Personnel Review*, Vol. 24, No. 1 (Jan. 1953), p. 50.

57) 고위공무원단(Senior Civil Service, SCS)제도란 종전의 1-3급의 계급을 폐지하고 고위공무원단을 구성하여 직무와 성과에 따라 범정부적으로 통합관리하는 인사제도이다. 정부의 핵심 인재인 실·국장급(종전의 1-3급) 공무원을 일반 공무원과 별도로 구분하여 보다 효율적이고 체계적으로 관리함으로써 정부의 경쟁력을 높이고자 하는 새로운 인사제도이다. 고위공무원단제도는 고위직의 개방과 경쟁을 확대하며 성과와 책임을 강화하여 경쟁력있는 정부를 구현하고자 하는 목적을 가지고 있다. 개방형직위제도(20%), 부처 내. 외 직위공모(30%) 등을 통해 공직사회에 개방과 경쟁을 유도 한다. 고위공무원단 소속공무원은 계급제는 적용되지 않고 모두 '고위공무원'으로 통칭된다. 고위공무원이 되기 위해서는 후보자교육과 역량평가라는 자격심사를 거쳐야 한다 고위공무원단 소속 공무원은 행정안전부장관이 인력풀로 관리한다.

이다. 각 부처 인사기관과 더불어 인사행정의 기관적 기초를 구성한다.

1855년에 설치된 영국의 인사위원회, 1883년에 설치되었다가 1978년 말에 폐지된 미국의 연방인사위원회와 신설된 인사관리처, 1949년에 설치된 일본의 인사원, 그리고 우리 나라 현재의 중앙인사위원회 등이 이에 속한다.

중앙인사기관을 설치한 이유나 목적(필요성)은 각국마다 다르지만 대체로 다음과 같은 것을 지적할 수 있다.[58)]

첫째, 엽관제나 정실임용을 방지하고 인사행정의 공정성과 중립성을 지키기 위해서는 독립성·합의성을 갖는 상설인사기관이 필요하다(보호주의적 입장).

둘째, 정부 각 부처의 폐쇄적 인사운영으로 인한 인사행정의 지나친 할거주의를 방지하고 인사행정의 객관적 공평성과 균형을 유지하기 위하여 전정부적 통일성을 확보해줄 통합기관이 필요하다(통합주의적 입장).

셋째, 현대행정국가의 특징인 행정기능의 확대·강화에 따른 공무원 수의 대폭적 증가로 인하여 합리적·능률적·전문적 인사관리를 담당할 전문적 기관이 필요하며 아울러 정부의 인적자원관리에 대해 최종적인 책임을 지고 있는 행정수반에 대한 인력관리도구(manpower management tool)를 제공하기 위해서도 중앙인사기관이 필요하다(관리주의적 입장).

현대정부의 중앙인사기관들은 위에서 열거한 설치이유를 반영하고 있다고 볼 수 있다. 다만 이러한 이유 중에서 어느 것이 더 중요시되느냐는 각국의 상황에 따라 다를 수 있다. 어느 이유가 더 강조되느냐에 따라 바람직한 중앙인사기관의 형태와 기능도 달라진다. 예를 들면, 엽관주의의 폐해가 심각하여 반엽관주의의 흐름이 강했던 미국에서는 인사행정의 엽관주의적 요소를 제거하는 것이 중앙인사기관 설립의 가장 중요한 목적이었다. 그리하여 중앙인사기관의 정치적 중립을 강력히 요구하여 왔기 때문에 독립성이 강한 합의제의 중앙인사기관이 오랜 기간동안 존속해 온 역사를 가지고 있는 것이다.

Ⅱ. 중앙인사기관의 유형

중앙인사기관은 각국의 정치적·사회적·역사적 요인에 따라 그 형태·특징·

58) 오석홍, 전게서, p. 91.

기능이 다르고 다양한 조직구조를 나타내고 있으나 대체로 조직형태에 따라 다음과 같은 유형으로 대별할 수 있다.

1. 독립성과 합의성이 있는 경우(독립합의형)

미국에서는 1883년의 Pendleton법에 의하여 독립성과 합의성을 가진 중앙인사기관으로서 인사위원회(Civil Service Commission)가 설치된 바 있으나 1978년 폐지되고 대통령직속기관으로서 인사관리처(Office of Personnel Management)와 독립적인 합의제기관인 실적제도보호위원회(Merit System Protection Board)가 각각 설치되었다.[59]

일본은 독립성·합의성을 가진 중앙인사기관으로서 인사원을 설치하고 있으며 아울러 총리실 소속기관으로서 총리부인사국이 신설된 바 있다.[60]

2. 합의성은 없으나 독립성은 있는 경우(절충형)

영국에서는 1855년 이래 인사위원회가 설치되어 어느 정도의 독립성을 가지면서 주로 공무원의 시험관리, 채용기능을 수행하여 왔으며 주요한 인사기능은 재무성이 담당해 왔다. 1968년 Fulton위원회의 건의에 따라 인사성(Civil Service Department)이 신설되어 재무성의 인사기능을 인계받게 되고 인사위원회는 인사성에 부설되어 어느 정도의 독립성을 유지하면서 시험관리기능을 수행하고 있다.[61]

3. 독립성도 합의성도 없는 경우(비독립 단독형)

독립성과 합의성은 없으나 인사기능을 담당하는 중앙인사기관이 단독제기관으로 존재하는 경우이다(프랑스).

Ⅲ. 중앙인사기관의 조직상 성격

중앙인사기관의 설치이유가 각 국가의 사정에 따라 다양한 것처럼 그 성격

59) 오석홍, 전게서, p. 91.
60) 渡邊保男, 『日本の公務員制』, 辻清明 編, 『행정학강좌』(동경대학출판회, 1976), pp. 133~139.
61) 김규정, 『비교행정론』, 법문사, 1976, pp. 160~161.

또한 다양하다. 중앙인사기관이 갖는 조직상의 성격을 고찰함에 있어서는 일반적으로 독립성, 합의성, 집권성 등의 세 가지 기준에 입각해서 검토해 볼 수 있다.[62)]

1. 독립성

(1) 독립성의 의의　중앙인사기관의 독립성이란 중앙인사기관이 입법부 사법부, 행정부, 특히 정치적·정당적 기초를 가지고 있는 행정부로부터의 상대적 독립성을 의미한다.

참모기관적 성격을 가지는 중앙인사기관에 부여되는 독립성은 중앙인사기관의 보편적·본질적 성격은 아니며 주로 인사행정에 대한 정당의 압력이나 정실인사를 배제하자는 데 그 목적이 있다.

본래 독립성이란 위원의 신분보장, 자주적인 조직권, 예산에 있어서의 자주성을 최소한도 보장하는 것을 의미한다고 보겠다. 이러한 점에서 사법부·입법부로부터의 독립을 의미하는 것보다 행정부로부터의 독립에 중점을 두고 있음을 알 수 있다. 왜냐하면 이러한 인사기관도 사법부가 내리는 법의 해석 적용의 구속을 받아야 하며 또한 입법부로부터도 그의 입법권 예산심의권 등의 제약을 받기 때문이다.

이러한 의미의 독립성에서 얻을 수 있는 장점은 다음과 같다.[63)]

① 엽관주의적 압력으로부터 해방될 수 있다는 것이며, ② 따라서 이는 행정부패의 방지에 공헌하고, ③ 정치권력을 장악한 사람의 횡포를 막고 약자를 보호할 수 있다는 것이다.

반면에, 이러한 이점에 대하여 독립성의 단점은 다음과 같다.[64)] ① 인사란 막료기능인데 계선, 즉 집행기능으로부터 독립시키는 것은 부당하다는 것이다. 따라서 책임과 일치되도록 인사권도 계선기관에 부여하여야만 한다는 것이다. ② 독립성이 강조되는 경우 책임성이 희박하여 통제·확보가 곤란해 질 우려가 있으며, ③ 독립성·양당성이란 사실상 형식적인 법제만으로 보장되는 것이 아니라 어떤 사람이 임명되고 또한 어떻게 운영되느냐에 달려 있다는 것이다.

62) 박동서, 전게서, pp. 103～112.

63) W.W. Shaw, "Independent Civil Service Commission's and Executive Power," in D.C. Rowat (ed.), *Basic Issues in Public Administration* (New York: Macmillan, 1961), pp. 219～224.

64) Stahl, *op. cit.*, pp. 420～430.

이러한 비판을 받아들여 많은 나라가 행정수반 밑에 새로운 기구를 설치하여 중앙인사기구를 이원화시키고 있다. 즉 종래의 강력한 독립성을 지닌 인사기관과 행정수반하의 막료기관의 설치가 그것이다. 예를 들면 미국의 경우, 오랫동안 독립합의제기관으로서 존속해 오던 인사위원회(Civil Service Commission)는 1978년의 공무원제도개혁법(Civil Service Reform Act)에 의하여 단독제기관인 인사관리처(Office of Personnel Management)와 독립합의제기관인 실적제도보호위원회(Merit System Protection Board)로 개편되었다.

(2) 확보방안 이러한 독립성을 확보하기 위한 인사기구조직상의 조치에는 인사위원의 자격, 위원의 임명, 신분보장 등이 있다.[65] 우선 인사위원의 엄격한 자격요건과 강력한 신분보장이 인정되어야 한다. 자격에 있어서 비정치성, 복수정당성, 비학벌성 등이 요구되며 특히 비학벌성은 일본의 동일대학출신자에 의한 인사관의 독점을 방지하려는 데 뜻이 있다. 임명에 있어서도 국회의 동의를 거치도록 하여 행정수반의 자의에 의하지 않도록 하고 있다. 신분보장도 법적으로 강력하게 뒷받침되고 있다.

2. 합의성

합의성이란 중앙인사기관이 단독제기관이 아니라 복수의 구성원으로 이루어지는 것을 말한다. 중앙인사기관이 인사행정상 준입법적·준사법적 기능과 감사기능을 수행하고 독립성을 가지는 경우에는 대체로 합의제로 구성되어 있다.

합의제의 장점은 준입법, 준사법적인 직무에 대하여 보다 신중하고 공평한 판단을 내릴 수 있다는 것, 여러 이해관계당사자의 의사를 골고루 반영시킬 수 있다.

이러한 이점에 대하여 합의제의 단점은 다음과 같다. 합의제는 서로 책임을 전가하는 경향이 있어 책임의 소재가 명백치 않으며, 인사행정의 지체를 초래한다는 것, 즉 인사행정의 신속성, 확보곤란이며, 행정수반의 인사행정에의 통제가 곤란하다는 것이다.

이러한 논쟁의 결과 독립성의 경우와는 달리 어느 정도 양론의 타협을 기하여 위원장에게 집행권을 전적으로 맡김으로써 능률의 향상과 책임의 소재를 분명히 하고 준입법적·준사법적인 업무만은 그대로 종래의 합의기관에 맡겨 두자

65) 상세한 내용은 박동서, 전게서, pp. 106~108.

는 방향으로 나아가고 있다. 우리 나라의 경우는 앞으로 실적주의를 더욱 공고히 하려는 입장에 있으므로 합의제의 존속은 필요하리라고 생각되는데, 단독장관제로 하고 있으며 심의기관으로 존재하고 있던 인사위원회마저 폐지하였음은 심히 유감스러우며 조속히 부활되어 단독장관제가 지니고 있는 취약점이 보완되어야 할 것이다.[66)]

3. 집권성

이것은 한 나라의 인사행정에 관한 결정권을 중앙인사기관에 집중시키는 것을 말한다.

어느 나라의 경우나 중앙인사기관이 처음 수립되었을 때는 인사행정의 통일성을 높이려는 의도가 있었으므로 집권적 성향을 많이 갖게 되며 종래 각 부처에 분권되어 있던 인사권을 대폭 중앙인사기관에 집권하게 된다.

이는 엽관주의적 영향을 받기 쉬운 각 부처의 인사기능을 중앙인사기관에 집중시켜 인사행정의 공정성, 통일성을 확보하기 위해 생겨난 것이다. 중앙인사기관의 집권적 성격은 대체로 중앙인사기관이 처음 설치될 때 강조되는데, 지나친 집권주의는 신축적 인사행정의 운영을 어렵게 하므로 인사권이 각 부처의 계선기관에 분권화되어야 한다는 주장이 제기되었다.

집권적 조직의 장점으로는 실적주의 확립에 공헌할 수 있고, 인사행정의 통일을 기하고 공평성을 높일 수 있으며, 초기에 인사행정의 기술과 절차를 개선·발전시킬 수 있고, 대외적으로 특히 국회에 대한 책임을 중앙인사기관이 지게 되므로 스스로 직접 통제권을 확보할 수 있다는 점이다.

한편 분권론의 주장근거는 인사행정의 현실적 운영면에 정통한 각 부처인사담당자의 경험과 기술을 활용함으로써 적극적 인사행정을 추진할 수 있고, 신축성 있게 재량권을 행사함으로써 어려운 인사문제를 실정에 맞게 해결할 수 있어 사기앙양에도 도움이 되며,[67)] 각 기관장이 인사권을 직접 행사함으로써 심리적

66) 이러한 성격을 가진 합의제의 구성내용을 보면 미국과 일본은 대체로 양당정치를 하고 있으므로 다같이 3인으로 하고 있다. 우리 나라에서는 정당, 노동조합의 수와는 별로 관계없이 결정되고 있으므로, 소청심사위원회의 경우를 보더라도 5인 이상 7인 이내로 되어 있다. 박동서, 전게서, p. 109.

67) W.W. Person, "The Personnel Function Management," *Public Administration Review*, Vol. 17, No. 3 (Summer 1957), pp. 150～151.

무력감을 갖지 않게 되며, 중앙인사기관에 의한 지나친 통제의 완화로 인사행정의 경직화를 방지할 수 있다는 것이다.

이러한 성격을 가진 집권성에 관하여 각국의 예를 보면 시대에 따라 다르지만 대체로 19세기말에 중앙인사기관을 수립한 국가에서는 인사행정사무도 간단했고 반엽관주의 사상도 강하여 초기에는 강한 집권주의를 택해 오다가 20세기에 들어와서는 점차적으로 분권화의 길을 걷고 있으며, 전술한 독립성·합의성의 문제에 비하면 집권성에 있어서는 분권화를 신축성 있게 추진하고 있다고 보여진다.

Ⅳ. 중앙인사기관의 기능

이상과 같은 성격을 가진 중앙인사기관의 기능도 어떠한 통일성을 찾아보기 힘들며 따라서 이에 관한 일정한 이론을 찾아보기 힘들다. 일반적으로 각국에서 중앙인사기관을 수립한 목적과 각국의 상황에 비추어서 다음과 같이 논할 수 있다.[68]

1. 준입법적 기능

중앙인사기관의 독립성과 연관이 있는 것으로서 국회에서 제정한 법률의 범위내에서 인사행정 전반에 관한 인사규칙을 제정하는 것으로서 위임입법의 일종이라 할 수 있다. 독립합의형의 경우 준입법기능이 가장 확실히 보장된다고 하겠지만 비독립단독형의 경우(한국)에도 준입법적 기능행사가 가능하다. 그러나 우리 나라의 경우는 시초에는 총무처장관에게 인사규칙제정권을 인정하였던바 위헌이라는 논의가 있어 형식상으로는 총리령으로 대처된 바 있으나[69] 행정자치부로 통합된 국민의 정부에 들어서서는 부령의 형식이 되었다.

2. 준사법적 기능

중앙인사기관은 위법 또는 부당한 처분에 대한 공무원으로부터의 소청을 재

68) 박동서, 전게서, pp. 112~114.
69) 총무처인사국 인사제도과, "인사제도분야,"『행정관리』, 3권 4호, 1964, p. 32.

결할 수 있는 권한을 갖고 있다. 물론 위법성의 문제에 대하여는 최종적 결정을 내리는 것은 법원이 하도록 되어 있으나 어쨌든 준사법적 기능은 공무원의 권익 보장을 위한 것이라 하겠다. 우리 나라의 경우는 중앙인사위원회에 5인~7인으로 구성된 독립적인 소청심사위원회가 설치되어 있어 여기서 징계처분 기타 그 의사에 반하는 불리한 처분에 대한 소청을 합의적으로 결정하며 그의 결정은 처분행정청을 기속하게 되어 있다.[70)]

3. 집행적 기능

여기의 집행이란 협의의 구체적인 인사행정사무를 말하는 것으로서 분류, 임용, 승진, 연금 등 인사법령에 따라 집행하는 것을 의미한다. 중앙인사위원회는 각 기관의 균형적인 인사운영과 인력의 효율적인 활용 및 능력개발을 위하여 인사관리에 관한 총괄적인 사항을 관장한다.

전술한 집권·분권의 문제에 있어 분권의 첫째 대상이 되는 것은 이 집행적 기능이라고 볼 수 있다. 우리 나라의 경우도 최대한 분권화의 길을 모색하여야 할 것으로 생각된다. 그러나 만일 이것이 중앙인사위원회와 각 부처간의 권력관계로만 고려되어 관리상 분권화되어야 할 것이 안된다면 행정의 합리화는 지연될 수밖에 없을 것이다.

4. 감사기능

중앙인사기관은 각 부처인사기관에 의한 인사사무의 처리에 대한 감사·통제기능을 가진다. 이러한 감사기능은 인사행정의 분권화의 필요성에 비추어 그 중요성이 높아지고 있다. 분권만 해놓고 사후감사가 뒤따르지 않는다면 중앙인사행정기관은 별로 그 존재의의를 발견하기 힘들 것이다.

우리 나라에서도 중앙인사위원회는 감사의 결과, 위법 또는 부당한 사실이 밝혀지면 지체없이 관계기관장에게 시정을 촉구하고 관계공무원을 징계처분하도록 되어 있다.

---

70) 국가공무원법 제9조, 제15조.

V. 우리 나라의 중앙인사기관

우리나라 중앙인사기관은 정부수립 이후 많은 변화를 겪어 왔다.

1999년 국민의정부 출범과 함께 공무원의 정실임용을 방지하고 인사행정의 공정성과 중립성을 유지하기 위하여 대통령 직속으로 독립성을 가진 합의제 행정기관으로 중앙인사위원화를 설립하였고 한동안 행정자치부와 중앙인사위원회로 인사기능이 이원화되어 운영하던 중 2004년 6월부터 중앙인사위원회로 통합되어 인사기능이 일원화 되었다.

그러나 2008년 저비용고효율의 작은 정부를 표방하는 이명박정부의 출범에 따라 중앙인사위원회는 다시 행정안전부로 통폐합하게 되었다.

1. 조직과 기능

(1) 행정안전부의 조직 행정안전부는 정부조직법상 하나의 중앙행정기관으로서 역할을 수행한다. 행정안전부는 국무회의의 서무, 법령 및 조약과 공포, 정부조직과 정원, 공무원의 인사·윤리·복무·연금, 상훈, 정부혁신, 행정능률, 전자정부 및 정부보호, 정부청사의 관리, 지방자치단체 간 분쟁 조정, 선거, 국민투표, 안전관리정책 및 비상대비·민방위·재난관리 제도에 관한 사무, 기타 국가의 행정사무로서 다른 중앙행정기관의 소관에 속하지 아니하는 사무를 담당하는 복합적 기능의 중앙행정기관이다. (http://www.mopas.go.kr/ 참조)

(2) 행정안전부의 인사담당 조직과 기능 중앙인사기관으로서의 행정안전부는 순수한 인사업무만을 담당하는 기구가 아닌 다양하고 복합적인 업무를 담당하는 비독립단독형의 중앙인사기관이다.

행정안전부의 조직 중 인사 업무를 담당하는 주요 부서는 국가공무원의 인사업무를 담당하는 제1차관보 산하 인사실의 인사정책관, 인력개발관, 성과후생관과 제1차관 보좌기관인 인사기획관과 공무원노사협력관, 그리고 지방공무원의 인사업무를 담당하는 제2차관보 산하 지방행정국 자치제도기획관이다.

2. 우리나라 중앙인사기관의 문제점

복합적 기능을 갖는 비독립 단독형으로서의 행정안전부는 중앙인사기관으로서 다음과 같은 문제점을 가진다.

첫째, 현재의 행정안전부로서는 인사행정의 공정성과 중립성이 저해될 가능성을 내포하고 있다.

둘째, 행정안전부는 다양한 기능을 수행하는 복합적 중앙행정기관으로 인사업무만을 담당하는 중앙인사기관에 비하여 정부 인적 자원의 안정적이고 합리적 관리 수단과 혁신적이고 개혁적인 정책 수단을 개발할 여력을 갖기 어렵다.

셋째, 행정안전부는 너무나 많은 기능을 수행함으로써 인사행정의 전문성 확보가 어렵다.

제 6 절 직위분류제

Ⅰ. 직위분류제의 의의
Ⅱ. 직위분류제의 발전요인
Ⅲ. 직위분류제의 구조(용어의 정의)
Ⅳ. 직위분류제의 장단점
Ⅴ. 직위분류제의 수립절차
Ⅵ. 직위분류제와 계급제의 관계
Ⅶ. 우리 나라의 현황과 발전방향

Ⅰ. 직위분류제의 의의

수많은 공무원에 대한 인사관리를 함에 있어서 만약 공무원을 각기 개별적으로 상대하여 보수, 임용, 훈련, 근무평정 등의 문제를 다룬다면 혼란·비능률을 초래하게 될 것이다. 그러므로 인사행정의 편의와 능률을 위하여 일정한 기준에 따라서 공직을 분류할 필요가 있다. 특히 정부업무가 양적으로 확대되어 가고 질적으로 복잡해지고 있는 공무원조직에서는 공무원과 공무원이 할 일을 체계적으로 분류·배열할 필요가 있으며, 이러한 공직의 분류는 일정한 기준에 따라 하게 된다. 그런데 그러한 분류기준으로서는 한편 사람에 착안하여 공무원 개인의 능력과 자격을 기준으로 하는 '계급제'(rank classification system)가 있으며, 다른 한편 직무에 착안하여 행정기관을 구성하는 개개의 '직위'(position)에 내포되어 있는 '직무'의 종류와 책임도 및 난이도에 따라 분류하는 '직위분류제'(position classification system)가 있다. 전자는 '인간' 중심의 분류방법이며, 후자는 객관적인 '일'(직책) 중심의 분류방법이다.

현재 계급제에 따라 공무원을 분류하는 나라는 대체로 농업사회적 관료제 전통이 오랜 영국, 독일, 프랑스, 일본 등이며, 직위분류제를 택하고 있는 나라는 농업사회적 관료제 전통이 약한 미국, 캐나다와 전후에 미국의 영향을 받은 필리핀 등이다.

이러한 관점에서 정의를 내려보면 직위분류제란 수많은 직위를 각 직위가 내포하는 직무의 종류와 곤란도·책임도를 기준으로 하여 직급별과 등급별로 분류·관리하는 제도이며, 임용, 보수 및 기타 인사행정의 합리화를 위한 수단으로 활용되고 있다. 한편 계급제란 사람 중심의 공직 분류방법으로서 공무원 개인의 자격·능력을 기준으로 하여 계급으로 분류하는 제도이며, 직무와는 상관없이 공무원 개인의 신분상의 자격, 지위에 중점을 두는 제도라고 정의할 수 있다.

Ⅱ. 직위분류제의 발전요인

이러한 직위분류제가 미국에서 특히 발전한 이유는, 첫째 사기업에서 능률의 향상을 위하여 고안된 과학적 관리법이 직무분석을 촉진시킴과 동시에, 둘째 실적주의의 발전은 특히 미국에서 직무에 구체적으로 부합하는 지식·기술의 소유자를 채용면에서 강조하였다는 것이고, 셋째 동일직책에 대하여 동일한 보수가 지불되어야 한다는 동일직무 동일보수의 원칙이 강하게 요구된 데에 있었다고 하는 것이다. 이러한 사실은 각 직위가 내포하는 직무의 내용을 구체적으로 분석하는 것을 요구하게 되어 직무분석(job analysis)을 발전케 하였으며 1912년 시카고시 정부에 의해 최초로 채택, 드디어 연방정부에서 1923년에 직위분류법(classification act)을 제정하였다.[71]

---

71) 박동서, 전게서, p. 143.

Ⅲ. 직위분류제의 구조(용어의 정의)

직위분류제는 직위를 직무의 종류·성질을 기준으로 하여 직렬·직군별로 종적 분류를 한 다음 직무의 곤란성·책임도를 기준으로 하여 등급별·직급별로 횡적 분류를 하는 것이며 그 구조를 이루는 구성요소는 다음과 같다.[72]

① 직 군: 직군이란 직무의 종류가 광범위하게 유사한 것들의 군(群)을 말한다. 즉 직군은 비슷한 성격을 가진 다음의 직렬들을 모아놓은 직위분류의 대단위이다.

② 직 렬: 직렬이란 직무의 종류를 유사하고 그 곤란성과 책임도가 상이한 것들의 군(群)을 말한다.

③ 직 류: 직류란 동일한 직렬내에서 담당분야가 동일한 직무의 군(群)을 말한다. 우리 나라에서 직류를 신설한 목적은 행정의 전문화 추세에 대응한 공무원의 채용과 임용 후의 보직관리를 합리화하고, 앞으로 점진적으로 도입될 직위분류제의 기반을 조성하려는 데 있다.

④ 직 급: 직급이란 직무의 종류, 곤란성, 책임도가 유사한 것들의 군을 말한다. 따라서 동일한 직급에 속하는 직위에 대하여는 임용자격, 시험, 보수 등 인사관리상 동일한 취급을 한다. 각 직급에 포함하는 직위의 수는 직급에 따라 같을 수도 있고 다를 수도 있다.

예를 들어 10명의 타자원 중 5명은 속기타자원(steno-typist)이고, 나머지 5명은 일반타자원(typist)이라면, 이들은 2개의 직급(속기타자직급과 일반타자직급)으로 구분될 수 있다.

⑤ 직 위: 직위란 한 사람의 직원이 수행하는 일단의 의무와 책임을 말한다. 직위란 개념은 '일'을 기준으로 한 것이지, 그 일을 담당할 '사람'과는 관계가 없다. 즉 직위는 일 그 자체를 의미하는 것이므로 거기에 사람이 배치되어 있거나 없거나 하는 문제는 직위분류에서 상관하지 않는다. 가령 어느 조직에 10명의 타자원들이 있다면 직위의 수는 10개이다.

⑥ 등 급: 등급이란 곧 보수의 등급을 말한다. 즉 어느 한 등급은 직무의 종

72) 박연호, 전게서, pp. 136~137.

류는 다르지만 그 곤란성, 책임도 및 자격요건이 유사하여 동일한 보수를 지급할 수 있는 모든 직위를 포함한다.

우리 나라의 직위분류구조를 살펴본다면 직군, 직렬 및 직류는 직위분류제의 원리를 따르고 있지만 직급형성에서는 아직도 계급제의 원리를 적용하고 있다. 따라서 우리 나라의 분류구조는 완전한 직무분석과 직무평가를 통해서 형성된 것이라기보다는 직위분류제와 계급제가 혼용된 것이라고 할 수 있다.

Ⅳ. 직위분류제의 장·단점

1. 직위분류제의 장점[73)]

(1) 채용시험·전직·승진의 기준 제공 채용시험, 전직, 승진 등의 인사배치에 적합한 기준을 제공한다. 공무원을 임용하는 데 있어서 적재 및 유능인을 임용하여야 하는데, 문제가 되는 것은 어떠한 의미로 여기의 적재, 유능이라고 하는 말이 해석되고 있느냐 하는 것이다. 여기의 적재, 유능이란 각자가 담당한 직책이 구체적으로 요구하는 것이므로 이것을 정확하게 알려 준다고 생각되는 것이 여기의 직위분류제이기 때문이다.

(2) 교육훈련의 수요 제시 훈련의 필요 목적을 제시해 준다. 훈련이란 직책이 요구하는 능력에 비하여 현재의 점직자가 가지고 있는 능력이 미달하는 경우 훈련의 필요성이 생기며 이에 따라 그의 목적과 내용이 구체화될 수 있는 것이다. 직위분류제는 이러한 구체적 내용을 알려준다.

(3) 보수결정의 합리적 기준 제공 직무급을 수립하는 데 유용하다. 봉급을 결정하는 기준으로서 여러 가지가 있겠으나 공무원의 능력(학력), 생계비 위주로 하는 것과 그가 담당하고 있는 직책 위주로 하는 것이 있을 것이다. 그러나 일반적으로 보다 합리적인 봉급지불의 기준은 누가 어떠한 능력을 가지고 있느냐 하는 것을 기준으로 하는 것보다는 누가 사실상 무슨 일을 하고 있느냐 하는 것을 기준으로 하는 것이라고 하겠다. 즉 동일한 노동에 대하여 동일한 봉급을 지불한다고 하는 것이며, 여기의 기초가 되는 것이 직위분류라고 보겠으며, 이 점에

73) 직위분류제의 장점은 계급제의 단점이 되는 점에 유의.

있어 우리 나라는 아직도 직무급에 대한 인식이 부족하다.

(4) 근무성적평정의 기준 제공 근무성적평정의 기준을 설정하는 데 유익하다. 근무성적평정을 하려면 직책의 내용을 알아야 하며, 이것을 모르면 평정이 불가능하게 되는데 직위분류제는 이를 우리에게 알려 주기 때문이다.

(5) 조직구조의 합리화에 공헌 권한 책임의 한계의 명백화와 조직의 합리화를 기하는 데 공헌한다. 어떤 조직체가 능률적으로 움직이려면 무엇보다도 횡적으로 직책의 한계가 분명하여야 함은 물론 종적으로 상하 지휘·감독의 관계가 분명하여야 하는데 직위분류제는 모든 직위를 분석함으로써 이의 정리가 가능하다. 이렇게 되면 상관의 지나친 감독이 불필요하게 되며 부하직원은 보다 안정감을 가질 수 있다. 그러나 우리 나라의 공사단체의 직제규정을 보면 과단위로만 규정되어 있을 뿐이므로 신축성이 있는 장점도 있으나 직원간의 권한책임의 한계가 불분명함은 물론 상관이 부하에게 무원칙하게 일을 시키는 경향까지 있어 상하간은 물론 동료간에도 분업의 원칙이 잘 지켜지지 않고 있음을 볼 수 있다.

(6) 행정의 분업화·전문화에 기여 행정의 분업화·전문화에 공헌한다. 직위의 직책을 성질별로 분류하고 공무원도 어떤 한 종류의 직책을 장기간에 걸쳐 맡을 수 있기 때문이다. 승진도 동일직렬내에서만 이루어진다.

(7) 정원관리의 합리화 정원관리에 도움이 된다. 정원관리의 방법에는 여러 가지가 있겠으나 여기서 두 가지만 들어보면 다음과 같다. 첫째는 각자의 업무분담의 합리화를 기하는 방법이며, 또 하나의 방법은 업무과정을 간소화하는 것이다. 이러한 방법은 모두 직무분석이 전제되기 때문이다.

2. 직위분류제의 단점[74)]

(1) 장기적인 공무원의 능력발전에 부적합 직위분류제하에서는 구체적으로 특정한 직위에서 특수한 직무를 능률적으로 수행할 수 있다고 고려되는 인원만이 채용되므로, 장기간에 걸쳐 신축성과 적응성을 갖는 능력발전이 어려우며 직업공무원제의 수립이나 장기적인 행정계획의 수립에 공헌하지 못한다.

(2) 협조의 곤란 직위분류제하에서는 직책에 따른 분업화와 전문화의 결과 공무원의 시야와 이해력이 좁아지고 타기관 및 직원과의 횡적인 협조나 조정이

74) 직위분류제의 단점은 계급제의 장점이 되는 점에 유의.

어렵게 된다.

(3) 신분보장의 불안 직위분류제는 객관적인 직위와 직무가 있음으로써 공무원이 필요하게 되므로, 공무원은 직무 및 직위에 따라 그 가치가 있을 뿐이다. 그러므로 직위분류제하에서의 공무원은 강한 신분보장이나 안정감을 느끼기 힘들다.

(4) 인사배치의 비융통성 직위분류제하에서는 임용, 승진, 전직에 있어서 동일한 직렬에 따라서만 움직이게 되므로 인사배치상의 신축성이 약하다.

(5) 직위를 점직자로부터 분리곤란 직위분류제는 직위를 점직자로부터 분리시켜 그것만을 객관적으로 분석하기는 어려우며, 더구나 고위직의 경우는 더욱 그렇다.

(6) 국민이나 공무원의 관념문제 직위분류제 수립에는 근본적으로 국민이나 공무원의 관념, 사고방식이 객관적이어야 한다. 그렇지 않을 경우에는 직위분류제가 있더라도 사람 중심의 계급제로 전락한다.

(7) 혼합직에 적용 곤란 우리 나라의 특히 일선하급기관과 같이 이질적인 업무가 집약되는 '혼합직'(mixed position)의 경우, 직위분류제는 그 실효성에 제한을 받는다.

Ⅴ. 직위분류제의 수립절차

직위분류제의 수립절차는 i) 준비작업→ ii) 직무조사→ iii) 직무분석과 평가→ iv) 직급명세서의 작성과 정급의 4단계로 구분할 수 있다.[75)]

Ⅵ. 직위분류제와 계급제의 관계

직위분류제와 계급제를 개념적으로 보면 전혀 타협의 여지가 없는 것 같아 서로의 장점을 조화시키려는 노력이 없었으나 최근 각국에서는 양제도를 상호 조화시켜 가는 시도가 엿보인다.[76)]

과거에 농업사회적 전통이 강하였던 나라들은 행정업무도 단순하고 행정가

75) 직위분류제 수립절차에 관한 상세한 설명은 김재기, 전게서, pp. 111~117 참조.

76) 직위분류제와 계급제는 서로 대립적으로 각각의 특성을 지니고 있는바 상세한 설명은 김재기, 전게서, pp. 121~125 참조.

에게 법학이나 유학 혹은 일반교양 등의 '단일적' 인 지식을 요구하였고 단순한 일반행정인(generalist)으로서 족하였으나, 이제 산업사회로 전환됨에 따라 행정 자체도 점차 전문성·기술성을 띠게 되고 따라서 전문행정가(specialist)를 요구하게 되었다. 이것은 필연적으로 종래의 계급제를 택하였던 국가들이 직위분류제적 요소의 도입에 관심을 갖지 않을 수 없게 하는 실정이다.

최근에 직위분류제를 채택하여 온 미국에서는 직위분류제가 기계적·반복적인 서기직, 기술직에는 적합하지만, 유능한 고급관리직에는 맞지 않고 공무원의 적극적인 활용이나 발전을 기대하기 어렵다는 비판과 더불어 부분적으로 계급제의 요소를 도입하기 시작했다. 반면에 영국 같이 계급제를 채택해 온 나라에서도 종래에는 행정의 단순성으로 말미암아 일반적 소양이나 간단한 지식을 가진 공무원만으로도 충분히 행정업무를 감당할 수 있을 것으로 생각되었으나 현대사회의 산업화와 분업화에 따라 행정의 기술화·전문화가 촉진됨에 따라 직위분류제적 요소를 도입하기 시작했다. 이렇게 양제도의 이점을 절충하고 있는 대표적인 국가로 미국과 영국을 들 수 있다.[77)]

Ⅶ. 우리 나라의 현황과 발전방향

1. 우리 나라의 현황

현행 우리 나라 공무원은 경력직과 특수경력직으로 나누고, 경력직내의 일반직의 경우 10직군 57직렬 91직류로 분류하고 있다. 그리고 임용시험은 직급별로 실시하게 되어 있으며, 직렬을 달리하는 전직은 반드시 시험을 거치도록 하였고, 또한 승진임용시험에 있어서는 동일직렬의 바로 하위자를 임용하도록 하였다.

우리 나라의 현행제도는 과거의 분류방식과는 달리 그 외형이 직위분류제와 유사하다. 또한 국가공무원법 제22조는 모든 직위를 직무의 종류와 곤란성 및 책

77) 박연호, 전게서, pp. 139~140. 미국은 현재 직위분류제에 계급제적 요소를 도입한 대표적인 나라이다. 즉 미국의 분류제도는 1978년의 공무원제도개혁법에 의거 고급관리자단(Senior Executive Service)을 설치하고 이를 1979년 7월 13일부터 시행함으로써 직위분류제와 계급제가 조화된 형태를 취하게 되었다. 계급제적인 요소를 도입한 미국과는 반대로 영국에서는 직위분류제적 요소를 도입하려는 움직임이 있다. 1971년 1월 행정 집행 서기계급을 단일적인 행정직그룹(administration group)으로 통합한 것은 직위분류제적 요소를 도입하려는 움직임의 일환이라 하겠다.

임도에 따라 계급 및 직급별로 분류하되 동일직급에 속하는 직위에 대하여는 동일한 보수가 지급되도록 분류하여야 한다고 규정하고 있다.

인사관계법령에서 사용하고 있는 직위, 직급, 직렬, 직군, 정급 등 직위분류제의 용어도 일반화되었고, 직급의 수도 상당히 세분되어 전문화된 느낌을 준다. 그 밖에 전직을 할 때는 원칙적으로 시험을 거쳐야 한다고 규정한 것 등이다.[78]

그러나 아직도 우리 나라의 공직구조에 도입된 직위분류제적 요소는 사실상 표면적인 것에 불과하며 우리 나라에 직위분류제가 본격적으로 도입된 것은 아니다. 직위분류제의 핵심은 과학적인 직무분석과 직무평가가 있는데 우리 나라의 분류제도는 이같은 요건을 갖추고 있지 못하다. 즉 직급의 형성이 직무의 곤란성과 전문적 책임성에 따라 이루어져 있지 않고 인위적인 계급구분에 의하여 이루어지고 있다. 이를 미루어 볼 때, 계급제도를 근간으로 하여 직위분류제의 원칙을 도입하려는 인사정책을 엿볼 수 있다.

결론적으로 우리 현행제도는 계급제를 기본으로 하고 있으면서도 직위분류제적 요소를 대폭 가미시켜 가고 있다고 볼 수 있다.

2. 발전방향

직위분류제와 계급제는 처음에는 각자 평행선을 걸어 왔으나 점차 상대방의 장점을 받아들여 혼합 타협된 제도를 제각기 나라마다 꾸며나가고 있다. 우리 나라의 경우도 다른 나라의 경우와 같이 직위분류제를 점진적으로 도입하는 방향으로 나가고 있으나 그에 따르는 문제점을 정리해 보면 다음과 같다.[79]

(1) 직위분류제 도입의 정도 문제　어느 정도의 직위분류제를 받아들이느냐 하는 것이다. 선택의 여지로서는 직위분류제 위에 계급제를 가미하는 것이냐, 혹은 반대로 종래의 계급제 위에 직위분류제를 가미할 것이냐 하는 것인데, 안전한 방법은 후자의 것으로 생각된다.[80]

(2) 직렬의 분류문제　직렬의 분류에 있어 외국에서도 실수를 범했으며 우리도 과거에 실수를 범하였던 것은 상하직급에 따라 직렬의 수를 거의 같게 하고 있었다는 것이다. 그러나 상하위직은 행정조직의 특수성을 고려하여 대폭 수

78) 공무원임용령 제29조.
79) 박동서, 전게서, pp. 165～166.
80) 오석홍, 전게서, pp. 128～134.

를 줄이고 중위직은 상대적으로 세분하는 것이 바람직하다.

(3) 직무급 수립의 곤란　　공무원보수의 비현실성으로 "동일직무 동일보수"라고 하는 직무급체계를 도입하기 어렵고, 또한 보수액의 결정기준에 생계비, 학력이 아니라 업무성과만이 고려되어야 하는데, 현실적으로는 어려운 문제라 할 수 있다.

결국 우리의 공직분류는 양자택일적인 입장이 아니라 양자의 장점을 흡수하여 적절한 균형을 이루면서 상호접근적·상호보완적인 방향으로 나아가야 하지만 계급제를 원칙으로 하면서 직위분류제의 장점을 보완해 나가야 할 것이다.

최근 고위공무원단제도 도입, 부분적 계급철폐, 직급확장, 시장기제 적용 등 우리 공직구조에 급진적인 변혁이 일어나고 있다. 그러한 공직구조상의 변혁시도는 팀제 도입, 성과급제 확대, 계약제임용 확대, 총액인건비제 도입 등 인사행정과 정부관료제를 연성화하고 성과관리를 강화하려는 개혁조치들과 연계되어 있다고 볼 수 있을 것이다.[81]

81) 오석홍, 행정학, 2006, p. 546.

제 2 장 인적자원의 동원·배치

제 1 절 모 집

Ⅰ. 모집의 의의

모집이란 조직이 목적활동에 적합한 인력을 확보하기 위하여 우수한 사람들이 공직에 지원하도록 유인하는 활동 내지는 절차를 의미한다. 즉 정부에 있어서 모집은 유능한 사람들이 공직수행에 상당한 관심과 흥미를 갖고 집결할 수 있도록 하는 데 그 목적이 있다.[1)]

모집은 사람들이 공무원으로 일하는 데 관심을 갖고 모여들게 하려는 목적을 가진 활동이며, '유인기능' (attracting function)과 '선별기능' (screening function)을 동시에 수행하는 활동이라 할 수 있다. 정부조직에서 일하고 싶은 동기를 유발시켜 사람들을 모아들이는 유인기능 내지 권유기능은 적격의 가능성이 있을 것으로 추정되는 사람들만 골라 모으는 선별기능과 결합될 때 비로소 모집의 의의를 살리는 것이다.[2)]

모집은 인사행정의 초석으로서 고용수준, 승진정책, 보수, 시험방법 등과 관련되고 있으며 효과적인 모집방법을 통하여 훌륭한 자질을 갖춘 자가 공직에 들어와서 국가발전을 위하여 봉사할 수 있어야 한다.

---

1) Powell, *op. cit.*, p. 207.
2) 오석홍, 전게서, p. 176.

Ⅱ. 적극적 모집

1. 적극적 모집의 중요성

공무원의 모집에 있어서는 공직지망자 중에서 무자격자를 제거하거나 정실을 배제하는 것으로 그치는 종래의 소극적 모집의 입장을 지양하고 잠재능력을 가진 유능한 젊은 인재가 민간기업이나 기타 분야에 진출하기보다 공직을 지망하도록 적극적으로 유인을 제공하는 인사정책이 필요하다. 이를 적극적 모집(positive recruitment)이라 한다.

모집활동을 적극적인 관점에서 파악하기 시작한 것은 선진국에 있어서도 제2차 세계대전을 전후한 일이다. 그 이전에는 모집의 개념을 정실주의적 내지 엽관주의적 요소를 배제하면 자연히 유능한 사람들이 공직에 들어오게 될 것이라는 관점에서 파악하였다. 또 채용에 있어서 중요한 것은 공직지원자 가운데서 부적격자를 가려내는 것이라는 관점에서 모집기능을 이해하였다. 따라서 그 방법에 있어서도 모집공고를 신문에 한 차례 내는 데 그쳤다.

그러나 제2차 세계대전 이후 오늘날에 이르기까지 그 시기와 정도에 차이가 있기는 하지만 대부분의 나라가 모집활동을 적극적으로 전개하고 있다.

소극적 모집방법에서 적극적 방법으로 전환하게 된 것은 대부분의 선진국가들의 경우 경제사정이 호전됨에 따라 완전고용이 이루어지고 있어 좋은 노동력을 확보하기가 점점 어렵게 되어지고 있으며, 또한 행정국가화로 인한 국가사업의 주도권을 행정부가 수행함에 따라 보다 유능한 인력이 행정조직에 절실히 요구되었다는 점이다.

발전도상국은 아직도 모집의 소극성을 탈피하지 못하고 있다. 우리 나라의 경우도 예외의 경우가 아니며, 국가공무원법이나 공무원임용시험의 모집에 관한 규정도 단순히 시험의 요건만을 공고하도록 되어 있을 뿐 적극적으로 사람을 유인할 만한 내용을 공고하도록 되어 있지 않다. 그러나 급격한 사회변동과 더불어 1970년대에 민간경제부문이 급속도로 신장되는 가운데 일류사기업의 보수수준은 대폭 상승되었으나 공무원보수는 다소 상향조정되었지만 여전히 낮은 수준에 머물러 있고 공직에 대한 사회적 평가도 상대적으로 떨어졌으며 전통적인 직업관도 변동됨에 따라 공무원의 적극적 모집에 대한 필요성을 느끼게 되었다.

또한 행정의 성격이 양적 질적으로 급변하여 이제는 전문적 행정이 요구됨에 따라 분야별로 전문적 자격자를 확보하여야 하는데, 이러한 자격자의 확보가 종래의 소극적 모집방법으로는 그 효과가 크지 않다. 이와 같이 사기업체의 노동시장점유율의 확대와 행정의 전문적 인력의 요청으로 공직에 우수한 지원자가 많지 않을 것으로 예상된다면, 정부의 적극적인 모집활동이 기대된다.

2. 적극적 모집의 방안

적극적 모집방안의 성과를 높이기 위해서는 다음과 같은 방안들이 강구되어야 할 것이다.[3)]

(1) 공직에 대한 사회적 평가제고　　모집활동의 성과를 높이기 위해서는 우선 공직에 대한 사회적 평가 내지 신망(prestige)이 높아야 한다. 사회에서 공직에 대한 평가수준이 낮다는 것은 그만큼 공직에 대한 선호도가 낮다는 것을 의미하며, 이런 상황하에서 우수한 인재를 많이 모집한다는 것은 사실상 불가능하기 때문이다.

여기서 공직에 대한 사회적 평가를 높인다는 것은 공직이 현대산업사회에서 민주주의적 질서에 기초를 둔 공공봉사라는 관점에서 높은 신망을 얻도록 하는 것이지, 전통적인 관점에서 특권과 치부를 위한 수단으로서 사회에서 높은 평가를 받도록 한다는 것을 의미하는 것은 아니다.

그러나 역시 중요한 것은 인사행정이 공직에 대한 적극적인 공보활동을 전개하고 인사전반에 걸친 관리의 합리화를 기하는 일이다. 공보활동은 모집대상자만을 상대로 할 것이 아니라 국민일반을 상대로 전개해야 하며, 공직의 긍정적인 영향을 널리 이해시킴으로써 흔히 갖기 쉬운 공직에 대한 국민의 부정적 인상을 씻도록 노력해야 한다.

(2) 인력계획의 수립　　변동하는 사회적·경제적 환경에 잘 적응하면서 유능한 인재를 공직에 확보하고 육성하는 데는 일시적 착상이 아니라 장기적 시야에

---

3) 박동서, 전게서, pp. 170～175; 오석홍, 전게서, pp. 177～180; 박연호, 전게서, pp. 186～191.

서 공무원의 수급에 관한 과학적인 인력계획을 마련하고 그에 따라 일관성 있는 모집계획을 수립·운용하여야 한다.

(3) 공고방법의 개선 모집활동을 적극적으로 수행하려면 공무원으로 취업할 수 있는 기회를 사람들에게 가장 효과적으로 알려야 하는 것은 물론이다. 취업의 기회를 알리는 목적은 이미 관심이 있는 사람들이 모여들게 하려는 것 뿐 아니라 관심이 없던 사람들도 공직취임에 대한 관심을 갖게 하려는 것이므로 공고의 성격은 그만큼 설득력이 있어야 한다.

신문·라디오·텔레비전 등 이른바 대중통신수단을 활용할 때 유료광고뿐 아니라 일반보도로 취업의 기회를 알리는 방법도 개척해야 한다.

특정한 모집대상에 직접 접촉하는 방법도 활용해야 한다. 학교나 훈련소 등의 인력양성기관, 노동조합이나 전문직업단체, 그리고 직업소개소에 모집정보를 우송하는 방법은 그 한 예이다.

(4) 시험의 정기실시 시험을 정기적으로 실시하되, 가능하면 그 횟수를 늘리는 것이 효과적이다.

(5) 채용절차의 신속화 및 간소화 채용과정은 신속히 진행되어야 한다. 시험의 공고로부터 채용후보자가 안정된 공무원의 신분을 얻을 때까지 시간이 너무 오래 걸리면 후보자들을 심리적으로 불안하게 만든다.

지원서류는 가능한 한 적고 간소하게 한다. 원서접수장소는 될 수 있는 한 분산시키고 또한 기일도 한정시키지 않고 연중으로 확대한다.

(6) 노동시장의 개척 정부가 능동적으로 공무원 지망 가능성이 있는 인력을 양성하는 기관, 특히 교육기관과 연계를 맺고 장래에 필요한 공무원의 인력을 양성하는 데 힘을 기울여야 한다.

(7) 적정보수와 발전가능성 보장 보수 등의 물질적 보상과 경력발전의 기회가 많아야 한다. 충분한 보상과 신분의 안정 및 능력발휘의 기회가 보장되어야 한다.

Ⅲ. 자격요건(지원자격)

현대국가에서 널리 쓰이고 있는 모집대상한정의 일반적 기준으로는 국적, 교육요건, 연령, 거주지, 성별, 기타 결격사유 등이 있다.

이러한 자격요건을 각각 논해 보기로 한다.[4)]

1. 국 적

국적은 모집대상을 제한하는 객관적 자격요건 중에서 가장 기본적인 요소가 된다. 대부분의 나라가 자국인과 외국인을 구별하여 후자에 대해서는 원칙적으로 모집대상에서 제외하고 있다. 우리 나라에서도 이같은 원칙이 적용되고 있다. 공무원은 국민 전체에 대한 봉사자로서의 책임과 국가의 번영을 이룩할 책무를 지며 국민대표적 역할을 수행한다. 또한 직무상 취득한 비밀을 엄수해야 할 의무도 있다. 공무원의 이같은 복무상의 특수성이 외국인의 채용을 제한하는 주요 원인이다.

2. 교육요건

모집대상을 제한하는 중요한 기준이 되는 것은 교육요건이다. 여기서 교육요건이란 주로 학력 또는 정규학교교육에 관한 것과 교육의 종류에 관한 것을 말한다.

(1) 학력요건　　종래 학력요건에 관하여는 국가에 따라 많은 차이가 있었다. 전통적으로 영국을 비롯하여 프랑스, 독일, 일본 등과 같이 계급제를 채택해 온 나라에서는 학력요건을 엄격히 규정한 반면, 미국, 오스트레일리아와 같이 직위분류제를 채택해 온 나라에서는 학력제한을 획일적으로 적용하지 않았다. 근래에는 정식교육을 강력하게 요구해 오던 국가에서도 학력차별에 대한 사회적 비난, 민주사상의 보급, 학교교육제도의 개편 등으로 이를 완화하는 경향이 있다.[5)]

(2) 교육의 종류　　교육요건 중 교육의 종류에 관한 문제는 모집에 있어서 어떤 종류의 교육을 받은 사람을 요구하느냐에 관한 것이다.

외국의 예를 보면 대체로 다섯 가지 유형으로 분류할 수 있다.[6)]

① 일반교양과목을 위주로 하는 경우—영국

4) 오석홍, 전게서, pp. 182~195; 박동서, 전게서, pp. 179~185; 박연호, 전게서, pp. 193~201.

5) 학력요건에 대해서는 찬성론과 반대론이 대립되어 있는데 상세한 설명은 김재기, 전게서, pp. 158~161 참조.

6) 박동서, 전게서, pp. 181~182.

② 직급에 따라 특수한 기술지식을 요구하는 경우—미국

③ 법학을 위주로 하는 경우—독일

④ 사회과학 일반에 중점을 두고 있는 경우—프랑스

⑤ 일반교육을 기초로 하고 거기에다 직급에 따른 전문지식을 테스트하는 경우—일본

우리 나라의 경우는 일본과 유사하게 1차, 2차로 2회에 걸쳐 필기시험을 실시하고 있으며, 내용으로 보면 1차에 교양, 2차에 직급에 따른 특수한 전문지식을 요구하고 있어, 미국, 일본의 경우하고 아주 유사한 점을 발견할 수 있다.

3. 연 령

지원자격요건으로서의 연령에 관하여는 여러 가지 연령제한의 유형이 있겠으나, 연령을 제한하는 경우와 이를 제한하지 않는 경우로 대립되어 있다.[7]

우리 정부에서도 연령을 지원자격기준의 하나로 삼고 있다. 채용시험의 응시연령이라는 형식을 빌어 지원자격으로 되는 연령의 하한과 상한을 계급별로 규정하고 있다.

4. 거주지

거주지가 모집대상을 한정하는 기준이 될 때가 있다. 즉 일정한 지역의 주민만이 그 지역의 공직에 취임할 수 있다고 하는 경우, 주소는 모집대상을 한정하는 기준이 된다.

거주지에 의한 모집대상의 한정은 지방자치제도에서 유래한 것이다. 거주지의 요건을 채택하는 나라에서는 지방자치단체의 공무원을 채용할 때 그 지방의 주민만을 대상으로 하여 왔다. 이렇게 하는 것은 주민에 의한 자치라는 관념에 부합하는 것이었다. 애향심을 가진 공무원들의 성실한 근무를 기대할 수 있었다.

그러나 인구의 지역간 이동이 활발해짐에 따라 애향심의 기초가 흔들리고 지방행정의 전문화에 따라 능률행정의 필요에 쫓기게 되자 거주지제한의 존재가치도 차츰 흐려지고 있다.

7) 연령제한에 대한 찬성론과 반대론의 상세한 설명은 김재기, 전게서, pp. 163~164 참조.

5. 결격사유

위에서 열거한 모집대상의 제한기준 이외에 어느 나라에서나 일반적으로 공무원이 될 수 없는 사유를 따로 정하고 있는 것이 보통이다. 이것이 이른바 '결격사유'인데, 여기에 해당되는 사람은 공직에 취임하지 못한다. 결격사유에 해당하는지의 여부가 절차상 어느 단계에서 심사되느냐 하는 것은 반드시 일정치 않다.

지원서를 접수하는 단계나 시험절차에서 결격사유 해당자가 가려질 수 있다. 끝으로는 임명과정에서 채용예정자의 신원을 확인할 때 결격사유에 해당하는지의 여부가 심사된다. 설령 모집단계에서 결격사유해당자가 배제되지 않아도 이들이 결국 공직에 취임하지 못하도록 되어 있으므로, 결격사유는 모집대상을 제한하는 효과를 가지는 것이다.

결격사유의 구체적인 내용은 나라마다 다소 다르나, 대체로 i) 민사상의 능력이 제한되거나 상실된 사실, ii) 형사처벌을 받은 사실, iii) 공무원법상의 징계처분을 받은 사실 등이 포함된다.

우리 나라에서는 공무원이 임용되기 위해서는 다음의 결격사유가 없어야 하고, 결격사유에 해당하는 자를 공무원으로 임명하는 행위는 무효이며, 재직 중 결격사유가 발생할 시에는 당연 퇴직된다.

Ⅳ. 결　　어

우리 나라 공무원 모집에 있어서는 우선 급격한 사회변동에 대처할 수 있는 적응력과 뛰어난 창의력, 발전지향적인 가치관, 도전적인 태도를 갖추고 성실성과 공공봉사 정신, 애국심이 투철한 우수한 인재들이 근무조건이 나은 사기업체보다 공직을 선호하도록 적극적인 모집체제를 확립하여야 할 것이며 자격요건에 있어서는 일체의 장벽을 걷어내고 개방적으로 나아가 경쟁력 있는 천하의 인재가 공무원 모집에 응하도록 하여야 한다. 특히 앞으로는 지식·기술 테스트에만 치중하기보다 개인의 가치관과 태도, 성격, 발전가능성을 종합적으로 검증할 수 있는 제도적 장치가 마련되어야 할 것이다.

제 2 절 승 진

Ⅰ. 승진(promotion)의 의의

승진이란 하위직급에서 직무의 책임도와 곤란도가 높은 상위직급으로, 또는 하위계급에서 상위계급으로(예: 사무관에서 서기관으로) 수직적인 인사이동을 행함을 의미한다. 따라서 승진이 이루어지는 경우 개인의 계급 또는 직급이 높아지고, 직무에 대한 책임도와 곤란도가 높아지게 된다. 한편 승진이 이루어지는 경우 보수도 인상되게 된다. 승진은 수평적 이동인 전직·전보와도 구별되며 동일한 직급 혹은 동일한 계급내에서 호봉만 올라가서 보수액이 증가하는 승급(with in-grade salary increase)과도 구별된다. 즉, 승진은 상위직의 결원이 생겼음을 전제로 하여 하위직급에서 상위직급으로의 이동을 의미하므로 책임과 권한의 증대를 수반하는 것임에 반하여, 승급은 상위직의 결원 여부와는 관계없이 일정한 기간동안 근무하면 거의 자동적으로 이루어지며, 이에 따른 직책의 변동 없이 동일급에서 호봉만 올라가게 된다.[8)]

승진이 인사행정에서 매우 중요한 요소 중의 하나로서 간주되고 있고 또한 그래야 한다는 것은 재론의 여지가 없다. 조직의 입장에서 볼 때 승진은 결원보충의 불가결한 수단이며, 직원의 직무동기를 유발하고 자기발전노력을 자극하는 수단이다. 유능한 인재를 공직에 유치할 수 있으며, 직업공무원제도를 확립하는 데 있어서 하나의 필수적인 요건이 된다. 직원의 입장에서 볼 때 승진은 보다 높

8) 승급에 관한 설명은 김재기, 전게서, pp. 347~352 참조.

은 지위, 보다 높은 수입의 욕구를 충족시켜 줌으로써 사기를 앙양시키는 데 중요한 역할을 하며 개인의 능력발전 및 잠재력 발휘의 기회를 부여하며 여러 가지 신분상승이 현실화된다.[9)]

Ⅱ. 승진의 범위

여기서 승진의 범위라 함은 다음의 세 가지를 들 수 있다. 즉 i) 일반직공무원이 승진할 수 있는 한계, ii) 외부로부터의 신규채용과의 관계, iii) 승진에 있어서의 재직자간의 경쟁, 즉 부처간의 문제 등을 들 수 있다.

1. 승진의 한계

일반직공무원 또는 직업공무원이 어느 계층까지 승진할 수 있느냐는 각국의 직업공무원제도의 발전정도와 고급공무원의 능력 및 민주통제의 수준 등에 따라 다르다. 일반직공무원의 승진한계가 높은 나라로는 영국, 독일, 불란서 등의 국가이며, 미국은 비교적 낮다. 일반직공무원의 승진한계가 높을 경우, 공무원의 사기는 앙양되고 행정의 기술성이 향상될 것이다. 그러나 관료의 권력이 강해지며, 민주통제가 어려워질 것이다. 우리 나라는 법제상으로는 1급까지 승진할 수 있으나, 공무원의 직업화의 정도가 낮은데다 인사권자들의 권한남용으로 인하여 법제와 실제간에 간격이 있었다.

그러나 행정의 전문화 추세에 따라 70년대 이후 경력직공무원의 고위정무관직에의 진출이 뚜렷해지고 있다.[10)]

2. 승진과 신규채용과의 관계

상위직에 결원이 발생하는 경우 이를 재직자의 승진에 의하여 충원할 것인가(폐쇄제), 신규채용에 의하여 충원할 것인가(개방제)[11)]에 관한 문제이다. 문제는

---

9) 오석홍, 전게서, pp. 275~276.

10) 직업공무원이 곧장 정무관으로 진출하는 추세에 대하여 직업공무원들의 민의에 대한 대응성·책임성 약화, 상부 지향성 등의 문제점을 지적하며 우려를 표명하는 견해가 있다. 박동서, 전게서, p. 295.

11) 개방형 임용제도란 직업공무원제를 근간으로 하는 폐쇄형 임용제도와 대비되는 것으로서,

외부신규채용과 내부승진채용의 비율을 어떻게 할 것인가인데, 그것을 결정하는 경우에는 현직공무원의 사기문제, 공무원의 질의 문제 및 공직의 참신성에 관한 문제 등이 고려되어야 한다.[12)]

3. 기관적 한계

승진정책에 있어서 또한 문제가 되는 것은 승진대상자의 범위에 관한 문제이다. 즉 승진대상자의 범위를 승진예정직위가 속해 있는 기관이나 또는 조직단위의 재직자로 한정할 것인가(폐쇄주의), 아니면 이러한 한계를 두지 않고 승진예정직위의 바로 하위직에 근무하는 재직자면 누구나 경쟁할 수 있도록 널리 개방할 것인가(개방주의)의 문제이다. 다른 말로 표현하면 승진경쟁의 범위를 동일부처내에 한정시킬 것인가, 그렇지 않으면 부처간의 장벽을 없애고 승진예정직위의 바로 하위직에 근무하는 재직자면 누구나 경쟁할 수 있도록 개방할 것이냐의 문제이다. 전자를 일반승진이라 하고 후자를 공개승진이라 한다.

일반적으로 승진경쟁범위를 기관별로 한정하는 승진제도를 채택하고 있으며, 공무원단체가 강력한 지위를 가진 나라일수록 이러한 추세가 강하다.

그렇게 하는 이유는 다음과 같다.

① 공무원들은 소속부처내에서 발생하는 승진기회에 대하여 당해부처의 기득권으로 생각하는 경향이 있어 다른 부처공무원이 결원직위에 승진되는 경우 소속공무원의 사기저하와 저항을 가져온다.

② 각 부처의 국·과에 근무하는 사람은 상호간 단체정신, 협동정신이 있으므로 외부로부터의 승진은 이와 같은 정신을 파괴한다.

③ 비록 직렬은 같다 하더라도 각 부처의 직무내용에는 각각 특이성이 있으므로 다른 부처직원의 승진에 의한 갑작스런 편입은 능률을 떨어뜨릴 가능성이 있다.

④ 각 기관의 임용권자 또는 임용제청권자들은 자기 관할내에서 승진후보자

원칙적으로 정부관료제의 모든 직급에 대하여 외부로부터의 신규채용을 허용하는 임용제도를 의미한다. 전통적 직업공무원제의 골격이 되어온 폐쇄형과 달리 개방형은 외부전문가나 유능한 인재에게 공직의 문호를 개방하여 새로운 지식·기술·아이디어를 수용하여 행정의 효율성을 높이자는데 그 취지가 있다.

12) Nigro and Nigro, *op. cit.*, pp. 291~292.

를 임용 또는 임용제청할 때 외부의 간섭을 받지 않으려는 경향이 있다.

반면에 기관별로 승진의 기회를 한정할 경우 다음과 같은 결함이 있다.[13]

① 승진경쟁자의 범위가 좁아지기 때문에 유능한 인재의 선발에 제약이 따른다.

② 공무원들간에 승진기회가 공평하게 주어지지 않는다. 어떤 기관에서는 승진기회가 많은가 하면, 어떤 기관에서는 승진기회가 적다. 승진의 기회가 적은 기관에 근무하는 공무원들은 상대적으로 사기가 저하된다.

③ 기관간의 배타성과 파벌성을 조장할 우려가 있으며, 공무원들의 시야가 좁아 기관간의 협조와 조정이 어렵게 된다.

이처럼 승진범위에 관한 기관적 한계의 문제는 여러 각도에서 신중히 고려하여 결정되어야 한다. 이상적인 제도는 이러한 한계를 획일적으로 고정시키지 않고 구체적인 필요에 따라 승진의 기관적 범위를 융통성 있게 조정할 수 있는 것이라 하겠다.[14]

우리 정부에서는 경쟁의 범위를 기관별로 제한하는 일반승진을 원칙으로 하고 있다. 5급 공무원에의 승진에 한하여 공개경쟁승진을 허용하지만, 그것은 예외적인 것이다. 기관간 승진기회의 균형유지와 유능한 공무원의 발탁을 위해 시험성적에 의하여 합격자를 결정하는 공개경쟁승진시험을 실시할 수 있는 제도가 마련되어 있기는 하지만, 이를 실시하는 일은 드물다. 우리 정부의 승진정책은 폐쇄주의쪽으로 치우쳐 있다. 결과적으로 정부부처간에 승진기회의 상당한 불균형이 나타나고 있다.

---

13) Stahl, *op. cit.*, pp. 144~145.

14) 오석홍, 전게서, pp. 280~281.

Ⅲ. 승진의 기준

승진기준으로서는 경력, 학력, 시험성적, 근무성적, 교육훈련성적, 승진예정직에서의 시험적 근무성적, 상벌의 기록 등을 들 수 있다.[15)]

1. 경 력(연공서열: practical experience)

경력은 소위 연공서열로서 직업상의 경험과 그 근무년한을 말한다.

경력을 승진의 기준으로 삼는 것은 경력이 승진예정직에서의 직무수행능력과 관계가 있다는 전제를 하기 때문이다. 어떤 사람의 지난날의 경력을 보아 승진예정직에서 성공할 수 있는가를 예측하려는 것은 결코 무의미한 것이 아니다. 경력을 승진의 기준으로 삼을 경우 경력의 종류별 및 기간별 비중을 정하여 평정하는 것이 보통이다. 경력의 상대적인 가치를 정하는 까닭은 경력이 다르면 직무의 수행능력에 대한 상관도도 달라질 것으로 보기 때문이다.

2. 학 력(education)

학력은 학교교육을 받은 경험을 말한다. 학력이 신규채용에서만큼 중요시되는 것은 아니지만, 승진에 있어서도 고려되는 경우가 많다.

3. 시험성적(test score)

실적주의제도하에서는 승진시험의 성적을 승진의 기준으로서 널리 사용한다. 지식과 기술은 직무수행능력과 밀접한 상관관계를 갖고 있기 때문에 지식과 기술을 측정하기 위한 수단이 되는 시험은 승진의 보다 타당한 기준이 된다는 것이다.

4. 근무성적(comparative performance)

하위직에서의 근무성적을 승진의 기준으로 삼아 근무성적이 우수한 사람을

15) 오석홍, 전게서, pp. 281~287. 승진의 기준을 크게 경력(학력 포함)과 실적으로 대별하여 고찰하는 방법도 있다. 박동서, 전게서, pp. 300~305.

승진시킬 수 있다. 근무성적은 주로 현 직위의 업무수행상황을 평가한 것이다.

5. 교육훈련(training)

교육훈련의 횟수와 성적도 승진의 기준으로 활용되는 경우가 있다. 교육훈련의 기본적인 목적이 공무원의 능력발전을 도모하는 것이므로 교육훈련성적을 승진에 반영한다는 것은 바람직한 일이다. 다만 이 경우에도 교육훈련성적을 측정하는 문제라든가 반영의 기준을 설정하는 문제가 타당하게 해결되어야 할 것이다.

6. 승진예정직에서의 시험적 근무성적(trial on the job)

공무원을 승진예정직에서 시험적으로 그 직무를 수행하여 보도록 하고 그 실적을 기준으로 하는 것을 말한다. 공무원을 승진시킬 상위직에 시험적으로 배치하고, 그 근무성적을 기준으로 하여 승진을 결정하는 것이다. 다시 말하면 승진의 경우에도 시보기간을 활용하는 것이다.[16)]

7. 상벌의 기록

위에서 열거한 여러 기준에 포함되지 않는 기타의 인사기록이 승진결정에 자료를 제공하는 경우가 있다. 그러한 인사기록의 대표적인 예가 공무원에 대한 상훈 및 징계의 기록이다. 상벌의 사실을 승진결정에서 고려하는 것은 상벌의 효과를 승진에까지 연장시키는 것이다. 어떤 의미에서는 승진이 상과 벌의 수단으로 활용되는 것이라고 할 수도 있다.

Ⅳ. 승진기준의 배합

위에서 승진의 제기준을 살펴보았는데, 승진을 결정할 때에는 하나의 기준을 사용하기보다는 복수의 기준을 적용한다. 그것은 어느 하나의 승진기준도 완벽할 수 없기 때문이다. 복수의 기준을 사용할 경우에는 어떤 기준을 선택할 것이

16) 오석홍, 전게서, pp. 286～287.

며, 그들 기준간의 배합비율을 어떻게 할 것인가가 문제가 된다. 승진기준의 선택과 배합비율을 정할 때 유의해야 할 사항은 다음과 같다.[17]

① 각 기준의 긍정적인 효과, 즉 장점이 적절히 그리고 동시에 반영될 수 있도록 구성한다.

② 공직의 능률향상과 안정성 유지, 재직자의 사기앙양 등에 관한 여러 요청을 균형 있게 조화시킬 수 있도록 구성한다.

③ 인력운용자들의 의견을 존중하고 그들에게 재량의 여지를 주어야 한다는 요청과 객관화된 통일적 기준을 적용해야 한다는 실적주의의 요청을 조화시킨다.

④ 승진대상직위에 따라 융통성 있는 승진기준의 편성이 되도록 한다.

⑤ 형식적인 배합비율과 실질적인 배합비율이 일치되도록 한다.

각 기준이 실제로 어떻게 운영되느냐에 따라 형식적으로 정해 놓은 배합비율은 얼마든지 왜곡될 수 있는 것이다.

예컨대 경력평정 50%, 근무성적평정 50%를 배합비율로 정한 경우, 만일 사람에 따른 근무성적의 평점차가 거의 없다면 실질적인 배합비율은 경력평정 100%, 근무성적평정 0%로 되는 셈이다. 그러므로 각 기준의 운영실태를 처음부터 잘 감안하여 배합비율이 형식화되는 것을 막아야 한다.

우리 나라에서도 승진을 결정할 때, 경력, 교육훈련성적, 근무성적, 승진시험 및 상벌 등의 복합기준을 직급마다 다르게 배합하면서 승진제도를 운영하고 있다.

모든 승진결정에서 적용되는 기준은 '승진소요최저년수'와 징계의 기록이다. 즉 공무원이 승진후보로 될 수 있으려면 현 계급에서 일정한 기간 재직하여야 한다. 그러한 기간은 계급별로 정해져 있는데, 이를 승진소요최저년수라 한다. 그리고 징계처분을 받은 사람은 징계종류별로 정해진 승진제한기간이 경과되지 않으면 승진되지 못한다.

Ⅴ. 우리 나라 승진제도의 문제점

우리 나라 승진제도에 있어서 문제점은 첫째, 승진의 공정성 확보문제와 둘째, 승진적체 해소문제로 요약할 수 있다.

---
17) 오석홍, 전게서, pp. 287~288.

공무원을 대상으로 한 설문조사[18]의 결과 응답자의 53.7%가 연줄, 인맥 등 정실을 이유로 승진의 공정성을 인정하지 않았다. 승진후보자의 인사청탁과 인사권자의 정실인사가 아직도 불식되지 않고 있다고 보여진다. 우선 승진심사의 공정성을 높여야 한다. 공개경쟁승진시험을 적절히 활용하는 방안을 찾아야 한다. 승진의 기준으로 사용되는 '공무원평정'의 신뢰성과 타당성을 제고시키고 여러 평정의 배합비율결정에서 실적기준의 비중을 높여 가야 한다. 근무성적평정에서는 '승진가능성'(profitability) 내지 장래의 발전가능성을 더 충실히 평가하는 방법을 개발해야 한다. 중립성·객관성을 보장하는 중앙심사위원회를 설치하여 승진심사의 합리성·공정성·실적성을 높여야 한다.

5급에서 4급으로 승진하는 데도 보다 객관화된 심사방법을 도입하고 실적에 의한 경쟁성을 높여야 한다. 이 밖에도 전계급에 걸쳐 승진의 실적에 의한 경쟁성을 강화함으로써 모든 공무원이 승진되어야 한다고 생각하는 것과 같은 관념은 바꾸어 놓아야 한다. 공직은 공익추구를 위해 있는 것이지 공무원의 개인적 만족을 위해 있는 것은 아니다.

5급 이하 공무원의 승진에서 공정성 시비의 표적이 되는 근무성적평정제도의 객관성을 높여야 한다. 연공서열에 따른 역산제적 근무성적평정방법[19]은 시정되어야 하며 동료평정, 부하평정제도의 도입을 시도해야 할 것이다.

다음으로 지난 수십년간의 인사정책실패는 공무원들의 승진욕구를 부채질하고, 다른 한편으로는 비교적인 승진적체, 그리고 그보다 더 심한 '적체인식'을 심화시켜 놓았다.

무엇보다도 과거 초고속으로 승진한 사람들이 낮은 연령으로 인하여 오래 고위직에 머물지 않을 수 없기 때문에 승진적체가 심화되어 왔다. 6급에서 5급으로의 승진소요연수가 매년 길어지고 있어 거의 10년 가까이 되고 있으며 상위직급은 더욱 더 길어지고 있다.

승진제도운영의 잘못은 모든 사람이 승진해야 하는 것처럼 생각하게 만드는 풍조를 조성하였다. 승진적체가 과거보다 심해졌다는 사실보다도 승진적체가 아주 심하다고 느끼는 공무원들의 지각이 더 큰 문제이다.

---

18) 조성한, 「행정에 관한 국민과 공무원의 인식조사 '95」, 한국행정연구원, 1996, pp. 181~189.
19) 역산제에 관하여는 제3장 제2절 근무성적평정을 참조.

승진적체의 해결방안은 무엇보다도 과잉승진욕구, 고속승진욕구를 줄이도록 하는 공무원의 의식전환이 급선무라 하겠다. 제도적으로는 계급정년제 도입, 조기퇴직 유도, 대우공무원제의 방안이 있다.[20)]

20) 상세한 내용은 오석홍, 전게서, pp. 294~295 참조.

제 3 장 인적자원의 개발

제 1 절 교육훈련

Ⅰ. 교육훈련의 의의

1. 교육훈련의 정의

인사행정에서 말하는 공무원의 교육훈련이란 공무원의 일반적 소양과 능력을 개발하고 직무수행에 필요한 지식과 기술을 향상시키며, 가치관과 태도를 바람직한 방향으로 변화시키기 위한 활동이라고 할 수 있다. 과거에는 공무원에 대한 훈련을 좁은 뜻으로 받아들여 공무원이 담당하고 있는 특정직무의 수행에 직접 필요한 지식과 기술의 향상을 위한 활동만을 훈련이라 해 왔다. 그러나 훈련의 필요성이 확대되어가고 훈련의 성격도 변화되어 감에 따라 그와 같이 한정적인 정의는 통용될 수 없게 되었다.[1] 따라서 오늘날 공무원의 교육훈련이라 하면 공무원의 업무관리 및 일반적인 행정능력을 개발하고 직무수행에 필요한 발전적 변화를 촉진하는 활동을 뜻하는 넓은 개념으로 사용된다.[2] 우리 나라의 공무원 교육훈련법에서도 교육과 훈련을 한데 묶어 교육훈련이라는 용어를 병용함

1) Lloyd G. Nigro and John J. Demarco, "Training in Local Governments: Attitude and Practice," *Southern Review of Public Administration*, Vol. 2, March 1979, p. 479.

2) A. Etzioni, *Modern Organization* (Englewood Cliffs, N.J.: Prentice-Hall, 1964), pp. 68～74.

으로써 이의 구별을 피하고 있다.[3)]

근래 발전론의 대두와 더불어 훈련이라는 용어 대신 교육 또는 능력발전이라는 용어를 학계·실무계에서 공통적으로 사용하기 시작하였으며, 그러한 용어의 변화에 따라 실질적 내용도 점차 변하게 되어 단순한 훈련뿐만 아니라 교육의 의미도 상당히 내포하게 되었다. 본래 교육이란 개인의 잠재력을 종합적으로 개발하는 것을 뜻하며 훈련이란 이러한 일반적·종합적인 것이 아니고 어떠한 직원이 자기가 맡은 바 직책을 수행하는 데 그 직책이 요구하는 자격을 구비하고 있지 못한 경우 그 부족한 능력이 무엇인가를 파악하고 보충하는 것을 의미한다.

따라서 이는 특정된 직책과 관련된 점에서 교육과 구별된다고 생각한다. 이와 같이 보면 공무원에 대한 것은 교육이라고 할 것이 아니라 훈련이라고 호칭하여야 할 것으로 생각되나 오늘날 공무원의 훈련의 목적이 상당히 광범해지고 있어 교육과 밀접한 관련성을 갖게 되었다고 볼 수 있다.[4)] 따라서 본서에서도 특별히 구별할 필요가 있는 경우를 제외하고는 이들 용어를 혼용하기로 한다.[5)]

2. 교육훈련의 중요성

종래 통제수단으로서만 인사행정이 이용되었던 시대에는 능력발전이란 생각될 여지가 전혀 없었던 것이었다. 따라서 여기서 논의될 능력발전을 위한 훈련은 거의 경시되었고, 기타의 근무성적평정, 승진, 승급, 전보 · 전직은 모두 통제의 수단으로서만 이용되었던 것이다.

교육훈련은 체계적이고 계획적으로 공무원의 발전을 촉진하려는 활동이다. 교육훈련은 재직중인 공무원의 능력을 발전시키는 여러 가지 인사행정활동의 중핵을 이루는 것이다.

현대행정국가의 공무원에 대한 훈련의 중요성이 얼마나 크다고 하는 것은 여기서 논의할 필요가 없을 것이며, 다만 외국의 공무원훈련에 대한 강조라든지 5·16 후의 공무원훈련에 막대한 예산의 투자만을 보아도 알 수 있다. 그러나 50

---

3) 공무원교육훈련법 제1조; 우리 나라에서는 5·16전까지 훈련이란 용어를 사용하여 왔으나, 이 명칭에 대한 좋지 않은 평가로 인해 명칭을 개정하려는 노력 끝에 현재에는 훈련과 교육이라고 하는 단어를 합성하여 교육훈련이라는 용어를 사용하고 있다.

4) F.J. Tickner, *Modern Staff Training* (London: University of London Press, 1952), pp. 9~10.

5) Nigro and Nigro, *op. cit.*, p. 228.

년대까지 우리 나라에서 이것이 등한시되어 왔음은 극히 유감이며 60년대 이래 우리 나라에서는 우선 최소한도 훈련만은 능력발전의 수단으로서 극히 강조되었음은 다행이나, 기타의 것은 발전행정과 능력발전을 위한 수정이 구체적으로 이루어지지 않고 있다가 80년대에 들어와서 부분적으로 능력발전을 위한 인사개혁이 이루어지고 있음은 다행한 일로 생각된다.

오늘날 선진국이든 발전도상국가이든 공무원의 교육훈련이 매우 중요시되고 있다. 공무원의 교육훈련은 현재 또는 장래의 직무수행능력 향상이라는 차원을 넘어 장기적인 인재육성계획의 일환으로서 혹은 평생교육(life-long education)이라는 관점에서 인식해야 할 것이다. 이러한 인식은 교육과 훈련이 인적 자원의 활용문제에서 중요한 투자의 가치를 지닌 것이며 또한 그 자체가 바로 훌륭한 하나의 자본투자라고까지 생각하게 하였다.

그리하여 오늘날 대부분의 국가에서는 비록 이러한 투자로부터의 이익의 비율, 즉 교육과 훈련의 결과를 정확하게 측정할 수는 없다고 하더라도 교육훈련을 단기적인 재정적 지출로서 생각하기보다는 행정의 지속적인 발전을 위한 하나의 장기적인 자본지출로서 생각하고 있는 것이 일반적인 경향이다.

Ⅱ. 교육훈련의 필요성(목적)

훈련이 필요하게 되는 가장 근본적인 이유는 완벽한 공무원이 있기 어렵다는 사실에서 찾을 수 있다. 설령 한때 완벽한 것으로 판단되는 공무원이 있더라도 미래에 부과될 새로운 임무에까지 완전무결하게 대응할 수 있는 사람은 매우 드물 것이다.

그러므로 훈련의 기본적인 목적은 공무원의 직무수행에 필요한 지식, 기술, 일반능력 그리고 태도에 관련하여 발생하는 훈련수요를 충족시켜 공무원의 발전을 도모하는 것이라고 할 수 있다. 구체적인 경우의 훈련수요, 즉 훈련을 시켜야 할 필요는 지극히 다양한 것이므로, 그것을 여기서 모두 열거할 수는 없으나 일반적으로 지적하는 필요성은 다음과 같다.[6)]

① 어느 경우에나 공무원들이 새로 채용되자마자 부여되는 임무를 곧바로 능

6) Stahl, *op. cit.*, pp. 276~277; Leap and Crino, *op. cit.*, pp. 275~276.

숙하게 처리하기는 어렵다. 따라서 공무원이 어떤 직위에 새로 배치되면 그 직위와 근무상황을 소개하고, 이에 적응시키는 훈련이 필요하게 된다.

② 정부에서 하는 일, 다시 말하면 공무원이 해야 할 일은 변함 없이 한결 같은 것이 아니라 변동되는 것이므로, 이러한 변동에 대비·적응시키는 훈련이 필요하게 된다. 특히, 발전도상국에서는 변동을 유도·촉진하기 위해서도 교육훈련이 뒷받침되어야 한다.

③ 공무원들이 담당하고 있는 현재의 업무에 새로운 기술이 도입될 때 그러한 기술의 원활한 활용을 위하여 훈련이 뒤따르게 된다.

④ 정부에만 있고 민간부문에서는 거의 찾아볼 수 없는 직무가 많다. 경찰, 소방, 세금징수, 우편업무 등이 그 예이다. 이런 특정 직무에 대하여 일반교육기관에서 교육을 받았거나 민간부문에서 경험을 쌓은 사람이 드물 것이므로 신규채용시에 훈련이 필요하다.

⑤ 공무원들이 보다 무거운 책임을 맡는 상위직에 진출할 수 있도록 대비시키려면 훈련이 필요하다. 현재의 담당직무를 잘 수행하게 하는 것뿐만 아니라 공무원들의 경력발전을 촉진하기 위해서도 훈련은 필요한 것이다.

⑥ 행정기능의 변화와 환경의 변화는 지식·기술의 변화뿐만 아니라 태도의 변화를 요구한다. 공무원의 가치관이나 태도의 변화를 가져오기 위해서도 훈련은 필요하다.

공무원들에게 올바른 정신자세를 확립시킴으로써 올바른 공직관을 가지게 하는 교육이 필요하다. 특히 개발도상국에서 볼 수 있는 부정부패를 배격하기 위한 공직의 윤리를 확립할 필요가 있다. 또한 국가발전의 선구자·선도자로서 공무원이 가져야 하는 발전지향적 태도의 확립을 위해서도 교육훈련이 매우 중요하다.

Ⅲ. 교육훈련의 효용(효과)

교육훈련의 효용 내지 효과는 다음과 같은 것이 있다.[7]

---

7) 오석홍, 전게서, pp. 304~305; Stahl, *op. cit.*, pp. 286~291.

1. 생산성의 향상

훈련을 통해 신규채용자나 재직자가 새로운 지식과 기술을 획득하고 그것을 잘 활용하게 되어 공무원의 직무수준이 높아지며, 이것은 곧 정부조직의 생산성 향상을 의미한다.

2. 질적 향상

적절한 교육훈련은 양적인 생산성을 증가시킬 뿐만 아니라 업무의 질도 향상시킨다. 훈련을 받아 일에 익숙해지면 직무수행상의 사고나 과오를 감소시킬 수 있을 뿐만 아니라 낭비도 줄일 수 있다. 특히 고급공무원들의 경우 보다 수준 높은 교육내용을 습득하게 되고, 또한 보다 넓은 견식을 갖게 될 때, 부하직원들과의 상호작용관계에 있어서 보다 민주적이고 참여적인 관리방법을 활용하게 될 것이다. 이와 같이 질의 향상은 조직의 생산 또는 서비스와 밀접한 관계가 있으며, 또한 그것은 눈에 보이지 않는 조직의 분위기와도 밀접한 관련을 갖는다.[8)]

3. 경력발전

공무원의 경력발전(career development)을 촉진하고, 노폐화를 방지 또는 완화한다.[9)]

공무원이 지위를 향상시켜 가면서 만족스러운 공직생활을 영위할 수 있는 것은 교육훈련을 통한 능력발전에서 비롯된다. 이러한 능력발전은 결과적으로 경력을 발전시키는 기틀이 되는 것이다. 과거에는 교육훈련의 중점을 현재적인 능력향상에만 두어 왔으나, 오늘날에는 미래를 지향한 능력발전에까지 그 유용성을 확대시키고 있는 것이다.

4. 사기의 제고

사기제고에 기여한다. 훈련을 통해 직무수행에 필요한 지식과 기술을 습득하

8) Sarane S. Boocock, "Technology and Educational Structure," *Educational Technology*, 9(1), 1969, pp. 19~21.

9) 공무원의 잦은 보직변경의 폐단을 방지하기 위하여 능력발전제도의 일환으로 2006년 1월부터 경력개발(발전)제도가 도입되었다. 경력개발제도란 미리 정한 보직경로를 따라 전진할 수 있도록 경력계획을 수립하고 개인의 능력을 개발하나가는 활동을 말한다. 이 제도는 개인의 발전목표와 조직의 목표를 함께 성취하기 위해 개인과 조직이 함께 추진해야 하는 프로그램이다.

여 일에 자신을 얻게 되면 공무원의 직무수행의욕이 향상된다. 훈련이 경력발전의 기회와 연결될 때 공무원의 사기는 진작되며, 공무원들은 자기발전의 동기를 얻게 될 것이다.

5. 통제와 감독의 필요성 감소

훈련을 잘 받은 공무원은 자기 스스로 업무를 수행할 능력을 갖추게 되므로 그에 대한 통제나 감독의 필요성이 줄어든다. 이것은 정부조직의 입장에서 볼 때 통제나 감독에 소요되는 비용을 줄일 수 있고, 공무원 개개인의 입장에서 볼 때는 자율성을 기를 수 있는 기회가 주어진다.

6. 조직의 안정성과 융통성의 향상

조직의 안정성과 융통성을 향상시킨다. 조직의 '안정성'이란 중요한 직원의 상실과 소모에도 불구하고 조직의 효율성을 지속시킬 수 있는 능력을 말한다. 조직의 안정성은 소모된 인력을 보충할 수 있도록 훈련받은 직원이 조직 내에 얼마나 비축되어 있느냐에 의존되는 바 크다. 조직의 '융통성'은 갑작스런 조직 내의 업무변동에 적응할 수 있는 조직의 능력을 말한다. 이러한 융통성은 필요에 따라서 옮겨 쓸 수 있도록 훈련된 인력이 얼마나 있느냐에 달려 있다.

7. 행정발전에 기여

훈련의 가장 포괄적인 효과는 행정발전에 있다. 훈련은 행정체제의 침체를 막고 개혁을 가져오는 수단이 된다. 행정발전은 교육훈련 이외의 방법에 의하여서도 이루어지고 있으나 교육훈련이 매우 중요한 방법임에는 틀림없다.

Ⅳ. 교육훈련의 종류와 방법

1. 교육훈련의 종류

공무원 교육훈련의 종류는 분류기준에 따라 여러 가지로 분류될 수 있다.[10)]

10) 오석홍, 전게서, pp. 307~308.

첫째, 교육훈련의 목적 내지 내용을 중심으로 적응훈련(기초훈련), 직무수행능력향상훈련, 관리능력향상훈련 및 윤리교육 등으로 분류될 수 있다.

둘째, 교육훈련을 받는 공무원의 대상에 따라 고급관리자양성과정, 중급관리자양성과정, 초급관리자양성과정으로 나눌 수 있다.

셋째, 훈련기준을 기준으로 하여 장기·중기·단기의 훈련으로 구분하는 경우도 있다.

넷째, 훈련의 실시장소를 중심으로 직장내에서의 내부훈련과 직장 외부에서의 외부훈련으로 구분될 수 있다.

다섯째, 훈련방법의 성격에 따라 분류할 수도 있다.[11)]

여기에서는 교육훈련의 목적이 공무원이 담당할 직책을 수행하는 데 필요한 능력의 부족분을 가급적 짧은 시일내에 보완하는 것이므로 그러한 부족한 내용에 따라 훈련을 시키는 교육훈련의 목적 내지 내용에 의거한 분류만을 설명하고자 한다.[12)]

(1) 적응훈련(기초훈련) 적응훈련(orientation training)은 신규채용자에게 직무수행에 필요한 기초적 지식을 습득시키고 공직에의 적응능력을 배양시키는 훈련이다. 신입직원훈련 또는 신규채용자훈련이라고도 불리어진다. 적응훈련에서 하려고 하는 일은, 첫째 소속직장 전체의 성격과 업무상황을 알려주는 것이다. 둘째, 공무원이 담당할 직무에 관한 기초지식을 가르쳐 주는 것이다. 셋째, 처음 직장에 나오는 사람이 낯설고 서투른 분위기 때문에 위축되거나 좌절감을 갖지 않도록 돌보아 주는 것이다.

(2) 보수교육훈련 보수교육훈련(refresh and extension course)은 재직자훈련이라고도 하며, 재직공무원을 대상으로 직무수행능력의 향상과 변화에의 적응을 위한 새로운 지식, 기술 등을 습득시켜 새로운 행정환경의 분석과 대응능력을 배양시킬 목적에서 정기적으로 또는 수시로 실시하는 교육훈련이다.

(3) 관리능력향상훈련 관리능력향상교육훈련은 흔히 관리자훈련(executive or managerial training)이라고 부르는 것으로서 관리층 공무원의 관리능력, 즉

11) 우리 나라 공무원교육훈련법 및 동시행령에 의하면 훈련기관(장소에 따라 교육훈련기관교육), 특별훈련, 직장훈련으로 분류하고 훈련의 목적에 따라 정신교육훈련과정, 직급별 기본교육훈련과정, 직무분야별 전문교육훈련과정으로 분류하고 있다.

12) 오석홍, 전게서, pp. 308～315; 박동서, 전게서, pp. 228～233; 박연호, 전게서, pp. 448～450.

정책결정과 지도에 필요한 능력을 향상시키는 훈련이다. 일반적으로 관리자는 다른 사람들의 노력을 통하여 또는 이들을 지휘하여 일을 성취시켜 나가는 직위에 있는 사람들이다.[13] 이들은 기술적인 전문분야의 업무를 자기가 직접 하는 것보다는 이를 이끌어 나가는 사람들이므로 정책결정, 조정, 통제, 대내외적 연계작용 등을 주임무로 한다. 정부기관에서 이러한 일을 담당하는 사람들은 정부구조의 관리계급에 속하는 보통 국장급 이상의 고급공무원들이다.

(4) 윤리교육훈련(가치관, 태도변화 훈련)　윤리교육훈련(ethical education and training)은 공무원의 가치관, 태도의 발전적 변화를 모색하는 일련의 교육훈련으로서 공무원의 직업윤리와 행동규범을 공무원들에게 체득시키려는 훈련이다. 우리 나라에서는 이것을 정신교육이라고도 부른다.

이 훈련은 공무원이 직무를 바람직한 방향으로 생각하고 실천하는 행동규범을 확립시키기 위한 것이다.

2. 교육훈련의 방법

교육훈련(training method)은 훈련실시의 수단이다. 현재 각국에서 개발되거나 쓰이고 있는 훈련의 방법은 지극히 다양하며, 새로운 방법들이 계속하여 개발되고 있다. 교육훈련방법으로는 현장훈련(직장훈련), 순환보직, 실무수습, 시찰, 강의, 회의방법, 토론방법, 사례연구, 역할연기, 감수성훈련, 바스켓 게임, 브레인스토밍(brain storming) 등이 있다.[14]

3. 교육훈련방법의 선택

훈련방법을 선택하여 사용할 때에는 훈련의 목적과 여건을 충분히 고려하여야 한다. 고려하여야 할 사항에는 다음과 같은 것들이 있다.[15]

첫째, 선택된 훈련방법은 훈련의 목적에 적합한 것이라야 한다. 훈련의 목적에 비추어 선택하되 복수의 훈련방법을 사용하는 경우에는 서로 균형을 이루도록 배합하여야 한다.

---

13) Fordyce Luikart, "Executive Development: Boundaries and Challenges," *Personnel Administration*, Vol. 14 (May 1951), pp. 5～12.

14) 각종 교육훈련방법에 관한 상세한 설명은 김재기, 전게서, pp. 265～274 참조.

15) 오석홍, 전게서, p. 374.

둘째, 피교육훈련자의 경험, 지식수준, 지위 등과 이들의 수도 고려되어야 한다.

셋째, 유능한 교관의 유무를 고려하여야 한다.

넷째, 훈련에 동원될 수 있는 설비와 교재의 유무도 고려하여야 한다.

다섯째, 비용과 효과를 비교하여야 한다. 효과에 비해 비용이 너무 큰 훈련방법은 선택될 수 없다.

미국의 연방관리자연수원(FEI)은 교육방법으로서 주로 세미나(seminar)와 워크숍(workshop) 형식의 교육방법을 사용함으로써 피교육훈련자 상호간의 경험교환에 의한 능력배양에 주력하고 있다.

우리 나라에서도 학습효과의 제고를 위하여 강의, 참여식 교육방법, 경험식 교육방법, 시청각식 교육, 독서지도 등의 방법을 적절히 배합하되, 신임관리자과정을 제외한 다른 교육방법에 의하여 실시할 것을 강조하고 있다.

Ⅴ. 교육훈련제도의 운영

교육훈련제도의 운영에 관한 주요한 문제로서 교육훈련수요의 파악과 훈련담당자로서의 교관요원, 훈련에 대한 저항과 극복, 훈련의 사후평가 등을 고찰하기로 한다.

1. 훈련수요의 파악

교육훈련의 수요란 공무원들이 어떤 내용의 교육훈련을 어느 정도 필요로 하는가에 관한 것이다. 이러한 교육훈련의 수요에 대한 조사는 교육훈련계획을 작성하는 출발점이 된다.

훈련수요조사(training needs assessment)는 공무원들이 어떤 훈련을 어느 정도 필요로 하는가를 확인하는 활동이다. 훈련이란 결국 기대수준에 미달되는 공무원의 능력(자질)을 보충하자는 것이므로 훈련수요조사에서는 우선 기준에 미달되는 공무원의 능력이 무엇이며, 미달의 원인이 무엇인가를 알아내고, 그러한 능력을 개선할 수 있는 훈련이 어떤 것인가를 결정해야 한다.

교육훈련의 수요점이란 공무원에게 요구되는 기대수준(expected level)에서 현재수준(present level)을 제외한 나머지 부분, 즉 미달수준 중에서 교육훈련을 통하여 충족시킬 수 있는 능력수준의 한계점을 말한다. 기대수준에서 미달되는 부분을 교육훈련을 통해서 충족시키는 데에는 한계가 있다. 그 이유는 다음과 같은 데에서 찾아볼 수 있다. 첫째는 기대에 미달되는 원인이 조직상의 결함에서 올 수도 있기 때문이고, 둘째는 미달수준 속에는 교육훈련 이외의 다른 수단이 요구되는 부분도 있을 수 있기 때문이며, 셋째는 개인의 자질상 개선이 불가능한 경우도 있을 수 있기 때문이다. 요컨대 교육훈련의 수요를 판정할 때에는 기대수준에 미달되는 부분이 교육훈련으로 향상시킬 수 있는 것인가를 미리 판단하여야 할 것이다.

2. 교관요원

훈련계획을 직접 실천에 옮기는 사람은 교관(trainer or instructor)이다.

교육훈련에 있어서 유능한 교관을 확보한다는 것은 매우 중요한 과제이다. 피교육훈련자가 교육훈련에 임하는 자세도 중요하지만 역시 교육훈련의 성과를 크게 좌우하는 요소는 교관의 자질이기 때문이다. 교관을 인선하는 데 일반적으로 고려되어야 할 기준은 다음과 같다.[16)]

① 자기 전문분야에 관한 지식과 기술을 충분히 갖춘 사람

② 인간적 신뢰를 받을 수 있는 인품의 소유자

③ 교육훈련관계자들과 잘 협조할 수 있는 사람

④ 지도의욕을 가지고 있는 사람

⑤ 자기발전을 위하여 연구·노력하는 사람

⑥ 교육훈련의 기술을 가지고 있으며, 피교육훈련자를 반복적으로 설득하는 인내력과 집념을 가지고 있는 사람

---

16) 田代空, 전게서, p. 48; Leap and Crino, *op. cit.*, pp. 302~303. 우리 나라 교육훈련의 있어서 교관의 자질향상과 사기제고에 관하여 우리 정부에서 공식적으로 표방하고 있는 목표는 상당히 높은 수준에 있다. 그러나 교관요원의 확보에 나타나는 고도의 형식주의, 즉 형식적인 자격요건에 해당하는가를 따질 뿐 실질적으로 교관에 적합한 사람인가를 심사하는 데 소홀히 하는 관례는 오랜 고질이 되어왔다. 아직도 교관요원의 인선에 타당성이 결여되어 있는 경우가 많고, 교관집단의 직업적 위신을 저하시키는 요인이 많은 듯하다. 오석홍, 전게서, p. 340.

3. 훈련에 대한 저항과 극복

교육훈련을 성공적으로 수행하려면 여러 방면에 걸친 저항을 방지 또는 극복해야 한다. 외적 통제세력이나 행정체제에서 나오는 일반적 장애를 극복하기 위해 홍보활동의 강화, 자원공급의 확대, 조직의 경직성 완화, 훈련사업 자체의 개선 등을 추진해야 할 것이다. 그리고 피훈련자의 훈련동기유발을 위해 노력해야 할 것이다.

저항의 극복방안으로는 다음과 같은 것을 고려할 수 있다.[17)]

(1) 홍보활동의 강화　　훈련에 관한 홍보활동을 강화해야 한다. 즉 훈련의 유용성을 널리 알려 관계자들의 이해를 얻도록 해야 한다. 무엇보다도 정부 내에서 훈련에 관한 정보교환을 원활히 하고, 훈련사업의 각 국면에 걸쳐 관계공무원들의 적극적인 참여가 이루어지도록 해야 한다. 적극적인 홍보활동이 필요하다. 홍보활동의 대상에는 피교육훈련자뿐만 아니라 국회, 시민단체, 행정책임자 등도 포함된다.

(2) 훈련 자체의 개선　　훈련이 바람직하다는 것을 알리는 활동은 실제로 훌륭한 훈련계획에 기초를 두는 것이라야 한다. 훈련에 대한 저항을 극복하는 궁극적인 길은 좋은 훈련을 실시하는 것이라 할 수 있다.[18)] 훈련을 받아서 도움이 된다는 사람이 많으면 훈련의 신망이 저절로 올라갈 것이기 때문이다. 여기서 좋은 훈련이라고 말하는 것은 그 결과가 유익할 뿐만 아니라, 실시과정에 부수되는 불이익과 불편이 적은 훈련인 것이다. 잘못된 훈련에 대한 저항은 바람직한 것이므로 저항을 고치려 할 것이 아니라 훈련을 고쳐야 한다.

(3) 적극적인 유인의 제공　　훈련동기를 자극할 유인을 제공하고 훈련에 의하여 발전된 공무원의 능력을 유효히 활용할 수 있는 인사절차를 마련하여야 한다. 훈련을 마치고 직장에 복귀하는 사람들을 재배치할 때에는 공정을 기해야 하며, 승진 등 공무원에게 유리한 인사조치를 할 때에는 훈련을 받은 사실과 훈련성적을 고려해야 한다. 훈련성적이 우수한 사람을 표창하고, 훈련과정에서 필

---

17) 상게서, pp. 344~345.

18) 주입식 교육방법보다는 분임연구, 집단토의, 사례연구 등 참여식 교육방법과 사례실습, 실기, 현지견학, 생활체험교육훈련(합숙, 노력봉사) 등 경험식 교육방법 및 영화, 녹음, 슬라이드 등 시청각교재를 활용하는 여러 다각적인 교육훈련방법을 모색할 것이 필요하다.

요한 개인적 경비를 넉넉히 주는 것도 유인이 될 수 있다.

(4) 피훈련자의 참여적 선발　　피훈련자를 선발할 때에는 일방적으로 지시하는 것보다 훈련의 필요에 대한 상담을 통해 이끌어주어야 한다. 획일적으로 정해진 기준에 따라 기계적으로 피훈련자를 선발하는 것은 정실이나 자의의 개입이 없다는 것을 확신시키는 방법이 되기는 하겠지만, 적극적으로 훈련에 대한 관심을 불러일으키는 조치는 아니다.

현재와 같이 자진해서 훈련을 받으러 가는 사람이 적은 것을 모든 사람이 스스로 자진해서 가게 하여야 할 것으로 생각된다. 이것이 해결되지 않으면 훈련의 효과는 보잘 것 없으므로 반드시 해결되어야 할 것으로 생각한다. 다시 환언하면 성인에 대한 교육에서 강제성은 비효율적이므로 이를 지양하고 교육학·심리학에서 말하는 습득이론이 활용되어 이의 효율성이 향상되어야 한다는 것이다.

(5) 참여에 의한 교육훈련계획의 수립　　교육훈련계획은 교육훈련기관에서 단독적으로 수립할 것이 아니라 피교육훈련자, 관리자, 감독자 등을 참여시켜 그들의 의견을 충분히 반영시킨다.

4. 교육훈련의 평가

우리는 무슨 일을 하든지 그것의 발전을 위한다면 그 일의 결과를 사후평가(post-evaluation)할 것을 잊어서는 안된다.

여기서 교육훈련의 평가란 주로 교육훈련효과에 대한 평가를 말한다. 즉 교육훈련의 목적이 어느 정도 달성되었는가를 분석·검토하는 활동을 말한다. 이러한 평가를 위해서는 교육훈련의 목표를 명확히 설정하고 객관적인 기준을 마련하여야 한다. 그런데 행정에 있어서는 이와 같은 객관적인 평가기준을 마련하기가 어려운 경우가 많다. 행정의 특질상 계량적인 측정단위를 추출하거나 기준을 설정하기가 곤란한 부분이 많기 때문이다. 그러나 이러한 어려움이 있다고 해서 교육훈련의 평가를 포기할 수는 없다. 가능한 자료와 기술을 최대한 개발하여 이를 실천할 필요성은 반드시 있는 것이다. 막대한 비용을 투입하여 실시한 교육훈련의 성과를 모른다는 것은 자기 교육훈련의 발전을 기대할 수 없다는 것을 의미한다.

Ⅵ. 우리 나라의 교육훈련

1. 교육훈련체계

우리 나라 공무원의 교육훈련체계는 직장훈련, 교육원교육훈련, 위탁교육훈련 등 세 가지로 대별할 수 있다.

이 중에서 교육훈련기관을 통한 교육훈련은 우리 나라 공무원교육훈련의 근간을 이루고 있는데, 이것은 정부 안에 설치하고 있는 교육훈련기관에서 실시하는 것으로서 중앙공무원교육원, 각부처 소속 공무원교육원, 행정안전부 지방행정연수원 및 각 시도지방공무원교육원, 그리고 특별훈련기관이 있다. 현재 중앙공무원교육원에서 실시하고 있는 교육과정에 대해서는 중앙공무원교육원홈페이지(www.coti.go.kr)참조.

2. 우리 나라 공무원교육훈련의 문제점

우리 정부의 교육훈련체제는 장족의 발전을 거듭해 왔으며 행정발전에 많은 공헌을 하였다. 그러나 개선되지 않으면 안될 문제점도 많다. 여기서의 문제점 지적은 개선노력의 촉구를 위한 것이다.

첫째, 가장 근본적인 문제는 훈련수요조사가 부실하다는 것이다. 수요에 대한 인식이 모호하고 불확실한 가운데 교육훈련을 공급하고 있기 때문에 획일주의와 형식주의에 대한 폐단, 소극적인 훈련저항 등 많은 문제를 야기하고 있다.

둘째, 훈련이 피훈련자의 자발적 참여에 바탕을 두지 못한 채 반강제성을 가지고 실시한다. 공무원들은 훈련참가의 요구를 능력에 대한 불신으로 받아들이는 경우가 많다. 훈련이 필요해서 훈련기관과 훈련계획이 마련되는 것이 아니라, 훈련기관과 훈련계획이 있기 때문에 훈련을 받아야 하는 것처럼 된 기현상은 심각한 문제이다.[19]

---

19) 이러한 문제를 해소하기 위하여 2007년 7월부터 공무원 각자가 연 100시간 이상 훈련을 이수하도록 의무화하는 '상시학습체제' 가 도입되었다. 상시학습체제는 공무원교육원 중심의 일시적이고 획일적인 교육 · 학습에서 벗어나 조직구성원중심의 자율적인 학습(소위 자기주도적학습)으로서 인사평정 점수 따기 식 교육훈련이 아닌 업무와 학습을 연계한 능력발전을 지향하는 교육훈련방법이다.

셋째, 훈련방식이 주로 강의에 의존한 주입식이어서 훈련의 효과가 낮고, 가치관이나 태도의 변화에 대한 고려가 부족하다. 또한 훈련시간에 비해 가르치는 과목수가 너무 많아 형식주의화 하고 있다.

넷째, 정부가 획일적인 기준에 의하여 자체보유를 원하는 교육훈련기관들의 기관적 기초는 심히 부실하다. 물적 자원이 부족할 뿐만 아니라 유능한 교관요원을 확보하는 데 큰 애로를 경험하고 있다.

다섯째, 해외위탁훈련의 목적체계가 모호하며, 따라서 실시의 기준과 절차간에 일관성이 없다. 특히 장기훈련의 경우 문제가 많다. 그리고 훈련을 마치고 온 사람들에 대한 인력활용계획이 제대로 마련되어 있지 않다.

제 2 절 근무성적평정

Ⅰ. 근무성적평정의 의의

공무원의 근무성적평정(meritrating, performance rating, personnel rating, performance appraisal)이란 공무원의 근무실적, 능력, 태도 및 가치관 등을 정기적·체계적으로 파악 평가하는 것이다(사기업에서는 인사고과라 말함).[20]

대규모 정부조직을 운영하는 과정에서 주요한 문제는 조직내의 수많은 직원의 능력, 가치관, 태도 등을 파악하는 것이며, 이것은 직원들의 능력을 발전시키고, 조직의 능률을 향상시키며, 직원들에게 공정하고 공평한 기회를 부여하는 데

20) 근무성적평정 이외에 경력평정, 훈련성적평정, 가점평정을 포괄하여 공무원평정이라고도 한다. 근무성적평정은 인간을 대상으로 하는 평가이며, 사람과 직무의 관계를 평가한다. 그러한 점에서 직무평가와 다르다.

있어서 필수적인 요건이다.

우리 나라의 경우를 보아도 조선시대 이래 이러한 것이 있었고 해방 후에도 각 부처에서 제각기 근무성적평정제를 실시하고 있었다. 그러던 것이 1961년말에 통일적인 규정이 제정되어 현재까지 실시되고 있다.

인사행정에 있어서 근무성적평정이 체계화되기 시작한 것은 실적주의와 능률주의, 인사행정관의 대두와 함께 인사행정의 객관적 기준의 발견이라는 기술적 요청에서 비롯되었다.

전통적인 근무성적평정제도는 능률성과 생산성에 강조점을 두어 공무원의 직무수행능력을 측정하고 이를 인사행정의 표준화와 직무수행의 통제를 위한 수단으로 활용하였다. 그러나 인사행정관의 변천에 따라 현대 인사행정에서는 전통적인 근무성적평정의 목적 이외에도 오히려 공무원의 능력발전 및 행정발전을 위한 수단으로서의 중요성을 지니고 있다.[21)]

Ⅱ. 근무성적평정의 목적(용도)

근무성적평정의 구체적인 목적 내지 용도는 매우 다양한 것이지만, 현대 인사행정학이 가장 중요시하는 것은 공무원과 행정체제의 발전에 기여한다는 목적이다. 그러나 근무성적평정은 그 밖의 목적에도 활용될 수 있고, 또 활용되어야 하는 수단인 것이다. 근무성적평정제도 전체의 목적은 분화된 목적들의 복합체라고 할 수 있다.[22)]

1. 공무원의 능력발전과 행정의 발전

근무성적평정은 공무원의 발전을 돕고 직무수행을 개선하여 행정발전에 기여할 수 있다. 근무성적평정의 과정에서 공무원이 일을 잘하는지, 못하는지 또는 장점은 무엇이고 단점은 무엇인지가 밝혀지고, 이것이 객관적으로 평가되는 기회가 있으므로 평정대상인 공무원이나 그 감독자가 개선할 점이 무엇인가를 알게 된다. 그리하여 공무원들의 발전을 촉진하고 약점을 극복할 수 있도록 도와

21) 박연호, 전게서, pp. 264~265.

22) 오석홍, 전게서, pp. 378~380; Donald E. Klingner and John Nalbandian, *Public Personnel Management: Contexts and Strategies* (Englewood Cliffs, N.J.: Prentice-Hall, 1985), pp. 254~255.

주는 길잡이가 될 수 있다.

2. 인사조치의 기준제시

근무성적평정은 인사정책의 공정한 집행과 객관화에 기여하려는 목적도 추구할 수 있다. 근무성적평정의 결과는 각종 인사처리에 공정한 기준을 제시한다. 그러므로 인사조치를 통해 보상과 제재를 분배하려는 통제의 목적에 근무성적평정의 결과가 활용된다고도 말할 수 있다.

근무성적평정제라고 하면 누구나 곧 이것이 공무원에 대한 상벌의 목적에 이용된다고 하는 것을 생각할 정도로 어느 나라 어느 조직의 경우를 막론하고 이 목적으로 많이 이용되고 있다.[23] 즉 근무성적의 여하가 공무원의 승급, 승진, 징계에 영향을 준다고 하는 것이다. 이러한 것을 결정하는데 하나의「객관적」인 근거를 제공해 주는 역할을 하는 것이다.

실적을 평정하여 일을 잘한 사람에게는 이익이 돌아가게 하고, 일을 못한 사람에게 불이익이 돌아가게 인사조치를 하면 관계자들이 납득할 수 있는 공정성을 확보할 수 있다. 반드시 통제의 목적이 아니더라도 근무성적평정은 전직·전보(배치전환)와 승진후보자를 선발하고, 감원의 순서를 정하며, 보수를 결정하는 등의 인사조치를 실적과 능력에 기초하여 객관화하는 데 기여한다.

3. 인사기술의 평가기준 제시

근무성적평정은 여러 가지 인사행정기술의 타당성을 검증하는 데 필요한 기준(자료, 증거)을 제시한다. 근무성적평정은 지원자격결정, 시험입안, 적재적소배치, 훈련의 수요결정 등에 관한 각종 인사기술의 타당성평가에 필요한 자료를 제공한다. 예컨대 채용시험이 과연 타당한 것인가를 알기 위하여 시험성적과 근무성적의 상관관계를 구해 볼 수 있다. 이 때에 근무성적평정의 결과는 시험의 타당성을 검증하는 비교기준이 된다. 또한 훈련의 필요성을 파악하는 데 있어서 개개공무원의 능력을 알게 되고 현재 그가 담당하는 직책이 요구하는 능력과 비교하는 것을 용이하게 하며 그간의 차이가 명백해진다. 여기서 나오는 부족점이

23) 우리 나라는 5급과 6급 이하 및 기능직공무원의 승진후보자명부를 승진임용예정직급별로 작성할 때 근무성적평정점을 각각 50%와 40%를 반영시키기로 되어 있다.

훈련을 통해서 발전될 수 있는 소질·적성을 가지고 있다고 인정되면 훈련의 필요성은 파악되기 때문이다.

4. 감독자와 부하간의 이해의 증진

제1차 후버위원회보고서에서 지적하고 있는 바와 같이[24] 감독자가 부하의 근무상황을 검토·관찰하여 그의 결과를 상벌의 목적에 비밀리에 이용하는 것이 아니고 그의 결과를 부하와 협의하는 경우, 상호간의 불신보다 이해의 증진을 도모하여 상하관계에서 야기되는 마찰을 감소시켜 사기의 증진, 인화관계의 증진에 공헌하게 될 수 있다고 하는 것이다.

Ⅲ. 근무성적평정의 방법(평정모형)

근무성적평정에는 여러 가지 다양한 방법이 있으나 우리 나라에서는 도표식평정척도법과 강제배분법, 목표관리법 등이 주로 활용되고 있으므로 이들 방법을 먼저 고찰하고 다른 방법들은 기타 평정방법이라는 제목하에 고찰하기로 한다.

1. 도표식평정척도법(graphic rating scale)

이 방법은 가장 오래 되었고 또한 많이 이용되고 있는 방법이다. 이 방법은 한편으로 평정하고자 하는 평정요소를 나열하고, 다른 편에 평정요소별로 평정하기 위한 등급을 숫자나 언어로 표시해 놓은 도표를 작성해 놓고 평정요소별로 점수를 낸 후 전체의 합계로서 평정점수를 계산하는 방법이다.

우리 나라는 5급 이하 공무원의 경우 이 방법을 사용하고 있는바 평정요소를 근무실적, 직무수행능력, 직무수행태도 등으로 나눈 다음 그것을 다시 17가지로 세분하고 있으며 탁월·우수·보통·미흡·불량의 5등급을 평정척도로서 두고 있다. 각 등급은 최고 5점에서 1점씩 낮아져 최저 1점까지 주어진다. 평정자와 확인자는 각 평정요소의 해당 등급에 표시를 하여 각각 채점하게 된다.

도표식평정척도법은 평정표의 작성이 간단하고 평정이 쉬우며 평정결과를 상벌의 목적에 이용하기 편리한 장점이 있는 반면, 등급간의 비교의 기준이 명

24) *The Hoover Commission Report* (New York: McGraw-Hill, 1949), p. 116.

백치 않고 평정이 주관적 판단에 의하여 이루어지기 때문에 직무수행수준에 대하여 평정자마다 견해가 다를 수 있어 신뢰성과 타당성이 저하될 수 있으며, 앞의 평정요소에 대한 평정결과가 뒤의 평정요소에 영향을 미치는 현상, 즉 연쇄효과(halo effect)의 가능성이 크고 평정자와 피평정자간의 인간관계에 영향을 받아 평정이 이루어질 수 있다는 단점이 있다.

2. 강제배분법(분포제한법: forced distribution)

이것은 평정에 있어서 관대화경향, 집중화경향을 방지하기 위하여 피평정자의 성적을 일정한 비율에 따라 강제로 배분하는 방법이다. 이 방법은 피평정자의 성적분포가 정상분포곡선(normal curve) 'bell shaped'를 이루도록 하는 데 목적이 있다.

일반적으로 등급의 수를 최상(10%), 상(20%), 중(40%), 하(20%), 최하(10%) 다섯으로 구분하여 비율을 배분하며, 이렇게 하여 평정한 결과를 도표화하면 정상분포곡선(normal curve)에 가까운 형태로 나타난다. 우리 나라에서는 종래 분포제한법과 평정척도법을 함께 사용하여 왔는데, 95년 개정된 공무원평정규칙에 따라서 평정자와 확인자의 평정과정에서는 강제배분을 적용하지 않고 있다.[25)]

이 방법은 평정에 있어서 하나의 문제점이 되고 있는 중심화경향과 관대화경향을 방지할 수 있으나, 반면에 분포제한으로 말미암아 유능한 사람이 나쁜 평점을 받게 되거나 또는 무능한 사람이 좋은 평점을 받게 되는 경우가 있게 된다.

이 방법은 피평정자의 수가 많은 경우는 좋으나 그 수가 적은 경우는 적용하기 곤란하다.

3. 기타 평정방법

기타 평정방법에는 산출기록법, 대인비교법(인물비교법), 상대비교법, 체크리스트 평정방법 등이 있다.

25) 그 대신 근무성적평정위원회에서 기관의 전체 평정대상자를 대상으로 등급과 평점을 부여할 때 강제배분을 적용하고 있다(공무원임용령 제37조의 3).

Ⅳ. 근무성적평정제도의 운영

1. 평정결과의 조정

평정결과의 조정은 평정상 과오와 불균형을 시정하기 위한 수단이다. 근무성적평정은 실제적용에 있어 그 방법이 완벽하고 평정자에 의하여 정확한 평정이 이루어지기는 어려우므로 평정결과를 확정하기 전에 조정절차를 두는 것이 일반적이다.

근무성적평정의 결과가 특히 인사조치의 기준이나 통제의 목적으로 활용되는 경우에는 조정의 필요성이 더욱 커지게 된다.[26]

(1) 조정자　조정자는 평정을 실시하는 평정자와는 구분되며, 평정의 결과가 확정되기 전에 평정의 결과를 수정한다. 조정자는 평정결과의 타당성을 검토하고, 집단내의 평점의 균형을 유지하는 것이 그 임무이다.

이러한 임무 때문에 조정자는 피평정자를 관찰할 수 있는 위치에 있는 자이어야 하며, 집단내의 평점의 균형을 유지하여야 하기 때문에 수개의 평점집단을 횡단적으로 관찰할 수 있는 위치에 있는 자가 적합하다.

조정자는 평정자의 상급자 가운데 한 사람을 지정하는 경우와 복수인으로 구성되는 조정위원회를 두는 경우가 있다.

(2) 조정의 범위　조정제도를 두는 경우 조정의 범위를 어느 정도로 할 것인가가 문제가 된다. 조정의 범위는 구체적 사정에 따라 결정되는 것이지만, 일반적으로 다음과 같은 경우 조정할 필요성이 생긴다.[27]

① 한 사람이 평정하는 집단내에서 피평정자간의 불공평 시정

② 같은 수준의 평정자들이 각각 평정한 피평정자 집단 상호간의 균형 시정

③ 이중평정제의 경우 1차, 2차 평정자간의 평정상의 불일치 조정 등이다.

---

26) 오석홍, 전게서, pp. 436~437.

27) 우리 정부에서는 평정대상공무원 전원의 분포비율에 관한 사항, 소속기관간 및 보조기관간의 균형에 관한 사항, 기타 근무성적평정의 신뢰성과 타당성을 제고하기 위하여 필요한 사항 등을 조정작업의 범위에 포함시키고 있다. 공무원평정규칙 제7조, 공무원임용령 제37조의 3.

조정을 할 때에는 조정의 범위의 기준을 명확히 하여야 한다. 조정의 범위를 지나치게 광범위하게 하고 자유롭게 하는 경우 조정자의 임의성을 지나치게 허용하여 평정자의 평정을 무시할 수 있다. 평정의 잘못을 고치는 것이 아니라 어떤 인사조치를 정당화시키기 위해 조정이라는 명목으로 평정결과를 아무렇게나 조작할 수 있게 해서는 안된다. 따라서 조정범위를 한정하고 근거를 명시하도록 하여 평정자의 판단을 부당하게 변경할 수 없도록 하는 것이다. 이렇게 하여 이 제도의 남용을 방지하여야 한다.

(3) 조정방법 조정방법은 사전적 방법과 사후적 방법으로 구분될 수 있다. 조정은 원칙적으로 평정이 이루어진 이후의 평정결과의 조정이 원칙이나 이것만이 평정의 정확성을 제고시키는 것은 아니므로 조정방법을 논의할 때에는 평정의 정확성 제고를 위한 수단(예컨대 평정자의 훈련, 강제배분법, 이중평정제 등)도 포함되지만 여기선 사후적 방법을 몇 가지 소개한다. 평정결과를 사후에 조정하는 데에는 많은 수단이 동원될 수 있다.[28)]

우리 나라는 근무성적을 평정할 때에는 근무성적평정위원회의 조정을 거치도록 되어 있고 근무성적평정점의 조정을 위하여 승진후보자명부작성단위의 기관별로 6급 이상 공무원과 7급 이하 및 기능직공무원을 각각 대상으로 하는 근무성적평정위원회를 설치하고 있다. 근무성적평정위원회는 피평정자의 상위계급 공무원 중에서 임용권자 또는 임용제청권자가 지정하는 5인 이상 7인 이내의 위원으로 구성된다.

2. 평정결과의 공개와 소청

평정과정과 평정결과를 공개하는 것은 평정의 공정성을 보장하고, 피평정자의 발전을 위하여 평정과정에 피평정자를 참여시키는 하나의 방편 또는 전제조

28) 일반적으로 사용되는 조정방법에는 다음과 같은 것이 있다. 첫째, 평정자의 의견을 청취하게 하는 방법이다. 조정자가 평정결과를 변경하는 경우 평정자의 의견을 들어 처리하는 방법이다. 둘째, 조정회의를 하는 방법이다. 평정자의 평정에 착오가 있는 경우, 이중평정제하에서 1차평정자와 2차평정자간의 의견이 불일치 하는 경우, 강제배분을 지키지 않은 경우 등의 종합적 검토와 시정을 위하여 평정자와 조정자가 회동하여 토론을 통하여 원인을 규명하고 결과를 조정하는 방법이다. 셋째, 평정결과를 기계적으로 조정하는 통계적 훈련방법이다. 평정자가 평정순위를 변경하지 않고 단지 일률적으로 일정한 점수를 가감하거나 간격을 수정하는 조정방법이다. 통계적 조정방법에는 가감법과 간격배율법, 표준득점으로 환산하는 방법 등이 있다.

건이라고 볼 수 있다. 근무성적평정을 '참여의 과정'으로 만들기 위한 수단들은 대개 평정과정 내지 평정결과의 공개를 전제로 한다.

평정의 결과를 공개하여 이의제기의 기회를 주고 평정결과의 발전적인 목적에 활용할 수 있게 해야 한다는 것은 '참여과정화'를 위한 최소한의 기초적 요청이라 할 수 있다. 그러나 우리 정부의 경우 이러한 기초적 요구들도 간과되고 있다. 공개에 대하여는 찬성·반대론이 대립하고 있다.[29]

공개여부의 결정은 어느 쪽이 더 유용하다고 판단할 수는 없으나 일반적으로 공개하는 것이 원칙이라는 견해가 지배적이다. 평가결과의 활용이 통제의 목적에서 점차 공무원의 능력발전, 동기부여 등을 강조하는 방향으로 진전되고 있기 때문이다.

우리 나라에서는 평정결과를 공개하지 않는다. 평정결과의 비공개원칙을 정한 이유로는 다음과 같은 것을 생각할 수 있다. 전통적인 관료문화 속에서 평정결과를 공개하면 평정의 공정성을 보장하기보다는 평정이 정실에 흐를 가능성이 크다. 선임순위 등 평정요소가 아닌 요인들이 평정에 많은 영향을 미치게 될 것이다. 공무원들이 평정결과를 알고 자기발전을 위해 노력하기보다는 나쁜 평정점을 준 상관을 원망하고 반발하는 일이 더 많을 것이다. 상관들의 권위적인 행태는 자기들의 평정이 부하의 비판을 받는 것을 용납하려 하지 않을 것이다. 게다가 평정방법이나 그 용도는 공무원의 발전보다 이익 또는 불이익이 돌아가는 인사조치의 기준을 발견하려는 데 편중되어 왔다. 그리고 근무성적평정을 참여의 과정으로 만드는 데 필요한 기술적 준비가 되어 있지 않다.

1) 소 청

소청은 평정의 결과를 공개하는 경우 생길 수 있는 것으로서 부당한 평정을 받은 피평정자가 감독자에게 이의를 제기하여 구제를 받게 하는 절차를 의미한다. 이러한 소청의 의의는 평정의 인간적·주관적 요소의 개입을 방지하여 평정의 공정성을 확보하고, 피평정자의 권익을 보장하자는 것이다.

---

29) 상세한 설명은 김재기, 전게서, pp. 307~308 참조.

(1) 소청허용을 지지하는 의견 평정결과에 대한 소청을 인정해야 한다는 일반적인 논거로는 피평정자의 이익침해를 구제한다는 것과 공정한 평정을 촉구한다는 것을 들 수 있다. 불공정한 평정을 받은 사람은 그러한 평정에 기초를 둔 인사조치에 의하여 불이익을 받을 수 있으므로 소청에 의한 구제의 길을 터 주어야 한다. 그리고 소청이 제기될 수 있다는 가능성은 평정자들이 공정한 평정을 하게 하는 압력으로 작용할 수 있을 것이다.

(2) 소청허용을 반대하는 의견 소청을 허용하면 평정자들이 소청을 두려워한 나머지 공정한 평정을 하지 못하고 심한 관대화의 경향을 보일 염려가 있다. 소청의 제기에 의하여 원만히 문제가 해결되지 못하면 평정자와 피평정자 사이에 갈등만 격화시킬 것이다.

소청의 허용여부도 물론 상황적응적으로 결정해야 한다. 우리 정부에서는 평정결과의 공개도 되지 않기 때문에 소청은 당연히 허용되지 않는나(미국은 소청 허용). 우리 여건으로 보아 소청을 허용하면 폐단이 크고 실효도 거둘 수 없다고 판단한 때문인 것으로 생각한다. 그러나 정부 내외의 여건은 급속히 변하고 있다. 변화에 적극적으로 대응하는 진보적인 전략이 조만간에 나와야 할 것이다.[30)]

3. 평정상의 착오

근무성적평정은 사람이 사람을 평가하는 과정이므로, 거기에는 판단의 착오가 있을 수 있다. 대부분의 근무성적평정은 평정자의 '판단' (judgement) 또는 '의견' (opinion)에 기초를 둔 것이기 때문에 다소간의 착오가 일어나게 마련이다.

전통적인 방법에 의한 평정에서 흔히 발생하는 착오에는 다음과 같은 것이 있다.[31)]

(1) 연쇄적 착오(연쇄효과, halo effect) 연쇄적 착오(halo error)는 어느 하나의 평정요소에 대한 평정자의 판단이 다른 평정요소의 평정에 영향을 주거나 평정자가 피평정자에 대하여 가지고 있는 '일반적 인상' (general impression)이 모든 평정요소의 평정에 영향을 주는 데서 오는 착오이다. 예컨대 피평정자의 외

30) 오석홍, 전게서, p. 444.
31) 김재기, 전게서, pp. 310~314.

모가 단정하면 그러한 요소와는 관계가 없을 것으로 생각되는 신뢰성, 협조성, 창의성 등에 대해서도 무비판적으로 우수한 평점을 주는 것이 연쇄적 착오에 해당한다.[32] 또는 평정자가 어느 개인에 대하여 평소에 불성실하고 게으르다는 나쁜 인상을 가지고 있는 경우 분석적인 관찰과 조사를 행하지 않고 모든 특성을 부정적으로 보는 경향을 말한다.

이러한 헬로우 효과로 인하여 평정의 타당성이 낮아지는 것을 방지하기 위한 한 방법으로서는 평정자는 흔히 이러한 평정의 경향을 자각하고 있지 못하므로 연쇄적 영향에 의한 착오가 있음을 지적해주어 고치도록 해야 할 것은 물론이며, 평정요소의 의미가 불명확하거나 요소들이 서로 배타적이지 못하고 연관된다든지, 또는 의미가 겹치면 연쇄적 착오가 일어나기 쉬우므로 평정요소를 선택할 때에는 이에 유의해야 한다.

평정요령을 개선하여 평정을 함에 있어서 한 사람에 대한 평정을 다 마친 다음에 다른 사람을 평정하는 방식을 지양하고, 어떤 하나의 평정요소에 대해서 모든 사람을 평정한 다음에 다른 요소를 결정하는 방식을 고려할 수 있다.

(2) 근접행태의 강조에 의한 착오　근접(최근)행태의 강조에 의한 착오(overemphasis of recent behavior or recency error)는 평정실시의 시점에 근접한 시기의 근무성적이 평정에 더 많은 영향을 미치는 데서 오는 착오이다.[33] 근무성적평정은 대개 1년 또는 6개월로 된 전체평정기간의 근무성적을 평가하도록 되어 있지만, 전체기간의 근무성적을 냉정히 종합하여 평정하지 못하고 최근의 근무성적에 대한 인상을 가지고 평정하는 경향을 흔히 볼 수 있다. 한 달이나 두 달 전까지 근무성적이 나빴던 사람이 평정시에 임박하여 근무성적이 우수하면 우수하다는 평정을 받기 쉽다. 이와 반대의 경우도 생각할 수 있다.

이러한 착오를 피하려면 평정자들은 평정기간내의 근무성적을 전반적으로 고려하고, 장래에 기대할 수 있는 근무성적의 수준까지 고려하여 균형 있는 판단을 하도록 노력해야 한다.

---

32) 연쇄적 착오와 유사한 것으로 '과거기록에 집착하는 착오'(past record anchoring)가 있다. 이것은 달라진 직무수행수준에 불구하고 과거에 받은 평정점수와 같게 평정하는 경향이다.

33) Herbert J. Chruden and Arthur W. Sherman, Jr., *Personnel Management* (South-Western Publishing Company, 1963), p. 256.

(3) 집중화경향의 오차(error of central tendency) 집중화경향(central tendency)은 거의 모든 평정요소와 피평정자들을 평균이라고 또는 평균에 가깝다고 평정하는 경향이다. 사실이야 어떻든 모든 사람이 보통이며, 따라서 그들간에 우열의 차이가 없다고 평정하는 것을 집중화경향이라고 말한다.

우열구분을 하지 않고 집중화된 평정을 하는 것이 편리하다. 요컨대 집중화경향은 평정자가 평정기준에 자신이 없거나 피평정자를 잘 모를 때 또는 무사주의에 빠질 때 나타나는 착오이다.

집중화의 오차를 배제하는 방법으로서는 분포제한적 평정을 하거나 강제선택법을 쓰며 각 특성(평정요소)의 단계마다 각 특성에 대하여 명확한 정의를 붙이는 것을 생각할 수 있다.

(4) 관대화경향과 엄격화경향 관대화경향(tendency of leniency)은 집중화경향과 비슷하나 다만 평점이 관대한 쪽에, 다시 말하면 우수한 쪽에 집중되는 것을 말한다. 즉 모든 평정요소와 피평정자에게 만점에 가까운 평점을 주는 경향이다. 그리고 직근상관인 평정자들은 부하들과의 비공식집단적 유대 때문에 우수한 평점을 주는 경향이 뚜렷하다.

엄격화경향(tendency of strictness or severity)은 관대화경향과 반대로 평점분포가 열등한 쪽에 집중되게 하는 평정경향을 지칭한다.

사실대로 정확히 평정하더라도 모두 평균점을 받거나 우수한 점수를 받거나 열등한 점수를 받을 가능성이 없는 것은 아니지만 그 확률은 낮을 것이다. 평정상의 집중화경향과 관대화경향, 그리고 엄격화경향은 너무나 두드러진 폐단이기 때문에, 이를 막기 위해 결함이 많은 제도인 것을 알면서도 강제배분법을 채택하여 평정점수의 분포비율을 획일적으로 규제하는 경우가 많다. 이 밖에 서열법, 강제선택법 등의 평정방법은 집중화·관대화·엄격화의 경향을 피할 수 있도록 입안된 것이다.

(5) 규칙적 오차(일관적 오차: systematic error)·총계적 오차(total error) 규칙적 오차란 한 평정자가 다른 평정자보다 일반적으로 과대 또는 과소평정하는 것을 말한다. 총계적 오차란 다른 평정자보다 경우에 따라서 높게도 평정하고 얕게도 평정하는 것이며 동일한 피평정자에 대하여 주어진 평점과 평균치간의 차의 총계를 말한다.[34)]

(6) 논리적 착오(logical error) 헬로우효과는 어떤 하나의 평정요소에 대한 인상 또는 전체적인 인상이 다른 모든 평정요소에 영향을 미치는 것인 데 반하여 논리적 착오란 두 가지의 평정요소간에 논리적인 상관관계가 있는 경우, 어느 한 요소가 우수하면 다른 요소도 우수하다고 쉽게 판단해 버리는 경향이다. 예컨대 업무량이 많은 경우 숙련도도 높다고 판단하거나, 기억력이 우수한 경우 지식도 많다고 속단한다거나 하는 것이 그것이다.

(7) 선입견(personnel bias) 헬로우 효과가 평정요소와 관련된 인상에 의한 것이라면 선입견은 평정외적 요인에 의한 인상을 말한다. 예를 들면 출신학교, 출신지방, 종교 등에 의한 인상 또는 느낌이 그것이다. 평정자가 피평정자에 대해서 어떤 느낌을 가지느냐 하는 것은 평정자의 객관성에 중요한 영향을 미친다. 평정자와 이에 관련된 사람들은 이러한 선입견의 문제에 대한 지식을 습득하고 있어야 하며, 그것을 감소키지 않으면 안된다.

피평정자에 관한 요인뿐만 아니라 평정자 자신의 능력과 위치, 그리고 좋아하거나 싫어하는 것(likes and dislikes)도 평정에 영향을 주는 것으로 알려져 있다. 미국에서의 한 조사에 의하면 우수한 감독자가 한 평정의 점수분포폭은 넓으며, 대개 독자성이 있고 진취적이며 끈기 있는 직원들에게 좋은 점수를 주는 경향이 있었다고 한다. 반면 열등한 감독자에 의한 평정은 집중화경향을 보이고, 협조적이며 무사주의적인 직원에게 유리한 평정을 하는 경향이 있다고 한다.[35]

34) Yoder, *op. cit.*, pp. 590~592.

35) 선입견에 의한 착오와 유사한 개념으로 유사성착오(similar-to-me error or similarity bias)와 대비적 착오(contrast error)가 있다. 전자는 평정자가 자기와 유사한 사람에게 높은 평점을 주는 경향을 설명하려는 개념이다. 후자는 평정자가 스스로를 피평정자들보다 우월하다고 생각하고, 그들은 자기와 비교하거나 따로 우수한 사람을 설정하고, 거기에 비교하여 열등한 점수를 주는 경향을 설명하려는 개념이다. 오석홍, 전게서, p. 452.

V. 우리 나라 근무성적평정제도의 문제점

우리 정부는 1961년 근무성적평정규칙을 제정한 이래 줄곧 이 제도를 운영해 오고 있으나 우리 정부의 근무성적평정제도는 전통적 평정제도에 가해지고 있는 비판의 대부분에 해당하는 문제를 안고 있다. 그리고 우리 정부에 특이한 기술적 및 문화적 요인의 제약을 받고 있다. 우리 정부의 근무성적평정에 내포된 문제점이 무엇인지 알아보기로 한다.[36)]

(1) 목적의 모호성　　근무성적평정의 목적에 관한 공식적 규정이 모호하다. 분화된 목적을 한정적으로 정의하고 있지 않기 때문에 근무성적평정계획의 입안과 시행을 올바로 인도하지 못한다. 국가공무원법과 공무원평정규칙에 명시적인 목적규정이 없다.

그런가하면 근무성적평정제도의 전반적인 구성이 인사조치의 기준발견이라는 소극적·통제적 목적에만 쓰일 수밖에 없게 되어 있다. 소극적인 용도 가운데서도 실제로 쓰이는 곳은 승진결정의 용도임에 불과한 형편이다. 공무원의 능력발전 및 행정발전과 같은 근무성적평정의 궁극적인 목적에 기여하지 못하는 실정이다.

(2) 평정방법의 문제　　근무성적평정제도의 목적규정이 모호하고 미분화되어 있기 때문에 평정방법의 타당성을 평가하기 어렵다. 타당성평가 없이 획일화되어 있는 평가방법은 평정의 형식주의를 낳는 중요 원인이 되고 있다.

평정의 타당도에 있어서 무엇보다 큰 문제는 평정자의 평정능력과 성실성이라 하겠으며 이러한 것을 기준으로 하여 공무원의 주관심사이고 사기에 영향을 주는 상벌의 목적에 이용하는 것은 큰 문제이다.

평정요소와 평정항목의 정의는 단순한 평어, 즉 단어로 되어 있어 그 뜻이 모호하다. 이러한 모호성은 평정의 신뢰성과 객관성을 해친다. 평정요소에 포함되어 있는 '청렴도'는 가장 모호한 개념이며, 이것이 일반적인 용도의 근무성적평정에서 평가되어야 하는지도 의문일 뿐만 아니라 평정대상자의 대부분이 하위직이므로 청렴도 측정의 실효성이 의문시된다. 또한 '조직사회기여도'도 모호한

36) 박동서, 전게서, pp. 263~265; 오석홍, 전게서, pp. 382~390.

개념으로서 주관적인 해석·평가가 우려된다.

피평정자의 직근상관인 평정자와 차상급자인 확인자의 평점비율이 같은 것도 문제이다. 확인자는 피평정자를 관찰할 기회가 비교적 적은데, 그럼에도 불구하고 평정자와 같은 비중의 평정을 하는 것은 무리이다.

(3) 평정과정의 문제　평정의 과정과 결과는 공개하지 않는다. 평정결과에 대한 소청이나 소청상담도 인정되지 않는다. 평정과정의 피평정자의 참여가 허용되지 않는다. 평가기준설정에 참여하지 못하며, 평정에 관한 환류, 지도, 상담을 받지도 못한다. 그러므로 평정제도가 공무원의 발전을 직접 촉진하는 역할은 제대로 할 수 없다. 피평정자는 평정에 대해 이의를 제기하는 기회를 갖지도 못한다.

(4) 평정자의 문제　평정제도운영에 있어서 가장 핵심적인 것은 사람의 문제, 그 중에서도 평정자의 문제이다. 인간이란 완벽한 존재일 수 없기 때문에 인간이 인간을 평가하는 데는 정확성의 한계가 있다. 인사행정은 본래 주관성이 많이 개입되는데 그 중에서도 근무평정은 특히 주관성이 많이 개입하게 되어 평정자 자신이 공정하게 정실·편견에 사로잡히지 않고 평정하기가 힘들다고 하는 것이다. 공식적 평가가 강요되면 근무성적 자체를 타당하게 평가하기보다 제3의 기준(예컨대 선임순위)에 의존하여 책임을 피하는 경향이 있다.[37)]

정의적인 성향이 강한 평정자들은 정실에 흐르고 평정의 객관성과 신뢰성을 해치는 사례가 너무 많은 것으로 지적되고 있다.

근무성적평정제도에 대하여 수많은 문제점과 결함에 대하여 계속 비판이 가하여지고 있으며 심지어 일각에서는 정실, 비실적을 합리화해 주고 있다며 무용론이 강하게 제기되고 있으나 실적주의를 바탕으로 하는 인사행정체제에서는 공무원에 대한 과학적 평가자료를 제공하는 근무성적평정이 필수적인 요소로 받아들여지고 있다.[38)]

---

37) 피평정자의 우열에 관한 순위를 실적과 관계없는 '평정외적 요인'(선임순위, 압력, 정실 등)의 고려에 의하여 미리 결정해 놓고 사후에 평정요소별 평점을 요식행위로서 그에 맞추는 관행을 소위 사전평정 또는 역산식평정(역산제)이라 부르고 있다.

38) 이러한 평정상 문제점을 보완하는 제도의 일환으로 1998년 국민의 정부 출범과 더불어 다면평가제가 공직사회에 처음 도입되었다. 다면평가제는 근무성적평정에 피평정자 본인, 상사, 부하, 동료, 고객(민원인) 등이 참여하는 집단평정방법이다. 2001년에는 승진 뿐만 아니라 특별승급, 성과상여금 지급, 교육훈련, 보직관리 등 각종 인사운영에 다면평가 결과를 반영할 수 있는 근거가 마

그러므로 당장 완벽한 방법이 없다고 해서 그 일을 회피하거나 평정기술개선을 위한 노력을 게을리 해서는 안될 것이다. 이미 개발된 최선의 근무성적평정 방안을 실천에 옮길 수 있도록 해야 할 것이며, 어떻게 하면 조금이라도 이의 타당성, 신뢰도, 객관도를 높여 공정히 근무성적을 평정하여 그들의 사기는 물론 행정능률을 향상시킬 수 있을 것인가 하는 것을 염두에 두고 보다 좋은 근무성적, 평정기술 개발을 위하여 계속 노력하여야 할 것이다.

련되면서 다면평가제도가 점차 확산 시행되고 있다. 종래의 평정 방법은 상사가 부하를 평가하는 일방식 평가로 그 결과가 상사 개인의 주관에 지나치게 의존하여 조직원의 능력과 자질을 객관적이고 공정하게 반영하지 못한다는 비판이 제기되어 왔다. 한편 다면평가제의 부작용으로 업무목표의 성취보다는 원만한 인간관계의 유지에 급급하는 소위 "인기투표식 투표성향"이 지적된다.

제 4 장 인적자원의 활용

제 1 절 보 수

Ⅰ. 보수의 의의

보수란 공무원이 근무에 대한 대가로서 받는 금전적 보상을 의미한다. 공무원의 가장 기본적인 근무조건의 하나인 보수는 사기와 전반적인 행정능률에 직결되는 문제이며 공무원의 근무의욕을 좌우하는 경제적 유인으로 간주되고 있다. 일반적으로 공무원보수는 봉급과 각종 수당을 합친 것이다.

인사행정에서 보수문제는 공무원의 입장에서나 정부의 입장에서나 중요한 관심사 중의 하나이다. 공무원의 경우 보수는 그들의 소득으로서 생계와 이익에 직결된 문제이다. 가능한 한 많은 보수를 원하고 적정하지 못한 보수수준에 대해서 불만을 갖게 되는 까닭은 보수가 공무원의 생계유지 및 문화생활 및 품위유지와 밀접한 관계를 갖고 있기 때문이다.

공무원의 근무의 대가이며 또한 공무원의 생활수준을 결정하게 되는 보수가 생계를 유지하는 데 불충분하고 비합리적 불공평하거나 공무원의 근로의 재생산비용을 보장하지 않는 경우 사기와 능률이 저하되고 인간관계가 악화되며 부정부패를 초래할 가능성이 높아진다.

정부의 입장에서 공무원의 보수관리는 인사정책의 중요한 부분을 차지하는 것으로 정부에 필요한 유능한 인재확보를 위한 중요한 유인요인이 되며, 공무원의 사기에도 영향을 미치는 것이기도 하다.

공무원들의 사기를 좌우하는 변수에는 여러 가지가 있지만 보수가 차지하는 비중은 막대하다. 공무원들이 보다 많은 보수를 받을 수 있다는 가능성과 기대를 가질 때 그들의 근무의욕이 높아질 것이다.

보수는 국민의 납세가 그 재원이 되며, 담세자인 국민은 예산의 지출을 감소시키면서 동시에 질 좋은 서비스를 제공받기를 원할 뿐만 아니라 정부재정에서 상당한 비중을 차지하고 있어 정치적 통제의 대상이 되기도 한다.

정부는 많은 보수를 원하는 공무원들의 요청을 참작해야 하는 한편, 재원의 제한과 될수록 적은 보수를 주고 많은 봉사를 받으려는 통제세력도 고려하지 않을 수 없다. 그리고 한 사회의 가장 큰 고용주인 정부가 공무원들에게 주는 보수의 전체적인 수준은 국가 전체의 경제생활에 미치는 영향이 큰 것이므로 보수의 경제정책적 효과도 고려해야 한다. 정부는 또한 모범고용주로서의 역할도 잊어서는 안된다.[1)]

Ⅱ. 공무원 보수의 특징(공·사 비교)

민간기업의 보수나 공무원보수는 모두 피고용자에 대하여 근무에 대한 대가로서 지급된다는 측면에서는 동일하다. 그러나 공무원의 보수는 정부조직의 특수성으로 인하여 민간기업의 보수와는 다른 특징을 지니고 있다.

이러한 특징을 살펴보면 다음과 같다.[2)]

(가) 공무원보수는 국민의 납세가 재원이며, 정부재정에서 차지하는 비중이 크고 보수의 지급이 미치는 사회·경제적 효과가 크므로 정치적 통제의 대상이 됨은 전술한 바와 같다. 그러므로 보수는 법령에 의하여 규제된다. 따라서 물가변동과 같은 상황변화에 따른 적응이 어려워 민간기업의 보수보다 경직성을 지니게 된다.

(나) 정부업무 가운데는 업무의 내용, 근무조건이 특이하여 민간기업에서는 찾아볼 수 없는 직종(예, 경찰, 소방 등)이 있으며, 이러한 직종에 종사하는 공무

1) 오석홍, 전게서, pp. 459~461.
2) 박동서, 전게서, pp. 331~332; 박연호, 전게서, p. 322.

원의 보수수준의 결정은 쉽지 않다. 이런 경우 보수결정의 기준이 명확하지 못하여 동일노동에 대한 동일보수의 원칙을 실행하기가 어렵다.

(다) 공무원의 경우는 일반적으로 노동권의 제약을 받고 불리한 입장에 있으며, 따라서 이것이 보수결정에 영향을 미친다. 이러한 사정은 선진국의 경우보다 신생국, 특히 우리의 경우 노동권의 제약을 심하게 받고 있어 극히 불리한 입장에 놓이게 되어 있다. 따라서 선진국의 경우는 이러한 불리한 점을 법률로서 어느 정도 자동적으로 보충할 수 있게 규정되어 있으나 우리는 이러한 규정도 없어 가장 불리한 입장에 놓여 있다.

(라) 일반적으로 공무원의 보수수준은 민간기업의 보수수준에 비하여 낮은 편이다. 하위직 공무원의 보수수준보다 고위직에서 더욱 그러하다. 그 이유로는 전통적으로 정부관료는 높은 사회적 신망을 누리는 대신 보수의 수준은 낮아도 무방하다는 인식에서 나온 것이다. 공무원은 금전적 타산에 의해서만 정부에 참여하는 것이 아니며, 공공봉사에 대한 사명감으로 공무원이 된다는 점에서 오는 사회적 또는 상징적 이익이나 만족감을 가질 수 있고, 강력한 신분보장 등이 공무원이 되고자 하는 동기가 되기 때문이다.

Ⅲ. 보수수준 결정의 기본원칙과 결정요인

여기서 우선 검토하고자 하는 것은 보수액의 기준이 무엇에 근거하여 결정되어야 하느냐 하는 것이다. 결론부터 지적한다면 기준을 결정하는 데 고려되어야 할 변수는 여러 가지 있으나 여기서는 가장 일반적으로 논의되고 있는 2대원칙과 기준을 설명해 보고자 한다.

1. 기본원칙

공무원보수수준결정의 일반적 원칙에는 대외적 균형과 대내적 균형의 유지라는 2대원칙이 제시되고 있다.[3]

3) David Lewin, "The Prevailing Wage Principles and Public Wage Decisions," *Public Personnel Management*, Vol. 35, No. 6 (Nov.-Dec. 1974), pp. 317~318; 박동서, 전게서, pp. 334~335.

(1) 대외적 균형의 원칙 공무원의 보수는 민간기업의 보수와 비교하여 어느 정도 균형 있게 결정되어야 한다. 정부는 노동시장에서 민간기업과 경쟁하여야 하기 때문에 민간기업의 보수평균치와 비슷하여야 유능한 공무원의 확보 및 유지가 가능한 것이다.

여기에서 보수의 평균치는 대표직급을 선정하여 직책의 내용을 명확히 하고, 민간기업 가운데 일정규모 이상의 기업을 지역, 산업, 규모별로 선정하여 이들의 평균보수액을 선정하는 것이다. 유의할 점은 보수월액을 기준으로 하지 않고, 1년에 받는 총액을 기준으로 하여 실시하여야 한다. 이것은 수당액의 차이가 월별로 직장에 따라 다를 수 있기 때문이다.

(2) 대내적 균형의 원칙 조직내에 있어서의 보수액은 직무의 상대적 중요성을 고려하여 격차요인을 확인한 후 그것에 의해 대내적으로 균형이 이루어지도록 하여야 한다.

격차요인에는 식부, 작업조건, 학력 및 자격, 경험, 근무년한, 능력, 근무성적, 연령, 부양가족수 등이 있다.

보수의 격차가 계급간에 지나치게 큰 경우에는 조직구성원의 불평 불만이 클 수도 있지만, 지나치게 작은 경우 능력발전 및 근무의욕이 저하되므로 조직의 여건을 고려하여 적정한 보수의 격차를 유지하여야 한다.

2. 보수수준의 결정요인

보수의 일반수준을 결정하는 데 있어서 고려해야 할 요인을 경제적 요인, 사회적·윤리적 요인, 부가적 요인으로 대별하여 검토할 수 있다.[4)]

1) 경제적 요인

보수수준의 결정에 있어 고려되어야 할 경제적 요인으로는 민간기업의 임금수준과 정부의 지불능력을 들 수 있다.

(1) 민간기업의 임금수준 일반적으로 공무원 보수의 일반수준을 결정할 때에는 민간기업의 임금수준을 고려하고 있다. 우리 나라에서도 보수결정에 있어서 민간기업의 임금을 고려할 것을 규정하고 있다.[5)]

4) Stahl, *op. cit.*, pp. 312～317; 박동서, 전게서, pp. 336～339.

그러나 민간부문의 임금이 공공분야보수설정의 완벽한 지침은 아니다. 왜냐하면 노동시장에서의 단일가란 존재하지 않기 때문이다. 개인과 개인간, 동일직장내에서의 직무, 지역의 차이에서 다양하게 보수가 설정되어 있다. 따라서 특정직무에 대한 시장가격을 확인하기 어렵다는 점이 있다. 또한 사기업에는 없는 직종이 정부기관에 있는 경우 경쟁시장가의 적용이 어려운 경우가 있다.

(2) 정부의 지불능력 어느 조직을 막론하고 그 조직의 보수지불 능력은 보수수준의 상한을 규제하기 마련이다. 보수수준이 고용주의 지불능력에 의하여 제약되는 것은 민간기업에서나 정부기관에서나 마찬가지이다. 어떠한 조직도 보수의 지불능력에는 한계가 있다. 높은 수준의 임금이 바람직하더라도 지불능력이 없다면 지급할 수 없기 때문이다. 정부의 재정형태는 담세자인 국민의 납세에 의존하고 있으며, 이러한 국민의 담세능력은 국가전체의 경제력과 국민소득의 수준에 의하여 결정된다.

2) 사회적·윤리적 요인(생계비)

정부에서 공무원 보수의 일반수준을 결정할 때 우선 고려해야 할 것은 공무원들이 생계를 유지해 나갈 수 있는 생계수준이 어느 정도인가를 파악하는 일이다. 우리 나라에서도 공무원 보수결정에 있어서 먼저 일반의 표준생계비를 고려할 것을 규정하고 있다. 공무원의 생계유지를 보장해 주어야 한다는 것은 정부가 모범적 고용주로서 준수해야 할 사회적·윤리적 의무인 것이다.

공무원도 국민의 한 사람이기 때문에 정부는 공무원들의 생계를 돌보아야 한다. 특히 공무원들은 단체협약권이나 노동쟁의권이 없거나 현저히 제한되어 있고, 담당업무가 특수하여 민간기업에는 찾아볼 수 없는 직종이 많아 민간기업으로 옮길 기회가 제한되므로 정부는 스스로 공무원을 공정하게 대우하여야 할 사회·윤리적 책임이 있다.

이러한 정부의 사회·윤리적 책임과 관련하여 고려되는 요인이 공무원의 최저생활을 보장하는 생계비이다. 공무원에게도 소속사회의 기준에 따라 최저한의 생활을 할 수 있는 보수가 보장되어야 하는 것이며, 따라서 보수기준의 결정시 생계비에 관한 자료를 조사하여 그것을 보수에 반영하여야 한다. 여기에서 생계비

5) 국가공무원법 제46조.

와 관련하여 논란이 되고 있는 것은 최저생활의 수준이 어느 정도이고, 대상인원수는 어느 정도 고려하여야 하며, 지역적 환경변수가 고려되어 있는가 등이다.

보수수준결정에서 생계비를 고려하려면 우선 최저생활수준을 결정하여야 한다. 최저생활의 수준이 빈곤한 정도인가, 최저생계수준인가, 아니면 최소한의 건강과 품위를 유지할 수 있는 수준인가, 안락을 누릴 수 있는 수준인가, 문화적 수준인가를 결정하여야 한다. 최저생활수준은 각국의 경제적·사회적 기준에 따라 달리 결정될 수 있을 것이다. 적어도 건강과 품위를 유지할 수 있는 수준이 최저생활수준으로서 고려되어야 할 것이다.

이러한 최저생활수준이 결정된다면 다음으로 대상인원수를 어느 정도 고려하여야 하는가가 문제가 된다. 대상인원수의 결정은 본인에 한정하여 지급하는 방법과 가족수당제를 채택하여 부양가족이 있는 사람에게는 그 수에 상응하는 수당을 지급하고, 없는 사람에게는 본인의 생계비만 지급하는 방법, 평균부양가족수를 획일적으로 정하여 지급하는 방법 등이 있는데, 이 가운데 하나를 채택할 수 있다.[6)]

3) 부가적 요인

부가적 요인이란 공무원이 보수 이외에 받는 부수적인 각종 혜택을 말하는 것으로서 예컨대 연금제도, 신분보장, 승진제도, 휴가기간, 근무시간, 병가제도, 보건과 안전 및 후생제도 등이 그것이다. 이러한 부가적 요인을 고려해야 하는 이유는 그러한 요인도 직업선택에 영향을 미치는 주요변수이기 때문이다. 공무원의 보수가 민간부문의 그것보다 비록 낮더라도 공무원에게 주어지는 이러한 부가적 혜택이 민간부문에서보다 유리한 경우에는 보수에서의 차이가 상쇄될 수 있다.

6) 표준생계비 산정방법에 관한 상세한 내용은 오석홍, 전게서, pp. 482~484 참조.

Ⅳ. 보수체계와 보수표의 작성

1. 보수체계의 개념

보수체계란 보수지급항목 또는 보수종류의 구성을 말한다. 공무원에게 지급하는 여러 가지 금전적 보상의 종류를 어떻게 구성하느냐 하는 문제는 보수행정에서 가장 기본적인 과제 중의 하나인데 이것이 곧 보수체계의 문제이다. 보수체계를 가리켜 보수구성이라고도 한다.

보수체계는 보수수준과 함께 공무원의 근무의욕에 많은 영향을 미친다. 어느 면에서 볼 때 보수체계의 합리화가 보수수준의 그것보다 더 중요한 것일는지도 모른다. 보수수준이 높게 유지되는 경우라 하더라도 보수체계가 비합리한 경우, 예컨대 상대적으로 기본급(봉급)은 적고 부가급(수당)이 많은 경우에 공무원의 높은 근무의욕을 기대하기란 어려울 것이기 때문이다.

일반적으로 합리적인 보수체계의 요건은 공무원의 생활안정이 보장되고, 근무의욕을 고취시킬 수 있으며, 단순하여 이해가 쉬운 것이라야 한다. 또한 객관적이어야 하며, 안정성이 있어 잦은 변경이 이루어지지 않는 것이어야 한다.[7)]

2. 보수의 종류

보수의 종류에 관한 구분방식은 다양하다. 그 필요한 목적에 따라 분류를 달리 할 수 있기 때문이다.

대표적 구분방식으로는 보수가 기본급적인 것인가, 부가급적(수당)인가에 따라 분류하는 형식적 분류와 보수의 목적 및 보수결정기준이 무엇인가에 따라서 분류하는 실질적 분류가 있다.[8)]

공무원보수의 종류는 일반적으로 형식적 기준에 의하여 구분되는데, 형식적 기준에 의하여 구분되더라도 질적 분류를 어느 정도 고려하여 분류하게 된다.

---

7) 박연호, 전게서, p. 323.

8) 실질적 분류에는 공무원과 그 가족의 생활보장을 위한 지급으로 보는 생활급과 공무원의 직무수행에 대한 대가로서 보는 직무급이 있다.

(1) 기본급 기본급은 보수의 가장 기초적인 부분이다. 기본급은 모든 공무원에게 지급되는 기본근무시간에 대한 보수를 말한다. 기본급은 보수총액의 주된 부분을 차지하는 것일 뿐만 아니라 각종 수당이나 연금을 산정하는 기준이 된다. 우리 정부의 공무원보수규정에서는 기본급을 봉급이라 부르고 있다.

기본급의 유형은 기본급의 결정기준에 따라 다양할 수 있다. 기본급의 주요 유형으로 생활급, 근속급, 자격급, 능력급, 직능급, 직무급, 업적급, 종합결정급 등이 있다.[9)]

기본급의 유형을 선택 배합할 때에는 정부조직의 실정과 보수정책의 목적에 부합되도록 결정하여야 한다. 그렇게 하기 위해서는 공무원의 생활보장, 업무에 상응하는 보수의 지급, 근무의욕 제고 등 보수의 기본적 기능을 고려하여야 할 뿐 아니라, 조직의 형태, 공무원의 구성, 인사제도의 성격, 공무원의 기대, 보수의 일반적 수준 등도 검토되어야 한다.

우리 정부에서도 기본급을 종합결정급으로 하고 있는 듯하나 여러 기준의 배합에 관한 설명이 충분한 것은 아니다. 법상의 원칙으로는 직무기준을 기본으로 하고 생계비도 고려한다고 하고 있다.[10)] 그러나 실제로는 계급, 근속, 경험 등 속인적 기준과 생활급적 기준이 우선되는 것 같다.

(2) 부가급(수당) 부가급은 직무의 내용, 근무환경 및 생활조건 등의 특수성이 인정되는 공무원에게 지급되는 기본급 이외의 급여를 말한다.

공무원은 이러한 특수성이 보수결정에 고려되기를 바란다. 그러나 기본급으로는 이러한 특수성을 반영할 수 없는 경우가 많으므로 부가급이 활용된다. 부가급은 보수가 충족시켜야 할 요구는 많으나 기본급으로 해결할 수 없는 경우 이러한 기본급의 미비점을 보완하고 조정하는 수단으로 활용되는 것이다.

보수제도가 합리화되지 못한 경우, 보수의 수준이 생계비에 미달되는 경우나 경제적·사회적으로 비상사태시에는 부가급 역할의 비중이 커진다. 이러한 부가급은 어디까지나 기본급의 보완수단으로 활용되어야 하며 남용되어서는 안된다.

---

9) 기본급의 유형(실질적 분류)에 관한 상세한 설명은 김재기, 전게서, pp.332~334 참조.

10) 국가공무원법 제46조는 「공무원의 보수는 일반의 표준생계비, 민간의 임금, 기타 사정을 고려하여 직무의 곤란성 및 책임의 정도에 적응하도록 계급별로 정한다」고 규정하고 있다. 공무원보수규정에서는 「봉급이라 함은 직무의 곤란성 및 책임의 정도와 재직기간 등에 따라 계급별·호봉별로 지급되는 기본급여를 말한다」고 규정하고 있다.

부가급이 그 목적에 알맞게 활용되지 못하고 생계비의 보충으로 활용된다든지, 지급의 이유와 조건이 불분명하고 기본급의 본래의 문제점을 해결하지 않고 수당만 증설하는 경우에는 보수체계의 혼란을 야기시킬 뿐만 아니라 공무원의 불만을 야기시키는 경우도 있다.

일반적으로 널리 활용되는 수당으로는 직무급적 수당, 생활보조급적 수당, 지역수당, 상여수당, 초과근무수당 등이 있다.[11)]

우리 정부에서는 수당의 기본적인 범주를 일곱 가지로 나누고 있다. 일곱 가지 범주의 수당이란 직무수당, 상여수당, 가계보전수당, 특수지근무수당, 특수근무수당, 초과근무수당, 겸임수당을 말한다.[12)]

3. 보수표의 작성

(1) 보수표의 의의　　보수표는 기본급의 전모를 체계적으로 표시한 금액표이다. 기본급의 구체적인 금액을 직급별 또는 계급별로 정한 보수표는 보수제도의 기초가 되는 것이다. 보수표는 대규모조직의 보수관리에 불가결한 도구인 바, 그 역할 또는 효용을 몇 가지로 나누어 보면 다음과 같다.

첫째, 보수표가 있으면 보수관리의 계획성을 높일 수 있다. 즉 기본급의 전모를 체계 있게 표시하는 보수표는 많은 직원의 보수결정이나 변경을 통일적 체계적으로 할 수 있는 기초를 제공한다.

둘째, 보수표가 있으면 직원간의 봉급균형 또는 격차가 적정한 것인가를 판단하기 쉬우며, 대외균형의 유지를 위한 비교도 용이해진다.

셋째, 보수표는 보수액을 표준화할 뿐 아니라 보수관리 전반의 표준화·단순화에도 기여한다. 마찬가지로 보수지급에 대한 예산편성도 용이하게 한다.

넷째, 보수표가 있으면 직원들은 장래의 보수를 예측할 수 있기 때문에 그들의 앞날에 대한 불안감을 없애고 희망을 줄 수 있다.

보수표의 작성에는 다음과 같은 요인이 고려되어야 한다.

(2) 보수표의 수　　어느 나라든 단일보수표를 가진 경우는 없다. 사회구조의 복잡화와 이에 따라 행정기관의 규모 또한 확대되고, 직종 또한 다양하고 복잡

---

11) 수당에 관한 상세한 설명은 김재기, 전게서, pp. 335~338 참조.

12) 공무원보수규정 제32조; 공무원수당규정 제5조~제18조.

해진다. 이에 따라 보수표도 복수인 경우가 일반적이다. 그러나 지나치게 많은 보수표가 있으면 그만큼 보수관리가 복잡하여 혼란을 초래할 수 있으므로 적정 수를 유지하여야 한다.[13)]

(3) 등급의 수　보수의 등급(계급)은 공무원이 받는 보수액의 격차에 관한 단계구분의 표시를 말한다. 직무급에서 등급은 직무의 가치를 표시하고, 자격급에서는 자격의 단계구분을 표시한다. 등급의 수를 많게 하는 경우에는 직무에 상응하는 보수액을 쉽게 결정할 수 있다. 그러나 직무내용에 작은 변동만 있어도 등급을 변동해야 하는 등 보수관리가 복잡해지고 융통성이 없어진다. 보직관리에 있어서도 정확성 내지 합리성을 기할 수 있으나 신축성이 감소된다는 것도 상대적인 장단점이라 하겠다. 등급의 수를 적게 하는 경우에는 이와는 반대현상을 가져오게 된다.

이와 같이 등급의 수는 너무 많아도 좋지 않고 너무 적어도 바람직스럽지 못하다. 구체적으로 몇 개의 등급으로 할 것이냐 하는 문제는 조직의 형편에 따라 결정되어야 할 것이다.[14)]

(4) 등급의 폭(호봉)　등급의 폭이란 각 등급내에서의 보수액의 단계를 말한다. 이것을 호봉(steps)이라고도 한다. 보수표의 각 등급을 단일액으로 규정하는 것이 아니고 몇 개의 호봉으로 나누는 것을 말한다.[15)]

V. 우리 나라 공무원보수의 문제점과 개선방안

1. 문제점

우리 나라 공무원보수의 문제점으로는 보수의 일반적 수준과 보수체계상 문제가 있다.

13) 우리의 경우도 최근 증가하여 1994년 현재 13종으로 되어 있다. 일본은 17종이고, 영국은 50종으로 되어 있다.

14) 우리 나라는 현재 9등급이며 미국은 18등급이다.

15) 등급의 폭을 두는 이유는, 첫째 근무연한이 거듭됨에 따라 경험의 증대와 능력의 향상이 이루어진다는 전제하에 이에 대한 보상을 주려는 데 있으며, 둘째 근무성적이 좋은 공무원에게 호봉을 올려줌으로써 그들의 근무의욕을 자극할 수 있으며, 셋째 공무원의 장기근속을 유인할 수 있다는데 있다. 상위직으로 갈수록 등급의 폭(호봉)이 누진적으로 증가하여 커지는 보수곡선을 J곡선(J curve)라고 부른다.

(1) 보수수준상의 문제점　지난 수십년 동안 우리 정부는 고도경제성장을 이끌면서 공무원보수주준의 심한 대외적 불균형의 문제를 해결하기 위해 줄곧 고심해 왔다. 보수관리와 보수개혁의 관심은 보수수준의 상향조정에 집중되고 있었다. 그러나 그 동안 생활수준향상에 대한 공무원들의 기대수준은 높아져 온 반면, 그에 대응할 재원은 부족하여 민관 보수격차의 문제를 적절히 해결하지 못하고 있다.

우리 나라 공무원의 보수수준은 아직도 민간기업 및 공기업의 보수수준보다 낮은 실정이다. 2011년 현재 민간근로자 대비 전체(3개 직종) 공무원의 보수는 85.2%이다. 이는 공무원 보수가 전반적으로 민간근로자 보수에 비하여 14.8% 정도 낮음을 시사한다. 그리고 공무원과 민간근로자간 상대적 보수격차는 2004년 95.9%를 정점으로 확대되고 있다. 이와 같은 민간 보수격차 확대는 최근 민간부문에 비하여 상대적으로 낮은 공무원 보수상승률에 기인한다. 한편 일반직 공무원을 기준으로 추정한 2011년 현재 민관 보수격차는 77.1%로서 전체 공무원을 기준으로 작성한 민관 보수격차보다 다소 크게 나타나고 있다.[16)]

이러한 민간기업 및 공기업과의 보수격차는 우수인력의 공직유치를 어렵게 할 뿐만 아니라 상대적 박탈감으로 공무원의 사기는 저하되고 행정능률 및 서비스의 질도 저하되는 결과를 초래하고 있다. 특히 제도화된 부정부패의 문제 즉 보수액의 비현실성으로 음성수입의 확보를 위한 부정부패 · 직권남용이 자행되어 왔다.

(2) 보수체계상의 문제점　현행 우리 나라의 보수체계는 봉급액이 상대적으로 적고, 수당의 비중이 과다하여 봉급의 대표성을 약화시키는 현상이 초래되고 있어 소위 형식주의에 빠져 있다.

또한 직종별로 다양하고 복잡한 수당이 지급되고 있을 뿐만 아니라(수당의 남설), 각 수당이 본래의 목적과 달리 지급되고 있어 합리적인 지급기준이 결여되고 있다.

2. 개선방안

(1) 생계비의 지급　생계비지급이 실현되지 않으면 공무원의 부정의 구실은

16) 한국노동연구원, 「2011년 민관보수수준실태조사」(행정안전부정책연구보고서), 2011.11.

언제나 존재하는 것이다. 정부가 현재 추진하고 있는 여러 사업의 존속 여부와 투자의 우선순위에 대한 재검토를 해서라도 공무원의 봉급비를 보다 충분히 마련하는 방안을 강구해야 한다.

(2) 대외적 균형유지　공무원의 보수수준을 민간부문과 실질적으로 대등한 수준에 이르도록 적정화하여야 한다.

공직에 근무하는 공무원이 시간이 지남에 따라 민간부문종사자와 차이가 심화되는 것은 공무원의 사기의 저하와 부정부패의 원인이 될 뿐만 아니라 유능한 공무원의 유치 및 확보도 어렵게 하기 때문이다.

(3) 보수체계의 합리화　기본급은 보수 가운데서 '기본적인 부분'이라는 위상을 회복해야 한다. 기본급결정기준의 형식주의는 배제되어야 한다. 각종 수당은 그 실질적인 성격에 따라 재분류되어야 한다. 기본급과 같은 성격을 가진 수당들을 기본급에 합산해야 한다.

(4) 성과급[17]의 도입 확산　연공서열위주의 획일적인 보수체계를 과감하게 탈피하여 개인별 업적에 의한 성과급제도를 도입 확산시켜야 한다. 이로써 공직자사회에 경쟁을 촉발시켜 공무원의 복지부동을 타파할 수 있으며 유능한 인재의 공직등용이 촉진된다.

(5) 공무원단결권의 인정　공무원들에게 단결권을 주어 그들 스스로의 행동강령을 설정케 하고, 그들의 단체를 통해서 떳떳하게 납세자(국민)와 집권자에게 그들의 적정보수조건을 제시하고 타협하여 보장을 받도록 해야 할 것이다.

(6) 공직윤리와 민주적 공직관의 확립　청백리사상을 바탕으로 하는 공직윤리가 정립되고 국민의 공복이라는 민주적 공직관이 체질화되지 않는 한 보수의 현실화가 부정부패의 근절을 장기간에 걸쳐 보장할 수는 없다. 따라서 무엇보다 공무원들 스스로 공무원윤리헌장의 생활화·내면화가 요망된다.

---

17) 성과급제란 직무수행의 성과를 보수결정의 기준으로 삼는 제도이다. 이것은 측정가능한 직무수행실적, 성과에 보수를 직접적으로 연계하는 제도이다. 행정생산성 향상을 위해 우리 공직사회에 도입된 성과급은 기본적인 보수(base pay) 위에 추가 지급하는 성과상여금이다. 1년 단위로 보수를 차등지급하는 성과급은 연봉제라 한다. 성과급의 종류에는 개인차원의 성과급, 집단차원의 성과급, 조직차원의 성과급(organizational incentive plans)이 있다. 성과급제에서는 성과측정의 애로가 가장 큰 문제점이다. 평가제도가 공정하거나 타당하지 못하면 오히려 공무원의 사기가 떨어질 우려가 있으므로 공정한 성과평가제도의 확립이 우선되어야 할 것이다.(오석홍, 행정학, pp.618-623)

제 2 절 사기와 인간관계관리

Ⅰ. 사기의 의의

1. 사기의 개념

사기(morale)란 자발적·적극적인 근무의욕 혹은 직무수행동기(work motivation), 근무태도를 의미한다. 즉 사기란 조직목표의 달성을 위하여 열성적·헌신적으로 협력하고 노력하려는 개인과 집단의 정신자세 태도라고 할 수 있다. 이러한 사기는 건전한 근무상황의 지표인 동시에 조직목표를 달성하기 위하여 개인적 관심, 충성심을 공통적 관심과 집단적 충성심으로 통합시킬 수 있는 적극적 수단으로 파악된다.

일반적으로 널리 사용되는 사기라는 말 가운데는 개인중심적 사기의 개념과 집단중심적 사기의 개념이 포함되고 있다. 전자는 사기를 본질적으로 개인적인 것으로 보는 견해로서, 작업집단의 한 구성원으로서 그 직무로부터 연유되는 여러 가지 직무만족의 총화를 의미하는 것이다. 후자는 집단을 하나의 팀(team)으로 보고, 집단정신, 지속성, 응집성 등에 주안점을 두는 견해이다. 사기라는 심리적 태도(attitude)와 정신적 상태(state of mind)를 관찰하는 각도는 서로 다르지만, 사실상 직장 전체의 사기는 그 직장내 집단의 심리적 태도에 의하여 영향을 받으면서 형성되는 것이므로 이 양자를 명백히 구분한다는 것은 오히려 비현실적이라고 생각한다.

요컨대 사기는 단일개념이 아니라 여러 가지 요소가 포함되어 있는 복합적 개념이다. 이와 같이 복합적 개념을 가진 사기는 직원의 태도, 감정, 정서의 집합체임과 동시에 집단의 융합적인 감정을 토대로 하여 어느 목적에 매진하는 의욕적이고 적극적인 행동을 자아내는 독특한 정신상태와 집단의 자율성이라고 정의할 수 있다.

2. 사기의 성격

이러한 개념규정과 관련된 사기의 특성은 개인적·집단조직적·사회적 성격으로 나타난다.[18)]

(1) 개인적·자발적 성격 사기는 전술한 바와 같이 개인의 직무환경과 관련하여 가지는 심리적 상태로서 개인의 적극적·자발적 근무의욕이라는 성격을 지니는 것이다. 이러한 개인적·자발적 측면에서의 사기는 주관적 만족과 관련되는 것이며, 적응력·창의성·책임감을 갖게 되고, 조직목표 달성에 결정적인 역할을 하는 것이다.

(2) 조직적 성격 사기는 개인적 성격만을 지닌 것은 아니며, 조직적 성격도 포함하고 있다. 대부분의 개인이 조직생활을 하고 있으며, 개인의 근무 또한 조직생활의 한 부분이기 때문이다.

사기의 조직적 성격은 조직구성원이 조직목표달성을 위하여 열의·관심을 가지고 상호 협조적으로 조직활동을 수행하려는 정신상태를 가리킨다. 여기에서의 사기는 협조·단결력 등을 의미한다.

(3) 사회적 성격 사기는 또한 하나의 집단의 범위에 한정되는 것이 아니며, 사회적 역할과 결부되어 의미를 지니는 사회적 성격을 지니고 있다. 참된 의미의 사기는 사회적 진보에 기여하는 것이라야 한다.

사회적 진보에 기여하는 사기는 군중의 순간적인 열광이나 파벌의 내향적 자기만족 또는 갱집단의 허식적 자기존대와는 구분되어야 하는 것이다.[19)]

---

18) 장지호, 전게서, pp.539~541.

19) Fritz Morstein Marx and Wallace S. Sayre, "Morale and Discipline," in Fritz Morstein Marx ed., *Element of Public Administration*, 2nd ed. (Englewood Cliffs, N.J.: Prentice-Hall, Inc., 1959), p.437.

3. 사기의 중요성

오늘날 어느 직장을 막론하고 사기의 중요성이 높이 인식되고 있는데, 관리자들이 이에 대하여 관심을 기울이지 않으면 안되는 주된 이유는 사기의 고저가 조직의 원활한 운영과 성공에 지대한 영향을 미치기 때문이다.[20)]

데이비스(Ralph C. Davis)는 조직에 있어서의 높은 사기의 효과로서 다음과 같은 것을 들고 있다.[21)]

① 구성원들로 하여금 조직목적의 달성에 자발적으로 협력하도록 한다.

② 구성원들로 하여금 조직과 지도층에 충성을 다하도록 한다.

③ 조직의 훌륭한 기강확립을 가능하게 한다.

④ 역경을 극복해 나갈 수 있는 조직의 능력배양과 강력한 지탱력을 키워준다.

⑤ 담당직무와 조직활동에 대한 직원들의 관심이 높아진다.

⑥ 직원들의 창의성을 합리적으로 발휘할 수 있도록 한다.

⑦ 조직에 대한 구성원들의 자부심을 배양한다.

반대로 낮은 사기는 직장에 있어서 불안정과 소강상태를 야기하며, 직원간에 빈번한 언쟁, 조직과 지도층에 대한 불신임, 소극적인 직무수행, 법규와 명령의 빈번한 위반 등 여러 가지 불미스러운 현상을 자아내게 되는 것이다.[22)]

Ⅱ. 사기이론

일반적으로 사기는 공무원의 근무수행의욕이나 동기임은 전술한 바와 같다. 이러한 직무수행의욕이나 동기에 관한 이론적 관점은 크게 두 가지 범주로 구분하고 있다. 하나는 어떠한 요인이 직무수행의욕이나 동기를 유발하도록 작용하는가를 설명하는 내용에 관한 이론이며, 다른 하나는 어떠한 과정을 통하여 직무수행의욕이나 동기가 발생하는가를 설명하는 과정이론이다.[23)]

---

20) 박연호, 전게서, pp. 428~429.

21) Ralph C. Davis, *The Fundamentals of Top Management* (New York: Harper & Row, 1951), p. 552.

22) 조직관리자는 수시로 조직성원의 사기를 조사할 필요가 있는데 사기조사방법에는 면접법, 질문지법, sociometry와 같은 방법을 사용하는 태도조사와 생산성에 관한 기록 퇴직에 관한 기록, 근태기록과 같은 근무관계기록조사 등이 사용된다. 상세한 내용은 오석홍, 전게서, pp. 579~595 참조.

23) 박연호, 전게서, pp. 432~435. 사기이론(동기이론)에 관한 상세한 설명은 오석홍, 『조직이론』, 박영사, 1992, pp. 257~290 참조.

1. 내용이론

내용이론(content theories)은 직무수행의욕이나 동기가 어떠한 요인(욕구)에 의하여 유발되는가에 관한 것이며, 이러한 요인이 인간의 욕구를 만족시키는 것으로 보고 이에 관하여 설명하고 있다. 욕구내용에 관한 이론의 대표적인 것으로는 마슬로우(Maslow)의 욕구단계론과 허르쯔버그(Herzberg)의 동기-위생이론이 있다.[24]

2. 과정이론

과정이론(process theory)은 인간이 어떠한 과정을 거쳐 근무의욕을 가지게 되는가에 초점을 둔 이론으로 근무의욕을 가지게 되는 과정과 관계된 제변수와 이들 변수들의 상호관련성을 검토하는 데 주안점을 두고 있다. 이러한 과정에 관한 주요이론에는 기대이론(expectancy theory), 공정성이론(equity theory) 등이 있다.[25]

Ⅲ. 사기와 인간관계관리

전술한 허르쯔버그(Herzberg)의 동기-위생이론에서 직장인의 동기부여이론으로 분류된 성취, 인정, 승진(발전) 등은 우리 나라의 실정에서도 적절하다고 볼 수 있으나 상사와의 인간관계를 위생요인으로 본 점은 약간의 이견이 있을 수 있다. 즉 우리 나라에서와 같이 부하직원의 성장이 상사와의 친밀한 인격적 유대관계에 의해서 많은 영향을 받는 곳에서는 합리적 계약원칙이 지배하는 곳과 비교해 볼 때 많은 차이를 나타낼 수 있기 때문이다. 따라서 상사를 중심으로 한 동료와의 '우리' 의식과 직장의 안정을 토대로 한 개인의 발전의 추구 등을 살펴볼 때 사기에 영향을 미치는 사회심리적 욕구를 인정감(sense of recognition), 성공감(sense of success), 소속감(sense of belongingness), 안정감(sense of security) 등으로 넓게 분류해 볼 수 있다.[26]

---

24) 내용이론의 상세한 설명은 제3편 제1장 제4절 참조.
25) 기대이론의 상세한 설명은 제3편 제1장 제4절 참조.
26) 박연호, 전게서, pp. 450～454; 장지호, 전게서, pp. 541～543. 그러나 이러한 분류는 욕구간의

1. 인정감

누구나 훌륭한 일의 성취와 업무수행에 대해서 감독자나 동료들로부터 칭찬받고자 한다. 즉 자기의 존재가치를 인정받고자 한다. 사실 능력 있는 사람을 무럭무럭 자라게 할 수 있는 힘은 칭찬이다. 그러나 부하직원의 발전에 관심 없는 관리자는 이러한 평범한 진리를 간과하기 쉽다. 오늘날의 관리이념은 실제적으로 일을 수행하는 직원들을 하나의 도구로서가 아니라 완전한 인격체로서 존중함으로써 마음으로부터 우러나오는 자발적 협조에 의해서 최고도의 능률과 효과를 올리는 데 있으므로 당연히 그들의 의욕관리에 관심을 기울여야 한다.

조직의 구성원들로 하여금 인정받고 있다고 느끼게 할 수 있는 경우를 열거해 본다면, 다음과 같은 경우일 것이다.

① 관리자나 동료직원이 가까이 대해 줄 때

② 감독자가 부하직원을 항상 관심깊게 그리고 인격적으로 대해 줄 때

③ 훌륭한 일을 했을 경우 관리자의 신임을 받거나 칭찬을 들을 때

④ 자기에게 영향을 미치는 문제에 대해서 자기의 의사를 존중해 줄 때

⑤ 동료로부터 어려운 일을 도와달라는 요청을 받거나 존경을 받을 때

2. 성공감

사람들에 대하여 인정감 못지 않게 중요한 또 한 가지 욕구는 성공감이다. 이러한 성공감은 허르쯔버그(Herzberg)의 근로의욕을 높이는 요인으로서의 직무의 성취감(achieveness) 및 성장과 발전감(growth and advancement)이 이에 해당한다. 즉 성공감은 직장에서 비단 승진의 기회가 존재하여야 한다는 것을 의미하는 것이 아니라 새로운 경험을 얻을 수 있는 기회(호기심, 연구심)와 또한 자기 자신의 능력을 발휘해 볼 수 있는 기회 및 개선을 위한 발언의 기회 등이 허용되어야 한다는 것을 전제로 한다. 요컨대 이것은 자기가 하는 일을 통하여 사회에서 공인받을 수 있는 전문가로서 자랄 수 있다는 기회가 부여되어야 한다는 것이다.

상호연관성 때문에 절대적 구분이 아니고 어디까지나 상대적 분류에 지나지 않는다는 점에 유의하여야 할 것이다. Stahl, *op. cit.*, pp. 201~202.

이러한 성공감을 통하여 직원들은 독립된 인간으로 발전해 나갈 수 있으며 또한 그의 좋은 '아이디어' 가 충분한 고려를 받고 있다는 만족감을 갖게 되며 아울러 감독자의 고충을 이해하고 또한 그에 대하여 협력적 태도를 취하게 된다.

3. 소속감(귀속감)

소속감은 집단의 당당한 한 구성원이라는 느낌, 즉 집단과의 일체의식을 말한다. 인간은 사회적 존재이므로 집단에 소속하고자 하며 다른 동료와 우호적 관계를 맺고자 한다.

소속감은 인정감과 같이 개인의 심리적 안정감을 조성하는 중요한 요소가 된다. 즉 소속감 또는 소속의식은 하나의 '인정' 형태라고도 말할 수 있으며, 개인의 가치와 중요성을 느끼게 할 수 있는 요인이다. 직원들은 그 누구나 조직구성원으로서의 자부심을 갖고자 원하며, 조직의 성공을 위하여 그 자신도 중요한 역할을 하고 있다는 느낌과 자기 자신이 동료나 관리자로부터 무시되지 않고 차별 없는 공평한 대우를 받고자 원하는 것이다.

4. 안정감

원만한 사회생활을 해 나가기 위해서는 무엇보다도 심리적 안정감을 가져야 하는데, 이는 가장 기초적이며 또한 제반 사회·심리적 욕구를 포함하는 가장 평범한 인간적 욕구라고 말할 수 있다.[27] 물론 경제적 안정감도 심리적 안정감을 구성하는 중요한 요인 중 하나이지만 여기서는 경제적 안정감은 제외한다. 직원들로 하여금 안정감을 갖게 할 수 있는 요인은 주로 다음과 같은 것이다.

① 관리자나 감독자가 자기 일을 간섭하지 않고 자기가 하는 일을 믿어줄 때

② 대과가 없는 한 자기 직장에 지속적으로 근무할 수 있다고 느낄 때

③ 일반적으로 감독자나 동료직원 또는 가족들과 더불어 만족스럽고 행복스러운 생활을 하고 있다고 느낄 때

④ 관리자나 감독자가 기분이나 또는 변덕에 지배됨이 없이 자기를 시종일관 공평하게 대해 준다고 느낄 때

---

27) Stahl, *op. cit.*, p. 250.

구성원들은 이러한 심리적 안정감을 갖게 될 때 비로소 책임을 쾌히 수락할 수 있으며, 또한 미래에 닥쳐올 사태에 대해서도 불안감을 느끼지 않는다. 요컨대 인간은 타인이 자신을 대하는 태도에 변함이 없고, 중대한 과오를 범하지 않는 한, 타인으로부터 시종일관 공평한 대우를 받을 수 있고 앞으로 어떠한 긴급사태가 닥쳐온다 할지라도 진정한 협조를 받을 수 있다는 확신을 가질 때 안정감을 가질 수 있는 것이다.

Ⅳ. 인간관계관리와 사기앙양제도

사기는 조직목적달성에 필요불가결한 요소로서 조직구성원에게 자기의 능력을 최대한 발휘하게 하는 것이다. 전통적인 사기제고방법은 주로 물질적 보상에 한정되었으나 인간관계론의 영향으로 인간의 사회적·심리적 욕구충족에 관심이 증폭되었으며, 행태과학의 발전에 힘입어 여러 가지 동기부여이론들을 실제 적용하고 있다.

인간관계적 측면에서 공무원의 사기제고를 위한 제도적 장치의 대표적인 것으로 고충처리제도, 인사상담, 제안제도가 있으며 사회심리적 측면에서 공무원단체·신분보장제도도 사기제고를 위한 중요한 역할을 하고 있다.[28)]

---

28) 고충처리제도·제안제도·인사상담 및 신분보장제도에 대한 상세한 설명은 김재기, 전게서, pp. 378~403 참조. 기타 사기제고활동으로 직무분담의 폭을 횡적(수평적)으로 넓혀 직무의 다양화를 꾀하는 직무확장(직무확대: job enlargement)과 직무분담의 깊이를 질적으로 고도화시켜 권한과 책임을 수직적으로 확장함으로써 자율성을 부여하는 직무충실(직무풍요화: job enrichment), 기본근무시간의 범위내에서 근무시간계획의 자율성을 어느 정도 보장하는 자율복무제(flextime) 등이 있다. 상세한 내용은 오석홍, 『인사행정론』, 박영사, 1993, pp. 628~638 참조.

제 3 절 공무원단체

Ⅰ. 공무원단체의 의의

공무원단체란 넓은 의미에서 보면 공무원들의 근무조건의 유지·개선을 위하여 조직하는 모든 단체를 의미하지만, 좁은 의미에서는 공무원노동조합의 형태를 갖춘 공식적인 단체만을 지칭한다. 이것은 최초에 사기업부문의 노동운동에 자극을 받아 전개되어 왔다. 그 전개과정을 보면 선진국에서도 반세기 이상의 완만한 그러나 부단한 발전을 하여 왔고, 무수한 충돌과 시행착오의 과정을 거친 산물로서 특기할 만하다.

애초에 '모범적 고용주'(model employer)로서의 정부가 공무원의 정당한 제 욕구와 권익을 충분히 보호하고 해결하려 하였다면, 사실상 공무원의 단체문제는 무의미한 일에 지나지 않았을 것이다. 그러나 '모범적 고용주'에 대한 그들의 기대는 비현실적인 것으로 판명되었기 때문에 아울러 공무원도 노동자라는 인식이 일반화되었고, 공무원은 거의 모든 국가에서 노동조합주의에 의한 단체행동에 비교할 수 있는 조직적 노력을 그들 스스로의 이익을 증진시키기 위하여 행하게 되었다.[29)]

이러한 추세에 비추어 민주주의와 시장경제의 병행발전을 지향하고 있는 우리 나라에서도 공무원단체의 활동 허용범위와 대상의 확대를 보다 적극적으로 검토해야 할 시점에 와 있다고 판단된다.[30)]

공무원단체는 그 구성원인 공무원들의 근무조건과 지위 및 복지를 유지·향

---

29) Nigro and Nigro, *op. cit.*, pp. 114～121.

30) 김재기, 전게서, pp. 404～421.

상시키는 것을 주된 목적으로 하여 조직되는 것이지만, 공무원들의 협동심을 고취하고 행정발전에 기여한다는 등의 부수적 목적을 함께 표방하는 것이 보통이다. 공무원단체의 활동으로는 대표활동(representation of employees), 교육훈련활동 및 홍보활동, 상조활동, 오락 및 친목활동 등을 들 수 있다. 이 중에서 가장 기본적인 것으로 중시되며, 또 가장 많은 쟁점을 안고 있는 것은 공무원 권익대표활동이다. 단체교섭이나 단체행동(파업)은 권익 대표활동의 수단이 된다.

공무원단체는 공무원의 복지증진과 사기제고, 나아가서는 행정발전에 기여할 수 있는 장치이며 현대인사행정에서 중시되고 있는 관리도구의 하나이다. 그러나 공직의 특수성 때문에 공무원단체는 행정 내외의 조건에 의하여 여러 가지 제약을 받는다. 그러므로 단순한 조직내적 관리수단으로만 다루기 어려운 면이 있다. 나라마다 고유한 노동운동의 전통과 정치체제 및 법체제의 성격이 공무원단체의 존립과 활동에 직접적인 영향을 미치고 있다.

Ⅱ. 공무원단체의 효용(필요성)

전술한 바와 같이 공무원의 권익옹호가 공무원단체의 가장 기본적인 목적이며 동시에 효용이지만, 그에 수반되는 여러 가지 효용을 보면 다음과 같다.[31)]

1) 공무원단체는 사기제고에 기여할 수 있다. 공무원단체의 활동에 의하여 얻어지는 공무원의 근무조건 개선 등 복지증진이나 공무원단체의 활동과정은 일반적으로 공무원들의 참여감, 귀속감, 인정감, 성취감 등을 증진시키며, 결과적으로 사기제고에 기여할 수 있다.

2) 공무원단체는 공무원들과 관리층간의 쌍방적 의사소통의 통로를 마련해준다. 관리층의 권위주의적 횡포통제 등을 통한 대내행정의 민주화 및 발전에 공헌한다.[32)]

3) 공무원들은 공무원단체를 통하여 정부전체의 정책결정구조나 입법기관 등 외적 세력중추에 주요 인사행정문제에 관하여 일종의 압력단체로서 공무원들의

---

31) Stahl, *op. cit.*, pp. 427~428; Powell, *op. cit.*, pp. 291~294.

32) 만약 이러한 통로가 없으면 상호간의 반목·불평을 조장하고 개인으로서 약한 하급직은 상관의 면전에서는 약한 반면에 부하나 시민에게 강하고 거만한 태도를 취할 뿐만 아니라 상관의 명령도 음성적으로 거부하는 태도를 취하게 될 것이다.

집단적인 의사표시를 함으로써 부당한 혹은 공무원에게 불이익한 인사조치를 방지하거나 시정요구를 할 수 있다.

4) 공무원단체는 실적제도의 보호와 확립에 앞장섬으로써 인사행정발전과 공무원의 정치적 중립성 확보에 기여할 수 있다. 공무원단체는 인사행정에 대한 정치의 개입을 배제하고 공무원의 중립성을 확보하는 데 있어서 일종의 압력단체로서 강력한 영향력을 발휘할 수 있을 것이다.

5) 공무원단체는 그 구성원들이 직업적인 행동규범으로부터 이탈되는 것을 막는 사회적 견제작용을 함으로써 부패방지 등 공직윤리확립에 기여할 수 있다. 부패방지를 위한 타율적 통제보다는 공무원단체가 자율적으로 부정부패는 전문직업공무원으로서의 자부심과 명예를 손상하는 것이라는 의식을 갖도록 함으로써 공무원 사회의 정화와 개선에 이바지한다.

공무원단체가 형성되어 제대로 활동하고, 따라서 바람직한 효용을 발휘할 수 있으려면 행정체제의 내외에 걸쳐 그것을 뒷받침해 줄 수 있는 조건이 갖추어져 있어야 한다. 필요한 여건이 갖추어져 있지 않으면 공무원단체가 형성되기도 어려울 것이며, 불비된 여건을 무시하고 공무원단체를 조직하더라도 그 적극적인 효용은 기대할 수 없을 것이다.[33)]

---

33) 공무원단체의 형성과 발전에 필요한 조건 가운데서 가장 중요하다고 생각되는 것을 보면 다음과 같다. i) 자유사회(free society)의 기반이 형성되어 있어야 한다. 기본법체계가 결사의 자유를 보장한다는 조건이 갖추어져 있지 않을 뿐만 아니라, 민주적 참여가 생활화된 사회라야만 우리가 말하는 공무원단체가 본궤도에 오를 수 있는 것이다. 결사의 자유가 보장되어 있는 사회에서도 국민의 민주주의 훈련이 결여되어 있고, 민주적 참여가 서투르다면 공무원단체의 활동도 본분을 지키기 어려울 것이다. ii) 법체제의 구조와 원리가 공무원단체의 성립을 허용하는 것이라야 한다. 결사의 자유를 일반적으로 허용하는 나라에서도 공법과 사법의 체계를 구별하고, 민간부문의 단체와 구별되는 국가의 우월적 지위를 인정하는 것이 보통이다. 법체제를 지배하는 원리가 그러한 구별을 절대적인 것으로 받아들여 공무원단체의 대표활동에 의하여 구성원들의 편익을 가져올 수 있는 상당한 여지가 인정하지 않는 제도하에서는 공무원단체의 본격적인 효용을 기대할 수 없다. iii) 실제적인 운영면에서 정부(관리층)와 공무원단체 사이에 상호신뢰와 협조적인 관계가 성립될 수 있어야 한다. 관리층에서는 공무원단체가 관리활동을 돕고 보완할 수 있다는 것을 이해하고, 그것을 정부의 목적달성을 위해 창의적으로 활용할 수 있어야 한다. 관리층에서 공무원단체에 무관심하거나 귀찮아 하는 부정적 태도를 취하면 공무원단체의 성공적인 활동을 기대할 수 없다. iv) 공무원들이 공무원단체의 필요를 인식하고 능동적으로 참여하여 자율적으로 활동함으로써 공무원단체에 자생력을 부여할 수 있어야 한다. 만약 피동적으로 공무원단체가 구성되면(관제화되면) 본래적 임무를 충실히 수행할 수 없다. v) 그러나 공무원단체의 인정(단결권)만으로 곧 정부활동의 계속성이 중단되는 것이 아니고 단체행동권을 포함한 노동3권을 모두 인정했을 때에만 그러한 우려가 제기될 것이다. vi) 개인주의, 자본주의를 일방으로 보급시키면서 타방에서는 이를 공무원에게 거부하고 타인을 위해서만 희생적으로 봉사하라고 하는 것은 너무나 전후 모순된 행동·사고라고 볼 수 있다. 합리적인 것은 개인과 전체와의 통합·조화라고 볼 수 있다. 이러한 점에서 공익이라

Ⅲ. 공무원단체에 대한 비판

공무원단체 구성에 대하여는 부정론과 찬성론이 있다. 부정론자들은 공직의 특수성을 들어 공무원단체의 구성을 규제하려 하는 반면, 찬성론자들은 공무원단체의 효용(필요성)을 들어 적극 허용하여야 한다는 입장이다.

부정론자들은 정부활동은 사부문과 구별되는 특수성을 가지고 있기 때문에 공무원단체의 조직과 활동을 제약하여야 한다고 주장한다. 그들이 주장하는 이론적 근거는 다음과 같다.

첫째, 정부조직은 민간부문의 조직체들보다 국민생활에 훨씬 더 큰 영향을 미친다. 국민생활전반의 '기본수요'를 충족시키기 위해 공익을 추구하는 정부조직은 사기업체와는 다른 중요성을 가진다. 정부활동의 계속성이 침해되면 국민생활에 끼치는 악영향은 지대하게 된다. 그러므로 노동쟁의로 말미암아 정부조직이 해산되거나 그 기능이 현저히 마비되는 것을 허용할 수 없다.

둘째, 공직은 사기업과 달리 모든 공무원이 국민에 대한 봉사자이며, 따라서 모두가 피사용자라 할 수 있어 사용자와 피사용자의 구분이 명확하지 않으며, 따라서 노사의 대립적 관계성립의 기초가 미약하다는 것이다.

셋째, 공무원조합을 인정하면 관리층의 인사권을 지나치게 제약하고 그들의 이익, 경력 위주의 인사, 능률급의 반대, 신분보장만 강화시키려고 한다는 것이다. 그러므로 모든 인사조치를 객관화하여 관리층의 재량·신축성을 제약하여 부하직원에 대한 행정능률의 향상이 곤란하다고 하는 것이다.

고 하는 것도 동일하게 해석하여야 하며 사기업의 직원과 구별될 이유가 크지 못하다고 생각된다. 따라서 한쪽은 노동3권을 모두 행사할 수 있는데 공무원은 그 중 단결권조차 가질 수 없다고 하는 극단의 차별은 있을 수 없으며, 약간의 차를 둔다면 각 직책별로 그것이 국민다수의 공익에 미치는 영향을 기준으로 고려하여야 할 것이다. vii) 이러한 위험성은 정도의 차는 있으나 어느 나라의 경우나 있을 수 있는 것이다. 이는 근본적으로 공무원들의 사익과 공익의 조화에 대한 태도에 달렸다고 보겠는데, 이러한 이유로서는 사기업체의 경우와 구별할 이유가 되지 못하며 더구나 공무원의 경우 단체행동을 못하게 하면 이러한 위험성은 더욱 희박해질 것이다. 공무원단체의 형성을 인정함으로써 그들의 사기를 앙양하여 행정능률의 향상을 기한다고 생각하면 오히려 공헌이 된다고 볼 수 있을 것이다. viii) 단결권의 인정만으로 그러한 결과가 초래되는 것이 아니고 단체교섭권, 파업권까지 인정될 경우에만 문제되는 것이므로 타당성이 없다. ix) 이러한 이유는 과거 권위주의 정권하의 성장일변도시대에나 제기되는 것이고 공무원과 사기업체 직원과 구별해야 하는 이유가 될 수 없다. 더구나 노동3권이 아니고 노동1권(단결권)만의 인정에 있어서는 타당성이 없다.

넷째, 민주정부의 인사행정은 형평과 공정성의 원리에 의하여 지배되어야 한다. 그러므로 공무원들의 특정한 집단(노동단체)에 속하거나 속하지 않는다는 이유 때문에 근로조건상의 차별이 초래되는 것을 허용할 수는 없다. 특히 실적체제하에서는 실적주의원리를 부인하려는 노동쟁의가 벌어지는 것을 용인할 수 없다.

다섯째, 자본축적을 통해서 경제발전을 무엇보다 조속히 이룩하여야 하는데 이에 역행한다는 것이며 또한 남북분단상황하에 국가안보를 위태롭게 할 우려가 있다.

찬성론자들은 공무원단체의 활동이 수반하는 관리적 효용을 들어 공무원단체 구성을 허용하여야 한다고 주장한다. 이러한 효용은 전술한 바와 같다.

몇 가지 반대이유를 들어보았으나 그 중 어느 것도 타당성과 합리성이 있는 것을 반대할 수 없다. 그럼에도 불구하고 반대하는 것은 본인의 이해부족을 폭로하는 것이거나 또는 본인들의 권위주의성에 근거하고 있다고 보아야 할 것 같다. 즉 공무원단체를 만들면 그들의 통제를 받고 귀찮으니 혼자 마음대로 해보겠다는 것이 아닐까, 이것이야말로 독선적이며 이기주의적·비민주적인 태도라고 볼 수 있다.

이상과 같이 이점이 많음에도 불구하고 아직도 우리 주변에는 공무원단체라고 하면 덮어놓고 좌경하는 것, 적대적인 것, 위험한 것, 말썽 많은 것이라고 정치적 인습적으로 생각하는 사람이 많은데 이와 같이 공무원단체를 특정정치이념(사회주의) 또는 특별권력관계, 권위주의적 상하계층관계로만 보는 것에서 탈각하여 관리적 입장에서 적극적으로 그들의 의견을 듣고 이해하고 협조하는 태도를 관리자는 취함과 동시에 공무원단체 구성원인 공무원들도 지나치게 극한적인 투쟁을 삼가고 그들의 이익과 조직의 이익간의 일치점을 찾는 노력을 함으로써 진정한 행정개선이 이루어질 수 있게 쌍방에서 노력하여야 할 것 같다.[34]

34) 박동서, 전게서, p. 382.

Ⅳ. 각국 공무원단체의 활동

공무원단체는 공무원의 복지증진과 사기제고, 나아가서는 행정발전에 기여할 수 있는 장치이며 현대인사행정에서 중시되고 있는 관리도구의 하나이다. 그러나 공직의 특수성 때문에 공무원단체는 여러 가지 제약을 받는다. 그러므로 단순한 조직내적 관리수단으로만 다루기 어려운 면이 있다. 나라마다 고유한 노동운동의 전통과 정치체제 및 법체계의 성격이 공무원단체의 존립과 활동에 직접적인 영향을 미치고 있다.[35] 주요 각국의 공무원단체 활동을 노동3권별로 살펴본다.[36]

1) 단결권

국제노동기구(ILO) 헌장에 의하여 체결된 조약 제87호(결사의 자유 및 단결권의 옹호에 관한 조약)에서 군대와 경찰을 제외하고 누구나 단결권의 제한을 받지 않는다는 규정에 따라 대부분의 나라에서 공무원의 단결권을 인정하고 있다. 일반적으로 체신기관의 직원이 먼저 공무원조합을 구성하여 다른 기관에 영향을 미쳤다.

미국에서는 1912년의 Lloyd-LaFollette법에 의하여 공무원의 단결권이 인정되었다. 그러나 공무원단체의 구성은 대체로 직종별·계급별로 다양하고 일반근로자와는 달리 구성률이 높지 못하여 단결권이 강하지 않다. 일반적으로 공무원단체는 사기업노조와의 연합, 가맹이 허용되고 있다.

영국은 제2차 세계대전 후 노동당 정부에 의해 1946년 노동쟁의 및 노동조합법이 개정되면서 공무원들에게 노동조합을 결정할 권리를 인정하였고 조합의 가입 여부는 각자의 자유의사에 따른다. 조합에는 공인조합과 비공인조합이 있으며, 노동조합은 직종별로 조직되어 있다.

독일은 연방공무원법(1953년) 제91조에 공무원이 노동조합이나 직업단체에 가입·활동할 수 있도록 규정하였고, 프랑스는 1946년 제4공화국 헌법과 공무원법에 공무원의 노동조합 구성권과 가입권을 인정하였다.[37]

---

35) 오석홍, 전게서, p. 680.
36) 박연호, 전게서, pp. 419~423.
37) 박연호, 전게서, pp. 419~423.

일본의 공무원에 대한 노동권은 공무원의 특권성이 인정되지 않고 있으므로 원칙적으로 사기업의 노동자와 동일한 권리가 부여되어야 하지만, 직무의 특수성으로 인하여 많은 제약을 가하고 있다.

프랑스는 1946년 제4공화국 헌법 및 공무원법에서 노동조합구성권 및 가입권을 인정하였다.

2) 단체교섭권

공무원의 단체구성권이 인정되고 있는 나라에서는 대체로 최소한도의 단체교섭권이 인정되고 있다. 영국에서는 공무원 전체에 대한 문제는 '휘틀리 협의회' (Whitley Council)에서 취급한다. 공무원의 단체교섭제도로서 유명한 이 협의회는 1919년 하원의장 J. H. Whitley를 위원장으로 하는 '사용자 및 피용자의 관계에 관한 위원회' (Committee on Relations Between Employers and Employed)의 건의에 따라 설치되었다. 휘틀리협의회는 정부측과 직원측의 대표가 동수로 구성되어 근무조건 행정개선 등에 관하여 성공적으로 운영되고 있다.

미국은 1962년의 노사협력에 관한 행정명령(Executive order)에 의거 처음으로 공무원단체를 교섭단위로 인정하게 되었다. 공무원제도개혁법은 연방공무원에게 공무원이 뽑은 대표자를 통하여 고용조건에 대해 단체교섭에 참가할 권리를 보장하고, 이 공무원단체와 단체교섭을 실시, 협약을 체결하되 관리권에 속하는 사항에 대하여는 단체교섭은 영향을 줄 수 없도록 규정하였다.

3) 단체행동권

공직의 공공봉사적 특수성으로 인하여 대부분의 국가가 공무원의 단체행동권을 보장하고 있지 않다. 그러나 프랑스에서는 경찰·공안관계직원·고위공무원을 제외한 모든 공무원에게 파업권을 인정하고 있고, 영국에 있어서는 파업을 금지하는 법률상의 규정은 없고 다만 행정명령에 의하여, 쟁의행위에 참가한 공무원은 징계의 대상이 되고 있다. 또한 경찰관과 소방공무원은 각각의 법률에 의해 형사처벌의 대상이 된다. 독일에서는 법에 파업에 관한 규정이 없으나 통설과 판례는 위법이라고 하는 점에 일치하고 있다.

미국은 1947년 태프트-하틀리법(Taft-Hartley Act)에 의하여 모든 연방공무원의 파업을 불법화하여 단체행동권을 인정하지 않고 있다. 일본도 단체행동권만은 인정하지 않고 있다.

단체행동권에 대해서는 대부분의 나라가 이를 금지 또는 제한하고 있다.[38]

Ⅴ. 우리 나라 공무원단체의 현황과 발전방향

1. 현 황

우리 나라는 종래 극히 제한된 범위의 공무원에게만 단체활동이 허용되어 왔고, 허용된 공무원단체의 활동도 활발하게 전개되지 못하였다. 그 이유는 먼저 우리 나라 정치, 경제, 사회 등 제반 여건이 민간차원의 노동운동조차 억압되고 제한받는 상황 속에 있었다는 점과, 우리 나라는 전통적으로 공무원이 높은 사회적 평가를 받으며 많은 권한과 특권을 가진 것으로 인식되어서 공무원이 집단적 행위를 한다는 것에 대하여 이해가 부족한 상황에 있었기 때문이다. 따라서 우리 나라는 공무원단체에 대해서 매우 제한적인 접근방법을 택하고 있었다. 우리 정부에서는 공무원단체의 구성을 원칙적으로 금지하고, 사실상 노무에 종사하는 공무원에 대해서만 예외적으로 허용하였다. 사실상 노무에 종사하는 공무원들의 노동조합도 많은 법적·행정적 제약 때문에 제대로 기능을 발휘하고 있지 못하였다.

우리 나라 헌법은 근로자의 단체구성과 단체활동을 기본권으로 규정하고 있다. 즉 헌법 제33조 1항은 「근로자는 근로조건의 향상을 위하여 자주적인 단결권, 단체교섭권 및 단체행동권을 가진다」고 규정한다. 그러나 2항에서 「공무원인 근로자는 법률이 정하는 자에 한하여 단결권, 단체교섭권 및 단체행동권을 가진다」고 규정함으로써 공무원의 단체활동을 제한하는 헌법적 기초를 마련하고 있다. 이러한 헌법의 규정에 따라 국가공무원법은 사실상 노무에 종사하는 공무원에게만 노조구성을 허용하고 있었다.[39] 공무원복무규정 제28조에 의하면 사

38) 서원석, 「ILO회원국의 공무원단체활동 비교연구」, 한국행정연구원, 1994, p. 158.
39) 국가공무원법 제66조, 지방공무원법 제58조.

실상 노무에 종사하는 공무원이란 정보통신부 및 철도청 소속의 현업기관과 국립의료원의 작업현장에서 노무에 종사하는 기능직 공무원과 고용원을 말한다.[40)]

1999년에 출범한 공무원직장협의회는 공무원의 근무환경 개선, 업무능률 향상, 고충처리 등을 목적으로 하는 것이었으며, 가입대상은 6급 이하의 공무원이었다. 이 단체는 협의기구였으며, 공무원직장협의회의 파업은 금지되었다. 협의대상은 상당히 제한적이었다.

2005년 1월 27일에 공포된「공무원의 노동조합 설립 및 운영 등에 관한 법률」에 의해 6급 이하 공무원의 노조활동이 합법적으로 인정되었다. 이 법률은 공무원노조의 태업·파업을 금지하고 있다. 시·군·구의 담당, 팀장, 출장소장 등 다른 공무원의 업무를 지휘·감독하거나 총괄하는 공무원은 노조에 가입할 수 없다. 정책결정에 관한 사항이나 채용·승진·전보 등 임용권의 행사, 기관의 조직·정원, 예산의 편성 및 집행에 관한 사항 등은 단체교섭 대상에서 제외된다.

2. 공무원단체의 발전방향

(1) 국민과 공무원의식의 변화　　우리 나라 국민의 의식은 점차 변화되어 공무원의 노동동에 대하여 긍정적인 인식이 확산되어 가고 있으며, 과거 한 선행연구에 의하면 과반수이상의 국민들이 공무원 노동조합활동의 허용에 찬성하는 것으로 나타났으며 이와 함께 공무원의 의식도 적극적으로 변화되고 있는데, 선행연구에 의하면 조사공무원의 대부분이 공무원노동조합활동에 찬성하거나 공무원노조가 허용되면 공무원노조에 가입하겠다고 응답하였다.[41)]

공무원단체에 대한 소극적 인식을 극복하고 이를 발전시키는 데는 다음과 같은 조건이 고려되어야 한다.

---

40) 이들 사실상 노무에 종사하는 공무원 가운데서도 서무, 인사 및 기밀업무에 종사하는 자, 경리 및 물품출납사무에 종사하는 자, 노무자의 감독사무에 종사하는 자, 보안업무규정에 의한 보안목표시설의 경비업무에 종사하는 자, 승용자동차의 운전에 종사하는 자 등은 공무원 단체에 가입할 수 없다(공무원복무규정 제28조).

41) 백종섭, "한국공무원단체활동의 영향요인에 관한 연구", 서울대학교 대학원 박사학위논문, 1991, p.160 ; 서원석, 『ILO 회원국의 공무원 단체활동 비교연구』, 한국행정연구원, 1995, p. 145 ; 김재기, "공무원노동조합법제의 입법방향에 관한 연구 - 비교법과 국민의식조사를 중심으로," 서울대학교 대학원 박사학위논문, 2000, pp. 204~205.

(가) 공무원단체는 그 사회적 책임과 자기규제의 중요성을 충분히 인식할 수 있어야 한다.

(나) 정치문제에 대하여 절제 있는 태도를 취할 수 있어야 하며 정부의 정책에 대하여 국민의 불신을 초래할 행동은 삼가야 한다.

(다) 국민의 민주적 가치관이 확립되고 결사의 자유가 널리 인정되는 자유사회의 기반이 형성되어 있어야 한다.

(라) 정부와 공무원단체 사이에 상호협조적인 관계가 성립될 수 있어야 한다.

(2) 세계화의 필요성 　앞으로 세계화 추세에 따라 공무원단체활동의 허용범위와 대상의 확대문제가 적극적으로 논의되어야 할 것이다. 공무원단체가 발전될 수 있기 위하여는 일반국민이 건전한 공무원단체와 공무원단체의 책임 있는 리더십이 국가발전에 이바지할 수 있다는 것을 이해하여야 한다. 또한 고용주로서의 정부도 공무원단체의 기능에 대하여 올바른 인식을 가져야 한다. 이러한 정당한 인식 없이는 공무원단체는 발전될 수 없고 그 기능도 충분히 수행될 수 없으며 그 사회적 평가도 높일 수 없다.

(3) 행정발전의 파트너로서 공무원단체 　공무원노조 가입범위의 확대 특히 6급공무원 제한완화 등 새로운 진전이 이루어지지 않으면 행정의 개선, 성과향상을 기하기 힘들며 계속 수많은 하급직원들은 피동적으로 움직이게 되어 사기앙양은 어려울 것으로 생각된다. 따라서 우리도 조직의 성과향상이나 모든 공무원의 복지증진을 위하여 전원이 참여하여 중지를 모으고 자발적인 합의를 구하는 체제로 전환해 나가야 할 것이다.

(4) 상생적노사관계의 구축 　우리나라 노사관계는 대립적 노사관계로 특징지워지며, 이에 따라 불필요한 노사갈등과 막대한 사회적 비용을 부담하고 있다.

공무원 노사관계의 제도화와 안정화를 위해서는 노사 양 당사자 간 상호 승리하는 윈-윈 전략을 도모하여야 한다. 즉 정부측 사용자는 노사관계 선도자로서 스스로의 역할을 자각하고 이를 실현하기 위한 의식의 전환 및 제도적인 정비를 꾀하여야 한다. 노조측도 스스로의 이익옹호에만 급급한 나머지 부당한 주장을 내세우고 공직자로서의 자기규제능력을 상실하거나 노조활동을 관리층과의 '대결활동'으로만 인식하는 경우 공무원노조의 효용은 크게 감소될 것이며 국민의 지지를 받지 못할 것이다.

공무원 노사관계를 대립과 갈등이 아니라 상호신뢰와 협력을 바탕으로 한 상생적 노사관계를 구축하기 위해서 노사쌍방이 노력하여야 한다.

제 5 장 인적자원의 통제

제 1 절 공직윤리와 행동규범

Ⅰ. 공무원의 윤리(공직윤리)

1. 공직윤리의 의의

'공직윤리' (공무원 윤리)[1]는 정부조직에 종사하는 공무원들이 마땅히 지켜야 할 도리이며, 조직참여자로서 정부조직에 종사하는 공무원들이 마땅히 지켜야 할 도리이며, 조직참여자로서 지켜야 할 직업윤리이다. 이러한 공무원의 직업윤리는 민간기업체종사자의 직업윤리와는 다른 점을 내포하고 있다. 공무원은 국민 전체의 봉사자로서 공익을 추구하여야 하며, 권력의 행위로 국민생활 전반에 심각한 영향을 미치기 때문에 단순한 조직참여자로서의 직업윤리보다 높은 수준의 윤리와 엄격한 행동규범의 준수가 요구되는 것이다.

2. 공직윤리 확립의 필요성

공무원의 윤리가 요구되는 이유에는 다음과 같은 것이 있다.[2]

첫째, 행정의 전문화와 기술화에 따른 공무원의 재량권과 결정권의 확대이다. 단순한 집행의 기능에서 행정은 목표, 가치 및 자원분배에 관한 결정을 하게 되

1) '공무원의 윤리'라고 하여 이 절에서 논의하게 될 것은 원칙적으로 공직자의 한 범주인 일반직공무원의 직업윤리이지만, 편의에 따라 '공직윤리'라 약칭하기로 한다.

2) 윤재풍, "공무원의 윤리," 『고시연구』, 1984년 2월호, pp. 181~190.

어 그 기능이 확대되었다.

둘째, 행정기능의 양적 팽창은 전통적인 관리기능에서 공공복지, 환경통제, 경력발전 등 다양한 국가발전사업을 수행하는 기능을 맡게 되었으며, 이에 따라 행정이 국민생활 전반에 미치는 영향력의 범위도 또한 상대적으로 증대되고 있다.

셋째, 공무원집단은 한 국가의 여타 집단 가운데서 가장 대규모로 형성된 집단이며, 공무원 개개인의 지적 수준 또한 높아져서 사회의 타집단이나 개인에 대한 영향력의 범위가 커졌다는 것이다.

넷째, 행정의 권력성과 더불어 행정권력이 비대화됨에 따라 남용되어 부패를 초래할 가능성이 높아지게 되었다.

Ⅱ. 공무원의 행동규범

공무원의 행동규범 내지 의무란 국민전체에 대한 봉사자로서 공익을 실현하고 직무 내외의 모든 행동에 대한 책임을 다하기 위한 가치 및 태도기준을 말한다. 흔히 이러한 행동규범 의무를 준수하기 위해서 공무원은 시민적 권리와 자유를 완전히 향유할 수 없는 것이 보통이다. 이와 같이 공무원이 지향해야 할 행동규범 의무는 대개 민간부문의 조직구성원이 준수해야 할 그것보다는 직업윤리적 관점에서 볼 때 한층 높고 엄격하다.

공무원의 윤리는 공무원이 마땅히 지켜야 하는 직업윤리로서 공무원의 행위와 사고의 기준으로 기대되어지는 기대가치이기도 하다.

기대가치로서의 공무원의 윤리를 구체화하는 태도와 행동을 행동규범이라 한다. 행동규범은 공직윤리의 목적가치를 실현하는 수단적인 행동과 태도의 준거를 의미한다.

공무원의 윤리를 규정하여 주는 행동규범의 양태는 법령, 규칙, 윤리강령, 선언문 등을 포함하는 공식적인 것과 선례, 관습, 비공식적 역할기대 등의 비공식적인 것이 있다. 대부분의 국가는 행동규범을 법제화하고 이의 준수를 의무화하고 있다. 이것은 국민전체의 봉사자로서 공익을 추구하여야 하는 공직의 특수성 때문이다.

그러나 행동규범을 의무로 하여 법규화하고 그것을 위반할 때 벌칙을 동원하는 경우 공무원의 시민적 자유와 권리를 제한하게 되는 경우가 많으므로 이러한 행동규범의 법제화가 논란의 대상이 되기도 한다. 정부업무의 공공적 특수성 때문에 그 업무를 수행하는 공무원의 행동에 제한이 요구되는 경우에만 부득이 행동규범을 법규화하여 공무원의 기본권보호의 요청을 고려해야 한다는 것이 일반적인 견해이다.

행동규범의 규정방법에는 공식적인 것과 비공식적인 것이 있음은 전술한 바와 같다. 우리 나라의 경우를 예로 들면 공무원의 행동규범은 비교적 엄격하게 법제화되어 있다. 우리 나라에서 공식적으로 법제화된 행동규범을 규정한 것으로 국가공무원법상의 규정, 공무원윤리헌장, 공무원의 신조, 취임선서, 복무선서 등이 있다.

1. 국가공무원법상의 행동규범

우리 나라 국가공무원법에서 규정한 공무원의 행동규범에는 다음과 같은 것이 있다.[3] 즉 성실의무, 복종의무, 직장이탈금지의무, 친절공정의 의무, 비밀엄수의 의무, 청렴의 의무, 외국정부의 영예 등의 수령통제, 품위유지의 의무, 정치운동의 금지, 집단행위의 금지 등이 있다.

2. 공무원취임선서[4]

공무원의 취임선서 또한 그 내용에 있어 명령복종의 의무, 성실의무, 비밀엄수의무 등 공무원의 행동규범을 포괄하는 총체적인 것이다. 공무원은 취임할 때에 소속기관장 앞에서 취임선서를 하도록 하고 있다.

3. 공무원신조

공무원신조는 공무원들이 개인생활, 직장생활, 국가생활에서 어떻게 행동하여야 하는가에 관한 것으로서 친절, 공정, 청렴결백하게 국민에게 봉사할 것을 강조하고 있다.

---

3) 국가공무원법 第55조～제66조.
4) 국가공무원법 第55조.

4. 공무원윤리헌장

공무원윤리헌장은 공무원신조의 포괄적이고 추상적인 내용을 구체화하여 공무원의 좌우명으로서 하나의 정신적 지표로서 1980년 9월 29일 제정 실시되었다. 그 내용은 국가와 국민을 위하여 봉사하고 모범적으로 행동하여야 한다는 뜻을 포함하고 있다.

5. 복무선언

복무선언은 1981년 11월 전체 공무원을 대상으로 하여 실시된 것으로 질서창의 정직이라는 가치기준을 특별히 강조하고 있다.

Ⅲ. 공직윤리의 확립방안

(제2절 참조)

제 2 절 공무원의 부패와 대책

Ⅰ. 공무원 부패의 개념

부패(corruption)[5]란 공무원이 그의 직무(임무와 권력)에 관련하여 부당한 이익(사익)을 취하거나 취하려고 기도하는 행동이다. 부패는 공무원이 지켜야 할 행동규범의 하나인 청렴의무를 위반함으로써 공공의 신뢰를 배신하는 행동이다. 그리고 부패는 동기를 가진 의식적 행동이다.[6]

부패에 관한 개념정의는 실로 다양하다. 부패라는 현상을 어떠한 측면에서 파악하느냐에 따라 그 개념은[7] 약간씩의 차이가 있기 때문이다.

공직의 임무에 기초하여 사익 때문에 공직의 공식적 임무를 이탈하거나 규칙을 위반하는 것으로 규정하기도 하고, 공직자 등 권력소유자가 불법적 이익을 얻기 위하여 뇌물을 제공하는 자에게 유리한 행동을 함으로써 공익에 손상을 끼치는 것으로 규정하기도 한다.

또는 정부관료제가 공급하는 서비스가 수요를 따를 수 없을 때 고객들은 자기가 원하는 봉사를 받기 위해 처벌의 위협을 무릅쓰고라도 초과비용(뇌물 수수료)을 지불하게 되고, 이러한 초과비용의 거래가 부패라고 보는 시장 비유성 개념과 부패행위의 결과와 효과가 순기능적이냐 역기능적이냐의 역할에 따라 개발

5) 우리가 여기서 관심을 갖는 것은 '공무원의 부패'이다. 우리 나라에서는 부패와 같은 뜻으로 또는 유사한 뜻으로 부정·부정부패·비위·부조리 등의 용어가 널리 쓰이고 있다. 오석홍, 전게서, p. 705.

6) 김해동, "관료부패에 관한 연구(1)," 『행정논총』, 제10권 제1호 (서울대학교 행정대학원, 1972), pp. 172~177.

7) 부패의 개념에 관하여는 오석홍, 전게서, pp. 622~625; 김영종, "민주사회발전을 향한 행정부패의 방지전략," 「민주사회의 성숙을 위한 공공행정」(한국행정학회, 1988), pp. 399~402.

도상국에서 발생하는 부산물로 보는 기능주의적 개념이 있다.

이 외에도 후기기능주의자들은 선·후진국에 공통된 현상으로 자기영속성의 성격으로 보는 경우도 있으며, 또 다른 측면에서는 부패현상을 사회·문화적 규범의 일탈로 파악하고, 사회·문화적 환경과 역사적 전통의 부산물로서 부패를 규정한다.

공직의 임무와 이에 관한 공식적 규범을 기준으로 하여 개인의 행동차원에서 부패는 공무원이 자신의 직무와 관련하여 부당한 이익을 취하거나 취하려는 행동으로 규정되기도 하며,[8] 제시각을 통합하여 공직자가 사회규범과 관계법규의 위반은 물론 공익추구를 기대하는 국민의 기대가능성을 버리고 이익을 추구하거나 특정이익을 도모하는 행정행태로 규정하기도 한다.[9] 따라서 이러한 여러 가지 견해에 따르면 부패는 공익을 추구해야 할 공무원이 자신의 직무를 통하여 사익이나 특정이익을 도모하려는 의식적 행동이라고 규정될 수 있다.

공무원의 부패는 정도상의 차이는 있으나 어느 나라에서나 발생되는 현상이며, 그 요인 또한 복잡하고 다양한 것이 사실이다. 특히 사회변동이 급격한 개발도상국의 경우 그 여건상 부패발생의 소지가 다분하여 인사행정상의 주요문제가 되고 있다.

Ⅱ. 공무원 부패의 원인

부패의 원인 또한 그 개념규정만큼이나 복잡하고 다양하다. 부패는 여러 가지 요인의 복합적 작용의 결과라 할 수 있다. 부패행위자, 행정구조 및 환경적 요인에서 부패는 발생할 수 있다. 이러한 여러 가지 요인에 의하여 발생되는 부패를 살펴보면 다음과 같다.[10]

첫째, 부패는 정부가 발전을 주도하는 개발도상국에 있어서 불가피하게 발생하는 결과이다. 발전과정에서 정부는 많은 이익집단과 관계를 갖게 되며, 또한 발전과정에서 나타나는 발전혜택의 배분에도 관여하게 됨으로써 수많은 사회세력이나 이익집단으로부터 영향이나 유혹을 받게 되고, 이것이 결국 부패로 연결

8) 오석홍, 전게서, p. 621.
9) 김영종, 전게논문, p. 400.
10) 오석홍, 전게서, pp. 626~628; 김영종, 전게논문, pp. 628~629 참조.

되는 것이다.

둘째, 공·사직의 혼동, 공직사유화, 권력남용, 장기집권 등에서 야기되는 미분화된 권력문화가 부패의 원인이 된다.

셋째, 국민통제력이 취약한 경우 이것이 부패를 유발하는 요인이 된다. 낮은 정치발전에 따른 시민의 참여의식의 결여와 정책결정에 있어 여론 반영의 폐쇄성 등은 행정권력을 비대화시켜 이것이 부패의 요인이 된다.

넷째, 정부주도하의 경제발전을 추진하는 경우 민간기업이 정치권력에 의존하여 정경유착이 이루어지며, 이것이 부패의 원인이 되는 것이다.

다섯째, 공무원보수의 부적정성은 부패를 초래하는 원인이 된다.

공무원의 보수가 최저생계비에 미치지 못하는 경우 부수입을 얻기 위하여 부정행위를 하게 된다.

여섯째, 합리적이고 도덕적인 시민문화가 정착되지 못한 경우 부패가 발생할 소지가 크다. 시민이 관료제의 병리를 통제하지 못하고 오히려 뇌물을 제공하고 그 대가를 바라도록 분위기를 조성하여 공무원을 유혹하게 하는 사회문화적 환경이 부패의 원인이 된다는 것이다.

일곱째, 행정통제의 미비가 부패의 원인이 된다. 행정부패를 통제할 수 있는 제도가 미약하고 제기능을 발휘하지 못하게 되면 부패의 확산을 초래하는 것이다.

Ⅲ. 공무원 부패의 방지대책

공무원의 부패는 전술한 바와 같이 공무원 본인뿐만 아니라 행정구조 및 환경이 복합적으로 작용한 결과이기 때문에 이를 방지하기 위해서는 여러 가지 측면에서 노력이 요구된다.

공무원의 부패를 방지하기 위한 각국과 우리 나라의 제도적 장치를 살펴보기로 한다.[11)]

11) 오석홍, 전게서, pp. 715~737; 이상윤, 전게서, pp. 396~407.

1. 각국의 부패방지제도

(1) 미 국　미국은 워터게이트사건 등 부패정치에 대한 국민의 혐오감을 불식시키고 도덕성을 회복하기 위하여 1978년 10월 26일 정부윤리법을 제정하고, 1979년 1월 3일부터 그 효력을 발생하기에 이르렀다.

미국의 경우 공직에 취임한 후의 소득만을 신고대상으로 하고, 정당한 수입을 초과하면서 증명되지 못한 소득을 뇌물로 보고 있다. 미국의 공무원윤리법은 각종 신고사항에 따른 국가헌납제도와 취업제한을 주요내용으로 하고 있다. 신고사항으로는 정부 이외로부터 지급되는 급여 및 1백달러 이상의 사례금과 근로소득, 1백달러 이상의 이자, 배당금, 임대료, 친족 이외로부터 받은 250달러 이상의 상환금수령, 1천달러 이상의 자산, 1만달러 이상의 부채, 1천달러 이상의 부동산·주식·채권 등의 매매 등이다.

(2) 필리핀　필리핀은 1960년 특별법으로 뇌물 및 부패방지법을 제정 시행하고 있다. 뇌물 및 부패방지법의 구체적인 내용을 살펴보면 다음과 같다.

처벌의 대상과 행위의 내용을 구체적으로 명시하고 이를 위반하는 공무원에게는 형법상의 처벌 이외에도 공무담임권을 영구히 박탈하고 있으며, 뇌물공여자도 정부와의 거래가 금지된다.

공무원의 봉급 및 합법적 수입에 비추어 설명될 수 없는 재산이나 현금을 가진 것으로 판명된 경우 해임사유가 되며, 재산은 몰수된다.

수뢰죄로 기소된 공무원은 재산공개, 등록을 의무화하고 있다.[12] 중앙부처의 장은 대통령에게, 일반공무원은 중앙부처장에게 취임 초와 격년 1월 및 사임 또는 임기만료시 재산과 부채 및 그 동안의 수입·지출상황을 등록하도록 의무화하고 있으며, 이를 제대로 이행하지 않을 경우 처벌하도록 하고 있다.

(3) 싱가포르　싱가포르는 1960년 9월 17일 부정부패방지법을 시행하여 공직사회의 부정부패를 방지하도록 노력하여 왔다.

부정부패방지법의 효과적 시행을 위하여 수상직속의 부패행위수사국을 설치 운영하고 있다. 부패행위수사국은 비밀요원을 두어 활동하게 하고 있으며, 수사에는 영장 없이 체포·구금과 압수·수색이 가능할 뿐만 아니라 증거·증명자료

12) 김영종, 전게논문, p. 409.

또한 모든 관공서의 공무원에게 요청이 가능하고, 은행의 계정·서류·금고까지도 조사할 수 있는 특권을 가지고 있다.

또한 공무원의 정상수입에 비하여 설명하기 어려운 재산을 자신이나 가족명의로 가진 경우 부패행위의 증거가 되며, 부패행위수사국은 수시로 재산상태를 내사하고 있다.[13)]

2. 우리 나라의 부패방지제도

우리 나라에서도 부패문제가 지속적으로 제기되어 왔고, 부패방지활동 또한 지속적으로 행해져 왔다. 대표적인 부패방지활동에는 1975년부터 실시된 서정쇄신운동과 제5공화국 출범과 더불어 시작되었던 사회정화운동이 있었다. 또한 법적 장치로 1981년 제정되어 1983년부터 실시되기 시작하였으나 1993년에 대표적인 개정이 이루어진 공직자윤리법이 있다.

여기에서는 공직자윤리법상의 재산등록, 선물신고, 취업제한제도를 중심으로 설명하기로 한다.

1) 공직자재산등록 및 공개

공직자윤리법은 공직자에게 자신의 재산을 국가기관에 등록하도록 하고 있다. 이렇게 하여 사전에 부패를 방지하고, 공직자의 신뢰성을 제고시켜 대부분의 선량한 공직자들이 의심받지 않고 떳떳하게 일할 수 있는 분위기를 만들자는 것이다.

(1) 등록의무자　　재산등록을 하여야 하는 공직자로는 대통령, 국무위원, 국회의원 등 국가정무직 공무원, 4급 이상의 공무원, 법관 및 검사, 대령 이상의 장교, 학장 이상의 교육공무원, 교육감, 교육장 및 교육위원, 총경 이상의 경찰공무원, 소방정 이상의 소방공무원, 정부투자기관 한국은행 및 협동조합의 사장, 총재 및 상임감사 등이다.[14)] 또한 상기요건에 해당하는 공직자는 본인뿐만 아니라 배우자와 직계존비속의 재산을 등록하여야 한다.[15)]

---

13) 유석영, "공무원 부패방지에 관한 전략," 『한국행정학보』, 제15호 (한국행정학회, 1981) p. 125.

14) 공직자윤리법 제3조.

15) 공직자윤리법 제4조.

(2) 등록기관 및 시기 공직자는 등록의무자가 된 날로부터 1개월 이내에 등록의무자로 된 날 현재의 재산을 등록하여야 한다. 등록의무자가 재산을 신고하여야 하는 기관으로는, 국회의원 등은 국회사무처, 법관 등은 법원행정처, 헌법재판소장 등은 헌법재판소사무처, 행정부 소속공무원은 행정자치부(총무처)에 등록하여야 된다.

(3) 등록재산의 심사 및 조사 등록재산의 심사 및 그 결과의 처리를 위해서 국회, 대법원, 헌법재판소 및 정부 등에 위원장과 부위원장 각 1인을 포함한 9인으로 구성된 공직자윤리위원회를 설치한다. 공직자윤리위원회에서는 심사결과 허위등록의 의혹이 있다고 의심되는 등록의무자에 대하여는 법무부장관(군인 또는 군무원은 국방부장관)에게 조사를 의뢰하여야 한다.[16]

(4) 등록재산의 공개 과거에는 등록재산의 비공개를 원칙으로 하되 대통령령이 정하는 등록의무자의 등록사항만 공개할 수 있게 하였으나, 1993년 6월 공직자윤리법 개정 이후부터는 등록재산의 공개를 원칙으로 하여, 신고기간 만료 후 1개월 이내에 관보 또는 공보에 게재하여 이를 공개하도록 되어 있다.[17]

2) 선물신고

공직자 또는 그 가족이 외국 또는 그 직무와 관련하여 외국인으로부터 받은 일정가액 이상의 선물은 신고해야 하며, 그것은 국고에 귀속하도록 되어 있다.[18]

3) 퇴직공직자의 유관사기업체에의 취업제한

대통령령이 정하는 직급 또는 직무분야에 종사하였던 공무원과 공직유관단체의 임·직원은 퇴직일로부터 5년간 퇴직 전 2년 이내에 담당하였던 업무와 관련이 있는 일정규모 이상의 영리를 목적으로 하는 사기업체에 취업할 수 없다. 그러나 관할 공직자윤리위원회의 승인을 얻은 때에는 그것이 가능하다. 이를 위해 당사자는 그가 소속되었던 기관의 장을 거쳐 관할 공직자윤리위원회에 취업승인 신청을 하여야 한다.

---

16) 공직자윤리법 제8조, 제9조.
17) 공직자윤리법 제10조.
18) 공직자윤리법 제15조, 제16조.

4) 부패방지법의 제정,시행

부정부패의 발생을 예방함과 동시에 부패행위를 효율적으로 규제할 수 있는 제도적 장치를 마련함으로써 청렴한 공직사회풍토를 확립하기 위하여 2001년 7월 24일자로 내부 고발자를 보호하고 부패방지위원회를 신설하는 것을 골자로 하는 부패방지법(법률 제 6494호)을 제정 공포하였다.

내부고발자보호제도는 조직구성원이 언론기관이나 외부인사에게 조직내부의 불법행위를 폭로하는 내부고발자를 법적으로 보장하는 제도로서 외부인이 감지할 수 없는 조직 내부의 위법적·부도덕적 활동을 감시·통제하는 효과를 가지며 관료사회의 윤리와 행정책임을 확립하는데 기여할 수 있는 제도라 할 것이다.[19)]

부패방지위원회는 참여정부 하에 국가청렴위원회로 개명되었으며 이명박정부 들어서는 국민권익위원회로 통합되었다(부패방지 및 국민권익위원회의 설치와 운영에 관한 법률[제정 2008.2.29 법률 제8878호])

Ⅳ. 결　　론

우리 역대정부는 부정부패를 척결하기 위하여 꾸준히, 그리고 다양한 노력을 경주해 왔다. 그러나 아직도 공직 부정부패는 척결되지 않고 음성적으로 자행되고 있는 실정이다.

부정부패의 요인들을 제거하고 올바른 공직의 윤리를 정립하기 위해서는 제도적 장치의 설치·운영에 앞서 공무원의 확고하고도 투철한 공직관이 정립되어야 하며, 이를 위해서 몇 가지 선행되어야 할 사항은 다음과 같다. 즉 행정인의 가치관 정립, 행정에 있어서 시민과 이익집단의 감시 및 참여확대, 규제 완화 및 불필요한 행정기능확대의 방지, 공무원보수의 적정화, 신상필벌로 엄정한 공무원

19) 내부고발(whistle-blowing)이란 현재 혹은 과거의 조직구성원이 조직의 비윤리적 내지 불법적인 조직내의 일을 외부에 폭로하는 것이라고 할 수 있다. 내부고발은 외부인이 감지할 수 없는 조직 내부의 위법적·부도덕적 활동을 통제하는 효과를 가지며 관료사회의 윤리와 행정책임을 확립하는데 기여할 수 있는 제도라 할 것이다. 그러나 내부고발자는 통상적으로 조직생활을 계속할 수 없을 정도로 다양한 양태의 보복적 희생을 치르게 되며 대개의 경우 강제퇴직으로 귀결된다. 현행 부패방지법상 내부고발자 보호규정은 i) 부패행위 신고자에 대한 신분 상 불이익처분이나 근무조건 상의 차별을 금지한 것 ii) 신분 상 불이익 처분을 당했을 경우 위원회에 신분보장조치를 요구할 수 있도록 한 것 iii) 국민권익위원회에 인사교류를 요구할 수 있게 한 것 iv) 자신과 친족 또는 동거인의 신변보호조치를 요구할 수 있게 한 것 등이다.(부패방지및국민권익위원회설치운영관한법률 제62조)

기강확립, 행정에 대한 내부 및 외부 통제기능의 강화, 건전한 사회풍토의 조성 등이 그것이다.

제도적으로는 우선 실효성이 적은 공직자윤리 법상 몇몇 조항은 개정되어야 할 것이다.

또한 국민권익위원회의 기능강화를 추진하고 조직내 비리 고발자(내부고발자)가 어떠한 불이익도 당하지 않도록 철저하게 보장하여야 할 것이다.

제 3 절 공무원의 정치적 중립

Ⅰ. 정치적 중립(political neutrality)의 의의

공무원의 정치적 중립이란 '공무원의 비당파성' 내지 '불편부당성'(impartiality)을 의미한다. 즉 공무원의 정치적 중립이란 부당한 정당적 정실이나 당파성 정쟁에 대한 중립을 뜻한다. 공무원이 정치적 중립을 지켜야 한다는 것은 국민전체의 봉사자로서 본분을 지키고 임무수행의 공평무사성을 지켜야 한다는 말이다. 이것은 정파적 특수이익과 결탁하여 직무수행의 공평성을 잃거나 정당세력의 정권투쟁에 끼여들지 말아야 한다는 행동규범이다.

공무원이 정책형성에 참여하여 정치적 역할을 수행하는 것을 완전히 봉쇄하자는 것도 아니다. 공무원의 정당한 임무로 규정되는 활동이라면, 그것이 행정적이거나 정치적이거나를 막론하고 성실히 수행하는 것은 정치적 중립성에 관한 행동규범에 위반되는 것이 아니다.[20]

20) 정치적 중립성에 관한 고전적 개념은 정치와 행정을 보편적으로 분리시키는 정치행정이원론에 입각하여 정의되었다. 그러나 오늘날 정치적 중립성의 개념은 고전적 개념과 구별되며 정치행정일원론 속에서 공무원의 정치적 중립을 논의한다. 오석홍, 전게서, p. 672 참조.

실적주의를 지배적인 인사원리로 삼고 있는 현대민주국가에서는 대체로 정치적 중립성유지를 공무원의 행동규범으로 규정하고 공무원의 정치활동을 제한하고 있다. 정치적 중립성을 지켜야 한다는 행동규범은 복수정당제에 입각한 민주정체를 채택하고 실적주의를 인사행정의 원리로 받아들이는 나라에서만 문제로 된다. 군주국가나 일당전제국가에서는 공무원의 정치적 중립성이 논의될 여지가 없다. 의회민주정치를 하고 있는 나라에서도 엽관주의를 지배적인 인사원리로 채택하고 있는 경우에는 공무원의 정치적 중립성을 인사행정의 보호대상으로 삼을 수 없다.

Ⅱ. 정치적 중립의 필요성

공무원에게 정치적 중립을 요구해야 하는 이유는 여러 가지로 생각해 볼 수 있다.

1. 공익추구의 사명

공무원이 정치적 중립을 요구하는 가장 기본적인 논리적 근거는 공익을 추구해야 하는 공무원의 본질적인 사명에서 구하게 된다. 민주국가의 공무원은 국민전체의 봉사자로서 공익(국민 전체의 보편이익)을 옹호하고 증진시킬 수 있도록 맡은 바 임무를 수행하여야 한다.

2. 부패와 낭비의 방지

정당적 정실이 인사행정과 공무원의 직무수행에 개입함으로써 야기되는 관기문란과 공무원의 부패, 그리고 낭비를 막기 위해서도 공무원의 정치적 중립성을 보장할 필요가 있다.

3. 전문적·중립적 세력의 필요

정당정치를 통한 정권교체를 견제로 하는 정치체제하에서는 집권정치세력의 변동에도 불구하고 정부업무를 전문적이고 계속적으로 수행할 중립적 세력의 존재를 필요로 한다. 공무원집단을 이러한 중립적 세력으로 보전하기 위해서도 공무원의 정치적 중립은 필요한 것이다. 정부업무가 복잡해지고 그 규모가 확대될수록, 그리고 정부업무의 전문화와 능률화에 대한 요청이 커질수록 공무원의 정치적 중립성을 보장해야 할 필요는 더욱 커지는 것이다.

4. 정치체제의 균형발전

정치체제내의 세력균형을 위해서도 공무원의 정치적 중립은 필요한 것으로 생각된다. 특히 정치체제의 불균형성장을 보이고 있는 발전도상국에서는 공무원에 의한 정치개입을 막지 않았으면 민주적 정치과정의 정당한 기초를 더욱 약화시키고 정부관료제의 전횡을 불러 올 염려가 있다.

요컨대 정치적 중립성을 공무원의 행동규범으로 규정하는 것은 공무원이 정당적(정파적) 목적에 그릇 이용되는 것을 막아 공무원으로서의 본분을 지킬 수 있게 하고, 공무원집단을 안성된 중립적 세력으로 만들어 민주적 정치체제의 균형을 유지하며 정치적 집권세력의 교체에도 불구하고 행정의 계속성과 전문성, 그리고 공평성을 유지하기 위한 것이라고 말할 수 있다.

Ⅲ. 정치적 중립의 제도적 내용

공무원의 정치적 중립을 요구하는 나라에서는 대개 이를 법적 의무로 규정하고, 정치적 중립성을 해칠 염려가 있는 공무원의 정치활동을 필요한 범위 내에서 금지 또는 제한하고 있다.

공무원의 정치적 중립성을 보장하기 위해서는 공무원을 외부의 정치적 간섭으로부터 보호하는 조치를 취하고 공무원의 능동적인 정치간여를 제한할 필요가 있다. 공무원을 외부의 정치적 간섭으로부터 보호하는 조치란 공무원의 신분을 보장하고 임용 등 인사절차에 정파적 영향력이 작용하는 것을 방지하는 조치 등을 말한다. 공무원의 능동적인 정치간여를 제한하는 조치란 정치적 중립성을 보장하는 데 필요한 범위내에서 공무원의 정치적 자유를 제한하는 조치를 말한다. 엽관주의나 정실임용의 폐단을 크게 경험하지 못한 나라에서는 정치적 중립성을 크게 강조하지 않았으며, 반대로 그 폐단이 심했던 역사적 경험을 가진 나라일수록 엄하게 통제하는 제도를 가지고 있다. 전자에 속하는 나라로는 독일, 불란서 등의 대륙국가이며, 후자에 속하는 나라로서 대표적인 것이 미국이며, 한국도 같은 범주에 넣을 수 있다.

1. 미 국

미국에서는 공무원의 정치적 활동에 관하여 금지사항을 세밀히 규정하는데 특색이 있다. 미국의 공무원제도사는 행정에의 정치적 개입을 방지하려는 법률을 제정하기 위한 투쟁이었다고 해도 과언이 아니다. 1883년 '펜들턴법'(Pendleton Act)은 최초로 공무원의 정치적 중립을 규정하였다. 그러나 정치활동의 금지에 관한 규정의 해석은 그때 그때의 대통령의 태도여하에 달려 있었으며 강제력은 엄하지 못했다. 더욱이 1930년대의 뉴딜정책의 실현을 목적으로 하는 긴급기관의 남설로 별정직공무원의 비율이 증가되었으며, 많은 비율의 공무원이 제한 없이 정치활동을 하였다. 이러한 상황하에서 공무원의 정치활동을 금지시키기 위하여 제정된 것이 1939년의 제1차 '해치법'(Hatch Act)과 1940년의 제2차 '해치법'이다.

현재 미국공무원 정치활동의 금지에 관한 규정은 선거자금 공여의 금지, 선거운동의 금지, 공무원신분으로서의 입후보금지, 공무원단체의 정치활동금지 등이다.

2. 영 국

영국은 상당히 자유롭고 다양하며 유연성을 지니고 있다. 영국의 경우도 과거에 정실임용의 폐단이 있었으며 일찍이 정치적 중립의 문제에 관심을 가졌던 나라이지만, 미국처럼 정실임용이 범람하지는 않았기 때문인 것 같다.

현재의 영국공무원의 정치적 활동에 대한 기본원칙은 1948년의 '매수터맨위원회'의 권고에 기반을 두고 있다. 이 위원회는 공무원의 정치활동의 자유가 '관직에 있어서의 정치적 공정성의 유지와 영국정부조직의 근본적인 일부분으로 간주되는 그 공정성에 대한 신임의 유지'와 부합되는 한 그 자유를 인정해야 한다고 주장했다. 주장은 실제의 사태진전과 일치했다. 1953년 처칠 내각은 동 위원회의 권고에 따라 영국의 공무원을 세 그룹으로 나누어 제1그룹(하급직)에 대하여는 완전한 정치활동의 자유를 인정하고, 제2그룹(중간계급)은 피선거권을 제외한 모든 정치활동의 자유를 허용하고, 제3그룹(고급직 집행계급, 행정계급 및 이와 동등한 과학전문직)은 선거권만 보유하고, 소속장관의 동의를 얻어 지방자치단체의 정치활동에 참여하는 외의 정치활동을 할 수 없게 했다.

3. 독 일

독일에 있어서 공무원의 정치활동은 자유롭다. 그 이유는 위에서 언급한 바와 같다. 공무원은 그들의 신분을 그대로 가지고 하원의원에 출마할 수 있으며, 낙선된 경우는 공무원신분을 그대로 향유한다. 또한 당선된 경우에는 공무원을 사직하나 공무원연금의 혜택을 받는다. 그리고 하원의원을 그만두었을 경우에는 공무원으로 복직할 수 있다. 이와 같은 사정은 서구대륙의 국가들이 대동소이하다.

4. 우리 나라

우리 나라의 경우 정치적 중립의 요청은 미국의 경우와 같이 상당히 높으며, 다음과 같이 법제상으로는 심하게 제약되고 있다. 국가공무원법(제65조)의 규정을 보면

1) 공무원은 정당 기타 정치단체를 구성하거나 가입할 수 없다(제1항).

2) 공무원은 선거에 있어서 특정정당 또는 특정인의 지지나 반대를 하기 위하여 다음의 행위를 하여서는 아니 된다. 투표를 하거나 하지 아니하도록 권유운동을 하는 것, 서명운동을 기도 주재하거나 권유하는 것, 문서 또는 단서를 공공시설 등에 게시하거나 게시하게 하는 것, 기부금을 모집 또는 모집하게 하거나 공공자금을 이용 또는 이용하게 하는 것, 타인으로 하여금 정당 기타 정치단체에 가입하게 하거나 또는 가입하지 아니하도록 권유운동을 하는 것(제2항).

3) 공무원은 다른 공무원에게 제1항과 제2항에 위배되는 행위를 하도록 요구하거나 또는 정치적 행위의 보상 또는 보복으로서 이익 또는 불이익을 약속하여서는 안된다고 하는 것이다.

아직까지 우리 나라는 정치활동을 엄격히 규제하고 있으나 이에 대한 논란이 제기되고 있지는 않다.

Ⅳ. 정치적 중립성의 문제점

공무원의 정치적 중립성의 요구는 정치행정이원론이 지배적이었고, 반엽관주의 확립이 요청되었던 시기에 중요한 문제가 되었었다. 그러나 시대적 상황과 여건의 변화는 이러한 공무원의 정치활동제한에 많은 비판을 가하게 되었다. 정치활동을 제한해서는 안된다는 논거로는 다음과 같은 것들이 있다.[21]

첫째, 정치행정이원론이 그 전제가 되었고, 반엽관주의의 산물인 공무원의 정치적 중립성은 시간이 지남에 따라 정치·행정의 구분이 인위적인 것이며 가치판단이 불가피함이 주장되는 정치행정일원론이 지배적인 현대에 와서 공무원의 지나친 정치적 중립성을 강조하는 것은 적합하지 못한 이론이라는 점이다.

둘째, 행정국가화의 한 특징으로서 공무원의 수가 급격히 증가되어 이들의 전체국민에 대한 비율이 높아지고 있다. 많은 비율을 차지하는 공무원에 대한 참정권의 제한은 공무원도 시민의 한 사람으로서 당연히 누려야 할 기본권의 하나인 참정권을 보장해 주어야 한다는 민주주의 정치원리에 어긋나는 것이다. 교육수준이 높고 공공문제에 관심이 많은 이들로부터 정치참여의 기회를 박탈한다는 것은 민주정치이념에 크게 위배되는 것이며, 특히 공무원들이 정치에 참여하지 못하여 그들의 이해관계를 반영하지 못하게 될 때 공무원의 사기가 저하된다는 것이다.

셋째, 공무원임용에 있어서 지나친 실적주의의 강조는 관료조직이 국민의 대표성을 지니지 못하는 결과를 초래할 수 있다.

넷째, 시대적 상황에 따라 현실적 여건이 개선되었기 때문에 정치활동을 제한할 필요가 없다는 것이다. 미국의 경우 실적주의가 어느 정도 정착된 상황이어서 더 이상의 정치활동규제가 요구되지 않고 있다. 이것은 공무원의 전문화와 직업윤리가 향상되었고, 공무원단체가 성장하여 외부압력에 대처할 수 있는 정도가 되었으며, 정당정치가 변화하여 엽관에 의한 위협이 감소되었다는 것이다.

이러한 몇 가지 관점에서의 비판과 현실적인 변화의 추이는 실적주의가 확고한 기반을 지니고 있고 공무원의 직업윤리가 확보된 상황하에서 공무원의 중립

21) 오석홍, 전게서, pp. 676~678.

성 확보를 법적으로 엄격히 제한할 필요는 없으며, 또한 고급공무원의 정책수립 결정에 깊숙한 개입은 이러한 정치활동에 대한 제한을 완화시키는 방향으로 전환시키고 있다.

V. 정치적 중립의 확립방안

공무원의 정치활동을 법으로 규제하는 것이 필요한 것임에는 틀림없으나, 제도만 완비된다고 해서 저절로 정치적 중립이 이루어지는 것은 아니다. 우리 나라의 경우 특히 정치·문화적 상황으로 보아 공무원의 정치적 중립과 신분보장문제를 관리기술적으로 해결하기는 어려운 일로 보여진다.[22] 오히려 공무원의 실질적 중립성을 보장할 수 있는 환경적 여건들이 갖추어져야 할 것이며 이에 관한 전제조건과 확립방안을 살펴본다.[23]

1. 정치적 중립을 위한 전제조건

(1) 공무원의식의 개혁 정치적 중립에 대한 행동규범을 공무원들이 심리적으로 수용하여야 한다. 공무원이 민주행정의 사명과 이에 필요한 정치적 중립의 필요성을 자각하고 능동적으로 이를 준수하려는 강한 의지가 필요하다.

(2) 정치적 여건의 완비 정치적 중립이 실효성을 발휘하려면 이를 가능케 하는 정치적 제반여건들이 갖추어져야 하는데[24] 이 중 핵심내용을 간추려보면 다음과 같다.

첫째, 민주적 정치과정이 정상적으로 작동될 수 있도록 정치체제의 각 하위부문이 균형성장을 이룩해야 한다.

둘째, 민주주의적 정치과정을 지탱하기 위하여 필요한 선거제도 등 기본적 제도들이 정상적으로 운영되어야 한다.

---

22) 강신택, "직업공무원제도의 정치적 맥락," 『행정논총』, 제26권 제2호(서울대학교 행정대학원, 1988), p. 24.

23) 박연호, 전게서, pp. 407~411.

24) 최근 공무원을 대상으로 설문조사를 해본 결과 우리 나라에서 공무원의 정치적 중립이 확보되지 못하고 있는 이유는 행정에 대한 정치의 부당한 개입의 결과라고 응답하고 있다. 그러므로 정치적 중립의 확보를 위해서는 정치의 행정에 대한 부당한 간섭이 배제되어야 하는 것이 가장 시급한 일이라고 할 수 있다; 정일섭, "한국공무원의 정치적 중립에 관한 연구," 인하대 대학원 박사학위논문, 1991, p. 123.

셋째, 정당이나 각종 이익단체들이 엽관주의적 인사행정에 의존하지 않고도 유지될 수 있어야 한다.

넷째, 여야간의 수평적 정권교체가 정착되어야 한다. 우리 나라의 경우 과거처럼 부당한 방법으로 정권을 연장하려 시도할 때 공무원들은 정권연장을 위한 부정선거의 첨병으로 이용되기 쉽다. 그러므로 여야간의 수평적 정권교체의 정착화가 이룩되어야 공무원의 실질적인 정치적 중립은 확보될 수 있는 것이다.

(3) 국민의식의 향상　주권자로서 국민의 정치의식이 향상되지 않으면 정치적 중립은 실효를 거두기 어렵게 된다. 공무원이 정치적 중립을 지켜야 한다는 행동규범은 결국 국민적 요구의 소산이므로 공무원의 타락은 국민 스스로의 도덕적 실책을 반영하는 것이라고도 볼 수 있다.

2. 제도적 확립방안

(1) 실적주의의 정착과 직업공무원제의 확립　엽관주의의 폐해를 극복하고자 등장한 실적주의는 정치적 영향력으로부터의 중립주의의 경향을 강하게 나타낸 것이었다. 즉 공직과 정당의 특수이익이 결부되는 것을 반대하고 공직이 정치적 전리품이 되는 것을 방지하고자 하였다.

우리 나라의 경우 정부의 공식적 인사행정의 기본원칙은 항상 실적주의였으나, 이러한 공식적 인사행정원칙대로 인사행정이 이루어지지 못했다. 즉 공식적 인사행정과 인사행정의 실제가 크게 괴리되는 형식주의를 탈피하지 못하고 있는 것이다.[25] 특히 이러한 경향은 정권교체시에 심하였는데 이는 실적주의에 입각한 직업공무원제가 아직도 정착되고 있지 않음을 보여주는 것이라고 볼 수 있다. 그러므로 공무원의 정치적 중립을 확보하기 위해서는 실적주의에 입각한 철저한 신분보장과 공개채용을 강화하여 직업공무원제도를 확립하여야 할 것이다.

(2) 공무원의 단결권 보장　공무원이 단체를 조직하는 주요한 목적은 공무원의 근로조건과 복지의 개선 및 실적제도의 보호와 확립 등을 들 수 있다. 그러므로 공무원단체는 실적제도의 보호와 확립을 통하여 인사행정에 대한 정치의 개입을 배제하고 공무원의 정치적중립 확보에 기여할 수 있는 것이다. 즉 공무원

25) 이러한 경향이 가장 심했던 시기가 제1공화국과 제2공화국이었던 것으로 지적되고 있다. 김운태·오석홍, 『한국행정사』, 한국방송통신대출판부, 1993, pp. 302～396.

단체는 일종의 압력단체로서 불공정한 인사에 대한 그들의 입장을 외부에 공개적으로 천명하고 압력을 행사하여 인사관리상의 공정성을 확보할 수 있다. 따라서 공무원단체는 정치권력이 공무원인사에 부당하게 개입하려 할 때 단체의 힘을 통하여 이를 저지함으로써 공무원의 정치적 중립 확보에 크게 기여할 수 있는 것이다.

우리 나라의 경우 공무원의 신분보장과 정치적 중립 확보를 위해서 공무원의 활발한 단체활동을 적극적으로 지원해야 할 것이다.

Ⅵ. 결 론

공무원의 정치적 중립이라는 규범에 대한 여러 가지 비판에도 불구하고 행정을 정치의 영역으로부터 구분하여 행정의 계속성, 안정성 및 전문성을 확보할 필요성은 여전하며 특히 직업공무원제가 확립되지 않은 우리 나라에 있어서는 지방자치 실시 이후 잦은 선거와 정권교체가 예상되므로 그 중요성은 더욱 크다 하겠다.

다만 공무원의 기본권과의 조화로운 운영을 위하여 정치활동 금지에 대해서는 약간의 신축성을 부여하는 방안이 검토되어야 할 것이다.

제 5 편

재무행정

제5편은 행정과정 5단계 중 제4단계에 해당하며 행정조직을 움직이는 데 필요한 재원(財源)을 효율적으로 관리하는 재무행정을 다룬다.
제1장에서는 재무행정의 기초작업으로 예산의 본질, 예산기관, 재무행정의 법적기초, 예산원칙, 예산의 분류, 예산의 종류, 예산결정 이론모형 등을 살펴본다.
제2장에서는 예산과정 4단계에 따라서 예산편성, 예산심의, 예산집행, 결산 및 회계감사 순으로 살펴본다.
제3장에서는 예산개혁으로 성과주의예산, 계획예산(PPBS), 영기준예산(ZBB), 자본예산 등을 살펴본다.

제 1 장 재무행정의 기초

제 1 절 예산의 본질

Ⅰ. 예산의 개념

1. 예산의 개념정의

예산이란 일반적으로 일정기간(1회계연도)에 있어서의 국가의 세입(수입) 세출(지출)의 예정적 예산 또는 계획안이며 정부가 수행하여야 할 국가재정활동의 지침 내지 사업계획의 윤곽을 나타내는 것이라고 정의할 수 있다.[1]

예산개념은 실질적 개념과 형식적 개념으로 구분하여 볼 수 있다.[2]

(1) 실질적 의미의 예산　예산의 실질적 개념이란 그 내용·성질에서 본 개념으로서 국가의 재정수요와 이에 충당할 재원을 비교하여 배정한 1회계연도에 있어서의 세입·세출의 예정적 계산을 말한다.[3] 이것을 좀더 구체적으로 살펴보면

---

1) 유훈, 『재무행정론』 법문사, 1998, p.47. 예산에 해당되는 영어 budget의 어원에 관해서는 다소 이론이 있으나 「주머니」또는 「돈주머니」를 뜻하는 영어 고어 bouget에서 유래한 말이라고 한다. budget란 영국에서 본래 재무장관이 의회에서 재정연설을 할 때 서류를 넣어 가지고 가는 「가방」을 뜻했다. 재무장관이 의회에서 이 「가방」을 여는 것을 의미하는 Opening the budget라는 말이 재무장관이 재정연설을 행한다는 것을 뜻하게 되었다. 그리고 Budget라는 단어의 뜻도 「가방」에서 「가방 속에 들어 있는 서류」, 즉 오늘날의 예산으로 전환하게 되었다. 우리 나라에서는 조선조시대에 횡간(横看) 또는 공안(貢案)을 예산의 뜻으로 썼으나 예산이란 말은 1894년 갑오개혁 이후에야 사용되어 왔다. 신상준, 전게서, p.208 참조.

2) 유훈, 전게서, p.47; 이영조, 『재무행정론』, 대명출판사, 1992, p.81.

3) Jesse Burkhead and Jerry Miner, *Public Expenditure* (Chicago: Aldine Atherton, 1971), p.12.

i) 결산이 사후에 있어서의 수지의 집계인데 비하여 예산은 사전에 예상되는 경비 및 수입에 관한 계획안이다. ii) 예산은 단순한 재정설명서와 달라 화폐표시를 수반하는 수지간의 균형이 고려되어 있으며, iii) 정치단체의 수입지출의 예정적 계산이라는 점에서 기업이나 가계의 수지의 예정적 계산과 다르다.

예산에서 일정 기간이라고 하는 것은 소위 회계연도인데, 1회계연도간의 수입을 세입이라고 하며, 1회계연도간의 지출을 세출이라고 하므로 예산은 1회계연도에 있어서의 세입·세출의 예정적 계산이라고 할 수 있겠다.

(2) 형식적 의미의 예산 각도를 달리하여 형식적으로 본다면, 국가의 예산은 헌법과 예산회계법에 의거하여 편성되어 국회의 심의·의결을 거친 1회계연도간의 재정계획이라고 할 수 있다. 보통 예산이라 할 때는 형식적 개념의 예산을 가리킨다.

예산의 형식적 개념은 예산의 법률적 개념으로서 입법부가 행정부에 대하여 재정권을 부여함으로써 행정기관이 예산을 지출할 수 있는 권한을 인정받는 동시에 예산의 목적, 금액의 범위내에서만 지출하여야 하는 법적 구속력을 받는다는 것을 의미한다. 형식적 의미의 예산에는 전술한 1회계연도내의 세입 세출이라는 실질적 의미의 예산뿐만 아니라 이와 밀접한 관련이 있는 기타 사항도 포함된다는 것이다. 예산회계법 제19조는 「예산은 예산총칙, 세입세출예산, 계속비, 명시이월비와 국고 채무부담행위를 총칭한다」고 예산의 형식적 내용을 규정하고 있다.

2. 예산개념의 변천

예산개념은 사회환경과 정부역할의 변동에 따라 전통적·소극적·고전적 개념으로부터 적극적 현대적·정치적 개념으로 변모되고 있다.

(1) 고전적 예산개념 예산의 전통적 개념은 예산을 숫자적 개관이나 회계적 표현 또는 수지관계를 나타내는 수치로서 보며 예산의 국민경제적 측면이나 국가발전수단적 측면은 도외시킨다.[4)]

4) 고전적인 예산개념에 관한 학자들의 개념정의를 보면 A. Wagner는 예산을 「숫자적인 개관」이라고 했으며, L. v. Stein도 예산을 「회계적인 표현」이라고 규정했다. M. v. Heckel은 예산을 「숫자적인 진술과 추계」라고 표현했으며, R. Stourn은 「수지의 승인」이라고 정의했던 것이다.

(2) 현대적 예산개념 오늘날 예산은 적극적 개념으로서 인식되고 있으며 국가발전을 위한 중요한 정치적·경제적 도구로서 또는 국가자원의 효율적인 배분수단으로서 이해되고 있다. 정부재정활동을 뒷받침하는 예산은 그 방대한 규모와 기능의 다양성으로 국민경제 전체에 결정적인 영향을 미침으로써 매우 중요성을 띠고 있다.

3. 정부예산과 민간부문예산과의 차이

정부조직이든 민간조직이든 조직은 일정한 목표를 달성하기 위하여 희소자원을 확보·배분하는 활동을 하게 된다는 점에서 보면 공·사 예산간에는 유사점도 많다.[5] 그러나 정부조직이라는 특수성에서 보면 양자간에 차이점도 많다. 중요한 차이점을 보면 다음과 같다.[6]

(1) 목적 및 동기 정부의 예산운영의 목적 및 동기는 사회질서의 유지, 민간 경제활동의 촉진, 사회보장제도의 운영 등 공공의 이익을 증진시키는 데 있다. 이와 같이 정부는 정부의 이익을 위해서 예산을 운영하는 것이 아니라 공공의 이익을 위해서 예산을 운영한다. 그러므로 정부는 비용을 부담하는 국민에게만 서비스를 제공하는 것은 아니다.

이에 대해서 민간기업은 기업의 이익을 위해서 예산을 운영하고 비용을 부담하는 소비자에게만 서비스를 제공한다고 볼 수 있다.

(2) 규 모 정부예산의 규모는 민간기업 예산에 비해서 대단히 크기 때문에 자원을 어떻게 동원 배분하느냐는 국민경제에 결정적인 영향을 미친다.

(3) 공공재의 제공 정부가 제공하는 재화와 서비스는 대부분이 사회 전체가 혜택을 입는 공공재이므로 사용자부담원칙이 주로 적용되는 민간조직의 경우와 달리 가격결정에 적용되는 시장메커니즘이 존재하지 않는다. 정부활동은 경제적 능률성이 확보될 수 없는 분야에서도 지속되어야 하는 것이다.

(4) 강제성 및 예산신축성 제한 자원의 동원은 물론 자원의 배분에서, 즉 정부의 예산운영은 강제성을 지닌다. 세법에 따라서 징수되고, 예산회계법에 따라서 정부예산이 운영되며, 각종 법률에 따라서 이전지출, 특별회계, 기금, 예산이

5) 유사점에 대한 상세한 설명은 이영조, 전게서, pp. 85~86 참조.

6) 이영조, 전게서, pp. 88~89; 신무섭, 『재무행정학』, 대명문화사, 1998, pp. 56~58; 김규정, 전게서, p. 720.

집행된다. 이로 인하여, 정부예산의 신축적 운영이 제한을 받는다.

(5) 운영주체의 교체성 정부기관은 민간기업에 의하여 그 운영주체가 빈번하게 교체되므로 예산운영의 계속성, 책임성, 능률성의 확보가 어렵다.

4. 예산과 기획

(제2편 제8장 참조)

Ⅱ. 예산과 법률의 관계

1. 예산의 법적 성격

예산의 법적 성격에 관해서는 예산승인설(법규범불인설), 예산법형식성 (법규범설), 예산법률설 등의 세 가지 견해가 있으나, 우리 나라에 있어서 국회의 승인은 예산의 성립요인이며 국회의 승인이 있으면 국가기관에 대하여 예산이 구속력을 가지므로 예산법형식설이 통설이다.[7)]

2. 예산의 법형식

예산은 매년 국회의 심의를 거쳐 확정되는데 그 형식에는 법률주의와 예산주의의 두 가지 유형이 있다.

(1) 법률주의 예산이 세입법·세출법과 같이 법률과 동일한 형식을 취하게 되며 미국·영국·프랑스·독일 등이 이 유형에 속한다. 법률주의에서는 세출예산과 세입예산이 법적 구속을 받게 되며 조세법은 세입예산과 함께 국회의 의결을 얻게 되어 1년세주의가 된다. 미국과 영국의 세출예산법(Appropriation Act)이 그 좋은 예가 된다. 예산으로서 국회에 제출된다는 것은 단순한 견적에 불과하며 이 견적에 기초를 두고 구체적인 지출내용이 법률로 행하여진다.

(2) 예산주의(의결주의) 예산이 법률과는 달리 예산이라는 독특한 형식을 취하게 되며 우리 나라와 일본이 이 유형에 속한다. 예산주의에서는 세출예산만 법적 구속을 받게 되며 세입예산은 영구세주의가 채택되어 법적 구속을 받지 못

---

7) 김철수, 『헌법학신론』, 박영사, 1995, p.546.

하고, 세입의 예산견적을 단순히 기재한데 불과하다.

우리 나라는 일본과 같이 예산이 법률과 다른 의결형식인 "예산"으로 성립되며 예산에 의하여 법률을 변경할 수 없고, 법률에 의하여 예산을 수정할 수도 없다. 우리 나라 예산은 정부와 국민간의 권리의무를 규정하는 일반법률과 같은 속성이 없고, 정부를 구속하는 법적 효력만 가지므로 예산주의(의결주의)를 취하고 있다.[8)]

3. 예산과 법률의 상호관계

우리 나라에서는 예산과 법률은 상호 독립성을 가진다.

1) 예산으로써 법률을 개폐할 수 없다.

2) 법률로서 예산을 수정할 수 없다.

3) 세입예산은 반드시 법률의 근거를 요한다.

4) 세출예산은 법률과 예산 모두의 근거를 요한다.

Ⅲ. 예산의 정치적 성격

Wildavsky는 그의 저서『예산과정의 정치』에서 예산은「정치적인 것」(political things)이라고 단정하고서 가장 완전한 의미에 있어서 예산은 정치과정의 중심에 자리잡고 있다고 주장한다.[9)] 예산은 한정된 자원을 둘러싸고 전개되는 정

---

8) 우리 나라에 있어서 예산은 다음과 같은 점에서 법률과 구별된다. i) 법적 근거: 예산의결권은 헌법 제54조에, 법률의결권은 헌법 제53조에 법적 근거를 둔다. ii) 제안권: 예산안의 편성 제안권은 정부만이 가지며 법률안은 국회와 정부가 함께 제출할 수 있다(헌법 제52조). 국회는 예산심의에 있어서 정부의 동의 없이 지출예산 각 항의 금액을 증가하거나 신비목을 설치할 수 없다. iii) 의사표시의 대상: 예산은 정부에 대하여 재정권을 부여하는 국회의 의사표시이며 법률은 국민에 대한 국가의 의사표시이다. iv) 형식: 예산은 예산의 형식으로, 법률은 법률의 형식으로 국회가 의결한다. v) 효력: 예산은 1회계연도(1년)에 한하여 한시적 효력을 가지며 법률은 대체로 영속적 효력을 가진다. vi) 효력발생요건: 예산은 국회의 의결로 효력이 발생하며 법률은 정부에 의한 공포를 효력발생요건으로 한다. vii) 구속력: 예산은 정부와 국회간에 효력이 발생하고 국회와의 관계에서 정부가 구속되며 법률은 국민과 국민간에 효력을 가지고 쌍방의 권리의무를 구속한다. 예산은 정부기관을 구속함으로써 국내·국외 어느 쪽이든 그 효력에 지역적 제한을 받지 않으며 법률은 특별한 경우 이외에는 국외에 효력이 미치지 않는다. viii) 법규변경·수정: 예산은 법률을 변경할 수 없으며 법률은 예산을 수정할 수 없고 종전의 법규를 변경할 수 없다(김철수, 전게서, p. 547 참조).

9) Aaron Wildavsky, *The Politics of the Budgetary Process* (Boston: Little, Brown and Co., 1984), pp. 4~5.

치적 투쟁의 소산이라 할 수 있다. 예산과정은 정치과정이요 권력과정이며 예산은 그 핵심이다. 예산의 이러한 정치적 성격은 예산의 편성단계와 국회의 심의과정에서 뚜렷하게 부각된다. 이상적으로 말하면 예산은 경제적 합리성 위주로 편성되고 예산심의과정에서도 경제적 합리성이 존중되어야 할 것이다. 그러나 예산의 정치적 성격으로 인하여 예산의 편성이나 심의과정에 있어서 경제적 합리성이 종종 무시되고 있는 것이다.

예산개혁에 있어서도 점증주의를 극복하고 총체주의를 도입하려는 노력이 각국에서 수없이 많이 있었으나, 성공을 거두지 못한 근본적인 이유도 예산의 정치적 성격에서 찾아볼 수 있다고 하겠다. 예산제도의 개혁도 정치권력구조의 변동과 밀접하게 관련되고 있는 것이다.[10]

Ⅳ. 예산의 기능

예산의 기능은 관점 여하에 따라서 여러 가지로 나눌 수 있으나 이곳에서는 다음과 같은 몇 가지 기능으로 나누어서 고찰하기로 한다.[11]

1. 정치적 기능

예산이란 누가 비용을 부담하고 누가 편익을 얻는가에 관한 계획서라고도 할 수 있다. 따라서 예산이 편성, 심의, 집행되는 등의 예산과정에서 사회의 각종 세력과 집단들이 자신들의 요구를 표명함으로써 자신들의 이익을 더 많이 예산에 반영하려 할 것이다. 한편 예산편성의 책임을 맡고 있는 행정부는 여러 사회집단의 이해를 조정하여 예산에 반영하려 할 것이다. 또한 입법부는 예산심의를 통하여 행정부의 예산결정을 재검토하여 국민의 요구를 반영하려 할 것이다. 이와 같은 예산과정을 통하여 정부자원의 배분이 이루어지는데, 이렇듯 예산과정은 정치과정인 것이다.

10) 유훈, 전게서, pp. 49~52.
11) 유훈, 전게서, pp. 52~60.

2. 경제적 기능

정부의 예산이 어떻게 구성되느냐에 따라서 국민경제에 큰 영향을 준다. 즉 예산은 세입과 세출로 구성되며 세입은 국민경제의 민간부문에서 사용할 수 있는 자원의 일부를 공공부문으로 돌리는 것이고 세출은 국민경제의 민간부문으로 자원의 일부를 되돌려 주는 것이므로, 이 과정에서 예산은 국민경제의 소비, 저축 및 투자에 대하여 영향을 미치게 된다. Musgrave는 예산의 경제적 기능으로서 자원배분기능, 소득분배기능, 경제안정기능을 들고 있으나[12] 여기서는 경제성장촉진기능을 추가하여 다음과 같이 네 가지로 나누어서 고찰하기로 한다.[13]

(1) 자원배분기능　　예산은 국민경제의 자원 중에서 얼마만큼을 공공부문에서 사용하고, 나아가서 공공부문에서는 각 영역이나 사업별로 얼마만큼 사용할 것인가에 관한 결정이다. 따라서 이것은 자원을 배분하는 효과를 가지고 있는데 자원배분방식에 따라 소득재분배와 경제안정 및 성장기능의 내용도 달라진다.

(2) 소득재분배기능　　예산은 상속세, 소득세 등의 세율조정이나 이전지출(사회보장적 지출) 등을 통하여 각 계층간에 소득재분배기능을 수행한다.[14]

(3) 경제안정기능　　국민경제에 결정적인 영향을 미치는 예산은 재정정책의 도구로서 국민경제의 안정적 기능을 수행한다.

오늘날 예산의 가장 중요한 기능 중의 하나는 그것이 국민경제의 균형인자의 역할을 하는 데 있다. 정부의 세입은 민간경제활동이나 소득에 대하여 현저한 영향을 주게 마련이며 정부의 세출은 민간경제활동의 종류, 그의 수준 등에 대하여도 영향을 미치는 것이다.

(4) 경제성장 촉진기능　　예산은 경제성장 촉진을 위한 정책적 도구로 사용된다. 오늘날 발전도상국의 비약적인 경제발전을 위해서는 정부가 주동적인 역할을 담당하는 유도발전정책[15]이 불가피하며 유도발전을 위해서는 자본형성을 위

12) Richard A. Musgrave and Peggy B. Musgrave, *Public Finance in Theory and Practice* (New York: McGraw-Hill), p. 6.

13) 유훈, 전게서, pp. 57~59; 강신택, 『재무행정론』, 박영사, 1997, pp. 17~18.

14) 우리 나라의 제7차 5개년계획(1992~1996)은 3대목표의 하나로서 「사회적 형평제고와 균형발전」을 내걸고 있으며 10대정책과제로서 「사회보장제도의 확충」, 「농어촌구조개선과 지역균형발전」을 들고 있으나 1992년도의 사회개발비는 일반회계예산의 9.8%에 지나지 않는 실정이다.

15) B.F. Hoselitz, *Sociological Aspects of Economic Growth* (New York: Free Press, 1960), pp. 97~99. Hoselitz는 경제발전의 유형을 자율발전 즉 민간주도형 발전과 유도발전 즉 정부주도형 발전으로 분류한다. 상세한 설명은 유훈, 『공기업론』, 법문사, 1995, pp. 104~108 참조.

한 예산의 직접적인 역할이 절실히 요청된다.

3. 행정적 기능

예산은 정부에게 부여된 사회적 목적을 달성하고 그 기능을 수행하기 위하여 정부가 사용할 수 있는 자원을 동원하여 사업과 활동을 수행하려는 계획이다. 이러한 예산과정을 통하여 정부의 사업이 검토되고 집행되는 것이므로 예산은 그 본래적 의미에 있어서 정부사업 전반을 관리하는 중요한 도구이기도 한 것이다.

이러한 행정적 기능을 세분하면 흔히 말하는 기획기능·관리기능 및 통제기능 등으로 나눌 수 있으며, 예산은 넓은 의미에 있어서 이 모든 것을 포함하는 행정관리기능을 수행한다. 사실 따지고 보면 예산운영에 있어서 가져야 할 가장 중요한 고려사항은 어떻게 하면 정부의 목적을 효과적·능률적으로 달성할 수 있게 할 것인가 하는 행정관리상의 고려라고 할 수 있을 것이다.

4. 예산제도와 예산기능

예산제도는 의회의 과세동의권의 확립으로부터 시작되어, 행정계획을 수립하는 도구로까지 발전하였다. 전술한 바와 같이 예산의 기능은 예산제도의 변천과 함께 변모되었다. 일반적으로 예산제도는 통제지향에서 관리지향으로, 그리고 다시 계획지향으로 변천해 왔는데, 이는 품목별 예산에서 성과예산으로, 그리고 계획예산으로의 발전을 의미한다.

(1) 통제지향의 예산　통제지향예산제도의 대표적인 형태는 품목별 예산이다. 이 예산은 지출대상을 품목별로 상세하게 분류하여 행정부를 통제하는 데 그 목적을 두고 있다.

이 예산이 통제에 적합한 이유는 예산이 세부적인 지출대상별로 구분 결정되기 때문에 재정적 한계를 지키는 데 편리하고, 집행시 회계책임을 명확히 하여 회계 공무원의 정직성을 보장하는 데 적합하기 때문이다. 이 예산제도는 자원의 합리적인 배분이나 계획기능이 매우 취약하며, 지시와 통제 중심의 집권적 관리성향이 강하기 때문에 관리면에 있어서 신축성이 제약된다.

(2) 관리지향의 예산　관리지향의 대표적인 예산제도는 성과예산이다. 이 예산은 관리자들의 참여를 통한 분권적 의사결정과정을 따르는 것으로, 이를 통해

조직의 경직화를 막고 목표의 불일치로 인한 갈등을 극소화할 수 있으며 조직의 환경의 변화에 대한 대응력을 높이고 공공관계를 향상시킬 수 있다. 그러나 이 예산은 통제기능이 약하며, 단기예산이기 때문에 계획기능도 미약하다.

(3) 계획지향의 예산　정부기능의 확대와 이에 따른 자원제약이 심화됨에 따라, 이를 완화시키고 자원을 효율적으로 이용하려는 관심이 높아졌다. 또한 급속한 국가발전계획이 강조됨에 따라 이를 뒷받침하는 예산제도가 필요하게 되었다. 이러한 시대적 상황 속에서 거시경제론의 발달과 함께 경쟁적인 사업간에 자원을 객관적으로 배분하는 데 필요한 기준을 제공해 주는 분석방법이 개발되어 경제에 대한 예측이 가능하게 되었다.

계획예산제도는 장기적인 계획과 단기적인 예산을 유기적으로 연관시켜, 합리적이고 일관된 자원배분을 가능케 하는 계획지향의 예산제도이다. 그러나 이 예산은 분석된 정보에 따라 최고관리층이 단독으로 모든 것을 결정하는 집권적 방식을 택하기 때문에 관리자들의 참여가 배제된다. 따라서 조직구성원들에 대한 동기부여라는 측면에서 미흡한 점이 있으며 관리상의 책임확보도 곤란한 일면이 있다. 입법부의 행정부에 대한 통제기능이 미약하다는 것도 계획예산제도의 단점으로 지적된다.

제 2 절 중앙예산기관

Ⅰ. 중앙예산기관의 의의

1. 중앙예산기관의 개념

중앙예산기관이란 정부 전체적인 입장에서 각 부처의 예산요구를 사정·조정하고 종합적인 예산안을 편성한 후 국회에 제출하여 정부예산의 전반적인 관리를 담당하는 기관을 말한다. 각국의 중앙예산기관은 권한·기능·위치에 차이가 있으며 미국의 관리예산처, 영국의 재무성, 일본의 대장성과 우리 나라의 기획재정부 예산실 등이 중앙예산기관에 해당된다.

행정부예산제도하에서 중요한 역할을 담당하는 중앙예산기관은 행정수반을 보좌하여 눈과 귀가 되어야 하며 매년 모든 중앙행정기관이 제출한 사업계획과 예산요구를 검토하며 사후에 각 부처의 예산집행을 감독하는 기능을 수행한다. 중앙예산기관은 정부의 사업계획이나 행정활동을 효율적으로 수행하도록 하는 적절한 관리수단으로서의 기능을 수행할 수 있어야 한다.

2. 중앙예산기관의 기능

중앙예산기관의 기능은 정부기구상의 위치와 각국의 제도 법제에 따라 다양하나 주로 i) 예산의 사정·편성, ii) 예산집행, iii) 관리·기획 등 세 가지 기능을 수행하고 있다고 볼 수 있다.

(1) 예산의 편성기능 　예산편성에서 핵심적인 업무는 각 부처가 요구한 예산안을 범정부적 차원에서 검토, 조정하는 것이다. 일반적으로 각 부처는 많은 예산을 요구하는 경향이 있으므로, 중앙예산기관은 축소·조정에 관심을 가진다. 특히 중앙예산기관이 편성한 예산안은 입법부에서 대폭적인 삭감을 당하는 일이 없다는 점에서 중요한 의미를 가진다.

(2) 예산집행기능 　중앙예산기관은 국회에서 예산이 의결·확정되면 입법부의 의도를 구현하고 재정한계를 엄수하도록 중앙관서의 장에게 예산을 배정하며 또한 예산이 성립된 후 경제사정이나 사업계획의 여건에 따른 정세변동에 적응할 수 있도록 예산의 신축성을 확보하는 기능을 수행한다.

(3) 관리·기획기능 　중앙예산기관은 예산의 효율적인 사정, 편성과 집행을 뒷받침하고 국가발전정책의 추진을 위하여 다음과 같은 관리·기획기능을 수행한다.

1) 예산행정 전반에 걸쳐서 행정수반의 지휘·감독을 위한 보좌기능을 수행한다.

2) 국가목표의 효율적 달성을 위한 우선순위에 따라 합리적인 자원배분기능

을 수행하고 사업계획을 검토·조정한다.

3) 사업계획의 전체적인 조정과 비용·효과를 분석·평가한다.

4) 재정상황에 관하여 국민에게 보고하고 정보를 제공함으로써 정부의 사업계획을 국민이 이해하고 협조할 수 있게 한다.

5) 재정전반의 정보 자료를 수집·분석하여 예산관리방법 개선에 반영시킨다.

Ⅱ. 중앙예산기관의 위치

중앙예산기관의 정부기구상의 위치는 나라에 따라 상당한 차이가 있으나 행정수반 직속형, 재무부 소속형, 국가기획기관 소속형 등 세 가지 유형을 들 수 있다.[16)]

1. 행정수반직속형

행정수반이 효과적인 행정관리수단인 참모기관으로서 직속시키는 유형이며 미국의 관리예산처(Office of Management and Budget, OMB)가 대표적이다.

미국에서는 1921년의 예산회계법(Budget and Accounting Act)에 따라 재무성에 예산국(Bureau of the Budget)이 설치된 바 있으며, 1939년 대통령 직속기관이 되었다. 1970년에는 다시 관리예산처로 개칭되고 행정관리에 관한 권한이 대폭 강화되었다. 관리예산처는 단순한 중앙예산기관이 아니며 행정관리의 개선과 법제업무까지 다루는 대통령 직속의 참모기관이다.

2. 재무부소속형

예산은 세입, 금융, 재정, 조세 등과 밀접한 관계가 있으므로 중앙예산기관을 중앙부처인 재무부에 설치하는 유형이다. 이러한 유형으로서는 영국, 일본, 프랑스, 독일 등과 1955년부터 1961년에 걸쳐 재무부에 예산국을 두었다.

영국의 재무성은 다른 부처보다 우월한 지위에 있으며 이른바 재무성통제(Treasury control)를 통하여 인사, 예산, 행정개혁 등을 주관하여 왔으나 인사성

16) 국회도서관 입법조사국, 『주요국의 예산제도』, 1974, pp. 79~115; 강신택, 전게서, pp. 143~145; 황윤원, 『재무행정론』, 법문사, 1996, p. 79.

(Civil Service Department)의 신설·폐지와 인사위원실(Office of the Civil Service Commissioners)의 신설 등으로 예산의 관리기능에 중점이 두어지고 있다.

일본의 대장성은 오랜 전통과 위신을 누려 온 기관으로서 주계국(主計局)이 중심이 되어 예산기능을 담당하고 있다.

3. 국가기획기관소속형

기획과 예산을 통합시킬 목적으로 중앙예산기관을 기획기관에 소속시킨 유형이다. 우리 나라에서 1948년부터 1955년까지 존속되었던 국무총리 소속의 기획처와 1961년부터 1994년까지의 경제기획원의 예산실(예산국), 캐나다의 내각예산국(The Treasury Board)이 이 유형에 속한다.

Ⅲ. 각국의 중앙예산기관

1. 미국의 중앙예산기관(관리예산처)

1936년에 설치된 '행정관리에 관한 대통령위원회'는 대통령의 행정관리능력을 강화하기 위해서 대통령 주변에 막료기관을 집중시키는 것이 필요하다고 건의하였다. 그리하여 1939년의 기구개혁법에 의하여 기구개혁에 관한 권한이 부여되자 루즈벨트 대통령은 예산국을 재무성에서 대통령직속기관으로 옮겨 놓았다.

1970년 7월 1일을 기하여 예산국은 관리예산처(Office of Management and Budget)로 개칭하고 내부조직도 다소 개편을 보게 되었으나, 여전히 대통령직속하에 있는 막료조직으로서 그 기능을 발휘하고 있다.

관리예산처는 처장·부처장 밑에 크게 예산담당기구 기구개편 및 관리담당기구로 나누어져 있다. 그 밑에 정책 심사분석, 조사, 관리를 맡은 20여 개의 기구가 소속된다.

관리예산처는 한국의 경제기획원이 수행하는 예산, 기획 및 조사통계와 총무처의 행정관리 및 법제처의 일부기능 등을 포괄하는 조직으로 대통령 직속의 참모기관의 하나이다.[17]

---

17) 관리예산처의 주요 기능은, ⅰ) 대통령을 보좌하여 예산을 편성한다. ⅱ) 각 부의 예산집행을

2. 영국의 중앙예산기관(재무성)

영국의 재무성은 공공서비스부문, 국내경제부문, 해외재정부문, 경제고문부문으로 나누어진다.

공공서비스부문은 총체적 정부지출의 통제와 대부분의 정부사업의 사정을 담당한다. 국내경제부문은 재정정책과 금융정책을 관장하며, 제조업과 농업분야에 대한 정부지출의 통제를 포함한 산업정책을 담당한다. 해외재정부문은 국제수지정책, 외환보유고의 관리, 국제통화문제, 외국과의 재정관리, 대외원조문제 등을 담당한다. 경제고문부문은 중단기 경제예측을 담당하며 광범위한 경제정책에 대한 자문에도 응한다.[18)]

Ⅳ. 우리 나라의 중앙예산기관

1. 연 혁

우리 나라의 현행 중앙예산기관은 기획예산처로서 예산사무를 관장하고 있다. 우리 나라 중앙예산기관은 1948년 기획처예산국으로 출발하여 재무부예산국→경제기획원의 예산국→경제기획원의 예산실→재정경제원의 예산실→재정경제부의 예산청→기획재정부 예산실로 변천되어 왔다.

2. 기획재정부의 조직과 기능

기획재정부는 1999. 5. 24일 종전의 기획예산처와 재정경제부가 통합되어 탄생한 우리나라 중앙예산기관이다.

기획재정부는 예산관련 국가정책의 기획 · 조정, 예산의 편성 · 집행관리, 정부 · 공기업 · 산하단체 등 공공부문개혁을 총괄하는 기능을 가진다.

예산실의 기능은 크게 3가지로 요약할 수 있다. 첫째는 예산지출의 우선순위

감독·통제한다. iii) 행정관리의 개선을 위한 조사연구를 행하고 각 부에 조언한다. iv) 각 부에서 입안한 법률안을 검토·조정하고, 그 입법추진 여부를 대통령에게 건의한다. v) 연방의 통계업무를 개발하고 조정한다. vi) 공무원의 인사행정에 관한 계획을 수립하는 일 등이다.

18) Central Office of Information, *The Central Government of Britain*, 10th ed. (London: H.M. Stationery Office, 1979), p. 12.

의 결정 및 예산계획을 수립하고, 둘째는 정부예산안을 편성하고, 셋째는 예비비를 관리하는 일이다.

3. 문제점과 개선방향

첫째, 과거 예산실은 예산의 편성과 집행을 관리하는 데 주도권을 행사한다. 이 과정에서 특히 예산 집행관리에서 예산실 내의 단위간, 재경원내에서 예산실과 타기관의 협조가 원활히 이루어졌는지는 의문이다. 과거 기획원 내 예산실과 심사평가국·기획국간의 업무협조가 실질적으로 이루어지지 않았던 예가 많았기 때문이다. 각 기관이 각각의 시각을 가지고 있었기 때문에 협조가 어려웠다.[19)]

둘째, 예산편성과 집행은 사실상 정책형성과 집행에 해당되는 것인데, 예산실이 예산편성과 집행에 주도권을 과도하게 행사한다면 중앙행정부처의 정책에 대한 전문성은 그 만큼 경시되는 것이라고 보아야 한다.

셋째, 매년 되풀이되는 것으로 예산실이 중앙행정부처의 예산요구액을 과다하게 삭감함으로써 예산실의 신뢰가 훼손되어 상호간의 업무가 많아진다는 것이다.

19) 신무섭, 전게서, p.100.

제 3 절 예산회계관계법 (재무행정의 법적 기초)

Ⅰ. 서 론

우리 나라의 예산회계관리법, 즉 재무행정의 법적 기초는 우선 헌법의 예산회계에 관한 규정에서 찾아볼 수 있다. 헌법 이외에도 재무행정조직의 법적 근거는 정부조직법에서 찾아볼 수 있으며 회계감사에 관해서는 감사원법, 구매행정에 관해서는 조달특별회계법, 기금에 관해서는 기금관리기본법이 있으며 국가의 재산관리에 관해서는 국유재산법·물품관리법·국가채권관리법, 그리고 지방자치단체의 재정 및 회계에 관해서는 지방재정법 등이 있다. 그리고 예산회계에 관한 직접적인 법으로는 국가재정법 · 국가회계법 · 정부기업예산법 및 공공기관의 운영에 관한 법률이 있다.

Ⅱ. 국가재정법

1. 제정경위

1948년 대한민국정부가 수립된 이래 국가의 재정활동의 기초가 되는 재정법의 제정시도는 6·25사변으로 중단되었다가 1951년 일본의 재정법과 회계법을 혼합시킨 것이라고 볼 수 있는 재정법이 제정·공포되었다.

재정법이 1951년 제정되어 약 10년간에 걸쳐 시행되어 오는 동안 예산집행의 신축성 결여, 예산집행성과의 평가 곤란, 형식적인 회계통제 등 제도상의 결함이 노출되어 있었다. 이리하여 새로운 예산회계법안을 작성하였으며 1961년 12월 19일 법률로서 제정·공포되었다.

새로운 국가재정법이 기존의 기금관리기본법과 통합하여 2007년부터 시행하게 되었다.

이에 따라서 과거의 '예산회계법'과 '기금관리기본법'은 폐지되었다.

2. 성 격

국가재정법은 우리나라 재정 운용의 기초가 되는 법률로서 재정에 관한 헌법상의 규정을 보충하는 헌법시행법적인 임무를 가지며, 국가재정에 관한 총칙법이라 할 수 있다.

과거 '예산회계법'이 예산과 회계를 중심으로 한 법률인데 반하여 국가재정법은 예산, 기금, 결산, 국가 채무 등 그 범위를 넓혔다. 또한 효율성, 성과지향, 투명성 등을 재정 운용의 중요한 요소로 규정하였다.

3. 주요원칙

재정에 관한 헌법상의 규정을 보완하는 헌법시행법적 성격을 띤 국가재정법은 국가재정에 관한 총칙법이라 할 수 있으며 그 주요원칙은 다음과 같다.

(1) 건전재정의 원칙　　세출재원은 국채 차입금 이외의 세입으로 하여야 하며 부득이한 경우에만 국회의 의결금액 범위내에서 국채 차입금으로 충당할 수 있다(국가재정법 제16조).

(2) 단년도 및 회계연도독립의 원칙　　회계연도[20]는 매년 1월 1일에 시작하여 12월 31일에 종료하며 각 회계연도의 경비는 그 연도의 세입으로서 충당하여야 한다(동법 제3조). 따라서 각 회계연도의 세출예산은 다음 연도에 사용할 수 없다.

(3) 예산총계주의 원칙　　한 회계연도의 모든 수입을 세입으로, 모든 지출은 세출로 하며 세입·세출은 모두 예산에 계상하여야 한다(동법 제17조).

(4) 국고통일주의 원칙　　조세 및 정부에 속하는 모든 수입은 하나의 국고에 납입시키고 모든 지출은 하나의 국고에서 지출하게 하여야 한다.

---

20) 회계연도(fiscal year)란 예산의 유효기간을 말한다. 회계연도는 일정기간의 수지상황을 명시하고 회계를 명확시하기 위한 제도라 할 수 있다.

(5) 회계기관분립의 원칙 수입·지출을 명하는 징수기관과 현금출납을 관장하는 수납기관은 분립시킨다.

(6) 예산의 목적외 사용금지 원칙 원칙적으로 세출예산이 정한 목적 이외의 사용은 금지되며 예산의 이용, 이체, 전용 등이 이에 해당된다.

4. 특 색

(1) 새로운 제도의 도입 예산회계법은 예산과 회계에 적용하고 기금관리기본법은 기금에 관한 사항을 정한 것이었으나 국가재정법은 예산, 기금, 결산, 성과관리, 국가채무 등 재정 운용 전반에 대하여 적용하도록 규정하였다(제1조).

정부는 재정 건전성 확보, 국민 부담의 최소화, 재정 지출의 성과 제고, 예산의 투명성과 국민 참여 제고, 성인지적(性認知的) 예산 운영 등을 위하여 노력하여야 한다고 규정하였다(16조).

국가재정 운용계획의 수립, 성과관리제도 · 예산총액배분 및 자율편성제도의 도입, 재정정보의 공표 확대 및 조세 지출 예산 제도의 도입, 추가경정예산 편성 요건의 강화 및 국가채무 관리계획의 수립, 성인지 예산서 및 결산서의 작성 등이 도입되었다.

(2)일정의 조정 중앙관서의 장은 신규 사업과 중기 사업계획서를 기획재정부장관에게 1월 21일까지 제출하여야 한다. 과거에는 2월 말까지였다(28조). 기획재정부 장관은 예산편성지침서를 4월 30일까지 송부하도록 하였다. 과거에는 3월31일까지였다(29조). 중앙관서의 장은 예산 요구서를 6월 30일까지 제출하도록 하였다. 과거에는 5월 31일이었다(31조).

(3) 법적 근거의 명확화 재정운용에 대한 의견수렴을 위하여 광역자치단체장의 의견수렴을 명문화하였다.

Ⅲ. 정부기업예산법

1. 제정경위 및 적용범위

정부기업예산법은 2008년 "정부기업별로 특별회계를 설치하고 그 운용에 대하여 규정함으로써 정부기업의 합리적이고 투명한 경영을 위하여" 종전의 기업예산회계법을 전면개정한 것이다. 정부기업을 기업 형태로 운영되는 우편사업, 우편예금, 양곡관리, 조달사업 등 4개 사업으로 규정하고 그에 대한 특별회계를 설치한 것과 수입금 마련 지출 제도를 규정한 것은 종전과 동일하다. 다만 국가회계법의 제정으로 복식부기와 발생주의회계 기준이 적용될 수 있어서 법률이 전면 개정되었다. 책임운영기관에 정부기업예산법이 적용되는 것도 종전과 동일하다.

정부부처의 형태를 지닌 공기업은 그것이 부처의 형태를 지니고 있기는 하나 일반행정기능을 담당하는 부처들과는 구별되어야 함에도 불구하고 과거 우리 나라에서는 특별회계를 두어 일반회계와 별도로 경리하는 것이 고작이었고, 재정법의 동일한 적용을 받으므로 정부기업의 예산은 일반회계에 준하여 편성했던 것이다. 따라서 경영성과를 분석·비교·검토할 수 없는 까닭에 경영의 합리성이 문제시 되고 있었던 것이다.

2. 특 색

(1) 발생주의원칙　　사업의 경영성과와 재정상태를 명확히 하기 위하여 재산의 증감 및 변동을 발생의 사실에 따라 계리하도록 함으로써 현금주의 대신 발생주의원칙을 채택하였다.

(2) 원가계산제도　　사업능률의 증진, 경영관리 및 요금결정의 기초를 제공하기 위하여 원가계산을 하도록 하였다. 그런데 정부기업특별회계는 독립채산제의 원칙을 채택하지 않고서, 이익금의 일부 또는 전부를 일반회계에 전출하도록 하고 있다.

(3) 감가상각제도　　고정자산 중 감가상각을 필요로 하는 자산에 대하여는

회계연도마다 감가상각을 하기로 되어 있다.

(4) 예산의 신축성 부여 기업예산회계법은 i) 수입금 마련지출제도(경영상 흑자 발생시 당해사업의 직접비로 사용할 수 있게 하는 제도), ii) 목간전용요건의 완화(재정경제원장관에게 사후통보), iii) 국채발행의 기능(양곡관리채권 등) 등을 규정하고 있다.

Ⅳ. 공공기관의 운영에 관한 법률

1. 제정경위 및 적용범위

2007년 4월 종래의 정부투자기관관리기본법과 정부산하기관관리기본법이 통합되어 공공기관의 운영에 관한 법률이 제정되었다. 여기서 정부의 공공기관은 공기업, 준정부기관, 기타 공공기관으로 분류되고 있다.

종래의 정부투자기관관리기본법은 예산회계법 제14조에 의거하여 1962년 8월에 제정된 정부투자기관예산회계법의 후신이었다.

공공기관의운영에관한법률은 공공기관 운영의 자율성, 책임성, 합리성, 투명성 등을 강조한 점에서 위의 2개 법률을 대부분 승계한 것이다.

2. 특 색

(1) 책임경영제의 도입 투자기관의 책임경영체제를 확립하기 위하여 자율적 운영이 보장되고 정부투자기관에 대한 과다한 통제가 완화되었다. 또한 경영성과와 재산의 증감 및 변동상태를 명백히 하기 위하여 기업회계원칙이 채택되고 있다. 경영실적을 평가하여 그 결과에 따라 책임을 물을 수 있도록 하였다.

(2) 경영목표의 설정과 경영실적평가제도의 확립 기획재정부장관은 투자기관의 다음 연도 경영목표 설정을 위한 지침을 작성하여 통보하며 이에 따라 제출된 경영목표를 조정한다. 또한 기획재정부장관은 투자기관이 제출한 경영실적보고서에 의하여 투자기관의 경영실적을 평가한다.

(3) 예산편성의 공통지침 작성 기획재정부장관은 각 투자기관의 예산편성에 공통적으로 적용되는 사항에 관한 지침을 작성하여 각 투자기관의 사장에게 통

보하여야 한다.

(4) 예산의 집행　　예비비의 사용, 예산의 이월 등은 주무부장관의 승인을 얻을 필요 없이 이사회의 의결을 거치도록 한다.

제 4 절　예산원칙

Ⅰ. 예산원칙의 의의

1. 예산원칙의 개념

예산원칙이란 예산제도를 운영함에 있어서 지켜야 할 준칙이다. 즉 예산의 편성·심의·집행을 담당하는 예산담당자들이 준수해야 할 규범이라 할 수 있다. 앞에서 고찰한 여러 예산의 기능으로부터 나온 것이 바로 예산의 원칙이라 할 수 있다.

2. 예산원칙의 필요성

예산원칙의 필요성은 예산의 기능을 구현하는 데 있다. 이를 세분하면 다음과 같다.

예산원칙은, 첫째 재정의 건전한 운영을 도모하고, 둘째 행정부의 자의성을 배제하여 예산제도의 일관된 운영을 가능하게 해 준다. 셋째, 행정부에 대한 의회 및 국민의 통제를 용이하게 해주며, 넷째 예산집행에 있어서 관료들의 부정을 방지하는 데 도움을 주고, 다섯째 예산운영에 있어서 신축성이 유지될 수 있도록 해주는 한편, 자원의 효율적 이용에도 도움을 준다.

3. 예산원칙의 변화

근대예산제도는 행정부에 대한 의회의 통제수단으로서 발전되어 왔다. 따라서 예산의 원칙도 의회로 하여금 정부의 재정활동을 통제하는 중요한 기초를 제시해 줌으로써 예산의 편성·집행에 있어서 국민의 대표기관인 의회의 통제권을 충분히 보장할 수 있게 하는 데 목적이 있었다. 그러므로 예산의 원칙은 우선 가능한 한 입법부의 행정부통제의 지침을 찾는 데 있었다.

그러나 20세기 들어 자본주의의 모순에 따른 행정국가의 대두, 국가의 활동범위의 급속도한 확대, 재정규모의 팽창, 국민경제에 있어서 재정의 중요성 증대 등으로 인하여 예산의 통제적 기능이 강조되던 종래의 예산원칙을 고수하기 어렵게 되었고 그에 따라서 새로운 예산원칙이 등장하게 되었다. 즉 예산의 통제적 기능이 사라진 것은 아니나 예산의 관리적 기능, 계획적 기능, 경제안정기능, 경제성장촉진기능 등이 부각됨에 따라 전통적 예산원칙을 수정하는 현대적 예산원칙이 등장하게 된 것이다.

이리하여 의회에 의한 행정통제에 중점을 두었던 종래의 예산원칙은 재평가되지 않을 수 없게 되었다.

4. 예산원칙의 성격

이러한 예산원칙 중에는 실정법에 명문으로 규정되어 있는가 하면 예산명료의 원칙과 같이 선언적인 성격을 지닌 것도 있다. 따라서 예산의 원칙을 절대적인 명령으로 보는 것은 지극히 비현실적이다.

Ⅱ. 전통적 예산원칙

입법부우위의 통제지향적인 전통적 예산원칙은 i) 행정부의 예산낭비를 방지하고, ii) 위법·부당한 지출을 방지하며, iii) 국민의 부담을 경감하기 위한 예산원칙인바, 이러한 입장을 취하는 학자로는 Leon Say, J. Wilner Sundelson, F. Neumark 등을 들 수 있다.[21] 그 중에서 가장 대표적인 Neumark의 예산원칙을

21) Leon Say는 예산은 i) 통일성을 지녀야 하며 ii) 1년을 기간으로 삼아야 하며, iii) 의회의 의

설명하면 다음과 같다.

1. 예산완전성의 원칙

우리 나라 예산회계법이 예산총계주의원칙이라고 부르는 예산완전성의 원칙은「세입·세출은 모두 예산에 계상하여야 한다」는 원칙이다.[22] 환언하면 조세수입을 예산에 계상하는 경우 징세비를 공제한 순수입만을 계상하는 순수예산을 사용해서는 안된다는 것이다.

국가재정의 모든 예산에 계상을 함으로써 그 전체를 명료하게 함과 동시에 국회 내지 국민의 재정상의 감독을 용이하게 하자는 것이다.

2. 예산단일의 원칙

일회계연도에 하나의 예산만 있어야 한다는 원칙이다. 단일예산주의라고도 하는 이 원칙은 예산명료의 원칙, 예산공개의 원칙과 밀접한 관련이 있는 것으로서 국가·가계의 전체를 종합적으로 밝히고, 양적 질적으로 균형을 유지하기 위해서는 예산은 단일하여야 한다고 한다. 독립된 복수의 예산의 존재는 전체의 관련을 불명료하게 한다. 이 원칙의 예외로서 특별회계예산, 추가경정예산 등이 있다.

3. 예산공개의 원칙

예산안의 편성, 의결된 예산, 결산 등 모두가 공개되어야 한다는 원칙이다. 즉 예산에 대한 국민의 비판이 보장되어야 한다는 것이다. 예산회계법 제109조는 예산공개의 원칙을 명문으로 규정하고 있다.

이 규정의 정신을 살리기 위하여 정부는 예산이 의결되면「예산개요」를 발간하며 결산서를 토대로 하여「결산개요」를 발간한다.

결이 있기 전에 준비(편성)되어야 하며, iv) 회계적 성격의 것이어야 한다는 네 개의 원칙을 들었다. 1935년 Wilner Sundelson은 영국과 유럽대륙의 예산제도에 관한 저술을 면밀히 검토한 다음 예산의 원칙으로서 i) 포괄성, ii) 배타성, iii) 통일성, iv) 명세성, v) 단년성, vi) 엄밀성, vii) 명료성의 일곱 가지를 제시했던 것이다.

22) 예산회계법 제18조 제2항.

4. 예산명료의 원칙

예산을 모든 국민이 이해할 수 있도록 편성하여야 한다는 원칙으로서 공개성의 원칙으로부터 당연히 파생하는 것이다. 여기서 명료란 수지의 추계를 명확하게 개관할 수 있으며, 내용이 합리적으로 분류·표시되어 있을 뿐만 아니라 수입의 유래와 용도가 분명하게 나타나 있어야 한다는 것이다. 그러나 지나치게 세목에 흐르면 개관이 곤란하며, 반대로 지나치게 개괄적이면 내용을 알기가 어렵다는 모순이 있다.

5. 예산사전의결의 원칙

예산은 집행에 앞서 국회의 사전의결을 거쳐야 한다는 원칙이다. 우리 나라의 헌법과 예산회계법은 명문으로 이 원칙을 규정하고 있다.[23)]

그러나 예산사전의결의 원칙에는 예외가 다소 있는데 후술하는 준예산, 가예산, 잠정예산제도 등이 그것이다.

6. 예산엄밀의 원칙

예산은 어디까지나 엄밀해야 한다는 원칙이다. 예산은 결산과 완전히 일치할 수 없는 성질을 지니고 있기는 하나, 예산이 결산과 지나치게 유리되는 경우에는 공개성의 원칙에 위배될 뿐만 아니라 사전의결의 원칙에도 반하는 결과가 된다.

7. 예산한정성의 원칙

예산의 각 항목은 상호 명확한 한계를 지녀야 한다는 원칙이다. 즉 목적 외 이용이 금지된다. 예산한정성의 원칙은 다음과 같은 세 가지 내용을 지닌다. i) 예산이 정한 목적 외의 경비를 사용하거나 이용·전용할 수 없다. ii) 계상된 금액 이상의 지출을 금지한다. iii) 회계연도경과를 금지한다.

예산한정성의 원칙에 관해서는 예산회계법이 명문의 규정을 두고 있다. 우선 예산회계법 제36조 제1항이 예산의 목적외 사용을 금지하고 있으며, 동법 제3조가 회계연도독립의 원칙에 관해서 규정하고 있다.

---

23) 헌법 제54조 및 예산회계법 제34조.

예산한정성의 원칙에 대해서도 많은 예외가 있다. 예산의 목적 외 사용금지에 관한 예외로서 예산의 이용·전용이 있으며, 회계연도독립의 원칙에 대한 예외로서 예산의 이월, 계속비, 과년도수입, 과년도지출 등이 있다.[24)]

8. 예산통일의 원칙(non-affectation의 원칙)

특정한 세입과 특정한 세출을 직결(결부)시켜서는 안된다는 원칙이다. 예컨대 자동차세는 도로건설비에만 충당하거나, 입장세는 교육·문화비에만 충당하는 것을 금지하는 원칙이다. 예산목적구속금지원칙이라고도 한다.

예산통일의 원칙에 대한 예외로서 특별회계와 목적세를 들 수 있다. 현재 우리 나라의 목적세로는 교통세가 있으며[25)] 지방세 중에는 공동시설세 · 지역개발세·도시계획세·사업소세가 바로 목적세이다.[26)]

Ⅲ. 현대적 예산원칙

미국의 예산국장을 역임한 Harold Smith는 전통적인 예산원칙은 통제지향의 예산제도하에서 입법부가 행정부에 대하여 엄격한 재정적 통제를 가하기 위하여 고안된 것이라고 비판하고, 관리지향의 예산제도하에서 필요로 하는 행정부우위의 새로운 예산의 원칙을 다음과 같이 제시하고 있다.[27)]

1. 행정부 계획의 원칙

예산은 행정수반(대통령)의 계획을 반영하는 것이므로 행정부의 계획 전체와 밀접한 관계를 가져야 한다. 정부의 예산안은 행정수반의 사업계획을 반영하는 것이며, 국회의결을 얻어 성립한 예산은 정부가 정치적·경제적·사회적 제분야에

24) 상세한 설명은 제2장 제4절 참조.

25) 국세로서는 방위세와 교육세라는 2개 세목의 목적세가 있었으나, 방위세와 교육세가 폐지되고 교통세가 신설되었다.

26) 이 중 공동시설세와 지역개발세는 도의 목적세이며 도시계획세와 사업소세는 시·군의 목적세이다. 1991년의 지방세법개정 전에는 도에 목적세가 없었으나, 1991년 지방세법 개정시에 시·군의 목적세였던 공동시설세가 도의 목적세가 되었으며 지역개발세가 신설되었다.

27) Harold D. Smith, "The Budget as an Instrument of Legislative Control and Executive Management," in Dwight Waldo (ed.), *Ideas and Issues in Public Administration* (New York: McGraw-Hill, 1953), pp. 312~314.

있어서 수행해야 할 모든 활동과 책임을 반영하는 정부의 사업계획이다. 사업계획과 예산편성은 동일한 동전(coin)의 양면이라고 할 수 있으며, 이 두 기능은 다 행정수반의 직접적인 감독하에 두어야 한다.

2. 행정부 책임의 원칙

정부는 예산이 허용하는 금액의 범위내에서 가급적 경제적으로 예산을 집행할 책임이 있다. 입법부가 특정한 부처를 위하여 일정한 금액의 예산을 의결했다는 것은 그 금액을 전액 사용하라고 지시하는 것이 아니며 그 금액의 범위내에서 가장 경제적인 방법으로 입법부의 의도를 구현할 책임을 지는 것이다.

3. 보고의 원칙

예산의 편성·심의·집행은 정부 각 기관으로부터 제출되는 재정보고 및 업무보고에 기초를 두어야 한다. 입법부와 행정부는 각종의 사업, 지출원인행위, 지출, 세입징수, 공무원고용, 목표의 달성, 기타 관련사항의 진행상황에 관하여 끊임없는 정보를 받아야 한다.

4. 적절한 예산「수단」의 원칙(the principle of adequate budget "tools")

행정부의 책임하에 행정수반의 종합 · 조정을 받는 사업계획으로서의 예산을 효과적으로 운영하기 위하여는 적절한 도구나 수단이 필요하다. 그 예로서는 유능한 직원으로 구성된 예산담당 조직과 아울러 예산배정권 혹은 준비금제도 등을 갖게 하는 것 등이다.

5. 다원적 절차(multiple procedures in budgeting)의 원칙

현대행정은 일반적 기능, 장기적 건설·개발사업, 정부기업 등 각양각색의 활동을 포함하는데 이러한 활동 등을 유효적절하게 수행하기 위해서는 다원적인 절차가 필요하다. 모든 정부의 활동은 예외없이 예산에 반영되어야 하나, 예산의 편성·집행의 방법 등은 활동에 따라서 달라도 무방할 것이다. 특히 정부부처의 형태를 지닌 공기업(정부기업)의 예산제도는 일반행정기관의 예산제도와 달라야 할 것이다.

6. 행정부 재량의 원칙

입법부가 지출허용과목을 지나치게 좁게 한정하는 명세예산을 의결하는 경우 효과적이며, 능률적인 운영이 저해된다. 행정부가 의회에 제출하는 예산서는 의회의 심의를 용이하게 하기 위하여 각종의 세부적인 자료를 포함해야 하나, 의회는 총괄예산을 통과시켜 행정부에 많은 자유재량의 여지를 부여해야 할 것이다.

7. 탄력성의 원칙

예산은 경제사정 등 객관적 정세의 변동에 적응할 수 있는 조항을 포함해야 한다. 예를 들면 의회가 일정한 건설·개발사업에 소요되는 자금을 5년 정도의 장기에 걸쳐 의결해 준다면 시기의 탄력성이 확보될 수 있다. 행정부는 경제적인 필요에 따라 사업의 집행시기를 적절히 조절할 수 있게 된다.

8. 상호교류적 예산기구(two-way budget organization)의 원칙

예산편성과 집행에 있어서 중앙예산기관이 각부처 예산기구에 일방적인 지시·통제만 할 것이 아니라 상호 정보교류 및 활발한 의사소통이 이루어져야 한다.

Ⅳ. 전통적 원칙과 현대적 원칙의 조화

역사적 기원을 달리하는 두 가지 종류의 예산원칙들은 그 강조점에서 차이가 있다. 하나는 입법부의 우위라는 입장에서 행정에 대한 철저한 통제에 주안점을 두고 있고, 다른 하나는 행정의 능력을 발휘하기 위한 고려사항을 강조하고 있다. 그러나 두 종류의 원칙들은 상호모순된 관계에 있는 것이 아니고 기본원칙과 신축성의 부여라는 관계로 조화될 수 있다. 결국 예산운영을 정책형성과 집행의 연속적 과정으로 이해하는 한, 예산운영은 입법적 통제와 행정적 관리의 두 가지 목적에 다 같이 도움을 줄 수 있을 것이다.[28]

28) 강신택, 전게서, p. 177; 유훈, 전게서, p. 122. Smith도 이러한 모순·대립이 조화될 수 있다고 한다. Smith, *op. cit.*, pp. 315~316.

제 5 절 예산의 종류

Ⅰ. 서 론

예산의 종류는 기준에 따라 여러 가지로 구분된다.

1. 예산의 회계형태별

예산은 i) 국가의 일반적인 세입·세출을 위한 일반회계예산, ii) 특정목적을 위한 세입·세출인 특별회계예산, iii) 국가가 특별한 사업운영상 필요한 일정자금을 마련하여 독립적으로 운용하기 위한 기금 등으로 나누어지며 통합예산은 이 세 가지를 합친 것이다.

2. 예산의 성립내용별

예산은 성립내용의 수정여부에 따라 i) 본예산, ii) 추가경정예산, iii) 수정예산으로 구분한다.

3. 예산의 불성립시의 예산집행별

새로운 회계연도가 개시할 때까지 예산안이 국회의 의결을 거치지 못하는 경우에 대비하여 경직성 경비의 지출을 인정하는 예산제도로서 i) 잠정예산, ii) 가예산, iii) 준예산 등이 있다.

4. 예산운용기법별

예산은 예산운용기법에 따라 i) 품목별 예산, ii) 성과주의 예산, iii) 계획예산, iv) 영기준 예산, v) 자본예산, vi) 덮개예산, vii) 일괄예산, viii) 목표기준예산 등으로 나눌 수 있으며 다양한 기법을 고려할 수 있다.

Ⅱ. 일반회계예산·특별회계예산

1. 의 의

일반회계예산은 국가재정의 중심적인 예산으로서 조세수입을 주요재원으로 하여 일반적인 국가활동, 즉 순공공재를 제공하는 예산을 말한다.[29] 그러므로 일반회계예산은 국방·교육·사회개발·경제개발·일반행정 등 순수한 의미의 행정서비스를 제공하는 데 사용된다.

일반회계는 일반세입과 일반세출로 구성된다.[30]

특별회계예산이란 국가의 회계 중 특정한 세입으로 특정한 세출에 충당함으로써 일반회계예산과 구분하여 계리할 필요가 있을 때 법률로써 설치되는 예산을 말한다.[31] 특별회계예산은 예산단일성·예산통일성의 원칙에 대한 예외가 된다. 국가의 모든 수입·지출은 국민이 국가의 재정실태를 용이하게 파악할 수 있게 하며 입법부의 예산통제를 용이하게 하고, 국가재정의 혼란을 방지할 수 있도록 단일의 예산에 통일적으로 계상되어야 한다. 이것이 예산단일성의 원칙 또는 예산통일성의 원칙이다. 그러나 사실상 국가활동은 복잡다기하여 이러한 원칙을 관철시킨다는 것은 곤란하므로 한 나라의 주요한 세입·세출을 통일적으로 경리하는 일반회계예산을 중심으로 하면서 상당수의 특별회계를 설치하게 된다. 특히 국가의 경제적·재정적 기능이 확대됨에 따라서 정부가 특정사업을 운영하거나 특정자금을 보유하여 운영하는 경우가 많아지게 되어 특별회계를 설치함으

29) 박영희, 『재무행정론』, 다산출판사, 1995, p.147.

30) 일반세입은 조세수입, 기타세외수입, 전년도이월금, 차관수입을 의미한다. 세출예산은 기능별로 일반행정비, 방위비, 경제개발비, 사회개발비, 지방재정교부금, 채무상환 및 기타로 분류할 수 있으며, 기타에는 예비비, 재정투융자지원 등이 포함된다.

31) 예산회계법 제9조 제2항.

로써 수지를 명확히 하고 행정기관의 재량범위를 넓혀 능률을 증진시켜야 할 필요성이 증대되고 있다.

2. 특별회계의 설치요건

예산회계법 제9조는 국가의 회계는 일반회계와 특별회계로 구분한다고 규정하고, 특별회계의 설치요건에 관하여 i) 국가에서 특정한 사업을 운영할 때, ii) 특정한 자금을 보유하여 운영할 때, iii) 기타 특정한 세입으로서 특정한 세출에 충당함으로써 일반의 세입·세출과 구분하여 경리할 필요가 있는 때에 법률로써 설치한다고 규정하고 있다.

3. 특별회계의 분류

특별회계는 대체로 i) 정부기업대출회계, ii) 자금특별회계, iii) 관리특별회계, iv) 보험사업특별회계, v) 재정투융자특별회계, vi) 임시특별회계 등으로 분류할 수 있다. 특별회계의 예로서는 철도·통신·양곡관리·조달 등 4개 기업특별회계와 군인연금·산재보험·국유재산관리·농어촌구조개선 등의 특별회계, 재정투융자특별회계, 등기·교도작업·국립의료원 특별회계 등이 있다.

4. 기금(fund)

특별회계와 유사한 것으로 기금[32]이 있다.

기금이란 국가가 특정한 목적을 위하여 특정한 자금을 운용할 필요가 있을 때에 한하여 법률로써 특별히 설치할 수 있는 자금을 의미한다.[33]

---

32) 기금은 관리주체에 따라 직접관리기금과 간접관리기금으로 나눌 수 있다. 정부관리기금은 중앙관서의 장이 관리하는 기금이며 민간관리기금은 중앙관성의 장 이외의 자가 관리하는 기금이다. 설립목적에 따라 사업성기금, 사회보험기금, 금융성기금, 등으로 나눌 수 있고 기금의 운용방식에 따라 소비성기금, 회전기금, 적립성기금으로 나눌 수 있다(상세한 내용은 유훈, 전게서, pp. 157～161 참조).

33) 예산회계법 제7조 1항 2항. 기금도 정부사업의 수행을 위한 재정활동으로서 통합재정수지 및 정부부문 통화의 일반정부부문의 구성요소라는 점에서는 예산에 유사하지만 다음과 같은 점에서 예산과 차이가 있다. 첫째, 예산은 조세수입을 원칙으로 하며 무상적 급부를 원칙으로 한다. 그러나 기금은 조세수입을 주된 수입으로 하지 않고 주로 일반회계로부터의 전입금이나 정부출연금 등에 의존하며 유상적 급부를 원칙으로 한다. 둘째, 종래에 예산은 국회의 의결을 거쳐야 하지만 기금은 기금운영계획을 수립하여 대통령의 승인을 거치게 되어 있었으나 2001년 기금관리기본법의 개정에 의하여 기금도 국회의 의결을 거치도록 되었으므로 국회 통제의 관점에서는 양자간 차

Ⅲ. 본예산·수정예산·추가경정예산

1. 본예산

본예산은 당초예산이라고도 하며 최초로 편성되어 국회에서 심의·의결한 예산을 말한다.

2. 수정예산

(1) 의 의 수정예산이란 예산안이 국회에 제출된 후 심의를 거쳐 성립되기 이전에 부득이한 사유로 인하여 그 내용의 일부를 수정하고자 하는 경우 작성되는 예산안을 의미한다. 현행헌법상 정부는 늦어도 회계연도 개시 90일 전까지 예산안을 국회에 제출하도록 되어 있는데, 예산편성 후에 있어서 국제정세나 국내에 있어서의 사회·경제사정의 변화 등에 의하여 예산안을 변경하지 않으면 안되는 사유가 발생한 경우에 정부가 국회에 예산안을 제출한 후 아직 예산이 의결되기 전에 정부가 제출한 예산안을 수정할 수 있도록 마련한 것이 수정예산제도이다. 수정예산제도는 미국, 영국 등에서 채택하고 있다.

(2) 절 차 정부는 예산안(본예산 또는 추가경정예산)을 국회에 제출한 후 부득이한 사유로 인하여 그 내용의 일부를 수정하고자 할 때는 국무회의의 심의를 거쳐 대통령의 승인을 얻어 수정예산을 국회에 제출할 수 있다.[34)]

(3) 추가경정예산과의 차이점 수정예산과 추가경정예산은 예산안의 편성이 끝난 다음에 이를 변경하기 위한 제도라는 점에서는 동일하나, 추가경정예산은 예산이 국회를 통과하여 성립한 다음에 변경하는 것인데 반하여, 수정예산은 예산이 국회를 통과하기 전에 수정하는 제도인 것이다.

이가 해소되었다. 셋째, 일반회계예산은 특정세입과 특정세출을 연결시켜서는 안된다는 예산통일의 원칙을 적용받지만 기금은 특별회계예산과 같이 특정수입으로 특정지출을 충당하게 되며 국가의 일반자금으로부터 분리시켜 설치 운용되는 자금이다(유훈, 전게서, pp. 166～167 참조).

34) 예산회계법 제32조 1항.

3. 추가경정예산

(1) 의 의　추가경정예산이란 예산성립 후, 즉 예산이 국회를 통과하여 성립한 후에 생긴 사유로 인하여 이미 성립된 예산에 변경을 가할 필요가 있을 때 편성되는 예산으로서 미국·영국에서도 사용되고 있으며 일본에서는 보정예산이라 한다.[35)]

(2) 본예산과 추가경정예산　본예산과 추가경정예산은 각각 별개로 성립하여 집행되나, 원래 추가경정예산은 본예산의 사항·금액을 추가하거나 수정하는 것이므로 일단 성립하면 본예산과 추가경정예산을 통산하여 전체로서 실시하게 되는 것이다. 따라서, 어떤 연도의 예산총액을 알려면 본예산 외에 추가경정예산을 총계하여 보지 않으면 안된다.

(3) 추가경정예산의 운영실태　우리 나라는 추가경정예산이 빈번하게 편성되어 왔는데, 이 제도의 남용은 예산의 단일성·통일성의 원칙에 배치되며 자원의 적정배분을 저해하게 되고 국회의 예산통제도 약화시키게 된다.

추가경정예산은 예산성립 후에 생긴 사유로 사용되는 것이지만 사실상 예산성립 이전의 사유 혹은 본예산의 사정과정(예산청)이나 국회심의 과정에서 삭감된 경비의 반영을 위하여 사용되는 경우가 많았다.[36)]

Ⅳ. 잠정예산·가예산·준예산
(예산불성립시의 예산집행)

1. 의 의

예산이 회계연도 개시 전까지 국회에서 통과되지 못하는 경우, 즉 예산불성립시에 대비하기 위한 예산집행제도는 나라에 따라 다르다.

명치헌법하의 일본에 있어서는 정부가 전년도의 예산을 시행할 수 있었다. 미국의 경우에 있어서는 의회가 양원의 공동의결에 의하여 각성(부), 기타 정부기관으로 하여금 전년도예산을 답습하는 것을 허용하는 것이 관례인데, 영국·캐

35) 예산회계법 제33조.
36) 유훈, 전게서, p. 129.

나다 및 현재의 일본에 있어서는 잠정예산제도를 사용하고 있다.

우리 나라의 경우를 본다면 과거(1948~1960)에는 가예산제도를 채택하고 있었으나, 1960년의 3차개헌 때 준예산제도를 채택하여 오늘에 이르고 있다.

2. 잠정예산

잠정예산이란 일정금액(최초의 4~5개월분)의 예산의 국고지출을 허용하는 제도이다. 영국에서는 회계연도개시일인 4월 1일 전에 본예산이 국회를 통과하는 일이 거의 없으므로 잠정예산의 사용은 상례같이 되어 있다.

영국의 잠정예산과 유사한 성격을 지닌 것으로서 캐나다의 잠정예산과 일본의 잠정예산을 들 수 있다. 캐나다에서도 영국의 경우와 같이 본예산이 회계연도개시일인 4월 1일 이전에 의회를 통과하는 일이 거의 없으므로 영국의 잠정예산과 유사한 제도를 사용하고 있는 것이다.

일본의 잠정예산에 관하여 일본재정법 제30조는 내각은 필요에 응하여 일회계연도 중 일정기간에 걸친 잠정예산을 작성하여 이를 국회에 제출할 수 있다고 규정하고 있는 것이다. 그 기간은 본예산성립시기 여하에 달려 있으나, 종래의 예로 미루어보면 길어야 3개월 정도이다. 그리고 본예산이 성립하면 잠정예산의 유효기간에 관계없이, 또 지출잔액의 유무에 불구하고 그때로부터 효력을 상실하고 본예산에 흡수된다.[37)]

3. 가예산

과거 우리 나라에서는 영국·캐나다의 잠정예산이나 일본의 잠정예산과 유사한 가예산제도를 채택한 경험이 있다. 즉, 제1공화국 헌법에는「부득이한 사유로 인하여 예산이 의결되지 못한 때에는 국회는 1개월 이내의 가예산을 의결하고 그 기간내에 예산을 의결하여야 한다」는 규정이 있었던 것이다.

이 가예산제도가 영국·캐나다의 잠정예산이나 일본의 잠정예산과 다른 점은「1개월 이내」라는 제한이 있다는 점이다.

---

37) 일본의 잠정예산이 영국이나 캐나다의 잠정예산과 크게 다른 점은 일본의 그것은 어디까지나 부득이하여 예외적으로 사용되는데 대하여, 영국과 캐나다의 잠정예산은 상례적인 것이며 예산의 편성제출과 당해회계연도간의 시차를 단축시키기 위하여 고의적으로 사용되는 것이라는 점이다.

4. 준예산

1) 준예산이란 새로운 회계연도가 개시될 때까지 예산이 국회에서 의결되지 못한 때에 정부가 국회에서 예산안이 의결될 때까지 전년도 예산에 준하여 경비를 지출할 수 있는 예산이다.[38)]

2) 준예산제도가 적용되는 경비는 i) 헌법이나 법률에 의하여 설치된 기관 또는 시설의 유지비·운영비, ii) 법률상 지출의 의무가 있는 경비, iii) 이미 예산으로 승인된 사업의 계속을 위한 경비 등이다.

3) 준예산은 회계연도개시 전까지는 불필요한 것으로, 실질적으로 준예산은 본예산이 회계연도개시 전일까지 의결되지 않는 경우에 비로소 사용하게 된다.

4) 준예산은 해당연도의 예산이 정식으로 성립되면 그 성립된 예산에 의하여 집행된 것으로 간주된다.[39)]

5) 독일에서 채택하고 있는 준예산제도는 1960년 제3차개헌 때 우리 나라 헌법에 도입되었으나 아직 한번도 사용된 일이 없다.

5. 잠정예산·가예산·준예산의 비교[40)]

(1) 사용기간의 제한 〈표 5-1〉과 같이 잠정예산은 사용기간에 제한이 없는데 대해서 가예산은 최초의 1개월이라는 제한이 있으며 준예산은 「본예산이 국회를 통과할 때까지」라고만 되어 있지 사용기간에 일정한 제한이 없다.

(2) 국회의 의결 잠정예산은 국회의 의결이 있어야 집행할 수 있으며 가예

〈표 5-1〉 잠정예산·가예산·준예산의 비교

	사용기간의 제한	국회의 의결	한국에의 적용여부	채택하고 있는 국가
잠정예산	제 한 무	필 요	한번도 채택한 일 없다.	영국·캐나다·일본
가 예 산	1개월이라는 제한 있음	필 요	과거(1948~60)에 채택했으며 사용했다.	프 랑 스 (3공·4공)
준 예 산	제 한 무	불 필 요	현재(1960년 이래) 채택하고 있으나 사용해보지 못했다.	독 일

38) 헌법 제54조 3항 및 예산회계법 제34조.

39) 예산회계법 제34조 제2항.

40) 유훈, 전게서, pp. 134~135.

산도 국회의 의결을 필요로 하는 데 대하여, 준예산은 한정된 항목이나마 국회의 의결 없이 지출할 수 있는 데 그 특색이 있다. 준예산을 예산사전의결의 원칙에 대한 예외라고 하는 이유도 여기에 있는 것이다.

(3) 한국의 채택여부 우리 나라는 잠정예산제도를 한번도 채택해 본 일이 없으나, 가예산제도는 1948년부터 1960년의 제3차 개헌시까지 헌법에 채택했으며 실제로 사용도 해보았다. 전술한 바와 같이 준예산제도는 1960년의 제3차 개헌시에 채택하여 오늘에 이르고 있으나 한번도 실제로 사용해 본 경험이 없다. 1960년 이래 오늘날까지 매년 회계연도개시 전까지 본예산이 국회를 통과했기 때문이다.

(4) 채택하고 있는 국가 잠정예산은 영국·캐나다·일본 등이 채택하고 있는 제도인데 전술한 바와 같이 영국·캐나다의 잠정예산과 일본의 잠정예산간에는 다소 차이가 있다. 가예산은 프랑스(제3공화국 및 제4공화국)가 사용하던 것이며, 준예산은 독일이 사용하고 있는 제도이다.

V. 품목별예산·성과주의예산·계획예산·영기준예산

1. 의 의

예산의 결정방법은 크게 점증주의적 방법과 총체적 종합적 방법으로 나눌 수 있다. 품목별 예산이 점증주의에 의거한 예산제도라고 한다면 성과주의예산·계획예산·영기준예산은 총체적·종합적 방법에 기초를 둔 예산제도라고 할 수 있겠다.

Schick의 분류방법에 의한다면 품목별 예산은 통제지향의 예산제도이며, 성과주의예산과 영기준예산은 관리지향의 예산제도이고 계획예산은 계획지향의 예산제도이다(상세한 내용은 제3장 참조).

2. 품목별 예산

품목별 예산이란 정부가 구입하는 서비스나 물품에 치중하는 예산으로서 예산의 지출통제를 효과적으로 할 수 있다. 그 주된 요소는 i) 기관별 예산, ii) 기관의 운영과 행정작용에 소요되는 품목의 나열, iii) 소요경비와 그 품목별 내용의 금전적 표시라고 할 수 있다.

3. 성과주의예산

관리지향의 예산제도의 대표적인 예라고 할 수 있는 성과주의예산이란 예산과목을 사업별로 분류한 다음 각 세부사업별로 가능하면 다음과 같이 편성하는 예산을 말한다. 성과주의예산은 정부가 구입하는 서비스나 물품과 정부가 행하는 활동 및 사업과의 관계를 긴밀하게 나타내는 예산이라 할 수 있다.

4. 계획예산(PPBS)

계획예산이란 장기적인 계획수립과 단기적인 예산편성을 프로그램 작성을 통하여 연결시켜 줌으로써 자원배분에 관한 의사결정을 합리화하려는 예산제도이다. 이 예산은 1960년대에 미국에서 채택함으로써 많은 나라의 예산제도에 큰 영향을 미쳤다.

5. 영기준예산(ZBB)

영기준예산이란 전 회계연도의 예산에 구애받지 않고 의사결정단위인 조직체의 모든 사업과 활동에 대하여 영(zero)에서 출발하여 체계적으로 비용·편익분석을 행하고, 그에 입각하여 우선순위가 높은 사업과 활동을 선택하여 합리적으로 예산을 결정하는 것이다.

Ⅵ. 총계예산과 순계예산

1. 총계예산은 예산계상 방법에 있어서 세입·세출의 총액을 계상한 예산을 말한다. 이것은 국가의 재정규모를 명확히 함으로써 예산에 대한 국민의 이해를 촉진시키고, 국회의 심의를 용이하게 하며, 또한 예산집행에 대한 책임을 명확히 하기 위하여 대부분의 나라에서 이 제도를 채택하고 있다. 우리 나라의 경우도 마찬가지이다(예산회계법 제17조 참조).

2. 순계예산은 예산을 계상함에 있어서 순세입 또는 순세출만을 계상하는 것을 말한다.

제 6 절 예산의 분류

Ⅰ. 예산분류의 의의

1. 예산분류의 개념

예산분류란 예산의 편성·심의·집행 및 회계검사를 용이하게 하기 위하여 세입·세출예산의 내용을 일정한 기준에 따라 유형별로 분류하는 것을 말한다.[41] 국가의 예산규모는 대단히 방대하기 때문에 예산과정의 모든 단계를 수행하기 위해서는 어떤 방법으로든지 예산을 체계적으로 분류하지 않으면 안된다. 또한 예산분류는 정부활동을 파악할 수 있는 수단이 되며 정부활동의 형태와 구조를 분석하는 데 불가결한 정보를 제공하여 준다. 그런데 이상적인 어떤 한 종류의 예산분류방법을 추구하는 것은 무의미한 일이다. 어떤 한 목적에 적합한 분류방법은 다른 목적에는 적합하지 않을 경우가 많기 때문이다.

2. 예산분류의 목적

이와 같은 예산분류의 목적을 살펴보면 다음과 같다.

(1) 사업계획의 수립 및 예산심의 예산분류제도의 첫번째 목적은 사업계획의 수립을 돕고 예산심의를 용이하게 하는 데 있다. 행정수반은 입법부에 제출

41) Burkhead는 예산분류의 개념을 "정부활동을 분석하고 참조하기 위하여, 그 형식과 구조에 관한 정보를 제공하고 관철하는 수단이 되는 것이다"라고 정의하였다. Jesse Burkhead, *Government Budgeting* (New York: John Wiley and Sons, 1956), p. 110.

하는 예산안을 통하여 정부의 사업계획을 제시하는데, 사업계획은 정부의 정치적·사회적 및 경제적인 이념 또는 철학에 입각하여 수립되는 것이다. 따라서 예산은 이와 같은 정부의 사업계획을 명백히 할 수 있는 방향으로 분류되지 않으면 안되며, 그것은 나아가서 입법부의 예산심의를 돕는 결과가 된다. 여기에 해당하는 분류방법에는 기능별 분류, 사업계획 및 활동별 분류 등이 있다.

(2) 예산의 집행 예산은 그 집행을 용이하게 하도록 분류되지 않으면 안된다. 사업집행의 책임을 맡고 있는 공무원들은 그들에게 배정된 예산액이 얼마이며, 그의 맡은바 임무가 무엇인가에 대해 명확한 인식이 있어야 한다. 예산의 집행을 돕는 분류방법으로는 품목별 분류와 조직별 분류가 있다.

(3) 회계책임의 명확 예산은 또한 회계책임을 명확히 하도록 분류되어야 한다. 어떤 기관에, 또는 기관내의 개개인에게, 세입의 징수, 지출원인행위 및 현금출납에 관한 책임을 명확히 부여하는 분류방법이 있어야 하는 것이다. 품목별 분류가 회계책임을 명백히 하는 데 도움이 된다.

(4) 경제분석 예산은 또한 정부의 활동이 국민경제에 미치는 영향을 명백히 파악할 수 있도록 분류되어야 한다. 이를 위한 분류방법으로서 경제성질별 분류가 있다.

예산분류의 목적은 이상과 같으며, 분류방법은 기준 여하에 따라서 여러 가지가 있을 수 있겠으나, 여기서는 현재 일반적으로 사용되고 있는 기능별 분류, 사업계획별 분류, 활동별 분류, 조직별 분류, 품목별 분류 경제성질별 분류 등을 고찰하기로 한다.[42)]

Ⅱ. 조직별 분류(소관별 분류)

1. 조직별 분류는 예산을 편성하고 집행하는 주체(기관), 즉 부처별, 기관별, 소관별로 예산을 분류하는 방법이다. 조직별 분류는 품목별 분류와 함께 전통적 분류방법이다. 예산의 편성으로부터 중앙예산기관의 사정, 입법부에 의한 예산심의, 예산의 집행과 회계검사 등에 이르는 모든 절차는 조직별로 진행된다.

---

42) 유훈, 전게서, pp. 145~165; 박영희, 전게서, pp. 125~142; 강신택, 전게서, pp. 98~116; 신무섭, 전게서, pp. 79~89; 이영조, 전게서, pp. 140~149; 김규정, 전게서, pp. 753~759.

각 기관을 포괄적으로 다루는 예산의 총괄계정(summary account) 중 가장 좋은 것은 기능별 분류이고, 그 다음으로는 조직별 분류라 하겠다. 조직별 분류는 특히 국회의 예산심의를 위하여 가장 의의 있는 분류방법이다.

Ⅲ. 품목별 분류(세출대상에 의한 분류)

이 분류는 정부가 지출(구입)하고자 하는 물품 혹은 용역대상항목별로 예산을 분류하는 것이다. 세출예산의 분류방법 중 가장 널리 사용되고 있는 것이 품목별 분류이다.

품목별 분류는 아직도 각국에서 가장 널리 사용되고 있는 분류방법으로서 세출예산에 대하여 엄격한 통제를 가하고 공무원의 자유재량의 여지를 제한하는데 그 목적이 있으며, 세출예산에 대하여 엄밀한 통제를 가하고 정부관료의 자유재량의 여지를 제한하는 데 크게 공헌했다.

우리 나라의 세출예산과목인 '장·관·항·세항·목' 중 '목'이 바로 품목별 분류에 해당한다. 예시하면 급여·연금·잡급·수당·여비·공공요금 등과 같이 분류하는 것이다.

품목별 분류는 다음과 같은 장·단점이 있다.

1. 장 점

i) 회계책임을 명확히 하고, ii) 인사행정에 유용한 자료 정보를 제공하며, iii) 지출의 합법성에 치중하는 회계검사가 용이하고, iv) 행정의 재량범위를 줄이게 된다.

2. 단 점

i) 예산의 신축성을 저해할 우려가 있고, ii) 정부사업의 전모를 파악하기 어려우며, iii) 총괄계정의 목적에는 적합하지 않고, iv) 정책수립에 도움이 되는 자료를 제공하지 못하며, v) 신규사업은 벌이지 않으면서 종전사업만을 확대시키는 점증적 예산방식을 따르게 된다. 품목별 분류의 이러한 단점은 i) 대분류는 사업별로 하고, ii) 목을 입법과목으로 하지 않고 행정과목으로 하여 목간전용을 비교

적 쉽게 함으로써 제거될 수 있다.[43)]

Ⅳ. 기능별 분류

1. 기능별 분류(functional classification)의 의의

기능별 분류는 정부의 주요기능에 따라 세입·세출을 분류하는 것이다. 기능별 분류는 주로 세출에 관한 분류방법으로서 행정수반의 예산정책의 수립을 용이하게 하며 입법부의 예산심의를 돕는 데 그 주목적이 있다고 하겠다. 기능별 분류는 또한 정부의 활동에 관한 개략적인 정보를 일반시민에게 제공하는 까닭에 「시민을 위한 분류」(citizen's classification)라고 불리운다. 미국의 연방관리예산처에서 정부예산의 윤곽을 일반납세자에게 알리기 위하여 매년 발행하던 「미국예산개요」(The U.S. Budget in Brief)는 이 기능별 분류를 사용하였다.[44)]

2. 기능별 분류의 이점

기능별 분류는 i) 장기간에 걸쳐 연차적으로 정부활동을 분석하는 데 효과적이며, ii) 정부의 프로그램의 변천이나 정부활동의 변화 등을 파악하는 데 적합하고, iii) 여러 정부간의 사업계획·행정활동을 비교하는 데 활용도가 높다.

3. 우리 나라의 기능별 분류

우리 나라 중앙예산기관은 '유엔편람,' '에카페권고안'과 '에카페 제1차전문가회의보고서' 등에 따라 예산분류연구에 착수하여 「한국예산재분류에 관한 설명」을 발간한 바 있으며 기능별 분류방법을 사용해 왔다.[45)]

우리 나라 현행 기능별 분류는 세출예산에 있어서 i) 일반행정비, ii) 방위비, iii) 사회개발비, iv) 경제개발비, v) 지방재정교부금, vi) 재무상환 및 기타 등으로

43) 입법과목은 국회의 심의대상이 되는 예산과목으로서 세입예산은 관·항, 세출예산은 장·관·항이다. 행정과목은 일정한 요건하에 행정부가 재량에 의하여 운용할 수 있는 예산과목으로서 세입예산은 목, 세출예산은 세항·목이다.

44) 1992년도부터는 U.S. Budget in Brief의 발간을 중지했다.

45) 경제기획원, 1969년도 예산개요 제1권 (경제기획원, 1969), pp. 144~147.

대분류하고 있다.[46)]

4. 기능별 분류의 특성

i) 기능별 분류의 대항목(major titles)은 어떤 한 부처의 예산만을 포함할 수가 없다. 예를 들면,「일반사업비」는 내무부나 국방부 어느 한 부처의 예산만을 포함하는 것이 아니라는 뜻이다.

ii) 기능별 분류는 공공사업을 별개의 범주로 삼지 않는다. 예를 들면, 교량건설은 공공사업이기는 하나「교통」에 포함될 것이며, 군사시설의 건설도 공공사업이기는 하나「국방」에 속하게 될 것이다.

iii) 기능별 분류의 의의를 살리기 위하여 일반행정비는 될 수 있는 대로 적게 하여야 한다.

iv) 한 개 이상의 기능에 해당하는 사업이 많이 있다. 예를 들면, 제대군인을 위한 병원은「사회보장 및 특수복지사업」에 속할 수도 있고「보건」에 속할 수도 있다. 이러한 경우에 정부의 한 활동은 오직 한번만 계상되도록 하여야 할 것이다.[47)]

Ⅴ. 사업계획별 분류와 활동별 분류

1. 사업계획별 분류(program classification)

사업계획별 분류란 사업계획에 따라 예산을 분류하는 것으로서 각 부처의 예산요구서 작성에 기틀을 제공해 줄 뿐만 아니라, 사업계획을 수행하는 데 필요한 재정소요·사업진도 등을 분석·검토하는 데 도움을 준다.

한 부처의 업무는 보통 몇개의 사업계획으로 나누어지는데 일단 이것이 이루어진 다음에는 예산에 대한 책임을 명백히 하기 위하여 정부조직과 사업계획과의 관계를 분명히 해야 한다.

사업계획은 원칙적으로 측정가능한 최종생산물(end product)을 지녀야 하나

46) 대한민국정부, 1992년도 예산, pp. 51~83.

47) Jesse Burkhead and Jerry Miner, *Public Expenditure* (Chicago: Aldine Atherton, 1971), pp. 117~118.

모든 사업계획이 다 이를 지니기는 어려울 것이다. 고속도로사업은 건설된 도로의 길이로 측정할 수 있으나, 의학연구사업은 측정가능한 최종생산물을 지니지 못하는 경우가 많을 것이다.

2. 활동별 분류(activity classification)

사업계획별 분류의 세분류라고도 할 수 있는 활동별 분류는 예산안의 편성제출, 회계업무, 예산집행상황의 보고를 용이하게 하는 분류방법이다. 활동(activity)은 간단히 말해서 사업계획을 세분한 것이다. 예를 들면 필리핀의 「내국세행정」이라는 사업계획은 「국세심사 기타 법률업무」, 「조세부과」, 「징세」, 「일반행정」으로 세분되고 있다.

한 사업계획을 지나치게 많은 활동으로 세분하는 경우 예산의 편성·집행·보고·업무분석 등을 복잡하게 하므로 한 사업계획내의 활동의 수는 최소한도로 줄여야 한다.

Ⅵ. 경제성질별 분류(economic character classification)

1. 의 의

경제성질별 분류란 예산항목의 경제적 성격에 따라 분류하는 것이며 예산이 국민경제에 미치는 영향을 기준으로 하는 분류방법이다. 경제성질별 분류는 예산이 국민경제의 기본적 구성요소인 소득·소비·저축·생산·가격 등에 어떠한 영향을 미치고 있는가를 파악하려는 것이다. 따라서 인플레이션이나 디플레이션을 방지하고 경제발전에 이바지하며 경제안정을 도모하려는 정부에게는 경제성질별 분류가 대단히 유익한 방편인 것이다.

2. 우리 나라의 경제성질별 분류

우리 나라에서는 유엔편람에 의거하여 세입·세출예산을 경제성질별로 분류하고 '한국예산재분류에 관한 설명'에 이를 수록하였으나 사용되지 않고 있다가 1969년도부터 다시 '경제적 분류'를 사용하였고 1971년도에는 정부저축이라는 항목으로 경제성질별 분류와 유사한 분류를 도입한 바 있다. 우리 나라 경제성질별 분류는 1979년도부터 종합예산제도가 도입되면서 이에 흡수되었다.

3. 경제성질별 분류의 특질

경제성질별 분류는 그 자체가 경제정책이 될 수 없으며, 다만 정책형성을 위한 자료를 제공할 뿐이다. 따라서, 거기에는 많은 제한요소들이 있는데 이를 요약하면 다음과 같다.

i) 그것은 경제활동에 대한 정부의 영향의 일부만을 측정할 수 있으며, 어디까지나 대체적인 수치에 의해서만 표시될 수 있다. 예를 들면 경제성질별 분류는 국민소득에 대한 정부활동의 기여, 자본형성에 대한 정부부문의 기여 등에 관한 자료를 제공해 주는 것이다.

ii) 정부세입 세출의 양과 구조의 변화로 인한 영향만 측정할 수 있으며 세입, 세출 이외의 요인에 의한 것을 알 수 없다.

iii) 경제성질별 분류 그 자체로서는 소득의 분배나 산업부문별 배정에 대한 정부활동의 영향을 정확하게 측정하지 못한다.

iv) 경제성질별 분류를 성공적으로 이용하려면 정부예산이 국민경제에 미치는 영향을 인식하고 예산정책의 형성에 있어서 이 점을 고려해야 한다.

v) 경제성질별 분류는 정책결정을 담당하는 고위층에게 필요한 것이며, 사업계획의 수립과 시행을 담당하는 공무원들에게는 과히 유용하지 않다.

vi) 경제성질별 분류는 다른 분류방법으로부터 유리되어서는 안되며, 항상 이를 병행하여 활용하여야 한다.

제 7 절 예산결정이론모형

Ⅰ. 의 의

1. 예산과정(budgetary process)의 의의

예산과정은 예산을 결정하기 위한 일련의 과정으로서 예산의 편성, 심의, 집행, 그리고 결산 및 회계검사의 네 과정 또는 네 단계로 이루어지며, 이 과정에서 자원배분에 대한 결정이 이루어진다. 따라서 예산과정은 결정과정이며, 결정과정에 참여하는 참여자들의 관계에 초점을 두어 그 관계를 체제론적 관점에서 보면, 예산과정은 결정체제라고도 할 수 있다.[48)]

예산과정은 정부 또는 행정기관의 목적을 설정하고, 그 목적을 달성하기 위한 수단을 선정하는 과정이며,[49)] 이 과정을 통하여 정치적 공약이나 정책은 사실로 전환되며, 더 나아가 정치체제는 변화 속에서도 안정을 유지할 수 있게 된다. 한편 예산과정은 재원의 바람직한 배분방식을 선정하는 기획과정이며 재정계획이 개발되고 집행되는 과정이다. 이 과정에서 다양한 사회의 가치들이 비교된다. 또 예산과정은 목적과 수단을 선정하는 과정일 뿐만 아니라 기대했던 결과를 산출하도록 조직을 유도하는 과정이다.[50)]

48) 신무섭, 전게서, p. 201.

49) A. Wildavsky, *The Politics of the Budgetary Process*, 3rd ed. (Boston: Little, Brown and Co., 1979.), p. 3.

50) Wildavsky, *op. cit.*, pp. 1 ~ 2.

2. 예산결정이론의 의의

V.O. Key가 「예산이론 부재론」이라는 논문에서 예산이론의 빈곤을 지적하면서, "왜, A사업 대신에 B사업에 예산을 쓰는가"하는 의문을 제기한 이래[51] 예산이론은 재원의 한정성 때문에 사업계획을 취사선택하는 예산의 결정방법과 밀접히 관련되어 발전하게 되었다.[52]

예산결정이론은 예산결정현상의 상황과 조건, 원인과 결과에 관한 체계적인 이해와 설명이라고 말할 수 있으며 공공정책의 의사결정이론과 함께 다양하게 발전되어 왔고 또한 다양하게 이를 분류할 수 있겠으나,[53] 큰 줄기로 볼 때 점증주의(incrementalism, muddling through)로부터 분석적 방법(analytical methods)을 이용하는 합리주의(rationalism)로 발전되어 왔다고 볼 수 있다. 즉, 예산결정에 있어서 현재 서로 대립되는 이론은 현년도 '기준'에 근거하는 점증주의방법과 투입된 예산과 산출된 편익(또는 효용)을 비교하는 합리주의방법으로 크게 구별된다.[54]

이와 같은 예산결정이론 중 큰 줄기로 볼 때 두 가지 이론모형이 가장 전형적이며 서로 대조되는 것으로 여겨진다. 그것은 첫째는 정치적 합리성을 중시하는 점증주의적(incremental) 결정모형이며, 둘째는 경제적 합리성을 중시하는 총체주의적(synoptic) 혹은 합리주의적(rational) 결정모형이다.[55]

---

51) V.O. Key, Jr., "The Lack of a Budgetary Theory," *The American Political Science Review*, 34(1940), p. 1, 138.

52) 박영희, "예산배정의 결정이론에 관한 연구," 『행정연구』, 제6집(건국대학교 행정문제연구소, 1982), pp. 2~3 참조.

53) Thomas D. Lynch, *Policy Analysis in Public Policymaking* (Lexington, Massachusetts: D.C. Health and Company, 1975), pp. 6~10.

54) Charles L. Schultze, *The Politics and Economics of Public Spending* (Washington, D.C.: The Brookings Institution, 1968), p. 2.

55) 예산결정이론의 유형은 다양하게 소개되고 있다. 강신택·유훈 교수는 순수 합리모형(총체주의), 점증주의, 혼합주사모형(mixed scanning model) 등을 소개하고 있고, 백완기 교수는 소비자 선호의 접근방법, 정치적 접근방법, 경제적 접근방법 등을 소개하고 있다. 또 A. Premchand는 한계효용론, 공공재론, 공공선택론, 실증적 접근법(예산팽창론 등), 시장실패론, 공공경비 귀착론 등을 소개하고 있다.

Ⅱ. 점증주의적 결정모형

1. 점증주의적 결정모형의 개념

점증주의[56]적 예산결정이란 다음 연도의 예산액을 결정할 때 현년도의 예산액을 기준으로 하여 점차적으로 증감하는 방법으로 결정하는 것을 말한다. Lindblom, Wildavsky가 언급하는 바와 같이 '연속적·한정적 비교접근방법'(successive limited comparison)에 의하여 예산을 결정하는 것이다. 즉 결정에 관련된 광범위한 변수를 총체적으로 모두 분석하고 파악하여 이상적 규범적인 결정을 하기보다는 과거의 경향을 기준으로 그것에 연속하여 제한된 합리성의 범위 안에서 점차적으로 달라지는 현실적인 대안을 선택하는 것이다. 따라서 여기에서는 경제적 합리성보다는 정치적·사회적 지지를 얻을 수 있는 정치적 합리성을 추구한다. 품목예산과 성과주의예산은 바로 이러한 결정모형에 입각하고 있으며, 현년도 예산이 다음해 예산규모와 내용을 결정하는 가장 중요한 요인이 되었다.

점증주의는 오랫동안 지속된 전통적인 예산결정방법으로서, 1950년대 초까지만 하여도 관리과학적 분석방법에 근거하는 합리주의 예산결정이론의 도전을 받지 않았다. 점증주의하에서는 예산결정의 단위가 되는 예산의 분류도 기본적으로는 통제에 적합한 품목별 분류였다. 다만, 성과주의 예산제로 발전하면서 품목 대신 프로그램 분류방법이 개발되기 시작하였다.

2. 특 성

(1) 제한된 합리성과 단편성　　총체적인 고려에 의한 합리적인 결정이 아니라 제한된 합리성과 판단적(fragmented)인 조정을 통한 결정방법을 택한다. 즉 여러 대안 중 한정된 몇 개의 대안만 고려한다.

56) 본래 점증주의는 Lindbloom, Wildavsky 등에 의해 제창된, 주로 미국을 비롯한 다원적 사회를 배경으로 한 모형으로서 현실적으로 정책결정은 현재의 정책보다 약간 향상된 결정에 만족하고 비교적 한정된 수의 대안만을 검토하게 된다는 현실적·실증적 이론모형이다. 점증주의에 관한 상세한 설명을 제2편 제2장 참조.

(2) 연속적·한정적 비교　예산결정에 있어서 융통성이 극히 한정된다. 따라서 미시적 과정에서 볼 때 과거의 결정에 연속해서, 과거의 기준을 고려하고 한정적·제한적인 변수를 고려하는 범위 안에서 예산을 결정한다.

(3) 정치적 타협과 조절　정치적 타협을 통하여 주먹구구식 방법(muddling through)으로 결정되기도 한다. 거시적 과정에서 볼 때 예산결정은 다원적인 정치세력간의 교섭(bar gaining), 조절 및 타협의 산물로서 나타난다.

(4) 전년비 소폭적인 증감　결과적으로 볼 때 점증주의적 결정은 전년도를 기준으로 해서 물가상승률을 감안한 소폭적인 예산의 증감이 있을 뿐이다.

3. 장　점

점증주의예산은 i) 신규증가분만 인정 여부를 검토하므로 예산편성이 용이하고, ii) 현상유지적인 관료의 입장에 유리하고, iii) 예산내용의 변동에 대한 정치적 마찰이나 관계기관의 반발·저항을 줄일 수 있고, iv) 특정부문예산의 급격한 증가 내지 감소를 방지할 수 있고, v) 참여자에 대한 예산액의 조정이 가능하다는 장점이 있다.

4. 문제점

점증주의를 핵심으로 하는 예산결정의 정치적 접근방법은 현실 적응성이 크다는 점에서는 높이 평가된다. 즉, 행정부, 입법부, 정당, 이익집단 등 정치과정에의 참여자들이 현실적으로 적용해 왔고, 또 적용하고 있는 것이 사실이다. 하지만 이 방법은 예산결정의 과정에만 집착한 나머지 목표로부터 이탈 및 정책분석의 한 면만을 강조하는 경향이 있다. 그리하여 전년도 예산을 기준으로 관계집단간의 상호협상을 통하여 이루어져야 한다는 점증주의는 다음과 같은 문제점을 지니고 있는 것으로 생각된다.

i) 전년도의 예산을 기준으로 하여 예산의 선례성과 점증성을 강조하는데 이는 자원의 낭비를 초래한다.

ii) 예산결정상 많은 권한이 하위계층에 분산되어 있기 때문에 고위층의 철학적 사고가 예산에 반영되는 정도가 약하다.

iii) 일반 국민의 조직화되지 않은 이익이나 잠재적 이익을 예산에 연결시키는 방법이 없어 비조직화된 이익의 반영이 어렵다.

iv) 처음부터 시장경제의 경쟁성에 근거하기 때문에 정치의 규제능력 같은 것은 생각하지 않는다. 하지만 시장기능의 한계성이 인식되는 영역을 쉽게 발견할 수 있다.

점증주의자들은 예산이 소폭적으로 증감하는 이유는 바로 기초(base)가 존재하기 때문이며, 이 기초란 예산요구단계에서는 전년도 의회승인예산이며, 심의단계에서는 부처의 예산요구액이라고 주장한다. 그러나 기초란 예산결정과정에서의 전 단계의 예산이 아니라 경직성 경비이다. 따라서 부처의 예산규모에 영향을 미치는 요인이 전년도 의회 승인액뿐만 아니라 참모의 안정성, 예산획득정도 등도 큰 영향을 주므로 기초의 단일성은 부인되기도 한다.

Ⅲ. 총체주의적 결정모형

1. 총체주의적 결정모형의 개념

총체주의적 예산결정모형은 점증주의를 토대로 한 전통적 예산제도에 대한 비판으로 제기되었는데 총체주의란 한마디로 말해서 결정과 관련된 모든 요소를 종합적으로 고려하여 자원배분을 합리적으로 행하려는 것이다. 즉 결정자가 결정에 관련되는 모든 요소를 총체적·종합적·체계적으로 모두 파악하고 합리적으로 자원배분에 관한 결정을 한다고 설명하는 이론모형이다. 총체주의 혹은 합리주의라는 용어는 D. Braybrooke와 C.E. Lindblom이 점증주의와 대비시키기 위해서 처음 사용하였다. 이것은 총체주의, 총괄주의 또는 포괄주의라 부르기도 하는 결정이론 유형으로서 경제적 합리성에 입각한 관리과학적인 분석기법을 사용하여 예산을 편성하는 예산결정방식이다.

이것은 결정자인 인간은 합리적인 존재이고 모든 대안에 대하여 완전한 정보를 얻을 수 있다는 것을 전제로 한다. 따라서 총체주의는 목표달성을 극대화할 수 있도록 비용·편익의 비교를 통하여 예산을 배분하게 된다.

총체주의를 구현하여 예산의 합리성을 제고하고자 하는 예산제도로서 계획예산제도(PPBS), 목표에 의한 관리(MBO), 영기준예산제도(ZBB)가 있다.

2. 점증주의와의 비교

총체주의와 점증주의의 차이점에 관해서는 다음과 같이 지적할 수 있다.[57)]

(1) 미시적 과정　점증주의는 연속적 한정적인 비교를 강조하는 데 대하여 총체주의에서는 종합적·총체적 분석을 강조한다.

(2) 거시적 과정　점증주의에서는 정치적 협상이나 상호조절이 불가피할 뿐만 아니라 필요한 요소라고 보는 데 대하여 총체주의는 집권적이며 제도화된 사업별 예산을 강조한다.

(3) 결 과　전년도 답습주의라고도 하는 점증주의에서는 예산의 증감은 좁은 범위내에서만 이루어진다고 주장하나 총체주의에서는 새로운 사업계획이나 예산의 대폭적·체계적 증감의 필요성을 강조한다.

3. 특 색

(1) 목표-수단의 명확한 분석　달성할 목표를 명확히 밝히고 그것을 달성하기 위한 수단, 즉 대안이 무엇인가를 탐색하고, 대안들에 대한 체계적 분석을 한 후 합리적인 대안을 선택한다.

(2) 종합적 총체적 분석　미시적인 과정에서 볼 때 예산결정과 관련되는 모든 요소를 종합적이며 체계적으로 분석한다.

(3) 집권적 제도화된 사업별예산의 강조　거시적 과정에서 볼 때 총체주의적 예산결정은 PPBS에서 보는 바와 같이 집권적이며 제도화된 사업별 예산을 강조한다.

(4) 새로운 프로그램, 체계적인 예산증감　결과의 측면에서 볼 때 총체주의적 예산결정은 새로운 프로그램, 대폭적이며 체계적인 예산점증의 필요성을 강조한다.

4. 비판 및 평가

점증주의 자체가 총체주의를 비판하는 무기가 된다. 총체주의 예산결정 모형에서 가장 대표적인 것이 PPBS이다. 그래서 PPBS의 한계를 인식할 수만 있다

57) 유훈, 전게서, pp. 87～88.

〈표 5-2〉 점증주의와 총체주의의 비교

	미시적 과정	거시적 과정	결 과
점 증 주 의	연속적· 한계적 비교	정치적 타협 상호조절	전년도대비 소폭적 예산증감
총 체 주 의	종합적· 체계적 분석	집권적 제도화된 사업별 예산	새로운 프로그램, 대폭적·체계적 예산증감

면 총체주의의 한계를 이해하는 것과 같은 효과를 갖는다. 여기서는 Wildavsky가 제기한 총체주의의 문제점을 소개하면서 관리과학적 분석기법의 일반적 비판 내용을 소개하고자 한다.

V. O. Key가 지적한 대로[58] 시장경제 분석에서 정립된 한계효용의 이론인 총체주의 결정이론은 공공지출에 적용할 때 현실성이 없다는 것이다. 예산에 있어서 자원배분문제는 공통분모가 없는 여러 목적들간의 가치선호의 문제와 결부하여 자원배분에 있어서 가장 기본적인 것은 정치철학의 문제라는 것이다. 가치의 경제적 계산방법은 정부분야에서는 적용될 수가 없다. 정부의 활동이나 용역은 시장가격이 없기 때문에 이들의 효용도를 계산하는 방법이 없다.

비용·편익분석이 국민경제 향상에 기여함으로써 효과를 가져온다 하더라도 그것은 궁극적으로 정치적·사회적 가치선택에 의존되는 것이며 계산은 불확실성과 난이성에 둘러싸여 있는 것이다. 비용·편익분석이 최악의 사업계획을 제거할 수는 있으나, 항상 정치적 현실과 일치하는 것은 아니고 정치적 비용과 편익을 빠뜨릴 수 있기 때문에 이 방법은 종종 왜곡되는 것이다. 정부의 목표나 결과는 많은 경우에 계량화하기가 어려운데 이 경우 가치를 부착시키기가 어렵다. 더구나 목표나 결과가 숫자로 표시되고 가격을 부착시킬 수 있다 할지라도 정부의 경우는 경제논리에 의해서만 자원을 배분할 수 없는 경우가 많다. 다시 말해서 정부는 이윤이 적거나 손해나는 일도 해야 하는 경우가 많다.

경제학과 계획이론에 뿌리를 내린 총체주의 결정이론이 정치라는 토양에 성공적으로 옮겨지기 위해서는 신중한 전환이 필요하다. 이제 총체주의 결정이론의 구체적인 문제점을 요약하여 정리하면 다음과 같다.

---

58) V. O. Key, Jr.는 정부가 단일체이고 오로지 하나의 목적만 가졌다면 한계효용으로 예산규모를 결정할 수 있지만 실제의 정부는 여러 기관으로 구성되어 있고 공행정부문에 있어 명백한 생산함수가 존재하지 않으므로 예산배분은 경제의 문제라기 보다 오히려 정치의 문제로 보아야 한다고 주장한다.

첫째, 결정자의 입장에서 보면 시간, 능력상 제약이 따른다 .

둘째, 결정에 필요한 완전한 지식 또는 정보를 가지고 있지 못하며, 합리적 예산결정을 할 수 있는 분석적 자질을 가지고 있는 사람들이 많지 않다.

셋째, 보편적인 가치의 실체를 확인한다든가 모든 가치를 전부 고려한다는 것은 불가능하다. 어떤 목표나 가치는 다른 목표나 가치 때문에 희생되는 경우도 있다.

넷째, 공공분야에 있어서 목표-수단접근법을 택한다는 것도 곤란한 문제 가운데 하나이다.

다섯째, 합리적 결정의 가장 본질적인 것으로서 비용·편익분석과 같은 분석방법의 지원이 있어야 한다. 그러나 공공분야에 있어서 비용·편익분석은 단지 주어진 문제에 관련된 이해를 도와주고 직관이나 판단을 좀더 예리하게 하여 주는 데 불과하기 때문에 제약이 따른다.

여섯째, 변동에 대한 대응력이다. 이것은 특히 예산정책과 재정정책과의 결합을 시도할 경우 강조되는 문제점이다.

이와 같이 총체주의는 여러 문제점을 안고 있다. 이 가운데는 해결이 가능한 것도 있지만 대부분은 현재로서는 치명적인 것들이다. 가장 이상적인 것이지만 실제로는 이용되지 못하고 정부의 많은 정책들은 종래의 방법으로 결정되고 있다. 이것은 합리주의가 현실과의 사이에 놓여 있는 격차를 단축시킬 수 있는 능력에 한계가 있음을 말하는 것이며, 이는 곧 인간능력의 한계를 의미한다고 볼 수 있다.

Ⅳ. 결　　론

위에서 우리는 예산결정의 이론모형으로서 총체주의모형과 점증주의모형을 설명하였다. 이 두 모형 중 어느 것을 선택하여 실제의 예산결정에 적용하느냐 하는 문제는 결정에 관련된 상황에 따라 판단하는 것이 타당하다고 생각된다.

최근의 실증적 연구는 예산과정에 있어서 합리적·종합적(총체주의)인 측면과 점증주의적인 측면이 동시에 일어나고 있다는 것을 말해 주고 있다. 따라서 현 단계에 있어서 필요한 과제는 언제 어떠한 상황하에서 어떤「테크닉」이 사용되며, 어느 쪽이 예산과정을 지배하느냐를 규명하는 것이 문제인 것이다.

점증주의식으로 예산을 결정하게 되면, 신규사업의 설치가 곤란하고, 전년도에 대비한 예산의 소폭적인 변화에만 기대할 수 있지만, 총체주의식의 결정은 신규사업의 설치가 가능하고, 체계적이고 대폭적인 변화도 가능하다. 그러나 총체주의는 과학적 근거에 의한 결정이므로 전략이 불가능하나, 점증주의는 기관간의 전략에 의해 예산이 좌우된다.

두 결정이론은 각기 장·단점을 가지고 있으며, 각 나라마다 정치·경제적 환경에 의해 예산결정이 이루어지나 우리 나라에 있어서 예산결정방법은 아직까지 기본적으로 점증주의방법에 의존하고 있으며, 일부 경제적 프로그램에는 분석적 기법이 적용되기도 하다. 우리 나라의 관리과학적 분석기법의 수준은 초보적 단계에서 크게 벗어나지 못하고 있는 실정이다.

제 2 장 예산과정(예산절차)

예산과정(예산절차)이란 예산편성·심의·집행·결산 및 회계검사의 4단계과정(절차)을 말한다. 즉 예산이 매년 행정부에 의하여 편성되고 국회의 심의·의결을 거쳐 행정부에 의하여 집행되면 감사원의 감사를 받아 그 결산이 국회에 보고되어 승인되면 행정부의 예산집행에 대한 책임이 해제되는 일련의 과정을 거치게 된다.[1)]

제 1 절 예산편성

Ⅰ. 예산편성의 본질

1. 예산편성의 의의

예산편성이란 행정 각부처에서 다음 회계연도의 예산요구서를 작성하여 중앙예산기관에 제출하고, 중앙예산기관이 그것을 사정하여 행정부의 종합예산안을 작성하는 절차를 말한다.

---

1) 예산이 효력을 갖는 기간은 1회계연도이지만 예산과정의 각 단계를 거치는 기간은 약 3년이 소요된다. 예산과정의 각 단계는 순차적으로 진행되지만 현실적으로 각 단계는 중첩되고 있기 때문이다. 예컨대 1999년을 기준으로 하면 i) 1998 회계연도 예산의 결산 및 회계검사, ii) 1999 회계연도의 예산집행, iii) 2000 회계연도의 예산편성이 이루어지고 있다. 1회계연도를 중심으로 예산주기가 있으나 실제로는 하나의 예산주기만이 있는 것은 아니며 특정한 시점에서 보면 3개의 주기가 동시에 진행되고 있다고 할 수 있다.

오늘날 대부분의 나라에 있어서는 행정부가 예산을 편성하여 국회에 제출할 책임을 진다. 이것을 '행정부제출예산제도'(executive budget system)라고 한다. 1948년 제정된 우리 나라 헌법은 예산안의 편성·제출권을 행정부에 부여하고 예산안에 대한 국회의 발안권을 인정하지 않았으며 또한 지출예산 각 항목의 금액을 증가하거나 새 비목을 설치할 수도 없다고 규정함으로써 행정부제출예산제도의 채택을 명시하였다.

행정부제출예산제도는 i) 행정의 복잡성·전문성, ii) 방대한 자료의 분석·평가능력의 필요성, iii) 입법부의 예산심의 촉진 등의 이유로 현대국가에서는 불가결한 제도로 인식되고 있다.

행정부가 편성하여 입법부에 제출하는 예산안이 입법부에 의하여 크게 삭감 또는 수정되지 않는 것이 각국의 실정이다.[2] 따라서 행정부에 의한 예산안의 편성이 끝나면 예산의 큰 줄거리는 결정된 것이나 다름이 없다고 할 수 있다. 예산편성의 중요성은 국가에 따라서 다르다고 하겠으나 일반적으로 대통령중심제의 경우보다 내각책임제하에서 예산편성의 중요성은 더욱 높아진다고 할 수 있겠다.

2. 예산편성의 동태적 과정

예산편성과정에서는 예산요구액을 최대한으로 관철시켜 예산을 쓰자는 입장을 취하여 옹호자(advocates), 요구자(claimants)의 역할을 맡게 되는 각 부처와 예산을 절약하여 가능한 한 억제·삭감하자는 입장을 취하여 사정자(reviewers), 보전자(conservers)의 역할을 담당하는 중앙예산기관간에 예산게임(budget game)이 벌어지며 갈등·대립이 있게 된다.

각 부처와 중앙예산기관의 상호관계에 영향을 미치는 요인으로는 각 부처의

---

2) 우리 나라는 평균 1% 내외의 범위에서 수정하여 왔으며 3% 이상, 미국은 5% 이상 삭감된 일이 없다. 내각책임제를 채택하고 있는 영국 및 일본에서는 예산안의 무수정 국회통과가 원칙이다. 영국의회의 예산심의과정은 세출(public expenditure)을 검토하는 것이 아니라, 공공정책(public policy)을 검토하는 과정인 것이다. 환언하면 영국의회는 행정부가 제출한 예산안을 수정하는 일이 거의 없는 것이다. 따라서 영국에서는 정부의 예산안이, 즉「예산」이나 다름이 없는 것이다. 일본에서도 대장성 원안에 대해서 각의가 수정을 가하기는 하나 그 수정의 폭은 극히 한정되어 있다. 일단 예산안이 국회에 제출되면 정부의 예산안이 국회에서 수정되는 일은 1956년이래 없었다. 따라서 일본에서도 정부의「예산안」이「예산」이나 다름없다고 할 수 있으며, 이와 같은 제도가 일본의 대장성을 영국의 재무성과 같은 강력한 기관으로 만들어 주었다고 하겠다. 유훈, 전게서, p.184 참조.

정치적 영향력, 각 부처와 그 산하기관의 관계, 각 부처 예산요구서의 성질, 관계자의 퍼스낼리티, 각 부처의 견해와 중앙예산기관의 견해의 이동(異同) 등을 생각할 수 있다.[3)]

그리고 각 부처가 중앙예산기관을 상대로 하여 예산을 요구하고 획득하는 데 사용되는 전략에는 여러 가지가 있으나, 빈번하게 사용되는 것으로는 관련단체의 동원, 역점사업, 인기 있는 사업, 상상력(imagination)의 활용, 자료의 홍수, 기득권의 획득, 상급자에의 호소 등이 있다.

Ⅱ. 예산편성과정의 절차

우리 나라의 예산편성절차는 대체로 4단계로 나누어서 고찰할 수 있다. 제1단계는 예산편성지침 등의 확정시달단계이며, 제2단계는 각 부처 예산요구서의 작성·제출단계이다. 제3단계는 예산실의 사정단계이며 제4단계는 예산안의 확정·제출단계이다.

1. 예산편성지침

국가재정법 제29조 제1항의 규정에 의하여 기획재정부장관은 「예산편성지침」을 기안하여 국무회의의 심의를 거쳐 대통령의 승인을 얻은 후 적어도 4월 30일까지 이를 중앙관서(각 부처 등)의 장에게 시달한다.

예산편성지침은 비교적 짧고 간단한 문서이나 예산편성지침과 함께 기획예산처장관이 중앙관서의 장에게 시달하는 「예산편성기준」은 예산단가·예산과목해소 등을 포함하는 두툼한 문서이다.

기획재정부장관은 예산편성지침 시달에 있어서 표준예산액을 산정하여 시달한다. 표준예산이란 매년 경상적으로 지출되는 경상사무비의 표준액을 의미한다. 경상사무비는 특별한 사유가 발생하지 않는 한 경비에 큰 변동이 없기 때문에 부처의 예산요구서 작성 이전에 표준예산액을 시달함으로써 예산요구서의 작성과 사정에 있어서 시간과 노력을 절감할 수 있다. 표준예산액은 예산기준액이며 예산편성의 합리화에 도움을 준다.

3) 상세한 설명은 유훈, 전게서, pp. 184～186 참조.

2. 예산요구서의 작성제출

예산편성지침과 예산편성기준 등이 각 중앙관서의 장에게 시달되면 각부에 있어서의 예산요구서의 작성은 이것을 받은 때로부터 본격적으로 시작된다고 할 수 있다. 그러나, 실제적으로는 그보다 훨씬 앞서 각부의 예산담당관이 모든 기초자료를 수집하여 그 준비에 종사하는 것이다.

각 부처의 예산담당관은 장관명의로 하부기관에 예산요구서의 작성자료를 제출하도록 의뢰하고 예산편성에 관한 일반적인 지시를 내리며 장관·차관·기획관리실장·예산담당관과 각 국장을 중심으로 회의가 여러 번 거듭된 후 당해 부처의 최종적인 예산요구안이 확정된다. 예산요구서는 예산서의 형식과 동일한 구분으로 작성되어야 하며 소정의 서류가 첨부된다.

각 부처의 예산요구서는 국가재정법의 규정에 의하여 6월 30일까지 기획재정부장관에게 제출하도록 되어 있다.[4] 이 시한을 지키지 못하는 부처가 많으나 대체로 7월 초까지는 예산요구서의 제출이 완료된다.

3. 예산실의 사정

각 부처의 예산요구서가 6월 초까지 기획예산처에 제출되면 예산실의 사정이 개시된다.

(1) 예산규모의 추계　　매년 예산사정을 위한 첫 단계의 하나로서 기획예산처는 관계기관과 협의하여 신년도의 예산규모의 추계를 한다. 극히 잠정적인 것이기는 하나 모든 재원을 감안할 때 신년도예산규모가 얼마나 되겠는가를 추정하는 작업이다.

(2) 예산요구서의 접수·분석　　각 부처로부터 늦어도 6월 초까지 예산요구서가 제출되면 예산실은 이것을 여러 가지로 분류 집계하여 분석하게 된다.

(3) 예산실시안의 작성　　각 부처의 예산요구서를 분석한 예산실은 우선 예산실시안을 결정하게 된다. 이 예산청시안은 대체로 i) 인건비, ii) 관서당경비, iii) 사업비, iv) 국방비, v) 투·융자 등으로 분류되어 결정된다.

(4) 기획예산처 장·차관의 조정　　각 부처의 예산요구서가 제출되면 예산실은

---

4) 예산회계법 제25조 제3항.

수시로 장·차관에게 보고하나 전술한 예산실시안이 결정되면 장·차관의 조정을 받아 기획예산처안을 작성하게 되는 것이다.

4. 예산안의 확정·제출

이와 같이 소위 기획재정부안이 작성되면 정부차원에서의 사정이 시작된다.

(1) 청와대·총리실 등에의 수시보고　이러한 과정에 있어서 청와대, 총리실 등에 수시로 보고하여 지시를 받게 된다.

(2) 관계기관과의 협의　기획재정부는 청와대, 총리실 등에 수시로 보고할 뿐만 아니라 여당과도 빈번히 협의하며 과거에는 경제과학심의회의와도 협의를 거듭했다. 국무회의에 상정하기 직전에는 극히 형식적이기는 하나 예산자문위원회의 협의도 거친다.

(3) 국무회의상정·대통령승인　상술한 바와 같은 과정을 밟은 다음 차관회의와 국무회의의 심의를 거쳐 대통령의 승인을 받는다.

(4) 국회제출　이러한 절차가 끝나면 각종 자료를 작성하여 유인을 끌어낸 다음 국회에 예산안을 제출하게 된다. 과거에는 회계연도개시 120일 전까지 예산안을 국회에 제출하도록 되어 있었으나 현행 헌법 제54조 제2항은 회계연도개시 90일 전까지 예산안을 국회에 제출하도록 규정하고 있다.

5. 경직성경비(uncontrollable expenditures)의 문제

(1) 의 의　예산편성에 영향을 미치는 요인 가운데서 경직성경비에 대하여 고찰하기로 한다. 경직성경비란 법률상 또는 정책상 지출이 결정되어 있으므로 법률의 개정이나 기본정책의 수정 없이는 삭감할 수 없는 경비를 말한다.[5] 공공지출은 i) 경직성경비, ii) 인플레 조정경비, iii) 재량적 경비로 나눌 수 있거니와 경직성경비는 예산편성의 합리성을 저해하고 중앙예산기관의 재량권 행사에 제약을 가하는 경비이며 예산사정과정에서 삭감 조정이 불가능하다.[6]

(2) 비목과 규모　우리 나라의 경직성경비는 국방비, 지방재정교부금(지방교부세), 교육재정교부금, 인건비 등인데 이 중에서 가장 비중을 차지하는 것이 방

5) 유훈, 전게서, p. 203.

6) Robert Denhart, *Public Administration: An Action Orientation* (Belmont, Calif.: Wadsworth, 1995), p. 155, p. 172.

위비이며 그 다음으로 인건비, 교육재정교부금, 지방재정교부금의 순이다. 지방재정교부금은 지방교부세법에 그 교부율이 명시되어 있으므로 법률의 개정 없이는 삭감할 수가 없으며 교육재정교부금에 관해서도 같은 얘기가 적용될 수 있다. 방위비는 법률에 명시되어 있는 것은 아니나 남북한의 대치상황에 비추어 보아 대폭적 삭감이 어려운 항목임에는 틀림이 없다. 인건비도 피상적으로 보면 많은 삭감이 가능한 항목일 것 같으나 교육공무원, 군인, 경찰관, 소방관, 교도관, 세무공무원, 법관, 검사 등 그야말로 감원이 불가능한 공무원들을 제외한다면 조정이 가능한 공무원의 수는 얼마 안되는 것이다.

예산의 경직성과 관련이 있는 경비로서 관서당경비와 기준경비를 들 수 있으나 타율적 제한요인이 되는 경직성경비와 달리 기획예산처가 자율적으로 도입한 것이며 예산의 경직성구조의 요인으로 보기에는 극히 한정된 의미를 갖는다.[7]

(3) 상대적 통제 가능성 우리 나라의 경직성경비의 문제를 고찰함에 있어서 경직성경비와 비경직성경비로 이원화하고 경직성경비는 삭감이 절대로 불가능하다. 또 비경직성경비는 필요하다면 전액 삭감할 수 있는 것으로 볼 것이 아니라 상대적 통제가능성이라는 관점에서 검토하는 것이 바람직할 것이다.

Ⅲ. 예산의 형식

국가재정법 제19조는 「예산은 예산총칙·세입세출예산·계속비·명시이월비와 국고채무행위를 총칭한다」고 규정함으로써 형식적 내용을 규정하고 있다. 이제 이를 구체적으로 살펴보기로 한다.

---

7) 경직성경비가 기획예산처의 예산편성작업을 타율적으로 제한하는 요인인데 대하여 관서당경비와 기준경비는 제정경제부 기본행정비 재원배분기준의 표준화를 위하여 자율적으로 도입한 것이다. 관서당경비란 통상적인 조직운영에 소요되는 기본적인 행정사무비로서 인건비, 기준경비, 사무비를 제외한 경비 중 관서의 유형에 따라 기준화와 등급화가 가능한 경비를 말한다, 기본행정사무비의 배분기준의 표준화를 위하여 1983년부터 경제기획원이 도입한 관서당경비는 경직성경비와 비교가 되지 않을 정도고 그 규모가 작다. 관서당경비로서 기준화된 경비는 수당, 급량비, 국내여비, 수용비 및 수수료, 특별판공비, 공과금, 자산취득비 등의 7개 비목인데 특별판공비는 중앙관서에 한하므로 지방관서의 경우는 6개 비목이 된다. 기준경비란 법적으로 정한 정원 및 장비를 유지하기 위한 제반경비로서 물량이나 기준단가를 임의로 조정할 수 없는 경비이며, 각 부처의 공동사항으로서 기준화를 통한 형평유지가 필요한 경비이다. 기준경비의 대상경비는 i)피복비, ii)급량비, iii) 정보비와 기관운영판공비를 포함하는 기관운영비, iv) 선박비, v) 난방연료비, vi) 차량경비이다. 사업비의 경우와는 달리 기준경비도 전술한 관서당경비와 같이 표준화되어 있는 경비로서 각 부처나 예산실 사정담당자의 관점에서 볼 때 별로 재량의 여지가 없는 경비라 하겠다.

1. 예산총칙

예산총칙의 내용은 국가재정법 제20조에 규정되어 있다. 예산총칙에는 세입세출예산·계속비·명시이월비와 국고채무부담행위에 관한 총괄적 규정을 두는 이외에 국책 또는 차입금의 한도액, 재정증권의 발행과 일시차입금의 최고액, 기타 예산집행에 관하여 필요한 사항을 규정하게 되어 있다. 요컨대, 예산총칙은 세입세출 이외에 매년도의 재정운영에 필요한 기초적 사항에 관하여 국회의 의결을 맡아두는 형식이다.

2. 세입세출예산

「세입세출예산은 모두 예산에 계상하여야 한다」는 예산회계법 제18조의 규정을 빌릴 것도 없이 세입세출예산이 예산의 실체임은 우리가 다 잘 아는 사실이다. 예산이 일회계연도내에 있어서의 수입지출의 추계라고 하는 것은 이 세입세출을 말하는 것이다. 뿐만 아니라 세입세출예산은 형식적으로도 예산의 대부분을 차지하고 있다.

3. 계속비

계속비란 공사나 제조·연구개발사업 등에 있어서 그 완성에 수년도를 요하는 것에 관하여 미리 국회의 의결을 얻어 수년도에 걸쳐서 지출하는 것이다.[8)]

4. 명시이월비

국가재정법 제48조는 「세출예산 중 경비의 성질상 연도내에 그 지출을 끝내지 못할 것이 예측될 때에는 특히 그 취지를 세입세출예산에 명시하여 미리 국회의 승인을 얻어 다음 연도에 이월하여 사용할 수 있다」고 규정하고 있는데 이 규정에 의거하여 다음 연도에 이월하여 사용할 수 있는 경비를 명시이월비라 한다.

---

8) 예산회계법 제22조.

5. 국고채무부담행위

국고채무부담행위란 법률에 의한 것과 세출예산금액 또는 계속비의 총액의 범위 안에서 지출할 경비 이외에 국가가 채무를 부담하는 행위를 말하며 미리 국회의 의결을 얻어야 한다.[9] 세출예산이 현년도의 경비지출인데 대하여 국고채무부담행위는 차년도 또는 후년도에 경비지출을 예상하면서 현년도에 채무만 부담하는 것이다.[10]

Ⅳ. 예산편성의 문제점

우리 나라 예산편성의 문제점으로 지적되고 있는 것을 보면 다음과 같다.[11]

(1) 자원배분의 비합리성 정책과 사업계획의 우선순위에 관한 조정이나 전반적인 검토 없이 계획은 거의 무시된 가운데 예산의 사정에 타협적으로 행하여지는 일이 많았으며 실력자의 주먹구구식 메모가 큰 작용을 하여 왔다.

(2) 예산요구액의 가공성 각 부처는 예산요구액을 필요로 하는 금액보다 훨씬 많은 가공적 금액을 제시함으로써 예산은 불합리하게 편성되며 경제적 합리성도 매우 낮게 된다.

(3) 전년도 답습주의와 점증적 예산편성 대부분의 예산사정의 기초는 과년도의 예산액이 기준이 되었으며 사업계획의 기본적인 구조나 실적에 대한 검토는 행하여지지 않았다. 전년도 예산액에 대하여 증액요구가 있는 예산항목에 대해서만 주로 예산의 사정을 하게 되는 점증적 예산편성은 지양되어야 할 것이다.

(4) 예산단가의 비현실성 예산단가는 현실에 대응하는 객관성·합리성·현실성을 가져야 함에도 불구하고 실제로는 비현실적인 것이 많다. 예산소요액을 정확하게 계산할 기준이 결여되고 있었다.

(5) 공민의식의 부족과 민중통제의 취약성 일반시민의 공민의식·시민의식의

9) 헌법 제68조 및 예산회계법 제24조.

10) 예를 들면, 2년 이상의 기간으로 건물의 임차계약을 할 때, 또는 외국인의 고용계약을 할 때와 같은 경우에는 국고채무부담행위로써 미리 국회의 의결을 얻어 두어야 하는 것이다. 이러한 의결을 얻음으로써 차년도 이후의 지출의 기능까지를 부여받는 것은 아니고 다만 채무부담의 기능만 받는 것이므로 지출에 관하여는 다시 국회의 의결을 얻어야 한다.

11) 김규정, 전게서, pp. 774～776; 김영명 외 3인, 전게서, p. 705.

부족으로 납세자로서 예산편성에 별로 관심을 보이지 않은 채 예산안이 국회에 제출되고 있으며 더구나 예산사정의 폐쇄성으로 인하여 제대로 국민의 통제가 이루어지지 못하고 있다.

제 2 절 예산심의

Ⅰ. 예산심의의 의의

1. 예산심의의 개념 및 중요성

예산심의란 행정부에서 제출한 예산안을 국민의 대표기관인 국회가 검토하고 의결하여 예산을 확정하는 절차를 말한다. 즉 국민의 대표기관인 의회가 행정감독권과 재정감독권을 행사하여 행정부가 수행할 사업계획의 효율성을 검토하고 예산을 확정하는 것이다.

민주국가에서는 역사적으로나 사실상으로 입법부에 의한 예산승인 혹은 심의는 예산심의를 통하여 국민에 대한 정치적 책임을 확보하게 된다는 점에서 매우 중요한 의미를 갖는다. 입법부는 예산심의를 통하여 행정부의 계획 및 계획수준이 결정되고 예산의 총액이 결정되며, 행정관리활동의 성격과 질을 검토하고 감독·통제하는 주요한 계기가 된다. 이러한 행정관리에 대한 검토는 제계획의 심의에 내재하는 것으로서 입법부에게는 어떻든 간에 최소한 행정부에 대한 '감시견' (watch dog)으로서의 임무가 부여되어 있다.

2. 예산심의의 내용

(1) 사업계획의 결정　입법부는 정부가 수행하여야 할 사업계획과 그 수준을 예산의 심의·의결을 통하여 결정한다.

(2) 총액의 결정　정부의 재정규모와 지출예산의 총액을 확정한다.

(3) 행정부 활동의 감독　입법부는 행정활동을 감시하고 그 효율성을 평가하여 예산심의에서 이를 반영시킨다.

(4) 자원의 합리적 배분　정부시책의 합리성을 검토하여 발전목표 달성을 위한 합리적인 가용자원의 배분을 도모한다.[12)]

Ⅱ. 예산심의절차

우리 나라 국회의 현행 예산심의 절차는 헌법, 국회법, 예산회계법 등의 관계규정에 따라 다음과 같은 4단계로 이루어진다.

1. 제1단계: 시정연설, 국정감사

(1) 시정연설　헌법에 의하여 정부는 회계연도개시 90일 전까지 예산안을 국회에 제출하도록 되어 있는데, 예산안이 국회에 제출되면 본회의에서 대통령의 시정연설이 행하여진다. 시정연설은 연도·예산편성의 근거가 되는 시정방침과 주요사업계획을 밝히는 연설을 말한다. 시정연설의 내용이 추상적인 경우가 많아서 그렇게 열거된 정책과 예산액과의 직접적인 관계를 찾아내기는 어렵게 되어 있다. 1992년도 예산심의의 경우를 보면 예산안이 국회에 제출된 것은 1991년 10월 2일이며, 대통령시정연설(국무총리 대독)이 행하여진 것은 10월 9일이었다.

(2) 국정감사　시정연설이 끝나면 국정감사를 실시하는바, 국정감사의 목적은 국정운영내용을 감사하여 그 결과를 신년도 예산심의를 반영하는 데 있었다.

국정감사제도의 유용성에 대해서는 과다한 행정자료 요구와 비능률, 정치적 악용, 정책질의의 반복·중복 등 반대론이 있으나 예산에 반영되는 정책감사와 행정감독을 행할 수 있고 행정의 위법·부당·비리 등을 파악하여 예산심의 때

---

12) Burkhead, *op. cit.*, pp. 306～316.

책임을 추궁할 수 있다는 점에서 꼭 필요한 제도라 하겠다.

2. 제2단계: 상임위원회의 예비심사

예비심사는 소관장관의 신년도 정책설명(제안설명)으로부터 시작된다. 즉, 소관장관은 그 소관에 속하는 신년도시정방침과 이를 실천하기 위한 예산의 대체적인 내용을 위원회석상에서 설명한다. 이것이 끝나면 정책질의가 행하여진다. 소관장관이 설명한 신년도시정방침과 예산안내용에 대하여 각 의원은 이의를 제기하기도 하고, 과거의 실적, 앞으로의 전망 등 다방면에 걸쳐 질문을 하며 이에 대한 장관의 답변이 행하여진다.

정책질의가 끝나면 부별심의에 들어가는데, 상임위원회에 따라서는 부별심의나 계수조정 또는 양자를 위하여 소위원회를 구성하고 상임위원회 전체회의가 소위원회안을 채택하는 경우가 많다. 예산심사보고서를 작성하여 예산결산특별위원회에 회부하게 된다. 예비심사는 소관부처의 예산에 대한 개별적 심사이며 국가예산전체에 대한 심사는 아니다.

3. 제3단계: 예산결산심사위원회의 종합심사

각 상임위원회의 예비심사가 끝나면 예산결산위원회의 종합심사에 회부된다.

예산결산위원회의 종합심사는 다음과 같은 과정을 거친다.

(1) 종합정책질의 　종합정책질의는 최근에 있어서 총리의 인사와 재정경제부장관의 예산안제안설명으로서 시작된다. 이것이 끝나면 각 위원으로부터 질문이 있게 되고 국무총리를 위시한 관계장관은 이에 답변한다. 이 종합정책질의에서는 예산에 관계되는 사항뿐만 아니라 국정전반에 걸쳐서 질의응답하는 것이 관례로 되어 있는데, 예산과 관계가 없는 사항이 더 많다고 해도 과언이 아니다.

(2) 부별심의 　예산결산위원회의 종합심사에 있어서 비교적 중요한 위치를 차지하는 부별심의는 각 상임위원회의 예비심사의 결과를 상임위원장 또는 그를 대리하는 의원(흔히 해당 상임위원회 출신의 예결위원)으로부터 보고 받은 다음 위원들이 질의를 하고 이에 대해서 관계장관들이 답변함으로써 진행된다.

(3) 소위원회의 계수조정 　예산결산위원회의 종합심사에 있어서 가장 중요한 과정은 소위원회에 의한 소위 계수조정과정이다. 이 위원회는 소위 수권소위원

회로서 예산결정위원회 전체회의에서 수임된 사항에 한하여 계수조정하는 것을 그 본래의 임무로 삼으며 전술한 부별심의에 있어서 나타난 위원들의 질의 및 요구사항, 이에 대한 관계장관의 답변을 토대로 하여 계수조정을 행하는 것이다.

(4) 전체회의의 의결　소위원회의 계수조정이 끝나면 예산결산위원회 전체회의에 그 결과가 보고되어 승인을 얻는다. 전체회의는 소위원회안을 수정 없이 받아들이는 것이 관례로 되어 있다.

후술하는 바와 같이 본회의는 예산결정위원회안을 큰 수정 없이 받아들이므로 우리 나라 예산심의과정에 있어서 예산결산위원회가 매우 중요한 기능을 수행한다고 볼 수 있다. 그러나 유감스럽게도 이 예산결산위원회는 구성원의 안정성이 낮아서 전문성이 과히 높지 못하다는 지적을 받고 있는 것이다.

4. 제4단계: 본회의 의결

예산결산위원회의 종합심의가 끝나면 예산안은 본회의에 상정된다. 본회의의 심의는 길어야 3일이며 당일에 심의를 끝낸 경우도 빈번했다. 지금까지의 관례로 보면 본회의에서의 큰 수정은 없었다.

5. 우리 나라 예산심의의 특색

(1) 예산의 성격　영국이나 미국의 경우와 달리 우리 나라에서의 예산은 법률이 아니다. 우리 나라에서는 예산은 형식에 있어서 법률과 다를 뿐만 아니라, 예산은 법률보다 하위의 효력을 가지고 있으므로 예산에 의하여 법률을 개폐할 수 없다.

(2) 증액의 제한　우리 나라에서는 헌법 제57조의 규정에 의하여「국회는 정부의 동의 없이 정부가 제출한 지출예산 각항의 금액을 증가하거나 새 비목을 설치할 수 없다.」이 규정의 운영에 있어서 예산심의과정에서는 구두로 정부의 동의를 얻고 서면동의는 사후에 얻고 있다.

(3) 단원제 국회의 심의　제5대국회(1960년 8월～1961년 5월)를 제외하고는 우리 나라는 단원제를 택해 왔다. 따라서 양원의결 조정의 문제는 제5대 국회 외에는 발생하지 않았던 것이다.

(4) 예산결산위원회　우리 나라의 예산심의과정에 있어서 예산결산위원회가

대단히 중요한 역할을 담당한다. 각 상임위원회는 행정각부의 이해를 대변하는 결과가 되기 쉬우며, 본의회는 예산결산위원회안을 큰 수정 없이 받아들이는 것을 관례로 하고 있다.

(5) 예산의 수정　우리 나라의 국회는 정부의 예산안에 대해서 큰 수정을 가하지 않고 있다. 1948년 이래 오늘날까지 국회가 정부의 예산안에 대해서 총액으로 따져 3% 이상의 수정을 가한 일이 거의 없다.

Ⅲ. 각국 예산심의제도 비교

각국의 예산심의는 여러 가지로 비교할 수 있으나 여기서는 몇 가지 문제를 중심으로 하여 각국의 예산심의를 비교하여 보기로 한다.[13]

1. 대통령제와 내각제

행정부에서 예산안이 입법부에 제출되면 이에 대한 심의를 시작하게 되는데 예산심의의 성격은 입법부와 행정부의 관계 여하에 따라 달라진다.

(1) 대통령제　미국이나 우리 나라와 같이 대통령제를 택하고 있는 경우에는 예산심의가 비교적 엄격하게 이루어진다.

(2) 내각제　영국이나 일본과 같이 내각제를 택하며 내각이 국회의 다수당의 위원회와 같은 존재로 간주되는 경우에 있어서는 정부의 예산안이 국회의 심의과정에서 수정이 거의 없다.

2. 예산과 법률

(1) 법률의 형식　영국과 미국에 있어서는 예산을 법률의 형식으로 성립시키고 있다.[14] 즉, 영국이나 미국에 있어서는 정부가 예산이라 하여 국회에 제출하는 것은 추계에 지나지 않으며, 국회는 이것에 의거하여 세출예산법안(Appropriation Bill)을 의결하는 것이다. 대통령의 서명이나 여왕의 재가를 얻어서 공포가 되면 세출예산법(Appropriation Act)이 되는 것이다.

---

13) 유훈, 전게서, pp. 210~214.

14) Lord Champion and D.W.S. Lidderdale, *European Parliamentary Procedure: Comparative Handbook* (London: George Allen and Unwin, 1953), pp. 29~30.

(2) 예산의 형식　이에 반하여 일본이나 우리 나라에 있어서는 예산은 예산의 형식으로 의결되며 법률은 법률이라는 형식으로 의결된다.[15] 일본이나 우리 나라에 있어서 예산은 법률보다 하위의 효력을 가지므로 예산에 의하여 법률을 개폐할 수 없다.

3. 예산안의 수정

(1) 수정제한　영국에서 의회는 예산안에 대해서 폐제·삭감권만 지니고 있으며 정부의 동의 없이는 증액을 하거나 새 비목을 설치할 수 없다. 뿐만 아니라, 국고금의 지출을 수반하는 어떠한 법안이나 결의안도 행정부의 동의 없이는 의회의 심의의 대상이 되지 않는다.[16] 우리 나라에서도 헌법 제57조의 규정에 의하여 국회는 정부의 동의 없이 정부가 제출한 지출예산 각항의 금액을 증가하거나 새 비목을 설치할 수 없다.

2. 증액수정권보유

미국이나 일본의 경우에 있어서는 이와는 사정이 다르다. 미국헌법은 이에 관한 아무런 규정도 두지 않고 있으므로 의회는 폐제·삭감권 뿐만 아니라, 새 비목의 설치나 증액도 자유로이 할 수 있다.[17]

일본의 현행법도 예산안의 제출권을 내각에만 부여하고 있으나 의회가 증액수정권을 지닌다고 해석하고 있으며, 1955년의 국회법 개정은 이를 전제로 한 규정을 설치했던 것이다.[18]

4. 단원제와 양원제

(1) 단원제　우리 나라와 같은 단원제 국가는 양원의 의결·조정문제는 발생하지 않는다.

(2) 양원제　영국, 미국, 일본 등은 양원제를 택하고 있으므로 양원의 의결

15) 김철수, 전게서, p. 799.

16) Kenneth Brandshaw and David Pring, *Parliament and Congress* (London: Constable, 1972), p. 309.

17) U.K. Hicks, *Public Finance*, 2nd ed. (Cambridge: Cambridge University Press, 1953), pp. 61～62.

18) 河野一之, 『豫算制度』(東京: 學陽書房, 1987), pp. 91～92.

이 일치하지 않는 경우, 양원의 의결 조정이란 중요한 문제가 발생한다.[19)]

5. 위원회

(1) 소규모 위원회 미국, 일본 및 우리 나라에 있어서는 예산안이 본회의에 상정되기 전에 소규모의 위원회의 심의를 받도록 되어 있다. 미국 국회에 있어서는 하원세출위원회(정원 50명)·상원세출위원회(정원 27명)·상하양원의 예산위원회가 이를 담당하며, 일본 국회에서는 중의원의 예산위원회(정원 50명)와 참의원의 예산위원회(정원 45명)가 이를 담당한다.

우리 나라의 경우에 있어서는 각 상임위원회의 예비심사를 거쳐 예산결산특별위원회의 종합심사를 거치도록 되어 있다.

(2) 본회의만의 심의 미국, 일본, 우리 나라의 경우와 달리 영국에서는 예산심의를 위한 소규모의 위원회가 없다. 행정부가 제출한 예산안은 본회의에서만 심의한다. 과거에는 세출위원회와 세입위원회라는 전원위원회가 있었으나 현재는 폐지되었다.

6. 예산불성립시의 예산집행

회계연도 개시일까지 예산이 입법부를 통과하지 못하는 경우에 어떻게 대처하느냐 하는 문제는 나라에 따라서 그 해결방법이 다르다.

(1) 양원의 공동의결 미국의 경우에 있어서는 의회가 양원의 공동의결에 의하여 정부기관으로 하여금 전년도예산을 답습하는 것을 허용하는 것이 관례이다.

(2) 가예산·잠정예산·준예산 등

(제1장 제5절 참조)

Ⅳ. 예산심의의 문제점

우리 나라 예산심의의 주요한 문제점으로 지적되는 것을 보면 다음과 같다.[20)]

---

19) 양원제의 경우 양원의 의결 조정에 관한 상세한 설명은 유훈, 전게서, pp. 212~213 참조.

20) 김규정, 전게서, pp. 782~783.

1. 전문성의 결여

국회의원은 국정의 전문성·복잡성에 대한 인식이 부족하고 예산행정에 대한 전문적 지식이 별로 없을 뿐만 아니라 의원 스스로 연구해 낸 자료는 거의 없고 행정기관으로부터 제공받은 간접정보에 의존하고 있다.

2. 국정감사·정책질의의 비효율성

국정감사는 극히 형식적이며 정책질의는 예산과 관련 없는 내용이 많고 그나마 중복 발언이 많았다.

3. 예산결산특별위원회의 비전문성과 구성원의 불안정성

예산결산위원회는 특별위원회로서 매년 임시적으로 구성되므로 예산심의에 전문성을 발휘하기 어렵고 구성원의 안정성은 매우 낮다.

4. 짧은 예산심의기간과 심사의 형식화

심의기간이 지나치게 짧아 예산을 충분히 검토할 시간적 여유가 없어 매년 졸속심의가 반복되어 왔다.[21] 또한 정책중심의 심의가 이루어지지 못하고 심의가 극히 형식적이었다.

5. 삭감기준의 비합리성

예산요구의 정당성·타당성을 비교하면 사업의 능률성·필요성을 평가한 후의 예산삭감이 아닌 무분별한 일률적인 삭감이 계속되어 왔으며 삭감규모의 조정은 어떤 합리적인 근거하에서 이루어지기보다는 여·야간의 정치적 타협으로 이루어지는 경우가 빈번하다.

---

21) 1960년대부터 1990년대 초에 이르는 동안 상임위원회의 예비심사기간은 1개 위원회당 평균 5~6일이고, 1개 부처당 평균 1.8일인데, 80년도 이전보다 80년도 이후에 심사일수가 오히려 단기화되어 가는 경향이 있다. 예결위의 경우에도 예산심의기간이 평균 10일도 안되는데 그 중 2분의 1 이상을 정책질의에 쓰고 있다(강신택, 전게서, p. 267 참조).

제3절 예산집행

Ⅰ. 예산집행의 의의

1. 예산집행의 개념

예산의 집행이란 국가의 수입지출을 실행하는 모든 행위를 말한다. 예산의 집행은 단순히 정하여진 금액을 국고에 수납하고 국고로부터 지불하는 것만을 말하는 것이 아니다. 국고채무부담행위의 실행이나, 지출원인행위[22]의 실행도 예산집행의 범위에 들어가는 것이다. 예산의 집행은 또한 예산에 계상된 세입세출뿐만 아니라, 예산성립 후에 일어날 수 있는 세입세출 전부를 포함한 국가의 수입지출의 실행에 관한 모든 행위를 말한다.

2. 예산집행의 목표

이러한 예산의 집행은 크게 나누어서 다음과 같은 두 가지의 상반되는 목표를 지니고 있다.

(1) 입법부 의도의 구현과 재정적 한계의 엄수　국회를 통과한 예산이란 사업계획에 관한 입법부의 의도를 계수적으로 표현한 것이라고도 할 수 있으므로 예산집행에 있어서 행정기관의 임무의 하나는 이러한 입법부의 의도를 구현하고 재정적 한계를 엄수하는 데 있다.[23]

---

22) 지출원인행위(encumbrance)는 정부의 세출예산, 계속비, 국고채무부담행위에 의하여 지출의 원인이 되는 계약 또는 기타 행위를 말한다. 지출원인행위는 법령의 범위 안에서, 또한 배정 재배정된 예산의 범위 안에서만 가능하다. 지출의 전단계인 지출원인행위제도는 일본의 지출부담행위제도 내지 미국의 obligation system에 유사하다.

(2) 예산집행의 신축성 유지　예산집행제도의 다른 하나의 목표는 예산성립 후의 여건의 변동에 적응하기 위한 신축성을 유지한다는 것이다. 또한 사업계획의 효과적 수행과 경비절약을 위해서도 예산집행의 신축성이 유지되어야 한다.

Ⅱ. 예산집행의 과정 및 통제

1. 예산의 배정과 자금의 공급

(1) 예산배정과 자금공급　예산의 배정이란 중앙예산기관이 각 중앙관서에 예산을 나누어주는 것을 말한다. 즉 중앙예산기관이 각 중앙관서의 장에게 일정기간 동안 예산을 집행할 수 있는 금액과 책임의 소재를 명확히 하는 절차를 말한다.

예산이 성립하면 각 중앙관서의 장은 사업운영계획에 의한 예산배정요구서를 기획재정부장관에게 제출하고 세입예산월별징수계획서와 세출예산월별지출계획서를 기획재정부장관에게 제출하면 기획예산처장관은 제출된 월별징수계획서와 월별지출계획서에 의하여 월별자금계획을 작성한다.

기획예산처장관은 각 중앙관서의 장이 제출한 예산배정요구서와 기획예산처에서 작성한 월별자금계획에 의하여 4분기별로 작성한 예산배정계획과 월별자금계획을 동시에 국무회의에 제출하여 그 심의를 거친 후 대통령의 승인을 얻는다.

대통령의 승인이 나면 기획재정부장관은 각 중앙관서의 장에게 4분기별로 예산을 배정하고 월별지출한도액을 통지한다.

(2) 예산의 재배정　예산의 재배정이란 각 중앙관서의 장이 배정받은 예산액의 범위내에서 산하기관에 월별 또는 분기별로 집행할 수 있는 예산을 정해주는 것을 말한다. 예산재배정제도는 각 중앙관서의 장이 산하기관의 예산집행상황을 감독·통제하고 배정한도를 엄수케 하는 데 그 목적이 있다.

중앙관서의 장은 장래의 계획을 보다 효율적으로 집행하기 위하여 재정통제방법으로서 배정받은 각 기관의 예산액 중 일부를 재배정하지 않고 유보하는 것

23) 재정적 한계를 엄수하기 위한 재정통제 수단으로는 예산의 배정과 재배정, 지출원인행위 통제를 위한 기록과 보고, 정원·봉급의 통제, 일정금액 이상의 계약행위의 통제 등이 있다.

이 관례로 되어 있다.

2. 지출원인행위 통제를 위한 기록과 보고

과도한 지출원인행위를 방지하기 위하여 지출원인행위와 수입 및 지출에 관한 기록을 마련하는 것이 필요한바 각 중앙관서의 장은 지출원인행위보고서, 수입 및 지출에 관한 보고서, 기타 회계에 관한 보고서를 매월 기획재정부장관에게 제출하도록 되어 있다.[24)]

3. 정원·보수 등의 통제

인건비는 예산에서 큰 비중을 차지하므로 각 기관의 정원과 보수 등 통제할 수 있는 방법이 마련되어야 하는바 정원은 공무원정원령으로, 봉급은 공무원보수규정에 의하여 통제되고 있다.

4. 계약의 통제

일정한 금액 이상의 계약 또는 특정한 성격의 계약에 관하여 중앙예산기관, 기타의 기관의 승인을 얻도록 하고 있다.

Ⅲ. 예산집행의 신축성 유지방안

1. 의 의

예산집행의 신축성유지란 정부가 예산을 집행하는 데 관련된 여러 여건의 변동에 적응하도록 예산을 융통성 있게 집행함을 말한다. 즉 예산이 성립된 후에 일어나는 여건 변동에 적응하고 예산을 효율적으로 관리·집행하기 위하여 세출예산을 지출목적 이외에 사용하거나 정하여진 금액을 초과하여 사용하거나 또는 다음 회계연도로 넘겨서 사용할 수 있게 하는 것을 말한다.

예산집행의 통제 측면만 강조하는 경우 경제·사회변동에 적응하기 어렵고 정부사업의 본래의 목적을 달성하기 어렵기 때문에 예산집행의 신축성이 요구되

24) 예산회계법 제107조.

고 있으며 이것은 또한 예산집행의 또다른 목표이기도 하다.

신축성의 유지방안으로서는 i) 예산의 이용·전용, ii) 예산의 이체, iii) 예산의 이월, iv) 계속비, v) 예비비, vi) 수입대체경비, vii) 국고채무부담행위 등을 들 수 있다. 전술한 추가경정예산제도도 예산집행의 신축성 유지방안으로 볼 수 있겠다.

2. 예산의 이용(移用)·전용(轉用)

(1) 예산의 이용　예산의 이용이란 예산이 정한 각 소관(所管)·장(章)·관(款)·항(項) 사이에 상호 융통하는 것으로서, 즉 입법과목간에 예산액을 상호융통하는 것을 말한다.

예산의 이용은 입법과목에 대한 조치이므로 원칙적으로 이용되지 않으나 예산집행상의 필요에 의하여 미리 국회의 승인을 얻었을 경우에 한하여 기획예산처장관의 승인을 얻어 이를 할 수 있다.[25)]

(2) 예산의 전용　예산의 전용이란 각 세항(細項)·목(目) 사이에 상호 융통하는 것으로서 행정과목 간에 예산액을 상호 융통하는 것을 말한다. 예산의 전용은 행정과목간의 융통이므로 기획재정부장관이 정하는 범위내에서 중앙관서의 장이 할 수 있다.[26)] 비목 중에서 i) 급여·상여금·정액수당, ii) 공공요금, iii) 차관상환금 및 차관이자는 다른 비목에 전용할 수 없다. 예산집행상 불가피하여 기획재정부장관의 승인을 얻은 경우와 예산회계법 제37조 제2항의 규정에 의하여 기획재정부장관이 정한 비목 상호간에 전용하는 경우에는 예외적으로 이들 비목도 전용이 허용된다.[27)]

예산의 전용을 했을 때에는 중앙관서의 장은 전용을 한 과목별 금액 및 이유를 명시한 명세서를 기획예산처장관 및 감사원에 송부하여야 한다.[28)]

3. 예산의 이체(移替)

(1) 이체의 의의　예산의 이체란 정부조직 등에 관한 법령의 제정·개정 또는 폐지로 인하여 그 직무권한에 변동이 있을 때에 예산도 이에 따라 변경시키는

25) 예산회계법시행령 제17조 제1항.
26) 예산회계법 제37조 제2항.
27) 예산회계법시행령 제18조.
28) 예산회계법 제37조 제3항.

것으로서 예산의 목적은 변경함이 없이 그 책임소관만을 바꾸는 것을 말한다.

예를 들면, 기구개혁에 의하여 해무청이 없어지고 그 기구가 건설부·농림부·상공부·교통부·내무부로 흡수된 경우 구해무청의 예산이 건설부·농림부·상공부·교통부·내무부로 넘어가는 것을 예산의 이체라고 한다.

(2) 이체의 절차 예산의 이체를 하고자 할 때에는 이체받을 중앙관서의 장이 이체하여야 할 중앙관서의 장과 협의하여 이체과목과 금액을 명확히 한 서류를 기획재정부장관에게 제출하여 그 승인을 얻어야 한다.[29)]

4. 예산의 이월(移越)

(1) 이월의 의의 예산의 이월이란 예산을 다음 연도에 넘겨서 다음 연도의 예산으로 사용하는 것으로서 회계연도독립의 원칙 또는 예산1년주의의 원칙에 대한 예외가 되는 것이다. 예산은 원칙적으로 1년에 한하여 효력을 지니는 것이므로 연도내에 그것을 사용하지 않는 경우에는 그 미사용액은 다음 연도의 세입이 된다.

그러나 사업의 성격상 1년내에 그 지출을 완료할 수 없는 경우를 위하여 이월제도를 두어서 예산의 연도내 사용원칙을 완화시켜 주고 있다. 이것은 일종의 시기적 신축성이다. 이월에는 명시이월과 사고이월이 있다.

(2) 명시이월 명시이월이란 세출예산 중 연도내에 지출을 끝내지 못할 것으로 예측되는 경우 예산에 명시하여 미리 국회의 승인을 얻어서 다음 연도에 이월하여 사용하는 것을 말한다. 예산회계법 제23조는「세출예산 중 경비의 성질상 연도내에 그 지출을 끝내지 못할 것이 예측될 때에는 특히 그 취지를 세입세출예산에 명시하여 미리 국회의 승인을 얻은 다음 연도에 이월하여 사용할 수 있다」고 규정하고 있다. 이 규정에 의하여 다음 연도에 이월하여 사용할 수 있는 경비를 명시이월비라고 한다.

(3) 사고이월 사고이월이란 연도내에 지출원인행위를 하고 불가피한 사유로 연도내에 지출하지 못한 경비와 지출원인행위를 하지 않은 부대경비의 금액을 다음 연도에 이월하여 사용하는 것을 말한다. 사고이월은 연도내에 지출원인행위를 하고 불가피한 사유로 인하여 연도내에 지출하지 못한 경비와 지출원인

29) 예산회계법시행령 제17조 제2항.

행위를 하지 아니한 부대경비의 금액에 한하여 인정하게 되어 있다. 즉 연도내에 종료되어야 할 공사·제조 계약 등이 이행이 불가피한 사유로 인하여 지연되고 그 결과로서 연도내에 완료되지 않음을 요한다.[30)]

이월은 계속비와 달라서 1회계연도에 한하므로 한번 사고이월한 경비는 다음 연도에 재차 이월하지 못하게 되어 있다. 명시이월의 경우는 국회의 사전승인을 얻어야 하나, 사고이월의 경우는 국회의 사전승인을 얻을 필요가 없다.

5. 계속비

계속비란 완성에 수년도를 요하는 정부의 공사나 제조 및 연구개발사업은 경비의 총액과 연부액을 정하여 미리 국회의 의결을 얻은 범위 안에서 수년도에 걸쳐 지출할 수 있는 경비를 말하며 회계연도독립의 원칙에 대한 예외가 된다. 예산회계법 제22조에 의하면「완성에 수년도를 요하는 공사나 제조 및 연구개발사업은 경비의 총액과 연부액을 정하여 미리 국회의 의결을 얻은 범위 안에서 수년도에 걸쳐서 지출할 수 있다」고 규정하고 있다. 계속비에 의하여 지출할 수 있는 연한은 당해 회계연도로부터 5년 이내로 한다.

현행 계속비제도는 다음과 같은 점들에 대한 재검토가 있어야 한다. 오늘날 정부공사는 그 규모가 방대하여 5년 이내에 완공할 수 없는 사업이 허다하다. 이러한 경우 다시 예외를 인정하는 것이 바람직하며, 또한 공기를 단축할 수 있는 경우에는 단축할 수 있도록 예외를 인정하는 것이 검토되어야 할 것이다.

6. 예비비

(1) 의 의　예비비란 예측할 수 없는 예산의 지출 또는 예산초과지출에 충당하기 위한 경비를 말한다. 정부는 예비비를 책정하여 총액으로 국회의 의결을 얻어야 한다. 예산을 집행하다 보면 재해복구 등 새로운 사업의 필요성이 생겨나거나 이미 승인된 사업의 규모를 늘리지 않을 수 없는 경우가 생겨날 수도 있다. 이러한 경우에 대비하기 위한 것이 예비비이다. 새로운 사업에 대하여 지출하는 것이 예산외의 지출이고, 이미 승인된 사업의 규모를 늘려서 지출하는 것이 예산초과지출이다.

---

30) 예산회계법 제38조 제1항.

우리 나라 국가재정법 제21조에는 「예측할 수 없는 예산외의 지출 또는 예산초과지출에 충당하기 위하여 정부는 예비비로서 상당하다고 인정되는 금액을 세입세출예산에 계상할 수 있다」라고 규정하고 있다. 종전의 예산회계법 제26조 제2항에서는 「일반회계에 있어서는 세출예산의 100분의 1 이상에 해당하는 금액을 전항의 예비비로서 세출예산에 계상하여야 한다」라고 규정하였으나 1989년 3월의 예산회계법 전면개정시에 예비비설정의 하한규정을 폐지하였다.

예비비도 국회의 의결을 얻은 것이기는 하나 그 구체적인 사용목적과 책임자가 사전에 정해진 것이 아니므로 사용 후에는 예비비로 사용한 총괄표를 다음 회계연도 개시 120일 전까지 국회에 제출하여 그 승인을 얻어야 한다.[31)]

예비비도 물론 예산에 계상하여 국회의 의결을 거친 것이기는 하나 목적·과목 등을 정하여 의결을 얻는 다른 세출예산과는 성질이 다르다. 환언하면, 세출예산은 정부가 그 목적에 따라 지출할 것을 승인한 것인데 대하여 예비비는 그 목적·사용책임자가 정해지지 않은 예산상의 금액을 계상한 것으로서 그 금액이 총액으로서 적당하냐, 않느냐를 심의결정한 데 지나지 않으며, 따라서 실질적 의미에 있어서의 예산이 아니다. 이것을 사용했을 경우에는 사후에 정부가 국회의 승인을 얻음으로써 그 책임이 해제되는 것이며, 국회의 사후승인을 요청하는 이유도 여기에 있는 것이다.

7. 수입대체경비

수입대체경비란 지출이 직접 수입을 수반하는 경비로서 재정경제부장관이 지정한다. 수입대체경비는 모든 수입은 국고에 납부하고 이를 직접 사용하지 못한다는 국고통일원칙에 대한 예외가 된다. 이러한 경비는 i) 국가가 특별한 역무를 제공하고 그 제공을 받은 자로부터 비용을 징수하는 경우의 당해경비, ii) 수입의 범위 안에서 관련경비의 총액을 지출할 수 있는 경우의 당해경비를 말한다. 이 제도는 수입을 국고에 수납하고 다시 예산배정을 받아 지출하는 번거로운 절차를 간소화하여 예산집행의 융통성을 제고시켜 준다.

31) 예산회계법 제40조 제4항.

8. 국고채무부담행위

(1) 의 의 국고채무부담행위란 법률에 의한 것과 세출예산금액 또는 계속비의 총액의 범위 안의 것 이외에 국가가 채무를 부담하는 행위를 말한다. 국가재정법 제25조는 「법률에 의한 것과 세출예산금액 또는 계속비의 총액의 범위내의 것 이외에 국가가 책무를 부담하는 행위를 할 때에는 미리 예산으로서 국회의 의결을 얻어야 한다」고 규정하고 있는데 이 규정에 의하여 국가가 채무를 부담하는 행위가 국고채무부담행위인 것이다.

국고채무부담행위는 수년에 걸친 건물이나 대지의 임차 등과 같이 계약연도와 지출연도가 다를 경우에 대비하여 국가가 부담하는 채무에 대하여 국회의 사전동의를 얻어둔다는 점에서 예산집행의 신축성과 관련이 있다.

예를 들면, 외국인의 고용계약을 하거나 2년 이상의 기간으로 대지 또는 건물을 임차한다든가 하는 경우와 같은 것이며, 미리 예산으로서 국회의 의결을 얻어야 하는 것이다. 이 의결은 채무를 부담할 권한만을 부여하는 것이므로 이러한 채무에 따른 지출에 대해서는 다시 국회의 의결을 받아야 한다.[32)]

국고채무부담행위가 세출예산과 다른 점은, 첫째 채무부담은 의무만 지는 것이므로 실제재원이 수반하는 지출이 이루어지는 것이 아니므로 실제로 세출의 지출이 필요한 때에는 예산으로서 국회의 사후승인을 얻어야 한다는 점이고, 둘째 1년에 효력이 그치는 것이 아니고 수년도에 걸치는 것이 많으며 복수년도에 걸치는 것을 원칙으로 한다.

Ⅳ. 예산집행의 문제점

우리 나라 예산집행의 문제점으로 지적되는 것은 다음과 같다.[33)]

(1) 예산집행에 대한 통제의 형식화 품목별예산 중심의 통제지향적 예산제도를 운영하면서도 국민의 감시가 따르는 재정통제와 예산책임제도가 확립되어 있

32) 국고채무부담행위에 관한 국회의 의결을 받기 위해서는, 첫째 사항마다 그 필요한 이유를 밝혀야 하고, 둘째 그 행위를 할 연도를 명백히 밝혀야 하며, 셋째 채무부담의 금액을 표시하여야 한다.

33) 김규정, 전게서, pp. 797~798.

지 못하고 통제가 형식화되어 왔다.

(2) 예산집행의 신축성 결여 예산제도의 신축성을 유지하기 위한 제도적 방안이 마련되고 있으나 실질적으로 신축성은 제약되어 왔다. 경제·사회여건이 급변하는 상황에서 예산요구와 예산집행간에 1년이나 차이가 있는 데도 엄격한 예산집행요구는 적절하지 않다.

(3) 자금의 적기공급 부진 예산회계법상으로는 예산배정과 자금공급의 일원화를 기할 수 있도록 되어 있으나, 실제로는 자금공급이 적기에 이루어지지 않는 일이 많았다.

(4) 예산과목의 세분화 예산과목이 너무 품목별로 세분화되고 있다. 국회는 총액중심의 총괄예산을 통과시키는 방향으로 나아감으로써 행정부의 재량권을 폭넓게 인정하도록 하고 정책중심·성과중심의 예산심의에 주력해야 할 것이다.

(5) 예산집행의 연도말 집중현상 당해연도 예산이 모두 집행되지 않으면 다음 연도에 이월되어 예산삭감을 초래하게 되므로 연도 말에 예산집행이 집중화됨으로써 예산낭비를 초래하였다.

제 4 절 결 산

Ⅰ. 결산의 의의

1. 결산의 개념

결산이란 1회계연도에 있어서의 국가의 수입과 지출의 실적을 확정적 계수로써 표시하는 행위로서 예산에 의하여 수입·지출을 한 정부의 사후적 재정보고를

의미한다.[34)]

그러나 결산은 사후조치이므로 그 일반적인 의의도 주로 정치적인 것이며 예산에 의하여 행동한 정부의 사후적 재정보고이며 정부의 지출이 예산에 의하여 국회의 사전심사를 받는 것과 같이 정부는 결산에 의하여 사후의 감독을 받는 것이다. 따라서, 정부에 관한 국회의 감독은 예산의 심의와 결산의 심사에 의하여 비로소 완전한 것이 될 수 있는 것이다.[35)]

2. 결산의 효과

결산은 예산과 같이 다음 연도에 있어서의 지출의 한도 기타에 관하여 국가기관의 행위를 규정하는 효과와 같은 것은 지니지 않으나, 그렇다고 해서 전혀 법적 효과를 지니지 않는 것은 아니며, 결산이 정당한 경우에 있어서 정부의 책임을 해제시킨다는 효과를 지닐 뿐만 아니라, 감사원의 권한이 발동하는 계기를 이루는 경우가 있는 것이다.[36)]

3. 결산의 기능

결산의 기능은 크게 두 가지로 나누어서 볼 수 있다.

(1) 재정활동의 확인　결산에 의하여 정부가 국회의 심의를 거쳐 성립한 예산의 범위내에서 재정활동을 행했느냐를 확인할 수 있다. 그러기 위해서는 결산에 계상된 계수가 정당한 숫자일 뿐만 아니라 사실에 의거한 것이어야 한다. 결산이 작성되면 감사원에 송부되어 그 검사·확인을 받아야 하는 이유가 여기에 있다.

(2) 참고자료의 제공　예산과 결산을 대비하거나 결산을 상세히 검토함으로써 장래의 재정운영에 반영시킬 수가 있다. 결산에 의하여 과거의 경험을 되새기며 이것을 장래의 예산편성이나 재정운영에 참고함으로써 국가의 재정을 보다 유효하게 운영할 수 있게 된다. 그러나 실제에 있어서 우리 나라의 경우 결산이

34) 유훈, 전게서, pp. 298～308.

35) 杉村章三郞, 『財政法』(東京: 有斐閣, 1982), p. 133.

36) 국회의 결산승인에 의하여 관계공무원의 부정행위에 대한 변상책임이나 형사책임까지 해제되는 것은 아니므로 결산의 효과는 법적인 것보다 정치적인 데 있다고 보는 견해가 있다. 그리하여 국회의 결산승인에 의하여 예산집행에 대한 정부책임이 해제되었다 하더라도 그 책임이란 정치적 책임의 해제를 의미할 뿐이라고 한다. 김규정, 전게서, p. 799 참조.

예산편성에 반영되는 경우는 드물다고 하겠다.

Ⅱ. 예산과 결산

1. 예산과 결산의 불일치

결산은 1회계연도간에 있어서의 예산집행의 실적이며, 따라서 예산과 결산은 대체적으로 일치하나 완전히 일치하는 일은 거의 있을 수 없다. 예산은 그 성립 후에 전년도로부터의 이월, 예비비의 지출 등이 있을 뿐만 아니라, 다른 한편 당해연도에 사용하지 않은 불용액과 다음 연도에의 이월 등이 있는 까닭이다.

이 경우에 있어서 정부에 의한 위법적 혹은 부당한 지출이 있다고 해서 결산이 그 지출행위를 무효로 하거나 취소할 수는 없다. 따라서, 결산의 의의는 법률적인 것이라기보다는 정치적·역사적인 것이라고 할 수 있다. 많은 나라에서 결산 및 회계검사제도를 헌법에 규정하고 있는 것도 이 제도가 역사적으로 보아서 중요성을 지니고 있는 까닭이라고 하겠다.[37)]

2. 예산에의 편중

정부의 각 부처는 많은 사업을 수행하기 위하여 될 수 있는 대로 많은 예산을 얻으려고 노력하며 국회의 심의도 예산의 증감과 그 배경을 이루는 정부 시책의 비판에 중점을 두고 있는 데 반하여, 결산은 이익금을 산정할 목적을 지니고 있지 않으므로 그다지 중요시되고 있지 않다고 하겠다.

3. 결산과 회계연도독립의 원칙

미국에는 우리 나라의 결산에 해당하는 제도가 없다. 미연방 재무성은 국고수지잔고종합보고서를 작성하여 의회에 제출한다. 9월 30일에 끝나는 회계연도분을 보통 다음해 1월 상순에 국회에 제출하는데 예산에 대한 실적보고라는 점에서는 우리 나라의 결산서와 유사한 것이라고 할 수 있겠으나 제출 전에 회계검사원의 검사를 받을 필요는 없다.[38)]

---

37) 예를 들면 이탈리아공화국헌법 제81조; 일본국헌법 제90조; 대한민국헌법 제97조.

영국·일본·한국 등에서는 결산제도가 있으나, 미국에는 회계연도독립의 원칙이 존재하지 않으므로 결산제도가 없다.

Ⅲ. 결산의 절차

1. 출납정리기간

결산은 예산집행의 실적이므로 예산집행의 완결이 있어야 비로소 그 내용을 확정할 수 있다. 예산집행의 완결이란 구체적으로는 수입지출의 출납사무의 완결이며, 따라서 출납사무의 완결은 결산작성의 전제가 된다.

예산회계법 제4조 제1항은「한 회계연도에 속하는 세입세출의 출납에 관한 사무는 다음 연도 3월 10일까지 완결하여야 한다」고 규정하고 있다. 각 연도의 수입지출은 연도내에 행하여진 것에 한하여야 함은 물론이나, 출납정리를 위하여 연도가 끝나고 다음 연도가 되어도 일정한 기간 동안은 수입 또는 지출이 허용되고 있다. 이 기간을 출납정리기간이라고 한다.

2. 결산의 조제

결산심의의 기초로서 각 중앙관서의 장은 매회계연도 그 소관에 속하는 세입세출의 결산보고서·계속비결산보고서 및 국가의 채무에 관한 계산서를 작성하여 2월 말일까지 기획재정부장관에게 제출한다.[39)]

이 때에 기획재정부장관이 정하는 바에 따라 i) 세입세출 결산의 분석에 관한 서류, ii) 수입대체경비의 세입세출결산보고서, iii) 세입세출 결산의 개요설명서, iv) 기타의 세입세출 결산의 내용을 명백히 함에 필요한 서류를 첨부하여야 한다. iii)의 세입세출 결산의 개요설명서에는 세입의 경우 예산대비증감내역을 표시하여야 하며, 세출의 경우에는 단위사업별 사업계획대비실적과 그 성과를 명백히 표시하여야 한다.[40)]

---

38) 유훈, 전게서, p.300.
39) 예산회계법 제42조.
40) 예산회계법시행령 제23조 제1항 및 제2항.

기획재정부장관은 각 중앙관서의 장이 제출하는 이들 각종의 보고서에 의하여 세입세출전체의 결산, 즉 총결산을 작성하여 국무회의의 의결을 거쳐 대통령의 승인을 얻는다. 결산은 연도종료 후 될 수 있는 대로 속히 심의를 거치지 않으면 안된다. 따라서, 예산회계법은 정부로부터 감사원에 총결산과 필요서류를 송부하는 기한을 다음 4월 10일까지로 하고 있다.[41]

3. 결산의 심사

결산이 국회에 제출되면 국회는 정치적 견지에서 결산의 내용을 통하여 정부의 재정적 조치를 비판하고 그 책임을 명백히 한다. 감사원은 예산의 집행을 중심으로 하여 결산의 합법성과 적합성을 검사하고 이것을 확인한다. 그러나, 절차상 감사원의 검사가 선행한다. 회계상의 전문기관에 의한 검사가 국회의 심의에 있어서 중요한 자료가 되는 까닭이다.

(1) 감사원의 결산 확인 　결산은 과거의 수입과 지출을 대상으로 하는 까닭에 설사 결산이 비합법적이며 부적합하다고 판정하더라도 이것을 무효로 한다든가 부분적으로 취소하는 효과를 지니지는 못한다. 따라서 감사원은 결산을 검사하는 동안에 발견된 회계상의 비위에 대한 확인 및 시정조치를 요구하게 된다.

감사원은 결산의 검사가 끝나면 그 보고서를 5월 20일까지 기획재정부장관에게 송부하여야 하며,[42] 정부는 감사원의 검사를 거친 세입세출결산을 다음 연도 5월 31일까지 국회에 제출해야 한다.[43]

(2) 국회에 있어서의 결산심의 　정부가 결산을 국회에 제출하면 각 상임위원회에 회부하여 심사케 하고 각 상임위원회는 그 심사결과에 대한 의견을 첨부하여 예산결산위원회에 회부하여 종합심사케 한 후 이를 본회의에 보고한다.

그런데, 이러한 결산심사과정에 있어서 본회의는 더 말할 것도 없고, 예산결산위원회도 거의 무관심했다. 만일에 예산결산위원회가 예산에 사로잡혀 결산에 대하여 관심을 지닐 수가 없다면 결산에 관한 업무를 예산결산위원회에서 독립시켜 영국이나 일본과 같이 결산위원회를 따로 두는 것도 한 방법이 될 것이다.

41) 예산회계법 제44조 제1항.
42) 예산회계법 제44조 제2항.
43) 예산회계법 제45조.

4. 세계잉여금(歲計剩餘金)의 처리

세입세출예산을 결산하면 세계잉여금[44]이 있게 된다. 세계잉여금은 세입이 징수계획보다 초과수납되거나 세출예산액 중 지출되지 아니한 다음 회계연도 이월액과 불용액 등으로 발생된다. 세계잉여금은 세출예산이월액의 재원으로 다음 회계연도의 세입에 이입하여야 한다.[45]

Ⅳ. 결산의 문제점

우리 나라 결산제도의 문제점으로 지적되는 것은 다음과 같다.[46]

1. 결산에 대한 인식부족 및 무관심

관료나 국회의원들이 결산을 과소평가하고 결산에 대해서는 적극적인 관심을 보이지 않는다. 국회의원은 정치적 이해관계에 따라 예산을 확보하는 데만 관심을 가질 뿐 실행예산의 집행결과인 결산에 대하여 정치적 책임을 추궁하는 데는 극히 소극적이다. 국회의 결산심의과정에서 각 상임위원회나 예산결산위원회는 결산심의에 대하여 형식적이며 무성의한 입장을 취하여 왔다. 결산제도가 가장 모범적으로 운영되고 있는 영국의 예를 타산지석으로 삼아야 할 것이다. 국회의 결산심의만 충실히 하여도 관료통제를 실질적으로 기대할 수 있다. 예산통제의 효율화를 위하여 국회의 결산심의를 전담하는 결산위원회를 설치하거나 감사원을 행정부로부터 입법부에 소속시켜 국민의 대표기관으로서의 국회의 의사가 정부회계과정에 반영되도록 해야 할 것이다.

2. 결산자료의 미비

결산자료가 전문가가 아닌 사람에게는 이해하기 힘들고 주요사업에 대한 평가도 없을 뿐만 아니라 결산을 검토할 시간여유도 충분히 주어지고 있지 않아

---

44) 세계잉여금이란 회계연도마다 세입세출의 결산에서 생긴 잉여금을 말하며 회계연도 내에 수납된 세입액으로부터 지출된 세출액을 차감한 잔액을 의미한다(세계잉여금=세입수납액-지출액).

45) 예산회계법 제47조.

46) 김규정, 전게서, p. 802.

결산제도가 잘 활용되지 못하고 있다. 따라서 예산실의 예산조정작업이나 국회의 예산심의에 도움을 주고 반영될 수 있도록 결산자료가 회계법상의 지식 없이도 이해될 수 있고 시간제약이 많은 짧은 기간에도 쉽게 이용할 수 있도록 잘 정리되어 있어야 할 것이며 무엇보다 결산자료 자체의 신빙성·진실성이 제고되어야 할 것이다.

제 5 절 회계검사

Ⅰ. 회계검사의 의의

1. 회계검사(audit)의 개념

회계검사란 일반적으로 어떤 조직체의 재정적 활동과 그 수지의 결과에 관한 사실을 확인하거나 검사하며 나아가서 그 결과를 보고하기 위하여 장부 기타의 기록을 체계적으로 검사하는 행위라고 정의할 수 있겠다.[47] 이것을 좀더 구체적으로 살펴보면 다음과 같다.

(가) 회계검사의 대상은 회계기록으로서 회계와 관계가 있는 모든 기록이다.

(나) 이러한 회계기록은 검사자가 아닌 타인이 작성한 것이어야 한다.

---

47) Robert Montgomery, *Auditing Theory and Practice* (New York: Wiley, 1940), p. 2; 유훈, 전게서, p. 309. L. D. White는 회계검사란 '공금이 법률에 규정한 조건에 합치하고 나아가 법률이 정하는 목적에 따라서만 지출되었는가를 검토하고, 공금의 횡령이나 망실을 방지하기 위해 회계나 명세목록이 정확하게 기입되었는가의 여부를 음미하여 그 결과를 소정기관에 보고하는 것'이라고 정의하며 Thomas D. Lynch는 '회계제도가 정확히 활용되고 있는가를 검증(check)하는 것'이라고 정의한다.

(다) 회계검사는 회계기록이 법령에 따라 적정하고 진실되게 기록되었다는 것을 입증하는 정부(正否)검증 절차이다. 여기에서 정부검증 절차란 부기기록이 각 거래를 적정하게 해석하고 그 경제적 내지는 법률적 사상을 진실하게 표시하고 있다는 것을 입증하는 것이다.

(라) 회계검사는 회계기록의 적부에 관한 비판적 검증으로서 반드시 검증결과에 대하여 검사인의 의견표명이 있어야 한다.

2. 회계검사의 성격

정부부문의 회계검사는 민간부문의 경우와는 달리 지출의 합법성을 극도로 중요시해 왔다. 이와 같은 합법성 위주의 검사의 목표는 법률이나 예산에 위반된 지출과 수입은 없느냐 하는 것을 발견하는 데 있으므로 그것은 소극적 성격의 감사리는 비판을 받아 왔다.

3. 회계검사와 감사

영어의 audit는 보통 「회계검사」 또는 「회계감사」라고 번역하고 있다. 우리나라 감사원법은 「회계검사」와 「직무감찰」을 합쳐서 감사라고 부르고 있으므로 여기서는 감사란 회계검사와 직무감찰을 포괄하는 개념으로 사용하기로 한다.

4. 회계검사의 목적

예산과정의 마지막 단계인 정부부문 회계검사의 목적은 i) 정부의 지출을 회계관계법령에 따라 하게 함으로써 정부의 합법성을 확보하며, ii) 재정낭비를 방지하고 경리상의 비위·부정을 적발·시정하며, iii) 회계검사의 결과를 행정관리의 개선과 정책·계획의 합리적 수립에 반영시키는 데 있다.

Ⅱ. 회계검사기능의 변화

1. 전통적 회계검사에 대한 비판

합법성을 강조하는 전통적·소극적 회계검사[48]에 대한 비판적 견해를 다음의 세 가지로 요약하여 본다.

(1) 능률적 행정운영의 저해 　지출의 합법성을 강조하는 회계검사가 자칫하면 정부기관의 능률적 운영을 저해할 우려가 있다는 비판이 제기되고 있다. 이러한 문제점은 미연방정부의 회계검사원과 같이 회계검사기관이 정부기관의 지출을 확정시킬 권한과 법률에 정한 해석을 결정할 권한을 지니는 경우에는 더욱 두드러지게 나타나게 된다고 하겠다.

(2) 부당지출방지의 곤란 　합법성 위주의 회계검사는 불법지출을 방지할 수는 있으나 행정재량의 남용에 따른 부당한 지출이나 합법적인 낭비를 방지하는 데에는 한계가 있다는 비판도 제기되고 있다.

(3) 관리전반의 검토 불능 　합법성 위주의 전통적·소극적 회계감사로서는 정부지출의 전체적 성과(능률성, 효과성)에 대한 평가가 불가능하며, 의회 역시 이러한 회계검사에 의거한 보고에 의해서는 정부지출의 전체적인 성과를 명백히 할 수 없다는 비판이 있다.

2. 회계검사기능의 변화

합법성 위주의 전통적 검사에 대해서 많은 비판이 제기되고 전통적 검사로서는 검사기능의 올바른 수행이 어렵게 되자 검사기관에 다음과 같은 변화가 일어나게 되었다.[49]

첫째, 검사대상기관의 범위가 확대되었고, 둘째 합법성 위주의 회계검사에서 효과성검사 또는 능률성검사로 전환됨에 따라 검사의 초점이 재정에서 행정 관

48) 전통적 회계검사의 특징으로는 협소한 검사대상기관, 합법성의 강조, 재정에 대한 검사, 회계검사와 직무감찰의 분리 등이 있다.

49) 유훈, 전게서, pp. 313~316.

리 전반으로 확대되기에 이르렀다. 셋째, 회계검사의 초점이 재정에서 관리전반으로 확대됨에 따라 회계검사와 직무감찰의 통합이 불가피하게 되었다. 전통적 회계검사만으로 관리전반에 대한 검사가 불가능한 까닭이다.

Ⅲ. 회계검사의 방법(종류)

1. 서면검사·실지검사·대행검사 및 위탁검사

회계검사는 여러 가지 관점에서 여러 가지로 분류할 수 있는바 우리 나라의 감사원이 실시하고 있는 회계검사의 분류를 서면검사·실지검사·대행검사 및 위탁검사로 나누어 살펴보기로 한다.[50]

(1) 서면검사　　서면검사[51]라 함은 각 기관에서 제출된 서류를 통하여 감사원이 각 기관 또는 단체의 회계를 검사하는 방법을 말한다. 감사원의 검사대상처인 전국 각 기관 또는 단체의 각종 회계직 공무원으로부터 소정기별로 감사원에 제출되는 계산서 증거자료 조서 등 회계관계서류는 막대한 수량에 달하는 바 이 서류를 감사원의 주관국과에 의하여 세밀한 검사를 받는다.

(2) 실지검사　　실지검사라 함은 감사원이 직원을 현지에 파견하여 그 직원으로 하여금 실지로 행하는 검사이다. 감사원의 회계검사는 원칙적으로 서면검사가 주이고, 실지검사는 보충적 사명을 지니고 있는 것이다. 그렇다고 실지검사의 중요성을 경시하는 것은 아니다. 감사원이 매년 작성하여 결산과 함께 국회에 제출하는 결산보고서에 게재되는 회계상의 비위사항은 대부분이 실지검사에 의하여 적발된 것이다.

(3) 대행검사　　감사원이 중앙관서·지방자치단체 및 정부투자기관으로 하여금 당해기관 또는 그 감독하에 있는 기관에 대한 감사원의 감사사무의 일부를 검사지침에 따라 행하도록 하고 그 결과를 제출토록 하는 제도를 말한다.

(4) 위탁검사　　정부투자기관관리기본법 제29조의 규정에 의거하여 감사원은 정부투자기관에 대한 검사사무의 일부를 주무부장관 등에게 위탁하여 그의 권한

50) 유훈, 전게서, pp. 335~341.

51) 감사원법은 「서면감사」, 「실지감사」라는 용어를 사용하고 있으나, 이는 회계검사와 직무감찰을 동시에 사용하기 위해서이다. 따라서 여기서는 「서면검사」, 「실지검사」라고 부르기로 한다.

과 책임하에 검사를 실시하도록 하고 있다. 위탁검사의 실시에 있어서 감사원은 주무부장관 외에 물품관리에 관한 검사의 경우에는 조달청장에게 위탁할 수 있으며 금융기관인 투자기관에 대한 검사는 은행감독원장에게 위탁할 수 있다.[52)]

2. 사후검사와 사전검사

(1) 사후검사(post-audit)　실제로 지출이 행하여진 후에 그 지출의 위법 및 부당사항을 검사하는 것으로 우리 나라는 물론 대부분의 국가에서는 사후검사만이 행하여지고 있다.

(2) 사전검사(pre-audit)　사전검사라 함은 지출이 있기 전의 법령의 규정에 의하여 미리 지출의 합법성을 승인하는 것으로 이 승인이 지출의 요건이 되게 하는 경우를 말한다.

3. 내부검사와 외부검사

(1) 내부검사　내부검사는 그 기관의 자체검사기구가 담당하는 계획검사이다. 우리 나라 정부 각부처에는 감사관실 또는 감사담당관실 등이 설치되어 내부검사를 담당하고 있다.[53)]

(2) 외부검사　외부검사는 자체검사기관이 아닌 외부의 회계검사담당기관이 실시하는 회계검사이다. 일반적으로 외부검사는 감사원(회계검사원)이 담당하는 것이라고 할 수 있다.

4. 일반적 검사·상업적 검사·종합적 검사

1950년대까지 미국의 행정학자들이 분류한 미국의 회계검사원의 회계검사 방법들이다.

(1) 일반적 검사(general audit)　전통적인 합법성 위주의 회계검사를 지칭하는 일반적 검사는 공금관리를 맡고 있는 공무원의 개인적 책임을 기초로 하여 행하여지는 것으로서 공기업을 제외한 대부분의 정부기관에 대하여 적용되는 회계검사이다. 이 검사의 목적은 회계직공무원의 경리를 확정하기 위하여 그 수입

52) 정부투자기관관리기본법시행령 제16조.

53) 1990년도에는 국가기관의 내부감사를 위하여 연인원 95,129명이 동원되어 3,219회에 걸친 감사가 실시되었다(감사원, 「1990년도감사연보」, 1991, p. 350).

과 지출의 타당성을 결정함에 있다.

(2) 상업적 검사(commercial-type audit) 상업적 검사는 민간의 영리기업체에서 공인회계사를 초청하여 행하는 검사와 동일한 것으로서 공사를 포함한 공기업 등에 적용된다.

(3) 종합적 검사(comprehensive audit) 이는 주로 각 기관의 프로그램, 절차, 기법 등을 검토하여 과연 각 기관이 합법적·능률적·경제적으로 그 자원을 활용했느냐를 검사하는 것이다.

5. 합법성 감사·효율성 감사·정책감사

한때 우리 나라 감사원에서는 감사를 합법성 감사, 효율성 감사, 정책감사로 나누고 정책감사의 중요성을 강조한 바 있다.[54]

(1) 합법성 감사 행정의 법률적합성 여부에 중점을 두는 방법으로서 예산제도로 말하면 품목별예산제도에 해당되는 감사방법이라 하겠다.

(2) 효율성 감사 정부활동의 효과성과 능률성을 강조하는 감사방법으로서 효과성과 능률성 감사를 합친 개념이라고 할 수 있겠다.

(3) 정책감사 정책감사란 감사원이 정부의 사업이나 통상업무뿐만 아니라 정책도 대상으로 삼아 종합적으로 분석·평가하여 개선안을 제시하는 감사라고 할 수 있겠다. 즉 감사원에 의한 정책평가라 할 수 있다.[55]

6. 정밀검사와 발취검사

(1) 정밀검사(detailed audit) 이는 일명 전면검사(complete audit)라고도 하는데 모든 수입과 지출을 일일이 상세하게 검사하는 것이다.

(2) 발취검사(test audit) 발취검사란 모든 수입과 지출을 일일이 세밀하게 검사하는 것이 아니고, 표본추출(sampling)에 의하여 선택적으로 검사하는 것을 말한다.

오늘날 상업식 검사와 종합적 검사에 있어서는 정밀검사 대신에 발취검사를

54) 김경덕, "정책감사개요," 『계간 감사』, 1985년 12월호, p. 128.

55) 정책감사의 특징으로는 i) 회계검사와 직무감찰의 통합, ii) 종합적·총제적 감사, iii) 정책자체의 감사, iv) 비정책적 업무의 감사, v) 개선방안의 제시 등을 들 수 있다. 상세한 설명은 유훈, 전게서, pp. 340~341 참조.

실시하고 있다.

Ⅳ. 회계검사기관의 유형

회계검사기관의 유형을 여러 가지로 분류할 수 있으나 i) 회계검사기관의 위치(지위), ii) 단독제·합의제, iii) 헌법기관 여부 등을 기준으로 하여 나누어서 고찰하기로 한다.

1. 회계검사기관의 위치(지위)

(1) 입법부형(영미형)　회계검사기관을 입법부에 소속시키는 형태이다.

영국·미국을 위시하여 벨기에·오스트리아·이스라엘 등이 이에 속한다. 벨기에 오스트리아·이스라엘 등에 있어서는 회계검사기관의 최고책임자를 입법부가 임명하고 있다.[56)]

(2) 행정부형(대륙형)　회계검사기관을 행정부에 예속시키고 있는 형태로서 포르투갈·한국 등이 이에 속한다.

(3) 독립형　회계검사기관을 입법·사법·행정 3부 중 그 어느 것에도 속하지 않는 독립된 기관으로 하고 있는 형태이다. 현재의 프랑스 회계검사원, 독일 회계검사원, 일본 회계검사원이 이에 속한다.

(4) 대만형　국가권력을 총통에게 귀일시키고, 그 총통 밑에 제2차적으로 입법·사법·행정·고시 및 감찰의 5개 기능을 입법원·사법원·행정원·고시원 및 감찰원에 분장시키고 있다.

2. 단독제와 합의제

(1) 단독제　단독제는 미국의 회계검사원처럼 회계검사기관의 장이 혼자서 기관의 업무를 지휘·감독하는 경우이다.

(2) 합의제　합의제란 일본·네덜란드의 회계감사원처럼 합의제 기관이 회계 검사기관의 업무를 지휘·감독하는 경우이다. 우리 나라의 감사원은 후술하는

56) E.L. Normanton, *The Accountability and Audit of Governments* (Manchester: Manchester University Press, 1966), pp. 369~370.

바와 같이 합의제적 성격이 농후하므로 합의제기관이라 할 수 있겠다.[57)]

3. 헌법기관과 비헌법기관

회계검사기관에 대한 규정을 헌법에 두고 있느냐 그 여부에 따른 분류 유형이다. 한국·이탈리아는 헌법기관이며, 영국·미국은 비헌법기관에 속한다.

V. 직무감찰

1. 직무감찰(inspection)의 의의

직무감찰이란 공무원의 비위를 시정·방지하고 행정운영의 개선향상에 기여하는 행정의 내부적 통제수단이라고 정의할 수 있다.

우리 나라 감사원법 제20조는「감사원은 국가의 세입·세출의 결산검사와 이 법 및 다른 법률이 정하는 회계를 상시 검사·감독하여 그 적정을 기하고 행정기관 및 공무원의 직무를 감찰하여 행정운영의 개선·향상을 기한다」고 규정함으로써 직무감찰의 목적이 행정운영의 개선·향상에 있음을 분명히 하고 있다. 감사원법상 직무감찰의 대상은 후술한다.

직무감찰제도는 국가에 따라 다양하나 연혁과 성격에 비추어 볼 때 대체로 2대조류로 구분할 수 있다. 첫째는 대만의 감찰원이나 스칸디나비아제국의 옴부즈만(ombudsman)제의 경우와 같이 공무원의 비위 규찰을 주목적으로 하는 것이며, 둘째는 일본의 총무청이나 이스라엘의 경우와 같이 행정운영의 개선향상을 주목적으로 하는 것이다.

국가에 따라서는 행정감찰기관이 의회에 예속되어 있는 경우도 있으나 행정부내에 설치되어 있는 경우가 많으며 직무감찰이 행정의 내부적 통제수단으로 사용되는 경우가 많다.

---

57) 우리 나라 감사원이 단독제인지 아니면 합의제인지 그 여부에 대하여 의견이 대립하고 있다. 유훈·이종익·김철수 교수는 합의제로 보고 신무섭 교수는 단독제로 보고 있다.

2. 회계검사와 직무감찰의 차이

회계검사와 직무감찰은 행정통제의 수단이라는 점에서 동일하나, 양자는 그 기원을 달리할 뿐만 아니라 헌법상의 지위, 독립성, 대상기관, 감사내용 등을 달리한다.[58)]

3. 회계검사와 직무감찰의 관계

전술한 바와 같이 회계검사와 직무감찰은 차이점이 많으나 국가에 따라서 동일한 기관에서 회계검사와 직무감찰을 함께 관장하는 경우가 있는가 하면 개별적인 기관으로 하여금 관장케 하는 국가도 있다. 전자를 통합형 (우리 나라 감사원, 대만 감찰원, 이스라엘 감사원) 이라 하고 후자를 분리형 (일본 총무청, 옴부즈만제도) 이라 한다.

그런가 하면 근래에 와서 분리형을 택하고 있는 국가 중 양자의 통합을 위한 시도를 보이고 있는 국가들이 있다. 이를 통합접근형 (독일·미국) 이라고 부르기로 한다. 회계검사도 직무감찰의 경우와 같이 전통적인 회계검사의 범주에 포함시키기가 어려운 기능을 감사기구가 담당하는 현상을 찾아볼 수 있다.

---

58) 회계검사와 직무감찰의 구체적인 차이를 보면 다음과 같다. 첫째, 회계검사가 의회의 재정통제권과 깊은 관련을 가지면서 발달한 제도인 데 대하여 직무감찰은 국왕이 관리들의 비위를 규찰하기 위하여 고안된 제도이다. 둘째, 대부분의 국가에서 회계검사기관은 헌법기관인데 대하여 직무감찰기관은 헌법기관이 아닌 경우가 많다(미국은 예외). 셋째, 회계검사기관은 영미형이건 대륙형이건 독립형이건 간에 독립성이 강한데 대하여 직무감찰기관은 독립성이 약한 경우가 많다. 넷째, 회계검사와 직무감찰은 대상기관을 달리한다. 회계검사는 일반적으로 국가의 예산을 사용하는 모든 기관을 대상으로 하기 때문에 입법부·사법부·행정부의 모든 기관뿐만 아니라 정부로부터 예산상 지원을 받고 운영되는 각종 기업체, 공공단체도 대상이 된다. 그러나 직무감찰은 내부적 통제수단으로 사용되는 경우가 많으므로 행정기관을 대상으로 하여 입법부나 사법부는 제외되는 것이 보통이다. 다섯째, 전통적인 회계검사는 합법성에 치중하는 검사이며 적극적으로 새로운 집행을 강요할 수 없을 뿐만 아니라 회계책임과 관련이 없는 직무상의 책임에 관해서는 영향을 줄 수 없다. 그러나 직무감찰은 공무원의 비위를 시정하고 방지하는데 그치지 않고 적극적으로 새로운 행정조치를 강구하며 나아가서는 행정운영의 개선향상에 기여하는 것을 목적으로 한다. 신재영, 「직무감찰에 관한 연구」(서울대학교 행정대학원 석사학위논문, 1970), pp. 14~15 참조.

Ⅵ. 우리 나라의 감사원

1. 연 혁

1948년에 제정된 대한민국헌법에서는 심계원의 조직과 권한은 법률로써 정한다고 규정되었으며 이에 의거하여 제정된 심계원법은 심계원이 대통령에 직속되고 국무원에 대하여는 독립적인 지위를 가진다고 규정하였다. 5·16혁명 이후인 1961년 심계원은 대통령직속기관으로부터 국가재건최고회의 소속기관이 되었으며 기능 면에서도 1963년 3월 많은 변화가 일어났다. 감사원법의 제정으로 종래의 심계원과 감찰위원회를 통합한 헌법기관으로서 대통령직속 하에 감사원이 설치되었다. 1963년 12월에는 헌법개정에 발맞추기 위하여 새로운 감사원법이 공포되어 낡은 감사원법을 대치하였다.

2. 지 위

우리 나라의 감사원은 다음과 같은 지위를 가지고 있다.

(1) 헌법기관　우리 나라 헌법은 명문으로 감사원의 지위 조직 및 권한을 규정하고 있다(헌법 제97조).

(2) 대통령소속기관　헌법에 의하여 감사원은 대통령소속하에 설치되어 있다(동법 제97조).

(3) 직무상의 독립기관　감사원은 대통령소속이나 그 직무수행에 있어서는 독립된 지위를 가진다(동법 제2조).

3. 조 직

감사원은 원장을 포함하는 7인의 감사위원으로 구성한다. 이 밖에도 원장의 지휘·감독하에 사무처를 두고 있다. 감사원장은 국회의 동의를 얻어 대통령이 임명하며 감사위원은 원장의 제청으로 대통령이 임명하는데, 원장을 포함한 감사위원의 임기는 4년이다. 이는 영국의 종신, 미국의 15년에 비하여 지나치게 짧은 감이 있다. 감사위원은 강력한 신분보장을 받는다. 즉 탄핵결정이나 형의 선고를 받았을 때와 장기의 심신쇠약으로 직무를 수행할 수 없게 된 때를 제외하고는 65세까지 그 의사에 반하여 면직되지 않는다.

사무처는 사무총장 밑에 2인의 사무차장과 기획관리실, 총무과, 감사교육원 등을 두고 있다. 제1사무차장 밑에는 제1국에서 제4국에 이르는 4개국이 있으며 제2사무차장 밑에는 제5국에서 제7국에 이르는 3개국을 두고 있다.

4. 기 능

(1) 결산의 검사 　감사원은 회계검사를 통하여 국가의 세입세출의 결산을 검사한다.

(2) 회계검사 　감사원은 국가 및 법률에 정한 기관의 회계검사를 한다. 회계검사사항은 필요적 검사사항과 선택적 검사사항으로 나누어지며 검사대상의 범위가 매우 광범위하다.

(가) 필요적 검사사항은 감사원이 반드시 회계검사를 할 의무가 있는 사항이며 주로 공공기관의 회계에 관한 것이다.[59)]

(나) 선택적 검사사항은 감사원이 필요하다고 인정한 때 또는 국무총리의 요구가 있을 때 검사하게 되는 사항이다.

(3) 직무감찰 　감사원은 공무원의 비위를 시정·방지하고 행정운영의 개선·향상을 위하여 행정기관의 사무와 공무원의 직무를 감찰한다.[60)] 행정기관에는 군기관과 교육기관이 포함되며 공무원의 범위에는 국회·법원에 소속하는 공무원은 제외된다.

우리 나라 감사원은 회계검사와 직무감찰을 함께 담당하기는 하나 감사원의 업무가 회계검사에 편중되어 있다는 지적을 받고 있다.

(4) 감사결과의 처리 　감사원은 감사결과를 처리해야 한다. 그 방법으로서는

---

59) 필요적 검사사항은 i) 국가의 회계, ii) 지방자치단체의 회계, iii) 한국은행의 회계와 국가 또는 지방자치단체가 자본금의 2분의 1 이상을 출자한 법인의 회계, iv) 다른 법률에 의하여 감사원의 회계검사를 받도록 규정한 단체의 회계이다(감사원법 제22조).

60) 직무감찰의 대상(범위)은 i) 행정기관의 사무와 그 공무원의 직무, ii) 지방자치단체의 사무와 그 공무원의 직무, iii) 국가 또는 지방자치단체가 자본금의 2분의 1 이상을 출자한 법인 및 한국은행의 임직원의 직무, iv) 민법 또는 상법 이외의 법률에 의하여 설립되고 임원의 전부 또는 일부나 대표자가 국가 또는 지방자치단체에 의하여 임명되거나 임명승인되는 단체의 임직원의 직무, v) 준공무원의 직무이다(감사원법 제24조).

i) 변상판정, ii) 징계 및 문책처분의 요구, iii) 시정요구, iv) 개선요구, v) 권고와 통보, vi) 고발 등이 있다.

(5) 심사청구 이것은 행정구제의 일종으로서 감사원은 감사를 받는 자의 직무에 관하여 이해관계인으로부터 심사의 청구가 있을 때에는 이를 심사하여 그 결과 사정을 요한다고 인정할 때에는 그 결정을 관계기관의 장에게 통지해야 한다. 또한 관계기관의 장이 이러한 통지를 받았을 때에는 그 통지된 결정에 기하여 적당한 조치를 취하여야 한다.

(6) 의견진술 국가의 각 기관은 회계관계법령을 제정 또는 개폐할 때에는 감사원의 의견을 구해야 하며, 회계관계법령의 해석에 의문이 있는 경우에도 의견을 구할 수 있다.[61)]

5. 감사원감사의 문제점

우리 나라 감사원 감사의 문제점을 들어보면 다음과 같다.[62)]

(1) 감사원기능의 이질성 감사원의 회계검사기능뿐만 아니라 직무감찰기능을 수행하며 그 권한이 비대화되고 감사업무가 지나치게 확대되고 있다. 감사원은 회계검사기능과 함께 목적·성질이 다른 이질적 기능이라 할 감찰기능이 부여되고 있으나 그 분리가 검토되어야 할 것이다. 종래 직무감찰기능은 거의 수행되지 않았으나 근래에 이 기능이 중요시되고 있으며 효과적 수행을 위해서는 충분한 제도적 장치가 마련되어야 할 것이다.

(2) 감사원의 독립성 제약 감사원은 행정부에 소속하고 있고 감사원장을 포함한 감사위원은 대통령에 의하여 임명되므로 그 독립적인 지위가 약화되고 있다. 영국의 회계감사원은 독립기관이고 미국은 국회에 소속되고 있으며 회계감사원장은 영국이 종신제, 미국이 임기 15년이다. 우리 나라는 감사원장의 임기가 4년이며 임명권자인 대통령의 임기보다 짧다. 따라서 감사원장의 독립성이 확보될 수 있도록 임기연장 방안이 검토되어야 한다.

(3) 감사의 역기능 공무원의 비위를 바로잡고 재발을 방지하기 위한 근본적 시정책을 세우기보다 적발 건수를 올리는 데 더 관심을 두는 억압적 성격의

61) 감사원법 제22조~23조.

62) 김규정, 전게서, pp. 811~812; 신무섭, 전게서, pp. 476~479.

회계검사가 행하여지고 있는 실정이다. 감사가 합리성·공정성보다 정치권력이나 인간관계·이해관계 등에 의하여 좌우되는 일이 많았으며 공직자 비위에 대한 추적조사권이 제한되는 이른바 「성역있는 감사」도 논의되었다. 회계관계법규의 합목적적·개선지향적인 해석·적용보다 합법성 위주의 기계적·형식적인 해석 적용이 많았다.

(4) 회계검사기능의 소극적 성격 　합법성 위주의 회계검사 사후검사를 보다 적극적으로 능률성·효과성의 검사로 방향전환이 되어야 할 것이다. 감사원에 의한 감사만으로는 부족하므로 각 행정기관의 자체감사 수준을 높이는 데 주력해야 한다. 또한 빈번한 감사나 담당자의 빈번한 인사이동을 지양하고 회계검사기능의 전문화를 촉진시켜야 한다.

(5) 감사원 감사와 국정감사의 관계 　감사원 감사는 기술성과 전문성은 높지만 감사범위가 불법·비위·비경제 등으로 그 한계가 되고 있으며 국회의 국정감사는 감응성·대응성 등 감사범위는 넓지만 기술성과 전문성이 낮은 한계가 있다. 따라서 서로 협력하면 감사원의 감사도 국회의 국정감사도 그 기능이 더욱 활발해질 것이라고 생각할 수 있다. 또한 감사원에서 정책감사를 시행함으로써 감사원 감사의 한계를 극복할 수 있을 것이라고 생각할 수 있다.

제 3 장 예산개혁

예산제도 개혁방안으로 논의되는 대표적인 예산제도로 성과주의예산, 계획예산(PPBS), 영기준예산(ZBB) 및 자본예산을 중심으로 살펴보기로 한다.[1)]

제 1 절 성과주의예산

Ⅰ. 성과주의예산의 의의

1. 성과주의예산(performance budget)의 개념

성과주의예산이란 정부의 기능, 활동 및 사업에 따라 예산을 편성하고 관리하는 제도를 말한다. 그것은 단순히 정부가 구입하는 물품이나 수단에 예산을 편성하고 관리하는 것이 아니라, 그러한 수단을 가지고 정부가 어떤 사업이나 활동을 하는가를 나타내는 것이다. 성과주의예산에서는 예산과목을 사업계획별·활동별로 분류한 다음 각 세부사업별로 단위원가×업무량=예산액으로 표시하여 예산을 편성하게 된다.

이러한 성과주의예산은 정부가 구입하는 물품보다 정부가 수행하는 업무에 중점을 두는 능률·관리지향적 예산제도라 할 수 있다.

1) 유훈, 전게서, pp. 361~400; 강신택, 전게서, pp. 404~474; 신무섭, 전게서, pp. 514~545; 정인흥 외 3인, 전게서, pp. 485~499; 이영조, 전게서, pp. 409~496; 박영희, 전게서, pp. 347~366.

2. 성과주의 예산의 발전

성과주의예산제도는 1913년부터 1915년에 걸쳐 뉴욕시정연구회(New York Bureau of Municipal Research)의 주관 아래 뉴욕시 리치몬드구(Richmond Borough)에서 시도되었던 원가기초예산(cost data budget)에 유래하고 있다.

1934년에는 농무성이 사업별예산(project budget)을 편성하였으며, 이와 거의 때를 같이하여 테네시계곡개발청(TVA)이 사업(program)과 세부사업(sub-program)별로 예산을 분류함으로써 성과주의예산에 유사한 프로그램 예산제도를 시작하였던 것이다. 제2차 세계대전 후에 있어서는 1946년에 해군성이 1948년도 예산으로서 종래의 품목별예산과 함께 성과주의예산을 편성·제출했으며, 이러한 노력은 새로이 조직된 국방성에도 그 영향을 미치게 되었다.

1949년 제1차 후버연구회는 그 '예산과 회계'에 관한 보고에서 성과주의예산의 필요성을 강조하여 다음과 같이 말했다. "연방정부의 모든 예산의 개념은 기능, 활동 및 사업에 의거한 예산의 채택에 의하여 개조되어야 하며, 본위원회는 이것을 성과주의예산(performance budget)이라고 부른다"고 하였다. 제1차 후버위원회가 성과주의예산의 채택을 건의한 다음 해인 1950년에 의회는 '예산회계절차법'에서 연방정부에 있어서의 성과주의예산의 채택을 장려하려는 규정을 설정했다.

이와 같이 미국연방정부에 의하여 발전된 성과주의예산은 미국내의 많은 주정부 및 시정부에 의하여 채택되었을 뿐만 아니라, 필리핀·태국 등 여러 나라에 의하여 모방되었다.

우리 나라에 있어서는 1961년부터 국방부 단독으로 성과주의예산제도의 채택을 시도했으며, 1962년도와 1963년도에는 일부 부처에서 성과측정이 쉬운 일부 사업에 성과주의예산을 적용하였다(예: 국방부, 보사부, 농림부의 농지개발 등 일부사업). 그러나 유감스럽게도 성과주의예산이 지니는 운영상 난점과 예산면의 리더십의 중단 등으로 인하여 1964년도부터는 중단되고 말았다.

Ⅱ. 성과주의예산의 특징

1. 품목별 예산의 결함극복

성과주의예산은 전통적인 품목별 예산과 달리 수단보다는 그 수단으로서 달성하려고 하는 기능과 사업이 무엇인가를 표시하며, 이 기능과 사업을 수행하기 위하여 비용이 얼마나 소요되는가를 명백히 해주는 것이다. 환언하면, 품목별 예산에서는 정부가 구입하는 물품을 표시해 주기는 하지만, 왜 그것을 구입하는지는 분명하게 나타내지 못하므로 예산은 정부사업의 성격이나 목표를 나타내지 못하였다. 성과주의예산은 이러한 결함을 제거하여 정부가 구입하는 물품과 정부가 행하는 활동 내지는 사업과의 관계를 긴밀하게 나타내고 있는 것이다.

2. 단위원가와 업무량의 중요성

성과주의예산은 사업계획을 구성하는 세부사업별로 단위원가(unit cost)에 업무량을 곱하여 예산액을 산출함으로써 예산을 편성하는 제도이다. 여기서 단위원가란 업무측정단위(unit of work measurement) 한 개를 산출하는 데 소요되는 경비를 말하며, 업무량이란 업무측정단위에 의하여 표시된 업무의 양을 말한다. 예를 들면, 금년에 농림수산부가 5,000정보의 산지사방사업을 한다면, 업무예측단가는 사방공사가 끝난 임야 1정보가 될 것이며, 업무량은 5,000이 될 것이다. 단위원가는 사방공사 1정보를 하는 데 소요되는 인건비 자재비 등 모든 경비를 말한다.

이와 같은 성과주의예산은 각 사업마다 가능한 한, 업무측정단위(또는 업무단위)를 선정하여 업무를 양적으로 표시케 하고, 나아가서는 예산을 원가에 기준한 과학적이고 합리적인 방법으로 편성케 하며, 그 집행의 성과를 측정·분석·평가하여 적기적이고 효과적인 재정통제를 가능케 하는 제도라고 볼 수 있다.

3. 관리지향적 성격

성과주의예산은 단위원가와 업무량을 기준으로 하는 과학적·합리적 예산제도로서 관리지향적 성격을 가지고 있다. 성과주의예산제도하에서는 예산승인이란 사업·활동과 그 실시방법의 승인을 의미하므로 예산을 수단으로 하여 사업·활동의 효율적인 관리를 할 수 있게 되며 사업성과의 측정·분석과 적절한 재정통제가 가능하게 된다.

Ⅲ. 성과주의예산의 장·단점

1. 장 점

이제 성과주의예산의 장점을 추려 본다면 다음과 같다.

(가) 일반국민이 정부 각 기관의 사업과 목적한 바를 이해하는 데 큰 도움을 준다.

(나) 정책이나 계획수립을 용이케 할 뿐만 아니라, 입법부의 예산심의를 간편케 하는 장점이 있다.

(다) 예산편성에 있어서 자원분배를 합리화할 수 있다.

(라) 예산의 집행에 있어서 신축성을 부여한다.

(마) 실적분석의 결과 생생한 자료를 회계연도예산에 직접 반영할 수 있다.

(바) 행정관리에 있어서 계획과 통제를 내재적으로 활용할 수 있다.[2)]

2. 단 점

(가) 업무측정 단위의 선정이 곤란하다. 모든 업무단위의 측정단위를 선정하기 곤란하다는 것이다.

(나) 단위원가의 산정이 문제이다. 단위원가(표준원가)란 한 단위의 업무측정단위를 생산하는 데 소요되는 급여, 수당, 재료비 등을 모두 합한 것을 말하는데, 단위원가를 계산하려면 업무 측정단위에 관한 회계기록이 축적되어 있어야 하

2) Malcolm B. Parsons, "Performance Budgeting Philippines," *Public Administration Review* (Summer 1957), p. 175.

고, 공통경비의 배분, 감가상각비의 처리 등이 문제이다.

(다) 왜냐하면 구입하는 물품 또는 대상에 중점을 두는 품목별 분류에 비하여 성과주의예산에 있어서는 정책이나 사업계획에 중점을 두기 때문이다.

(라) 권한의 분산, 세출구조의 간소화를 강조하고 또한 순수하게 예산목적 혹은 비용·자료에 기초를 두는 예산에 중점을 두는 것이기 때문에 기능의 통합을 지나치게 확대시킬 우려가 있다.

(마) 현금지출의 주체와 그 회계책임이 모호하게 되고 품목별 통제가 폐지됨으로써 충분한 공금관리의 확보가 곤란하게 될 우려가 있다.

Ⅳ. 성과주의예산의 도입상의 문제점

성과주의예산을 도입함에 있어서 문제되는 점은 많이 있겠으나, 가장 중요한 것은 전술한 업무단위 또는 업무측정단위를 선정하는 문제와 단위원가를 계산하는 문제이다.

1. 업무측정단위 선정의 곤란성

성과주의예산이란 정부가 구입하는 물품이 아니라, 정부가 수행하는 사업에 치중하여 편성하는 예산일 뿐만 아니라, 가능하면 모든 사업에 관해서 업무단위 또는 업무측정단위라고 불리우는 것을 선정하여 업무를 양적으로 표시하고 그 성과를 분석하고자 하는 제도인 것이다. 따라서, 업무측정단위의 선정이란 성과주의예산제도에 있어서 가장 본질적인 문제라고 하지 않을 수 없는 것이다.

정부의 모든 사업이나 활동은 어떤 형태이든 간에 최종산물(end pro duct)로 나타난다. 예를 들면, 도로공사에서는 포장된 도로로 나타나고, 교육사업에 있어서는 수학된 학생으로 나타나고, 보건사업에 있어서는 치료된 환자로 나타난다.

그런데, 어떤 사업이나 활동의 경우에 있어서는 업무의 진도나 성과를 측정하는 데 의의 있게 사용할 수 있는 최종산물을 발견할 수 있으나, 많은 사업의 경우에 있어서 동질적이고 의의가 있고 확실한 최종산물을 찾아낼 수 없으며, 따라서 업무측정단위를 선정하는 데 애로가 많다. 여기에 성과주의예산의 최대의 난점이 있다고 하겠다.

이제 업무측정단위의 선정에 있어서 선정기준으로 고려하여 할 사항을 보면, 첫째 선정된 단위는 동질성이 있어야 한다. 둘째, 선정된 단위는 계산가능성이 있어야 하며 완결된 업무를 표시해야 한다. 셋째, 선정된 단위는 영속성이 있어야 한다. 넷째, 업무측정단위는 친숙한 용어로 표시하여 관계자들이 이해하기 쉬운 것이어야 한다는 것 등이다.

2. 단위원가 계산의 곤란성

성과주의예산에 있어서 또 하나 문제가 되는 점은 단위원가를 계산하는 문제이다. 전술한 바와 같이 단위원가란 업무측정단위 하나를 산출하는 데 소요되는 인건비, 자재비, 기타의 모든 경비를 합계한 것을 말하는데 회계제도가 발달하지 못하고 충분한 훈련과 경험을 지닌 회계직원이 부족한 개발도상국의 경우에 있어서는 이 단위원가의 산출이란 지극히 어려운 문제이다.

특히 발생주의회계원칙이 아니라 현금주의를 택하고 있는 곳에서는 재고량이나 감가상각을 감안할 수가 없으며, 간접비의 배분의 문제도 쉽사리 해결하기 어렵다.

3. 도입국가의 여건

행정관리수준이 낮고 합리적인 회계제도나 유능한 회계공무원을 갖추지 못한 발전도상국가에서 성과주의예산제도를 도입하는 데는 어려운 점이 많다.[3] 성과주의예산제도의 도입·운영과 같은 행정개혁에는 보수적·현상유지적인 관료제의 저항이 수반되는데 이를 극복하기 위해서는 쇄신적 행정리더십이 발휘되고 국민의 적극적인 관심·지원과 충분한 사전준비, 기술적 능력이 요구된다.[4]

---

3) Albert Waterston, *Development Planning: Lessons of Experience* (Baltimore, Md.: The Johns Hopkins Press, 1965), p. 241.

4) 1961년에 제정·공포된 우리 나라 예산회계법은 성과주의예산제도의 채택을 암시하는 규정을 두었는데, 이에 따라 1962년과 1963년에는 업무측정단위의 선정에 비교적 용이한 농림부 소관의 농지개척사업과 건설부 소관 및 보건사회부 소관의 몇 개 사업에 한하여 성과주의예산을 채택하였으나 1964년도부터는 동 제도의 운용을 중단하고 있는 실정이다.

제 2 절 계획예산(PPBS)

Ⅰ. 계획예산(PPBS)의 의의

1. 계획예산(planning-programming-budgeting system)의 개념

계획예산제도(PPBS)란 장기적인 계획수립(planning)과 단기적인 예산편성(budgeting)을 프로그램작성(programming)을 통하여 유기적으로 연결시킴으로써 자원배분에 관한 의사결정을 일관성있고 합리적으로 하려는 제도이다. PPBS는 총체적 합리적인 의사결정방법을 예산결정과 계획수립에 적용하는 제도이다. 그것은 과학적 계량적인 분석적 사고방식과 기법을 이용하는 것이다. 이 제도는 종래의 품목예산과 같은 점증적 예산결정방식과는 판이한 성격을 지닌다. 그런 점에서 1960년대의 PPBS의 대두는 자원의 합리적이며 최적한 배분방법을 탐구하고 적용하려는 지적 실무적 노력의 큰 결실이라고 할 수 있으며, 이를 계기로 더욱 더 새롭고 효율적인 예산제도를 도입하려는 계기가 조성되었다.

2. PPBS의 3대요소와 과정

PPBS는 흔히 다음과 같은 3대요소를 지닌다고 한다.[5)]

(1) 목표의 정확한 규정(파악) PPBS의 프로그램체계(program structure)는 정부사업 또는 정부부처의 목표를 뚜렷이 밝힐 수 있어야 한다.

(2) 목표달성을 위한 각종 대안의 체계적 검토 목표달성에 이바지할 수 있는

5) Charles J. Zwick, "Budgeting for Federal Responsibilities," *The Annals of the American Academy of Political and Social Science* (September 1968), p. 18.

〈표 5-3〉 품목별예산·성과주의예산·PPBS의 비교

비교기준	품목별 예산	성과주의예산	계획예산
예산의 기능	통제기능	관리기능	계획기능
고려의 범위	투 입	투입과 산출	투입·산출·효과 및 대안
직원의 기술적 능력	경 리(회계학)	관리(행정학)	경제(경제학 · 계획이론)
정보의 초점	품 목(물품비·인건비 등)	기능·활동·사업	목표·정책
예산의 중심단계	집행단계	편성단계	편성전의 기획단계
중앙예산기관의 역할	통제 감시	능률향상	정책에의 관심
결정의 흐름	상향적(위로 통합)	상향적(위로 통합)	하향적·분할적
결정(대안선택)의 유형	점증적 결정모형	점증적 결정모형	총체적(합리적) 결정모형
관리책임	분 산	중 앙	사업에 대한 감독책임자
통제책임	중 앙	운영단위	운영단위
결정권의 소재	분권화	분권화	집권화
예산과 세출예산의 구별	동 일	동 일	따로 수립
세출예산과 조직의 관계	직접 연결	직접 연결	간접적(환산 필요)

여러 가지 대안 중에서 어느 것이 최적의 것인가를 체계적으로 검토할 수 있어야 한다.

(3) 장기적 시계(時界: time horizon) 전통적인 예산제도는 1년을 대상으로 하며 예산1년주의의 원칙, 회계연도독립의 원칙 등이 강조되고 있다. 그러나 PPBS는 적어도 3년 내지 5년 정도의 장기적 시계를 보유하고 있어야 한다. PPBS의 시계에 이바지하는 장치가 바로 사업재정계획(Program and Financial Plan)이다.

3. 품목별예산·성과주의예산과의 비교

전통적인 통제지향의 예산제도인 LIBS(품목별예산: line-item-budgeting system)와 관리지향의 예산제도인 PBS(성과주의예산: performance-budgeting system), 그리고 계획지향의 예산제도인 PPBS를 다음 〈표 5-3〉과 같이 비교하여 볼 수 있다.

4. PPBS와 ZBB와의 비교

(제3절 참조)

Ⅱ. PPBS의 발달

1. 예산제도 발달의 3단계

(1) 통제지향(control oriented) 예산제도(품목별예산)　통제지향의 예산제도는 미연방정부의 경우 1921년(혹은 1915년)경부터 1935년경까지 지속된 품목별예산에서 볼 수 있다. 그것은 공무원의 회계책임을 명확히 하고, 자유재량을 제한함으로써 정부지출을 통제하고 부패를 방지하며 예산을 절약하는 데 목적이 있었다.

(2) 관리지향(management oriented) 예산제도(성과주의예산)　관리지향의 예산제도는 지출통제보다는 지출된 예산의 성과에 주로 관심을 두는 세노로서 예산을 행정관리를 위한 석극적인 도구로서 간주한다. 이와 같은 관리지향의 예산제도는 1940년대 이후에 본격적으로 발전한 성과주의예산에서 볼 수 있다.

(3) 계획지향(planning oriented) 예산제도(계획예산, PPBS)　계획과 예산을 유기적으로 관련시키려는 의도와 후생경제학 등에서 그 기원을 찾아 볼 수 있는 계획지향의 예산제도는 1960년대부터 1970년대 초까지 미국에서 발전한 계획예산에서 찾아볼 수 있다.

2. PPBS의 발달요인

(1) 경제분석의 발달　거시경제학(macro-economics)과 미시경제학(micro-economics)이 PPBS의 발달에 이바지했는데, 거시경제학은 PPBS에 대해서 장기적인 시계를 제공했으며 미시경제학에 속하는 후생경제학은 한계효용의 원리를 제공함으로써 지출의 합리성을 높이는 데 기여하였다.[6]

(2) 정보기술 및 의사결정기술의 발달　OR·비용편익분석(cost-benefit analysis)·체제분석(systems analysis)과 같은 정보기술 및 의사결정기술(informational and decisional technologies)의 발달이 없었던들 PPBS의 등장은 어려웠을 것이다. 이와 같은 정보기술과 의사결정기술이 전술한 바 있는 PPBS의 둘째 요소인

6) Allen Schick, "The Road to PPB: The Stage of Budget Reform," *Public Administration Review*, Vol. 26, No. 4 (December 1966), pp. 253~254.

「목표달성을 위하여 가장 능률적인 각종 대안의 체계적 검토」를 가능케 하는 것이다.

(3) 예산과 계획의 점진적 합치 오랫동안 예산은 통제적 측면과 관리적 측면을 강조해 왔을 뿐 계획기능은 기피해 왔다. 따라서 산발이나마 계획이 있었다면 그것은 예산으로부터 독립하여 존재하였으며, 예산과 별로 관계없이 계획이 수립되었다. 그러나 예산과 계획은 서로 유기적으로 통합되는 것이 바람직하다는 인식이 현실로서 실행되었다. 그것은 특히 행정분야에 있어서 장기적인 자본투자사업이 증가한 데서 볼 수 있다.

PPBS에서는 계획과 예산이 유기적 관계를 가지게 되고 예산을 장기계획의 일환으로서 보게 되었다.[7)]

Ⅲ. PPBS의 특징과 효용(장점)

1. PPBS의 이론적 기초

PPBS의 이론적 기초 혹은 기본원리에 관해서는 대체로 다음과 같은 네 가지를 들 수 있다.[8)]

(1) 절약과 능률 PPBS를 도입하려는 근본적인 이유의 하나는 절약과 능률을 기하자는 데 있다. 간단히 말해서 절약과 능률은 i) 첫째로 일정량의 자원을 가지고 가급적 많은 outputs를 내거나, ii) 반대로 일정량의 outputs를 내기 위하여 가급적 적은 양의 자원을 투입해야 한다는 것이다. 이를 위해서는 outputs나 자원이 분명해야 하며 가능하면 계량화되어야 한다.

---

7) 미국에 있어서의 PPBS의 도입과정을 보면 다음과 같다. i) RAND연구소의 활동: RAND연구소는 PPBS를 개발하여 1954년 계획예산(program budgeting)을 채택하도록 공군성에 건의하였다. 국방예산에 대하여 경제분석을 적용하기 위한 연구를 한 Hitch와 McKean의 공저인 「핵시대의 국방경제학」은 McNamara국방장관이 PPBS를 채택하게 된 주요한 계기를 만들어 주었다. ii) 국방성의 PPBS 채택: McNamara는 국방비의 급증, 육해공군간의 격심한 대립, 무기체제의 발전 필요성 등을 이유로 국방예산의 효율화를 위하여 국방성에 PPBS를 도입하였다. iii) 연방정부의 PPBS 도입과 중단: Johnson대통령이 1965년 내린 지시로 모든 정부기관에 PPBS가 도입되었으나 PPBS는 여러 가지 문제점이 제기되어 1971년 연방정부에서는 그 적용이 중단되었다. PPBS의 이러한 적용 중단에도 불구하고 합리적 예산결정을 추구하는 입장과 분석기법의 활용은 중요시되고 있으며 영기준예산(zero-base budgeting)과 상호보완관계를 가지면서 계속 관심을 끌어갈 것으로 전망된다.

8) 유훈, 전게서, pp. 369~371.

(2) 효과성 효과성이란 달성하려는 목표를 일정기간내에 얼마나 성취하였는가를 뜻한다. PPBS에 있어서는 목표달성을 위한 각종 대안이 검토되는 과정에서 효과성이 중요한 문제로 대두된다. 즉 각종 대안 가운데서 하나의 적절한 방안이 선정되면 정책결정기관은 합리적으로 정책을 결정할 수 있다.

(3) 조 정 조정이란 시스템의 여러 부분의 조화와 균형을 기하는 과정이다. PPBS는 비교와 조정의 과정이 초점이라고 할 수 있다. 조정은 목표간의 충돌의 배제, 목표달성을 위한 활동간의 상충의 배제를 의미한다고 할 수 있는데, PPBS가 바로 이것을 주안점으로 하는 제도라고 할 수 있다.

(4) 과학적 객관성 PPBS의 또 하나의 목표는 과학적 객관성인데, 의사결정을 함에 있어서 체제분석, 비용편익분석 등의 방법을 사용하여 가급적 의사결정자의 주관적 편견을 없애고 객관적 판단을 내리도록 한다.

2. PPBS의 프로그램체계(사업구조)와 주요문서

(1) 프로그램체계(program structure) PPBS의 주안점은 의사결정자로 하여금 정부의 자원배분 문제에 관심을 집중시켜 가장 합리적인 자원배분을 할 수 있는 제도를 확립하려는 데 있다. PPBS는 정부의 활동을 프로그램(program)이라는 개념으로써 파악하는 바, 여기서 프로그램이란 공통의 목적 또는 공통의 성과(outputs)를 나타내는 사업계획을 말한다. 이와 같은 프로그램을 정부의 각 기관이 달성해야 할 목적에 따라서 분류하기 위한 체계를 프로그램 체계(program structure)라고 한다.

즉, 프로그램체계는 사업계획을 조직체가 달성하여야 할 목적에 따라 분류함으로써 자원배분에 관한 의사결정의 범위를 제공하고, 그 목적을 달성하기 위한 제대안의 비용과 유용도를 비교하고 분석하는 틀이 되는 것이다.

예컨대 미국 연방정부 각 성청의 프로그램 체계는 목적의 수준에 따라 프로그램 중분류(program category), 프로그램 소분류(program sub-category), 프로그램 세분류(program element)의 세 가지 분류로 구성되어 있다.

프로그램 중분류란 프로그램체계의 최상위 수준의 분류항목으로서 고위관리자가 결정을 내리는 데 적당한 문제를 검토·해결하기 위한 틀을 말한다. 예컨대 체신부에 적용해서 말하자면 우정사업과 전신사업을 들 수 있다.

프로그램 소분류란 중분류의 하위에 속하는 분류항목으로서 매우 유사성이 있는 성과를 만들어내는 프로그램 세분류를 정리한 것이며, 예컨대 체신부의 우정사업내에서 국내우편사업·국제우편사업을 들 수 있다.

프로그램 세분류란 프로그램 체계의 기본적인 구성단위를 이루는 것을 말한다. 예를 들면 체신부의 국내우편사업 중 분류사업과 집배사업이라고 할 수 있다.

(2) 주요문서 앞에서 본 바와 같이 PPBS는 사업계획의 분석을 기초로 하여 예산을 편성하고자 하는 것이다. 그러므로 정부 각 기관이 예산편성 당국에 제출하는 예산요구는 사업계획의 분석에 기초를 두고 있어야 한다. 미국 연방정부의 경우 예산국은 각 성청의 PPBS에 대하여 사업요강(program memorandum), 특수분석연구(special analytic study), 사업·재정계획(program and financial plan) 등 세 가지 종류의 문서를 작성하여 제출할 것을 요구하고 있다.

3. PPBS의 효용(장점)

(1) 의사결정절차의 일원화 PPBS는 의사결정의 절차를 일원화한다. 즉 사업계획의 목적·대안·효과 및 소요자원이 잘 관리되어 있으면 있을수록 상부의 결정이 용이하게 되므로 모두를 중앙집권적으로 판단하여 처리할 수 있다는 것이다.

(2) 자원배분의 합리화 자원의 배분이 합리적으로 되며 경비의 절약도 가능하다. 즉 비용·편익 분석이 잘 이루어지면 당연히 자원배분의 최적화를 초래하게 된다. 또 한 가지는 몇 개의 시스템을 통합함에 따라 중복되어 낭비되었던 자원이 절약된다는 것이다.

(3) 장기적 사업계획의 신뢰성 PPBS는 장기적인 사업계획의 예산상 뒷받침이 불충분하였으므로 대개 탁상계획으로 그치는 경향이 있었으나, PPBS의 채택에 따라 매우 실현성이 있는 계획을 작성하는 것이 가능하게 되었다.

(4) 조직체의 통합운용 조직체의 통합운용이 효과적으로 행해지게 된다. 즉 체제분석방법의 도입에 따라 임무달성을 위한 각종 대안이 여러 각도에서 효과와 비용의 양면에 대하여 검토하는 것을 가능케 만들고 최적이라고 생각되는 안을 채택할 가능성이 커졌다. 또한 여러 가지 안을 열거하여 비교·검토하는 과정에서 각 분야의 의견교환이 활발해지며, 상호간의 입장이나 특성을 이해할 때

그 사업달성을 위한 문제점도 충분히 이해된다는 것이다.

Ⅳ. PPBS의 한계와 도입상의 문제점

1. PPBS의 한계(문제점)

PPBS는 그 자체가 지니는 여러 가지 한계와 기술적인 문제점으로 인하여 미국의 경우 1971년을 기하여 그 적용이 중단되었다. 그러나 그 합리성을 추구하는 기본적 지향과 계획과 예산을 통합하려는 방법은 새로운 예산제도(예: ZBB)에 수용되어 계승되고 있다.

(1) 지나친 중앙집권화 PPBS의 도입은 지나친 중앙집권을 초래한다는 것이다. 예를 들면 모든 성과 대부분의 독립기관이 PPBS를 채택한 미국에서는 장관과 대통령에게 지나치게 많은 권한이 집중되었다.

(2) 달성효과의 계획화 곤란 달성되는 효과(output)의 계량화가 곤란하다는 것이다. 사업에 따라서는 outputs의 계량화가 용이한 경우도 있으나, 많은 사업의 경우 outputs의 계량화가 어렵다는 것이다.[9] 이는 PPBS에 고유한 문제가 아니며 성과주의예산제도하에서도 거론되던 문제이다.

(3) 목표설정의 곤란 목표설정이 곤란하다. 전술한 바와 같이 PPBS의 3대 요소의 하나로서 목표의 정확한 파악을 들었는데, 민주주의국가에 있어서 목표결정과정이 다원적이며 목표에 대한 의견의 불일치가 얼마든지 있을 수 있을 뿐만 아니라 다목적적인 사업이 많다. 예를 들면, 교도소의 목표로서 i) 범죄인의 처벌, ii) 위험인물의 격리에 의한 사회의 보호, iii) 미래의 범죄에 대한 예방, iv) 범인의 교도를 들 수 있다. 교도소 경비를 이 네 가지 목표에 어떻게 배분하느냐 하는 문제는 그리 용이한 일이 아니다.[10]

(4) 환산작업 PPBS의 프로그램체계(program structure)와 예산과목간의 차이 때문에 예산편성과 집행에 있어서 막대한 환산작업(crosswork)이 필요하며 정확성을 결한다. 이와 같은 환산작업은 컴퓨터의 사용 없이는 실시가 불가능하

9) Frederick C. Mosher, "Limitations and Problems of PPBS in the States," *Public Administration Review* (March-April 1969), p. 162.

10) Mosher, *op. cit.*, pp. 162~163.

며 컴퓨터를 사용하는 경우에도 문제가 남는다.

그러나 우리 나라에 PPBS를 도입하는 경우에는 프로그램체계와 예산과목간의 불일치가 미국과 같이 심각하지 않을 것이다. 왜냐하면 우리의 경우 미국과 달리 예산이 법률이 아니고 국회에 대한 정부의 영향력도 강하기 때문이다.

(5) 간접비의 배분　간접비의 배분도 간단한 문제가 아니다. 예를 들면, 케이프 케네디의 우주선발사에 필요한 발사대의 경비는 어느 우주선에 얼마나 포함시킬 것이냐 하는 문제가 제기된다. 이 역시 성과주의예산제도에서 거론되던 문제이다.

(6) 입법부의 반대　미국의 경우 많은 국회의원들이 PPBS에 대해서 별로 찬의를 표하지 않고 있다. 제2차 세계대전 후의 모든 미국 예산제도개혁운동에 대해서 국회가 찬의를 표하지 않았으므로 이 역시 PPBS에 고유한 문제는 아니라고 하지만, PPBS가 종국적으로 성공을 거두려면 입법부를 설득하려는 적극적인 노력이 있어야 했었다.

(7) 자원의 배분　PPBS가 미사일과 장거리폭격기를 비교하는 경우 어느 것이 보다 능률적이냐 하는 문제는 해결해 주나 전략부대에 예산을 얼마나 할당할 것이며 일반목적부대에 예산을 얼마나 책정할 것이냐 하는 문제는 별로 해결하지 못하고 있다는 것이다. 하물며 교육에 예산을 얼마나 할당할 것이며, 국방을 위하여 예산을 얼마나 책정하는 것이 가장 바람직하냐 하는 문제는 더 말할 것도 없다는 것이다.

2. PPBS 도입상의 문제점

우리 나라에서 PPBS를 도입하는 데 따르는 문제점을 전술한 PPBS의 한계(문제점)와 관련하여 볼 때 다음과 같이 볼 수 있겠다.[11)]

(1) 낮은 행정관리수준　행정관리의 일반수준이 아직 낮다. PPBS는 단순한 예산편성체제가 아니므로 i) 예산의 기획·관리·통제기능에 대비할 수 있는 고도의 행정기술, ii) 각 부처간의 효율적인 횡적 조정, iii) 장기적인 계획 수립을 위한 각 부처간의 긴밀한 협동작업이 요구된다.

(2) 불충분한 행정자료와 정보체제의 미발달　계량화에는 정확한 자료 통제가

11) 김규정, 전게서, pp. 828~829.

요구되지만 행정자료가 불충분하고 의사결정의 합리화를 위한 정보체제가 발달되지 못하고 있다. 계획수립에는 i) 사업의 효과를 나타내는 지표, ii) 대안의 비용·효과에 관한 비교자료, iii) 예산과목의 경비구분을 목표별·사업별로 분류하는 자료 등이 요구되지만 이러한 자료의 작성은 매우 복잡하고 힘든 작업이다.

(3) 유능한 전문가 요원의 부족　　분석전문가가 부족하고 업무를 담당할 요원의 교육훈련도 되어 있지 않으므로 관리과학의 지식을 적극적으로 습득시키는데 주력해야 한다.

(4) 최고관리자의 리더십 발휘　　최고관리층이 제도의 도입과 정착화에 지속적으로 리더십을 발휘할 수 있어야 하며 능동적이고 쇄신적 리더십을 발휘하여 변혁에 대한 저항을 중화 내지 제거하고 행정관료의 타성을 극복할 수 있어야 한다.

제 3 절　영기준예산(ZBB)

Ⅰ. 영기준예산(ZBB: zero-base budgeting)의 의의

ZBB는 전년도 예산을 고려하지 않고 영(zero)에서 출발하여 업무계획을 수립하고 채택된 프로그램에 관해서만 예산을 편성하는 방식이다.

즉 ZBB는 의사결정단위인 조직체의 모든 사업과 활동에 대하여 '영기준'(zero-base)을 적용하여 체계적으로 비용-편익분석 혹은 비용-효과분석을 행하고, 그에 입각하여 우선순위가 높은 사업과 활동을 선택하여 예산을 편성·결정한다.

그것은 비단 기존지출수준 이상의 예상된 증가분에 대해서 뿐만 아니라 모든 제안된 사업과 지출요구에 대하여 체계적·총체적으로 검토하고 분석하는 절차를 거친다. 따라서 ZBB는 전통적인 예산결정방식과 같이 전년도의 예산을 기준으로 하여 점증적으로 예산을 편성하고 결정하는 것이 아니라 비록 그것이 계속사업이라 하더라도 마치 신규사업과 같이 새로이 분석하고 평가하여 우선순위를 정하게 되는 것이다.

이러한 영기준예산은 전년도예산을 기준으로 하여 점증적·누증적으로 예산액을 책정하는 전통적인 점증예산(incremental budgeting)의 폐단을 극복하고 계속사업도 신규사업과 같이 새로 분석·평가하여 우선순위를 정함으로써 예산과 사업계획에 관한 결정을 총체적으로 명확히 하려는 제도라 할 수 있다.

사실상 전통적인 예산과정에서는 현재의 운영상태가 잘 평가되지 않고 또 많은 무분별한 결정들이 겉으로 잘 나타나지도 않으며 숫자에 묻혀 버리기(buried in the number) 때문에 속임수 놀음의 대상이 되기 쉽다. 그러나 ZBB는 현재의 운영상태를 가리고 있는 우산을 걷어 버리고 관리자가 업무운영에 대한 결정을 명확하게 하도록 만들어 준다.

PPBS가 거시경제이론에 바탕을 두고 있는 데 반해서 ZBB는 미시경제이론에 바탕을 두고 있는데, 이는 PPBS의 집권과 하향식 결정에서 오는 문제점을 극복하고 조직별 계획수립과 예산편성을 기저로 한 상향식 결정방식을 채택하고 있다.

Ⅱ. 점증적 예산·PPBS와의 비교

ZBB의 특징은 과거의 전통적인 점증적 예산(예: 품목별예산) 및 계획예산(PPBS)과 비교함으로써 보다 더 뚜렷이 밝혀볼 수 있다.

1. 전통적인 점증적 예산과 ZBB의 비교

대안의 선택과 예산결정이 점증적 행태를 취하는 전통적·통제중심적 예산제도인 점증형예산과 영기준예산의 차이를 다음과 같이 비교할 수 있다.

(1) 예산기준 점증적 예산은 전년도수준에서 출발하나, ZBB는 전년도예산을 '영'(zero)으로 간주한다.

(2) 심사대상사업의 범위 점증적 예산은 신규사업에 대해서만 비용-편익분석을 행하나, ZBB는 모든 활동에 대해서 비용-편익분석을 행한다.

(3) 사업의 운영방법 점증적 예산은 조직총체적으로 새로운 운영방법을 개발하지 않지만, ZBB는 새로운 운영방법을 개발·시도한다.

(4) 대안의 선택 점증적 예산에서는 해당사업에 관한 예산은 전부 받아들이거나 전부 기각하지만, ZBB는 사업목표를 달성하는 수준에 따라 수행하는 방법이 여러 가지일 수 있다.

2. 계획예산(PPBS)과 ZBB의 비교

PPBS와 ZBB는 사업목표를 명확히 하고 목표달성을 위한 대안을 비교하며 비용효과분석방법을 활용하는 데 중점을 두고 있다는 점에서 근본적인 유사성이 있으나 나음과 같은 점에서 차이가 있다.

(1) 예산의 중점 PPBS는 정책·계획의 수립이나 목표에 중점을 두고 있으나 ZBB는 목표달성과 사업평가에 중점을 두고 있다.

(2) 결정방식 PPBS의 결정방식은 중앙집권적이고 하향적인 데 비하여, ZBB는 분권적이고 상향적이다.

(3) 사업운영수단의 제공 PPBS는 정책을 도입하고 사업계획결정을 행하는 일선관리자를 위한 운영의 도구를 제공치 않으나, ZBB는 능률적이고 효과적인 운영의 도구를 제공하려고 한다.

(4) 사업의 성과 평가 PPBS는 여러 가지 재원규모에 따른 사업계획의 성과를 평가하는 데 별로 도움을 주지 못하나, ZBB는 여러 가지 재무자료의 분석을 통하여 그것이 가능하다.

(5) 사업의 계속적 평가 PPBS는 신규사업이나 전년도에 비하여 비용상 상당한 차이가 나는 사업에만 주의를 집중하며 현재 진행중인 사업의 계속적인 평가를 강요하지 않으나, ZBB는 계속적으로 그와 같은 평가를 진행시킨다.

Ⅲ. ZBB의 발달

1. ZBB의 기원

1969년 Pyhrr이 텍사스 기구회사(Texas Instruments)의 경영위기를 타개하기 위하여 ZBB를 개발, 경비삭감에 성공함으로써 이 위기를 극복할 수 있었으며 그 성과를 논문으로 정리하여 1970년 Harvard Business Review에 발표하였다. 당시 Georgia주지사로서 이 논문을 본 Carter는 깊은 감명을 받아 주예산에 ZBB를 도입하였다. 그는 주정부의 만성적인 적자재정을 타개하고 행정능률을 향상시킬 의도로서 Pyhrr의 도움을 받아 1973회계연도예산부터 주예산에 ZBB를 적용시켰다.

2. 미연방정부의 ZBB 도입

Carter는 대통령에 당선된 후 비능률적인 연방예산제도의 개혁을 위하여 선거공약인 영기준예산 도입을 추진하였다. 1977년 관리예산처(OMB)에 대한 ZBB 도입지시가 내려지고 1979회계연도부터 정식으로 ZBB가 연방정부에 도입되었고 그 후 미국의 각급 정부와 사기업 등에 보급되기 시작하였으나 1981년 Reagan행정부가 들어선 후 연방정부기관에 대한 ZBB적용은 폐기되었다.

Ⅳ. ZBB의 절차

ZBB를 운영하는 기관은 모든 사업과 활동을 체계적으로 분석·평가하여 예산을 결정하게 되는데 그 기관의 필요에 따라 관리방식은 다르지만 다음과 같은 네 가지의 기본단계를 거치게 된다.

1. 의사결정단위(decision unit)의 결정

의사결정단위란 조직의 활동에서 의미 있는 요소 또는 사업을 의미한다. 조직의 활동을 상호 비교하고 평가할 수 있도록 나눈 개개의 활동단위 또는 기능 단위라고 할 수 있는 의사결정단위를 정해야 한다.

PPBS의 프로그램체계(program structure)의 경우와 달리 의사결정단위는 ZBB를 적용하는 기관이 정하기에 달려 있다. 다시 말하자면 의사결정단위는 계나 과와 같은 조직단위일 수도 있고 기능이나 활동일 수도 있다는 것이다. 이것이 바로 ZBB의 장점의 하나이며 이러한 신축성 때문에 많은 지방자치단체나 주정부는 말할 것도 없고 연방정부의 경우에 있어서도 큰 저항 없이 ZBB를 받아들일 수 있었던 것이다.

2. 의사결정패키지(decision package; DP)의 작성

의사결정패키지는 영기준개념의 기본요소가 되는 문서로서 관리자가 사업계획, 활동수준, 재원요구에 관해서 판단하는 데 필요한 정보를 기재한 문서인데 업무의 정당성을 간결하게 나타낸 것이다. 각 의사결정단위별로 한 세트(set)의 의사결정패키지가 작성되는데 그 누계는 당해의사결정단위 전예산요구액을 나타낸다.

하나의 결정단위내에서 최소한 두 개 이상의 결정 패키지를 준비하게 된다. 결정 패키지는 상대적으로 독립된 활동 내지 기능을 기술한 문서에 불과하지만, 그 기술의 목적은 개개의 활동과 기능을 평가하고 경쟁상태에 있는 다른 활동 및 기능에 대한 상대적 중요성과 우선순위를 설정하는 자료가 되는 것이다. 각 패키지에는 활동의 목표 내지 목적·활동의 예측된 결과, 활동의 대안, 비용 및 편익 등이 명백히 나타나야 한다.

3. 우선순위의 결정

우선순위가 높은 것부터 의사결정패키지를 배열하는 과정으로서 모든 예산결정표에 대한 결정단위의 단계적 평가를 의미한다.

하급관리자는 당해 의사결정단위의 각 의사결정패키지의 순위를 결정한다. 하급관리자는 그의 산하에 있는 각 의사결정단위의 모든 의사결정패키지를 검토한 다음 순위를 수정하고 상호 비교하여 종합순위를 결정하며, 하급관리자는 중급관리자의 전의사결정패키지를 검토하고 상호 비교하여 종합순위를 결정한 다음 최고관리자에게 제출한다.

이 순위결정이 ZBB에 있어서 가장 중요하고도 어려운 과정이라 하겠다. ZBB를 비판하는 사람들은 이 과정에 많은 문제가 있다는 것을 지적하고 있다.

4. 예산의 편성

ZBB의 최종단계로서 순위의 결정에 의하여 의사결정패키지의 채택여부가 결정되면 그것을 기초로 하여 다음 연도의 실행예산의 편성이 이루어진다.

Ⅴ. ZBB의 효용 및 문제점

1. ZBB의 효용(장점)

(1) 재원의 합리적 배분 ZBB의 효용으로서 첫째로 들 수 있는 것은 재원을 우선순위가 낮은 사업에서 우선순위가 높은 사업으로 전환할 수 있다는 것이다.

(2) 재원경직성(전년도 답습주의)의 타파 이론상 ZBB의 최대의 장점은 전년도답습주의로 인한 재정의 경직성을 타파할 수 있다는 것이다. 대개의 경우 일단 승인된 사업은 그 임무가 끝나고 진부한 것이 되어도 소멸되지 않고, 재정을 경직화시키는 원인이 된다. ZBB는 계속해서 사업활동의 우선순위를 평가하여 그것이 낮은 것은 신속하고 융통성 있게 배제함으로써 재정의 경직성을 타파하는 데 도움을 준다.

(3) 계선관리자의 참여 확대 ZBB는 모든 수준의 계선관리자들이 예산편성에 참여할 수 있는 기회를 넓힐 수 있는 까닭에 계선관리자들의 중앙예산기관에 대한 불만을 감소시키는 데 이바지할 수 있다.

(4) 높은 신축성 ZBB는 성과주의예산이나 PPBS와는 달리 어떠한 예산제도와도 공존할 수 있다는 장점을 가지고 있다. 전술한 바와 같이 ZBB의 의사결정단위는 조직단위일 수도 있고 기능이나 활동일 수도 있다.

(5) 정보의 제공 ZBB는 최고관리자의 각 국·과나 산하기관의 업무수행에 관한 보다 상세한 정보를 제공할 수 있을 뿐만 아니라 중앙예산기관으로 하여금 각 기관의 예산요구에 대한 보다 많은 자료와 질적으로 향상된 정보를 입수할

수 있게 한다.

2. ZBB의 문제점

ZBB는 그 효용에도 불구하고 현실적으로 여러 가지 문제점을 안고 있다. 우리나라에서 ZBB를 활용하는 데도 이러한 문제점이 충분히 고려되어야 한다.

(1) 시간과 노력의 과중　ZBB는 시간과 노력이 과중하게 소요된다는 것이다. 즉 매년 많은 수의 결정단위를 설정하고 개별업무계획표를 분석하여 우선순위를 결정하게 됨으로써 문서작성에 많은 시간과 정력을 소비하게 되며 일선관리자의 업무부담이 과중하다.

하급관리자나 중간관리자뿐만 아니라 최고관리자도 ZBB를 위하여 많은 시간을 할애해야 한다.[12)]

(2) 우선순위 결정의 곤란　ZBB의 핵심이라 할 수 있는 우선순위의 결정에 많은 문제가 있다. 정치적으로 인기가 있는 사업은 우선순위가 낮아도 채택될 공산이 큰 까닭에 관리자들 중에는 중요성이 크며 인기가 있는 사업의 순위를 낮게 매기고 인기가 없는 사업의 순위를 높게 매길 사람도 있을 것이다.

또한 전술한 바와 같은 시간의 제약으로 최고관리자가 충분한 시간을 가지고 의사결정패키지를 분석하고 우선순위를 검토할 수 없는 경우가 많다.

(3) 관료의 저항적 태도와 자기방위　각 계층에 근무하는 관료들이 각자의 사업의 변동이나 효율성 평가에 위협·불안감을 느끼고 사업이나 성과의 분석 평가를 귀찮게 여겨 저항하기 쉽고 사실이나 불리한 점을 엄폐하고 유리한 점만 제시할 우려가 있다.

(4) 사업축소·폐지의 곤란　공공부문에서는 지속적 업무가 많고 국민생활의 연속성이 고려되어야 하며 법제상의 제약이 심하다는 등의 이유로 사업의 축소·폐지가 사기업과 달리 용이하지 않다.

(5) 사전의 정책결정　각 결정단위의 예산작업 이전에 행정부의 고위층이나 입법부에 의해서 미리 새해의 예산수준이나 물가 및 인건비에 대한 정책결정이 있어야 한다.

---

12) Georgia주의 경우 11,000개의 의사결정패키지나 있었는데 주지사가 매일 4시간씩 2개월간을 ZBB를 위하여 할애한다고 하더라도 의사결정패키지 1개당 1분밖에 할당할 수 없다는 계산이 나온다.

3. ZBB의 운용상 문제점

우리 나라도 국가예산 낭비를 줄이고 투자효율을 높이기 위하여 1982년 ZBB를 선별적으로 도입하고 1983년도 예산안 편성부터 ZBB방식을 채택하기 시작하여 상당한 예산절감 효과를 가져왔다.[13)]

우리 나라는 i) 경직성경비, ii) 기준경비 및 관서당경비, iii) 사업비 등에 ZBB 방식이 적용되고 있으나 비중은 높지 않으며 그 올바른 정착화는 앞으로 예산행정의 큰 과제라 할 것이다. 영기준예산 운용에는 다음과 같은 점이 고려되어야 한다.[14)]

(가) 최고관리자의 적극적인 관심·지원과 리더십의 발휘가 요구된다. 최고관리자나 중견간부가 영기준예산편성의 효과에 대하여 회의적인 입장을 취할 경우 제도의 정착화는 어렵다.

(나) 제도개혁에 대한 불안의식이 제거되어야 한다. 그렇게 되면 자리를 지키기 위한 해당공무원의 저항이 감소될 것이다.

요컨대 ZBB의 도입이 성과를 거두려면 무엇보다 국가예산을 내 돈같이 아껴쓰는 공직자들의 의식구조의 쇄신이 선행되어야 할 것이다.

Ⅵ. 일몰법과 ZBB

1. 일몰법(sunset laws)의 의의

일몰법이란 특정한 사업이나 기관이 일정한 기간이 지나면 자동적으로 폐지되도록 하는 법률을 말한다. 즉 수행되고 있는 모든 행정활동을 일정기간(예컨대 5년 혹은 3년) 후에 평가하여 일몰(sunset)에 이르렀다고 판단하면 활동을 중지하고 새로 일출(sunrise)시킬 필요가 있다고 판단되는 행정활동은 다시 제안시키도록 법률로서 강제하려는 것이다.

구체적으로 보면 행정기관의 사업, 권한, 조직에 관하여 i) 이미 당초의 목적을 달성하여 현재로서는 불필요하거나 부적절한 것, ii) 당초의 목적을 달성하는

13) 박영희, 전게서, pp. 382~386.
14) 김규정, 전게서, p. 835.

데 실패한 것, iii) 상황의 변동 등으로 존재이유가 희박해진 것 등을 의회가 사업 시행 후 일정기관이 경과한 시점에 있어서 재검토하고 폐지하는 제도인 것이다.

2. 일몰법의 활용

Colorado주에서 먼저 제정된 일몰법은 미국의 주정부에서 많이 활용하고 있는데 한때 36개 주에서 일몰법제도를 채택했다. 그러나 1979년부터 1988년에 이르는 기간 중에 12개 주에서 이를 폐기했거나 사용을 중단하여 1990년 현재 24개 주에서 이를 활용하고 있다. 많은 주가 이를 폐기하거나 활용을 중단했다는 것은 일몰법제도의 장래에 어두운 그림자를 던지는 현상이라 하지 않을 수 없다.[15)]

3. 일몰법과 ZBB의 차이점

일몰법이나 ZBB는 모두 정부가 이미 실시하겠다고 약속한 사항을 재검토하여 사업의 계속여부를 재심사함으로써 자원의 합리적 배분을 기하고 자원난시대에 대응하기 위한 감축관리(cutback management)의 한 측면이라는 점에서 유사하나 다음과 같은 몇 가지 차이점을 지니고 있다.

(가) ZBB는 행정과정인 데 대하여 일몰법은 입법과정이다. ZBB를 적용하는 경우 입법부가 관련된 자료를 입수할 수 있기는 하나 기본적으로 ZBB는 예산편성과정에 있어서 행정부에 의해 수행되는 행정과정인 데 대하여 일몰법은 프로그램의 법령상의 권한부여기간을 한정하려는 것으로서 이 프로그램에 재차 권한을 부여하려면 새로운 법률의 제한을 필요로 하는 입법과정인 것이다.

(나) ZBB는 조직의 하층구조에서 더욱 효율성이 높은 관리도구인 데 대하여 일몰법은 최고관리층과 관련이 있는 장치이다. 전술한 바와 같이 ZBB는 계선관리자들에게 자기소관의 사업에 대해서 재검토할 수 있는 기회를 부여하는 관리도구인 것이다.

(다) ZBB는 매년 반복해야 하는 예산과정인 데 비하여 일몰법은 입법부의 예산심의와 관련이 없는 것은 아니나 예산과정에서 비교적 독립된 과정이다.

(라) ZBB는 매년 실시되므로 단기적이지만 일몰법은 검토의 주기가 3년 내

---

15) Richard C. Nearney, "Sunset: A Survey and Analysis of the State Experience," *Public Administration Review* (January-February 1990), pp. 49~57.

〈표 5-4〉 예산제도의 비교

구분기준	품목별 예산	성과주의예산	계획주의예산	목표에 의한 관리	영기준예산
1. 기본지향성	통제기능	관리기능	계획기능	관리기능	관리기능
2. 취급범위	투 입	투입·산출	투입·산출·효과성	투입 산출	투입·산출·효과성
3. 직원의 필요지식	회계학	관리론	경제학·기획론	관리론	경제학·관리론
4. 정책결정형태	점증주의: 하향적	점증주의: 상향적	포괄주의: 하향적	점증주의: 상향적	포괄주의: 상향적
5. 권위구조	집권적	분권적	집권적	분권적	분권적
6. 인간관리전략	X이론	Y이론	X이론	Y이론	Y이론

지 7년에 걸쳐 장기적이다.

끝으로 지금까지 고찰하여 온 예산제도를 비교하여 표로 나타내면 다음과 같다.

제 4 절 자본예산

Ⅰ. 자본예산의 의의
Ⅱ. 자본예산의 발달
Ⅲ. 자본예산의 효용(장점)
Ⅳ. 자본예산의 문제점(단점)

Ⅰ. 자본예산의 의의

1. 자본예산(capital budget)의 개념

자본예산이라 함은 일반적으로 경상적 지출과 자본적 지출을 구분하고 경상적 지출은 수입에 의하여 충당하며 균형이 되어야 하나, 자본적 지출은 그 많은 부분을 공채의 발행에 의하여 충당하는 복식예산(double budget)을 말한다.

만일 공채를 발행하여 국가 또는 지방자치단체가 부채를 진다고 하더라도 그 수입을 가지고 자본적 지출, 즉 자산의 취득에 충당한다면 국가의 순자산상태를 변동이 없으며, 따라서 자본적 지출을 위한 공채의 발생은 건전재정의 원칙에 위배되지 않는다는 것이다.

자본예산은 물론 각급 정부의 투자사업을 체계적으로 수립하고 집행하기 위한 목적으로 발달한 것이지만, 그것은 또한 적자재정을 정당화시키려는 데 그 기원을 두고 있으며 비경상적 지출이나 비반복적 지출, 즉 자본적 지출의 재원을 마련하기 위하여 공채를 발행하는 것을 합리화하기 위해서도 사용되는 것이다.[16)]

2. 중앙정부와 지방자치단체의 자본예산

후술하는 바와 같이 자본예산제도는 미국의 지방자치단체, 주정부 등이 채택하고 있는 자본예산제도와 스웨덴 등의 중앙정부가 한때 채택했던 자본예산제도로 나누어서 볼 수 있는데 양자는 도입의 동기가 전혀 다르다.

(1) 미국 자치단체 등의 자본예산 미국의 지방자치단체와 주정부 등이 채택하고 있는 자본예산은 사기업 자본예산의 영향을 받아 발달한 것으로서 지방자치단체나 주정부의 자본투자사업을 합리적으로 선정하고 그 재정적 뒷받침을 하여 사회간접자본의 확충 등을 원활히 추진하려는 것이 그 근본적인 목적이다.

(2) 스웨덴의 자본예산 스웨덴 등이 한때 채택했던 중앙정부의 자본예산은 자본투자사업의 원활한 수행보다는 예산의 경기대책기능의 수행에 목표를 두었던 제도이다. 그러나 불경기가 심화되면 경기대책으로서 자본적 지출에 역점을 두게 되는 자본예산이 경제안정효과에 있어서 경상적 지출의 증대나 세율인하에 뒤진다는 데 문제가 있다. 뿐만 아니라 자본예산은 자칫하면 경상비의 적자를 은폐하기 위한 수단으로서 사용될 우려가 있다.

Ⅱ. 자본예산의 발달

1. 스웨덴

세계에서 예산정책과 밀접한 관련성을 가진 예산기술이 가장 고도로 발전된 나라는 스칸디나비아 제국이다. 자본예산은 이러한 나라들의 예산정책 기술의 발전과 더불어 사용되어 왔다.

덴마크·노르웨이·스웨덴 3국의 예산제도운영의 중요한 공통적 특징을 띠고

16) Burkhead, *op. cit.*, pp. 182~183.

있으나 특히 스웨덴은 1937년의 예산제도개혁에 의하여 자본예산을 채택하였다. 스웨덴이 현대적인 예산정책 기술을 발전시키게 된 것은 국민의 경제적 복지에 대하여 정부가 큰 관심과 책임을 느끼게 된 데서 비롯하고 있다.

2. 미 국

현재 미국의 도시에서 운용되는 자본예산제도는 1940년대에 확립된 것인데, 공황과 제2차 세계대전의 산물이라 할 수 있다. 1920년대의 무계획적이고 과도한 공공사업은 1929년의 대공황을 계기로 하여 미국의 도시들을 파산지경으로 몰아넣었다. 1930년대에는 연방정부의 보조금의 자극을 받아 지방자치단체는 도시계획에 큰 관심을 기울이게 되었다. 제2차 세계대전중에는 시설의 확충을 이루지 못하다가 종전과 동시에 다시 시설의 확충과 공공사업비의 증가를 보게 되었다. 이러한 환경 속에서 자본예산제도가 발달하게 되었다.

Ⅲ. 자본예산의 효용(장점)

1. 재정기본구조의 이해

자본예산은 정치가 공무원 및 일반납세자로 하여금 국가재정의 기본구조(fundamental anatomy)에 대한 명확한 파악을 가능케 한다는 것이다. 경찰관의 봉급과 통행료를 받는 교량의 건설비는 동일하게 예산에서 지출되나 양자는 근본적으로 성격이 다르다. 해가 지나가도 우리 사회에서 범죄가 근절되는 것은 아니며, 따라서 경찰관의 봉급은 계속해서 매년 지급되어야 한다. 그러나 교량은 준공을 본 다음에는 수입을 올릴 뿐만 아니라, 교량은 국가의 자산이 되는 것이다. 그럼에도 불구하고 이 양자를 동일하게 취급하는 예산제도는 옳지 않은 것이며 자본예산제도는 이러한 결함을 시정해 주는 제도라는 것이다.

2. 자본적 지출에 대한 특별한 사정

자본예산은 경상적 지출과 자본적 지출을 구분함으로써 자본적 지출에 대한 특별한 사정과 분석을 가능케 한다.

3. 지출의 기복의 조정

자본예산제도 및 이에 수반되는 장기적인 공공사업계획은 정부의 재정계획의 수립에 편의를 제공하며 장기적인 관점에서 정부지출의 기복을 조정하고 정부의 공신력을 높이는 데 도움이 될 수 있다.[17)]

4. 적자재정의 정당화(경기회복에 도움)

건전재정의 전통이 강한 나라에 있어서 정부는 자본예산제도를 활용함으로써 불경기에 처해서 적자예산에 의하여 유효수요를 증가시키고 고용을 증대하며 경기회복에 이바지하는 데 편리하다는 것이다. 국회의원들과 국민들에게 적자재정을 정당화하기 쉬운 까닭이다.

Ⅳ. 자본예산의 문제점(단점)

1. 경제안정효과의 감소

자본예산제도하에서는 불경기가 내습하면 자본적 지출을 늘리게 되는데 경기대책으로서는 경상적 지출을 늘리고 세율을 인하하는 것이 보다 신속하고 신축성 있는 방법인 경우가 많다는 것이다.

2. 인플레이션 조장우려

자본예산은 인플레의 경우 특히 곤란하다. 일단 시설재(내구재)를 위한 자본적 지출은 국채(공채)발행에 의하여 충당해도 좋다는 관념이 확립되면 인플레이션 시기에 있어서 그것을 조장할 우려가 있다는 것이다.[18)]

3. 적자 은폐를 위한 수단

자본예산은 자칫하면 경상비의 적자를 은폐하기 위한 수단으로서 또는 무리

---

17) Henry Thomassen, "Capital Budgeting for a State," *Public Budgeting and Finance* (Winter 1990), p. 81.

18) Burkhead, *op. cit.*, pp. 207~208.

한 지출에 대한 구실로 사용될 우려가 있다. 경상적 지출과 자본적 지출의 구분은 자의적이며 금액을 가지고 양자를 구분할 수밖에 없는 경우가 많기 때문이다. 수명이 8년인 타이프라이터 구입비는 그 가격이 500달러인 까닭에 경상적 지출로 지급되고 수명이 4년인 자동차의 구입비는 그 가격이 8,500달러인 까닭에 자본적 지출로 분류되는 경우가 좋은 예라 하겠다.

제 6 편

행정통제와 행정개혁

제6편은 행정과정의 마지막 단계인 평가와 시정조치로서의 행정통제와 행정개혁을 다룬다.

제1장에서는 행정책임과 행정책임 확보방법으로서의 행정통제를 살펴본다.

제2장에서는 선진적인 행정통제제도에 해당하는 옴부즈만제도를 살펴본다.

제3장에서는 그 동안 행정통제의 사각지대에 방치되었던 소위 행정지도를 살펴본다.

제4장에서는 효율적 행정통제를 위한 행정에 대한 시민참여를 살펴본다.

제5장에서는 행정에 있어서 공공관계, 즉 행정 PR을 살펴본다.

제6장에서는 평가와 시정조치의 결과인 행정개혁과 행정개혁의 일환으로서 신공공관리론을 살펴본다.

제 1 장 행정책임과 행정통제

Ⅰ. 행정책임의 본질

1. 행정책임의 개념

행정책임이란 간단히 정의해서 행정기관이나 행정인(공무원)이 일정한 '행동기준'에 따라 행동할 의무를 지는 것이다. 여기서 행동기준이란 행정관계 법령의 규정뿐만 아니라 널리 국민 기대와 희망 및 공익을 포함한 것이라고 할 수 있다.[1)] 따라서 행정책임의 개념은 법적 책임(accountability), 도덕적 책임(responsibility), 반응적(응답적) 책임(responsiveness) 등이 함께 포함된 보다 광범위한 개념이라 할 수 있다.

오늘날 행정권의 확대 및 강화현상은 필연적으로 관료권력의 비대화를 초래하게 되었으므로 자연히 권력남용의 가능성에 대한 통제가 필요하게 되었으며, 민주국가에 있어서의 행정은 이념상으로 볼 때 주권자인 국민의 요구를 구체적으로 실현함을 목적으로 하고 있는 것이므로 책임정치의 구현이라는 관점에서도 행정책임론은 중대한 의의를 지니고 있다.

---

1) 행정책임에 대한 학자들의 개념정의를 보면 J.M. Pfiffner는 "행정책임이란 행정기관이 외부의 다른 기관이나 어떤 행동기준에 대하여 책임을 지는 것"이라고 정의하고 있으며 Presthus는 "행정관료가 법률과 윤리적인 규범에 따라서 행동해야 할 의무(duty)"라고 하였다. John M. Pfiffner and Robert Presthus, *Public Administration* (New York: Ronald Press, 1967), p. 538 및 R. Presthus, *Public Administration* (New York: The Ronald Press, 1967), pp. 410∼411 참조.

2. 행정책임의 특질

(가) 행정책임은 행정상의 업무를 전제로 하여 발생한다.

(나) 행정책임은 일정한 재량이 있는 경우에만 발생한다.

(다) 행정책임은 개인적 요구보다 공익적 요구에 충실하여야 하며, 자기가 정하지 않은 어떤 기준에 따라야 한다.

(라) 행정책임은 주로 행동의 결과에 대하여 이루어진다.

(마) 행정책임의 보장을 위하여 행정통제가 사용된다.

3. 행정책임의 구분(유형)

행정책임은 그 분류의 기준에 따라 여러 가지로 구분할 수 있다.

(1) 도의적 책임과 법적 책임　　행정에 있어서의 책임은 먼저 도의적 책임과 법적 책임으로 구분된다. 보통 영어의 responsibility는 도의적·포괄적 책임을, accountability는 법적·공식적 책임을 의미한다고 볼 수 있다.[2)]

(2) 임무적 책임과 반응적(응답적) 책임　　전자는 선임된 인간, 즉 수임자로서의 임무와 같이 부여된 직무를 성실하게 수행하여야 할 광범한 책임을 말하며, 후자는 행위자가 요구·명령·소명에 반응(응답)하는 책임을 말한다.

(3) 변명적 책임과 수난적 책임　　전자는 영어의 accountability에 해당하는 것으로 행위자가 문책되었을 때에 그 행위의 외면적인 결과가 소명자가 지시한 규준에 합치되는 것을 규명하는 책임을 말하며,[3)] 후자는 영어의 liability에 해당하는 책임으로 자기에게 주어진 비난 혹은 제재를 감수할 책임을 의미한다.

(4) 합법적 책임과 재량적 책임　　합법적 책임은 행정활동이 법규에 위배되지 않도록 하는 책임이며, 재량적 책임은 행정활동이 공익에 위배되지 않도록 하는 책임을 말한다.[4)]

(5) 정치적 책임과 직업적 책임(기능적 책임)　　정치적 책임은 행정조직 또는 행정인이 국민의 의사에 대응하였는가 하는 책임이며, 직업적 책임은 행정인이

---

2) 정세욱·최창호, 『행정학』, 법문사, 1989, p. 671.

3) Accountability를 책무라고 표현. 이광종, 『행정책임론: 책임과 통제』, 대영문화사, 1989, p. 30; 구자용, 『행정통제의 이해』, 전예원, 1995, pp. 17~19.

4) 김규정, 전게서, p. 848.

전문직업인으로서 주어진 직책을 직업윤리에 따라서 하였는가 하는 책임이다.[5]

(6) 내재적 책임과 외재적 책임 내재적 책임이란 행정인 또는 행정기관이 행정조직 내부에서 상관 또는 감독기관에 대하여 책임을 지는 것이고, 외재적 책임이란 행정인 또는 행정기관이 대외적으로 입법부 · 사법부 또는 국민에게 책임을 지는 것을 말한다.

(7) 객관적 책임과 주관적 책임 객관적 책임(objective responsibility)이란 외부로부터 주어진 행동기준을 따라야 할 책임으로서 i) 법령을 준수할 책임, ii) 조직의 상하계층관계에 대한 책임, iii) 공익에 대하여 봉사할 책임을 의미하며 법적·조직적·사회적 요구에 대응하는 책임이다. 주관적 책임(subjective responsibility)이란 충성심·양심·일체감 등 개인의 내면적 정신적 욕구와 관련되며 가치관이나 윤리적 기준에 충실하려는 책임을 의미한다. 주관적 책임은 인간의 사회화과정을 통하여 불가피하게 형성되지만 객관적 책임을 지는 데 대한 기반이라 할 수 있다.

4. 행정책임의 기준

행정책임을 행정기관이나 행정인이 어떤 행동기준에 따라 행동할 의무를 지는 것이라고 할 때 그 기준에 대하여 두 가지로 나누어 볼 수 있다. 그 하나는 행정의 기준에 관하여 법령에 명문의 규정이 있는 경우와 다른 하나는 그러한 규정이 없는 경우이다.[6]

(1) 명문규정이 있는 경우 행정의 기준이 법령에 명문으로 규정되어 있을 경우에는 무엇보다 그 규정을 행동의 기준으로 삼아야 한다. 이 경우 행정책임에 있어서는 개개의 절차규정이 의도하는 법령의 목적을 실현했느냐 그렇지 못했느냐 하는 것을 책임추궁의 기준으로 삼아야 한다.

(2) 명문규정이 없는 경우 법령에 행정의 기준에 관하여 명문의 규정이 없는 경우에는 행정인이 재량으로 행동할 수밖에 없으며 이러한 경우에는 일반적으로 공익, 직업윤리, 수익자집단의 요구, 국민의 여망 등을 중요한 기준으로 삼아야 할 것이다. 그런데 여기서 공익이라는 개념을 어떻게 보아야 하느냐 하는

5) Marshall Dimock and G. Dimock, *Public Administration*, 4th ed.(New York: Holt, Rinehart and Winston, 1969), p. 124.

6) 유종해, 『현대행정학』, 박영사, 1997, pp. 151～152.

문제가 있다. 즉 종래의 실체설에 의하면 공익을 국가 또는 민족의 이익에 일치되는 것으로 규정하여 전적으로 공익에의 헌신만을 요청해 왔으며, 이의 결정은 당연히 집권자가 하는 것으로 생각하였던 것이다. 그러나 과정설에 의하면 공익이라는 것은 현실적인 정치과정을 통해서 형성되는 것이며, 이러한 과정에서 개인·단체·정당 등이 참여하고 타협을 통해 다수인의 공익에 일치되는 결과가 나온다고 한다. 이러한 이유에서 오늘날 과정설이 유력시되고 있다.[7)]

5. 행정책임론의 동향

행정책임문제를 둘러싸고 1930년대와 1940년대에 걸쳐 Friedrich와 Finer 사이에서 유명한 논쟁이 전개된 바 있다. Friedrich는 공무원의 책임의식과 집단규범 전문직업적 기준을 강조하고 행정책임을 기능적 내재적 책임으로 인식하여야 한다고 주장하였다. 이에 대하여 Finer는 국민의 대표기관인 의회에 대한 외재적 책임을 강조하고 집단규범에 의한 통제는 실질적으로 기대하기 어렵다는 입장을 취하였다.[8)]

행정권이 압도적인 우위를 차지하고 있는 발전도상국가에서는 민주적 책임의 보장이야말로 시급한 국가적 과제라 할 수 있다.[9)]

Ⅱ. 행정책임확보를 위한 행정통제

1. 행정통제의 의의

행정통제란 행정책임을 확보하기 위하여 행정인이 공익, 법, 국민의 기대, 직

---

7) 학설에 관해서는 제1편 제3장 제2절 참조.

8) Friedrich는 이러한 책임의 보장은 외재적·객관적인 제도에 의한 통제(의회 및 사법적 통제 등)보다는 행정인의 내재적·주관적인 도덕성과 윤리를 바탕으로 이루어져야 한다고 한다. 오늘날의 의회가 행하는 불완전한 통제나 사법부의 소극적 통제, 그리고 그러한 통제에 따라 이루어지는 수동적 행정책임의 수행보다는 국민에 대한 봉사자의 주체적 행위(솔선)에 궁극적인 기대를 한다. 따라서 Friedrich는 행정인들에게 책임을 강요하기(enforce)보다는 이끌어내는(elicit) 것이 중요하다고 강조한다. 반면 Finer는 민주국가에 있어서의 행정책임의 보장은 외재적·객관적인 제도에 의한 통제를 지향해야 한다고 주장한다. Friedrich식으로 개인의 양심과 도덕성에 맡기는 행정책임이란 민주주의가 아닌 독재체제에서도 강조되고 있는 것이다. 그것만을 강조하는 것은 오히려 독재체제의 입장에 빠지는 것이라고 본다. 따라서 행정인은 국민과 국민이 선출한 대표자들에게 책임을 져야 하며, 대표자들은 행정인의 행동기준을 기술적으로 가능한 한 상세하게 규정해야 한다. 상세한 내용은 정인흥 외 3인, 『문제중심 행정학』, 박영사, 1997, pp. 584~586 참조.

9) 김규정, 전게서, p. 850.

업윤리와 전문적 기준 등의 행동기준에 따라 행위를 하고 있는가를 국민, 의회, 사법부 및 그 행정인이 소속하는 행정기관 등이 비판적으로 검토(혹은 문책)하고 시정하도록 하는 조치를 취하는 것을 말한다.

행정책임은 책임주체인 행정인이 주체적 책임감과 자기규율에 의해서 실행하는 것이 가장 이상적이다. 그러나 현실적으로 행정인이 책임감과 자기규율이 있다 하더라도 법적 혹은 도덕적인 행동기준에 완전히 부합하는 행위를 하고 있는가의 여부를 판단하는 것은 책임주체인 행정인이 하는 것이 아니라 궁극적으로 국민이 하는 것이며, 의회와 사법부 및 행정인이 속하는 행정기관이 행하는 것이다. 여기에 행정책임의 확보를 위한 행정통제의 필요성이 제기된다.

그러므로 행정책임은 행정통제를 통하여 보장되며 행정통제는 행정의 책임성을 확보하는 수단이 된다. 결국 행정책임과 행정통제는 밀접불가분의 관계에 있으며 동전의 양면과 같다고 하겠다. 행정통제에 있어서는 외적인 행정책임이 보장되도록 외부적인 통제가 이루어지며 내적인 행정책임이 보장되도록 내부적인 통제가 이루어진다. 즉 행정통제는 외부통제(민주통제)와 내부통제로 대별된다. 입법국가에서는 행정의 민주화를 확보하기 위해서 행정의 외부에서 행해지는 외부통제가 중시되었으나, 현대행정국가에서는 행정의 전문화 기술화로 외부통제가 무력화됨으로써 행정의 내부에서 행해지는 내부통제에 중점이 옮겨지고 있다. 그럼에도 불구하고 민주국가하에서는 외부통제의 중요성을 결코 과소 평가해서는 안될 것이다.

2. 행정통제의 방법(행정책임 확보방법)

행정통제는 전술한바와 같이 일반적으로 외부통제와 내부통제로 대별되고, 이들은 다시 각각 제도적(공식적) 통제와 비제도적(비공식적) 통제로 구분된다.[10)]

---

10) Gilbert는 행정통제의 방법을 i) 외부·비공식통제인 민주통제, ii) 사법통제·입법통제와 넓은 의미에서는 입법통제에 속하는 옴부즈만제도 등을 포함하는 외부·공식통제, iii) 행정수반에 의한 통제도 포함하지만 주로 관리통제·계층제적 통제를 의미하는 내부 공식통제, iv) 공무원의 기능적 책임을 확보하려는 자율적 통제인 내부·비공식통제 등으로 나눈다.

Ⅲ. 외부통제(민주통제)

외부통제란 외적인 행정책임을 보장하기 위한 것으로서 행정의 민주화를 확보하기 위해서 행정의 외부에서 행해지는 통제를 말한다. 외부통제는 행정이 국민과 입법부·사법부에 대하여 지는 행정책임을 보장하는데 의미가 있으며 민주통제로서의 정치적 성격을 띠고 있으므로 민주통제라고도 한다. 오늘날 행정책임의 보장방법으로서 외부통제가 무력화·형식화되어 이를 보완하기 위하여 내부통제가 강조되고 있지만 여기에도 한계가 불가피하며 민주통제의 중요성은 결코 과소평가 되어서는 안된다. 외부통제에는 여러 가지 제도적인 기구에 의해서 이루어지는 통제와 여론과 같이 공식적인 요소에 의해서 이루어지는 통제가 있다. 제도적인 통제기구의 가장 대표적인 것으로는 입법부에 의한 입법통제와 사법부에 의한 사법통제, 그리고 옴부즈만제도와 정당 등을 들 수 있으며, 비공식적인 기구로는 국민의 여론이나 이익단체에 의한 민중통제 등을 들 수 있다.

1. 입법통제(legislative control)

입법통제란 국민의 대표기관인 의회에 의한 통제를 말한다. 입법통제의 방법으로는 입법권에 의한 통제, 재정에 관한 권한에 의한 통제, 국정일반에 관한 권한에 의한 통제 등이 있다. 그 가운데서 의회는 입법과 예산통제의 기능을 통하여 가장 효과적인 행정통제를 행한다. 그런데 오늘날 미국과 같이 입법의 권한이 강화되어 있는 나라를 제외하고는 입법통제도 제한되는 경향이 있다. 그것은 행정이 전문화·기술화됨에 따라 의회는 스스로 정책을 수립하느니보다 행정부가 제안한 정책을 검토하는 데 그치게 되고, 입법통제의 가장 효과적인 분야인 예산심의도 의원들이 재정전문가가 아니기 때문에 정확한 분석이 잘 되지 않고 행정부가 제출한 안을 수정통과하는 데 그치기 때문이다.

미국의 경우 입법통제는 매우 효과적이다. 의회의 상·하원의 각 위원회는 핵심적 통제기구이며, 특히 회계검사원(GAO)을 통한 감사는 매우 효과적이다.

2. 사법통제(judicial control)

사법통제란 법원에 의한 통제를 말하며, 주로 법령해석권을 통하여 또는 법률·명령의 위헌 위법 여부를 심사함으로써 사법부가 행정을 통제하는 것을 의미한다. 국민이 행정에 의하여 부당하게 기본적 인권을 침해당하였을 때에는 사법부에 그 구제를 청구할 수 있다. 따라서 사법통제는 사후적 구제라는 성격을 지니게 된다. 한편 사법통제는 당사자에게 과중한 경비를 요하게 되고, 그 절차가 번잡하며, 행정관의 행위만을 대상으로 하는 까닭에 부작위는 구제할 수 없다는 난점이 있다. 이러한 점에서 사법통제는 자진해서 행정행위를 조장하거나 억제하지 않는 이른바 보수적 성격이 강한 비능률적인 제도라고 할 수 있다.

3. 옴부즈만제도

(제2장 참조)

4. 민중통제(popular control)

민중통제는 일반국민에 의한 통제인 시민통제로서 i) 선거권의 행사, ii) 이익단체의 구성·활동, iii) 시민단체활동, iv) 여론의 조성·작용 등을 통하여 행정을 주로 간접적·비공식적으로 통제하는 것을 의미한다. 민주통제방식 중에서 가장 기본적인 방식이다. 이 방식이 어느 정도 효과적이냐 하는 것은 별도의 문제로 하더라도 이 방법이 지니는 의의는 매우 크다.

민중통제는 국민에 대하여 직접적으로 공식적 책임을 지지 않는 행정에 대한 통제인 만큼 국민의 높은 정치의식수준이 전제되어야 하며 고도의 시민의식이 국민 가운데 정착화되어 있지 않는 경우에는 그 성과를 기대하기 어렵다. 민중통제의 방법으로는 선거권의 행사·여론·시민참여·이익단체·언론기관의 역할 등이 있다.

특히 언론기관은 선진국은 물론 후진국에 있어서도 정치적 책임 및 행정책임의 확보수단으로서 효과를 보고 있다. 예컨대 1970년대 미국의 록히드스캔들이나 워터게이트 사건을 볼 때 현대에 있어서의 언론기관의 통제역할을 짐작할 수 있을 것이다.

Ⅳ. 내부통제(internal control)

내부통제란 내적인 행정책임을 보장하기 위한 것으로서 행정기관 자신이 그 기관내부의 행위를 문책하여 이탈행위가 있는 경우, 그에 대한 시정조치를 취하는 것이다. 이와 같은 내부통제가 요구되는 것은, 첫째 전술한 바와 같이 행정기능의 확대·강화와 전문화에 따라 외부통제만으로는 행정책임의 보장이 불충분하다. 둘째, 행정부 자체로서도 외부통제를 감소시키기 위해서는 내부의 자기통제 혹은 자율통제가 필요하다. 셋째, 실효성 있는 책임은 책임주체기관이나 개인의 자율적 통제를 통해서 이루어질 수 있는 것이다. 현대국가에 있어서 행정책임을 보장하기 위해서는 외부통제보다는 행정부 자체의 내부통제 또는 자기통제(self-control)가 보다 실질적인 의의를 가지고 있다고 할 수 있다. 어떤 경우에 있어서나 외부로부터의 강요보다는 그 자신이 의욕을 가질 때에 비로소 그 진정한 의도를 살릴 수 있기 때문이다. 따라서 오늘날 행정의 책임을 보장하는 궁극적 수단은 결국 행정부의 자율적 자기통제에 귀착된다. 내부통제방법의 대표적인 것을 살펴보면 다음과 같다.

1. 행정수반에 의한 통제

행정수반은 정부의 공무원임면권, 준입법권, 행정감독권, 정책결정권 및 기타의 수많은 법적 혹은 사실상의 권한행사와 리더십을 통하여 효과적으로 행정을 통제할 수 있으며, 스스로 최고의 행정책임을 지는 지위에 있는 것이다.

2. 운영통제(관리통제)

정부가 달성하고자 결정해 놓은 정책과 계획의 목표가 의도한 대로 진행되고 있는가를 심사하고 평가하여 만약 어떤 차질이 발견된 경우, 그것을 시정하여 효율적으로 달성되도록 하는 것을 운영통제(관리통제)라 한다.

3. 감사기관에 의한 통제

이것은 행정부 내에 설치된 자체 감사기관을 통해서 통제하는 것이다. 통제는 주로 회계검사와 직무감찰의 형식으로 이루어진다. 내부통제기관 중 가장 직접적인 권한을 가지고 통제기능을 수행하는 기관에 해당한다.

4. 행정인의 자율적 직업윤리에 의한 통제

위에서 고찰한 행정부 내의 어떠한 통제보다도 중요시되고 있는 것은 공무원 자신들의 윤리적·도덕적 기준에 입각한 자발적 또는 자율적인 자기통제라 하겠다. 이것은 바로 공무원의 직업윤리에 따른 것인데, 이제는 공무원 스스로가 자율적인 집단·조직규범을 형성할 수 있는 기틀을 마련해야 할 것이다. 요컨대 행정인 자신들의 직업윤리에 의한 자율적 통제는 어떠한 외부의 통제나 상부의 명령보다도 훨씬 효과가 있는 것이라 하겠다.

Ⅴ. 행정통제의 문제점과 개선방향

우리 나라 행정 통제의 문제점과 개선방향으로 다음과 같은 것을 들 수 있겠다.[11] 첫째, 오늘날 대다수의 행정국가에서는 행정권의 확대·강화현상이 나타나고 있어 상대적으로 입법부나 사법부는 행정통제 및 견제기능을 충분히 발휘하지 못하고 있는 실정이며, 결과적으로 민주통제의 약화경향을 나타내고 있다. 따라서 행정책임을 확보하기 위한 외부 통제가 시급히 강화되어야 할 것이다.

둘째, 내부통제에 있어서 계획과 통제는 밀접한 관계를 지니고 있는데 계획이 완전하고 합리적이면 그에 따르는 통제의 부담이 줄어드나, 반면에 계획이 불완전할수록 통제의 부담은 과중하게 된다.

셋째, 우리 나라에 있어서 행정통제의 효과를 높이기 위해서는 i) 선거권의 책임 있는 행사 및 국민의식 함양을 위한 민주교육의 강화, ii) 행정정보의 공개 확대, iii) 언론의 자율성 보장, iv) 입법부 및 사법부의 독립성 보장, v) Ombudsman제도의 도입, vi) NGO에 의한 감시활동 강화, vii) 공직자의 공복정신에 투철한 행태 및 가치관의 확립을 통한 자율 통제 강화 등이 요청된다고 하겠다.

---

11) 신두범, 전게서, pp. 123～124. 기타의 문제점에 관해서는 박연호·오세덕, 전게서, pp. 647～677; 안해균, 『현대행정학』, 다산출판사, 1984, pp. 397～398; 김규정, 전게서, pp. 857～861 참조.

제 2 장　옴부즈만제도

Ⅰ. 옴부즈만제도의 의의

1. 옴부즈만(Ombudsman)제도의 개념

옴부즈만이란 그 어원을 대리인·대변자의 뜻을 가진 스웨덴어 "Ombud"에 두고 있는 것으로 현대적 의미의 호민관이라 할 수 있다. 즉 옴부즈만이란 말은 초기에는 모든 종류의 대리 또는 대표의 뜻으로서 상업대리인, 노동조합의 집행위원, 변호사를 의미하였으나, 오늘날에는 불평처리인, 중개인, 시민의 보호자를 뜻하는 것으로 사용되고 있다.

옴부즈만제도란 행정이 합법적·합목적적으로 수행되고 있는가를 직권 또는 권리 침해를 당한 시민의 신청에 의해서 조사하여 감찰하는 행정감찰제도를 말하며, 이러한 직책을 담당하는 사람을 옴부즈만이라고 부른다. 즉 옴부즈만제도는 공무원의 위법·부당한 행위로 말미암아 권리의 침해를 받은 시민이 제기하는 민원이나 불평을 조사하여 관계기관에 시정을 권고함으로써 국민의 권리를 구제하는 제도라고 할 수 있다.

2. 옴부즈만제도의 기능

행정권의 확대강화현상에 따라 발생할지도 모르는 관료들의 횡포와 권력의 남용으로 부터 국민을 보호하는 데 주안점을 두고 있는 옴부즈만제도는 행정권의 남용이나 오용에서 야기되는 국민의 불평을 조사하고 부당한 경우 이의 시정과 구제를 모색하여 국민을 보호하는 기능을 한다.[1] 근래에 이르러 옴부즈만제도가 관심을 모으고 있는 이유는 기존의 여러 가지 통제수단, 특히 의회나 법원에 의한 통제가 국민의 권익을 빠르고 신속 저렴하게 구제할 수 없기 때문이다. 오늘날은 행정의 재량영역이 넓어짐에 따라 국민의 권익침해의 가능성이 더욱 더 높아지므로 국민의 권익보호라는 측면에서 옴부즈만제도가 각국의 주목을 받고 있다.[2]

3. 옴부즈만제도와 유사한 제도

우리 나라에는 순수한 옴부즈만제도는 존재하지 않는다. 그러나 기능면에서 그와 유사한 제도를 살펴보면 다음과 같다.

(1) 감사원의 직무감찰제도와 심사청구제도　감사원은 세입세출예산에 대한 결산, 회계검사 및 직무감찰을 하기 위하여 행정부에 설치된 대통령 직속기관이다. 감사원의 주된 기능은 공무원의 비위를 시정·방지하고 행정운영의 개선을 위한 직무감찰과 감사를 받은 자의 직무에 관하여 이해관계인으로부터 심사청구가 있을 때 이를 심사하여 결정을 관계기관의 장에게 통지하는 기능을 가진다. 그러나 감사원은 행정통제를 담당하는 점에서 옴부즈만과 유사하나, 그 소속되는 기관과 기능면에서 국민의 권리구제와 민원처리를 1차적인 기능으로 하지 않는 점에서 순수한 옴부즈만과 다르다.[3]

(2) 국민권익위원회　1994년「행정규제및민원사무기본법」에 의거하여 행정기관의 위법 부당한 행위 또는 불합리한 행정제도로 인하여 국민의 권리를 침해하거나 국민에게 불편을 주는 민원을 신속하게 처리하기 위하여 국무총리 소속으로 합의제 행정기관인 국민고충처리위원회가 신설되었으며 이는 국민의 고충사안을 제3자적 입장에서 공정하고 신속 용이하게 처리하기 위한 민원옴부즈만 성격을 지닌다. 1996년에는 정부합동민원실을 위원회 사무처로 개편하였고 2005년에는「국민고충처리위원회의설치 운영에관한법률」이 제정되어 대통령 직속기관으로 새로이 출범하였다. 이 위원회는 고충민원의 조사결과로 나타난 위법부

1) 김호진, "각국의 옴부즈만제도의 비교분석,"『한국행정학보』, 제13호, 1979, pp. 147~148.

2) 옴부즈만의 기능으로 행정통제, 행정감찰, 행정개선, 행정구제, 불평처리, 인간성 옹호 등을 드는 견해가 있다. 김인철, "옴부즈만제도에 관한 고찰," 입법조사월보, 국회사무처, 1987년 3호, p. 7 참조.

3) 정인흥 외 3인 공저, 전게서, p. 592.

당한 행정처분이나 행위에 대하여 시정조치를 권고할 수 있고 각종 제도나 법률상의 개선에 필요한 의견표명을 할 수 있다(강제성이 없다). 그러나 직권에 의한 조사를 할 수 없고 국회가 아닌 행정부내에 설치되어 독립성이 약하다고 할 수 있다. 최근 국민고충처리위원회의 독립성과 전문성을 보강하여 명실상부한 옴부즈만으로 재정립시키자는 주장이 제기되고 있다.

2008년 국민고충처리위원회는 부패방지 및 국민권익위원회설치법에 의해 기존의 국가청렴위원회·행정심판위원회와 통합되어 국민권익위원회로 출범하였다.

(3) 행정상담제도　국민의 실질적인 권리침해구제는 기대할 수 없으나 각 부처 및 지방자치단체별 민원상담실과 행정상담위원제 등은 민원처리에 많은 기여를 하고 있다.

(4) 대통령민정비서실　대통령의 참모기관으로서 민원처리와 직무감찰을 통하여 민원을 해결하고 행정을 통제하는데 강한 영향력을 행사한다. 그러나 역시 소속되는 기관과 조직의 성격면에서 순수한 옴부즈만제도와 다른 점이 많다.

(5) 국회(지방의회)의 청원제도　국회와 지방의회에 대한 청원을 통하여 민원이 처리되고 있으나 그 성과는 미약한 편이다.

Ⅱ. 옴부즈만제도의 도입 및 발전

옴부즈만제도의 직접적인 기원은 1809년의 스웨덴헌법 제96조에서 비롯되었으나 역사적으로 그 이전에도 옴부즈만제도와 유사한 기능을 가진 제도가 고대 그리스나 로마에 존재하고 있어서 스웨덴에서의 옴부즈만발생에 영향을 주었다.

스웨덴에서 발달한 옴부즈만제도는 스웨덴뿐만 아니라 다른 국가에도 파급이 되어 1919년 핀랜드가 처음으로 공무원의 전횡으로부터 국민의 권익을 보호하기 위하여 스웨덴형 옴부즈만제도를 도입하였다. 이리하여 옴부즈만제도에 관한 관심이 높아지게 되어 제2차 세계대전을 계기로 선진국은 전후 복구와 사회보장의 새로운 요구에 따라, 그리고 후진국과 신생독립국가들은 경제건설과 국민형성에 따른 행정권의 남용으로 인한 국민들의 권익을 보호하기 위해서 옴부즈만제도를 도입하게 되었다.[4] 즉 행정국가 내지 적극국가의 등장에 따른 행정

4) 박창로, "옴부즈만의 국내이식을 위한 진단과 처방,"『행정논집』, 제11-12집, 동국대학교 행정

권의 남용이나 행정통제 또는 민원구제의 실효성을 보완하기 위한 하나의 제도적인 장치로서 옴부즈만제도는 현제 범세계적인 현상이 되었을 정도로 많은 국가에서 도입 또는 채택하고 있다. 현재 옴부즈만제도를 채택하고 있는 나라로는 스웨덴, 핀랜드, 노르웨이, 뉴질랜드, 영국, 구야나, 탄자니아, 북아일랜드, 이스라엘, 프랑스, 피지, 케냐, 파푸아뉴기니 등이 있다.

Ⅲ. 옴부즈만제도의 특징

스웨덴에서 발달된 옴부즈만제도는 다소의 변화가 가미되면서 각국으로 확산되었으므로 그 형태나 유형은 국가마다 약간의 차이는 있으나 옴부즈만제도가 지니고 있는 일반적인 특징은 거의 동일하다고 할 수 있다. 옴부즈만제도가 공통적으로 지니고 있는 일반적인 특징은 다음과 같다.

1. 입법부 소속기관

옴부즈만은 의회의 기관이지 행정부의 기관이 아니다. 즉 옴부즈만은 의회에서 초당적인 합의아래 선출되며 입법부에 소속된다. 스웨덴에서 처음 발생시는 국왕의 기관이었지만 의회의 권한이 강화되면서부터는 의회기관이 되었다. 여기서 의회기관이라고 해서 의회가 옴부즈만의 활동을 지휘감독할 수 있다는 뜻이 아니라 의회가 옴부즈만을 임명할 권한만 가지고 있다는 것 뿐이다.

2. 직무수행상의 독립

옴부즈만은 직무수행상 독립성이 보장된 조정관이며, 의회로부터도 그의 업무에 대한 간섭을 받지 아니한다. 즉 옴부즈만은 헌법기관으로써 일단 사건에 대한 조사를 하게 되면 의회의원도 이에 간섭할 수 없다는 것이다.

3. 조사의 자발성과 공평성

옴부즈만은 시민의 고발에 의해서 활동을 개시하는 것이 일반적이나 때로는

대학원, 1981~1982, p. 77.

5) 오건세, "한국행정에 있어서 민중통제에 관한 연구," 사회과학논집, 동아대학교 사회과학연구소, 1987, p. 85.

신문보도나 소문을 토대로 해서 자기직권으로 조사활동을 하기도 한다.[5] 즉 옴부즈만은 자신의 발의에 의하여 법원이나 행정기관을 조사할 수 있다. 또한 옴부즈만은 국민이 공직자의 행동에 대해 불평을 제기하면 이것을 행정부로부터 완전히 독립된 제3자적 위치에서 공평하게 처리한다.

4. 통제의 간접성

옴부즈만은 법원이나 처분행정청과는 달리 행정작용을 직접 취소하거나 변경할 수 있는 권한을 가지지 않으며, 법원이나 행정청에 대한 직접적인 통제권이 없다. 이는 옴부즈만의 권한에 대한 중대한 제약의 하나로서 옴부즈만을 가르켜 "이빨 없는 집지키는 개"(watchdog without teeth)이라고 일컫는 이유도 바로 여기에 있다.[6] 그의 주된 권한은 조사를 하여 사실을 밝혀내는 데 있으므로 관계기관이 필요한 조치를 취하지 않을 때에는 의회에 대한 보고 및 언론기관을 통하여 사실을 공표함으로써 간접적으로 행정에 적지않은 영향을 끼치고 있다.

5. 접근의 용이성과 신속성

옴부즈만은 업무처리 과정에서 공식적인 절차가 없이 개방적이므로 행정작용에 관한 민원을 행정소송에 비해 극히 신속하게 처리할 수 있는 접근의 용이성이 있다. 즉 통상의 행정구제절차에 의하면 시간과 비용이 많이 드는 데 반하여 옴부즈만의 민원처리는 간편한 절차에 의해 이루어지므로 국민이 아무런 부담없이 옴부즈만에게 접근할 수 있다.

6. 관할대상의 포괄성

옴부즈만의 관할대상이 되는 행위는 명백한 불법행위로 부터 부당행위, 비능률, 부정행위, 신청에 대한 불응답, 답변의 지연, 결정의 편파성 등 사실행위에 대한 문제까지 취급한다. 즉 옴부즈만은 행정행위의 합법성뿐만 아니라 합목적성의 문제에 관해서도 국민의 불평을 조사하고 처리할 수 있다. 그래서 옴부즈만은 모든 행정기관, 사법기관까지도 그의 관할대상에 포함시키고 있다.[7]

---

6) 이상규, "행정구제로서의 옴부즈만," 『새법정』, 1972년 4월호, p. 17.

7) 덴마크와 노르웨이 에서는 장관도 옴부즈만의 조사대상이 되고 있으며, 스웨덴과 핀랜드 에서는 사법관도 조사대상에 포함된다.

7. 비용의 저렴성과 연차보고서 제출

옴부즈만은 행정에 대한 국민의 민원을 비공식적 절차에 의하여 신속하고 저렴하게 조사·처리해 줌으로써 특히 법률적 지식이나 법률상의 구제를 받기 위해 소요되는 비용의 부담능력이 없는 일반 서민들에게 심리적인 안정감을 제공해 주고 있으며, 또한 옴부즈만은 연간활동을 중심으로 연차보고서를 작성해서 매년 의회에 제출한다.

Ⅳ. 옴부즈만제도의 장·단점과 평가

1. 장·단점

《장 점》

(가) 옴부즈만제도는 다른 구제방법에 비하여 시민의 접근이 용이하다. 즉 시민이 용이하게 접근할 수 있어 행정의 민주화에 기여할 수 있다.

(나) 저렴한 비용으로 신속하게 시민의 고충을 해결할 수 있다.

(다) 제도의 수립에 있어 고도의 융통성과 적응성을 구비하고 있다.

(라) 특히 대민행정량과 인구가 적은 사회에서 큰 효용을 보일 수 있다.

(마) 공평한 활동과 공개적인 비판과 건의를 할 수 있다.

《단 점》

(가) 옴부즈만의 기능은 의회에 의한 행정통제를 주임무로 하는 국회의원의 직무와 중복된다는 비판이 있다.

(나) 기존 타기관 또는 타제도와의 기능중복으로 옥상옥이라는 점이 있다는 것이다(행정부 내의 민원기관, 자율적통제기관 등).

(다) 행정의 책임성과 비밀성의 침해라는 우려가 초기에 여러 나라에 있었다. 즉 옴부즈만은 행정기관의 책임성을 약화시키고 그 명예를 손상시켜 유효한 행정처분을 행하는 데에 장애가 된다는 것이다.

(라) 옴부즈만제도가 행정처분이나 재판에 대해 시정권을 갖고 있지 않다는 점이다. 그리하여 이에 대한 대책으로서 옴부즈만제도의 주무기가 부정의 공개

에 있어야 한다는 반박이 나오고 있다.

2. 옴부즈만 제도의 평가

옴부즈만제도는 입법통제가 본래의 기능을 발휘하지 못하는 데 대한 보완기능으로서 그 제도적 의의가 있다. 의회가 국민의 대표기관으로서 응당 지녀야 할 행정에 대한 통제기능이 약화되고 있는 실정이므로 이 약화되어가는 의회의 통제권을 보완하는 방편으로 옴부즈만이 고려될 수 있는 것이다.

그러나 옴부즈만을 가리켜 '이 빠진 개'로 비유하듯이 '짖기만 하고 물지 못하는' 제도상의 문제가 있다. 즉 행정이나 재판에 관한 시정권은 없고 공개권만 있어서 그 실효성에 문제가 있다는 것이다.[8)]

Ⅴ. 옴부즈만제도의 도입상 문제점 및 방향

1. 도입의 필요성

우리 나라에 있어서도 최근 옴부즈만제도의 도입에 대하여 활발한 논의가 전개되고 있다. 전술한 몇가지 제도로써도 물론 국민의 불평과 권리침해를 구제할 수 없는 것은 아니나, 이들 제도는 몇몇 정치후진국에서 그러하듯이 우리 나라에서도 국민의 권리보호자로서 보다는 관의 옹호자로서 활동하는 경우가 많으므로 여러 제도의 실효성 확보여부에 문제가 있는 것이다.[9)]

우리 나라는 대통령을 정점으로 구축된 행정체제 일변도의 단원적 권력구조하에 있으므로 행정부의 우월화 현상이 심각하며 행정부에 대한 의회의 통제는 미약하기 그지없다. 특히 신속과 능률의 논리가 지배하던 과거 권위주의시대에 있어서는 개인의 자유나 권리가 무시되는 경우가 많았다.

국민의 권리구제의 측면에서 볼 때도 우리 나라의 각종 민원제도는 어느 정도 제약이 있다. 즉 행정구제제도를 이용하기에는 시간이나 경비 및 지식이 필요하다. 그러므로 경제적 능력이나 복잡한 서류를 갖출 수 있는 능력이 부족한

8) 유종해, 전게서, p. 156.
9) 김규정, 전게서, p. 323.

이른바 권리위에 잠자고 있는 일반 서민의 권익보호를 위하여 비용부담 없이 간편하고 신속하게 권리를 구제하여 주는 기관의 설치가 필요하다.

우리의 행정문화와 행정현실은 새로운 보완장치를 요구하고 있으므로, 행정통제와 민원구제를 위한 새로운 시도로서 긍정적인 평가를 받고 있는 옴부즈만제도를 적극적으로 수용할 필요성은 충분히 있다고 할 것이다.

옴부즈만제도를 수용함으로써 관료들의 독선적 자세에 대하여 잠재적인 견제역할을 기대할 수 있으며, 행정에 대한 국민의 피해의식을 줄이고 국민의 참여의식을 높일 수 있다.[10] 또한 옴부즈만제도를 수용함으로써 이러한 효과뿐만 아니라 행정의 민주화와 인간화를 실현하고 행정의 개선이나 개혁의 계기를 마련할 수가 있는 것이다. 그러므로 이러한 관점에서 19세기 초에 스웨덴에서 시작되어 20세기 중반에 세계적인 관심을 끌게 되었고 접근하기 용이하고 비용이 적게 들고 신속하고 공정한 구제가 가능하다는 것을 장점으로 하고 있는 옴부즈만제도를 우리 나라에도 도입하여 제도화시켜야 할 필요성이 대두되는 것이다.[11]

2. 도입상의 문제점

(1) 옴부즈만제도 유형의 선택상의 문제　옴부즈만의 유형에는 기본적으로 순수의회형, 변형된 의회형, 행정부형, 절충형, 감사원형이 있는바 어느 유형이 우리 나라의 행정과 정치환경에 적합한가의 문제이다.

옴부즈만제도를 도입함에 있어서 효과성만을 기대한 나머지 이상형에 흐르고 만다면 제도로서의 기능과 역할을 다하지 못할 뿐 아니라 역효과를 가져와 행정의 능률성까지 저해할 위험성을 지니게 된다.[12] 따라서 옴부즈만제도를 도입함에 있어서 우리의 현 정치와 행정풍토에 맞는 독립성과 공정성이 최대한으로 보장될 수 있는 유형을 선택하여야 할 것이다.

(2) 옴부즈만의 권력기관화에 대한 문제　우리 나라의 경우 정치발전의 수준이나 정치의식의 수준은 후진성을 면치 못하고 있으며 또한 국민정신도 충분히

---

10) 백완기, 전게논문, pp. 214~216.

11) 김현철, "한국행정통제제도의 개선에 대한 연구," 연세대학교 대학원 석사학위논문, 1980, p. 94.

12) 허문명, "옴부즈만제도의 형태와 기능에 관한 비교연구," 동국대학교 대학원 석사학위논문, 1981, p. 100.

확립되어 있지 않다. 그리고 전근대적인 연고우선주의가 존재하기 때문에 어떠한 문제가 발생할 경우 공식적인 구제수단에 호소하기보다는 특정인의 사회적인 영향력에 의존하여 문제를 해결하려는 경향이 강하다. 이러한 경향이 강한 사회적 풍토 아래에서는 옴부즈만제도는 오히려 다른 권력기관으로 등장할 가능성마저 있게 된다.[13] 따라서 정확한 이해도 없이 옴부즈만이 행정에 참관하게 될 때에는 관료들로 부터 저항이 예상된다. 이에 대한 옴부즈만의 반응은 권위주의적인 성격을 띠게 될 것이며 이로써 옴부즈만기구 자체는 관료조직화 되고 권력기관화 될 우려가 있게 된다.

(3) 옴부즈만제도의 도입에 따른 행정부의 기능위축 문제 복지사회를 지향하는데 있어서 현대국가는 행정부의 적극적인 역할에 의존하고 있다. 하물며 우리나라와 같은 개발도상에 있는 국가에서는 행정부의 적극적인 활동은 아주 중요한 요소이다. 그런데 민원처리과정에서 행정부에 대한 옴부즈만의 간섭이 증가하고 행정행위가 자주 취소된다면, 공무원은 업무에 대한 적극성을 상실할 것이며 불필요한 요식행위를 요구하며 책임을 회피하고 책임 있는 행정결정을 주저하게 될 것이다. 따라서 옴부즈만제도는 행정부의 역할이나 활동을 위축시킬 우려가 있다.

(4) 옴부즈만과 기존기관과의 갈등문제 우리 나라의 경우 옴부즈만의 기능을 수행하는 유사제도를 비롯하여 각종 권리구제제도가 다양하게 존재하고 있다. 이러한 사실은 옴부즈만제도의 수용이 기존기관과의 권한범위나 판결 등의 문제를 놓고 오히려 갈등만 심화시키고 혼란을 초래할 우려가 있다는 것을 말해 준다.[14] 또한 옴부즈만제도를 수용하는 데 있어서는 헌법개정이나 특별법 제정, 예산의 확보를 비롯하여 기존기관의 전반적인 재검토에 따른 기구개편이 필요하다. 그런데 이러한 과정에서 기존기관으로부터 권한축소로 인한 심한 반발이 예상되는데 이는 옴부즈만제도의 도입을 저해하는 요인으로 작용한다.

3. 도입방향

우리 나라에서는 아직 옴부즈만제도가 도입되거나 준비중에 있지도 않으나

13) 박형건, "옴부즈만제도에 관한 연구: 한국에서의 그 수용가능성을 중심으로," 동아대학교 경영대학원 석사학위논문, 1981, p. 54.

14) 박형건, 전게논문, p. 55.

근래에 이르러 우리 나라의 행정은 급속한 양적 팽창과 질적 변화를 이루고 있으며, 그러한 중에 국민의 권리침해 현상이 없다고는 볼 수 없을 것이다. 따라서 당장에 국가적 차원에서의 옴부즈만제도의 도입이 어렵다면 스웨덴에서 실시하고 있는 각종 특별 옴부즈만제도[15]를 도입해 보는 것도 국민의 권리보호에 기여할 수 있는 제도가 될 수 있을 것이다. 무엇보다 중요한 것은 국민이 쉽게 접촉할 수 있고 공정하고 신속하게 국민의 권익보호 및 구제를 할 수 있는 동시에 우리의 실정에 알맞는 방향에서 도입이 검토되어져야 할 것이다.[16]

그러므로 이러한 옴부즈만제도의 도입방안을 좀더 구체적으로 살펴보면, 첫째 우리 나라는 조선시대부터 암행어사라는 제도의 활용으로 많은 효과를 거두어 온 역사적 전통이 있으므로 이러한 것에 대한 국민의 의식구조를 이용, 지지와 신임을 획득하고, 둘째 옴부즈만의 국회선출은 우리의 집권적이고 권위주의적인 행정문화 하에서는 그 기능발휘가 어려울 것이므로 행정수반이 임명하고 국회의 동의를 얻는 방법이 바람직스러울 것이며, 셋째 직권주의에 의한 민원해결보다는 국민의 제소에 의한 신청주의가 더 효과적일 것이다. 왜냐하면 직권주의에 의한 경우에는 오히려 옴부즈만제도가 더욱 관료주의화되거나 권력기관화를 초래할 우려가 있기 때문이다.[17]

---

15) 스웨덴에서는 일반옴부즈만 이외에 공정거래옴부즈만, 보도옴부즈만, 소비자 옴부즈만 등의 특별옴부즈만이 설치되어 있다. 강준호, "옴부즈만제도에 관한 고찰," 『국회보』, 210호, 1984, p. 132.

16) 박동서, 전게서(한국행정론), p. 649; 유영옥, 『행정학신론』, 학문사, 1996, p. 743.

17) 김영종 외 3인, 전게서, pp. 758~759.

제 3 장 행정지도

Ⅰ. 행정지도의 의의

1. 행정지도의 개념과 특성

행정지도가 무엇을 의미하는가에 대해서는 논자에 따라 그 정의가 일치하고 있지 않지만, 일반적으로 행정지도는「행정기관의 공무원이 그의 관할 내에서 어떤 행정목적의 달성을 위하여 시민에게 영향을 미치려는 활동으로서, 법적 구속력을 직접 수반하지 않는 것」이라고 정의할 수 있다.[1] 행정지도 연구에 있어서 앞서 있는 행정법학자들의 개념정의 중 대표적 견해를 보면 행정지도란「행정주체가 스스로 의도하는 바를 실현하기 위하여 상대편의 임의적인 협력을 기대하여 행하는 비권력적인 사실행위」라고 정의한다.[2] 현행 행정절차법 제2조는「행정지도란 행정기관이 그 소관사무의 범위 안에서 일정한 행정목적을 실현하기 위하여 특정인에게 일정한 행위를 하거나 하지 않도록 지도·권고·조언하는 행정작용」이라고 하여 넓은 뜻으로 규정하고 있으며 실정법규는 구체적인 사례에 따라 행정지도를 권고, 협조요청, 지시, 지도, 단속 등으로 표현하고 있다. 그리고 지방행정분야에서는 행정지도라는 말 대신 주민지도라는 용어가 널리 쓰이고 있다.

이러한 개념정의에 함축된 행정지도의 주요 특성은 다음과 같다.

(1) 공무원의 행위　　행정지도는 국가 또는 지방자치단체의 행정기관에 근무

1) 오석홍, "행정지도에 관한 연구,"『행정논총』, 제23권 제2호(1985), 서울대학교 행정대학원, pp. 39～42.

2) 김도창,『행정법론(上)』, 청운사, 1982, p. 397.

하는 공무원들이 직무와 관련하여 행하는 것이다. 공무원이 아닌 사람의 행위나 직무와 무관한 행위는 행정지도로 보지 않는다.

예컨대, 새마을지도자나 지역사회개발을 위한 민간단체의 종사자들이 농어민에게 소득증대방법을 지도한다 하더라도 그것은 행정지도에 해당하지 않는다.

(2) 국민(시민)을 대상으로 하는 행위 행정지도는 국민(시민)을 대상으로 하는 집행적 활동이다. 행정지도를 받는 시민은 특정한 개인일 수도 있고 법인이나 단체일 수도 있다. 그러나 행정기관간에 행해지는 각종 지휘나 지도, 또는 협조요청 등은 행정지도로 볼 수 없다.

(3) 의사표시적·비정형적 행위 행정지도는 시민에게 영향을 미치려는 의사표시적 행위이며, 그것은 직접적인 법령의 근거를 반드시 필요로 하는 것이 아니므로 지도형식에 어떠한 제한도 받지 않는다

여기서 의사표시적이라고 하는 것은 법률효과의 발생을 의욕하는 의사표시의 개념이 아니고 행정지도가 물리작용이기보다는 원칙적으로 정신작용이라는 것을 의미하려는 것이다. 시민의 태도와 행동에 영향을 미쳐 어떤 행정목적을 실현하려는 적극적 의지가 포함된 활동이라야 행정지도에 해당한다. 단순한 홍보활동이나 사실확인에 그치는 행동은 행정지도라 볼 수 없다.

행정지도는 반드시 법적 근거를 요하지 않는다 하더라도 적어도 규범적으로는 법령의 범위내에서 이루어져야 하기 때문에 법령을 위반해서는 안된다.[3] 법령이 없는 경우 조직법상의 임무와 관할의 범위내에서 이루어져야 한다. 그리고 행정지도의 형식에는 제약이 없으므로 구두로 또는 문서로 할 수 있다.

(4) 권력을 배경으로 하는 행위 행정지도는 공무원의 지위의 우월성과 거기에 결부된 각종의 권력을 배경으로 하는 활동이다. 그렇다고 행정지도가 직접적으로 법적 구속력이나 강제처분을 수반하는 것은 아니므로 행정지도에 대한 순응이 외견상 시민의 자유의사에 달려 있는 것처럼 보인다.

그렇다고 하여 행정법학자들이 행정지도의 비권력성(사실행위적 측면)을 강조하는 것은 권력의 의미를 너무 협착하게 이해하는 견해 때문이다. 행정지도에 대한 복종이 상대방의 임의적 협력에 달려 있다고 하는 것은 현실을 도외시한

3) 행정법학자들은 행정지도의 법령상 한계 이외에 조리상 한계로서 비례원칙, 평등원칙, 신뢰보호의 원칙 등을 들고 있다. 박윤흔, 전게서, pp. 524~525 참조.

형식적 법논리임에 불과하다고 하겠다.

왜냐하면 행정기관의 공무원들은 행정지도의 순응을 확보하기 위한 여러 가지 권력을 지니고 있으며, 행정지도의 대상보다 우월한 지위를 누리는 것이 일반적이다.[4)]

2. 행정지도연구의 의의

국민생활에 영향을 미치는 행정체제의 모든 활동을 법령으로 낱낱이 규율할 수는 없는 것이므로 행정지도는 오늘날 행정에서 사실상 많이 사용되고 있는 행정활동이다. 특히 우리 나라 행정의 거의 모든 단계 또는 모든 행정분야에서 행정지도가 일상적으로 행해지고 있다.

행정지도라 불리는 행정현상이 반드시 우리 나라에만 전적으로 고유한 현상인 것은 물론 아니다. 어느 나라에나 그러한 현상은 다소간에 모두 있게 마련이다. 행정지도는 행정국가가 대두한 이후 세계의 여러 나라에서 어떤 형태이든 끊임없이 변하는 행정수요에 대응하기 위한 행정활동으로서 행하여져 온 기능적 보편성이 있으나 이러한 행정지도방식은 세계에서 특히 일본과 한국에서 확립되고 있는 제도라 할 수 있다.

우리 나라의 경우 행정지도가 행정활동 전체에서 차지하는 비중은 매우 크고 그 성격 또한 특이한 점이 많다.

행정의 실제에서 비공식적·사실적 활동의 폭이나 비중이 법적 공식적 활동의 경우보다 더 크다는 점에서 행정지도에 관한 연구는 대단히 중요하다. 그럼에도 불구하고 우리 나라 행정학은 행정지도의 연구를 소홀히 해왔다. 행정지도는 행정법학의 연구대상으로만 생각해 왔으며 또한 행정법학자들에 의해 비교적 활발하게 연구가 이루어져 왔으나 행정법학적 접근방법에는 많은 한계와 문제점이 있으므로 이제는 행정학자의 많은 연구가 이루어져야 할 것이다.[5)]

4) 예컨대 각종 보상을 주거나 뺏는 보상유인에 의한 권한행사, 우월한 지식·기술·정보를 보유한 데서 나오는 전문지식에 의한 권한행사, 행정지도를 거부하면 장차 행정기관의 협력이나 지원을 받지 못할 뿐만 아니라 법적 강제는 아니더라도 다른 문제를 들고 나와 처벌적·강제적 조치를 감수토록 하는 강요적 권한행사 등이 있다.

5) 오석홍, 전게논문, p. 38. 그 동안 행정법학적 접근방법은 행정지도를 법외적인, 그리고 비권력적인 사실행위로 보고 이른바 '행정주체'와 '행정객체'의 대립적 상황을 전제로 연구해 왔다. 그러나 전술한 바와 같이 행정지도는 분명 비권력적 작용이 아닌 사실상의 권력적 작용으로 보아야 할 것이며 또한 행정주체나 행정객체와 같은 민주행정시대에 적합하지 않은 개념들도 정리하여야 할 것이다.

Ⅱ. 행정지도의 유형

행정지도의 유형은 그 기준에 따라서 기능별 분류, 법령근거에 따른 분류 등으로 나누어 볼 수 있다.[6)]

1. 기능별 분류(성질별 분류)

기능을 기준으로 한 유형론은 행정지도의 주된 기능이 무엇인가를 기준으로 한 유형론으로서 규제적 행정지도, 조정적 행정지도 및 조성적 행정지도로 구분된다.

(1) 규제적 행정지도　규제적 행정지도는 공익 일반 또는 구체적인 행정목적에 위배되는 행위를 규제 또는 예방하려는 것이다. 예컨대 공해를 야기하는 행위를 하지 못하도록 하는 정책지도가 이에 속한다.

규제적 지도는 법적 강제력 여부에 따라 다시 독자적 지도와 부수적 지도로 나누어 볼 수 있다. 독자적 지도는 긴급한 행정수요가 발생하였으나 법률의 근거가 마련되지 않았을 때 응급적 지도, 법적 처분도 할 수 있지만 행정지도로 문제를 해결하는 대체적 지도 등이 있다.

부수적 지도는 법적 강제력이 있는 행위에 부수적인 것으로서 사전권고, 시정권고, 민원신청인에 대한 권고 등이 있다.

(2) 조정적 행정지도　조정적 행정지도는 서로 대립되는 당사자들의 이해관계를 조정하려는 행정지도이다. 조정적 행정지도는 서로 대립적인 입장에 있는 당사자들의 어느 한편 또는 모두에 대해 담당공무원이 가지고 있는 법률상의 권한을 배경으로 하여 행해지는 것이 보통이다.

시민 상호간의 이해대립으로 말썽이 빚어지거나 경제활동의 과열경쟁으로 건전한 경제질서에 지장이 생길 우려가 있는 경우 등 행정목적에 비추어 바람직하지 못한 대립 갈등이 있거나 그 위험이 있는 경우 조정적 행정지도가 동원된다. 중소기업과 대기업의 이해를 조정하는 것, 대형건물의 건축주와 인근 주민 사이에 일조권침해문제로 다툼이 있을 때 이를 조정하는 것 등이 여기에 속한다.

---

6) 오석홍, 전게논문, pp. 42~46.

(3) 조성적 행정지도 조성적 행정지도는 상대방인 시민의 이익을 증진시키기 위한 봉사적 성격의 행정지도로서 촉진적 또는 조언적 행정지도라고도 한다. 보통 상대방에게 우월한 지식, 기술 기타 정보를 제공하거나 조언을 하는 방법으로 행해진다. 조성적 행정지도에는 시민을 여러 가지의 위해로부터 보호하려는 지도, 사회적 약자를 보호하려는 지도, 농촌지도와 같은 생활지도, 취업능력향상과 취업촉진을 위한 직업지도, 기업육성을 위한 기업지도 등이 있다.

2. 법적 근거에 따른 분류

행정지도를 행정법학자들은 법률행위가 아닌 사실행위로 보고 그 법외성(法外性)을 논하고 있다. 그러나 행정지도는 직접적인 혹은 간접적인 법규범의 테두리 안에서 이루어져야 하며 법에 위반해서는 안된다.

법적 근거를 기준으로 할 때 법령의 직접적인 규정에 의한 행정지도와 법령의 직접적인 규정에 의하지 않는 행정지도로 구분할 수 있다.

(1) 법령의 직접적인 규정에 의한 행정지도 법령에서 어떤 행정지도를 해야한다는 의무규정을 두거나, 그러한 지도를 할 수 있다는 수권규정을 두었을 때 하는 행정지도이다. 행정지도는 대체로 비공식적이고 사실적이며, 그것을 직접 규정하는 법규범이 없는 경우가 허다하다. 그러나 예외적으로 법령에 행정지도를 규정하여 그 공식성을 강화하는 경우가 있다. 행정지도를 규정하는 법령상의 용어는 아직 통일되지 않고 있으며, 지도·권고·조언·지시 등의 표현이 함께 쓰이고 있다. 생활보호법상의 규정에 따라 피보호자에게 하는 지도 또는 지시, 독점규제 및 공정거래에 관한 법률에 따라 행하는 위반행위 시정권고, 국토이용관리법에 따라 토지소유자에게 하는 권고 등이 여기에 속한다.

(2) 법령의 직접적인 규정에 의하지 않는 행정지도 이것은 법규범의 근거제시가 간접적인 경우의 행정지도이다. 법적 강제력이 있는 행정처분 대신에 행하는 대체적 행정지도, 법적 구속력이 있는 행정처분에 선행하여 지도·권고 등을 하는 사전권고와 법적 처분권을 배경으로 민원신청인에게 하는 권고 등이 여기에 속한다. 다만 법령상의 근거가 전혀 없는 행정지도의 경우 공무원의 업무관할에 관한 일반규범이 그 근거를 제시한다고 볼 수 있는데, 그 근거규범이 상당히 모호하기 때문에 행정지도가 행정의 실제에서 무절제하게 남발될 우려가 있다.

Ⅲ. 행정지도의 대두·확산 요인

1. 행정지도의 대두요인(기능적 효용성)

행정지도 대두 이유는 근본적으로 구체적인 행정활동을 빠짐없이 결정하는 것이 불가능하다는 것이다. 그러므로 행정지도와 같은 현상이 어느 나라의 경우나 불가피하게 생겨나기 마련이다.

행정지도는 법적 구속력이 인정된 행정행위와 비교해 볼 때 다음과 같은 기능적 효용이 있는 것으로 보인다.[7]

(1) 행정의 적시성·상황적응성 제고　　행징지도는 새로운 또는 긴급한 행정수요나 법률이 규율하지 못하는 행정수요에 응급적으로 또는 보완적으로 대응할 수 있다. 행정지도의 이러한 법규문제적 성격은 법규와 현실적 행정수요의 괴리를 적실성 있게 해소시켜 줄 수 있다.

(2) 행정의 간편성 제고　　행정지도에 의한 행정은 복잡한 입법과정의 절차를 거칠 필요가 없기 때문에 간편하다. 예컨대, 법적 구속력이 있는 행위에 관하여 규정하고 있는 여러 가지 절차(청문, 예고, 협의, 결재 등)를 거치지 않고도 공무원은 간편하게 행정지도를 할 수 있으며, 따라서 시간과 노력을 절약할 수 있다.

(3) 행정의 원활화　　행정지도를 사용하면 행정체제와 시민 사이의 분쟁 또는 마찰을 줄일 수 있다. 공무원이 법적 처분을 바로 하면 그에 불만인 상대방은 이의제기·행정소송 등 다툼을 일으킬 가능성이 크다. 행정지도를 통하여 자상하고 부드럽게 문제에 접근하면 그러한 분쟁을 크게 줄일 수 있다.

(4) 온정적 행정의 촉진　　냉혹한 법적 조치보다는 융통성이 있으며, 때로는 상대방과 의논하여 관대한 처리를 해줄 수도 있는 가능성이 크기 때문에 행정지도는 온정적 특성을 지닌다고 한다.

(5) 행정절차의 민주화 촉진　　대부분 행정지도의 과정에서 당사자의 참여에

---

7) 오석홍, 전게논문, pp. 40~50; 김명길 "행정지도논고," 『법학연구』, 제33권, 부산대학교, 1983, pp. 311~341; 김영수, "지방행정에 있어서의 행정지도의 민주화방안에 관한 연구," 서울대학교 행정대학원 석사학위논문, 1984, pp. 31~34.

의한 협의가 이루어질 수 있으므로 행정지도는 행정절차의 민주화에 기여할 수 있는 것이다. 그러나 현재 행정지도의 실제에서 당사자의 참여가 활발히 이루어지고 있다든지 또는 참여가 진정한 의미의 참여라든지 하는 말을 하기는 어렵게 되어 있다.

(6) 행정의 은밀성 보호　행정지도는 법적 강제조치와는 달리 문서나 일정한 공개절차 등이 요구되는 제약을 별로 받지 않기 때문에 비밀리에 할 수도 있다. 보안을 요하는 사항의 은밀한 처리를 위하여 또는 상대방의 명예와 이익을 보호하기 위하여 행정지도가 활용될 수 있다. 다만 이러한 은밀성으로 인하여 오용될 가능성을 경계하지 않으면 안된다.

2. 행정지도의 확산요인

우리 나라에서 행정지도를 팽창시켜 그것이 지나치다고 판단되는 수준까지 몰고 온 요인은 여러 가지이다. 정부 내외의 조건들 가운데서 행정지도의 과잉팽창에 무관한 것은 거의 없겠지만 여기서는 중요하다고 생각되는 요인 몇 가지만을 고찰하기로 한다.[8)]

(1) 발전행정의 등장과 정부주도의 경제발전　우리 나라의 행정지도는 정부주도하에 경제·사회발전을 추진하는 발전행정·개발행정 또는 개발독재가 1960년대부터 등장되면서 활용되기 시작하였다. 특히 1970년대에 들어와서 사회환경이 급격히 변동되고 새마을운동이 본격적으로 전개되면서 주요한 행정수단으로 정착되었다. 우리 나라와 일본은 모두 정부가 경제발전에 주도적 역할을 담당하였으며 그 주요한 정책수단이 행정지도방식이었다. 과거의 우리 나라 경제기획원과 일본의 통산성은 경제발전을 주도하면서 행정지도방식을 광범하게 활용하였다.[9)]

(2) 민간부문의 정부의존적 성장　국가발전이 정부주도로 추진되었기 때문에 민간부문, 특히 경제활동 부문의 성장은 정부의존적으로 이루어졌다. 따라서 기

8) 오석홍, 전게논문, pp. 48~50.

9) 행정지도는 일본의 명치헌법체제 이래 많이 이용되어온 정책수단이지만 실제로 이용이 본격화된 시기는 1960년대부터였으며 행정지도가 일본에서 생성되어 팽창된 요인으로 i) 행정분위기가 행정지도의 확산에 유리하며, ii) 국민이 공무원의 권고에 잘 따르고 행정의 역할에 의지하며, iii) 행정기관과의 원활한 관계를 원하고 행정지도에 따르지 않음으로써 입게 될 후환을 두려워하며, iv) 남다른 행동의 표출에는 수치감을 느낀다는 점 등이 지적되고 있다. 김규정, 전게서, p.51 참조.

업 등 경제활동 단위에 대한 행정지도가 많아졌고, 지도의 상대방은 그것을 도저히 거부할 수 없는 처지에 놓이게 되었다. 행정지도가 쉽게 받아들여지기 때문에 더 많은 행정지도를 유발해 왔다고 할 수 있다.

(3) 공무원과 시민의 전통적 형태　　법과 현실의 괴리를 넓히거나 행정지도가 많이 쓰이게된 것은 공무원 및 시민의 사고방식과 행태가 편의주의적 행태, 정의적 성향 및 공무원들의 군림적·하향적 행정행태적 특성을 보인데 연유한다.

(4) 경제위기　　경제위기가 닥치면 경제에 대한 정부개입이 늘어난다. 행정지도는 그러한 개입확대의 첨병이 되어 왔다.

오늘날 우리 나라는 6·25 이후 최대 국난이라는 IMF 경제위기를 극복하기 위해 정부가 적극적으로 나서지 않을 수 없는 상황이다. 정부는 시장경제 발전과 정치민주화를 동시에 추구하고 정부간여를 획기적으로 축소한다는 정책을 추진하면서도 그러한 정책을 실현하기 위한, 그리고 위기극복을 위한 정부개입과 행정지도가 늘어나고 있다. '개입감축을 위한 방법' 이란 역설적이지만 사실이다.

Ⅳ. 행정지도의 폐해와 개선방향

1. 행정지도의 폐해

행정지도는 위에서 본 바와 같이 그 나름의 효용성이 있으나, 폐단도 적지 않으며, 운영의 미숙으로 인한 비효율도 크다고 할 수 있다.[10)]

(1) 법치주의의 침해　　행정지도는 구체적이고 직접적인 법규의 수권이 없이도 할 수 있기 때문에 법치주의 또는 법률에 의한 행정의 원리를 침해하게 된다. 특히 법률의 제정을 일부러 피하고 응급적 행정지도를 계속하는 경우나 행정기관에서 법규범처럼 일반적인 형식을 갖춘 지도요강을 만들어 요강행정을 실시하는 경우, 그리고 행정지도가 적정의 범위를 벗어나는 경우 법치주의를 공허한 것으로 만들 위험이 크다.

(2) 불분명한 행정책임　　행정지도의 절차와 형식은 대체로 법적 규제를 받지

---

10) 오석홍, 전게논문, pp. 50～55; 김명길, 전게논문, pp. 321～324; 山内一夫, 『行政指導の理論と實際』(東京: きょうせい, 1984), pp. 186～196.

않기 때문에 행정지도가 있었는지의 여부나 행정지도의 내용이 무엇이었는지 그리고 행정지도의 책임소재가 모호하게 될 수 있다. 특히 은밀하게 말로 한 행정지도의 경우 그러한 모호성은 심각해질 수가 있다.

(3) 구제수단의 미비 위에서 지적한 것들은 행정책임을 불분명하게 하는 요인일 뿐만 아니라 동시에 사법적구제를 어렵게 하는 요인들이다. 행정지도에 불만인 상대방 또는 지도에 따랐기 때문에 피해를 입은 상대방이 이를 법적으로 다루거나 피해보상을 청구하기란 쉽지 않다.

(4) 공익에 대한 침해 행정기관의 편의와 상대방의 편익이 영합된 행정지도는 제3자의 이익이나 공공의 이익을 침해할 수 있다. 예컨대, 화재의 위험이 있는 건물의 소유주에게 시정명령을 하고 대집행을 하는 등 강경한 조치를 취하지 않고 형식적인 행정지도만 되풀이하다가 정작 화재가 나서 많은 인명 피해가 난 경우, 감독관청에서는 여러 차례에 걸쳐 행정지도를 했다는 사실을 내세워 책임회피를 하는 것이 예사이다.

(5) 법규범의 실효성에 대한 침해 행정지도의 빈번한 사용은 법정기준의 완화 또는 실효성 상실을 제도화하는 부정적 작용을 할 수도 있다. 또한 행정지도의 수단을 써서 위법행위에 대하여 관대하고 미온적인 처리를 되풀이할 때 법률의 엄격한 처벌규정은 사문화될 것이다. 그리고 일정수준 이하의 위반상태는 묵인하기로 한다는 지도방침 또는 내규가 알려지면 그 범위내의 법규 위반은 만연하게 될 것이다.

(6) 행정의 형평성 상실 행정지도는 원칙적으로 공무원의 재량에 달려 있다. 같은 공무원이 하는 행정지도도 때에 따라 그리고 상대방에 따라 달라질 수 있기 때문에 행정의 형평성이 보장되기 어렵다.

(7) 행정의 밀실화 은밀성이 필요가 없는데도 은밀한 행정지도가 빈발할 경우 행정지도의 비밀주의는 강화되고, 따라서 국민의 감시기능을 저해하는 폐단을 가져온다.

(8) 비효율적 운영 위에서 지적한 폐단들도 거의가 행정지도의 운용을 잘못하는 데서 빚어질 수 있는 것들이다. 그밖에도 운영의 미숙이나 과오로 행정지도의 효율성을 살리지 못하고 목적대치의 현상을 빚는 등 문제를 야기할 수 있다. 비효율의 원인 또는 양태로 i) 획일주의, ii) 형식주의, iii) 졸속성, iv) 장기

적 안목의 결여, v) 권위주의적 태도 등을 지적할 수 있다.

2. 행정지도의 개선방향

일본이나 우리 나라에서는 행정지도의 형식이 다른 나라에 비해 특별히 애용되고 있다. 행정우위의 전통이나 민관관계의 긴밀성에서 비롯되었다고 본다. 그런데 행정 환경은 변화하고 있고 더 많은 자율성이 요구되고 있다. 따라서 변화를 요하는 시대의 행정지도는 그 대상이나 방법 등이 달라져야 한다.

행정지도 자체의 제도개선, 그리고 그것을 둘러싸고 있는 조건들의 제도적 개선을 위해 지속적인 노력을 경주해야 한다. 다만 제도적 접근방법에는 제약과 한계가 있음을 직시하고 그에 대한 개혁의 제도적 접근이 어렵다. 그뿐만 아니라 행정지도의 폐단은 대개 그 효용과 결부되어 있기 때문에 제도적 수술이 어려울 수 있다. 폐단을 제도적으로 봉쇄하려면 행정지도의 기능적 효용도 손상을 입기 쉽다.

가장 중요하고 또 가장 실효성이 큰 방안은 형태적·윤리적 측면에서 사람들의 생각을 바꾸는 것이다. 행정지도의 개선 방안을 다음과 같이 요약해 볼 수 있다.

첫째, 민주행정의 기본목적을 행정체제에 내재화시키고 행정지도를 시민지향적·시민중심적·시민편의위주적인 것으로 정착시켜야 한다.

둘째, 입법의 적시성을 제고하여 응급적 행정지도가 남발되거나 요강행정이 장기화되는 것을 억제해야 한다.

셋째, 계속적이고 일상적인 행정지도에 대해서는 가능한 한 근거, 절차 등에 관한 공식적 규범을 설정하도록 하여야 할 것이다.

넷째, 행정지도로 인한 시민의 피해를 구제할 수 있는 수단을 강화해 나가야 하며, 탈법적이고 월권적인 행정지도의 사용을 통제하여야 한다. 특히 불법행위자의 비호를 위하여 행정지도가 쓰이지 못하도록 다각적인 노력을 기울일 필요가 있다.

다섯째, 행정체제의 통합성을 향상시키고 외부적 감시를 강화하여 행정지도의 형평성과 일관성을 높여 나가야 한다. 그리고 행정지도의 졸속성과 형식주의도 타파해야 한다.

여섯째, 행정체제를 분권화하여 행정지도의 상황적응성을 높여야 한다. 특히 정책결정과정을 개선하여 정책결정의 잘못으로 인한 행정지도의 조령모개현상을 시정해야 한다. 공개행정을 촉진하고, 행정지도과정에 대한 시민참여의 범위와 경로를 확대해야 한다.

일곱째, 공무원의 행정지도능력을 향상시키고 그들의 윤리성을 향상시켜야 한다.

제 4 장 행정참여

Ⅰ. 행정참여의 의의

행정참여란 행정에 대한 시민참여(citizen participation)를 말한다. 즉 행정참여란 행정에 있어서의 의사결정과정이나 집행과정에 시민 또는 주민이 개인적 또는 집단적으로 직접 또는 간접적인 영향을 미치기 위한 일련의 행위를 의미한다.[1] 행정참여를 시민참여 또는 주민참여라고도 한다.[2] 현대사회는 참여적 민주주의가 강조되는 참여사회이며 참여는 민주주의의 가장 기본적인 속성으로 이해된다. 민주주의와 참여는 동전의 양면과 같이 밀접 불가분의 관계에 있으며 참여민주주의(participatory democracy)의 실현은 현대국가의 중요한 과제가 되고 있다.

본시 시민의 행정참여의 참뜻은 시민의 요구를 행정기관에 신속히 반영시킴으로써 시민들의 요망에 부응하도록 하는 데 있으며, 이것이 필요한 이유는 행정기관과 시민이 기능적 협력, 대면적 교섭 및 토론 등에 의한 직접적인 참여를

1) S. Verba는 참여란 공식적인 결정권을 가지지 않는 사람이 결정권을 가지고 있는 사람의 행동에 영향을 미치려는 의도적 행위를 의미한다고 정의하였고 R. R. Alford는 참여를 '의사결정과정에 미치는 영향'이라고 정의하고, V. Ross는 참여를 '의사결정에의 관여(share)'로 정의하였다.

2) 자발성·적극성을 띤 행정참여와 달리 시민이 행정기관의 필요 요구에 따라 정치·행정과정에 피동적으로 협력하는 시민관여(citizen involvement)는 시민참여와 구별되어야 한다. 또한 참여는 공동의사결정이라는 성격을 내포하고 있으며 협동과는 구별할 필요가 있다. 협동은 주로 집행과정에 관련되고 의사결정과정과는 관련이 없다고 보아야 하며 의사결정과정과 관련되는 경우에도 단순히 민의를 고려한다는 의미만 가질 뿐 의사결정과 직접적인 관련성을 가지지 않는다. 이렇게 볼 때 참여는 단순한 협동이나 조작이 아니라 시민도 행정기관에 의한 조종대상의 지위로부터 능동적으로 조직을 움직이는 자율적 주체로서의 지위로 나아가게 된다. 최창호, 『지방자치학』, 삼영출판사, 1995, p. 645 참조.

통하여 민주정치의 기반을 공고히 하려는 데 있는 것이라 하겠다.

무릇 시민참여는 점차적으로 제도화됨으로써 행정에 대한 보다 효과적인 통제를 가할 수 있게된다. 그러나 반면 제도화된 시민참여는 시민자신의 참여라는 성격을 상실하여 P. Selznick의 소위 '단순한 행정적 포섭'으로 전화할 위험성을 내포하고 있다.

따라서 시민참여는 끊임없는 운동에 의해서 뒷받침되어야 하며, 무엇보다도 중요한 것은 시민의 정치·행정에 대한 관심과 의식이 고조되어야 한다.[3)]

Ⅱ. 행정참여의 기능과 한계

1. 행정참여의 순기능

행정참여의 순기능을 보면 다음과 같다. i) 행정의 강화 전문화에 따른 대의제의 결함을 보완하고 시민에 의한 행정통제를 실현하게 되며, ii) 소외되어 온 일반시민을 정책결정·집행과정에 참여시키고 성숙한 민주적 시민의식을 고양시켜 진정한 주민자치의 실현에 기여하며, iii) 행정서비스의 개선과 주민 행정기관간의 협조를 기할 수 있으며, iv) 주민간의 이해관계를 조정하고 완화시키며, v) 행정기관과 시민간의 상호 정보교환을 원활하게 함으로써 행정능력을 제고하게 되며, vi) 시민의 정책순응을 확보하게 되며, vii) 공공서비스의 공급과 관련되는 시민의 생산적 역할인 시민공동생산을 촉진시킬 수 있다.[4)] viii) 시민참여는 행정체제의 활동에 대하여 요구와 지지를 내용으로 하는 조화된 투입과 피드백으로서 기능하며, 이것은 결국 체제의 안정 내지 항상성을 유지시켜 준다.[5)] ix) 시민참여는 거대하고 몰인격적인 관료제를 민주화하는 데 상당한 가치를 가진다. x) 시민참여는 행정조직이 급격한 사회변화에 원활하게 적응하고 적응적 흡수를 하도록 한다. xi) 지식인의 참여는 행정조직내적 전문화만으로는 달성할 수 없는 것을 가능하게 해 준다. xii) 시민참여는 시민을 훈련시키고 교육시키는 효과를 가지고 있을 뿐만 아니라 사회구성원으로서의 일체감과 공동체의식 등 심리적

3) 신두범, 전게서, p. 714.
4) 김병준, 『한국지방자치론: 지방자치·자치행정·자치경영』, 법문사, 1994, pp. 448~449, p. 468.
5) 안해균, 전게서, p. 525.

안정감을 부여한다.[6]

2. 시민참여의 역기능

한편 시민참여의 역기능을 보면 다음과 같다. i) 행정에 참여하는 시민이 시민 전체를 대표하고 공정성을 확보할 수 있는가의 문제가 제기되며, ii) 시민들의 전문성결여로 인한 의사결정의 지연과 부실, iii) 번잡한 절차와 많은 시간·노력·비용이 소요되어 행정의 지체, 비능률을 초래하며, iv) 공동체 전체를 위한 이익보다 지엽적인 특수이익에 집착할 가능성이 있으며, v) 시민이 행정권력에 흡수·포섭되고 조작적 참여로 전락할 우려가 있으며, vi) '참여민주주의' 라는 명분 하에 시민을 참여시키고 행정책임의 회피·전가의 수단으로 악용될 수 있다.

3. 행정참여의 한계

시민의 행정참여는 그 필요성에도 불구하고 다음과 같은 한계가 지적되고 있다. 첫째, 행정참여는 관료제적 조직의 수단적·기술적 성격을 과소평가시켜 기존 정책구조의 변동을 초래하게 되므로 행정 내부로부터 저항을 일으키게 된다. 둘째, 참여에는 그 정도에 차이가 있는 적극적 참여와 소극적 참여가 있으므로 진정한 민의의 파악을 위하여 소극적·잠재적 참여자도 고려되어야 한다. 셋째, 시민참여는 일반적으로 반대나 저항 등 부정적 입장에 그치고 적극적으로 정책대안을 제시하지 못하는 경향이 있다. 넷째, 참여의 증대 개선이 집단을 위하여 요구되지만 실제로 집단의 소수 구성원만이 참여에 대비할 수 있고 참여능력을 가지고 있는데 지나지 않는다. 다섯째, 시민참여는 권력 자원의 재배분을 위한 효과적 수단이 될 수 있으므로 이로 말미암아 불리한 입장에 놓이는 계층은 시민참여에 반발하게 된다. 여섯째, 대부분의 시민은 투표권 행사 이상으로 공공정책의 형성 과정에 적극적으로 참여하기를 원하지 않는다.[7]

---

6) 박연호·오세덕, 전게서, pp. 653~660.

7) James A. Riedel, "Citizen Participation: Myths and Realities," *Public Administration Review*, Vol. 32 (May/June 1972), pp. 212~213; 김규정, 전게서, pp. 864~865.

Ⅲ. 행정참여의 유형과 역할

1. 행정참여의 유형(형태)

행정참여의 유형은 다음과 같은 기준에 의하여 분류할 수 있다.

(1) 참여의 제도화 정도에 의한 분류　　행정참여는 그 제도화 정도에 따라 운동·교섭·협찬(기관기획참여)·자치(자주관리) 등으로 나눌 수 있다. 운동과 교섭은 비제도적 행정참여인 데 대하여 협찬 자치는 제도적 행정참여이다.[8] 여기서 협찬은 정책결정과정에의 협조적 참여(자문위원회, 시민위원회 등)를 말하고, 자치는 시민이 관리기구를 설치운영하는 시민에 의한 행정적 통제적 참여를 말한다.[9] 시민참여는 제도화됨으로써 행정에 대하여 보다 효과적인 통제를 기할 수 있으나 제도화된 시민참여는 시민 자신의 참여라는 성격을 잃게 된다.

(2) 주도권 소재에 의한 분류　　주도권 소재에 의한 행정참여는 행정주도형, 주민주도형, 수평형, 균형형으로 분류할 수 있다.

i) '행정주도형'은 전통적인 유형으로서 행정권자가 주도권을 쥐고 시민과는 수직적인 관계에 있는 형이며, ii) '주민주도형'은 시민민주주의 시대에 단순한 행정과제를 처리하던 야경국가적 보안국가시대의 대표적인 유형으로서 주민이 주도권을 쥐고 행정이 피동적인 입장에 서 있는 형이며, iii) '수평형'은 시민민주주의로부터 현대행정국가에로 전환하는 과정에 있는 타협형으로 행정과 시민이 수평적 관계에서 의사교류가 가장 이상적으로 이루어지는 형이며, iv) '균형형'은 주민과 시민 외에 제3세력이 균형을 이루는 행정참여유형을 말한다.

(3) 참여방식에 의한 분류　　행정참여는 참여방식에 따라 i) 개별적 참여와 집

---

8) 최창호·정세욱, 전게서, pp. 672~673.

9) 자주관리(자치)의 한 형태로서 '이웃정부'(neighborhood government)가 있다. 이 형태의 시민참여제도는 널리 보급된 것은 아니나 뉴욕과 보스턴에서 실험적으로 채택되어 왔다. 이것은 정부와 개개 시민의 가정을 보다 더 밀접히 연결시키기 위하여 시민들이 사는 이웃에 소위 '작은 시청'(little city hall), 즉 시민의 집합소를 만들어 시민의 주도하에 그것을 운영하는 것이다. 그것은 마을수준(community level)에서 시민이 직접 책임을 지는 정책결정을 하고 그들의 자주관리를 촉진하는 것이다. 이것은 분권화 및 자주적 관리에서 얻을 수 있는 장점이 있으나 기존 관료 엘리트의 반발과 지나친 분권화에서 발생하는 문제점이 있는 것이다.

단적 참여, ii) 직접적 참여와 간접적 참여로 나눌 수 있다.[10)]

2. 행정참여의 역할

행정에 대한 시민참여란 민주주의의 근본이념의 근원적 바탕에서 볼 때 시민의 뜻이 정책에 반영되지 않거나 또는 반영되지 않을 우려가 있는 경우 시민들이 참여의 방법을 통하여 그들의 요구를 달성하려고 하는 수단이다. 그러나 현대에 들어서서 위와 같은 본래의 기능 외에 다음과 같은 여러 가지 다른 역할도 하게 되었다.

(가) 저항세력의 회유방법으로서 사용되는 경우의 시민참여로 어떤 정책문제에 대하여 저항하는 집단을 회유(pacification)하는 수단으로 시민참여가 이용되기도 하였다.

(나) 포섭수단으로 사용되는 경우의 시민참여로서, 어떤 대표자회의를 구성하여 반대세력의 중심인물을 이 회의의 구성위원으로 포섭함으로써 동회의의 이익을 위한 정책형성에 영향을 미칠 수 있고, 반대세력들을 포섭함으로써 강력한 집행권을 지방행정기관에 줄 수 있는 근거를 마련할 수 있다는 것이다. Philip Selznick은 전술한 바와 같이 포섭을 '정책기구에의 위협을 방지하고 안정을 얻기 위하여 지도층에 새로운 요소를 흡수하는 과정'[11)] 이라고 정의하고 있다.

(다) 행정고객으로서의 시민참여로서, 특정시민에게 직접 이익을 주는 정부계획, 예를 들면 빈곤퇴치계획이라든가 취락구조개선계획 등에 관련된 해당시민들을 행정의 고객으로서 참여케 하는 방법이다.

---

10) 그 밖에 Arnstein은 행정참여의 단계에 따라 i) 조작(manipulation), ii) 치료(therapy), iii) 정보제공(informing), iv) 협의(consultation), v) 유화(placation) vi) 대등협동(partnership), vii) 권한위양(delegated power), viii) 자주관리(citizen control) 등 8단계로 나누고 있다. Sherry R. Arnstein, "A Leader of Citizen Participation," *Journal of the American Institute for Planners*, Vol. 35, No. 4 (July 1969), pp. 216～224.

11) Philip Selznick, *T. V. A. The Grass Root: A Study in the Society of Formal Organization* (Berkeley, Calif.: University of California Press, 1949), p. 31.

Ⅳ. 행정참여의 실태·문제점

1. 행정참여의 실태

우리 나라는 전통적으로 근대적인 시민계급의 형성이 제대로 되지 않았으며, 정치·행정에 있어서 시민참여가 발전되지 못하였다. 우리는 한 사람의 왕과 소수의 관료에게 통치권이 집중되었던 오랜 가산관료제의 전통, 일제식민지하의 절대관료제적 정치·행정의 역사적 배경을 가지고 있으며, 발전행정 하의 관료적 권위주의체제가 아직도 잔존하고 있다. 또한 시민참여의 시작이며 귀결인 지방자치가 아직 초보단계에 있으며, 행정주도적 정책결정, 참여제도의 취약, 즉 Arnstein이 말하는 명목적 참여의 수준에 머물러 있다고 할 수 있다.

2. 행정참여의 현황

우리 나라에서 현재 이용되고 있는 행정참여제도로는 정책자문위원회, 공개청문회, 반상회, 명예공사감독관제도, 기관장의 주민과의 대화, 반상회, 사랑방순회간담회, 전시회, 매스미디어, 설문조사방법, 시민운동, 행정상담위원회 제도, 아이디어 발안제도, 시민투표, 편지보내기 운동, 집단민원시위 등을 들 수 있다.

3. 행정참여의 문제점

관권만능의 역사적 유산을 이어 왔고 민중이 피지배자로서의 입장에 놓여 왔던 우리 나라에서 행정에 대한 시민의 태도는 부정적·저항적 내지 방관적 성격을 많이 띠게 되어 시민의 주권자적 의식이 결여되어 왔다. 시민운동도 어용적인 운동이 주로 전개되었을 뿐 적극적 참여적 성격의 진정한 민주적 시민운동이 전개될 수 있는 기반이 조성되지 못하여 시민의 조직화가 낮은 수준에 머물러 있다. 또한 시민의 이익과 관련된 정보가 널리 공개[12]되고 교류되는 행정풍토가

12) 정보공개란 국가, 지방자치단체, 정부투자기관 등 공공기관이 보유하고 있는 정보를 국민이나 주민의 청구에 의하여 공개하는 것이며, 정보공개제도에 의하여 국민의 정보공개청구권이 인정되고, 공공기관의 정보공개가 의무화된다. 헌법에 의하여 보장되는 국민의 알 권리(right to know)는 실질적으로 정보공개제도를 통하여 구체화될 수 있다. 정보공개는 정보제공과 구별되어야 한

조성되어 있지 못하고, 또한 시민의 생활에 중대한 영향을 미치는 주요 정책이 비밀리에 입안되고 집행되는 이른바 비밀행정이 자행되어 왔다. 정보의 봉쇄와 비밀행정의 존재는 행정참여의 기반조성을 근본적으로 저해하고 있다.[13] 우리 나라의 경우를 보면 시민의 권리를 보호하기 위한 여러 가지 법적 장치는 마련되어 있지만 그것이 제대로 기능을 발휘하지 못하는 경우도 있으므로 행정권 남용의 가능성에 대한 시민통제의 필요성을 크다고 하겠으며, 따라서 적극적인 시민의 행정참여가 요청된다.

다. 일반적으로 국민에 대하여 행하여지는 공공기관의 정보전달은 정보공개와 정보제공으로 나누어진다. 정보공개는 법령에 근거를 둔 정보공개청구권의 행사자에게 가공되지 않은 정보를 의무적으로 제공하는 것이며, 이에 반하여 정보제공은 홍보 등의 목적으로 가공된 정보를 자발적으로 제공하는 것을 의미한다. 우리 나라 정보공개법은 공공기관이 직무상 작성 또는 취득하여 관리하고 있는 정보를 열람하게 하거나, 그 사본 또는 복제물을 교부하는 것 등을 말한다고 규정하고 있다. 우리 나라는 1992년 청주시를 비롯해 여러 지방자치단체에서 '행정정보공개조례'를 제정하였다. 중앙정부에서는 1994년 '행정정보공개운영지침'을 총리훈령에 따라 정보공개를 실시키로 되었으며, 1996년 12월 '공공기관의 정보공개에 관한 법률'이 국회의결을 거침으로써 본격적으로 정보공개제도를 채택 실시하게 되었다. 정보공개에 관한 상세한 설명은 김규정, 전게서, pp. 511～514 및 정인흥 외, 전게서, pp. 614～619 참조.

13) 기타 문제점에 대한 상세한 설명은 박연호·오세덕, 전게서, pp. 661～662; 김규정, 전게서, pp. 866～867; 신두범, 전게서, pp. 717～718 참조.

제 5 장 행정 PR(공공관계)

Ⅰ. 행정 PR의 본질

1. 행정 PR(public relations)의 개념

행정 PR 혹은 행정에 있어서 공공관계란 정부나 행정기관이 공중이나 국민에게 그가 가진 정보나 사실(그 기관의 행정·계획 및 활동이 포함된 정보 및 사실)을 스스로 알리고, 상호간에 의사소통관계를 형성하며, 이해와 협조의 관계를 이루고 그것을 유지하기 위한 활동과정이라 할 수 있다. 즉 PR주체(행정기관)가 자기의 정책 및 서비스에 관한 PR객체(국민전체 또는 그 정책에 의하여 많은 영향을 받는 여러 집단)의 의견과 태도를 광범위하게 파악(광청: 廣聽)하여 자기분석을 통한 개선책을 마련하고 시정된 정책 및 서비스를 PR객체에게 널리 설득(광보: 廣報)함으로써 PR객체로부터 호의와 신뢰를 확보하는 부단한 활동과정이라고 말할 수 있다.[1] 이러한 입장을 가장 잘 파악한 것은 C. Robinson의 PR=Performance+Recognition이란 공식이다. 이 공식이 표현하는 바는 PR주체의 업적에 대한 사회적 인정감이 PR의 초석이 된다는 것이다. 여기서 업적이란 공공이익의 증진을 의미하는 것으로서 좋은 정책과 서비스를 함축하고 있다.

종래의 행정 PR은 알리는 기능에 치중하였으나 앞으로의 행정 PR은 듣는 기

1) 김규정 교수는 영어의 public relations의 정확한 역어는 공중관계라 할 수 있으며 일반적으로 PR로 통용되고 있다고 하면서 PR은 공보·홍보·공고·대민관계·보도·선전·정보·광고 등의 의미로 사용되고 있으나 엄격한 의미에 있어서는 PR기능의 일면만을 각각 표현하고 있을 뿐이라고 한다. 김규정, 전게서, p. 497 참조.

능에 중점을 두어야 한다.[2)]

2. 행정 PR의 민주적 성격

민주정치에 있어서는 국민은 자기가 바라는 것을 위정자에게 요구할 수 있어야 하며 위정자는 국민의 소리에 귀를 기울이고 정책을 국민의 요구에 합치시키도록 하여야 한다. 이러한 의미에 있어서 PR은 민주행정을 위한 윤활유의 역할을 하고 있다. 행정 PR은 국민의 요구와 여론에 부합되도록 민주적으로 행정업무를 수행하고 행정의 내용과 방향을 국민에게 주지시켜 국민의 이해와 적극적인 협력을 얻어야 하는 민주적 성격을 가져야 한다.

3. 행정 PR의 필요성

(1) 행정민주화의 요청 　현대국가의 이념은 민주주의를 토대로 하고 있으며, 정부행정은 주권자인 시민에 봉사할 것이 요구된다. 이러한 요청은 행정서비스의 고객인 시민에게 그가 어떠한 종류의 서비스를 받을 수 있는 권리를 갖고 있는가를 알려 줄 필요가 있다는 형식을 취하게 된다. 수익자인 시민이 갖는 개개의 권리에 관한 정보제공은 이를 담당하는 행정관에 있어서는 가장 초보적인 의무라고 말할 수 있다. 이것을 좀더 넓은 의미에서 볼 때 '시민에 대한 정부의 보고의무' 라고 부를 수도 있다. 이러한 시민에 의한 정부의 통제와 참여를 위해서는 정부가 무엇을 행하고 있는가에 관하여 충분한 정보를 시민에게 제공하지 않으면 안된다. 이러한 조건이 충족되지 않는다면 민중통제도 민중참여도 공허한 가설에 지나지 않는다.

(2) 합리화·능률화의 요청 　대규모적이고 복잡한 행정프로그램은 능률적·효과적으로 운용되지 않으면 안된다. 이를 위하여 행정기구가 고도로 합리화되고 관리의 제방식이 도입되는 것이지만 행정에 있어서의 능률이나 효과는 커뮤니케이션의 양부에 의하여 크게 좌우된다. 그것은 행정 내부에서도 타당하지만

2) 행정 PR은 선전(propagenda)과는 구별되어야 한다. 즉 양자가 다같이 인간의 집단의견에 영향에 미치려는 활동이란 점에서는 같지만, 선전에서는 일방적이고 선전자의 이익을 위해서 공중(일반대중)의 태도와 의견에 영향을 미치려고 하며, 공중에 대하여 모든 정보를 전부 제공하는 것이 아니라 선전자 자신의 견해에 호의적인 것만을 제공한다. 이에 반하여 PR에서는 쌍방적인 교류를 통하여 상호간에 영향을 미치고 왜곡 없이 진실된 정보를 제공한다.

외부에 있어서도 타당하다. 소박한 차원에서는 행정활동의 실제적인 능률이나 효과가 수익자나 시민 사이에 필요한 정보의 침투 정도에 의존하는 바가 크다.

(3) 행정인간화의 요청 현대행정의 또 하나의 요청은 인간화이다. 그러나 개별적·인간적인 요소를 배제하는 관료제화의 경향은 자기 입장의 특이성만을 내세우며 따사로운 처리를 기대하고 있는 행정의 고객인 시민 또는 공중과의 접촉에 있어서는 부조화상태를 나타낸다. 이러한 상황을 극복하기 위하여 창구행정의 개선, 시민의 고충처리, 민원의 신속한 처리 등이 강구되었으며 행정 PR활동의 중요성을 절실하게 느끼게 되었다. 따라서 행정의 인간화의 요구는 행정 PR의 등장을 불가피하게 하였던 것이다.

Ⅱ. 행정 PR의 과정

행정 PR의 과정은 정보의 투입, 정보의 산출을 위한 전환과정 및 정보의 산출과정으로 나눌 수 있다.

1. 정보투입과정

이 과정은 널리 듣는 광청과정으로서 여론조사·청원·민원·문서 및 매개분석 등을 통하여 문제와 민의(혹은 공중의 의견과 태도)가 어떠한 것인가를 파악하는 것이다.

2. 정보산출을 위한 전환(정책결정)

일단 파악된 민의에 따라 그들로부터 신뢰와 이해 및 지지를 얻을 수 있는 정책수단을 강구한다.

3. 정보산출과정

널리 알리는 공보과정으로서 행정 PR에서 원래 의도하는 목적에 따라 여러 가지 방법으로 정보를 산출한다. 그것은 정부간행물(관보·정부업적보고·행정백서·예산개요 등)을 통하여 또는 신문·라디오·TV 등 매스미디어 및 기자회견·구호·표어의 제정·공포, 여론지도자(opinion leader)의 동원, 반상회제도의 활용

등을 들 수 있다.

4. 환류과정

최고관리층이나 전문적 기능을 담당하는 PR참모는 정책·사업계획에 대한 국민의 반응을 정보의 투입·산출을 매개하는 환류과정을 통하여 끊임없이 파악·분석·평가함으로써 적절한 대응책을 강구하여야 한다.

Ⅲ. 행정 PR의 원칙

1. 공공이익 합치의 원칙

PR활동을 행하는 주체의 사회적 책임을 자각하고 공중·여론의 배후에 있는 '공중의 이익'의 존재를 인식하고 거기에 합치된 행동을 취하도록 노력하여야 한다.

2. 의사소통에 있어서 상호교류의 원칙

민주정치에 있어서는 민의의 소재를 파악하여 그것을 행정에 반영시켜야 한다. 따라서 정부는 일방적인 정보의 제공이 아니라 동시에 국민의 요망이나 의견을 경청함으로써 공중과 상호교류적인 커뮤니케이션의 실현을 기하여야 한다.

3. 진실성의 원칙

민주정치체제에 있어서 최종적인 판단을 행하는 것은 상대방인 공중이라는 인식 위에서 사실에 기초를 둔 진실한 정보를 공중에게 제공하여야 한다.

4. 계몽성의 원칙

국민들이 정치의식이 향상되지 못하고 또한 자기들의 정당한 권리마저 행사하지 못하는 나라에 있어서는 행정 PR이 국민들에 대한 계몽적·교육적 성격을 갖고 있어야 한다.

Ⅳ. 행정 PR의 순기능과 역기능

1. 행정 PR의 순기능

행정 PR의 순기능은 다음과 같다.

(1) 주지적(周知的) 기능 정부가 이룩한 행정실적을 국민에게 널리 알림으로써 공중의 신임을 얻는 기능이다.

(2) 방어적 기능 외부의 부당한 공격으로부터 행정을 방어하는 기능이다.

(3) 안정화 기능 사회가 내외의 돌발사태로 위기에 처할 때 민심을 수습하고 불안을 해소시키는 기능이다.

(4) 중개적 기능 정부의 의도를 천명하고 국민의 참여를 유발하는 기능이다. 국가의 근대화작업을 주도하는 오늘날의 행정 PR은 정부의 무능을 변명하기 위한 방어적 자세를 벗어나 발전을 지향한 능동적이고도 적극적인 여론형성기능을 수행할 것이 요청된다.

2. 행정 PR의 역기능

행정 PR은 그 순기능에도 불구하고 현실적으로는 다음과 같은 역기능이 지적되고 있다.

(1) 조작적·선전적 성격 매스컴의 사용으로 인하여 일반적으로 정부의 실정이나 진상을 가려내기 어려운 경우가 있고, 한편 정부는 여론을 통해 지나친 선전효과를 기대하는 경우도 있다. 또한 행정 PR을 통해 잘못된 정보가 국민에게 투입되거나 혹은 조작적 성격이 농후할 때에는 국민의 정치적 무관심만 더욱 자아낼 우려가 있다.

(2) 국가기밀의 강조 군사적·외교적 문제에 관한 정보는 비밀이 요구되기 때문에 PR의 한계성이 드러난다.

V. 행정 PR의 문제점(저해요인)

우리 나라 행정 PR을 저해하는 주요 문제점으로 들 수 있는 것은 다음과 같다.[3)]

(1) 행정 PR의 불신경향 및 행정PR의 인식부족 역사적으로 오랫동안의 관료적 군주국가의 전통과 일제식민통치지배의 전통으로 국민과 정부간에는 권위주의적·관료적 지배에 기인한 행정 불신이 뿌리깊이 박혀 있다. 또한 행정 PR을 정부의 선전으로 생각하는 경향이 있다. PR의 양방적 성격을 무시하고 일방적 선전에 치우치는 경우가 많다.

(2) 정권유지적 PR 정치발전의 미흡으로 인하여 관료들이 행정 PR을 국가이익이나 국민을 위해서가 아니라 특정 집권당의 이익을 위한 수단으로서 이용해 왔으며, 아직도 그러한 가능성이 있다는 점이다. 즉 관료들의 공평성(impartiality)이 미흡하다.

(3) 전문가 부족 PR에 대한 전문가가 부족하다. 세련된 홍보전문요원 및 여론의 수집 분석 전문가가 부족하다.

(4) 비밀행정경향 관료주의적·권위적 사고방식으로 정보·사실을 국민에게 알리기를 기피하는 경향이 강하였고 보안을 구실로 하는 정보의 은폐가 심하였다.

(5) 공청기능의 약화와 정보기관의 역기능 민의가 행정에 반영될 수 있도록 하는 행정 PR의 공청기능이나 정부투입기능이 무시되어 왔다. 민의 여론의 파악이 정보기관에 많이 의존되어 진상의 은폐, 정부에 대한 불신심화, 국민의 행정에 대한 비협조 무관심 등의 역기능을 초래하였다.

현대의 정부는 그 기능이 확대되어 가고 있고, 더욱이 발전도상에 있는 국가는 행정부가 근대화를 촉진시키는 데 중요한 역할을 담당하고 있다. 따라서 국가발전을 위한 제사업을 추진함에 있어서 국민의 적극적인 협조와 지지를 획득해야 함은 물론 일치된 국민정신을 통해 발전사업을 추진해야 하며, 이를 위해서는 행정 PR의 중요성에 대한 인식이 증대되어야 할 것이다.

3) 박연호·오세덕, 전게서, pp. 517~518; 김규정, 전게서, pp. 866~868; 신두범, 전게서, pp. 364~365.

제 6 장　행정개혁

Ⅰ. 행정개혁의 본질

1. 행정개혁(administrative reform)의 개념

행정개혁을 쉽게 정의해 보면, 행정을 현재상태로부터 보다 나은 상태 방향으로 유도하려는 의도적·계획적 변동을 의미한다고 할 수 있다. 행정개혁은 행정조직의 구조변동과 새로운 정책·기술·방법의 채택·적용뿐만 아니라 행정인의 가치관, 신념, 태도를 변화시켜 개인발전과 조직발전을 통합시키려는 것이라고 말할 수 있다.[1]

오늘날 우리 나라는 정부 조직을 비롯한 공 · 사 부문의 광범위한 개혁과 국정전반에 걸친 혁신(innovation) 소위 정부혁신을 통하여 국가발전 및 선진국진입을 추진하고 있다. 이러한 중요한 시기에 행정개혁은 더욱더 중요한 의미를 갖는다고 하겠다.[2]

---

1) 행정개혁에 대해서는 학자들마다 다양한 개념정의가 시도되고 있는데 J.D. Montgomery는 이를 정치적인 과정으로 보고, 행정개혁이란 언제나 선한 정치를 의미하며, 이는 또한 선과 악 사이의 즉각적이고 극적인 대결을 의미한다고 정의하였다. G. Caiden은 행정개혁은 저항에 대항하여 인위적으로 강행되는 행정적 변형이라고 정의하고 있으며, F.C. Mosher도 행정개혁을 변동하는 주위환경에 효율적으로 적응 대처하기 위하여 의도적으로 추구하는 계획된 변동이라고 정의하고 있다. 유종해, "행정개혁," 김광웅·유종해 공저,『발전행정론』, 법문사, 1973, pp. 170~181 참조.

2) 종래 행정개혁의 문제를 조직관리론에 포함시켜 다루어 왔는데 다음의 두 가지 점에서 잘못된 것이라고 본다. 첫째, 과거에는 행정개혁을 다분히 구조 · 기구 · 절차를 바꾸는 것으로만 생각한 20세기 초의 행정학에 따라 조직관리론에서 이를 다루어 왔으나, 행정개혁이라고 하는 것이 그렇게 단순한 것이 아니고 복잡하고 종합적 · 체계적 · 거시적이라고 하는 것이며, 둘째 행정과정을 기준으로 하는 경우 개혁이란 행정이 이루어지는 과정에서 발견되고 제기된 여러 가지 문제를 연구하고 이를 개선하려는 시정기능이므로 당연히 통제의 일환이며 평가에 뒤따라 검토되어야 할 것이다. 박동서, 전게서, p. 671 참조.

2. 행정개혁의 특성

행정개혁의 특성을 살펴보면 다음과 같다.

첫째, 행정개혁은 행정을 인위적, 의식적, 계획적으로 변화시키려는 것이므로 전술한 바와 같이 불가피하게 관련자들의 저항을 수반한다.

둘째, 사회환경도 끊임없이 변화하고 행정체제도 변화하는 환경 속에서 생성, 발전, 소멸하는 생태적인 속성을 가지고 있는 바, 행정개혁은 일시적·즉흥적이 아닌 계속적인 과정이라는 점이다.

셋째, 행정개혁은 성공 여부에 대한 불확실성과 위험 속에서 새로운 방법을 고안하여 적용하고 실천하는 동태적·의식적 과정이다.

넷째, 행정개혁은 조직의 관리·기술적인 속성과 함께 권력투쟁, 타협, 설득이 병행되는 정치적·사회 심리적 과정이다. Caiden이 행정개혁을 '저항에 대한 인위적인 변화 유도' 라고 정의한 것도 행정개혁이란 다른 사회개혁과는 달리 권력의 뒷받침을 받는 정치에 기반을 두고 있기 때문이라는 것이다. 즉 행정개혁은 행정 내부에서만 이루어지는 것이 아니라 행정 밖의 정치세력들과 상호 연결되어 있으며, 이에 따라 행정개혁은 정치이념의 합리화, 정치적 참여, 정치제도, 전략, 설득과 양보 등과 같은 정치적 요소를 수반하는 정치과정이라고 할 수 있다.

3. 행정개혁의 원인(동기)

행정개혁의 원인·동기는 특정국가의 정치체제의 성격, 직능국가로서의 규모, 역사적·문화적 요인, 정치발전·행정발전의 수준 등에 따라서 여러 가지를 생각할 수 있으나 주요한 원인을 보면 다음과 같다. 그런데 이러한 동기·원인은 복합적으로 작용하는 것이 일반적이다.

A. F. Leemans는 행정개혁의 원인과 그 발생동기를 다음과 같이 6가지로 들고 있다.

(1) 신생국의 탄생 제2차 세계대전 이후 많은 신생국이 탄생하였고 이들 국가는 국민통합과 단결, 그리고 새로운 정치상황에 대처하면서 정치·사회개혁·경제발전 등을 효과적으로 수행하기 위한 첫 단계로서 행정개혁을 시도하게 된다.

(2) 새로운 정치적 수요의 증가 많은 개발도상국가 국민들은 정부에 대하여

보다 많은 봉사와 서비스를 요구하며 정부활동을 증가시켜 주기를 바란다. 또한 사회주의국가들은 모든 사회활동을 정부가 책임지고 수행하기를 바라고 있으며, 선진각국은 봉사의 질과 생활의 질 향상을 강조하고 있다. 따라서 이러한 점증적인 국민들의 요구는 관료제의 변화를 초래하게 되며 이는 정부기구 및 정부기능의 확대와 변화로 나타난다.

(3) 기관형성(제도형성)[3] 특히 제3세계국가들은 새로운 제도를 추구하게 되고 각종 이익단체와 노동조합을 형성하게 되며, 이러한 기관은 정부 · 행정의 발전에 중요한 영향을 끼친다. 이러한 새로운 기관의 발생과 그 규모의 확대는 행정조직의 형태를 결정지으며 행정개혁의 중요한 요소가 된다.

(4) 전문화·분화·통합 행정의 전문화와 분화 그리고 통합은 선진국의 경우 점차 확대되어 가고 있으며 후진국에서는 새로운 현상으로 대두되고 있다. 이러한 전문화는 공기업과 같은 특수한 기관의 발생을 초래한다.

(5) 규모의 확대 행정기능의 양적 확대와 질적 변화는 지방자치의 필요성을 증가시켜 주고 행정의사결정과 정책결정에 많은 사람들의 참여폭을 넓혀준다. 행정기능의 확대는 필연적으로 행정개혁을 수반하게 된다.

(6) 새로운 가치관과 태도 민주화를 위한 각 사회집단의 참여는 조직의 효과성에 기여하게 되며 정책결정에 많은 시민들과 이익집단이 참여하고 갈등을 통하여 새로운 방향으로 합의가 이루어진다. 따라서 관료제의 역할과 공무원의 가치관 변화가 초래된다.

Ⅱ. 행정개혁의 접근방법

행정개혁의 접근방법은 어디에 초점을 두느냐에 따라 여러 가지로 설명할 수 있다.[4]

(1) 구조적 접근방법 구조적 접근방법은 조직의 구조적 설계를 재조정함으로써 행정개혁의 목적을 달성하려는 접근방법이다.[5] 구조적 접근방법에서 추구하

3) 기관형성(제도형성)이란 발전을 이룩할 수 있는 공식조직(기관, 제도)을 창설하거나 발전을 이룩할 수 있도록 공식조직을 개편하는 것을 의미한다. 기관형성에 관한 상세한 설명은 제3편 제1장 참조.

4) 행정개혁의 접근방법에 대하여 분류를 한 학자들로는 T.L. Whisler, Leavit, G.U. Jones, T.U. Clack, M.J. Esman 등이 있다.

는 것은 집권화와 분권화의 확대, 또는 전통적 원리에 따라서 행정조직을 재편성하는 것이었다. 전통적 원리란 명령통일, 통솔범위, 부서 편성의 원리 등이다.

구조적 접근방법 중에서도 전통적 원리를 강조하는 입장은 기능중복의 제거, 통솔범위의 축소, 통제절차의 개선, 절차의 간소화 등에 주안점을 두었다. 이러한 입장은 조직의 내부구조에만 관심을 기울이다 보니 조직내의 인간적인 문제나 조직과 환경과의 문제를 등한시하였다.

구조론자들은 이상적인 조직구조를 설계하는 데 유일한 최선의 길이 있다고 믿었다. 따라서 이상적인 조직구조에 맞추어 처방적인 입장에서 행정개혁을 다루었다. 대부분의 행정개혁들이 이러한 입장을 취한 것이 사실이다. 1차·2차 Hoover위원회의 행정개혁도 이러한 입장을 택하였다고 지적되고 있다.[6] 시간이 흐름에 따라 이들은 조직내의 인간적인 문제와 행태적인 문제에도 관심을 기울이게 되고, 조직의 비공식적 측면도 중요시하게 되었다. 그러나 이들의 주요한 관심은 어디까지나 행정의 구조면에 있었다는 것은 말할 것도 없다.

(2) 과정적 접근방법 과정적 접근방법은 조직내의 운영과정 또는 일의 흐름을 개선하려는 방법이다. 과정론자들이 주로 생각하는 방법은 OR이나 EDPS 등이다. OR은 수학적 개념과 계량성을 행정과정에 적용하여 행정현상을 개혁하려는 방법으로서 먼저 정보·작업·물자의 흐름을 분석하고, 이것을 모형정립에 적합하도록 재구성한다. OR이 주로 적용되는 분야로서는 재고관리, 자원배분, 우선순위 결정, 대체결정 등이다.

EDPS는 정보의 흐름을 신속하게 함으로써 정보를 제시간에 제공하여 최고관리층이 정책결정을 하는 데 있어서 여러 가지 불편을 덜어 준다. 정보관리체제는 많은 일상적인 일들을 프로그램화시켜 중간 관리층의 업무를 없애거나 대폭적으로 줄임으로써 행정구조의 변화에도 크게 영향을 끼치고 있다.

(3) 행태적(인간관계적) 접근방법 행태적 접근방법은 개혁의 초점을 인간에게 둔다. 즉 인간의 능력을 개선함으로써 행정개혁의 실효를 거두려는 입장이다. 행태론자들이 주된 사용하는 기법은 사회심리학이나 행태과학에서 개발한 실험실적 훈련, 팀개발, 과정상담 등이다. 행정개혁에서 행태론적 접근방법을 택한

5) 오석홍, 전게서(조직이론), pp. 735~739.

6) Mosha Weiss, "Towards a Comprehensive Approach to Government Reorganization," *Philippine Journal of Public Administration*, January (1967), pp. 58~59.

사람들은 목표관리나 조직발전을 행정개혁의 주된 내용으로 생각한다. 이들의 주요 논점은 참여적 관리를 통해서 인간개발과 조직의 민주화를 기하자는 것이다. 인간의 태도와 가치관을 변화시키고, 인간의 능력을 개발시킬 때에 행정개혁이 이루어진다는 것이다.

행태적 접근방법이라고 해서 조직문제를 다루지 않는 것은 아니다. 이들은 조직은 어디까지나 후속변수이기 때문에 인간개발중심으로 재구성되어야 한다는 것이다. 분권화·수평조직·직무확장 등은 이들이 원하는 조직형태이다.

(4) 접근방법들의 종합화　이상에서 설명한 접근방법들은 행정의 일면만을 강조한 접근방법들이다. 이것은 행정개혁의 부분은 될 수 있어도 전부는 될 수 없다. 이들의 접근방법들은 상호보완관계에 있지 배타적인 관계에 있지 않다. 물론 구조론적 입장과 행태론적 입장은 상호대립의 여지가 없지 않지만, '인간 없는 조직'이나 '조직 없는 인간'을 생각할 수 없기 때문에 양자의 조화가능성은 있는 것이다.

행정개혁은 행정의 총괄적 변혁이기 때문에 구조·과정·인간을 다같이 개혁의 대상으로 생각해야 한다.

Ⅲ. 행정개혁의 과정

행정개혁은 행정의 전 국면을 포함하는 통합적인 과정으로 파악된다. 이러한 개혁은 시간의 장단, 중요성의 정도에 따라 여러 과정으로 분류할 수 있으나 가장 일반적인 과정을 중심으로 설명하면 다음과 같다.[7]

(1) 개혁의 중요성 인식　행정개혁의 필요성은 '해야 할 것'과 '실제하고 있는 것'과의 심한 차이가 생길 때에 발생되는 것으로, 첫째 행정이 국민의 여망을 명백히 충족시키지 못할 경우와, 둘째 어느 정도 국민의 여망을 충족시키고 있으나 그 이상의 것을 처리할 수 없는 경우, 그리고 마지막으로 행정이 여력을 가지고 있지만 장래의 요구에 응하지 못하거나 응할 태세를 갖추고 있지 않은 경우가 바로 그것이다.

7) Frederick C. Mosher, "Some Notes on Reorganization in Public Agencies," in Roscoe C. Martin(ed.) *Public Administration and Democracy* (Syracuse, N.Y.: Syracuse University Press, 1965), pp. 141~148.

(2) 개혁전략의 정립 개혁의 전략은 새로운 아이디어의 구상과 기본적인 목표를 설정하고, 정책의 반대자나 이익 집단들을 설득시킬 방안을 강구하는 것을 말한다. 이러한 전략으로는 자유·평화·질서·정의 등과 같은 추상적인 용어를 내걸게 되는데 이는 매우 효과적인 방법이다. 이러한 전략은 조직의 국외자와 국내자가 마련하는 경우로 나눌 수 있다.

(3) 개혁안의 탐색 새로운 아이디어와 전략은 개혁안으로 채택되는데, 거기에는 이를 옹호하는 전달자가 개입된다. 즉 개혁자→전달자→채택자라는 일련의 과정을 거치며 이는 개혁의 확산국면이 된다. 새로운 개혁안은 이러한 확산국면을 통하여 조직 내외에 광범위하게 침투된다.

(4) 개혁의 평가 개혁의 실시 후에는 평가를 해야만 한다. 공정하고 엄밀한 평가를 통하여 행정의 시행착오를 발견하고 이를 수정함으로써 새로운 개혁안에 반영한다. 이러한 평가는 행정의 업무량, 비용, 생산성 등을 측정하고 조직의 능률성, 사회비용, 정책결정의 효과성, 사기, 업무의 만족도 등을 검토하는 것이다. 평가과정에 가능한 한 모든 사람을 참여시켜 새로운 방안을 모색하는 것도 매우 효과적이다.

Ⅳ. 행정개혁의 저항

행정개혁은 일종의 변혁인 까닭에 이에 대한 반동 또는 저항이 수반된다. 그러한 저항은 피개혁자들이 '현실 또는 가상적 변혁으로부터 자기 자신을 방어'하려는 동기로부터 나온다. 그런 의미에서 행정개혁은 개혁추진자와 개혁반발자의 접촉의 산물이라고 할 수 있다. 개혁의 추진자는 저항의 원인을 제거하고 효과적인 방법과 수단을 취함으로써 개혁을 달성할 수 있다.

1. 저항의 원인

행정개혁은 추진과정에 있어 다음과 같은 이유로 저항을 받게 된다.[8)]

(1) 기득권의 수호 어떠한 개혁이든 모든 사람들에게 이익을 가져다 주지는 않는다. 행정개혁도 마찬가지다. 행정개혁으로 인해서 불이익을 받는다고 생각하는 사람들은 개혁에 저항적이다. 특히 자기의 지위나 맡은 일이 없어진다고

8) 백완기(1997), 전게서, pp. 390~391.

생각하는 사람들은 저항에 필사적이다.

(2) 관성적 성향 모든 조직체는 하던 일을 계속하고 싶어하는 관성적 성향을 지니고 있다. 이러한 성향은 새로운 것을 추구하는 개혁에 저항적이다. 역사와 전통이 다져진 조직일수록 이러한 성향이 강하다.

(3) 비용의 과중 어떤 개혁이든 장기적인 면에서는 비용절감을 위해서 추진된다. 그러나 단기적인 면에서는 적지 않은 비용이 소요되는 경우도 적지 않다. 여기서 이야기하는 비용에는 경제적 비용은 물론 사회적 비용도 포함된다. 사회적 비용은 새로운 제도에 적응할 때 당하는 고통이다.

(4) 법개정의 난이성 법개정이 쉬우냐 어려우냐에 따라 행정개혁이 쉬워지기도 하고, 어려워지기도 한다. 법개정의 절차가 복잡하고 까다로우면 그만큼 행정개혁도 어려워진다.

(5) 관련 부서 집단의 저항 모든 행정부서는 자기가 봉사하고 다루는 고객이 있다. 예컨대 상공부의 고객은 상공인이요, 농림수산부의 고객은 농민이다. 모든 고객은 자기들을 봉사해주는 부서나 행정기관이 소멸되거나 축소되면 개혁에 반대한다. 이러한 반대세력은 개혁에 대한 저항요소로 작용한다.

(6) 개혁내용의 모호성 개혁의 내용이 명확하지 않으면 조직구성원은 불안감을 갖게 되고, 불안하면 개혁에 저항적인 자세를 취하고 기껏해야 소극적인 태도를 취한다.

(7) 조직구성원의 능력부족 개혁의 추진과정과 효과성 발원여부는 조직구성원들이 개혁을 감당할 수 있는 전문적 지식이나 기술을 가지고 있느냐에 달려 있다. 개혁을 감당할 수 있는 지식이나 기술의 결핍은 개혁에 저항적 요소로 작용한다.

2. 저항의 극복방안

개혁에 대한 저항은 개혁의 추진자, 개혁의 종류, 개혁의 도입방법 등에 따라 그 정도가 달라질 수 있다. 우선 개혁이 조직 외부의 세력에 의해서가 아니라 조직 자체의 프로그램에 의해서 추진되는 것으로 받아들이면 저항이 감소한다. 다음으로 개혁의 내용이 구성원들의 부담을 감소시켜 주거나 그들의 신념. 가치관과 크게 다르지 않을 때, 그들의 자율성이나 안정이 위협되지 않는다고 느낄 때 저항이 감소한다. 또한 동일한 내용의 개혁이라 할지라도 도입방법에 따라 저항의 정도가 달라지는 바, 조직 구성원을 참여시켜 합의에 의해 개혁안을 작성하거나 이들의 의사에 따라 수정이나 재고가 가능하도록 하면 감소할 것이다.

그러나 개혁과정에서 저항을 완전히 제거할 수는 없다. 따라서 저항을 극복할 수 있는 방안을 미리 준비하여야 한다. 이를 설명하면 다음과 같다.[9]

(가) 규범적 방법 - 개혁에 대한 이해와 협조를 구하기 위해 이해 관계자들의 참여를 확대하며, 개혁에 대한 정보를 제공하고 개혁의 당위성 및 예상되는 성과를 제시하며 설득한다.

(나) 공리적 방법 - 되도록 기득권을 덜 침해하는 방법을 사용하며, 개인적으로 입게 되는 손해에 대해서는 적절히 보상해 준다. 그러나 지나치게 이 방법에 의존하면 비용이 많이 들 뿐만 아니라 개혁의 의미가 퇴색할 수 있다.

(다) 강제적 방법 - 최종적으로 저항을 극복하기 위해서는 저항자에 대해 물리적 제재나 불이익의 위협을 가하는 수밖에 없다. 이 외에 계층제상의 권한을 사용하거나 의식적으로 긴장을 조성하여 개혁에 순응하지 않을 수 없는 분위기를 조성하는 방법도 있다.

Ⅴ. 각국의 행정개혁

1. 영 국

영국은 19세기 중엽 이래 세계 여러 나라의 관심을 끈 많은 행정개혁사업이 이루어졌다. 그 중 중요한 것을 소개하면, 첫째 1848년에 설치되어 1853년에 보고서를 제출한 Northcote/Trevelyan위원회이다. 이 위원회는 영국이 정실임용제를 폐지하고 실적주의 공무원제도를 확립하도록 하는 데 크게 영향을 미쳤다. 둘째, 1917년에 설치된 Haldane 위원회이다. 이 위원회는 영국의 정부기능 및 조직에 관한 연구를 하고, 그 개편을 위한 중요한 지침을 제시하였다. 셋째, 1966년에 설치되어 1968에 보고서를 제출한 Fulton위원회이다. 이 위원회는 영국의 공무원제도의 개편에 크게 영향을 미쳤다.

9) 이종수 외, 전게서, p. 658. 행정개혁의 저항을 극복하는 데는 관계자를 다수 참여시키고 하위계층과도 협의를 하는 규범적·협조적 전략이 바람직하지만 하위계층에서 초기에는 저항이 없다가 집행단계에 들어가면 저항을 표시할 수 있으며 광범한 참여는 사실상 불가능하다. 행정개혁은 최종적으로는 고전적 조직이론에 입각하는 강제적·비협조적 전략으로 나아가지 않을 수 없을 것이다.

2. 미 국

미국은 19세기말 이후 행정개혁이 수시로 있어 왔다. 주로 그 목적은 행정의 능률과 절약을 기하는 데 있었다. 1910년에 설치된 Cleveland위원회, 1936년의 Brownlow위원회(일명 행정관리에 관한 대통령위원회), 제2차 세계대전 후 1947년에 설치된 제1차 Hoover위원회, 1953년의 제2차 Hoover위원회가 그 대표적인 경우이다. 그 후에도 최근까지 여러 개혁사업이 있어왔다. 예를 들면 1964년의 정부조직에 관한 Price 특별조사반, 1971년의 행정부재편성에 관한 Ash자문위원회, 1977년 대통령의 특별조사반 설치 등이 이에 포함된다.

3. 우리 나라

우리 나라는 정부수립 이래 주로 정치적 변동을 계기로 하면서 부분적 혹은 전면적인 행정개혁을 단행해 왔다. 6·25동란, 정치파동, 4·19혁명, 5·16혁명, 유신체제, 10·26사태, 6·29선언, 문민정부 출범 등 정치적 격동을 배경으로 하면서 정부기구의 개편을 중심으로 하여 행정개혁사업이 진행되었다. 중앙행정기구의 개편은 i) 헌법개정, ii) 정치적 필요성, iii) 경제발전 등 정책목표의 달성, iv) 행정기구의 축소·조정 등이 주요한 계기가 되면서 이루어졌다.

1960년 이후 정치적 변혁이 있을 때마다 커다란 행정개혁이 추진되었다. 즉, 1960년 제2공화국의 출범과 더불어 정부조직기구가 많이 개편되었으며, 1961년 군사정부 하에서는 정부의 기구, 인사, 재무행정 및 대부분의 행정관리방법이 급속히 대규모로 개혁되었다. 그 후 제3공화국·제4공화국에서도 주요 정치적 변혁과 경제 사회적 필요에 따라 수시로 개혁이 추진되었다. 1980년에 출범한 제5공화국 정부도 정부기구와 인사행정의 대대적 개편을 하였으며, 1988년에 제6공화국도 그 출발과 더불어 행정개혁위원회를 구성하고, 여러 가지 개혁안을 마련하여 부분적으로 그것을 시행하였으나 별 성과를 얻지 못한 상태에서 문민정부의 출범을 맞이하였다.

1993년에 출범한 김영삼정부의 행정개혁은 민주화와 권위주의의 타파를 지향하면서 과감한 개혁조치를 취함으로써 부패의 추방, 억압기구의 축소와 기능제한, 행정규제 완화와 국민편의 위주의 행정개선, 중앙행정기구 개편, 감축관리 등에서 상당한 성과를 거두었다.

그러나 시간이 흐를수록 개혁의지와 능력이 흔들린다는 비판이 늘어나게 되었다. 특히 과거청산과 정당성 복원을 위한 활동은 점점 더 많은 좌절을 경험하게 되었으며 과거와의 재유착이라는 경향까지 보이게 되었다. 김영삼정부는 과거의 군사정부와 그 후계세력의 유산을 안고 그 바탕 위에서 탄생했다는 것, 체제화된 부패의 뿌리가 너무 깊다는 것, 정당성 복원을 위한 투쟁은 오랜 세월에 걸쳐 형성된 정당치 못한 다수와의 투쟁이라는 것 등이 과거 청산과 부패추방노력에 근본적인 제약을 설정했을 것이다.[10)]

김대중정부의 행정개혁은 1997년 말의 IMF 경제위기를 극복하는 과정에서 추진되었다. 기업의 줄도산과 실업 급증은 일시적인 경제위기라기보다는 정부주도의 급격한 성장 위주 정책에 따른 우리 사회의 총체적인 부실의 결과로 인식되어 기업의 구조조정과 함께 정부규제·부정부패 등이 초래한 전반적인 '정부실패'의 문책성 개혁조치가 요구되었다.

김대중정부의 개혁조치들은 역대정부 개혁과 달리 조직개편과 더불어 인사, 예산, 관행적인 내부 운영시스템에 대한 개혁 조치들이 함께 추진되었다. IMF 경제위기는 김대중정부의 개혁추진 과정에서는 정부의 구조조정과 개혁조치에 수반된 많은 불이익과 불편에도 불구하고 정부 내의 이해 당사자들로 하여금 개혁을 수용하게 하는 데 결정적인 공헌을 함으로써 행정개혁을 용이하게 했다. 그러나 개혁을 추진하는 과정에서 IMF 경제위기에서 비교적 신속하게 벗어날 수 있었던 점, 여소야대의 정치 상황으로 인해 정부개혁 추진에 어려움이 있었던 점, 전면적 개혁의 접근방법을 채택함으로써 개혁 피로감이 급속하게 나타난 점 등의 이유로 당초 의도와는 다른 한계도 보여 주었다.[11)]

2003년 김대중정부를 계승하여 출범한 노무현정부는 중도혁신 노선을 표방하면서 새로운 국정 원리로 원칙과 신뢰, 공정과 투명, 대화와 타협, 분권과 자율 등을 제시하였다.

이는 그 동안 확대일로에 있었던 신공공관리적 행정개혁에 대한 속도 조절의 필요성을 의미한다. 즉, 기본적으로 김대중정부가 추구한 신공공관리적 행정개혁 기조를 계승하면서도 새로운 개혁 이념으로 분권화, 자율화, 참여 등과 같은 뉴

10) 오석홍, 『행정개혁론』, 박영사, 1995, pp. 290~291.
11) 남궁근 · 황성돈, 2001.

거버넌스의 가능성에 주목했다.

노무현정부의 정부혁신의 구체적 목표는 효율, 봉사, 투명, 분권, 참여 등 다섯 가지다. 나아가 이를 구현하기 위한 핵심적 수단으로는 성과 중심의 행정 시스템 구축, 행정서비스 전달체계 개선, 행정의 개방성 강화, 시민사회와 협치 강화, 공직 부패에 대한 체계적 대응, 정부 기능과 조직의 재설계, 고객 지향적 민원제도 개선, 행정행위의 투명성 제고, 공익활동 적극 지원, 공직 윤리의식 함양 등을 설정했다.

참여정부를 표방한 노무현정부의 개혁정책은 정권의 낮은 지지도에도 불구하고 지방분권, 국가균형발전, 시민 참여 등과 같은 몇몇 영역에서 의미 있는 성과를 산출했던 것으로 평가된다. 하지만 규제 완화, 책임운영기관, 자치권 이양 등 분권화와 자율화를 지향하는 개혁 조치들에 대한 실효성 논쟁은 계속되고 있다.

Ⅵ. 행정개혁의 문제점과 개혁방향

1. 문제점

우리 나라 행정개혁이 안고 있는 문제점으로는 다음과 같은 점들을 들 수 있겠다.

1) 1948년 정부수립 이후에 행하여진 우리 나라의 행정개혁은 거의가 기구의 개편이나 축소 또는 신설 등과 같은 구조중심의 행정개혁이었다.

2) 오늘날의 대부분의 신생국가들의 공통점이기도 하지만, 우리 나라도 마찬가지로 수많은 복잡한 행정문제를 취급할 수 있는 유능하고 경험이 풍부한 개혁담당자가 부족한 실정이다.

3) 일부 행정개혁의 경우에 있어서는 그것이 권력구조의 재편성을 위한 수단으로서 사용되어 지기도 하였다.

4) 행정개혁 담당기관의 운영방식에 대한 심각한 검토가 필요하다는 것이다. 우리 나라 행정개혁역사에 나타난 대부분의 담당기관은 집권통치자의 의도에 따른 한시적 위원회로서 기능하는 경우가 많았는데 이는 새 정부의 업적창출을 위한 단기적 사업에만 몰두하게 되는 경우가 많았다. 국가발전을 위한 장기적인 안

목을 가지고 통치자의 직접적 영향력으로부터 어느 정도의 자율성을 보유한 영구적 상설기관의 설치에 대한 근본적 연구가 필요한 시점이 된 것이라 하겠다.

2. 개혁방향

국가경쟁력의 지속적 저하, 후기산업사회 및 정보화 사회의 도래, 새로운 세계 경제질서의 도래 및 사회문화의 변화 등과 같은 상황은 우리 나라 정부부문의 전면적 개편을 요구하고 있다. 우리 나라 정부가 그 후진성을 제거하고 무한경쟁 시대를 성공적으로 헤쳐 나가는 데 필요한 개혁의 기본 방향을 개관하면 다음과 같다.[12)]

1) 작은 정부의 구현

우리 나라의 경우 1980년대부터 작은 정부 구현을 위한 행정개혁 및 쇄신작업을 추진해 왔다. 불합리한 제도 개선, 규제 완화, 부처기구 및 기능 재편 등이 이루어졌음에도 정부부문 및 국가 전체의 경쟁력에 대한 비교 평가는 뒷걸음치는 결과가 나타나고 있다.

여기서는 선진국의 행정개혁이 우리에게 시사하는 바와 앞으로 한국 정부가 안고 있는 정부 혁신과제를 제시하고자 한다.

정부의 역할 축소와 효율화 과제는 작은 정부론과 깊은 연관관계를 가지고 있다. 민주·자본주의 국가에서는 일반적으로 가급적 작은 정부를 가질 것을 끊임없이 요청해 왔지만 계속 정부기능이 확대되어 정부의 규모는 커져 왔으며 납세자와의 갈등은 끊이지 않았다. 그러나 작은 정부라고 하여 언제나 일정한 소규모를 유지하여야 한다는 것을 의미하는 것은 아니고 정부기능에 따라 확대되는 것은 불가능하나 가급적 소규모로 유지하여야 한다는 상대적인 의미를 갖는 것이라고 하겠다.

작은 정부론은 두 가지 개념을 가지고 있다. 하나는 정부의 규모, 즉 조직·인력·예산 등에 초점을 두고 이들의 규모를 축소해 나가야 한다는 것이고, 다른 하나는 정부규모의 축소라는 관점보다는, 비능률적인 정부부문을 개혁하여 효율성을 증대시킴으로써 대국민 신뢰도를 향상시킨다는 개념으로 이 때의 작은 정

---
12) 오석홍, 전게서(행정학), pp. 440∼443; 이종수 외, 전게서, pp. 708∼709.

부는 효율적인 정부의 또 다른 표현이라 할 수 있다.

그러나 최근 우리의 정부부문이 보이고 있는 난맥상과 관련하여 두 가지의 개혁 과제가 동시에 요청되고 있다고 하겠다.

행정수요의 변화와 행정역할에 대한 기대의 변화에 부응하여 행정구조는 적시성 있게 조정되어야 한다. 조정의 방향은 대체로 감축지향적인 것이라야 한다. 새로운 행정수요의 발생 또는 증가에 대응하기 위해 구조를 확대해야 할 경우도 있게 될 것이다. 그러나 앞으로 상당한 기간 감축의 요청이 더 클 것이다. 더 나은 행정봉사에 대한 수요, 특히 질적 수요는 늘어나면서도 기구감축에 대한 압력은 커질 것이다.

새로운 수요에 대응한 구조확대의 경우에도 비효율적 팽창은 억제해야 한다. 특히 고위관리기구와 직위의 신설이나 팽창을 억제하여 행정농도[13]의 심화를 방지해야 한다.

2) 구조개혁의 방향

적폐를 시정하고 새로운 상황적 요청에 대응해 나갈 수 있도록 행정기구를 개혁할 때 추구해야 할 원리 또는 목표는 다음과 같다.

(1) 권한의 위임과 조직혁신　　행정권한의 지나친 중앙집중을 막고 행정권한을 가급적 하부기관에 위임하고, 이 밖에 조직의 동태화 내지 조직발전 및 조직혁신이 이루어져야 할 것이다.

(2) 구조분화의 개혁　　분화·다양화되어 가는 행정환경과 행정수요에 대응하여 개별적인 역할담당자들의 전문화, 합리적인 업무배분, 조직단위들의 분화, 분권화 등에 관한 기본전략을 세워 구조적 변화를 바람직한 방향으로 유도해야 한다. 그러나 분화를 촉진한다고 해서 직무분할만을 강조하거나 조직단위들의 기능적 분립을 조장해서는 안된다. 직무의 분화에서는 일의 의미를 손상시키지 않아야 한다. 조직단위의 분화에서는 기능의 동질성보다 '일의 흐름'을 중요시해야 한다.

(3) 분권화·저층구조화　　우리 행정체제는 과잉집권화의 폐단을 물려받았으며, 정부관료제의 일반적 성향은 집권화의 심화를 초래하는 것이므로 분권화·자율화를 위한 행정개혁은 계속되어야 한다. 업무의 '하부위임'을 지속적으로

13) 행정농도(administrative intensity)란 조직의 규모에 대비한 유지관리구조의 크기를 의미한다.

추진하고 관리단위의 하향조정을 촉진하여 행정농도를 낮추어 가야 한다. 그리고 구조의 저층화를 촉진해야 한다.

(4) 중앙과 지방의 역할분담 조정 지방자치시대의 요청에 맞게 중앙행정 업무의 지방위임을 확대하고, 위임업무의 자치단체 고유사무화를 점진적으로 추진함으로써 행정의 현지성·능률성·봉사성을 제고시켜야 한다. 지방자치단체에 대한 예산·인력·권한 등 자원의 배분을 확대함으로써 책임과 자원의 괴리가 일어나지 않도록 하여야 한다. 분권화의 필요성에 대해서는 앞서 논의한 바 있다.

3) 고객 중심주의

앞으로 정부는 국민을 통제, 지배, 규제하는 기능에서 벗어나 국민들에게 서비스를 제공하는 기능을 수행해야 한다. 국민을 고객으로 보고 국민들의 자율적이고 창조적인 활동을 보조하는 기능을 정부가 수행해야 하는 것이다. 따라서 정부는 국민 위에 군림하는 별도의 체제가 아니라 시민사회의 부차적이고 보조적인 혼합체제가 되는 것이다.

서비스를 좀더 만족스럽고 능률적으로 제공하기 위해서는 공직자의 국민에 대한 태도, 의식의 변화가 요구되는 것은 물론이며 다양하고 창의적인 제공방법을 도입해야 할 것이다. 정부가 직접 공공서비스를 제공하는 독점적인 운영방식에서 벗어나 필요에 따라 민간부문의 자원을 활용하는 등 다양하고 융통성 있는 제공 방식이 강구되어야 하고, 다만 효율성뿐만 아니라 형평성도 함께 추구해야 하는 공공행정의 목표가 퇴색되지 않도록 주의를 기울여야 한다. 시민의 사회적 요구를 충족시키기 위하여 민원행정의 강화가 요청되며, 예컨대 현재 우리 나라에서 채택하고 있는 행정상담위원제도의 실효성 부족을 보완하는 의미에서 Ombudsman제도 같은 것을 도입하는 것도 하나의 방법이 될 수 있다.

4) 부패의 척결

오늘날 우리 정부가 직면하고 있는 가장 큰 문제의 하나는 바로 고질적인 부정부패의 척결문제라 하겠다. 대체로 우리 나라에서는 이러한 부정부패의 원인을 공무원들의 지나친 사리사욕·비애국적 태도·비양심 등에 구하고 있으나, 관료부패의 현상은 근본적으로는 인간과 제도와 사회의 거의 모든 문제에 관련되어 있으며 따라서 그 범위는 사회의 모든 영역에 걸친 것이라 하겠다.

제 7 장 신공공관리론

Ⅰ. 신공공관리론의 의의

신공공관리(New Public Management : NPM)란 지시, 명령, 통제, 강제하는 권력적 행정작용을 극복하고 주민에게 효율적으로 공공서비스를 제공하는 '작고 효율적인 정부'로 가기 위한 행정개혁의 경향을 설명하기 위한 이론이다. 신공공관리론[1]은 '관리주의(manageralism)'에 근거한다. 관리주의란 민간부문의 관리기법을 행정에 받아들임으로써 행정관리의 합리화를 실현시키는 것이다.[2]

Terry는 신공공관리론은 효과적이고 대응적인 정부를 어떻게 구현할 것인가 하는 문제에 대한 근본적인 관점의 변화를 의미한다고 하였다.[3] 즉, 인사나 예산 등의 측면에서 내부통제를 대폭 완화하여 일선관리자에게 재량을 주어 일선관리자가 책임을 지고 성과를 향상시키며 고객을 만족시키도록 행동을 관리하는 의

1) 신보수주의이론이라고 불리워온 신공공관리론은 영국의 보수당이나 미국의 공화당이 주창한 이론이라 하겠으나, 미국의 Clinton 대통령이나 호주와 뉴질랜드의 노동당정부까지 신공공관리론에 심취해 있다는 사실을 간과해서는 안 된다. 대처와 레이건의 집권을 통해 본격화된 신공공관리론은 이후 영연방국가들을 중심으로 급속히 확산되었다.

2) C. Pollitt, *Managerialism and the Public Services: The Anglo-American Experience*. Oxford: Basil Blackwell 관리주의는 계량적 분석적 관리론(quantitative/analytic management), 정치적 관리론(political management), 해방관리론(liberation management), 시장원리론(market-driven management) 등의 다양한 공공관리론의 접근들이 존재하지만 이들이 모두 이 특성을 공유한다고 한다(Terry, 1998). 신공공관리론은 관리주의 외에 계약주의(contractualism)를 포함한다. 계약주의는 공무원에 대한 막연한 신뢰감 대신에 분명한 성과계약관계를 강조하고, 경쟁가능성, 소비자선택 의명성, 유인장치에 대한 개혁에 이론적 기초를 제공한다.

3) L. Terry, "Administrative Leadership, Neo-Managerialism, and the New Public Management," *Public Administration Review*, 58(3), 1998, pp. 194~200.

미뿐만 아니라 시장주의를 공공부문에 도입하는 것을 말한다.

한편 신공공관리는 시장주의적 경쟁원리의 도입과 관리의 자율성 강화로 기업가적 정부운영을 시도하는 것을 말한다. 시장주의는 신자유주의적 정신을 살려 독점적 정부서비스 제공방식에 경쟁원리를 도입하는 것이고, 관리주의는 지나친 내부통제를 감축시켜 성과위주의 행정을 운영하는 것을 말한다. 신자유주의적 관점은 경제적인 신자유주의를 의미하며, 국가의 무리한 개입은 시장을 비능률적이고 비효과적으로 만들기 때문에 개인의 선택과 자유를 박탈시킬 수 있기 때문에 정부의 역할을 축소하자는 것이다. 미국의 경우 정부재창조(reinventing government)에 따라 사기업 경영의 패러다임을 행정에 도입, 번문욕례(red tape)를 없애고, 성과지향적이며, 고객을 최우선으로 하는 등 행정의 기본으로 돌아가려는 움직임이 일고 있다.

전 세계적으로 1980년대와 1990년대는 행정의 비효율성에 대한 비판이 매우 거세게 일어났다. 1980년 미국 Reagan대통령과 1979년 영국 Thatcher수상의 집권이후 여러 형태의 행정개혁이 시도되었는데, 이는 단순한 형태의 개혁이라기보다는 사회에서 차지하는 행정과 공공부문의 역할을 재검토 해보는 기회였다고 볼 수 있다. 우리 나라도 2000년부터 개방형 임용제, MBO, 내부인력시장, 책임운영기관제 등을 도입 실시하고 있으며, 신공공관리적인 행정개혁의 방향으로 진행 중에 있다. 정부와 행정서비스에 대한 국민의 요구가 계속 증대됨에 따라 정부의 재정적자가 눈덩이처럼 불어나 결국 재정위기가 만성화되었고, 그런 상황에서 한정된 자원으로 점점 더 높은 수준의 서비스를 원하는 국민의 요구를 충족시키려면 결국 행정서비스의 효율성을 높이는 길밖에 없었기 때문에 국가와 행정의 경영화가 불가피하게 요구된 것이다.[4)]

Ⅱ. 신공공관리론의 특징

전통적인 행정모형의 부적절성에 대한 반응으로 지난 1980년대와 1990년대

4) 행정의 경영화를 통해 '작고 효율적인 정부', 또는 '작고 강력한 정부'를 실현하려는 신공공관리론을 배경으로 자의적이고 불합리한 규제의 철폐와 정책결정 및 집행과정의 개선, 조직운영의 개선을 위한 권한의 하부이양, 계약제와 실적평가제의 도입, 인사 예산제도의 개방화 자율화, 민간위탁 및 민영화의 확대, 지방분권화 등을 포함하는 정부개혁이 구체화되고 있다.

초반에 신공공관리적 접근이 공공부문에 등장하고 있는 것을 목격할 수 있다. 이러한 접근은 종래의 전통적인 관료제적 모형의 문제점을 완화시키는 동시에 공공부문이 작동하는 방식에서 커다란 변화가 있다는 것을 의미한다. 신공공관리론의 특징으로서 여러 가지를 들 수 있겠으나[5], 여기서는 다음의 몇 가지를 요약정리해 보기로 한다.

〈표 6-1〉 전통적 행정시스템과 신공공관리 행정시스템의 원리비교

전통적 행정시스템의 원리	신공공관리 행정시스템의 원리
법규, 규칙에 의한 관리	목표와 업적에 의한 관리
단일의 직무에 특화된 분업시스템: 기능원리	서비스공급의 효율성: 통합원칙의 중요성
명확한 계층제 시스템: 하향식 통제원리	자율적인 업적평가: 느슨한 구조 관리원칙
전략적 관리의 결여: 고객과 온정주의 관계	고객(국민) 측면의 수요를 반영한 관리
서비스 제공의 단일성 원리: 형평성	기업원리 : 경제성, 효과성, 능률성

1. 시장지향성

신공공관리론은 공공서비스의 시장지향성을 강조한다. 공공부문의 시장화(市場化)라고도 하는 것으로서 두 가지로 세분할 수 있다. 첫째, 공기업의 민영화(privatization)이다. 영미제국에서 시작된 공기업의 민영화가 현재는 세계적인 추세가 되고 있으며, 우리 나라에서도 대규모적인 공기업 민영화가 추진되고 있다. 둘째, 공공서비스의 민영화이다. 정부의 책임과 공급을 구별하여야 한다는 것이다. 정부가 책임져야 하는 분야 또는 서비스라고 해서 정부가 직접 공급해야 하는 것은 아니라는 것이다.

---

5) Politt는 신공공관리를 1990년대 품질관리, 소비자중심주의, 경쟁, 효율성 지향의관리를 촉진시킨 개혁의 두 번째 물결(second wave of reforms)이라고 하면서 다음과 같은 4가지를 신공공관리의 요소로 꼽았다(Politt, 1993: 180). 첫째, 훨씬 대담하고 광범위하게 시장 메카니즘을 활용한다. 둘째, 행정 서비스의 관리와 생산에 있어서 조직상 및 공간상의 분권화를 강화한다. 셋째, 행정 서비스의 품질을 향상시킬 필요성을 계속적으로 강조한다. 넷째, 개개 소비자의 행정서비스에 대한 욕구에 대해 지속적으로 관심을 가진다.

2. 신축성의 제고

신공공관리론은 조직관리 · 인사관리 · 재무관리 등의 분야에 있어서 관리자에게 보다 많은 신축성을 부여해야 한다고 한다. 조직의 신설 · 증설 · 조정 등에 있어서 관리자들이 보다 많은 재량을 지녀야 하며 공무원의 채용 · 승진 · 전보 · 해임 등의 인사관리에 있어서도 신축성이 제고되어야 하고, 예산의 전용 · 이월 · 이체 · 예비비 사용을 포함하는 예산의 집행 등에 있어서도 보다 많은 재량을 지녀야 한다는 것이다.

3. 정치적 성격의 강조

이것은 가장 논란이 많은 부분으로서 정부부문 관리자들이 가치중립적인 행정이 불가능하다는 것을 인정하고 행정의 정치적 성격을 인식해야 한다는 것이다. 다른 말로 표현한다면 공공관리는 정치적 권위의 영향하에서의 관리라는 것이다. 이것이 전통적 행정학이 중요시해왔던 공무원의 정치적 중립을 저해한다 하여 영국과 미국에서 논란의 대상이 되었다는 것은 주지의 사실이다. 관료제의 정치적 오염 또는 공무원제도의 위기라는 표현으로 많은 학자들이 비판을 가했던 측면이라 하겠다.

4. 성과의 중시

신공공관리론은 성과와 실적을 강조한다. Hughes(1994)의 표현을 빌린다면 '행정은 지시의 실현을 의미하지만 관리는 결과의 실현(achievement of results)이다. 그러므로 신공공관리론은 성과관리(performance management)를 중요시하며, 성과지향적 정부(result-oriented government)를 강조한다.

Ⅲ. 신공공관리론의 내용

1. 고객중심적 행정관리

이것은 모든 국민에 대하여 이익을 제공하는 행정으로 국민을 위한 행정을 말한다. 이는 행정편의주의와 상호 대비되는 행정집행 및 관리방식에 해당된다.

행정서비스 이용자에 대한 인식을 적극적인 고객으로 재정립하고 그들의 요구와 기대에 부응하려는 노력을 통하여 공공조직과 서비스 전달방식을 개선해 나가는 데 커다란 원동력으로 삼아야 한다. 또한 행정기관의 조직과 절차에 있어서도 고객중심주의 원칙을 확립하여야 할 것이다. 행정기관의 조직구조와 업무절차를 고객중심의 서비스체제로 재설계하여 종래 본부와 투입 중심의 관리 체제를 고객과 현장 그리고 결과 중심으로 전환해야 된다는 것이다. 또한 개별사업 위주의 조직구조 및 업무절차를 고객의 관점에서 근원적으로 재설계하여 고객중심의 통합서비스 체제를 구축하도록 한다. 이 제도를 도입하여 각급 행정기관마다 구체적인 서비스 기준을 설정하여 공표하고 이를 시민의 권리로 보장할 것임을 약속함으로써 시민들은 행정서비스에 대한 일방적 수혜자의 입장에서 적극적인 선택권자의 입장으로 바뀌어 나가야 한다.

2. 민간관리기법의 수용

이것은 능률적이고 효과적인 운영방법을 모색하여 입증된 민간관리기법을 공공조직에 적용하는 것을 강조하는 것을 말한다. 종래 정부의 모습이 법과 규칙에 집착한 과정 중심적이라면, 여기서 말하는 민간관리기법의 수용에서는 정부의 생산성의 극대화 등의 결과를 중시하는 것을 말한다. 이러한 민간관리기법으로 선형계획기법(linear programming: LP), 수송할당모델(transportation/assignment models), PERT(program evaluation and review technique)와 CPM(critical path method), 대기행렬모형(queuing), 시뮬레이션(simulation), 마아코브 분석(Markov analysis), 델파이 기법(Delphi method), 자료포락분석(Data Envelopment Analysis: DEA), 계층분석법(Analytic Hierarchical Process: AHP) 등이 있다.

3. 총체적 품질관리(Total Quality Management: TQM)

총체적 품질관리는 민간 경영조직에서 사용하는 관리방식이다. 생산라인에서의 품질통제와 품질보장의 개념과 서비스 차원에서 고객만족(CS)과 고객지향(CO)의 개념을 합한 것이다. 초기에는 고객만족을 위한 고객을 직접 상대하는 부서와 사원에 국한되었으나, 현재는 품질관리와 고객만족을 위해 전체 조직의 모든 부서와 전체 관리과정에서 고려하여야 한다. TQM은 품질관리를 위해 관리과정에 중점을 두고 사업성과와 같은 계량적 지표를 사용하여 효과성을 측정하는 것까지 포함하게 되었다.

최근 공공부문에서도 생산성 제고와 책임행정을 구현하기 위해 TQM도입에 대한 논의가 활발하게 이루어지고 있다.[6] 특히 공공부문에서는 주로 조직의 운영 절차에 국한되어 적용되어 왔는데, 절차의 간소화나 운영규칙의 재설계 등이 있다. 공공조직에서 TQM을 발전시키기 위해서는 수요자 중심의 품질관리, 명확하고 공유되는 목표, 결과보다는 투입과 과정의 지속적인 개선, 참여적 관리 등이 필요하다. 그러나 공공조직은 목표가 불명확하고, 수요자의 중첩성, 갈등성, 공공조직의 관료주의적 문화 등의 이유로 적용상의 한계를 보인다.

4. 벤치마킹 시스템(benchmarking system)

벤치마킹 시스템은 미국의 제록스사가 처음으로 시도하여 성공한 것으로, 유사한 기능을 지닌 선도업체를 기준으로 목표수준이나 성과 또는 기준을 정하여 그 회사의 상품제조기술이나 조직, 그리고 경영기법 등을 적극적으로 받아들여 자기 회사의 생산과 경영에 응용하여 경쟁기업을 능가하고자 하는 경영기법이다. 벤치마킹을 효과적으로 수행하기 위해서는 첫 단계로 자기회사에 대한 객관적인 평가가 우선되어야 하고, 다음 단계로 경쟁사 및 최고수준의 회사에 대한 분석이 이루어져야 한다. 이와 더불어 최고수준의 기업으로부터 배우는데 주저하지 말아야 한다. 따라서 행정에서의 벤치마킹이란 국내의 우수기업이나 국외의 우수조직들에서 성공을 거둔 합리적인 경영방식 등을 수용하여 행정에서 채택하는 방식을 말한다.

5. 다운사이징(downsizing)

다운사이징은 전통적인 입장에서 볼 때 정부가 너무 비대하므로 감량(다이어트)이 필요하다는 시각이다. 이는 작은 정부를 구축하는데 있어서 사용되는 방법

6) TQM은 일본에서는 벌써 그 성과가 인정되었고, 미국은 1988년 '대통령품질상', '품질개선모범상' 등을 제정하여 세금을 효율적으로 사용한 모범부처에게 매년 수여되고 있다. 그러나 TQM이 공공부문 적용에는 한계가 있다고 말한다. 그것은 공공서비스 품질관리가 행정부서장이나 정치가들의 우선순위가 아니고, 사부문(private sector)과는 달리 공공부문은 독점으로 고객을 잃을 염려가 있고, 공무원은 현상유지를 바라며 유인책(incentive)에 쉽게 동기부여가 되지 않기 때문이다.

이며, 정부의 비대화에 따른 비효율성에 대한 대응으로서, 정부의 인력과 기구 및 기능의 감축을 의미하며 그러한 방법으로서 일선으로의 권한의 위임, 즉 분산처리를 강조한다.

6. 각종 Re - 기법

첫째, 리스트럭처링(re-structuring) 유형무형의 사회간접자본을 재구축하자는 것으로, 재구축이라는 말은 일반적인 사회간접자본외에 투자역량강화, 교육환경개선과 인적 · 지적자본의 형성, 과학기술의 수준 제고와 학습역량의 극대화, 시민참여를 통한 사회통합역량의 강화 등이 포함되는 포괄적인 개념이라 할 수 있다.

둘째, 리엔지니어링(re-engineering)은 프로세스 리엔지니어링을 의미하는 것으로 기존의 질 좋은 행정서비스를 제공할 수 있도록 재공정 하자는 것이다. 이는 경제성장기의 대량생산체제에 의해 사분 오열된 생산공정과 조직을 극복하기 위해 공정과 조직을 백지상태에서 재점검하자는 것으로 흩어진 부분을 통합시키자는 발상이라 할 수 있다. 이는 하향적 변동이라고 할 수 있으며, 기존의 가정(assumption)과 전통을 버리고 고객지향, 정보기술활용, 조직혁신 등의 쇄신을 주 내용으로 하고 있다는 점에서 위의 조직과 인원감축 등 외적인 변화를 목적으로 하는 리스트럭처링과 다른 성격을 가지고 있음을 알 수 있다.

셋째, 리오리엔테이션(re-orientation)은 자유경제의 시장원리와 성과지향적 경제원칙을 수용해서 '보호보다는 경쟁 그리고 규제보다는 자유'를 지향하는 새로운 관리목표의 재설정을 의미한다. 이는 정부가 지금까지 경쟁력을 제고하기 위하여 지원 · 보호 · 형평의 원리에 입각하여 관리하였다면, 앞으로는 자유로운 경제활동보장, 민간참여 기회의 확대, 그리고 경쟁을 유도하여 무한경쟁시대에 대비하자는 것이다.

Ⅳ. 신공공관리론과 정부혁신

민간부문의 관리기법이 공공부문의 그것보다 우월하며, 공공부문과 민간부분의 관리가 본질적으로 다를 것이 없다는 신념 하에, 신공공관리론은 다음과 같은 정부혁신전략을 주장한다.[7] 첫째, 규정과 규제의 완화, 분권화 및 관료의 재량권 확대를 통한 관리의 탈규제화(deregulation), 둘째, 성과에 대한 명시적인 기준과 측정에 의한 투입 통제 및 관료제적 절차의 대체, 셋째, 계약제, 외부 계약 등을 통한 공공부문에의 경쟁과 경합가능성의 도입, 넷째, 공공부문의 대규모 관료제의 준자율적 단위로의 분리, 정책결정과 정책집행기능의 분리, 다섯째, 민간기업 형태의 관리기법 도입, 여섯째, 자원배분과 보상을 측정된 성과와 연계하는 금전적인 유인체제에 의한 비금전적 유인체제의 대체, 일곱째, 비용절감, 효율성 및 인원감축 강조 등이다.

1. 인력감축 및 조직구조기능의 재조정

기존의 정치 · 관료적인 이해관계를 탈피하고 정부기능의 축소 및 폐지, 민영화 또는 민간이양, 계층제적 구조의 경직성을 탈피하기 위한 자율적 팀제 등 탈관료제 조직의 도입을 강조한다. 그리고 정부와 국민을 동반자적 관계로 보는 이른바 'new governance'를 중시하고 국민의 복지증진과 질서유지를 위한 정부의 방향키 역할을 강조한다.

2. 성과중심행정체제로의 전환

투입과 절차만이 아닌 산출과 결과에도 중점을 두고, 이를 위하여 목표의 명확화, 결과 달성을 위한 책임할당, 목표치의 설정, 적절한 인센티브제공, 성과의 측정 및 보고, 필요한 사후관리 조치 등의 확립을 강조한다.[8]

---

7) J. Kamensky, "Role of the 'Reinventing Government' Movement in Federal Management Reform," *Public Administration Review*, 56(3) 1996, pp. 247~255.

8) 1970년대 후반 신자유주의의 등장과 함께 '작은 정부'를 지향하는 정부혁신 및 신공공관리의 기본이념인 "고비용 저효율"의 패러다임하에서 성과관리와 성과평가의 중요성을 인식하고 많은 국가들에서 이를 제도적으로 개발 · 실시해 오고 있다. 1992년 Kaplan & Norton은 기업의 전략적 목적과 경쟁적인 욕구를 성과측정시스템에 통합하는 유용한 틀을 경영자들에게 제공하고자 성과

3. 경쟁 및 고객서비스지향

내부시장화[9]를 통한 정부내부의 경쟁을 강조한다. 그리고 경쟁을 통한 서비스 질의 향상을 의도하는 데 결국 고객을 향한, 고객을 위한 행정이라는 고객지향행정의 취지 등이 강조된다. 영국의 시민헌장 (서비스 제일주의), 캐나다와 미국의 서비스 기준제도 (customer service standard), ONE-STOP 서비스제도 등이 대표적인 예라고 볼 수 있다.

4. 비용가치의 증대

비용가치를 증대하기 위한 효과성과 생산성이 강조되고 시민을 납세자로 간주하기 때문에 목표달성도 이외에 비용이라는 측면이 강조되는 바, 이에 따라 사용자부담원칙, 서비스공급계약 등 민간기업의 가격경쟁원리의 도입이 강조된다.

5. 권한위임 · 융통성부여와 책임의 강화

정부관료제의 지나친 통제와 명령통일이 행정의 비효율을 낳게 하였다는 인식하에 조직과 관리자들에게 권한을 부여함으로써 혁신과 창의를 고취하고, 총괄 예산제도 등을 통하여 예산 범위내에서 목표를 성취할 수 있도록 현지기관에 융통성을 부여한다.[10]

평가도구인 균형성과표(Balanced Scorecard: BSC)를 개발하였다. BSC는 조직의 비전과 전략으로부터 도출된 성과지표의 조합으로서 조직에 전략적 방향을 알려주며 변화에 대한 동기를 부여하게 된다. BSC는 재무적 관점(Financial Perspective), 고객관점(Customer Perspective), 내부프로세스 관점(Internal Process Perspective), 학습 및 성장 관점(Learning and Growth Perspective)의 네가지 관점에서 종합적으로 성과평가하는 전략적 성과평가시스템이라고 할 수 있다.

9) 내부시장화(internal market)는 행정의 영역도 경쟁이라는 시장의 규칙에서 예외가 될 수 없다는 것이며, 그러한 경쟁은 행정조직내의 부서간 경쟁이나 조직간의 경쟁일 수도 있고, 행정조직과 민간조직간의 경쟁일 수도 있다는 의미이다.

10) 이외에도 조직관리체제의 효율성 측면에서 기능별 조직의 재편성, 행정조직의 재설계 등을 들 수 있고, 인사관리면에서는 인사권의 대폭적 위임, 개방형 임용제도의 도입, 성과급제 및 성과계약제의 도입 등이고, 예산운영면에서는 발생주의 회계제도(복식부기)의 도입, 효율성 배당(efficient dividend) 등 예산집행상의 신축성 부여 등이 강조된다. 최승호, 『통합행정학』, 문성출판사, 2000.

V. 신공공관리론의 한계

신공공관리론이 새로운 패러다임으로까지 인정되고 행정개혁 전략으로서 전 세계적인 각광을 받았음에도 불구하고, 신공공관리론은 다음과 같은 한계점을 가지고 있다.

첫째, 공공부문은 민간부문과 다르기 때문에 민간부문의 관리기법을 공공부문에 적용하는 것은 어려우며, 민주적 책임성과 기업가적 자율성 및 재량권간의 갈등으로 신공공관리론은 정부관료제의 효율성을 향상시키기는 곤란하며, 또한 신공공관리론은 행정의 다른 중요한 가치들과 상충관계에 놓일 가능성이 있다.[11]

둘째, 신공공관리론의 '고객중심의 논리'가 국민을 '단순히 행정 서비스를 싫어하고, 국민이 반대할 경우 관료가 행정서비스를 향상시켜줄 것을 기대하는 수동적인 존재'로 전락시킬 수 있다는 점이다.

셋째, 신공공관리란 민간관리기법을 도입하기 위한 것이지만, 정부는 법의 지배, 헌법적 제한, 정치적 통제 등의 측면에서 민간의 운영과는 근본적인 차이가 있다.

넷째, 내부시장, 성과측정, 감축관리 등이 공무원의 사기저하를 유발할 수 있다. 지나친 경쟁이 목표의 하향조정이나 조직의 긴장감을 유발하여 생산성을 저하시킬 우려도 있다.

다섯째, 외부의 전문가에 의한 행정운영은 제도정착의 비용이 유발된다. 즉, 행정적 관리능력이 부족한 외부 인사가 행정능력을 보유하는 것은 아니기 때문이다. 또한 비용과 정보부족 등을 고려할 때 외부의 전문가를 채용하는 것이 쉽지 않다.

공공조직의 효과성과 능률성을 향상시키기 위한 그 동안의 신공공관리에 관한 많은 연구들은 공공조직과 조직관리자들을 위해서 수많은 이론들과 관점들, 그리고 전략들을 제공하였다. 과거와는 달리 현대사회의 공공조직에 요구되고 있는 것은 공공조직만이 갖는 특수성인 공익성만이 아니라 업무수행의 결과에

11) 경영기법만을 강조하고 집행부의 능률성만을 강조할 때, 행정의 가외성, 민주성으로 인하여 정치적 통제가 어렵다는 점에서 경영과는 근본적인 차이가 있다.

따라서 민간기업의 경영성과도 포함된다. 공공자원의 감소와 정부조직을 능가하는 민간조직이 그 관리의 우수성 등으로 인해서 공공조직의 변화는 필연적이라고도 할 수 있다. 재정적자를 극복하고 효과적이며 능률적인 공공서비스의 생산과 공급을 위한 정부의 개혁은 계속되어야 한다.

우리 나라에 신공공관리론에 입각한 각종 민간관리기법 등을 도입함으로써 행정의 효율성 확보를 통한 국가 경쟁력 향상에 기여할 뿐만 아니라 공공부문의 경쟁을 유발시킴으로서 권위주의적이고 관존민비적인 행정문화를 타파하고, 재정적자를 감소시키고, 고객지향행정을 정착시킬 수 있다는 점에서 적절한 것으로 파악된다. 그러나 새로운 관리방식이 안정된 공직사회를 위협하거나 행정의 신뢰성을 저하시킴으로써 공무원의 사기를 실추시킬 수 있으며, 또 신공공관리론의 이념적 기반인 신자유주의는 사회적 안전망이 정비되지 못한 상황에서는 사회적 약자가 보호되지 못하는 한계가 있다.[12)]

12) 신공공관리론을 비판하면서 그 자리를 신공공서비스(new public service)로 대치되어야 한다는 주장이 대두되고 있다. 신공공서비스론은 행정의 역할이 시민에게 봉사 하는 데 있음을 강조한다. 신공공서비스론은 공익이란 공유하고 있는 가치에 대해 대화와 담론을 통해 얻은 결과물로 본다. 따라서 관료는 시민들이 담론을 통해 공유된 가치(shared value)를 표명하고 이와 함께 공익에 대한 집단적 의미로 발전시킬 수 있는 활동의 장을 만드는 데 기여해야 하는 것으로 본다(김태룡, 2007). 신공공서비스론은 시민적 담론과 공익에 기반을 두고 거기에 충실하게 통합된 행정을 처방하는 모형이라고 할 수 있다.

부 록

각종 고시(2차 시험) 행정학 기출문제

Ⅰ. 행정고등고시
Ⅱ. 외무고등고시
Ⅲ. 입법고등고시
Ⅳ. 지방고등고시

Ⅰ. 행정고등고시

◈1963년◈

1. 행정기구로서의 위원회제의 효과를 논평하라.
2. 인간관계론의 행정학상의 위치를 논하라.

◈1964년◈

1. 과학적관리법과 인간관계를 논하고 양자간의 관계에 언급하라.
2. 우리 나라의 중앙인사행정기관을 논하라.

◈1965년◈

1. 행정기구개혁의 의의를 논함.
2. 예산집행상의 신축성을 유지하기 위한 방법을 설명하라.

◈1966년◈

1. 우리 나라 행정이 요구하는 리더십의 역할과 유형을 설명하라.
2. 회계감사를 논하라.

◈1967년◈

1. 행정기획의 의의와 유형을 설명하고 기획상의 문제점을 언급함.
2. 우리 나라의 근무성적평정제도.

◈1968년◈

1. 공무원의 정치적 중립성.
2. 성과주의예산의 의의와 그 도입상의 문제점.

◈1969년◈

1. 우리 나라 관료제의 특징을 논함.
2. 독립규제위원회와 행정의 통일성을 논함.

◈1970년◈

1. 70년대 한국행정에 있어서 [능률과 민주주의]를 어떻게 조화시킬 것인가를 논하라.
2. 현대 한국행정이 요구하는 실적주의의 내용을 논함.

◈1970년◈

1. 현대 지방자치에 있어서의 중앙집권화를 논함.
2. 모집제도에 관하여 논함.

◈1971년◈

1. 공무원임용제도와 학력과의 관계를 논하라.
2. 공사제도를 논하라.

◈1972년◈

1. 행정학에 있어서 생태론적 연구방법을 논평하고 이 방법이 행정학에 미친 요인을 설명함.
2. 지방분권.

◈1972년◈

1. 의사결정에 있어서의 부하의 참가를 논함.
2. 품목별예산과 성과주의예산, 기획예산(PPBS)의 차이점을 들고 우리 나라에

있어서의 적용상의 문제점을 논함.

◈1973년◈

1. 사기(morale)의 결정요인과 앙양방안을 설명함.
2. 조직에 있어서의 갈등의 원인과 해결방법을 설명함.

◈1973년◈

1. 다음 중 일문을 택하여 논하라.
   (1) 행정의 지도이념
   (2) 중앙예산행정기관
2. 다음 단어를 설명하라.
   (1) 승진의 기준
   (2) 특별회계예산제도
   (3) 중앙집권의 장단점

◈1974년◈

1. 한국감사원의 지위와 기능을 설명하고 회계검사상의 문제점에 언급하라.
2. 다음을 설명하라.
   (1) 정치와 행정
   (2) 계층제의 장단점
   (3) 준예산
   (4) 담당관제도
   (5) 독립규제위원회의 기능

◈1974년◈

1. 우리 나라 발전에 있어서의 관료제의 역할을 논하고 그 쇄신방안에 언급하라.
2. (1) 의사결정의 이론모형
   (2) 행정능률화의 문제점

◈1975년◈

1. 서정쇄신을 행정의 자율적 통제의 측면에서 논하라.
2. (1) 체제분석(체계분석)
   (2) 직무평가

◈1975년◈

1. 정책결정(의사결정)의 합리성의 한계와 극복방안.
2. 한국의 행정을 개방체계라 정의하고 성인의 가치관변화를 통한 행정개선방안을 논하라.

◈1976년◈

1. 공직분류형을 설명하고 직위분류제의 한국에의 도입상의 문제점.
2. 다음을 설명함.
   (1) Theory Y
   (2) 사업집행중 발생한 예산부족의 해결방안

◈1977년◈

1. 행정책임의 본질과 그 실현방안.
2. 다음에 관하여 설명함.
   (1) 공무원의 적정보수액의 결정기준
   (2) 행정개혁의 접근방안

◈1977년◈

1. [예산과정은 정치과정]이라는 말이 있다. 이를 예산의 편성 심의 예산제도의 개혁이라는 관점에서 논평함.
2. 다음을 설명함.
   (1) 행정의 생산성의 의의 및 제고방안
   (2) 과학적 관리법과 인간관계론의 상관관계

◈1978년◈

1. 행정이념의 변천에 따른 인사행정기관의 개혁.
2. 다음을 설명함.
   (1) 목표관리(MBO)
   (2) 행정조정
   (3) 공무원의 충성

◈1979년◈

1. 한국에 있어서의 신집권화의 요인.
2. 다음을 설명함.
   (1) 관료제와 민주제.
   (2) 직업공무원제의 확립방안

◈1980년◈

1. 한국행정에 있어 기획의 중요성 및 문제성을 논함.
2. (1) 조직과 인간관
   (2) 예산의 기능

◈1981년◈

1. 우리 나라의 국가발전과정에서 행정(정부관료)의 역할을 평가하고 앞으로의 발전적 개선방향에 대해 언급하라.
2. (1) 인사제도의 개방형과 폐쇄형
   (2) 사회적 능률(social efficiency)
   (3) 예산의 신축성을 유지하기 위한 수단

◈1982년◈

1. 행정통제에 대한 시민의 기능을 평가함.
2. (1) 조직에서의 개방체제
   (2) PPBS와 ZBB와의 비교

◈1983년◈

1. 행정내부운영의 민주화방안을 논하라.
2. (1) 예산의 고전적 원칙의 한계성
   (2) 동기부여에 있어서 A.H. Maslow와 V.H. Vroom의 이론 비교

◈1984년◈

1. 한국의 행정개혁의 당면과제를 논하라.
2. 다음을 약술하라.
   (1) 공무원의 기본권과 정치적 중립의 관계
   (2) 교육훈련수요조사
   (3) 공기업의 공익성과 기업성

◈1985년◈

1. 비교행정론적 측면에서 본 한국행정체제의 특징을 논하라.
2. 다음을 약술하라.
   (1) 직업공무원제의 확립방안
   (2) 예산의 기획기능과 관리기능

◈1986년◈

1. 행정의 인간화방안을 논하라.
2. 다음을 약술하라.
   (1) 일반행정가와 전문행정가
   (2) 예산결산위원회

◈1987년◈

1. 우리 나라의 사회변동이 행정이념과 구조에 미치는 영향을 논하라.
2. (1) 공무원의 능력발전방안
   (2) 행정에 있어서 의사전달저해요인

◈1988년◈

1. 행정의 민주화를 위한 탈관료제화의 전략을 논하라.
2. 다음을 약술하라.
   (1) 주민참여의 효용과 한계
   (2) 예산불성립시의 예산집행제도

◈1989년◈

1. 행정상 집권과 분권의 관계를 논하라.
2. 다음을 약술하라.
   (1) 환경과 행정구조와의 관계
   (2) 행정개혁에 대한 저항원인과 대처방안

◈1990년◈

1. 개방화시대의 공무원의 행동규범을 논하라.
2. 다음을 약술하라.
   (1) 공기업의 의의와 문제점
   (2) 예산제도의 변천

◈1991년◈

1. 예산과 정치의 관계를 논하라.
2. 다음을 약술하라.
   (1) 애드호크러시(adhocracy)적 조직구조
   (2) Ombudsman 제도

◈1992년◈

1. 민주적 분권화시대에 있어서 정부조직구조와 기획기능의 변화방향을 논하라.
2. 다음을 약술하라.
   (1) 공무원승진제도에 있어서 쟁점사항
   (2) 행정의 효율성의 평가준거

◈1993년◈

1. 우리 정부가 큰 정부(또는 작은 정부)인가에 대한 입장과 근거를 제시하고 그에 대한 원인, 문제점, 그리고 개선방안에 관해 논하라.
2. (1) 대표관료제
   (2) 민중통제

◈1994년◈

1. 국제화시대에 있어서 국가경쟁력제고를 위한 행정개혁의 논리와 전략을 논하시오.
2. (1) 행정의 반응성(responsiveness)
   (2) 예산배정의 합리적 기준

◈1995년◈

1. 지방정부 내에서 선거직인 자치단체장과 전문관료직인 직업공무원간의 갈등과 역할배분 문제에 대하여 논하시오.
2. (1) 과학적 관리법과 인간관계론의 관계
   (2) 행정서비스 민영화의 필요성과 한계

◈1996년◈

1. 환경변화에 효율적으로 대응하기 위한 행정리더십을 논하라.
2. 다음을 약술하라.
   (1) 근무성적평정의 객관성 확보방안
   (2) 우리나라 예산편성상의 문제점과 개선방안

◈1997년◈

1. 최근 우리나라에서는 정부기능을 대폭 축소해야 한다는 주장이 있는 반면

확대해야 한다는 주장도 있다. 이 두 측면과 관련하여 정부기능의 축소와 확대에 대한 이론적인 배경을 제시하고, 우리의 경우 왜 정부기능의 축소가 잘 이루어지지 않는지를 논의한 후 앞으로 정부기능 중에서 특별히 강조되어야 할 분야에 대하여 언급하라.

2. 다음을 약술하라.
   (1) 예산의 정치적 성격
   (2) 공행정과 사행정(경영)의 차이

◈1998년◈

1. 한국에서 책임행정의 확보가 미흡한 이유를 설명하고 행정책임을 강화하기 위한 방안을 논하라.
2. 관료제가 민주주의에 공헌한다는 주장과 저해한다는 주장을 설명하고 바람직한 관계 정립 방안을 논하라.
3. 행정개혁의 점진적 전략을 주장하는 논거와 한계를 설명하라.

◈1999년◈

1. 정보통신기술의 괄목할 만한 발전과 지식정보화 사회의 도래는 행정에 다양한 충격을 주고 있다. 우리 사회의 지식정보화가 가속화됨에 따른 행정수요의 변화와 그것이 정부조직에 미치는 영향을 전망하고 이러한 변화에 효과적으로 대처하는데 필요한 공무원의 능력과 이에 상응하는 행정조직의 개편방향을 논하시오.(40점)
2. 공무원의 보수는 직무급과 성과급을 중심으로 구성되는 것이 바람직함에도 불구하고 그동안 우리 공무원의 보수는 여러 가지 여건의 미비로 연공급(근속급)과 생활급 위주로 구성되어 있다. 최근 여러 가지 인사행정개혁의 일환으로 공무원 보수개혁이 시도되고 있는 점을 고려하여 직무급과 성과급의 개념을 비교, 설명하고 그 도입을 위한 제도적 요건과 우리 공무원 보수체계의 재설계 방향을 논하시오(40점)
3. 1980년대 이후 우리나라 정부규모도 성장하였지만 정부출연기관은 훨씬 더 증가하였다고 한다. 이와 같은 정부출연기관의 확대요인을 설명하고 그 합리적인 개혁방안을 제시히시오.(20점)

◈2000년◈

1. 변화와 경쟁의 시대에 국가, 사회의 발전을 위한 바람직한 행정조직시스템의 모양(형태)과 그러한 시스템의 정착을 위한 과제(예를 들면 SELF-LEADERSHIP 문제, 경영마인드의 도입 등)에 대하여 논하시오.(40점)
2. 외환 경제 위기 이후 신공공관리론 도입 논의가 활발하다. 긍정적인 견해도 있고, 부정적인 견해도 있다.
   (1) 우리 정부의 행정현실과 구조에 비추어 신공공관리 위주의 행정개혁이 초래하는 문제점에 대하여 약술하시오.
   (2) 신공공관리 위주의 행정개혁이 초래하는 공무원의 사기저하요인(10점)을 기술하고 사기진작방안(10점)을 제시하시오.
3. 1990년대 이후 발생주의 회계원칙을 도입하는 국가, 조직이 늘고 있다.

(1) Hoover위원회의 권고에 따라 1950년대 미연방정부가 도입한 성과주의 예산제도와 1990대 들어 선진국들을 중심으로 확산되고있는 성과(결과)중심 예산제도의 가장 큰 차이점을 약술하시오. (7점)

(2) 성과(결과)중심 예산제도가 지향하는 "성과"의 개념에 대해 약술하시오. (7점)

(3) 현금주의 회계기준을 발생주의 회계기준으로 전환하는 논거를 2가지만 제시 하시오. (8점)

(4) 발생주의 회계기준을 정부부문에 도입할 경우 문제점 1가지만 제시하시오. (8점)

◈2001년◈

1. 행정학 발달 초기에 대두한 원리주의 행정이론의 주요내용과 이에 대한 H. A. Simon의 비판을 설명하고, 이른바 행태론적 접근방법의 한계를 언급하시오. (50점)
2. 다음을 약술하시오.
   (1) 공무원 정년제도의 의의와 문제점 (25점)
   (2) 우리 나라 공공기금제도의 문제점과 개선방안 (25점)

◈2002년◈

1. 환경변화는 끊임없는 행정기능의 변화를 요구한다. 하지만 행정개혁을 통한 행정시스템 및 기능의 변화는 많은 사회적 비용을 요구하기도 한다. 이러한 점에 비추어 우리 나라 행정개혁의 전반적인 문제점을 검토한 후, 행정개혁을 효과적으로 추진하기 위한 바람직한 제도적 방안에 대하여 논하시오. (50점)
2. 우리나라 예산과정의 효율성과 책임성 제고방안에 대하여 논하시오. (25점)
3. 비정부조직(NGO)의 역할이 사회의 각 분야에서 활성화되고 있다. 비정부조직이 오늘날 우리 사회에서 적극적인 활동을 벌이게 된 배경과 역할 및 향후 정부와 비정부조직의 바람직한 관계에 대하여 설명하시오. (25점)

◈2003년◈

1. 다원화된 사회에서 공익과 사익(개별이익)은 서로 일치하기도 하지만 충돌하기도 한다. 예컨대 기업가 집단과 노동자 집단의 이해대립, 의사집단과 약사집단의 이해대립, 지역과 지역간의 이해대립 등으로 인해 사회적 갈등이 심화되기도 한다. 이와 관련하여 다음 문제에 대해 답하시오. (총50점)
   (1) 공익이란 무엇인가를 정의하고 공익의 기능을 설명하시오. (15점)
   (2) 공익과 사익의 관계를 논평하시오. (15점)
   (3) 과정설의 입장에서 볼 때, 다양한 개별이익들 가운데에서 공익이 형성되는 방식을 설명하시오. (10점)
   (4) 정부의 중재가 실패하여 중재안이 수용되지 못할 때, 정부가 공권력을 행사하는 것이 개인주의에 입각한 오늘날의 민주정부에서도 정당한가를 논평하시오. (10점)
2. 특정국가의 정부기능은 행정수요와 행정의 공급에 크게 의존하게 된다.

오늘날 행정체제는 사회적, 경제적, 정치적 환경과 밀접하게 상호교호작용을 하는 개방체제로 인식되고 있다. 문명사적인 관점에서 볼 때 사회의 발전단계는 농업사회, 산업사회, 정보사회로 구분된다. 이와 관련하여 현재 우리나라는 사회발전 단계의 어느 단계에 속해 있는가를 진단하고, 주된 행정수요의 내용을 제시한 후 이에 따른 정부의 바람직한 역할과 기능을 기술하시오. (25점)

3. 우리나라 정부에서 실시 중인 책임운영기관(Executive Agency)을 설명하고 바람직한 발전방향을 제시하시오. (25점)

◈2004년◈

1. 참여정부의 출범과 더불어 정부개혁의 청사진으로 생산적인 정부, 투명한 정부, 그리고 사회구성원들의 신뢰를 제고시키는 정부가 제시되고 있다. 이는 과거 산업화시대의 중앙집권적인 능률성이 중요시되던 행정이념과는 사뭇 다른 현대 행정이념적 가치들이 강조되고 있는 것을 의미한다. 또한, 최근 행정학에서 각광받고 있는 뉴거버넌스(new governance) 이론도 단순한 형태의 국가(정부)중심의 효율성보다는, 국가(정부)-시장(기업)-시민사회(NGO)의 세 주체가 보다 수평적이면서도 유기적인 네트워크 관계가 될 것을 강조하고 있다. (총40점)
   (1) 위에서 제시된 정부개혁 청사진의 관점에서 현대 행정이념의 우선순위를 논하고, 이것이 뉴거버넌스 이론과 어떻게 연계되어 있는지를 언급하시오. (20점)
   (2) 위에서 제시된 정부개혁 청사(생산적인 정부, 투명한 정부, 신뢰를 제고시키는 정부)을 나누어서 설명하고, 이를 실현하기 위한 구체적인 행정수단들을 제시하시오. (20점)
2. 엽관제는 실적제와 함께 공직임용 제도로 시해되고 있으나, 행정의 효율적 운용에 있어 긍정적 효과와 부정적 효과를 동시에 가져다 주고 있다. (총30점)
   (1) 엽관제의 폐해로 인해 실적제가 채택되었던 미국의 정치 및 사회적 배경과 과정에 대해 설명하시오. (10점)
   (2) 한국과 같은 대통령 중심제하에서 엽관제 임용이 행정의 효율적 운용에 대해 가져다 주는 긍정적 효과와 부정적 효과에 대해 설명하시오. (20점)
3. 현대 지식정보사회의 정부조직 관리자에게 요구되는 리더십행태를 제시하시오. (30점)

◈2005년◈

1. 우리나라 행정혁신의 성공요인과 실패요인을 사례를 들어 논하시오. (50점)
2. NGO(non-governmental organization)에 의한 행정통제의 의의와 한계에 대하여 설명하시오. (30점)
3. 현금주의와 발생주의 회계주의 회계제도를 비교하여 설명하시오. (20점)

◈2006년◈

1. 우리 나라의 행정개혁 과정에서 시장 지향적인 개혁 모형과 비정부기구(NGO)가 끼친 영향은 크다. 이에 따라 행정개혁 모형으로서 시장 지향적인 개혁방식이 지니는 장단점에 대한 논란과 개혁과정에 참여하게 된 비정부기구(NGO)의 역할에 대한 논쟁이 제기되고 있다. (총 50점)
   (1) 시장 지향적 행정개혁이 지닐 수 있는 한계점에 대해 설명하시오. (10점)
   (2) 우리 나라의 행정개혁 과정에서 비정부기구(NGO)의 참여에 따른 긍정적 측면과 부정적 측면에 관해 설명하시오. (20점)
   (3) 우리 나라의 행정개혁이 의도한 효과를 달성하는데 있어, 비정부기구(NGO)의 바람직한 역할에 대해 설명하시오. (20점)
2. 우리 나라 정부조직에서 팀(team)제가 도입되게 된 배경을 기술하고, 팀(team)제가 정착하는데 필요한 성과평가의 합리성 제고 방안에 대해 설명하시오. (30점)
3. 예산집행에 있어서 신축성 확보가 중요한 이유와 신축성 확보를 위한 제도적 장치에 대해 설명하시오. (20점)

◈2007년◈

1. 다음은 미국의 정부개혁에 관한 보고서 일부를 발췌하여 재구성한 것이다. 아래의 물음에 답하시오.

   정부는 본질적으로 낭비적인 것인가? 절대 그렇지 않다. 정부는 무능한 공무원들로만 채워져있는가? 그렇지않다. 문제는 더 심각한 곳에 있다. 문제는 이 시대에 더 이상 존재하지도 않는 환경에 적합하도록 고안된 정부조직을 가지고 있다는 것이다. 또한 정부조직이 너무 비대하고 낭비가 심해 더 이상 국민들에게 봉사할 수 있는 조직이 되지 못한다는 것이다.

   지금까지의 정부조직은 덩치가 크고 상의하달식 의사소통 구조와 집권적 의사결정 구조를 특징으로 하고 있다. 업무는 세분화되고, 책임과 역할이 분명하게 규정되어 있다. 이렇게 표준화된 업무수행방식이나 수직적인 명령체계 아래에서 조직은 안정적이긴 하지만 경직적이고 업무처리가 지연될 수 밖에 없다. 오늘날과 같이 급격히 변화하는 환경과 고도의 정보기술 그리고 국제경쟁의 심화, 나아가 국민의 요구가 복잡 다양화 되어가는 시대에 이러한 정부조직은 더 이상 적응하지 못할 것이다.

   (1) 위의 정부조직개혁의 주장에 대한 본인의 의견을 찬성과 반대 중 택일하고, 그 논거를 제시하시오.
   (2) 위 1)에서 본인이 선택한 입장에서 우리나라 정부조직개편을 위한 방향 및 구체적인 대안들을 사례를 들어 제시하시오.
2. 예산단일의 원칙에도 불구하고 우리나라에서는 일반회계뿐만 아니라 특별회계와 기금제도 등을 채택하고 있다. 일반회계, 특별회계 및 기금의 개념과 필요성을 각각 설명하고, 이들을 예산운영의 효율성과 투명성 및 규모

의 적정성을 기준으로 비교평가 하시오.

3. 우리나라 순환보직제의 문제점과 개선방안을 제시하시오.

◈2008년◈

1. 행정이념들은 서로 조화를 이루기도 하고, 때로는 갈등을 일으키기도 한다. 이와 관련하여 다음의 물음에 답하시오.
   (1) 합법성과 민주성의 의미를 설명하시오.
   (2) 구체적인 사례를 통하여 합법성과 민주성의 조화 관계를 설명하시오.
   (3) 구체적인 사례를 통하여 합법성과 민주성의 갈등 관계를 설명하고, 그 사례에 대한 갈등 해소방안을 제시하시오.
2. 우리나라에서는『공무원의노동조합설립및운영등에관한법률』이 2005년에 제정되었다. 공무원 노동조합이 점차적으로 활성화되면 국민들의 관심이 더욱 커질 것으로 보인다. 다음의 물음에 답하시오.
   (1) 공무원노동조합의 개념과 기능을 설명하시오.
   (2) 공무원노동조합의 활동을 제한할 수 있는 근거들을 제시하시오.
   (3) 공무원노동조합의 정치적 중립성에 대해 논하시오.
3. 신공공관리(NPM)이론은 공공부문의 능률성과 효과성을 제고하기 위한 방안 중 하나로 정보통신기술(ICT)의 도입을 강조하고 있다. 업무재설계(BPR : Business Process Reengineering)과정에 정보통신기술의 활용이 미치는 영향에 대해 설명하시오.

◈2009년◈

1. 다음 지문을 읽고 물음에 답하시오.

지문1

'작은 정부'의 정책기조도 유지돼 올해 국가공무원 정원은 지난해 말 60만 7,628명 수준으로 동결된다. 하지만 중앙정부 기능에 대한 '아웃소싱' 형태인 법인화와 지방이양이 이루어질 경우 국가공무원 정원은 상당 부분 줄어들 수 있다. …우선 ○○의료원, ○○병원, ○○청 등을 법인화 우선추진 대상기관으로 선정했고, ○○부 산하 ○○본부와 ○○대학교 등에 대해서도 법인화 추진방안을 논의하기로 했다.

-○○신문, 2009. 1. 21. -

지문2

최근에 중앙정부와 각 지방자치단체가 도입하고 있는 균형성과관리제도(BSC)는 기존 성과평가 방식에서 벗어나 고객관점 등 비재무적 활동을 평가한다는 점에서 새로운 평가시스템으로 주목되고 있다. 특히 지방자치단체의 체계적인 성과관리를 위해서는 '성과'와 '과제'를 통합 관리하는 시스템이 필요하다는 의견이 제시됐다. …○○시는 통합 성과관리시스템을 통해 조직의 발전전략과 성과지표를 개발하고 부서 및 개인별로 목표를 설정한 뒤 달성정도를 체계적으로 관리하고 평가해 인사와 성과급

지급에 반영할 계획이다.

-○○신문, 2009. 2. 5. -

(1) 신공공관리론의 관점에서 위 두 지문의 사례가 갖는 공통점과 차이점을 논하시오.

(2) 위 두 지문에서 제시된 행정개혁 사례의 적실성과 한계에 관하여 다음 주장에 유의하면서 논하시오. "2008년이후 세계적인 금융 및 경제위기로 인해 사회과학 전반 그리고 행정학에서도 정부와 시장의 역할 및 가치가 새롭게 조명되고 있다."

2. 정부 예산의 기능이 변하면 이를 수행하는 데 적합한 새로운 예산제도가 등장하였다. 예산의 기능과 예산제도의 변화와 관련하여 다음 질문에 답하시오.

(1) 예산이 수행하는 통제, 관리, 계획, 감축 기능 등을 중심으로 정부예산제도의 발전과정을 설명하시오.

(2) 각 예산제도를 통해 특정의 예산 기능이 어떻게 수행되고 있는가를 예산편성방식을 중심으로 설명하시오.

3. 오늘날 인사행정에서 강조되고 있는 '전략적 인적자원관리(Strategic Human Resource Management)'에 관한 다음 질문에 답하시오.

(1) 현대 인사행정의 패러다임 변화에 근거한 '전략적 인적자원관리'의 의의와 특징을 설명하시오

(2) '전략적 인적자원관리'의 개념이 인사행정의 하위 활동과정(인적자원의 확보, 개발, 활용, 평가, 보상 등)에 적용된 대표적인 제도 또는 사례를 통해 '전략적 인적자원관리'의 적실성과 한계를 논하시오.

◈2010년◈

1. 최근 사회적 이슈를 둘러싼 정책갈등이 빈번해지면서 공공갈등관리가 시급한 사회적 과제로 대두되고 있다.

(1) 공공정책으로 인해 발생할 수 있는 정책갈등의 원인을 구체적 사례를 들어 정책의제설정단계, 정책결정단계, 정책집행단계별로 설명하시오.

(2) 정책갈등을 해소할 수 있는 방안을 다양한 정책행위자들(Policy actors)의 정책참여양태와 관련하여 제시하시오.

2. 최근 일부 지방자치단체에서 '주민참여예산제도'를 채택하고 있다. 주민참여예산제도의 필요성을 '사회적 자본(social capital)'의 관점에서 논하고, 이 제도의 성공적인 정착방안을 제시하시오.

3. '정보의 비대칭(information asymmetry)'이 초래한 행정부패의 구체적 사례를 제시하고 그 극복방안을 서술하시오.

◈2011년◈

1. 다음 지문을 읽고 물음에 답하시오.

지문1

양극화문제는 우리만이 아니라 세계경제의 공통된 현안이다. 세계화와 사회정책의 후퇴로 다시 불안의 시대가 다가온다는 경고가 제기되고, 세계경

제가 미세조정을 넘어 근본적인 재검토에 들어갔다는 진단이 나오는 것도 이 때문이다. 이런데도 여전히 시장에 맡기기만 하면 만사형통이라는 낡은 언설이 우리 경제담론을 지배한다는 비판도 있다. 낡은 패러다임으로 새로운 경제틀을 짤 수 없는 것이다. 정부와 시장이 변화한 상황을 정확하게 읽고 새로운 발상을 하지 않으면 안 된다. 성장과 복지를 양자택일의 문제로 보는 것은 20세기적 사고일 뿐이다. 지금 세계가 고민하는 것은 성장(효율)과 안정(형평)의 조화이고, 그를 위한 다양한 실험들이 전개되고 있다.

지문2

공공성의 본질은 전체사회를 위해 손해나거나 돈벌이가 되지 않는 일을 감당하고, 사회 약자의 편에 서며, 불특정 다수의 이익을 생각하고, 장래의 이익을 위해 현재의 이익을 희생하는 자세라고 할 수 있다. 이러한 공공성이 견고하게 터전을 닦고 자리를 잡을 때에 시장의 논리가 활성화될 수 있는 것이다.

(1) 위의 두 지문을 활용하여 최근 공공성에 대한 관심이 높아지고 있는 배경을 설명하고, 공공성 제고를 위해 적극적으로 추구해야 할 행정이념과 가치를 제시하시오.
(2) 효율성과 공공성이 충돌하는 구체적인 정책사례를 선정하여 이 양자 간의 갈등을 해결하기 위한 전략을 제시하시오.

2. 최근 정부관료제에 의한 독점적 공공서비스 공급방식의 한계를 극복하기 위한 새로운 공급방식이 도입되고 있다. 그 대표적 사례로 민영화, 민간위탁, 공동생산, 공사협력(public-private partnership)등이 있다.
(1) 최근 정부가 공공서비스 공급방식을 다원화하고 있는 배경과 목적을 구체적으로 설명하시오.
(2) 새로운 공공서비스 공급방식이 도입되면, 공공서비스 공급을 위한 정부(공공)부문과 민간부문 간 역할분담체계가 변하게 된다. 현재 우리나라에서 활용되고 있는 수익형 민자사업(BTO)과 임대형 민자사업(BTL)을 대상으로 정부(공공)부문과 민간부문의 역할분담체계를 비교하고, 그 차이점을 설명하시오.
(3) 공공서비스 공급방식의 다원화에 따른 책임성 확보 방안을, 위에서 예시한 새로운 공공서비스 공급방식 중 하나를 선택하여 이를 중심으로 제시하시오.

3. 정부혁신에서는 조직구조 차원의 변화외에도 권위주의 조직문화의 개선을 강조하고 있다. 이와 관련하여 인사행정 분야에서는 학습동아리, 역량기반 교육훈련 등의 교육훈련제도를 활용해 왔다.
(1) 정부 내에서 권위주의 조직문화를 초래하는 요인을 인사행정의 맥락에서 설명하시오.
(2) 위에 제시된 교육훈련제도가 조직문화 개선에 미치는 영향을 설명하시오.

◈2012년◈

1. 행정학에서 지배적이었던 관료제적 패러다임이 정부 실패(government failure)의 주된 원인으로 간주됨에 따라, 1970년대 후반부터 이를 극복하기 위한 대안적 패러다임들이 등장하기 시작했다. 예컨대, 신공공관리론(new public management theory)과 신공공서비스론(new public service theory) 등이 그것이라 할 수 있다.
   (1) 기존 관료제적 패러다임에 가해진 비판에 대해 기술하시오.
   (2) 신공공관리론적 패러다임이 한국 행정에 끼친 영향에 대해 설명하시오.
   (3) 신공공서비스론적 관섬에서 한국 행정의 개혁방향을 논하시오.
2. 민주성과 형평성을 추구하는 대표관료제는 실천 사례가 많지만, 그에 대한 반대 논리 및 주장도 상당한 편이다. 대표관료제의 의미와 이에 따른 '역차별'의 쟁점을 서술하고, 이를 완화시킬 수 있는 대안을 제시하시오. 단, 논의과정에서 다음 두 사례를 반드시 포함하시오.

   〈사례〉
   ■ 우리나라의 지역인재 추천 채용제 또는 중증장애인 경력경쟁채용시험
   ■ 미국의 로스쿨(law school) 입학전형에서 소수계 인종에 대한 혜택
3. 한국 재무행정의 개혁은 예산제도의 투명성과 건전성을 강화하는데 초점을 두어왔다.
   (1) 예산제도의 건전성과 투명성을 설명하시오.
   (2) 예산제도의 건전성을 확보하기 위해 도입한 통합재정의 의미와 기본구조를 설명하시오.

Ⅱ. 외무고등고시

◈1968년◈

1. 국가발전을 위한 현대행정의 역할을 논하라.
2. 직업외무공무원(career diplomat)의 자격요건을 논하라.

◈1969년◈

1. 정치 행정관계의 변천을 논함.
2. 계선과 참모(막료)의 관계를 논함.

◈1970년◈

1. 예산과 기획의 관계를 논하라.
2. 행정책임의 보장을 논하라.

◈1971년◈

1. 행정기획의 한계 및 애로를 설명하라.
2. 다음을 약술하라.
   (1) 조정의 원리
   (2) 하의상달

◈1972년◈

1. 행정의 정책결정을 논하라.
2. 예산분류를 설명하고 그 변천과정을 논하라.

◈1973년◈

1. 행정국가의 특징을 논하라.
2. 행정 PR의 본질을 논함.

◈1974년◈

1. 행정통제
2. 다음을 간단히 설명함.
   (1) 예산의 이월
   (2) 행정의 목적
   (3) 시보제도
   (4) 프리즘사회
   (5) 효과성

◈1975년◈

1. 조직의 환경에 관하여 논함.
2. 다음을 설명함.
   (1) leadership
   (2) 국민의 행정참여
   (3) 제안제도
   (4) 예산의 긴급배정
   (5) 직위해제

◈1976년◈

1. 행정조직상의 계층제.
2. 정책결정의 이론과 모형을 설명하고 우리 나라 행정결정에서 점증모형이 적용되는지의 여부

◈1977년◈

1. 한국의 근대화와 행정기능의 변화
2. 다음을 설명함.
   (1) 외무행정과 국내행정과의 관계
   (2) 정책결정과 이익단체의 역할

◈1978년◈

1. 자원의 합리적 배정과 기획의 관계를 논하고 기획의 일반적 절차와 각 단계에 있어서의 제약점.
2. 다음을 설명함.
   (1) 정책결정과정의 참여자
   (2) 현대행정에 있어서의 민주성과 능

률성

◈1979년◈

1. 행정사무의 재분배
2. 다음을 설명함.
   (1) 조직의 목표
   (2) 사회지표

◈1980년◈

1. 공무원의 정치적 중립과 우리 나라에서의 문제점과 방향
2. 다음을 설명함.
   (1) 재외공관장과 해외주재관의 관계
   (2) 담당관제
   (3) 예비비

◈1981년◈

1. 행정통제
2. 다음을 설명함.
   (1) 자본예산
   (2) 공 사
   (3) 독립규제위원회

◈1982년◈

1. 조직의 목표와 개인의 목표간의 관계를 설명함.
2. 다음을 설명함.
   (1) 행정책임의 본질
   (2) 위원회제

◈1983년◈

1. 행정에 있어서 공익문제를 설명하라.
2. (1) 합리적 의사결정모형의 한계점
   (2) 계급정년제의 득실

◈1984년◈

1. 행정학사에 있어 정치와 행정의 관계를 설명하고, 우리 나라의 경우에 대하여 논평하라.
2. (1) 행정의 생산성
   (2) 근무성적평정제도의 용도
   (3) 특별회계의 장 단점

◈1985년◈

1. 공직의 윤리체계를 논하라.
2. (1) 복지행정과 사회형평
   (2) 예산과정의 정치적 성격

◈1986년◈

1. 현대국가에서의 행정집권화현상과 행정통제와의 관계를 논하라.
2. (1) 정책결정상의 혼합모형
   (2) 직위분류제

◈1987년◈

1. 행정의 신뢰성을 논하라.
2. (1) 행정학에 있어서의 체제적 접근방법
   (2) 공무원단체의 순기능

◈1988년◈

1. 국제화시대를 맞이하여 외교공무원의 능력발전을 논함.
2. (1) 외교관료제의 역기능
   (2) 외교정책결정과정에 있어서 비밀성과 공개성

◈1989년◈

1. 공무원의 사기를 정의하고 그 앙양방안을 제시하라.

2. 다음을 약술하라.
   (1) 관료제의 문제점
   (2) 기획과 예산과의 관계

◈1990년◈

1. Weber의 근대적 관료제와 그 수정이론에 대해 논하라.
2. 다음을 약술하라.
   (1) 공직자윤리
   (2) 영기준예산제도

◈1991년◈

1. 국제화 정보화 시대에 있어서 행정의 능률성 극대화방안을 논하라.
2. 다음을 약술하라.
   (1) 감축관리
   (2) 행정의 형평성

◈1992년◈

1. 공무원의 정치적 중립이 갖는 의의와 그 확립요건을 논하라.
2. (1) 행정위원회
   (2) 특별회계제도

◈1993년◈

1. 신행정론의 특성과 문제점을 논하라.
2. (1) Maslow의 욕구단계론
   (2) 행정결정과정에서의 참여자

◈1994년◈

1. 공무원윤리의 개념, 의의 및 확립방안
2. (1) 직업공무원제
   (2) 행정부서간의 갈등요인

◈1997년◈

1. 민선에 의하여 선출된 정부수반이 행정관료제를 잘 통제하여 행정환경변화에 대처하고 정부관료들의 전문성을 제고하여야 할 시점이다. 민주성과 전문성(정치와 행정)의 상충된 요구를 잘 소화시키고, 각각에 대한 대응방안을 논하시오.
2. 다음을 약술하시오.
   (1) 정부기능의 민간위탁
   (2) 한국인사행정에 있어 개방형 공무원제도와 폐쇄형 공무원제도의 장점과 그 활용방안

◈1998년◈

1. 최근 외환위기에 대한 정책으로 추진되고 있는 '노사정합의'가 정착되기 위한 조건은 무엇이며, 이 합의가 달성될 경우 한국의 노사정관계와 노동시장구조는 어떤 방향으로 변화될 것인지 논하시오.
2. 우리 나라의 산업화에 긍정적 영향을 끼친 전통적 요소를 약술하시오
3. 사회문제의 하나인 '노인문제'의 발생원인을 교환이론의 입장에서 조명해 보시오.

◈1999년◈

1. Team제적 조직구조의 대두배경, 전통적 관료제 조직과의 차이점을 설명하시고, 그 문제점을 논하시오. (40점)
2. OECD가 추진하는「반부패규약」가입과 더불어 부패가 국제적 관심사가 되는 이유와「부패」는 계속되고 있는데(한국의 부패지수가 OECD국가 중 최하위권임) 그 이유와 해결방안을 설

명하시오. (30점)

3. 국제화, 지방화와 더불어 지방과 지방간 국제협력의 사례를 들어 설명하고, 장점과 단점을 설명하시오. (30점)

◈2000년◈

1. 환경변동에 따른 행동대응과제에 대해 논하라. (50점)
2. 인사에 있어서 성과측정방안. (25점)
3. 시장실패와 정부실패. (25점)

◈2001년◈

1. 최근 공공서비스 전달에 있어서 정부조직 이외에 준정부조직(QUANGO), 비정부조직(NGO)을 통한 방법들이 대두하고 있다. 다음 사항을 중심으로 논하라. (40점)
   (1) 준정부조직, 비정부조직의 의의, 기능, 한계
   (2) 정부조직과 준정부조직 및 비정부조직간의 기능분배시 고려해야 할 기준
   (3) 우리나라 공공서비스 전달체계의 특징과 향후 전망
2. 국가공무원 총원제 하에서의 정부인력운용방안에 대해 논하라. (30점)
3. 품목별 예산제도의 문제점과 개선방안을 논하라. (30점)

◈2002년◈

1. 현 정부 들어 일정 직위에 대해 민간전문가의 계약임용이 실시되고 있다. 이러한 경향은 기존 관료사회에 새로운 활력을 불어 넣을 수 있다는 측면에서 환영하는 측면에서 환영하는 입장도 있으나 우려의 목소리도 있다. 이러한 개방형 임용제의 필요성과 기대효과, 문제점 및 그 해결방안을 논하시오. (50점)
2. 김대중 정부는 영국의 시민헌장(Citizen's Charter)제도를 모델로 하여 행정시비스 헌장제도를 채택・실시하고 있다. 이러한 시민헌장제도의 등장 배경과 특성, 그리고 외국 제도의 도입과 행정문화의 관계를 설명하시오. (30점)
3. 다음은 우리 정부가 수행하는 일상적 고유기능 또는 일시적 기능의 일부를 열거한 것이다.
   • Y2K 문제의 해결
   • 2002년 월드컵 축구대회 준비
   • 신도시 개발예정지구에 대한 부동산 투기 단속
   (1) 위에서 열거한 기능들을 수행하는데 공통적으로 적용되는 정부 조직구조의 방식을 제시하고, 그 이유를 설명하시오. (10점)
   (2) 위 (1)에서 제시한 조직구조가 지니는 장점과 한계를 각각 설명하시오. (10점)

◈2003년◈

1. '좋은 정부(Good Government)'를 실현하기 위해서는 정부 부처간 하드웨어(hardware)식 정부조직 개편뿐만 아니라, 정부부처 내에서 업무프로세서(process)를 재조정하는 기능형 중심의 소프트웨어(software)식 정부혁신도 중요하게 제기되고 있다. 두 접근법의 장단점을 비교하고, 현재 우리 정부가

지향해야 할 정부혁신의 비전과 전략에 대해서 논하시오. (50점)

2. 환경이 불확실하고 복잡해짐에 따라 국가의 정책결정과 관련된 행위자들 사이의 갈등도 커지는 경향이 있다. 정책결정과정에서 나타나는 갈등의 원인과 기능, 그리고 그 해결전략을 논하시오. (25점)

3. 현대 행정의 주요이념을 설명하고, 이들간 충돌이 생겼을 때 그 극복방안을 논하시오. (25점)

Ⅲ. 입법고등고시

◈1981년◈

1. 예산의 변천과정을 설명하고 최근의 동향을 논급하라.
2. 다음을 약술하라.
   (1) 행정개혁의 저항요인
   (2) 신행정론
   (3) 정책과학

◈1982년◈

1. 조직과 개인을 설명하라.
2. 제로 베이스 예산제도를 설명하고, 제로 베이스 예산제도와 일몰법의 관계에 언급하라.

◈1985년◈

1. 한국행정관리의 현황과 효율화를 논하라.
2. 정책결정과정을 체계적으로 기술하라.

◈1986. 4.◈

1. 행정의 민주화방안을 논하라.
2. 다음을 약술하라.
   (1) Weber의 가산관료제와 근대관료제를 비교하라.
   (2) 공무원의 적정보수결정기준과 그 근거를 설명하라.

◈1988. 10.◈

1. 현대 행정관리의 목표와 방향을 논하라.
2. 우리 나라에서 지방분권이 어려운 주요이유는?

◈1990년◈

1. 입법부에 의한 행정통제의 강화방안에 대하여 논하라.
2. 다음을 약술하라.
   (1) 한국의 자생집단의 특징
   (2) 한국의 직업공무원제 확립방안

◈1992년◈

1. 불확실성이 큰 환경에서 행정을 관리할 때에 "능률성"은 어떤 의미를 가지며 그것의 반대개념인 "가외성"은 어떻게 작용할 것인가에 대하여 논하라.
2. (1) 시장조직이론(market theory of organization)
   (2) 일몰예산(sunset law)

◈1994년◈

1. 행정개혁의 기본틀(모형)을 설정하고 이를 기준으로 최근 한국행정개혁을 평가하여 그 문제점과 개선방안을 제시하라.
2. (1) 직선단체장하의 중앙과 지방과의 관계
   (2) 우리나라 예산심의의 문제점

◈1995년◈

1. 국회(입법부)와 행정부의 관계에 영향을 주는 변수를 설명하고 한국에서 두 기관의 바람직한 관계를 논하시오.
2. (1) 시장실패와 정부실패에 관하여 논함.
   (2) 공무원의 정치적 중립

◈1996년◈

1. 공무원 임용상 대표성과 실적주의의 관계를 논하시오.
2. 약술형
   (1) 중앙정부의 지방자치단체에 대한 바람직한 통제범위
   (2) 우리나라 예산제도 개혁의 방안

◈1998년◈

1. 한국행정에 있어서 성과지향적 관리의 중요성과 한계에 대하여 언급하고, 활성화 방안을 논함.
2. (1) 행정의 민주화를 위한 이익집단의 순기능과 역기능
   (2) 입법통제의 전문성 확보방안

◈2001년◈

1. 개방형 임용제, 목표관리제, 성과급제의 개념, 장/단점을 설명하고, 직위분류제적 관점에서 개선방안을 논하시오. (50점)
2. 팀제의 의의와 운영상의 문제점을 설명하시오. (25점)
3. 예산결정이론으로서의 점증주의의 내용과 비판을 설명하시오. (25점)

◈2003년◈

1. 최근 국제투명성위원회(TI)가 발표한 연구결과에 의하면 한국 공직자의 부패문제는 우려할 수준에 이르고 있다고 합니다. 이와 관련하여 공직자의 윤리성과 신뢰성 회복을 위한 방안을 제시하시오.
2. (1) 정부나 사회에서 개혁적인 목표나 쇄신방안이 제시될 때에 행정내외에서는 저항이 야기되기 마련이다. 저항이 일어나는 원인을 제시해보고 이에 따른 대책을 약술하시오.
   (2) 예산배분의 경제원리와 정치원리를 설명하고 이 두 원리를 조정하는 방안을 약술하시오.

◈2004년◈

1. 김대중 정부는 신공공관리론에 입각하여 대대적인 행정개혁을 추진하였다. 이와 관련하여 다음 질문에 답하라. (60점)
   (1) 신공공관리 행정개혁의 이론적 배경을 설명하고, 한국적 적실성을 평가하라. (40점)
   (2) 신공공관리 행정개혁이 국회와 행정부의 관계에 미치는 영향을 성과주의 예산과 책임운영기관 제도를 중심으로 논하라. (20점)
2. 최근 들어 정책네트워크에 대한 관심이 높아지고 있다. 정책네트워크가 강조되는 이론적 배경을 설명하고, 그 적용가능성과 한계를 구체적 사례를 들어 논하라. (40점)

◈2005년◈

1. 적정 수준의 정부기능과 역할 및 다양한 공공서비스 전달방식을 시장의 실패, 정부의 실패 및 거버넌스(governance) 개념을 이용하여 논하시오. (50점)
2. (1) 참여정부 출범이후 계층제 형태의 관료조직의 한계를 보완하기 위해 부처 조직에 팀제를 도입하려는 움직임이 가시화되고 있다. 팀제

도입의 이론적 배경을 설명하고 참여정부의 정부혁신사례들을 들면서 예상되는 문제점과 성공적 도입방안에 대해 논해 보시오. (25점)

(2) 최근 성과감사(performance audit)에 대한 관심이 높아지고 있다. 성과감사에는 효율성감사(efficiency audit)와 효과성감사(effectiveness audit)가 있다. 성과감사란 무엇이며, 효율성감사와 효과성감사의 차이점은 무엇인가? 그리고 왜 이 두 가지 감사가 필요한가? (25점)

◈2006년◈

1. 베버리언 관료제(Weberian bureaucracy)의 한계를 극복하기 위해 시도된 대표적인 변화가 이른바 신공공관리와 정책네트워크/네트워크관리이다.
   (1) 베버리언 관료제의 장점과 한계를 설명하라. (20점)
   (2) 한국 행정의 발전을 위해서는 어떤 모형(혹은 모형들의 조합)이 바람직한가? (30점)
2. (1) 국회의 정책/행정 역량을 강화할 수 있는 제도적 장치에 대해 논하시오. (25점)
   (2) 참여정부 출범 이후 다양한 예산개혁(budget reform)이 추진되고 있다. 이러한 예산개혁의 의의와 한계를 논하시오. (25점)

◈2007년◈

1. 반기문 유엔 사무총장이 지난 1월 아프리카 연합(African Union) 회의에서 아프리카 국가들에게 한국의 발전경험을 배울 것을 제안한 것 등을 계기로 세계 각국에서 한국적 발전모형에 대한 관심이 증가하고 있다. 다음에 제시한 사회운영모델에 입각하여 소위 한국적 발전모형의 과거와 현재를 설명하고 다른 개발도상국에 대한 함의와 한계는 무엇인지 논의하시오.

[사회운영모델]

구 분	A 모델	B 모델
정책의제 형성	사회주도	관료주도
국가관	여러 세력들 간 갈등의 장	국가는 상대적으로 자율적임
선(good), 자원배분 원리	선험적으로 존재하지 않음, 공리주의	절대주의적 윤리, 국가가 권위적 자원배분
관료의 역할	사회 제 세력의 이익중재	공공선의 실현
정책공동체	개인중시	공동체 중시
행정의 주요 방법	공청회, 투표, 참여	지시, 확인, 계획, 강행
사회내 의사소통유형	상향식, 수평적	하향식
예	미국, 브라질	유럽제국, 사우디

2. (1) 2007년 1월부터 시행되고 있는 국가재정법은 재정운용의 효율성을 제고하고, 재정의 투명성을 제고하며, 재정의 건전성을 유지할 것을 목표로 하고 있다. 국가재정법 38조 등에서는 각 부처의 재정사업 중 사업비 500억원 이상인 공공건설사업 등에 대하여 기획예산처장관이 예비타당성조사를 실시하도록 규정하고 있다. 또한 기획예산

처장관은 국회가 요구하는 사업에 대하여는 예비타당성조사를 실시하여야 한다고 규정하고 있다. 위임자 - 대리인이론(principal agent problem)의 관점에서 이러한 예비타당성조사의 필요성을 입증하라.

(2) 정부는 사회적 정의의 실현이라는 명분 하에 각종 정책을 수립하여 특정산업의 진입장벽을 높이기도 한다. 예를 들면 정부조달사업에 여성기업인 혹은 중소기업에 유리한 조건을 제시하고 있다. 이러한 정책의 논거와 문제점을 지적하시오.

◈2008년◈

1. 시민/고객 중심의 행정을 구현하기 위하여 총체적 품질관리(Total Quality Management), 복지서비스 바우처(voucher)제도, 전자민원서비스 등 공공서비스의 품질 제고가 강조되고 있다.
   (1) 공공서비스의 특성을 기술하시오.
   (2) 서비스 품질관리의 이론을 설명하시오.
   (3) 공공서비스 품질 개선을 위한 제도에 대해 논하시오.
2. 다음은 국가재정법과 국가회계법의 결산관련 부분을 요약한 것이다.

   2007년 1월 1일부터 시행된 국가재정법은 각 중앙관서의 장이 회계연도마다 세입과 세출에 대한 결산보고서 등을 작성하여 제출하고, 이를 바탕으로 이루어진 결산은 일정한 절차를 거쳐 국회에 제출하도록 정하고 있다.

   2009년 1월 1일부터 시행토록 되어 있는 국가회계법은 국가의 재정활동에서 발생하는 경제적 거래 등을 발생사실에 따라 복식부기 방식으로 회계처리 하고, 중앙관서의 장과 기금관리주체는 회계연도마다 재무회계 방식의 결산을 수행하고 재무보고서를 작성하도록 하고 있다. 또한, 중앙관서의 장이 해당 중앙관서의 재무보고서를 작성하고, 이 중앙관서재무보고서들은 통합되어 국가재무보고서로서 국회에 제출되도록 하고 있다.

   (1) 국가재정법과 국가회계법이 규정한 결산 방식을 비교하여 설명하시오.
   (2) 국회의 결산 심사에 있어 국가회계법의 규정에 따른 결산 정보의 활용도 제도 방안을 제시하시오.
3. 제3문 (20점)

   현재 국회사무처의 일반직공무원은 주로 공개경쟁시험을 통하여 채용하고, 국회의원 보좌관은 의원의 재량적 판단에 의해 채용한다. 만약 이 두 직종의 채용방식을 바꾸어, 국회사무처 일반직공무원을 정당이나 의원의 지명에 의해 채용하고, 국회의원 보좌관은 국회사무처에서 공개경쟁시험을 통해 일괄 채용한 후 의원들에게 배정하도록 한다면, 어떤 문제점이 있을지 진단하여 보시오.

◈2009년◈

1. 최근 다양한 수준의 정부와 민간부문의 행위자 및 조직으로 이루어진 네트워크를 통하여 사회문제를 해결하는 '네트워크 거버넌스(network gover-

nance)'가 증가하고 있다.

(1) 네트워크 거버넌스의 특징과 증가 이유를 기술하시오.

(2) 네트워크 거버넌스의 한계를 설명하시오.

(3) 네트워크 거버넌스에서 정부의 역할을 설명하시오.

2. 현대 정부는 지속적으로 성장하는 경향이 있다. 그 결과 '큰 정부'가 초래되고, '작은정부'를 구현하기 위한 인위적인 행정개혁 활동이 전개되기도 한다.

(1) 이러한 정부 성장을 초래하는 원인을 '경제적 요인'과 '정치,행정, 문화적 요인'으로 구분하여 설명하시오.

(2) 정부 성장으로 초래되는 몇 가지 결과들을 예시적 사례를 통해 제시하시오.

(3) 정부 성장으로 초래되는 이러한 결과들을 기준으로 해서 볼 때, 현재 우리 나라는 '큰 정부'와 '작은 정부' 중 어느 쪽에 해당한다고 할 수 있으며, 그 판단의 근거는 무엇인지 구체적으로 제시하시오.

3. 행정부에 대한 통제수단으로 우리나라 국회가 보유한 국정감사 및 국정조사권의 실행에 있어서 발생하고 있는 문제점을 지적하고, 그 해결방안에 대해 논하시오.

◈2010년◈

1. 2008년 가을 전 세계는 미국발 금융위기로 인해 세계적인 경제불황을 겪고 있다. 미국발 금융위기의 원인에 대해서는 대체로 신자유주의의 문제점이 노정된 것이라는 지적이 많다. 정치경제체제로서의 신자유주의 하에서 행정관리의 기조는 신공공관리라고 한다. 세계금융위기로 인해 신자유주의의 당위성이 도전받고 있고, 이에 따라 신공공관리의 타당성도 의심받고 있다는 주장이 있다. 또한 신공공관리로의 전환뿐만 아니라 신공공관리로부터의 탈피도 전 세계적 차원의 정부개혁이라는 동형화현상으로 나타날 가능성이 높다. 그런데 한 나라에서 성공한 개혁이 다른 나라에서도 성공한다는 보장은 없다. 그렇다면 정부개혁을 추진하는 데 있어 다른 나라의 성공사례를 수입할 경우 고려해야 할 점은 무엇이며, 어떤 전략을 활용하는 것이 바람직한가? 신공공관리에 초점을 맞추어 설명하라.

2. 이른바 공유자원 혹은 공유재(common pool resources)를 둘러싸고 나타나는 시장실패의 현상을 공유지의 비극(the tragedy of the commons)라고 표현하고 있다. 최근 예산에 관한 연구에서는 예산편성과 배분에 있어서도 이러한 공유지의 비극 현상이 나타나기 때문에 이를 해소하기 위한 제도적 장치로서 top-down 예산제도를 도입하는 것이 필요하다는 주장을 펼치고 있다. 예산편성과 배분에서 나타나는 공유지의 비극은 어떤 현상을 의미하며, 또 이를 해소하기 위해 왜 top-down 예산제도가 도입되어야 하는지를 설명하라.

3. 인사과에 A과로부터 정원상 결원이

있으므로 보충해달라는 요청이 왔다. 인사과는 정원과 현원을 대비하여 보고, 실제로 현원이 정원에 미치지 못하는 것을 확인하여서, 결원을 보충해 주기로 결정하였다. 이러한 인사과의 결정은 무슨 문제가 있는가?

◈2011년◈

1. 다음 지문을 읽고 물음에 답하시오.

게임이론가들은 집단행동의 딜레마를 논리적으로 설명하고 있다. 그러나 다른 이론에서는 이러한 입장이 자발적인 협력의 가능성을 지나치게 낮게 보고 있다고 비판한다. 예를 들어, 신제도주의자는 어떤 제도가 집단행동의 딜레마를 극복할 수 있게 한다고 주장한다. 또한 사회자본론에서는 집단행동의 딜레마는 사회자본이 충분히 축적된 공동체에서 더 쉽게 극복될 수 있다고 한다.

(1) 집단행동의 딜레마 극복과 관련된 신제도주의의 주장과 그 한계를 설명하시오.

(2) 집단행동의 딜레마 극복과 관련된 사회자본론의 주장과 그 한계를 설명하시오.

2. 다음질문에 대해 답하시오.

(1) 정부의 규모를 평가할 수 있는 기준을 제시하시오.

(2) 자신이 제시한 기준(들)에 입각하여 현재 우리나라 정부가 큰 정부인지 작은 정부인지 평가하시오.

3. 발생주의회계와 현금주의회계의 장단점을 체계적으로 논의하여 발생주의회계도입이 정부회계제도 개혁의 일환이 될 수 있음을 입증하라.

4. 최근의 전세계적인 기후변화에 대응한다는 차원에서, 정부는 온실가스 감축을 위해 배출권 거래제를 도입하였다. 배출권 거래제가 정책수단으로서 갖는 장단점을 설명하시오.

◈2012년◈

1. 다음 지문을 읽고 물음에 답하시오.

지문1

금융위기, 재정위기 등으로 세계적인 경제불황을 겪고 있다. 이와 함께 빈부격차, 청년실업, 비정규직 확산 등으로 양극화 현상은 더 극심해지고 있다. 신자유주의적 자본주의제도에 대한 문제점 지적의 목소리가 높아지고, 최근 '정의', '정의로운 국가'에 대한 담론이 재조명되면서 정의로운 사회를 만들기 위한 국가의 역할에 대해서도 많은 관심이 집중되고 있다. 사회문제를 해결하기 위한 국가의 바람직한 역할은 무엇인지, 정부의 주도적 역할은 어느 정도 정당화 될 수 있는지, 정부와 시장의 역할분담은 어떠해야 하는지도 논의의 쟁점이 되고 있다.

지문2

바람직한 미래의 정부의 모습은 정책역량이 강화된 형태의 정부일 것이다. 분석, 예측, 관리라는 3대요소를 중심으로 정책역량을 강화시킴과 동시에 미래 정부는 기업가적 정부, 성과중심 정부, 고객중심 정부, 뉴거버넌스 정부에서 제시하는 신공공관리적 요소(효율성)와 거버넌스적 문제해결(민주성)의 조화를 추구해 나갈 필요가 있을 것이다.

(1) 위의 두 지문에서 제시된 배경을 활용하여 최근 사회문제를 해결하기 위한 정부(행정부와 입법부)-시장-시민사회의 적절한 역할 분담의 필요성을 설명하고, 정의로운 국가의 실현을 위해 적극적으로 추구해야 할 현대행정이념을 제시하시오.

(2) 기업가적 정부, 성과중심 정부, 고객중심 정부, 뉴거버넌스 정부의 특징들을 설명하고, 효율성과 민주성이 충돌하는 경우에 대한 해결방안 및 전략을 구체적인 사례를 들어 제시하시오.

2. 최근 정부가 공익을 목적으로 정책을 수립하고 추진하는 과정에서 공공갈등의 빈도가 급격히 증가하고 있다. 따라서 공공갈등에 대한 적극적인 관리가 더욱 중요해지고 있다.

(1) 공공갈등의 관리방안으로서 대안적 분쟁해결(Alternative Dispute Resolution)방안들을 적용 대상 갈등에 따라 구분하여 설명하시오.

(2) 갈등관리를 위해 필요한 바람직한 정부와 공무원의 역량에 대해 기술하라.

3. 최근 들어 행정개혁이 강조되면서 민간기업의 전략기획이 공공조직의 관리에서도 강조되고 있다.

(1) 전략기획(strategic planning)의 의의와 특징을 서술하고, 공공조직에서 전략기획이 적용될 수 있는 근거를 제시하시오.

(2) 전략기획의 절차를 단계별로 구분하여 사례를 들어 설명하시오.

Ⅳ. 지방고등고시

◈1995년◈

1. 지방자치행정에 있어서의 주민참여의 의의를 설명하고 자치시대에 있어서 활성화방안을 논하시오.
2. (1) 공무원의 정치적 중립성
   (2) 행정정보공개제도의 추천방안

◈1996년◈

1. 환경변화에 따른 새로운 정부(중앙 지방)의 관리전략을 논하시오.
2. 다음을 약술하시오.
   (1) 제3섹터의 의의와 도입의 필요성
   (2) 공무원의 정치적 중립성

◈1997년◈

1. 요즈음 기업가적 정부가 지방자치단체수준에서 활발히 논의되고 있다. 행정의 경영기법 도입을 능률성의 추구라고 할 때 행정의 경영기법 도입의 가능성과 행정의 능률화의 이념이 항상 최고가치로 보는 것이 바람직하지 않다는 측면에서 논하시오.
2. (1) 공직윤리의 확립방안
   (2) 예산 신축성의 필요성 확립방안 및 한계

◈1998년◈

1. 공공부문에서의 생산성 측정방법과 생산성 제고방안에 대하여 논하라.
2. 신중앙집권화의 현상을 설명하고 우리 나라 지방자치제도와 관련된 시사점을 논하라.
3. 예산의 정책결정과정에 있어서 합리모형과 점증모형을 적용, 비교 검토하라.

색 인

저 자 약 력

김재기(金在琪)

서울대학교 대학원(법학 박사)
서울대학교 행정대학원(행정학 석사)
미국 노스캐롤라이나주립대학 교환교수
대구대학교 행정대학장, 야간강좌학장
대통령자문 정부혁신지방분권위원회전문위원
중앙인사위원회 심사평가위원
행정안전부 정책자문위원
각종공무원시험 위원
대한지방자치학회 회장
한국인사행정학회,한국정부학회 부회장
현, 대구대학교 행정학과 교수
중앙환경분쟁조정위원회 위원
행정안전부 공무원노사관계컨설팅위원
경북지방노동위원회 조정담당공익위원

[주요 저서]
행정학(제3판)
최신인사행정론
공무원과 노동인권
연락처(이메일): jkkim@daegu.ac.kr

김 렬(金 洌)

미국 Ohio State University(행정학 박사)
미국 University of Akron(행정학 석사)
서울대학교 행정대학원 (행정학 석사)
제23회 행정고등고시(1979)합격,
총무처·내무부·경상북도 근무
영남대학교 국제협력실장, 기획처장,행정대학원장,
정치행정대학장
행정고시 및 각종 공무원임용시험 출제위원
대통령자문 정책기획위원
국무총리실 자체평가위원
기획재정부 공공기관 경영평가위원
경상북도 인사위원
한국정부학회 회장, 한국행정논집 편집위원장
현, 영남대학교 행정학과 교수

[주요 저서]
연구조사방법론(박영사) 외 다수
연락처(이메일): ykim@ynu.ac.kr

김병규(金炳圭)

미국 켄터키대학교(Univ. of Kentucky)
(정치학 박사, 공공정책전공)
미국 켄터키대학교(Univ. of Kentucky)
(정치학 석사)
현, 국립안동대학교 행정학과 조교수
연락처(이메일): bkkim1@andong.ac.kr

송건섭(宋建燮)

경북대학교 대학원(행정학 박사)
경북대학교 대학원(행정학 석사)
미국 시애틀 Univ. of Washington Visiting Professor
미국 시애틀 East Asia Center Researcher
대구대학교 학생행복지원단장
행정자치부 행정사무관리 전문위원
대구광역시 시정혁신 및 행정서비스전문위원
각종공무원시험 출제위원
한국연구재단 우수평가자
한국조직학회 편집이사,한국정부학회 편집위원
현, 대구대학교 행정학과 교수
대한지방자치학회 차기회장

[주요 저서]
정부와 여성참여(공저)
사회조사방법론
기획관리론
공공서비스 성과평가와 측정(공저)
현대행정의 이해와 적용
연락처(이메일): kssong@daegu.ac.kr

정우열(鄭祐烈)

영남대학교 대학원(행정학 박사)
영남대학교 대학원(행정학 석사)
대한지방자치학회회장
행정고등고시 및 5급승진시험 출제위원
경상북도 성과평가위원
현, 경운대학교 경찰행정학부 학부장

[주요 저서]
행정정보체계론
경찰조직관리론(공저)
연락처(이메일): wyjung@ikw.ac.kr

이상철(李相哲)

영남대학교 대학원(행정학 박사)
서울대학교 행정대학원(행정학 석사)
한국연구재단 파견 미국 일리노이대학교 교환교수
부산대학교 평생교육원장
한국행정학회·한국정책학회·서울행정학회 부회장
한국전력공사 기획관리과장
기획재정부 공공기관 경영평가 및 혁신평가위원
행정안전부 지방공기업 경영평가위원
국방부 군책임운영기관 운영위원
부산시 지방공기업 (이)사장 경영평가단장
각종고시출제위원(행정안전부, 경북,전북 등)
현, 부산대학교 공공정책학부 교수

[주요 저서]
한국 공기업의 이해
가치창조 조직론-정부조직 진화론 관점에서
공기업과 정부규제정책(공저)
연락처(이메일): sclee7923@pusan.ac.kr

정재명(鄭載明)

미국 Arizona State University,
The School of Public Affairs(행정학 박사)
미국 Arizona State University,
The School of Public Affairs(행정학 석사)
연세대학교 대학원(행정학 석사)
한국행정연구원 인적자원센타 부연구위원
중앙인사위원회 민간근무휴직 심의위원
한국인사행정학회 편집위원
연세대학교 사회과학연구소 편집위원
현, 경상대학교 사회과학대학 행정학과 부교수
경남지방노동위원회 공익위원
(조정 및 차별시정담당)

[주요 저서]
OECD 국가공무원 노사협의시스템에 관한 연구(공저)
선진국의 인사시스템 비교연구(공저)
여성 한국사회를 묻다(공저)
연락처(이메일): jmyung94@hotmail.com

현대행정학

2013년 2월 25일 초판인쇄
2013년 2월 28일 초판 1쇄발행

저 자 金 在 琪 외
발행인 裵 孝 善
발행처 도서출판 法 文 社

주소 413-756 경기도 파주시 문발동 526-3
등록 1957년 12월 12일 / 제2-76호(윤)
전화 (031)955-6500~6 Fax (031)955-6525
e-mail(영업): bms@bobmunsa.co.kr
(편집): edit66@bobmunsa.co.kr
홈페이지 http://www.bobmunsa.co.kr

조 판 성 지 이 디 피

정가 35,000 원 ISBN 978-89-18-02400-4

이 책의 무단전재 또는 복제행위는 저작권법 제136조 제1항에 의거, 5년이하의 징역 또는 5,000만원이하의 벌금에 처하게 됩니다.